Generation 1

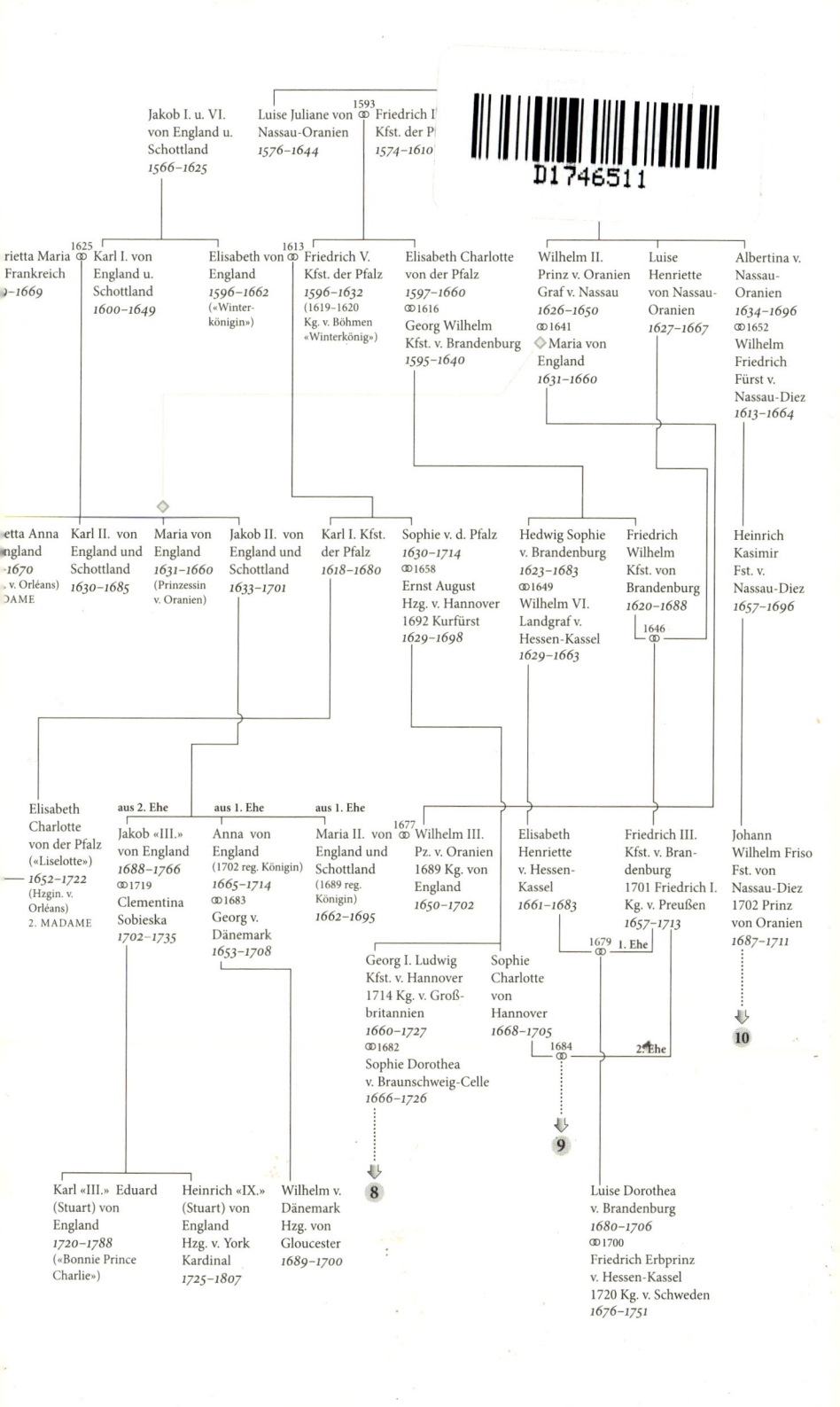

- **Jakob I. u. VI. von England u. Schottland** *1566–1625*
- **Luise Juliane von Nassau-Oranien** *1576–1644* ⚭ 1593 **Friedrich I** **Kfst. der P**[falz] *1574–1610*

Generation 2

- **[Hen]rietta Maria [v.] Frankreich** [?]*–1669* ⚭ 1625 **Karl I. von England u. Schottland** *1600–1649*
- **Elisabeth von England** *1596–1662* («Winterkönigin») ⚭ 1613 **Friedrich V. Kfst. der Pfalz** *1596–1632* (1619–1620 Kg. v. Böhmen «Winterkönig»)
- **Elisabeth Charlotte von der Pfalz** *1597–1660* ⚭ 1616 **Georg Wilhelm Kfst. v. Brandenburg** *1595–1640*
- **Wilhelm II. Prinz v. Oranien Graf v. Nassau** *1626–1650* ⚭ 1641 **Maria von England** *1631–1660*
- **Luise Henriette von Nassau-Oranien** *1627–1667*
- **Albertina v. Nassau-Oranien** *1634–1696* ⚭ 1652 **Wilhelm Friedrich Fürst v. Nassau-Diez** *1613–1664*

Generation 3

- **[Henri]etta Anna [v. E]ngland** [16]*–1670* [Hzgin.] **v. Orléans** [1. M]ADAME
- **Karl II. von England und Schottland** *1630–1685*
- **Maria von England** *1631–1660* (Prinzessin v. Oranien)
- **Jakob II. von England und Schottland** *1633–1701*
- **Karl I. Kfst. der Pfalz** *1618–1680*
- **Sophie v. d. Pfalz** *1630–1714* ⚭ 1658 **Ernst August Hzg. v. Hannover** 1692 Kurfürst *1629–1698*
- **Hedwig Sophie v. Brandenburg** *1623–1683* ⚭ 1649 **Wilhelm VI. Landgraf v. Hessen-Kassel** *1629–1663*
- **Friedrich Wilhelm Kfst. von Brandenburg** *1620–1688* ⚭ 1646
- **Heinrich Kasimir Fst. v. Nassau-Diez** *1657–1696*

Generation 4

- **Elisabeth Charlotte von der Pfalz** («Liselotte») *1652–1722* (Hzgin. v. Orléans) 2. MADAME
- **Jakob «III.» von England** *1688–1766* aus 2. Ehe ⚭ 1719 **Clementina Sobieska** *1702–1735*
- **Anna von England** (1702 reg. Königin) *1665–1714* aus 1. Ehe ⚭ 1683 **Georg v. Dänemark** *1653–1708*
- **Maria II. von England und Schottland** (1689 reg. Königin) *1662–1695* aus 1. Ehe ⚭ 1677 **Wilhelm III. Pz. v. Oranien** 1689 Kg. von England *1650–1702*
- **Elisabeth Henriette v. Hessen-Kassel** *1661–1683* ⚭ 1679 1. Ehe
- **Friedrich III. Kfst. v. Brandenburg** 1701 Friedrich I. Kg. v. Preußen *1657–1713*
- **Johann Wilhelm Friso Fst. von Nassau-Diez** 1702 Prinz von Oranien *1687–1711* ⇣ **10**

Georg I. Ludwig Kfst. v. Hannover 1714 Kg. v. Großbritannien *1660–1727* ⚭ 1682 **Sophie Dorothea v. Braunschweig-Celle** *1666–1726*

Sophie Charlotte von Hannover *1668–1705* ⚭ 1684 2. Ehe ⇣ **9**

⇣ **8**

Generation 5

- **Karl «III.» Eduard (Stuart) von England** *1720–1788* («Bonnie Prince Charlie»)
- **Heinrich «IX.» (Stuart) von England Hzg. v. York Kardinal** *1725–1807*
- **Wilhelm v. Dänemark Hzg. von Gloucester** *1689–1700*
- **Luise Dorothea v. Brandenburg** *1680–1706* ⚭ 1700 **Friedrich Erbprinz v. Hessen-Kassel** 1720 Kg. v. Schweden *1676–1751*

LEONHARD HOROWSKI

Das Europa der Könige

A

MACHT UND SPIEL
AN DEN HÖFEN DES 17. UND
18. JAHRHUNDERTS

ROWOHLT

Für Stephanie

4. Auflage Juni 2017
Copyright © 2017 by Rowohlt Verlag GmbH,
Reinbek bei Hamburg
Lektorat Kristian Wachinger
Stammtafeln Peter Palm
Satz aus der Minion Pro PostScript
bei Dörlemann Satz, Lemförde
Druck und Bindung
CPI books GmbH, Leck, Germany
ISBN 978 3 498 02835 0

Inhalt

⸎

Vorbemerkung 9

KAPITEL 1
«*Ein polnischer Prinz,
dessen Namen ich vergessen habe ...*»
Rheinberg, 27. Juli 1642
21

KAPITEL 2
*Hoffentlich hat Madame de Monaco
wenigstens Glück im Spiel*
Saint-Germain-en-Laye, 28. Juni 1665
45

KAPITEL 3
Danckelmann spürt die Kugel nicht
Auf dem Genfer See vor Versoix, 26. April 1674
75

KAPITEL 4
*Der Mann mit der Eisernen Maske
wird unangenehm überrascht*
Pignerol, 24. Februar 1676
95

KAPITEL 5
Grumbkow tanzt
Berlin, 15. November 1684
123

KAPITEL 6
*Wenigstens habe ich noch das Große Kronsiegel
in den Fluss werfen können*
London, 20. Dezember 1688
149

KAPITEL 7
*Die Lubomirskis wollen den Orden
dann lieber doch nicht*
Königsberg, 24. Mai 1690
179

KAPITEL 8
Grumbkow heiratet
Oranienburg, 4. Juni 1700
219

KAPITEL 9
*«I really believed
there would be no battle at all»*
Malplaquet, 10. September 1709
257

KAPITEL 10
Saint-Simon zieht um
Marly, 5. Mai 1710
325

KAPITEL 11
Die alte Dame reist ab
Im Gebirge zwischen Jadraque und
Atienza, 24. Dezember 1714

377

KAPITEL 12
Marthon legt sich einen Vornamen zu
Paris, 25. März 1719

429

KAPITEL 13
Die junge Dame reist ab
Versailles, 5. April 1725

459

KAPITEL 14
Grumbkow trinkt
Crossen an der Oder, 11. Januar 1733

519

KAPITEL 15
*Georg II. mag seine dicke Venus viel
lieber als all die anderen*
Kensington Palace, 6. November 1735

593

KAPITEL 16
*«Ich bin euer ältester Bruder, ihr Halunken,
und ich werde immer als Erster kommen»*
Prag, 26. November 1741

673

KAPITEL 17
Poniatowski rettet seine Locken
Warschau, 7. September 1764
739

KAPITEL 18
Ferdinand III. und IV. sieht trotzdem nicht vollkommen abstoßend aus
Neapel, 6. April 1769
815

KAPITEL 19
«Da sehen Sie, was für eine hübsche Pariser Dame ich bin»
Roissy, 13. Dezember 1785
877

KAPITEL 20
Beginnt es schon, das Weltgericht?
Berlin, 11. Dezember 1797
Neapel, 17. Juni 1798
Paris, 9. November 1799
947

Epilog *1039*

ANHANG
Feudal- und Amtstitel *1050*
Nachweis der Quellen und Literatur *1058*
Nachweis der Bildquellen *1079*
Dank *1085*
Namenregister *1087*

Vorbemerkung

Das Europa der Könige war ein eigenartiger Kontinent. Ein König von England, der kein Englisch sprach, konnte hier auf die Idee kommen, die Pläne eines kein Spanisch sprechenden Königs von Spanien zu durchkreuzen, indem er dem kein Polnisch sprechenden König von Polen anbot, König von Sizilien zu werden. Der Herrscher über zwanzig Millionen Menschen trug währenddessen Mädchenkleider und wurde von einer alten Dame an einer seidenen Leine geführt, weil er erst fünf Jahre alt war; als Elfjährigen verlobte man ihn mit einer Dreijährigen, bevor man ihm dann als Fünfzehnjährigem doch lieber eine sieben Jahre ältere Prinzessin zur Frau gab. Die Macht residierte in überfüllten Schlössern, deren Höflings-Bewohner sich den ganzen Winter über um das Recht stritten, in Gegenwart der Königin auf einem Hocker zu sitzen, bevor sie im Sommer loszogen, um an der Spitze knallbunt uniformierter Truppen direkt in das Musketenfeuer der Kriegsgegner hineinzumarschieren. In einem Staat, dessen Amtssprache Latein war, konnte ein Hochadeliger Gerichtspräsident werden, der im Alter von zwölf Jahren nur deswegen lesen gelernt hatte, weil man ihn von den Bäumen des Schlossparks mit der Pistole Bleibuchstaben herunterschießen ließ. Es war eine Gesellschaft, in der ein Edelmann, der erst mit dreiundzwanzig Jahren feststellte, keinen Vornamen zu haben, weniger auffiel als einer, der seine Frau mit ihrem Vornamen anredete; Kinder sagten ‹Mama› zur Gouvernante, ‹Madame› zur Mutter und ‹Sie› zu den Geschwistern. Und doch präsentieren Schulbücher die Geschichte dieses 17. und 18. Jahrhunderts, diese so reiche Landschaft voller überraschender Aussichten, noch immer als Hochgeschwindigkeits-Autobahn zum einzig relevanten Heute.

Das Eintauchen in etwas weiter zurückliegende Epochen ist aber nicht nur reicher an Überraschungen als der Blick auf jüngere, vertrautere Vergangenheiten; es kann uns manchmal gerade dadurch die Augen öffnen, dass es eben keine offensichtlichen Botschaften transportiert. Man erfährt in der Beschäftigung mit den Monarchien der Frühneuzeit viel über die Geschichte der Staatsbildung, der Diplomatie, des Krieges, der Familienstrukturen oder der Geschlechterbeziehungen, und also werden auch die Leser dieses Buches am Ende mehr über all das wissen. Aber man kann es genauso gut lesen, um einfach herauszufinden, warum beispielsweise ein französischer König gut beraten war, Affären nur mit verheirateten Frauen anzufangen, welchen Monarchenkollegen der Römisch Deutsche Kaiser im Jahr 1769 huckepack auf den Schultern trug, wie gut der erste am französischen Hof erzogene Irokese Querflöte spielen lernte, weshalb Kavallerieattacken im 18. Jahrhundert nur noch psychologisch wirkten, wer der Mann mit der Eisernen Maske war oder was die Leibärzte des Jahres 1688 als gesündere Alternative zur Muttermilch empfahlen. Und so soll denn dieses Buch unterhaltend sein, ohne deswegen auf Erklärung und Analyse zu verzichten: eine Reise durch vergangene Welten, die sich strikt an das historisch Rekonstruierbare hält und die man dennoch wie eine Erzählung lesen kann.

Die vergangene Welt, um die es in den folgenden zwanzig Kapiteln gehen soll, ist die der europäischen Monarchen der ausgehenden Frühneuzeit sowie jener höfischen Aristokraten, die sie mal als Rivalen, mal als Helfershelfer und oft genug als gehobene Kindermädchen umgaben. Für diese anderthalb Jahrhunderte zwischen 1642 und 1799 biegen wir also bewusst von der großen Fortschrittsautobahn ab, um auf der damals einzig beleuchteten Hauptstraße zu fahren, die man rückblickend meistens wie ein Nebengleis oder gar eine Sackgasse behandelt. Tatsächlich hat ja auch kaum eine der Personen, die wir näher betrachten werden, etwas nach heutigen Maßstäben Nützliches oder Zukunftsweisendes bewirkt. Dieses Buch gilt bewusst nicht den großen Schriftstellern, Philosophen, Künstlern oder Wissenschaftlern jener Zeit, über die sonst am ehesten geschrieben wird. Hier dagegen geht es weder um die Berühmtesten noch auch um komplett von A bis Z auserzählte Biographien. Die Biographie ist fast das einzige Genre, in dem die höfische Gesellschaft bisher einigermaßen zugänglich behandelt worden ist, und sie vermag viel zu leisten, was hier nicht möglich wäre. Eines jedoch kann sie nicht, und genau das soll in diesem Buch versucht werden – eine fast vergessene Welt zugleich erklären und erzählen, indem man zwanzig über eine lange Zeitspanne verteilte Momente schildert und zusieht, wie die zu ihnen gehörenden Lebensläufe ineinandergreifen.

Dabei wird bewusst nicht scharf zwischen Neben- und Hauptfiguren unterschieden, wie das sonst sowohl Romane oder Filme als auch Biographien zu tun pflegen. Schon bei der Rekonstruktion eines einzigen realen Lebens ist ja diese Trennung einigermaßen künstlich, erst recht bei der Darstellung einer ganzen Gesellschaft – und nirgendwo so irreführend wie hier, wo es um eine internationale Herrschaftselite geht. Denn auch das soll ja unser Text sein: eine Einladung, anhand nur scheinbar verjährter Beispiele über die Art nachzudenken, in der Macht ausgeübt wird, in der Eliten sich abgrenzen, sich rechtfertigen und vor lauter alternativloser Selbstgewissheit immer wieder scheitern, ohne deswegen notwendigerweise dumm oder gar böse zu sein. Viele Einzelne können wir zwar, weil wir ihre Briefe, Tagebücher und andere sehr präzise Quellen haben, einigermaßen kennen. Nicht wenige andere aber haben, obwohl sie große Hauptrollen spielten, fast keine solchen Spuren hinterlassen, während wieder andere sich uns nur für einen kurzen Augenblick offenbaren. Schon deswegen kann ein Buch wie dieses sich nicht darauf beschränken, Personen vorzustellen, die wir ganz durchschauen – oder auch nur durchschauen müssten. Wohl kein Missverständnis über Machteliten ist nämlich größer, keines wohl auch mehr schuld an der Entstehung von Verschwörungstheorien als die Vorstellung, dass die Mächtigen und gesellschaftlich Hochgestellten nur etwa so viele Sozialbeziehungen hätten wie der Normalbürger. Macht ist ein Schachspiel auf einem riesigen Brett; sie funktioniert nur durch Netzwerke und wird von Eliten betrieben, die gar nicht anders können, als von Anfang an möglichst viele der anderen Schachfiguren im Auge zu behalten. Dies gilt immer und überall, am meisten aber in der Welt der Höfe und Aristokratien, deren Akteure in ihre Netzwerke schon hineingeboren wurden. Von Individualität hielten sie noch fast ebenso wenig wie von Privatleben, und so kann man ihre Welt überhaupt nur dann einigermaßen vorstellbar machen, wenn man auch in der historischen Darstellung nicht gleich alle Nebenfiguren herauswirft. Im Gegenteil: Die ständig präsenten Höflinge, die über die Generationen immer wiederkehrenden Namen der großen Familien gehören zum Mobiliar unserer Erzählung, die von den Verbindungen zwischen ihnen nicht weniger zusammengehalten wird als vom Hauptstrom der Ereignisse.

Und vor dieser Kulisse spielt sich nun das größte Drama ab, die eigentliche Tragikomödie dieser versunkenen Welt: das Zusammenleben und -arbeiten der geborenen Herrscher mit ihren geborenen Helfern, das mehr oder weniger gelungene Hineinwachsen der Mächtigen in die Rollen, die ihnen der Zufall zugewiesen hatte, all die Dramen von Aufstieg und Fall in einem Mikrokosmos, von dem oft gesprochen wird, als wäre er ein willenloses Uhrwerk gewesen, und der doch in Wahrheit ein Schlachtfeld ebenso wie ein Ameisenhaufen war. Es macht wenig aus, dass die speziellen Strukturen dieser Macht längst vergangen sind, und für manche Beobachtungen mag es geradezu von Vorteil sein, sich eine Epoche näher anzusehen, in der es mangels Massenmedien, Pressefreiheit oder gar Demokratie und angesichts der Geheimhaltung aller Staatsangelegenheiten durch eine viel kleinere und viel inzestuösere Machtelite ungleich leichter gewesen wäre als heute, riesige Verschwörungen durchzuführen – und am Ende festzustellen, dass derartige Pläne nahezu immer schiefliefen.

Aber auch ganz ohne so spezifische Fragen lohnt sich die Beschäftigung mit der Frühneuzeit schon deshalb, weil sie in Abwandlung eines Wortes von Uvo Hölscher nun einmal das «nächste Fremde» unserer eigenen Gesellschaft ist – nah genug, um nicht außerirdisch zu sein, und doch zugleich fremd genug, um uns daran zu erinnern, wie wenig selbstverständlich unsere Selbstverständlichkeiten sind. Wer sich einmal näher angesehen hat, wie lauter individuell vernünftige Menschen mit der größten Überzeugung Dinge tun, die uns nach bloß drei Jahrhunderten wie der reine Irrsinn vorkommen, der mag es sich danach auch zweimal überlegen, etwas nur deswegen für richtig zu halten, weil das im Hier und Heute alle anderen tun.

↜

Alles in diesem Buch ist so konzipiert, dass es für die Leser auch an Ort und Stelle nachvollziehbar sein sollte – jedenfalls so nachvollziehbar, wie es eben geht, wenn man eine oft bizarre Gesellschaft beschreibt. Auf welche Quellen sich unsere Darstellung stützt und wie wir die belegbaren Fakten gelegentlich (und höchstens!) um das ergänzen, was sich plausibel herleiten lässt, kann für jedes Kapitel im Quellenanhang am Ende des Buches nachgelesen werden. Die hier folgenden Erläuterungen dagegen sind einfach ein Angebot für den Fall, dass der Leser oder die Leserin die Logik hinter den hier verwendeten Namen und Daten genauer nachvollziehen möchte.

Der richtige Umgang mit *Personennamen* ist einer der wichtigsten Testfälle für die Qualität von Geschichtsbüchern und historischer Erzählung, weil wenig so viel über eine Gesellschaft sagt wie ihre Namenskonventionen – wer nicht weiß, wie die historischen Figuren einander mit Namen nannten, der hat ihnen nicht gründlich genug zugehört. Erst recht gilt das für die Beschäftigung mit Herrschern und Aristokraten, die mit gutem Grund für ihre ornamental komplizierten Namen berüchtigt sind; in ihren Namenssystemen steckt eine ganze Weltsicht, und so erscheint es nur konsequent, wenn die moderne Geschichtsschreibung solche Namen oft genug unserem ganz anderen Verständnis vom Individuum angepasst hat. Tatsächlich geht es denn auch kaum ohne eine gewisse Adaptation. Wenn man beispielsweise vom spanischen Botschafter am Hof Ludwigs XV. sprechen will, kann man schlecht jedes Mal Don Fernando de Silva y Álvarez de Toledo Beaumont Portocarrero Enríquez de Ribera Manrique Méndez de Haro Guzmán Enríquez de la Cerda Acevedo y Zúñiga Fonseca y Ayala, Duque de Huescar, Conde de Galve etc. sagen, zumal diese Auflistung beerbter Familien letztlich ja ohnehin eher ein Grundbucheintrag als ein Name ist.

Aber nicht nur praktische Gründe sprechen dafür, die Namen etwas mehr anzupassen, als das zum Beispiel viele Drehbuch- oder Romanautoren tun, bei denen Personen immer schön ordentlich «im Namen Seiner Majestät König Ludwig XV. von Frankreich» ernannt oder verhaftet werden. Für Kenner der Materie klingt dergleichen genauso authentisch, wie es ein Gespräch der Gegenwart wäre, in dem jemand von «der Bundeskanzlerin der Bundesrepublik Deutschland Dr. Angela Dorothea Merkel geb. Kasner (CDU)» spräche. Das heißt natürlich nicht, dass man vollständige Titel oder Namen überhaupt nie anführen sollte – es ist ja oft schon zum Zweck der historischen Erklärung nötig und kommt also auch in diesem Buch vor.

Der Alltagsgebrauch der Namen war jedoch in allen Epochen etwas ganz anderes als das Auflisten der vollständigen Version. Diesen Alltagsgebrauch zu kennen ist daher keineswegs bloß für diejenigen nützlich, die solche Personen in zeitgenössischen Texten wiederfinden wollen. Er sagt uns vor allem auch enorm viel darüber, welche Eigenschaften einer Person man zu welcher Zeit wie wichtig oder unwichtig fand – und also erwähnte oder wegließ. Wie dementsprechend die Aristokratie der frühen Neuzeit feudale und funktionale Titel immer viel wichtiger fand als etwa Vornamen (und welche exzessiven Formen das annehmen konnte), wird in Kapitel 12 ausführlicher erklärt.

Hier reicht es festzuhalten, dass wir die unvermeidliche Vereinfachung der Namen in diesem Buch bewusst im Einklang mit dem damaligen Alltagsgebrauch vornehmen, statt die Namen wie so viele Autoren an unsere modernen Formen anzupassen. Um noch einmal Angela Merkel als Beispiel zu bemühen, stelle man sich einfach vor, wie modernisierende Geschichtsbücher sie wohl in hundert Jahren nennen werden. *Angela Kasner*, weil der Sieg moderater Feministinnen inzwischen den Gebrauch von Ehenamen völlig abgeschafft hat? *Angela Herlindstochter*, weil etwas radikalere Feministinnen die Macht übernommen haben? Oder ganz im Gegenteil *Frau Prof. Dr. Joachim Sauer*, weil es ein Comeback des Patriarchats gegeben haben wird? Für unsere Frage ist das zum Glück egal, denn eines haben alle drei Varianten gemeinsam, so unterschiedlich sympathisch wir sie ansonsten finden mögen – sie geben ein falsches Bild von der Gesellschaft, in der die Kanzlerin lebte.

Um vergleichbare Fehler zu vermeiden, nennen wir daher im Folgenden alle historischen Personen spätestens ab der zweiten Erwähnung mit der kürzesten Version desjenigen Namens oder Titels, den man auch zu Lebzeiten als ihren Kurznamen verwendete. Bei den vielen Aristokraten, die vor allem in Westeuropa geographische Feudaltitel trugen, verwenden wir diese – nennen also beispielsweise Henri-Charles de La Trémoïlle, Prince de Talmond einfach ‹Talmond›, Charles Fitzroy, Duke of Grafton einfach ‹Grafton› und Stéphanie-Félicité du Crest de Saint-Aubin, Comtesse de Genlis ‹Madame de Genlis›. Familiennamen verwenden wir als Kurznamen nur da, wo die Zeitgenossen das auch taten, weil die Feudaltitel wie z. B. in Deutschland mit den Familiennamen identisch waren. Die vollständigen Namen all dieser Personen erscheinen dementsprechend nur ausnahmsweise im Text, können aber jeweils im Namenregister am Ende des Buches nachgeschlagen werden, wo sich zugleich alle Lebensdaten, die Seitenzahlen aller Auftritte und die Geburtsnamen der Frauen finden. (Wenn für eine Titelträgerin kein separater Geburtsname angegeben wird, dann ist der einzige angegebene Familienname bereits dieser Geburtsname, weil die Frau wie z. B. in Frankreich den Familiennamen ihres Mannes gar nicht führte.) Bei den nicht wenigen Personen, die im Lauf ihres Lebens mehrfach die Feudaltitel wechselten, verwenden wir normalerweise denjenigen Titel, den sie zur uns interessierenden Zeit trugen. Eine Ausnahme machen wir nur für den großen Lauzun, den wir aus rein pragmatischen Gründen schon im

1665 spielenden Kapitel 2 so nennen, obwohl er erst ab 1668 Comte de Lauzun war und zuvor Marquis de Puyguilhem geheißen hatte.

Die einzigen Personen schließlich, die wir mit ihren Vornamen nennen, sind Angehörige von Herrscherhäusern, die entweder schon damals so genannt wurden (Prinz Heinrich) oder für die es keine retrospektiv praktikable Namensform gibt (also etwa Ludwig XV., den seine Untertanen einfach ‹der König› nannten, weil sie ja wussten, dass sie den aktuellen meinten, oder den brandenburgischen Kurfürsten Friedrich Wilhelm, den wir schlecht nach Art der Zeit- und Standesgenossen ‹Kurbrandenburg› nennen können). Die Vornamen der Herrscher und ihrer Ehefrauen geben wir gemäß einer sinnvollen Konvention der Historiker in ihrer deutschen Form, wo das nicht geradezu absurd wirken müsste; wir schreiben also z. B. Georg III. und Ludwig XV., aber Iwan VI. statt Johann VI. und Stanisław I. statt Stanislaus I. Die Vornamen der übrigen Angehörigen von Herrscherhäusern finden sich dagegen ebenso in der jeweiligen Landessprache wie auch die Namen aller übrigen Personen. Das eigentliche Titelelement, also etwa Earl, Duc oder Principe, übersetzen wir nur dort als Graf, Herzog oder Fürst ins Deutsche, wo das machbar und stilistisch sinnvoll ist; die im Anhang zu findende Übersicht über die Hierarchie der Feudal- und Amtstitel übersetzt auch die deutschen Versionen in andere Sprachen. Die Titel britischer Peers außer der Herzöge verkürzen wir, wie das offiziell erlaubt ist, meistens zu Lord. Die Schreibweise aller Namen und Titel richtet sich nicht nach der völlig willkürlichen Orthographie der Zeit, sondern nach der heute von Nachkommen und Historikern verwendeten Standardversion. Russische Namen haben wir möglichst so aus dem Kyrillischen transkribiert, dass eine deutsche Aussprache dieser Schreibweise die korrekte Namensform ergibt (das s in Subow ist also z. B. stimmhaft wie in ‹sanft›, während z immer für tz steht). Ein Sonderzeichen verwenden wir dabei lediglich für das russische ж, das kein deutsches Äquivalent hat, sich wie J in Journalist spricht und hier als ž wiedergegeben wird.

Vorbemerkung 17

Die *geographischen Namen* sind wesentlich leichter zu handhaben als die Personennamen. Prinzipiell werden im Text alle Länder, Regionen und Städte mit den Namen benannt, die sie (wenn sie denn noch existieren) auch heute tragen. Eine Ausnahme machen lediglich solche Namen, deren heutige Form sich aufgrund massiver ethnischer oder sprachlicher Verschiebungen ganz radikal von der damaligen unterscheidet. In solchen Fällen haben wir statt Krosno Odrzanski oder Kaliningrad bewusst Crossen an der Oder und Königsberg geschrieben, weil beide Städte zum relevanten Zeitpunkt deutschsprachig und Teil deutschsprachiger Staaten waren. Wir schreiben französisch Pignerol statt italienisch Pinerolo, da die norditalienische Stadt damals zu Frankreich gehörte und in der entsprechenden Episode ausnahmslos nur Franzosen auftreten, und nennen Ansbach natürlich nicht in der noch im 18. Jahrhundert vorherrschenden Form Onolzbach. Das heutige Belgien nennen wir mit diesem Namen, weil seine zeitgenössische Bezeichnung als Spanische (bis 1714) und dann Österreichische Niederlande (1714–1793) ebenso unhandlich wie verwirrend ist. Wenn in Kapitel 7 von Preußen die Rede ist, ist damit gemäß dem Sprachgebrauch von 1690 ausschließlich das Herzogtum Preußen gemeint, das man erst ab 1772 als Ostpreußen zu bezeichnen anfing; den von 1454 bis 1772 zu Polen gehörenden westlichen Teil des ehemaligen Deutsch-Ordens-Staats nennen wir dagegen Westpreußen, weil sein damaliger Name ‹Preußen Königlichen Anteils› für praktisch alle Leser irreführend wäre. In allen folgenden Kapiteln bezeichnet ‹Preußen› dagegen den Staatenkomplex der Hohenzollern-Herrscher, der sich seit Schaffung des preußischen Königtums (1701) noch bis 1815 selbst nur ‹die königlich preußischen Staaten› nannte. Analog dazu benutzen wir den Begriff Österreich nicht bloß für das Erzherzogtum dieses Namens, sondern im Einklang mit zeitgenössischer Praxis zur Bezeichnung des gesamten habsburgischen Staatenkomplexes, der bekanntlich auch z. B. Böhmen und Ungarn umfasste. Das heutige Tschechien nennen wir mit dem damals universell gebräuchlichen Namen Böhmen.

Die bundesstaatliche Organisation des deutschsprachigen Raums, heute in allen Schulbüchern liebevoll ‹Heiliges Römisches Reich Deutscher Nation› genannt, wurde damals genauso selten mit ihrem vollen Namen genannt, wie das heute dem Vereinigten Königreich von Großbritannien und Nordirland, der Russischen Föderation oder den Vereinigten Staaten von Amerika widerfährt. Wir sprechen daher im Einklang mit Zeitgenossen wie Historikern meistens vom Römisch-Deutschen Reich bzw. Römisch-Deutschen Kaiser sowie (ebenfalls nach dem Vorbild beider Gruppen) einfach vom Reich, ohne dass das als Nostalgie für die damit nichts zu tun habenden Reichsbildungen späterer Zeiten missverstanden werden möge. Von Deutschland sprechen wir wie die damaligen Menschen, wenn wir nicht die politische Organisation, sondern den deutschen Sprach- und Kulturraum meinen. Wenn ohne Zusatz oder offensichtlich russischen Kontext einfach vom Kaiser oder von der Kaiserin die Rede ist, ist immer das Römisch-Deutsche Kaisertum gemeint. Den bis 1804 einzigen anderen Kaiser, nämlich den russischen Herrscher, der 1721 den Titel ‹Imperator› angenommen hatte, nennen wir zur Vermeidung von Verwechslungen immer mit dem auch zeitgenössisch weiterhin dominanten Titel Zar. Schließlich verwenden wir den Begriff ‹Briten› schon während des 17. Jahrhunderts, um die Gesamtheit der Engländer, Schotten und Waliser zu bezeichnen, obwohl der Staat Großbritannien erst 1707 aus der Vereinigung der Königreiche Schottland und England entstand; die englisch-schottischen Könige der Zeit davor nennen wir Könige von England.

Zuletzt ein Wort zu den *Daten*. Die einzige Komplikation resultiert hier daraus, dass der 1582 vom Papsttum entwickelte gregorianische Kalender von den protestantischen Ländern zuerst abgelehnt wurde. Sie behielten folglich den bisherigen julianischen Kalender bei, wodurch ihre Datumsangaben im gesamten 17. Jahrhundert jeweils zehn Tage hinter denen der katholischen Länder herhinkten; das Duell, mit dem unsere Erzählung beginnt, fand daher aus der Perspektive der protestantisch dominierten Niederlande am 17., aus der des mehrheitlich katholischen Frankreich dagegen am 27. Juli 1642 statt. Erst im

Jahr 1700, in dem die Differenz sich auf elf Tage erhöhte, nahmen alle protestantischen Länder mit Ausnahme Großbritanniens den gregorianischen Kalender an. Gleichzeitig führte jedoch ironischerweise im bisher nach byzantinischem Muster datierenden Russland Peter der Große den julianischen Kalender ein, von dessen nahezu universaler Abschaffung er nicht mehr rechtzeitig erfahren hatte; er blieb bis 1918 in Gebrauch, weswegen russische Daten im 18. Jahrhundert nunmehr elf Tage hinter denen des gregorianischen Europa hinterherhinkten.

Großbritannien nahm den gregorianischen Kalender 1752 an; bis dahin praktizierte es allerdings nicht nur die besagten zehn bzw. ab 1700 elf Tage Datumsverspätung, sondern auch (als ebenfalls letztes Land Europas) den altrömischen Jahresanfang am 25. März. Was daher für Kontinentaleuropa der Februar 1733 war, wurde in Großbritannien noch als Februar 1732 verbucht; das Jahr 1733 begann erst am 25. März, sodass der von den Briten als Februar 1733 bezeichnete Monat derselbe war, den alle anderen den Februar 1734 nannten. Da diese Diskrepanz schon damals allerhand Komplikationen verursachte, pflegten Briten alle zwischen 1. Januar und 25. März fallenden Daten als 11. Februar 1732–33 zu schreiben, was heutzutage oft so missverstanden wird, als gebe es zwei einander widersprechende Jahresangaben. Da es in diesem Buch ganz maßgeblich um die übernationalen Beziehungen innerhalb Europas geht und das Erkennen von Gleichzeitigkeiten nicht unnötig erschwert werden sollte, sind hier ausnahmslos sämtliche Daten in den am ehesten universalen und heutzutage konkurrenzlosen gregorianischen Kalender umgerechnet worden. Wer einzelne hier angeführte Daten mit den Angaben anderer Darstellungen oder zeitgenössischer Quellentexte vergleicht, darf daher nicht erschrecken, wenn sie je nach Ort und Zeit um zehn bzw. elf Tage oder im Falle der englischen Jahresdaten scheinbar um ein Jahr abweichen.

KAPITEL 1

«Ein polnischer Prinz, dessen Namen ich vergessen habe ...»

※

RHEINBERG, 27. JULI 1642

Talmond sah die Reiter als Erster. Zwar konnte man hier, wo das Land so flach war wie in seiner Heimat, alles schon aus großer Entfernung erkennen, aber viel Zeit blieb doch nicht mehr; bei diesem Tempo würden sie ihn und Radziwiłł sehr bald erreichen. Umso klarer wurde ihm, was er jetzt tun musste. Ein drittes Mal würde er sich das Schwert nicht mehr aus der Hand nehmen lassen. Vor einem Jahr hatte ein Cousin ihn noch wie einen kleinen Jungen behandeln können, ganz als sei er nicht schon zwanzig gewesen und als habe er nicht extra noch den perfekten Vorwand für ein Duell gefunden; vor einem halben Jahr hatte ausgerechnet ein Sekundant ihn und Radziwiłł verhaften lassen, bevor sie einander töten konnten, wie es die Ehre ihrer Häuser verlangte. Wenn sie heute wieder am Duell gehindert würden, stand es in den Sternen, wann sie die nächste Gelegenheit fänden. Vier feindliche Armeen bewegten sich aufeinander zu durch dieses gottverlassene Flachland. Erst vor drei Wochen war Radziwiłł das Pferd unterm Leib erschossen worden, als seine Leute eine spanische Kolonne entdeckt hatten, und beinahe hätte irgendein Bauernkerl mit einem Knüppel Talmond um den ehrenvollen Kampf gebracht, den der arrogante Pole ihm schuldete. Unmöglich also, noch länger zu warten.

Das andere, was Talmond sehr klar und deutlich empfand, während er Radziwiłł zuschrie und auf die Reiter zeigte, während er seine

Jacke wegwarf und im weißen Hemd aufs Pferd stieg, war der Wert dessen, was er allein heute schon wieder gelernt hatte. Es lohnte sich, den richtigen Sekundanten auszuwählen. Er hatte Espinay gewollt, aber weil die Sekundanten meistens am Schluss selbst mitkämpften, hatte Radziwiłłs Sekundant Raymond darum gebeten, einen anderen zu wählen, denn er möge Espinay zu gern. Am Ende war seine Wahl auf Haucourt gefallen, der nun mit Radziwiłłs Mann aushandelte, wie und wo sie kämpfen sollten und mit was für Waffen; Haucourt war es, dem erst hier draußen auffiel, dass Talmonds Säbel einen halben Fuß kürzer war als der Degen seines Gegners und dass er keinen Schutz am Griff hatte. Der Pole hatte gut reagiert, das musste man ihm lassen, aber sein Angebot, einfach zu tauschen, konnte man als Edelmann doch nicht annehmen, und so hatten sie Strohhalme gezogen: *Natürlich* hatte Talmond den kürzeren in der Hand behalten und hält jetzt, während sie aufeinander zugaloppieren, den zu kurzen Säbel in der Rechten. Als ihre Pferde nebeneinander zum Stehen kommen, schlägt Talmond zu und zerfetzt Radziwiłł das Hemd. Erst während er die Klinge zurückzieht, spürt er, wie ihm die Waffe des Feindes den ganzen rechten Arm aufschlitzt. Schon ist er hinter Radziwiłł, erinnert sich an seinen Unterricht: die perfekte Position zum Zuschlagen. Aber merkwürdig, der Säbel ist gar nicht mehr in seiner Hand, und während Radziwiłł auf seinem durchgegangenen Pferd schon hundert Schritt weit weg ist, während Radziwiłłs Diener auf Talmond zurennen, um ihn aus dem Sattel zu heben und ihm die zerrissene Arterie zu verbinden, spürt er diese seltsame Leichtigkeit: Ob das die Ehre ist?

Sie waren von entgegengesetzten Enden Europas aufgebrochen, um hier aufeinanderzutreffen. Von der französischen Atlantikküste kam Henri-Charles de La Trémoïlle, Prince de Talmond, Oberst über ein Regiment zu Ross im Dienst der Generalstaaten und Erbe zahlloser Ländereien zwischen Poitou und Bretagne. Sein Gegner war Fürst Bogusław Radziwiłł, Herzog von Birsen und Dubinki, Fürst von Sluzk und Kopyl, Groß-Bannerträger von Litauen und Starost von Poszyrwinty. Er hatte seinen riesigen Besitz zwar vor allem in Weißrussland, das damals zu Litauen gehörte. Weil aber der litauische Staat schon lange mit Polen vereint und der litauische Adel ganz polnisch geworden war – und weil hier im Westen ohnehin niemand gewusst hätte, was oder wo Weißrussland war –, nannte alle Welt ihn und nannte er selbst sich einen Polen. Mit 95 Prozent aller Polen, Litauer oder Weißrussen hatte er dennoch so wenig gemeinsam wie Talmond mit 95 Prozent aller Franzosen.

Nicht einfach, weil sie Adelige waren: Adel war damals schon kein sehr genauer Begriff und ist es heute erst recht nicht mehr, seit die meisten dabei nur noch an die Königshäuser denken. Könige aber und ihre Familien sind gerade keine Adeligen, sondern höchstens die logische Verlängerung des Adels nach oben, seine Arbeitgeber, Schiedsrichter und Beherrscher, je nach Wetterlage seine Idole, Rivalen oder Todfeinde. Natürlich brauchten beide Seiten einander, natürlich waren sie einander meistens näher als irgendwem sonst – aber wehe dem Adeligen, der den Unterschied vergaß. Gerade in der Zeit unserer beiden Duellanten verschoben sich in fast ganz Europa die Gewichte endgültig zugunsten der Herrscher, ob sie nun Kaiser, Könige, Kurfürsten waren oder souveräne Herzöge und Fürsten. Jahrhundertelang mochten sie sich von den hohen Adeligen nur unterschieden haben wie ein großer Landbesitzer von einem mittleren. Langsam aber waren ihre Staats- und Militärmaschinen so gewachsen, dass auch der hohe Adel nicht mehr mithalten konnte, und wenn man sich wieder einmal in die Haare geriet, dann kam es immer öfter vor, dass der König seinem rebellischen Adel nicht mehr nur das heilige Salböl auf seiner Stirn, den purpurnen Krönungsmantel oder den Charme seiner Persönlichkeit entgegenzusetzen hatte, sondern notfalls auch fünfzigtausend Berufssoldaten und eine kleine Armee bissiger Juristen. Noch größer war nur ein letzter Vorteil der Monarchen. Außerhalb Europas kam es regelmäßig vor, dass ein talentierter General oder Rebellenführer das Herrscherhaus stürzte und wie aus dem Nichts eine ganz neue Dynastie begründete, und noch die Römer und Byzantiner hatten es genauso gehalten. Im europäischen Mittelalter aber hörte das auf; Brüder, Onkel und Cousins mochten einander bis aufs Blut bekämpfen, die Kronen blieben doch über Jahrhunderte immer in denselben Familien, und nur die Namen änderten sich manchmal, wenn eine Erbtochter ihrem Mann den Thron einbrachte. Wo aber jede Dynastie seit Jahrhunderten herrschte, da arbeitete auch das mächtigste Grundprinzip der Zeit für sie, die Überzeugung nämlich, dass alles Alte richtig sei und das allzu Neue verdächtig. Selbst da, wo man die Könige noch wählte – und das wurde jetzt immer seltener, weil Böhmen 1627, Dänemark 1660 und Ungarn 1687 jeweils mit etwas militärischer Nachhilfe die Erbmonarchie einführten –, war der Respekt vor der Tradition so groß, dass die Wahl am Ende doch immer den natürlichen Erben des letzten Königs traf. Kein Wunder also, dass die Herrscherhäuser sich selbst ihren adeligen Untertanen gegenüber fast wie eine andere Spezies vorkamen.

Auch wenn man ihn als Stand der privilegierten Untertanen versteht, blieb der Adel uneinheitlich genug. Die juristische Definition war zwar überall in Kontinentaleuropa recht klar, und so wusste man an sich von jedem, ob er adelig oder bürgerlich war. Weil aber die ganze Idee des Adels sich ohne Ungleichheit nicht denken lässt, wird es niemanden überraschen, dass auch die Adeligen untereinander alles andere als gleich waren – lediglich Polen-Litauen tat noch so, als seien sie es. Schon immer hatte es eine feudale Kaskade der Verachtung gegeben, in der Herzöge auf Grafen herabsahen, Grafen Barone bemitleideten und diese sich untitulierten Adeligen überlegen fühlten. Adelige mit viel Land übertrumpften solche, bei denen es nur noch für ein größeres Bauernhaus, ein altes Pferd und ein verrostetes Schwert reichte, während elegante Höflinge in der Hauptstadt sich über Krautjunker aus der Provinz amüsierten und alle zusammen als alter Adel auf den neuen schimpften. Der wurde trotzdem immer zahlreicher, weil zwar der Adel keine Könige mehr machen konnte, die Könige sehr wohl aber neue Adelige. Ein Jurist nach dem anderen erhielt das Adelsdiplom, kaufte Land und heiratete nach oben. Der alte Adel mochte darüber spotten – wird eine Maus adelig, wenn sie das Adelsdiplom auffrisst? –, reagieren musste er doch. Zum Glück wurde aber mit dem Problem bereits die Lösung mitgeliefert, denn dieselbe Maschinerie von Staat und Militär, die die Macht des Monarchen stärkte, bot auch dem Adel ungeahnte neue Aufstiegschancen. Diejenigen Nachkommen des alten Ritteradels, die zum Einstieg in den neuen Apparat bereit waren, konnten nun gewissermaßen als leitende Angestellte des Königsprojekts an bisher ungeahnter Macht und unvorstellbarem Steuer-Reichtum teilhaben und sich nicht nur über ihre altadeligen Standesgenossen, sondern auch über die meisten Emporkömmlinge erheben. Bis vor kurzem waren die meisten Angehörigen dieses niederen Adels Grundbesitzer gewesen, die sich dem König nur nach Aufforderung als anarchische Einzelkämpfer zur Verfügung stellten und nach einer Saison Krieg wieder zu ihren Feldern zurückkehrten; jetzt wurden Offiziere aus ihnen, die die immer größeren Heere ihrer Herrscher kommandierten, zugleich Hofwürdenträger, Diplomaten, Statthalter oder Gerichtspräsidenten. Natürlich waren die Karrieren unterschiedlich aussichtsreich und riskant; im Krieg war am meisten zu gewinnen, aber auch am meisten zu verlieren, und so kamen auf jeden Glücklichen, der zum millionenschweren Feldmarschall, Fürsten und Statthalter aufstieg, Hunderte mit stagnierenden Karrieren und all die Sechzehnjährigen, die in ihrer ersten Schlacht blieben. Wer Verbindungen hatte, platzierte seine Kinder in Hofkarrieren, wer genug Geld besaß, bezahlte den Söhnen das Studium und die Bildungsreisen, die Administratoren und Diplomaten brauchten. Aber das Prinzip war doch überall das gleiche, und weil in dieser Gesellschaft niemand für sich allein und jeder als Vertreter seines Clans handelte, infiltrierten, kolonisierten und übernahmen alte und neue Adelige das königliche Staatsprojekt. Es wurde zur großartigsten Eliten-Arbeitsbeschaffungsmaßnahme der europäischen Geschichte.

Anders sah das nur für eine Gruppe aus, womit wir auch zu Radziwiłł und Talmond zurückkommen. Was sollte bei dieser Entwicklung aus dem Hochadel werden, den Adelsfamilien also, die schon vor Jahrhunderten mit oder ohne Könige aufgestiegen waren, die daher schon seit langem Fürsten oder Herzöge waren und selbst über Hunderte, ja Tausende niederadelige Vasallen herrschten? In manchen Teilen Europas half ihnen das Fehlen einer Zentralmacht; so konnten sie im Römisch-Deutschen Reich als fast unabhängige Herrscher kleiner Staaten überleben und all die Universitäten und Hoftheater gründen, von denen wir bis heute zehren. In England andererseits fiel der alte Hochadel erst den Rosenkriegen und dann den Henkern der Tudor-Könige zum Opfer und wurde ziemlich vollständig durch jene Nachkommen erfolgreicher Schafzüchter ersetzt, die heute noch an der Spitze des britischen Adels stehen. In Böhmen erlaubte der Dreißigjährige Krieg es den Habsburgern, den alten tschechischen Herrenstand fast komplett zu vertreiben und die enteigneten Ländereien zu Spottpreisen an deutsche, belgische und italienische Söldnerkommandeure weiterzureichen, deren Erben dann bis 1945 den böhmischen Hochadel ausmachten. Die meisten Länder blieben zwischen diesen Extremen; überall aber mussten Grandseigneurs wie Talmond oder Radziwiłł sich entscheiden, ob sie sich der wachsenden Kronautorität unterordnen oder sie auf die Hörner nehmen wollten. Durch Verwandtschaft und Reichtum den Monarchen ähnlich und wie sie mehr ans Befehlen als ans Gehorchen gewöhnt, waren sie zu guten Untertanen denkbar ungeeignet – ganz gleich, ob sie nun wie in Frankreich einem König und seinem Kardinal-Minister gehorchen sollten oder wie in Polen-Litauen einer egalitären Adelsrepublik, die sich ihren König bloß als Präsidenten auf Lebenszeit hielt. In filigranen, unübersichtlichen und schwankenden Staatsgebäuden lebten wie nur halb gezähmte Raubtiere diese Männer, die mit einer Handbewegung einen Bürgerkrieg auslösen konnten.

Diese Welt der Hochadeligen war international; sie musste es ja sein, denn in jedem Land gab es nur wenige von ihnen, die meistens Rivalen waren, und so bot sich schon zum Heiraten der Blick über die Grenze an: Aus solchen Heiraten wuchsen Verwandtschaften, Erbschaften und Feindschaften in ganz Europa. Radziwiłł und Talmond aber hatten eine zusätzliche Gemeinsamkeit, die diese Internationalität noch einmal zuspitzte. Nicht zufällig wichen beide in einer der damals wichtigsten Lebensfragen von der Mehrzahl ihrer Landsleute ab, nämlich der Religion, und ohne Übertreibung wird man sagen dürfen, dass Familien wie ihre buchstäblich schon aus Trotz und

Widerspruchsgeist Protestanten waren. Da sowohl in Frankreich als auch in Polen-Litauen zwar formale Religionsfreiheit herrschte, der Katholizismus der großen Mehrheit jedoch immer dominanter wurde, hätte das allein schon gereicht, um unangenehm aufzufallen. Weil beide aber Calvinisten waren, gehörten sie zum radikalsten Teil des Protestantismus und hatten so die Garantie, auch mit fast allen anderen Protestanten religiös über Kreuz zu stehen. Besonders kümmern musste sie das nicht, denn zu Hause beschützten sie den Glauben ihrer Untertanen, die selbstverständlich ebenso Calvinisten waren wie sie. Auch im Ausland waren ihr Rang und ihre Macht immer wichtiger als ihr Glaube, und so hätte niemand gewagt, sie wegen des Letzteren zu belästigen. Aber weil sie als Mitglieder der kleinsten und elitärsten Konfession auch automatisch einem europaweiten Netzwerk von Kriegern und Geistlichen angehörten, war von vornherein klar, dass ihre große Bildungsreise sie nicht irgendwohin führen würde – und dass sie einander treffen mussten.

Das intellektuelle Zentrum der calvinistischen Welt war Genf, aber was interessierte das Talmond und Radziwiłł? Der Hochadel war zwar alles andere als ungebildet, akademische Bildung aber war ihm entschieden suspekt. Unsere beiden Fürsten hatten immerhin das Gymnasium besuchen dürfen – üblicher waren Hauslehrer. Radziwiłł studierte dann noch einige Monate lang an zwei niederländischen Universitäten die Art von Geometrie, die man brauchte, um die korrekte Flugbahn der Kanonenkugeln zu berechnen und bei Belagerungen den Tunnel in die richtige Richtung zu graben; Talmond dagegen machte wie der gesamte französische Militäradel einen Bogen um jede Universität, weil das Studium zu sehr mit den neuadeligen Juristen assoziiert war. Seine Bildungsreise begann damit, dass er sich als Siebzehnjähriger eigenmächtig aus der Schule absetzte und in Begleitung eines treuen Kammerdieners nach England zu seiner Tante Lady Strange floh, um von dort in die Niederlande zu gehen und endlich «den Beruf von Leuten meiner Art» lernen zu können: das Kriegführen. Dass er dafür den Segen seiner Mutter hatte, während der Vater ihn bis an den Kanal verfolgen ließ, hatte weniger mit unterschiedlichen Graden des Militarismus zu tun als mit jenem großen Handicap, das Talmond sein Leben lang genauso belasten würde wie seine schwache Gesundheit. Er mochte geboren sein, um über Tausende zu befehlen: Solange sein Vater lebte und Herzog von La Trémoïlle war, war Talmond nur Sohn und zu absolutem Gehorsam verpflichtet.

Das wäre schon schwer genug gewesen, aber immerhin noch ein übliches Problem in Familien, deren Oberhäupter es sich leisten konnten, jung zu heiraten und also früh Söhne zu haben, die dann lange auf die Nachfolge warten mussten. Für Talmond jedoch kam hinzu, dass sein Vater, als Talmond sieben Jahre alt war und Kardinal Richelieu die letzte große Hugenottenfestung La Rochelle eroberte, den Zeichen der Zeit folgend zum Katholizismus konvertiert war und seine beiden Söhne ins Jesuitengymnasium gegeben hatte, um sie im neuen Glauben erziehen zu lassen. Seine Frau allerdings blieb Protestantin, und weil ihr Stand, ihr Reichtum und ihre mächtigen Verwandten sie schützten, konnte sie den Sohn zur Flucht ermutigen; sie wusste, dass ihn in den Niederlanden nicht nur die kompetentesten Militärs der Zeit erwarteten, sondern auch rechtgläubige und vornehme Verwandte. Nur hier konnte er dem Dilemma entgehen, dass er jetzt innerhalb seiner Familie als calvinistischer Erbsohn eines katholischen Vaters genauso schief dastand wie vorher schon als protestantischer Hochadeliger im Frankreich des Kardinals Richelieu.

Die Niederlande jener Zeit waren das Land der reichen Bürger, die uns aus Rembrandts Bildern anschauen, aber es waren nicht sie, die Talmond anzogen. Seit fast achtzig Jahren kämpfte diese Republik gegen die katholischen Spanier, die vom heutigen Belgien aus immer wieder versuchten, die abtrünnige Kolonie zurückzuerobern. An der Spitze dieses Kampfes standen als Generalstatthalter die deutschstämmigen Prinzen von Oranien, die im Laufe der Zeit Europas größte Experten für die neuartige Kriegführung mit Feuerwaffen und für den Festungsbau wurden; schon deshalb war das Land mit seinem endlosen Krieg eine wichtige Station auf der großen Reise vieler Adelssöhne. Talmond aber, dessen beide Großmütter Schwestern des Prinzen Friedrich Heinrich von Oranien waren, fand in diesem Großonkel einen regelrechten Ersatzvater und ging auch sofort ganz in seinem militärischen Dienst auf. Wie immer im Hochadel war dieser Dienst eine eigenartige Mischung aus lebensgefährlicher Ernsthaftigkeit und grotesker Vetternwirtschaft. Talmond trug in seinem ersten Gefecht eine Pike – die gefährlichste Art zu kämpfen, weil die Träger dieser fünf Meter langen Spieße im Nahkampf praktisch wehrlos waren –, wurde dann aber, nachdem er die ersten drei freiwerdenden Posten immer sehr galant niederadeligen Freunden überlassen hatte, fast ohne Übergang zum Obristen über mehrere hundert Reiter ernannt. Großonkel Oranien war stolz auf ihn, und nichts lag näher für Talmond, als diese Wahlverwandtschaft zu vervollständigen, indem er sich in Oraniens älteste Tochter Luise Henriette verliebte. Es war immer klar gewesen, dass Talmond eines Tages eine Cousine heiraten würde, aber diese hier gefiel ihm, was ein unerwarteter Bonus war. Dass sie eine recht enge Verwandte oder genau genommen: seine doppelte Halbtante zweiten Grades war, wurde nicht bloß von allen Zeitgenossen als Vorteil verstanden: So kannte man sich wenigstens schon und musste später bei den Erbschaften nicht so viele verschiedene Leute berücksichtigen. Es änderte auch nichts daran, dass sie trotzdem erst fünfzehn und sympathisch war. Wer hätte da geahnt, dass Talmond sein Leben gleich darauf für eine ganz andere Prinzessin riskieren würde?

Der Hof und das Heer des Prinzen von Oranien waren das adelige Machtzentrum der Niederlande; direkt nebenan in Den Haag aber gab es einen Königshof, den der Dreißigjährige Krieg hierhergeweht hatte und der aussah wie aus einem Shakespeare-Stück herausgefallen. Seit dreizehn Jahren residierte hier Elisabeth, verwitwete Königin von Böhmen und Königstochter von England, und wartete samt Kindern und Gefolge geduldig darauf, dass ihr Sohn seine Erblande zurückerhalten würde, wie das in einer grundsätzlich vernünftigen Welt ja irgendwann geschehen musste. Ihr Mann war Kurfürst Friedrich von der Pfalz gewesen, den die böhmischen Rebellen 1619 zu ihrem König gewählt hatten und der einen Winter lang regiert hatte, bevor kaiserliche Truppen ihn nicht nur aus Böhmen vertrieben, sondern ihm auch die Pfalz und die Kurwürde abnahmen; John Donne dichtete damals wohl auch deshalb «No man is an island, every man is a piece of the continent», weil er den englischen König dazu ermutigen wollte, dem Winterkönig – also seinem Schwiegersohn – zu helfen. Daraus wurde nun freilich nichts; so viel Geld aber konnte die britische Krone doch immerhin erübrigen, dass die gestrandete Königin und ihre dreizehn Kinder sich davon eine ordentliche Hofhaltung leisteten. Weil die Mutter des Winterkönigs eine Schwester des Prinzen von Oranien und der beiden Großmütter Talmonds gewesen war, waren der oranische und der böhmisch-pfälzische Hof eng miteinander verbunden – eine Verbindung, die bald noch durch eine englisch-oranische Kinderheirat verstärkt wurde; Talmond war also auch hier ein gern gesehener Gast und Verwandter. Beim winterlichen Ballett der Königin, wo dieselben jungen Männer tanzten, die im Sommer in den endlosen Krieg zogen, war er nach eigener Ansicht der beste Tänzer, und so schien für kurze Zeit alles gut.

Fürst Bogusław Radziwiłł mochte nicht ganz so direkt wie Talmond zur calvinistischen Hochadelsfamilie gehören, aus ähnlichem Stoff war er dennoch gemacht. Sein Vater und die Onkel waren zwar die einzigen Calvinisten im litauischen hohen Adel, aber da ihnen der größere Teil des Landes gehörte, störte sie das nicht weiter. Bogusławs Mutter Elisabeth Sophie war eine brandenburgische Kurfürstentochter aus dem Haus, das man erst sehr viel später Hohenzollern genannt hat, und weil ihr Neffe 1613 für eine Erbschaft zum Calvinismus übertrat und seinen Sohn mit einer Schwester des Winterkönigs verheiratete, war auch Elisabeth Sophies Sohn Radziwiłł mit dem hochadeligen Kern der calvinistischen Welt eng genug verschwägert, um ein Patensohn des Winterkönigs zu werden. Sein Vater hatte gerade noch Zeit, den wenige Monate alten Bogusław auf ein Ritterpferd zu setzen, um damit anzudeuten, welchen Beruf er ergreifen solle. Dann starb er und hinterließ dem Sohn eine Lebenslage, die das genaue Gegenteil von der Talmonds war: Schon im Alter von einem halben Jahr wurde er nomineller Herrscher über Hunderttausende Leibeigene und Beschützer des wahren Glaubens in Litauen.

Da zur brandenburgischen Mutter bald ein deutscher Stiefvater, der Umzug in die Oberpfalz und dann das Gymnasium im deutschsprachigen Danzig hinzukamen, ist es kein Wunder, dass Radziwiłł sein Leben lang kaum weniger deutsch als polnisch war – er sprach mit einem berlinischen Tonfall, der ihn *och* statt *auch* schreiben ließ, und soll vor seinem Tod sogar noch die Weiße Frau gesehen haben, die als Haus-, also Dynastie-Gespenst sonst bloß den echten Hohenzollern ihr baldiges Lebensende ankündigte. So ging auch er in die Niederlande, um dort das Kriegshandwerk zu lernen. Allerdings stieg er im Unterschied zu Talmond nicht regulär in die Armee der Generalstaaten ein und beteiligte sich vielmehr wie die meisten reisenden Adeligen als sogenannter Volontär nur informell am Kampf. Die Lebensgefahr wurde dadurch, wie wir gesehen haben, keineswegs geringer, aber man musste wenigstens nicht mit kleinadeligen Habenichtsen um Kommandoposten konkurrieren und konnte in den winterlichen Kampfpausen auch schon mal in die Hauptstadt der Kriegsgegner verreisen, weil man ja formal bloß Tourist war. Da Radziwiłł sich auf diese Weise schöne Stunden mit seiner katholischen Brüsseler Geliebten Madame de Gonzaga verschaffte, war eigentlich auch er nicht in Gefahr, sich wegen einer anderen Prinzessin mit Talmond schlagen zu müssen, und so kam ihr erster Zusammenstoß tatsächlich noch ganz ohne weibliche Nachhilfe aus.

Schuld war wie so oft der Rang. So wie Adel heute gerne mit Königshäusern verwechselt wird, benutzen wir auch den Begriff Rang meistens ungenau und etwa als Synonym für Prestige, Status oder gar Beliebtheit. Dies freilich sind unscharfe Eigenschaften, die niemand eindeutig messen kann – und vor allem kein Nullsummenspiel. In einer echten Rangordnung steht dagegen jede Person A prinzipiell entweder eindeutig höher oder eindeutig niedriger als Person B, was natürlich nur möglich ist, wenn vorher verbindlich festgelegt wurde, welches Kriterium dafür den Ausschlag geben soll. Im Europa der Könige war man sich weitgehend einig, dass auf den höchsten Ebenen die vornehme Abstammung – die sogenannte Geburt – am wichtigsten war und erst weiter unten auch die Staatsämter eine Rolle spielen durften: Der vierjährige Großneffe des Herrschers hatte einen höheren Rang als der Premierminister. Besitz spielte nur dann eine Rolle, wenn er mit feudalen Herrschaftsrechten verbunden war – Landbesitz konnte also den Rang manchmal beeinflussen, Geldvermögen dagegen nie. Man darf diese Feststellung nicht mit dem verbreiteten Irrtum verwechseln, wonach Geld damals insgesamt noch nicht wichtig gewesen wäre, denn das ist ebenso falsch wie die gegenteilige Annahme, es habe schon in der frühen Neuzeit der Kapitalismus alles dominiert. Geld war auch für den Adel und die Staaten des 17. Jahrhunderts immer ein extrem wichtiges Mittel zum Zweck, und es war ein Fürst und Feldmarschall dieser Zeit, der erklärte, dass man zum Kriegführen bloß drei Dinge brauche: Geld, Geld und Geld. Prestige verlieh Geld jedoch nur, wenn man es für etwas Substanzielles, nämlich Landbesitz, ausgab; wer dagegen ‹nur› Geld besaß, war der Gesellschaft latent verdächtig und riskierte, als stilloser Neureicher verspottet oder als Blutsauger gehasst zu werden.

Der Teufel steckte aber natürlich im Detail, und so war es schon innerhalb jedes einzelnen Landes schwer genug, eine wirklich klare Hierarchie der Ränge durchzusetzen. Überall stritten sich daher beispielsweise Staatssekretäre mit Herzögen, Feldmarschalls-Ehefrauen mit außerordentlichen Gesandten und regierende Grafen mit nicht regierenden Grafen um das Recht, als Erster durch eine Tür zu gehen, in Begräbnisprozessionen direkt hinter dem Sarg zu laufen oder auch bloß in einer Namensliste an erster Stelle genannt zu werden. In vieler Hinsicht vereinte diese Welt alle Nachteile der Ordnung mit allen Nachteilen der Unordnung: Der Rang war allen extrem wichtig, ohne jedoch unumstrittenen Regeln zu folgen. Die Notlösung für dieses Problem war, dass man mit so vielen Beispielen und Präzedenzfällen argumentierte wie möglich, was erst recht ins Ranginferno hineinführte – jede noch so banale Einzelsituation wurde dadurch nämlich zu Munition für zukünftigen Rangstreit, und jedes kleine Zugeständnis zum Verrat an den Rechten des Kollektivs, dem man angehörte. Je ranghöher man ohnehin schon war und je symbolisch wichtiger der Anlass, desto explosiver wurde auch die Rangfrage, und so lässt sich schon ahnen, wie entspannt wohl das Abendessen am Tisch einer Königin verlaufen konnte. Als Radziwiłł und Talmond bei einem Bankett im Jagdschloss Rhenen an den Tisch der Winterkönigin gebeten wurden, trafen nicht einfach zwei temperamentvolle und auf einen gewalttätigen Ehrenkodex trainierte Zwanzigjährige aufeinander; unsichtbar und anfeuernd standen hinter ihnen zugleich die Geister aller Radziwiłł- und La-Trémoïlle-Ahnen, die hypothetischen Gewerkschaften der Titular-Reichsfürsten, Pairs von Frankreich und Princes étrangers sowie letztlich der ganze französische und polnisch-litauische Hochadel.

Fast will man bedauern, dass Radziwiłł sich bei Tisch noch gerade zurückhielt und nur innerlich kochte, nachdem Talmond ihm den Platz direkt neben den Königskindern weggenommen hatte. Hätte er ihn direkt angesprochen, wäre die Art von Unterhaltung entstanden, die es oft genug gab und die das Wesen des ganzen Systems anschaulicher machen kann als jede lange Erklärung. Wie hätten sie miteinander gesprochen? Man befand sich zwar in den Niederlanden, die Umgangssprache des oranischen wie des pfälzisch-böhmischen Hofes war jedoch Französisch, wozu am Letzteren noch ein paar Leute kamen, die etwas so Exotisches wie Englisch konnten. Unsere beiden Kontrahenten hätten sich notfalls aber auch auf Latein streiten können, das beide fließend sprachen, weil es die Amtssprache sowohl des Jesuitengymnasiums als auch des polnisch-litauischen Staats war. Jedenfalls hätte Radziwiłł Talmond fragen können, ob er, dessen Fürstentitel ja doch offenbar ganz selbstgemacht sei, ernsthaft nicht wisse, dass sein Gegenüber ein Fürst des Heiligen Römischen Reichs sei. – Ohne einen einzigen Untertanen oder ein einziges Stück Land im Heiligen Römischen Reich, soweit ich weiß. – Meine Agenten halten ständig Ausschau nach akzeptablen Verkaufsangeboten; inzwischen herrsche ich halt über einige hunderttausend Leibeigene in Weißrussland. – Wo immer das ist. *Wir* sind am französischen Hof als auswärtige Prinzen anerkannt. – Ach. Gibt's das auch schriftlich? – Das gibt es *nie* schriftlich, Monsieur. Meine Schwester und meine Tanten haben aber, wie jeder einigermaßen wohlinformierte Mensch wissen könnte, schon als kleine Mädchen in Gegenwart der Königin auf einem Hocker gesessen. Das ist ja nun bekanntlich der Testfall. Außerdem hat mein Vater nachweislich vor dreißig Jahren bei der Audienz des spanischen Botschafters seinen Hut aufbehalten. – Wie schön. Unsereiner lässt bloß Goldmünzen schlagen, auf denen der eigene Name steht. Aber sagen Sie, wieso denn *auswärtige* Prinzen? All Ihre Ländereien stehen doch unter der Krone Frankreichs? – Entschuldigen Sie mal, mein Vater ist immerhin der rechtmäßige König von Neapel. – Sehen Sie, Monsieur, und ich hätte gedacht, dass Neapel dem König von Spanien gehört. Weiß denn das noch jemand außer Ihnen? – Wir haben da einen sehr guten Mann, der eine Abhandlung mit erschöpfenden urkundlichen Beweisen schreibt, die wird demnächst in allen guten Buchhandlungen zu haben sein. Lassen Sie sich das dann doch einfach vorlesen, falls es in Ihrem Land Leute gibt, die so was können. – Wir sollten diese Unterhaltung wohl besser an einem Ort fortsetzen, wo wir weniger Gesellschaft haben. – Nichts lieber als das. Schicken Sie mir Ihren Sekundanten, dann arrangieren wir einen Spaziergang.

So etwa hätte im Interesse optimaler Exposition das Gespräch der beiden aussehen sollen; leider nahm Radziwiłł darauf keine Rücksicht und vereinfachte die Dinge, indem er Talmond auch ohne Aussprache gleich seinen Sekundanten schickte. Das mag schon deshalb eine gute Idee gewesen sein, weil bei weiterer Diskussion als Nächstes zu klären gewesen wäre, ob denn der Hockersitz der La-Trémoïlle-Töchter wirklich als Beweis für den Prinzenrang ausreichte; die gängigere Meinung war die, dass es außerdem auch noch Beweise für einen Hockersitz der Ehefrauen jüngerer Söhne brauchte. Da aber im Hause La Trémoïlle die letzte Heirat eines zweiten Sohnes schon 78 Jahre zurücklag – schließlich kostete so was nur unnötig Geld und erzwang lästige Erbteilungen – und man doch Neapel erst vor 36 Jahren ‹geerbt› hatte, ließ sich da nichts testen. Und hätte denn ein auswärtiger französischer Prinz wirklich Vorrang vor einem Reichsfürsten haben sollen? Auch nicht ganz einfach zu klären, weil die anderen Familien, die diesen Rang neben den La Trémoïlle unumstritten besaßen, gleichzeitig alle auch Reichsfürsten waren und man also jeden Hocker, jede Armlehne und jeden guten Platz, den diese Leute je an einem zeremoniellen Esstisch gehabt haben mochten, genauso gut aus dem einen wie dem anderen Rang erklären konnte. Dies alles natürlich nur als kleine Vorüberlegung dazu, was die böhmische Hofetikette zu dieser Frage sagte, an die sich leider kein Anwesender mehr so genau erinnerte – man war ja in jenem Winter vor 22 Jahren schon ganz gut damit beschäftigt gewesen, den Dreißigjährigen Krieg in die Wege zu leiten. Letztlich dürfte daher die korrekte Lösung für das Rangproblem unserer beiden Helden dieselbe gewesen sein, die Zeremonienmeister in ganz Europa ihren Chefs immer wieder erklären mussten: Zwei solche Personen dürfen einander einfach nicht begegnen.

Ein ordentliches Duell wurde damals nur deswegen nicht daraus, weil zwar Talmond mit seinem Sekundanten Espinay am Treffpunkt erschien, Radziwiłł aber allein kam; seinen Sekundanten Schomberg hatte er im letzten Moment abgehängt, weil er ihn im Verdacht hatte, ein Spielverderber zu sein, der sie beide wegen des illegalen Duells verpfeifen und verhaften lassen würde. So kam es, wie es kommen musste. Schomberg begriff, dass und warum man ihn versetzt hatte, empörte sich nicht wenig über diese ungerechte Unterstellung und rächte sich, indem er die jungen Prinzen wegen des illegalen Duells verpfiff und verhaften ließ. Die Königin von Böhmen schimpfte sie elegant aus, versöhnte sie dann miteinander – an ihnen lag's ja nicht, dass sie ihren Mut nicht mehr hatten beweisen können – und befahl ihnen, sich zu umarmen; im Hinterkopf wird sie sich die in solchen Fällen übliche Notiz gemacht haben, diese beiden in Zukunft immer nur separat einzuladen. Talmond ging zurück an den oranischen Hof und Radziwiłł in die Arme der Marquise Gonzaga, und dabei wäre es wohl geblieben, wenn nicht nun endlich die obligatorische hübsche junge Prinzessin auf den Plan getreten wäre.

Die pfälzisch-böhmische Prinzessin Elisabeth hieß als älteste Tochter nach ihrer Mutter, der Winterkönigin, und blickt auf dem Bild, das ihre Schwester etwa um diese Zeit von ihr malte, trotz fröhlich mythologischer Aufmachung durchaus melancholisch. Die verlässlich sexistischen Zeitgenossen hätten darin vermutlich ihre schlechten Aussichten auf eine akzeptable, also ranghohe Heirat gespiegelt gesehen, denn solange dieser Hof im Exil lebte, gab es keine Untertanen und damit keine Mitgift für die allzu vielen Töchter; selbst als sie später die vom Krieg völlig verwüstete Pfalz zurückerhielten, blieb die Dynastie noch lange so arm, dass Elisabeths jüngere Schwester froh sein musste, wenigstens den Fürsten von Transsylvanien abzubekommen (immerhin war der auch Calvinist). Andererseits korrespondierte Elisabeth mit Descartes intelligent über Philosophie und musste sich kaum lange umschauen, um überall lebhafte Argumente gegen die von ihrem Stand und ihrer Zeit praktizierte Art der Ehe zu finden. Auch an ihrem Blick auf den nahen Cousin Talmond und den fernen Cousin Radziwiłł war nichts Romantisches, und wenn diese beiden sie dennoch interessierten, dann bloß deshalb, weil sie ja beinahe den Oberstallmeister Espinay in ein Duell mit hineingezogen hätten. Ebendieser Espinay aber war der Prinzessin Elisabeth ein Dorn im Auge, weil er ihrer Meinung nach viel zu viel und viel zu unguten Einfluss auf ihre winterkönigliche Mutter ausübte und angeblich über alle Standesgrenzen hinweg sogar ihre Schwester Luise Hollandine verführt hatte. Um diese Schande zu tilgen, wäre also das erfahrungsgemäß auch für die Sekundanten lebensgefährliche Duell gerade recht gekommen, zumal selbst der Tod eines der Prinzen schon gereicht hätte, Espinay so zur Flucht zu zwingen, wie es an seinem letzten Hof eine überkreuzte Liebesgeschichte getan hatte. Zum Glück war es noch nicht zu spät, um den Kampfgeist aller Beteiligten wiederzubeleben. Talmond war ohnehin seit Jahren auf der Suche nach der Heldentat, die seiner Familie gezeigt hätte, dass auch aus einem ewig kranken Kind ein großer Krieger werden konnte. Dem abgereisten Radziwiłł andererseits musste die Prinzessin nur ausrichten lassen, ganz Holland lache über die Feigheit, mit der er die erzwungene Versöhnung akzeptiert habe und die sicher auch Madame de Gonzaga peinlich sein werde, schon buchte er die nächste Kutsche ins Kriegsgebiet bei Rheinberg, wo eben die Armeen der Niederlande, Frankreichs, Spaniens und Bayerns sich aufeinander zubewegten, um den niederländischen Unabhängigkeitskrieg und den Dreißigjährigen Krieg endgültig ineinander zu verschränken.

Als Talmond am 30. Juli 1642 aus dem Zelt kam, in dem der calvinistische Gottesdienst des niederländischen Heeres abgehalten worden war, erwartete ihn Radziwiłłs neuer Sekundant Raymond und überbrachte ihm die Duellforderung «eines polnischen Prinzen, dessen Namen ich vergessen habe»; zum Glück konnte Talmond sich aus dem Zusammenhang erschließen, wer da wohl gemeint war. Was er nicht wissen konnte, als Raymond ihm ausredete, den gemeinsamen Freund Espinay als Sekundanten zu wählen, war, dass damit der einzige reale Anlass für das Duell sich bereits erledigt hatte, denn nur um Espinays Verderben war es ja der Prinzessin Elisabeth gegangen: Alles, was noch folgte, war also selbst nach den Maßstäben dieser Zeit einigermaßen sinnlos. Der Wunsch der Prinzessin sollte sich erst vier Jahre später erfüllen, als Espinay von ihrem neunzehnjährigen Bruder Pfalzgraf Philipp getötet wurde. Nachdem es im Duell nicht gelungen war, ließ er Espinays Kutsche anhalten und sah zu, wie zehn Engländer über diesen herfielen; die Übermacht war so groß, dass ihre Degen sich in Espinays Leib getroffen haben sollen. Dafür immerhin musste selbst ein Prinz wie Pfalzgraf Philipp zuerst in venezianische und dann französische Kriegsdienste fliehen, die noch einmal vier Jahre später ihn selber das Leben kosteten. Seine Schwester Elisabeth aber verließ den Hof der über die Tat empörten Mutter und zog sich zu den brandenburgischen Verwandten zurück. Mehrere Jahre lang lebte sie nun abwechselnd in Berlin und im kurfürstlichen Witwenschloss zu Crossen an der Oder, wo sie bereits ihre Kindheit verbracht hatte und das wir später unter ganz anderen Vorzeichen besuchen werden. 1661 schließlich wurde die inzwischen Zweiundvierzigjährige zur protestantischen Fürstäbtissin von Herford gewählt; während der ihr verbleibenden neunzehn Jahre konnte sie daher als Herrscherin aus eigenem Recht die beste Art von Leben leben, die für unverheiratete Hochadelstöchter realistisch denkbar war.

Wie Radziwiłłs Duell mit Talmond verlief, haben wir gesehen. Die Sekundanten gingen übrigens tatsächlich aufeinander los. Raymond zwang Haucourts Pferd zum Drehen, indem er ihm mit dem Säbel auf die Nase schlug, konnte so Haucourt von hinten angreifen und hätte ihn getötet, wenn nicht im letzten Moment Radziwiłł ihn davon abgebracht hätte, weil Talmond ja schon besiegt war. Talmond selbst verdankte sein angesichts der schweren Verletzung ganz unwahrscheinliches Überleben nur einem zufällig vorbeikommenden Militärchirurgen sowie mehreren Notoperationen; den rechten Arm konnte er nie wieder ganz problemlos bewegen. Seine Militärkarriere aber gab er keineswegs auf, sondern setzte sie vielmehr so enthusiastisch fort, dass er sich 25 Jahre später in seinen Memoiren sogar zu erinnern glaubte, schon einen Monat nach der Verwundung an einem Gefecht teilgenommen zu haben, das in Wahrheit nachweislich eine Woche vor dem Duell stattgefunden hatte.

Im folgenden Winter war wieder Hofsaison in Den Haag, wohin inzwischen auch die englische Königin vor einem Bürgerkrieg geflüchtet war; beim großen Ballett zu ihren Ehren tanzten Radziwiłł und der Sohn des Prinzen von Oranien, während Talmond erfolgreich mit seiner fünfzehnjährigen Lieblingscousine Luise Henriette von Oranien flirtete. Als seine Eltern ihn mit Frankreichs einziger calvinistischer und reicher Hochadelstochter verheiraten wollten, rettete ihn noch deren Lieblings-Hofdame, die ihn nicht mochte und daher das Projekt zum Scheitern brachte. Aber während er weiterhin Krieg führte und mit viel Glück überlebte, musste er sich mit Luise Henriette immer häufiger darüber absprechen, wie man die Bewerber um ihre Hand unauffällig abwehren könne. Den Prinzen von Wales wurden sie noch erfolgreich los, weil die Revolution in seinem Heimatland ihn unübersehbar im Wert sinken ließ. Als jedoch Kurfürst Friedrich Wilhelm von Brandenburg ihr seinen Antrag machte, ließen sich Luise Henriettes Eltern nicht länger hinhalten. Dieser neue Bewerber, ein gleichaltriger Cousin Talmonds, Radziwiłłs, der Braut und der Winterkönigskinder, sah zwar unbestreitbar wie ein holländischer Gemüsebauer aus und sprach bezeichnenderweise auch besser Niederländisch als Französisch. Andererseits verfügte er nicht nur über einen raschen Verstand, sondern auch über die richtige Konfession und obendrein große Territorien, die noch vom Krieg verwüstet waren, aber Potenzial besaßen; für seine Botschafter hatte er gerade die Anrede Exzellenz erkämpft und damit bewiesen, dass er im Rang höchstens den Königen nachstand.

Spätestens jetzt wurde der an sich abstrakte Unterschied zwischen Herrscherhäusern und hochadeligen Untertanen für Talmond schmerzlich konkret, und nach einer Tragikomödie mit gestohlenen Liebesbriefen, verräterischen Aufpasserinnen-Cousinen und nächtlichen Tränenszenen musste er 1646 mitansehen, wie Luise Henriette den über und über goldbestickten Herrscher des verwüsteten Brandenburg heiratete. Es wurde zur Überraschung aller Beteiligten eine der wenigen glücklichen Fürstenehen ihrer Zeit. Zwei Jahre später heiratete Talmond, wie es besser zu seinem Stand passte, Prinzessin Emilie von Hessen-Kassel; ihr Bruder war der Chef eines weniger mächtigen calvinistischen Herrscherhauses, ihre Mutter war die Cousine beider Eltern Talmonds und ihre Schwester schon bald danach die Schwiegertochter der Winterkönigin. Außerdem wurde Talmond durch diese Ehe der Schwippschwager des Kurfürsten Friedrich Wilhelm, an den er seine Liebe verloren hatte und den er nun mit Erfolg bat, Patenonkel seines zweiten Sohnes zu werden. Wo religiöse und Standesgrenzen die großen Familien erster und zweiter Ordnung dazu zwangen, innerhalb unglaublich enger Kreise zu heiraten, empfahl es sich, nicht nachtragend zu sein: Man traf sich immer ein zweites Mal.

Die Verbindungen der großen Herren aber zogen auch ihre niederadeligen Vasallen und Schützlinge nach sich, und so kam etwa Mademoiselle d'Olbreuse als Tochter von Talmonds Stallmeister aus Westfrankreich zuerst in den Dienst seiner deutschen Frau und dann an den Hof des Herzogs von Celle, der 1642 Talmonds Kriegskamerad gewesen war und an der Seite Radziwiłłs gekämpft hatte (dass sie nicht nur die Mätresse des Herzogs wurde, sondern ihn dann auch heimlich heiratete, war allerdings eine Spielregelverletzung, deren katastrophale Folgen uns noch begegnen werden). Obwohl der Niederadel viel zahlreicher war als Herrscherhäuser und Hochadel (allein Talmonds Vater hatte bereits 1800 adelige Vasallen), waren auch seine Welten oft zugleich sehr klein und doch weit ausgreifend. So heiratete Schomberg, der im ersten Duell verhinderte Sekundant Radziwiłłs, in zweiter Ehe die Schwester des späteren Talmond-Sekundanten Haucourt; der Pfälzer mit englischer Mutter war damals schon französischer Generalleutnant und Grande von Portugal und hatte doch noch nicht seine größte Rolle gespielt, in der wir auch ihn wiedersehen werden.

In diesem seinem Hochzeitsjahr 1648 änderte sich viel für Talmond. Das Ende des Dreißigjährigen Krieges bedeutete zugleich das Ende des ewigen Krieges in den Niederlanden, die jetzt ihre endgültige Unabhängigkeit von Spanien und dem Römisch-Deutschen Reich erhielten. Es bedeutete faktische Arbeitslosigkeit für Talmond, da im niederländischen Heer erst einmal keine Karriere mehr zu machen war. Vor allem bot der Friedenskongress in Münster und Osnabrück seiner Familie die Bühne, die sie gesucht hatte, um die Welt an ihren Prinzenrang zu erinnern und so das immer noch wacklige Recht ihrer Töchter auf einen Hocker zu verewigen. Das Buch über ihre Rechte auf Neapel war inzwischen erschienen und vorsichtshalber auch ins Italienische übersetzt worden; die Neapolitaner erhoben sich gerade gegen Spanien, und wenn auch der Calvinist Talmond ihnen als Ausgeburt der Hölle erscheinen musste, ließ die Übersetzung sein Königsprojekt doch ein wenig realistischer aussehen. Der König von Frankreich erlaubte es einem Abgesandten von Talmonds Vater, quasi im Handgepäck des französischen Botschafters mit nach Münster zu reisen, wo dieser ihn zu den Friedensvermittlern brachte, damit er denen seinen förmlichen Protest dagegen vorlesen konnte, dass Neapel auch diesmal wieder nicht dem Haus La Trémoïlle zurückgegeben worden sei. Der päpstliche und der venezianische Botschafter hörten wortlos freundlich zu, obwohl sie einen fast gleichlautenden Protest gerade erst vom französischen Botschafter angehört hatten, der – wie seit 1494 bei solchen Anlässen üblich – Neapel für Frankreich fordern musste und jetzt ebenfalls interessiert lauschte; dann nahmen sie den schriftlichen Protest entgegen, legten ihn in die einschlägige Mappe ad acta und verabschiedeten ihre Besucher, um sich ans Packen zu machen. Sehr viel mehr Wirkung hatte das alles nicht, und selbst der Hocker blieb weiterhin eine unsichere Sache. Immerhin brachte es aber Talmond einen neuen Namen ein, denn weil das seit dem Mittelalter der übliche Titel für einen neapolitanischen Kronprinzen war, musste er von nun an Prince de Tarente (Principe di Taranto, Fürst von Tarent) heißen; er benannte sich um und kehrte dann aus den Niederlanden nach Frankreich zurück, wo eben ein vielversprechender Bürgerkrieg begonnen hatte.

Talmonds Weg kreuzte sich mit dem des alten Gegners Radziwiłł, der die letzten Jahre hauptsächlich mit dem Versuch verbracht hatte, sich mit einem weiteren französischen Fürsten zu duellieren. Als 1645 der König von Polen durch Stellvertreter in Paris eine französische Prinzessin heiratete – sie gehörte wie der Mann von Radziwiłłs belgischer Geliebten zum Hause Gonzaga –, war unser Fürst natürlich dabei gewesen und hatte sich im Rahmen der sehr zufriedenstellenden Feierlichkeiten vom Prince de Rieux eine Ohrfeige eingefangen, die nur mit Blut abgewaschen werden konnte. Leider kam trotz noch so gründlicher Verabredungen immer wieder etwas dazwischen. Mal wurde Radziwiłł beim Versuch, die belgisch-französische Grenze inkognito mit nur einem Diener zu überqueren, von halblegalen Grenzern gefangen genommen, die ihn als Schmuggler ins Gefängnis warfen und lange nicht glauben wollten, wer er sei – oder den Namen nicht verstanden. Ein anderes Mal scheiterte der vielleicht unzureichend diskrete Plan eines Massenduells zwölf gegen zwölf auf der heutigen Place des Vosges mitten in Paris daran, dass die Ehefrau des Hauptgegners davon erfuhr und sowohl ihren Mann als auch Radziwiłł in die Bastille werfen ließ, wo er freilich nur sechs Tage blieb – der Oberbefehlshaber der französischen Armee erklärte, er werde den Krieg gegen Spanien einfach aussetzen, bis sein Freund Radziwiłł wieder frei sei. Selten dürfte sich Frankreichs Regierung daher so über einen Kosakenaufstand gefreut haben wie über den von 1648, der sie von diesem Besucher befreite und Radziwiłł in die ihm praktisch unbekannte Heimat zurückzog. Einige Jahre lang kämpfte der Fürst nun gegen die Kosaken; als aber 1655 Schweden, Brandenburger und Russen die Gelegenheit nutzten, in Polen einzumarschieren, schloss er sich ihnen an, weil er sich als Protestant diskriminiert fühlte und fürchtete, von den Katholiken «mit einer spanischen Suppe» aus dem Weg geräumt zu werden. Indem er sich in den Dienst der Invasoren stellte, erwarb er sich langfristig unsterblichen Ruhm als Lieblingsschurke seiner Nation, und wer einmal die in Polen legendäre Verfilmung des Sienkiewicz-Romans *Potop* (Sintflut) gesehen hat, wird den dekadenten Schurken mit seiner ganz unpolnischen, aber historisch korrekten Lockenperücke ebenso lebhaft in Erinnerung behalten wie seine Niederlage in der Schlacht von Prostki (1656). Einzig der blonde Held, der ihn dort besiegt, ist fiktiv; er ersetzt die Tataren, die Radziwiłł mit einem in diesem Teil Europas noch gebräuchlichen Kriegshammer bewusstlos schlugen und beinahe als Sklaven mit auf die Krim genommen hätten. Erst nach mehreren Tagen akuter Lebensgefahr – vor allem durch seine Landsleute – konnte er sich freikaufen und in den Schutz seines Cousins Friedrich Wilhelm von Brandenburg zurückkehren, dem er dann bis zu seinem Tod als Statthalter von Ostpreußen diente. Als Friedrich Wilhelm 1657 die Seiten wechselte und sich mit Polen verbündete, erhielt auch Radziwiłł um den Preis eines peinlichen Kniefalls vor dem polnischen König seine riesigen Ländereien zurück. Einen Moment lang sah es nun so aus, als werde er die jüngere Schwester von Talmonds Liebe Luise Henriette von Oranien heiraten, bevor er sich 1665 doch für seine Cousine Anna Maria entschied, die zugleich Polens einzige standesgemäße Calvinistin und die reichste Erbin des ganzen Landes war. Bevor Bogusław Radziwiłł 1669 in Königsberg neunundvierzigjährig starb, unterstellte er seine zweijährige Tochter Luise Charlotte noch dem Schutz Friedrich Wilhelms und bat ihn, sie dereinst nur mit einem Calvinisten zu verheiraten, weil davon die Existenz des wahren Glaubens in Litauen abhängen werde. Daraus wurde zwar letztlich nichts, weil Luise Charlottes einziges Kind aus ihrer zweiten Ehe mit einem Katholiken stammte. Aber wenn diese Nachkommen auch das riesige Erbe bald verloren, so blieb ihnen doch wenigstens das eine, was Anna Maria Radziwiłł mit in die Ehe gebracht hatte und was sie nun im katholischen höchsten Adel so erfolgreich verbreiteten, dass etwa die Kaiserin Sisi es als doppelte Nachkommin der Luise Charlotte gleich zweimal haben würde – nämlich ihre Abstammung vom walachischen Fürsten Vlad dem Mönch, der ein Bruder des bekannteren Vlad Țepeș oder Draculea gewesen war.

Der große Krieg, der Bogusław Radziwiłł fast Leben oder Freiheit gekostet hatte, hätte auch die polnisch-litauische Adelsrepublik beinahe zerrissen; er brachte zum ersten Mal seit Jahrhunderten Russland wieder auf die gesamteuropäische Bühne und verhinderte zusammen mit dem Aussterben des alten Königshauses endgültig alles, was das polnische Gegenstück zum Königsprojekt der meisten Länder Europas hätte werden können. Während die Adelsrepublik in die entgegengesetzte Richtung abbog, fand Frankreich zwischen 1648 und 1652 experimentell heraus, wie die letzten Alternativen zur wachsenden Königsmacht aussahen. Die neuadeligen Juristen, mit deren Rebellion der unter dem Namen Fronde bekannt gewordene Aufstand begonnen hatte, hatten als Erste ein brutales Erwachen, als nach der Vertreibung des Königs aus Paris immer neue Kutschen mit immer neuen hochadeligen Warlords eintrafen, um sich ungefragt an die Spitze der Rebellion zu setzen. Der Kampf aller gegen alle versetzte das Land innerhalb kürzester Zeit in solche Anarchie, dass auch der alte Adel nicht lange brauchte, um zu begreifen, dass das keine wirkliche Verbesserung war; das Haus La Trémoïlle nahm noch besonders großen Schaden, weil es Tarente (Ex-Talmond) und seinem Vater gelang, immer abwechselnd auf entgegengesetzten Seiten zu stehen. Aber auch der vernachlässigte Kindkönig Ludwig XIV., die Königinmutter Anna und Premierminister Kardinal Mazarin lernten, dass man die Schrauben der Macht offenbar nicht ganz so brutal anziehen durfte, wie sie und vor ihnen Richelieu es getan hatten, wenn man vermeiden wollte, dass einem die ganze schöne Monarchie um die Ohren flog. Als 1652/53 ein von sinnlosen Heldentaten erschöpftes Land langsam den Frieden wiederfand, war allen klar, wie der unausgesprochene Kompromiss aussehen würde. Die großen Herren stiegen als Juniorpartner in das Königsprojekt ein, das manche nun die absolute Monarchie nannten, und brachten ihre niederadeligen Helfer als untergeordnete Verbündete mit; sie würden wie große Planeten um die königliche Sonne kreisen und nie mehr so respektlos handeln wie eben noch. Die Krone andererseits garantierte dem alten Adel und den Juristen das Recht, ihre Militär- und Staatsämter de facto oder de jure weiterzuvererben und so auf Dauer gewinnbringend am Königsprojekt beteiligt zu bleiben, dessen Kosten kleine Landadelige, Bürger und Bauern in Zukunft ohne Aussicht auf Widerstand zahlen würden. Zwar wollte und konnte die Königin nicht auf Premierminister Mazarin verzichten, denn der charmante neapolitanische Halunke war ihr jeden Pfennig von den etwa 10 Prozent des gesamten französischen Geldvolumens wert, die er im Lauf der Zeit in seinen Besitz brachte. Aber das war ein alter Mann, und selbst wenn man ihn nicht noch loswerden konnte, indem man ihn zum Papst wählen ließ, würde in absehbarer Zeit eine neue Epoche anbrechen. Der König würde allein regieren, und alles würde endlich gut sein. Wie das aussehen sollte? Das musste sich noch zeigen.

KAPITEL 2

Hoffentlich hat Madame de Monaco wenigstens Glück im Spiel

❦

SAINT-GERMAIN-EN-LAYE, 28. JUNI 1665

Das Schloss war zu eng, das Schloss war zu dunkel. Seit irgendein Genie aus Platzmangel auf eine zweistöckige Säulenfassade noch einmal eine zweistöckige Säulenfassade draufgestellt und dann die Obergeschosse durch Zwischendecken halbiert hatte, wusste man nie mehr so recht, in welcher Etage man war, und Korridore gab es auch nicht genug, sodass man entweder ständig durch die Wohngemächer der Hofbeamten laufen oder lästige Umwege machen musste. Ludwig XIV. machte die lästigen Umwege. Der Weg, den er hier mitten in der Nacht ging, war schon krumm genug, und er hatte keine Lust, auch noch über die Behelfsbetten der Kammerdiener des Oberkammerherrn steigen zu müssen. Die Majestät der Sonne ließ sich schwer wahren, wenn sie in unbeleuchteten Gängen mit den Satelliten ihrer Satelliten kollidierte. Seltsam, so allein herumzulaufen, überhaupt allein zu sein. Sicher, auf der Jagd konnte man sich gut in den großen Wäldern verlieren – vorzugsweise allerdings in Gesellschaft –, und als Kind hatte man ihn noch oft allein gelassen, obwohl er ja schon König gewesen war. Aber die Macht, dieser Magnet, der die Höflinge anzieht, war bei seiner Mutter und Mazarin gewesen, während er kaum zwei, drei Dutzend Leute um sich hatte und einmal beinahe in einem Teich ertrunken wäre, weil gerade niemand aufpasste. Die Zeiten freilich waren vorbei.

Hier kam die steile Treppe. Wusste Madame de Monaco eigentlich, was er für sie tat? Aber darin lag natürlich genau das Problem. Diese Leute machten sich keine rechte Vorstellung davon, was es bedeutete, alle Beförderungen und Wohltaten fein austariert auf die vier oder fünf großen Hofparteien aufzuteilen, sie fühlten sich immer zu kurz gekommen, und je vornehmer, desto schlimmer. Diese hier war nun schon die Ehefrau eines reichen Fürsten und Herzogs, selbst Oberste Hofmeisterin der Schwägerin des Königs (obwohl es dieses teuer besoldete Amt eigentlich nur bei der Königin geben sollte), ihr Vater Gramont war Herzog, Feldmarschall, Provinzgouverneur und Chef des Garderegiments zu Fuß, ihr Bruder hatte das gesetzlich garantierte Nachfolgerecht in diesen Ämtern und eine Frau, die Hofdame der Königin war, sodass ein naiver Mensch hätte annehmen können, sie müsse ganz zufrieden sein. Jemand wie Madame de Monaco aber hätte ihm darauf bloß geantwortet, dass sie genau deswegen ja auch lediglich um höhere Spesenzulagen für sich selbst, den Heiliggeistorden für ihren Onkel, ein besseres Regiment für ihren jüngeren Bruder, ein reicheres Bistum für den Schwager ihrer Cousine, das Amt als Obererzieherin des Kronprinzen für ihre Tante und die Generalleutnantsbeförderung für ihren Lieblingscousin Lauzun bitte. Die militärische Unterstützung für den Wunsch ihres Gemahls, endlich Genua, Toskana und Savoyen zu zeigen, dass man Monaco als souveränen Staat ernst nehmen müsse, könne man ja kaum noch als Gefallen verbuchen, wo es hier doch um das eigenste politische Interesse Euer Majestät selbst ging, die sich in ganz Europa solchen Ruhm und solche Macht damit erworben haben, die Schwachen vor den Starken zu schützen ... Nun gut. Über die Spesenzulage konnte man bei Gelegenheit nachdenken.

Und Lauzun war immerhin tapfer und schon zweiunddreißig. Andererseits sollte ein kleiner spitznasiger jüngerer Sohn aus der Gascogne wohl zufrieden sein, die erste Kompanie der Rabenschnabelgarde und ein Regiment italienischer Dragoner zu kommandieren, zumal wenn er es wagte, auf seinen König eifersüchtig zu sein, bloß weil der die Lieblingscousine des kleinen Gascogners mit wohlwollenden Blicken ehrte. Und mit einem diskreten Besuch. Schwer vorstellbar, dass das alles schon so kompliziert gewesen sein sollte, als Ludwigs Großvater Heinrich IV. eine Affäre mit Madame de Monacos Urgroßmutter gehabt hatte, der schönen Corisande, der das Haus Gramont seinen Platz auf der höfischen Landkarte verdankte – und so auch Lauzun den seinen, ausgerechnet. Andererseits: Wie der König dem durch seine natürlich imposante Ausstrahlung gezeigt hatte, dass man Jupiter besser nicht in die Quere kommt, wenn der eine Nymphe durch seine Gunst zu ehren entschlossen war – *das* hätte der Großvater auch nicht besser hinbekommen.

Diese Wendeltreppen sahen alle gleich aus. Ging es hier links weiter? Nicht genug Licht, um die Wandteppiche zu erkennen, ärgerlich. Es machte die Dinge nicht besser, dass die Fürstin von Monaco ihr Appartement logischerweise neben dem der Herzogin von Orléans hatte, also neben der Schwägerin des Königs, in deren Dienst sie stand und deren enge Freundin sie war. Der Herzog von Orléans (Hoftitel einfach: ‹Monsieur› und deswegen für seine Frau Henrietta von England: ‹Madame›) hatte beim Heiraten oberflächlich betrachtet mehr Glück gehabt als der König. Maria Theresia von Spanien, die Cousine und Ehefrau des Königs, hatte wertvolle Erbrechte, aber kein bisschen Esprit, und wenn man ihr eine harmlose Small-Talk-Frage stellte wie etwa, ob sie vor ihrer Heirat einmal verliebt gewesen sei (schwer genug, weil sie immer noch so schlecht Französisch sprach), dann antwortete sie: Wie hätte das gehen sollen, es gab ja in Spanien keinen König außer meinem Vater. Dieses Problem hatte Madame, Herzogin von Orléans nie gehabt, und keineswegs nur deshalb, weil ihr Vater den englischen Thron verlor, als sie noch ein kleines Kind war. Im Pariser Exil ohne Thron aufzuwachsen schärfte gewiss den Geist, aber das gute Aussehen hatte sie doch von ihrer Mutter, durch die sie eine Cousine ihres Mannes und des Königs war – denn gut sahen sie alle drei aus, wenngleich Monsieur immer etwas zu viele Schönheitspflästerchen trug und die auf ihn verschwendeten Reize seiner Gemahlin nur als solidarischer Kenner würdigen konnte, weil eben Frauen insgesamt nicht sein Fall waren.

Nicht ganz überraschend also, wenn vor vier Jahren gleich nach der

Heirat von Monsieur und Madame diese und der König einander so nah kamen, dass selbst ihre nur noch schwer schockierbaren Mütter Einspruch einlegten; gerade war Mazarin gestorben, alle Augen fielen auf den König, der behauptete, nun selbst regieren zu wollen, und da empfahl es sich nicht, als Erstes eine sichtbare Affäre mit der siebzehnjährigen Schwägerin anzufangen. Madames großartige Idee, der König solle vortäuschen, in ihr Kammerfräulein Mademoiselle de La Vallière verliebt zu sein und damit seine Besuche bei ihr rechtfertigen, hatte allerdings schnell die naheliegende Eigendynamik entwickelt, und so war die Schwägerin seitdem einigermaßen verschnupft gegen ihren Monarchen; aber die La Vallière war ein Segen. Die Höflinge nannten sie nicht ohne Grund das zarte Veilchen, sie hatte überhaupt keine Clanpolitik im Kopf und forderte nichts. Um sie auch ohne Madame sehen zu können, deren böse Blicke keinem Rendezvous guttaten, musste Ludwig sie zwar zu sich kommen lassen, aber dafür hatte er Saint-Aignan, den Oberkammerherrn, der zu jeder Tages- und Nachtzeit in die innersten Gemächer des Königs kommen durfte, der nun immer öfter zu später Stunde von einer pro forma Unbekannten im Kapuzenmantel begleitet wurde und der dafür kürzlich einen Herzogstitel erhalten hatte.

Dass dies die einzig praktikable Art war, mit einer unverheirateten Frau unauffällig die Nacht zu verbringen, wusste Ludwig aus Erfahrung, seit er versucht hatte, mit Mademoiselle de La Motte allein zu sein. Das Problem war, dass, erstens, neben den Königskindern die einzigen unverheirateten Frauen bei Hof die adeligen Kammerfräulein *(filles d'honneur)* seiner Mutter, seiner Frau und der anderen Prinzessinnen waren und dass, zweitens, diese Kammerfräulein halb zum Schutz ihrer moralischen Integrität und halb wegen ihres relativ niedrigen Ranges ein gemeinsames Schlafzimmer im obersten Obergeschoss des alten Schlosses hatten, das nachts abgeschlossen wurde und nur durch eine glücklicherweise große Dachluke erreichbar war. Bald nach Beginn seiner Besuche hörte der König eines Tages den Lärm, den fünfundvierzig Schweizer machen, wenn sie schwere eiserne Fenstergitter in die oberste Etage schleppen, und als er nachts wieder vorbeikam, sah er diese Gitter neben dem verschlossenen Eingang des Schlafsaals stehen: Am Folgetag sollten sie in die Dachluken eingebaut werden. Er sorgte dafür, dass sie am nächsten Morgen wieder unten im tiefsten Schlosshof lagen und amüsierte sich dann den halben Tag lang damit, der Oberhofmeisterin Navailles zu erklären, es könne das nur das Werk von Geistern gewesen sein – ihre Idee, die Dachluken zu vergittern, stellte sich bald als die letzte ihrer Hofkarriere heraus. Als aber Mademoiselle de La Motte kurz darauf ein Paar Diamantohrringe von der Sorte ablehnte, wie sie auch Mademoiselle de La Vallière seit kurzem trug, und dabei sachlich richtig feststellte, er habe sich ja noch gar nicht von der getrennt, hatte Ludwigs Interesse an unverheirateten Frauen schnell wieder nachgelassen. Er musste bloß daran denken, und schon war er dem Fürsten von Monaco nicht nur für seine zuverlässige Abwesenheit dankbar, sondern auch dafür, dass er Catherine-Charlotte de Gramont geheiratet und ihr damit das Recht gegeben hatte, wie eine Erwachsene im eigenen Appartement zu wohnen.

Endlich war er auch dort angekommen. Da drüben wäre es zu seiner Schwägerin Orléans gegangen, was insofern passte, als es ja sichtlich deren Idee gewesen war, die Freundin Monaco auf den König anzusetzen: Rache an der La Vallière, natürlich, aber vielleicht auch ein hochentwickelter Sinn für Symmetrie, da sie selbst inzwischen eine vorsichtige Liaison mit Madame de Monacos Bruder Guiche angefangen hatte, dem enttäuschten Ex-Freund der La Vallière also. Am klaustrophobischen Ambiente dieses Schlosses war nicht nur das Gebäude schuld. Hier war die Tür, in der die Monaco rechtzeitig zu zwei Uhr morgens den Schlüssel hatte stecken lassen sollen, aber wo war der nun? Ludwig klopfte vorsichtig, dann etwas weniger vorsichtig, während er fast gar nicht fluchte. Falls der Lärm irgendwen in den benachbarten Räumen aufschreckte, würde sein diskret gemeinter Besuch innerhalb eines halben Tages so bekannt werden, dass man auch gleich einen fünfseitigen Bericht in der *Gazette de France* hätte abdrucken können. Er hätte genauso gut den dicken Vivonne schicken können, um Madame de Monaco zu sich bringen zu lassen (aber dessen Schwester war Madame de Montespan, die frommste Hofdame und Freundin der armen Königin) oder Soyecourt (aber der würde ihr ungefragt Geschichten von seinem erotischen Stehvermögen erzählen) oder Créquy (aber dessen Frau verriet alles dem Kriegsminister, obwohl sie so dumm war, dass man sagte, ihr Mann müsse sie jeden Morgen wie eine stehengebliebene Uhr aufziehen) oder Bouillon (aber dessen Frau war die Schwester seiner ersten Freundin Maria Mancini und nahm ihm wahrscheinlich noch übel, dass er Maria mit dem eifersüchtigen Papstneffen Colonna hatte verheiraten lassen) ... Auf der anderen Seite der Tür war jetzt eine Stimme zu hören. Madame de Monaco erklärte, sie wisse wirklich nicht, was hier passiert sei, sie sei untröstlich, es gebe nur diesen einen Schlüssel und der sei unauffindbar verschwunden, nein, trotzdem sei von außen abgeschlossen, sie verstehe das auch nicht, habe den Schlüssel doch gerade erst dorthingesteckt, und um auf der anderen Seite in ihre Zimmer zu kommen, müsse man durch das Appartement der Marschallin du Plessis hindurch, wovon sie mit Blick auf den schlechten Schlaf der alten Dame nur abraten könne, man werde sich im Moment wohl mit der unfreiwilligen Komik der Situation trösten müssen, vielleicht morgen zur selben Zeit? Und nein, natürlich habe sie niemandem von ihrem Plan erzählt ... hallo? Sire? Sind Euer Majestät noch da?

Der Kammerzofe, die neben der untröstlichen Fürstin von Monaco stand, kann es nicht schwergefallen sein, still zu bleiben und an etwas anderes zu denken, während ihre Herrin mit dem König sprach und dann seinen sich entfernenden Schritten lauschte. Fast hätte sie wohl Grund gehabt, sich zu wünschen, dass die Fürstin ihr wirklich nichts gesagt und den Schlüssel einfach selbst von außen ins Schloss gesteckt hätte, zumal wenn sie sich ausmalte, was passieren könnte, falls das alles herauskäme. Aber dann dürfte sie wieder daran gedacht haben, wie viel gutes Ackerland sie und ihr Verlobter sich von dem unsagbar vielen Geld würden kaufen können, das Lauzun ihr gegeben hatte; vielleicht sprang sogar noch der Kaufpreis für einen Posten bei der Salzsteuerpolizei heraus. Sie würde fast eine Dame sein, sie würde selbst Kammerzofen haben und streng darauf achten, dass die nicht etwa die nur halb abgebrannten Kerzen heimlich weiterverkauften, wie das hier ständig passierte, und niemand würde je ahnen, dass sie dafür nicht mehr getan hatte, als auf Lauzuns Wunsch den Schlüssel eine Stunde zu früh in die Tür zu stecken. Als sie seine Schritte hörte und dann das Geräusch, als er die Tür abschloss, war die Vorstellung natürlich beunruhigend gewesen, sie könnte als seine Komplizin ertappt werden. Aber Stil hatte der Spitznasige, und wenn die Kammerzofe Lauzun schon nicht in der Schlacht bei den Dünen hatte zusehen können, wie er an der Spitze seiner Dragoner die Spanier angriff, so erinnerte sie sich doch immerhin daran, wie er vor drei Jahren bei Madame de Monacos erster und bisher einziger Reise in das Fürstentum des Ehemannes deren Kutsche Tag und Nacht gefolgt war, immer abwechselnd als Lakai, Mönch oder Handelsreisender verkleidet. Wie er vorhin im Weggehen den Schlüssel mit einer seiner eleganten Gesten aus dem nächstbesten Fenster geworfen haben musste: Dabei hätte die Kammerzofe zweifellos gerne zugeschaut.

Nichts wäre leichter, als in diesen Verwicklungen einfach eine vergoldete Version jener Dramen zu sehen, die sich auch heute noch weltweit auf Pausenhöfen oder in Jugendherbergen abspielen. Die handelnden Personen mochten etwas älter sein als Teenager (von Lauzun abgesehen waren die oben genannten Hauptfiguren zwischen 21 und 27 Jahre alt). In allem anderen scheinen sie doch bestenfalls verwöhnten Twentysomethings unserer Zeit zu ähneln, seien es nun die ständig wechselnden und überdeutlich kompetitiven Verliebungen, das Nebeneinander von großer Theatralik und ironisch-altklugen Dialogen, die irrsinnigen Frisuren oder die Gewohnheit, Zugehörigkeit zur In-Group durch exklusive Kleidungsstücke zu markieren. In jedem Fall gab es hier scheinbar nichts zu sehen, was ernsthafte Historiker interessieren müsste, und so blieben denen, die dennoch über Hof und Staat Ludwigs XIV. schreiben wollten, nur zwei Möglichkeiten. Man konnte und kann bis heute sich entweder begeistert ins Triviale stürzen, ohne mit der Wimper zu zucken, und über diese Welt genauso schreiben, wie man es auch über das Privatleben heutiger Prominenter täte, also in einer Weise, die von ihren Anhängern in der Regel mit Adjektiven wie *süffig, köstlich, pikant* oder *herrlich verrucht* gelobt wird und bei der weder Autoren noch Leser Gefahr laufen, sich besonders anzustrengen: Das ist natürlich erlaubt, wird aber auch seit dreihundert Jahren gemacht und ist in der Zwischenzeit nicht unbedingt interessanter geworden.

Das größere Risiko liegt jedoch gerade in der anspruchsvolleren Position, wie seriöse Historiker sie lange vertraten und teilweise heute noch vertreten. Aus dieser Sicht wäre das Leben bei Hof nicht einfach nur unwichtig gewesen, sondern sogar eine regelrechte Ablenkung von der *eigentlichen* Geschichte jener Zeit. Während nämlich in Saint-Germain-en-Laye, im Louvre und dann in Versailles ein sinnloses Glasperlenspiel um Rang, Etikette und Königsgunst den Adel abgelenkt und dekadent gemacht habe, so geht die große Erzählung, hätten im Rest des Landes fleißig-bürgerliche oder höchstens neuadelige Bürokraten wie die Minister Colbert und Louvois den effizienten Staatsapparat ebenso wie die rationale Wirtschaft erfunden und so eine Maschine aufgebaut, die letztlich auch König und Adel überflüssig machte; die Revolution von 1789 habe dann mit der Guillotine endgültig beseitigt, was schon lange vorher nur noch Anachronismus und Fassade gewesen sei. So etwa sahen es lange die Historiker und sehen es heute noch die Schulbücher, weil die wie immer den Erkenntnissen der Wissenschaftler um etwa eine Generation hinterherhinken. Das große Problem dieser Idee von relevanter und irrelevanter Geschichte ist aber nun nicht einfach bloß, dass sie sehr leicht sehr langweilige Resultate produziert oder dass diese Art von Geschichtsschreibung sehr schnell selbstgerecht und staatstragend wird – nur was zu uns hinführte und unseren Idealen entspricht, ist wichtig, und alles andere haben die Leute sich im Grunde doch bloß eingebildet, weil sie so viel naiver waren als wir. Wie unsinnig jedoch solch teleologische Wahrnehmung ist, zeigt schon ein sehr einfaches Gedankenexperiment. In dreihundert Jahren wird die Welt von Ideen und Mächten dominiert werden, deren Wurzeln hier und heute existieren, ohne dass wir wissen könnten, welche es sind. Dagegen können wir, weil wirklich jede historische Betrachtung das belegt, mit ziemlicher Sicherheit wissen, dass beinahe alles, was wir heute als selbstverständlich und wichtig ansehen, in dreihundert Jahren nicht nur anders sein wird, sondern auch so aussehen muss, als habe es nirgendwohin geführt. Ist es aber deswegen schon im Hier und Jetzt so unwichtig, dass spätere Historiker es einfach ausblenden sollten? Die rein didaktische und nur auf die Gegenwart bezogene Geschichtsschreibung in dreihundert Jahren wird auch unsere Zeit unter der Überschrift «Der Aufstieg des X» verbuchen, weil der, die oder das X in dreihundert Jahren den Ton angeben wird. Ob man für X nun Salafismus, Scientology, denkende Maschinen, sprechende Affen oder etwas Erfreulicheres einsetzen will, ändert nichts daran, dass so eine Art der Geschichtsschreibung das Fremde der Vergangenheit immer als Erstes unter den Tisch fallen lässt und damit auf genau den Teil der Geschichte verzichtet, der die Gegenwart am ehesten zur Selbstreflexion anregen könnte.

Noch stärker als dies allgemeine Argument spricht gegen die These vom Hof als Nebengleis freilich die Tatsache, dass sie im konkreten Fall schlichtweg falsch ist. Es ging in Versailles sehr wohl um etwas. Es ging um die Macht.

Um die Macht ging es am Hof Ludwigs XIV. nicht einfach nur deshalb, weil er der nominelle Herrscher über zwanzig Millionen Menschen war und auch de facto gegen ihn keine Politik in Frankreich Erfolg haben konnte. Damit wäre noch nicht viel gewonnen, denn das allein würde die höfische Welt immer noch bloß so mäßig relevant machen, wie es das Privat- und Familienleben der Mächtigen unserer eigenen Zeit ist – manchmal amüsant, aber doch nichts, woraus sich ernsthaft viel Wichtiges erklären ließe. Höfe wie der des Sonnenkönigs sind nicht etwa nur deshalb historisch interessant, weil man an ihnen wie unter dem Vergrößerungsglas die Mentalitäten und Kulturgeschichte einer ganzen Epoche beobachten kann, obwohl das tatsächlich allein schon Grund genug wäre, sie näher zu beleuchten. Der Hof des Sonnenkönigs war vielmehr der Ort, an dem tatsächlich das gemacht wurde, was man die Politik der damaligen Zeit nennen kann. Dies schon deshalb, weil die Minister des Königs, ohne aus dem Hofadel zu stammen, doch ab Amtsantritt automatisch zum Hof gehörten; ihre Ernennung und ihr Sturz lagen in der Hand eines Königs, den der höfische Adel wie eine Mauer umgab und vom Rest des Landes trennte. Zwar konnte fast jeder Franzose den König sehen und ihm oft unglaublich nah kommen. Mit der bezeichnenden Ausnahme der «allerletzten Volksklassen» und der Mönche wurden alle Personen in die königlichen Paläste eingelassen, die bereit waren, bestimmten Dienern ein Trinkgeld zu geben und sich notfalls am Eingang einen Degen auszuleihen, da man Besucher ohne standesgemäße Waffe selbstverständlich nicht in die unmittelbare Nähe des Staatsoberhaupts gelassen hätte. So konnten schon damals Touristen in der Spiegelgalerie oder beim öffentlichen Essen des Monarchen bis auf wenige Meter an ihn herankommen, ihn sprechen hören, wenn er denn mal sprach – wahre Macht schweigt lieber –, und ihm bei allerhand Zuschauersport zuschauen; allgemein lobten Besucher beispielsweise später die Eleganz, mit der Ludwig XV. ein Frühstücksei köpfen konnte. Aber mit ihm sprechen, womöglich gar ungestört und zu einem günstigen Zeitpunkt? Das konnten neben den wenigen Ministern und Militärkommandeuren allein die Inhaber der Hofämter, die ständig um den Herrscher waren und ihn aus der Nähe beobachten konnten wie sonst keiner. Das hätte sie wichtig genug gemacht; allerdings muss man sie nur mit der Entourage heutiger Machthaber vergleichen, um zu erkennen, wie viel besser sie dastanden.

Was Ludwig XIV. bei Hof umgab, das waren nicht einfach irgendwelche Bediensteten (die gab es auch und nicht zu knapp, aber hier geht es nicht um sie). Es war die gesellschaftliche und Besitzelite; es war der alte ritterliche Schwertadel, Familien, die seit Jahrhunderten direkt über Tausende von Untertanen regierten, die noch vor wenigen Jahrzehnten oft erfolgreich die Krone bekriegt hatten und deren Anspruch, mehr wert zu sein als alle anderen, von niemandem im ganzen Land fundamental in Frage gestellt wurde. Noch gab es praktisch keine Industrie, und so waren diese Familien mit ihrem Landbesitz die Reichsten des Landes. Selbst die Bankiers und Finanzleute, die ihre Geschäfte fast ausschließlich mit der Verwaltung der Staatsfinanzen und nur ganz gelegentlich auch mit anderen Unternehmungen machten, liehen sich den Großteil ihres Kapitals beim hohen Adel und hingen von dessen Protektion ab; wenn die Geschäfte gut gingen, dann verkauften auch diese Neureichen als Erstes ihr Unternehmen, um stattdessen Land, dann Ämter zu kaufen und so schrittweise in den Adel aufzusteigen, wie es jedermanns Traum war. In den Provinzen mochte zwar die Zeit der vom Adel geführten Rebellionen vorbei sein; aber auf jeden der lächerlich wenigen ‹modernen Bürokraten› kamen Hunderte von Amtsträgern, über die die Krone faktisch keinerlei Kontrolle hatte und die alle den über Jahrhunderte gewachsenen Klientelnetzwerken der großen Adelsfamilien angehörten. Der Staat des Sonnenkönigs mochte langsam hier und da etwas effizienter gemacht werden, aber selbst sein Anspruch blieb extrem beschränkt und umfasste eigentlich nur die Rechtspflege, den Schutz des wahren Glaubens und die Verteidigung des Landes gegen innere und äußere Feinde. Die Rechtsprechung war völlig in der Hand des Justizadels *(noblesse de robe)*, der die Richterämter kaufte und vererbte. Die religiöse Aufsicht und nebenher ein gutes Stück der Verwaltung lag in den Händen von Bischöfen, die nicht etwa in Rom, sondern in Versailles ernannt wurden und daher fast alle jüngere Söhne entweder des Schwert- oder des höchsten Justizadels waren.

Die Landesverteidigung schließlich war die einzige Zuwachsbranche. Spätestens der Dreißigjährige Krieg hatte allen Mächten Europas gezeigt, dass es nicht mehr reichte, bei Bedarf Söldner anzuwerben oder gar wie noch im Mittelalter sich auf das Aufgebot der adeligen Lehensbesitzer zu verlassen: Als Ludwig XIV. diesen «Heerbann» 1674 zum letzten Mal einberufen ließ, kamen aus den Provinzen fast nur noch Don-Quijote-Gestalten mit verrosteten Schwertern und altersschwachen Pferden, «die übelsten Truppen der Welt». Alle irgendwie solventen Adeligen hatten sich längst in das moderne und permanente Heer des Königs eingekauft und dienten dort nicht mehr als Einzelkämpfer, sondern als Offiziere einer immer größer werdenden Armee. So hatte der höfische Adel das Monopol auf die Kommandoposten, während die vornehmste Aufgabe des Königs in seiner eigenen Sicht immer noch darin bestand, an der Spitze dieses Heeres Ruhm und

Macht seiner Dynastie zu vergrößern und seine europäischen Konkurrenten zu übertrumpfen. Da ist es kein Wunder, dass die Kosten für dieses Militär in Kriegszeiten bis auf 90 % des Staatshaushaltes ansteigen konnten; das Wort Politik bezeichnete entweder nur die Außenpolitik (nur die war es wirklich wert, dass der König sich mit ihr abgab) oder sonst gleich auch die Geschicklichkeit von Privatpersonen im Kampf um materielle und Status-Vorteile. Frankreich war das reichste Land Europas, aber da Adel und Klerus weitgehend steuerbefreit blieben und die Mechanismen zur Einziehung von Steuern an allen Ecken und Enden korrupt und ineffizient waren, diente im Grunde fast der ganze moderne Staatsapparat einzig dazu, Geld aus dem Land herauszuholen, mit dem die Armee, der Hof und sonst nahezu nichts finanziert wurden. Seit der Fronde hatten alle Angehörigen der Elite die formale Dominanz des Königs akzeptiert, weil sie begriffen, dass sie in Zusammenarbeit mit der Krone ungleich mehr aus dem Land herausholen konnten als gegen sie. Zwar regierte der alte Schwertadel das Land nicht allein, wie das der polnische Adel tat und es bald auch der britische Adel versuchen würde, aber man konnte das Land auch immer noch nicht gegen ihn regieren. Politik hieß hier, wo es keine Linke oder Rechte gab, wo um Religion nicht mehr und um moderne Ideologien noch nicht gekämpft wurde, einfach das Verschieben von Besitz und Macht zwischen einigen Dutzend großen Familien und ihren Anhängern, sei es durch reiche Heiraten, Rang (der reiche Heiraten ermöglichte), königliche Geldgeschenke oder große Ämter. Der königliche Hof aber war dafür der alles entscheidende Marktplatz, die adeligen Höflinge gleichzeitig Börsenmakler und Großinvestoren, der König der zu manipulierende Schiedsrichter und niemand so nah an ihm wie die jeweilige ‹maîtresse en titre›. Was wie Privatleben aussah – ein Begriff, mit dem die Zeitgenossen überhaupt nichts hätten anfangen können –, war immer auch und oft nur Politik.

Etwa zur selben Zeit im Juli 1665, als der Sonnenkönig zwischen tausend Regierungsangelegenheiten, Zeremonien und Vergnügungen darüber nachdachte, wie es mit ihm, Madame de Monaco und Lauzun weitergehen sollte, hatte auch der auf andere Weise überlastete Finanzminister Colbert Gelegenheit, sich über diese Leute seine Gedanken zu machen. Es ist mehr als wahrscheinlich, dass er sie so verachtete, wie jeder talentierte Aufsteiger die planlosen Kinder des Privilegs verachtet. Der strenge, harte Fünfundvierzigjährige hatte schon in seinem eigenen Milieu keine Freunde und war etwa so herzenswarm, wie sein Beiname «der Norden» es andeutet. Er mag auch ernsthaft geglaubt haben, dass harte Arbeit und wirtschaftlicher Erfolg das einzig Solide seien, aber als Finanz- und Wirtschaftsminister hätte er dergleichen als Rollenprosa so oder so behaupten müssen. Selbst wenn er wirklich ungewöhnlich moderne Ideale gehabt haben sollte, war doch seine Karriere genauso auf eine völlig opportunistische Clanpolitik gegründet wie die der Höflinge oder die seines wichtigsten Konkurrenten, Kriegsminister Louvois. Um den von ihm kontrollierten Teil der Staatsmaschinerie effizienter zu machen, säuberte Colbert die Administration von den Klienten, Cousins und Stiefschwiegeronkeln des Vorgängers und ersetzte sie durch seine eigenen. Das Problem war nur, dass das nicht reichte, denn wenn auch seine Familie längst ein großes Netzwerk aufgebaut hatte, so bestand das doch infolge seiner wenig vornehmen Herkunft bisher noch allein aus Finanziers und Juristen, die allesamt bei Hof keinen Platz hatten. Um sich abzusichern, um den König ständig überwachen zu lassen und von möglichst vielen Seiten beeinflussen zu können, brauchte er Verbündete aus der höfischen Aristokratie. Verbündete aber hieß in dieser Clanwelt, in der das Interesse der Familien immer über dem der Individuen stand, notwendigerweise Verwandte. Aus seinen schon vorhandenen Verwandten konnte Colbert keine Höflinge machen: Alle Welt wusste, dass er nur der Sohn eines Wollhändlers war, und so würde noch für mindestens drei oder vier Generationen kein Träger des Namens Colbert vollkommen zum höfischen Adel dazugehören können. Wenn der Minister dennoch genealogisch «beweisen» ließ, dass er über eine endlose Reihe schottischer Ritter vom Heiligen Cuthbert abstammte und später vorsichtshalber auch noch gefälschte mittelalterliche Gräber in die Kirchen seiner Heimatstadt einbauen ließ, dann folgte er damit ebenso den Spielregeln seiner Gesellschaft, wie es jene Zeitgenossen taten, die darüber nur lachten (also ausnahmslos alle). Für die Absicherung sowohl seiner eigenen Macht als auch der des zum Nachfolger bestimmten Sohnes würden daher nur die Töchter Colberts sorgen können, indem sie Familienchefs aus höfischem Adel heirateten. Die älteste war inzwischen fünfzehn, und so wurde es höchste Zeit, einen geeigneten Kandidaten zu finden.

An sich hätte Colberts bisherige Laufbahn ihm nicht nur die Notwendigkeit eines solchen Bündnisses beweisen, sondern auch den optimalen Schwiegersohn erkennbar machen sollen. Er war stets die rechte Hand von Kardinal Mazarin gewesen, sein Mann für finanzielle Finessen und schmutzige Geschäfte. Mazarin seinerseits war nicht nur der Nachfolger, sondern auch der Zögling von Kardinal Richelieu gewesen und hatte erlebt, wie nah selbst dieser aus altem Adel stammende und scheinbar allmächtige Premierminister oft daran gewesen war, Amt und Leben zu verlieren, weil irgendein hirnloser Prinz oder Höflingsjüngling den König gegen ihn einnahm. Mazarin hatte es zwar besser gehabt, weil er mit der loyalen – und wohl auch mehr als ein wenig in ihn verliebten – Königinmutter zusammenarbeitete, aber gleich nach seinem Tod hatte sich gezeigt, dass Ministerkarrieren noch immer unglaublich nah am Abgrund entlang verliefen. Colbert war stolz darauf, dem jungen König als Erster suggeriert zu haben, er müsse den Untertanen die Ernsthaftigkeit seiner neuen Alleinherrschaft beweisen und im Interesse seines unsterblichen Ruhmes deutlich machen, dass es wirklich nie wieder einen Premierminister geben werde. Wie aber hätte man das besser beweisen können als durch die demonstrative Vernichtung desjenigen Politikers, der der logischste Kandidat für dieses Amt war? So hatte man 1661 wenige Monate nach Mazarins Tod völlig überraschend den Finanzminister Fouquet verhaftet und vor ein Sondergericht gestellt, welches ihn wegen all der illegalen Manipulationen anklagte, ohne die das System der Staatsfinanzen keine zwei Wochen lang funktioniert hätte. Selbst dieses nach allen Regeln der Kunst beeinflusste Gericht verurteilte Fouquet nach dreijährigem Prozess nur zu lebenslänglicher Verbannung. Da der König sich jedoch dazu überreden ließ, sein Begnadigungsrecht hier etwas pervers anzuwenden und Fouquet zu lebenslanger Festungshaft zu ‹begnadigen›, war Colberts einstiger Rivale vor nunmehr einem halben Jahr in Begleitung des Musketierkommandeurs d'Artagnan aus der Bastille in die alpine Gefängnisburg Pignerol gebracht worden. Gerade jetzt erfuhr man, dass dort ein Pulvermagazin explodiert war und den Turm beinahe ganz zerstört hatte, in dem Fouquet lebte; nur durch ein Wunder hatten er und sein Kammerdiener überlebt. So weit, so gut für Colbert, der die Nachfolge des Verurteilten antrat und sich jetzt mit Louvois und dessen Vater die administrative Macht teilte, die Mazarin noch allein besessen hatte. Aber er wusste zu gut, dass er Fouquet nur mit Hilfe hochgeborener höfischer Einflüsterer hatte vernichten können. Diese Frauen und Männer, diese Clans waren dieselben, deren Kinder jetzt um die Gunst Ludwigs XIV. kämpften und damit um jenen Einfluss, mit dem sie auch Colbert gefährlich werden konnten. Ohne dauerhaftes Bündnis würde er im Amt nicht alt werden.

Colberts Vorbild Mazarin hatte eine große Klientel aufgebaut, deren Kern natürlich seine Familie war, und sieben Nichten in die wichtigsten Dynastien des Hofes verheiratet. Eine von ihnen war Maria Mancini, die erste Liebe Ludwigs XIV., eine andere die Oberstofmeisterin der Königin Madame de Soissons und eine dritte die kokette Frau des Großkämmerers Bouillon, der seinerseits ein Cousin des Duellanten Talmond war. Zur Krönung seines dynastischen Lebenswerks aber hatte Mazarin seinen Clan mit demjenigen vereinigen wollen, den Richelieu hinterlassen hatte und zu dem am Rande auch Madame de Monaco, ihr Vater Gramont und ihr Bruder Guiche gehörten. Mazarin hatte deshalb 1661 noch auf dem Sterbebett seine zur Haupterbin eingesetzte Nichte Hortense Mancini mit einem Großneffen Richelieus verheiratet, der dadurch Herzog Mazarin, Gouverneur des Elsass, Großmeister der Artillerie und einer der größten Landbesitzer Frankreichs wurde. Da Mazarin unmittelbar danach starb, fiel automatisch seiner bisherigen rechten Hand Colbert auch die Rolle des kompetenten Managers dieses vereinten Richelieu- und Mazarin-Clans zu, und so wäre normalerweise ganz klar gewesen, wo seine Tochter möglichst bald einheiraten sollte. Leider aber verhielten sich die Mazarin-Erben praktisch vom ersten Tag an so, als hätte ihr einziger Ehrgeiz darin gelegen, später einmal als Musterbeispiel für schiefgelaufene Clanpolitik berühmt zu werden. Es mag zwar feindselige Erfindung gewesen sein, dass die vierzehnjährige Hortense Mancini und ihre Geschwister sich die letzten Stunden am Sterbebett des ungeliebten Onkels damit vertrieben hätten, massive Goldmünzen aus dem Fenster ihres Pariser Stadtpalais zu werfen und sich daran zu amüsieren, wie die Kanaille da unten sich darum prügelte, bevor sie erleichtert «Endlich ist er krepiert» ausriefen, aber es passt unerfreulich gut zu allem, was folgte. Der frischgebackene Herzog Mazarin behandelte nicht nur seine Frau so schlecht, dass sie sich schon nach wenigen Jahren absetzte und eine erfolgreiche Zweitkarriere als Geliebte des englischen Königs startete. Er war auch dermaßen fanatisch religiös, dass er sämtlichen Skulpturen der riesigen Sammlung Mazarin die Genitalien wegmeißeln ließ, den Bäuerinnen seiner Ländereien zur Vermeidung unzüchtiger Gedanken das Kühemelken verbot und später nur mit Mühe daran gehindert werden konnte, seinen Töchtern zur Vermeidung von Liebschaften sämtliche Zähne ziehen zu lassen. Zum Jahresende 1664 erbat er eine Audienz beim König und erklärte diesem stolz, er habe vom Erzengel Gabriel erfahren, dass Ludwigs Liaison mit Mademoiselle de La Vallière an allen Problemen des Landes schuld sei. Der König erklärte ihm mit jenem feinen Takt, den man wohl nur durch lebenslang ununterbrochenes Belästigtwerden einüben kann, er wisse schon lange, dass der Herzog Mazarin dort (auf die Stirne zeigend) eine Verletzung habe, und wolle ihn daher jetzt nicht länger aufhalten.

Die Selbstsabotage der Mazarin-Erben aber fing gerade erst an. Ende März 1665 flog das Komplott auf, mit dem Madame de Soissons, der Monaco-Bruder Guiche und ihr höfischer Freund Vardes drei Jahre zuvor ebenso riskant wie inkompetent die Königsmätresse Mademoiselle de La Vallière zu stürzen versucht hatten; Vardes kam in die Bastille, Madame de Soissons wurde auf ihre Ländereien exiliert, während Guiche Ludwigs «Erlaubnis» erhielt, sofort in niederländische Kriegsdienste zu gehen. Ihre Hofämter garantierten ihnen zwar, dass sie früher oder später zurückkommen konnten, aber diskreditiert waren sie doch. Der einzige noch unverheiratete Mazarin-Neffe Nevers währenddessen war nicht nur homo- oder bisexuell, sondern hatte – viel schlimmer – auch einfach keine Lust, sein Oberkommando bei der Musketierleibgarde auszuüben, obwohl Colbert ihn bekniete, sich dazu herabzulassen; die Musketiere waren das Lieblingsspielzeug des Königs, und so hätte ein vernünftiger Höfling denkbar viel aus diesem Posten herausholen können. Stattdessen stand nun nur noch das Haus Bouillon halbwegs gut da, dessen ältester Familiensohn aber gerade fünf Monate alt und eben erst getauft worden war: Bis der heiraten würde, konnte Colbert nicht warten. Vielleicht auch ganz gut so, denn mit dieser Familie ging es langfristig keineswegs besser weiter. Faktischer Chef der Dynastie war nicht der mit einer Mazarin-Nichte verheiratete Herzog, sondern sein Bruder, der als Sechsundzwanzigjähriger unter dem Spitznamen «das rote Kind» Kardinal wurde, weil sein mächtiger Onkel endlich auch zum Katholizismus übergetreten war, und den der König bald danach an die Spitze der Hofgeistlichkeit erhob. In ihm mischte sich hohe Intelligenz mit einem an Größenwahn grenzenden Stolz, der selbst im Hofadel dieser Zeit ungewöhnlich war und ihn in immer dramatischere Kollisionen mit Ludwig XIV. brachte. Währenddessen verwickelte sich die Mazarin-Nichte Herzogin von Bouillon in die berüchtigte Giftmischer-Affäre von 1680; vor dem einschlägigen Sondergericht erschien sie mit ihrem Ehemann an einem Arm und ihrem Liebhaber (der zugleich ihr Neffe war) am anderen, gab zu, zur Beseitigung ebendieses Ehemannes den Teufel beschworen zu haben, und antwortete auf die Frage, wie der ausgesehen habe: «schwarz, klein und hässlich – wie ein Gerichtspräsident». Nach alldem kam es schon fast gar nicht mehr darauf an, dass auch der 1665 geborene Stammhalter Prince de Turenne das Amt des Großkämmerers extrem nachlässig ausübte und einmal Ludwig XIV. beim Ankleiden mit seinen ledernen Handschuhen auf die Nase schlug. Was erfahrene Höflinge an den Bouillons am meisten bewunderten, war daher ihre Fähigkeit, sich zu entschuldigen und die Bestrafung der jeweils schuldigen Familienmitglieder zu versprechen, worin nach Ansicht eines Hofkollegen «die für sie regelmäßige Notwendigkeit ihnen allen große Erfahrung verschafft hatte». Am aufschlussreichsten ist freilich, dass später selbst Hochverrat mitten im Krieg nicht ausreichte, um dieser Familie das wunderschöne Großkämmereramt abnehmen zu lassen, welches sie vielmehr bis zur Abschaffung der Monarchie 1792 ungestört behielten: Wenn solche Familien sich nur erst einmal bei Hof festgeklammert hatten, waren sie sehr bald «too big to fail».

So hatte Colbert eben jetzt die unnütze Sippschaft seines ehemaligen Meisters endgültig abgeschrieben und stattdessen Heiratsverhandlungen mit dem Oberkammerherrn Saint-Aignan eröffnet. Dessen unverheirateter Sohn war bereits zum zukünftigen Nachfolger des Vaters ernannt, und dieser Vater war seinerseits ein enger Vertrauter des scheuen Veilchens, der Königsmätresse La Vallière, saß also an einem potenziell wichtigen Hebel der Macht. Außerdem würde diese Ehe mit einem zukünftigen Herzog der Colbert-Tochter auch den höchsten Rang unterhalb der Königsfamilie garantieren: Wenn sie das erste Mal in Gegenwart der Königin auf einem Hocker säße, während das Gros des Adels stehen musste, dann musste alle Welt sehen, wie viel der Wollhändlersohn für die Seinen erreichen konnte, und seine Feinde würden wieder ein wenig zaghafter werden.

Angesichts so schöner Aussichten kann man sich ausmalen, wie irritierend es für Colbert sein musste, nun von höfischen Freunden zu erfahren, dass der König sich offenbar von La Vallière ab- und Madame de Monaco zuwandte. Falls das wirklich passieren sollte, dann konnte Colbert mit seiner ganzen höfische Klientelpolitik wieder bei null anfangen und noch dem Himmel danken, wenn keiner der vielen Rivalen die neue Mätresse gegen ihn benutzen würde. Die höfische Jugend mochte ja frivol und lächerlich knallbunt sein (Colbert trug als Angehöriger des Justizadels stets nur schwarze Roben), aber sie alle hatten kalt kalkulierende Großmütter, Onkel oder Tanten, die das große Spiel der Clanpolitik nur zu gut beherrschten. Ein Glück also, dass unter den vielen Dutzend Briefen, die täglich bei Colbert eingingen und letztlich seinen Tod durch Überarbeitung verursachen würden, heute auch einer aus den Pyrenäen war, in dem genau das stand, was er brauchte. Dort war vor einiger Zeit ausgerechnet auf den Gütern von Madame de Monacos Vater Gramont eine Revolte gegen die Salzsteuer ausgebrochen, und wenn auch Gramont sich nicht mehr an die Spitze des Ganzen setzte, so verhinderte er – als ständig bei Hof befindlicher Gouverneur der Provinz – doch lange einen Militäreinsatz. Außerhalb der Städte hatte das Ancien Régime nahezu keine Polizeikräfte, und wenn es lokale Unruhen gab, dann blieb der Krone nur entweder Überredung der Rebellen durch die örtlichen Eliten, brutale militärische Repression oder – oft genug – diskretes Wegschauen. Der örtliche Intendant, also der einzige von Paris kontrollierte Beamte der ganzen Provinz, hatte Colbert schon oft berichtet, dass der Adel die Rebellen schütze, und erst vor kurzem hatte man es geschafft, wenigstens die pommerschen Dragoner des Obersten Podewils sowie das halb italienische Regiment Lauzuns dorthin zu schicken, wo sie die Provinz Béarn genauso ausplünderten, wie sie es im Feindesland getan hätten. Nun erfuhr Colbert, dass der Rebellenführer ausgerechnet in einem Wald neben dem Hauptort der Gramont-Ländereien gestellt worden war und nur deswegen entkommen konnte, weil die Soldaten des Gramont-Neffen Lauzun sich mit der Verfolgung erstaunlich viel Zeit gelassen hatten. Sollte man das nicht dem König mitteilen und wortreich bedauern, dass eine so loyale und dem Königshaus so zu Dank verpflichtete Familie wie die von Madame de Monaco in letzter Zeit so wenig Gelegenheit gehabt habe, ihre Loyalität praktisch zu beweisen?

Ludwig XIV. traute zwar Colbert und den anderen Ministern grundsätzlich nur in Maßen und lehnte ihre Vorschläge oft blind ab, damit sie sich nicht zu viel auf ihre Macht einbildeten; diese Information aber kam ihm gerade recht, denn sie gab eine bessere offizielle Begründung für seinen eben gefassten Entschluss ab als das, was tatsächlich passiert war. Auf die Idee, Lauzun zu seinen Dragonern ins ferne Gebirge zu schicken, war der König schon von allein gekommen, aber als er ihm das befohlen hatte, entstand daraus eine unschöne Szene. Lauzun hatte seinen Degen gezogen und vor den Augen Ludwigs zerbrochen, weil er einem Herrscher, der ihm zumutete, wegen solchen Kleinkrams den Hof zu verlassen, sein Leben lang nicht mehr dienen wolle. Wenn Ludwig XIV. auch nur halbwegs so tickte, wie die Quellen es nahelegen, dann muss er in diesem Moment bei aller Empörung doch vor allem erleichtert gewesen sein: Das respektlose Verhalten Lauzuns setzte ihn ins Recht und gab ihm Gelegenheit zu einer jener wohlbedachten «belles actions», die für die Zeitgenossen seinen Ruf als großer König mindestens ebenso ausmachten wie all die nützlichen Infrastrukturprojekte Colberts. Jedenfalls nahm Ludwig nun seinen großen Elfenbein-Spazierstock in die Hand, warf ihn aus dem Fenster, sagte Lauzun und den Umstehenden, es hätte ihm leidgetan, wenn er einen Edelmann hätte schlagen müssen, und drehte sich dann auf dem Absatz um. Im Nebenzimmer diktierte er den in solchen Fällen üblichen Brief an d'Artagnan von der Musketiergarde und ließ dem Gouverneur der Bastille ausrichten, der Gefangene Lauzun solle zum Zeichen besonderer Ungnade ohne einen einzigen Diener inhaftiert werden.

Die Bastille war ein seltsames Gefängnis. Die in die Pariser Stadtmauern eingefügte Turmkonstruktion aus dem Mittelalter gab einerseits einen düsteren und bedrückenden Haftort ab und galt doch andererseits für die Adeligen, die dorthin kamen, gewissermaßen als erste Adresse in Sachen Gefängnis. Anders als im Fall der wenigen regulären Gefängnisse galt es nicht als entehrend, hier gewesen zu sein, und gerade für hochrangige Adelige wurde das «embastillement» oft wie eine Art Warnschuss verwendet – sie konnten meistens Diener, Köche, Möbel und Wandteppiche mitbringen, während es für Bürgerliche in der Regel wesentlich weniger gut aussah. Lauzun blieb zwar mehrere Monate hier, aber auch ihm wurden bald Diener und andere Annehmlichkeiten gestattet. Kurz vorher wäre noch der gestürzte Finanzminister Fouquet sein Nachbar gewesen. Jetzt traf Lauzun hier stattdessen den höfischen Verschwörer Vardes und den hochrangigen Kavallerieoffizier Bussy-Rabutin, Autor eines unmoralischen Enthüllungsromans über das Hofleben und Optimist genug, um sich von der spektakulären Ungnade Lauzuns baldige Verzeihung seines eigenen Vergehens zu erhoffen; vorsichtshalber komponierte er trotzdem ein sechsundneunzigzeiliges Gedicht darüber, wie die drei Gefangenen den König erkennbar ihren Geliebten vorzogen, weil sie sich für ihn zusammengerechnet immerhin gut hundertmal in Todesgefahr begeben hatten.

Leider war Bussy-Rabutins Vertrauen in die Macht des Wortes nicht die einzige Hoffnung, die in jenem Sommer und Herbst enttäuscht wurde. Auch Madame de Monacos Ambitionen verwelkten, kaum dass ihr spielverderberischer Cousin entfernt worden war. Vielleicht wäre schon die peinliche Schlüsselszene genug gewesen, den auf seine Würde bedachten König abzuschrecken. Kurz nach Lauzuns Verhaftung erfuhr jedoch noch ein anderer eifersüchtiger Hofmann von Madame de Monacos königlicher Liaison (genauer gesagt erschloss Villeroy sie sich nach dem Prinzip: Wer sogar meine Avancen zurückweist, kann ja nur mit dem König etwas haben). Zusammen mit seiner Cousine, die gerade erst Bussy-Rabutin in die Bastille gebracht hatte, schrieb er in dilettantisch verstellter Handschrift einen Brief an Mademoiselle de La Vallière und warnte sie vor der neuen Rivalin. Mademoiselle de La Vallière aber hatte die höfischen Spielregeln dankenswerterweise immer noch nicht gelernt, und so ging sie, statt eine komplizierte Gegenintrige zu konzipieren, einfach zum König, um ihm den seltsamen Brief zu zeigen. Villeroy, dessen Handschrift Ludwig offenbar sofort erkannte, kam mit dem Schrecken davon – er war als Sohn von Ludwigs Obererzieher mit diesem zusammen aufgewachsen und dann sein bevorzugter Ballettpartner geworden, da verzieh man einander viel –, aber Madame de Monaco war wieder ein bisschen kompromittierter. Als kurz darauf auch noch bekannt wurde, dass sie verbotene Briefe ihres in die Niederlande exilierten Bruders Guiche an die Königsschwägerin Madame weitergegeben hatte, konnte sie froh sein, dass man ihr nicht gleich nahelegte, zu ihrem Mann ins gottverlassene Monaco abzureisen; Königsmätresse würde sie in diesem Leben nicht mehr werden. Weil zu allem Überfluss aber auch aus Ludwigs Hoffnung nichts wurde, dass Lauzun sich nach fünf Monaten in der Bastille etwas diskreter verhalten würde, blieb Madame de Monaco zum Spott noch der Schaden: Der Hof lachte über sie, weil sie es nicht geschafft hatte, den König zu verführen, und Lauzun schwor ihr Rache.

Zum Glück für die verhinderte Königsgeliebte war freilich Lauzun auf seine Weise nicht weniger unfähig zur seriösen Hofintrige als die sanfte La Vallière, wenn auch aus entgegengesetztem Grund. Seine Liebe zur großen dramatischen Geste und zu Formen der Provokation, die zwischen Mut und Wahnsinn schwankten, stand quer zum sich herauskristallisierenden Zeitgeist – kopfloser Wagemut war gewissermaßen ‹so 1630›. Mit dem Ende der Bürgerkriege und dem Herrschaftskompromiss sahen Leute wie Lauzun, sahen also unbeherrschte Duellanten und dreiste Beleidiger der Mächtigen zunehmend nur noch wie Störenfriede aus. Höflinge mit Sinn für die Inszenierung, in der sie mitspielten, waren dabei zu lernen, dass «meine Ehre ist tödlich gekränkt» bei Ludwig XIV. nicht annähernd so gut ankam wie «mir persönlich wäre es ja egal, aber Euer Majestät Ruhm wird durch das Verhalten meines Rivalen natürlich schon empfindlich gekränkt» oder «wer sind nur diese Elenden, die schamlos zu behaupten wagen, Euer Majestät habe kein Recht, meinen elfjährigen Sohn zum Kommandeur der Leibgarde zu ernennen?».

Diese neue höfische Welt erzog ihre Insassen zur psychologischen Beobachtung, zur Einfühlung und zur kunstvollen Manipulation, und wer sich verhielt, als hätte er das nicht nötig, fiel jetzt unangenehm auf. Lauzun aber fühlte sich sicher, denn der König hatte ihn gut empfangen und gemeinsam mit ihm über den langen Bart gelacht, den er sich in der Bastille hatte wachsen lassen (außerhalb von Gefängnissen und Klöstern trug niemand so etwas). Am 17. Mai 1666 hielt sich der Hof im Jagdschloss Versailles auf, wohin man aus Saint-Germain-en-Laye in letzter Zeit vermehrt Ausflüge machte – viel zu oft, fand Colbert, denn wenn man nicht aufpasste, dann würde der König womöglich noch auf die Idee kommen, dies kleine Jagdschlösschen seines Vaters auszubauen, ganz als hätte man nicht gerade Unsummen in den

Louvre gesteckt. Die Damen hatten sich, während an einem Tisch das Jahreseinkommen eines gutsituierten Edelmannes verspielt wurde, darum herum auf den Fußboden gesetzt, und als der König besser sehen wollte, wer den Jackpot bekam, musste er einige Schritte zurücktreten. Die Höflinge hinter ihm taten also ein Gleiches, und es ergab sich, dass dabei Lauzuns hoher roter Schuhabsatz – das Zeichen, an dem man die adeligen Höflinge überall erkannte – ausgerechnet auf Madame de Monacos Hand landete.

Er hätte nichts Dümmeres tun können. Seine Entschuldigungen klangen so unecht, dass der ganze Hof darüber lachte. Natürlich klagte die weinende und schreiende Fürstin ihn sofort an, das absichtlich getan zu haben, und brachte damit die Männer ihrer Familie in unwillkommenen Zugzwang: War die Ehre des Hauses erst einmal so öffentlich beleidigt worden, musste auch die Rache öffentlich und massiv sein. Fast noch unangenehmer war die Situation aber für Ludwig XIV. selbst, denn nicht nur sein Ruf als kompetenter Herrscher, sondern sein ganzes politisches System beruhte seit der Fronde letztlich darauf, dass er glaubhaft über den verschiedenen Hofparteien stand, und also nicht wie unter Richelieu oder Mazarin wieder ein einziger übermächtiger Günstling auf den Rechten – oder in diesem Fall: Gliedmaßen – des hohen Adels herumtrampeln könne. Da der König Lauzun im Grunde gern hatte und ihn so kurz nach seiner Rückkehr aus der Bastille nicht gleich wieder demonstrativ bestrafen wollte, blieb ihm nur die Hoffnung, Madame de Monacos Familie zu besänftigen. Zwar gelang ihm das mit ihrem Vater Gramont, leider aber zu spät, denn eben zuvor hatte der schon den Schwiegersohn Monaco, der unseligerweise gerade in Paris zu Besuch war, beauftragt, in die Niederlande zu reisen, dort Gramonts Söhne Guiche und Louvigny zu treffen und mit ihnen zu besprechen, wie sie zusammen Lauzun zum Duell fordern sollten. Nur zur Rekapitulation: Der arme Fürst von Monaco sollte also sein Leben riskieren, um den Cousin seiner Ehefrau dafür zu bestrafen, dass dieser Cousin seinerseits diese Ehefrau für ihre echte oder Beinahe-Affäre mit dem König bestraft hatte. Die zu befürchtende öffentliche Blamage des Königs durch Duell und

Diskussion der Gründe aber hatte sich damit soeben in das Zentrum der europäischen Medienindustrie verlagert.

So schrieb der Monarch nun einen Brief an seinen Botschafter in den Niederlanden, von dem er nur hoffen konnte, dass er rechtzeitig vor Monsieur de Monaco ankommen würde, und der sich mit «Nein, mir tanzt hier niemand auf der Nase herum» paraphrasieren lässt. Der Botschafter solle Monaco, Guiche, Louvigny und überhaupt der Welt erklären, dass alles nur ein Missgeschick sei, Lauzuns Entschuldigungen seien tief empfunden und ehrlich, er, der König habe eine umfassende Untersuchung der Gegebenheiten durchführen lassen und bestätige hiermit, dass die Ehre aller Beteiligten gewahrt sei: Wenn aber er zufrieden sei und das so erkläre, wer könne dann noch Lauzun Vorwürfe machen?

Der Botschafter war Kummer dieser Art gewohnt, seit er vor einigen Jahren im Auftrag Ludwigs in London mit einigen hundert Schlägern aus einer diplomatischen Zeremonie eine Straßenschlacht gemacht hatte, um – erfolgreich durchzusetzen, dass seine Kutsche vor der des spanischen Botschafters fahren durfte. Im Grunde hätte man genug anderes zu tun gehabt, denn da Frankreich mit den Niederlanden verbündet war und diese einen Krieg mit König Karl II. von England führten (er hatte ihnen Nieuw Amsterdam weggenommen und es nach seinem Bruder in New York umbenannt), war seit drei Monaten auch Frankreich im Krieg mit England. Noch merkte man wenig davon, weil die gerade erst entstehende französische Marine vorsichtshalber einen Bogen um alle englischen Schiffe machte. Der höfische Adel vermied die Marine sowieso, denn ganz wie seinem König schien ihm der Kampf zu hoher See wesentlich weniger ritterlich als der Kampf zu Land, weil man nur an Land weglaufen konnte und also nur dort das In-der-Schlacht-Bleiben ein Zeichen von Mut war; auf See hatte man keine Wahl, ob man mit dem Schlachtschiff unterging, und musste außerdem zur Navigation und für die Artillerieduelle mehr Ingenieur als Ritter sein. Da andererseits England damals aus Kostengründen noch überhaupt kein Landheer hatte, hätte ein französisch-englischer Krieg dem Schwertadel des Sonnenkönigs normalerweise wenig zu bieten gehabt. Wenn Guiche, Louvigny und auch der Prince de Tarente (also der ehemalige Talmond) trotzdem Gelegenheit fanden, mit dem Segen ihres Königs in den Niederlanden zu kämpfen, so verdankten sie das allein dem sehr seltsamen Aggressor, der für englisches Geld die Niederlande auf dem Landweg angriff – dem Bischof von Münster Christoph Bernhard von Galen nämlich, der infolge seiner elf Kriegszüge auch als Bomben-Bernd bekannt war und den die französischen Hilfstruppen Hollands jetzt lehrten, sich in Zukunft lieber wieder handliche Gegner vom Typ Ostfriesland oder Bentheim-Tecklenburg zu suchen.

Der Botschafter unterbrach also schweren Herzens seine anderen Tätigkeiten, machte den Fürsten von Monaco und dessen beide Schwäger ausfindig und erklärte ihnen, was der König wollte. Und siehe da: Sei es, dass der Kriegsdienst die Abenteuerlust der beiden Schwäger fürs Erste aufgebraucht hatte, sei es, dass sie oder Monaco intuitiv begriffen, wie sehr es sich lohnte, in der Inszenierung Ludwigs XIV. mitzuspielen, jedenfalls kooperierten sie und erklärten öffentlich, wie sehr es sie freue, dass alles nur ein Missverständnis gewesen sei. Der höfische Adel ließ sich zunehmend auf die neuen Spielregeln ein, und nur Lauzun zog mit sicherem Sinn fürs Risiko die Schlussfolgerung, ihm sei wirklich alles erlaubt. Der König schien es ihm zu bestätigen, als zwei Monate später ein Freund der Monaco Lauzun beim Kämmen anrempelte und dafür den Kamm auf die Nase bekam; Ludwig verjagte den Angreifer mit der Begründung vom Hof, er haben den ersten Schritt getan und sei außerdem von viel niedrigerer Geburt als Lauzun.

Bald allerdings würden all diese jugendlichen Ritter Wichtigeres und Gefährlicheres zu tun bekommen. 1660 hatte Ludwig ja eine spanische Königstochter geheiratet, um den 25 Jahre andauernden französisch-spanischen Krieg zu beenden. 1665 war der Vater seiner Frau gestorben und hatte aus seiner zweiten Ehe mit der eigenen Nichte nur einen kränklichen Vierjährigen hinterlassen, der immer noch nicht sprechen konnte, als er jetzt König Karl II. von Spanien wurde. Die Juristen Ludwigs XIV. hatten anderthalb Jahre suchen müssen, bis sie einen obskuren belgischen Erbrechtsparagraphen fanden, der es Ludwig erlaubte, im Namen seiner Frau einen Anteil am spanischen Erbe zu fordern. Nun zog im Mai 1667 der französische König mit der größten Armee Europas ins Feld, um dem kindlichen Halbbruder seiner Frau das halbe Belgien zu entreißen. Es war nicht das erste Mal, dass eine für den Frieden geschlossene dynastische Heirat den Krieg brachte, und es würde nicht das letzte Mal sein, dass ein von Kriegern umgebener junger König aufbrach, um auf dem Schlachtfeld Ruhm zu suchen.

Madame de Monaco währenddessen hatte ebenfalls gelernt, was ging und was nicht. Demütigungen wie die bisherigen würde sie nicht noch einmal riskieren. Aber musste man deswegen ganz auf die Nähe zur Königsfamilie verzichten? Noch immer war sie Obersthofmeisterin bei Madame, Herzogin von Orléans, Schwägerin des Königs, und noch immer zugleich diejenige Frau, zu der sich Monsieur, Herzog von Orléans, im begrenzten Rahmen seiner Möglichkeiten am ehesten hingezogen fühlte. Um seine Gunst hätte sie freilich mit einem ständig wechselnden Reigen gutaussehender Adelsjungen kämpfen müssen, und so beließ sie es dabei, ihn einmal zu verführen, bevor sie sich wieder seiner Frau zuwandte. Die auch sexuelle Liebesbeziehung zwischen Madame de Monaco und Madame ist gut belegt, so erstaunlich uns das erscheinen mag. Für die Zeitgenossen war schon männliche Homosexualität keineswegs etwas klar Definiertes oder gar wie heute eine Identität, obwohl auf die vage mit ‹Sodomie› bezeichneten Aktivitäten nach wie vor die Todesstrafe durch Verbrennen stand. Selbst wenn Monsieur sonst in seinem ganzen Leben keine einzige gute Tat getan hätte, muss man ihm dafür Respekt zollen, dass er allein schon durch seine Existenz als unübersehbar homosexueller Königsbruder mindestens im Großraum Paris eine Durchsetzung dieses Gesetzes unmöglich machte – jede Verfolgung von Homosexuellen hätte dort sofort auch seine umfangreiche Entourage mitbetroffen und war daher in dieser hierarchischen Gesellschaft einfach unmöglich. In Preußen schaffte später Friedrich II. die Todesstrafe für «Sodomie» ab, was er damit begründete, dass Jugendliche ja gerne bei öffentlichen

Hinrichtungen zuschauten; da sie natürlich auch nach dem jeweiligen Grund fragten, brächte man sie so auf unanständige Ideen. Für lesbische Beziehungen gab es nicht einmal ein Wort, und weil sie das durch und durch patriarchalische System dieser Welt ungleich weniger bedrohten als etwa Untreue mit einem Mann, wurden sie zumindest in Aristokratie und Herrscherhäusern meistens mehr belächelt als verfolgt.

So hatten Madame de Monaco und Madame einige glückliche Jahre, während derer sie gemeinsam zuschauen konnten, wie um sie herum Königsmätressen, Minister, Generäle und Günstlinge aufstiegen und wieder stürzten. Aber schon im Herbst 1668 nahm ihr aus dem Krieg zurückgekehrter Mann Madame de Monaco wieder mit in sein Fürstentum, und 1670 starb die erst sechsundzwanzigjährige ‹erste› Madame, Henrietta von England; zwei Günstlinge ihres Mannes wurden so stark verdächtigt, sie mit Zichorie-Limonade vergiftet zu haben, dass der König beide für mehrere Jahre ins Exil schickte. Als einer von ihnen 49 Jahre später steinreich und hochgeehrt starb, wurde erzählt, man habe ihn mit auf den Rücken gedrehtem Gesicht gefunden wie alle, die der Teufel persönlich geholt hat. Der andere Verdächtige war Monsieurs wichtigster Liebhaber, der kurz zuvor noch in Madame de Monaco verliebt gewesen war oder so getan hatte; auch später arbeiteten diese beiden in der Hofpolitik zusammen, und seine Nichte heiratete zuletzt Madame de Monacos ältesten Sohn. Heute gibt es Vermutungen, dass Madame an derselben Porphyrie, einer genetisch bedingten Blutkrankheit, starb, die schon früher und auch später wieder im englischen Königshaus vorgekommen ist, dem sie ja entstammte.

Weil Monsieur ‹nur› zwei Töchter und auch der König nur einen einzigen ehelichen Sohn hatte, musste der schwule Prinz sofort wieder heiraten, und so kam 1671 mit Elisabeth Charlotte von der Pfalz – einer Enkelin des Winterkönigs und Nichte des Prince de Tarente – eine zweite Madame an den französischen Hof, die zwar die Cousine der ersten war, sonst aber in beinahe allen Dingen das Gegenteil. Obwohl sie jung und schön war, sah sie zugleich maskulin genug aus, um Anlass zu der Bemerkung zu geben, wer jetzt Monsieur und Madame zum ersten Mal sehe, müsse sie zwangsläufig genau verkehrt herum identifizieren. Soweit die groteske Versuchsanordnung es zuließ, verstanden die beiden Ehepartner sich recht gut miteinander, und bis sie mit der Geburt zweier Söhne und einer weiteren Tochter die dynastische Pflicht erfüllt hatten, teilten sie sogar das Bett. Wie wir aus den von keinerlei Scheu gebremsten Familienbriefen Elisabeth Charlottes wissen, irritierte sie, die für diese Ehe ohne einen Hauch von Überzeugung zum Katholizismus hatte übertreten müssen, dabei lediglich eine einzige Angewohnheit ihres sehr frommen Ehemannes, nämlich seine Gewohnheit, vor dem Einschlafen beim Beten ein Amulett mit dem Bild der Heiligen Jungfrau an «Körperstellen zu halten, mit denen gerade sie nun wirklich nicht in Berührung kommen sollte». Im vermutlich einzigen uns überlieferten Ehebettdialog eines vormodernen europäischen Prinzenpaars antwortete Monsieur zuerst noch ganz ernst, «Sie, die Sie Hugenottin gewesen sind, kennen sich doch überhaupt nicht aus mit solchen Dingen», musste dann aber selbst in Lachen ausbrechen ... einer der seltenen Momente, in denen wir durch Quellenlücken, Zeremoniell und tausend Gegenbeispiele hindurch ahnen können, wie selbst im königlich-hochadeligen System der Zwangsheiraten zwischen den ungefragt aneinander gebundenen Partnern manchmal Solidarität oder langsam gewachsene Zuneigung entstehen konnte.

Nur für die 1672 endgültig an den Hof zurückgekehrte Madame de Monaco gab es hier nichts mehr zu gewinnen, denn obwohl man aufmerksam beobachtete, dass sie sich der neuen Madame mit denselben zärtlichen Gesten nähere wie der ersten, führte das abgesehen von einigen aufregenden Inkognito-Spaziergängen durch Paris nirgendwohin. Madame selbst beschrieb es später als alte Frau einer interessierten Nichte so: «Dass Madame de Monaco die Weiber liebte, das ist wahr. Sie hätte mich auch gern auf diesen Sprung gesetzt, hat aber nichts dabei gewonnen, welches sie so sehr verdrossen, dass sie darüber geweint».

Von diesem unerfüllten Wunsch abgesehen blieb Madame de Monaco durchaus in der Gunst auch dieser Prinzessin, die sie freilich durch ständigen Kleinkrieg gegen Madames Tante Princesse de Tarente verteidigen musste, weil die mit ihrer Nichte deutsch sprechen konnte. Aber nachdem Madame de Monaco schon 1672 durch einen misslungenen Aderlass verletzt worden war, verschlechterte ihre Gesundheit sich ab 1675 immer mehr. Von ihrem Mann, dem sie in acht Jahren sechs Kinder geboren hatte, lebte sie nun gänzlich getrennt; wenn er nicht in Genua oder Monaco war, genoss er in London als Rivale des dortigen Königs (Karl II.) die Liebe der Herzogin Mazarin, die vor ihrem religiös verrückten Mann geflohen war. Als Madame de Monacos mysteriöse Krankheit 1678 immer schlimmer wurde und mit entstellenden Symptomen einherging, die an eine Vergiftung denken ließen (ihre Gesichtszüge trockneten aus, bis sie kaum noch zu erkennen war), diskutierten die gnadenlosen Höflinge, was das bedeute; die Meinungen reichten von «Sie wird vergiftet, aber nicht von ihrem Mann, obwohl er Italiener ist» bis zu «Sie wird von ihrem Mann vergiftet, da sie es verdient hat und ihr Mann Italiener ist». Am 4. Juni 1678 starb sie in der Pariser Residenz von Madame und Monsieur, also in jenem Palais Royal, aus dessen Fenstern 1661 die jetzige Geliebte ihres Mannes angeblich Goldstücke geworfen hatte, um dem Pöbel bei der Prügelei zuzusehen. (Vom riesigen Mazarin-Vermögen war natürlich genug übrig geblieben, um noch 1777 Madame de Monacos Ururenkel die Erbin des letzten Herzogs Mazarin heiraten zu lassen, eine Urururenkelin von Madame de Monacos Rivalin.) Ein höfischer Kollege schrieb, die Fürstin von Monaco sei sehr viel besser gestorben, als sie gelebt habe – Ausdruck der Selbstverständlichkeit, mit der das Sterben damals öffentlich war und man den ‹guten Tod› als nahezu wichtigsten Teil eines gelungenen Lebens verstand. Nachdem man ihren Körper drei Tage lang auf einem Paradebett ausgestellt hatte, fuhr man ihn in die Kapuzinerkirche der Rue St. Honoré, wo sie in der Gruft ihrer Geburtsfamilie beerdigt wurde; nach Monaco wurde nur ihr Herz geschickt, um in einem Frauenkloster aufbewahrt zu werden, das sie selbst gegründet hatte. Sie war neununddreißig Jahre alt geworden.

KAPITEL 3

Danckelmann spürt die Kugel nicht

☙❦

AUF DEM GENFER SEE VOR VERSOIX,
26. APRIL 1674

In den Augen von Nikolaus Bartholomäus Danckelmann war es der perfekte Tag für diesen Ausflug. Alles, was die deutschen Touristen brauchten, hatten sie an Bord: ausdauernde Ruderer aus Genf, ein Violinensemble aus Chambéry, die Hofmeister der Jüngeren, die Lakaien der Vornehmeren und Schrotflinten für alle. Auf seltsame Weise verdankten sie diese schöne Bootsfahrt dem Krieg. Sie hatten ihren Studienfreund Graf Solms von Genf über den See nach Coppet gebracht, damit er von dort in die Niederlande weiterreisen und unter dem Befehl seines Vetters Oranien gegen die französischen Invasoren kämpfen konnte. Coppet lag nicht nur am Weg, sondern war zudem der Sitz des alten Grafen Dohna und damit einer der vielen Knotenpunkte des calvinistischen Netzwerks, dem auch Danckelmann angehörte und von dem sein weiteres Schicksal abhing. Friedrich Graf zu Dohna war außer mit Solms und Oranien auch mit Kurfürstin Luise Henriette von Brandenburg eng verwandt und hatte 1642 in den Niederlanden das Duell ihres Verehrers Talmond mit seinem Freund Radziwiłł aus der Nähe mitbekommen. Später war er lange für seinen Vetter Oranien Statthalter des südfranzösischen Fürstentums Orange gewesen, hatte also diese hugenottische Insel im Reich Ludwigs XIV. regiert, deren Namen die Oranier trugen, ohne je dort gewesen zu sein. Vor vierzehn Jahren hatte er das Statthalteramt aufgegeben und sich am Genfer See niedergelassen, wo er die Güter Coppet und Prangins gekauft hatte. Aber noch immer diente er als Diplomat mal Brandenburg, mal Oranien und wäre gewiss auch jetzt wieder in den Krieg gezogen, wenn ihn nicht die Gicht so geplagt hätte.

Nikolaus Bartholomäus Danckelmann stand als junger Bürgerlicher zwar sozial weit unter Dohna, den er mit «Euer Hochgräfliche Exzellenz und Gnaden» hätte anreden müssen, wenn sie denn jemals etwas anderes als Französisch gesprochen hätten – da reichte «Monseigneur». Als Sohn des obersten Richters der Grafschaft Lingen war auch er Teil des Netzwerks, weil diese Grafschaft dem Prinzen von Oranien gehörte, und weil die älteren Danckelmann-Brüder alle schon gut in oranischen oder brandenburgischen Diensten platziert waren, hatte Dohna den Namen des jungen Mannes heute gleich wiedererkannt – einer dieser Brüder hatte sich 1662 mit Dohnas Neffen duelliert, aber so etwas kam schon mal vor. Dass Danckelmann sich im letzten Stadium seiner Ausbildung befand, sah man daran, dass er die Kavaliersreise in der einzigen Form absolvierte, in der sie für den siebten Sohn eines bürgerlichen Landrichters möglich war, nämlich als Erzieher oder Hofmeister. Der Dreiundzwanzigjährige hatte sein Studium abgeschlossen und nahm nun als Hofmeister eines vierzehnjährigen friesischen Patriziers namens Aylva auf Kosten von dessen Vater an der schönen Tour teil, die sie als Erstes nach Genf geführt hatte. Wie die anderen Prinzen und Adeligen in den beiden Booten waren sie nicht wegen der Akademie in Genf (keiner von ihnen hatte sich immatrikuliert), sondern weil man hier in Ruhe Französisch lernen und sich blamieren konnte, wo es nicht so drauf ankam: Lieber sollten die braven Bürger von Genf sich über die Anfängerfehler der jungen Leute amüsieren als die Aristokraten der großen Höfe, die für ihre weitere Karriere so viel wichtiger waren. Danckelmann selbst konnte natürlich schon Französisch, war aber nicht wenig stolz, wie rasch und gut er hier Italienisch und Spanisch gelernt hatte, was er für die nächsten Etappen der Reise brauchte. Den Tanz-, Reit- und Fechtunterricht seines Zöglings machte er dagegen gerne mit, denn das konnte ein guter Jurist ja immer gebrauchen.

Gerade heute in Coppet hatte sich nun eine noch kaum fassbare

Aussicht vor Danckelmann aufgetan. Der alte Graf Dohna hatte ihm vorgeschlagen, ihn zu «etablieren», nämlich die üblichen Strippen zu ziehen und ihm eine Stelle als Gerichtsrat in Orange zu verschaffen. Der junge Westfale wusste, dass sich hier sein Schicksal entscheiden müsse, und während er auf den See hinaussah, in dessen Blau sich die Frühlingssonne spiegelte, versuchte er vermutlich, sich ein Leben im Süden Frankreichs vorzustellen, vielleicht auch eine französische Ehefrau wie die, die Dohna sich von dort mitgebracht hatte. Es wird ihm kaum schwergefallen sein.

Das alles wäre im Frieden vielleicht noch genauso gewesen. Allerdings hätten dann unsere Touristen ihren Freund nicht im Boot, sondern zu Pferd nach Coppet begleitet, denn Frauen waren keine dabei und Kutschen außerhalb großer Zeremonien nur etwas für alte Männer. Im Frieden nämlich hätte es nichts ausgemacht, dass der einzige Landweg von Genf in das zum Kanton Bern gehörende Coppet durch die Herrschaft Gex und damit durch ein Stück Frankreich führte; erst der Krieg erinnerte sie daran, warum Frankreich dieses Land vor über siebzig Jahren unbedingt hatte erobern müssen. Es war das letzte Nadelöhr der sogenannten Spanischen Straße gewesen, über die Spanien seine Außenposten in der Franche-Comté und Belgien noch von Mailand aus mit Nachschub hatte versorgen können. Indem Frankreich das Ländchen Gex erwarb, konnte es auch diesen Weg blockieren und die Spanier zwingen, entweder auf das lebensgefährliche Nordmeer auszuweichen oder extreme Umwege durch Tirol und Süddeutschland zu nehmen. Schon zweimal hatten französische Heere die an Kämpfern und Waffen buchstäblich ausgehungerte Franche-Comté erobert, und jedes Mal waren sie nur im letzten Moment wieder abgedrängt worden; eben jetzt hatte der dritte Versuch begonnen, und Ludwig XIV. war fest entschlossen, diesmal zu gewinnen. Dabei wurde Frankreich im Kampf gegen Spanien und die Niederlande gerade jetzt von seinen letzten Verbündeten verlassen. Der König von England hatte schamlos die Seite gewechselt, das Römisch-Deutsche Reich hatte Frankreich nach zweijährigen Verhandlungen vor einem Monat faktisch den Krieg erklärt, und selbst der anfangs natürlich enthusiastisch mitgegangene münstersche Bischof Bomben-Bernd stand nicht mehr auf Seiten Ludwigs. Überall in Europa erwachten Fürsten und Räte aus dem Glauben, Frankreich sei ihr Schutz vor der Übermacht des Hauses Österreich. Nun, da es sich selber als neue Gefahr erwies, ging man Allianzen ein, die kurz zuvor noch undenkbar gewesen waren. Die protestantischen Kantone der Schweiz erlaubten zum ersten Mal in ihrer ganzen Geschichte den erzkatholischen Spaniern, auch bei ihnen Söldner anzuwerben, und sie gestatteten mailändischen und österreichischen Truppen den Weg durch die Schweiz, um die Verteidigung der Franche-Comté zu verstärken. Graf Dohna hatte wesentlich dazu beigetragen, diese Erlaubnis auszuhandeln, nachdem Frankreich es sich herausgenommen hatte, nur wegen seines Dienstverhältnisses mit den Niederlanden die reichen Ländereien seiner französischen Frau zu beschlagnahmen – skandalös illegal, denn schließlich hatte er gleich bei Kriegsausbruch genau deswegen mit ihr gerichtliche Gütertrennung vereinbart. Diese Hilfen waren freilich nur Tropfen auf den heißen Stein gegenüber der riesigen französischen Kriegsmaschine, die sich im selben Moment rücksichtslos durch die Gebirgswälder des Jura wälzte. Hier am Genfer See mochte Frieden herrschen, aber schon direkt auf der anderen Seite der Berge, die Danckelmann zur Rechten sah, versengte der Krieg die Franche-Comté. Gestern früh waren 11 000 französische Reiter vor den Toren der Hauptstadt Besançon erschienen, und bereits am Abend war die Stadt völlig von der Außenwelt abgeriegelt gewesen; heute war der König selbst mit der größten Armee des Feldzuges auf dem Weg dorthin und in seinem Gefolge alles, was am Hof Ruhm suchte. In wenigen Tagen würde das grausame Schachspiel einer regulären Belagerung beginnen, ein methodischerer, längerer und härterer Kampf als jede Feldschlacht, ein geometrisches Gemetzel mit Kanonade und Grabenkampf, Mine und Gegenmine, Brandkugeln und Sturmangriff, das wie geschaffen war, den mitgenommenen Damen vom König quasi aus einer Opernloge heraus erklärt zu werden, bevor man in einem großen Zelt namens *Louvre* zu Mittag aß und den siebenundzwanzig Violinisten der königlichen Begleitmusik lauschte.

Die Gewalt war auf der anderen Seite des Gebirges, aber es würde nicht viel brauchen, um sie überschwappen zu lassen. Auch auf dem Rückweg von Coppet nach Genf musste man an Versoix vorbei, einem Hafenstädtchen mit französischer Zollstation und Soldaten, denen in Zeiten wie diesen der Finger locker am Abzug saß. Nahezu alle Teilnehmer der Bootspartie waren als Untertanen von mindestens neun verschiedenen Landesherren inzwischen auf die eine oder andere Weise Kriegsgegner Frankreichs, und nur Prinz Karl von Kurland hätte sich auf die förmliche Neutralität seines baltischen Heimatlandes berufen können. Dass sein älterer Bruder ein niederländisches Kavallerieregiment kommandierte, konnten die in ihrer Mehrheit vermutlich analphabetischen Grenzer schlecht wissen, nur galt das leider auch umgekehrt: Im hugenottisch-calvinistischen Genf gab es schon in Friedenszeiten kaum viele Freunde des Sonnenkönigs, und wer jetzt dort hinüberfuhr, war automatisch verdächtig. Deshalb hatten die Reisenden die Schrotflinten mitgenommen und nervös im Anschlag gehalten, solange man an französischem Territorium vorbeifuhr. Auch jetzt auf dem Rückweg nahmen sie sie wieder zur Hand. Es war die Art von Zufall, die in einer so hierarchischen Gesellschaft meistens nicht zufällig ist, dass die vier Prinzen und ihr Gefolge wieder alle im selben Boot saßen und die einfachen Edelleute im anderen, und was folgte, konnte vermutlich nur deswegen überhaupt passieren. Zuerst geschah freilich gar nichts. Die Zollwachen hatten entweder Besseres zu tun oder einschlägige Erfahrung mit der reiferen Jugend; jedenfalls ließen sie sich auch bei der Rückfahrt nicht blicken. Schon waren beide Boote aus der Gefahrenzone heraus, die Anspannung löste sich, jeder scherzte und war gleich wieder viel heroischer als eben noch. Da die Schrotflinten wie alle Waffen der Zeit nur dadurch geladen werden konnten, dass man Pulver und Kugeln von vorne in den Lauf stopfte, ließen sie sich auch nur durch Abschießen wieder entladen, was zugleich die Anspannung elegant auflösen würde. Ob alle Prinzen ihre Waffen durch die Lakaien abschießen ließen, wissen wir nicht, aber Prinz Karl von Kurland gab sein Gewehr jedenfalls einem nicht mehr sehr jungen Diener namens Paul, und wie so oft bei Dienern können wir nur raten, ob das sein Vor- oder Nachname war.

Als man sich nachher auf die erträglichste Wahrheit einigte, hieß es, Paul habe in seiner lakaientypischen Einfalt vergessen, dass Boote mit den Wellen schwanken und dass das gleichzeitige Abfeuern mehrerer Dutzend Schusswaffen diese Instabilität wohl kaum minderte; er habe also die Flinte wie alle anderen auf das Wasser gerichtet und nur aufgrund der unerwarteten Schwankung stattdessen das benachbarte Boot getroffen. Aber Danckelmann wusste, dass es kein Unfall gewesen war. Er hatte die drei Kugeln gesehen, wie sie ganz nah an seinem Boot übers Wasser geflogen waren, ohne jemandem zu schaden, und während einiger endlos langer Sekunden konnte er sich fragen, warum jemand, dem eben ein solcher Unfall passiert war, als Nächstes sofort eine zweite Schrotflinte in genau dieselbe Richtung abschießen sollte. Vier von acht Kugeln gingen auch diesmal wieder ins Leere, aber die fünfte traf Danckelmann in den Schenkel, nachdem sie ihm drei Knöpfe seiner langen Weste abgerissen hatte. Die sechste Kugel landete so unglücklich im Arm Ferdinands von Canitz und Dallwitz, dass er nur knapp dem Tod durch Verbluten entging; die siebte ging durch die Perücke des Georg Friedrich von Uffeln hindurch, und die achte traf seinen älteren Bruder Raban Heinrich von Uffeln mitten in die Brust.

Neun Tage später läuteten die Glocken der Kathedrale Sankt-Peter in Genf noch, während der hochfürstlich württemberg-neuenstädtische Prinzen-Informator Georg Friedrich Stoffel die hölzerne Treppe zur Kanzel hinaufstieg, um eine Beerdigungsrede zu halten. Er war nicht ohne Grund nervös. Er hatte das alles nicht gewollt, er hatte nichts gesehen, seine beiden Prinzen waren brave Jungen, von denen selbst der ältere im Leben nie mehr regieren würde als ein paar Dörfer, und nun sollte er hier eine Rede halten, die man wie alle Reden dieser Art in großer Auflage drucken würde und die im Unterschied zu allen anderen Reden dieser Art dem Autor den Zorn zweier aggressiver Militärmächte einbringen konnte, wenn er auch nur andeutete, wie suspekt dieser Todesfall war. Und warum er? Weil er als einziger deutscher Prinzen-Informator in Genf fließend genug Französisch sprach, um eine Trauerrede so zu halten, dass auch die magnifiquen und souverainen Herren vom Engeren Rat der Republik Genf sie verstehen würden. Hätte bloß der Herzog von Württemberg seinen Vater damals nicht ausgerechnet zum Amtmann von Héricourt in der Franche-Comté ernannt, das seit Jahrhunderten durch Erbschaft zu Württemberg gehörte, dann wäre er, statt auf eine französische Schule zu gehen, in Bempflingen aufgewachsen oder in Strümpfelbach. Sein Französisch wäre jetzt unter einem dicken schwäbischen Akzent versteckt, und er könnte sich so behaglich zurücklehnen, wie das auf calvinischen Kirchenbänken eben ging, während sich mit der undankbaren Aufgabe irgendein deutscher Theologe abmühte: Dafür hatte man die Kerle doch. Seine letzte ähnlich direkte Begegnung mit der Theologie lag fünfundzwanzig Jahre zurück, als er noch Student in Straßburg gewesen war und auf Anstiftung eines adeligen Kommilitonen vergeblich versucht hatte, dem für die Sittenzucht der Jugend zuständigen Theologieprofessor mit einem Knüppel ein bisschen Diskretion beizubringen; interessant eigentlich, dass nicht etwa dieses Routinedelikt, für das es gerade mal fünf Tage Karzer gab, sein Medizinstudium beendet hatte. Aber der Dreißigjährige Krieg hatte auch seine Eltern ruiniert, und so war er mit einundzwanzig in eine Hauslehrerschleife geraten, aus der er nie mehr herauskam.

Um Stoffels Dilemma etwas besser zu verstehen, muss man kurz skizzieren, wie ein Prinzen-Informator eigentlich aussehen sollte. Auf der Ebene der Herrscherhäuser war der Hofmeister ein Adeliger und für das Erlernen herrenmäßigen Verhaltens zuständig, sodass der bürgerliche Bildungsvermittler hier nicht wie sonst Hofmeister, sondern Präzeptor oder eben Informator genannt wurde. Diese Funktion hatte auch Stoffel, und wenn er trotzdem den Hofmeistertitel führte, lag das einzig daran, dass sein Arbeitgeber sich einen zusätzlichen adeligen Erzieher nicht leisten konnte. Dieser Arbeitgeber, der Herzog von Württemberg-Neuenstadt, war nämlich selbst bloß ein apanagierter Prinz, also Angehöriger einer jüngeren Nebenlinie seines Hauses, der über keine eigenständige Territorialherrschaft verfügte. Er musste daher die adelige Hofmeister- und die bürgerliche Präzeptor-Funktion nicht nur von einer einzigen Person, sondern auch noch von einem Mann wie Stoffel ausüben lassen, der als abgebrochener Medizinstudent aus unbedeutender Bürgerfamilie selbst für das bescheidenere dieser beiden Ämter eigentlich unterqualifiziert war. Der regierende Herzog von Württemberg beispielsweise schickte seine Söhne zur selben Zeit mit einem Hofmeister aus mecklenburgischem Uradel auf Reisen; als Informator gab er ihnen einen jungen Mann mit, der als Inhaber eines Magisterabschlusses und Sohn eines Superintendenten aus augsburgischem Patriziat zur Elite des Bürgertums gehörte. Entsprechend fielen denn auch die standesgemäßen Belohnungen aus, als Prinzen und Erzieher am Ende der dreijährigen Reise nach Stuttgart zurückkehrten: Der Hofmeister stieg als Geheimer Regierungsrat sofort ins oberste Herrschaftsgremium ein, während für den Informator immerhin noch eine Professur der Moralphilosophie in Tübingen abfiel – er hatte sich Theologie gewünscht, aber da war gerade kein Lehrstuhlinhaber rechtzeitig verstorben.

Verglichen mit einem solchen Idealmodell ließen nun allerdings sowohl Stoffel als auch seine beiden Zöglinge arg zu wünschen übrig, und nur in einem Punkt konnte er sich rühmen, ebenso erfolgreich gewesen zu sein wie die besser bezahlte Konkurrenz. Er hatte es nämlich bisher geschafft, mit dem ewigen Rangproblem zurechtzukommen, das württembergische Prinzen besonders plagte, weil ihre Dynastie zu den sogenannten sechs alternierenden Reichsfürstenhäusern gehörte. Diese sechs deutschen Fürstenfamilien beanspruchten alle denselben Rang, wodurch ihre Angehörigen schon aus Prinzip immer und überall aneinandergeraten mussten. So böse allerdings wie zwischen Talmond und Radziwiłł würde das nicht mehr ausgehen, seit die alternierenden Häuser sich 1653 auf ein in der Theorie geniales System abwechselnden Vorranges geeinigt hatten. Mittels sogenannter Strophen war dabei eine Rangreihenfolge festgelegt worden, die an jedem Tag etwas anders und trotzdem insgesamt noch asymmetrisch genug ausfiel, um nicht etwa den schrecklichen Eindruck der Gleichheit aller sechs Familien aufkommen zu lassen. Leider litt die praktische Umsetzung dieses Systems jedoch darunter, dass erstens die gültige Rangstrophe zu Anfang per Los auszuwählen war, dass man zweitens dann im Grunde jeweils einen kompletten Satz württembergischer, pommerscher, hessischer, mecklenburgischer, badischer und holsteinischer Prinzen brauchte (eine seit dem Aussterben des Hauses Pommern nicht mehr ganz leicht zu erfüllende Voraussetzung) und dass schließlich die Zahl der Begegnungen immer eine durch sechs teilbare sein musste, weil sonst notwendigerweise jemand zu kurz gekommen und ein schlimmer Präzedenzfall entstanden wäre. Es ist also vielleicht verständlich, warum württembergische Prinzenerzieher bereits 1669 die Anweisung erhalten hatten, mit ihren Zöglingen einfach prinzipiell nirgendwo hinzugehen, wo ihnen Prinzen aus alternierenden Häusern begegnen konnten. Andererseits war natürlich auch das nicht viel einfacher umzusetzen, und so bedienten sich fast alle reisenden Prinzen außerdem noch eines anderen Tricks, indem sie inkognito reisten. Man stelle sich darunter nun jedoch nicht etwa falsche Bärte oder dunkle Sonnenbrillen vor. Inkognito reisende Prinzen hatten nach wie vor ein großes Gefolge, sie mussten nach wie vor zum Beweis ihrer Standesqualität demonstrativ viel Geld ausgeben, das sie oft nicht hatten, und selbst ihr falscher Name war nicht dazu gemacht, um ernsthaft geglaubt zu werden – in der Regel nannten sie sich Baron oder höchstens Graf und erfanden dazu nach einem Jagdschloss oder Territorium ihres Vaters einen fiktiven Familiennamen. Die einzige Funktion dieses Inkognito war, dass notfalls jemand anderes vor unserem Prinzen durch eine Tür gehen oder sich sogar in seiner Gegenwart auf einen Stuhl mit Armlehnen setzen konnte, ohne dass das irgendwann später als Präzedenzfall und Minuspunkt gegen den Rang des Prinzen oder seiner Dynastie verwendet werden durfte. Weil allerdings das europäische Ancien Régime nun einmal durch und durch auf Rangfragen fixiert war, traute man dem Frieden auch hier nie ganz, und so versuchten selbst die inkognito reisenden Pseudo-Barone alle zweideutigen Situationen zu vermeiden. Als sie vorher in der Begräbnis-Prozession für Raban Heinrich von Uffeln hinter dem Sarg gelaufen waren, waren daher die vier Prinzen trotz Inkognito nicht nur vor allen adeligen Deutschen und der Bürgerschaft von Genf platziert worden, sondern hatten sich auch genau in der üblichen Rangfolge ihrer fürstlichen Häuser angeordnet (zum Glück waren außer den beiden Württembergern nur ein Prinz von Sachsen-Gotha und einer von Kurland dabei, mit denen der Rang klar war). Für alle, die es danach immer noch nicht begriffen hatten, fügte die gedruckte Beschreibung aber auch ordentlich hinzu, was für Prinzen diese ‹Barone› genau seien, und bewies damit, dass man in dieser Welt seinem angeborenen Stand nicht einmal vorübergehend entkommen konnte.

Hofmeister Stoffel war inzwischen durch jenen Teil seiner Rede hindurchgekommen, in dem er der Stadt Genf für die schöne Beerdigung dankte, ihre konkurrenzlos guten Sportlehrer lobte und sie insgesamt als Pflanzschule aller deutschen Schöngeister rühmte. Langsam, schön langsam, wie sich das in einer Zeit gehörte, die in die Ausführlichkeit verliebt war, näherte er sich über dieses und jenes lateinische Zitat der Person des heute Beerdigten. Er hatte schon angefangen, Basisdaten über den jungen Raban Heinrich von Uffeln mitzuteilen – etwa dass seine Mutter eine geborene Spiegel von Peckelsheim sei –, da fiel ihm auf, dass er ja noch fast gar nichts Religiöses gesagt hatte; so warf er jetzt schnell einen hebräischen Bibelvers ein und erläuterte ihn vorsichtshalber mit einem deutschen Luther-Zitat, einem italienischen Gegenargument und einer spanischen Synthese, bevor er auf den Lebenslauf des Verstorbenen zurückkam. Für ihre wenigen Untertanen waren niederadelige Familien wie die Uffeln natürlich Herren, aber im großen Spiel der Mächte und Ambitionen doch nur Fußsoldaten, die allein im Dienst größerer Häuser etwas darstellten. Wenn sie nicht absinken wollten, mussten sie sich deswegen auch viel stärker als der hohe Adel qualifizieren und nützlich machen. Der vierundzwanzigjährige Raban Heinrich war das sechste von insgesamt dreizehn Kindern gewesen, aber vier Geschwister waren bereits tot und er jetzt der älteste Sohn, also die Hoffnung der Familie, die nur eine bröckelnde Burg in Hessen und ein gemietetes Gut in Thüringen besaß; der Vater hatte keinerlei Amt, und das war peinlich genug, damit Stoffel ihm für die Rede rasch noch aus seinem Mietverhältnis einen wohlklingend fiktiven Amtstitel improvisierte. Dann beschrieb er, wie Raban Heinrich in Jena und Utrecht studiert hatte. (Im Unterschied zu Frankreich traute sich in Deutschland auch der alte Ritteradel an die Universitäten; das unbestreitbar nützliche Studium war hier so lange keine Schande, wie man darauf achtete, sich nicht etwa einen akademischen Grad aufschwatzen zu lassen, der einen mit Bürgern wie Danckelmann verwechselbar gemacht hätte.) Danach hatte Uffeln am Reichskammergericht hospitiert, wo er den Anfang manch eines Prozesses erlebt haben muss, dessen geruhsamer weiterer Verlauf hundert Jahre später dann den Praktikanten Goethe beschäftigen würde. Von dort war der junge Mann nach Genf gekommen und erschossen worden. Hier begann der schwierige Teil der Rede.

Danckelmann hatte Glück gehabt mit seiner Verletzung, und so ging es ihm heute schon wieder gut genug, dass er in der Kirche sitzen und sich anhören konnte, was ihm gar nicht gefiel. Während Stoffel erklärte, wie wichtig es sei, den fatal unverzeihlichen Fehler des Lakaien Paul zu verstehen, damit nicht etwa Unschuldige verdächtigt würden, und während er lobend beschrieb, wie edelmütig Prinz Karl von Kurland diesen Elenden sogleich aus seinem Dienst verjagt hatte (womit er ihm zugleich, aber davon schwieg der Redner natürlich, die Flucht ermöglichte, noch bevor die Herren von Genf ihn hätten verhören können), während all dessen ließ Danckelmann die letzten Tage noch einmal Revue passieren. Seine Koffer waren schon gepackt, weil er und der junge Friese Aylva bald nach Frankreich weiterreisen würden, nachdem der Hofmeister des Prinzen Karl ihm empfohlen hatte, die Stadt zu verlassen, da er leider für nichts garantieren könne: Das zu glauben fiel Danckelmann nicht schwer. Dabei war es am Anfang nur darum gegangen, dass die meisten jungen Deutschen zu einem anderen Tanzlehrer gingen als der neunzehnjährige Prinz, der sich zu einigen dort anzutreffenden jungen Frauen hingezogen fühlte. Um sie zu beeindrucken, versprach er ihnen, seine Landsleute mitzubringen, und als die keine Lust hatten, begann er einen Rachefeldzug, der sich sehr schnell verselbständigte. Einmal ging der Prinz im Reitunterricht mit dem Schwert auf Danckelmann los und verletzte ihn am Arm, ein anderes Mal griff er ihn direkt und von Hand an, was aber der Bürgerliche mit einem sinnvoll platzierten Stiefeltritt abwehrte. Da nicht einmal das die Lage entspannte, fand Danckelmann sich als Nächstes durch den Prinzen in gefährlichen Streit mit französischen Reisenden verwickelt. Zwar konnte er noch verhindern, dass es zum Duell kam, man war ja unter vernünftigen Menschen. Aber dann hatte der städtische Polizeichef es gewagt, ihm ungefragt seinen Degen wegnehmen zu wollen, und das zwang Danckelmann natürlich, dem Mann eine «sehr komprimierte Ohrfeige zu geben, die auf der ganzen Seepromenade laut hörbar war». Die Strafgebühr dafür wäre ärgerlich genug gewesen, aber da er danach auch den Wachsoldaten noch sehr genau erklärt hatte, was er von ihrer grotesken Idee hielt, ihn wegen so etwas zu verhaften, musste er außerdem je eine Tanz- und eine Reitstunde ausfallen lassen, um sich von all den Stößen mit dem Gewehrkolben zu erholen. Wie gesagt: die Pflanzschule deutscher Schöngeister.

Prinz Karl von Kurland hatte – man sagt das ja in solchen Fällen gerne dazu – eine schwere Kindheit gehabt. Das Herzogtum Kurland, das mitsamt seiner Hauptstadt Mitau (Jelgava) heute ein Teil von Lettland ist, wurde wie die übrigen baltischen Staaten von einem deutschen Adel regiert, dessen Vorfahren als Kreuzritter dorthin gekommen waren und der seine Untertanen einfach «die Undeutschen» nannte. Seit 1561 hatte das Land Herzöge aus der ursprünglich westfälischen Familie Kettler, denen freilich zwischen der polnischen Oberhoheit und ihrem rebellischen Adel nur sehr wenig Handlungsspielraum blieb. Der 1655 ausgebrochene Krieg zwischen Polen, Schweden, Brandenburg, Russland, Kosaken und Tataren hatte das Land verwüstet, und 1658 nahmen die Schweden sogar die Herzogsfamilie gefangen; Prinz Karl war noch nicht ganz vier Jahre alt, als man sie alle auf ein Kriegsschiff führte, wo die Mutter und sechs Kinder gemeinsam auf einem Bärenfell schlafen mussten. Neun Tage nach der Gefangennahme gebar seine Mutter Luise Charlotte von Brandenburg ihren letzten Sohn Alexander, der mit nur einem Arm zur Welt kam; in Briefen an Cousin Bogusław Radziwiłł beschrieb sie, wie die Kinder vor Hunger bleich wie der Tod geworden seien und wie man sie nach

Iwangorod an der russischen Grenze verschleppt habe, wo sie in einem niedrigen Holzhaus leben mussten. Der Frieden brachte zwar 1660 die Freiheit, aber Kurland war so ausgeblutet, dass man die Kinder 1662 zu ihrem Onkel Kurfürst Friedrich Wilhelm von Brandenburg nach Berlin schickte, der sie als arme Verwandte durchfütterte. Im selben Jahr war Danckelmanns älterer Bruder Eberhard dort Prinzenerzieher geworden, und es ist gut möglich, dass er mehr Geld zur Verfügung hatte als Prinz Karl, der ihn gekannt haben muss. Die kurländischen Töchter konnten immerhin noch darauf hoffen, wegen ihrer vornehm calvinistischen Herkunft geheiratet zu werden (eine heiratete in Berlin den Prinzen von Homburg, die andere ihren Cousin, den Landgrafen von Hessen-Kassel), und Karls älterer Bruder würde immerhin eines Tages das zweifelhafte Glück haben, über Kurland zu herrschen. Aber jüngere Prinzen brauchte in Europa niemand, und so blieb dem Vater nur, Karl auf Reisen zu schicken, damit er sich Kontakte und Kompetenzen für eine standesgemäße Militärkarriere erwerbe. Leider schien selbst die in weiter Ferne, weil der Herzog es sich mit keiner der kriegführenden Mächte verderben wollte und so nur dem ältesten Sohn solche Dienste erlauben konnte. Für den Jüngeren, der sich schämte, so viel schlechter gekleidet zu sein als die Standesgenossen, gab es währenddessen nie genug Geld und fruchtlose Ermahnungen nur zu reichlich. Längst gehorchte er seinem Hofmeister nicht mehr und hatte stattdessen in Genf eine Bande junger Männer um sich gesammelt, die aus den besten Familien der Stadt stammten und nach einer Kindheit voll strikter Moral endlich über die Stränge schlagen wollten, wie sie es bei den hochadeligen Sprachstudenten sahen.

Danckelmann hatte es anfangs zwar gefallen, mit seinem Zögling bei Professor Tronchin im selben Haus zu wohnen wie einst Calvin. Bald aber stellte er zu seinem großen Ärger fest, dass Tronchins achtzehnjähriger Schwager François Le Fort der Anführer dieser Bande war; Prinz Karl besuchte die Familie regelmäßig und hatte sie endlich überzeugt, dem für eine Kaufmannskarriere vorgesehenen Le Fort doch den Kriegsdienst zu erlauben. Auch der packte jetzt die Koffer, um mit einem Empfehlungsschreiben des Prinzen zu dessen älterem Bruder in den niederländischen Krieg zu reisen.

Stoffel war inzwischen am Ende seiner Rede angekommen, das sich noch einmal lange hinzog, weil zuletzt doch der abgebrochene Medizinstudent mit ihm durchging und ihn in minutiösem Detail beschreiben ließ, wie im Herzen des nach einem Tag gestorbenen jungen Uffeln zuletzt kein einziger Tropfen Blut mehr gewesen war und woran das wohl gelegen habe. Zum Glück war selbst jener Teil seines Publikums aus bitterer Erfahrung an die Allgegenwart des Todes mitten im Leben gewöhnt, der anders als so viele der Anwesenden kein berufliches Interesse an Schussverletzungen hatte. Den Prinzen Karl hatte Stoffel kein einziges Mal namentlich genannt, und wenn er von ihm indirekt als von einem «Herrn von hoher Qualität» sprach (was damals einfach ‹hohe Geburt› bedeutete und also hier weniger unwahr war als manch anderes), dann nur, um ihn zu loben. Was hätte er tun sollen? Was Danckelmann, was die Herren von Genf, was die Familie des Verstorbenen? Der Prinz selbst war machtlos, aber seine ziellose Aggression war lebensgefährlich, weil er wusste, was auch alle anderen wussten: Wenn man dem Neffen Kurbrandenburgs, dem Schwager Hessen-Kassels ernsthaft etwas getan hätte, dann hätten diese beiden Fürsten, ohne deren Söldnerheere kein europäischer Krieg komplett war, schon aus Prestigegründen massiv reagieren müssen, ganz gleich, was sie selbst von Prinz Karl hielten. Dies ist keine Spekulation, denn wir wissen, was drei Jahre später geschah. Karl war 1675 von der Genfer Regierung mit großen Ehren – und zweifellos aufatmend – verabschiedet worden, aber an seine Stelle trat dort bald sein jüngerer Bruder Ferdinand. Dass es zwischen diesem an sich offenbar verträglicheren Prinzen und einem (echten) Baron Friesen schon bald wieder zu gefährlichem Streit kam, zeigt, wie sehr diese Probleme über die Charakterfehler einzelner Personen hinaus immer auch strukturell bedingt waren. Der Streit begann 1677 wieder mit Stockschlägen in der Reitbahn, eskalierte dann aber zur unübersehbaren Straßenschlacht. Sie hätte Friesen das Leben gekostet, wenn nicht im letzten Moment sein bis dahin mädchenhaft schüchterner Freund, der sechzehnjährige Graf Alexander Dohna, «wie ein Verrückter» unter zwanzig Degenklingen gesprungen wäre, um ihn herauszuziehen. Diesmal stand also ein kurländischer Prinz gegen die Dohnas, die fast genauso eng mit Kurbrandenburg verwandt waren wie er, und gegen Friesen, dessen Vater immerhin noch Premierminister von Kursachsen war. Dennoch mussten selbst die Dohnas sich für diese Intervention entschuldigen. Der Streit zwischen Kurland und Friesen wurde erst nach Monaten durch ein Ehrengericht beigelegt, für das eine große Zahl von Edelleuten aus Deutschland angereist waren, und noch Jahre später musste Friesen – der dann wie zum Dank Dohnas Schwester heiratete – auf seiner Kavalierstour Orte meiden, an denen er dem Prinzen hätte begegnen können. Wenn es so selbst den Großen und Mächtigen ging, welche Chance hätten dann die Eltern Uffeln gehabt, Gerechtigkeit für ihren Sohn zu erlangen? Selbst ihr hauptsächlicher Landesfürst war machtpolitisch ein Zwerg, und sie waren nichts in seinem Dienst; ihr anderer Lehnsherr war ausgerechnet der Cousin und Schwager des mörderischen Prinzen. So blieb ihnen nur, den Schein zu wahren, und das war schwer genug. Während die Genfer Regierung den flüchtigen Paul mit Trompetenschall und Belohnung suchen ließ, erklärte der überlebende jüngere Bruder Georg Friedrich von Uffeln, sein Bruder habe auf dem Sterbebett das Ganze als Unfall beschrieben, weswegen man dem Lakaien vergeben solle. Bald darauf kam aus Thüringen jedoch ein Schreiben seines Vaters Christian Hermann von Uffeln, der darauf bestand, dass es keine Gnade geben dürfe; am 14. Juli 1674 verurteilte der Rat von Genf Paul zum Tod durch den Strang. Es ist mir nicht gelungen herauszufinden, ob man seiner inzwischen habhaft geworden war; falls er sich erfolgreich abgesetzt hatte, wird ein Porträt von ihm aufgehängt worden sein, wie das in solchen Fällen üblich war.

Zum Jahresende verlor Christian Hermann von Uffeln auch seinen jüngsten Sohn, der im Internatsgymnasium an den Masern starb. Er war erst dreizehn Jahre alt gewesen, und als man ihn in Naumburg beerdigte, blieb der Vater abwesend: Vielleicht hatte er schon zu viele eigene Kinder zu Grabe getragen. Der einzig verbliebene Sohn Georg

Friedrich lernte währenddessen in Genf Prinz Christian von Sachsen-Gotha kennen, den Sohn seines Landesherrn, und trat dann als Kammerjunker in dessen Dienste, als Prinz Christian durch Erbteilung Herzog von Eisenberg wurde. Dort brachte Uffeln es bis zum Oberhofmeister der Herzogin, wobei er freilich zusehen musste, wie der Herzog das in seinen Zwergstaat strukturell eingebaute Defizit mit immer irreren Alchimistenkünsten zu beheben versuchte und sein letztes Geld verschenkte, weil Geisterbeschwörer ihm ja einen massiv goldenen Sarg und einen ein Pfund schweren Diamanten versprochen hatten. Am Ende blieben dem Herzog jährlich 8 Reichstaler disponible Einkünfte, und man versteht, warum Georg Friedrich von Uffeln nach dreißig Jahren in diesem Dienst nicht besser dastand als zuvor. Prinz Karl von Kurland reiste von Genf zurück an den Berliner Hof seines Onkels Friedrich Wilhelm, wobei er unterwegs seinen Hofmeister an den Tod verlor (der begreiflicherweise parteiliche Danckelmann glaubte, er habe ihn vergiftet). Er versuchte gerade, eine standesgemäße Kriegsbedienung zu erlangen, als ein seltenes Fleckfieber ihn tötete – und zwar nur genau ihn und sonst niemanden, wie Danckelmann bemerkte, an dem die calvinistische Lehre von der Vorherbestimmtheit der Schicksale auch nicht spurlos vorbeigegangen war. Der Höfling, der auf Befehl des Kurfürsten mit ihm in Berlin geblieben war, erwähnt den Tod des Prinzen Karl in seinem Tagebuch hauptsächlich deshalb, weil er wegen der Ansteckungsgefahr nun nicht gleich nach Potsdam zum Kurfürsten fahren durfte und so leider die interessante Vorführung eines sehr kompetenten Goldmachers verpasste.

Danckelmann schließlich hatte auch weiterhin kein Glück mit Booten. Bei der Weiterreise in Frankreich – wo er und Aylva ungestört reisen konnten, obwohl ihre Landesherren gegen Ludwig XIV. Krieg führten – geriet er auf der Loire in eine Meuterei der Flussschiffer, ohne die man in einer Zeit übler Straßen nicht weit kam und für die nach Danckelmanns Meinung seine Schläge noch zu gut gewesen waren. Kurz danach drängte ein Handelsschiff sein Boot so unglücklich ab, dass es in ein riesiges Mühlrad geriet und zerschmettert wurde, nachdem Danckelmann und Aylva gerade hatten abspringen können. Paris enttäuschte ihn; ihr erstes Hotel war ein Bordell, das zweite voll mit deutschen Touristen, die man im Interesse der Sprachpraxis natürlich meiden musste. Als sie noch einmal umzogen, rächte sich jedoch der Besitzer des zweiten Gasthauses mit einem recht widerlichen Alchimistenzauber, der Danckelmann fünf Monate Sehstörungen sowie «Augenrheumatismus» einbrachte und sich nur durch dauerhaften Verzicht auf Pilzgerichte abstellen ließ. Währenddessen besuchten die beiden Reisenden den Hof und sprachen dort einige Minuten mit Herzogin Elisabeth Charlotte von Orléans (also der zweiten ‹Madame› genannten Ehefrau des Königsbruders), die sich immer für deutsche Besucher interessierte. Um die vielen Sexangebote der Französinnen abzuwehren, beschloss Danckelmann, sich von nun an besonders seriös und erwachsen zu geben, was die Dinge aber nur noch schlimmer machte. Er lehnte alle Offerten ab (neben der Moral sprach dafür seine realistische Furcht vor der Syphilis) und war nicht wenig stolz darauf, zumal selbst eine niederrangige Prinzessin des Königshauses ihm ein Rendezvous angeboten hatte – allerdings war die auch 27 Jahre älter als er. Zur gleichen Zeit besetzten die Truppen Ludwigs XIV. das Fürstentum Orange und zerschlugen damit Danckelmanns Traum, sich nach Ende der Kavalierstour dort als Gerichtsrat niederzulassen. Dennoch hat sich sein Schicksal noch im Jahr 1674 entschieden, freilich ganz anders als erwartet.

Am 7. Dezember 1674 nämlich starb der Kurprinz von Brandenburg in Straßburg an einer Krankheit, die er sich im Krieg zugezogen hatte. (In Amsterdam erhielt ein städtischer Beamter diese Nachricht und machte einen Aktenvermerk, dass damit die Patenschaft beendet sei, die seine Stadt 1655 für den Kurprinzen übernommen hatte; man könne also jetzt die Mittel neu zuteilen, von denen man dem Patenkind bisher zu jedem Geburtstag eine mittelgroße Bronzekanone geschenkt hatte.) Da er kinderlos war, stieg dadurch automatisch sein bisher von niemandem recht ernstgenommener Bruder Markgraf Friedrich zum unvermeidlichen Erben des kurfürstlichen Vaters auf. Dessen Informator Eberhard Danckelmann hatte bisher annehmen müssen, dass der junge Herr, dessen engster Vertrauter er war, eines Tages maximal Fürst von Halberstadt oder Minden sein würde: Jetzt lag vor ihm die Macht. Die aber war auf der Bürgerebene genauso ein Familiengeschäft wie bei den Herrschern, und so stiegen schließlich sechs Brüder Danckelmann zu höchsten Stellungen in Brandenburg-Preußen auf. Die Gunst seines Bruders katapultierte Nikolaus Bartholomäus rasch auf immer bessere diplomatische Posten, und 1690 wählte er als Stellvertreter seines kurfürstlichen Herren den nächsten Kaiser des Römisch-Deutschen Reiches; bei den anschließenden Festlichkeiten lernte er die reiche Tochter eines fränkischen Reichsritters kennen und heiratete sie bald. Er war geadelt worden, erhielt dazu am fünften Hochzeitstag den Freiherrentitel, wurde 1697 zum Staatsminister ernannt und 1704 zum Regierungspräsidenten von Magdeburg. Zwar verlor er diesen Posten 1719, nachdem ein halbverrückter Transsylvanier König Friedrich Wilhelm I. von Preußen eine kurze Zeit lang davon überzeugt hatte, ein gigantisches Verschwörernetzwerk unter Prinz Eugen von Savoyen plane seinen Untergang und habe bereits den ganzen Staatsapparat unterminiert. Der König, der das immer schon geahnt hatte, entließ neben vielen anderen auch den inzwischen neunundsechzigjährigen Baron Danckelmann. Aber das machte keinen großen praktischen Unterschied mehr, denn seine Reichtümer blieben ihm ebenso wie sein Stand, die Anrede «Hochfreiherrliche Exzellenz» und das in dieser Welt Wichtigste, die Verbindungen. Seine Tochter hatte 1716 den Bruder des Staatsministers von Grumbkow geheiratet, und sein Sohn Carl Ludolf heiratete 1730 dessen Cousine; er wurde noch zu Lebzeiten des Vaters Minister ausgerechnet in Hessen-Kassel, wo er dem Neffen des mörderischen Prinzen Karl diente.

Auch sonst konnte Baron Nikolaus Bartholomäus im Alter zufrieden zurückblicken, als er auf Schloss Lodersleben seine natürlich französischen Memoiren schrieb. Dieses Schloss hatte er gekauft, weil er einerseits nach seiner ungnädigen Entlassung nicht länger in Preußen bleiben, andererseits auch nicht weit weg ziehen wollte. Zum Glück war Preußen so zersplittert, dass man auch von seinem alten Dienstsitz Halle nur einen Stein werfen musste, um das Fürstentum Querfurt und damit Ausland zu erreichen: Dort kaufte er sich ein. Als er 1674 mit den anderen Touristen nach Coppet gefahren war, um Graf Solms zu den Dohnas zu bringen, da hatten ihm diese große Herren wie Figuren aus einer anderen Welt erscheinen müssen; inzwischen war seine jüngste Tochter mit einem Grafen Solms verheiratet, und es lag mehr als vierzig Jahre zurück, dass er das ehemalige Dohna-Schloss Prangins am Genfer See für sich selbst gekauft hatte. Die Kugel war nie mehr aus seinem Schenkel herausgekommen, aber er hatte sie auch nie mehr gespürt, nicht einmal beim Kampfsport. Als er 1739 im Alter von 89 Jahren auf Schloss Lodersleben starb, war er bereits der älteste preußische Staatsminister in zwei Jahrhunderten.

KAPITEL 4

Der Mann mit der Eisernen Maske wird unangenehm überrascht

⚭

PIGNEROL, 24. FEBRUAR 1676

Abweisend ragten die hohen Wände des Donjon aus der langen Nacht. Das viereckige Hauptgebäude der Zitadelle von Pignerol stand auf dem letzten Ausläufer der Cottischen Alpen, eng eingefasst von fünf runden Türmen mit spitzen Dächern, und blickte auf das Land Piemont herunter. Die wenigen Wachen sahen freilich nur ein paar Lichter, die notdürftig die Tore und Befestigungen der Stadt unter ihnen erkennen ließen. Schon die Stadt selbst war eine Festung, auf allen Seiten von einem Netzwerk aus Bastionen ummauert, in dem Scarpe und Contrescarpe, Ravelins und Hornwerke, gedeckter Weg und Glacis jeden Angreifer zwingen würden, sich in wochenlanger Kleinarbeit an die Verteidiger heranzuwühlen, während die ihn von drei Seiten gleichzeitig beschießen konnten. Und falls der Feind die Stadt doch bezwungen hätte, wäre er im Visier der Zitadelle geblieben, die erhöht und mit eigenen Befestigungswerken über der Stadt lag; im Herzen dieser Zitadelle aber stand, noch einmal durch zwei zusätzliche Mauern geschützt, der Donjon. Erbaut hatte ihn vor dreieinhalb Jahrhunderten Philipp von Savoyen, Fürst von Achaia und Morea, der sich auf die Herrschaft über Piemont zurückzog, nachdem ihm das erheiratete Kreuzfahrer-Fürstentum wieder abhandengekommen war. Seit 1630 aber war Pignerol Frankreichs Brückenkopf in Italien, ein Stachel im Fleisch des Herzogtums Savoyen-Piemont, dessen Hauptstadt Turin man von hier jederzeit angreifen konnte, wenn es wieder einmal nach einem Bündniswechsel des Herzogs aussah.

Der einzige Zweck Pignerols war das freilich nicht. Da Frankreich wie alle frühneuzeitlichen Staaten noch keine regulären Gefängnisse kannte, konnte es isolierte Bergfestungen zu mehr als zum Krieg gebrauchen, und so hatten die Wachen gleichermaßen auf Eindringlinge wie auf Ausbrecher zu achten. Jetzt im Dunkeln war allerdings das eine so illusorisch wie das andere, und so hätte von dem, was jetzt im ersten Stock des östlichen Donjon-Turms geschah, höchstens der im Stockwerk darüber untergebrachte Mann mit der Eisernen Maske etwas mitbekommen können, dessen Fenster jedoch vergittert war.

Wie er es schon in so vielen Nächten getan hatte, nahm der Bewohner der ersten Etage vorsichtig das abgesägte Fenstergitter sowie die aus dem Rahmen gelöste Scheibe heraus und ließ dann seine selbstgemachte Strickleiter hinab, die aus Schmutzwäsche und drei aneinandergeknoteten Perücken bestand. (Ein Glück, dass er nicht weiter oben untergebracht war, denn der Gouverneur des Donjon hatte sich schon bei der Bitte um eine dritte Perücke einigermaßen gewundert. Aber als unser Mann erklärte, er müsse doch seinen Kopf vor der Kälte und dem Zugwind schützen, die durch den Kaminschacht in alle Zimmer krochen, hatte der Gouverneur ihn nur zu gut verstanden.) Einmal blickte er noch zurück, um zu sehen, ob sein Brief an den König auch gut sichtbar auf dem Tisch lag, dann klopfte er aufmunternd seinem Kammerdiener auf die Schulter, der dableiben würde und sich mit gutem Grund nicht auf den Morgen freute. Schließlich seilte er sich in den Burggraben ab und eilte im Schutz der Dunkelheit zur Umfassungsmauer, die den Donjon von den stadteinwärts zeigenden Bastionen trennte. Die Bretter, mit denen er das in den letzten Wochen gegrabene Loch kaschiert hatte, waren schnell zur Seite gezogen, und schon war er auf der anderen Seite der Umfassungsmauer. Durch die weiteren Befestigungen würde er sich nicht durchgraben können; sie waren ständig bemannt und dafür konzipiert, eine ganze Armee von Belagerern monatelang zu beschäftigen. Das bedeutete aber auch, dass hier ständig Handwerker und Arbeiter aus- und eingingen. Wenn er einem von ihnen seinen dreckbraunen Kittel abhandeln könnte, würde er leicht in die Stadt kommen, und alles Weitere wäre ein Kinderspiel. Der Holzschuppen hier war jedenfalls der richtige Ort, um auf eine gute Gelegenheit zu warten.

Langsam wurde es Tag. Das Licht weckte auch den Mann mit der Eisernen Maske, den wir besser Eustache Danger nennen sollten, denn die Maske lag noch weit in der Zukunft. Es ist nicht bekannt, ob Danger wirklich sein Nachname war oder – als ‹d'Angers›, was in der rein phonetischen Orthographie der Zeit dasselbe war – nur eine Herkunftsbezeichnung nach der Stadt Angers. Aber solche Unklarheiten waren für Diener damals Berufsrisiko: Niemand nahm ihre Namen besonders wichtig. Das Gros der Historiker war in diesem Punkt nicht viel besser als die Zeitgenossen und las seinen Namen lange zu Unrecht als Dauger. Eustache weckte erst seinen Dienerkollegen La Rivière und dann seinen Herrn, den von Ludwig XIV. vor elf Jahren zur lebenslangen Festungshaft ‹begnadigten› vormaligen Finanzminister Fouquet, um ihm in den Morgenmantel zu helfen; dann begann Fouquets Bibellektüre mit Danger und La Rivière, dem er Lesen und Schreiben beigebracht hatte. Ganz abgesehen davon, dass Fouquet bald ohne Lupe nicht mehr selbst lesen konnte, schien es ihm auch für einen Diener besser, lesen zu können, und Eustache dürfte seine Zweifel für sich behalten haben. Wäre er selbst ein Analphabet gewesen, wie La Rivière noch bei seiner Ankunft in Pignerol, dann wäre er nämlich nie hierhergeraten. Eustache Danger bediente Fouquet erst seit einem Jahr, weil einer von dessen zwei Dienern gestorben war und Eustache als einziger von allen Gefangenen schon vor seiner Inhaftierung Dienstbote gewesen war. Wir sehen hier die ständische Gesellschaft in ihrer reinsten Form. Die Mächtigen dieses Systems hatten keine Skrupel, Missliebige oder Leute, die zu viel wussten, lebenslang unter üblen Bedingungen einzusperren, aber es wäre ihnen wie der schlimmste Exzess orientalischer Despotie vorgekommen, jemanden zum Kammerdiener zu degradieren, der durch Herkunft oder Beruf auch nur einigermaßen respektabel war. Insofern passte Danger perfekt und konnte sich glücklich schätzen. Nach sechs Jahren im untersten Teil desselben Turmes muss es für ihn wie eine Erlösung gewesen sein, in die relativ großen Räume des Ex-Ministers sowie in die Gesellschaft zweier anderer Personen zu kommen. So hatten die Bewohner der zweiten Etage, von denen einer prominent war und einer es noch werden sollte, sich in ihrer Situation eingerichtet. Sie ahnten nicht, welch seltsame Wendung unmittelbar bevorstand.

Ein Küchenmädchen des Donjon kam in den Holzschuppen und entdeckte beim Herausziehen einiger Holzscheite den Flüchtigen. Eine junge Frau, muss er gedacht haben, während er versuchte, sie gewinnend anzulächeln, großartig, da habe ich praktisch schon gewonnen. – Erschrick nicht, hübsches Kind, heute ist dein Glückstag. Sie wich unauffällig zurück: Er war zwar klein und sah verbraucht aus, aber einen Bart tragen bekanntlich nur Wahnsinnige oder Mönche, da muss man auf der Hut sein. Sieh mal, ich bin ein großer Herr, mein Fürstentum liegt nicht weit von hier, und die reichste Frau von Frankreich wird alle belohnen, die mir helfen. Beschaff mir einen Arbeitskittel, eine Schubkarre und einen breitkrempigen Hut, dann wirst du bald ein großes Stück gutes Ackerland besitzen, und wenn du magst, kaufe ich auch deinem Bruder einen Posten bei der Salzsteuerpolizei. – Meinem Verlobten, sagte das Küchenmädchen, er ist hier Soldat bei der Garnison. (Merde. Andererseits war das irgendwie auch zu erwarten. Pignerol ist nicht direkt berühmt für seinen ausdifferenzierten Arbeitsmarkt.) Wie schön. Dann wirst du jetzt ... – ... losgehen und ihn fragen, was ich machen soll. – Sag ihm, ich beschaffe ihm eine Stelle als Fähnrich in der schwedischen Leibgarde. Oder beim Herzog von Mantua, das ist näher und katholisch. – Warten Sie hier und machen Sie mit keinem anderen etwas aus, man kann in dieser Stadt niemandem trauen.

Das Erste, was die Bibelstunde im zweiten Stock des Ostturms unterbrach, war das unüberhörbare Fluchen des Mannes, den die vom strahlenden Verlobten der Küchenmagd angeführten Wachen direkt unter Fouquets Fenster zurück in den Donjon schleppten. Während der Minister und seine beiden Diener noch rätselten, wer das sei (vielleicht der Kerl unter ihnen, der vor drei Jahren seinen Fußboden angezündet hatte?), hörten sie schon ein nicht unähnliches Gebrüll aus der entgegengesetzten Richtung. Die Wohn- und Arbeitsräume des Gouverneurs Saint-Mars grenzten direkt an das erste Vorzimmer von Fouquets Hundert-Quadratmeter-Appartement, und da man nach der Explosion des Pulvermagazins 1665 alles in Eile wiederaufgebaut hatte, waren die zusammengepfuschten Innenwände hellhörig genug, dass jetzt die Standpauke zu vernehmen war, die Saint-Mars allen gerade greifbaren Untergebenen hielt. Dann öffneten sich die Türen, der Gouverneur kam herein und rannte auf die noch immer am Fenster Stehenden zu, ganz als glaubte er, sie wären auch gerade beim Abseilen. Selbst nachdem er ihre Bibeln gesehen hatte, beruhigte er sich nur langsam; währenddessen wandte er sich den ihm folgenden Offizieren und Soldaten zu, die bereits anfingen, die Wandteppiche herunterzureißen und den Kamin abzuklopfen, zeigte auf die Fenster und rief: Das muss alles zugenagelt werden! Dann eilte er in sein Schreibzimmer zurück und überließ es dem Stellvertreter, darauf zu achten, dass keiner der Soldaten mit den Gefangenen sprach. Saint-Mars hatte ohnehin schon wenig Zeit für seinen Bericht an den Kriegsminister Louvois, dem man dieses Debakel mit der größten Umsicht beschreiben musste. Er konnte von Glück reden, dass er rechtzeitig die Schwester der Mätresse des Ministers geheiratet hatte, aber wenn es um die Schuld an einem Ausbruch ging, blieb vom berüchtigt brutalen Louvois noch genug zu befürchten.

Es war alles so ungerecht. Nur weil Fouquet ein so hochrangiger Gefangener war, hatte man ihn vom stellvertretenden Kommandeur der Musketiergarde verhaften und hierherbringen lassen, und nur weil d'Artagnan seinen Untergebenen Saint-Mars dazu geeignet fand, hatte der mitkommen und in Pignerol bleiben müssen, als d'Artagnan wieder zum Hof zurückreiste. Elf Jahre saß er jetzt in diesem gottverlassenen Nest auf der falschen Seite der Alpen, gerade hatte er Hoffnung gefasst, endlich zu den Grauen Musketieren zurückversetzt zu werden, und nun passierten Dinge, bei denen er noch dankbar würde sein müssen, wenn sie ihm nicht einen Lebensabend als Baugrubenaufseher in Saarlouis einbrachten.

Die Verschärfung der Haftbedingungen und der endgültige Verlust des Fensterblicks wird die drei umso mehr geärgert haben, als sie mit dem Fluchtversuch ja nichts zu tun gehabt hatten. Der einundsechzigjährige Fouquet hatte sich schon seit langem mit seiner Gefangenschaft abgefunden und verbrachte seine Zeit mit religiöser Lektüre, Unterricht für seine Diener und den gelegentlich erlaubten Briefen an seine Familie. Immerhin machte das alles auch dem Gefängnisgouverneur Saint-Mars das Leben etwas unbequemer. Damit nicht noch einmal jemand eine Strickleiter baute, musste Saint-Mars nun auf Befehl des Kriegsministers jedes einzelne Schmutzwäschestück der Staatsgefangenen persönlich abholen. Auch die Stadttore sollten morgens erst geöffnet werden, nachdem er die Anwesenheit der Gefangenen überprüft hatte. Da aber geschlossene Stadttore die wirtschaftliche Aktivität der Stadt lahmlegten, da der Gefangenenbesuch also möglichst früh erfolgen musste und da schließlich der Arbeitsbeginn einer Zeit ohne bezahlbares Kunstlicht ohnehin schon bei Sonnenaufgang lag, kann man sich ausrechnen, dass Saint Mars von nun an mitten in der Nacht aufstehen musste.

Auf die Missgeschicke des Februars waren monatelang keine weiteren mehr gefolgt, bis Eustache eines Nachts ein unheimliches Stöhnen aus dem Kamin hörte. Als er an das Gitter trat, das den Kaminschacht versperrte, sah er einen rußbeschmierten Bärtigen, der sich von unten an das Gitter klammerte und ihm unter unverständlichen Beschwörungen eine kleine Nagelfeile reichte. Von nun an hatten Eustache und La Rivière eine Aufgabe. Zum Glück war aus den vom Kriegsminister empfohlenen Spionagelöchern in Wänden und Zimmerdecken offenbar nichts geworden; vermutlich kannte Saint-Mars die katastrophale Bausubstanz des Donjon zu gut, um darin herumzubohren. Jedenfalls gelang es den Dienern schließlich, das Kamingitter des zweiten Stocks ebenso abzusägen, wie es ihr Nachbar zuvor im ersten Stock getan hatte, bis dieser sich eines Nachts zu ihnen hochschieben lassen konnte – von seinem eigenen Kammerdiener, der ihn eigentlich im Auftrag des Kriegsministers Louvois hätte bespitzeln sollen. Aber unser Unbekannter hatte auch diesen Mann für sich gewonnen, und so kam er jetzt schließlich durch den Kamin herauf. Fouquet ging auf den seltsamen Besucher zu, stellte sich ihm vor und fragte ihn freundlich nach seinem Namen. – Ich bin, antwortete der Bärtige erwartungsvoll, der Comte de Lauzun, und als Fouquet ihn weiterhin etwas fragend ansah, fügte er hinzu: Ach ja. Als Sie bei Hof waren, hieß ich noch Marquis de Puyguilhem ... Puyguilhem, natürlich! Sie hatten da gerade die erste Kompanie der Rabenschnabelgarde geerbt? – Ja, so fing das an. – Und was hat Sie hierhergebracht? – Das ist nicht *ganz* einfach zusammenzufassen. – Wissen Sie, wir haben wirklich viel Zeit hier.

Also erzählte Lauzun. Die ersten Jahre nach Fouquets Verhaftung konnte er noch einigermaßen kurz zusammenfassen, und die Angelegenheit mit Madame de Monaco übersprang er ganz, was war das schon. 1668 hatte der König extra für ihn das neue Amt eines Generalobersten der Dragoner geschaffen, und 1669 wäre er beinahe auch Großmeister der Artillerie geworden, weil der Duc Mazarin dieses Amt endgültig hatte abgeben müssen. – Sie erinnern sich vielleicht gerade noch, sagte er zu Fouquet, das war dieser Wahnsinnige. Die Artillerie an sich war eine wenig vornehme Waffengattung, aber ihr Großmeister hatte für seine Ehefrau das Recht auf einen Hocker bei der Königin, für sich selbst Wohnrecht im Arsenal von Paris, das Privileg, hinter seinem Wappen zwei gekreuzte Kanonen malen zu lassen, und das Recht, dieses Wappen samt seinem Namen in jede neu gegossene französische Kanone prägen zu lassen. Vor allem hatte der Großmeister der Artillerie einen Besitzanspruch auf sämtliches Metall in jeder vom königlichen Heer eroberten Stadt, was in der Praxis auf eine handlichere Geldsumme aus der Staatskasse hinauslief. Umso empörter war folglich Lauzun gewesen, dass sein Todfeind Louvois diesen Posten einem anderen zugeschanzt hatte – eine reife Leistung, da nicht der Kriegsminister, sondern der König sämtliche Offiziersposten vergab und sich dabei von aller Welt beraten ließ. Lauzun machte dem immer noch nachsichtigen König eine solche Szene, dass der schließlich einen komplizierten Ämtertausch in Bewegung setzte, um Lauzun zum Chef einer der vier Leibgardekompanien zu machen. In dieser Eigenschaft war er nun ein ständiger Begleiter des Königs und also in der Lage, durch ein Wort, einen Scherz oder eine im richtigen Moment weitergeleitete Information Karrieren zu befördern oder zu brechen; es war nur logisch, dass Minister und Königsmätresse ihn als Bündnispartner suchten Diese letztere Rolle hatte gerade die nach wie vor auf ihre Weise fromme Marquise de Montespan an sich gebracht, wenngleich der König zur Tarnung des doppelt ehebrecherischen Verhältnisses die wenigstens unverheiratete La Vallière noch einige Jahre lang überallhin mitnahm. Madame de Montespan und Lauzun hätten zusammen den Hof beherrschen können, wenn sie einander nur in der beißenden Ironie und nicht auch im explosiven Temperament zu ähnlich gewesen wären.

Auch so freilich war Lauzuns Existenz unbeschwert genug geblieben, bis eine viel wichtigere Frau in sein Leben trat. Es war Mademoiselle de Montpensier, eine direkte Cousine Ludwigs XIV., die als Tochter eines früheren Prinzenehepaares Monsieur und Madame bei Hof einfach den Titel ‹Mademoiselle› führte und als ‹Enkelin von Frankreich› (nämlich: Königs Enkelin) die viertranghöchste Frau des Reiches war. Dass sie durch ihre Mutter das größte Vermögen des Landes geerbt hatte, machte sie wichtig. Berühmt aber war sie, weil sie von den vielen Heldinnen der Fronde-Revolte die vielleicht bemerkenswerteste war und für ihren unfähigen Vater Krieg geführt hatte, als hätte sie nie etwas anderes getan. 1652 stand vor den Toren des aufständischen Paris das Heer des gegen alle kämpfenden Rebellenprinzen Condé. In der zehnstündigen Schlacht am Faubourg Saint-Antoine wurde Condés spanisch-deutsch-französisches Heer von den Truppen Mazarins und der Königin ausweglos gegen die Stadtmauern gedrückt und schien verloren, weil die Königlichen angeblich Anweisung hatten, keine Gefangenen zu machen. Unter Condés Offizieren war auch Tarente (der ehemalige Talmond), dem zwei Schüsse durch den Hut und den Gürtel gegangen waren, bevor eine Kanonenkugel sein Pferd tötete, dessen Kadaver ihn unter sich begrub. Noch von unter dem Pferdeleib rief er dem verzweifelten Condé zu, er sei unverletzt, und ließ sich von einem Reitknecht ein neues Pferd bringen. In diesem Moment öffneten sich die Stadttore: Mademoiselle hatte die

Pariser Rebellen überredet, ihren Rivalen Condé zu retten, und während dessen Heer sich langsam in die Stadt zurückzog, eilte sie zum ersten und letzten Mal in ihrem Leben in die Bastille.

Die Kanonen der alten Gefängnisburg waren, was einiges über das Vertrauensverhältnis zwischen Krone und Untertanen aussagt, immer stadteinwärts gerichtet gewesen, aber jetzt ließ die blonde Fünfundzwanzigjährige sie in die andere Richtung drehen, während sie mit einem Fernrohr auf den Höhen von Charonne nach dem kleinen König und seiner Entourage suchte. Als die Königstruppen siegesgewiss gegen die Flüchtenden vorrückten, wurden sie völlig unvorbereitet von den Kanonen der Bastille getroffen, die die gesamte erste Linie der Kavallerie zerschmetterten, und dieser Schock wirkte so verheerend, dass sie in Panik zurückfielen. Auf den Hügeln von Charonne aber sahen auch Mazarin, die Königin und der vierzehnjährige Ludwig XIV. durch ihre Fernrohre. Mazarin hatte eben erfahren, dass sein bevorzugter Neffe in der Schlacht gefallen war, und jetzt erkannte er, wem die Feinde ihre Rettung verdankten. Bis dahin hatte man immer wieder erwogen, Mademoiselle mit dem jungen König zu verheiraten, aber in diesem Moment soll der Kardinal mit seinem süditalienischen Akzent das endgültige Todesurteil für dieses Projekt ausgesprochen haben: «Sie hat gerade ihren Mann getötet.»

Als bald darauf die Krone die Herrschaft über Paris und das Land doch noch zurückgewann, zog Mademoiselle sich klugerweise für einige Jahre auf ihre vielen Schlösser zurück. Mehr als ihr Vermögen garantierte ihre Geburt die baldige Rückkehr in die Hofgesellschaft. Auch Heiratsangebote waren noch lange zahlreich eingegangen. Freilich brachten Mademoiselles Rang und katholische Konfession es mit sich, dass auch bei großzügiger Auslegung in ganz Europa maximal drei Dutzend Männer überhaupt als standesgemäße Ehepartner in Frage kamen; zog man davon die buckligen Zwerge, die dreißig Jahre älteren Witwer mit schwierigen Kindern, die geldbedürftigen Bürgerkriegsexilanten und die notorisch Geistesgestörten ab, blieb nicht mehr viel übrig – zu wenig für eine geistreiche Frau, die sich an ihre Unabhängigkeit gewöhnt hatte und ungern unter barbarischen Nichtfranzosen hätte leben wollen. Also war sie unverheiratet, und dabei schien es bleiben zu sollen: Längst war sie ja schon zweiundvierzig und damit weit oberhalb des üblichen Heiratsalters.

Dann kam Lauzun. Es ist berührend, in Mademoiselles Mémoiren zu lesen, wie – bei aller quellenkritischen Vorsicht – damals eine hochgebildete und reflektierte Frau sich ganz langsam und psychologisch subtil an die Erkenntnis herantastete, dass das, was sie für Lauzun fühlte, dieses berühmte Gefühl, diese sogenannte Liebe sein müsse. Natürlich war die Hochadels- und Hofwelt des 17. Jahrhunderts neben allem anderen auch ein Panoptikum der Ausschweifungen und Perversionen, aber man darf darüber doch einen wichtigen Unterschied nicht vergessen, der sie von unserer Gegenwart trennt. Es gab zahlreiche Männer und Frauen, die entweder unverheiratet oder in ganz nüchternen arrangierten Ehen nicht nur keinerlei Liebesbeziehungen lebten, sondern vor allem in glaubhaften Selbstzeugnissen versicherten, dergleichen auch nie vermisst zu haben. Dies nicht etwa automatisch aus strikter Frömmigkeit, wenngleich die damals natürlich häufiger anzutreffen war als heute. Eher wirkte sich die große Rolle der Religion wohl indirekt aus, indem sie die moderne Einstellung noch unmöglich machte, wonach ein Leben ganz ohne erotische Liebe zwangsläufig verpfuscht und leer sein müsse. Es war also damals schlichtweg noch keine Schande, ohne Liebesbeziehungen zu leben, solange man sonst seine Pflichten erfüllte (und also z. B. gegebenenfalls im Interesse der Familie heiratete). Dazu kam, dass sowohl die Ehe als auch außereheliche Verbindungen schon für Männer und noch viel mehr für Frauen mit jeweils großen Risiken verbunden waren. Sehr aufschlussreich für das, was daraus resultieren konnte, sind die Briefe der Herzogin Elisabeth Charlotte von Orléans an ihre halbehelichen Halbschwestern, die aufgrund der problematischen Herkunft fast alle unverheiratet blieben. Wenn Halbschwester Amelise erkennen ließ, dass sie noch nie etwas von Homosexualität gehört hatte, dann war die Herzogin davon ebenso amüsiert wie ehrlich überrascht – für sie selbst war es allerdings, wie wir gesehen haben, ja auch überdurchschnittlich leicht, darüber halbwegs Bescheid zu wissen. Zugleich schrieb sie von ihrem Mann sowohl zu Lebzeiten als auch nach seinem Tod so, dass trotz aller Schwierigkeiten eine gewisse Verbundenheit sichtbar wird. Über die erotische Liebe aber äußerte sich dieselbe abgeklärte Frau ihrer Halbschwester gegenüber ziemlich genau so, wie heute Nichtraucher über das Rauchen sprechen: Sie habe den Reiz des Ganzen auch nie verstanden, aber Leute, die sich damit besser auskennten, versicherten ihr, wenn man sich nur erst einmal daran gewöhnt habe, könne man gar nicht mehr aufhören. Man kann also manchmal noch – oder gerade – in der entlegensten, ungerechtesten und kaputtesten Vergangenheit Gedanken und Einstellungen entdecken, die wir nicht übernehmen müssen, um trotzdem etwas zu lernen und gewarnt zu sein. Die Selbstverständlichkeiten unserer Gegenwart sind nicht nur alles andere als selbstverständlich: Manchmal ginge es uns vielleicht auch besser ohne sie.

Mademoiselle also verliebte sich zweiundvierzigjährig in den fünf Jahre jüngeren Lauzun, und der hätte ein sehr anderer Mann sein müssen, um darin nicht die Chance seines Lebens zu sehen. Dass er zugleich die denkbar größte Gefahr herausforderte, hätte manch einen abgeschreckt – man erinnere sich daran, welchen Preis Espinay für seine nur vermutete Beziehung mit einer Tochter der Winterkönigin bezahlte. Lauzun aber war 1670 wie betrunken von der Königsgunst und glaubte ernsthaft, dass er die Cousine des Königs nicht nur diskret verführen, sondern auch vor den Augen der Welt heiraten könne. Langsam nahm dieser Plan Gestalt an zwischen der Liebenden und dem, der sich lieben ließ. Tatsächlich erlaubte Ludwig XIV. in einem schwachen Moment seinem Günstling diese Ehe, die so eklatant die heilige Grenze zwischen Untertanen und Herrscherhäusern überschreiten würde. Lauzun instruierte daher vier hochrangige Höflinge, die als «Delegation des französischen Adels» den König um seine offizielle Zustimmung zu dieser Ehe bitten sollten. Darüber nämlich war sich in der Tat die ganze Frühneuzeit einig, dass Heirat die höchste und sicherste Form sozialer Anerkennung war (übrigens bis heute eine realistische Idee: Noch immer kann man das Verhältnis zwischen sozialen Gruppen am besten mit der Frage testen, ob die einen den anderen «erlauben», ihre Töchter zu heiraten). So wäre denn gemäß der Logik der Zeit Lauzuns Ehe mit einer ‹Enkelin von Frankreich› tatsächlich ein Präzedenzfall dafür gewesen, dass der französische Untertanen-Adel genauso viel wert sei wie die auswärtigen Prinzen und Herrscherhäuser: Die Gewerkschaft hätte sich gefreut.

Leider nur war genau das eben auch das Problem. Es hatte seine Gründe, dass in Frankreich die letzte Ehe eines einfachen Edelmannes mit einer vergleichbaren Prinzessin selbst nach großzügigster Definition im Jahr 1416 geschlossen worden war, als Katharina von Burgund Smassmann von Rappoltstein heiratete; seitdem hatte die Welt sich so unübersehbar verändert, dass Adel und Königshaus gleichermaßen nicht glauben konnten, was hier geschehen sollte. Als das Heiratsprojekt und die Zustimmung des Königs am 15. Dezember 1670 bekannt wurden, brach im Louvre die Hölle los. Die Königin machte dem König zum ersten Mal in ihrer Ehe eine wütende Szene – sie hatte das Erbe Mademoiselles bereits für ihren zweiten Sohn vorgesehen, der ja nicht König werden würde. Monsieur erklärte mit solcher Wut, man müsse den dreisten Emporkömmling aus dem Fenster werfen, dass ihm beinahe seine Schönheitspflästerchen abfielen – er hatte das Erbe Mademoiselles fest für seine Tochter eingeplant, damit die dann den Kronprinzen heiraten könne. Der Juniorprinz Enghien sagt dem König, sosehr er den Willen Seiner Majestät respektieren müsse, wolle er doch untertänigst zu Protokoll geben, dass er den dreisten Bräutigam unmittelbar nach der Hochzeit in den Kopf zu schießen gedenke; er scheint aus reiner Prinzensolidarität gehandelt zu haben und ließ sich dabei nicht davon beirren, dass Mademoiselle 1652 seinen Vater Condé gerettet hatte. Lauzuns Feinde (und weiß Gott, er hatte genug) verbreiteten geschickt, das alles sei die Idee des Königs gewesen, der beweisen wolle, dass er wie der türkische Sultan alle erheben und erniedrigen könne und die Naturgesetze für ihn nicht einmal in Standesfragen gälten. Madame de Montespan freute sich, dass die durch Lauzun ausgehandelte Ehe ihrer vierzehnjährigen Nichte mit dem wohl homosexuellen und jedenfalls schwerreichen Mazarin-Erben Nevers – kurzum: die Ancien-Régime-Ideal-Ehe, von der die schräge Liebesheirat Lauzun-Mademoiselle sich so stark unterschied – gerade gestern geschlossen worden war; endlich konnte sie also den König risikolos darauf hinweisen, wie grotesk der ganze Plan sei. Sie hatte Gründe, von denen noch zu reden sein wird. Nur Fouquets Schwiegersohn Charost freute sich, denn er war Lauzuns Amtskollege als Chef der Leibgarde und errechnete jetzt, dass dieser Beweis des hohen Ranges der Leibgardekommandeure – einer von uns hat sogar eine Königs-Cousine geheiratet! – den Wiederverkaufswert seines Amtes um mindestens 300 Prozent erhöhte. Der König aber wurde daran erinnert, dass trotz aller schönen Inszenierung seine Macht immer genau dort ihre Grenzen finden würde, wo sie die selbstverständlichen Spielregeln der Ständegesellschaft verletzen wollte: Das machte ihn unruhig.

Seine Entourage empfahl dem nicht mehr ganz jungen Paar, sich möglichst noch in derselben Nacht trauen zu lassen, und Mademoiselle sah das ebenso. Lauzun jedoch hatte seinen Stolz. So improvisiert zu heiraten hätte ja tatsächlich etwas vom Emporkömmling gehabt, der sich die unverhoffte Beute greift, bevor es zu spät ist. Weil er zur Vermeidung jedes derartigen Verdachts auf einer pompösen Riesenhochzeit «von Krone zu Krone» bestand, konnte die Trauung erst für den Abend des 18. Dezember anberaumt werden. Aber selbst die Notarsgehilfen, die die Reinschrift der endlosen Schenkungsurkunde verfassen sollten, mit der Mademoiselle ihren Zukünftigen zum Herzog von Montpensier und souveränen Fürsten von Dombes machen wollte, kannten sich mit höfischer Clanpolitik gut genug aus, um ungewöhnlich langsam zu schreiben und so noch eine weitere Vertagung zu erzwingen. Um sieben Uhr am Abend des 18. wurde Mademoiselle unerwartet in den Louvre bestellt. Der König empfing sie, um ihr zu erklären, dass er diese Mesalliance nicht zulassen könne, kniete neben ihr nieder, umarmte sie so eine Dreiviertelstunde lang und weinte mit ihr. Leise fragte er sie, warum sie nicht sofort habe heiraten können; dass die Könige die Öffentlichkeit zufriedenstellen mussten, sagte er lauter, damit es der Prinz von Condé hörte, der die Erlaubnis hatte, hinter der Tür zu lauschen. Dann verabschiedete er sich von seiner verzweifelten Cousine, um im Nebenzimmer einen dieser Briefe an seine Botschafter im Ausland zu schreiben, die der Welt zeigen sollten, wie er die Situation zu jedem Zeitpunkt vollkommen im Griff gehabt habe. Mademoiselle aber fuhr in einer Kutsche, der sie vor lauter Wut die Fensterscheiben ausschlug, zurück in das Pariser Palais du Luxembourg. Dorthin waren für den nächsten Morgen die nicht mehr abzubestellenden Gratulationsbesucher eingeladen, die nun halt zum Kondolieren kamen. Mademoiselle empfing sie, wie es auch nach einer Hochzeit der Brauch gewesen wäre, im Bett und schlug mit der Hand auf dessen andere Seite, während sie «Dort wäre er jetzt! Dort!» rief. Die Königin sagte gar nichts, Monsieur schwärmte Mademoiselle von einem großartigen neuen Parfüm vor, und Madame de Montespan brachte wohlklingende Trostsprüche mit. Lauzun hatte Mademoiselle bereits am Vorabend auf Befehl des Königs einen Besuch abgestattet, um ihr in Begleitung der vier etwas dumm dreinblickenden «Delegierten des französischen Adels» für die große Ehre zu danken, die die Prinzessin ihm beinahe erwiesen hätte; er verzog dabei keine Miene.

Sie sind also, fragte Fouquet Lauzun, in Ungnade gefallen, weil sie beinahe die Cousine des Königs geheiratet hätten? (Was sieht er mich denn so seltsam an? Warum schaut er immer zu den Dienern hin?) Natürlich nicht, erklärte Lauzun, ich bitte Sie. Schließlich hatte er nach einem solchen Opfer doch etwas gut bei seinem Monarchen; bald erhielt er eine halbe Million Pfund, um seine dringenderen Schulden zu zahlen, das mit keinerlei Pflichten beschwerte Gouverneursamt der Provinz Berry sowie die ‹grandes entrées›, also das wertvolle Recht, beim morgendlichen Aufstehezeremoniell des Königs als einer der Ersten in das Schlafgemach zu kommen und abends als einer der Letzten zu gehen. Alles schon sehr schön; aber der wirkliche Hauptpreis winkte ihm im Herbst 1671. Sein Onkel Gramont und sein Cousin Guiche, Vater und Bruder von Madame de Monaco, mussten endgültig den Oberbefehl über das Garderegiment zu Fuß abgeben, und alle Welt fragte sich, wer dieses Schmuckstück des Hofmilitärs nun erhalten würde. Lauzuns Kommando bei der Leibgarde – also bei jener Kavallerieeinheit, die aus nicht völlig zu Ende gedachten Gründen für die Bewachung des Königs im Inneren seiner Schlösser zuständig war – war bereits eine der besten Hofchargen. Das riesige Garderegiment zu Fuß, das man zur Unterscheidung von den Schweizern meistens Französische Garde nannte, war jedoch eine kleine Armee, die Paris beherrschte. Ihr Chef vergab zudem unabhängig vom Kriegsminister die schönsten Offiziersposten und zog immer an der Seite des Königs in den Krieg, was ihn zum meistbeneideten General des Landes machte. Lauzun verabredete also mit der Montespan, dass sie den König für Lauzun um das Garderegiment bitten würde, und versteckte sich dann, weil er ja kein vertrauensseliger Idiot war, unter ihrem Bett, um zu hören, ob sie das auch tat. Der Leser ist an dieser Stelle um Verständnis für die Beschreibung von Dingen gebeten, die man eingestandenermaßen nicht mal einem schlechten Film durchgehen ließe. Aber manchmal war das Ancien Régime wirklich so, und wie alles andere hier ist auch dieser Vorfall hinreichend plausibel durch verschiedene Zeitgenossen belegt. Natürlich kam es, wie es kommen musste. Die Montespan erzählte dem König mit der ihr eigenen Ironie, was für ein vertrauensseliger Idiot Lauzun sei, und gratulierte ihm dazu, so jemandem das Garderegiment schon aus Prinzip nicht zu geben. Am nächsten Tag besuchte Lauzun die Marquise, fragte zuckersüß nach dem Fortschritt des gemeinsamen Plans, ließ sich begeistert erzählen, wie leidenschaftlich sie für ihn gesprochen habe, zitierte ihr dann die besten Stellen aus der tatsächlichen Konversation, beschimpfte sie einigermaßen drastisch und nahm seinen Abschied. Vielleicht, sinnierte Lauzun jetzt mit einem für seine Verhältnisse nachdenklichen Blick, hätte ich ‹Hundehure› weglassen sollen.

Es war in der Tat zu viel. So wie Ludwig XIV. zehn Jahre zuvor Fouquet hatte vernichten müssen, um zu beweisen, dass nie wieder ein Minister allmächtig sein werde, so musste er jetzt an Lauzun dem hohen Hofadel exemplarisch zeigen, dass auch bei höfischen Favoriten ein allzu respektloser Größenwahn ins Verderben führte. Zur Parallele gehörte, dass es wieder der inzwischen zum Chef der Musketiergarde aufgestiegene d'Artagnan war, der Lauzun nach Pignerol brachte, wo schon Fouquet saß, und selbst der bekanntlich nicht geplante Umstand, dass diese beiden jetzt miteinander plauderten, war im Grunde nur die letzte Konsequenz dieser Logik. Nicht als ob nun freilich Fouquet bei Lauzuns Erzählungen an Logik hätte denken können, denn dafür war er viel zu sehr von reinem christlichem Mitleid erfüllt mit dem so offensichtlich Verrückten, in das sich nur gelegentlich die Angst mischte, der Mann könne in seinem zweifellos haftbedingten Wahn vielleicht auch gefährlich werden. So achtete er darauf, nie mit ihm allein zu bleiben, und lenkte ihre von nun an regelmäßigen Unterhaltungen unauffällig auf andere Themen. Von der allgemeinen Zeitgeschichte der Jahre bis 1671 konnte der Mann ja bemerkenswert vernünftig erzählen, und als man damit fertig war, muss das Gespräch irgendwann darauf gekommen sein, wieso eigentlich Eustache Danger hier war.

Eustaches Geschichte, die er in Pignerol nachweislich Fouquet und Lauzun erzählt hat, ist in ihrer rekonstruierbaren Form nicht weniger dramatisch als die Lauzuns, und wenn Fouquet den Diener offenbar dennoch nicht für verrückt hielt, so dürfte das nur an einem wesentlichen Unterschied gelegen haben. Lauzun war der überlebensgroße Protagonist seiner Geschichte, und genau wie seinen Tunnel hatte er sich zuvor schon das Grab seiner Hofkarriere ganz allein geschaufelt. Eustache dagegen kam als fast unsichtbarer Diener nur ein einziges Mal – und wohl unfreiwillig – in Berührung mit einem Plan, neben dem alles verblasste, was Lauzun je getan hatte; zu seinem Unglück genügte diese eine Berührung, um sein Leben zu zerstören. Was ihm geschah, kann man daher beschreiben, fast ohne ihn selbst zu erwähnen, und da über ihn so gut wie nichts bekannt ist, muss man das leider auch.

1667 war Ludwig XIV. in das spanische Belgien eingefallen, und er hatte bereits den größeren Teil von Flandern sowie die Franche-Comté erobert, als ihm von unerwarteter Seite Steine in den Weg gelegt wurden. Sosehr die Niederländer seine Verbündeten waren, so sehr erschreckte sie doch die Vorstellung, er könnte Belgien behalten und damit anstelle der längst ermatteten Spanier ihr Nachbar werden. Die

Niederlande schlossen daher rasch Frieden mit England und boten dann zusammen mit diesem und Schweden Ludwig ihre Friedensvermittlung an. Was freundlich klang, war de facto eine Drohung, und also musste Ludwig 1668 nicht nur den ausdrücklich zur Mehrung seines Ruhmes begonnenen Krieg vorzeitig abbrechen, sondern auch noch die Hälfte seiner Eroberungen zurückgeben. Diese Kränkung, dieser Verrat schienen ihm unverzeihlich. Es war ja schön und gut, auf eine niederländische Münzprägung, die den Propheten Josua dabei zeigte, wie er die Sonne zum Anhalten zwang, damit zu antworten, dass man in den Latona-Brunnen von Versailles Bronzefiguren einfügte, die die göttliche Verwandlung einiger dummer Küsten-Bauern in lächerlich quakende Frösche zeigten. Aber die Idee einer substanzielleren Rache war in Ludwigs Kopf so lebendig wie eh und je, als er 1669 ein seltsames Angebot des englischen Königs erhielt. Karl II. hatte 1660 die englische Revolution beendet und den Thron seines Vaters zurückerlangt. Der Preis dafür waren jedoch eklatante Zugeständnisse gewesen, sodass jetzt alle Steuern vom Parlament bewilligt werden mussten und der König dieses Parlament nicht einmal mehr ersatzlos auflösen durfte. Karl II. nutzte zwar alle nur denkbaren Schlupflöcher, indem er z. B. die 1660 gewählten Abgeordneten nicht bloß durch und durch korrumpierte, sondern dann auch gleich achtzehn Jahre lang im Amt behielt, denn von regelmäßigen Wahlen war ja nie die Rede gewesen. Trotzdem konnte er diesen ganzen Ärger kaum noch aushalten, und eine absolute Monarchie nach dem Vorbild seines Vetters Ludwig musste ihm umso attraktiver erscheinen, als er auch gerne zum Katholizismus übergetreten wäre. Ein Blick auf das Privatleben dieses intelligenten Mannes, den die Erfahrungen von Exil und Bürgerkrieg fast komplett amoralisch gemacht hatten, zeigt viele Ähnlichkeiten mit Madame de Montespan – gerade weil er ununterbrochen sündigte, empfand er es als umso notwendiger, die äußeren Formen des wahren Glaubens sehr ernst zu nehmen. Da jedoch die überwältigende Mehrheit seiner Untertanen diese Religion als die unsympathischere kleine Schwester des Satanismus betrachtete, war klar, dass Karls Plan sich nur mit massiver Gewalt durchsetzen lassen würde. Der englische König hatte aber neben seiner im Landesinneren nicht recht brauchbaren Marine und ein paar Gardetruppen keine Armee, weil auch das korrupteste Parlament die Mittel dafür aus gutem Grund nie bewilligt hätte.

Die einzige Lösung dieses Dilemmas sah Karl bei seinem Vetter Ludwig, und so machte er diesem 1669 das Angebot eines Kriegsbündnisses gegen einen beliebigen Feind – er hatte eh Bündnisse mit allen europäischen Mächten gleichzeitig und war da also völlig unparteiisch –, wenn er dafür Unterstützung für den nötigen Staatsstreich und regelmäßige Subsidien erhielte; quasi als Bonbon legte er noch das Versprechen drauf, dann auch Katholik zu werden und so Ludwig bei der Verbreitung des wahren Glaubens zu helfen. Man muss über diesen Vorschlag nicht sehr lange nachdenken, um die scheunentorgroßen logischen Löcher darin zu erkennen, und selbst die kreativen Diplomaten des 17. Jahrhunderts hätten normalerweise einen großen Bogen um all das gemacht. Aber Ludwig XIV. wollte ohnehin Krieg und war daher bereit, über vieles hinwegzusehen. Die Verhandlungen mussten freilich mit Blick auf die britischen Untertanen noch strikter geheimgehalten werden, als es in dieser vom Geheimnis besessenen Zeit eh schon üblich war, und so ließ Ludwig sie zum größten Teil über seine Schwägerin, die erste Madame, laufen, die ja die Schwester des englischen Königs war. Vorsichtshalber wurde daneben der momentanen Hauptmätresse Karls ein französischer Herzoginnenhocker (tabouret de grâce) verliehen und Karl zur doppelten Absicherung eine Ehrenjungfer Madames mit dem schönen Namen Renée de Penancoët de Kéroualle in die Arme gelegt. Aus alldem entstand schließlich 1670 der Geheimvertrag von Dover, der den gemeinsamen Überfall der Engländer und Franzosen auf die Niederlande vorsah; Bischof Bomben-Bernd von Münster war natürlich auch mit von der Partie. Kurz vorher hatte Ludwig den Prince de Tarente aus holländischen Diensten zurückgerufen, in denen er schon als jugendlicher Prince de Talmond gestanden hatte. Nach der Konversion seines mächtigsten Onkels Turenne zum Katholizismus fand sich Tarente jetzt als ranghöchstes Haupt der französischen Hugenotten wieder, und seine Reaktion zeigte, dass er in den vergangenen Jahrzehnten viel über Politik gelernt hatte – nach nur wenigen Monaten trat er ebenfalls zur herrschenden Religion über. Es war zugleich das Ende des Protestantismus auf seinen Ländereien, denn obwohl sein Vater immer noch lebte, war es Tarente selbst, der dort jetzt die calvinistischen «Tempel» zerstören ließ und seine Söhne zu den Jesuiten schickte; seine geliebte Tochter floh vor ihm nach Dänemark, wo ihre Cousine Königin war, und selbst Ludwig XIV. scheint von Tarentes plötzlicher Devotion irritiert worden zu sein. Trotzdem hatte Tarente endlich das Gefühl, alles richtig gemacht zu haben; die neuen Priester erklärten ihm, wie all seine früheren Missgeschicke Gottes Zeichen gewesen seien und ihn zuletzt auf den rechten Weg geführt hätten. Als Krönung seiner Laufbahn winkte ihm ein großes Militärkommando beim Überfall auf das Land, welches er jahrzehntelang verteidigt hatte, als seine schlechte Gesundheit sich ein letztes Mal in einer Krankheit manifestierte. Die hinderte ihn daran, mit in den Krieg zu ziehen, und ließ ihn am 14. September 1672 im Alter von 51 Jahren sterben. In seinen letzten Tagen hatte er noch erfahren, wie die Niederländer in ihrer Verzweiflung lieber die Deiche durchstachen, als zu kapitulieren. Das stolze Heer des Sonnenkönigs, dem Tarentes Onkel einen Sieg in sechs Monaten versprochen hatte, wurde buchstäblich weggeschwemmt, und aus dem sechsmonatigen Rachefeldzug dafür, dass man Ludwig 1668 zu früh zum Frieden gezwungen hatte, wurde ein ganz Europa umfassender Krieg von sieben Jahren.

Eustache Danger war zu diesem Zeitpunkt schon seit drei Jahren in Pignerol gefangen, wohin man ihn im Sommer 1669 auf Befehl des Kriegsministers Louvois aus Calais gebracht hatte. Aus der Korrespondenz von Louvois geht hervor, dass Eustache ein Diener war, dass er etwas gesehen hatte, was nie bekannt werden durfte, und dass er lesen und schreiben konnte. Da weiterhin unmittelbar vor seiner Verhaftung eine Serie von über Calais gehenden Briefen zwischen Madame und ihrem Bruder Karl II. verschwunden war, wird er mit an Sicherheit grenzender Wahrscheinlichkeit in diese britisch-französischen Verhandlungen involviert gewesen sein; wahrscheinlich stahl oder kopierte er im Auftrag seines unbekannten Herrn Briefe, deren Inhalt in Großbritannien eine Revolution ausgelöst hätte. In einer modernen Diktatur würde solch ein Mitwisser vermutlich einfach ermordet, und dass Eustache Danger überlebte, sagt viel über die dem Ancien Régime eigene Mischung aus größter Rücksichtslosigkeit und Prinzipientreue. Der König von Frankreich behielt sich zwar persönlich eine sogenannte einbehaltene Gerichtsbarkeit vor, die es ihm im Verständnis der Zeit erlaubte, gefährliche und mächtige Staatsverbrecher notfalls auch ohne Gerichtsbeschluss töten zu lassen, wie das 1617 zum letzten Mal geschehen war. Auch die reguläre, also von Gerichten verhängte Todesstrafe wurde umso gnadenloser vollzogen, als das Ancien Régime sehr wohl wusste, dass ihm das Personal fehlte, um tatsächlich flächendeckend durchzugreifen: Umso wichtiger schien es ihm daher, die wenigen zu fassenden Verbrecher oder Rebellen besonders demonstrativ zu bestrafen. Einen relativ unschuldigen Wehrlosen einfach so zu töten wäre dagegen auch damals wie ein verwerflicher Exzess erschienen, und so wurde Eustache Danger einer von vielen, die für lange Zeit in einer Festung verschwanden, weil ihr Weg den eines echten oder eingebildeten Staatsgeheimnisses gekreuzt hatte. Das Besondere an seinem Schicksal ist, dass er auch nicht freigelassen wurde, als sein Geheimnis endgültig irrelevant geworden war. Um das zu verstehen, müssen wir zurück in das Jahr 1677 und nach Pignerol blicken.

Einige Monate nach Beginn der nächtlichen Besuche Lauzuns bei Fouquet mehrten sich die Anzeichen, dass es für die Gefangenen Hoffnung gab. Zuerst bekam Lauzun 1677 die Erlaubnis, sich von seiner Familie besuchen zu lassen; kurz danach erhielten er und Fouquet das Recht, zusammen in den Bastionen spazieren zu gehen. Natürlich wurden sie dabei von Saint-Mars begleitet, der zu überwachen hatte, dass sie einander nichts Staatsfeindliches verrieten, und dem sie eine hübsche kleine Komödie der Überraschung vorgespielt haben müssen. Immer mehr kleine Erleichterungen folgten, bis 1679 sogar Fouquets Familie auf längere Zeit nach Pignerol kommen konnte. Das Wiedersehen mit seiner Frau, den Söhnen Vaux und Belle-Isle sowie der dreiundzwanzigjährigen Tochter Marie-Madeleine berührte den seit einiger Zeit herzkranken Ex-Minister begreiflicherweise am meisten. Nebenher erfuhr er von ihnen aber auch, dass Lauzuns irrsinnig anmutende Geschichte sich wirklich so abgespielt hatte, was ihm nicht wenig peinlich war. Lauzun lachte noch vierzig Jahre später darüber, wenn er seinem Schwager davon erzählte.

Woher kam das Tauwetter? Fouquet war so lange nach seinem Sturz nicht mehr gefährlich, seine Anhänger längst in andere Hofparteien integriert, sein Geheimwissen überholt. Man konnte ihn also wieder freier kommunizieren lassen, nachdem er Louvois versichert hatte, über nichts zu sprechen, was er inzwischen erfahren haben mochte – also Eustaches Geheimnis. Da er wusste, dass nichts den König dazu zwang, ihn je freizulassen, würde er sich schon daran halten. Ein sehr viel schwierigerer Fall war auch in dieser Hinsicht Lauzun, denn anders als Fouquet hatte der ehemalige Königsgünstling eine Trumpfkarte im Ärmel. Gerade der Faktor, der ihn während dieser Jahre letztlich in Pignerol festhielt, garantierte ihm zugleich, eines Tages wieder freizukommen – es war die Schenkung, die Mademoiselle ihm gemacht und auch nach dem Scheitern des Heiratsplanes nie widerrufen hatte. Der König mochte Lauzun wegen grober Respektlosigkeit in die Festungshaft geschickt haben – mittels lettre de cachet, des berüchtigten Verhaftungsbefehls, der ohne Gerichtsurteil galt, keine zeitliche Begrenzung nannte und als Begründung immer nur angab: «Da ich Gründe habe, mit dem Verhalten des XY unzufrieden zu sein ...» Das allein hätte jedoch noch kaum für eine so lange Haft gereicht, und auch Madame de Montespan war viel zu souverän, als dass sie wegen ein paar Beleidigungen Lauzuns Gefangenschaft verlängert hätte. Aber sie hatte neben mehreren Töchtern noch einen überlebenden Sohn vom König, den kleinen Louis-Auguste, Duc du Maine. Lauzun selbst hatte den Neugeborenen am 31. März 1670 durch das Schloss von Saint-Germain-en-Laye getragen, um ihn bei einer Erzieherin verstecken zu lassen, weil Madame de Montespans Ehemann ihn sonst als sein eigenes Kind reklamiert hätte. Diesen Sohn hatte der König legitimiert, was aber nur eine

Anerkennung der Vaterschaft war und nicht etwa Gleichstellung mit ehelichen Kindern bedeutete. Nach wie vor hatte du Maine weder Erbrechte noch Mutter (da sie verheiratet war, konnte die Legitimationsurkunde sie nicht nennen) und hieß mit Familiennamen nicht wie die echten Königssöhne ‹de France›, sondern bloß ‹de Bourbon›. Vor allem aber besaß er keinen Hauch von dem Vermögen, das er gebraucht hätte, um als legitimierter Prinz standesgemäß zu leben. Freilich war der König entschlossen, ihm eines zu geben; leider nur hatte schon das erste von acht Kriegsjahren sämtliche staatlichen Rücklagen verbraucht, und so würde das für du Maine benötigte Vermögen jemand anderem weggenommen werden müssen. An genau dieser Stelle ihrer sich wiederholenden Unterhaltung mit dem König pflegte dann Madame de Montespans bedeutungsvoller Blick auf Lauzuns Ex-Verlobte Mademoiselle zu fallen.

Es begann nun ein fast zehnjähriges Tauziehen. Mademoiselle liebte zwar Lauzun nach wie vor, aber sie sah nicht ein, warum sie den größeren Teil ihres riesigen Vermögens dem unehelichen Sohn ihres Cousins schenken sollte, nur um etwas zu bewirken, was vielleicht einfacher ging. Ohnehin hätte auch Lauzun zustimmen und auf die Schenkung verzichten müssen, wozu er nicht einmal im Gefängnis bereit war; diese Trumpfkarte wollte mit Vorsicht gespielt werden. Dass der König den Besitz des Staatsgefangenen nicht einfach konfiszierte, verdeutlicht, wie heilig im Ancien Régime die Besitzrechte im Vergleich zu den Freiheitsrechten waren: Einer Clangesellschaft war das ungestörte Weiterreichen des Besitzes von Generation zu Generation immer ungleich wichtiger als die Freiheit der Einzelnen, die auch der Adel eher als Störfaktor im dynastischen Geschäft ansah. Da Mademoiselles Rang ihr ständige Königsnähe garantierte, wurde sie zum verkörperten schlechten Gewissen des Herrschers, der sich in ihrer Gegenwart nicht mehr traute, Lauzuns Namen auszusprechen. Bald erkannte sie an seinen Äußerungen, dass ihr Geliebter nicht zu lebenslanger Haft verurteilt sei. Außerdem war Madame de Montespans Rolle als königliche ‹maîtresse en titre› so unsicher, wie es die Natur dieser inoffiziellen Funktion mit sich brachte. Eine ganze Reihe hofadeliger Frauen machte ihr erfolgreiche Konkurrenz beim König, der auch in der Untreue nicht treu blieb, und wenn keine sie dauerhaft stürzen konnte, so blieb ihre Position doch prekär. Zugleich wurde Madame de Montespan vom Klerus angegriffen, musste sich erkennbar auf sie gemünzte Predigten anhören und gab diesem Druck zeitweise sogar nach, indem sie sich im Guten vom König trennte, was freilich nicht lange hielt (die Geburt des letzten gemeinsamen Sohnes zeigte das dann auch den vorübergehend sehr gerührten Geistlichen an). Dann entzweite sich Louvois mit ihr und beschloss, eine Gegenmätresse ins Spiel zu bringen – die hübsche Mademoiselle de Fontanges, die zwar nichts im Kopf hatte, auf dem Kopf aber eine sofort stilprägende Hochfrisur trug. Um sie dem König ins Bett bringen zu lassen, verheiratete Louvois seine vierzehnjährige Tochter mit dem sechzehnjährigen Sohn des dafür ideal geeigneten Garderobegroßmeisters. Colbert ließ sich nicht lumpen, gab dem fünfzehnjährigen Montespan-Neffen Mortemart seine dreizehnjährige Tochter sowie das Oberkommando der königlichen Galeeren und stürzte sich dann zusammen mit der Montespan in den verschärften Intrigenkampf.

Das anschließende Hauen und Stechen beschäftigte beide Clans so sehr, dass sie gar nicht mehr bemerkten, wie an Montespan und Fontanges vorbei eine dritte Dame das Rennen machte; es war dies ausgerechnet die kleinadelige Erzieherin des unehelichen Königssohnes du Maine, die jetzt das Herz des Königs dauerhaft gewann und zur Marquise de Maintenon erhoben wurde. Louvois hatte daher letztlich nicht mehr viel davon, dass es ihm 1680 gelang, Madame de Montespan für immer zu diskreditieren, indem er sie in die große Pariser Giftmörderaffäre hineinzog. Der König erfuhr jetzt, dass die Montespan nicht nur in damals theologisch korrekter Weise an den Teufel genauso wie an Gott glaubte, sondern auch, nachdem sie so viele Gebote des einen gebrochen hatte, konsequent nur noch die Hilfe des anderen suchte. Die Liebestränke aus ekelhaften Zutaten erklärten Ludwig, woher seine mysteriösen Kopfschmerzen gekommen waren, und die Details der schwarzen Messen, in denen Madame de Montespan im Interesse ihrer Liebe den Tod des halben Hofes erbeten hatte, ließen seine Zuneigung zu ihr für immer einfrieren. Nur um den Schein zu wahren und weil sie immerhin Oberste Hofmeisterin der Königin war, durfte sie noch einige Jahre bei Hof bleiben. Zu Mademoiselles und Lauzuns Leidwesen änderte jedoch der Sturz der Montespan nichts daran, dass der König nach wie vor das Vermögen der Prinzessin für seinen Sohn wollte; seine neue Mätresse Maintenon war zwar nicht die Mutter, aber dafür die viel mehr als die Mutter geliebte Erzieherin des unglücklichen Jungen – er verbrachte die meiste Zeit mit Ärzten, die sein zu kurzes linkes Bein länger zu ziehen versuchten – und vertrat seine Interessen daher nicht weniger stark als Madame de Montespan.

Auch in Pignerol war es währenddessen wenig glücklich weitergegangen. Dass Lauzun sich Hals über Kopf in Fouquets Tochter Marie-Madeleine verliebte, die jetzt freiwillig im dritten Stock des Ostturms eingezogen war, mag menschlich verständlich sein – wenn man einmal vom Besuch seiner Schwester und der wenig zufriedenstellenden Begegnung im Holzschuppen absieht, hatte er seit acht Jahren keine Frau mehr gesehen. Zur Verbesserung seiner Beziehungen mit Fouquet war es aber ebenso wenig geeignet, wie es Mademoiselle motivierte, Lauzun doch noch freizukaufen. Wie zur Vervollständigung des Missgeschicks erfuhr in diesem Moment Louvois auf unbekanntem Weg von der ungestörten Kommunikation zwischen den Gefangenen, und so erhielt Saint-Mars am 23. März 1680 einen Brief des Ministers, der ihn in Panik versetzte. Der Gouverneur ließ sofort Fouquets Räume durchsuchen, und als die bisher geschickt versteckte Verbindung durch den Kaminschacht entdeckt wurde, endete die achtzehnjährige Gefangenschaft des herzkranken Ex-Ministers mit einem tödlichen Schlaganfall.

Erstaunlicherweise änderte die Aufdeckung der verbotenen Besuche nichts an Lauzuns schleichendem Wiederaufstieg in die Freiheit, obwohl dem Minister klar war, dass der Gefangene auch Eustaches Geheimnis erfahren haben dürfte: Das Interesse des Königs an einer reichen Schenkung für seinen Sohn war erkennbar wichtiger als alles andere. Louvois musste sich daher darauf beschränken, Eustache

Danger und La Rivière in das Untergeschoss des Ostturms zu verlegen. Dann ließ er Lauzun erzählen, die beiden seien freigelassen worden, damit dieser glaube, Eustaches Geheimnis sei unwichtig oder erfunden. Während Saint-Mars diese Befehle ausführte, war ihm die verbesserte Stellung seines Gefangenen schon so bewusst, dass er Lauzun (erfolgreich) darum bat, Patenonkel seines zweiten Sohnes zu werden. Nach langen schwierigen Verhandlungen schenkte schließlich Mademoiselle am 2. Februar 1681 mit Lauzuns Zustimmung dem kleinen du Maine das Fürstentum Dombes und die Grafschaft Eu. Am 22. April wurde Lauzun vom neuen Kommandeur der Musketiere abgeholt (d'Artagnan war schon 1673 in den Niederlanden gefallen) und konnte das verhasste Pignerol endlich für immer verlassen. Zum Hof kam er allerdings, wie das für Verbannte üblich war, trotzdem nur langsam und etappenweise zurück, und so nutzte er die Zeit, die er noch in der Provinz verbringen musste, für die nächste Verhandlungsrunde mit Mademoiselle. Schon eher zähneknirschend bewilligte sie ihm zum standesgemäßen Lebensunterhalt einige Ländereien und jährlich 10 000 Pfund aus der Salzsteuer der Provinz Languedoc. Schließlich durfte er den König wiedersehen, der ihm jedoch demonstrativ die kalte Schulter zeigte – Ludwigs ausgelassene Jugend war endgültig vorbei, und an den Mann, der sich unter seinem Bett versteckt hatte, wollte er möglichst wenig erinnert werden. Das Wiedersehen mit der inzwischen vierundfünfzigjährigen Prinzessin begann kaum viel glücklicher, und weil er unterwegs viel Zeit mit Mademoiselle Fouquet und anderen Damen verbracht hatte, rutschte Lauzun seiner Retterin vorsichtshalber gleich über einen ganzen Schlosshof hinweg auf Knien entgegen. Mademoiselle verliebte sich erneut in ihn. Eine öffentliche Heirat hatte der König den beiden auf immer verboten, aber auch die ihnen schließlich erlaubte heimliche Ehe scheint nie zustande gekommen sein. Das eigenartige Paar verbrachte zwei turbulente Jahre miteinander, bevor Lauzun aus dieser wilden Ehe buchstäblich flüchten musste, weil er die häusliche Gewalt nicht mehr ertrug: Mademoiselle war sehr viel größer und stärker als er, und beide wussten, dass es niemandem erlaubt war, eine Prinzessin zu schlagen. 1684 stand er folglich wieder genau da, wo er 1660 gewesen war. Die erste Kompanie der Rabenschnabelgarde, immerhin, war so vollkommen funktionslos, dass auch während seiner ganzen Gefangenschaft nie jemand daran gedacht hatte, sie ihm wegzunehmen: Die blieb ihm also.

Leider besiegelte das im Rahmen des Erwartbaren glückliche Ende der Lauzun'schen Gefangenschaft zugleich das Schicksal Eustache Dangers. Wir haben gesehen, dass er auch deswegen verschwinden musste, damit Lauzun sein Geheimnis nicht ernst nahm. 1685 aber starb Karl II. von England, nachdem er auf dem Totenbett zum Katholizismus konvertiert war, und spätestens 1688 verlor Eustaches Wissen um den großen Plan zur Katholisierung Englands seinen letzten Rest von Bedeutung. Wäre es nur nach der Staatsräson gegangen, hätte man den ruhigen, sanften Mann, der seine Zeit offenbar hauptsächlich mit Lesen verbrachte, jetzt endgültig freilassen können. Stattdessen geschah etwas Seltsames. Gefängnisgouverneur Saint-Mars war 1681 von Pignerol in die benachbarte Festung Éxilles versetzt worden und hatte Danger und La Rivière dorthin mitgenommen, wo La Rivière dann an der Wassersucht starb. Eustache Dangers Schicksal aber entschied sich daran, dass der immer unzufriedenere Saint-Mars seit Lauzuns Weggang keinen einzigen wichtigen Gefangenen mehr hatte. Er wusste, dass er nie mehr zur Musketiergarde zurückkehren und sein Leben wahrscheinlich am äußersten Rand des Königreichs als Gefängniswärter beenden würde – und das nun nicht einmal mehr für hochrangige Personen der Zeitgeschichte. Als er 1687 zum Gouverneur der provenzalischen Gefängnisinsel Sainte-Marguerite ernannt wurde, kam ihm daher eine ebenso naheliegende wie perverse Idee. Die letzten Soldaten und Offiziere, die noch aus Pignerol wussten, wie unwichtig Eustache Danger war, waren eben abgezogen wurden, und seiner neuen Umgebung konnte er erzählen, was er wollte. So berief er sich auf Louvois' Anordnungen zur Geheimhaltung, die nur 1680/81 sinnvoll gewesen waren, weil Lauzun noch in der Nähe war, und erfüllte sie bewusst ganz übertrieben. Der Minister, der im Ancien-Régime-typischen Mikromanagement noch den kleinsten Entscheidungen zustimmen musste, hatte längst andere Sorgen und autorisierte die sich anbahnende tragikomische Scharade quasi im Blindflug.

Als Saint-Mars im Frühjahr 1687 quer durch halb Südfrankreich zu seinem neuen Dienstort reiste, folgten er und eine kleine Armee von Bewachern respektvoll einer hermetisch versiegelten Sänfte, in der Eustache Danger über die Seealpen getragen wurde, als wäre er ein Prinz. Die neugierigen Bewohner der sehr vielen Städte, durch die Saint-Mars und sein bizarrer Zug kamen, erfuhren vom Gouverneur bei jeder Gelegenheit, dass er nichts, wirklich gar nichts über den geheimnisvollen Gefangenen sagen dürfe. Es dauerte nicht lange, bis die ersten Zeugen gesehen haben wollten, wie Saint-Mars beim Halt der Sänfte einem Mann herausgeholfen habe, der eine Maske aus Stahl trug. Falls das nicht überhaupt bloß ein Effekt der stillen Post war, blieb es doch jedenfalls – und zum Glück – das offenbar einzige Mal, dass Eustache eine metallene Maske angelegt wurde. Die schwarze Maske, die er von nun an für den Rest seines Lebens trug, war vielmehr aus Samt wie jene, die bei den Damen von Paris gerade aus der Mode gekommen waren. Man hatte sie getragen, um sich eine vornehm weiße Haut zu bewahren, und noch die 1722 verstorbene Oberhofmeisterin der Herzogin von Orléans wurde bei Hof bis zuletzt nie ohne Maske gesehen.

Nach seiner Ankunft auf der Insel Sainte-Marguerite ließ der Gouverneur sofort das halbe Gefängnis umbauen, damit es des neuen Gefangenen würdig werde. Bald reimten sich das Personal und die Leute der Umgebung ihren Teil zusammen und baten Saint-Mars um Erlaubnis, dem geheimnisvollen großen Herren ihre Aufwartung zu machen, der selbst im provenzalischen Sommer immer Handschuhe trug wie ein Prinz. Früher hatte Saint-Mars niemanden an seine Gefangenen herangelassen; jetzt führte er sich auf, als verwalte er eine Sehenswürdigkeit. 1691 starb Louvois, und als Kriegsminister folgte ihm natürlich sein dreiundzwanzigjähriger Sohn Barbezieux, dem offenbar niemand das längst verjährte Geheimnis Eustache Dangers mitgeteilt hatte. Als 1698 Saint-Mars in unerwarteter Krönung seiner Karriere zum neuen Gouverneur der Pariser Bastille berufen wurde, enthielten die Anweisungen aus dem Ministerium kein einziges Wort mehr zu dem Gefangenen, der ihn bisher immer begleitet hatte: Man hatte ihn in der Zentrale einfach vergessen. Der empörte Saint-Mars musste also selbst darauf hinweisen, dass es dringend nötig sei, diesen Mann mitzunehmen, und erhielt dazu eine leidenschaftslose Erlaubnis. Am 18. September 1698 fuhr gegen drei Uhr nachmittags der Wagen des Gefangenen über die Zugbrücke der Bastille, deren Torwachen sich wie üblich wegdrehten und ihre Hüte vors Gesicht hielten, um niemanden zu erkennen. Hier verbrachte Eustache Danger die letzten fünf Jahre seines Lebens, bedient von Saint-Mars, der ihn vor Zeugen mit «Mein Prinz» anredete. Er starb am 19. November 1703 und wurde am nächsten Tag unter falschem Namen auf dem Friedhof von Saint-Paul beerdigt; der Geistliche schätzte sein Alter auf etwa fünfundvierzig, was aber mindestens fünf Jahre zu wenig waren. Bénigne d'Auvergne, Sieur de Saint-Mars, Gouverneur der Bastille, überlebt ihn um fünf Jahre und wurde auf demselben Friedhof beigesetzt. Von der Bastille steht kein Stein mehr auf dem anderen.

Die Festung Pignerol widerstand 1693 erfolgreich einer Belagerung durch Herzog Viktor Amadeus II. von Savoyen. 1696 wechselte dieser Fürst wieder einmal mitten im Krieg die Seiten, um ein Bündnis mit Frankreich zu schließen, das durch die Verlobung seiner elfjährigen Tochter mit dem ‹Herzog von Burgund› titulierten Erbenkel Ludwigs XIV. besiegelt wurde. Als Gegenleistung gab der altgewordene Sonnenkönig dem Savoyer sämtliche französischen Enklaven jenseits der Alpen zurück. Damit jedoch Pignerol nicht als wertvolle Festung in die Hand eines Verbündeten fiel, nach dessen nächstem Bündniswechsel man die Uhr würde stellen können, trugen die abziehenden Franzosen Bastionen, Mauern, Zitadelle und Donjon bis auf den letzten Stein ab. Einzig ein großer Brunnen und einige unterirdische Gänge erinnern noch daran, was einmal dort gestanden hat, wo heute der Friedhof der Gemeinde Pinerolo liegt.

KAPITEL 5

Grumbkow tanzt

∞

BERLIN, 15. NOVEMBER 1684

Das Beste an diesem Ballett war ohne jeden Zweifel die Tatsache, dass darin keine schwere Artillerie zum Einsatz kam. Seit über einem Monat feierte man die Hochzeit des Kurprinzen Friedrich von Brandenburg mit Prinzessin Sophie Charlotte von Hannover, und wer das ganze Programm mitgemacht hatte, musste sich langsam um sein Gehör sorgen. Als Braut und Bräutigam einander an Sophie Charlottes sechzehntem Geburtstag das Jawort gegeben hatten, waren vom Schloss Herrenhausen Raketen aufgestiegen, damit General von Podewils im nahegelegenen Hannover den glücklichen Moment gekommen wusste und von den Festungswällen drei Kanonensalven abfeuern lassen konnte. Beim feierlichen Einzug des Brautpaares in Hannover waren in einer halben Stunde über 300 Schuss abgegeben worden, und manch einer mag sich in dem Moment nach den Pistolenschüssen der 1500 Kavalleristen zurückgesehnt haben, mit deren Parade und Scheinangriff der Tag angefangen hatte. Während des anschließenden Essens im Stadtschloss von Hannover gaben jedes Mal, wenn die Fürstlichkeiten ihre Gläser hoben, zwölf Trompeter ein Signal an die Artilleristen, die mit 50 kleinen Kanonen vor dem Schloss standen und dafür zuständig waren, das Anstoßen für den Rest der Stadt in Echtzeit akustisch nachvollziehbar zu machen; der unverwüstliche Hofberichterstatter des *Mercure Galant*, der später die «zarten Akkorde» der herzoglichen Violinen und Oboen lobte, muss in den seltenen Pausen sehr genau hingehört haben. Der anschließende Fackeltanz sowie die Ballett- und Komödienaufführungen der folgenden Tage waren Inseln der Ruhe, bevor sich ein Feuerwerk anschloss, das schon seinem Wesen nach schlecht leise hätte sein können. Bei der Wildschweinjagd tags drauf hörte man nur die üblichen Schüsse, beim Fuchs- und Dachsprellen nur den Laut der auf einem Trampolin landenden und wieder in die Höhe fliegenden Tiere. Einige Komödien, Diners, Opern und Maskeraden später war es schon wieder Zeit, den nach Berlin zurückreisenden Bräutigam vorerst zu verabschieden, was natürlich nicht ohne kanonenschussbegleitetes Einander-Zutrinken denkbar gewesen wäre. Damit endete zugleich jener Teil der Feierlichkeiten, für den man sich zur Vermeidung unnötigen Aufwandes darauf geeinigt hatte, das eigentliche Zeremoniell wegzulassen – der Kurprinz war deswegen sogar zu seiner eigenen Trauung im diplomatisch-technischen Sinne inkognito gekommen, wenngleich Kenner der Materie ihn an seinem 200 Pferde starken Reisegefolge erkannt haben mögen.

Bald jedoch brachen Sophie Charlotte und ihre Mutter ihrerseits nach Berlin auf, wo Kurfürst Friedrich Wilhelm, der Vater des Kurprinzen, für ihren Empfang 11 000 Soldaten und 600 Kanonen zusammenzog. Viele Zeitgenossen mutmaßten, dass er, nachdem er nun schon einmal den größten Teil seines Heeres beieinander hatte, die Gelegenheit nutzen und gleich nach der Hochzeit in Schwedisch-Pommern einmarschieren würde – nur zu folgerichtig, da ja die hannoversche Heirat seines Erbsohnes ganz ausdrücklich auch mit Blick auf diesen Plan geschlossen worden war. Aber vorerst dienten die Soldaten bloß als Statisten für den Staatsempfang und rundeten so schon die erste Begegnung des Kurfürsten mit seiner Schwiegertochter auf einer Wiese zwischen Spandau und Berlin mit einer dreifachen Salve von 42 Kanonen ab. Auch dass beim Einzug der fürstlichen Karossen durch das Georgentor sämtliche Kanonen auf den Wällen und dem Marktplatz losbrüllten, versteht sich von selbst; es folgte ein Feuerwerk (siehe oben), dann ein Jagdspektakel mit Tierkämpfen. Und schließlich fing jetzt selbst das Ballett mit musikalischem Kriegsgetöse an; zum Glück befand man sich im kurfürstlichen Marstall neben dem Schloss, weswegen geräuschempfindlichere Gäste sich damit beruhigen konnten, dass nicht einmal dieser Kriegerfürst seine Artillerie in einem geschlossenen Gebäude einsetzen würde. Natürlich war es gut, dass die Väter von Braut und Bräutigam den bereits geplanten Krieg gegeneinander in letzter Minute abgesagt und stattdessen ihre Kinder miteinander verheiratet hatten; man konnte sich bloß kaum des Eindrucks erwehren, dass das jetzige Programm sich auch nicht wesentlich anders anhörte als das ursprünglich geplante.

Sosehr das Ballett in diesem essenziellen Punkt glänzte, so viel Nachsicht musste man mit ihm in allen anderen haben – es war das erste, das am brandenburgischen Hof jemals aufgeführt wurde, und das merkte man ihm an. Selbst in Frankreich war diese Kunstform relativ neu, und auch am hannoverschen Hof hatte man das Ballett französischen Typs erst 1681 eingeführt, obwohl dieser Hof zur Hälfte aus Franzosen und Italienern bestand und einem ungewöhnlich kultivierten Fürstenpaar diente. Nominelle Autorin des Stücks war niemand Geringeres als die spätere Braut Sophie Charlotte, die 1681 als Dreizehnjährige aus Paris zurückgekommen war und dort so erstaunliche Innovationen wie professionelle Tänzer kennengelernt hatte (bis dahin waren die Hofballette vom Herrscherhaus und vom höfischen Adel getanzt worden). Leider war es mit dem Hauptzweck ihres Parisaufenthalts weniger gut gelaufen. Natürlich war es schön, dort die sechzehn Jahre ältere Cousine Elisabeth Charlotte, Herzogin von Orléans, zu treffen, die nicht nur Sophie Charlottes Patin, sondern auch fast eine Schwester war, seit man sie als Opfer eines elterlichen Ehestreits in Hannover erzogen hatte. Diese Herzogin von Orléans, die wir bisher nur kurz als zweite Ehefrau des Königsbruders Monsieur und Verschmäherin von Madame de Monacos Liebe kennengelernt haben, ist in Deutschland unter dem Namen Liselotte von der Pfalz berühmt geworden. Sie war eine im Herzen protestantisch gebliebene Deutsche, die aus Versailles lustig drastische Briefe über die mangelnde Hygiene, moralische Laxheit, religiöse Unbildung sowie generelle Verkommenheit der Franzosen schrieb, und so musste sie hierzulande fast zwangsläufig so populär werden, wie es bald auch der Name Liselotte war. Aber dieser zu Lebzeiten maximal von einem Dutzend Personen verwendete Kindername der rangstolzen Königsschwägerin Elisabeth Charlotte ist nun mal nicht besonders geeignet, um dreihundert Jahre später ihre unglaublich hierarchische Welt zu beschreiben, wenn man nicht auch die heutige britische Königin Lilibet nennen will oder gleich ‹der Charles› und ‹die Camilla› sagt: Denen, die wie der Autor dieses Buches nie mit ihnen in einer WG gewohnt haben, rät er aus Stilgründen davon ab.

Bei dieser ihrer Cousine und Patentante Orléans also war Sophie Charlotte 1679/80 keineswegs einfach so zu Besuch gewesen. Sie war nach Paris gekommen, um von der Cousine mit dem französischen Thronerben verheiratet zu werden. Die Religion passte zwar nicht, da sie die Tochter eines Lutheraners und einer Calvinistin war, der Dauphin dagegen als Sohn Ludwigs XIV. natürlich katholisch. Die Ehe der Cousine mit dem Königsbruder zeigte jedoch, dass Konversionen in diese Richtung durchaus möglich waren – nur die umgekehrte Richtung war undenkbar, da einzig die Katholiken überzeugt waren, dass die Gegenseite in die Hölle kam: Der Protestantismus gestand den Katholiken zähneknirschend zu, dass sie nicht automatisch verdammt seien, sondern nur alles andere falsch machten. Es war auch kein Zufall, dass Sophie Charlotte jetzt erst unmittelbar vor der Hochzeit konfirmiert worden war: Man hatte sie nicht unnötig festlegen wollen, bevor klar war, wer ihr Mann würde. Aber am Ende hatte der Dauphin doch seine bayerische Cousine geheiratet, und auf der persönlichen Ebene kann das für Sophie Charlotte kaum ein schlimmer Verlust gewesen sein; die hochgebildete und geistreiche Frau hätte sich ohne Zweifel zu Tode gelangweilt mit diesem Prinzen, den eine zu brutale Bildungsvermittlung dazu brachte, nach seiner Volljährigkeit außer Todesanzeigen nie wieder etwas zu lesen, und der sich so verhielt, «als sei jedem Menschen für das ganze Leben nur eine begrenzte Zahl von Wörtern zugeteilt». Selbst die bayerische Cousine hatte er hauptsächlich deswegen geheiratet, weil er als Verheirateter dem Geographieunterricht entkommen würde und obwohl Colberts Bruder aus München gewarnt hatte, die Nase der Prinzessin sei realiter wesentlich größer als auf dem nach Paris geschickten Porträt. Um die französische Krone war es trotzdem schade gewesen, und so hatten Sophie Charlottes Eltern sich als Nächstes bemüht, sie mit dem gerade verwitweten Ludwig XIV. selbst zu verheiraten – was waren schon dreißig Jahre Altersunterschied! Zwischen diesen beiden erfolglosen Versuchen, Sophie Charlotte entweder zur Frau oder zur Stiefmutter des Dauphins von Frankreich zu machen, sah es zeitweise so aus, als werde sie seine Schwippschwägerin, weil der Kurfürst von Bayern ein ernsthaftes Auge auf sie warf. Am Ende hatte jedoch auch der es vorgezogen, auf die einzige Kaisertochter zu warten, und so saß Sophie Charlotte nun hier als frischgebackene Ehefrau eines bloß zukünftigen Kurfürsten. Gut, der Kurprinz selbst mochte sie ganz gerne; dass er klein und etwas krumm war (angeblich hatte eine Amme ihn fallen gelassen), konnte man mit der Zeit vergessen, wenn man sich nur auf sein erfreulich fülliges Gesicht konzentrierte. Endgültig widerlegt aber schien, was sie schon als Fünfjährige in einem von der Mätresse ihres Vaters verfassten und natürlich französischen Schäferspiel hatte singen müssen: «Heute bin ich Schäferin / kann eines Tages Königin sein.»

Währenddessen begann Berlins erstes Ballett unter erschwerten Bedingungen. Als etwas über hundert Jahre zuvor diese Kunst in Frankreich schon erste Formen annahm, bestand 1567 die Idee des brandenburgischen Kurfürsten Joachim II. von «kurzweiligem Schauspiel» noch darin, 800 Männer aus Spandau und deutlich mehr aus Berlin mit Knüppeln und Helmen auszustatten, um sich dann an ihrer Seeschlacht und Massenprügelei zu erfreuen. Mit den subtileren Freuden kommender Generationen hatte dieses Vergnügen nur die Kanonenschüsse gemein – damals allerdings mit echten Kanonenkugeln, die prompt den Spandauer Nikolai-Kirchturm zum Einsturz brachten. Historiker argumentierten später, dass der Turm fortifikationstechnisch untragbar die kurfürstliche Zitadelle überragt habe und also das ganze Spektakel nur inszeniert worden sei, um ihn unauffällig umzuschießen, wobei man sich jedoch fragen darf, ob das die

Dinge so sehr viel besser gemacht hätte. Noch jetzt, 1684, hatten die Autoren des Balletts es vorgezogen, ihr Werk damit zu rechtfertigen, dass Kurfürst Friedrich Wilhelm normalerweise ja auch den Winter mit Krieg verbringe und nur der eben zwischen dem Römisch-Deutschen Reich und Frankreich geschlossene Waffenstillstand solche Vergnügungen erlaube. Den Waffenstillstand hatte der Kurfürst tatsächlich selbst herbeigezwungen – durch eine Kriegsdrohung gegen den Vater der Braut, von der man jetzt nicht mehr reden musste, und im Auftrag Ludwigs XIV., ohne dessen Subventionen das brandenburgische Heer nicht finanzierbar gewesen wäre. Anstrengend genug, wie Friedrich Wilhelm immer noch den Zahlungen hinterher sein musste, die ihm vor seinem letzten Seitenwechsel die Gegner Frankreichs versprochen hatten. Die winzige brandenburgische Flotte zum Beispiel machte zurzeit Jagd auf spanische Schiffe, weil Spanien einfach nicht zahlen wollte. Dabei hatte Friedrich Wilhelm nicht einmal auf Barzahlung bestanden und kulant erklärt, er würde auch das Fürstentum Querfurt oder die Karibikinsel Trinidad nehmen. Sein neuer Alliierter Frankreich hatte währenddessen 1679 den großen Krieg beendet und war seitdem ganz friedlich allein auf die Absicherung seiner neuen Grenzen bedacht. In der Praxis hieß das, dass französische Sondergerichte auf der Basis mittelalterlicher Urkunden entschieden, wie z. B. diese Herrschaft am Rhein und jenes Kloster im Saarland eigentlich, irgendwie oder immer schon zu den kürzlich von Frankreich annektierten Gebieten gehört hätten und daher umgehend militärisch besetzt werden müssten. Diese sogenannten Reunionen hatten aber nicht nur das Reich provoziert, sondern auch Frankreichs alten Alliierten Schweden, weil dessen deutschstämmiger König 1681 unpraktischerweise ein Herzogtum an der französischen Grenze geerbt hatte. Nachdem nun der Widerstand des Reiches vorerst abgewehrt war und Hannover sich per Heirat mit Brandenburg ausgesöhnt hatte, stand daher als Nächstes ein von Frankreich geförderter Krieg dieser beiden bis an die Zähne bewaffneten Häuser und der Dänen gegen Schweden bevor, auf den der französische Gesandte in Berlin (Madame de Monacos Cousin Rebenac) sich schon so freute, dass er den Kurfürsten gebeten hatte, eines der brandenburgischen Regimenter selbst kommandieren zu können. Diese Lage erschwerte neben vielem Wichtigeren auch die Arbeit der Berliner und hannöverschen Ballettkomponisten, weil die ihren Stücken unter solchen Umständen beim besten Willen keine in sich stimmige politische Botschaft geben konnten. In Hannover hatte man letztlich die keusche und als Jagdgöttin vergleichsweise friedliche Diana über den Kriegsgott Mars siegen lassen und also eher ein Friedenssignal gegeben, zu dem auch das anschließende Feuerwerk gut passte, solange man sich nur die begleitenden Kanonenschüsse wegdachte. Im Berliner Feuerwerk hatte dagegen gestern genau umgekehrt der Götterbote Merkur den schlafenden Mars geweckt, um ihn an seine kriegerischen Aufgaben zu erinnern, und niemandem war dies unwillkommener gewesen als dem Gymnasialdirektor Pfarrer Bödiker, der das gerne schon beim Schreiben seines Textes für die Lieder des Balletts gewusst hätte. Wenigstens war die von ihm entworfene Balletthandlung insgesamt wirr genug, um sich notfalls in alle Richtungen gleichzeitig interpretieren zu lassen. Zu seiner noch etwas größeren Beruhigung hatten ihm dann die Professionellen aus Paris und Hannover erklärt, dass es in diesem Genre ohnehin nur auf die Spezialeffekte ankäme und eine Handlung im eigentlichen Sinne eher störe: Da Bödiker hauptberuflich Begräbnispredigten schrieb, wird ihm das kaum unlieb gewesen sein.

Tatsächlich machten sich nicht nur die Dekorationen gut, die auf der Bühne zu Beginn jedes Akts einen neuen mythologischen Zauberpalast simulierten, der dann mittels eines Papphintergrundes als eines der kurfürstlichen Nebenschlösser identifiziert wurde. Monsieur Dufour aus Paris hatte vor allem auch die berühmten französischen Theatermaschinen nachbauen lassen, und gemessen daran, dass er kein Wort Deutsch und die Bühnenarbeiter kein Wort Französisch sprachen, war alles erstaunlich gut gegangen. Eben jetzt ließ man vor dem Hintergrund eines stark vergoldeten Potsdam erfolgreich eine Wolke vom Himmel herab, auf der der hugenottische Kammerjunker Brion der Ältere als Götterbote Merkur saß und in etwas unglücklichem Widerspruch zum gestrigen Feuerwerk den Kriegsgott Mars singend darüber informierte, dass sein Fan-Besuch beim kurprinzlichen Kriegshelden in diesen Friedenszeiten eigentlich nicht mehr nötig sei. Diesen Teil des Gesangs übertönten allerdings schon wieder Kriegstrompeten, bevor der offenbar nur gesangsbegabte Kammerjunker als Merkur unauffällig durch den Hoftanzmeister du Breuil ersetzt wurde und dieser die erste Balletteinlage darbot. Gleich hob die Wolke ihn wieder in den Himmel, wo er schnell aus der entsprechenden Maschine aussteigen musste, damit diese nun Mars selbst auf die Bühne hinunterheben konnte.

Der mit goldenen Trophäen beladene Kriegsgott war Graf Dietrich Dohna, ein Neffe des Schlossherrn von Coppet und Cousin des Bräutigams, der sich in echter Kriegsgottmanier gar nicht erst mit Gesang aufhielt und vielmehr gleich tanzte – zuerst allein in einem Kreis aus zwölf adeligen Offizieren, dann in einer «Art von Kampf» mit ihnen. Wir können nur raten, wie das aussah. Die adelige Jugend dieser Zeit darf man sich zwar durch Reit- und Tanzunterricht in der Regel gut trainiert vorstellen. Andererseits hatte man nur zwei Tage für die Proben gehabt und war das Ballett als solches hierzulande noch so neu, dass es offenbar Probleme bei der Rekrutierung geeigneter Teilnehmer gab – als das Programm gedruckt wurde, standen erst für acht von zwölf Tänzern die Namen fest; sie stammten alle aus brandenburgischem niederem Adel. Erst recht nur erraten lässt sich, wie diese Tänzer sich bei ihrem Auftritt vorgekommen sein mögen. Das einzige Indiz liefert der pommersche Dragonerhauptmann und Kammerjunker Dubislav Gneomar von Natzmer, weil der Dreißigjährige hier zwar mittanzte, das aber sehr viel später in seinen Memoiren nicht nur überging, sondern stattdessen ausdrücklich festhielt, zum Hofleben habe er nun wirklich nie eine Neigung gehabt. Leider ist jedoch auch das zuerst einmal ein Topos, der sich in allen Hofmemoiren wiederfindet und hier noch besonders wenig beweist, weil Natzmer die seinen erst schrieb, nachdem der Hof in Preußen vorübergehend aus der Mode gekommen war. Es bleibt also dichterische Freiheit, wenn wir ihn jetzt aufatmen lassen, als eine Nymphe der Flora auftritt und die Kämpfer von der Bühne scheucht, um Platz für Amor und Venus zu machen.

Rasch kletterte Graf Dohna wieder auf seine Wolke, um «mit unglaublicher Geschwindigkeit» in den Himmel aufzusteigen, während die übrigen Kämpfer sich verzogen und die Nymphe ein Liedchen über den Frieden und die Liebe sang, das im Programmheft wie alle Texte mit erklärenden Randbemerkungen ausgestattet war: Manch einer hätte ja sonst leicht übersehen, dass z. B. mit «eine liebenswürdige Prinzessin, die alle Begierden eines verliebten Prinzen erfüllt», wirklich «Ihre Hochfürstliche Durchlaucht die Frau Kurprinzessin» gemeint war. Der Hauptnutzen des von einer professionellen Sängerin vorgetragenen Liedes lag freilich darin, die Zeit zu füllen, bis eine im Unterschied zur Wolke auch für drei Götter ausreichende Maschine Venus, Flora und Amor aus unbekannter Richtung auf die Bühne praktiziert hatte. Wie die beiden Generalstöchter zu ihren Rollen als Venus und Flora gekommen sein mochten, wissen wir nicht. Der reiche Kammerjunker und Legationsrat Hans Heinrich von Oppen hatte sich dagegen seine Rolle als Amor ehrlich verdient, denn sein Verlöbnis mit einem hugenottischen Kammerfräulein der Kurfürstin namens Amélie-Sibylle de Genès de Phlin hatte heimlich begonnen und war vor anderthalb Jahren nur versehentlich bekannt geworden. Vermutlich entsprach die Neunundzwanzigjährige vor allem deshalb nicht dem Schwiegertochterschema der Familie von Oppen, weil sie maximal einen kleinen Anteil an einer kleinen Burg erben würde und diese auch noch in jener Gegend lag, die gerade von der Politik Ludwigs XIV. gründlich umgepflügt wurde. Endlich aber überwanden Oppen und Mademoiselle de Phlin doch alle Widerstände, und natürlich war es kein Zufall, dass sie gerade heute geheiratet hatten – eine Hochzeit im Hofpersonal, die das große Ereignis im Kleinen spiegelte, gehörte zu fürstlichen Hochzeitsfeierlichkeiten wie diesen einfach dazu.

Während auf der Bühne die Götter tanzten, hatte das zahlreiche Publikum allerhand Muße, über Bedeutung und Konsequenzen dieser Eheschließung nachzudenken. Einige haben wir ja bereits beschrieben und eilen daher nun umso mehr, einem möglicherweise verzerrten Eindruck entgegenzuwirken. Selbstverständlich ging es bei Sophie Charlottes Hochzeit mit dem Kurprinzen nicht nur darum, in welcher Richtung Mitteleuropas wichtigste Militärunternehmer ihre Truppen das nächste Mal durch die norddeutsche Tiefebene marschieren lassen würden. Den genauso wichtigen zweiten Sinn der Ehe hatte (noch in Herrenhausen) der brandenburgische Hofprediger Ursinus in einer überhaupt sehr erhebenden Traupredigt erläutert, in der er zuerst das fürstliche und nichtfürstliche Publikum relativ unzeremoniös als «Durchlauchtigste, Allerwehrteste Christen» angeredet und die «Majestätische Demuht» der Prinzessin gelobt hatte. Natürlich waren auch Ursinus die außenpolitischen Zwänge bewusst, die ein brandenburgischer Minister bei der offiziellen Brautwerbung daraus erklärte, dass «der Allerhöchste die Fürsten und Götter (!) dieser Welt von den anderen Menschen in vielen Dingen unterschieden und … zu derselben Beschickung und Beherrschung geschaffen» habe. Der Hofprediger sprach sogar offen an, welche Probleme das nach sich ziehen konnte. «Wie offt freyen Fürsten / und sehn wenig Freude dran! Ihre Wahl beruhet manchmal bloß / auf dem Sinne Ihrer Staats-Leute! / Und gar schwer ist zu lieben / was sie nie gekant / noch gesehen.» In dieser Hinsicht hatten es nicht nur das heutige Brautpaar, sondern überhaupt die deutschen Herrscherhäuser etwas leichter, weil sie innerhalb des Römisch-Deutschen Reichs relativ kurze Wege hatten und viel reisten, und so hatten denn auch Friedrich und Sophie Charlotte einander schon vor der Hochzeit einmal getroffen. Die übrigen Monarchen Europas blieben dagegen aufgrund der Kosten und Zeremonialfragen in der Regel im eigenen Land und sahen ihre Ehepartner folglich bei der Hochzeit fast immer zum ersten Mal. Der Hauptpunkt der Predigt war jedoch ein anderer, und um ihn gleich von Anfang an subtil einzuführen, wählte Ursinus als Textgrundlage das Bibelzitat «Wachs in tausendmahl tausende / und Dein Saame besitze die Thür Deiner Feinde», welches er als guter Didaktiker im weiteren Verlauf seiner Ausführungen über die Vorteile einer fruchtbaren Ehe insgesamt siebzehn Mal wiederholte.

Obwohl diese Ideen in einer dynastischen Gesellschaft im Grunde selbstverständlich waren, teilten im konkreten Fall und in der Berliner Hochzeitsgesellschaft nicht alle Anwesenden die Meinung des Hofpredigers. Kurprinz Friedrich war ein Sohn der einst erfolglos von Talmond umworbenen Luise Henriette von Oranien, hatte diese Mutter aber schon als Zehnjähriger verloren, und da sein kurfürstlicher Vater ein Jahr später (1668) Dorothea von Holstein-Glücksburg geheiratet hatte, saß diese jetzt als Kurfürstin neben ihrem Stiefsohn und dachte sich ihr Teil. Soweit es sie betraf, durfte der Kurprinz ruhig kinderlos bleiben oder ihretwegen auch, weil das hierzulande kaum einen Unterschied machte, so viele Töchter zeugen, wie er wollte. Seine erste Frau war eine Cousine aus dem Haus Hessen-Kassel gewesen, die vor einem Jahr jung gestorben war und die er sehr betrauerte, ohne dass das etwas an seiner Pflicht zur möglichst baldigen Wiederheirat geändert hätte, denn ihr einziges Kind war ein Mädchen gewesen, das hier wie in den meisten Monarchien von der Thronfolge ausgeschlossen blieb. Die selbst erst sechzehnjährige neue Kurprinzessin Sophie Charlotte bekam also sofort eine vierjährige Stieftochter, und so bestellte Sophie Charlottes Mutter Herzogin Sophie in Paris eine Puppe, die genauso groß und genauso gekleidet sein müsse wie eine vierjährige Prinzessin; als die Puppe in Hannover ankam, freute sich Herzogin Sophie sehr darüber, wie ähnlich sie dem ernsten kleinen Mädchen aus Berlin sah.

Kurfürstin Dorotheas Problem war, dass sie mit dem Kurfürsten neben zwei Töchtern auch vier Söhne hatte, die in der Erbfolge erst nach ihren zwei Stiefsöhnen zum Zuge kommen würden, und selbst das nur dann, falls beide Stiefsöhne ihrerseits keine Söhne hinterließen. Die Wiederheirat des Kurprinzen war ihr also keine rechte Freude, zumal der jüngere Stiefsohn Markgraf Ludwig seit drei Jahren ebenfalls verheiratet war – mit Prinzessin Luise Charlotte Radziwiłł, die ihr sterbender Vater seinerzeit in die Obhut des Kurfürsten gegeben hatte und deren jährliches Einkommen selbst bei vorsichtiger Schätzung ein Zehnfaches der Summe war, die Frankreich dem Kurfürsten pro Jahr für seine militärische Unterstützung zahlte: auch deswegen kein Wunder, wenn der Kurfürst den besten Schutz des wahren Glaubens in Litauen darin gesehen hatte, die damals Dreizehnjährige mit seinem zweiten Sohn zu verheiraten. Die Söhne aus seiner zweiten Ehe mit Dorothea hatten also kaum eine Aussicht, je die Kurwürde zu erben, und so blieb ihre einzige Chance eine Erbteilung, bei der auch sie zum Zuge kämen. Aus der Perspektive des entstehenden brandenburg-preußischen Staats wäre eine Teilung der sowieso schon zersplitterten Territorien zwischen Rhein und Memel ohne Wenn und Aber katastrophal gewesen, aber das war nicht die Perspektive des Kurfürsten. Wenn Friedrich Wilhelm überhaupt einmal vom Staat sprach (eher von Estat oder État), meinte er noch einen Zustand. Das Dutzend Territorien, über die er herrschte, wurde einzig von der Person des Herrschers zusammengehalten, und man musste sie «die Länder des Kurfürsten von Brandenburg» nennen, weil es keinen gemeinsamen Namen gab. Nur in der Diplomatie sprach man einfach von Brandenburg, womit aber nur der Herrscher selbst gemeint war; auch seine Minister und Beamten wurden nicht auf den Staat vereidigt, sondern auf den Dienst an ihm, seinem Haus und seiner Präeminenz, also am Rang und an der Herrlichkeit der Dynastie. Selbst die vagen Anordnungen seiner Vorfahren, wonach die Länder zusammengehalten werden sollten, waren in den letzten Generationen bloß deshalb befolgt worden, weil es keine überlebenden jüngeren Söhne gegeben hatte. Jetzt bereitete der Kurfürst alles für eine Teilung vor, bei der die Söhne zweiter Ehe eigenständige Fürstentümer bekommen sollten, und seine Frau redete es ihm wahrlich nicht aus.

Dieselbe deutsche Tradition, allen Fürstensöhnen ein Herrschaftsrecht zu vererben und dadurch die Territorien des Römisch-Deutschen Reichs in immer kleinere Zwergstaaten zu zerlegen, machte in genau diesem Moment auch der Brautmutter großes Kopfzerbrechen. Herzogin Sophie von Hannover kannte das Problem von beiden Seiten, denn im Haus ihres Mannes hatte es immer zu viele Söhne gegeben. In der Generation vor ihm beschlossen sieben Brüder aus dem Hause Braunschweig, ihr einziges Fürstentum um jeden Preis vor der Zerstückelung zu bewahren; sie legten daher fest, dass nur der älteste

Bruder regieren und nur der jüngste heiraten dürfe: So würde einer nach dem anderen auf den «Thron» kommen und die nächste Generation überschaubar bleiben. Freilich hielt man sich hier, obwohl durch Erbschaft nur ein zweites Fürstentum hinzukam, nicht mehr an den Heiratsverzicht, und so war die jetzige Kurfürstin Dorothea in ihrer ersten Ehe einige Zeit lang selbst Herzogin von Hannover und damit Schwägerin der Herzogin Sophie gewesen, freilich kinderlos, dem Himmel sei Dank. Sophie selbst war ursprünglich mit Herzog Georg Wilhelm von Braunschweig-Celle verlobt gewesen, bevor der sich auf seiner letzten Reise vor der Hochzeit in eine Venezianerin verliebte. 1658 bat Georg Wilhelm Sophie daher, statt seiner doch lieber den landlosen jüngsten Bruder Ernst August zu heiraten: Er verspreche auch förmlich, niemals zu heiraten (die Venezianerin war wie 99,9 % aller Frauen von nicht ausreichend hoher Geburt), damit Ernst August eines Tages sein Fürstentum erben könne. Sophie hätte alles Recht der Welt gehabt, sich über dieses Angebot zu empören: War sie etwa keine Königstochter? Leider nur waren ihre Eltern eben der aus Böhmen vertriebene Winterkönig Friedrich und seine englische Frau Elisabeth gewesen; so war Sophie 1630 bereits im niederländischen Exil zur Welt gekommen und hatte als jüngstes Kind ohne Mitgift fast noch schlechtere Heiratsaussichten, als wir sie in Kapitel 1 bereits für ihre duellauslösende Schwester Elisabeth beschrieben haben. Aber die umgebuchte Prinzessin war eben auch nicht umsonst eine Tochter der unbeugsamen Winterkönigin. In ihren Memoiren schreibt Sophie, dass sie zu stolz gewesen sei, um sich davon verletzen zu lassen, und dass es sie gefreut habe, den Ersatz-Bräutigam Ernst August liebenswürdig zu finden, «denn ich war entschlossen, ihn zu lieben». An ihre frühere Begegnung und das gemeinsame Gitarrenspiel erinnerte sie sich offenbar deswegen nicht mehr, weil sie den mangels Fürstentum inakzeptablen Prinzen damals gar nicht unter diesem Aspekt angesehen hatte. Erstaunlicherweise entstand aus diesem Tausch trotzdem etwas, was im Laufe der Zeit fast zur Liebesehe wurde; eine deutsche ‹maîtresse en titre› legte sich der Herzog allerdings trotzdem zu, wenn er nicht gerade auf einer seiner ständigen Italienreisen mit der ersten Exfreundin Ludwigs XIV. tändelte (wir erinnern uns: Madame de Colonna, Mazarin-Nichte und Ehefrau eines inzwischen mit Grund eifersüchtigen Papstneffen). Sieben Kinder waren aus dieser Ehe hervorgegangen: sechs Söhne und eine Tochter, die heutige Braut Sophie Charlotte. Solange Ernst Augusts Brüder noch alle lebten, blieb ihm nur sein Anrecht auf das Fürstbistum Osnabrück, für das man am Ende des Dreißigjährigen Krieges in bemerkenswerter Ausgewogenheit festgelegt hatte, es solle immer abwechselnd von einem katholischen und einem evangelischen Bischof regiert werden. Ab 1661 hatte daher das unübliche Bischofspaar Ernst August und Sophie das zweifelhafte Vergnügen genossen, in Osnabrück als Nachbarn des Bischofskollegen Bomben-Bernd immer mit einem Überraschungsangriff rechnen zu müssen, bevor ihnen 1679 durch den Tod eines söhnelosen Bruders endlich Hannover und eine Armee zufielen. Inzwischen hatte auch die sechssprachige Königstochter Sophie sich damit abgefunden, in einem Land zu leben, wo das Brot schwarz war und die zur Konversation ermutigten Frauen des Adels sich stoisch auf Angaben zur Zahl ihrer Kühe und Schweine beschränkten: Wenn man nur erst einmal eine ausreichende Zahl an hugenottischen, englischen, pfälzischen und italienischen Höflingen importierte, würde es sich selbst hier leben lassen.

Andererseits war leider Ernst Augusts Bruder Herzog Georg Wilhelm von Celle inzwischen aus Venedig und auf den Pfad der Tugend zurückgekehrt. Als Kriegskamerad des Prince de Talmond hatte er durch diesen ein hugenottisches Kammerfräulein namens Mademoiselle d'Olbreuse erst kennen-, dann lieben gelernt und mit ihr 1666 eine Tochter gezeugt, bevor er sie 1676 mit besonderer Erlaubnis des Kaisers auch ganz legal heiratete. Zwar war aus dieser Ehe kein Sohn hervorgegangen, aber die einzige Tochter Sophie Dorothea war als Frau nur vom Erbe der Regierungsrechte ausgeschlossen; das enorme Privatvermögen, das ihr Vater mit jahrzehntelangen Söldnerdiensten erworben hatte, würde sie dagegen sehr wohl erben und dann durch Heirat aus dem Haus heraustragen. Für dieses Dilemma gab es nur eine einzige Lösung, und sosehr dem hannoverschen Herzogspaar die Vorstellung widerstrebte, die unstandesgemäß in ihr Haus eingedrungene französische Kleinadelige auch noch zu belohnen, so wenig blieb ihnen doch eine Alternative. Also hatte 1682 Sophies ältester Sohn, der hannoveranische Erbprinz Georg Ludwig, diese seine reiche Cousine geheiratet, der man die Herkunft ihrer Mutter nie verzieh; schon nach zwei Jahren versprach diese Ehe weit unglücklicher zu werden, als die von Sophie und Ernst August glücklich war, und Folgen zu haben, die in Kapitel 8 tatsächlich eintreten werden. Zu allem Überfluss stellte sich zudem im selben Moment für Sophies fünf jüngere Söhne wieder das Erbteilungsproblem – und schärfer als je zuvor. Herzog Ernst August mochte in vielen Dingen ein unordentliches Leben führen. Seine dynastische Politik aber war gnadenlos zielstrebig: Celle und Hannover durften nie wieder getrennt werden, koste es auch das Lebensglück aller seiner Söhne. Nur wenn die Heere und Länder beider Linien vereint waren, würde der Römisch-Deutsche Kaiser Ernst Augusts Wunsch nach Erhebung in den Kurfürstenstand ernst nehmen; wenn der Herzog jemals zum Rang seines brandenburgischen Schwiegersohnes aufsteigen wollte, dann musste er alle jüngeren Söhne enterben. Soeben hatte er das getan, und bald würde ein jahrelanger Kampf um die «freiwillige» Zustimmung der Jüngeren beginnen, ohne die die Einführung der Primogenitur-Erbfolge rechtlich unwirksam geblieben wäre. Sophie wusste von alldem, und sie wusste auch, dass die fünf Söhne noch ganz ahnungslos waren.

Während Erbprinz Georg Ludwig hier neben ihr saß und gerade mit ernst professionellem Blick die Parade des brandenburgischen Heeres abgenommen hatte, waren seine jüngeren Brüder mit dem kaiserlichen Heer im Türkenkrieg. Während die Mutter mit ihrem Gesandten darüber korrespondierte, ob das für die Hochzeit benötigte Baldachin-Staatsbett in Paris wirklich 28 000 Pfund kosten müsse, erhielt sie die Nachricht, die Söhne hätten ihr gesamtes Gefolge zurückgeschickt, weil es im ungarischen Niemandsland zwischen Christen und Osmanen einfach nicht genug zu essen gab. Ich weiß nicht, wie sie das aushalten, wird Sophie gedacht haben, jetzt sind nur noch

Coppenstein, Wintzingerode und ein paar Pagen bei ihnen; dann entschied sie, für eine Heirat im anspruchslosen Deutschland lasse sich auch das unbenutzte Brautbett der ungeliebten Schwiegertochter Sophie Dorothea noch einmal wiederverwenden.

Inzwischen waren auf der Bühne die tanzenden Götter von einer Horde vertrieben worden, die die personifizierten Vergnügungen darstellen sollte und einigermaßen unorganisiert durcheinander sang und tanzte. Es waren die Kinder der Minister und der auswärtigen Diplomaten, von denen viele bald auf die größere Bühne der europäischen Hof- und Machtpolitik treten würden. Da war etwa Catherine-Charlotte de Pas de Feuquières, Demoiselle de Rebenac, die elfjährige Tochter des französischen Gesandten und gleichnamige Patentochter ihrer Tante Madame de Monaco; später würde sie einen Sohn des Kriegsministers Louvois heiraten, und weil dieser Marquis de Souvré ein erbliches Amt als Garderobemeister in Versailles besaß, würde 1740 ihr Sohn Ludwig XV. beim Aufziehen des königlichen Bettvorhangs zur Teilnahme an einem großen Krieg auffordern, den der Schwiegersohn eines der anderen Ballett-Kinder von 1684 organisiert hatte. Da war der junge Schöning, Sohn des kommenden Kriegsmannes und später Vater der einzigen Frau, der Friedrich der Große je den Hof machen würde. Da war die kleine Pöllnitz, Schönings Cousine, deren Großvater 1665 als brandenburgischer Oberstallmeister nach Frankreich gegangen war, um am Tag nach Lauzuns Verhaftung Ludwig XIV. acht isabellfarbene Geschenkpferde zu übergeben; sie sollte bald die engste Vertraute der heimwehkranken Kurprinzessin Sophie Charlotte werden, vielleicht mehr als das. Niemand aber würde das Schicksal der fürstlichen Nachkommen so beeinflussen wie jenes «Plaisir», das hier seinen ersten öffentlichen Auftritt überhaupt hatte: Sein Name war Friedrich Wilhelm von Grumbkow, und er war sechs Jahre alt.

Als er mit einem Erzieher aufgeregt über die Mühlenbrücke gelaufen war, um vom Stadtpalast seines Vaters zum Marstall in die Breite Straße zu kommen, mag er an die Geschenke gedacht haben, die man seinem Vater als Brautwerbungsgesandtem in Hannover gemacht hatte und die von höherem Wert waren als dessen Jahresgehalt. Der Vater war Wirklicher Geheimer Rat und Generalkriegskommissar des Kurfürsten, ein niederadeliger Soldat aus Pommern, der als einer der wenigen Calvinisten im Land und als Klient des Hauses Dohna immer weiter aufgestiegen war und dessen Namen man sich nun langsam merken muss. Der hannoversche Gesandte in Paris, ein Italiener, dem all diese schrecklichen Schwarzbrotnamen gleich klingen, glaubt noch, der Mann heiße Brunclou, aber schon verbessert ihn die Herzogin Sophie (ausgerechnet sie, deren Orthographie selbst im Deutschen so komplett französisch ist, dass sie nicht ‹Kurfürstin› und ‹Schulenburg› schreibt, sondern ‹Courfürstin› und ‹Choulenbourg›!): Der Name sei Cromko. Bald schon werden die Diplomaten sich bis auf ein paar Buchstaben herangetastet haben, wenn sie mal Krumbgau schreiben und mal Grumbkau. Denn Vater Grumbkow hält nicht irgendein Requisit der Macht in Händen. Es ist das Generalkriegskommissariat, die militärische Finanzverwaltung seines Herrn, jenes ganz improvisierte und doch schon furchterregende Instrument, mit dem er ungeahnte Steuern aus dem Land saugt, um aus dem Landesfürsten einen der wenigen «armierten» Herrscher im Römisch-Deutschen Reich zu machen und ihn in die Liga der europäischen Mächte zu heben. Noch erinnern sich zu viele im Land an alte Freiheiten, um den Generalkriegskommissar nicht zu hassen, der auch unbewillige Steuern notfalls mit Waffengewalt eintreiben ließ. Aber sein Sohn ahnt davon nichts; er weiß nur, wie man seinen elfjährigen Bruder in Hannover dafür bewundert hat, dass er als Stellvertreter des Vaters den Brief mit der offiziellen Heiratsanfrage in großer Zeremonie dem Herzog übergeben hatte, ohne Nerven zu zeigen. Friedrich Wilhelm von Grumbkow denkt an den silbernen Kronleuchter, den der Vater geschenkt bekam, er sieht geblendet die vielen teuren Wachslichter, die fetten Silberfäden auf der blauen Livree der Lakaien und Trabantengardisten, er hört die Musik, er versucht sich an seine Tanzschritte zu erinnern, er singt auf Französisch mit den anderen Kindern: «Kommt, ihr Liebschaften, kommt Vergnügungen, kommt her, oh anbetungswürdige Göttin, lebt glücklich, ihr Heldenkinder, lebt in tiefster Ruhe» (am Rande des Programmhefts steht: Dies gilt Ihren Hochfürstlichen

Durchlauchten, dem Herrn Kurprinzen und der Frau Kurprinzessin), er weiß nicht, was das bedeutet (wie denn auch: Niemand weiß das), er weiß, dass all das hier unsinnig ist und großartig und dass es nie aufhören wird.

Wir aber müssen weiter, und so beschleunigen wir die Zeit. Der Rest des Balletts zieht an uns vorbei. In einer Handlung jenseits von Sinn und Verstand erscheinen und verschwinden die Schlösser Bornim (mit Weinranken aus Wunschdenken), Caputh (als Muschel-Grotte mit Yachthafen) und Glienicke (leider ohne das Altarbild der Schlosskirche, auf dem Kurfürst Friedrich Wilhelm beim Letzten Abendmahl zwischen Jesus und den Jüngern sitzt, denn in diesem Ballett ist das Christentum außer Kraft gesetzt). An uns vorbei tanzen und singen Schäfer und Schäferinnen, die Morgenröte, Apollo, Ceres und Minerva, erntende Bauern, Inder, Schweizer und Schwarze, die Nymphen der Diana und die Satyrn des Bacchus, Jäger und Harlekine, Scaramouche und Polyphem, ein Riese, der eine «neue und angenehm anzusehende Art des Tanzes» demonstriert, indem er erfolglos nach spottenden Zwergen tritt, Neptun und Bacchus, die Flussgötter von Rhein, Elbe, Weser, Spree, Saale und Havel, lauter Greise, eine Alte und ihre Diener, Matrosen, Jupiter mit dem Schlusschor aller Götter einschließlich der für die Hochzeitsnacht zuständigen Spezialistin. Immer noch schneller verfliegt jetzt die Zeit; mit ihr verfliegt das französisch-brandenburgische Bündnis, das seinen Zweck schon in Erzwingung des Waffenstillstandes erfüllt hat. Es verflüchtigt sich der große Krieg gegen Schweden, der mangels französischer Subventionen ausfällt. Es verschwindet in Frankreich der letzte Rest von Religionsfreiheit, als Ludwig XIV. das Toleranzedikt von Nantes aufhebt: Jetzt, denkt er, wo alle Provinzverwalter ihm immer phantastischere Zahlen davon melden, wie massenweise Hugenotten zum Katholizismus übertreten, bis schließlich rechnerisch keine mehr übrig geblieben sein können, jetzt braucht ja niemand diese Toleranz mehr, die so lange ein Schandfleck war auf dem Wappen des Allerchristlichsten Königs. Und so verschwinden auch die Hugenotten, mit einem Federstrich durch juristische Fiktion, mit Sack und Pack in illegaler Flucht über die

Grenzen, mit Sensen und Mistgabeln ins unzugängliche Cevennengebirge, wohin die Dragoner des Königs ihnen folgen, um die Realität mit der irrealen Erfolgsstatistik der Provinzintendanten gewaltsam in Einklang zu bringen. Hunderttausende verlassen Frankreich, die calvinistische Internationale nimmt sie auf und in Brandenburg der Kurfürst, der hier einmal wirklich nach Glauben und Gefühl handelt. Mit der Toleranz, die man daran später rühmen wird, hat das nichts zu tun: Die Hugenotten sind Calvinisten wie der Kurfürst und stehen in eklatantem Gegensatz zu seinen störrisch lutherischen Untertanen, denen er solch unwillkommenen Zuzug nur zu sehr gönnt. Das Haus Brandenburg ist nicht stark genug gewesen, die Lutherischen mit Gewalt zum Calvinismus mitzunehmen, als das noch gegangen wäre, und seit 1648 beschützen die Reichsgesetze den Status quo zu gut, um dem Kurfürsten etwas anderes zu lassen als jene zähneknirschende Toleranz aus Schwäche, über die das 17. Jahrhundert noch nahezu nirgendwo hinauswächst. Aber das Schicksal der Glaubensgenossen hat Friedrich Wilhelm gegen Frankreich aufgebracht, und so löst sich noch etwas auf: die Feindschaft mit dem Hause Österreich, die ihn bisher daran gehindert hat, dem aus diesem Haus stammenden Römisch-Deutschen Kaiser effektiv gegen die Türken zu helfen.

Am 27. April 1686 bestieg der alte Kurfürst trotz großer Schmerzen, die ihm die Gallensteine bereiteten, zum letzten Mal sein Pferd, um einer Armee Befehle zu erteilen. Es war in Crossen, wo sein Land ins kaiserliche Schlesien überging und wo er sein Heer verabschiedete, das ohne ihn nach Ungarn zog. Zum ersten Mal zog er nicht selbst mit in den Krieg, und als er das den Truppen erklärte, kamen ihm die Tränen. An seiner Stelle befehligte General von Schöning, ein harter, kluger Mann von explosivem Temperament, dessen sämtliche Kinder beim Hochzeitsballett ebenso auf der Bühne gestanden hatten wie so viele der Offiziere, die jetzt mit ihm kamen. Vater Grumbkow war inzwischen zum Oberhofmarschall ernannt worden, und da er schon vorher aus dem aktiven Militärdienst ausgestiegen war, hatte er sein Dragonerregiment dem Grafen Dietrich Dohna übergeben, der es jetzt nach Ungarn führte; an seiner Seite war wieder Hauptmann Dubislav Gneomar von Natzmer, selbst ein ehemaliger Page im Hause der Dohnas. In Brandenburg wurden militärische Einheiten zwar anders als etwa in Frankreich nicht direkt von einem Inhaber an den nächsten verkauft, aber auch hier folgte die Rekrutierung der Offiziere ganz selbstverständlich der Logik des dynastischen Klientelismus. Ein Regimentschef vergab also die Offiziersstellen ebenso an Verwandte, Freunde und Untergebene, wie das Gerichts- oder Regierungspräsidenten in ihren Institutionen taten. Der Herrscher sah dabei in der Regel zu, denn der Pool der durch Geburt oder Studium qualifizierten Personen war viel zu klein und Klientelverhalten viel zu normal, als dass man viel hätte dagegen tun können, zumal angesichts ständig leerer Kassen. Wo Gehälter oft erst mit Jahren Verspätung gezahlt wurden und alle Staatsdiener regelmäßig eigene Mittel aufwenden mussten, kamen nur die von allein Wohlhabenden für solche Posten in Frage, und wo es noch kaum nationale Loyalitäten gab – die meisten Untertanen des Kurfürsten verstanden sich etwa so als Deutsche, wie Deutsche sich heute als Europäer fühlen, aber davon hatte ja der brandenburgische «Staat» nichts –, da waren solche persönlichen Beziehungen noch auf lange Sicht das Einzige, was eine Armee oder Regierung zusammenhalten konnte.

Als die brandenburgischen Truppen das kaiserliche und bayerische Heer trafen, belagerte dies die türkische Bergfestung Buda an der Donau, die damals meistens Ofen genannt wurde und heute ein Teil von Budapest ist. Die Schwierigkeiten, die sich aus der Teilung des Oberbefehls zwischen dem Kurfürsten von Bayern und dem Herzog von Lothringen ergaben, dürften General von Schöning ebenso recht gewesen sein wie der anfängliche Spott der erfahrenen «Türkenkrieger» über die hübsch geputzten brandenburgischen Soldaten, denn der französische Gesandte Rebenac hatte ihn gut dafür bezahlt, in seinen Berichten nach Berlin alle Probleme zu betonen, die die von Frankreich ungern gesehene Zusammenarbeit mit den Kaiserlichen machen würde – das fiel ihm nur zu leicht. In großem Umkreis gab es keine Lebensmittel mehr, sodass die Belagerer kaum weniger hungerten als die Belagerten; weil sich zudem ein vom Großwesir kommandiertes türkisches Heer näherte, mussten sie außerdem auch noch um ihr Lager und die belagerte Stadt herum eigene Befestigungen bauen. Trotzdem konnte am 13. Juli 1686 ein erster Sturm versucht werden; hier wurde Oberst Karl Emil Graf zu Dohna erschossen, der zwei Jahre zuvor im Hochzeitsballett den Gott Neptun getanzt hatte. Sein jüngerer Bruder Graf Dietrich, seinerzeit der Kriegsgott Mars, war so untröstlich, dass Schöning ihn vorübergehend in Arrest setzen ließ, um ihn an einer selbstmörderischen Attacke gegen die Kanonen der Festung zu hindern; er verbrachte die Zeit mit Flötenspiel und Briefeschreiben. Am 27. Juli fand jedoch ein neuer allgemeiner Sturmangriff statt, nachdem Minen und Kanonen der Belagerer große Breschen in die Mauern gerissen hatten. Die Kaiserlichen wurden bald zurückgeschlagen, aber die Brandenburger stürmten weiter – unglaublicherweise unter dem Kommando von Prinz Alexander von Kurland, dem von Geburt an einarmigen Neffen des Kurfürsten, dessen mörderischem Bruder wir bereits in Genf begegnet sind. Als dieser Prinz erschossen wurde, fing Graf Dietrich einen Rangstreit mit einem anderen Obristen an, um das Kommando über den Angriff zu erhalten, stieß den verwundeten Natzmer zurück, der ihn aufzuhalten versuchte, stieg auf einen Basaltstein der zerschossenen Mauer, wo er schon seiner Größe wegen unübersehbar war, und wurde sofort durch den Kopf geschossen. Natzmer ließ den tödlich Verletzten auf einer Bahre aus Piken ins Lager tragen, wo er mit ihm bis zu seinem Tod am nächsten Morgen sang und betete, während die verzweifelten Verteidiger auch diesen Sturmangriff zurückschlugen. Fünf Tage später erhielt Kurfürst Friedrich Wilhelm die Nachricht vom Tode des älteren Bruders Dohna und schrieb sofort an Schöning, er solle den jüngeren zurückschicken. Es war zu spät. Von sieben Söhnen, die der Vater dieser Brüder gehabt hatte, war nun keiner mehr übrig. Einer war als Kind gestorben, einer bei der Rückkehr aus dem Krieg am «hitzigen Fieber», einer im Duell und vier im Krieg selbst; älter als siebenundzwanzig war keiner von ihnen geworden. Man muss nicht das geringste Verständnis für die unglaublich aggressive Machtpolitik der damaligen aristokratischen Elite haben, um dennoch anzuerkennen, dass sie in einem, vielleicht einem einzigen Punkt mehr taugten als die, die später und seitdem Kriege angefangen haben – sie kämpften selbst und hatten dabei, wenn man gerade mal von den Monarchen absieht, kaum bessere Überlebenschancen als die einfachen Soldaten.

Der dritte Sturm gelang. Am 2. September 1686 nahmen die Belagerer Buda ein; aus ihrer Verbitterung über die lange Belagerung aber, die sich mit religiösem Hass vermischte, entstand eine Katastrophe, die über die auch im Krieg zwischen Christen übliche Plünderung hinausging. Die Stadt wurde in Brand gesteckt, die muslimische und jüdische Bevölkerung massakriert, von den Überlebenden viele als Sklaven verschleppt. Der aus Halle an der Saale stammende Barbier und Militärchirurg Johann Dietz beschreibt diese Schrecken, um sich dann ehrlich naiv darüber zu beklagen, dass die Stadt zu brennen anfing, als er erst eine halbe Stunde Zeit zum Plündern gehabt habe: Welch ein Jammer, wo doch hier die Reichtümer eines ganzen Landes in Sicherheit gebracht worden waren! Er rettete zwei schöne junge Frauen, brachte sie ins Lager und fragte sich gerade, was er nun mit ihnen anfangen solle, als der General von Schöning sie ihm wegnehmen ließ; eine von ihnen traf er später in Berlin wieder, wo sie getauft worden war und eine «vornehme» Ehe geschlossen hatte. Auch Natzmer «erwarb» jetzt einen türkischen Diener, wie sie damals in einer Zeit der Türkenkriege auch an den Höfen regelrecht in Mode kamen. Kurprinzessin Sophie Charlotte brachte etwa neben diversen «Kammermohren» als privilegierte Diener auch zwei «Kammertürken» mit nach Berlin, die offenbar ihre Brüder in Ungarn gefangen genommen hatten; auch sie wurden getauft und hatten, wie man schon an ihren neuen Namen Friedrich Aly und Friedrich Wilhelm Hassan sieht, Paten aus dem Herrscherhaus. In Zeiten vor der Entstehung des modernen, nämlich pseudowissenschaftlich-biologistischen Rassismus half die Taufe bei der Integration mehr als später, und so konnte Friedrich Aly eine bis heute existente bildungsbürgerliche Familie begründen. Vor allem war auch die Sklaverei unter Christen effektiv verboten; die gut bezahlten Kammertürken der Kurfürstin standen sozial und materiell weit über den «erbuntertänig» an ihren adeligen Grundherrn gebundenen Bauern Brandenburgs. Wenn die Zeitgenossen sie «Türken» nannten, so dürfen wir das im Übrigen nicht mit dem modernen Begriff verwechseln, denn damals nannte das christliche Europa alle Muslime des Osmanischen Reiches so. Nur ein kleiner Teil von ihnen waren Türken im heutigen Sinne, und die imperiale Machtelite der Osmanen bestand ebenso gut aus Albanern, Bosniern, Tschetschenen, Arabern oder versklavten Ex-Christen wie aus jenen zahlreichen freiwilligen Überläufern aus dem Christentum, zu denen etwa der beim Sturm an der Spitze der Janitscharen gefallene Kommandant von Buda gehörte – Abdurrahman Pascha war von Geburt ein französischsprachiger Schweizer aus der Nachbarschaft des alten Dohna gewesen. So kennen wir auch die Herkunft jener «Türkin» Fatima nicht näher, die als Witwe eines bei der Belagerung getöteten Imams jetzt in die Hände eines schottisch-schwedischen Kriegstouristen fiel, durch diesen an seinen Kameraden Graf Philipp Christoph Königsmarck kam und schließlich die getaufte Dienerin von dessen Schwester Gräfin Aurora Königsmarck wurde. Ihre Nachkommenschaft wird uns dagegen noch begegnen.

Als die Überlebenden des ungarischen Feldzuges nach Berlin zurückkehrten – viele waren noch auf dem Rückweg an Seuchen gestorben oder im Land der Verbündeten von Bauern erschlagen worden, wenn sie sich auf der Suche nach Lebensmitteln zu weit von der Haupttruppe entfernt hatten –, fanden sie den Kurprinzen Friedrich todkrank vor. Er selbst war überzeugt, dass seine Stiefmutter Dorothea ihn vergiften wollte, nachdem schon im Januar 1686 sein und Sophie Charlottes erster Sohn noch als Säugling gestorben war. Kaum war er selbst genesen, starb am 7. April 1687 sein Bruder Markgraf Ludwig, der kinderlose Ehemann der Luise Charlotte Radziwiłł. Erneut stand der Verdacht der Vergiftung im Raum, und sowenig tatsächlich für einen Giftanschlag sprach, so paranoid wurden jetzt der Kurprinz und seine Anhänger; es fehlte nicht viel, und er hätte sich mit den Gegengiften, die er prophylaktisch einnahm, selbst getötet. Da nur noch er selbst den Söhnen der Stiefmutter im Weg stand und keinen lebenden Sohn hatte, war es umso wichtiger, als Sophie Charlotte von neuem schwanger zu sein glaubte, und umso fataler, als der alte Kurfürst eine taktlose Bemerkung über die Vaterschaft des Kindes machte. Wahrscheinlich sprach hier aus dem an sich sehr klugen Mann bloß ein etwas schlichter Sinn für Humor oder der chronische Schmerz, den ihm die Blasensteine verursachten, denn realistisch betrachtet war der Verdacht nicht nur deswegen unsinnig, weil Sophie Charlotte sehr anständig lebte. Auch rein strukturell war es immer extrem unwahrscheinlich, dass die Frau eines Herrschers oder Thronerben ihrem Mann ein Kuckuckskind in die vergoldete Wiege legte. Gerade weil die Vaterschaft der Erbsöhne von so unglaublicher politischer Wichtigkeit war, wurden Königinnen und Kronprinzessinnen rund um die Uhr von einem weiblichen Hofstaat umgeben, der in der Hauptsache zu ihrer Überwachung diente: Um von all den Hofdamen und Kammerfrauen unbemerkt eine Affäre zu haben, musste eine solche Frau schon enorm mutig, extrem leichtsinnig oder ausgesprochen sicher sein, nicht nur ihren Mann, sondern auch sonst das ganze Hofpersonal dauerhaft an der Nase herumführen zu können. Dass die Herrscher und Thronerben selbst dagegen reihenweise uneheliche Kinder zeugten, war innerhalb dieser Welt trotzdem völlig logisch, und das nicht etwa nur, weil in Frühneuzeiteuropa noch selbstverständlich das Patriarchat herrschte. Das tat es damals auch überall sonst. Aber nur in Europa hatte sich durchgesetzt, dass lediglich eheliche Kinder und lediglich Kinder aus der Ehe mit einer einzigen Frau die Krone erben konnten. Seit 1458 ist kein europäischer Königsthron mehr in unehelicher Linie vererbt worden. Die unehelichen Kinder, die der Herrscher mit anderen Frauen zeugte, störten daher nicht weiter und verdarben höchstens einer weniger wichtigen Familie die ordentliche Erbfolge.

Friedrich und Sophie Charlotte ließen sich die Worte des Kurfürsten nicht bieten; von einer Kur in Karlsbad kamen sie im Sommer 1687 nicht wieder nach Berlin zurück und setzten sich stattdessen nach Hannover ab, wo Sophie Charlottes Vater sich ausgerechnet in dem Moment mit Frankreich verbündet hatte, in dem Kurfürst Friedrich Wilhelm sich von Ludwig XIV. abwandte. Einen Augenblick lang verhinderte nur die ausnahmsweise entspannte internationale Lage, dass der 1684 knapp vermiedene hannoveranisch-brandenburgische Krieg doch noch zustande kam; dann aber versöhnten sich Vater, Sohn und Schwiegertochter gerade so weit, dass der Kurprinz nach Berlin zurückkehrte. Die Schwangerschaft war vorzeitig zu Ende gegangen, aber als am 9. Mai 1688 der alte Friedrich Wilhelm starb und sein Sohn als Friedrich III. neuer Kurfürst wurde, war auch Sophie Charlotte erneut schwanger. Am 14. August 1688 gebar sie in Berlin endlich den Thronerben, der natürlich nach dem Großvater Friedrich Wilhelm getauft wurde und zugleich ihr letztes Kind bleiben sollte.

All die Feierlichkeiten von 1684 hatten zuletzt doch noch ihren Sinn gehabt, die subtilen Suggestionen des Hofpredigers Ursinus zuletzt doch noch Wirkung gezeigt. Ob Ursinus daran dachte, wie er die Entstehung dieses Friedrich Wilhelm buchstäblich herbeigepredigt hatte, als der 1713 sofort nach der Thronbesteigung die Staatsausgaben so brutal kürzte, dass es Ursinus das halbe Gehalt kostete, seine drei Söhne, Schwiegersohn und Schwager aber gleich ganz arbeitslos machte? Jedenfalls schrieb Ursinus dem einstigen Wunschkind die in solchen Fällen übliche alleruntertänigste Bittschrift und erhielt darauf nur eine spöttisch ablehnende Antwort, die angeblich wie praktisch alle Predigten Ursinus' mit den Worten «Als vor Zeiten ...» anfing. Und nicht einmal für das Ballett, mit dem doch alles begonnen hatte, fand dieser neue Monarch gute Worte: In den Anweisungen, die er 1722 für seinen Sohn verfasste, erklärte er ihm, er dürfe Komödien, Opern, Ballett und Maskenbälle in seinen Ländern auf keinen Fall zulassen «und ein greuel davor haben, weill es Gottlohse und Teuffelichts ist, da der Sahtanas sein tempell und reich vermehret werden ... also bitte ich mein lieben Successor habet Keine Metressen noch solche obige Schandalöse Plesirs und haßet sie und leidets es nit in euer Lender und Prowincen.» Aber keine Sorge, auch das kam nicht ganz so. Wesentlichen Anteil daran hatte jemand, den Friedrich Wilhelm im selben Text seinem Sohn als extrem eigennützigen, aber auch sehr geschickten Mann empfahl: das erwachsen gewordene und immer noch ziemlich skandalöse Plaisir von 1684, Friedrich Wilhelm von Grumbkow.

KAPITEL 6

Wenigstens habe ich noch das Große Kronsiegel in den Fluss werfen können

∞

LONDON, 20. DEZEMBER 1688

Selbstverständlich regnete es. Scheußlich kalt war es in dieser Jahreszeit überall, der Wind wehte auf der Themse wahrscheinlich immer so stark, und über die schwarze Dunkelheit durfte man sich um zwei Uhr morgens auch kaum beschweren, obwohl es wirklich störte, dass nicht einmal die anderen Insassen des zu kleinen Ruderboots zu sehen waren. Aber dieser Regen war genau die landestypische Zutat, auf die Lauzun gerne verzichtet hätte. Nicht dass er sich beklagen wollte, er war nicht zum Vergnügen hier. Auf normalem Weg würde er die Gunst seines Königs nie wiedergewinnen, weil man ihm keine Chance gab, und so blieben nur Unternehmungen, die aus gutem Grund sonst niemand unternehmen wollte. Sein Instinkt war ja richtig gewesen, die interessante Katastrophe war gekommen, die er sich von diesem Land versprochen hatte, und nun war er mittendrin. Eine ordentliche Kavallerieattacke wäre ihm zwar lieber gewesen, aber bitte schön, sie mussten nur heil über diesen stinkenden Drecksfluss kommen und ein paar Meilen an Land zurücklegen, ohne von rotgesichtigen Sumpfbewohnern eingefangen zu werden, schon waren sie am Meer, und wenn sie die Überfahrt überlebten, dann würde er der Held des Tages sein, und all der alte Ärger wäre vergessen. In Versailles würde er von diesem seltsamen Land erzählen, alle würden ihm dazu gratulieren, dass er nicht mehr dort war, und er hätte eine unglaubliche Geschichte mehr in seinem Repertoire. Wenn nur das Kind nicht zu schreien anfing.

Lauzun hörte, wie Francesco Riva leise auf den Bootsbesitzer einredete – auf Englisch, in dieser für gebildete Menschen unnötigen Sprache. Natürlich, seine Frau ist ja von hier, da muss man das wahrscheinlich lernen. Aber vierzehn Jahre auf dieser Insel? Wie konnte das jemand aushalten, der doch aus Bologna kam und Paris gesehen hatte? Andererseits: Als Angehöriger einer Maler-Familie konnte er nicht mal in Italien behaupten, ein Edelmann zu sein, und so war es für ihn natürlich ein Aufstieg, Garderobemeister der Königin zu werden, selbst wenn er dafür auf diese gottverlassene neblige Insel musste. Nur sobald es mal gefährlich wird, da spricht dann eben doch die Geburt, da hilft es halt, wenn die eigenen Vorfahren seit zwanzig Generationen Krieg geführt und Leibeigene beherrscht haben. Lauzun konnte ja buchstäblich hören, wie nervös Riva war, und wenn der Bootsbesitzer auch nur einigermaßen bis drei zählen konnte, dann hatten sie jetzt ein Problem. Oder eher: bis fünf. Riva hatte ihn an die Anlegestelle der großen Pferdefähre bestellt, um sich von ihm wie schon so oft zu einer sehr, sehr frühmorgendlichen Jagdpartie rudern zu lassen, und deshalb war hier auch alles einfallsreich mit Schrotflinten und einem Picknickkorb dekoriert. Bei seinen bisherigen Jagdpartien war Riva allerdings wohl eher nicht mit der Karosse des toskanischen Gesandten an der Anlegestelle vorgefahren, hatte kein Matrosenkostüm getragen und keine zwei Pistolen im Gürtel gehabt; vor allem dürfte er auch normalerweise nicht eben mal so einen unbekannten Mann und drei Frauen mitgebracht haben.

Der Himmel allein weiß, was Riva dem Bootsbesitzer jetzt erzählte, um das zu erklären; als Nächstes konnte er ihm gleich noch schonend beibringen, dass er die ganze merkwürdige Jagdgesellschaft schon am anderen Themseufer und fast direkt neben dem Palast des Erzbischofs in Lambeth absetzen soll. In einer logischen Welt müsste also das Kind gar nicht mehr zu schreien anfangen, um klarzustellen, dass hier einiges nicht stimmt. Zum Glück sind diese Nordmenschen nicht so wie wir, das Wetter macht ihr Blut träge und verlangsamt alles, die Sprache wie das Denken, man muss sich bloß ihren König anschauen. Und dabei hat der noch eine französische Mutter und seine prägenden Jahre in Frankreich verbracht, daher kommt schließlich jetzt der ganze Ärger. Da! Endlich, das Ufer.

Während Lauzun den drei Damen beim Aussteigen half und dem Bootsbesitzer mühsam gestikulierend klarmachte, wohin er sich seinen Picknickkorb stecken dürfe, lief Riva schon im Dunkeln herum und rief laut den Namen des Hintertreppenpagen (keine Beleidigung, bloß ein höfischer Amtstitel) Dufour. Irgendwo aus der Nacht kam die Antwort: Die Kutscher sind im Wirtshaus, die Kutsche ist im Innenhof. Also ging Riva in das Wirtshaus, und weil das dauern konnte, schlich Lauzun sich mit den Damen durch die Dunkelheit zu einer Kirche, an deren Mauer sie sich notdürftig versteckten. Der Wind wehte immer noch mit aller Kraft, die Kälte war nicht besser, aber immerhin: Der Regen hatte aufgehört, und wer finster entschlossen war, konnte darin ein gutes Omen sehen. Nach einiger Zeit brachten die beiden Kutscher ihre Kutsche aus dem beleuchteten Wirtshaus heraus; sie schwankten wie Leute, die die Wartezeit optimal ausgenutzt hatten. Riva kam hinterher, und noch auf 200 Schritt Entfernung konnte man an seiner Körperhaltung erkennen, wie viel Angst er hatte. Die Kutsche bewegte sich langsam auf die Kirche zu, von der Seite kam auch nur mäßig unauffällig der Page Dufour hinzu. Aber wer war das, den Lauzun da mit einer Laterne in der Hand aus dem Wirtshaus kommen und neugierig hinter Riva herlaufen sah? Schon hatte er ihn überholt und bewegte sich zielstrebig auf den Punkt zu, wo die Kutsche hinfuhr; noch ein paar Schritte, und er würde mitten in die Dame hineinlaufen, unter deren schlichtem Mantel das Kind versteckt war. Sollte Lauzun ihn erschießen? Das Wirtshaus war voll von Betrunkenen im Revolutionsmodus, sie konnten kein Aufsehen riskieren. In diesem Moment hörte Lauzun mehr, als dass er es sah, wie Riva den Laternenträger mit Anlauf rammte. Die Laterne zerbrach, ihr Besitzer lag fluchend im Schlamm, Riva plapperte eine Entschuldigung, als wäre er so betrunken wie der andere, versuchte ihm aufzuhelfen und zog ihn dabei noch einmal in den Schlamm, so ein Pech, verzeih, mein Bruder, die elende Dunkelheit, warte, vielleicht kann man das noch ein bisschen abreiben, ach, der schöne Stoff ... und schon hatte der

Verschlammte sich umgedreht und ging, während sein Fluchen langsam verebbte, zurück zum Wirtshaus, um sich umzuziehen. Lauzun steckte aufatmend seine Pistole wieder ein, signalisierte den Damen, dass sie schnell in die Kutsche steigen sollten, und durfte denken: Für einen Bürgerlichen gar nicht schlecht.

Sehr viel komfortabler wurde auch die Weiterreise nicht. In der Kutsche saßen sie jetzt, weil der Page Dufour die Dame im schlichten Mantel natürlich erkannt hatte und mitkommen musste, zu sechst so unbequem aufeinander, dass Lauzun seine Pistole nur mit Mühe aus Dufours und Rivas Perücken heraushalten konnte. Sie einfach wieder in den Gürtel zu stecken wäre nicht ratsam gewesen, denn nun waren sie in den beginnenden Berufsverkehr von Süd-London hineingeraten und mussten ständig anhalten, während übelgelaunte Handwerker, Bettler und Soldaten an ihnen vorbeiliefen. Dass die Insassen der Kutsche mit Ausnahme einer elegant gekleideten englischen Fliesenleger-Ehefrau alle Italiener und Franzosen waren, hätte ihnen in jeder anderen Situation Anlass zu einem gewissen Stolz gegeben. In diesen Tagen aber und in dieser Stadt war südländisches Aussehen eher gefährlich, und bald hörten sie auf zu zählen, wie oft jemand ihnen «Verdammtes Papistenpack» hinterherrief oder «Die schleppen doch sicher unsere Staatsschätze weg». Der einfallslose Vorwurf mag die Insassen der Kutsche amüsiert haben, denn was sie wirklich taten, war ja noch viel besser.

Einmal kam ihnen ein Lastkutscher so dreist in die Quere, dass sie mühsam von der Straße runter und rückwärts in den Dreck fahren mussten, um ohne Aufsehen weiterzukommen; als sie außerhalb der Stadt die zu ihrer Begleitung abgeordneten Stallmeister Saint-Victor und Leybourne trafen, waren sie auch deshalb erleichtert, und Riva kamen fast die Tränen, als er feststellte, dass der gute König daran gedacht hatte, für ihn außer einem Pferd noch ein Extrapaar Reitstiefel mitzuschicken. Aus Lauzuns Perspektive dagegen sah es Jakob II. ähnlich, in so einer Lage nichts Wichtigeres zu tun zu haben. Da war Jakobs Cousin Ludwig XIV. doch ein anderes Kaliber. Der ging im Regen spazieren, während er aus Ranggründen als Einziger einen Hut tragen durfte, und fragte seine Begleiter dann schon mal, ob das nicht unangenehm sei, so ohne Hut im Regen. Und genau deswegen war Frankreich jetzt die größte Macht Europas.

Endlich, kurz vor Gravesend, erwarteten sie drei irische Offiziere und führten sie ans Ufer der Themse, die hier schon in die Nordsee übergeht. Dort lag die Yacht. Lauzun eilte sofort an Bord und auf den Kapitän zu, der zum Glück Französisch konnte, und begann nervös auf ihn einzureden: Ob er die neuesten Nachrichten kenne? Der Holländer dringe immer weiter vor, ohne dass es noch Widerstand gebe, die Flotte gehorche dem König jetzt auch nicht mehr, er selbst müsse deshalb ein paar Freunden bei der Ausreise helfen, nichts Unrechtes natürlich und für Sie springen auch 200 Dublonen raus dabei.

Der Kapitän fand das nicht uninteressant, aber er war auch kein Idiot, und so behielt er im Auge, was inzwischen die übrigen Fahrgäste taten, die hier seit Stunden mit ihm gewartet hatten. Seltsam, dass sie sich für die beiden anderen Frauen gar nicht interessierten, aber der Dame im schlichten Mantel zuschauten, als hätten sie noch nie gesehen, wie jemand durch den Schlamm watet. Hätte er gewusst, dass die beiden Passagierinnen seines Schiffs, die von dieser Frau jetzt auffällig unauffällig ein dreckiges Wäschebündel entgegennahmen, die Obergouvernante Lady Powis und die Untergouvernante Lady Strickland waren, oder hätte er in den darum herumstehenden Männern Lord Powis, den Leibarzt Sir William Waldegrave, den Beichtvater Pater Giudici und den Marchese Montecuccoli erkannt, dann wäre ihm noch schneller klargeworden, was er schon so ahnte.

Während sich der Stallmeister Sheldon, der Hintertreppenpage Dufour und die Kammerfrau Turrini verspätet darauf besannen, den beiden eleganteren, aber völlig unwichtigen Damen aus der Kutsche an Bord zu helfen (es waren zwei übermüdete königliche Ammen), sprach die Hofdame Gräfin Vittoria Montecuccoli Davia die Frau im billigen Kleid demonstrativ als ihre Schwester an und machte ihr auf Französisch laute Vorwürfe wegen der Verspätung. Die Umstehenden hielten die Luft an, aber Maria Beatrix d'Este dürfte trotz aller Anspannung über das schauspielerische Talent gelächelt haben, mit dem man sie zu kritisieren wagte, denn seit sie vor fünfzehn Jahren den König von England geheiratet hatte, sprach man eigentlich anders mit ihr. Waldegrave flüsterte währenddessen Lauzun zu, er solle sich nicht sorgen, sie seien 23 gegen vielleicht fünf Mann Schiffsbesatzung, und wenn der Kapitän sie verraten wolle, würden sie ihn einfach über Bord werfen. Lauzun hatte keine Zeit, einmal mehr ‹Amateure› zu denken oder ‹dafür brauche ich euch Zivilisten gerade noch›, denn da kam schon Leybourne, der ihm übersetzte, was für Befehle die Matrosen erhielten; dann stachen sie schnell in See, und erst, als einen seekrank machenden halben Tag später die französische Küste in Sicht war, erst als der Kapitän gerade Lauzun erklärt hatte, dass er ja kein Idiot und ein treuer Untertan seines Königs sei – erst da hörten sie zum ersten Mal das sechs Monate alte Königskind schreien, das Lady Powis stolz im Arm hielt. Dieser kleine Prinz von Wales hatte zwar ohne böse Absicht die Revolution ausgelöst, vor der sie flohen, aber falls er so verschwörerisch-professionell bleiben sollte, wie er es während der Flucht gewesen war, dann war das letzte Wort zum Schicksal des Königshauses noch nicht gesprochen.

Das englische Königshaus hatte in letzter Zeit kein Glück gehabt mit Kindern. Karl II. war 1685 ohne legitime Nachkommen gestorben, und es half nichts, dass er mindestens vierzehn uneheliche Kinder hinterließ, zu deren Nachkommenschaft allein heute beispielsweise drei Schwiegertöchter von Elisabeth II., Ex-Premierministers-Ehefrau Samantha Cameron, der Schauspieler Rupert Everett, Jane Birkin, Charlotte Gainsbourg sowie die Fürstin Thurn und Taxis zählen. Uneheliche Kinder hatten nirgendwo in Europa ein Erbrecht und schon gar nicht, wenn es um die Thronfolge ging. Der nächste Erbe war eindeutig der Herzog von York. Unseligerweise aber war er schon als Prinz zum Katholizismus übergetreten, was 1673 bekannt wurde und ihn aufgrund der strengen Antikatholiken-Gesetze zwang, als Großadmiral von England zurückzutreten. Wir haben schon erwähnt, dass die Mehrheit der Briten des 17. Jahrhunderts infolge historischer Erfahrung und Indoktrination etwa mit denselben Gefühlen auf Rom und das Papsttum blickten wie später die ihnen nachempfundenen

Hobbits auf Mordor; da sie intoleranten Katholizismus zudem mit absoluter Monarchie assoziierten und der Staat Ludwigs XIV. beides in Reinkultur verkörperte, mussten auch dessen enge Verbindungen mit dem britischen Königshaus sie sorgen. Die Briten sahen nicht bloß, dass Karl II. mit dem Katholizismus sympathisierte und französisch-katholische Mätressen wie die Herzogin Mazarin oder die zur Herzogin von Portsmouth erhobene Louise-Renée de Penancoët de Kéroualle hatte. Sie erfuhren jetzt auch Teile des Geheimplans, den er 1670 mit seinem Cousin Ludwig XIV. abgesprochen hatte – der arme Eustache Danger war also tatsächlich umsonst auf Lebenszeit eingesperrt worden. 1678 denunzierte dann der halbverrückte Fanatiker Titus Oates eine als «Popish Plot» bekannt gewordene Verschwörung, die er zwar komplett erfunden hatte, unseligerweise aber vor einem Richter zu Protokoll gab, der unmittelbar danach aus ganz anderen Gründen ermordet wurde. Nun brach eine dreijährige politische Hysterie aus, während derer das Parlament den Königsbruder York von der Thronfolge auszuschließen versuchte. Auf dem Höhepunkt des Streits bewarf ein Mob die Kutsche der Schauspielerin und Königsmätresse Nell Gwyn mit Steinen, weil er sie mit der Französin Portsmouth verwechselte; wie sehr es bei diesem Hass um Religion oder Politik und wie wenig um Moral ging, sieht man daran, dass die geistreiche Analphabetin Nell die Lage sofort wunderbar entspannte, als sie den Angreifern zurief: «Bleibt höflich, Leute, ich bin die *protestantische* Hure.»

Trotz dieser Widerstände konnte der bis zuletzt raffinierte Karl II. die Erbfolgerechte seines Bruders York doch noch retten, und so bestieg dieser 1685 als Jakob II. den Thron. Auch der eher tragische Umsturzversuch des ältesten unehelichen Sohnes von Karl II. scheiterte an der inzwischen ausgebauten königlichen Armee, die die wenigen und fast nur mit Knüppeln bewaffneten Anhänger des unechten Königssohns gnadenlos massakrierte – bezeichnenderweise unter dem Befehl eines protestantischen Hugenotten namens Lord Feversham (vormals Louis de Durfort-Duras), der als Talmonds Cousin zum Kern des calvinistischen Hochadels gehörte, vor Ludwig XIV.

aus Frankreich hatte fliehen müssen und jetzt trotzdem keinerlei Bedenken hatte, die Krone des angeblich monströs tyrannischen Katholiken Jakob II. zu retten.

Wie konnte das sein? Weil Jakob noch als junger Exil-Prinz lange im französischen Heer gedient hatte, dort Talmonds und Fevershams Onkel Turenne wie einen Ersatzvater bewundert und deswegen dessen ganzen Clan quasi adoptiert hatte: dass man inzwischen religiös auf entgegengesetzten Seiten stand, war gemessen an dieser Vorgeschichte allen Beteiligten unwichtig. Leider nur verweigerten sich die Briten mehrheitlich dieser Logik. Sie waren so sehr darauf abonniert, den Katholiken Jakob als hinterhältigen Verschwörer, französische Marionette und Möchtegernabsolutisten zu sehen, dass ihnen die ironische Wahrheit entging – der bis kurz vor seinem Tod protestantische Karl II. war genau all das tatsächlich gewesen, während seinem Bruder und Nachfolger für solche Pläne sowohl die Unehrlichkeit als auch die Phantasie fehlte. Jakobs Ungeschick machte das freilich mehr als wett, und Ludwig XIV trug fleißig das Seine bei, indem er in Frankreich noch im selben Jahr 1685 endgültig den Protestantismus verbot. Drei Tage später schwor in Ludwigs Schlosskapelle der dreizehnjährige Herzog von Richmond, ein Sohn Karls II. und der Portsmouth, feierlich der anglikanischen Kirche ab, um Katholik zu werden, und schien so symbolisch den Startschuss für die vom Königshaus ausgehende Konversion Britanniens zu geben. In Wahrheit hätte es Jakob II. allem Anschein nach gereicht, wenn seine katholischen Freunde und Bediensteten nicht durch all die antikatholischen Gesetze zu Bürgern zweiter Klasse gemacht worden wären – von 1673 bis 1829 durften nur Anglikaner im Parlament sitzen oder Staatsämter erhalten, von Strafgebühren für die praktizierte Religion oder dem Ausschluss etwa von den Universitäten ganz zu schweigen. Seine Bemühungen um ein Toleranzgesetz bestätigten jedoch in einer Zeit, in der keine der großen Religionen freiwillig tolerant war, nur die schlimmsten Vermutungen seiner protestantischen Untertanen. Da der katholische König nach wie vor auch Oberhaupt der anglikanischen (also protestantischen) Staatskirche war, konnte er deren Geistlichen befehlen, das Toleranzgesetz in ihren Kirchen von der Kanzel herab zu verkünden. Das war damals in ganz Europa die einzige Möglichkeit, der gesamten Bevölkerung etwas mitzuteilen, denn noch verfügte allein die Kirche über eine Infrastruktur, die jedes Dorf erreichen konnte – auch deswegen war es für die Herrscher so wichtig, sie zu kontrollieren. Sieben Bischöfe jedoch weigerten sich, diesen Befehl an ihre Untergebenen weiterzugeben, erklärten in einer gedruckten Bittschrift ihre Motive und wurden dafür wegen aufrührerischer Verleumdung vor Gericht gestellt. Die Rechtslage wäre eindeutig genug gewesen, denn noch bis 1792 galt in England jede vor Gericht gebrachte Kritik an der Regierung unabhängig von ihrem Wahrheitsgehalt als strafbar. Die öffentliche Meinung war jedoch dermaßen gegen die Krone aufgebracht, dass eine Jury die sieben Bischöfe freisprach und damit der Regierung eine symbolische Ohrfeige gab.

An dieser Stelle kommen wir auf das Kinderdilemma der Stuarts zurück, das jetzt ein zweites Mal und noch hinterhältiger zuschlug. Auf den ersten Blick schien alles gut, denn Jakob II. hatte aus einer ersten Ehe zwar keinen Sohn, aber zwei Töchter Maria und Anna, die Protestantinnen waren. Nach britischer Tradition konnten sie den Thron erben, falls sie keinen Bruder hatten. Genauer gesagt: keinen ehelichen Bruder, denn uneheliche Kinder hatte auch Jakob viele gezeugt; dass er im Unterschied zu seinem Bruder Karl ernsthaft fromm war, hatte sich Spöttern zufolge nur darin ausgedrückt, dass er bewusst hässliche Mätressen gewählt habe, damit in der Sünde auch gleich schon die Buße enthalten sei. Es genügt ein Blick auf Arabella Churchills Porträt, um diese Behauptung anzuzweifeln; ein Blick auf ihre Familie zeigt indessen, wie auch im «parlamentarischen» England die größten Karrieren noch lange aus vererbter höfischer Gunst entstanden – und wie oft diese Gunst ihrerseits das Resultat von Verwandtschaftsbeziehungen war, die durch Frauen vermittelt wurden.

Zu viele Historiker ignorieren auch heute noch solche Verbindungen, weil sie sich Verwandtschaft nur unter Personen mit dem gleichen Namen vorstellen können. Im Europa der Könige wurde man zwar wirklich sehr stark durch die namensgebenden väterlichen Vorfahren definiert, aber gerade weil diese Zugehörigkeiten so unflexibel waren – einmal ein Churchill, immer ein Churchill –, mussten sie für das notwendigerweise flexiblere Alltagsgeschäft der Hofpolitik durch die viel zahlreicheren Verwandtschaften ergänzt werden, die man durch seine weiblichen Vorfahren hatte oder durch Heiraten und Verschwägerungen neu erwerben konnte. Höfische und nichthöfische Adelige waren genauso wie gebildete Bürgerliche in ganz anderem Maße als wir darauf trainiert, sich auch komplizierte eigene und fremde Verwandtschaftsbeziehungen zu merken, die zusammengenommen gewissermaßen ihr Portfolio potenziell nützlicher Kontakte bildeten. Eine Unzahl von Beziehungen und Kooperationen der damaligen Akteure sehen im Nachhinein zufällig aus und basierten doch erkennbar auf solchen Zusammenhängen.

Auch Jakobs spätere Mätresse Arabella Churchill war nur scheinbar aus dem Nichts gekommen, als sie mit dreizehn Jahren eine Stelle als Kammerfräulein (maid of honour) bei seiner ersten Ehefrau erhielt. Obwohl sie aus sehr kleinem Adel stammte, war sie doch durch die Mutter ihrer Mutter mit der mächtigen Villiers-Familie verwandt. Diese Höflingsdynastie ging auf Arabellas Urgroßonkel George Villiers zurück, der innerhalb weniger Jahre vom untitulierten Landedelmann zum Herzog von Buckingham aufstieg, weil ihm das maximale Höflingskunststück gelungen war: Er war nicht nur der geliebte Günstling Jakobs I. gewesen, sondern hatte es sogar geschafft, diese Gunst auch noch bei dessen Sohn und Nachfolger zu behalten (der Normalfall war, dass ein neuer König die Favoriten des Vorgängers als Kronprinz gehasst hatte und sie daher bei seinem Regierungsantritt in Ungnade fielen, erst recht, wenn sie dem alten König so nahe gestanden hatten wie Buckingham, der Briefe an den als «Dad» adressierten Jakob mit dem Kosenamen «Stenie» unterzeichnete). Weil der Stuart-Hof seit dieser Zeit von Villiers-Verwandten regelrecht kolonisiert war, kam nicht nur Arabella Churchill dort früh unter; auch ihr Bruder John wurde mit siebzehn Page, dann Kammerjunker im Haushalt des späteren Jakobs II. und profitierte dabei nicht zuletzt von seiner Affäre mit der Cousine Barbara Villiers, die gleichzeitig eine der Mätressen Karls II.

war. Noch unter diesem war John zum Lord Churchill erhoben worden; da er wie viele Höflinge parallel eine Militärkarriere absolvierte, erlernte er zuerst in der Armee Ludwigs XIV. das Kriegshandwerk und stieg dann unter Jakob II. zum Befehlshaber der Horse Guards auf. Drei Dinge vervollständigten Churchills ideale Höflingsexistenz: die zuerst heimliche Liebesheirat mit der klugen Hofdame Sarah Jennings, die Tatsache, dass seine Schwester mit Jakob einen jetzt zum Herzog von Berwick erhobenen Sohn hatte (sein ursprünglicher Name war James Fitzjames gewesen, also in normannischem Altfranzösisch: Jakob, Sohn des Jakob) und dass er das absolute Vertrauen Jakobs genoss, den er als Prinzen in der Zeit seiner schlimmsten Unbeliebtheit loyal ins Exil begleitet hatte. Als König wusste Jakob daher, dass ihm nichts passieren konnte, solange so treue, kluge und protestantische Bediente wie die Churchills hinter ihm standen.

Das Kinderdilemma traf Jakob II. auf andere Weise, seit er Katholik war. Wie konnte er hoffen, dass seine irregeleiteten Untertanen freiwillig den Katholizismus als wahren Glauben erkennen oder auch nur tolerieren würden, solange sie annehmen mussten, dass seine Herrschaft ein kurzes Intermezzo bleiben würde? Er war schließlich schon zweiundfünfzig und hatte nach damaligen Maßstäben nicht mehr viel Lebenszeit vor sich. Sein Erbe aber würde in Ermangelung eines ehelichen Sohnes die protestantische ältere Tochter Maria antreten, die seit 1677 mit Wilhelm Prinz von Oranien verheiratet war, also ausgerechnet dem großen Helden des Verteidigungskampfes gegen Ludwig XIV. Was Jakob nicht begriff, war, dass genau dieses Fehlen eines katholischen Erben ihn seinen Untertanen erträglich machte: Man konnte die papistische Herrschaft zähneknirschend dulden, solange man wusste, dass sie bald vorbei sein würde. Jakob aber wollte das begreiflicherweise nicht, und so hatte er nach dem Tod seiner ersten Frau 1673 eine fünfundzwanzig Jahre jüngere Katholikin geheiratet, die Ludwig XIV. für ihn ausgesucht hatte – Maria Beatrix d'Este, Prinzessin von Modena, die Tochter eines italienischen Herrschers und einer der vielen Mazarin-Nichten. Vier Kinder waren ihr und Jakob jeweils sehr jung gestorben, und nachdem die letzte Geburt

1682 erfolgt war, glaubten die Protestanten bei Jakobs Regierungsantritt, dass hier nichts mehr zu befürchten sei. Auch 1688 aber war die Königin noch immer keine dreißig Jahre alt, und während ihr Mann sich in immer tieferen Konflikt mit der anglikanischen Kirche und dem Adel hineinmanövrierte, wurde sie noch einmal schwanger. Dass sie wohl aus abergläubischer Vorsicht ihren Ärzten erst verspätet Bescheid sagte, war vielleicht nicht unverständlich, aber fatal, weil es dazu führte, dass ihr Kind viel früher als erwartet geboren wurde (20. Juni 1688): Es war ein Sohn, der natürlich Jakob getauft wurde und infolge der patriarchalischen Erbprinzipien automatisch seine Halbschwester von Platz 1 der Thronfolge verdrängte. Die überraschende Nachricht platzte dermaßen unglücklich in die politische Krise hinein, dass auch die bei königlichen Geburten üblichen Vorsichtsmaßnahmen nichts mehr halfen. Sosehr die Königin noch im letzten Moment möglichst viele Augenzeugen in ihr Schlafzimmer hatte holen lassen, so wenig änderte das daran, dass innerhalb kürzester Zeit selbst ansonsten zurechnungsfähige Briten fest überzeugt waren, das Kind stamme weder vom König noch von der Königin und sei von infamen Jesuiten in einer Wärmflasche in den Palast geschmuggelt worden: Man wusste doch, dass diese Leute zu allem fähig waren. Ein zynischer Zeitgenosse schrieb, das Volk werde an die Echtheit dieses Kindes nur glauben, wenn es stürbe, und einige schreckliche Wochen lang schien es, als könne man diese Hypothese gleich testen. Die Leibärzte des Königs hatten nämlich gerade herausgefunden, dass Milch für Babys extrem gefährlich sei und unbedingt durch eine Kombination aus Brotsuppe und süßem Weißwein ersetzt werden müsse, denen man dann «Dr. Goddards Tropfen» hinzuzufügen habe – ein Produkt, das aus Salmiak, gedörrten Schlangen und dem Schädel eines Gehenkten hergestellt wurde. Erst nach Interventionen des Papstes, Ludwigs XIV. und der Königin fanden die ebenso wohlmeinenden wie ahnungslosen Ärzte sich schließlich bereit, dem anderthalb Monate alten Prinzen die Milch einer vornehm geborenen Frau zu verordnen (dass die Königin selbst stillen könnte, wäre niemandem in den Sinn gekommen), bevor sie dann noch der Ersetzung dieser Dame durch die offenbar kompetentere Ehefrau eines Fliesenlegers zustimmen mussten. Innerhalb kürzester Zeit gedieh das bis dahin begreiflicherweise kränkliche Kind nun ganz wunderbar und veranlasste damit auch sieben aristokratische Verschwörer, den Königsschwiegersohn Prinz Wilhelm von Oranien in einem chiffrierten Brief um eine Invasion Englands zu bitten: Der wahre Glauben sei in höchster Gefahr.

Sollte Wilhelm diese Einladung annehmen? Einerseits hatte er seit langem damit gerechnet, dass seine Frau Maria als älteste Tochter Jakobs bald dessen Nachfolge antreten würde, und war also von der Geburt des kleinen Prinzen nicht wenig schockiert gewesen. Eine Invasion in England musste ihm folglich schon deshalb verlockend erscheinen, weil sie ihm noch am ehesten Gelegenheit geben würde, diesen Prinzen beispielsweise vom Parlament zum Kuckuckskind erklären und somit von der Thronfolge ausschließen zu lassen. Andererseits war eine solche Invasion nicht nur militärisch riskant, denn was genau die Engländer (und wie viele von ihnen) von ihm wollten, blieb einigermaßen unklar. Wie überall in Europa galt auch in England das dynastische Erbrecht immer noch den allermeisten als die gottgewollte und einzig denkbare Grundlage gesellschaftlicher Ordnung. Wenn man dem König die Krone wegnehmen konnte, die er doch durch Gottes Willen und ohne menschliches Zutun geerbt hatte, dann war aller Privatbesitz und waren alle ererbten Privilegien der diversen Untertanengruppen erst recht nicht mehr sicher, zumal man unter den Bedingungen der frühen Neuzeit realistischerweise damit rechnen musste, dass an die Stelle des legitimen Erbmonarchen nicht etwa friedlich gewählte Demokraten treten würden (wo hätte man die hernehmen sollen?), sondern einfach die jeweils Rücksichtslosesten und Gewalttätigsten – eine Vermutung, die sich nicht nur auf die Erfahrungen des Dreißigjährigen Krieges oder der französischen Fronde stützen konnte, sondern auch durch das Scheitern der ersten und letzten englischen Republik (1649–1660) bestätigt wurde. Das Gros der Briten wünschten sich daher 1688 nicht den Sturz ihres Königs, sondern wollten ihn nur dazu gezwungen sehen, die ungeschriebene Verfassung einzuhalten und also die Befugnisse des Parlaments ebenso zu respektieren wie die Intoleranz der anglikanischen Staatskirche. Um diese Wünsche zu erfüllen, hätte Wilhelm folglich einerseits auf den Britischen Inseln landen und seinen Schwiegervater militärisch besiegen müssen, um ihm demütigende Zugeständnisse bis hin zur dauerhaften Verleugnung des eigenen Kindes abzuzwingen. Andererseits hätte Wilhelm dabei aber bitte genauso wenig den beunruhigenden Eindruck erwecken dürfen, selbst ein gewalttätiger Rechtsbrecher zu sein; nach getaner Arbeit hätte er sich daher in die Niederlande zurückziehen und hoffen müssen, dass bis zu Jakobs Tod (und also bis zur Thronbesteigung seiner eigenen Frau Maria) nichts Unerwartetes mehr passieren würde. Besonders einfach wäre schon das nicht geworden.

Wirklich schwierig wurde Wilhelms Entscheidung jedoch dadurch, dass er im eigenen Land noch weniger zu sagen hatte, als selbst die radikalsten Freiheitsfreunde es sich in Britannien für ihren König wünschten. Die Niederlande waren eine Republik, und obwohl Wilhelm den Titel Generalstatthalter trug, war er formal nicht viel mehr als der oberste General einer föderalen Republik, an deren Spitze eine mächtige Ständeversammlung stand – die Generalstaaten (ndl. Staaten = Stände), die man so sehr als Inkarnation des niederländischen Staatsgebildes ansah, dass man offiziell nicht etwa von der «niederländischen», sondern von der «staatischen» Armee und «staatischen» Territorien sprach. Da die Generalstaaten mit dem oranischen Generalstatthalter in ständiger Machtrivalität standen, wäre es für Wilhelm normalerweise wohl unmöglich gewesen, ausgerechnet von ihnen Zustimmung und ihre Steuergelder für eine riesenhafte Militäraktion zu erhalten, die allein der Vergrößerung seiner persönlichen Macht dienen würde. Der Einzige, der Wilhelm in dieser Situation helfen konnte, war daher ausgerechnet sein Todfeind Ludwig XIV.

Schon 1672 war Wilhelm überhaupt nur dadurch an das zwischenzeitlich abgeschaffte Generalstatthalteramt gekommen, weil ein französischer Angriff abgewehrt werden musste. Das gelang ihm in den folgenden sieben Kriegsjahren immer wieder, und so war er zum Helden nicht nur seiner Landsleute, sondern auch des ganzen übrigen

Europa geworden. Nach und nach hatten sich immer mehr Mächte gegen Frankreich gestellt, das jetzt Ähnliches erlebte wie sehr viel später Deutschland: Es hilft einer europäischen Großmacht nichts, stärker zu sein als jede andere Macht des Kontinents, wenn sie davon so arrogant wird, dass am Ende alle übrigen sich gegen sie verbünden. Zwar war Frankreich mit damals 20 Millionen Einwohnern immer noch bevölkerungsreicher als jedes andere europäische Land einschließlich Russlands (ein Umstand, der es unter den damaligen Bedingungen zugleich auch zum reichsten und militärisch stärksten Land des Kontinents machte, weil man den Bevölkerungsfaktor noch nicht durch Industrie oder Militärtechnik kompensieren konnte), und so hatte auch eine große Koalition es nicht komplett besiegen können. Da aber umgekehrt auch Ludwig XIV. an die Grenzen seiner Ressourcen gekommen war, stieg er ab 1678 auf die bereits beschriebene Reunionspolitik um. Durch hundert kleine Schikanen sollte sie ihm «nur noch» diejenigen Territorien und Festungen einbringen, die ihm zur dauerhaften Absicherung der Eroberungen notwendig erschienen.

Leider sah das, was der Herrscher einer erfolgsverwöhnten Großmacht hier für seine neue Politik der Zurückhaltung hielt, für die betroffenen Nachbarn immer noch genau so aus wie die expansive Aggression der vorangegangenen Jahre. Nachdem Ludwig unter anderem Straßburg und Luxemburg gewaltsam an sich gebracht hatte, konnte er deswegen 1684 selbst unter Einsatz seiner brandenburgischen Alliierten vom Römisch-Deutschen Reich nicht mehr erlangen als einen bloßen Waffenstillstand; 1686 schlossen sich die meisten Mächte Mitteleuropas in der Liga von Augsburg zusammen, die erkennbar gegen Frankreich gerichtet war. Ludwig beschloss, ihrem absehbaren Angriff durch einen Präventivkrieg zuvorzukommen, solange die Truppen vor allem des Kaisers (also Österreichs) noch im ungarischen Türkenkrieg beschäftigt waren. Als 1688 ein Todesfall die Neuwahl geistlicher Fürsten in Köln und Lüttich (Liège) nötig machte und dabei der profranzösische Kandidat in angreifbarer Weise aus dem Verfahren rausflog, war klar, dass ein französischer Angriff auf alle Nachbarn unmittelbar bevorstand; da die Niederlande nicht nur in unmittelbarer Nähe dieser Territorien lagen, sondern zudem der wichtigste Vorposten des antifranzösischen Bündnisses waren, schien es absehbar, dass sie erst recht auf einen französischen Angriff gefasst sein mussten. Das Wissen um diese Gefahr war denn auch für Wilhelm von Oranien ein mindestens ebenso wichtiger Grund zur Invasion in England wie der Thronanspruch seiner Frau. Solange auf der Insel Ludwigs katholischer Verbündeter Jakob regierte, war zu befürchten, dass die Niederlande wieder von beiden Seiten zugleich angegriffen würden; sollte es aber Wilhelm gelingen, Jakob zu stürzen und sich selbst an die Spitze der Briten zu setzen, dann würden diese zwangsläufig in den Krieg gegen Frankreich hineingezogen und müssten so die Niederlande unterstützen. Wilhelm beschloss daher, die Einladung der sieben Verschwörer anzunehmen und alles für eine Invasion vorzubereiten. Er spielte nun mit unglaublich hohem Risiko, und das nicht allein, weil sein Plan nur gelingen konnte, wenn er gegen den Willen seiner englischen Verbündeten Jakob dauerhaft absetzte. Vor allem musste er sich natürlich vorwerfen lassen, dass es Wahnsinn sei, genau in dem Moment fast die ganze niederländische Armee nach England überzusetzen, in dem ein französischer Angriff auf die Niederlande selbst bevorstand: Wer sollte das Land dann verteidigen? Wie ernst auch Wilhelm dieses Gegenargument nahm, sieht man daran, dass er es vorzog, seinen Entschluss zur Invasion den Generalstaaten schlicht zu verheimlichen. Den ganzen Sommer 1688 verbrachte er daher mit massiver Aufrüstung, deren tatsächliche Stoßrichtung außer einigen Beratern niemand kannte. Wilhelm bewegte sich anders gesagt nah am Abgrund und muss das gewusst haben; wenn sich beim Angriff der Franzosen herausstellen sollte, dass Wilhelm die «staatische» Armee gerade für seine eigenen Zwecke anderswohin verplant hatte, dann drohte ihm durchaus das Schicksal seiner ehemaligen innenpolitischen Gegner, die 1672 vom Mob von Den Haag in Stücke gerissen worden waren, weil sie das Land nicht ausreichend verteidigt hatten. Umso dankbarer muss der Prinz von Oranien daher gewesen sein, als ausgerechnet sein Erzfeind Ludwig ihn aus diesem Dilemma befreite: Das Schicksal der Niederlande und Großbritanniens entschied sich, als am 24. September 1688 Ludwig XIV. sein Heer die pfälzische Grenzfestung Philippsburg angreifen ließ.

Ludwig hatte nach langem Abwägen beschlossen, dass ihm ein Angriff auf die Niederlande weniger wichtig war als Philippsburg, weil zur völligen Abriegelung seiner elsässischen Eroberungen nur noch diese einzige Festung fehlte. Als Vorwand dienten ihm die Erbrechte seiner Schwägerin Elisabeth Charlotte, Herzogin von Orléans, denn die zweite Ehefrau des schwulen Königsbruders Monsieur war ja von Geburt eine pfälzische Prinzessin und seit 1685 die direkteste Erbin ihres Zweiges der Familie. Sie musste nun ertragen, dass man ihr in Versailles regelmäßig Komplimente zu neuen Eroberungen in der Pfalz machte, während gleichzeitig die Orte ihrer Kindheit dort mit einer ganz neuartig wohlorganisierten Brutalität niedergebrannt wurden – der Kriegsminister Louvois wollte jenseits der neuen Grenzen ein Niemandsland der verbrannten Erde schaffen, in dem feindliche Heere keine Lebensmittel und keine Unterstützung finden würden. Die berühmte Heidelberger Schlossruine ist ebenso ein Resultat dieser Politik, wie es perverserweise auch sehr viele südwestdeutsche Barockinnenstädte sind: Neubauten des frühen 18. Jahrhunderts, die das im Krieg Zerstörte ersetzen mussten. Aus der Perspektive von Versailles war all das dabei nicht einmal ein Angriff, sondern bloß präventive Verteidigung. Und doch löste Ludwig genau damit in ganz unerwartbarer Weise zugleich eine Entwicklung aus, die Frankreichs bisherige Vormachtstellung zerstören würde.

Indem Ludwig XIV. nämlich das große Kriegstheater in Süddeutschland eröffnete und dort den Kampf gegen sämtliche deutschen Staaten begann, machte er deutlich, dass es in diesem Jahr zu keinem französischen Angriff auf die Niederlande mehr kommen würde. Dadurch aber gab er zugleich seinen Verbündeten Jakob II. zum Abschuss frei. Gerade einmal fünf Tage nach der Attacke auf Philippsburg eröffnete Wilhelm von Oranien den Generalstaaten seinen Invasionsplan, dem sie jetzt sofort zustimmten. Zwar wurde das Auslaufen der niederländischen Flotte noch einmal durch üble Herbststürme in der Nordsee verzögert. Aber die französischen Schiffe, die sie hätten versenken können, waren inzwischen im Mittelmeer stationiert. Weil Jakob das Angebot französischer Hilfe zuerst sorglos abgelehnt hatte, hielt Ludwig seine Flotte nun stattdessen eben für eine mögliche Strafexpedition gegen den Papst bereit, der es gewagt hatte, dem französischen Botschafter in Rom das Recht auf unbegrenzten Duty-free-Schwarzhandel zu streichen.

Schließlich aber drehte sich die Windrichtung, und derselbe «protestantische Wind», der jetzt die britische Flotte in die Themse zurückdrückte, bewegte auch Wilhelms Invasionsflotte mit derartigem Schwung, dass er beinahe an England vorbeigeweht worden wäre und am 15. November 1688 in Torbay ganz weit im Südwesten der Insel landete. Erst durch das, was folgte, wurde der bis dahin international fast bedeutungslose britische Staat mit seinen bloß fünf Millionen Einwohnern dazu gezwungen, sich in jene kraftstrotzende Machtmaschine zu verwandeln, die während der nächsten zweihundert Jahre Frankreich immer wieder und zuletzt weltweit vom Thron der Hegemonie stoßen würde: Dass wir und große Teile der Welt heute wie selbstverständlich Englisch und nicht etwa Französisch als Zweitsprache benutzen, geht ganz wesentlich auf die Ereignisse des Jahresendes 1688 zurück.

In Torbay stiegen aus Schiffen und Landungsbooten 14 000 Soldaten des Prinzen von Oranien – Niederländer, Brandenburger, Hugenotten, Schweizer, Schweden und sogar ein paar Briten. In den ersten zwei Wochen bewegten sie sich noch kaum vorwärts, denn während ihre von der Überfahrt schwer mitgenommenen 3600 Pferde sich misstrauisch die Beine vertraten, mussten Lebensmittel für die Armee herangeschafft werden, was in einer Zeit schlechter Straßen, ineffizienter Landwirtschaft und ohne überregionalen Lebensmittelhandel sehr schwer war – der größte Teil der frühneuzeitlichen Kriegführung bestand denn auch darin, den Gegner möglichst ohne Kampf in Regionen zu manövrieren, wo sein Heer entweder verhungern oder abziehen musste. So hatte Wilhelm nun einige nervöse Tage lang Zeit, auf die vielen begeisterten Anhänger zu warten, die ihm die Verschwörer versprochen hatten und die erst einmal vollkommen ausblieben. Schließlich aber trafen doch die ersten Angehörigen des Landadels mit ihren bewaffneten Untertanen ein, und wenn die auch für den Kampf gegen die Berufssoldaten des Königs nutzlos gewesen wären, so zeigten sie doch, dass Wilhelm willkommen war. Umgekehrt bekam Jakob nun zu spüren, was es bedeutete, sein Volk so verstimmt zu haben. Die Mehrheit der Briten hing zwar selbst jetzt noch der anglikanischen Theorie an, wonach man dem gottgewollten Herrscher, dem Gesalbten des Herrn, keinerlei aktiven Widerstand entgegenbringen dürfe. Weil Jakob aber durch seine Toleranzpolitik auch die Loyalität dieser Staatskirche verloren hatte, stellte sich nun experimentell heraus, wie viel man auch ohne aktiven Widerstand bewirken konnte. Als der König die Bischöfe aufforderte, von der Kanzel zum Kampf gegen den Angreifer aufzurufen, antworteten sie ihm demütig und zweifellos mit mühsam unterdrücktem Lachen, der eben erst zu Ende gegangene Verleumdungsprozess gegen ihre sieben Amtskollegen habe sie ja zum Glück an ihre Pflicht erinnert, sich strikt aus der Politik herauszuhalten, sodass da leider nichts zu machen sei. Als Jakob daraufhin dem feindlichen Schwiegersohn an der Spitze seiner fast 40 000 Mann starken Armee entgegenzog, verwandelte sich das idyllische Westengland für ihn rasch in ein schwarzes Loch: Die Einheimischen versteckten ihre Vorräte, die königlichen Scouts desertierten oder brachten frei erfundene Schreckensmeldungen, während echte Nachrichten aus dem Rest des Landes ständig verlorengingen und der vom Nasenbluten abgelenkte König Etikettestreitigkeiten unter dem mitreisenden Hofpersonal zu schlichten hatte. Sein Oberbefehlshaber Feversham und sein französischer Militärberater Roye waren nicht nur beide Hugenotten und Cousins, sondern auch beide engste Verwandte des Prinzen von Oranien, was ihnen in dieser Situation ernsthaft peinlich war. Nachdem sie den König am 3. Dezember überredeten, sich nach London zurückzuziehen, lief noch in derselben Nacht Jakobs aus dem Nichts hochgehobener Günstling Lord Churchill zum Feind über, dem er schon vor Monaten heimlich seine Kooperation versprochen hatte. Der Rückzug der königlichen Armee wurde zur Farce, weil die demoralisierten Truppen von Etappe zu Etappe weniger wurden und auch die Offiziere sich in immer größerer Zahl absetzten. Den Mann seiner zweiten Tochter Anna musste Jakob buchstäblich zur Mitfahrt in der königlichen Kutsche zwingen, bevor selbst der ihm schließlich abhandenkam. Am 13. Dezember erklärte Feversham seinem niedergeschlagenen Monarchen in London, es gebe keine königliche Armee mehr.

Während der Prinz von Oranien sich mit seinem immer größer werdenden Heer in aller Ruhe auf London zubewegte, verloren selbst die treuesten Anhänger Jakobs die Nerven und zwangen ihn, Abgesandte zur Verhandlung mit dem Aggressor zu schicken. Mit etwas mehr Entschlossenheit hätte Jakob vielleicht selbst jetzt noch seine Krone retten können, denn bald würde die Stunde der Wahrheit kommen, in der Wilhelm entweder in die Niederlande zurückkehren oder eingestehen musste, dass er keineswegs nur als selbstloser Vermittler zwischen König und Untertanen hier war, vielmehr die Krone an sich reißen und das Land dann in einen Krieg gegen die größte Macht Europas hineinziehen wolle. Jakob aber war nicht nur aus religiösem Fatalismus und Niedergeschlagenheit unwillig, es so weit kommen zu lassen. Er erinnerte sich auch daran, wie sein Vater Karl I. nach ähnlichem Taktieren 1649 von Cromwells Revolutionären geköpft worden war und wie die Monarchie 1660 nur deshalb wiederhergestellt worden war, weil der Rest des Königshauses sich rechtzeitig ins Exil gerettet hatte. Vor allem jedoch machte er sich keine Illusionen darüber, wer von Wilhelm am meisten zu befürchten hatte, weil langfristig nur er zwischen diesem und der Thronfolge stand: «Es ist mein Sohn, dessentwegen sie gekommen sind.»

Wilhelms Manifest an die Briten hatte die Forderung eingeschlossen, die angeblich dubiosen Umstände der Geburt des kleinen Prinzen von Wales zu untersuchen, und niemand konnte bezweifeln, dass eine solche Untersuchung das erwünschte Ergebnis geliefert hätte. Der Prinz wäre zum Kuckuckskind erklärt worden, und weil alle sich an 1660 erinnerten, hätte man ihn bestenfalls für den Rest seines Lebens irgendwo in England inhaftiert; schlimmstenfalls hätte sich wohl eine konvenable Kinderkrankheit gefunden oder neue Ärzte wie die, die ihn schon ohne böse Absicht beinahe umgebracht hatten. Auch die Königin war in großer Gefahr, da die Dreißigjährige ja noch viel Zeit hatte, ihrem Mann einen anderen Sohn zu gebären. Wäre sie dagegen in England gefangen und von ihrem Mann getrennt, würde dieser keinen legitimen Erben mehr in die Welt setzen können, und so würde die illegitime Machtübernahme Wilhelms mit dem absehbaren Tod Jakobs nachträglich legalisiert werden, weil dann dessen Frau Maria den Thron auch auf legitime Weise erben würde.

Im Wissen um diese grausame, aber glasklare dynastische Logik hatte Jakob seine letzten Tage in Whitehall fast ausschließlich damit verbracht, die Flucht von Frau und Kind vorzubereiten. Da er seiner englischen Umgebung misstraute, blieben ihm als Helfer nur die Italiener und Franzosen seiner Entourage, die freilich alle Zivilisten waren. Musste es ihm da nicht wie ein Wink des Schicksals erscheinen, dass in genau diesem Moment der berühmte Graf Lauzun ihm seine Dienste anbot? So kam es, dass in der Nacht auf den 20. Dezember Lauzun und Riva die bourgeois verkleidete Königin Maria Beatrix und den sechs Monate alten Prinzen in Whitehall abholten, um sie durch nachtschlafende Galerien und den «Privy Garden» von Whitehall zur Kutsche des toskanischen Gesandten und in dieser zur Anlegestelle von Horseferry zu bringen. Während Maria Beatrix noch untröstlich Abschied von ihrem Mann nahm und sich weigerte, ihren Schmuck mitzunehmen, hatte der etwas lebenspraktischere Lauzun den Inhalt der vielen Schmuckkästchen bereits geschäftsmäßig in seine eigenen Jackentaschen ausgeschüttet.

Eine Nacht später – die Yacht der Königin überquerte gerade den Ärmelkanal – war ihr Mann in Whitehall endlich allein. Sorgfältig und einen nach dem anderen warf Jakob II. die bereits unterschriebenen und gesiegelten Befehlsbriefe ins Feuer, mit denen Grafschaften und Städte zur Wahl neuer Parlamentsabgeordneter hatten aufgefordert werden sollen und die jetzt nicht in die Hände seiner Feinde fallen durften. Das bisher letzte Parlament hatte Jakob 1687 ganz verfassungsgemäß aufgelöst und diese Neuwahlen ursprünglich nur deswegen ausgeschrieben, um seinen Untertanen guten Willen zu beweisen. Noch aber hatte man nicht gewählt, und wenn er jetzt die Befehlsbriefe verbrannte und das Große Kronsiegel aus dem Verkehr zog, dann würde niemand in diesem Land mehr legal ein Parlament einberufen können, weil das allein durch einen mit diesem Siegel beglaubigten Befehl des Königs geschehen durfte. So gut jedoch die Idee dem König erschien, so wenig war er in diesem Moment bei der Sache. Sein letztes Gespräch am Abend hatte er mit Lord Ailesbury gehabt, der sein Hofamt als ‹lord of the bedchamber› ausnutzte, um den König ungestört in seinem Schlafgemach aufzusuchen. Der Lord hatte ihn bekniet, an der Spitze letzter loyaler Truppen nach Norden zu marschieren, und als Jakob das ablehnte, beschrieb Ailesbury ihm im Detail, was er über Jakobs eigentlich geheimen Fluchtplan wusste: Euer Majestät werden mit Sir Edward Hales, dem Hintertreppenpagen Labadie, dem Stallmeister Sheldon und dem Stallburschen Dick Smith nach Horseferry fahren, dort ein Boot über die Themse nehmen und in Lambeth landen, wo schon die Pferde bereitstehen und wo Euer Majestät auf den Braunen steigen werden, dem sie nach meinem Vater den Namen Ailesbury gegeben haben ... Zum Glück war Ailesbury kein Verräter und hatte traurig, aber respektvoll vom König Abschied genommen; der König war begreiflicherweise dennoch nervös geworden und brach jetzt schnell auf, obwohl noch nicht alle Befehlsbriefe verbrannt waren.

Es fehlt hier an Platz, um die Flucht Jakobs II. so zu beschreiben wie die seiner Frau und seines Sohnes, aber sie lässt sich auch einigermaßen leicht zusammenfassen: Praktisch alles, was Lauzun und seinen Leuten gelungen war, gelang auch dem König, und nur das Wichtigste ging schief. Noch auf der Überfahrt nach Lambeth hatte der König das Große Kronsiegel fast euphorisch in die Themse geworfen, und es hatte auch keine Zwischenfälle gegeben, als der Kapitän der Fluchtyacht kurz nach dem Auslaufen feststellte, sein Boot sei zu leicht, um heil über den Ärmelkanal zu kommen: Er müsse zurück in den Hafen von Sheerness und dort Ballast einladen. Als man damit um elf Uhr abends endlich fertig war und gerade ablegen wollte, machten drei Fischerboote an der Yacht fest, aus denen etwa fünfzig Bewaffnete an Bord kamen – Bewaffnete von der Art, wie sie in diesen Tagen das ganze Land nach verdächtigen Fremden und Katholiken durchsuchten. Natürlich erkannten sie sofort Sir Edward Hales, der in dieser Gegend ein großer Landbesitzer war, und natürlich erkannten sie den König nicht, woher denn auch? Auf den Münzen oder der Art von billigen Holzstichen, wie diese Leute sie dann und wann gesehen haben mochten, glich ein hochgeborener Perückenträger dem anderen, und London, wo man ihn mit viel Glück und Wartezeit mal für ein paar Minuten hätte sehen können, war unvorstellbare 60 Kilometer entfernt ... So sahen die patriotischen Fischer ihren König an und wussten sofort: Der südländisch aussehende Kerl mit der billigen schwarzen Perücke und dem Schönheitspflästerchen ist garantiert einer von diesen diabolischen italienischen Jesuiten und daher zu verhaften. Das Kruzifix, das sie ihm wegnahmen und von dem sie nicht wussten, dass darin ein teuer gekaufter Splitter vom echten Kreuz Christi enthalten war, war da nur noch eine im Grunde unnötige Bestätigung; wenigstens hatte der König den Krönungsring und die große Diamanten-Haarnadel seiner Frau gerade noch rechtzeitig in seiner Unterwäsche verstecken können. Stolz brachten die patriotischen Fischer ihren großen Fang in die nächste Stadt, und erst dort fand sich jemand, der ihn erkannte. Drei Tage lang blieb er unrasiert in einem unsauberen Landgasthof gefangen und musste zuhören, wie die Fischer sich mit den örtlichen Landadeligen darum stritten, wer ihn dem Prinzen von Oranien ausliefern dürfe, bevor Lord Ailesbury kam und ihn im Auftrag der in London versammelten Lords dorthin zurückholte.

Das Volk und viele vom Adel empfingen ihn begeistert, denn sechs Tage Anarchie hatten sie daran erinnert, welches Chaos ihnen ohne König drohte. Sowohl die eigentlichen Rebellen als auch moderatere Politiker hatten schockiert begriffen, dass das Verschwinden des Königs sie vollkommen vom Prinzen von Oranien abhängig machen würde, weil dann nur er die Ordnung militärisch wiederherstellen konnte: Das aber würde er nur tun, wenn man ihm mehr oder weniger bedingungslos die Krone übertrüge. Noch einmal hätte Jakob also seine Macht retten können, wäre er nur fest und entschlossen aufgetreten. Aber nach den Strapazen und Demütigungen der letzten Tage war der Fünfundfünfzigjährige dazu nicht mehr fähig. Nachdem die englischen Leibwachen des Palasts von Whitehall durch niederländische Gardisten unter Graf Solms ersetzt worden waren, reichten einige wohlplatzierte Andeutungen über finstere Anschlagspläne, um Jakob davon zu überzeugen, dass er nur außerhalb der Hauptstadt sicher sei, und so fuhr am 28. Dezember ein Bootskonvoi den resignierten Monarchen die Themse abwärts nach Rochester. Dort wies man dem König auf Befehl Wilhelms ein Haus zu, dessen Rückseite direkt auf den Medway-Fluss hinausging, und ließ die holländischen Bewacher überdeutlich nur an den drei anderen Seiten Wache halten. Am späten Abend des 1. Januar 1689 erhielt der König Blanko-Pässe für sich und seine Begleiter, die ihm niemand anderes als der achtzehnjährige Herzog von Berwick überbrachte – sein unehelicher Sohn von Arabella Churchill und dadurch zugleich ein Neffe des Verräters Churchill. Nachdem die Bewacher und Dienstboten sich diskret zurückgezogen hatten, stiegen Jakob, Berwick und vier andere von der Rückseite des Hauses direkt in ein Boot, mit dem sie zu einem zweiten Fluchtversuch aufbrachen. Einige Tage lang musste Wilhelm von Oranien seinem inkompetenten Schwiegervater noch die Daumen drücken, dann kam endlich die erlösende Nachricht: Am 4. Januar, der nach dem damaligen englischen Kalender der erste Weihnachtsfeiertag war, waren die Flüchtigen heil an der französischen Küste angekommen, wo sie von denselben großen Hofwürdenträgern empfangen wurden, die man zuvor Lauzun und der Königin entgegengeschickt hatte. Mit allem Zeremoniell eines Staatsbesuchs wurde Jakob II. zu seiner sehnsüchtigen Frau und dann an den Hof Ludwigs XIV. gebracht, der vom Wiedersehen mit seinem Cousin fast ebenso gerührt war wie von der Aussicht, an diesem unglücklichen Standesgenossen nun eine ganze Serie jener unglaublich erhabenen, vornehmen und großzügigen Gesten ausagieren zu können, die niemand so gut beherrschte wie er. Zugleich hatte Jakob durch seine Flucht die Königreiche England und Schottland seinem Neffen und Schwiegersohn Wilhelm von Oranien rechtzeitig zu Weihnachten auf einem silbernen Tablett serviert.

Eine andere Überfahrt verlief zur gleichen Zeit weniger glücklich. Der uns bereits als Tänzer bekannte brandenburgische Oberstleutnant Dubislav Gneomar von Natzmer hatte sich durch seinen Schwager, den Oberhofmarschall von Grumbkow, einen Platz bei den nach England geschickten Truppen verschaffen lassen, musste aber jetzt kurz nach Neujahr 1689 als Kurier für wichtige Briefe zurückkreisen. Auf der Überfahrt wurde sein Schiff von französischen Piraten gekapert, die im Auftrag ihres Staates Jakob II. unterstützten, Natzmer als Gefangenen nach Dünkirchen brachten und ein unerfüllbar hohes Lösegeld festsetzten, weil sie ihn aufgrund seines Titels Generaladjutant (der bloß ‹rechte Hand eines Generals› bedeutete) selbst für einen General hielten. So hätte er wohl jahrelang in Frankreich bleiben müssen, wenn ihm nicht mit Hilfe seines Dieners Jochen ein raffinierter Fluchtplan gelungen wäre, für den hier nur auf seine interessanten Memoiren verwiesen werden kann. Das vielleicht Bemerkenswerteste an dieser Flucht ist jedoch die Rolle des Dieners, der seinem Herrn zur Flucht neue Kleider schneiderte, dann zur Tarnung bei den Wärtern zurückgelassen wurde, dort dennoch entkam, unterwegs wieder gefangen genommen wurde, wieder entkam und seinen Herrn schließlich in Belgien wiederfand, obwohl er aller Wahrscheinlichkeit nach keine drei Worte Französisch sprach. Angesichts dessen sei hier allen familienforschenden Lesern, die unter ihren Vorfahren etwa der zehnten Generation einen hinterpommerschen Schneidermeister namens Jochen oder Joachim haben und dabei verständlicherweise denken mögen, was das wohl für ein beengtes und unspektakuläres Leben gewesen sein muss, in Erinnerung gerufen, wie man sich da nie zu sicher sein sollte: Es lohnt sich immer noch einmal nachzusehen, ob nicht jemand wie Dubislav Gneomar von Natzmer als Patenonkel der Kinder auftritt ...

Als die Lords, die sich in Ermangelung einer legalen Regierung oder eines Parlaments im Rathaus von London versammelt hatten, von der endgültigen Flucht ihres unseligen Monarchen hörten, blieb ihnen nichts anderes mehr, als mit dem triumphierenden Prinzen das Offensichtliche auszuhandeln. Da die Absetzung eines Königs und das juristische Verschwindenlassen seines Sohnes so offenkundig der ganzen bisherigen Verfassung widersprachen, konnten sie nur durch ein vollständiges Parlament ausgesprochen werden. Weil man jedoch in Ermangelung sowohl eines König als auch des Großen Kronsiegels kein Parlament einberufen konnte, nannte man das, was jetzt auf Anordnung der Lords und diverser Ex-Abgeordneter gewählt wurde, eine Konvention, die sich dann nach ihrem Zusammentreten in einem eleganten, aber natürlich nicht sehr überzeugenden Zirkelschluss selbst zum Parlament erklärte. Für Freunde der kompromisslosen Legalität sei an dieser Stelle festgehalten, dass damit auch die gesamte britische Verfassungsentwicklung seit dem 1. Februar 1689 leider rechtlich ungültig ist. Der legitime Erbe der Kronen von England, Schottland und Irland ist folglich zurzeit Herzog Franz von Bayern, dem in dieser Funktion eines Tages sein Bruder Max und dann seine Nichte Sophie Erbprinzessin von Liechtenstein nachfolgen werden.

Die Zeiten waren turbulent genug, um bei der Wahl in 23 % der Wahlkreise tatsächlich mehrere Kandidaten gegeneinander antreten zu lassen – in friedlicheren Zeiten gab es selten Gegenkandidaten, weil die Wahl nicht geheim war und die Wähler genau wussten, wer jeweils in ihrem Wahlkreis die Macht hatte, sie zu bestrafen oder zu belohnen. Das Endergebnis war dennoch vorhersehbar. Am 23. Februar erklärten Unter- und Oberhaus, der König habe durch seine Flucht den Thron aufgegeben, weswegen jetzt seine Tochter und ihr Mann als Maria II. und Wilhelm III. gemeinsam die Nachfolge angetreten hätten: Über Jakobs angeblich unechten Sohn fiel kein Wort. Am 21. April wurde das triumphierende Paar in der Westminster Abbey gekrönt, und beim Krönungsbankett übte wie immer Mr. Dymoke of Scrivelsby sein erbliches Amt als King's Champion aus, indem er einen eisernen Handschuh auf den Boden warf und damit alle zum Kampf herausforderte, die Wilhelm und Maria nicht als rechtmäßige Herrscher des Landes ansähen. Angesichts der Rechtslage dürfte er diesmal etwas nervöser gewesen sein als seine Vorfahren bei früheren Krönungen, bevor sich dann herausstellte, dass auch diesmal wieder niemand diesen Fehdehandschuh aufheben wollte – die vielen, die es gerne getan hätten, waren auf der anderen Seite des Meeres oder rührten sich nicht. In den folgenden neun Jahren entwickelte sich Britannien von einem abseits stehenden Land mit unterentwickelter Staatsmaschinerie zu einem der beiden wichtigsten Gegenspieler Frankreichs; es gewöhnte sich an internationale Bündnisse, europäische Gleichgewichtspolitik und ein stehendes Heer ebenso wie an entsprechende Steuern, weil die politische Elite des Landes wusste, dass es für sie nach der Vertreibung des legitimen Königs nur noch Sieg oder Untergang geben konnte. Da der Krieg stets neue Steuerbewilligungen erforderte, tagte das Parlament jetzt immer regelmäßiger und entwickelte sich erst dadurch endgültig vom periodischen Ereignis zur permanenten Institution. Die Briten hatten so aber nicht nur die Errichtung einer absoluten Monarchie verhindert. Sie bewiesen im Lauf des nächsten Jahrhunderts auch unabsichtlich etwas, das kein Zeitgenosse hätte ahnen können: Freiheit konnte einen Staat stärker machen. Die Untertanen des Sonnenkönigs mochten auf dessen Eroberungen und glänzenden Hof stolz sein – ihr Geld aber liehen sie ihm nur zu Wucherzinsen, weil sie wussten, dass er jederzeit ungehindert den Staatsbankrott erklären konnte. Weil außerdem weder Ludwig XIV. noch seine Nachfolger sich je trauten, Adel oder Klerus konsequent zu besteuern, konnte der französische Staat vom großen Reichtum Frankreichs nur ganz eingeschränkt profitieren und war fast immer nah an der Zahlungsunfähigkeit. Die Briten dagegen wussten, dass ihre Staatsanleihen sicher waren, denn das ausnahmslos aus Großgrundbesitzern, reichen Stadtbürgern oder ihren Marionetten zusammengesetzte Parlament hätte einem Staatsbankrott schon aus Eigeninteresse nie zugestimmt. Die Aristokratie war sogar bereit, eine nach damaligen Maßstäben hohe Steuer auf ihren Grundbesitz zu zahlen, weil sie wusste, dass das von ihr dominierte Parlament die Verwendung dieser Gelder kontrollieren würde, und so kam es, dass der ‹freie› Brite nahezu freiwillig höhere Steuern zahlte als der ‹unfreie› Franzose. Das System, das hier entstand, war keineswegs per se humaner oder gerechter als das französische. Wohl aber war es so viel effizienter, dass die Briten den viermal stärkeren Franzosen die Herrschaft über die Meere entreißen konnten und danach noch genug Geld übrig hatten, um für den Kampf an Land brandenburgische, hannoveranische und hessische Söldnerheere zu mieten. Das 18. Jahrhundert würde interessant werden.

Inmitten all dieser Veränderungen scheinen der Verlust des Großen Kronsiegels und seine beschriebenen legalen Konsequenzen niemanden besonders geschmerzt zu haben. Nachdem Wilhelm und Maria den Thron eingenommen hatten, wiesen sie den Hersteller des bisherigen Siegels an, nach dessen glücklicherweise aufbewahrtem Wachsmodell schnell ein neues anzufertigen. Die Namen ließen sich ebenso leicht austauschen wie der Kopf Jakobs II., an dessen Stelle der ansonsten unveränderten königlichen Reiterfigur ein eh kaum unterscheidbarer Wilhelmskopf gesetzt wurde. Lediglich die ausnahmsweise gleichberechtigte Königin stellte den Graveur vor gewisse Probleme, weil er sie an sich genau wie ihren Mann hätte darstellen müssen, auf dem Reitersiegel Jakobs II. aber nur für ein einziges Pferd Platz war. In der nicht sehr glücklichen Endversion schwebt daher neben dem berittenen Wilhelm eine Art Gespenst mit Busen und über dem Kopf seines Pferdes der Kopf eines im Übrigen körperlosen Phantompferdes, dessen Nase am Siegelrand schmerzhaft mit Wilhelms Ordnungszahl III. kollidiert: Zum Glück war es auch hier die Geste, die zählte. Da die neuen Monarchen das Siegelproblem auf diese Weise schnell gelöst hatten, war es im Grunde bloß noch eine symbolische Vervollständigung von Jakobs II. grundsätzlichem Pech, dass einige Wochen später ein überraschter Fischer das originale Kronsiegel aus der Themse fischte – nicht einmal das hatte also geklappt.

Der königliche Pechvogel fand währenddessen mit Frau, Sohn und höfischer Entourage in Frankreich angenehmes Asyl; die französischen Höflinge fanden ihn sympathisch und schrieben, wer ihm zuhöre, verstehe schnell, warum er hier sei. Als sich abzeichnete, dass es wohl nicht bei einem Besuch bleiben würde, übergab Ludwig XIV. seinem Cousin großzügig das Schloss von Saint-Germain-en-Laye, aus dem er 1682 endgültig in das immer größer werdende Versailles umgezogen war. Der kleine Prinz von Wales wuchs folglich nun in denselben Räumen auf, durch die fünfundzwanzig Jahre früher der Sonnenkönig zu Madame de Monaco geschlichen war. Bis er alt genug war, um zu begreifen, dass er die große Hoffnung des wahren Glaubens und einiger hunderttausend loyaler Engländer, Schotten und Iren war, würde es noch viele Jahre dauern.

Sein älterer, aber unehelicher Halbbruder Berwick trat ins französische Heer ein und traf in Versailles den fast gleichaltrigen Cousin Richmond wieder, also jenen englischen Königsbastard, der 1685 als Dreizehnjähriger unter den Augen Ludwigs XIV. zum Katholizismus übergetreten war und damit, wie er nun wusste, aufs falsche Pferd gesetzt hatte. Schon lange plagte Richmond die süße Erinnerung an sein durch die Revolution verlorenes Privileg, für jede aus Newcastle verschiffte Kohlenkiste eine Gebühr von einem Shilling zu erhalten, und bald zog sie ihn endgültig in den hohen Norden sowie in die Arme der anglikanischen Kirche zurück.

So blieb auf dieser Seite des Kanals Lauzun der Einzige, der die Glorreiche Revolution der Briten als Netto-Reingewinn verbuchen konnte. Nicht allein, dass Jakob II. ihm sofort den Hosenbandorden verliehen hatte. Als Retter des englischen Thronerben und der Königin hatte er sich auch bei Ludwig XIV. derartig rehabilitiert, dass dieser nicht einmal mehr die in der Tat rasende Wut von Lauzuns Ex-Freundin Mademoiselle fürchtete und Lauzun mit offenen Armen in Versailles begrüßte. Der Ex-Günstling erhielt seine ‹grandes entrées› zurück, durfte also beim morgendlichen Aufstehritual des Königs wieder als einer der Ersten dessen Schlafzimmer betreten, und wurde außerdem noch mit einem der unglaublich schwer zu bekommenden Appartements im Schloss selbst ausgezeichnet. Nun muss ich nur noch mein Amt als Chef der Leibgarde zurückbekommen, dachte er, und alles ist wieder gut. Zum Glück hatte er dafür schon einen Plan.

KAPITEL 7

Die Lubomirskis wollen den Orden dann lieber doch nicht

∞

KÖNIGSBERG, 24. MAI 1690

Wenn der kurfürstlich brandenburgische Hofprediger Benjamin Ursinus schon eine Vorstellung vom modernen Staat gehabt hätte, dann hätte er ihn sich spätestens jetzt herbeigewünscht: Was wäre ihm nicht alles erspart geblieben! Dabei ging es ihm nicht um das Predigen als solches, denn dass die Zeremonien zum Herrschaftsantritt seines Kurfürsten auch eine Predigt einschlossen, erschien ihm so selbstverständlich wie allen Zeitgenossen. Schlimm genug für Kurfürsten, Herzöge und andere Fürsten, dass es eine eigentliche Krönung immer nur für Kaiser und Könige gab und dass also auch nur diese in den Genuss ehrfurchtgebietender religiöser Rituale kamen, die aus ihnen halbe Priester und Gesalbte des Herrn machten. Dem König von Frankreich etwa verlieh seine Krönung nicht nur die im liturgischen Gesang erbetene «Kraft des Rhinozeros», sondern auch die Fähigkeit, durch Handauflegen die Skrofeln zu heilen, eine unklar definierte Hautkrankheit, deren Opfer vor allem bei Krönungen zu Tausenden erschienen, um sich vom König berühren zu lassen. Noch 1825 wurde das praktiziert, wenngleich schon Ludwig XV. darauf verzichtet hatte, als er ab 1738 sechsunddreißig Jahre lang ganz offiziell in Sünde lebte. In England wurde die Tradition erstmals 1689 gebrochen und brach 1714 endgültig ab, weil dort die von der Glorreichen Revolution emporgehobenen Monarchen fürchten mussten, dass jeder Heilungs-Misserfolg ihnen als Beweis ihrer Unrechtmäßigkeit vorgehalten würde. Einem nichtköniglichen Herrscher blieb diese Weihe vorenthalten; er musste sich mit einer sogenannten Huldigung zufriedengeben, bei der die Untertanen einen Gehorsams-Eid ablegten. Weil aber ein Eid ein religiöser Akt ist und weil etwas so Wichtiges wie die öffentliche Inszenierung eines Herrscherwechsels in der frühen Neuzeit nicht ohne religiösen Rahmen denkbar gewesen wäre, musste vor der eigentlichen Huldigung eine Predigt gehalten werden, die den Untertanen noch einmal erklärte, warum Gott ihnen Gehorsam befahl.

Dass der sonst so staatsfromme Ursinus trotzdem an diesem Tag keine rechte Lust mehr hatte, lag an den zerklüfteten politischen Strukturen. Kurfürst Friedrich III. von Brandenburg herrschte eben nicht über einen Staat, sondern über zwölf unsystematisch zusammengeerbte Länder, die weit verstreut zwischen der niederländischen und der litauischen Grenze lagen und vier verschiedene Religionen sowie mindestens drei Sprachen, aber keinen gemeinsamen Namen hatten. Weil bloß die Person des Herrschers dieses Gebilde zusammenhielt, musste auch die Huldigung in jedem Territorium einzeln vorgenommen werden. Zum Glück hatte sich in Europa längst durchgesetzt, dass die Regierung eines Erbmonarchen bereits in der Sterbesekunde des Vorgängers begann, die Untertanen also schon vor der Huldigung oder Krönung gehorchen mussten. Selbst das väterliche Testament mit seinen Anweisungen zur Erbteilung konnte Friedrich III. 1688 nahezu sofort vom Geheimen Rat für ungültig erklären lassen, weil der Zeitgeist solche Projekte einfach nicht mehr guthieß, und so hatte man lediglich die Soldaten noch am ersten Tag auf Friedrich vereidigen müssen, die sonst legal hätten desertieren dürfen. Die Zeremonien waren trotzdem wichtig, aber eben als nachgetragene symbolische Inszenierungen. Auch Kurfürst Friedrich verband sie daher nach Belieben mit Kriegszügen, Jagdausflügen und Besuchen beim Erbonkel, weswegen sein Hof inzwischen schon seit zwei Jahren kreuz und quer durch ganz Mitteleuropa reiste. Das allein wäre schon lästig genug gewesen; das wirkliche Problem des Hofpredigers lag jedoch darin, dass selbst dem findigsten Theologen irgendwann die geeigneten Bibelstellen ausgingen. In Berlin hatte er über «Gelobet sei der Herr dein Gott! der zu dir Lust hat, dass er dich auf den Stuhl Israels gesezet hat» gepredigt, in Halle dann über «Wie wir Mose gehorsam gewesen sind, so wollen wir Dir auch gehorsam seyn», und in Kleve war sein Ausgangstext «Dein seind wir, und mit Dir halten wirs, David!» gewesen. Für Bielefeld hatte er «Jederman sei unterthan der Obrigkeit, die Gewalt über ihn hat, denn es ist keine Obrigkeit ohne von [sic] Gott» ausgesucht, in Minden dann schon etwas knapper über «Fürchtet Gott; ehret den König» gesprochen, woran er jetzt in Königsberg mit «Wohl dir, Land! dessen König Edel ist!» anknüpfen wollte. Freilich musste man auch immer ein bisschen vorausplanen: Für Halberstadt konnte Ursinus sich «Durch mich herrschen die Fürsten» vorstellen, und in Magdeburg ließe sich mit «dem hat der Herr geboten, Fürst zu seyn über sein Volck» gewiss etwas Brauchbares machen, sodass er sich erst für Stargard und Küstrin wieder neue Texte suchen müsste; die dort anstehenden Huldigungen waren aber zum Glück mit so komplizierten Staatsrechts-Problemen verknotet, dass ihm noch jahrelange Bedenkzeit blieb.

Der eigentliche Held dieses 24. Mai in Königsberg war freilich nicht Ursinus, sondern der Zeremonienmeister Johann Besser. Zeremonienmeister müssen ihrem Wesen nach nervös sein; sie werden nervöser, wenn ein großer Staatsakt naht, und da diese Huldigung infolge ihrer politischen Implikationen (von denen noch die Rede sein wird) die schwierigste von allen sein würde, hätte Besser schon deswegen mit Recht ganz besonders nervös sein dürfen. Im konkreten Fall kam jedoch dazu, dass es sein erster Tag im neuen Amt war und dass es vor ihm am brandenburgischen Hof überhaupt noch nie einen Zeremonienmeister gegeben hatte, weil die entscheidenden Zeremonialfragen bisher von Höflingen und Diplomaten in einer Art gigantischem Tauziehen aller gegen alle entschieden worden waren: Nicht sehr beruhigend für diesen frischgebackenen Zeremonienmeister, der seine Rolle lediglich einer unglücklichen Kombination von Theologiestudium und Kampfsport verdankte.

Johann Besser war 1654 in Kurland geboren, ein Pfarrerssohn wie

Ursinus und wie so viele andere bürgerliche Aufsteiger der zweiten Reihe – die wirklich erfolgreichen waren fast immer Juristenkinder. Das ihm dadurch vorbestimmte Theologiestudium hatte er hier im ostpreußischen Königsberg absolviert, bevor er 1675 eine Hofmeisterstelle annahm, um auf Reisen gehen zu können. Der Einundzwanzigjährige begab sich also mit dem siebzehnjährigen kurländischen Edelmann Jakob Friedrich von Maydell an die Universität Leipzig.

Normalerweise wäre sein Schicksal damit entschieden gewesen, denn der junge Maydell war als einziger Erbe der Familiengüter «über eine Tonne Goldes reich»; da er Besser sehr schätzte, hätte er ihm nach Abschluss der gemeinsamen Studien gewiss die Pfarrstelle in Brixten oder Dondangen verschafft, und so hätte niemand außerhalb Kurlands je wieder von ihm gehört.

Wenn es sehr anders kam, dann war daran Bessers sportliches Talent schuld, das sich vor allem im Fechtunterricht zeigte. Ein fechtender Theologe aber war für viele Edelleute eine Provokation, die durch das fromm zurückhaltende Auftreten seines adeligen Schülers noch verstärkt wurde: Was bildeten diese Leute sich ein, so die Rollen zu tauschen? Eines unseligen Tages brachte Maydells adeliger Kommilitone Bennigsen seinen Freund Leutnant von Lochow an den gemeinsamen Mittagstisch mit. Lochow, ein Offizier der sogenannten Blauröcke auf der Leipziger Pleißenburg, suchte erst mit Besser, dann mit Maydell Streit und fand ihn bald: Mit einem von ihnen müsse er sich jetzt sofort schlagen. Nun gut, antwortete Maydell, wenn du nicht still bleiben kannst, will ich dir einen Grund geben, und schlug Lochow eine Kanne aus Zinn so hart über den Kopf, dass alle anderen Anwesenden erkannten, wie Maydells bisherige «sittsame Kaltsinnigkeit» keineswegs auf «einiger Blödigkeit» beruht habe. Auch wenn sich das anschließende Gefecht mit Kannen und Tellern noch beenden ließ, kam es schließlich doch zum regulären Duell Maydells und Bessers mit Lochow und Bennigsen, der inzwischen ebenfalls bei den Blauröcken eingetreten war. Am 25. Februar 1677 trafen alle vier sich im Tannenhölzchen bei Lindenthal wieder. Nachdem Maydell und Lochow sich in vier ergebnislosen Waffengängen zu Fuß mit Säbeln geschlagen hatte, traf Besser Bennigsen schon im ersten Durchgang am Arm, woraufhin dieser in Panik zu seinem Pferd lief, seine Pistole aus der Satteltasche zog und auf Besser schoss. Statt seinen Zögling zu bremsen, gab Bennigsens zu Pferd sitzender Hofmeister mit einem weiteren Schuss das Signal für drei bewaffnete Diener (so in einem wohl neutralen Bericht) oder zwölf Blauröcke (so in Bessers eigener Darstellung), aus dem Gehölz zu kommen und sich auf die Kontrahenten zu stürzen. Der ungleiche Kampf endete damit, dass Maydell einen Pistolenschuss in den Rücken erhielt und noch an Ort und Stelle in Bessers Armen starb, während ihre Gegner die Flucht ergriffen. Die Regelwidrigkeiten im Verhalten Lochows und Bennigsens waren derartig deutlich, dass alle Schuld ihnen gegeben wurde und sie als Deserteure für immer verschwanden; Bennigsen starb 1689 auf dem griechischen Türkenkriegsschauplatz Morea, wo er unter einem der enterbten hannoveranischen Prinzen gedient hatte, Lochow starb als Vierundzwanzigjähriger, sechs Tage nach seiner Hochzeit. Aber auch Besser hatte durch Maydells Tod nicht nur die scheinbar sichere Pfarrstelle in der Heimat verloren. Das rohe 17. Jahrhundert mochte wohl gelegentlich kriegerische Bischöfe wie Bomben-Bernd von Münster hervorbringen. Ein Bürgerlicher aber, der aktiv an einem tödlichen Duell teilgenommen hatte, der konnte auch damals schon dem geistlichen Beruf für immer adieu sagen.

Was sollte Besser nun tun? Da es nur drei Studienfächer gab und Medizin ihm nicht lag, begann er in Leipzig ein Jurastudium. Zuerst musste er freilich einen Nachruf auf seinen Herrn schreiben, der zugleich sein eigenes Verhalten rechtfertigte – oder genauer: es unter 134 Seiten vergrub, die in ihrer gequirlten Gelehrsamkeit nahezu unlesbar sind, mit denen sich Besser damals aber einen Namen machte (wir zitieren hier nur ein paar seiner offenbar tröstend gemeinten 24 Beispiele dafür, wie man statt im Duell auch an unreifen Melonen, durch einen Tennisball, am Lachen, an der Liebe, dem Zorn, der Pest oder dem Angriff eines Auerochsen sterben könne). Zu seinem Glück hatte Maydell zum Calvinisten-Netzwerk gehört, weil eine Schwester seiner angeheirateten Tante die «Jungfer von Uffeln» war, von der am hannoverschen Hof nacheinander Elisabeth Charlotte von Orléans und deren Cousine Sophie Charlotte von Brandenburg erzogen wurden. Er hatte daher mit Besser immer den calvinistischen Gottesdienst im nahegelegenen Dessau besucht, wo nun Fürstin Henriette Katharina von Anhalt dem aufgebahrten Ermordeten persönlich eine vergoldete Krone auf den Kopf setzte. Weil diese Fürstin aber als geborene Prinzessin von Oranien auch eine Schwägerin des Kurfürsten von Brandenburg war, verhalf sie Besser 1680 zum Eintritt in dessen diplomatischen Dienst. Das schmale Gehalt ermöglichte ihm die Heirat mit einer jungen Frau, die er in Leipzig spätabends auf der Straße getroffen hatte und nicht mehr vergessen konnte; ihre Augen waren genauso himmelblau wie seine, und sie lebte im Haus ihres Stiefgroßvaters, des Generalingenieurs Basilius Tittel, der als Kommandant der Pleißenburg ausgerechnet Befehlshaber der mörderischen Blauröcke war.

Zwei Jahre nach der Hochzeit ging Besser 1684 als brandenburgischer Resident an den englischen Hof, wo er beim Tennisspiel mit Karl II. glänzte. Leider war er in allem anderen überfordert: Das väterliche Pfarrhaus war wohl keine gute Vorbereitung für den Umgang mit großen Herren gewesen. Jedenfalls ersetzte der Kurfürst Besser schon bald, wollte ihn auch nicht als Diplomaten weiterverwenden und entließ ihn doch ebenso wenig – das Verhältnis zwischen Herrschern und «Bedienten» war auf Lebenszeit angelegt. Einige Jahre lang wurde Besser daher nun halbherzig zwischen anderen Posten hin- und hergeschoben, bevor der 1688 seinem Vater nachgefolgte Kurfürst Friedrich III. ihm endlich eine Stelle verlieh, die an seinen einzigen Londoner Erfolg anknüpfte.

In seiner ersten Audienz beim neuen König Jakob II. hatte Besser 1685 nämlich einen Punktsieg über seinen venezianischen Kollegen erzielt, der aus Ranggründen der natürliche Feind jedes brandenburgischen Gesandten war. Die Republik Venedig beanspruchte als ehemalige Herrin des Königreichs Zypern für ihre Vertreter das «königliche Tractament», also Gleichbehandlung mit den Diplomaten der Könige und daher Vorrang vor denen der Kurfürsten, die

~ *Die Lubomirskis wollen den Orden dann doch nicht* ~ 185

das natürlich nicht akzeptierten. Zusammen mit dem Herzog von Savoyen, der sich verwirrenderweise ebenfalls auf den theoretischen Besitz Zyperns berief, außerdem aber auch noch irgendwie König von Jerusalem war, kämpften die Venezianer folglich überall mit den Kurfürstlichen um Präzedenzfälle. In London war die Lage besonders ernst, hatte hier doch der venezianische Resident bereits seinen kurfürstlich kölnischen Kollegen schachmatt gesetzt, indem er in einer Zeremonialsituation vor ihm durch eine Tür gegangen war: Sollte sich das wiederholen, so würden die Diplomaten der übrigen Mächte es ihren eigenen Höfen berichten müssen. Überall würden dann gewissermaßen die Aktien der Kurfürsten um einen Punkt fallen; ihre Gesandten würden von den Gastgebern in Zukunft nicht mehr am Fuß der Schlosstreppe, sondern zwanzig Stufen weiter oben empfangen werden, man würde sie nur mehr von einem Kammerherrn in einer vierspännigen Kutsche abholen lassen statt vom Oberhofmarschall in einem Sechsspänner, und ihre Frauen würden in Zukunft selbst in den miesesten Kleinstaaten darum bangen müssen, ob der Herrscher ihnen noch einen Etikettekuss an der Wange vorbei geben wolle. Weil aber die Diplomaten reine Vertreter ihrer Herrscher waren, würde der Rangschaden auch diese in Mitleidenschaft ziehen und womöglich sogar beispielsweise eine Kurfürstin soweit degradieren, dass andere Herrscher sie im Brief nicht mehr als «freundlich vielgeliebte Schwester», sondern nur noch als «freundlich geliebte Muhme» anschreiben könnten, kurzum: Die Welt wäre fatal aus den Fugen geraten, und niemand hätte mehr gewusst, wer er war. Die Last, eine solche Apokalypse zu verhindern, muss schwer auf Besser gelastet haben, als er sich zur Gratulations-Audienz bei Jakob II. begab, und man will lieber gar nicht wissen, was aus ihm geworden wäre, wenn der Venezianer es geschafft hätte, sich noch im Audienzzimmer selbst an ihm vorbeizudrängeln; schon fingen beide bereits im Laufen an, ihre französischen Glückwunschreden zu halten und damit zu zeigen, dass sie als Erster dran seien. Umso mehr bewährte sich hier ein letztes Mal Bessers Leipziger Kampfsportunterricht. Alle Diplomaten konnten diese Art von Rede improvisieren, aber nur Besser war fähig, mit festem Blick auf den König immer weiterzureden, während er gleichzeitig den bereits an ihm vorbeigezogenen Konkurrenten bei den Hosen packte und mit einem im Rahmen des Möglichen eleganten Kickboxer-Tritt weit hinter sich in die Tiefe des Raums zurückstieß, ohne deswegen sein schönes Thronbesteigungskompliment zu unterbrechen. Als er fertig gesprochen hatte, erhielt er spontanen Applaus, und man muss sich nicht wundern, wenn er von da an hauptberuflich irgendwas mit Zeremoniell machen wollte.

Nun stand Besser hier als Zeremonienmeister in Königsberg und musste an seinem ersten Tag im Amt die schwierigste aller Huldigungszeremonien organisieren. Schwierig deswegen, weil im Herzogtum Preußen anders als bei den bisherigen Huldigungen Kurfürst und Untertanen nicht allein miteinander waren; hier gab es eine dritte Gruppe von Teilnehmern, und die waren das Problem. Vor zwei Tagen waren diese problematischen Gäste in Königsberg eingezogen, wo sie mit der Pracht ihres Auftretens selbst den Einzug des Kurfürsten vor zwei Monaten in den Schatten gestellt hatten. Bessers Aufzeichnungen zufolge waren es «133 Persohnen» und «222 Knechte» mit insgesamt 419 isabellfarbenen, lichtbraunen oder türkischen Pferden, die zwei vollkommen vergoldete Botschafterkutschen begleiteten und sich für den Einzug in eine glitzernd beunruhigende Prozession arrangierten. Die sechs «Tieger» vor der ersten Botschafterkutsche waren zwar auch bloß Pferde, nämlich schwarz-weiß gesprenkelte Tigerschecken; die «Tigerdecken» auf den Pferden und an den Mänteln der fremden Offiziere und Haiduken aber bestanden wirklich aus Leopardenfell, und sie sprachen die gleiche Sprache wie die Pfauenfedern auf den Pelzmützen, die silbernen Buckel auf den breiten Gürteln, der fremdartige Schnitt der Kaftane, die verzierten Äxte und vergoldeten Streitkolben in den Händen all dieser fast völlig kahlrasierten Schnurrbartträger: Die hier einzogen, kamen aus den Steppen des Ostens und waren stolz darauf. Und doch, was für ein seltsam zweigesichtiges Imperium war dieses Polen, in dessen Namen jetzt Kronhofmarschall Fürst Hieronim Augustyn Lubomirski und Krongroßreferendar Stanisław Antoni Szczuka vom Wappen Grabie als ‹commissarii deputati› zur Huldigung anreisten! Nach Westen zeigte die polnisch-litauische Adelsrepublik nur zu gerne ein asiatisches Gesicht und machte aus der Not, unübersehbar etwas am Rande zu liegen, eine gelehrt exotische Tugend, indem sie sich von den Skythen und Sarmaten herleitete, antiken Steppenvölkern, die schon den Perserkönig Kyrus besiegt hatten, als Rom noch ein Dorf war. Die Geschäftssprache ihres Reichstags aber war deswegen nicht weniger das Lateinische, ihre katholische Religion bei aller Barbarenfolklore doch Europas härtestes Bollwerk nach Osten. Als größter christlicher Flächenstaat des Kontinents reichte Polen-Litauen von der pommerschen Grenze bis fast ans Schwarze Meer und vom Rigaer Meerbusen im Norden bis an die ungarisch-moldawische Grenze. Krimtataren und Osmanen waren die direkten Nachbarn und regelmäßigen Kriegsgegner dieses Reichs, dessen Intervention eben erst Wien vor den Türken gerettet hatte; sein König aber war Johann III. Sobieski, ein einfacher Adeliger, der den Thron seinen Siegen über die Osmanen verdankte, weil der polnische König eigentlich ein auf Lebenszeit gewählter Präsident war. In der Abwehr der Muslime erschöpfte sich die Blockadefunktion dieser königlichen Republik jedoch keineswegs. Auch den orthodoxen Moskowitern zeigte sie so wirksam die Zähne, dass das restliche Europa noch immer kaum eine Vorstellung davon hatte, wer die eigentlich seien; wenn etwa Frankreich und Russland überhaupt einmal diplomatisch miteinander kommunizierten, dann war es noch vor kurzem normal gewesen, in den russischen Beglaubigungsschreiben Grüße an einen seit Jahrzehnten toten Franzosenkönig zu finden und umgekehrt. Die Republik herrschte über genauso viele Untertanen wie Ludwig XIV., sie war so stolz wie mächtig, und ihre Abgesandten waren die allerletzten, die Kurfürst Friedrich III. sich für die preußische Huldigung je herbeigewünscht hätte. Warum waren sie dennoch hier?

Bis 1660 war die rechtliche Stellung der Kurfürsten von Brandenburg in ihrem Herzogtum Preußen, das erst viel später den Namen Ostpreußen erhielt, kaum anders gewesen als in ihren übrigen Territorien, die sämtlich «im Reich» lagen. In Brandenburg und zehn weiteren Fürstentümern war der Kurfürst zwar Inhaber der sogenannten

Landeshoheit, aber nicht der oberste Souverän, denn soweit man diesen neumodischen Begriff auf das Reich überhaupt anwenden konnte, lag die Souveränität dort bei Kaiser und Reichstag. Das mochte in der Praxis zunehmend weniger Wirkung haben, weil das Reich als solches weder eine Bürokratie noch eine wirkliche Armee hatte, bedeutete aber doch, dass der Kurfürst z. B. die Urteile der Reichsgerichte akzeptieren musste, kein Recht zur Verleihung von Adelstiteln hatte, keinen Krieg gegen andere Reichsstände führen durfte und im theoretischen Extremfall sogar durch Kaiser und Reichstag hätte abgesetzt werden können. Vor allem aber war die Kränkung symbolisch, denn während der Kurfürst auf der Territorialebene (also in Brandenburg, Hinterpommern, Magdeburg, Cleve usw.) als Landesherr die Huldigung der Ständeversammlungen entgegennahm, war er dem Reich gegenüber selbst «Reichsstand», also ein Untertan, der bei jedem Regierungswechsel dem Römisch-Deutschen Kaiser in Wien die Huldigung erweisen musste, indem er sich kniend die Insignien der Herrschaft überreichen ließ. Zwar war es schon lange her, dass ein brandenburgischer Kurfürst das Knie vor einem Kaiser gebeugt hatte. Aber selbst die Stellvertreter, die er zu diesem Zweck nach Wien schickte, waren eine schmerzlich sichtbare Erinnerung daran, was ihn von außerdeutschen Monarchen unterschied, die niemanden als übergeordneten Herrscher anerkannten und auch deshalb Brandenburg die zeremonielle Gleichberechtigung verweigerten.

Unter diesen Umständen und weil eine Auflösung des Römisch-Deutschen Reichs noch völlig undenkbar war, strebten Brandenburgs Kurfürsten naturgemäß umso mehr danach, wenigstens außerhalb desselben souveräne Herrscher zu werden. Bis 1660 waren sie freilich in Preußen, ihrem einzigen «außerreichischen» Territorium, der polnischen Krone genauso untergeordnet gewesen wie im Reich dem Kaiser und Reichstag; auch in Warschau mussten bei jedem Regierungswechsel brandenburgische Gesandte das Knie vor dem polnischen König beugen. 1657 und endgültig 1660 aber war es Kurfürst Friedrich Wilhelm durch militärischen Einsatz und geschickte Bündniswechsel im großen polnisch-schwedisch-russischen Krieg gelungen, vertraglich von der polnischen Oberhoheit befreit zu werden: Nun war er souveräner Herzog von Preußen. Wie schmerzlich dieses Zugeständnis der königlichen Republik und ihrer Aristokratie war, kann man sich leicht ausmalen. Wirklich schockiert aber waren die preußischen Untertanen selbst oder genauer gesagt: der Adel und ein paar Stadtbürger – also die einzigen Untertanen, die hier wie anderswo etwas zählten. Hundert Jahre lang hatten sie Herzöge und Kurfürsten gehabt, die sich in der Reihenfolge ihres Auftretens als: senil, zu jung, geisteskrank, abwesend, schwächlich-pleite und abwesend charakterisieren lassen. Während all der Zeit stand ihnen das polnische Modell der fast ungestörten Adelsherrschaft vor Augen: Wie dumm hätten sie sein müssen, um das nicht zu kopieren?

So war im Herzogtum Preußen schon während des 16. Jahrhunderts ein in seiner hermetischen Geschlossenheit wunderschönes System entstanden, in dem der Herrscher eigentlich nur noch störte. Die Ständeversammlung wurde von der Ritterschaft, d. h. dem niederen Adel, dominiert, der auch die wenigen Hochadelsfamilien völlig auf die Seite schob – etwa die Grafen Dohna, die sich im strikt lutherischen Preußen durch ihren Übertritt zum Calvinismus zu Außerirdischen abgestempelt hatten und schon deswegen lieber am Genfer See lebten. Die Regierung lag in den Händen der vier sogenannten Oberräte (Landhofmeister, Oberburggraf, Kanzler und Obermarschall), unter denen zuerst die Inhaber der vier sogenannten Hauptämter standen (Oberhauptmann von Brandenburg, Landvogt von Schaaken, Vogt von Fischhausen und Hauptmann von Tapiau), dann die übrigen 36 Hauptleute, also multifunktional dilettantische Verwaltungsbeamte von Adel, die jeweils einen Bezirk regierten. Innerhalb kürzester Zeit etablierte sich ein Gewohnheitsrecht, wonach man nicht nur auf Lebenszeit ernannt wurde (das war ohnehin selbstverständlich), sondern innerhalb dieser Hierarchie auch automatisch aufstieg; wenn also der preußische Landhofmeister starb, dann rückten die drei übrigen Oberräte einen Rang auf, woraufhin der Oberhauptmann von Brandenburg den vakanten vierten Oberratsposten erhielt, die drei übrigen Hauptamtsinhaber ebenfalls aufrückten, die Oberräte einen der einfachen Hauptleute zum Hauptmann von Tapiau ernannten und dessen Hauptmannschaft dann einem anderen Adeligen gaben, welcher unweigerlich der Neffe, Cousin oder Schwiegersohn der übrigen und normalerweise all das auf einmal war. Man muss die Details dieser Maschinerie einmal beschreiben, um sie vorstellbar zu machen, denn wie nahezu alle frühneuzeitlichen Machtsysteme entzieht sie sich der allzu abstrakten Logik. Aber man muss sie sich nicht merken, um zu erkennen, was für ein wunderbares System das für seine Mitglieder war – kein bisschen demokratisch und fast ganz monarchiefrei, ein Perpetuum mobile der puren Oligarchie, das sich stets aus sich selbst erneuerte. Wie auf einem Karussell rotierten hier die ewig gleichen Tettau, Kreytzen, Wallenrodt, Schlieben, Ostau und Rauschke durch die großen Ämter des preußischen Herzogtums, brauchten vom Kurfürsten nicht mehr als die Unterschriften unter ihren Ernennungsurkunden und konnten, wenn er sich wirklich einmal als störrisch erwies (wovor sie in der Regel schon seine Zahlungsunfähigkeit oder endlos weite Entfernung schützte), bei den polnischen Oberherrschern Klage darüber einreichen, dass ihre etwa fünfzig bis siebzig Jahre alten, also «ewigen und seit unvordenklichen Zeiten heiligen» Privilegien verletzt würden: Bevor Warschau dem Kurfürsten recht gegeben hätte, wäre eher die Hölle eingefroren. Noch weniger hatten die Oberräte natürlich von der preußischen Ständeversammlung zu befürchten, die zwar das Parlament dieses Systems darstellte, an ihrer Spitze aber die vier Hauptämter hatte und damit genau jene Personen, die ein Abonnement auf Aufstieg in den Oberrat hatten. Regierung und Parlament waren also personell praktisch nicht mehr unterscheidbar und die Kontrolle der einen durch das andere damit genau so effektiv ausgeschaltet, wie sie es erst heute wieder ist, seit wir die Chefs der parlamentarischen Mehrheit automatisch zur Regierung machen.

In dieses Paradies der Aristokratie war nun 1660 der Große Kurfürst Friedrich Wilhelm mit der Mitteilung hineingeplatzt, er sei erstens ab sofort souveräner alleiniger Herrscher und frei von Polen, werde zweitens trotz Friedensschluss seine Armee im Dienst behalten (also ein stehendes Heer, zum ersten Mal!), müsse ergo drittens auch im Frieden weiter neue Steuern einziehen (groteske Innovation!), was aber viertens – und hier komme die gute Nachricht – durch seine neue Militärverwaltung ganz wunderbar effizient erledigt werden könne: Sei das nicht großartig? Wenig verwunderlich, wenn die Reaktion der preußischen Oberräte und Stände etwa so ausfiel, als hätte Friedrich Wilhelm sie gerade gefragt, in welcher Sauce sie am liebsten gebraten werden wollten. Es brauchte allein schon drei Jahre, bis sie sich auch nur zu einer neuen Huldigung bereitfanden, bei der sie den Kurfürsten-Herzog als souveränen einzigen Herrscher anerkannten; der von gelegentlichen Verhaftungen begleitete Verfassungsstreit zog sich noch viel länger hin. Wohl waren die Kreytzen und die Tettau, die Wallenrodt und Schlieben nicht weniger adaptierbar als ihre französischen oder brandenburgischen Standesgenossen, wohl stiegen sie bald als Partner in den kurfürstlichen Staatsaufbau ein, der in Ermangelung einer kompletten Ersatzelite ohne sie nie gelungen wäre; wohl waren sie, als 1690 Friedrich Wilhelms Sohn Friedrich III. zur Huldigung ins Land kam, schon recht gut integriert in dessen Armee und Hof. Aber die Erinnerung war doch noch frisch an die gute alte Zeit, zumal man direkt vor der Haustür in Kurland, Estland, Livland und Westpreußen ja nach wie vor deutschstämmige Aristokratien sah, die nach polnisch-altpreußischem Modell allein regierten. Man konnte an Schleswig denken, das ebenfalls 1660 souveräner Besitz des Herzogs von Holstein-Gottorf geworden und trotzdem 1676 von den Dänen wieder unterworfen worden war; man konnte nachdenklich seufzen. Vor allem aber konnte man noch immer das sagen, womit die preußische Elite 1660 dem Großen Kurfürsten seinen ersten Enthusiasmus besonders effizient verregnet hatte: Muss das sein? Ist es denn nicht klar, dass Euer Kurfürstlichen Durchlaucht männliche Nachkommenschaft jederzeit aussterben kann, dass dann gemäß dem Friedensvertrag von 1660 das Herzogtum Preußen wieder unter polnische Oberherrschaft kommt und all der Ärger umsonst gewesen sein wird? Nicht das, was man von seinen Untertanen als Kommentar zum langersehnten Triumph hören will, schon wahr. Aber der Pferdefuß war da, der Anspruch Polens stand im Vertrag, und er bedeutete viel. Das ist ja gerade der Reiz des monarchischen Prinzips, dass man schon so lange im Voraus weiß, wer in welcher Reihenfolge erben muss; all die Erben wurden deswegen auch bei der Huldigung in den Gehorsamseid eingeschlossen, und weil seit 1660 auch die königliche Republik eine Eventualerbin des Herzogtums war, durfte sie nun zur Huldigung ihre Stellvertreter schicken. Es war, als hielte Polen sich mit einem letzten Finger an dem Land fest, dessen Fürst doch endlich niemandem mehr untertan sein wollte: Die Huldigung aber war die Gelegenheit, ihm diesen Finger so zu zeigen, dass alle Welt es sehen würde.

Immerhin: An diesem Vormittag des 24. Mai 1690 konnte Besser zufrieden sein – bisher war alles noch halbwegs gut gegangen. Seit zwei Monaten war der Hof in Königsberg, und diese Zeit war erstaunlich problemlos verlaufen, wenn man vom Feuer in den Gemächern der Kurfürstin absah oder davon, dass der Kurfürst in der Stuterei Kobbelbude von einem Pferd getreten worden war: Aber das Feuer war eher positiv aufgenommen worden (man sprach davon, dass die glückbringende Präsenz des Herrschers ein schlimmeres Ausgreifen des Brandes verhindert hatte), und wenn der Kurfürst wegen seiner Verletzung nun bei allen Zeremonien in einem Stuhl getragen werden musste, so war das bei Lichte besehen eine Vermehrung seiner Würde, die man mit Blick auf seine sonstige Erscheinung gut gebrauchen konnte. Selbst die Rangstreitigkeiten unter lokalen und höfischen Würdenträgern waren erstaunlich zurückhaltend ausgefallen, die sonst das Hauptproblem der großen Zeremonien zu sein pflegten. Weil Huldigungen, Krönungen, fürstliche Hochzeiten und Beerdigungen Staat und Rang erst eigentlich sichtbar machten, waren sie auch die bevorzugten Bühnen für Präzedenzfälle, auf die man sich später berufen konnte, und daher normalerweise Anlass für Streitigkeiten ohne Ende. Zwischen großen Herren, Amtsträgern und Stadtbürgern gab es dabei keine Unterschiede, und so durfte Besser sich über die Großzügigkeit der brandenburgischen Wirklichen Geheimen Räte ebenso freuen (sie hatten den preußischen Oberräten für dieses Mal den Vorrang gelassen) wie darüber, dass beim Einzug des Kurfürsten die berittene Garde der Königsberger Fassmacher-Innung unter

Elisabeth von England war als Ehefrau Friedrichs von der Pfalz einen Winter lang Königin von Böhmen gewesen. Als Talmond und Radziwiłł 1642 an ihrem Hof in Streit gerieten, trug die Sechsundvierzigjährige seit zehn Jahren schwarze Witwenkleidung.

Der Prince de Talmond (links) und Fürst Bogusław Radziwiłł (rechts). Die lange nach dem Duell von 1642 entstandenen Porträts zeigen sie in Plattenpanzer-Rüstungen, die damals gerade noch zum militärischen Alltag gehörten.

Elisabeth von der Pfalz, Tochter der Winterkönigin, Auslöserin des Duells von 1642 und spätere Fürstäbtissin von Herford.

Nachdem Luise Henriette von Oranien Talmond nicht heiraten durfte, wurde sie die Frau des ‹Großen Kurfürsten› Friedrich Wilhelm von Brandenburg (und glücklicher, als das Bild vermuten ließe).

Ludwig XIV. und sein Minister Colbert (1666). Nur die schwertadeligen Höflinge im Hintergrund durften sich bunt kleiden, während Colbert als Justizadeliger eine schwarze Robe tragen musste.

Catherine-Charlotte de Gramont, Fürstin von Monaco (hier mit verdrehtem Vornamen). Selbst am französischen Hof bemühten wenige sich so beharrlich wie sie darum, von der gesamten Königsfamilie geliebt zu werden.

Wenn ‹Monsieur›, Herzog von Orléans und Bruder Ludwigs XIV., es sich frei hätte aussuchen dürfen, wäre seine erste Ehefrau Henrietta von England ihm selten näher gekommen als auf diesem Bild.

Christoph Bernhard von Galen, Fürstbischof von Münster. Seine Reiterpistolen und die Belagerungsszene im Hintergrund deuten an, woher der kriegerische Kirchenfürst seinen Beinamen ‹Bomben-Bernd› hatte.

Die als Tochter der ‹Winterkönigin› geborene Sophie von der Pfalz (links als etwa Zwanzigjährige, um 1650) heiratete 1658 Herzog Ernst August von Hannover. 1684 verheiratete sie ihre sechzehnjährige Tochter Sophie Charlotte (rechts) mit Kurprinz Friedrich von Brandenburg, der 1701 den Titel ‹König von Preußen› annahm.

Jakob II. von England und seine 25 Jahre jüngere zweite Frau Maria Beatrix d'Este, Prinzessin von Modena, die ihm 1688 den langersehnten katholischen Erbsohn gebar. Beide Porträts entstanden kurz nach Jakobs Thronbesteigung im Jahr 1685.

Leider existiert kein Bild, das den Grafen und späteren Herzog von Lauzun in jüngeren Jahren zeigt. Hier trägt er das Kostüm des 1688 von Jakob II. erhaltenen Hosenbandordens sowie den 1692 verliehenen Herzogstitel und ist also mindestens 59 Jahre alt.

dem Holzmesser Bock den zeremoniellen Vorrang der geharnischten Fleischhauer unter Metzger Drescher akzeptierte.

Wirklich schwierig war es für den Zeremonienmeister daher erst vorgestern mit Ankunft der polnischen Botschafter geworden. Lubomirski und Szczuka hatten zwar gleich bei ihrem feierlichen Einzug durch Ungeschick ein paar Punkte verloren, weil sie ihre leeren Zweitkutschen an einer weniger vornehmen Stelle der Prozession hatten fahren lassen, als man ihnen sonst zugestanden hätte. Dass sie einen Tag zu spät kamen, war nach damaligen Maßstäben auch noch unauffällig, wenngleich man deswegen die Huldigung verschieben musste und somit jetzt ein falsches Datum auf den extra dafür geprägten Gold- und Silbermünzen stand, die am Ende des Staatsakts durch einen berittenen Geheimsekretär unters Volk geworfen würden. Andererseits hatten die Polen ihren Status als echte Botschafter bekräftigt, indem sie die Halbbrüder des Kurfürsten genauso beiläufig aus Königsberg vertrieben, wie eine unschlagbare Schachfigur es mit lästigen Bauern tut. Die Sache war vertrackt. Diplomatische Vertreter gab es in drei Rangklassen – prosaische ‹Residenten›, wie Besser es gewesen war, dann für die meisten Alltagsgeschäfte die eigentlichen ‹Gesandten› (amtlicher Titel: Envoyé extraordinaire et ministre plénipotentiaire) und schließlich die wirklichen ‹Botschafter›, die sowohl aus zeremoniellen als auch finanziellen Gründen innerhalb ihrer Branche die Rolle fast nicht mehr bewegungsfähiger Brontosaurier spielten. Anders als die übrigen Diplomaten hatte nämlich ein solcher Botschafter oder ‹ambassadeur› infolge seines sogenannten repräsentativen Charakters immer auch Anspruch auf denselben Rang wie sein Herr. Der Botschafter eines Königs musste also wie ein König behandelt werden, was allerdings für die Frühneuzeit sogleich das Problem seiner Begegnung mit einem echten König aufwarf: Sollte wirklich der viel niedriger geborene Stellvertreter gleich behandelt werden mit dem Monarchen aus Fleisch und Blut? Unmöglich; also gab es de facto einen gewissen Rabatt, der vom Rang des Stellvertreters abgezogen werden musste. Aber wie viel war das – genug, dass ein Kurfürst höheren Rang als die Botschafter des Königs von Polen beanspruchen konnte? Für sich selbst und für die Zeremonie der Huldigung vielleicht gerade noch. Die jüngeren Söhne und Brüder eines Kurfürsten dagegen hatten auf dem Schachbrett der Rangstreitigkeiten gegen königliche Botschafter eindeutig keine Chance mehr. Da es eine Erniedrigung der Dynastie gewesen wäre, die Brüder Friedrichs III. am Huldigungstag sichtbar weniger ranghoch zu platzieren als die Botschafter, blieben nur zwei Möglichkeiten – entweder mussten die Brüder abreisen, oder der Kurfürst musste bestreiten, dass die in ihren Beglaubigungsschreiben ambivalent als ‹commissarii deputati› bezeichneten Diplomaten tatsächlich auch Botschafter waren. Hier aber kam den Brandenburgern die letzte Komplikation in die Quere.

Das Recht, Botschafter zu empfangen und zu entsenden, war nicht nur selbst wieder ein Rangprivileg, sondern auch eines, das die meisten europäischen Mächte den Kurfürsten nicht gönnen wollten. Der Mehrheitsmeinung zufolge durften Botschafter nur zwischen Königen und Königsgleichen ausgetauscht werden, und so bestätigte Friedrich III., indem er die polnischen Kommissare als Botschafter anerkannte, zugleich seinen sehr umstrittenen Anspruch auf königsgleichen Rang. Im Wissen um seine und die epochenspezifischen Prioritäten darf man annehmen, dass es nach dieser Erkenntnis nur noch eine Frage von Minuten war, bis die Bediensteten der Markgrafen Philipp, Karl, Albrecht und Christian «wegen gewisser Angelegenheiten» den Befehl zum Kofferpacken erhielten. Dass all das aber keineswegs nur Beschäftigungstherapie für Diplomaten war, bewiesen Lubomirski und Szczuka sogleich im nächsten Schritt, als sie mit den Wirklichen Geheimen Räten des Kurfürsten den Text des Eides aushandeln mussten und es dabei mit viel Sturheit schafften, die vier Brüder auch aus diesem rauszuwerfen. Ihr einziges, aber bezeichnendes Argument war, dass man ja bei der letzten Huldigung 1663 auch keine Brüder erwähnt habe – in der Tat: Der damalige Kurfürst hatte nämlich keine gehabt – und an so bewährten Formen nichts geändert werden dürfe. Weil es ohnehin schon ein langer Tag gewesen war, gaben die Brandenburger schließlich nach und akzeptierten die Formel «legitime Erben». So waren nun die vier Brüder Friedrichs III. trotz ihrer klaren Erbrechte nicht nur physisch von der Zeremonie, sondern auch aus dem Text des Untertanen-Eides entfernt worden. Sollten der Kurfürst und sein einziger Sohn eines Tages ohne weitere männliche Nachkommen sterben, dann würde die königliche Republik Polen-Litauen dank ihrer beiden Botschafter einen Vorwand zur Rückeroberung Preußens in Händen halten, der zwar aller Logik widersprach, aber auch nicht abwegiger war als zum Beispiel der, auf den der erste selbständige Krieg Ludwigs XIV. und damit die bis heute bestehende französisch-belgische Grenze zurückgeht. Politisch hatten also die Polen hier durchaus einen Punktsieg errungen, und erst kurz vor Ablauf des Tages konnte Brandenburg einen knappen Ausgleich erzielen, indem es die Botschafter zur Teilnahme an einem Abendessen zwang, bei dem sie durch ihre Platzierung am Tisch die Rangüberlegenheit des Gastgebers anerkennen mussten. Genau deswegen hatten Lubomirski und Szczuka lieber auf ihrem Zimmer essen wollen, bis der Wirkliche Geheime Rat Eberhard von Danckelmann ihnen mitteilte, es reiche jetzt langsam; wenn sie zum Abendessen nicht kämen, könnten sie auch gleich morgen der Huldigung fernbleiben und dann ihrem König und dem Reichstag allein erklären, warum diesmal überhaupt niemand einen Eid auf die polnischen Erbrechte geschworen habe.

Die eigentliche Stunde der Wahrheit aber kam erst jetzt am Vormittag des 24. Mai. Auf dem Platz vor dem Königsberger Schloss standen kurfürstliche Soldaten, die preußische Ritterschaft und hinter zeremoniellen Schranken die Bürger von Königsberg, die es bizarrerweise gewagt hatten, sich über diese Trennung zu beschweren – schließlich huldigte in Berlin der Adel völlig separat im Weißen Saal des Schlosses, bevor der Herrscher auf einen Balkon trat, um erst dann die Huldigung der draußen wartenden Bürger zu empfangen. Während Besser noch den Kopf schüttelte, trieben die Musketiere des Regiments Truchsess die bürgerlichen Hof- und Hals-Gerichtsräte unter Androhung von Gewalt hinter die Schranken zurück. Aus dem Schlossgebäude hatte man der Einfachheit halber gleich ein großes Stück Wand herausgebrochen, um von dieser Öffnung aus ein großes Holzgerüst in den Platz hineinzubauen, das als Tribüne für die Hauptpersonen des Staatsakts dienen würde; die Einheimischen bezeichneten es pragmatisch als Schafott, wozu der Bezug aus teuerem scharlachrotem Stoff ebenso gut passte wie der karmesinrote Samt, mit dem Thron und Baldachin überzogen waren. Noch freilich war die Tribüne nicht besetzt, denn zuerst hörten Kurfürst, Gefolge und Ritterschaft sich in der Schlosskirche die Predigt des Hofpredigers Ursinus an. Er hätte sich nicht sorgen müssen. An theologischer Originalität mochte es diesem sechsten Aufguss alttestamentlicher Zitate mangeln, aber die war hier auch kaum gefragt, wo die preußische Ritterschaft sich noch lebhaft an den kürzlich verstorbenen Hofprediger Dr. Dreier erinnerte, von dem sie ganz anderes gewohnt war. Im Lauf der Jahrzehnte hatten ihre Beschwerden über seine Beschimpfungen immer spielerischere Formen angenommen, wenn sie etwa beantragten, man möge ihn nach Indien schicken, «umb daselbst die Schwarzen zu bekehren», da sein Scharfsinn hierzulande nicht gebraucht werde. Aber daraus war nie etwas geworden; jahrein, jahraus blieb der dreiste Dreier im Amt, jährlich mit einem Ochsen, einem Schwein und 20 Karpfen bezahlt. Selbst eine bloße Entschuldigung hatte der Adel ihm nur einmal abringen können, nachdem Dreier die Ritterschaft in einer Predigt als «Irre- und Lügengeister, grunzende Schweine, Nachteulen, Fledermäuse, Widerstreber des Hl. Geistes und Verstörer seines Werkes, Mückenseiger und Kamelschlucker, liederliche, unvernünftige, blinde Richter, die ihre Zeit in Müßiggang und Wollust … nur zugebracht … und dennoch von Dingen, die sie nicht verständen, noch einen Löffel dazu zu waschen wüssten, zu urteilen sich zu unterstünden …»» bezeichnet hatte, und selbst da endete Dreiers Entschuldigung noch mit dem Satz: «Würde auch dem Lande wenig mit solchem Hofprediger gedienet sein, der ein stummer Hund wäre.» Man kann sich leicht ausmalen, wie erholsam es für die an dergleichen rustikale Verkündigung gewöhnte Ritterschaft gewesen sein muss, jetzt dem zeremoniösen Ursinus zuzuhören, als der von Häuptern des Landes und Vätern des Volkes sprach, wobei er die Grafen ‹hochgeboren›, die Ritter ‹edel›, die Prediger ‹ehrwürdig›, die Gelehrten ‹fürtrefflich›, die Bürger ‹nahrhaft› und die Bauern ‹arbeitsam› nannte. Na also. So ging das doch auch.

Die Predigt war vorbei. Der Kurfürst, sein vornehmstes Gefolge und die Botschafter zogen jetzt feierlich auf die Tribüne, bis sich dort insgesamt etwa 35 Personen am Geländer festhielten, neben die sich noch in Elchleder gekleidete Trabantengardisten mit vergoldeten Hellebarden drängten. Besser als Zeremonienmeister war zwar funktional nötig, aber eben auch der Rangniederste von allen; er stand daher so weit hinten, dass er nur gerade noch sehen konnte, wie die vier Oberräte die Insignien der Macht vor dem Kurfürsten hertrugen. Immerhin hatte er von hier einen recht guten Blick auf Kurfürstin Sophie Charlotte, die mit dem ganzen fürstlichen Frauenzimmer aus einem Balkon des Schlosses heraus zusah. Sie gab eine merkwürdige Figur ab, wie sie da einerseits mit einem Kopfschmuck aus Straußenfedern und Juwelen glänzte, andererseits aber ganz schwarze Trauerkleider trug – es war die Hoftrauer um ihren enterbten Bruder Prinz Karl von Hannover, der am Neujahrstag im Kosovo von Krimtataren erschlagen worden war. Ob Besser je erfahren hat, dass mit diesem Prinzen auch ebenjener Leutnant von Bennigsen in den Tod gezogen war, dessen Bluttat Besser erst in seine jetzige Position katapultiert hatte? Man wüsste es gerne. In diesem Moment war freilich die Tribüne wichtiger für ihn, denn dort hatte er ja selbst die neue zeremonielle Geheimwaffe des Hauses Brandenburg platziert. Gleich würde sie demonstrieren, dass auch ein Kurfürst eben doch das entscheidende bisschen mehr wert war als königliche Botschafter – und also den Königen fast gleich. Unter dem Baldachin stand natürlich nur ein einziger Thron, auf dem der Kurfürst Platz nahm. Mit diesem Thron auf einer Linie standen jedoch zwei Sessel für die polnischen Botschafter, und so ähnlich sahen diese Sessel dem Thron, dass Lubomirski und Szczuka den Haken entweder gar nicht oder erst im letzten Augenblick erkannt haben können. Falls sie das Problem gleich sahen, war dies für sie der Moment, den jeder Diplomat der frühen Neuzeit fürchtete und dem Besser 1685 in London nur durch seine Kampfkunst entkommen war: der Moment, in dem man entweder die ganze Veranstaltung sprengte oder den Punktverlust mit versteinerter Miene hinnahm. Vielleicht aber übersahen sie auch die Falle, die man ihnen gestellt hatte; jedenfalls setzten sie sich, und so schnappte sie zu. Stolz blickte Besser an der Masse der Wichtigeren vorbei auf die Werkzeuge, mit denen er heute den zeremoniellen Rüstungswettlauf innovativ eskaliert hatte. Es waren die Arm- und Rückenlehnen der beiden Botschaftersessel, und sie waren – zu niedrig.

Nun wollen wir natürlich nicht lügen: So ganz konnte man den Vorrang eines Königs vor einem Kurfürsten mit derartigen Tricks selbst im Irrsinnsuniversum des barocken Zeremonialwesens nicht auflösen. Dies schon deshalb nicht, weil es in diesem Fall eben weder unparteiische Schiedsrichter noch eine unbestreitbar sichere Dokumentation gab. Wenn später oder anderswo jemand würde wissen wollen, wie die Begegnung verlaufen war, würde er sich auf die publizierten oder unveröffentlichten Berichte stützen müssen, und da stand Bessers liebevolle Beschreibung der Unterschiede zwischen Kurfürsten- und Botschaftersesseln nicht nur neben einem propolnischen Bericht, der vom Unterschied nichts wissen wollte («2 schöne Sessel»), sondern auch neben dem Tagebuch des Königsberger Bürgers Grube, der denselben Unterschied schlichtweg nicht gesehen hatte und daher alles zusammen bloß «drey kostbare Stühle» nannte. Der Punktgewinn bestand hier wie so oft vielmehr darin, dass man sich gewissermaßen die erste Stufe einer argumentativen Leiter baute. Man gewöhnte die Welt erst einmal unauffällig an einen scheinbar harmlosen Unterschied, um später mit dieser Leiter an einer unerwarteten Stelle über die argumentativen Mauern des Gegners klettern zu können. Der Überraschungseffekt, auf den es dabei ankam, war simpel, Bessers Vorgehen wunderbar typisch: Man erfand einfach eine Unterscheidung, wo es bisher keine gegeben hatte. Wo Diplomaten und Höflinge vorher nur Hocker, Rückenlehnen-Stühle und Sessel (also Stühle mit Rücken- und Armlehnen) unterschieden hatten, da untergliederte man diese letzte Kategorie einfach stillschweigend noch einmal in Niedriglehnen- und Hochlehnensessel, schob dem designierten Opfer ein paar

Mal unauffällig Letztere unter und erklärte ihm erst danach, dass das ein Beweis seiner Unterlegenheit sei – aber bitte, so haben wir das doch immer schon gemacht, und nie habt ihr euch beschwert. Inzwischen hatte man natürlich alle zwei oder drei Testfälle möglichst gut dokumentiert; für die älteren, einfacheren Zustände gab es dagegen meistens keinen Beweis, da die Unterscheidung ja ganz neu war und ergo früher niemand auf die Idee gekommen wäre, extra festzuhalten, dass alle Sessel gleich hohe Lehnen hatten. So ließ sich die faktische Neuerung als Tradition und längst erworbenes Recht verkaufen, womit man sofort das stärkste Totschlagargument der frühen Neuzeit in Händen hielt und in der Regel Erfolg hatte; dem reingelegten Verlierer blieb nur noch erstens der rituelle Protest gegen diese hinterhältige Innovation (ein schlimmes Schimpfwort) und zweitens ihre sofortige Übernahme (man musste ja mithalten und konnte vielleicht wenigstens noch einen Langsameren reinlegen). Drittens aber und vor allem garantierte die regelmäßige Wiederholung solcher Manöver, dass alle Diplomaten, Amtsträger und Aristokraten in Zeremonialfragen nach und nach immer paranoider wurden, womit sie sich innerhalb ihres eigenen Systems vollkommen rational verhielten. Wer hätte sich denn nach solchen Erfahrungen etwa bei einem Festgottesdienst noch darauf verlassen wollen, dass der Teppich unter dem eigenen Gebetsschemel rein zufällig so viel weniger Fransen hatte als der des Malteser-Großkreuz-Ritters nebenan? Angesichts all dessen war Bessers Vorgehen also logisch, und es würde zehn Jahre dauern, bevor sein Trick im nächsten Kapitel unangenehm nach hinten losgehen sollte. Für diesmal hatte er erreicht, was zu erreichen war; er durfte zufrieden sein mit seinem ersten Tag im Amt.

Die diskrete Schlacht um den Rang des Kurfürsten war also geschlagen, ehe der eigentliche Huldigungsakt begonnen hatte: Was konnte jetzt noch schiefgehen? Schon begann der preußische Kanzler und Oberrat Georg Friedrich von Kreytzen, im Namen des Herrschers den versammelten Untertanen ihre Gehorsamspflicht zu erklären. Der Kurfürst selbst sprach während des ganzen Aktes kein Wort, und er tat gut daran. Die Macht der frühen Neuzeit war mit stolzer Selbstverständlichkeit stumm. Es ist schwer vorstellbar für uns, deren Staatsoberhaupt überhaupt nur noch zum Redenhalten da ist, schwer zu verstehen auch für alle, die heutzutage selbst die parlamentarisierten Könige Europas Reden halten sehen, und doch war es so. Erst unsere im Dauerwahlkampf gefangenen Mächtigen müssen ständig überzeugen oder mindestens glaubhaft diesen Eindruck erwecken; erst unsere Politiker sind überwiegend Leute, die ums fünfzehnte Lebensjahr herum angefangen haben, sich regelmäßig zur Wahl zu stellen: Sie wären nichts, wenn sie keine gewinnende Rede halten könnten. Wenn mal ein frühneuzeitlicher Monarch gut reden konnte, war das unter geborenen Herrschern ein verschwendeter Glücksfall. Wie gerne hätte Friedrich der Große Reden gehalten! Aber es gab praktisch keine Anlässe, und so bekam die Entourage allein das ganze Gewicht seiner Monologe ab. Das rhetorische Training der Souveräne zielte vielmehr in weiser Selbstbeschränkung ganz auf würdevoll kurze Antworten ab, die den Nimbus der Macht nicht zerstören konnten.

Wie das in der Praxis klang? Hier einige nach dem Leben erfundene Beispiele: «Meine lieben Untertanen im Fürstentum Halberstadt werden stets einen gnädigen Herrn an mir finden.» – «Ah. Einige meiner besten Soldaten kommen auch aus der Auvergne.» – «Er ist recht fett geworden, das freut mich.» – «Mein Kanzler wird Ihnen ein Übriges sagen.» – «Ein Enkel meiner Milchschwester hat jederzeit Anrecht auf mein huldvolles Ohr.» – «Seinen Bruder gekannt. Fähnrich bei der Leibgarde, große rote Nase. Diese Kleists, brave Leute.» – «Been a good year for pig farming, what? What? *Very* good year for pig farming indeed.» – «'s zweite Knopfloch is um ein' Millimeter zu hoch.»

Verhandeln mussten natürlich auch diese Herrscher ständig, ihre Staaten bestanden ja noch aus fast gar nichts als persönlichen Beziehungen – aber niemals hätte das sichtbar werden dürfen. So sprachen die Könige und Fürsten in nahezu allen Situationen durch höfische Sprachrohre, die sie jederzeit ohne Gesichtsverlust fallenlassen konnten, wenn es Widerstand gab. Der Kern der Macht blieb gerade deswegen ehrfurchtgebietend, weil er unergründlich war. Die Höflinge aber dienten diesem Götzen als Hohepriester. Nur sie waren ständig zum Allerheiligsten, zum sagenhaften Interieur des Palastes zugelassen, nur sie sprachen ungestört mit Jupiter Caesar Pharao, und nur sie wussten, wer von ihnen gerade Einfluss auf ihn hatte. Wer dagegen die Schlösser des Monarchen nur von außen sah, war gut beraten, alle ihre ranghohen Bewohner so zu behandeln, als seien sie die rechte Hand des Herrschers; solchen Personen gehorchte man im Ancien Régime lieber einmal zu oft als einmal zu selten.

Zurück auf die Tribüne, wo das Gehorchen gerade lehrbuchgemäß gelang. Im Namen der Ständeversammlung und also der Untertanen sprach der Landesdirektor und Oberhauptmann von Brandenburg, Otto Wilhelm von Perbandt. Er bedankte sich beim Kurfürsten überschwänglich für das Privileg, von ihm beherrscht zu werden, was ihm umso leichter gefallen sein dürfte, als er ja infolge des oben skizzierten Systems garantiert auf den nächsten vakanten Posten in der Landesregierung nachrücken würde. Dann verlas ein Geheimsekretär den Huldigungseid, und indem alle Anwesenden ihn laut nachsprachen, verpflichteten sie sich auf ewig, dem Durchlauchtigsten Fürsten und Herrn, Herrn Friderichen, Markgrafen von Brandenburg, des Heiligen Römischen Reiches Erz-Kämmerer und Kurfürsten, souveränen Herzog in Preußen etc. etc. etc. und dessen legitimen Erben gehorsam zu sein. Dies alles war logischerweise auf Deutsch geschehen, denn im Herzogtum Preußen waren anders als in den benachbarten baltischen Staaten nicht nur Adel und Stadtbürger, sondern auch sonst der größte Teil der Bevölkerung seit Jahrhunderten deutschsprachig. Nun jedoch schlug die Stunde der Botschafter, wodurch aus dem bisher quasi innenpolitischen Staatsakt ein internationaler wurde: nur konsequent also, wenn man auch zur gängigen Sprache der internationalen Beziehungen überging. Weiter westlich hätte man daher ab hier Französisch gesprochen. In Osteuropa aber herrschte noch immer das Lateinische vor, und weil das als durchaus lebendige und gesprochene Sprache unterrichtet wurde, kann man sich das Folgende auch als ziemlich genaues Äquivalent einer englischen Rede im heutigen Deutschland vorstellen: Die Gebildeteren verstanden alles und viele andere zumindest noch einen guten Teil.

Natürlich gab es insgesamt weniger Gebildete als heute; diese wenigen aber waren eher tiefer ins Latein versenkt, als man es heute für das Englische sagen könnte. Die Gymnasialbildung bestand fast nur aus Lateinunterricht und musste das auch, solange an deutschen Universitäten überhaupt nur auf Latein gelehrt wurde; noch 1687 galt es als unglaublicher Bildungsfrevel, dass Christian Thomasius an der Universität Leipzig eine Vorlesung auf Deutsch zu halten wagte. Schwieriger wurde es erst, wenn man diese internationale Sprache auch international gebrauchen wollte. Da es keine authentischen Lateiner mehr gab, fehlte eine Standardaussprache, die sich in Ermangelung von Film, Fernsehen und Radio freilich ohnehin nicht so hätte verbreiten können wie heute britisches und amerikanisches Englisch. Entsprechend stärker fielen die nationalen Aussprachen ins Gewicht, was etwa der Herzog von Saint-Simon erleben musste, der 1722 als französischer Botschafter nach Spanien ging. Einer seiner Gesprächspartner hörte sich Saint-Simons lateinische Rede aufmerksam an und erklärte dann sehr höflich, dass er mit Saint-Simon lieber Latein sprechen würde, weil er leider kein Französisch verstehe.

Für den ersten Botschafter Fürst Hieronim Augustyn Lubomirski war seine Ansprache an die Preußen freilich bezeichnenderweise eher eine Pflichtübung und entsprechend kurz – dass dieser Grandseigneur und seine Brüder als Einzige nicht mehr polnisch-barbarisch-sarmatisch, sondern westlich-französisch gekleidet und frisiert waren, war ebenso wenig ein Zufall wie der Umstand, dass sie beim anschließenden Ball als einzige Polen nicht polnisch, sondern französisch tanzten oder dass sie im Anschluss nach Venedig weiterreisten. Die Coolness mochte noch keinen Namen haben, obwohl die Renaissance-Idee der ‹sprezzatura› letztlich auf nichts anderes hinauslief und das französische Adjektiv ‹leste› (lässig) bereits in genau demselben Sinne gebraucht wurde wie heute ‹cool›. Die gemeinsame Grundidee aber war allen bekannt und diente schon damals in ganz Europa dazu, die geborenen Herren an der Universität und danach von all den Jura- oder Theologie-Nerds zu unterscheiden, die ihre Bildung verzweifelt dringend brauchten. Ausführliche lateinische Gelehrsamkeit stand beim alten und höheren Adel immer etwas im Verdacht der Pedanterie und war daher beim relativ kleinadeligen Krongroßreferendar und zweiten Botschafter Szczuka ungleich besser aufgehoben: Ein Mann, der unter dem Namen Candidus Veronensis gelehrte Abhandlungen verfasste und sogar schon für etwas so Bizarres wie ein kostenloses öffentliches Schulwesen plädiert hatte, ein solcher Mann ließ sich seine Gelegenheit zur Rede vor großem Publikum natürlich nicht nehmen. Zudem ergab sich das Thema wie von selbst daraus, dass die polnischen Herrschaftsrechte ja nur dann zum Tragen kommen würden, wenn das brandenburgische Haus ausstürbe. So steigerte sich Szczuka rasch in ein großes Panorama von Verfall und Untergang hinein: Alles müsse dereinst weichen, kein Haus und keine Familie sei von Dauer, und was immer heute so glänzend aussehe, werde doch zu Asche und Staub werden müssen. Dass eine Republik wie die polnische, die immer irgendwen zum König würde wählen können, den vom Aussterben bedrohten Dynastien gegenüber folglich den entscheidenden Überlebensvorteil hatte, war eine zu schöne Pointe, als dass Szczuka sie noch hätte explizit machen müssen. Auch so war klar, dass er im Wesentlichen «irgendwann kriegen wir euch eh» sagte, und während er in immer düstereren Zusammenbruchs- und Ruinen-Bildern schwelgte, wurden seine gebildeten Zuhörer so grün vor Ärger, dass es allen Beobachtern nur folgerichtig erschien, wenn in diesem Moment auch die Tribüne anfing, durch Ächzen, Knacken und Zittern ihren unmittelbar bevorstehenden Einsturz anzukündigen. Schon drohte der Baldachin wertvolles Staatspersonal zu begraben, schon sah man panische Trabantengardisten bemüht würdevoll rückwärts ins Schloss zurückschreiten und hörte vom Balkon die energische Kurfürstin «Verrätherey!» schreien, als nach einem Moment der Unentschlossenheit, von dem man gern das Handyvideo hätte, schließlich auch Szczuka mit Bedauern seine Rede unterbrach, um sich mit allen anderen in die Sicherheit des Schlosses zu flüchten.

Für Besser war die Sache klar. In seinem Bericht erscheint die unerwartet einfühlsame Reaktion der Kulissenarchitektur einfach als quasi naturgesetzliche Reaktion auf Szczukas «hochsprecherische Termini», und wenn er sich auch im Interesse maximaler Deutlichkeit noch einen Blitzschlag gewünscht haben dürfte, reichte ihm doch schon diese Erschütterung, um klarzustellen, auf wessen Seite der Himmel stand. Der polnische Bericht dagegen erwähnte das Beben begreiflicherweise gar nicht, und so verdanken wir die etwas bodenständigere Erklärung wieder nur dem Bericht des Königsbergers Grube.

Auch die um die Tribüne herumstehenden Soldaten hatten nämlich die lateinischen Reden mit Interesse gehört und nur leider mangels Gymnasialbildung dahingehend interpretiert, dass alles Wichtige nun ja wohl vorbei sei. Da sie wussten, wie unmittelbar nach der Zeremonie das kostbare Scharlachtuch der Tribüne dem anwesenden Volk geschenkt werden sollte und wie das durch tumultartiges Herunterreißen zu geschehen pflegte, handelten sie beispielhaft rational, wenn sie sich ihren Anteil sichern wollten und zu diesem Zweck etwas verfrüht am roten Teppich zu reißen begannen, der dann infolge seiner kunstreichen Verflochtenheit beinahe das ganze übrige Bauwerk mitgenommen hätte.

Ohne es zu ahnen, standen die Soldaten mit ihrer Raffgier in einer ehrenvollen gesamteuropäischen Tradition, die noch mindestens bis zur letzten Römisch-Deutschen Kaiserkrönung 1792 reichte (denn auch da musste Franz II. im unbequemen Krönungsornat extra schnell über den roten Teppich laufen, von dem man sich hinter ihm bereits die ersten Stücke abschnitt); eingesperrt wurden sie leider dennoch. Immerhin verschaffen sie uns einen kurzen Moment der Reflexion, während das Zeremonialpersonal sich nach mühsamer Klärung des Sachverhalts langsam wieder auf die Tribüne wagt und dort mit unterschiedlichem Erfolg so zu tun versucht, als wäre gar nichts passiert. Wenn man nämlich das Vergänglichkeits-Argument des Krongroßreferendars Szczuka einmal als historische Prognose liest, verdeutlicht es sehr schön sowohl den Reiz als auch die Sinnlosigkeit solcher Vorhersagen. Zuerst einmal hatte er in der Sache natürlich recht: So unsterblich wie eine Republik ist keine Dynastie. Noch 1769 stand das preußische Herrscherhaus bloß auf «sechs Augen», hing also sein Überleben von nur drei jungen Prinzen ab. Alle anderen Männer des Hauses waren durch Alter, Homosexualität, unüberwindlichen Hass auf die Ehefrau oder verschiedene interessante Kombinationen dieser Faktoren dynastisch schachmatt gesetzt, und selbst die drei Hoffnungsträger schienen wenig aussichtsreich, da einer unglücklich geschieden, der zweite ein krankes Kind war und der dritte seine Frau mit ihrem Liebhaber teilte. Noch achtzig Jahre nach Szczukas Rede konnte sich also die polnische Adelsrepublik ernsthafte Hoffnungen auf die preußische Erbschaft machen: Nur fünfundzwanzig Jahre später war sie bereits selbst ausgelöscht. Drei Erbmonarchien teilten sich Polens Territorium auf, und für über hundert Jahre würde man nun die Rede Szczukas nur noch als Beispiel dafür lesen, was für ein Idiot er doch gewesen sei. Noch 1900 gab es in ganz Europa nur genau zwei republikanische Flächenstaaten und nirgendwo mehr ein Polen; schon achtzehn Jahre später aber erstand der polnische Staat wieder, während gleichzeitig die Monarchie der brandenburgischen Hohenzollern gerade in dem Moment einstürzte, in dem die Dynastie durch die sechs Söhne Wilhelms II. besser denn je zuvor gegen das Aussterben abgesichert war. Noch einmal siebenundzwanzig Jahre später übernahm die polnische Republik 1945 den größten Teil des alten Herzogtums Preußen. Diese Republik war freilich nun als stalinistische Diktatur das genaue Gegenteil dessen, was Szczuka gefallen hätte, und auch das schien für die Ewigkeit. 1989 war es dennoch vorbei: Mit Polens Präsident Graf Bronisław Komorowski, einem Cousin der belgischen Königin Mathilde, trat 2010 ein Adeliger an die Spitze der neuen Republik, den auch die alte ohne Zögern auf den Thron hätte heben können. Wer also hatte recht? Szczuka, als er 1690 prophezeite, oder die Leute, die 1800, 1900 oder 1950 mit jeweils entgegengesetzten Begründungen über ihn hätten lachen können? Alle und keiner; jeder irgendwann, wenn man nur lange genug wartet, und niemand auf Dauer.

Inzwischen war die Tribüne wieder besetzt, die Ordnung wiederhergestellt. Der Krongroßreferendar setzte seine Rede fort, ohne freilich noch einmal so recht in Schwung zu kommen, bevor ihm dann Sigismund von Wallenrodt im Namen der Ständeversammlung ebenfalls auf Latein antwortete und bewies, dass er den Inhalt der polnischen Rede korrekt im Voraus erraten hatte (oder dass diese Leute alle mehr oder weniger dasselbe Rhetorikhandbuch benutzten). Wallenrodt rief in Erinnerung, dass das Herzogtum Preußen einer ehrenhaften Ehefrau gleiche: Sowenig die zu Lebzeiten ihres aktuellen Ehemannes anderen hinterherschaue, so wenig werde man hier an Polen denken, während die brandenburgische Dynastie noch existierte. Den folgenden Eid für die eventuelle polnische Nachfolge schwöre man also nur für den schrecklichen und undenkbaren Fall, dass dieses Haus aussterbe, weil dann eh schon alles egal sei. Und also zum Eid und zurück ins Deutsche, damit alle Anwesenden verstanden, was sie schwören sollten.

Für diesen letzten und einzigen deutschsprachigen Teil ihres Auftritts hatten die polnischen Botschafter sich den jungen Domkapitular Jan Kazimierz von Altenbockum mitgebracht, der den Eid zum Nachsprechen vorlesen sollte. Schon sein Name verdeutlicht die große politisch-kulturelle Anziehungskraft, die die polnische Republik als größte Macht der Region auch auf den deutschstämmigen Adel ausübte. Pommersche, westpreußische und baltendeutsche Familien wie etwa die Unruh, Goltz, Weyher, Tiesenhausen oder Plater-Syberg traten über Jahrhunderte immer wieder in polnische Dienste, erwarben polnische Ländereien und verbanden sich durch Heiraten mit polnischen Familien, ohne dass das irgendwen gestört hätte. Polen war nicht bloß das Paradies eines unabhängigen Adels. Es bot auch Aufstiegschancen, an die im lange Zeit winzigen Staatsdienst der deutschen Nachbarterritorien nicht zu denken war. Die Idee, man dürfe nur seinem eigenen Landesherrn dienen, war hier noch weniger entwickelt als in Westeuropa; selbst im relativ wohlorganisierten Brandenburg-Preußen konnte sie sich erst während des 18. Jahrhunderts durchsetzen und auch dann nur, weil der inzwischen erfolgte Ausbau des preußischen Heeres zu gigantischen Dimensionen eben auch ein Arbeitsbeschaffungsprojekt für den einheimischen Adel war. Noch aber war man weit weg von alldem. Hier und heute standen beispielsweise direkt hinter dem Thron des Kurfürsten als ranghöchste Hofwürdenträger Brandenburgs der Oberhofmarschall von Grumbkow, dessen Vater neben vier anderen Staaten auch Polen gedient hatte, und der Oberkämmerer Friedrich Graf von Dönhoff, dessen gleichnamige Vettern in Polen die größten Kronämter besaßen; die polnische Krongroßmarschallin Fürstin Lubomirska, Schwägerin des unwillkommenen Botschafters, war ebenso eine geborene Dönhoff aus der polnischen Linie, wie es die Mutter von Bessers kurländischem Zögling Maydell gewesen war. Auch der junge Altenbockum stammte väterlicherseits aus Kurland und war zur Verlesung des Eides, mit dem die Preußen sich für den Fall der Fälle Polen verpflichten sollten, zweifellos aufgrund seiner Abstammung ausgewählt worden.

Leider half sie ihm nicht. Auf dem Schlossplatz scheint ihm kaum jemand den Eid nachgesprochen zu haben, und selbst die wenigen Stimmen, die man überhaupt hörte, klangen zögerlich. Dem Zeremonienmeister kam das Schweigen der Königsberger nur allzu gelegen, weil er es als ein weiteres Zeichen ihrer Treue zum Kurfürsten präsentieren konnte; nützlich war das Schweigen natürlich sowieso, falls es einmal auf diesen Eid ankommen sollte, weswegen auch der propolnische Bericht es seinerseits lieber verschwieg. Seine tatsächliche Ursache aber erfahren wir nur aus Grubes Tagebuch. Herr von Altenbockum mochte ein aufstrebender Geistlicher von hoher Bildung sein und ein effizienter Sekretär der polnischen Königin, die als geborene Französin in einem Land mit lateinischer Amtssprache gewiss keine bescheidenen Ansprüche hatte. Er hatte sich einem Imperium angeschlossen, in dessen Dienst schon viele groß geworden waren. Das Deutsche aber war ihm offensichtlich nicht mehr wirklich geläufig, auch ganz buchstäblich nicht mehr seine Muttersprache, da er ein Sohn der hochgeborenen Konstancja Tekla Branicka war. So brachte er nun den Eidestext dermaßen unverständlich und unsicher vor, dass die braven Preußen schlichtweg nicht verstanden, was sie da nachsprechen sollten, und den Eid mehr aus Verwirrung als aus Patriotismus verweigerten. Die polnische Adelsrepublik hatte sich mit ihrer starken Assimilationskraft ausnahmsweise selbst ein Bein gestellt.

Das Volk war froh, Eid hin, Eid her. Für Königsbergs Bürger war der zeremonielle Teil des Tages vorbei, und während der schon erwähnte berittene Geheimsekretär Münzen unters Volk warf, hatte dies die Wahl, sich entweder gleich an den aus schwarzen Preußenadlern konstruierten Weinbrunnen volllaufen zu lassen oder am belebenden Kampf um die Stoffe des Tribünenbezugs teilzunehmen. Die hohen Herrschaften unterdessen begaben sich zum Huldigungsmahl, auf welchem Weg sie außer ein paar zu engen Türen nichts mehr aufhielt – die Botschafter bestanden aus Ranggründen darauf, immer direkt neben dem Kurfürsten durch alle Türen zu gehen, der seinerseits ja immer noch in einem Stuhl getragen werden musste. Was an Bällen, Feuerwerk, Kartenspiel und Gottesdienst folgte, kennen wir alles schon, und nur am vorletzten Tag zeigten die Festlichkeiten noch einmal eine spezifisch preußische Note, als der Kurfürst beim öffentlichen Tierkampf ein Tier antreten ließ, das außer ihm nur noch Polen-Litauen selbst zu bieten hatte – einen 46 Steine oder 1840 Pfund schweren Wisent, der gegen ein Pferd, zahllose Fleischerhunde, zwei Stiere und zwei Bären antrat und sie schon so gut wie alle «zunichte gestoßen» hatte, bevor der zierliche bucklige Kurfürst ihm «nach lang genug gehabter Lust» aus seinem Sessel heraus ins Herz schoss: «Damit war er hin.»

Schließlich schlug die Stunde des Abschiedes. Am 27. Mai 1690 reisten die Botschafter ab, zwei Tage später auch der Kurfürst. Es war der Moment für Belohnungen und Geschenke. Wie zufrieden Friedrich III. selbst mit dem Ablauf der Zeremonie war, lässt sich daran ablesen, dass er seinen Zeremonienmeister Johann Besser unter dem Datum der Huldigung in den Adelsstand erhob und ihm dazu ein neues Wappen verlieh. Wie die meisten Familien des gehobenen Bürgertums im deutschsprachigen Raum hatten die Bessers bereits ein Wappen gehabt, denn schon ein Pfarrer brauchte dienstlich einen Siegelring und folglich ein Wappen. Allerdings ist das bisherige Besser-Wappen auch insofern typisch, als es unprofessionell selbstgemacht wirkt und mit seinem Herz-Motiv doch arg nach Pfarrhaus aussieht; man versteht daher gut, warum Besser sich jetzt auf den Rat des Ministers Eberhard von Danckelmann hin ein neues Wappen erteilen ließ. Ein freundliches Schicksal wollte es, dass Bessers Mutter eine geborene Einhorn gewesen war, und so musste der Sohn nicht lange nachdenken, bevor er sein Wappentier wählte: Was hätte besser gepasst für einen solchen Jäger nach unerreichbarer Perfektion, wie es ein barocker Zeremonienmeister sein musste?

Wichtiger waren freilich die Geschenke, die der Kurfürst den abreisenden Diplomaten und ihrer Entourage machte. Es war völlig egal, dass sie im Wesentlichen als Störer und zur Einschränkung der Rechte des Kurfürsten gekommen waren, da diplomatische Geschenke mit Sympathie nichts zu tun hatten und vielmehr komplett der Selbstdarstellung des Schenkenden dienten. So erhielten beide Botschafter jeweils ein diamantenverziertes Miniaturporträt des Kurfürsten sowie einen kostbaren Ring, was zusammen pro Person 3000 Taler wert war und damit etwa dem Jahresgehalt eines brandenburgischen Ministers entsprach. Auf das Gefolge entfielen ebenfalls Geschenke oder – weniger prestigeträchtig – bares Geld im Wert zwischen 300 und (für die «gemeinen Knechte») einem Taler. Lubomirski und Szczuka ihrerseits verschenkten neben ein paar Diamantringen vor allem Pferde und Reitzubehör, wodurch auch Johann von Besser, wie er nun hieß, neben 100 Talern noch ein mit Silber beschlagenes Zaumzeug erhielt. So weit, so edel.

In ihren guten Momenten konnte die vormoderne Hofgesellschaft tatsächlich so sein, wie sie sich selbst sah und wie man sie im Rückblick gerne bewundert: glänzend und verantwortungslos großzügig, würdevoll und elegant. Aber man muss das nicht nur aus moralischen Gründen relativieren, indem man etwa daran erinnert, dass sich hier die korrupten Machteliten zweier durch und durch ungerechter Herrschaftssysteme im Wesentlichen auf Kosten ihrer leibeigenen Bauern beschenkten – das stimmt zwar, trägt aber weder zum Verständnis der damaligen Zeit noch auch zur Verbesserung unserer Gegenwart viel bei, in der die Wiederherstellung von Barockmonarchie und Adelsherrschaft bekanntlich ohnehin eher selten gefordert wird. Viel interessanter sind jene Widerlegungen des edlen Ideals, die sich die aristokratischen Zeitgenossen selbst leisteten, weil das Ideal für sie ja Teil des Alltags war und dort ständig mit den banalen Realitäten kollidierte – und weil wohl niemand das Gefühl für Peinlichkeit so weitgehend verlieren kann wie eine konkurrenzlose erbliche Herrschaftselite. So war es denn auch 1690 unseren beiden Botschaftern überhaupt nicht peinlich, die kurfürstlichen Geschenke wieder zurückzuschicken und dabei ausrichten zu lassen, bei der letzten Huldigung 1663 habe es doch wesentlich mehr gegeben. Das immerhin war selbst Friedrich III. zu viel, und er verwies darauf, dass die Höhe der Geschenke immer noch im Belieben des Schenkers liege. Wirklich ärgerlich machte ihn aber, dass neben den materiellen auch die symbolischen Geschenke kein rechter Erfolg waren; gerade auf die wäre es nämlich gerade diesmal noch viel mehr angekommen.

Friedrich III. hatte schon als zehnjähriger Prinz, der damals noch nicht einmal Thronerbe war, einen höfischen Ritterorden gestiftet und ihm den Namen «Ordre de la générosité» gegeben – mit einem deutschen Namen, der wörtlich «Orden von der Großzügigkeit» hätte lauten müssen, nannte man ihn nie und sprach stattdessen bloß vom «Gnadenkreuz». Es war ein Kinderspiel gewesen, eine kindliche Imitation jener großen Orden, wie sie die Könige hatten, also der spanische den Orden vom Goldenen Vlies, der englische den vom Hosenband und der französische den vom Heiligen Geist, Imitationen der mittelalterlichen Ritter- oder Kreuzfahrerorden und Vorgänger der modernen Verdienstorden, begehrte Auszeichnungen, die praktisch nichts mehr mit Religion und noch kaum etwas mit großen Leistungen zu tun hatten, aber gerade deshalb unglaublich begehrt waren: Wer so ein blaues Ordensband trug, so ein Motto-Strumpfband am Knie hatte oder so einen vergoldeten Hammel im Knopfloch, dem sah man an, dass die Gunst seines Herrschers auf ihn strahlte – er war jemand. Die Kurfürsten aber ahmten die Könige kaum weniger nach als Kinder die Erwachsenen, und so war auch mit Friedrichs Thronbesteigung aus seiner kindlichen Spielerei der erste höfische Orden eines Kurfürsten geworden, ein potenziell wertvoller Präzedenzfall, wenn man ihn nur gut als Marke etablieren konnte. Dafür freilich brauchte es herausragende Empfänger jenseits (und oberhalb) des einheimischen Adels, und so gesehen war die ansonsten störende polnische Gesandtschaft gerade recht gekommen. Sein golden-himmelblaues Gnadenkreuz gleich den Botschaftern umzuhängen traute sich der Kurfürst zwar nicht; die sogenannten Botschaftskavaliere aber waren dafür umso geeigneter, als zwei davon Brüder des Botschafters Lubomirski waren und also wie dieser auch Fürsten des Heiligen Römischen Reichs, nämlich von der etwas theoretischen außerdeutschen Variante, zu der auch Bogusław Radziwiłł gehört hatte. Schon hatte man den Fürsten Jerzy Dominik und Franciszek Sebastian Lubomirski ihre beiden Ordenskreuze umgehängt, als diese sahen, wie der dritte Botschaftskavalier denselben Orden erhielt. Fataler Fehler. Dieser dritte nämlich, Jan Szczuka, Obermundschenk des Landes Wizna und Cousin des zweiten Botschafters, war wie sein Cousin bloß ein einfacher Edelmann von der Sorte, mit der Fürsten wie die Lubomirskis auf keinen Fall verwechselt werden wollten. Gerade weil die offizielle Ideologie der polnischen Adelsrepublik die Gleichheit aller Edelleute betonte, mussten große Herren darauf achten, sich im Alltag umso deutlicher von all den bettelarmen Krautjunkern abzusetzen, und so legten auch beide Fürsten den brandenburgischen Orden sofort wieder ab: Da sie unmöglich Ordensbrüder eines so «unwürdigen Menschen» sein konnten, müssten sie das Gnadenkreuz zurückgeben, denn in Rangfragen höre die Großzügigkeit nun mal auf. Natürlich nahm der Kurfürst den Orden ebenso wenig zurück wie seine Geschenke, erklärte auch, dass es ja wohl nicht sein Fehler sei, wenn die Krone Polen ihm einen solchen Plattfuß als Botschafter schicke, dass er selbst jetzt ja auch Ordensbruder des unseligen Obermundschenks Szczuka sei und also daran nichts Peinliches sein könne – aber die Blamage war doch vollkommen. Ganz Ostmitteleuropa war jetzt gewarnt, dass das brandenburgische Gnadenkreuz nach dem Gießkannenprinzip und von Dilettanten verliehen wurde, die nicht einmal den Abstand zwischen einem Lubomirski und einem Szczuka abschätzen konnten, eine dubiose Ehrung also, um die man vorsichtshalber lieber einen Bogen machen würde.

Es kann nach alldem die Stimmung Friedrichs III. auf seiner Rückreise nach Westen kaum gehoben haben, dass ihn in Berlin bereits eine englische Gesandtschaft mit dem begehrten englischen Hosenbandorden erwartete, den ihm ein König verliehen hatte. Und was für ein König? Sein Cousin Wilhelm von Oranien, der noch vor zwei Jahren weit unter ihm gestanden hatte, jetzt aber dank Glorreicher Revolution so deutlich über ihm stand. Wie ungerecht das alles war. Immerhin bot der dadurch ausgelöste große Krieg Frankreichs gegen den Rest Europas auch Brandenburg eine Gelegenheit, seine aus eigenen Kräften noch kaum finanzierbare Armee wieder in den Dienst zahlungskräftiger Bündnispartner zu stellen. Kaum war die Berliner Ordenszeremonie vorbei, brach der Kurfürst daher auch schon mit Heer und Hof zum rheinischen Kriegsschauplatz auf. Er war nicht der einzige Hosenbandritter, der in dieser Kriegssaison 1690 ins Feld zog, und gerade zur selben Zeit bahnte sich etwas weiter westlich das seltsamste und schicksalhafteste Rendezvous solcher Ordensritter seit langem an.

Lauzun hatte den Hosenbandorden natürlich von Jakob II. und zum Dank für die Rettung der Königsfamilie bekommen. Viel wichtiger war freilich gewesen, dass Jakob ihn sich auch als Oberbefehlshaber jener französischen Truppen gewünscht hatte, die dem vertriebenen König helfen sollten, vom loyalen Irland aus seine Krone zurückzuerobern. Für die Kampfsaison 1689 hatten zwar Lauzuns Feinde das noch einmal verhindern können; als aber ohne ihn nichts gelang und Jakob seine Bitte wiederholte, bekam er für den Sommer 1690 wirklich den erwünschten Oberfehl und setzte nun gerade mit einer französischen Armee nach Irland über. Selten können die Schiffe einer Invasionsarmee passendere Namen getragen haben als jetzt, wo Lauzun an Bord des *Eklatanten* in See stach und ihm *Der Franzose*, *Der Mitgerissene*, *Der leidenschaftlich Brennende*, *Der Glorreiche*, *Der Unvergleichliche*, *Der Sture* und *Der Arrogante* folgten. In Irland vereinigte das französische Heer sich mit den fast tragisch unterversorgten und unerfahrenen irischen Truppen Jakobs II. Als diese jakobitische Armee sich am 11. Juli 1690 am Boyne-Fluss dem Heer Wilhelms von Oranien entgegenstellte, sah man auf ihrer Seite das blaue Band des Hosenbandordens an Jakob II., an seinem Sohn Berwick und an Lauzun. Auf der anderen Seite trug es nicht nur Wilhelm, sondern auch sein vierundsiebzigjähriger Oberbefehlshaber Friedrich Hermann, Duke of Schomberg, den der neue König gerade zum britischen Herzog und Hosenbandritter ernannt hatte.

Der Pfälzer Schomberg, Sohn einer englischen Mutter und Mann einer Französin, den wir das letzte Mal 1642 als verhinderten Sekundanten im ersten Duell Radziwiłł-Talmond gesehen haben, war inzwischen nach niederländischem, französischem, portugiesischem und brandenburgischem Kriegsdienst an die Spitze des britisch-oranischen Heeres getreten, wohin er nicht nur als Calvinist, sondern auch als etwas krumm angeheirateter Verwandter des neuen Königs Wilhelm von Oranien nur zu gut passte. Schomberg war der erfahrenste Soldat Europas; im Namen Englands kommandierte er ein Heer, dem neben wenigen Engländern, Schotten und Iren vor allem Niederländer, Brandenburger, Dänen (unter dem Befehl eines der württembergischen Prinzen, die wir 1674 in Genf getroffen haben), Finnen, Schweizer und französische Hugenotten angehörten. Diese Letzteren standen unter dem Befehl der Obristen La Caillemotte und Marthon (Letzterer ein Neffe sowohl Talmonds als auch von Feversham, der noch 1688 das Heer Jakobs II. befehligt hatte), und sie waren es, zu denen Schomberg sprach, als er sich an die Spitze des entscheidenden Angriffes setzte. Er sah auf das französische Heer am anderen Ufer des Flusses, jene Armee, an deren Spitze sein Kriegskamerad Lauzun stand und in der er selbst sechsundzwanzig Jahre lang gedient hatte, bevor man ihn als Protestanten entließ. Er erinnerte sich daran, wie er 1676 als Marschall von Frankreich die demütigendste Niederlage genau des Fürsten herbeigeführt hatte, für den er jetzt gegen Frankreich kämpfte. Er dachte vielleicht noch einen Moment nach, wie es so weit hatte kommen können. Dann wandte er sich seinen aus Frankreich vertriebenen Glaubensgenossen zu, rief: «Voran, meine Herren! Dort sind Ihre Unterdrücker!», und führte seine Armee im Angesicht des Feindes in den Fluss.

Der junge Königssohn Berwick stand mit dem Heer seines Vaters auf der anderen Seite dieses Flusses. Er sah jetzt aus nächster Nähe, wie die blaue Garde des Grafen Solms, La Caillemottes Hugenotten, holländische Infanteristen und anglo-irische Milizionäre den Hügel hinab zum Wasser rannten, während sie in allen nur denkbaren Sprachen «Tötet! Tötet!» schrien. Er sah, wie auf seiner Seite des Wassers jakobitische Kavalleristen mit zwei Säbelhieben und einem Pistolenschuss den greisen Schomberg umbrachten, den sie an seinem blauen Band als Hosenbandritter erkannt und daher mit Wilhelm von Oranien verwechselt hatten – tatsächlich hielt sich Wilhelm nur deshalb etwas hinter seinen Truppen auf, weil ihn schon am Vortag ein Kanonenschuss an der Schulter gestreift hatte. Er sah, wie La Caillemotte tödlich verletzt wurde und wie seine Truppen trotzdem immer noch vorrückten, während er sie von einer Bahre aus anfeuerte. Er sah Hunderte sterben, griff schließlich selbst mit der Kavallerie die an seinem Ufer angekommenen Feinde an und stürzte mit seinem tödlich getroffenen Pferd, bevor er den Befehl hörte, der die zerbrechende Armee Jakobs II. zum geordneten Rückzug aufforderte. Es half nichts mehr, dass Lauzun das besiegte Heer und den gestürzten König in relativ guter Ordnung nach Dublin zurückbrachte. Alle wussten, dass Irland verloren war, und während Jakob II. wieder jenes Nasenbluten bekam, das er 1688 nach dem Verrat Churchills gehabt hatte, plante man bereits seine Rückkehr nach Frankreich. Jakob und sein Sohn Berwick sollten nie wieder den Boden einer britischen Insel betreten. Mit ihnen floh eine große Zahl irischer und schottischer Edelleute, die sogenannten Wildgänse, die sich bald in jeder Armee zwischen Spanien und Russland und in jeder Schlacht des europäischen 18. Jahrhunderts wiederfinden würden. Irland selbst aber war für die nächsten 230 Jahre wieder in der Hand der anglo-irischen Protestanten. Noch heute feiern am Jahrestag der Schlacht die sogenannten Orangemen, robuste Protestanten mit Schärpen und Regenschirmen, den Sieg des französischsprachigen niederländischen Asthmatikers Wilhelm III., indem sie zum Klang der Blaskapellen durch die katholischen Wohnviertel Nordirlands marschieren und dabei orangefarbene Banner tragen, die mit dem blau-goldenen Wappen des Hauses Nassau-Oranien genauso wenig zu tun haben wie die Stadt Orange mit der gleichnamigen Frucht.

Der große Krieg Frankreichs gegen fast alle anderen Mächte des Kontinents ging währenddessen weiter; noch sieben Jahre lang (bis 1697) würde am Rhein und in Katalonien, in Belgien und Norditalien, im Ärmelkanal, in Nordamerika und der Karibik gebrannt, zerstört und getötet werden, um zu entscheiden, ob Frankreich den Kontinent beherrschen werde (so fürchteten es seine Feinde) oder ob es seine logisch abgerundeten Verteidigungsgrenzen ungestört beibehalten dürfe (so sah es der Sonnenkönig). Nur drei christlich-europäische Staaten oberhalb des Zwergformats blieben gänzlich unbeteiligt. Diese drei aber, Venedig nämlich, die polnische Kronrepublik und zuletzt auch das Russland Peters (der noch nicht der Große war) waren dafür umso tiefer in den seit 1683 anhaltenden großen Türkenkrieg verstrickt, in dem sie an der Seite Österreichs zum ersten Mal in der Geschichte Europas die Osmanen zurückdrängten, und so erstreckte sich bis 1699 eine zweite Zone der Zerstörung von Griechenland bis zum Schwarzen Meer. Während also das Heer Brandenburg-Preußens im westlichen Krieg die modernsten Methoden der Kriegführung perfektionierte – eben jetzt schaffte man die Piken ab, führte das Bajonett ein und ersetzte die Muskete durch das Steinschlossgewehr –, zogen im Osten die Lanzenreiter der königlichen Republik in den letzten Kampf, den sie jemals gewinnen sollten. Es war ein Heer, das fast nur aus adeliger Kavallerie bestand, dessen Krieger in eisernen Rüstungen kämpften und an deren Rücken große Flügel aus Gänsefedern befestigt waren, die nicht nur den beliebten Lassoangriff der Krimtataren abwehrten, sondern beim Angriff mehrerer tausend solcher Krieger auch ein furchterregendes Surren hervorgerufen haben sollen; moderne Experten, die solche Szenen für Historienfilme nachinszeniert haben, weisen allerdings darauf hin, dass die Pferde und ihre eisern gerüsteten Reiter schon von allein viel zu viel Lärm machen, als dass man etwa noch die Federn hören könne. So oder so war es ein Heer des 16. Jahrhunderts, das jetzt Ende des 17. nur noch siegen konnte, solange es Seite an Seite mit modernen ausländischen Truppen «teutscher Richtung» kämpfte. Aber so wie Polen-Litauen an die Grenzen seiner Kräfte gekommen war, so scheiterte auch König Johann Sobieskis Versuch, seinem Haus dauerhaft die Krone zu sichern. Um zum Nachfolger des Vaters gewählt zu werden, hätte Prinz Jakub Ludwik Sobieski Millionen an Bestechungsgeldern ausgeben und dazu die inzwischen in Berlin verwitwete Radziwiłł-Erbtochter Luise Charlotte heiraten müssen. Schon war alles arrangiert gewesen, als ihm im letzten Moment (1688) ein mittelloser pfälzischer Prinz zuvorkam, der die unfassbar reiche Prinzessin in eine dieser verantwortungslosen Liebesheiraten lockte, vor denen alle Politikratgeber der Zeit so dringend warnten, und damit Jakub Ludwik Sobieskis Hoffnungen auf den polnischen Thron zunichtemachte. Ohnehin gönnte kein polnischer Magnat dem anderen die Krone, und so hielt man schon lange vor König Johanns Tod (1696) nach geeigneten Nachfolgern lieber im Ausland Ausschau.

Der vormalige Huldigungsbotschafter Fürst Hieronim Lubomirski verheiratete einige Zeit nach der Rückkehr aus Preußen seinen Bruder Jerzy Dominik mit einer kaum fünfzehnjährigen Schwester des Domkapitulars von Altenbockum, deren ältere Schwester schon seit längerem seine eigene Frau war. Dann ging er in den großen Türkenkrieg zurück und glaubte dort bald, den richtigen Thronkandidaten für Polen gefunden zu haben: den Prince de Conty, einen Neffen Ludwigs XIV. und Sohn einer der unvermeidlichen Mazarin-Nichten. Conty war in Versailles so beliebt und drohte so offensichtlich sowohl dem ehelichen Sohn als auch den unehelichen Söhnen des Sonnenkönigs die Schau zu stehlen, dass dieser die Idee, Conty auf Dauer ehrenhaft am anderen Ende des bewohnten Erdkreises einzupflanzen, mit ganz ungeheuchelter Begeisterung aufnahm. So war Conty bei der polnischen Königswahl von 1697 Frankreichs und Lubomirskis Kandidat und wurde tatsächlich von einer Mehrheit des versammelten Adels zum neuen Herrscher gewählt, während er vor Danzig an Bord eines französischen Kriegsschiffs saß und sehnsüchtig an seine in Versailles zurückgelassene Lieblingscousine dachte. Selbst die Nachricht von seiner Wahl zum König motivierte ihn nicht zum Betreten polnischen Bodens, was freilich nicht nur am Heimweh lag. Conty enttäuschte seine Wähler, weil er sich keine Illusionen darüber machte, dass die Zeiten vorbei waren, in denen er als (wenn auch königlich geborener) Privatmann ohne Armee und Staatsschatz noch eine Chance gehabt hätte, sich gegen einen Rivalen durchzusetzen, der dies beides besaß. Es war August der Starke, Kurfürst von Sachsen, Herr über die Silbergruben des Erzgebirges und bisher Befehlshaber eines kaiserlichen Heeres im Türkenkrieg, wo er so inkompetent kommandiert hatte, dass der Kaiser ihn schon deswegen mit Vergnügen nach Polen weglobte. August hatte den Polen unbegrenzte Summen für ihre leere Kriegskasse anbieten können und ließ sich jetzt einfach von einer Konkurrenz-Wahlversammlung zum König wählen – das gute am Wahlrecht des gesamten polnischen Adels war ja, dass niemand ein Verzeichnis dieser riesigen Masse hatte und man also immer noch ein paar tausend Wähler mehr mobilisieren konnte, mochten es auch adelige Schweinehirten im Dienst der Magnaten sein. Innerhalb kürzester Zeit hatte August seine Macht so gefestigt, dass Conty guten Gewissens nach Frankreich zurücksegeln konnte, wo ihn die Duchesse de Bourbon mit großer Rührung und der König mit etwas unechterer Freude begrüßte. August aber machte seinem Ruf als hufeisenverbiegender Kraftmensch und Frauenheld alle Ehre, indem er den politisch schon besiegten Lubomirskis nun auch noch eine junge Ehefrau abspenstig machte. Urszula von Altenbockum ließ sich von Jerzy Dominik Lubomirski scheiden, wurde Augusts Mätresse und auf seine Bitte in den persönlichen Reichsfürstenstand erhoben. 1704 gebar sie ihm einen Sohn, den Chevalier de Saxe, der uns noch wiederbegegnen wird; bald danach wurde sie als offizielle Königsgeliebte zwar von einer der allgegenwärtigen polnischen Dönhoffs verdrängt, erhielt aber zum Trost immerhin noch Hoyerswerda geschenkt und war so eine reiche Frau, als sie 1722 zweiundvierzigjährig einen zehn Jahre jüngeren Prinzen von Württemberg heiratete. Die Bedrohung durch die alte polnische Adelsrepublik hatte Brandenburg 1690 symbolisch und zeremoniell umso leichter zurückweisen können, als diese schon auf dem absteigenden Ast zu sein schien. Nun aber sah es so aus, als entstünde aus Sachsen und Polen-Litauen ein erneuertes west-östliches Imperium, das den zwischen beiden eingeklemmten Brandenburgern die Luft abzudrücken drohte, während 1697 der westliche und 1699 der östliche Krieg mit allgemeiner Erschöpfung zu Ende ging. Ein neues Jahrhundert rückte heran. Wem würde es gehören?

KAPITEL 8

Grumbkow heiratet

∞

ORANIENBURG, 4. JUNI 1700

Grumbkow wäre gerne langsamer gegangen, aber das konnte man vergessen, wenn der Kurprinz von Brandenburg und der Erbprinz von Hessen-Kassel direkt hinter einem liefen, ungeduldige große Herren, die niemand aufhielt. Zur Linken und zur Rechten begrenzten Orangenbäume in vergoldeten Kübeln den schmalen Weg und lenkten so die Blicke der spazierenden Gesellschaft ganz auf das, was im nachtschwarzen Schlosspark als Einziges sichtbar vor ihnen lag. Beinahe geblendet blickte Grumbkow auf die Tausende von Lichtern, die einen zum Himmel offenen achteckigen Saal aus bemaltem Stuck, Pappmaché, falschem Blätterwerk und echtem Holz erleuchteten. Er war erst heute Nachmittag fertiggestellt worden, ein Meisterstück des Hauptmanns Eosander, den der brandenburgische Kurfürst Friedrich III. gerade aus Schweden abgeworben, auf eine Bildungsreise nach Frankreich geschickt und nach seiner Rückkehr zum ‹Ordinateur derer kurfürstlichen Lust-Häuser› ernannt hatte. Der Aufwand hatte sich wohl gelohnt, denn obwohl die Eosander gestellte Aufgabe unkomfortabel nah an der Quadratur des Kreises lag, hatte er tatsächlich einen Weg gefunden, den gewünschten Festsaal so zu bauen, dass er zugleich ein 40 Schuh hoher Triumphbogen war und funktionierende Fontänen enthielt; nur auf ein Dach hatte man verzichten müssen, damit der Rauch der zahllosen Kerzen den Menschen nicht die Luft zum Atmen nahm. Über dem Eingang thronte nun ein aus

Gips geformter dicker kleiner Liebesgott Cupido, der zusammen mit der Aufschrift «Triumph der Liebe» auch dem begriffsstutzigsten Gast deutlich machte, dass hier beim Abendessen mit Wasserspielen und Operette eine Eheschließung gefeiert wurde. Es war die Hochzeitsfeier des erst vor wenigen Stunden in Berlin getrauten einundzwanzigjährigen Friedrich Wilhelm von Grumbkow, und so führte er jetzt seine neunzehnjährige Frau Sophie Charlotte von Grumbkow am Arm, die am Vormittag noch Mademoiselle de La Chevallerie geheißen hatte. Es war zweifellos die prunkvollste Feier, die es jemals für eine Grumbkow'sche Hochzeit gegeben hatte. Und doch waren die Jungvermählten nur Nebenfiguren in diesem Spiel.

Während die von Kurfürst und Kurfürstin angeführte Hofgesellschaft in den Saal einzog und ihre ordentlich nach Rang sortierten Plätze einnahm, erklärte Zeremonienmeister Johann von Besser den Umstehenden nicht ohne Stolz das Konzept seiner Inszenierung. Er wies sie auf die vier Hauptgemälde in den Ecken hin, auf die vier vergoldeten Schilde mit allerhand Götter-Insignien sowie auf die französischen Verse und lateinischen Motti, die in ebenfalls vergoldeten Kartuschen an der Wand hingen, bevor er seinen Zuhörern das genial einfache Grundprinzip des ganzen Abends vorstellte. Die Operette besinge die Macht der Liebe über Tiere, Menschen und Götter, und deswegen habe man für alle drei Gruppen Beispiele herangeschafft. Die Tiere des nächtlichen Schlossparks, der die Gesellschaft auf allen Seiten umgab, seien in einer so schönen Sommernacht notwendigerweise verliebt (im Interesse der Analogie vergessen wir jetzt mal den gestrigen Tierkampf der Bären und Wisente im Berliner Hetzgarten), während das frischvermählte Ehepaar Grumbkow ein ganz genauso reizendes Beispiel menschlicher Liebe sei. So spiegele sich denn in all diesen Geschöpfen aufs schönste der Abglanz jener alleredelsten Liebe wider, nämlich der der Götter, um derentwillen man ja seit fünf Tagen all diese Feste veranstalte: mit welchen Worten Besser sich umdrehte, um seinen Blick gönnerhaft und ehrfürchtig zugleich auf das durchlauchtigste Hochzeitspaar der Saison zu richten – auf den vierundzwanzigjährigen Erbprinzen Friedrich von Hessen-Kassel also und auf seine vor fünf Tagen angetraute neunzehnjährige Braut Luise Dorothea von Brandenburg, die mäßig göttlich am oberen Ende der Tafel saßen. Dann schnitten ihm zum Glück sowohl das Auftragen der Speisen als auch die gleichzeitig einsetzende Operettenmusik das Wort ab und geben uns Gelegenheit, ein Wort zugunsten dieses Ex-Theologen einzulegen, der sein Christentum mit solchen Bemerkungen nur scheinbar an der Garderobe abgegeben hatte. Zwar war die Gleichsetzung der Fürsten mit Göttern selbst unter den Zeitgenossen umstritten (man musste ja nur sehen, welche angewiderte Geldzählgeste der elfjährige Kurprinz Friedrich Wilhelm von Brandenburg machte, wenn Hofprediger Ursinus ihm wieder allzu sehr schmeichelte). Ein mildernder Umstand immerhin steckte jedoch im Plural, denn wenn man in dieser Zeit eines noch ganz selbstverständlichen Christentums von ‹Göttern› sprach, dann hieß das gewissermaßen automatisch auch: ‹die, an die wir nicht mehr glauben›, diese antiken Superhelden eben, deren grotesk unmoralisches Privatleben uns gefahrlos amüsiert, und die genau deshalb wesentlich besser zum Geschichtenerzählen, Ballett oder Maskenball geeignet sind als alles Biblische.

Das fürstliche Brautpaar dieses Sommers hatte mit den Göttern vor allem eines gemein: Weil der hessische Erbprinz Friedrich und Prinzessin Luise Dorothea aus dem raren Stoff der Herrscher waren und zudem innerhalb der europäischen Herrscherfamilie auch noch zur winzigen calvinistischen Unterabteilung gehörten, gab es so gut wie niemand anderen, den sie sonst noch hätten heiraten können. Da das schon in den vorangehenden Generationen nicht anders ausgesehen hatte, waren sie nun nicht nur Cousin und Cousine ersten Grades (ihre Mutter und sein Vater waren Geschwister), sondern dazu auch noch gleich dreimal Cousin und Cousine zweiten Grades (Familienklaustrophobiker hören jetzt bitte weg: Ihr Großvater väterlicherseits, seine Großmutter väterlicherseits, die zugleich ihre Großmutter mütterlicherseits war, und seine Großmutter mütterlicherseits waren alle drei Geschwister); um schließlich die weiteren Verwandtschaften vom dritten Grad aufwärts zu skizzieren, hätten dann schon die Wände des 12 Meter hohen Festsaals kaum mehr ausgereicht.

Erwähnenswert ist das aber nicht um jenes Arguments willen, das man normalerweise damit verbindet, und wir führen es hier gerade nicht an, um zu «belegen», dass «die» doch alle «degeneriert» waren. Diese schlichte Ferndiagnose nämlich ist nicht nur in der Sache naiv, weil Verwandtenheiraten erst einmal nur vorhandene Eigenschaften verstärken, die zwar negativ sein können (man denke an den habsburgischen Unterbiss, der uns aus so vielen Dürer-, Tizian- oder Velázquez-Porträts anlacht), es aber keineswegs sein müssen. Eine Betrachtung frühneuzeitlicher europäischer wie auch anderer Herrscherhäuser zeigt, dass erstaunlich viele Kinder aus erstaunlich engen Verwandtenheiraten entweder keine oder jedenfalls keine schwerwiegenden Einschränkungen davontrugen. Friedrich der Große etwa hatte Eltern, die fast genauso eng miteinander verwandt waren wie das hier beschriebene Paar und war dennoch geistig wie körperlich in bester Form; die Königin Kleopatra entstammte sogar einer Serie von Geschwisterheiraten, was sie nicht daran hinderte, nacheinander den zwei mächtigsten Männern der antiken Welt den Kopf zu verdrehen. Sowenig man nun dergleichen irgendwem empfehlen wollte, so drückt sich doch in der irrigen Überzeugung vieler Heutiger, wonach schon die Ehe von Cousine und Cousin ersten Grades verboten sei, ein biologistisches Vorurteil aus, welches letztlich nur das einmal gedrehte Spiegelbild des vormodernen Gegenirrtums ist. Die faszinierendste Feststellung, die ein Blick auf die Heiratsbräuche unserer Barock-Protagonisten erlaubt, ist nämlich die, dass der in Europa heute als natürlich angesehene Widerwille gegen Verwandtenheiraten der Frühneuzeit vollkommen abging. Wohl gab es nach wie vor entsprechende religiöse Verbote. Spätestens auf der Adels- und erst recht auf der Herrscherebene wurden diese Verbote jedoch in buchstäblich jedem Fall durch «Ausnahmegenehmigungen» außer Kraft gesetzt, ohne dass sich deswegen in den gut dokumentierten Diskussionen der Betroffenen irgendwo auch nur ein Hauch von Zweifel oder Sorge finden ließe. Noch während des ganzen 18. Jahrhunderts finde ich in den einschlägigen Quellen nicht nur kein einziges Indiz für die Vorstellung, dass Verwandtenehen überhaupt oder gar biologisch schädlich sein könnten, sondern umgekehrt regelmäßig Anzeichen dafür, dass man das Gegenteil glaubte. Paare von gleichem Blut sah man als gewissermaßen schon miteinander vertraut an und unterstellte ihnen daher, dass sie einander auch viel leichter lieben lernen würden, wie das im Idealmodell der damaligen Ehe ja erst nach der Heirat geschehen sollte. Das Feuerwerk, mit dem man am Abend vor dem Oranienburgischen Operettenfest die brandenburgisch-hessische Heirat gefeiert hatte, hatte denn auch «zwey mit den Gipffeln sich zu einander neigende Palm-Bäume» gezeigt, zu denen eine Überschrift die lateinische Erklärung «Conjungit cognatus Amor» und ihre deutsche Übersetzung «die uns eingepflantzte Liebe vereiniget uns» mitlieferte. Für uns ist die enge Verwandtschaft von Braut und Bräutigam aber nicht nur deswegen erwähnenswert, weil sie uns viel über gewandelte Einstellungen zu Ehe und Familie sagt; zugleich bringt sie es mit sich, dass auch diese beiden durchlauchtigsten Jugendlichen hier nicht als komplette Neueinsteiger auftreten.

Die mit nach Brandenburg gereiste Mutter des Erbprinzen Friedrich von Hessen war eine Schwester der kurländischen Prinzen, die uns in Genf und vor Ofen begegnet sind, sein Vater ein Neffe von Talmonds Frau und Cousin der Elisabeth Charlotte von Orléans. Die Braut Luise Dorothea von Brandenburg schließlich war, weil sie aus der ersten Ehe Kurfürst Friedrichs III. stammte, ebenjene Stieftochter der jetzigen Kurfürstin Sophie Charlotte, für die Sophie Charlottes Mutter 1684 mit solcher Sorgfalt eine ihr ähnliche Puppe hatte kaufen lassen. So war es nicht einfach Biologie, die diese beiden jungen Leute verband, auch nicht allein die Politik der vererbten Herrschaftsansprüche, sondern mindestens genauso ein Netzwerk aus Erinnerungen, Orten und Geschichten.

Was für das durchlauchtigste Paar galt, galt auf gespiegelte Weise auch für das lediglich hochwohlgeborene. Zwar hatte Grumbkow mit Mademoiselle de La Chevallerie heute eine Frau geheiratet, mit der er nicht im Entferntesten verwandt war: Zwischen seinen Vorfahren aus pommerschem und ihren aus westfranzösischem Niederadel hatte es bisher keine Beziehungen gegeben. Umso mehr verband sie anderes.

Sie waren beide Calvinisten, sie waren beide pure Hofgewächse – er als brandenburgischer Kammerjunker, Sohn eines Ministers und Oberhofmarschalls, sie als brandenburgisches Kammerfräulein, deren Vater hannoverscher Oberhofmeister und deren Mutter ein ehemaliges hannoversches Kammerfräulein waren. Sie gehörten also zu jenen Leuten, die die Herrscher umgaben, wie Satelliten einen Planeten umkreisen (ein damals sehr beliebtes Bild, das übrigens auch erklärt, warum die Leibgardisten des 17. Jahrhunderts gerne mit einem Synonym für Satellit als Trabanten bezeichnet wurden), und die von den Bewegungen dieser Planeten so mitbewegt wurden, wie es sich für abgeleitete Variable gehört. Wie sehr Grumbkow und seine Frau genau das waren, muss man dabei nicht einmal an ihren bereits genannten Ämtern festmachen; es reicht schon ein Blick auf ihre Vornamen. Grumbkow selbst war 1678 Friedrich Wilhelm getauft worden, weil so sein Taufpate hieß, der Große Kurfürst von Brandenburg, dessen Enkelin die eben verheiratete Prinzessin war. (Eine weitere Patin war Kurfürst Friedrich Wilhelms Schwester Hedwig Sophie, die Großmutter beider jetzt verheirateten Fürstenkinder, und so hatte Grumbkow Glück, dass der Name des mächtigeren Paten Vorrang hatte: Wenn die höchstrangige Person unter den Paten eine Frau gewesen wäre, hätte aus ihm leicht ein «Sophus» werden können, wie es ihn später in dieser Konstellation noch mehrfach gab. In einer Welt, in der die Namen mächtiger Paten oder Patinnen die eigenen Traditionsnamen einer Familie übertrumpfen konnten, fiel es kaum auf, wenn männliche Hofadelige nach einer wichtigen Patin «Anne», «Dorotheus» oder «Adélaïde» hießen.) Sophie Charlotte de La Chevallerie aber hatte ihren Namen 1681 in Hannover als Patenkind genau jener hannoveranischen Prinzessin erhalten, die dann 1684 nach Berlin geheiratet hatte und ihr Patenkind später nachholte, um ihr eine Stelle als Kammerfräulein zu geben. Den jungen Grumbkow hatte sie also am gemeinsamen Arbeitsplatz kennengelernt, bevor sie jetzt zur Feier und Abrundung der fürstlichen Hochzeit mitverheiratet worden waren. Immerhin: So verdreht war selbst die höfische Welt nicht, dass man dafür ein Paar ausgesucht hätte, dem die Idee nicht schon von allein gekommen war, und so waren auch Grumbkow und Mademoiselle de La Chevallerie trotz ihrer Jugend schon seit längerem verlobt gewesen. Indem Grumbkow eine relativ mittellose Frau heiratete (die Braut war ja die Tochter französischer Religionsflüchtlinge und hatte drei beim Erbe bevorzugte Brüder), zeigte er, dass ihm ihr in Brandenburg noch seltener Calvinismus und ihre wertvollen höfischen Kontakte wichtiger waren als Geld, an dem es ihm auch so nicht fehlte. Sein Vater hatte ihm und zwei jüngeren Brüdern acht Rittergüter hinterlassen, von denen die verwitwete Mutter 1691 eines, Schönhausen bei Berlin, dem Kurfürsten für 16 000 Reichstaler verkauft hatte. Das war fast nichts, wenn man es mit dem Reichtum des Kurfürsten verglich, der eben jetzt seiner Tochter zur Hochzeit Schmuck für das Zweihundertfünfzigfache dieser Summe umgehängt hatte (freilich nur zur Feier des Tages und nicht etwa als Geschenk), aber im armen Brandenburg doch schon genug für ein standesgemäßes Leben. Die wirklichen finanziellen Hauptgewinne würden für Grumbkow ohnehin nicht vom Landbesitz kommen, sondern aus hohen Ämtern, die wesentlich mehr zu bringen pflegten und ihm offenstanden, wenn er nur geschickt war. Das aber war er, und Sophie Charlotte de La Chevallerie hatte genug Zeit gehabt, um das zu erkennen. Vielleicht liebte sie ihn damals schon, vielleicht später, vielleicht nie. Wir können es nicht wissen, weil die Quellen schweigen, und nur so viel lässt sich sagen, dass wirklich zerstrittene Ehepaare auch damals diskret getrennte Leben führen konnten, sobald sie nur durch Produktion zweier männlicher Erben («heir and spare») ihre dynastische Pflicht erfüllt hatten. Was das Glück in dieser Ehe angeht, geben die 17 Kinder der Grumbkows also Anlass zu vorsichtigem Optimismus.

Auch neben allen materiellen Vorteilen konnte die junge Frau von Grumbkow, über deren Persönlichkeit wir so wenig wissen, an ihrem Mann manches Attraktive finden. Nachdem er als Zwölfjähriger seinen Vater verloren hatte, wurde er durch die rasche Wiederheirat seiner Mutter Stiefsohn eines neuadeligen Ministers, der seine Erziehung übernahm und ihm 1693 eine Instruktion für die Kavaliersreise an die niederländische Universität Leiden mitgab. Sie zeigt den fünfzehnjährigen Grumbkow als gesundheitlich anfälligen, klugen Jungen, der gerne Viola da Gamba und Flöte spielte, gut Französisch sprach, schon ein bisschen tanzen, fechten und reiten konnte und sommers um drei oder doch wenigstens sechs Uhr aufstehen sollte (im Winter reichte sieben Uhr). Der vorsichtige Stiefvater warnte ihn nicht nur vor den üblichen Moralfehlern, sondern auch vor zu viel Milch, Käse (wohlgemerkt: in den Niederlanden!), Zucker und Seefisch. Am interessantesten ist freilich im Lichte dessen, was noch kommen würde, die stiefväterliche Warnung vor dem Alkohol, die einerseits so klingt, als liege so etwas dem Jungen ja ohnehin nicht, zugleich aber auch den Eindruck erweckt, er habe das stark experimentell herausgefunden. Jedenfalls studierte Grumbkow in Leiden und bereitete sich wohl zuerst auf eine Karriere in Diplomatie oder Zivilverwaltung vor; als aber 1695 auch der Stiefvater starb, der de facto Brandenburgs Außenminister gewesen war, wechselte er so schnell ins militärische Fach, dass er noch mit sechzehn seinen ersten Kriegszug mitmachte. Höfling war er immer geblieben, gehörte er doch als Kammerjunker ebenso zum Hof wie als Hauptmann in jenem Infanterieregiment, das dem elfjährigen Kurprinzen Friedrich Wilhelm gehörte; seine Bildung und Verbindungen garantierten ihm eine gute Karriere ebenso wie sein Humor, seine Schlagfertigkeit und seine offensichtliche Intelligenz. Wenn seine Frau eines von ihm wissen konnte, dann dies: Im schwierigen Geschäft der höfischen Satelliten, die möglichst nahe an den Herrscher heranmussten und doch bei zu großer Nähe das Verglühen riskierten, würde er nicht untergehen.

Sie hatte Grund gehabt, auf so etwas zu achten, bevor sie von ihrem bescheidenen Mitspracherecht Gebrauch gemacht und in die Ehe mit Grumbkow eingewilligt hatte. Die anderen Besucher des Festsaals in Oranienburg mochten sich ja am meisten über jenes Kulissenbild amüsieren, auf dem der feiste Liebesgott mit den Worten «ich bändige alles» auf einem hessischen Löwen ritt und so dem hessischen Erbprinzen schon einmal die Rolle verdeutlichte, die dem rangniederen Ehemann einer brandenburgischen Kurfürstentochter zugedacht war. Frau von Grumbkow aber hätte ein anderes Bild mit gutem Recht ungläubig anstarren dürfen, auf dem derselbe Cupido behauptete: «Ich mach alles gleich», denn wie illusorisch und gefährlich solche Gleichmacherei in der höfischen Welt war, wusste sie aus Erfahrung nur zu gut. Das Schicksal ihrer entfernten Tante Madame de Monaco und deren komplizierte Beziehungen zum französischen Herrscherhaus kannte sie zwar vermutlich nur oberflächlich, da sie ja als Tochter hugenottischer Religionsflüchtlinge die ersten fünfzehn Jahre ihres Lebens am Hof von Hannover verbracht hatte – immerhin: der Hof, an dem Elisabeth Charlotte von Orléans aufgewachsen war, die später Madame de Monacos Antrag ablehnte. Gerade dort aber gab es damals zur selben Frage viel Schlimmeres zu lernen, und kaum jemand war so nah daran gewesen wie die kleine La Chevallerie.

Ihre Vorfahren hatten dem Prince de Talmond gedient und waren genauso durch ihn an die Höfe von Celle und Hannover gekommen wie Mademoiselle d'Olbreuse, die dann dort ganz spielregelwidrig den Herzog Georg Wilhelm von Celle geheiratet hatte; deren engste Verbündete bei diesem Drahtseilakt zwischen Schande und Fürstenrang aber war ihre Hofdamenkollegin Madame de Melville gewesen, deren wohlklingend absurder Geburtsname Nymphe de La Chevallerie sie uns schon als Tante der späteren Frau von Grumbkow vorstellt. Aus dieser ersten und scheinbar gut ausgegangenen Verbindung eines fürstlichen «Gottes» mit einer niederadeligen «Sterblichen» war nun eine einzige Tochter Sophie Dorothea hervorgegangen, und deren rein erbrechtlich motivierte Ehe (ab 1682) mit dem niedersächsisch nüchternen Kurprinzen Georg Ludwig von Hannover hätte schon für sich genommen der heranwachsenden Sophie Charlotte de La Chevallerie keinen sehr erhebenden Anblick geboten. Und doch war das nur der harmlose Anfang einer Tragödie gewesen.

Acht Jahre vor Sophie Charlotte de La Chevalleries oranienburgischem Hochzeitstag war 1692 ein beunruhigend selbstsicherer junger Mann in die unmittelbare Nachbarschaft ihres Elternhauses gezogen, von dem die damals Elfjährige bald mehr zu sehen bekam. Sein Name war Philipp Christoph Graf von Königsmarck; er war siebenundzwanzig, ebenso gutaussehend wie temperamentvoll, Oberst über ein hannoversches Infanterieregiment und angeblich so reich, dass alle Welt seine baldige Verlobung mit Fräulein von Platen erwartete. Sie war die nominelle Tochter des hannoverschen Premierministers, tatsächlich jedoch die Tochter von dessen Frau aus ihrer ganz offiziellen Beziehung mit Ernst August von Hannover, den der Kaiser im selben Jahr 1692 zum neunten Kurfürsten des Reichs erhoben hatte. Fräulein von Platen, deren Vorname Sophie Charlotte uns in diesem mit Sophie Charlotten schon überfüllten Kapitel keine große Hilfe ist, war also anders gesagt die Halbschwester des bisherigen Erbprinzen Georg Ludwig, den die Beförderung des Vaters soeben zum Kurprinzen und Erben eines Kurfürstentums gemacht hatte, und somit unzweifelhaft eine der besten Partien im nicht regierenden Adel Norddeutschlands. Aber Königsmarck hatte ja auch viel zu bieten. Sein Großvater war ein deutschstämmiger schwedischer Feldmarschall und Dreißigjähriger-Krieg-Gewinnler, dessen Ländereien zeitweise halb so viel Geld abwarfen wie die des hannoverschen Kurfürsten und der folglich das Äquivalent eines heutigen Milliardärs gewesen war. Graf Philipp Christoph wuchs daher in fürstlichem Luxus auf und gewöhnte sich so sehr an das Leben im großen Stil, dass auch die anschließende Konfiskation fast aller seiner Güter durch den schwedischen König nichts mehr daran änderte; er verhielt sich einfach so, als wäre er immer noch unaussprechlich reich, verspielte weiterhin den Geldwert eines Jahreseinkommens der größten Hofbeamten an einem einzigen Abend und bekam überall Kredit, weil niemand glauben wollte, dass so ein Mann ruiniert sein könne. Als er jetzt sein riesiges Haus in der Neustadt von Hannover bezog, brachte er nicht nur schreiend bunte Wandteppiche, sieben Spiegel und teure Kissenbezüge in bissigen Farben mit, sondern auch 29 Bediente und 52 Pferde oder Maulesel; eine ganze Etage diente einzig als Speicher für wertvollen Hausrat. Natürlich kannte der Graf Mademoiselle de La Chevalleries Vater, den damaligen Obermundschenk von Hannover, schon vom gemeinsamen Hofdienst. Als Nachbar besuchte er die Familie jetzt aber auch regelmäßig, wenn er etwa auf den Festungsmauern spazieren ging oder vom Schwimmen in der Leine zurückkam, und Sophie Charlotte de La Chevallerie muss oft gehört haben, wie er aus seinen Fenstern auf

Schwalben schoss. Die Quellen geben nichts darüber her, ob das junge Mädchen beeindruckt war, aber falls sie wirklich kein romantisches Interesse für Königsmarck gefunden haben sollte, dann war sie damit im Hannover des Jahres 1692 allein auf weiter Flur.

Wir wissen von einem Hofball in Hannover, bei dem Königsmarck sich am 9. Juli 1693 demonstrativ von allen potenziell interessanten Damen des Hofes fernhielt, obwohl er an diesem Abend einer der wenigen brauchbaren Tanzpartner war. Weil der Hauptberuf auch dieser Höflinge eben der Krieg war, waren jetzt in der sommerlichen Kampfsaison fast alle jüngeren Männer des Hofes in Flandern, Ungarn, Griechenland oder Norditalien, und umso mehr fielen die Ausreden auf, mit denen Königsmarck sich den ganzen Sommer lang vom Kriegsschauplatz fernhielt. An diesem Abend blieb er mit einer alten Dame und zwei Kindern an einem Tisch sitzen, von denen eines seine kleine Nachbarin La Chevallerie war. Neben ihr saß die sechsjährige Tochter des unglücklichen kurprinzlichen Paares Georg Ludwig und Sophie Dorothea, die wie ihre Mutter hieß und die eines Tages die Mutter Friedrichs des Großen sein würde. Davon war nun freilich noch nichts zu ahnen, während sie hier mit offenem Munde dem Heldendarsteller Königsmarck dabei zuschaute, wie er ihr und dem älteren Mädchen ein – so passend, so lächerlich offensichtlich prophetisch, dass wir damit nur deswegen durchkommen, weil es wirklich in den Quellen steht – Kartenhaus nach dem anderen baute. Aber auch die alte Dame sah zu, und da sie die Oberhofmeisterin von Harling war, die ehemalige Jungfer Uffeln, die im Laufe eines bei Hof verbrachten langen Lebens erst Elisabeth Charlotte von Orléans und dann Sophie Charlotte von Brandenburg erzogen hatte, begriff sie, was sie hier sah. Selbst wenn man die notorische Grobheit seines Geschlechts und Alters in Rechnung stellte, vernachlässigte der junge Mann die lebenslang antrainierte gesellschaftliche Pflicht auf so lächerlich offensichtliche Weise, dass es nur demonstrativ gemeint sein konnte. Hätte er jemanden eifersüchtig machen wollen, so hätte er mit irgendeiner Hofdame flirten müssen, wie sich das gehörte. Stattdessen demonstrierte er vielmehr sein Desinteresse und also seine Treue zu einer Person, die abwesend war, aber erfahren würde, wie er sich hier verhielt: Wer das war, konnte Frau von Harling leider nur zu gut erraten.

Es war schon Nacht, als Anna Catharina von Harling wieder bei sich zu Hause war, aber sie setzte sich sofort an den Schreibtisch und begann einen Brief an die Kurprinzessin Sophie Dorothea, die sich seit einiger Zeit bei ihren Eltern in Celle aufhielt. Frau von Harlings Loyalität lag mehr beim Kurprinzen Georg Ludwig als bei dessen Frau, zumal diese ja als Tochter der niederadeligen Olbreuse eigentlich keine Prinzessin hätte sein dürfen und also in den gern wiederholten Worten der Elisabeth Charlotte von Orléans ein bloßer Mausdreck war. Die Katastrophe jedoch, die sie kommen sah, würde auch den Ruf des Kurprinzen beschmutzen, wie seine ganz selbstverständliche Affäre mit Ehrengard Melusine von der Schulenburg es nie könnte, und so war es in seinem Interesse, was die Oberhofmeisterin nun schrieb. Sie berichtete der Kurprinzessin ihre Schlussfolgerungen über die offenbare Beziehung des begehrten Königsmarck mit einer mysteriösen Frau, versiegelte das Kuvert mit ihrem aus Hahnenköpfen und «gestummelten Ästen» zusammengesetzten Ehewappen und hoffte, das würde als Warnung erkennbar sein: Mehr durfte sie nicht schreiben, ohne sich als schuldige Mitwisserin zu erkennen zu geben.

Kurprinzessin Sophie Dorothea erhielt den Brief der Frau von Harling zusammen mit zwei Briefen Königsmarcks, deren Verzögerung sie bereits beunruhigt hatte. Er beschrieb darin einen Streit mit seinem Vermieter, dem er im Dissens um einen kleinen Bauschaden beinahe den Degen durch den Leib gerammt habe, seinen optimistischen Versuch, Spielschulden bei einem sächsischen Prinzen einzutreiben, und den lächerlich gelben Mantel der kurfürstlichen ‹maîtresse en titre› Gräfin Platen. Für seinen langfristigen Plan einer Flucht mit der Prinzessin werde er jetzt Landbesitz verkaufen, was sie aber nicht bekümmern solle – er verliere gern ein paar Dörfer, wenn er dafür eine Göttin gewinne. Dann beschrieb er denselben Abend wie Frau von Harling und lobte, wie viele hochgestellte und schöne Damen es da gegeben habe; er habe aber nur einer seine Aufmerksamkeit gezeigt, weil die der Kurprinzessin so ähnlich sehe (sie schrieb zurück, wie eifersüchtig sie das gemacht habe, bevor sie aus Frau von Harlings Brief erkannte, dass er nur ihre kleine Tochter meinte). Leonissas Liebhaber («amang») werde er immer bleiben und könne nicht aufhören, an die herrliche Nacht in 301 zu denken. In den drei Jahren, die sie einander schon schrieben, hatten Königsmarck und Sophie Dorothea schrittweise allerhand über Verschlüsselungstechniken gelernt, wenn auch, wie der Historiker wohl hinzufügen darf, zum Glück nicht genug, denn neben vielen schönen Erkenntnissen bietet dieser Briefwechsel nicht zuletzt einen fast einzigartigen Einblick in die Art, in der ein hochadeliges Liebespaar des 17. Jahrhunderts explizit über Sex schrieb. Zuerst hatten sie wie im zeitgenössischen Liebesroman einfach Decknamen verwendet, die natürlich genauso in phonetischem Französisch daherkamen wie der Rest der Briefe. Der Kurfürst hieß ihnen Don Diego, dessen Mätresse Platen dazu passend ‹die dicke Dondon›, Sophie Dorotheas Vater ‹der Mürrische›, ihre Mutter ‹der Pädagoge› und sie selbst wahlweise ‹das kleine Schielauge›, ‹das linke Herz› oder eben, vielleicht nach ihrem welfischen Löwenwappen, ‹Leonissa›; Königsmarck war natürlich ‹der Ritter›. Irgendwann reichte das jedoch nicht mehr, und so entwickelten die Liebenden nach einem etwas naiven Versuch, Klarnamen durch immer dieselbe vor- und nachgesetzte Silbe zu verschleiern (illy-Hannoverilly), schließlich ein bis heute nur in Teilen entschlüsseltes Nummernsystem, in dem 301 für das Jagdschloss Linsburg stand. Erst vor zehn Tagen hatte Königsmarck die Kurprinzessin dort heimlich besucht und wäre beinahe ertappt worden; zwei Männer rannten in der Nacht lange hinter ihm her, und noch bis vier Uhr morgens irrte er durch die dichte «wildernus» des umgebenden Grinderwaldes, bevor er endlich sein Pferd wiederfand. Zurück in Hannover musste er einen ganzen Eimer Wasser trinken, um sich von den «göttlichen Umarmungen» zu erholen – und vom Fußmarsch, zugegeben. Erst zwei Tage später machte ihm dann der mit Geheimtinte geschriebene Brief der Prinzessin erschreckend klar, wie knapp er der Entdeckung entgangen und wie nahe das Paar dem Verderben gewesen war: All dies gleiche einem Roman.

Den Liebenden blieb genau ein Jahr. Die immer dringenderen Warnungen der Schwägerin Sophie Charlotte von Brandenburg oder des Feldmarschalls von Podewils schlugen sie ebenso in den Wind wie zuvor die der Frau von Harling. Als Sophie Dorothea ihrem kurprinzlichen Gemahl Georg Ludwig die Bitte um sommerliche Ortsveränderung mit dem Vorwand begründete, sie dürfe doch im Interesse ihrer Reputation nicht zu nah am Schloss eines unmoralischen Juniorprinzen urlauben, erhielt sie eine Antwort, mit deren Ironie man das Steinhuder Meer hätte trockenlegen können, und begriff noch immer nicht, wie nah der Abgrund war. Im Gegenteil schien plötzlich der Himmel aufzuklaren, weil in Dresden Kurfürst Johann Georg IV. von Sachsen an den Pocken starb, mit denen er sich im Krankenzimmer seiner Geliebten angesteckt hatte. Auf einen Schlag wurde so aus dem nutz- und mittellosen sächsischen Prinzen Friedrich August, der bei Königsmarck monströse Spielschulden hatte, der Kurfürst eines Landes voller Silberbergwerke, den man bald August den Starken zu nennen begann. Zwar ließen die nun fälligen Beerdigungskosten auch dem neuen Herrscher für den Augenblick keinen Pfennig Bargeld übrig. Aber nachdem Königsmarck bei einem Dresdner Kriegsspiel seinen Mut bewiesen hatte (ein rohes Ei verfehlte nur knapp sein Auge), sagte August ihm doch ein Patent als Generalmajor samt Gehalt zu, und so sah er zum ersten Mal seit Jahren die Fata Morgana ansatzweiser Zahlungsfähigkeit. Schon glaubte der hannoversche Hof, man sei den skandalösen Mann losgeworden, als er zurückkehrte, um seinen Haushalt aufzulösen und die hannoversche Dienstentlassung zu erbitten. Im gleichen Moment kam jedoch auch die Kurprinzessin von Celle nach Hannover zurück – verzweifelt und unübersehbar kompromittiert, weil ihre Eltern die Erlaubnis zur Scheidung verweigert hatten. Den Liebenden blieb nun nur noch die Wahl, miteinander zu fliehen oder einander zum allerletzten Mal zu sehen, und niemand weiß, wofür sie sich entschieden hatten, als der schöne Graf am späten Abend des 11. Juli 1694 zum letzten Mal sein Haus verließ. Mehrere Augenzeugen sahen ihn in weißem Hemd, grauen Hosen, einfachem braunem Rock und (für einen Edelmann ungewöhnlich) wohl sogar ohne Degen zum alten Schloss gehen, wo sich die angeblich fieberkranke Kurprinzessin aufhielt, während ihr Mann gerade rechtzeitig nach Berlin abgereist war, um an allem Folgenden keinen sichtbaren Anteil zu haben. Was aber Königsmarck gedacht haben mag, als ihm in einem Korridor des Schlosses plötzlich Klencke, Eltz, Stubenvol und Montalban mit gezogenen Degen gegenüberstanden, das hat kein Mensch je mehr erfahren.

In einer Gesellschaft, deren Herrscher genauso vom Geheimnis besessen waren wie ihre Untertanen und in der man daher schon viel harmlosere Ereignisse nach dem Motto ‹Alles ist möglich und nichts ist wahr› interpretierte, musste das spurlose Verschwinden des schönen Grafen einen wahren Orkan von Gerüchten auslösen. Die schmallippigen Erklärungen der hannoverschen Regierung, wonach der Mann sich bekanntlich gerne nachts herumgetrieben habe und sein Verbleib im Übrigen leider unbekannt sei (Und die Hausdurchsuchung schon am nächsten Morgen? – Das machen wir immer so, wenn hohe Amtsträger, äh, verstorben sind.) trugen natürlich nach Kräften dazu bei, und bald zirkulierten alle nur denkbaren Schauergeschichten. Die Hauptrolle darin spielte fast immer die kurfürstliche ‹maîtresse en titre› Gräfin Platen, die sich ja Königsmarck zum Schwiegersohn wünschte, ihn aber angeblich (trotz ihrer eigenen Verbindung mit dem Kurfürsten) auch als Liebhaber begehrt habe; als daraus entweder nichts wurde oder Königsmarck eine zeitweise Beziehung mit der Gräfin beendete, um die Kurprinzessin zu verführen, habe die enttäuschte Gräfin sich dem Kurhaus als kaltes Instrument der Staatsräson empfohlen und den Mord organisiert. Wieso Mord, sagten andere: Man hat Königsmarck nur an einen geheimen Ort verschleppt und vergiftet ihn langsam. – Nein, er ist schon tot, und die Platen hat ihm im letzten Moment noch mit dem Schuhabsatz ins Gesicht getreten. – Unsinn, sobald er sich bereit erklärt, ihre Tochter doch noch zu heiraten, lassen sie ihn wieder frei. – Wie soll man jemanden freilassen, der gleich in der ersten Nacht lebendig in einen brennenden Ofen geworfen worden ist? – Sie meinen: eingemauert ... – Aber der Kurprinz selbst hat doch zugesehen, wie der Henker ihn heimlich enthauptet hat?

Und so immer weiter. Selbst Ludwig XIV. unterhielt sich in diesem Sommer plötzlich doppelt so oft und doppelt so neugierig mit seiner Schwägerin Elisabeth Charlotte von Orléans, weil die ja von ihrer Patentante Kurfürstin Sophie von Hannover (der sechssprachigen Tochter der Winterkönigin, der würdevollen Schwiegermutter der ehebrecherischen Prinzessin) wissen musste, was geschehen war. Aber Elisabeth Charlottes Briefe aus jenen Monaten wurden noch zu ihren Lebzeiten in Hannover vernichtet, während Sophies Briefe nach Versailles komplett verloren sind und sie in ihren Briefen an eine andere Nichte die hannoverschen Ereignisse bloß als «Sachen, da ich kein Journal von machen werde» bezeichnete. So konnte erst 1952 der Historiker Georg Schnath wenigstens den unmittelbaren Tathergang plausibel rekonstruieren; ihm verdanken wir die Namen der Mörder sowie das Wissen darum, dass sie Königsmarck noch im Schlosshof töteten und seine Leiche offenbar mit Steinen beschwert in die Leine warfen.

Die Kurprinzessin Sophie Dorothea aber wurde durch ein hannoversches geistliches Gericht vom Kurprinzen geschieden, ohne dass dabei vom Ehebruch die Rede war, und zu lebenslanger Gefangenschaft in das entlegene Herrenhaus zu Ahlden verbannt, weswegen man sie auch in der Folge nur noch «die Prinzessin von Ahlden» nannte. In diesem primitiven Bau, der auf allen Seiten von stinkend versumpften Wassergräben umgeben war und den sie nur zu Kutschenausfahrten in Begleitung einer Kavallerieeskorte verlassen durfte, verbrachte sie die verbleibenden zweiunddreißig Jahre ihres Lebens. Ohne die Scheidung wäre sie 1714 an der Seite Georg Ludwigs britische Königin geworden, und als sie 1726 starb, waren ihre beiden Kinder britischer Kronprinz und preußische Königin – aber ebenso wenig wie ihren Vater hat sie diese beiden nach 1694 je wiedersehen dürfen. Nur ihre Mutter, die Herzogin Eleonore von Celle, die einst Mademoiselle d'Olbreuse gewesen war, besuchte sie von Zeit zu Zeit, und es liegt eine grausame Symmetrie darin: Die niederadelig geborene Mutter, die durch eine verbotene Liebe zur regierenden Reichsfürstin aufgestiegen war, besuchte in diesem gottverlassenen Flecken am Rande der Lüneburger Heide ihre fürstlich geborene Tochter, die Königin von England hätte werden sollen und stattdessen durch ihre verbotene Liebe zu einem Niederadeligen auf einen Schlag Freiheit, Kinder und Krone verloren hatte.

Ganz vorbei war freilich die Serie der grenzüberschreitenden Beziehungen zwischen «Göttern» und «Sterblichen» im Hause Königsmarck auch mit dieser Tragödie noch nicht. In männlicher Linie war der gräfliche Zweig der Familie jetzt zwar mit Philipp Christoph ausgestorben; er war der letzte dieser Grafen gewesen, seit 1688 sein Onkel Otto gestorben war, ein venezianischer Feldmarschall, dessen Artilleristen kurz zuvor noch beim Beschuss eines türkischen Schießpulvermagazins die Athener Akropolis in die Luft gesprengt hatten. Umso wichtiger aber wurde es für seine zweiunddreißigjährige Schwester Maria Aurora, das Schicksal des verschwundenen Bruders aufzuklären. Die überdurchschnittlich schöne und künstlerisch begabte Deutschschwedin war unverheiratet geblieben, weil sie zuerst zu lange einem adeligen bösen Jungen nachgehangen hatte und dann das familiäre Schuldengewölbe über ihr zusammengestürzt war. Aber jetzt hatte sie eine Aufgabe. Philipp Christoph war zuletzt kursächsischer Generalmajor gewesen, und so war Kurfürst August der Starke von Sachsen verpflichtet, sein Schicksal zu klären. Da es ihm dabei aber von allein an Enthusiasmus mangeln mochte (wäre Königsmarck wieder aufgetaucht, hätte August ihm ja noch 30 000 Reichstaler Spielschulden zurückzahlen müssen), reiste Aurora nach Dresden, um ihn zu motivieren. Der Rest ist Klischee, aber belegt. August lud die Gräfin in sein Jagdschloss Moritzburg ein und organisierte, wie es sich für eine solche Begegnung gehörte, ein mythologisches Rollenspiel-Spektakel voller Nymphen, Satyrn und Faune, in dem er der Gott Pan und sie natürlich Aurora war, die Göttin der Morgenröte. Der Ausgang des Ganzen stand nie ernsthaft in Zweifel, und so wurde Aurora Königsmarck für etwas mehr als ein Jahr die erste ‹maîtresse en titre› des bärenstarken Kurfürsten mit den tiefschwarzen Augenbrauen. Leider gelang es jedoch nicht einmal ihm, vom hannoverschen Kurfürsten (immerhin seinem Großonkel) irgendetwas über Königsmarcks

Schicksal zu erfahren. Auroras Hoffnung war daher noch immer unerfüllt, als der wankelmütige August 1696 in den Türkenkrieg und zu neuen Abenteuern aufbrach, die ihm innerhalb eines einzigen Jahres in der schon beschriebenen Weise den polnischen Thron einbrachten. Als er Dresden verließ, waren sowohl seine Ehefrau als auch Aurora von ihm schwanger; im Oktober 1696 brachten sie beide im Abstand von nur drei Wochen je einen Sohn zur Welt. Während der legitime Erbe natürlich in Dresden geboren und nach seinem Vater Friedrich August genannt wurde, hatte Aurora sich nach altem Brauch diskret auf eine Reise begeben. Die Diskretion nahm freilich einigen Schaden, als sie ihrem in Goslar geborenen Sohn die halbe Stadtregierung zu Paten gab. Das aber musste Aurora nicht mehr allzu sehr kümmern, die sich keine Illusionen über die Haltbarkeit ihrer Beziehung zu August dem Starken machte und längst alles in die Wege geleitet hatte, um sich von ihm zum Abschied zur Pröpstin des weltlichen Damenstifts Quedlinburg ernennen zu lassen. Ihrem Sohn gab sie wohl auch in Erinnerung an den Ort des mythologischen Fests den Vornamen Moritz, und da das Kirchenbuch seine Mutter dann doch wieder diskret nur als «die vornehme Frau» bezeichnete, war dieser Vorname fürs Erste der einzige Name, den er trug. Nicht einmal eine Woche nach seiner Geburt aber schrieb Aurora ihrer Schwester, sie habe nun endgültig erfahren, dass der Bruder in Hannover ermordet worden sei und dass keine Suche ihn jemals mehr zurückbringen könne. Das große Drama der Königsmarcks war vorüber, und nur wie die Farce nach der Tragödie schloss sich noch an, dass Auroras Dienerin dem Beispiel ihrer Herrin allzu direkt folgte. Die 1686 in Ofen versklavte Imam-Witwe Fatima, die längst auf die Vornamen ihrer Herrin getauft worden war, wurde für einen kurzen Moment ebenfalls die Geliebte Augusts des Starken, und wenn auch ihre niedrige Geburt ausschloss, dass sie jemals ‹maîtresse en titre› hätte sein können, reichte es doch zur Verheiratung mit einem dafür geadelten Kammerdiener und vor allem zu zwei Kindern; das ältere war ein 1702 geborener weiterer Friedrich August, der später den von der Rautenkrone des sächsischen Wappens abgeleiteten Titel Graf Rutowski erhielt. Die Herrin und die

Dienerin hatten nun also jeweils Söhne, die untereinander Halbgeschwister waren; sie werden uns noch wiederbegegnen.

Zurück nach Brandenburg. Die kleine La Chevallerie hatte in Hannover gerade noch erlebt, wie ihr dramatischer Nachbar für immer verschwand und sein Name von einem Tag auf den anderen nicht mehr genannt werden durfte, bevor sie etwa fünfzehnjährig als Kammerfräulein an den Berliner Hof gerufen wurde, wo sie ihrer gleichnamigen Patentante Sophie Charlotte von Brandenburg dienen sollte.

Sie kam rechtzeitig dort an, um 1697 Zeremonienmeister Bessers bisher größte Herausforderung mitzuerleben, den Besuch des russischen Zaren nämlich. Zwar hatte Peter, von dem man noch immer nicht ahnen konnte, dass er eines Tages «der Große» heißen würde, eher unabsichtlich das schlimmste Zeremonialproblem schon aus dem Weg geräumt, indem er inkognito reiste und also allen Gastgebern die Frage ersparte, welchen Rang um Himmels willen ein Zar habe. Leider nur trieb er es halb aus seltsamer Schüchternheit, halb aus Widerwillen gegen alles Zeremoniell mit dem Inkognito gleich wieder so weit, sich selbst unter dem Namen Peter Michajlow als eine Art unterster Unteroffizier in die Gesandtschaft einzureihen und so bloß im Gefolge des offiziellen Botschafters mitzureisen. Nun wäre die Idee, auf diese Weise ungestört und unerkannt zu bleiben, schon an sich nicht wenig rührend gewesen bei einem Mann, der mit einer Größe von knapp zwei Metern selbst heute noch auffiele, nach damaligen Maßstäben aber geradezu monströs riesig war, sich dabei ständig von vier Hofzwergen begleiten ließ und in ganz Ostmitteleuropa keine Handschuhe in seiner Größe finden konnte; dass er außerdem auch noch an nervösen Zuckungen des Gesichts und der Schulter litt, seit er als Kind einen blutigen Putsch miterlebt hatte, machte da schon fast keinen Unterschied mehr. Vor allem aber änderte Peters formales Inkognito nichts daran, dass er dennoch das faktische Haupt der Gesandtschaft war. Als die zuerst besuchten Schweden den Fehler begingen, ihn beim Wort zu nehmen, empörte er sich nach der Abreise, man habe ihn dreist ignoriert, und brachte das drei Jahre später als einen seiner Kriegsgründe gegen dieses Land vor. Unter solchen Bedingungen hätte es den begreiflicherweise nervösen Berliner Gastgebern im Grunde auf die Person des nominell vorgesetzten ersten Botschafters schon gar nicht mehr ankommen sollen, und einen Moment lang sagte ihnen sein Name auch wirklich nichts. Es brauchte einiges Nachfragen, bevor die zur Begrüßung des fremden Monarchen versammelten Dohnas und Danckelmanns begriffen, dass Seine Exzellenz, der außerordentliche Großbotschafter, Statthalter von Nowgorod und General-Admiral des allrussischen Reiches Franz Jakowljewitsch Lefort niemand anderes als der Genfer Apothekersohn François Le Fort war, mit dessen bourgeoiser Hooligantruppe sie sich damals im Genf der 1670er Jahre so lebhaft hatten herumschlagen dürfen und der inzwischen durch Vermittlung der mörderischen Prinzen von Kurland mit sichtbarem Erfolg in russische Dienste übergetreten war. Man geht wohl kaum zu weit, wenn man mutmaßt, dass diese Erkenntnis bei ihnen die barocke Version des Gefühls ‹Rundet die Sache irgendwie ab› hervorgerufen haben dürfte. Immerhin: Gemessen an diesen Ausgangsbedingungen verlief der Besuch selbst dann erstaunlich harmonisch. Die auch im hohen Alter noch neugierige Kurfürstin Sophie von Hannover empfing den Zaren wenig später und war begeistert: «Er ist ein recht gutter Herr und ser bös tharbey [dabei], wie es in sein lant brüchlich [gebräuchlich] ist; were er wol erzogen, würde er recht perfect sein, den er hatt viel gutte caliteten, viel verstandt.»

Wäre der Zar nur einige Monate später an den brandenburgischen Hof gekommen, so hätte Le Fort die Hälfte seiner alten Feinde gar nicht mehr angetroffen, denn schon zum Ende des Jahres 1697 stürzte Premierminister Eberhard Danckelmann je nach Betrachtungsweise über seine Außenpolitik, über ein Zeremonialproblem oder über die erfolgreichen Intrigen seiner altadeligen Feinde, an deren erster Stelle inzwischen die Dohnas standen. Niemand war froher über diesen Wechsel als Kurfürstin Sophie Charlotte, die Danckelmanns Macht über ihren Ehemann als Provokation empfunden hatte. Immerhin war ihr schon lange vor dem Sturz des Günstlings gelungen, was bei ihrer hannoverschen Schwägerin Sophie Dorothea so fatal schiefgelaufen war. Sophie Charlotte hatte sich nämlich nicht nur am brandenburgischen Hof, sondern auch in der Ehe mit dem mäßig hinreißenden Friedrich III. erträglich eingerichtet. Auch hier ist wieder ein Blick auf die Nachkommenschaft lehrreich, denn auf den 1688 geborenen Erbsohn (Kurprinz Friedrich Wilhelm) waren keine weiteren Kinder gefolgt, obwohl in diesen Zeiten hoher Kindersterblichkeit die Existenz nur eines einzigen Sohnes eine ausgesprochen fragile Absicherung der Thronfolge war; kaum ein zeitgenössischer Text schafft es denn auch, dieses Kind zu erwähnen, ohne sofort hinzuzufügen, wie «wertvoll für den Staat» es sei. Gut hatte ihm das nicht getan, und fast von Anfang an war seine Erziehung ein wesentlicher Schauplatz der höfischen Politik gewesen.

1695 war Kurprinz Friedrich Wilhelm wie alle Prinzen mit sieben Jahren «zu den Männern gekommen», also in jenem Alter, in dem nach damaliger Lehre die Vernunft einsetzte, von der hugenottischen Gouvernante einem hochadeligen Oberhofmeister und einem bürgerlichen Informator (d. h. Lehrer) übergeben worden. Der Oberhofmeister war Graf Alexander zu Dohna, der uns bereits als sechzehnjähriger Retter eines Freundes in Genf begegnet ist und der in brandenburgischen Diensten inzwischen eine schöne Karriere gemacht hatte; seine Verwandtschaft mit dem Herrscherhaus half dabei, wenn sie auch aufgrund des Standesunterschiedes zwischen einem Grafen und einem Kurfürsten nie mehr offen angesprochen werden durfte. Obwohl Premierminister Danckelmann ein Gegner Dohnas war, hatte er diese Ernennung nicht verhindern können, und umso wichtiger war es ihm gewesen, dafür wenigstens die anderen Posten besetzen zu können. Er machte folglich seinen eigenen Sohn zum Ersten Kammerjunker des Prinzen und seinen Protégé Cramer zum Informator. Leider war Cramers Treue zu Danckelmann anscheinend seine einzige positive Qualifikation; das reichte nicht aus, um Alkoholismus und eine beginnende Geistesstörung zu kompensieren. Die hochgebildete Kurfürstin, die sich nach damaligen Maßstäben ungewöhnlich stark für ihr Kind interessierte, veranstaltete mit dem Sohn zwar regelmäßige mündliche Prüfungen, merkte aber nicht, dass Cramer mit ihm vorher die richtigen Antworten auswendig gelernt hatte. Erst

Danckelmanns Sturz fegte 1697 auch seine Kreatur Cramer hinweg und ließ die schockierte Sophie Charlotte entdecken, dass ihr neunjähriger Sohn zwar auswendig lernen, aber offenbar noch nicht einmal bis zehn zählen konnte. Als neuen Informator engagierte Dohna einen Hugenotten namens Rebeur, der eben den wilden Ministerneffen Christoph Wilhelm von Brand «zivilisiert» hatte, und ernannte den dreizehnjährigen Brand gewissermaßen als Vorbild (oder weil er der Halbbruder von Sophie Charlottes Lieblingshofdame Pöllnitz war) gleich noch anstelle des ebenfalls entlassenen Danckelmann-Sohnes zum Kammerjunker. Leider kamen beide in vieler Hinsicht zu spät.

Der Kurprinz hatte sich daran gewöhnt, nicht verstanden zu werden und nichts zu verstehen; er war zutiefst frustriert und von einer Aggressivität, die im Kontrast mit seinem engelsgleichen Aussehen nur noch schockierender wirkte. Rebeur tat daher seine schwierige Arbeit im vollen Wissen darum, dass es im Wesentlichen an ihm lag, ob zwei Millionen Menschen in nicht allzu ferner Zukunft von einem ungebildeten sowie unkontrollierbar cholerischen jungen Mann regiert werden würden, und leider gelang sie ihm nicht vollständig. Die Bildungslücken zwar wurden so weit geschlossen, wie es nötig war (also nach Ansicht der intellektuellen Mutter nicht genug, was zum lebenslangen Frauenhass ihres Sohnes beigetragen zu haben scheint), aber das Temperament blieb gefährlich. Wenn der Hofprediger Ursinus wieder zu viel Zeremonie machte, erklärte der Prinz seinem Lehrer Rebeur, so einen würde er nach Spandau in die preußische Bastille werfen lassen, und als Rebeur das etwas übertrieben fand, erklärte Friedrich Wilhelm, ihn werde er bei schlechter Arbeit selbstverständlich auch dorthin schicken – eine Prophezeiung, die zwar an Rebeurs frühem Tod scheiterte, dann aber kurioserweise von Friedrich Wilhelms Sohn Friedrich dem Großen 1779 an Rebeurs Großneffen verwirklicht wurde, nachdem der als Kammergerichtspräsident ein missliebiges Urteil gefällt hatte.

Wenn man dem Kurprinzen zur Strafe einen kleineren Degen gab, wurde er erst recht wütend; wenn man ihm seine Flöte wegnahm, ließ er sich von seinem Lakaien Jochen heimlich eine neue schnitzen und schlug damit dann, wie es gerade jetzt vor der brandenburgisch-hessischen Hochzeit geschehen war, prompt den zivilisierten Kammerjunker von Brand auf die Nase. Unmittelbar danach hatte der inzwischen Elfjährige sich, als die Kammerfräulein seiner nach Kassel verheirateten Halbschwester auszuwählen waren, zum ersten Mal in die Hofpolitik eingemischt und damit sofort einen Streit zwischen seiner Mutter und dem Oberhofmeister Dohna ausgelöst. Dohna war Höfling genug, um das Ganze mit einem Brief an die Lieblingshofdame Pöllnitz zu bereinigen, und eng genug mit ihr verbündet, um sie in diesem an sich dienstlichen Brief mit «Schönste und charmante nächtliche Göttin» und «Euer Göttlichkeit» anzureden. Trotzdem wird die Entourage des wilden Prinzen aufgeatmet haben, als sie am Vorabend der Grumbkow'schen Hochzeit dabei zusahen, wie ihr Zögling gemäß seiner «brennenden Begierde zu allem, was nur dem Kriege gleichet» die von Oberst Schlund vorbereitete «fahrende Rackete» abschießen durfte und damit im Wassergraben der Berliner Stadtbefestigungen ein Feuerwerksschiff in Brand setzte, aus dem ein pyrotechnischer Overkill von Schwänen, Liebesengeln, Familienwappen und Feuerkrachern herausflog – endlich einmal eine Hofzeremonie, bei der der Kleine seine natürlichen Talente entfalten konnte.

In diesem einen Punkt immerhin verstand sich Kurfürstin Sophie Charlotte interessanterweise mit ihrem Sohn. Höfische Zeremonien langweilten auch sie, und es war ein boshafter Streich des dynastischen Schicksals gewesen, sie ausgerechnet zur Frau des zeremonialbesessenen Friedrich III. zu machen. Zum Glück war er zugleich sanft genug, um ihr den Rückzug in ein fast völlig separates Leben zu gestatten, solange sie nur bei den wichtigsten Veranstaltungen neben ihm saß und ihre Operetten oder Theateraufführungen in den Rahmen seiner Herrscherrepräsentation integrierte. Das Gros ihrer Zeit verbrachte Sophie Charlotte dagegen nicht nur in den separaten Gemächern, die eine Herrschergemahlin sowieso immer hatte, sondern vorsichtshalber auch noch in einer anderen Zeitzone: Während ihr Mann der damals üblichen Frühaufsteherei anhing, machte sie die Nacht zum Tage und stand nur gerade noch rechtzeitig zum hochfürstlichen Mittagessen auf. Ihr eigenes Hofpersonal langweilte sie zwar zum größeren Teil, weil die Oberhofmeisterin keinen Humor hatte und die meisten Kammerfräulein einschließlich der kleinen La Chevallerie «bloße Kinder» waren. Umso glücklicher war sie, dass wenigstens Henriette Charlotte von Pöllnitz ihren Humor und ihre Bildungsneugier teilte, und so unternahmen diese beide lange gemeinsame Spaziergänge im Schlossgarten des heutigen Charlottenburg, die ein gewisses Aufsehen erregten; die Hofdame las alle Briefe ihrer Herrin mit und galt als «mit dem mauhl sehr gefährlich». 1702 organisierte die Pöllnitz bei einem gemeinsamen Besuch in Hannover für ihre Herrin wieder eines ihrer höfischen Rollenspiele, wählte dafür aber in Abwesenheit des Gemahls ausgerechnet das Satyrikon des Petronius aus, eine altrömische Orgienparodie also, die später nicht ganz ohne Grund erst wieder von Fellini inszeniert worden ist. Was Sophie Charlottes hannoversche Familie begeisterte, war ihrem an sich sehr toleranten Mann nun doch etwas zu viel, und so schrieb Friedrich III. seiner Schwiegermutter einen unübersehbar nörgelnden Brief. Dass Fräulein von Pöllnitz großes Talent für die Darstellung unmoralischer Römerinnen habe, glaube er sofort, sie lese schließlich tagaus, tagein von nichts anderem und verstehe solche Sachen «also beßer als die Biebel. Möchte nuhr wünschen, dass sie sich auf etwas serieuses applicirte.»

Friedrich III. selbst hatte seit langem einen mehr als seriösen Plan verfolgt, und mit solcher Intensität verlangte es ihn nach dessen Erfüllung, dass er auch an jenem Sommerabend des Jahres 1700 daran gedacht haben wird, an dem er die Hochzeit seiner Tochter und zugleich die der Grumbkows feiern ließ. Europa genoss in jenem Sommer zum ersten Mal seit langem wieder Frieden, weil 1699 der Türkenkrieg und 1697 der neunjährige Krieg gegen Frankreich geendet hatten. Friedrich war das natürlich im Prinzip recht, wenngleich ein dauerhafter Frieden das Geschäftsmodell seines auf Soldatenvermietung gegründeten Staates empfindlich geschädigt hätte. Immerhin konnte man sich da auf die Konkurrenz der Mächte und Dynastien verlassen, die gerade vor Brandenburgs Haustür wiedererwachte, weil vor einigen

Monaten August der Starke von Sachsen-Polen sich mit dem Zaren und Dänemark gegen Schweden verbündet hatte. Aber es war nicht das, was den Kurfürsten am meisten irritierte. Viel fataler schien ihm, dass er bei den Friedensverhandlungen von 1697 endgültig die zeremonielle Gleichbehandlung seiner Diplomaten mit denen der Könige verloren hatte und also im Rang heruntergestuft worden war, während um ihn herum alle Welt sich verbesserte. War nicht sein Kurfürstenkollege August von Sachsen eben König in Polen geworden und sein Cousin Oranien König in England, während sein hannoverscher Schwiegervater Ernst August vom bloßen Herzog zum Kurfürsten aufgestiegen war und der bayerische Kurfürst nur knapp den spanischen Thron verfehlt hatte? War nicht überall Inflation der Ränge, bei der schon zurückfiel, wer sich nicht immer weiter erhöhte? Und warum sollte nicht auch er König werden können, wie sein neuer Oberkammerherr und Premierminister Graf Wartenberg es ihm einflüsterte? Schuldete er nicht seinem Haus, es zur königlichen Würde zu erheben? Sollte es nicht möglich sein, durch geschickte Diplomatie und Einsatz seiner Militärmacht Europas Zustimmung dafür zu gewinnen, dass er sein souveränes Herzogtum Preußen zum Königreich erklärte? Er würde König sein, er musste König sein, und es war nur eine Frage der Zeit, bis sich eine dynastisch-diplomatische Konstellation präsentieren würde, in der man ihn brauchte. Weil er in einer Welt lebte, in der nicht so sehr Religionen, Nationen oder gar Ideologien, sondern vielmehr Dynastien miteinander rivalisierten, waren die wichtigsten Weichenstellungen der internationalen Politik Erbschaften, das aber heißt: Todesfälle. Nicht alle freilich; solange es wie meistens eindeutige Erben gab, so lange war es ja gerade die Stärke des dynastischen Systems, dass alle Herrschaftswechsel vorausseh- und berechenbar blieben, ja dass sie nicht einmal viel änderten. Ob dieser oder jener Habsburger in Österreich, dieser oder jener Bourbone in Frankreich regierte, war für die Machtverteilung zwischen den Hauptakteuren durchaus egal. Gerade weil aber das Europa der Könige sich an diese Ordnung gewöhnt hatte, die es als gottgewollte Harmonie idealisierte, musste es umso schlimmere Folgen haben, wenn sie an uneindeutigen Erbverhältnissen zu scheitern drohte.

Der erste dynastische Todesfall dieses Jahres war den preußischen Ambitionen nicht förderlich – ganz im Gegenteil. Zwei Monate nach den Berliner Feierlichkeiten starb auf einer königlichen Burg weit im Westen ein gerade erst elf Jahre alt gewordenes Kind an Scharlach; in seinem Gehirn fanden die Ärzte Wasser, das im Nachhinein erklärte, warum der Junge in seiner Entwicklung immer etwas zurückgeblieben war. Hätte er gelebt, dann wäre Wilhelm von Dänemark, Herzog von Gloucester, eines Tages König von England geworden. Auf ihm allein hatten alle Hoffnungen der aristokratischen «Revolutionäre» von 1688 geruht, und falls er, wenn auch geistig verlangsamt, am Leben geblieben wäre, so hätten die Großen des Landes das nach all den vorangegangenen Erfahrungen mit mental uneingeschränkten Königen wohl eher als Erholung empfunden. Aber das englische Königshaus hatte immer noch kein Glück mit Kindern, und wie zum Hohn blieb letztlich ausgerechnet der kleine Prinz von Wales, den 1688 Lauzun ins französische Exil hatte retten müssen, das einzig überlebende Kind der jungen Generation. Wie das im Einzelnen kam, steht anderswo (Kapitel 15); hier reicht es zu wissen, dass nach Gloucesters Tod die direkte Linie der Revolutionäre von 1689 absehbar auf das Aussterben zusteuerte, dass im Interesse der Revolution also neue Erben eingesetzt werden mussten und dass dies natürlich Protestanten sein sollten. Weil jedoch fast alle Nachkommen früherer englischer Prinzessinnen inzwischen katholisch waren, blieb als nächste protestantische Erbin nur die alte Kurfürstin Sophie von Hannover, die als Tochter der Winterkönigin eine Enkelin Jakobs I. war. Der Parlamentsakt, der sie nach Wilhelm III. und seiner kinderlosen Schwägerin zur Erbin einsetzte, ließ zwar noch bis 1701 auf sich warten; dass es so kommen musste, konnte man jedoch schon unmittelbar nach dem Tod des unglücklichen Kindes absehen. Friedrich III. von Brandenburg hatte ein bemerkenswert gutes Verhältnis zu Sophie, die ja seine Schwiegermutter war, und so fielen seine Glückwünsche zum bevorstehenden Aufstieg auch fast ganz ehrlich aus. Zugleich aber musste er sich doch vom Schicksal regelrecht verspottet fühlen. Noch vor neun Jahren hatte das hannoversche Haus weit unter dem brandenburgischen gestanden, und es war provozierend genug gewesen, wie die Hannoveraner 1692 durch Erwerb der Kurwürde aufgeholt hatten. Nun aber sollten selbst diese Parvenus ihn in ganz absehbarer Zeit sogar noch zu königlichem Rang überholen? Friedrich III. fasste es nicht und sah sich nur umso mehr in seinem Plan bestätigt, nun auch selbst um fast jeden Preis eine Königskrone zu erwerben.

Drei Tage nach dem Tod des englischen Prinzen beriet sich Kurfürst Friedrich auf dem ehemaligen Dohna- und Grumbkow-Schloss Schönhausen bei Berlin mit seinen Ministern. Aus Wien waren die Bedingungen eingetroffen, unter denen der Römisch-Deutsche Kaiser bereit wäre, Friedrich als König seines souveränen Landes Preußen anzuerkennen, und sie waren hart. Zugleich war jedoch der Kaiser der Schlüssel zum Erfolg des Königsplans, weil er nicht nur der nominelle Oberherr aller übrigen Territorien des Kurfürsten war, sondern weil er ja auch immer noch den Anspruch erhob, Erbe des ganzen römischen Reiches zu sein. Frühere Kaiser hatten im Mittelalter daher mehrfach andere Herrscher zu Königen erhoben, und wenn auch Friedrich großen Wert darauf legte, sich selbst und allein zum König zu krönen, war doch die kaiserliche Zustimmung unzweifelhaft das Wichtigste. Die Minister waren zögerlich geblieben, aber Friedrich entschied, dass man sich auf Verhandlungen mit Wien einlassen werde, auch wenn das bedeutete, dem Kaiser mittels eines Bündnisses den größeren Teil des brandenburgischen Heeres für den nächsten großen dynastischen Streit zur Verfügung zu stellen.

Die damalige Römisch-Kaiserliche Majestät, Leopold I., zu allen Zeiten Mehrer des Reiches, in Germanien, zu Ungarn, Böhmen, Dalmatien, Kroatien und Slawonien König, war ein kleiner, schüchterner Mann, neben dem noch der verwachsene Brandenburger wie Herkules und Adonis zugleich gewirkt hätte (selbst der hyperkorrekte adelige Archivar, bei dem ich einst einen Hilfswissenschaftskurs absolvierte, konnte sich beim Vorzeigen einer Medaille mit dem Porträt dieses Kaisers den fast empörten Ausruf «Der sieht doch aus wie ein Affe!»

nicht verkneifen, womit er auf den in der Tat spektakulären habsburgischen Unterbiss des Monarchen verweisen wollte). Ein französischer Botschafter hatte mit dem unscheinbar schwarz gekleideten Kaiser einmal eine halbe Stunde allein im Audienzzimmer gesessen, bevor er begriff, dass das die Majestät war und nicht nur irgendein zum Mobiliar gehörender Sekretär. Andererseits: Wehe dem, der die Sekretäre unterschätzte! Der Reichskanzleisekretär Caspar Florentin von Consbruch war einer der wichtigsten Männer der Wiener Regierung, weil fast nur er – und auch er nur an guten Tagen – die Handschrift seines scheuen Monarchen lesen konnte. Zum Glück hatte er den Brandenburgern bereits kooperativ seine Bestechungsbereitschaft angedeutet, und eben erließ der Kurfürst daher den Befehl, Consbruchs bielefeldischem Schwager Steuervorteile ohne Ende zukommen zu lassen.

Wäre es je zum einst scherzhaft angebotenen Zweikampf Ludwigs XIV. mit Leopold I. gekommen, so hätte der riesenhafte Sonnenkönig seinen Gegner vermutlich einfach in der Mitte durchgebrochen. Aber in diesem unscheinbaren Körper steckte nicht nur ein italianophiler und musischer Geist, der 234 Musikstücke und 17 Bände Ballettkompositionen hinterließ. Der alte Kaiser war auch die Verkörperung des Hauses Österreich, der Casa de Austria, des Allerhöchsten Erzhauses, das damals noch niemand nach seinen allzu bescheidenen Anfängen Habsburg zu nennen sich getraut hätte und das seit Jahrhunderten über ein namenloses Länderkonglomerat herrschte, welches einfach ‹die Erblande› oder ‹die Monarchie› hieß. Die Bürde dieses Erbes lastete auch deshalb schwer auf ihm, weil seit fünfunddreißig Jahren kaum ein Tag vergangen war, der ihn nicht an die große Aufgabe erinnert hätte, seinem Hause die spanische Krone zu erhalten. Die spanische Linie des Hauses Österreich nämlich stand seit langem vor dem Erlöschen, weil sie nur noch von Karl II. verkörpert wurde, der nicht nur Leopolds x-facher Cousin, direkter Neffe und doppelter Schwager war, nicht nur kränklich und geistig zurückgeblieben, sondern auch – und nur das war das Problem – offensichtlich impotent. Seit fünfunddreißig Jahren wartete man auf seinen Tod und fragte sich, wer ihm folgen sollte. In Deutschland wäre das einfacher gewesen. Aber in Spanien durften wie in England auch Töchter die Krone erben, und da unseligerweise beide Schwestern des spanischen Königs in unterschiedlich ungültigen Heiratsverträgen auf das Erbe verzichtet hatten, gab es nun drei denkbare Erben, deren Ansprüche sich alle etwa gleich gut begründen ließen: der lethargische Dauphin, ältester Sohn Ludwigs XIV. (als Sohn der älteren Schwester), der kindliche Kurprinz Joseph Ferdinand von Bayern (als Enkel der jüngeren Schwester, die man aus dem Velázquez-Bild «Las meninas» kennen kann) und Leopold I. (als Sohn einer Tante, die bei Ausfallen beider Schwestern die nächste Erbin gewesen wäre). Da die Vereinigung des bankrotten, aber immer noch riesigen spanischen Imperiums mit den Großmächten Frankreich oder Österreich außerhalb von Versailles und Wien niemandem wie eine gute Idee vorkam, hatten die übrigen Länder Spanien 1698 dazu gebracht, als harmlosen Kompromisskandidaten den sechsjährigen Bayern zum Kronprinzen zu bestimmen. So hatte es eine Weile ausgesehen, als hätte man zur Abwechslung einmal eine dynastische Zeitbombe intelligent entschärft. Aber auch dieses zur Krone bestimmte Kind sollte seine Thronbesteigung nie erleben. Der kleine Prinz erkrankte an Gallenblasenentzündung und Meningitis, die die ratlosen Ärzte mit einem Generalangriff von Schmerz-, Herz-, Schlaf-, Abführ- und Stärkungsmitteln sowie einer Diät aus Backhendln, gebratenen Täubchen und Zuckermilch zu heilen versuchten, und starb am 6. Februar 1699, noch bevor er seinen siebten Geburtstag erreicht hatte. Schon schwebte von neuem das Damoklesschwert eines großen Krieges über Europa.

Erneut stürzten sich die Diplomaten also in komplizierte Verhandlungen. Briten und Holländern gelang es, sich mit Frankreich auf eine Teilung der spanischen Monarchie zu einigen, bei der ein jüngerer Sohn Leopolds den größeren Teil des Erbes erhalten hätte und also Spanien weder mit Frankreich noch Österreich vereinigt würde. Der junge Ludwig XIV. hatte 1667 wegen einiger Festungen an der Grenze des spanischen Belgien eine jahrzehntelange Serie von Kriegen vom Zaun gebrochen; der alt gewordene Sonnenkönig hatte daraus gelernt und gab sich mit einem relativ bescheidenen Erbanteil zufrieden. Zu diesem Anteil gehörte jedoch auch das Herzogtum Mailand, und weil Frankreich von dort aus Österreich direkt hätte angreifen können, war es jetzt der sanftmütige und unkriegerische Kaiser, der sich querstellte; nach über dreißig Jahren französischer Expansion und Aggression traute er Ludwig alles zu. Lieber sollte Europa erneut in Trümmer fallen, lieber sollte das isolierte und ruinierte Österreich gegen Frankreich, England und die Niederlande Krieg führen, als dass dem allerhöchsten Erzhaus ein so wichtiger Teil des Erbes vorenthalten bliebe. Brandenburg aber ließ sich für eine Königskrone als einziger Alliierter auf diesen Plan ein, der selbst nach damaligen Maßstäben an der Grenze zum Irrsinn stand. Nur ein Wunder konnte diese beiden verblendeten Mächte jetzt noch vor dem selbstverschuldeten Untergang retten.

Der erste Teil des Wunders kam aus Spanien. So ausgebrannt war die ehemalige Weltmacht, dass sich in all den Verhandlungen niemand mehr besonders um ihre Meinung gekümmert hatte. Als aber die Nachricht vom Teilungsplan Madrid erreichte, erhob sich im spanischen Hof- und Staatsadel ein solcher patriotischer Aufschrei, dass selbst der geistesschwache Karl II. begriff, was auf dem Spiel stand. Dieses unglückliche Kind aus der Ehe von Onkel und Nichte war erst achtunddreißig Jahre alt, aber er lag im Sterben, und so führten diskrete Höflinge Karls Hand, als er ein Testament verfasste, das erkennbar bald zur Wirkung kommen würde. Obwohl niemand genau wusste, was darin stand, schlug schon die bloße Nachricht von seiner Existenz überall wie eine Bombe ein.

In Wien wurde man mit Blick auf die beim Tod des Spaniers bevorstehende Explosion so panisch, dass man den brandenburgischen Diplomaten in aller Eile massiv entgegenkam; am 16. November 1700 wurde eine Defensiv- und Offensiv-Allianz zwischen Leopold I. und Friedrich III. geschlossen, die die kaiserliche Zustimmung zum Königstitel enthielt und in Berlin nicht nur, aber auch den braven Zeremonienmeister Besser zum Rotieren brachte. Seit zehn Jahren hatte er im Auftrag des Kurfürsten seine ganze Arbeitskraft darauf verwendet, der Welt zu beweisen, dass Kurfürsten genauso ranghoch wie Könige seien, und nun änderte sich der Arbeitsauftrag von einem Tag zum anderen dahingehend, dass er in Zukunft bitte die grenzenlose Überlegenheit der großartigen Könige über die nichtigen Kurfürsten zu belegen habe; so konnte er schon mal anfangen, ein komplett neues Hofzeremoniell auszuarbeiten, während er nebenher versuchte, möglichst alle seine gelehrten Abhandlungen der letzten zehn Jahre aufkaufen und einstampfen zu lassen. Kurfürst Friedrich III. von Brandenburg würde König Friedrich I. von Preußen werden, aber er wurde es unter Bedingungen, die ihm zwar Widerstand ersparten, seinem pompösen Temperament jedoch wenig entgegenkamen: Er würde sich krönen, während sich gleichzeitig die tektonischen Platten verschoben, auf die das Europa der Könige gebaut war, und so würde sich außerhalb Brandenburg-Preußens kein Schwein für diese Krönung interessieren. Nur in Hessen-Kassel hatte Friedrichs Rangerhöhung einen unmittelbaren Effekt, weil dort seine zusammen mit den Grumbkows verheiratete Tochter Luise Dorothea aus Berlin den Befehl erhielt, als nunmehrige Königliche Prinzessin der Schwiegermutter keinen zeremoniellen Vortritt mehr zuzugestehen; die junge Frau musste daraufhin ein halbes Jahr lang mehr oder weniger auf ihrem Zimmer bleiben, bevor ein komplizierter Kompromiss es den Mitgliedern des landgräflichen Hauses erlaubte, sich wieder gemeinsam in einem Raum aufzuhalten.

Am Morgen desselben 16. November 1700, an dem in Wien die preußische Krone erschaffen wurde, bat in Versailles Ludwig XIV. den spanischen Botschafter in sein Arbeitskabinett, um ihm das Schicksal des spanischen Imperiums zu verkünden. In Wien würde man die Nachricht vom Tode Karls II. von Spanien erst drei Tage später erhalten, aber in Versailles hatte man sie schon seit einer ganzen Woche, weil alle aus Spanien kommende Post seit langem routinemäßig geöffnet wurde. Der gealterte Sonnenkönig hatte folglich eine Woche lang Zeit gehabt, um über das Testament des Verstorbenen nachzudenken und über das fast tragische Dilemma, in das es ihn versetzte. Karl II. hatte Ludwigs zweitgeborenen Enkel Anjou zu seinem Erben eingesetzt, damit aber die Bedingung verbunden, Anjou dürfe das spanische Erbe nur ungeteilt antreten, was darauf hinauslief, durch Bruch des Teilungsvertrags einen erneuten Krieg gegen halb Europa zu riskieren. Falls dagegen Anjou den Teilungsvertrag respektieren wollte, solle an seiner Stelle der jüngere Sohn Leopolds I. König eines ungeteilten Spanien werden. In dreiunddreißig Jahren und um den Preis Hunderttausender Menschenleben hatte Ludwig XIV. endlich gelernt, dass Krieg auch für Europas größte Macht ein Fluch war, und genau jetzt, wo er sich nichts sehnlicher als Frieden wünschte, stellte das spanische Testament ihn vor eine Wahl, die einen in seiner Welt gefangenen frühneuzeitlichen Herrscher zerreißen musste. Er konnte entweder für seine Dynastie auf das heiligste aller ererbten Rechte verzichten und ein Imperium, in dem immer noch die Sonne nicht unterging, seinem schlimmsten Feind übergeben, also genau jenem Haus, mit dem Frankreich seit 1477 in ununterbrochenem Konflikt stand und das es dann wieder von allen Seiten umklammern würde. Die Alternative bestand darin, das Erbe für seinen Enkel anzunehmen, den Teilungsvertrag zu brechen, sich auf den unvermeidlichen Angriff Österreichs vorzubereiten und zu hoffen, dass die spanische Erbfolge des jüngeren französischen Prinzen Anjou (also die Etablierung zweier getrennter Bourbonen-Linien in Frankreich und Spanien) die Ängste Englands und Hollands ausreichend beruhigen würde. Es lässt sich buchstäblich keine andere Konstellation denken, in der Ludwig noch einmal Krieg riskiert hätte. Aber diesen riskierte er, indem er dem spanischen Botschafter seinen Enkel Anjou zeigte und ihm erklärte: «Sie können jetzt Ihren König grüßen.» Das Prinzip der vererblichen Herrschaft hatte noch einmal über jedes andere Argument triumphiert.

Für einen Moment lang schien Versailles wie verzaubert. Als der König die Türen zur Spiegelgalerie öffnen ließ und den wartenden Höflingen seine Entscheidung verkündete, brachen sie in Tränen und Umarmungen aus. Nie zuvor hatte sich irgendjemand Wichtiges ernsthaft für den sechzehnjährigen Herzog von Anjou interessiert, der ja nur ein zweitgeborener Ersatzprinz war. Jetzt umarmten ihn seine Brüder, während der Dauphin, sein normalerweise wortloser Vater, große Freude darüber ausdrückte, dass er als erster Prinz in der Geschichte Europas sagen könne: «Mein Vater, der König, und mein Sohn, der König». Man beachte, welch dunkle Zukunft für ihn selbst so ein Satz in jedem ordentlichen Drehbuch andeuten müsste; mal sehen, wie das in der Realität ausging. Alle waren wie berauscht, und nur der österreichische Botschafter durfte sich ausgesprochen fehl am Platz fühlen. Er hatte in der Galerie auf eine Audienz gewartet, um Ludwig XIV. triumphal die Geburt des langersehnten ersten Kaiserenkels in Wien mitzuteilen, erfuhr nun aber, wie völlig egal das dem Hof von Versailles sein konnte. Wir immerhin notieren im Vorbeigehen einen zusätzlichen Grad des Irrsinns: Das allerhöchste Erzhaus in Wien war bereit, für das spanische Erbe einen Krieg zu entfesseln, während es selbst bisher nur aus dem Kaiser und zwei Söhnen bestanden hatte. Die das Erbe antreten wollten, standen also selbst schon allzu nahe an jenem Aussterben, das dann innerhalb nur einer Generation tatsächlich erfolgen sollte, und so drohte sich mit dem jetzt beginnenden Erbfolgekrieg nur die Konkursmasse zu vergrößern, um die dann gleich darauf der nächste Krieg hätte geführt werden müssen. Der am 29. Oktober 1700 geborene kleine Erzherzog Leopold Joseph war die Hoffnung der ganzen Monarchie und wurde doch nur neun Monate alt; praktisch kein Geschichtsbuch verzeichnet heute auch nur noch seinen Namen.

Der spanische Botschafter indessen erklärte jetzt umso euphorischer, mit diesem glücklichen Tag seien die Pyrenäen geschmolzen, und während beim feierlichen Abendessen die diensthabenden Junker vom Becher immer abwechselnd «Zu trinken für den König» und «Zu trinken für den König von Spanien» riefen, gestand Ludwig XIV. ihm, dass all das sich wie ein Traum anfühle. Wir lassen ihn einen Moment träumen und halten inzwischen am Beispiel dieser Trinkrufe fest, wie der König von Frankreich für seine Untertanen so sehr der König schlechthin war, dass «von Frankreich» hinzuzusagen ihnen wie eine beleidigende Relativierung seines Ranges vorgekommen wäre – keine leichtfertige Behauptung, sondern experimentell beispielsweise von einem lothringischen Bibliothekar getestet, der einige Jahrzehnte später in einer Pariser Kneipe vom «König von Frankreich» zu sprechen wagte und dafür sofort verprügelt wurde. Nur eine einzige Redeweise wäre den Zeitgenossen noch bizarrer vorgekommen – die nämlich, bei der man den Vornamen des Herrschers mit erwähnt hätte. Allein die Briten mussten das nach 1688 gezwungenermaßen tun, weil man im politisch zerrissenen Land sonst nie gewusst hätte, ob mit «God Save the King» gerade wirklich auf den amtierenden Wilhelm bzw. Georg angestoßen wurde oder nicht doch auf den vertriebenen Jakob und seine Erben.

Das Schrecklichste an allem Folgenden ist vielleicht, dass der drohende Krieg sich mit nur etwas Mäßigung mindestens hätte eingrenzen, ja womöglich sogar ganz vermeiden lassen können, weil die gefährlichsten potenziellen Gegner Ludwigs XIV. von den vorangegangenen Kriegen so erschöpft waren. Aber das war nun eben das zweite und bittere Wunder, welches Österreich und Brandenburg-Preußen vor der Niederlage bewahrte: Dem Sonnenkönig stieg das traumhafte spanische Erbe so zu Kopf, dass er alle seine guten Vorsätze vergaß. Während der brandenburgische Kurfürst sich am 18. Januar 1701 in Königsberg zum König von Preußen krönte; während der junge Herr von Grumbkow mit der Ernennung zum königlich preußischen Obermundschenk seinen ersten Schritt zu einer dramatischen Karriere als politischer Trinker tat; während die englische Politik sich damit abfand, eine kaum bekannte deutsche Dynastie auf den Thron zu berufen; während Anjou, der jetzt Philipp V. von Spanien hieß, aber noch immer kein Wort Spanisch verstand, in Bayonne an der spanisch-französischen Grenze bei Madame de Monacos Bruder Gramont zu Gast war und sich auf der Zuschauertribüne eines Stierkampfs vom Herzog von Osuna erklären ließ, ab welchem Grad der Vornehmheit spanische Edelleute seine königliche Hand küssen dürften – während all das geschah, nahm Ludwig XIV. die Zügel des bröckelnden spanischen Imperiums so überdeutlich direkt in die Hände, als wollte er der Welt beweisen, dass sein melancholisch frommer Enkel Philipp wirklich nur eine Marionette Frankreichs war. Er provozierte mit einer Reihe von Maßnahmen die Niederländer und die Briten so sehr, dass diese allen anfänglichen guten Willen wieder verloren und sich schließlich dem Kaiser anschlossen, dessen Heer bereits in Spanisch-Norditalien eingefallen war. Am 7. September 1701 schlossen die «Seemächte» England und Holland mit dem Kaiser (und also mit Preußen) ein Bündnis, um den Franzosen aus Spanien vertreiben und durch Leopolds jüngeren Sohn Erzherzog Karl zu ersetzen. Noch freilich war dieses Bündnis in der extrem polarisierten englischen Politik sehr umstritten und drohte zu fallen, sobald der sterbende Wilhelm III. nicht mehr da wäre. Aber noch vor Wilhelm starb nur neun Tage nach Abschluss der Allianz am 16. September 1701 in Saint-Germain-en-Laye zuerst ein anderer König von England, Schottland und Irland: Jakob II. Wenn man bedenkt, dass der resignierte Exilant politisch seit langem nahezu bedeutungslos geworden war, dann kann man es nur als Ironie des Schicksals empfinden, dass er ausgerechnet mit seinem Tod noch einmal unglaubliche politische Wirkung entwickelte. Der Tod dieses unglücklichen Cousins berührte Ludwig XIV. nicht nur, er veranlasste ihn auch dazu, dem Sterbenden großmütig etwas zu versprechen, was die fatalste all seiner schönen Gesten werden sollte. Am 20. September fuhr Ludwig von Versailles nach Saint-Germain und machte bei Jakobs Sohn, dem 1688 von Lauzun geretteten bisherigen Prinzen von Wales, einen Kondolenzbesuch, bei dem er ihm alle königlichen Ehren erwies. Indem er den Dreizehnjährigen als König Jakob III. anerkannte, brach er jedoch nach Ansicht des Auslandes den Friedensvertrag von 1697 und überzeugte die britische Aristokratie endgültig davon, dass nur ein Krieg gegen Frankreich sie vor jener Rückkehr der Stuarts oder «Jakobiten» bewahren konnte, die so viele von ihnen die Freiheit, den Besitz und vielleicht das Leben gekostet hätte. So hatte das Prinzip der bedingungslosen Thronvererbung gleich doppelt einen neuen Krieg ausgelöst, den keiner wirklich wollte und der doch strukturell nur konsequent war.

In der frühen Neuzeit war es ein allgemein anerkanntes Prinzip, dass man nur innerhalb des eigenen Standes sowie der eigenen Religion heiraten durfte, was auf die Könige angewandt dann eben bedeutete, dass beispielsweise eine spanische (also katholische) Königstochter nur in maximal zwölf Familien einheiraten konnte – eine wohlgemerkt theoretische Höchstzahl, die nicht einmal erreicht wurde, weil die 27 zwischen 1517 und 1931 verheirateten spanischen

Königstöchter realiter sogar nur in insgesamt sieben Familien einheirateten. Sobald nun in einem Land die direkten männlichen Erben fehlten, musste das Nachfolgerecht in der weiblichen Linie zwangsläufig an ein anderes Herrscherhaus fallen und also ein Land mit einem anderen vereinigt werden; über die Jahrhunderte mussten so immer größere Einheiten entstehen, bis am logischen Endpunkt alle Staaten unter der Herrschaft einer Dynastie vereinigt gewesen wären. Gleichzeitig standen aber alle Dynastien und damit die um sie herum sich kristallisierenden Staaten in dauernder schärfster Konkurrenz, und so wurde der Machtzuwachs des einen von den anderen notwendigerweise als Bedrohung aufgefasst. Gegen diesen unwillkommenen Machtzuwachs militärisch anzukämpfen, fiel rivalisierenden Mächten aus zwei Gründen leicht. Erstens waren die Prinzipien der monarchischen Thronvererbung in einer Zeit ohne geschriebene Verfassungen fast nirgendwo restlos eindeutig festgelegt, sobald der Idealfall «direkte männliche Erbfolge» ausblieb. So konnten sie meistens nur durch das Schaffen von Präzedenzfällen experimentell ermittelt werden – das jedoch forderte alle Beteiligten geradezu heraus, um das Erbe zu kämpfen und dann nach dem militärischen Sieg die juristische Begründung nachzureichen. Zum anderen musste man diese juristische Begründung in der Regel aber noch nicht einmal besonders zynisch erfinden, denn infolge der engen Heiratskreise stammte ja fast immer auch mindestens einer der rivalisierenden Herrscher in weiblicher Linie von der jetzt zu beerbenden Dynastie ab. Wer diesen Gegenkandidaten unterstützte, konnte sich daher selbst dann, wenn er eigentlich nur den Machtzuwachs seiner Feinde bekämpfte, stets auf das gottgewollt über den Menschen stehende Erbprinzip berufen. In einer Gesellschaft, in der vom kleinsten Bauern bis zum höchsten Adeligen praktisch ständig um Besitz und Erbe prozessiert wurde, war dies eine wichtige Legitimation, die einem einfachen Eroberungskrieg gefehlt hätte. Wirklich tragisch und fast schon tragikomisch war jedoch, dass man die solcherart entstandenen Kriege nicht einfach mit Kompromiss und Friedensvertrag abschloss, wie es etwa 1659 zwischen Frankreich und Spanien geschehen war, nachdem sie wieder einmal vierundzwanzig Jahre Krieg um eine seit 1477 umstrittene Erbschaft geführt hatten. Um den Frieden noch ganz besonders abzusichern, hatte man vielmehr Ludwig XIV. mit der ältesten spanischen Infantin Maria Theresia verheiratet. Um zu verhindern, dass dadurch Spanien eines Tages an Frankreich fallen könnte, ließ man sie als Gegenleistung für die Mitgift einen Erbverzicht unterschreiben, der nach allgemeiner Ansicht sowieso schon problematisch war, weil das heilige Recht der königlichen Abstammung nicht einfach durch einen Federstrich aufgelöst werden könne. Um die leere spanische Staatskasse zu schonen, verzichtete man dann auf die Auszahlung dieser Mitgift – und gab so den Franzosen den perfekten Vorwand, die Verzichterklärung später als ungültig zu betrachten. Um schließlich das Gleichgewicht der Bündnisse aufrechtzuerhalten und die Thronfolge statt Frankreich lieber den österreichischen Cousins zukommen zu lassen, verheiratete man zuletzt die zweite spanische Infantin wie schon in der Generation zuvor mit dem Kaiser in Wien – und garantierte so, dass Frankreich im Erbfall einen mächtigen Rivalen haben würde. Es waren also, anders gesagt, einerseits alle diese Einzelschritte vollkommen logisch und andererseits doch genau das, was auch der hätte tun müssen, der den nächsten Erbfolgekrieg hätte auslösen wollen. Jetzt, im Herbst 1701, war es so weit.

Wir haben gesehen, warum Preußen von Anfang an am Spanischen Erbfolgekrieg teilnahm. Wie in allen kriegführenden Monarchien lief das Hofleben weiter. Der frischgebackene König, der nun als solcher Friedrich I. hieß, repräsentierte mit Bessers Hilfe, baute Berlin zur großen Königsstadt aus und schenkte dem Premierminister Wartenberg, weil der die Königswürde herbeiverhandelt hatte, zum Symbol seiner ewigen Dankbarkeit ein Herz aus Bernstein. Sophie Charlotte fand sich in verspäteter Erfüllung des Liedchens aus ihrer Kindheit doch noch als Königin wieder und trug den verschärften Zeremonialbetrieb mit Fassung, bis sie 1705 bei einem Besuch in Hannover starb. Sie war erst sechsunddreißig, und ihre letzten Worte sollen den beiden Kammertürken gegolten haben: «Adieu Hassan, adieu Aly». Alle Welt nahm an, sie habe ihre Lieblingshofdame Pöllnitz im Testament reich bedacht, doch falls das so war, dann wusste der königliche Gemahl die Ausführung erfolgreich zu verhindern: Jedenfalls ging Fräulein von Pöllnitz immer noch recht mittellos und für den Rest ihres Lebens an den hannoverschen Hof, wo sie die Mutter der Verstorbenen trösten konnte. Ihr Halbbruder, der zivilisierte Herr von Brand, war währenddessen 1702 vom vierzehnjährigen Kronprinzen aus einem Fenster des Königinnenschlosses Charlottenburg geworfen worden und konnte von Glück reden, dass er sich nur den Arm gebrochen hatte. Immerhin war dieser unbeabsichtigt zu weit gegangene «Scherz» selbst dem Kronprinzen so peinlich, dass er seine Erzieher ehrlich zerknirscht (und erfolgreich) darum bat, den Vorfall vor seinen Eltern zu verheimlichen; die Erfahrung mag dazu beigetragen haben, dass er in den nächsten Jahren doch wenigstens ein Minimum an Selbstbeherrschung entwickelte. 1706 verheiratete man den immer noch erst Achtzehnjährigen, weil sein Status als einziger Sohn das Land nervös machte und man baldige Nachkommen erhoffte. Der königliche Vater nutzte diese Hochzeit ebenso wie zuvor schon das Begräbnis seiner Frau, um mit im Wortsinne unbezahlbarem Pomp den Königsrang seines Hauses zu demonstrieren, und es kann die Abneigung des Sohnes gegen solchen Prunk kaum gebremst haben, wenn jetzt selbst die hochzeitsgeschenkten Nachttöpfe aus edelstem Material waren (auch Tante Elisabeth Charlotte von Orléans, die aus Versailles ja einiges gewöhnt war, fand das verwunderlich: «Mich deücht, laq undt porcelaine seindt zu saubere sachen, umb vor ein kackstuhl zu dienen, es müste den ein schauscheiß sein»). Zum Glück gefiel ihm wenigstens die Braut, die man aus weltweit vier standesgemäßen Kandidatinnen für ihn ausgewählt hatte. Es war seine stolze hannoversche Cousine Sophie Dorothea, die Tochter der in Ahlden eingesperrten Kurprinzessin, für die vor dreizehn Jahre zuvor Graf Königsmarck so schöne Kartenhäuser gebaut und die schon damals am Tisch neben der zukünftigen Frau von Grumbkow gesessen hatte. Nun trafen sie sich in Berlin wieder, und jeden Winter über war auch Obermundschenk Grumbkow mit von der Partie. Jeden Sommer aber war Krieg.

KAPITEL 9

«I really believed there would be no battle at all»

⚜

MALPLAQUET, 10. SEPTEMBER 1709

Grumbkow wäre gerne langsamer gegangen, aber das konnte man vergessen, wenn der Kronprinz von Preußen und der Erbprinz von Hessen-Kassel direkt hinter einem liefen, ungeduldige große Herren, die niemand aufhielt. Zur Linken und zur Rechten standen die Bäume des Waldes von Sars so weit auseinander, dass man im herbstlichen Nachmittagslicht in fast alle Richtungen sehen konnte, und nur am oberen Ende des Wäldchens, das sie jetzt fast schon erreicht hatten, schnitt das ansteigende Gelände ihnen die Sicht genau da ab, wo Grumbkow sie am liebsten gehabt hätte. General Cadogan schien das nicht zu kümmern, der mit eifrigen Adjutanten neben ihnen herlief und seine Anweisungen in üblem Französisch gab (anglo-irischer Rechtsanwaltssohn, was will man verlangen: Immerhin, sein Großvater mütterlicherseits soll ein Edelmann gewesen sein und einer der Königsmörder von 1649); eben erklärte der General, Scipio Africanus habe bei Utica dasselbe getan wie jetzt er. Der ganze Wald war durch seltsame Farbtupfer verfremdet, die auch das links angrenzende Stoppelfeld zierten, dunkelblaue, weißgoldene und scharlachrote Röcke, dazu blonde, weiße, dunkelbraune Perücken unter riesigen Filzhüten, die sich im Regen garantiert auflösten, kurzum die für den Kampf denkbar ungeeignetste Kleidung, an der man ihre Träger als Offiziere erkannte. Zu Dutzenden bewegten diese gefährlichen Schmetterlinge sich auf das obere Ende des Waldes zu, plauderten französisch, deutsch, niederländisch, englisch, wiesen einander auf die überraschende Festigkeit des Sumpfbodens am Waldrand hin oder auf die kleine bäuerliche Steinmauer, neugierig und nervös. Dann waren sie am Ziel und standen vor den aus Holz und Erde eilig zusammengezimmerten Verschanzungen, aus denen ihnen mit kaltem Blick Graf Zenobio Albergotti entgegenkam.

Albergotti stand als ranghoher Generalleutnant in der Hierarchie der französischen Flandern-Armee an fünfter Stelle. Er war der Chef des italienischen Leibregiments der französischen Krone, ehemaliger Offizier der Leibgarde Ludwigs XIV. sowie verlässlicher Freund immer der gerade wichtigsten Höflinge, weil sein Onkel als Neffe der Schwägerin von Kardinal Mazarins Lieblingspapst in Frankreich eine große Söldnerkarriere gemacht und ihn dann nach sich gezogen hatte. Niemand hätte weniger geeignet sein können für die Unterhaltung, die Cadogan mit ihm führen wollte – oder genauer gesagt wohl für jede Unterhaltung, da er dafür bekannt war, manchmal tagelang kein Wort zu sprechen; einmal soll er seine befreundeten Mitreisenden in einer engen Kutsche während der gesamten Fahrt von Paris nach Lille angeschwiegen haben. Zum Glück war es Albergotti selbst gewesen, der Cadogan und die Prinzen hatte sehen wollen, nachdem die ersten alliierten Offiziere vor seinen Befestigungen aufgetaucht waren, und zum noch größeren Glück konnte Cadogan notfalls auch für zwei reden.

Man stellt sich Berufssoldaten ja gerne als wortkarge Haudegen vor, was aber für die Frühneuzeit noch einmal besonders irreführend wäre. Eben weil in dieser Gesellschaft nahezu niemand seinen Beruf frei wählen konnte, war sie auch voll von Geistlichen, Gelehrten und Offizieren, deren Temperament und Interessen mit dem Berufsideal nichts zu tun hatten und die alles andere lieber gewesen wären. Der als vollkommen legitim und selbstverständlich empfundene Klientelismus der Zeit machte jedoch den Seiteneinstieg in attraktive Berufsfelder extrem schwierig, und so blieb jungen Männern in der Regel gar keine andere Wahl, als das Beziehungskapital ihrer Eltern auszunutzen. Das aber reichte meistens nur dafür, dasselbe zu werden wie sie, weil eben beispielsweise ein Pfarrer viel mehr Pfarrer als Offiziere kannte. Aristokraten hatten zwar aufgrund ihrer höheren Positionen sehr viel mehr solches Beziehungskapital und konnten daher auch in alle Berufsfelder hineinwirken, um z. B. die Karriere eines Pfarrers oder Beamten zu fördern (oder zu ruinieren). Für ihre eigenen Kinder aber brachte ihnen das nichts, denn aufgrund ebendieser hohen Stellung waren ja für den Adel nur noch etwa fünf Berufe überhaupt standesgemäß, sodass die Söhne auch hier wieder in Laufbahnen gedrängt wurden, die ihnen im Einzelfall durchaus zuwider sein konnten. Schließlich aber waren die Grenzen zwischen den Berufsfeldern gerade des Adels ohnehin noch extrem flüssig, wofür der achtunddreißigjährige Kleinadelige Cadogan kein schlechtes Beispiel abgab. Wer weiß, ob er sein rhetorisches Talent während des kurzen Studiums am Trinity College von Dublin entdeckt hatte oder doch erst später, als er parallel zu seiner Militärkarriere britischer Gesandter in den Niederlanden wurde. Vielleicht verdankte er seine rednerische Erweckung aber auch der Rolle als Abgeordneter des Unterhauses, wobei ihn dann allerdings wohl eher die Parlamentsdebatten von Westminster wachgeküsst haben dürften als der Wahlkampf: Die 200 Wähler von New Woodstock hätten auch ein Möbelstück gewählt, solange es nur wie Cadogan den Segen des Herzogs von Marlborough hatte.

Jedenfalls redete Cadogan jetzt und hörte nicht mehr auf. Die Prinzen schwiegen, wie das ihre Würde diktierte, und Grumbkow hörte zu; es muss ihm gefallen haben, wie der General schon das Anfangskompliment auf gefühlte zehn Minuten auswalzte. Cadogan erklärte Albergotti in vagen (und natürlich französischen) Worten, dass zwar auch er leider nichts Genaues über Friedensverhandlungen wisse, es aber doch Wahnsinn wäre, sie nicht abzuwarten, solange auch nur die Möglichkeit im Raum stehe, dass es welche geben könnte. Gar nicht weit von hier hatten 1678 eine französische und eine alliierte Armee sich noch vier Tage nach Abschluss des Friedensvertrages eine Schlacht geliefert, obwohl mindestens eine der beiden Seiten nachweislich bereits vom Frieden gewusst hatte. 4000 Mann waren getötet oder verwundet worden, und das wollte nun wirklich niemand noch einmal. Ohnehin seien sie so, wie sie hier stünden, ja alle bloß brave Edelmänner, aufrechte Ritter, geradlinige Krieger, die von solchen diplomatischen Finessen nichts verstehen: Sollten sie sich da gegenseitig niedermetzeln, nur weil die diplomatischen Tintenscheißer, die verweichlichten Zivilisten zu faul waren, sich rechtzeitig über Paragraph 37 zu einigen?

Während Cadogan für Solidarität zwischen unpolitischen Rittern plädierte, machten sich die Umstehenden ihre eigenen Gedanken, und wenn auch keiner von ihnen sie aufgeschrieben hat, so können wir sie doch einigermaßen gut nachimprovisieren. Wir wissen nicht nur, was sie da anhörten oder dass es für alle um eine Frage von Leben und Tod ging. Wir können zudem auch rekonstruieren, wer von ihnen jeweils welche verdeckten Teile des Puzzles kannte, und fangen daher bewusst mit jenem Zuhörer an, der als einziger noch so ziemlich gar nichts begriff. – Großartig, dachte der preußische Kronprinz Friedrich Wilhelm, der erst seit zwei Monaten bei der Armee war, er hat ja so recht. Wäre ich nur schon König, man würde sich von Mann zu Mann doch in fünf Minuten einigen können. – Großartig, dachte Goësbriand, der links neben Albergotti stand, geradlinige Krieger. Ganz wie die Höflings-Generäle, die vor drei Monaten in Versailles den Kriegsminister Chamillart gestürzt haben, an dem der König doch so hing (er war sein bester Billardpartner gewesen); jetzt ist mein Schwiegervater der mächtigste Minister und die Welt wieder in Ordnung. – Großartig, dachte Charost, der rechts neben Albergotti stand, aufrechte Offiziere. Ganz wie Albergotti, der damals seinen lebenslangen Beschützer wie ein Stück Dreck hat fallen lassen, um sich an den großen Villeroy anzuhängen. – Großartig, dachte Grumbkow. Wackere alte Schlachtrösser wie Cadogan, der unter die Offiziere zur Linken und Rechten seine besten Ingenieure und Kartographen gemischt hatte, um den Plan der französischen Verschanzungen möglichst genau abzuzeichnen, während er durch diese Gespräche ein Maximum an Zeit schinden wollte; mit etwas Glück waren bald die Verstärkungen da, die er für den Angriff noch brauchte. Und edle Ritter wie ich selbst, Brigadegeneral Grumbkow, der ich aus Berlin gerade den Befehl erhalten habe, hinter dem Rücken unserer Verbündeten mit Frankreich über einen Separatfrieden zu verhandeln. Man fragt sich wirklich, wie die ehrlosen Zivilisten es jemals schaffen sollen, mit uns Helden mitzuhalten.

Albergotti hörte immer noch zu, als ein Ordonnanzoffizier aus den französischen Stellungen herauskam, um Charost etwas ins Ohr zu flüstern, was dieser daraufhin dem Italiener sagte. Cadogan bemerkte das, und während er seine langatmige Antwort auf Albergottis vorangehende Bemerkung mit fragendem Blick unterbrach, mochte es ihm scheinen, als zeige sich im Gesicht seines Gegenübers zum ersten Mal seit fast einer Stunde so etwas wie eine Regung. Das sei, sagte Albergotti in wesentlich besserem Französisch als Cadogan, natürlich alles sehr schön, und auch er hoffe auf nichts inniger als den Frieden, den ehrlicher Soldatengeist zweifellos besser zuwegebringen dürfte als die intriganten Machenschaften der üblichen Verdächtigen – es kann nur noch ein schmallippiges Lächeln gewesen sein, was während dieser Worte über Albergottis Gesicht zuckte. Leider habe er nun aber gerade Befehl vom Marschall-Herzog bekommen, diese ganze Begegnung aufzulösen, sei sie auch noch so herzerwärmend. (Er wies mit dem Arm auf die Seite, wo inzwischen Hunderte französischer und alliierter Offiziere und Soldaten zusammenstanden, ja teilweise sogar einander umarmten. Das Wort Frieden erklang in allen Variationen, die Europa hergibt, und einige alliierte Soldaten brachten den Franzosen Brot mit, denn nach drei Tagen ohne Nachschub ging denen langsam das Fleisch ihrer erschossenen Pferde aus). Dann nahm er seinen Hut ab, um den Prinzen eine Reverenz zu machen. Vom nicht in Worte zu fassenden Vergnügen, Euer Hochfürstliche Durchlauchten getroffen zu haben, werde er, falls er hier lebend wieder herauskomme, noch seinen Großneffen erzählen (Grumbkow bemerkte routiniert, wie Albergotti dem Kronprinzen die ‹Königliche Hoheit› verweigerte, weil Frankreich die preußische Königswürde noch nicht anerkannt hatte). Und der berühmte General Cadogan habe ihm ja nun auch die Ehre getan, sich als genau der zu erweisen, als den man ihn ihm immer beschrieben hatte (noch eine Reverenz, diesmal mit merklich weniger tiefer Verbeugung). Aber wenn sie und ihr so geselliges Gefolge nicht innerhalb einer Viertelstunde das Schussfeld seiner Artillerie geräumt haben sollten, dann werde er, der geradlinige Krieger Albergotti, leider Charost nicht länger daran hindern können, den Schießbefehl zu geben, wie der das bereits vorhin hatte tun wollen. Ein junger heißblütiger Mann dieser Charost, man müsse das verzeihen, aus altem Geschlecht, die Familie hatte schon bei den Kreuzzügen eine Hauptrolle gespielt. Und außerdem ein pures Hofgewächs (sah Albergotti dabei Grumbkow besonders an? Er sprach ja von einem Typ, den man auch in dem jungen Preußen erkennen konnte), das sind die Schlimmsten, weil sie mit einundzwanzig Regimentskommandeur werden und niemand ihnen etwas anhaben kann. Cadogan nickte wortlos, er hatte eine gute Stunde herausgeschlagen, das musste reichen. Während man für die Abschiedsreverenzen Hüte durch die Luft schwang, ließ Cadogan seinen lautesten Adjutanten einen Befehl brüllen, und schon zogen all die schreiend bunten Uniformen sich langsam und im Rahmen des Möglichen würdevoll durch Gehölz, Sumpf und Wiese hinter ihre eigenen Linien zurück. Bald war der Wald von Sars unterhalb der französischen Schanzen wieder leer. Nur das von Gesang und Gelächter begleitete Hämmern, Sägen und Graben der Franzosen ging weiter, während es langsam dunkler wurde. Auf all diesen kleinen Hügeln und Stoppelfeldern zwischen Sars, Malplaquet und Blaregnies aber, in einem Terrain, das nur etwa fünfmal so groß war wie der Berliner Tiergarten, erwarteten 170 000 Soldaten im Dienst von dreizehn Staaten einen Morgen, der für Zehntausende der letzte sein würde.

Es war der neunte Kriegssommer, in dem um die spanische Erbfolge gerungen wurde. Frankreich und das von Philipp V. nur noch notdürftig kontrollierte Spanien standen praktisch allein einer Allianz gegenüber, die aus Großbritannien, Österreich, den Niederlanden, Preußen, Dänemark, Sachsen, dem Römisch-Deutschen Reich und seit dem unvermeidlichen Allianzwechsel vor einigen Jahren auch wieder einmal Savoyen-Piemont bestand. Nur auf hoher See und in den Kolonien, wo vor allem die Engländer gegen Frankreich kämpften, war der Kampf noch einigermaßen unentschieden. In

Spanien hatten alliierte Truppen Philipp V. unter anderem Gibraltar, Menorca und Barcelona entrissen, wo jetzt Erzherzog Karl von Österreich als Karl III. von Spanien regierte. In Italien war der Kampf um die spanischen Territorien Mailand, Neapel und Sizilien zugunsten der Alliierten ausgegangen, und seit 1707 gab es dort überhaupt keine französischen Heere mehr. Auf dem deutschen Kriegsschauplatz standen alliierte Truppen unangreifbar verschanzt am Rhein, seit sie Frankreichs letzte Verbündete aus ihren Ländern vertrieben hatten – es waren zwei wittelsbachische Brüder gewesen, Kurfürst Max Emanuel von Bayern und Kurfürst-Erzbischof Joseph Clemens von Köln, dem jetzt im französischen Exil ein geistlicher Amtsbruder vorschlug, sich nach dreiundzwanzig Jahren im Bischofsamt vielleicht doch auch noch zum Priester weihen zu lassen, man könne dann ganz anders wirksam werden. Joseph Clemens, der die erste seiner bisher vier Bischofswürden als widerwilliger Elfjähriger erhalten hatte und bisher mangels Weihe nur die weltlichen Herrschaftsfunktionen des Amtes ausüben konnte, ließ sich überzeugen und entwickelte im Exil verspätet eine anscheinend echte Frömmigkeit. Er empfing jetzt die Weihe, las in zwei Jahren dreimal die Messe, taufte insgesamt 41 Kinder und konfirmierte 6065 weitere; allerdings zeugte er auch zwei und blieb so in diesem Punkt doch ganz der Alte.

Das größte Aufgebot der antifranzösischen Alliierten stand jedoch seit drei Jahren auf dem Gebiet des heutigen Belgien, in jenem Land also, das nicht nur deswegen umkämpft war, weil es als altes burgundisch-habsburgisches Erbe bisher zu Spanien gehört hatte. Seit über zwei Jahrhunderten war es der Hauptschauplatz französisch-spanischer, dann auch spanisch-niederländischer und zuletzt niederländisch-französischer Kriege; sein flaches Terrain, seine vielen Flüsse und vor allem seine reichen Städte, die längst ausnahmslos von riesigen Befestigungsanlagen umgeben waren, machten es neben Norditalien zu Europas bevorzugtem Schlachtfeld. Vor allem aber lagen diese «Spanischen Niederlande» auch so eng zwischen Frankreichs angreifbarer Hauptstadt, den (im heutigen Sinne: eigentlichen) Niederlanden und der britischen Küste, dass die europäische Allianz ihren letzten Schlag gegen die hegemonialen Pläne Ludwigs XIV. zwangsläufig von hier aus würde führen müssen.

Noch immer freilich besaß Frankreich die größte Armee des Kontinents. Acht Jahre voller Niederlagen hatten sie zwar schwer mitgenommen, zugleich aber auch perverserweise ermöglicht, dass nun endlich die qualifiziertesten Oberbefehlshaber an ihrer Spitze standen. Der Kriegeradel von Versailles musste für seine langfristige Familienpolitik zwar auf höfische Ämter setzen, weil nur anhaltende Hofpräsenz den Clanchefs ihren Anteil an der vom König verteilten Ämter- und Steuerdividende garantierte. Da diese altadelige Entourage aber eben auf alle Ämterverleihungen großen Einfluss nahm, da alle Höflinge parallel auch eine Militärlaufbahn absolvierten und da schließlich der Oberbefehl über eine Armee im Felde für jeden Angehörigen des Schwertadels der Gipfel des Ruhmes war, ist es nicht verwunderlich, wenn bei Kriegsbeginn 1701 alle wichtigen Kommandoposten auch diesmal zuerst wieder an große Höflinge gingen und erfahrenere Generäle in der zweiten Reihe blieben. Die nächsten sieben Jahre lang würden diese Hofgeneräle nun Gelegenheit haben, einer nach dem anderen ihre Unfähigkeit zu beweisen, und weil die Art, wie das geschah, so viel über die höfische Welt sagt, müssen wir noch eine Weile lang vom Krieg sprechen, als sei er nur ein Schachspiel für vornehme Hauptakteure. Was Kriegführen praktisch hieß und was es bedeutete, wenn man mitten auf dem blutüberströmten Schachbrett stand, werden wir danach sehen, soweit es denn überhaupt möglich ist, eine so elementare Situation aus der Studierstube heraus zu beschreiben.

Natürlich war niemand nur aufgrund seiner hohen Geburt oder Zugehörigkeit zur Hofaristokratie militärisch inkompetent. Der uneheliche englische Königssohn Berwick etwa, der 1688 mit seinem Vater Jakob II. nach Frankreich geflohen war, französische Militärdienste angenommen hatte und als Verwandter Ludwigs XIV. überdurchschnittlich schnell befördert wurde, war ungeachtet dieser Bevorzugung als französischer Oberbefehlshaber in Spanien sehr erfolgreich. Den eindeutig häufigeren Fall eines persönlich mutigen, aber über seine Fähigkeiten hinaus beförderten Hofgranden verkörperte dagegen Ludwigs alt gewordener Ballettpartner und Leibgardekommandeur Marschall-Herzog von Villeroy, der bei Kriegsbeginn 1701 den Oberbefehl über die französische Armee in Spanisch-Norditalien erhalten hatte. Schon kurz danach wurde er in Cremona von einem Angriff der Österreicher überrascht, die sich unter Führung eines verräterischen Priesters durch die Kanalisation schlichen und nun mitten in der Nacht aus allen Abwässerschächten heraus angriffen. Nach einem kurzen Moment des Chaos stellte sich heraus, dass die irische Brigade des französischen Heeres (die «Wildgänse», die 1690 mit Jakob II. geflohen waren) ihre Nerven behalten hatte und den Angriff kaltblütig zurückwerfen konnte. Dieser kurze Moment aber hatte den Feinden bereits genügt, um den panisch im Nachthemd auf die Straße gerannten Oberbefehlshaber Villeroy gefangen zu nehmen, und so konnten die Spötter von Versailles nach Empfang dieser Nachricht nicht ohne Grund folgendes Danklied an die Kriegsgöttin adressieren: «Franzosen, dankt der Bellona, / denn unser Sieg ist total. Wir haben behalten Cremona / und verloren den General.»

Ludwig XIV. war über die Gefangennahme und Verspottung seines erklärten Günstlings so gekränkt, dass er die königliche Gunst nur umso mehr auf Villeroys Protektionsneffen Tallard fallen ließ, der 1704 das Oberkommando in Deutschland erhielt, prompt die Schlacht von Höchstädt verlor, wodurch das Schicksal Bayerns besiegelt war, und dabei ebenfalls in Gefangenschaft geriet. Da die Alliierten bereits zuvor mit sicherem Gespür für ihren eigenen Vorteil Villeroy gegen andere Gefangene ausgetauscht hatten, konnte Ludwig XIV. seinem alten Freund 1704 erneut einen Oberbefehl übertragen, dieses Mal an der zunehmend wichtigen belgisch-flandrischen Front. Zuerst hielt Villeroy sich dort gegen den Wunsch des Königs in der Defensive; er wurde dafür von niemand Geringerem als Lauzun verspottet, dem der König seit seiner Niederlage an der Boyne (1690) überhaupt kein Kommando mehr anvertraut hatte und der sich daher, inzwischen zweiundsiebzig Jahre alt, wieder einmal selbst eine Beschäftigung suchen musste.

Nachdem Lauzuns ursprünglicher Plan, bei einem Kuraufenthalt in Aachen möglichst viele feindliche Hauptakteure auszuhorchen, daran gescheitert war, dass er dort nur einen einsamen holländischen Generalmajor antraf, reiste er über Flandern nach Versailles zurück, um auf dem Weg auch Villeroys Armee zu inspizieren. Viel Liebe war nicht zwischen diesen beiden, seit Villeroy 1695 genau jenes Leibgarde-Oberkommando erhalten hatte, das zuvor bis 1671 Lauzuns Besitz gewesen war; noch Jahrzehnte danach hatte der wegen dieses für immer verlorenen Traumpostens regelrechte Phantomschmerzen und trug bevorzugt ein selbstentworfenes Kostüm, das wie eine Kopie seiner ehemaligen Uniform aussah. Trotzdem empfing Villeroy den unglücklichen Rivalen mit allen Ehren, und es dürfte bloße Eigeninitiative gewesen sein, wenn die zu Lauzuns Schutz abkommandierten Offiziere den anstrengenden Gast bei der Besichtigung der Frontlinie mehrfach bis auf Pistolenschussweite an den Feind heranführten. Immerhin kann man verstehen, dass Lauzun unzufrieden nach Versailles zurückkam und warum er dort auf die Frage nach Gründen für Villeroys Verzicht auf einen Angriff so demonstrativ ausweichend antwortete, dass der Dauphin ihn zuletzt regelrecht zwang, das zu erklären. – Nun gut, sagte Lauzun, er verstehe schon, warum Villeroy nicht gekämpft habe. Es sei zwar wahr, dass die Truppen im besten Zustand, ja geradezu ungeduldig ruhmbegierig gewesen seien, und auch physische Hindernisse habe es zwischen beiden Heeren in Ermangelung von Gräben, Schluchten, Bergen oder Flüssen eigentlich ja nicht recht gegeben. Aber im Weg gestanden habe doch etwas, und mehr wolle er dazu nicht sagen. Man musste ihn also noch einmal lange bedrängen, während er peinlich berührt mit seiner vergoldeten Tabaksdose herumspielte, man musste sich noch einmal lange anhören, welche Störfaktoren es alle *nicht* gegeben habe, bevor er schließlich präzisierte, da sei halt eine Hecke im Weg gewesen, zwar eingestandenermaßen weder dicht noch stachelig, dafür aber doch so hoch, so hoch, so hoch wie ... ein hilfesuchender Blick durch den Raum, ein freudiges Lächeln ... ja, genau: so hoch, sehen Sie, wie diese Tabaksdose hier – und schallendes Gelächter von allen Seiten, während die Aktien Villeroys bei Hof prompt wieder um ein Wesentliches sanken.

Es überrascht nach alldem vielleicht weder, dass Villeroy sich im nächsten Feldzugsjahr 1706 bei Ramillies auf eine Schlacht einließ, noch, dass auch das nicht gut ging. Er wurde prompt besiegt, verlor damit fast ganz Belgien an die Alliierten und kehrte nach Versailles zurück, als sei nichts passiert. Nur mit größter Mühe konnte Kriegsminister Chamillart Villeroy vom Hof entfernen lassen (das Leibgardekommando ging natürlich an Villeroys Sohn, denn Familienbesitz war heilig), wofür ihn nun freilich jene Hälfte der Höflinge und Generäle hasste, die mit Villeroy verwandt oder verbündet war. Es half Chamillart auch nicht, dass gleichzeitig sein eigener schwertadeliger Schwiegersohn La Feuillade den Oberbefehl in Italien erhielt und 1706 die Schlacht von Turin so erfolgreich verlor, dass sich danach die Frage nach einem neuen Oberbefehlshaber für die Franzosen in Italien gar nicht mehr stellte.

In Flandern hingegen folgte auf Villeroy nominell der älteste Königsenkel Herzog von Burgund, dem man als Aufpasser jedoch den Herzog von Vendôme an die Seite stellte. Hofintrigentechnisch war die Flandern-Armee damit freilich vom Regen in die Traufe gekommen, denn während Villeroy noch bloß ein aus internen Rücksichten über sein Talent hinaus beförderter General war, brachten Burgund und Vendôme aus Versailles gleich ihre ganz eigene höfische Intrigenschlacht mit. Der vierundfünfzigjährige Haudegen Vendôme, in dessen Gesicht man deutlich die Spuren der bei Syphilis üblichen Quecksilberkur sehen konnte, war als Nachkomme eines unehelichen Sohnes Heinrichs IV. ein legitimierter Prinz von derselben Sorte wie die Lieblingssöhne Ludwigs XIV.; der König protegierte ihn daher schon deshalb, weil der in der Tat militärisch kompetente Vendôme ihm als Präzedenzfall für die eher unverdiente Beförderung dieser Söhne nutzte. Zugleich war Vendôme auch einer der engsten Freunde des Dauphins, also jenes einzigen ehelichen Königssohnes, der angesichts des hohen Alters Ludwigs XIV. in absehbarer Zeit König sein würde und dessen Freunde man daher besser nicht kritisierte. Der sechsundzwanzigjährige Burgund andererseits war zwar als ältester Sohn des Dauphins der absehbar übernächste König, würde darauf aber aller Wahrscheinlichkeit nach noch jahrzehntelang warten müssen. Einstweilen verachtete sein Vater ihn aus guter dynastischer Rivalitäts-Tradition, während Vendôme ihn verachtete, weil Burgund ein religiös devoter Pazifist war. Dass ein Prinz dieses Typs nun auch noch Vendômes Vorgesetzter im Krieg sein sollte, machte die Dinge nicht wirklich besser, und so beschloss dieser, Burgund konsequent als den Idioten zu behandeln, der er seiner Meinung nach war, indem er ihn zum Tennisspielen wegschickte, wann immer es sich machen ließ. Da Vendôme selbst ja alt und kinderlos war, konnte es ihm egal sein, dass sein Gegenüber irgendwann viel später König werden würde.

Dass mit einem solchen Duo an der Spitze auch die Schlacht von Oudenaarde (1708) wieder als eklatante Niederlage der Franzosen endete, wird niemanden überraschen. Vendôme stürzte sich gleichermaßen ritterlich wie verantwortungslos ganz vorne ins Gefecht, wo er natürlich sofort den Überblick über die Schlacht verlor. Weil währenddessen der einzige Bote, den er mit der Bitte um Unterstützung zu Burgund geschickt hatte, unterwegs erschossen wurde, blieb der erfolgreich zu völliger Passivität trainierte Königsenkel mit einer halben Armee und der schönsten Kavallerie der Welt ungerührt stundenlang auf einem Hochplateau stehen und sah zu, wie Vendômes Truppen von den zahlenmäßig überlegenen Alliierten niedergemacht wurden. Dass Vendôme am Tag nach der Niederlage Burgund vor allen Offizieren als hinterhältigen Feigling beschimpfte, kann man ihm vielleicht nicht verübeln; es war jedoch nur der Auftakt zu einem psychologischen und Verleumdungskrieg, den die beiden am Ende der Kampfsaison zurück nach Versailles mitnahmen. Einige Tage lang war Burgund dort allgemein entehrt, und all die höfischen Offiziere, die keinerlei Toleranz für echte oder angebliche Feigheit hatten, wandten sich wortlos von ihm ab, weil sie wussten, dass ein verantwortungsloser Prinz im Krieg nicht nur Tausenden von bäuerlichen Rekruten, sondern leicht auch ihnen selbst und ihren Angehörigen den Tod bringen konnte. Zwar gelang es dann Burgunds viel geschickterer Frau (der savoyischen Prinzessin Marie-Adélaide, deren Kinderheirat 1696 Anlass zur Zerstörung von Pignerol gegeben hatte), Vendôme verbannen und ihren Mann öffentlich rechtfertigen zu lassen. In den Krieg aber konnte der Sonnenkönig seinen kompromittierten Enkel unmöglich noch einmal schicken, und so bekamen schließlich für das Kriegsjahr 1709 zwei Männer den flandrischen Oberbefehl, die man nach heutigen Maßstäben wohl zur privilegiertesten Elite zählen müsste.

Aus der Perspektive von Versailles waren sie dagegen bloß Männer der zweiten Reihe. Der Marschall-Herzog von Villars mochte der zum Herzog erhobene Sohn eines zeitweiligen Hofbeamten und einer Frau mit guten Verbindungen sein, verfügte aber nur über fünf Generationen Adel und galt damit schon als Parvenu. Der Marschall-Herzog von Boufflers dagegen war zwar von altem Adel, hatte aber keine engen Hofverbindungen gehabt, bevor ihm 1692 zum Dank für militärische Leistungen das Garderegiment zu Fuß verliehen worden war, also jene wichtigste Einheit des Hofmilitärs, um derentwillen Lauzun sich 1671 unter dem Bett des Königs versteckt hatte. Da das Regiment zuvor dem Haus Gramont gehört hatte, verheirateten die Gramonts bereits 1693 eine Tochter (Madame de Monacos gleichnamige Nichte Catherine-Charlotte de Gramont) mit dem Aufsteiger Boufflers, um ihn trügerisch in ihren seit einiger Zeit schwächelnden Clan hineinzuziehen. 1704 hatten sie ihn dann durch eine perfekt choreographierte Intrige gezwungen, das Garderegiment an ihren aktuellen Erben Guiche abzugeben, und wenn auch der König dem ausgetricksten Boufflers zum Trost einen der vier Kommandeursposten der berittenen Leibgarde gab, hatte der doch genug über Hofpolitik gelernt, um sich in Zukunft lieber wieder auf seinen Beruf als General zu konzentrieren. Villars und Boufflers waren rücksichtslose, aber kompetente Feldherren, und so erhielt die flandrische Armee im buchstäblich letzten Moment endlich jene Kommandeure, die sie doppelt und dreifach brauchen würde. Die französischen Niederlagen von fünf Jahren hatten es den Alliierten nicht nur erlaubt, eine belgisch-flandrische Festung nach der anderen einzunehmen. Sie hatten Frankreich auch so geschwächt, dass zu Anfang 1709 außer der Flandern-Armee nichts mehr zwischen Paris und dem Feind stand. Villars und Boufflers würden ohne irgendeine Rückfalloption ein feindliches Heer aufhalten müssen, das von den beiden berühmtesten Feldherren einer ganzen Generation befehligt wurde.

Diese beiden Chefs der alliierten Armee bieten uns eine interessante Variation auf das Thema der ineinander verketteten Hof- und Militärlaufbahnen, denn sosehr man sie im Feldlager ‹les Princes› (die Fürsten) nannte, so penetrant Grumbkow sie beide mit ‹Votre Altesse› (damals: Euer Fürstliche Gnaden) anredete und so unzertrennlich befreundet sie waren, so paradox verschieden waren doch die Wege und Umwege, denen sie ihre Stellung verdankten.

Der Herzog von Marlborough entstammte kleinem Adel, verdankte aber die Chance, sein Talent zu beweisen, fast gänzlich höfischer Protektion. Wir sind ihm schon 1688 dabei begegnet, wie er noch als Lord Churchill seinen Beschützer Jakob II. an die Revolution verraten hatte. Der Grafentitel Marlborough war eine erste Belohnung dafür gewesen, und 1702 hatte man einen Herzogstitel daraus gemacht; 1706 hatte der Römisch-Deutsche Kaiser ihn dann sogar als Fürst von Mindelheim zum Fürsten des Heiligen Römischen Reichs erhoben, weswegen ‹My Lord Duke› seitdem auf dem Kontinent in der dritten Person nicht mehr ‹Your Grace›, sondern eben ‹Votre Altesse› war. Wilhelm III. hatte ihm mit Recht nicht getraut, aber da er schon als Günstling Jakobs II. militärische Erfahrung im französischen Heer gesammelt hatte, als es noch gar kein englisches gab, war er zu wertvoll und zu erfahren, um ganz ignoriert zu werden. Trotzdem wären bei Kriegsausbruch 1701/02 an sich auch andere Oberbefehlshaber über das britische Heer denkbar gewesen, und es war der Hof, der den Ausschlag zu Marlboroughs Gunsten gab. Er strich damit die Dividende für jenes riskanteste aller höfischen Manöver ein, das seine ehrgeizige Frau Sarah für ihn unternommen hatte und das darin bestand, sich bedingungslos loyal an eine Person des Königshauses anzuhängen, die fünftes Rad am Wagen zu bleiben drohte, weil sie weitab vom Thron stand.

Eine solche Person war Prinzessin Anna gewesen, die jüngere Tochter Jakobs II., Schwester Marias II. und Schwägerin Wilhelms III., dem sie schließlich 1702 doch noch auf den Thron nachfolgte. Von frühester Jugend an hatte sich Sarah Marlborough an die kränkliche, von insgesamt dreizehn Fehlgeburten deprimierte Anne gebunden, die sie im fast skandalös intimen Inkognito-Stil als «Mrs. Morley» (also wie eine Privatperson!) anschreiben durfte. Über die Jahre hatte die dominante Hofdame die fünf Jahre jüngere Prinzessin in eine klaustrophobische Beste-Freundinnen-Konstellation verwickelt. Es war daher nicht nur selbstverständlich, dass Sarah sofort nach Thronbesteigung ihrer ungleichen Freundin zur Oberhofmeisterin aufstieg (Mistress of the Robes, Groom of the Stole and Keeper of the Privy Purse); auch die Ernennung ihres Mannes zum Generalkapitän und Chef der gesamten britischen Armee war keinen Augenblick zweifelhaft. Marlborough unterschied sich also von den Villeroy, Tallard oder La Feuillade einzig durch das strategische Talent, mit dem er seine höfisch erworbene Rolle von Anfang an ausfüllte. Vor allem sein Sieg bei Höchstädt ist nicht zuletzt deswegen bis heute unvergessen, weil das Parlament zum Lohn dafür dem für seinen Geiz berühmten Marlborough die Mittel zur Erbauung von Englands einzigem Barockschloss schenkte. Da Marlboroughs Landsleute die Schlacht vorsichtshalber nicht nach dem für sie unaussprechlichen Höchstädt, sondern nach dem nahegelegenen Blindheim ‹Blenheim› benannt hatten, wurde Blenheim Palace auch der Name des bis heute überwältigenden Monumentalbaus, in dem 1874 Marlboroughs Urururururenkel und späterer Biograph Winston Churchill geboren wurde. Es ergibt eine der gespenstischsten unter den sonst so seltenen echten historischen Parallelen, wenn man die Aktivität dieses späten Nachkommen im 20. Jahrhundert mit der des Vorfahren im frühen 18. vergleicht, denn beide hielten fast im Alleingang jeweils eine disparate Kriegskoalition zusammen, deren einziger gemeinsamer Nenner die Bekämpfung eines größenwahnsinnigen Angriffskriegers war. So verbrachte Marlborough zehn Jahre lang nach jedem Kriegssommer den Winter damit, reihum durch die Länder der Allianz zu reisen und zwischen den Ansprüchen der Verbündeten zu vermitteln. Solche Diplomatie war bitter notwendig, weil es für frühneuzeitliche Bündnisse nicht die Ausnahme, sondern die Norm war, dass irgendwann eine der Parteien die anderen Alliierten verriet und einen günstigen Separatfrieden schloss – es ging ja meistens weder um unversöhnliche Ideologie noch um die völlige Vernichtung, zu der erst das 20. Jahrhundert sowohl die Techniken als auch den Fanatismus bereitstellen würde.

Schon deswegen mussten Männer wie Marlborough nicht nur immer zugleich Feldherren, Höflinge und Innenpolitiker sein (das galt für die französischen und alle anderen Generäle ebenso), sondern als Anführer einer Koalition außerdem noch internationale Staatsmänner und Diplomaten von unglaublichem Geschick. Ohne seine Frau, die ihm quasi im Alleingang die Loyalität der unglücklichen Invalidin auf Englands Thron garantierte, hätte Marlborough daher ebenso wenig etwas ausrichten können wie ohne seinen völlig andersartigen Freund Prinz Eugen von Savoyen, der sich seine steile Karriere trotz Zugehörigkeit zu einem regierenden Fürstenhaus geradezu als Selfmademan erarbeitet hatte.

Prinz Eugen von Savoyen war dreizehn Jahre jünger als Marlborough, und wenn man nichts weiter über ihn wüsste, als dass er 1663 in ein regierendes Haus und in die Mitte des französischen Hofs hineingeboren worden war, dürfte man ihn mit Recht für einen der privilegiertesten Menschen seiner Zeit halten. War nicht sein entfernter Cousin der mächtige Kriegerherzog von Savoyen, seine Großmutter eine Bourbon-Condé und seine Urgroßmutter sogar eine spanische Infantin gewesen? Sein Vater Soissons war daher der engste in Frankreich lebende Verwandte der französischen Königin Anna von Österreich (die ungeachtet dieses Namens eine spanische Infantin war). Anna aber verlieh ihrer Liebe zu Kardinal Mazarin dadurch Ausdruck, dass sie ihren Neffen Soissons 1657 mit Mazarins Nichte Olympia Mancini verheiratete und Soissons zum Trost für die Mesalliance das Oberkommando über sämtliche Schweizer Söldnerregimenter schenkte. Die frischgebackene Comtesse de Soissons wurde bald Oberste Hofmeisterin der Ehefrau Ludwigs XIV., dadurch ebenso wie durch ihren Esprit eine der wichtigsten Frauen an dessen Hof und beinahe wohl auch Nachfolgerin ihrer Schwester als seine Geliebte. Was also sollte noch schiefgehen können für die Kinder dieses Paares? Und doch stand all dieser Glanz auf tönernen Füßen. Schon 1665 fiel Madame de Soissons erstmals in Ungnade, weil sie in der bereits beschriebenen Weise gegen die Königsmätresse La Vallière intrigiert hatte. Als ihr Mann Soissons 1673 als französischer Besatzungsoffizier in Unna am Fieber starb, hielt diese Ungnade immer noch so stark an, dass der König das Schweizer-Oberkommando unter Bruch der langsam entstehenden Spielregeln von Versailles nicht dem Sohn des Verstorbenen, sondern seinem dreijährigen Lieblingsbastard du Maine verlieh – demselben Halbprinzen also, der einige Jahre später auch durch den Freikauf Lauzuns aus Pignerol die Millionen der Königscousine erhalten würde. Mit diesem Wegfall der üppigen Amtsbezüge aber waren die Witwe Soissons und ihre Kinder nahezu auf einen Schlag mittellos, denn schon ihr Mann war der jüngere Sohn eines jüngeren Sohnes gewesen und hatte als solcher praktisch nichts geerbt; was von Mazarins Vermögen bei ihr angekommen war, war längst standesgemäß verschwendet. Ihre Schwiegermutter war zwar sehr reich, hatte aber für die unstandesgemäße Frau des Sohnes noch nie viel übriggehabt. Als nun auch noch der älteste Bruder Eugens die Mesalliance mit einem einfachen Hoffräulein einging, zog die schockierte Großmutter die Notbremse, indem sie den taubstummen älteren Bruder des verstorbenen Soissons auf seine alten Tage doch noch verheiratete und anstelle der Soissons-Kinder zu ihrem Erben einsetzte. Fast gleichzeitig musste Madame de Soissons, weil ihre Verwicklung in den Giftmörderskandal von 1680 bekannt wurde, für immer aus Frankreich fliehen und begann ein ruheloses Wanderleben von Hof zu Hof, während ihre Kinder wie gestrandet in Frankreich zurückblieben.

Als fünfter Sohn dieser Familie hätte Prinz Eugen bereits unter glücklichen Umständen kaum etwas vom Erbe abbekommen; nun aber fand er sich unter dem leeren Titel Abbé de Soissons in den geistlichen Stand abgeschoben, ohne dass der König als Oberherr der französischen Kirche ihm auch nur wenigstens die üblicherweise damit verbundenen Pfründen verliehen hätte. Nicht nur die allgemeine Ungnade der Familie verhinderte das, und auch nicht bloß die Vorbehalte des Hofes gegen den kleinwüchsigen Prinzen mit der «Stumpfnase», dessen ungewöhnlich hochgezogene «Oberleffzen» ihn stets den Mund offen halten ließen. Wie viele Höflinge seiner Generation scheint er zudem sexuell mindestens ambivalent genug gewesen zu sein, um Elisabeth Charlotte von Orléans zufolge den Spitznamen ‹Madame Simone› zu erhalten, was ihn natürlich auch nicht gerade für die geistliche Laufbahn empfahl. Prinz Eugen blieb lebenslang unverheiratet, obwohl es für seine Karriere an einem fremden Hof sehr nötig gewesen wäre, und war auch darin das Gegenteil des mit seiner Frau geradezu komplizenhaft innig verbundenen Marlborough. Nach der Rückkehr in den weltlichen Stand verweigerte der König Eugen jedoch den erbetenen Einstieg in die Militärlaufbahn genauso wie vorher eine Pfründe, und so floh Eugen schließlich 1683 zusammen mit seinem Cousin, dem Prinzen von Conty, nach Österreich, um sich im Türkenkrieg auszuzeichnen. Da Conty ein Prinz von Geblüt, also ein zumindest potenzieller Thronfolger war und zudem noch Ehemann einer unehelichen Tochter des Sonnenkönigs, wurden sofort Verfolger losgeschickt, die Conty noch in einem Wirtshaus bei Frankfurt am Main stellten und zurückschleppten. Den zwanzigjährigen savoyischen Prinzen dagegen würdigten sie nicht einmal eines Blickes, und in Versailles spottete Ludwig nur, an dem habe er ja wirklich viel verloren – einer dieser Sätze, die zu bereuen er dann ein Vierteljahrhundert lang Zeit haben würde.

In Österreich nämlich stieg Eugen in kürzester Zeit ganz allein durch sein militärisches und politisches Talent zu einem der wichtigsten Feldherren der namenlosen Monarchie auf, obwohl er dort mit niemand Mächtigem verwandt war, auch nirgendwo einheiratete und so in der klientelär verklebten Hofwelt ein denkbar schweres Handicap hatte. Im Spanischen Erbfolgekrieg war er von Anfang an der beste Mann des Kaisers (selbst der durch die Kanalisation von Cremona geführte Angriff war seine Idee gewesen) und fand in

Marlborough einen so kongenialen Partner, dass beide fast von Anfang an und fast unzertrennlich den Oberbefehl über alle alliierten Truppen ausgeübt hatten. Ironischerweise finden wir daher das im ganzen Krieg einzige Beispiel einer harmonischen und fast familiären Zusammenarbeit ausgerechnet bei diesem völlig gegensätzlichen Paar, bei diesem aus relativ monokulturellem Kleinadel stammenden Engländer also und seinem italo-franko-österreichischen Partner, der allein schon in seiner üblichen Unterschrift «Eugenio von Savoy» drei Wörter in drei Sprachen schrieb. Die echten Familienbande dagegen, die so viele unserer Hauptakteure miteinander verbanden, hatten keineswegs nur auf der Königsebene den Krieg ja gerade erst ausgelöst, statt ihn zu verhindern. Allein im flandrischen Feldzug von 1708 hatten sich auch auf der Ebene der Feldherren nicht nur einerseits Prinz Eugen und andererseits sein direkter Cousin Vendôme (Sohn einer weiteren Mazarin-Nichte), sondern zugleich hier Marlborough und dort sein direkter Neffe Berwick (Sohn der Arabella Churchill) gegenübergestanden, weswegen es niemanden wundern wird, dass sich in diesen Kriegen geradezu Spielregeln für die taktvolle Begrüßung kriegsgefangener enger Verwandter herausbildeten.

So war es fast acht Jahre lang gegangen, als Boufflers und Villars den Befehl über Frankreichs letzte Armee erhielten. Der Winter von 1709, den sie zur Planung des nächsten Sommerfeldzuges nutzten, war der kälteste des Jahrhunderts gewesen. Die Kälte ließ selbst am Tisch des Sonnenkönigs die Getränke einfrieren, tötete Tausende und hätte doch beinahe den Frieden herbeigeführt, bevor es noch einmal eine Schlacht geben konnte. Der nicht enden wollende Winter machte nämlich Missernten und damit eine Hungersnot höchst wahrscheinlich. Schon plünderten verzweifelte Franzosen Bäckereien, überfielen Getreidetransporte und brüllten dem Dauphin, der sich als einziger Angehöriger der Königsfamilie überhaupt noch von Versailles nach Paris traute, hundertstimmig das Wort ‹Brot› hinterher, wenn er aus der Oper kam. Zwar war eine Revolution, die das Königshaus stürzen oder gar die Monarchie abschaffen könnte, für Ludwig XIV. ebenso undenkbar wie für seine Zeitgenossen, die ja schon in der letztlich subtilen dynastischen Korrektur der Briten von 1688 einen unfassbaren Verstoß gegen die selbstverständlichen Gesetze ihrer Welt sahen. Aber gerade Ludwig XIV. wusste auch, dass man den Thron behalten und trotzdem alle Macht verlieren konnte; er war schon 1648 König gewesen, als die Fronde ausbrach, und er wusste, dass es angesichts der katastrophalen Umstände nur ein paar unzufriedene Prinzen, Aristokraten und Juristen brauchte, um das Land wieder so in Brand zu setzen wie damals. Noch immer gab es so gut wie keine Polizeitruppen, noch immer ließ sich Paris im Ernstfall nur durch das Garderegiment kontrollieren, und noch immer hatte also das scheinbar übermächtige Sonnenkönigtum im Falle eines Aufstandes bloß die Wahl, entweder demütigende Zugeständnisse zu machen oder die Aufständischen von Soldaten niedermachen zu lassen. Im Sommer aber würde das Garderegiment mit Frankreichs letztem Militäraufgebot zurück an die flandrische Grenze gehen – was wäre dann? In dieser Situation beschloss der einst so stolze König mit seinem Ministerrat die Aufnahme von Friedensverhandlungen. Am 4. Mai 1709 fuhren drei Kutschen einen sich versteckt haltenden großen Herren über die flandrische Grenze, der am 12. Mai Den Haag erreichte und sich dort als der französische Außenminister Torcy zu erkennen gab.

Die Friedensbereitschaft Frankreichs schlug bei den Alliierten, wenn man die etwas seitenverkehrte Metapher erlaubt, wie eine Bombe ein, obwohl diese die desolate Lage ihres Feindes schon erahnt hatten. Marlborough überquerte in größter Eile den stürmischen Ärmelkanal, um zusammen mit Eugen und den obersten Beamten der niederländischen Republik Verhandlungen zu eröffnen, die unter den gegebenen Bedingungen doch nur noch im Triumph der Verbündeten enden konnten. Der Engländer schrieb seiner Frau daher bereits unmittelbar nach seiner Landung, sie solle ihm für die absehbare Zeremonie der Friedensunterzeichnung einen botschaftergemäßen «Staatsstuhl» und Baldachin schicken lassen, wobei Letzterer allerdings im Interesse der Sparsamkeit bitte so zu konstruieren sei, dass man ihn später auch als Oberteil eines Himmelbetts weiterverwenden könne. Die Verhandlungen mit Frankreich wurden zwar von Briten, Österreichern und Niederländern allein geführt, während die kleineren Alliierten zuschauen mussten. Trotzdem sah Den Haag in diesen Tagen wieder ein Rendezvous des gesamten höfischen Europa, zu dem an prominenter Stelle auch der inzwischen dreißigjährige Friedrich Wilhelm von Grumbkow gehörte. Grumbkow hatte seine Doppelrolle als Hofmann und Offizier genutzt, um sich 1705 als Preußens Verbindungsmann an die Seite Marlboroughs stellen zu lassen. Bald war er zum Begleiter und Bewunderer des Herzogs geworden, dem er in Schlachten und Intrigen gleichermaßen nahestand. Mitten in der kämpfenden Armee machte Grumbkow gewissermaßen eine internationale Höflingsfortbildung, weil dieses alliierte Heer zugleich selbst eine Art Hof und der Treffpunkt war, an dem unzählige Diplomaten, Spione und Karrieristen ihre tausend verschiedenen Pläne verfolgten. Dass der preußische Teil des Bündnisheeres formal einem viel ranghöheren General und die preußische Diplomatie in den Niederlanden formal einem viel älteren Gesandten anvertraut waren, kümmerte ihn wenig, hatte er doch Jugend und Dreistigkeit auf seiner Seite. Während jetzt die vier Großmächte auch über das Schicksal der preußischen Kriegsgewinne und Ansprüche verhandelten, erklärte er nicht nur dem irritierten Gesandten, wie man mit den Holländern umspringen und wann man ihnen die Zähne zeigen müsse. Er perfektionierte an den großbürgerlichen Honoratioren der Republik auch eine Methode der Manipulation, die er «het glasgen van vriendschaap» nannte: Grumbkow war jedermanns Freund, ein geradliniger, grob scherzender Soldat, der mit allen trank und als Einziger nüchtern blieb, während die anderen anfingen, lallend über Staatsgeheimnisse zu stolpern. Er spielte elegant den Gastgeber der Friedensverhandlungen, weil sein König aus dem oranischen Erbe allerhand holländische Paläste erhalten hatte, er erfüllte Marlboroughs Wunsch, mietfrei in einem dieser Paläste zu wohnen, und lachte mit Prinz Eugen über den geradezu bourgeoisen Geiz des großen Mannes. Er schrieb nach Berlin, dass der preußische Gesandte in den Niederlanden ein brüsker und brutaler Mann sein müsse, und er schrieb es so, dass der Brief bei diesen Worten gewissermaßen schon den Hinweispfeil enthielt, der auf ihn selbst zeigte; der blaue Pfeil im silbernen Wappenschild der Grumbkows dagegen zeigte stur nach oben, als wollte er unserem Mann ein Ziel vorgeben. Er perfektionierte sein Lügentalent in der Korrespondenz mit feindlichen Vorgesetzten, engagierte die teuersten Köche, las alle neuen Romane und beobachtete so genau, wie niemand es ihm zugetraut hätte, der ihn nur in seiner Rolle als freundlich-groben pommerschen Junker kannte. Den französischen Außenminister Torcy beispielsweise beschrieb er als einen Mann von äußerst angenehmen, zarten Gesichtszügen und feinen Manieren, obwohl er doch der Neffe des harschen Colbert und damit der Enkel eines bloßen Wollhändlers war; Elisabeth Charlotte von Orléans nannte ihn etwas weniger zartfühlend das «immer lachende Ministerchen» und schrieb in ihre Briefe böse Nachrichten an ihn hinein, weil sie wusste, dass er als Chef der Briefzensur ihre gesamte Korrespondenz mitlesen musste. Vor allem aber schien es Grumbkow, dass Torcy der schüchternste Mensch sei, den er jemals gesehen hatte.

Torcy hatte guten Grund zur Schüchternheit. Jahrzehntelang hatten französische Diplomaten ihren Gegenübern die Bedingungen mehr oder weniger diktieren können. Sie waren so arrogant geworden, wie es die Vertreter jeder Weltmacht sind, vielleicht auch noch etwas mehr, weil sie sich im Unterschied etwa zu alten Römern oder späteren Amerikanern nicht nur militärisch oder wirtschaftlich, sondern ohne große Übertreibung auch kulturell und intellektuell allen anderen überlegen fühlen konnten. Nun aber war ihr Staat zum ersten Mal das entscheidende bisschen bankrotter als alle anderen, ihre Armee überall in Serie besiegt, ihr Volk an der Grenze zur offenen Rebellion. Frankreichs Gegner andererseits hatten den Krieg von 1672 nur mit Müh und Not heil überstanden, bevor der von 1688 im Wesentlichen unentschieden ausgegangen war. Es wäre daher wohl zu viel verlangt gewesen, dass sie sich jetzt in der Stunde ihres nie zuvor dagewesenen Triumphs weise zurückhielten. Jedenfalls waren ihre Friedensbedingungen selbst objektiv betrachtet hart; für den seit fünfzig Jahren an das Gegenteil gewöhnten Sonnenkönig würden sie unfassbar sein. Es war ein Zeichen seiner Hilflosigkeit, dass Torcy dennoch fast alles akzeptierte. Die gesamte spanische Monarchie samt allen Kolonien sollte «bis auf das letzte Dorf» an Erzherzog Karl von Österreich übergeben werden, gut. Die französisch-belgische Grenze sollte zurückgeschoben werden und die Grenzfestungen auf immer von niederländischen Truppen besetzt werden, gut. Straßburg sollte wieder in «kaiserliche und Reichs-Possession genommen» werden, gut, auch das noch. Dann aber las Torcy im vierten und siebenunddreißigsten der vierzig Paragraphen, dass Ludwigs Enkel Philipp V. die gesamte spanische Monarchie (also auch etwa Chile und die Philippinen) nicht nur innerhalb zweier Monate besenrein abzugeben habe; falls er das nicht tue, werde auch Ludwig selbst ihn dazu zwingen müssen und andernfalls der Krieg weitergehen. Die Alliierten hatten diesen Paragraphen bloß zur formalen Absicherung der Übergabe eingefügt, ohne sich viel dabei zu denken, und das rächte sich jetzt. Torcy wusste in diesem Moment, dass es keinen Frieden mehr geben konnte. Die Vorstellung, dass das einst so siegesgewohnte Frankreich innerhalb kürzester Zeit fast alle seine Grenzfestungen aufgeben würde, ohne dafür mehr als einen brüchigen Waffenstillstand zu erhalten, war schlimm genug – wenn auch ziemlich genau das, was Frankreich 1678 den Holländern aufgezwungen hatte. Die Aussicht, dass dieser Waffenstillstand zu dann noch ungünstigeren Bedingungen sofort wieder in Krieg umschlagen würde, falls nicht alle spanischen Anhänger Philipps V. in ganz kurzer Zeit aufgegeben haben sollten, war schockierend, und das noch umso mehr, als Torcy wusste, was die Alliierten nicht ahnten – Ludwig XIV. hatte nämlich dank einer sehr alten und einer sehr jungen Frau (vgl. Kapitel 11) längst die Kontrolle über seinen Enkel verloren, der aller Wahrscheinlichkeit nach einfach weiterkämpfen würde. Dass aber in einem solchen Fall der Großvater auch noch selbst gegen den Enkel Krieg führen sollte, das war wenn nicht aus Humanität, dann aus dynastischer Logik so unvorstellbar, dass Torcy zur großen Überraschung der Alliierten nur noch die Abreise blieb. Er versprach ihnen, dass sie innerhalb von sechs Tagen eine Antwort aus Versailles haben würden, und die erhielten sie. Er bedaure seine Reise nach Den Haag nicht, schrieb Torcy dem Prinzen Eugen, da sie ihm die Ehre seiner Bekanntschaft verschafft habe. Der Vertragsentwurf sei jedoch für seinen König unannehmbar, und so bleibe nur zu hoffen, dass man bald einen glücklicheren Moment für diesen Frieden finden werde, den Europa doch so dringend brauche.

Ein letztes Mal raffte sich Frankreich auf, halb gezwungen von der eisernen Hand seines Königs und halb bewegt von etwas, das irgendwo zwischen Nationalstolz und nie zuvor denkbarem Mitleid mit dem alten Mann lag. Die Großen des Hofes ließen ihr Gold- und Silbergeschirr einschmelzen, um mehr oder weniger freiwillig das letzte Truppenaufgebot zu finanzieren. Ludwig XIV. aber tat währenddessen etwas noch viel Unerhörteres: Er schrieb einen Brief an seine Untertanen, den die Provinzgouverneure und Bischöfe überall verbreiten sollten. Während die Krieger-Aristokraten des Hofes den alten König in einem regelrechten Putsch zwangen, Kriegsminister Chamillart zu entlassen, wurde von den Kanzeln herab Ludwigs Brief verlesen, in dem er sich zum ersten Mal vor seinen Untertanen erklärte, ja rechtfertigte, fast als käme es irgendwie auf ihre Meinung an. Er habe den Frieden aufrichtig gewollt, aber die Feinde ließen ihm keine Wahl; wenn so oder so Krieg sein müsse, dann wolle er lieber gegen diese Gegner kämpfen als gegen seinen eigenen Enkel. Er liebe sein Volk nicht weniger zärtlich als seine Familie. Aber was da von ihm verlangt werde, das widerspreche ebenso sehr der Gerechtigkeit wie der Ehre, Franzose zu sein, und so müsse er die Untertanen zu einer letzten Anstrengung auffordern. Das Volk hörte zu, und wir können nur ahnen, was es dachte. In Paris kam es zu gewalttätigen Ausschreitungen, während man in Versailles noch die üblichen Spottlieder sang, die den Namen des gestürzten Chamillart auf sein einziges Talent (Billard) reimten. Marschall Boufflers und sein Schwager Guiche, dessen Garderegiment mit geladenen Gewehren durch Paris patrouillierte, entkamen bloß durch Mut und patriotische Reden einer wütenden Volksmenge, die zuvor bereits zum zweiten Mal die Karosse des obersten Polizeigenerals in Stücke zerlegt hatte; als wenig später ein erschöpftes Pferd auf der Straße tot umfiel, schlugen sich bald fünfzig Bettler um sein Fleisch. Andererseits jubelten die Soldaten der flandrischen Armee, als Marschall Villars ihnen den königlichen Brief vorlas wie der theatralische Held einer Tragödie von Racine. Viele von ihnen waren zur Armee geflüchtet, weil sie sich im Krieg eine bessere Überlebenschance ausrechneten als in der Hungersnot. Sie waren nun das Letzte, was im wieder beginnenden Krieg zwischen dem Aufgebot der Alliierten und Paris stand. Noch einmal also Krieg.

Aber was war das damals? Die Kriege der Barockzeit sind oft als vergleichsweise begrenzte Kriege beschrieben worden, als ‹Kabinettskriege› etwa, weil sie im Unterschied zu den nationalistisch motivierten ‹Volks-› oder totalen Kriegen späterer Zeiten ohne Hass am grünen Tisch beschlossen wurden und ‹nur› der Durchsetzung halbwegs rationaler dynastischer Egoismen dienten. Tatsächlich waren Herrscher und Eliten der kriegführenden Mächte einander damals so ähnlich, so vernetzt und nach dem Ende der Religionskriege auch ideologisch so kompatibel, dass Vernichtungskriege nach Art des 20. Jahrhunderts in ihrer Welt undenkbar gewesen wären. Ein Führerbunker-Szenario hätte es für diese Herrscher schon deswegen nie gegeben, weil sie selbst im Fall einer eklatanten Niederlage sicher sein konnten, ihren Thron zu behalten, und also keine Hemmungen haben mussten, notfalls Frieden zu schließen. Die einzige Ausnahme davon war aus einer Reihe komplexer Gründe Friedrich der Große im Siebenjährigen Krieg, weswegen es auch durchaus seine Logik hatte, dass im Führerbunker bis zuletzt eben genau sein Bild hing.

Im Direktvergleich mit den Kriegen des 20. Jahrhunderts, erst recht mit dessen Versuchen, ganze Völker oder Klassen auszurotten, waren die Kriege der späten Frühneuzeit also in der Tat begrenzt. Sobald man sie freilich mit weniger extremen Beispielen vergleicht, trübt sich das Bild an vielen Stellen, und es wird eine Epoche sichtbar, die halb fremd, halb wiedererkennbar zwischen wirklich ferner Vergangenheit und unserer Gegenwart steht. Gegenüber den Kriegen des Mittelalters oder auch noch des 16. Jahrhunderts nämlich kann man die der Barockzeit durchaus als Verschlimmerung ansehen, weil sie die Zahl der Kämpfer enorm vergrößert hatten, ohne andererseits etwa die Entscheidung schneller herbeizuführen: Fast alle europäischen Kriege der frühen Neuzeit dauerten sehr lange und endeten erst mit der Erschöpfung aller Beteiligten. Die Kriegsmaschinerie war zwar um so viel effizienter geworden, dass eine Großkatastrophe wie der Dreißigjährige Krieg sich nicht mehr wiederholte. Aber auch hier reichte der Fortschritt doch nur eben so weit, dass die Zivilbevölkerung jetzt nicht mehr von hungrigen Soldaten massakriert oder in den Hungertod getrieben, sondern bloß noch ökonomisch ruiniert wurde. Die Verbreitung von Seuchen durch marschierende Truppen blieb ein großes Problem und trug dazu bei, dass selbst unter den Soldaten die Mehrzahl der Kriegsopfer nicht im Kampf, sondern an Krankheiten oder Erschöpfung starben.

Auch andere Eigenheiten der frühneuzeitlichen Kriegführung waren beim näheren Hinsehen keineswegs so eindeutig zur Milderung der Gewalt geeignet, wie man es oft gesagt hat. Die große soziale Ähnlichkeit und oft buchstäbliche Verwandtschaft der Herrscher, Feldherren und Offiziere aller Nationen brachte zwar tatsächlich einige auffallende Feinheiten im Umgang miteinander hervor; sie motivierte etwa 1667 den belgisch-spanisch-italienischen Festungskommandanten Comte de Brouay, seinem Belagerer Ludwig XIV. täglich frische Eiswürfel für die Limonade zu schicken. Selbst auf dieser hohen Ebene änderte dergleichen Rücksichtnahme aber schon nichts mehr am gleichbleibenden Todesrisiko auch der Hochadeligen und Offiziere, das außer im Falle der Königsfamilie mindestens genauso hoch war wie das der einfachen Soldaten. Gleichzeitig waren die europaweiten Gemeinsamkeiten zwischen Eliteangehörigen auch deshalb keineswegs nur vorteilhaft, weil eine der wichtigsten Gemeinsamkeiten ja eben gerade jenes Selbstverständnis der Könige und Aristokraten als Ritter und Krieger war, das maßgeblich zur großen Kriegsbereitschaft dieser Elite beitrug.

Auf der nächstniedrigeren Ebene, also im Verhältnis der Krieger zur Zivilbevölkerung, kann man dann von Rücksichtnahme endgültig nur noch sprechen, wenn man die regelrecht terroristische Kriegführung des 20. Jahrhunderts als Regelfall ansieht. Da die meisten frühneuzeitlichen Zivilisten in Ermangelung starker Ideologien wenig Grund hatten, sich mit den rein dynastischen Kriegszielen ihrer Herrscher besonders zu identifizieren, nahmen sie auch selten freiwillig am Kampfgeschehen teil, was die in späteren Volkskriegen so schwierige Unterscheidung zwischen Kombattanten und Nichtkombattanten erleichterte und also zivile Opfer weniger wahrscheinlich machte. In den seltenen Fällen, in denen schon damals religiös oder patriotisch motivierte Zivilisten als Partisanen gegen reguläre Truppen kämpften, gab es für sie jedoch genauso wenig Gnade wie später – ein Umstand, den allein im Spanischen Erbfolgekrieg etwa das Schicksal der in der ‹Sendlinger Mordweihnacht› umgebrachten loyalen bayerischen Bauern, der als ‹Camisarden› gegen Ludwig XIV. kämpfenden südfranzösischen Rest-Hugenotten, der profranzösischen ungarischen Kuruzzen-Rebellen oder der mit Österreich verbündeten Katalanen auf brutale Weise exemplifizierten. Selbst nicht kämpfende Zivilisten kamen aber regelmäßig unter die Räder der Kriegsmaschinerie, wenn sie nämlich in belagerten Städten lebten, wo Hunger, Brandbomben und Kanonenkugeln nicht danach fragten, wer Soldat war und wer nicht. Als ungewöhnlich und skandalös galt lediglich die Art, in der die Truppen Ludwigs XIV. ab 1688 südwestdeutsche Städte und Landstriche auch ganz ohne direkten militärischen Anlass verwüsteten, um eine den Feind bremsende Zone der verbrannten Erde zu schaffen.

Wenn trotzdem die Kriege des Ancien Régime die Zivilbevölkerung weniger direkt in Mitleidenschaft zogen als alles, was danach kam, so lag das also fast nie an bewusster Rücksichtnahme der Militärs und fast ausschließlich an den verschiedenen Arten, in denen die damalige Kriegführung glücklicherweise noch ineffizient war. Übrigens nicht nur die Kriegführung. Da es noch keinen internationalen Handel mit Grundnahrungsmitteln gab, konnte auch noch kein Land durch militärische Handelsblockaden in den Hunger gestürzt werden. Die rücksichtslose und fast immer systemisch ungerechte Besteuerung und ihre kriegsbedingte Verschärfung machte das freilich beinahe schon wieder wett. Auf dem militärischen Feld drückte sich das erstens darin aus, dass die Heere noch nicht so groß waren wie später. Sie konnten also auch gerade noch ohne Wehrpflicht aus Freiwilligen vom untersten Rand der Gesellschaft aufgestellt werden, die sich teils aus Abenteuerlust, teils auf der Flucht vor der Justiz oder einfach vor einem elenden Leben als Bauernknecht anheuern ließen. Die Schattenseite dieses Systems war freilich einmal mehr die Senkung der Kriegs-Hemmschwelle, da solche Leute im brutalen Utilitarismus der Zeit allzu oft als entbehrlich angesehen wurden.

Dieselbe Kosten-Nutzen-Logik führte denn auch dazu, dass alle Staaten in großem Maße Ausländer anwarben, um die eigenen Untertanen für produktivere Zwecke aufzusparen. Die Heere waren daher keineswegs bloß auf der Offiziersebene multinational, und selbst Preußen, das aufgrund seiner untypisch hohen Militärquote 1733 eine im Wesentlichen auf die Landbevölkerung beschränkte Vorform der allgemeinen Wehrpflicht eingeführt hatte, rekrutierte stets in ganz Europa. Um einen so hohen Soldatenanteil an der Gesamtbevölkerung zu erzielen, wie das freilich extreme Preußen ihn 1786 hatte, müsste beispielsweise das heutige Deutschland statt knapp 180 000 Soldaten 2,6 Millionen haben – ein Bevölkerungsanteil, der im Jahr 2015 nur von Nordkorea übertroffen, dagegen schon vom hypermilitarisierten Zweitplatzierten Eritrea nicht mehr erreicht wird. Zweitens fehlte es noch an all jenen Waffen, die später über extreme Distanzen töten und damit die Unterscheidung zwischen Front und Hinterland, zwischen Kombattanten und Nichtkombattanten immer weiter auflösen würden. Man mag sich zwar vorstellen, dass das keineswegs immer oberflächliche Christentum der Ancien-Régime-Elite sie an Terrorangriffen auf Zivilisten auch dann gehindert hätte, wenn sie bereits über eine Luftwaffe, Drohnen, Raketen oder auch einfach nur motorisierte Truppen verfügt hätte. Aber man ist doch froh, dass die Frage sich gar nicht erst stellte, weil Ancien-Régime-Armeen einander buchstäblich bis auf hundert Meter nahe kommen mussten, wenn sie ernstlich kämpfen wollten.

Meistens, und das sei von diesen abstrakteren Faktoren als letzter erwähnt, wollten sie es nicht. Für durchgehende Frontlinien im Stil des Ersten Weltkrieges reichten die Truppenstärken sowieso nicht, zumal auch die primitive Nachschuborganisation einen zu großen Truppenkörper gar nicht dauerhaft mit Nahrung, Pferdefutter und Kriegsmaterial hätte versorgen können. Das Fehlen brauchbarer Straßen oder Fahrzeuge tat ein Übriges, die Armeen voneinander fernzuhalten, indem es sie zwang, sich fast immer und überall mühsam an jenen befahrbaren Flüssen entlangzuhangeln, auf denen man Nachschub in Booten transportieren konnte. Da weiterhin die Kampfweise der damaligen Infanterie sich eigentlich nur in einer ganz bestimmten Art flachen Geländes praktizieren ließ, kamen selbst von den ausreichend fluss- und straßendurchzogenen Regionen im Grunde nur einige ausgewählte wirklich für die Kriegführung in Frage; wenn mindestens die Hälfte aller damaligen Schlachten im Großraum Belgien, am Rhein oder in Norditalien geschlagen wurden, dann lag das ganz wesentlich daran, dass die Geographie dieser Regionen sie zu Westeuropas besten Aufmarschplätzen machten. In solch bevorzugten Kriegsregionen stand freilich auch an jeder Flussbiegung und Straßenkreuzung eine Festungsstadt, die den Vormarsch feindlicher Armeen blockierte und die man nicht einfach umgehen konnte, weil dann die Festungsbesatzung einem sofort den dünnen Nachschubfaden abgeschnitten hätte. Der neue Feldzug, zu dem im Frühling jedes Jahres die Soldaten aus ihren Winterquartieren und die Aristokraten vom Hof zurückkamen, pflegte sich also meistens sehr schnell in eine Reihe von Belagerungen aufzulösen, wobei es schon einmal passieren konnte, dass etwa die Franzosen mit ihrer überlegenen Militärverwaltung mehrere Monate früher ins Feld zogen als etwa Holländer oder Österreicher. Zwischen marschierenden oder belagernden Armeen fand dann ein gewissermaßen kleiner Alltagskrieg statt, bei dem man sich gegenseitig mit Kavallerie die Nachschubkonvois wegnahm. Die größte Feldherrenkunst aber bestand nach übereinstimmender Ansicht aller Beteiligten gerade darin, den Feldzug wirklich wie ein reines Schachspiel zu führen. Der Feldherr sollte also die gegnerische Armee durch eigene Bewegungen so lange und so geschickt zum Ausweichen zwingen, bis sie sich im engen Gedränge der wenigen überhaupt begehbaren Wege möglichst hoffnungslos verheddert hatte und vollkommen vom Nachschub abgeschnitten war. Wer in diese Lage geriet, hatte nur noch die Wahl, sich entweder ganz vom Kriegsschauplatz zurückzuziehen, wo der Gegner dann ungestört die verbleibenden Festungen erobern konnte, oder sich den Weg mit einer Schlacht freizukämpfen, was normalerweise eindeutig als die schlechtere Lösung galt. Was nämlich auf einem Schlachtfeld geschehen würde, das konnte niemand vorhersehen, weil dort fast immer mehr oder weniger gleich starke, gleich ausgerüstete und gleich trainierte Armeen aufeinandertrafen. Kaum je riskierte daher ein Feldherr die Schlacht, solange er noch irgendeine andere Möglichkeit hatte. Selbst wenn viele Generäle ihre Truppen in den Worten des Herzogs von Wellington als «den Abschaum der Menschheit» ansahen, so waren diese Truppen doch Fachkräfte, denen so mühsam und so langwierig eine vollkommen kontraintuitive Kampftechnik antrainiert worden war, dass sie immer nur sehr langfristig ersetzt werden konnten. Nicht zuletzt deshalb blühte das Soldatenvermietungsgeschäft der vollkommen überrüsteten Mittelmächte vom Typ Brandenburg-Preußen, Savoyen oder Hessen-Kassel: Es war ungleich leichter, erfahrene Fremde einzukaufen, als mühsam eigene Rekruten auszubilden.

Schlachten waren also relativ selten; sie kamen normalerweise nur dann zustande, wenn eine Seite die Einnahme ihrer wichtigsten Festung verhindern musste, wenn eine in Enge und Hunger hineinmanövrierte Armee sich den einzigen Rückweg freikämpfte oder auch einfach dadurch, dass zwei Armeen unabsichtlich ineinanderstolperten, weil sie wie so oft weder brauchbare Landkarten noch fähige Aufklärer gehabt hatten. Wie denn auch, wenn es keine Flugzeuge, keine Telekommunikation, keine Motorfahrzeuge gab? Schon deswegen empfahl es sich, in bewährten Regionen zu kämpfen, wo jahrzehntelanges Herummarschieren jeden Hügel und jeden Hohlweg ins Körpergedächtnis der Generäle eingebrannt hatte.

Nirgendwo galt das so wie hier an der flandrischen Grenze, wo

Villars jetzt im verregneten Sommer 1709 die Alliierten aufhalten sollte. Zuerst hatte er im nur allzu vertrauten Gelände auch dieses Mal keine Schlacht angestrebt und stattdessen über 50 Kilometer massive hölzerne Befestigungslinien anlegen lassen, die die zahlenmäßig überlegenen Alliierten tatsächlich vom Angriff abhielten. Aber Hungersnot und Missernten hatten auch Nordostfrankreich nicht verschont, und so wusste Villars, dass er die Stellung nicht mehr lange würde halten können. Vor allem die Pferde seiner Kavallerie waren schon dabei, die ganze Umgebung buchstäblich leer zu fressen; sobald sie damit fertig waren, würden sie alle sterben. Eine Armee ohne Kavallerie konnte jedoch auf normalem Terrain keine Schlacht mehr riskieren. Villars' Truppen würden dann also hinter ihren hölzernen Verschanzungen bleiben müssen. Sie würden zusehen müssen, wie die Feinde diese Barriere umgingen, und würden von Glück reden können, wenn man sie dann nicht von der ungeschützten Seite angriff oder einfach aushungerte. Das alles hatte der französische Oberbefehlshaber nur zu deutlich vor Augen.

Villars war von Natur aus jenes seltene Tier, ein Angeber, der tatsächlich Großes leisten konnte, und so widersprach nichts seinem Temperament mehr als die erzwungene Zurückhaltung jener Tage, während derer Eugen und Marlborough die Festung Tournai belagerten. In einem anderen Jahr hätte man den Feldzug nach dem Fall von Tournai womöglich schon beendet. Aber diesmal schien den überlegenen Alliierten die Entscheidung so nah, dass sie sich als Nächstes noch auf Mons stürzten – eine Festung, von der aus sie im Feldzug des nächsten Jahres endgültig nach Frankreich würden eindringen können. Indem sie sich jedoch dorthin bewegten, machten sie zugleich die Umgehungsbewegung, die Villars gefürchtet hatte, und nun ertrug er das Abwarten nicht mehr. Seine flehenden Briefe nach Versailles hatten ihm im letzten Moment die Angriffserlaubnis des greisen Sonnenkönigs eingebracht, der noch immer die Fiktion aufrechterhielt, aus dem Appartement seiner heimlichen Ehefrau heraus das Kriegsgeschehen zu dirigieren, und so verließ Villars nun mit seinem gesamten Heer die schützenden Befestigungslinien, um die Schlacht zu suchen. Als Eugen und Marlborough davon erfuhren, die die zweifelhafte Hoffnung auf den großen Endkampf gerade aufgegeben hatten, zogen auch sie alles zusammen, was sich bewegen ließ, und brachen von Mons auf, um diesem Krieg ein für alle Mal ein Ende zu machen. In kürzester Zeit marschierten daher jetzt in einem überschaubaren Areal, das passenderweise von den Flüssen Haine (Hass) und Trouille (Angst) eingerahmt wurde, fast zweihunderttausend Soldaten aufeinander zu. Die damalige Methode der Kriegführung aber war so eigentümlich und in ihren perversen taktischen Tanzschritten so vorgezeichnet, dass beiden Seiten beinahe schon im Moment des Aufbruchs klar gewesen sein muss, wo sie aufeinandertreffen würden.

Die Heere der Frühneuzeit wurden von Fürsten und Offizieren kommandiert, die sich selbst oft noch als Ritter bezeichneten, aber seit der Zeit, in der sie auch hauptsächlich aus Rittern bestanden hatten, war viel geschehen. Schon im Spätmittelalter hatte sich herausgestellt, dass trainierte Fußsoldaten mit sechs Meter langen Spießen, den sogenannten Piken, jedes noch so eindrucksvolle Ritteraufgebot vom Platz fegen konnten, wenn sie nur die Nerven behielten und ihre Marschbewegungen bis ins Kleinste aufeinander abstimmten. Die mittelalterliche Form der Kriegführung hatte es notwendig gemacht, einem privilegierten Reiterkrieger die erbliche Herrschaft über Dörfer voller Leibeigene zu übertragen, damit er sich nicht nur die irrwitzig teure Metallrüstung und die extrastarken Schlachtrösser leisten konnte, sondern auch Muße hatte, praktisch sein ganzes Leben einem harten Fitnessprogramm zu widmen, ohne das er im Lanzen- und Schwertkampf verloren gewesen wäre. Solche Kämpfer waren gewissermaßen die Panzer ihrer Epoche gewesen, aber sie kosteten auch entsprechend viel, weswegen die Heere des Mittelalters insgesamt klein geblieben waren.

Ab dem 15. Jahrhundert dagegen ließen sich aus einfachem Volk komplette Armeen von Spießträgern rekrutieren, die nun schon zahlenmäßig jedem Ritterheer überlegen waren. Zum ersten Mal wurde daher jetzt auch systematisch zwischen Soldaten und Offizieren unterschieden, und bald fanden die als Soldaten überflüssig gewordenen Ritteradeligen sich in der zweiten dieser beiden Rollen wieder. Das 16. Jahrhundert gehörte militärisch der Pikenier-Infanterie, also den «Gewalthaufen», «Igeln» oder «Tercios» der Schweizer, Landsknechte oder Spanier: riesigen Vierecken aus Tausenden von Pikenträgern, die sich infolge komplizierten Drills wie ein einziger Körper über das Schlachtfeld schoben. Zunehmend kamen auch Feuerwaffen hinzu, freilich noch lange nur als Ergänzung, weil Arkebusen und Musketen viel zu langsam schossen und Kanonen viel zu unbeweglich waren, um die Feldschlacht schon dominieren zu können. Auf der anderen Seite passte sich jedoch auch die Kavallerie erfolgreich den neuen Gegebenheiten an, indem sie außerhalb Osteuropas die Rüstungen samt den Lanzen ablegte, das schwere Schwert durch den Säbel ersetzte und vor allem Radschlosspistole und Karabiner übernahm, zwei Waffen, die deutlich schneller schossen als die der Infanterie. Infolge dieser Vereinfachungen konnte folglich bald auch die Kavallerie ihre Zahlen durch Rekrutierung von Bauernsöhnen vergrößern. Die Reiter wurden jetzt zum mobileren Element der Kriegführung, während man die vergleichsweise statischere und viel zahlreichere Infanterie zur letztlich entscheidenden Besetzung von Terrain brauchte.

In den Schlachten des 17. Jahrhunderts traten folglich nach einleitendem Kanonenfeuer hauptsächlich die Infanteristen beider Seiten in großen viereckigen Formationen gegeneinander an; gleichzeitig versuchte jedoch die Kavallerie, zuerst die gegnerischen Reiter auseinanderzutreiben und dann verletzliche Infanterieeinheiten so anzugreifen, dass sie sich in Panik auflösten. Am verletzlichsten aber waren noch sehr lange ausgerechnet die mit Schusswaffen bewaffneten Fußsoldaten, weil sie ihre Musketen nur mit einer brennenden Lunte von einem in den Boden gerammten Metallstativ abfeuern konnten. Da ihre Waffen sich zudem nur von vorne und also sehr langsam laden ließen, hätten sie allein niemals einem schnellen Kavallerieangriff widerstehen können; man brauchte daher für jede Musketiereinheit eine größere Zahl von Pikenieren, die die Schützen notfalls in die

Mitte ihrer Formation nahmen, von wo sie freilich aufgrund der Enge ihre unhandlichen Waffen nicht mehr abfeuern konnten.

Dieser Stand der Dinge änderte sich jedoch in den 1690er Jahren mit der gleichzeitigen Einführung von Bajonett und Steinschlossgewehr, die das Militärwesen revolutionierte und 1709 gerade abgeschlossen war. Das Bajonett war zwar schon 1641 bei der Belagerung von Bayonne erfunden worden, bestand aber lange noch bloß aus einem Messer, das direkt in den Gewehrlauf gesteckt wurde. Die wirkliche Revolution kam daher erst mit dem seitlich am Gewehr befestigten Bajonett, das es dem Schützen ermöglichte, Kavallerieangriffe abzuwehren und trotzdem feuerbereit zu bleiben. Innerhalb kürzester Zeit verschwanden also die überflüssig gewordenen Pikeniere und ihre langen Spieße aus allen Heeren. Die übriggebliebenen Infanteristen dagegen waren jetzt nicht nur alle mit Gewehren ausgerüstet, sondern erhielten mit dem Steinschlossgewehr (eigentlich ‹Feuerstein-Schloss›, daher abgeleitet vom Feuerstein-Synonym ‹Flint› auch: Flinte) eine Waffe, die weder Lunte noch Stativ brauchte und also in kürzerer Zeit mehr Schüsse abgeben konnte. Einer Kavallerieattacke, die von vorn gegen Infanterie geführt wurde, stellte sich von nun an ein tödlicher Stachelwald von Bajonetten entgegen, der jedes Pferd automatisch zum Anhalten zwang und aus dem heraus die zweite Linie der Angegriffenen problemlos weiterschießen konnte.

Die Kavallerie wurde damit im Frontalangriff auf feindliche Infanterie zur rein psychologischen Waffe, die den objektiv unverwundbar gewordenen Feind nur noch besiegen konnte, wenn die angegriffenen Infanteristen demoralisiert oder ungeübt genug waren, um angesichts der heranstürmenden und völlig ziellos schießenden Reiter in Panik wegzurennen. Dann allerdings waren sie wirklich verloren, denn gegen den aus hoher Höhe geführten Säbelschlag des viel schnelleren Kavalleristen hatte ein flüchtender Fußsoldat keine Chance mehr. Die Kavallerie blieb jedoch nicht bloß zur Verfolgung ohnehin schon aufgelöster Truppen wichtig. Vor allem war sie weiterhin auch für geschlossen stehende Infanterie eine tödliche Gefahr, sobald sie diese nur von der Seite oder von hinten angreifen konnte. Inzwischen nämlich waren aus den riesenhaften Vierecken der Infanterie, die sich für den Kampf mit sechs Meter langen Spießen ideal geeignet hatten, immer dünnere und längere Truppenkörper geworden, weil die Fußsoldaten ja nun alle mit Gewehren bewaffnet waren und also bei einer Aufstellung in großen Rechtecken die allermeisten nur noch auf ihre Vordermänner hätten schießen können. Die typische Schlacht-Aufstellung eines etwa 600 Mann umfassenden Bataillons war stattdessen jetzt eine lange und dünne Linie, in der nur noch vier Mann hintereinanderstanden (wie so viel anderes Vokabular stammen auch Ausdrücke wie «vier Mann hoch» aus dem Kriegswesen der Frühneuzeit). Die Soldaten einer solchen Linie aber konnten ihrerseits die als notwendig empfundene Zahl von Schüssen nur abgeben, wenn sie einem unglaublich kompliziert choreographierten Drill aus hundert kleinen Handgriffen und Schritten folgten, bei dem schon kleine Abweichungen oft katastrophale Folgen hatten. Wenn beispielsweise ein Schütze der zweiten Reihe seine Waffe nur um wenige Zentimeter zu weit nach links oder rechts hielt, riskierte er, dem vor ihm stehenden Mann mit seinem Schuss das Trommelfell zu sprengen. Weil auch Steinschlossgewehre sich nur von vorne und umständlich laden ließen, schossen die Infanteristen zwar selbst mit diesem Drill noch zu langsam, um damit überraschend angreifende Kavalleristen aufzuhalten, die ja große Distanzen in kürzester Zeit überwinden konnten (die 90-Meter-Zone, innerhalb deren die Schüsse des Steinschlossgewehrs sie realistischerweise treffen konnten, legten sie im Galopp in 8 Sekunden zurück). Da die Infanteristen aber andererseits ohne Drill erst recht keine Chance gehabt hätten, war ein solches Bataillon auch nahezu unfähig, sich etwa von einem Moment auf den anderen umzudrehen – und also gegen Angriffe von der Seite oder von hinten praktisch wehrlos.

Aus dieser unbestreitbaren Tatsache aber (und damit kommen wir zum Ausgangspunkt unserer Erläuterungen zurück) leitete sich mit einer an Wahnsinn grenzenden Konsequenz nun für den Rest des Jahrhunderts gleich auch das Grundprinzip aller Schlachten ab. Rückblickende Historiker nennen dieses Prinzip in der Regel Lineartaktik, aber viel wichtiger als dieser Klassifikationsbegriff ist etwas anderes. Die Lineartaktik ist das Paradestück unter den vielen historische Beispielen dafür, wie nachweislich vernünftige Menschen aus gegebenen Bedingungen und absolut logischen Prämissen Verhaltensweisen konstruieren, die für spätere Beobachter ebenso vernünftigerweise nur noch wie der reine Irrsinn aussehen, und sie ist ein solches Paradestück, weil es bei ihr nicht wie sonst ‹nur› um Ehre, Besitz oder Recht ging, sondern wie bei allen militärischen Praktiken schlichtweg um Leben und Tod.

Intelligent betriebene Militärgeschichte ist immer eine Untersuchung menschlicher Psychologie in Extremsituationen; hier aber bringt sie uns dazu, Generälen und Theoretikern eines ganzen Jahrhunderts dabei zuzusehen, wie sie die folgende Argumentation als vollkommen selbstverständlich empfanden. Infanterie muss, um mit haarsträubend unzuverlässigen Schusswaffen überhaupt jemanden zu treffen, in großen Massen zugleich auf den Feind schießen. Um außer einigen Reservetruppen möglichst wenige Soldaten wirkungslos herumstehen zu lassen, müssen diese Massen in dünnen Linien angeordnet werden, deren Mitglieder dann fast alle gleichzeitig schießen können. Weil aber solche Linien gegen rasch von hinten oder seitwärts angreifende Reiter wehrlos wären, darf es schlichtweg nicht möglich sein, sie von hinten oder der Seite überhaupt zu erreichen. Die Linie darf also keine Lücken haben, durch die Reiter hindurchkommen könnten, und muss zugleich lang genug sein, um möglichst viele Truppen zu enthalten (in der uns interessierenden Schlacht standen die 95 000 Mann der Alliierten zuerst hintereinander in zwei Linien, die jeweils etwa sechs Kilometer lang waren). Vor allem aber muss diese Linie sich zugleich am linken und rechten Ende auf natürliche Barrieren wie etwa Dörfer, Flüsse, Berge oder Wälder stützen, sodass man sie nur auf extremen Umwegen umgehen kann – schon sind auf einen Schlag 90 % aller denkbaren Schlachtfelder für den Kampf ungeeignet, weil solche Barrieren entweder zu viele oder zu wenige sind oder den falschen Abstand haben. Wenn man dann angreift, muss die ganze Linie sich logischerweise auch so perfekt koordiniert bewegen, dass sie nirgends auseinanderbricht (was natürlich nur geht, wenn erstens alle Soldaten eine Art Ballettausbildung haben und wenn zweitens das Schlachtfeld absolut flach ist). Weil aber schließlich die Erfahrung gelehrt hat, dass angegriffene Infanteristen am leichtesten in Panik geraten, wenn sie ihre erste Salve schon verschossen haben, der auf sie zumarschierende Gegner sein Feuer aber immer noch «hält» und also jederzeit schießen könnte, und weil weiterhin nichts das peinlich choreographierte Marschieren so aus dem Tritt bringt wie das Schießen – deswegen sollten die Angreifer idealerweise auch ins Feuer ihrer Feinde hineinlaufen, ohne selbst einen Schuss abzugeben. Es war also alles unglaublich logisch und doch zugleich von der Art, als habe es ein Wahnsinniger entworfen. Es war logisch, es war wahnsinnig, und es wurde ein Jahrhundert lang jedes Jahr irgendwo in Europa praktiziert. Oder genauer gesagt eben: an einem der wenigen Orte in Europa, die für diese Art von Schlacht überhaupt geeignet waren.

Zwischen Mons und Villars' Lager aber gab es nur genau zwei solcher Stellen, weil alles übrige Terrain von einem Wald bewachsen war, durch den jeder Spaziergänger des 21., aber keine Armee des 18. Jahrhunderts hindurchgekommen wäre. Lediglich die Schneise von Boussu im Norden und die Schneise von Aulnois im Süden unterbrachen diesen Wald, und so hätten Eugen und Marlborough dort bloß starke Truppenkörper platzieren müssen, um Villars fernzuhalten. Da das jedoch das Letzte war, was sie wollten, ließen sie stattdessen beide Schneisen unbesetzt, damit Villars in das flache Land auf der anderen Seite gelockt würde, wo sie ihn zahlenmäßig überlegen erwarteten.

Am frühen Morgen des 9. September erfuhr Villars von zurückkehrenden Kavalleriepatrouillen, dass beide Schneisen einladend weit offen standen, man überall dahinter aber auf feindliche Reiter und Feldlager stoße. Villars entschied sich für den Angriff, und er entschied sich für die südliche Route. Innerhalb weniger Stunden brachte er seine etwa 75 000 Mann starke Armee zur Schneise von Aulnois – so schnell, dass Marlborough in seinem weniger als zwei Kilometer entfernten Lager immer noch nichts ahnte, als die Franzosen bereits die Schneise besetzten. Das an sich flache Terrain erhob sich hier zu einem ganz sanften Höhenkamm, über den auch die Schneise und die in ihr verlaufende Straße leicht anstiegen; links und rechts waren höhere, bewaldete Hügel. Zwischen ihnen galoppierte gegen 10 Uhr morgens der französische Infanterie-Hauptmann Chevalier de Quincy rasch an seinen marschierenden Soldaten vorbei, um als Erster den höchsten Punkt der Schneise zu erreichen. Dort bot sich ihm ein beeindruckender Anblick. Weit in der Ebene ausgestreckt lag vor seinen Augen das riesige Feldlager Marlboroughs, standen zwischen den Dörfern Aulnois und Sars Tausende von Zelten, in denen sich nichts zu rühren schien, weil ihre Insassen den Feind noch weit weg wähnten. «Ich sah keinerlei Bewegung, und es war eine große Ruhe über ihnen.» Etwas zur Rechten aber lag zwischen den Hügeln und dem Lager, winzig und von seinen höchstens fünfzig Einwohnern wohl schon verlassen, das Dörfchen Malplaquet.

Während Villars noch auf seiner Seite der Schneise die Landkarten studierte, erfuhr Marlborough von Soldaten, die in Panik von der Suche nach Pferdefutter zurückkamen, dass sich in unmittelbarer Nähe seines Lagers ein gigantischer französischer Truppenkörper aufbaute. Er schickte sofort Boten zur Armee des Prinzen Eugen, die Villars an der nördlichen Route erwartet hatte; um Marlborough nun an der richtigen Stelle zu Hilfe zu kommen, musste sie den durch Regen angeschwollenen Hass-Fluss überqueren und konnte frühestens in einem halben Tag hier ankommen. Bis dahin würden Marlboroughs unvorbereitete Truppen dem Feind eklatant unterlegen sein. Aller Wahrscheinlichkeit nach hätten die Franzosen gesiegt, wenn sie jetzt sofort zum Angriff übergegangen wären. Aber Villars wusste, dass er im Unterschied zu seinen Gegnern nur diese eine Chance hatte, und so ließ er sich davon beeindrucken, dass Marlborough seine viel zu wenigen Soldaten sofort in Schlachtordnung aufmarschieren ließ, als seien sie schon die ganze Armee. Vor allem stellte der Engländer seine etwa 100 Kanonen vor die Front und begann ein Bombardement der Franzosen, das von diesen zwar erwidert wurde, sie aber auch davon überzeugte, es wirklich mit der kompletten kampfbereiten Armee der

Alliierten zu tun zu haben. Also entschied sich Villars gegen einen Angriff und beschloss stattdessen, sich bewusst angreifen zu lassen: Das Terrain war ihm günstig und würde mit jeder Minute günstiger werden, die seinen Leuten blieb, um ihre defensive Position auszubauen. Er platzierte daher seine Soldaten auf einer Linie, die von den vorderen Ausläufern der links gelegenen Waldhügel (also vom Wald von Sars) über das leicht erhöhte Plateau der Schneise hin zum rechten Waldhügel (dem Wald von Lanières) und den dort gelegenen Bauerngehöften verlief. Auf dieser Linie mussten seine Soldaten aus Holz und Erde Verschanzungen und improvisierte Barrikaden anlegen, während um sie herum stundenlang Kanonenkugeln einschlugen. Einem Kavalleristen der französischen Leibgarde riss dabei eine Kanonenkugel den Kopf ab, verschob den Rest des Leibes aber im Sattel gerade nur so, dass die Sporen das Pferd weiter antrieben. Anderthalb Stunden lang mussten seine Kameraden, die sich nicht aus ihren Stellungen heraustrauten, dem kopflosen Reiter dabei zusehen, wie er entlang ihrer Front auf und ab «ritt», bevor man ihn endlich bergen konnte. Der Angriff aber, den Villars erwartete, blieb aus, und mit Einbruch der Dunkelheit endete auch die Kanonade. Prinz Eugen war zwar in der Nacht mit viel Verstärkung angekommen, sodass die Alliierten nun theoretisch hätten angreifen können. Noch immer fehlten jedoch die Truppen aus Tournai, die einen wesentlich längeren Weg hatten und deren Ankunft die Alliierten erst wirklich überlegen machen würde. Auch am 10. September standen sich daher beide Seiten wieder ohne eigentlichen Angriff gegenüber und beschränkten sich auf ein etwa fünfstündiges Kanonenfeuer, während die Franzosen ihre Verteidigungsstellung immer besser ausbauten.

Schon schien es daher vielen auf beiden Seiten so, als werde auch diese Konfrontation wieder nur eine der nicht seltenen Beinahe-Schlachten bleiben, in denen beiden Armeen die Position des Feindes letztlich zu stark erschienen war. Auf alliierter Seite dachte das etwa der schottische General Lord Orkney, der drei Tage später schrieb: «I really believed there would be no battle at all.» Noch näher lag der Gedanke freilich für die Franzosen, die ja nicht wissen konnten, warum Marlborough am 9. nicht sofort angegriffen hatte und die zudem sahen, wie ihre Befestigungen von Stunde zu Stunde besser wurden. Waren denn nicht auch die Friedensverhandlungen erst vor drei Monaten und nur ganz knapp gescheitert? Sie waren folglich mehr als empfänglich für den informellen Waffenstillstand, der gegen 15 Uhr mit dem Ende der alliierten Kanonade begann und bald dazu führte, dass erst einige wenige, dann immer mehr alliierte Offiziere zur Konversation mit der Gegenseite hinüberliefen. Nach einigen Missverständnissen und Schüssen, die zum Glück niemanden trafen, entwickelten sich bald Gespräche, bis schließlich General Albergotti die Kommandeure der gegenüberliegenden Frontabschnitte einlud, mit ihm über die Lage zu sprechen. Cadogan, der als rechte Hand Marlboroughs genau wusste, dass dieser sich auf jeden Fall schlagen würde und bloß noch Zeit brauchte, sah seine Gelegenheit gekommen. Den Erbprinzen von Hessen und den gerade erst angereisten Kronprinzen von Preußen nahm er mit, weil sie so dekorativ waren, dass man seine Mission automatisch ernster nehmen musste, und Grumbkow, weil der als preußischer Aufpasser des ungestümen Prinzen ebenso ein Recht darauf hatte wie als gefährlicher Freund Marlboroughs. Sie führten das Gespräch, das wir bereits zu Anfang dieses Kapitels beschrieben haben, und kehrten dann am beginnenden Abend auf ihre Seite zurück, um die Schlacht zu planen, die die letzte sein sollte.

In jener Nacht erklärte Marlborough Grumbkow, dass er jetzt einfach losschlagen müsse: England und Holland würden ihm nie verzeihen, wenn er mit einer so großartigen Armee untätig bliebe und die Chance vergebe, endlich den Krieg zu beenden. Grumbkow erklärte Marlborough natürlich nicht, dass man in Berlin schockiert gewesen war, wie wenig Rücksicht der Friedensvertragsentwurf der «großen» Alliierten auf Preußens Forderungen nahm und dass er deswegen Befehl hatte, so bald wie möglich bei den Franzosen zu sondieren, was denn für Preußen drin wäre, wenn es sich von den Alliierten trennte. Wir wissen, dass diese Mission nicht einmal ihm gefiel, der er doch der gelehrigste Intrigantenschüler seiner Zeit war (vielleicht schrieb er freilich bloß genau deshalb nach Hause, dass dieser Verrat unprofessionell riskant sei). Aber wusste er auch, weswegen der von ihm ehrlich bewunderte Marlborough plötzlich solche Angst vor der Kritik in der Heimat hatte, wo er doch seit sieben Jahren unangreifbar schien? Wohl kaum. Wir dagegen kennen den Brief, den Marlborough eben von seiner Frau erhalten hatte, wir kennen all die Briefe dieses so perfekt zusammenarbeitenden Höflingsehepaars und können in ihnen verfolgen, wie die immer tyrannischer anmutende Beste-Freundinnen-Herrschaft der Herzogin von Marlborough über Königin Anna zu bröckeln begann. Einst hatte die Herzogin ihrer Cousine Abigail Masham einen winzigen Hofposten bei der Königin vermittelt, weil diese Cousine auch die Cousine des wichtigen Politikers Harley war und also nach den geometrischen Prinzipien der Hofpolitik ein nützliches Werkzeug. Inzwischen aber war Mrs. Masham selbst immer mehr in der Gunst der Königin gestiegen und gewann deren Sympathie nur immer noch mehr, je mehr sich die bisherige Favoritin über diese unerwartete Konkurrenz empörte. Schon war der Punkt erreicht, an dem die Königin kaum noch mit der Herzogin sprach und die Herzogin es für eine gute Idee hielt, schrille Gerüchte über eine lesbische Beziehung zwischen Anna und Mrs. Masham zu verbreiten. In den Kulissen wartete Mashams Cousin Harley nur darauf, mit ihrer Hilfe zum Premierminister aufzusteigen und die Marlboroughs zu stürzen; nichts wäre dann leichter gewesen, als den Herzog des Hochverrats zu beschuldigen, weil er durch Verzicht auf die Entscheidungsschlacht den Krieg (und also seine Machtposition als Generalissimus) künstlich verlängert habe. Mit jedem Brief aus der Heimat wurde es Marlborough deutlicher, dass die große höfische Explosion näherrückte, und gerade warf seine Frau, ohne die er doch nicht leben konnte, ihm vor, er habe der treulosen Königin nicht genug Vorwürfe gemacht. Aber wie sollte das gehen? Nur ein großer Sieg konnte diesen Druck von ihm nehmen, nur die eine erfolgreiche Schlacht, die den Krieg auf einen Schlag beenden würde. Das aber konnte, da die ganze Natur des Krieges und die Lage Frankreichs eine zweite, spätere Gelegenheit unwahrscheinlich machten, nur die Schlacht sein, die Villars ihm jetzt zu einem voraussehbar hohen Preis anbot. Und also wurde in jener Nacht im alliierten Lager jene Extra-Ration Branntwein ausgeschenkt, an der erfahrene Soldaten erkannten, was ihnen morgen bevorstand.

Es war ein nebliger Herbstmorgen, als am 11. September 1709 gegen sieben Uhr das dumpfe Dröhnen der Kriegstrommeln einsetzte. Schon lange vor Tagesanbruch hatten die alliierten Offiziere angefangen, ihre Einheiten an genau festgelegten Punkten der insgesamt sechs Kilometer langen Angriffslinie zu platzieren, und wie immer nahm allein dieses Manövrieren Stunden in Anspruch – der korrekte Aufmarsch war eine so komplizierte Facette des Kriegshandwerks, dass mehrfach im 18. Jahrhundert die weniger zuversichtliche Seite diese Zeit nutzte, um ihrerseits in aller Ruhe vom Schlachtfeld abzuziehen. Schließlich waren auf alliierter Seite etwa 70 000 Fußsoldaten und mindestens 25 000 Reiter in Bataillone und Schwadronen formiert und warteten im Nebel auf das Signal zum Angriff. Die dort in knallbunten Uniformen standen, waren Europas internationalstes Aufgebot mindestens seit den Kreuzzügen und würden es für die nächsten hundert Jahre bleiben. Dort standen, selbst wenn man nur die Hauptnationalitäten der Regimenter in Rechnung stellt, Preußen und Sachsen, Schotten und Holländer, Engländer und Hugenotten, Dänen und Österreicher, Ungarn, Transsylvanier und Sizilianer neben Württembergern, Hessen und Neapolitanern, Mailändern, Flamen und Tschechen, Slowaken, Luxemburgern und Schweizern, Schlesiern, Wallonen und Iren – nur Spanier gab es ironischerweise keine, obwohl doch um deren Krone gekämpft wurde. Die einzelnen Offiziere und Soldaten wiederum konnten aus aller Herren Länder kommen, ein irisches Regiment zur Hälfte aus Belgiern bestehen, ein dänisches ganz automatisch mit Holsteinern oder Norwegern gefüllt sein und ein preußisches ebenso gut Bosnier, Schweizer und Polen wie ostpreußische muslimische Tataren einschließen. Offiziere und Soldaten gab es auch in nahezu allen Altersgruppen, ob es nun zwölfjährige Trommler aus dem einfachen Volk waren oder dreizehnjährige Fähnriche aus altem Adel, die vielen fünfundzwanzigjährigen Brigadegeneräle aus großer Hoffamilie oder all die fünfzigjährigen Obristleutnants, die ein Regiment führen und ihren neunzehnjährigen Vorgesetzten taktvoll den Beruf beibringen mussten. Diese Ambivalenz zwischen striktem Aufstieg nach Dienstalter einerseits und unfasslich privilegierter Jugend andererseits zog sich durch bis in die obersten Ränge aller Heere. An der Spitze des niederländischen Heeres beispielsweise standen hier zwar ein einundsechzigjähriger Feldmarschall und ein vierundfünfzigjähriger General; direkt unter ihnen hatte jedoch den Oberbefehl über die Kavallerie ein dreiunddreißigjähriger Prinz und das Kommando über die Infanterie sogar dessen gerade mal zweiundzwanzigjähriger fürstlicher Vetter (was sich bitter rächen sollte). Selbst der zwölfjährige Moritz von Sachsen, Sohn Augusts des Starken und der Aurora Königsmarck, stand jetzt auf diesem Schlachtfeld, wo er als Fähnrich in einem Regiment diente, das der Ehefrau seines unehelichen Vaters gehörte, und einem General unterstand, dessen Schwester die Mätresse Georg Ludwigs von Hannover war – des Mannes also, der Moritz' Onkel Königsmarck hatte töten lassen. Ein aktueller und zwei zukünftige Könige waren auf diesem Schlachtfeld und so viele Prinzen, Herzöge und Grafen aus allen Ländern Europas wie in kaum einer Schlacht selbst jener kosmopolitischen Zeit. Sie alle blickten in den Nebel und warteten auf die erste Kanonensalve, die das Signal zum Vormarsch sein würde.

Marlboroughs und Prinz Eugens Schlachtplan war im Grunde einfach. Die französische Stellung gliederte sich in drei Abschnitte, die wir hier und im Folgenden immer aus der alliierten Blickrichtung beschreiben. Links lag leicht erhöht im bis auf einige Lichtungen relativ dichten Wald von Lanières der Hügel von Aulnois, auf dem die Franzosen unter Ausnutzung schon vorhandener bäuerlicher Gebäude hölzerne Befestigungen errichtet hatten. Rechts erstreckte sich, ebenfalls hügelig, der etwas leichter durchquerbare Wald von Sars, an dessen vorderem Rand sich die französischen Truppen besonders in den von Albergotti kommandierten Erd- und Holz-Befestigungen konzentrierten. Zwischen diesen beiden erhöhten Wäldern erstreckte sich im Zentrum die eigentliche Wegschneise, durch die die Straße von Mons nach Frankreich verlief. (Hier stand der mittlere Teil der französischen Schlachtordnung zufälligerweise genau auf der damaligen wie heutigen Grenze Frankreichs mit Belgien, was in diesem Moment niemanden interessierte.) Der Weg zu einem alliierten Sieg musste letztlich schon deswegen durch dieses auf die offene Schneise gestellte Zentrum führen, weil ein Zurückstoßen der dort platzierten französischen Truppen die beiden Flügel der Franzosen auf den Anhöhen voneinander getrennt und damit ebenfalls zum Rückzug oder zur Kapitulation gezwungen hätte. Andererseits war es unmöglich, direkt in dieses Zentrum hineinzumarschieren, solange die französischen Stellungen zur Linken und zur Rechten intakt waren, von denen aus jede die Mitte angreifende Einheit über lange Strecken beidseitig beschossen worden wäre. Eugen und Marlborough entschieden daher, zuerst diese Stellungen in den Wäldern von Lanières (links) und Sars (rechts) anzugreifen. Dabei ging es keineswegs nur darum, die Franzosen zurückzudrängen und an der Beschießung derjenigen alliierten Truppen zu hindern, die zuletzt in der Mitte vordringen sollten. Vor allem sollte auch mindestens ein Flügel der Franzosen so massiv bedrängt werden, dass Villars ihn durch Verstärkungen würde unterstützen müssen, die dann nur noch aus dem einzig nicht angegriffenen Zentrum der Franzosen abgezogen werden konnten. Das Zentrum würde also geschwächt werden und dann der finalen Mittelattacke der Alliierten zum Opfer fallen.

Dieser Plan enthielt freilich ganz abgesehen von allen grundsätzlichen Unwägbarkeiten zwei schwerwiegende Probleme. Zum einen würde ein großer Teil der alliierten Infanterie die Franzosen nicht nur auf ansteigendem Terrain und über hölzerne Barrikaden hinweg, sondern auch in ein Waldgelände zurückdrängen und verfolgen müssen, wofür niemand ausgebildet war. Zum anderen waren die Alliierten trotz zahlenmäßiger Überlegenheit doch nicht stark genug, um beide französischen Flügel mit überwältigender Macht anzugreifen. Damit also auch nur einer der beiden Flügel überrannt und Villars zur Schwächung seines Zentrums gezwungen werden konnte, mussten dafür so viele alliierte Truppen verwendet werden, dass für den anderen Angriff nicht annähernd ähnlich viele übrig blieben. Der Charakter des Geländes, die Reihenfolge und Richtung, in der die Truppen aus dem nördlich (also rechts) gelegenen Mons eintrafen und schließlich wohl sogar politische Erwägungen bewogen die beiden Feldherren dazu, den überschweren Angriff auf ihrer rechten Seite, also gegen den Wald von Sars und durch Preußen, Engländer, Sachsen und Österreicher ausführen zu lassen. Für eine große Zahl der niederländischen und schottischen Soldaten, die währenddessen links im Wald von Lanières eine ihnen weit überlegene französische Position angreifen sollten, war dagegen bereits diese Vorentscheidung das Todesurteil.

Langsam brach die Sonne den Nebel auf und erlaubte damit den wartenden Armeen, ihre Feinde wenigstens so genau zu sehen, wie das Gelände es zuließ. Ab 7 Uhr 30 schossen sich die Kanonen beider Seiten ein, ohne zuerst noch großen Schaden anrichten zu können. Um neun Uhr schließlich ließ Marlborough, der sich bei den im Zentrum für die Schlussattacke bereitgehaltenen Truppen aufhielt, seine Artillerie eine Salve abfeuern, die als Signal für den Angriff des rechten Flügels diente. Es war zugleich das erste und schon wieder das letzte eindeutige Signal, das er in dieser Schlacht geben konnte, denn von jetzt an würde das ganze Schlachtfeld dauerhaft vom Gebrüll der Kanonen erbeben. Zusammen mit dem gleichzeitigen Abfeuern Tausender Gewehre würde es das Terrain in kürzester Zeit mit beißendem Pulverdampf bedecken, mit dem sich die schrillen Klänge der Regimentspfeifer und das dröhnende Trommeln ebenso mischen würde wie das für uns nur noch zu erahnende Geräusch Tausender trabender, dann galoppierender Pferde. Wir haben uns daran gewöhnt, die Kämpfe moderner Armeen in Echtzeit auf einem Bildschirm am anderen Ende des Planeten aufscheinen zu sehen. Inmitten dieses frühneuzeitlichen Infernos jedoch konnte selbst der kommandierende General bestenfalls ahnen, was vor seinen Augen geschah. Die Chefs noch der kleinsten Einheiten kommandierten hundertfünfzig Mann breite Linien und mussten schon froh sein, wenn ihre gebrüllten Befehle tatsächlich bei allen sechshundert Mann des Bataillons ankamen. Ein Generalmajor, der mehrere Tausend befehligte, musste bereits ständig berittene Adjutanten mit Befehlen an seinen Linien entlangreiten lassen, wobei er von Glück reden konnte, wenn ihm die nicht erschossen wurden, noch bevor sie seine Anordnung übermittelt hatten. Dem obersten Feldherrn aber blieben in dieser Situation überhaupt nur noch zwei Möglichkeiten: Er musste selbst ständig zu Pferd in Bewegung sein, immer bereit, sich an die vorderste Front zu begeben und dort zu befehlen, zu drohen, zu ermutigen. Und er musste hoffen, dass all die Offiziere wussten, was sie taten, während all die Soldaten die unendlich lang eingeübten Handgriffe, Schritte und Marschbewegungen hoffentlich so automatisch ausführen würden, wie sie in den wunderbar präzisen Illustrationen der Drillhandbücher abgebildet waren. Beide Hoffnungen waren sehr kühn.

Vor den Augen Marlboroughs, der unter anderem mit Grumbkow in der Mitte blieb, entwickelte sich jetzt auf der Rechten wie ein wahnwitziges Uhrwerk der von Prinz Eugen befehligte Angriff von 37 000 Infanteristen auf Albergottis Stellung im Wald von Sars. Sie rückten in drei Schlachtlinien vor, bis Schulenburgs vierzig Bataillone den kleinen Sumpf am Waldrand erreichten, den Albergotti für unpassierbar gehalten hatte. Aber Cadogans Leute hatten die höfliche Konversationspause des Vortags gut genutzt, und so überquerten jetzt Sachsen, Österreicher, Engländer und Reichstruppen das Sumpfgelände, um in einen fast gar nicht befestigten Teil des Waldes einzubrechen. (Sie trafen dort als Erstes auf ein schwedisches Söldnerregiment, das früher in holländischen Diensten gestanden hatte, jetzt aber für Frankreich kämpfte.) Albergottis Soldaten standen einer dreifachen Übermacht gegenüber, hatten aber den Vorteil, aus ihren Verschanzungen heraus schießen zu können und für Kavallerie unangreifbar zu sein. Sie schlugen den ersten Angriff Schulenburgs ebenso blutig zurück wie den gleichzeitigen der Preußen unter Lottum, die es sogar noch härter traf. Um Albergottis Schanzen in der einzig wirksamen Weise frontal beschießen zu können, mussten sie eine Wendung machen, die sie eine gefühlte Ewigkeit lang dem seitwärtigen Kanonenfeuer des französischen Zentrums aussetzte. Schon bahnte sich von dort auch eine tödliche Kavallerieattacke auf ihre wehrlos exponierte Flanke an, als im letzten Moment große

Massen preußischer Kavallerie unter dem ehemaligen unwilligen Balletttänzer Natzmer sich drohend in den Weg stellten. Immer von neuem marschierten währenddessen die Infanteriebataillone des alliierten rechten Flügels in sturer Linienformation auf den Feind zu. Voran ritten und liefen jugendliche Fähnriche, deren schwere Banner nicht nur die Ehre der Truppe symbolisierten, sondern vor allem notwendige optische Hilfsmittel zur perfekt geraden Ausrichtung der Linie waren. Die Subalternoffiziere liefen direkt vor der ersten Schützenreihe, um Befehle ihres Kommandeurs in genau eingeübten Zeitintervallen weiterbrüllen zu können. Sie trugen eine symbolische Kurzlanze (das Sponton), Säbel und Pistolen, aber nie ein Gewehr, und sie wussten, dass hinter ihnen Hunderte hungrige, betrunkene, vom Adrenalin aufgeputschte und oft genug unzufriedene Soldaten standen; jeder von denen konnte in den nächsten Stunden seinen Leutnant oder Hauptmann erschießen, ohne dass es herauskommen würde.

Die Gefahr eines gezielten Todesschusses durch die eigenen Leute war für Offiziere wohl deutlich größer als die, dasselbe vom Feind zu erleiden. Obwohl Offiziere durch ihre noch bunteren Uniformen und Bewaffnung idiotensicher von einfachen Soldaten unterscheidbar und zugleich fast immer schutzlos exponiert waren, wurden sie anscheinend vom Feind kaum je gezielt erschossen. Das lag natürlich zuerst an der allgemein miserablen Treffsicherheit und einer gewissen adeligen Eliten-Solidarität. Manchmal scheint in den Quellen aber auch ein im Rahmen dieses ganzen Gemetzels erstaunlicher Widerwille gegen das absichtliche Erschießen einer Einzelperson auf; es mag das den Ancien-Régime-Soldaten tatsächlich verwerflicher erschienen sein als das ziellose und gewissermaßen unpersönliche Hineinfeuern in eine dichtgedrängte Menschenmasse, auf das sie trainiert waren.

Die Unteroffiziere währenddessen liefen hinter der letzten (meistens vierten) Schützenlinie her; sie trugen längere Spontons und sollten die Soldaten daran hindern, rückwärts aus der Kampfzone zu flüchten. Hinter ihnen folgte der von weiteren Subalternoffizieren begleitete Bataillonskommandeur (ein Major oder Oberstleutnant), der auch bei der Infanterie immer zu Pferd sein musste, weil er nur so überhaupt einen Überblick über seine etwa 600 Soldaten behalten konnte. Zugleich setzte diese erhöhte Position ihn freilich auch stärker dem feindlichen Feuer aus, zumal ein Großteil aller Schüsse intuitiv zu hoch abgegeben wurde und also über die Köpfe der Soldaten direkt auf die berittenen Offiziere zukam. Noch etwas weiter hinter dem Bataillonskommandeur folgten dann ebenfalls zu Pferd ein Oberst oder Brigadegeneral, schließlich Generalmajore und Generalleutnants, die sich mit ihren Adjutanten ständig zwischen den diversen Truppenkörpern hin- und herbewegen mussten, wenn sie im Chaos aus Pulverdampf und Lärm einen Überblick über das Geschehen behalten wollten. Ohne diesen in vieler Hinsicht katastrophal rücksichtslosen und kriegsverliebten Stand aus geborenen Herren unangemessen loben zu wollen, muss man doch mit widerwilligem Respekt an seine Bereitschaft zum Einsatz des eigenen Lebens denken, wenn man heute davon liest, wie der feige Knopfdruck eines Drohnen- oder Raketenschützen wieder einmal eine Hochzeitsgesellschaft am anderen Ende der Welt pulverisiert hat.

Bevor die Infanteristen losmarschiert waren, hatten sie ihre Steinschlossgewehre zum ersten Mal geladen. Weil sie dafür Pulver und Kugel mit einem hölzernen oder eisernen Ladestock von oben in den Lauf der sehr langen Waffe stopfen mussten, waren alle Armeen Europas stets auf der Jagd nach möglichst großen Männern, die das naturgemäß leichter konnten. Nur bei dieser ersten Ladung konnte man einigermaßen sicher sein, dass sie in Ruhe mit der nötigen Sorgfalt vorgenommen worden war, und auch deshalb versuchten ihre Offiziere, sie möglichst ohne einen einzigen Schuss in Reichweite des Feindes zu führen: Dieses «erste Feuer» war nicht nur geeignet, dem Gegner vorab Angst einzujagen und ihn wegrennen zu lassen, sondern auch beim Schuss wesentlich wirksamer als alles, was dann folgen würde. Wenn Infanteristen nach Abfeuern ihres ersten Schusses nämlich nachluden, dann taten sie das definitionsgemäß unter feindlichem Beschuss, sodass man ihnen kaum vorwerfen konnte, wenn sie beispielsweise viel zu viel Pulver in den Lauf schütteten und damit dann beim Schuss ihre eigene Waffe zur Explosion brachten. Ebenso leicht konnte es passieren, dass das Gewehr versagte und keinen Schuss abgab, ohne dass der Schütze das merkte – im selben Moment fielen ja in seiner direkten Nachbarschaft gleichzeitig Hunderte anderer Schüsse. Er füllte also auf die noch gar nicht abgeschossene Ladung im Lauf eine zweite, manchmal im nächsten Durchgang sogar noch eine dritte, bis dann das nun endgültig zur Bombe gewordene Gewehr beim dritten oder vierten Versuch in seinen Händen explodierte. Selbst ohne solche Fehler brach jedoch in der Regel spätestens nach einigen Minuten Beschuss die ganze schöne Handbuchdisziplin zusammen. All die fein säuberlich choreographierten Praktiken wie etwa das rollende Feuer, bei dem nacheinander einzelne Teile des Bataillons feuerten und die Salven also die ganze Linie hinauf- und hinunterliefen, scheinen letztlich fast nur auf dem Paradeplatz funktioniert zu haben. In der Schlacht selbst war schnell der Zustand erreicht, in dem jeder Soldat in allen vier Reihen so schnell nachlud und dann schoss, wie er gerade konnte, und ein schottischer General, der bei Malplaquet mitgekämpft hatte, erklärte später, er habe in keiner Schlacht jemals eine andere Schussweise gesehen. Da das Schießen anscheinend auf viele beruhigend wirkte, verschossen sie dabei oft in kurzer Zeit ihre ganze Munition oder mussten die Waffe loslassen, weil der eiserne Lauf rotglühend heiß geworden war. Aber auch die Schüsse, die einigermaßen nach den Vorschriften des Exerzierreglements abgegeben wurden, trafen bemerkenswert selten, obwohl der Feind ja in der Regel in kompakten Massen fast direkt vor einem stand.

Die ersten experimentell-statistischen Untersuchungen zur Treffsicherheit entstanden zwar erst unter dem Einfluss der Aufklärung gegen Ende des Jahrhunderts, als man Soldaten beispielsweise auf hölzerne Pappkameraden schießen ließ. Sie dürften sich aber angesichts ähnlicher Waffen auf die Zeit von Malplaquet rückprojizieren lassen und erklären trotz enormer Variationsbreite, warum es damals überhaupt noch möglich war, eine Kampfweise zu überleben, bei der heute innerhalb kürzester Zeit alle Beteiligten tot wären: Je nach Situation traf – auf ein gesamtes Gefecht bezogen – offenbar im «besten»

Fall nur jeder zweihundertste, im «schlechtesten» Fall jeder zehntausendste Schuss einen Feind. Sobald freilich die kompakten Bataillone wirklich nur noch etwa 50 bis 100 Meter voneinander entfernt waren, stieg zwangsläufig die Treffsicherheit und damit die Zahl der Verletzten oder Toten so stark an, dass in der Regel eine der beiden Seiten nach kurzer Zeit den Rückzug antrat. Da meistens Bataillone aufeinandertrafen, die etwa gleich gut schießen konnten und ausgerüstet waren, gab auch hier sehr oft die reine Psychologie den Ausschlag. Im Fall der alliierten Attacke auf Albergottis Stellungen waren freilich die Verteidiger hinter ihren schützenden Befestigungen sowohl psychologisch als auch technisch so sehr im Vorteil, dass lange ein angreifendes Bataillon nach dem anderen dezimiert und aufgelöst zurückweichen musste.

Während dieser Kampf auf dem rechten Flügel der Alliierten unentschieden andauerte, begann gegen 9 Uhr 30 auch die Attacke des linken Flügels auf die oberhalb des Waldes von Lanières positionierten Franzosen. Hier stand vor allem das niederländische Heer mit seinen vielen hochlandschottischen, Schweizer und deutschen Söldnern, das nun mit deutlich unterlegener Kraft eine von sehr viel stärkeren Gegnern besetzte Stellung angreifen musste. Diese ohnehin riskante Ausgangssituation verband sich zudem noch unheilvoll mit einem politisch-dynastischen Faktor. Nachdem Wilhelm III. im Jahre 1702 kinderlos gestorben war, war sich das niederländische politische Establishment dessen bewusst gewesen, dass er ihnen spätestens als britischer König viel zu mächtig geworden war. Sie hatten daher das Statthalteramt des Verstorbenen abgeschafft, ihn als militärischen Oberbefehlshaber durch einen niederadeligen General ersetzt und damit so sehr die reine Republik wiederhergestellt, dass Wilhelms jungem Großneffen Johann Wilhelm Friso beinahe nur der leere Titel Prinz von Oranien blieb. Die Wiederherstellung der familiären Machtposition wurde Johann Wilhelm Frisos selbstverständliche dynastische Mission, zu der ihn auch die zahlreichen Anhänger seines Hauses und alle mit der Regierung Unzufriedenen ständig anstachelten. Nirgendwo aber gab es mehr solche Anhänger als im Heer, das immer vom Hause Oranien befehligt worden war, weswegen der neue Prinz von Oranien bereits als Siebzehnjähriger den zweithöchsten Generalsrang der Republik erlangt hatte. Da er auf die wirkliche Ausübung dieser Funktion noch bis 1708 hatte warten müssen, bot Malplaquet dem gerade zweiundzwanzig gewordenen Prinzen die erste Gelegenheit, sich militärisch auszuzeichnen. Vielleicht hätte er in jedem Fall nach Ruhm gestrebt. So aber wusste er und wurde tagaus, tagein daran erinnert, dass der Großonkel sich 1672 das schon einmal abgeschaffte Statthalteramt durch erfolgreichen Abwehrkampf gegen die Franzosen neu verdient hatte. Malplaquet aber würde aller Wahrscheinlichkeit nach die letzte Schlacht des gesamten Krieges sein, und so übernahm nun Johann Wilhelm Friso bewusst ohne Absprache mit seinem republikanischen Vorgesetzten das Kommando des Angriffs. Er führte etwa 15 000 Mann durch die Lichtungen des Waldes von Lanières auf die französischen Stellungen zu – und in das mörderische Feuer von 20 verdeckt platzierten Geschützen. Die Kanonen dieser Zeit waren zwar auf dem Schlachtfeld kaum mobil (die für den Transport zuständigen zivilen Subunternehmer lehnten Bewegungen auf dem Schlachtfeld dankend ab) und nur zum Verschießen von Stein- oder Metallkugeln ohne explosiven Kern geeignet, konnten aber selbst damit noch riesige Löcher in die gedrängten Reihen der Linieninfanterie reißen. Im gleichzeitig einsetzenden Kugelhagel der viel zahlreicheren Franzosen fielen neben all den Soldaten auch Generäle, Adjutanten und schottische Clanchefs tot zu Boden, und fast nur Oranien selbst blieb unverwundet, obwohl sein Pferd unter ihm erschossen wurde. Trotzdem marschierten die Angreifer immer weiter, bis sie die französischen Verteidigungslinien erreichten. Der Chevalier de Quincy, der hier in vorderster Front stand, um dem kurzsichtigen Generalleutnant d'Artagnan zu erklären, was gerade passierte, beschrieb als «Höllenfeuer», was jetzt aus den Gewehren der Holländer auf seine Leute niederging. Als der Soldat Le Rouge versuchte, sich aus der französischen Linie zu entfernen, rief Quincy ihn mit gezogenem Degen zurück; wäre Le Rouge nicht sofort zurückgekommen, hätte der Offizier ihn getötet, weil in diesem Inferno schon die Flucht eines Einzelnen eine Massenpanik auslösen konnte. Wirklich gelang es jetzt zwei «holländischen» Schweizer-Bataillonen, eine französische Schanze zu überwinden und ihre Gegenüber zur Flucht zu zwingen. Die Soldaten des Berner Patriziers und Brigadegenerals der Generalstaaten Gabriel von May waren bereits dabei, die Zündlöcher der feindlichen Kanonen zuzunageln, als sie aus der Tiefe der französischen Stellung eine neue Linie von Angreifern in krapproten Uniformen auf sich zukommen sahen. Diesem Ansturm konnten die durch die Hölle gegangenen Überlebenden nicht mehr standhalten, zumal auch General von May jetzt eine schwere Verwundung erlitt. Während seine flüchtenden Soldaten ihn wegtrugen, hörten sie noch, wie auch die Sieger ihre Befehle auf Schweizerdeutsch erhielten. Eben pflanzte einer der Krapproten über den zurückeroberten Kanonen seine Regimentsfahne auf, die eine Blitze schleudernde Faust zeigte, und wäre General von May nicht schon bewusstlos gewesen, hätte er daran erkennen können, dass ihn im Namen Frankreichs sein Vetter Brigadegeneral Johann Rudolf von May besiegt hatte.

Der Prinz von Oranien hatte innerhalb einer halben Stunde 5000 Mann durch Tod oder Verwundung verloren. Die langsam rückwärts marschierenden Überlebenden wurden zudem von einer französischen Übermacht verfolgt; sie entgingen nur dadurch der absehbaren Katastrophe, dass im entscheidenden Moment Oraniens Schwager Hessen-Kassel seine Kavallerie auf die exponierte Flanke der Verfolger ausreiten ließ, die sich daraufhin schnell wieder hinter ihre hölzernen Schanzen zurückzogen. Diese Rettung in letzter Minute reichte unseligerweise jedoch bereits aus, um Johann Wilhelm Friso neuen Mut zu verschaffen, und ganz als wäre nicht gerade ein Drittel seiner Soldaten niedergemetzelt worden, ordnete er fast sofort einen zweiten Angriff an, stieg auf ein neues Pferd, stürzte, als auch das unter ihm erschossen wurde, kroch unter dem toten Tier hervor, nahm die Fahne des (holländischen) Regiments von May in die Hand und setzte sich zu Fuß erneut an die Spitze der selbstmörderischen Attacke, die natürlich auch diesmal wieder im Kugelhagel der Franzosen zusammenbrach. Nun war der Sieg der Franzosen im Wald von Lanières so vollkommen, dass zum Beispiel der verwundete Quincy nur noch Wachen aufstellen ließ, die das Ausplündern der Toten verhindern sollten (die Soldaten trugen in dieser Zeit ohne Bankkonten ja all ihr Geld am Leibe), und dann mit anderen Offizieren hinter die eigenen Linien ging, um dort mit seiner verletzten und blutüberströmten Hand eine Hammelkeule zu essen. Der Marschall-Herzog von Boufflers, der die Franzosen auf dieser Seite befehligte, erwog währenddessen zwar einen Gegenangriff auf die zerschlagenen Holländer, der die Schlacht vermutlich zu Gunsten Frankreichs entschieden hätte. Weil er sich jedoch feierlich dem Oberkommando Villars' unterstellt hatte (und dafür, dass er das trotz seines höheren Ranges tat, wie ein Übermensch gefeiert worden war, weil ja Ancien-Régime-Akteure bekanntlich sonst nie auf ihren Rang verzichteten), fürchtete er, dass man ihm eine alleinige Entscheidung später in Versailles als Anmaßung vorwerfen würde. Fragen konnte er den Oberbefehlshaber freilich ebenso wenig, denn der kommandierte in diesem Moment den anderen Flügel der Franzosen. Physisch war Villars damit vielleicht zwei Kilometer entfernt, aber weil er sich unter den Bedingungen einer vormodernen Schlacht genauso gut auf der dunklen Seite des Mondes hätte befinden können, blieb auch diese Gelegenheit ungenutzt.

Villars war auf der anderen Seite des Schlachtfeldes schon deshalb unabkömmlich, weil dort inzwischen die alliierte Überzahl zu wirken begann. Nach und nach hatte der Ansturm immer neuer alliierter Bataillone die Franzosen zur Aufgabe ihrer vordersten Befestigungslinie gezwungen und in den Wald zurückgetrieben. Unter den Bäumen begann ein zäher Kampf, für den das Exerzierhandbuch der Lineartaktik keine Regeln mehr vorgab und der umso wütender wurde, je länger er sich hinzog. Albergottis Leute hatten fast drei Tage Zeit gehabt, den Wald zur Verteidigung vorzubereiten. Sie hatten Bäume gefällt und als Barrieren verlegt, sie hatten Schützengräben ausgehoben und Barrikaden aufgerichtet, bis der südliche Teil des Waldes nur noch aus Hindernissen zu bestehen schien, die den langsam zurückweichenden Franzosen immer neue Gelegenheit zum geschützten Weiterkämpfen gaben. Was abstrakt wie eine gute Idee ausgesehen haben muss, hatte in der Praxis jedoch grauenhafte Folgen. Der regelgemäße Infanteriekampf im offenen Gelände war auf seine Weise bizarr genug, aber er erlaubte der unterlegenen Seite wenigstens jene schnelle Flucht, die der normale Ausgang einer Konfrontation zwischen zwei Bataillonen war. Die Sieger waren in dieser Situation froh, überlebt zu haben, und selbst wenn sie ausnahmsweise versucht hätten, die Besiegten zu verfolgen, dann wären sie zu langsam gewesen, weil sie ja anders als die Wegrennenden die strikte Linie einhalten mussten. Besiegt flüchtende Infanterie musste also nur feindliche Kavallerie fürchten, vor der sie mit etwas Glück entweder die eigene Kavallerie oder die nächsthintere Infanterie-Schlachtlinie schützte. In den vielen kleinen befestigten Räumen hingegen, die Albergotti im südlichen Wald von Sars geschaffen hatte, zerbrachen die großen Einheiten in kleine Gruppen, denen das Terrain ein schnelles Ausweichen ebenso unmöglich machte wie die übergroße Zahl ständig nachdrängender alliierter Soldaten. Wie offenbar überall, wo Kämpfer ohne Ausweichmöglichkeit in engen Räumen aufeinander gedrängt werden, kam es daher auch hier zum erbittert ‹territorialen› Kampf ums Überleben, ja anscheinend sogar zum sonst ganz undenkbaren Bajonettkampf zwischen Infanteristen. Der normale Zweck der Bajonette lag damals ganz in der schon beschriebenen Abschreckung von Kavallerieattacken. Wenn dagegen wirklich einmal ein Bataillon mit dem Bajonett angriff, statt zu schießen, endete auch diese Konfrontation praktisch ausnahmslos mit der Flucht einer der beiden Seiten. Offenbar war es selbst für die Soldaten dieser insgesamt viel brutaleren Zeit eine Sache, mehrheitlich ungezielt auf eine 100 Meter entfernte Masse zu schießen, aber eine ganz andere, dem unmittelbar vor ihnen stehenden Feind eine lange Metallklinge in den Leib zu rammen. Jedenfalls wurde der ganze Wald von Sars für etwa zwei Stunden zum Schauplatz grauenhafter Kämpfe, bis die von Prinz Eugen selbst geführten Alliierten die Franzosen endgültig aus dem Wald herausdrängen konnten. Auf einem Terrain, das etwa so groß ist wie die 58 000-Einwohner-Stadt Frankfurt an der Oder, befanden sich zuletzt 42 000 Soldaten, von denen etwa 7000 tot oder verwundet waren. Auch der Brigadegeneral Marquis de Charost lag unter den Toten seines eigenen Regiments, der achtundzwanzigjährige Erbsohn einer großen Hoffamilie und Urenkel des Finanzministers Fouquet, dem noch am Vortag Grumbkow gegenübergestanden hatte und auf den in Versailles eine junge Frau wartete, die ihn um vierundfünfzig Jahre überleben würde.

Schließlich erreichten die ersten Truppen dieses alliierten rechten Flügels das westliche Ende des Waldes von Sars. Es war das Königlich Irische Regiment zu Fuß der britischen Armee, das sich im entlegeneren Teil des Waldes verlaufen hatte, zwischen Lottums Preußen geraten war und jetzt orientierungslos in die letzte Lichtung vor der Ebene marschierte. Als Oberstleutnant Kane am anderen Ende der Lichtung ein Bataillon in krapproten Uniformen sah, ließ er seine Männer wieder die Linienformation einnehmen, bevor sie sich langsam auf den Feind zubewegten. Dreimal schossen beide Linien aus nächster Nähe aufeinander – die Krapproten gemäß französischem Exerzierreglement eine Reihe nach der anderen, Kanes Iren alle auf einmal –, bevor die französische Truppe sich angesichts ihrer viel schwereren Verluste aufgelöst in Richtung Ebene entfernte. Die Königlich Irischen atmeten auf und kümmerten sich, bevor sie dem Feind in die Ebene hinterhermarschierten, um eigene wie feindliche Verwundete. Erst als diese besiegten Gegner sie in ihrer eigenen Sprache anredeten, begriffen sie, dass auch sie gegen Landsleute gekämpft hatten: Das krapprote Regiment Dorrington war nichts anderes als die ehemalige Irische Garde Jakobs II., die ihm 1689 treu nach Frankreich gefolgt war und seitdem im Dienst Ludwigs XIV. stand. Ohne dass die Königlichen Iren es hätten wissen können, hatten sie hier etwas gesehen, das die Schlacht entscheiden würde. Das aber war nicht etwa die Reihe kampfbereiter französischer Bataillone, die sich ihnen und den anderen Alliierten zeigte, als sie jetzt aus dem Wald in die weite Ebene heraustraten. Es war auch nicht Villars, der sich hier hoch zu Ross an die Spitze des großen Gegenangriffes setzte, bevor fast sofort eine feindliche Salve erst sein Pferd und dann ihn selbst traf. Mit zerschmettertem Knie ließ er sich die Kugel entfernen und die Wunde verbinden, bevor man ihn in eine offene Kutsche setzte, aus der er den Angriff weiter kommandieren wollte; dann wurde er vor Schmerzen ohnmächtig. Seine Stabsoffiziere füllten die Kutsche mit erbeuteten Fahnen des Feindes, schickten sie mit dem bewusstlosen Marschall ins sichere Hinterland und sandten dann Reiter aus, um zum Ersatz Boufflers vom linken Flügel zu holen, den sie erst nach einiger Zeit fanden. Der französische Gegenangriff fand dennoch statt, blieb aber allzu bald stehen und bewirkte nichts, außer den Gegner seinerseits am Waldrand zum Halten zu bringen. Trotzdem entschied er die Schlacht, denn um ihn durchführen zu können, hatte Villars die drei krapprot uniformierten französisch-irischen Regimenter aus der Mitte seiner Aufstellung abziehen müssen. Weil aber dort zugleich auch mehrere (ebenfalls krapprote) Schweizer Bataillone abmarschiert waren, die nach dem schweizerischen Brudergemetzel im Wald von Lanières nicht mehr kämpfen wollten und denen ihre Söldner-Arbeitsverträge mit Frankreich dieses Recht garantierten, klaffte jetzt genau im Zentrum der französischen Position eine gähnende Lücke. Die Schneise von Malplaquet stand offen, und Marlboroughs Falle klappte zu.

Friedrich Wilhelm von Grumbkow hatte bisher einen halbwegs erträglichen Tag gehabt, soweit man es nämlich als erträglich bezeichnen will, regelmäßig ausrollende französische Kanonenkugeln an der eigenen Position immer noch so schnell vorbeirasen zu sehen, dass sie einem Unvorsichtigen ein Bein abreißen konnten. Verglichen mit den Schrecken, die sich gleichzeitig auf beiden Seiten im Waldgelände abspielten, war diese Stellung im Zentrum jedoch geradezu ein Paradies. Die 15 Bataillone oder 9000 Mann britische, hannoversche und preußische Infanterie, die hier unter dem Befehl Lord Orkneys und General Finckensteins standen, waren bisher unbewegt und ohne näheren Feindkontakt geblieben, weil Eugen und Marlborough sie bewusst für den finalen Durchbruch aufgehoben hatten. Grumbkows eigenes Regiment war zwar gerade damit beschäftigt, schwere Belagerungsartillerie nach Brüssel zurückzuschaffen. Als Brigadegeneral hatte er aber ohnehin ein höheres Kommando und befehligte hier deshalb eine Brigade, die aus den von Preußen dauerhaft an die Niederlande vermieteten Bataillonen Anhalt-Zerbst und du Trossel bestand. Dass man ihn gerade an dieser Stelle platziert hatte, lag teils an der bewussten Verteilung aller Nationen über die gesamte Kampflinie, die überproportionale Verluste eines einzigen Volkes verhindern sollten, dann an der Rangordnung der Truppenteile untereinander und zuletzt vielleicht auch etwas an der Sympathie Marlboroughs, der sich ebenfalls hauptsächlich in diesem Zentrum aufhielt. Jetzt gegen Mittag endete freilich diese relative Sicherheit, als zuerst Grumbkows schottisch-hugenottisch-hannoveranischer Cousin Melville mit seinen Leuten in den Wald von Sars abmarschieren musste, durch den Grumbkow noch gestern spaziert war; er selbst entging nur knapp der Einbeziehung in den zweiten Selbstmordangriff des Prinzen von Oranien. Dann entdeckten der stets aufmerksame Cadogan und der verwundete Schulenburg gleichzeitig, dass hinter den französischen Barrikaden auf der Schneise fast kaum noch Truppen standen. Niemand weiß zwar, ob Marlborough den Befehl zum Vormarsch gab, der so gut in seinen ursprünglichen Plan passte. (Prinz Eugen war noch im Wald von Sars, wo gerade eine Kugel sein Ohr gestreift hatte, ohne größeren Schaden anzurichten.) Aber voran ging es jetzt entweder auf seinen Befehl oder den der Untergeneräle, und so kam auch für Grumbkow die Stunde der Wahrheit. Später ist behauptet worden, er habe sich feige in einem Graben versteckt, bis alles vorbei war, aber dagegen spricht neben der praktischen Unmöglichkeit allzu vieles. Die Prinzessin, die uns den Vorwurf überliefert hat und die zum Zeitpunkt des Geschehens gerade mal zwei Monate alt war, hatte denn auch tatsächlich einen überdurchschnittlich guten Grund, Grumbkows zahllosen Feinden alles zu glauben, was sie ihr erzählten – seine Intrigen hatten ihr Leben verpfuscht. Aber selbst in seinen Intrigen war Grumbkow jederzeit bereit, explosiv sadistische Tyrannen mit der größten Nonchalance zu behandeln oder seinen Kopf zu riskieren, ganz als wollte er beweisen, dass man böse sein kann und dennoch mutig.

Er hatte Glück, wieder einmal. Als Orkneys, Finckensteins und Lottums Infanteriemassen sich den französischen Holzbarrikaden im Zentrum näherten, standen Grumbkows Brigade einzig noch die für Frankreich kämpfenden Leibgarde-Regimenter des Kurfürsten von

Bayern und des Erzbischofs von Köln gegenüber. Da beide diskret abmarschierten, bevor es überhaupt zum Schusswechsel kam (fragten sie sich verspätet, warum sie eigentlich hier waren?), konnten die Alliierten die französische Barrikadenlinie fast kampflos übernehmen. Nur am linken Rand der Schneise kam es zum Gefecht, als hannoversche Truppen auf das berühmte französische Garderegiment zu Fuß stießen, das der Herzog von Guiche kommandierte, Boufflers' Schwager, Madame de Monacos Neffe und Cousin der Frau von Grumbkow. Schnell geriet jedoch, nachdem Guiche sofort verwundet wurde, ein Teil der Garde in Panik, die sich rasch verbreitete und so große Löcher in die französische Linie riss, dass auch die von Boufflers zu spät nachgeschickten Verstärkungen mitgerissen wurden. Vielleicht hätten die links auf dem Hügel von Lanières platzierten Truppen die Situation noch retten können. Aber kurz zuvor hatte dort der unermüdlich lebensmüde Prinz von Oranien einen dritten Angriff der Holländer gestartet, von dem bis heute niemand weiß, ob er ein von Marlborough genial organisiertes Ablenkungsmanöver war oder die völlig unautorisierte Wahnsinnstat eines zur Ruhmsucht erzogenen Zweiundzwanzigjährigen. Auch diesmal überlebte er unbeschädigt, während um ihn herum Dutzende, Hunderte, Tausende fielen. Die Statthalterschaft der Niederlande hat er dann allerdings trotzdem nicht mehr erlangt, weil er schon im übernächsten Jahr beim Segeln auf einem holländischen Kanal ertrank. Der Effekt dieser dritten Attacke aber war so oder so entscheidend. Die französische Infanterie wich links und im Zentrum dermaßen stark zurück, dass auch die hinter dem Wald von Sars verbliebenen Truppen sich aus Angst vor Umgehung zurückziehen mussten. So disparat aber waren inzwischen die meisten dieser Einheiten, dass man sie unmöglich noch einmal zur notwendigen Schlachtlinie hätte formieren können. Die Schlacht der Infanterie war damit praktisch zu Ende. Was blieb, war das Endspiel, in dem sich entscheiden musste, ob die Zurückweichenden in Sicherheit abmarschieren konnten oder gnadenlos niedergemacht würden: Die Schlacht der Reiterkrieger nämlich fing gerade erst an.

Die Kavallerie beider Seiten war in den fünf Stunden seit Beginn der Kämpfe noch so gut wie gar nicht zum Einsatz gekommen, aber sie hatte diese Zeit sehr unterschiedlich zugebracht. Während die Wartestellungen der alliierten Reiter größtenteils durch günstiges Terrain geschützt waren, hatte die französische Kavallerie auf der erhöhten Rückseite der Schneise genau im Feuer der alliierten Kanonen gestanden. Fünf Stunden lang hatten Offiziere und Soldaten dort den Moment herbeigesehnt, an dem sie durch die Lücken zwischen den Barrikaden würden hindurchreiten können, die man im französischen Zentrum zu diesem Zweck bewusst freigelassen hatte. Stattdessen sahen sie nun ihre geschlagene Infanterie weglaufen, während sich durch genau diese Lücken bereits alliierte Kavallerie hindurchdrängte. Während Grumbkows und andere Einheiten sich hinter den einst zum Schutz des Feindes gebauten Barrikaden positionierten, strömte nach und nach die unvorstellbare Masse von 30 000 alliierten Reitern an ihnen vorbei, um sich auf der Schneise zum Angriff zu formieren. Der Zweck dieses Angriffs war sehr einfach: Die mit Pistolen und Säbeln bewaffneten Männer in Lederkleidung und mit Schlapphüten, die bis auf ihre Metall-Brustpanzer in jeden düsteren Italo-Western gepasst hätten, sollten sich auf die zerrüttet abmarschierende französische Infanterie stürzen, bis keine einzige zusammenhängende Einheit mehr übrig sein würde. Frankreich bliebe wehrlos zurück, der Weg auf Paris wäre frei, der Krieg zu Ende. Aber schon formierte sich auf der anderen Seite der Schneise eine kaum geringere Zahl französischer Berittener in sieben Schlachtlinien, vor denen der fünfundsechzigjährige Marschall-Herzog von Boufflers noch einmal auf und ab ritt, um sie anzufeuern; gleich darauf erzitterte das ganze Schneisenplateau unter dem dröhnenden Lärm von 80 000 Hufen.

Von all den aufschlussreichen Extremsituationen, die uns durch den Nebel der unsicheren Erinnerung hindurch eine solche Schlacht zu zeigen vermag, ist der folgende letzte Akt des Kampfes vielleicht derjenige, die uns am besten die unauflösliche Verklammerung von höfischer Welt und Kriegsschrecken vor Augen führt. Dass das ganz Europa umspannende Aufgebot der Offiziere und Generäle von Malplaquet im Grunde einfach die höfische Gesellschaft in Waffen war, haben wir schon an vielen Protagonisten sehen können, ob es nun Marlborough oder Grumbkow, Guiche oder Prinz Eugen war. Selten wird so unübersehbar wie bei Malplaquet die Dummheit vieler älterer Geschichtsschreibung deutlich, wenn sie fein säuberlich jeden Uniformknopf katalogisierte, aber von all den Kriegeraristokraten stets so sprach, als hätten sie allesamt keine Mütter, Frauen oder Schwestern. Natürlich waren sie Krieger, und natürlich hatten die meisten von ihnen ungeheure Strapazen auf sich genommen, sich ungeheuren Gefahren ausgesetzt, bevor sie uns hier in den Hauptrollen begegnen konnten. Aber es ist kein Widerspruch dazu, wenn man festhält und als relevant für ihre Laufbahnen erkennt, dass Marlborough der Bruder einer Königsmätresse war und der Cousin einer anderen; dass Lord Orkneys Ehefrau, eine weitere Marlborough-Cousine, die einstige Mätresse Wilhelms III. von England war und Lord Albemarle, der die holländischen Schweizer kommandierte, allgemein als der letzte Geliebte desselben Königs galt. Guiche verdankte das Garderegiment allein seiner Verschwägerung mit der heimlichen Ehefrau Ludwigs XIV.; nahe bei ihm diente sein Schwager Gondrin, der seinerseits ein Enkel von deren Vorgängerin Madame de Montespan war, und in der großen Attacke ritt nicht zuletzt Nesle, von dessen fünf Töchtern drei nacheinander Mätressen Ludwigs XV. sein würden. Der sächsische General Johann Matthias von der Schulenburg war der Bruder jener hannoverschen Kurfürstenmätresse, die bald englische Königsgeliebte sein würde, während seine Adjutanten Brockdorff und Prinz Friedrich von Württemberg der Bruder der aktuellen und der zukünftige Ehemann einer ehemaligen Mätresse Augusts des Starken waren. Erst recht natürlich überkreuzten sich auf diesem Schlachtfeld so viele Familienbande, standen so viele Leute auf der einen Seite, die mit genau derselben Logik auf der anderen Seite hätten stehen können. Wir werden gleich noch einem Überraschungsgast auf französischer Seite begegnen, der Prinz Eugens Cousin war und dessen Halbbruder zu Marlborough «mein Onkel» sagen musste: Er war so das einzige familiäre Bindeglied zwischen diesen beiden und führte doch den allerhärtesten Angriff gegen sie an. Aber auch in der hochadeligen Grauzone unterhalb der Herrscherhäuser ging es nicht anders zu.

Ein letztes Beispiel, weil auch das zur französischen Kavallerieattacke gehört. Einer ihrer mutigsten Kommandeure war der junge Herzog von La Trémoïlle, mit dessen Großvater Talmond dieses Buch angefangen hat. Gerade erst hatte er in Nachfolge seines Vaters eines der schönsten Hofämter von Versailles allein deshalb erhalten, weil seine Großmutter als «Milchschwester» Ludwigs XIV. von derselben Amme gestillt worden war wie der spätere Sonnenkönig. Nun führte er seine Reiter in den Kampf gegen eine Armee, in der ihm praktisch an jeder Stelle seine Verwandten gegenüberstanden. Die holländische Kavallerie befehligte sein desertierter französischer Cousin Auvergne, die holländische Infanterie sein Vetter Oranien. Orkneys Neffe Lord Tullibardine, der sich wegen der rücksichtslosen Aufopferung der Hochlandschotten nach der Schlacht mit Oranien hatte duellieren wollen, aber jetzt mit all seinen Clankriegern tot im Wald von Lanières lag, war ebenso La Trémoïlles Cousin gewesen wie der Erbprinz von Hessen-Kassel, dessen Kavallerie er gleich angreifen würde. Nicht zuletzt war er mit dem preußischen Kronprinzen Friedrich Wilhelm verwandt, der sich immer an Marlboroughs und Eugens Seite gehalten hatte und sich auch durch diese Schlacht zur eigenartigsten aller Kreaturen entwickeln sollte: ein pazifistischer Militarist, ein Uniformenfanatiker und Exerzierfreak, der mit Grumbkow und den anderen jeden Jahrestag von Malplaquet feiern, aber zugleich seine teuren und in aller Herren Länder zusammengekidnappten Soldaten nie mehr einem solchen Schrecken aussetzen würde, wie er ihn hier gesehen hatte. Sie alle waren eine große Familie, die noch immer genug von ihrer Verwandtschaft wussten, um gegebenenfalls füreinander Trauerkleidung anzulegen, und die das doch nicht im Geringsten daran hinderte, jetzt mit kaltem Stahl in der Hand aufeinander loszugehen.

Und noch etwas zeigt der große französische Reiterangriff. Die Kavallerie des Marschall-Herzogs von Boufflers attackierte, wie das ja auch gar nicht anders gegangen wäre, in aufeinanderfolgenden Wellen, aber sie tat das in einer Reihenfolge, die mindestens genauso viel wie mit militärischer Logik mit der sozialen Hierarchie aller Beteiligten zu tun hatte. Es war zuerst der Rang der Einheiten untereinander, der ihren Platz in der Attacke dergestalt bestimmte, dass die rangniedersten zuerst angreifen mussten und also am härtesten zu kämpfen hatten. Aber dieser formale Rang war nur das Spiegelbild des sozialen Status, den die Angehörigen aller Einheiten hatten: Je höher beides war, desto vornehmer und reicher waren die Offiziere, desto größer und stärker die Pferde – und desto länger hob ein Feldherr sie sich auf. Was hier auf die alliierten Reiter losstürmte, war dabei schon recht vornehm: die sogenannte ‹gendarmerie d'ordonnance›, eine Sammlung unabhängiger kleiner Einheiten, deren aus dem Hofadel der dritten Reihe stammende Offiziere hier einen Obristenrang erlangen konnten, für den sie überall sonst ein für sie unerschwingliches Regiment hätten kaufen müssen. (Der Begriff ‹gendarmes› bezeichnete damals noch nirgends Polizisten und vielmehr überall besonders vornehme Kavalleristen. Auch in Preußen war das königliche Gendarmenregiment, das damals unser alter Bekannter Dubislav Gneomar von Natzmer befehligte, die vornehmste Reitereinheit überhaupt, an deren Stallgebäude noch heute der Berliner Gendarmenmarkt erinnert.) So schnell war dieser Angriff, dass er die erste Reihe alliierter Reiter buchstäblich über den Haufen warf, noch bevor diese ihrerseits hatten losgaloppieren können. Aber schon zeigte sich, was das Verhängnis der Franzosen werden sollte – ihre eigenen Holzbarrikaden, hinter denen jetzt Grumbkows und so viel andere Infanterie stand. Normalerweise hätte die mit Gewalt überrannte Kavallerie rückwärts flüchten können und müssen, was dann der Sieg der Angreifer gewesen wäre. Die Barrikaden aber zwangen die alliierte Reiterei nicht nur zum Bleiben; während sie sie aufhielten und damit potenziell einem Massaker auslieferten, boten sie ihnen zugleich auch wieder Schutz, denn schon eröffnete die dahinter ganz unangreifbare Infanterie ein mörderisches Gewehrfeuer, das die ‹gendarmerie› unter großen Verlusten zum Rückzug zwang. Schon war der Boden mit toten oder verwundeten Pferden und Menschen übersät, und schon verfielen offenbar die ersten der knapp dem Untergang entkommenen alliierten Reiter in einen oft beobachtbaren Blutrausch, der vielleicht auf den Adrenalinschock der Attacke zurückging und der sie auch solche Feinde niederhauen ließ, die sich bloß noch ergeben wollten. In einer der wenigen humanen Aktionen dieses Tages bemühte sich eine Reihe alliierter Generäle unabhängig voneinander darum, wehrlose Feinde zu retten. Auch Grumbkow sah man jetzt dabei, wie er einem halben Dutzend rasender ungarischer oder transsylvanischer Kürassiere entgegentrat, um im letzten Moment einen hellviolett uniformierten Gendarmerie-Obristen vor dem tödlichen Pistolenschuss oder dem schädelspaltenden Säbelhieb zu retten. Es gelang ihm. Tat er's aus Menschlichkeit? Warum nicht wenigstens *auch* deswegen; der Bericht an seinen König, in dem Grumbkow tags drauf schreiben wird, da habe er nun seinen lang gesuchten Kontaktmann für die Geheimverhandlungen mit Versailles, war nicht der Ort, an dem er sympathischere Motive eingestanden hätte.

Nachdem die geschlagenen Reste der Gendarmerie in die eigenen Reihen zurückgekehrt waren, schickte Boufflers nun die nach der Farbe ihrer Uniformen benannten ‹troupes rouges› los, die bereits zur ‹Maison du Roi› gehörten, also dem militärischen Teil des Hofes, dessen letzte Reste heute noch in England den wörtlich gleichbedeutenden Namen ‹Household Cavalry› tragen. Auch diese Garde-Gendarmen und Garde-Chevaulégers überwältigten im grausamen Aufprall mehrere Reihen gegnerischer Reiter, ohne doch dem Dauerfeuer der Gewehre standzuhalten. Auch sie verwickelten sich auf der für so unglaublich viele Pferde viel zu engen Fläche in eine Unzahl von Einzelgefechten, bevor sie schließlich mit schweren Verlusten umkehren mussten; weil so wenig Platz war, blieb ihnen zur Flucht nur der Weg entlang den Barrikaden, auf dem sie dem Beschuss aus nächster Nähe erst recht ausgesetzt waren. Zugleich begannen Gegenangriffe der Alliierten, die aber ebenso immer wieder zurückgeschlagen wurden, bis kaum noch Platz zur Bewegung blieb. Grumbkows Cousin Rittmeister von Ilten beschrieb später praktisch in einem Atemzug, wie er im vollen Galopp durch eine morastige Wiese reiten musste, wie bei der dritten Attacke die Pferde beider Seiten vom Anblick der vielen Toten schon so traumatisiert waren, dass sie die Beine vorstreckten, um nicht loslaufen zu müssen, und wie er trotzdem beim Anblick einer perfekt formierten Kavallerielinie von 4200 Mann auch in diesem Moment noch «unendliche satisfaction» verspürt habe. Dann griff er wieder an, wäre beinahe von den auf einem Pferd transportierten großen Kesselpauken des Feindes umgeworfen worden und überlebte einen Säbelhieb auf seinen Schädel einzig deshalb, weil er sich zuvor auf Empfehlung eines Veteranen drei gefaltete nasse Servietten unter den Hut gelegt hatte. Noch war unter Experten die Frage unentschieden, ob Kavallerie besser die schiere Wucht eines einzig mit dem Säbel geführten Angriffs nutzen oder sich auf die Feuerkraft der Pistolen und kurzen Gewehre verlassen sollte, weswegen man auch jetzt noch manche Schwadronen den Feind unbeweglich erwarten sah, um ihn in Imitation der Infanterie mit Pistolenschüssen aus dem Sattel zu empfangen. Die meisten Angriffe gaben jedoch dem «Schock» den Vorzug, und so wurde auch die letzte Attacke der Franzosen geführt. Nach den ‹troupes rouges› konnte Boufflers dabei nur mehr die letzte noch stärkere Einheit in den Kampf werfen: Das waren die ‹gardes du corps›, die berittene Leibgarde des Königs. Hier fand man die ausgesuchtesten Pferde, hier waren selbst die einfachen Soldaten sämtlich Adelige, während alle Leutnants nebenher einen Generalsrang besaßen. Es war im Grunde verantwortungslos und gleichzeitig doch selbstverständlich klar, dass Boufflers als Oberbefehlshaber der gesamten Armee diesen Angriff selbst führen würde – wer wäre sonst ranghoch genug gewesen? Aber während der Marschall-Herzog sich noch einen neuen Brustpanzer anlegen ließ (seinen eigenen hatte er zu Beginn der Schlacht mit den Worten weggeworfen, der störe nur), erschien an seiner Seite der einzige Reiter dieses Heeres, der ihm die lebensgefährliche Ehre nicht nur streitig machen durfte, sondern auch musste. Und so geschah es, dass der fünfundsechzigjährige Feldmarschall sich dem Wunsch eines Einundzwanzigjährigen beugte, an dessen Seite er nun als bloßer Stellvertreter in die Schlacht zog. Was anderes konnte man tun, wenn ein König einen darum bat?

Jakob III. von England war infolge der Revolution von 1688 nirgendwo mehr König von England außer in Frankreich – und also auch hier, wenige Meter vor der französisch-belgischen Grenze. Aber hier war er es, mochte er auch hundertmal den vom englischen Nationalpatron abgeleiteten Inkognito-Titel Chevalier de Saint-Georges tragen. Der junge Mann, dessen Geburt die Revolution ausgelöst hatte und den dann Lauzun so mühsam ins Exil hatte bringen müssen, kämpfte hier für den einzigen Herrscher Europas, der seinen Thronanspruch noch anerkannte, und so entschlossen war er, sich als echter König zu beweisen, dass er trotz schweren Fiebers an der Schlacht teilnahm. Mit Chinin vollgepumpt, galoppierte er nun an der Spitze des letzten Versuches, die Armee seines nominellen Heimatlandes zu besiegen, vor den unbesiegbaren Reitern der sonnenköniglichen Leibgarde her. Sie trafen auf die erste Schlachtreihe der Gegner und zerschmetterten sie. Sie zerschlugen die zweite Reihe. Sie trieben die dritte Reihe auseinander, als wäre sie nie dagewesen. Dann weigerten ihre Pferde sich weiterzugehen, und alles verstrickte sich in unkontrolliertes Hauen und Stechen. Inmitten von Pulverdampf, Geschrei und Kesselpaukenlärm hatten jetzt alle Chefs auch des alliierten Heeres jede Zurückhaltung verloren, jede Vorstellung davon, dass es doch irrsinnig sei, die für das Heer verantwortlichen Feldherren oder gar den für seinen Anhänger unersetzlichen, kinder- und erbenlosen Thronprätendenten mitten in dieses Inferno zu stürzen. Auch Prinz Eugen, Marlborough und der Erbprinz von Hessen-Kassel kämpften jetzt mit dem Säbel in der Hand, als wären sie einfache Reiter, als hätte das ritterliche Zeitalter nie aufgehört. Es lag nicht an ihrem Rang, dass sie alle überlebten und niemand von ihnen eine schwerere Verletzung davontrug als den Säbelhieb, der die Hand des Inkognito-Königs traf. Sie hatten Glück, aber es war ein Glück, das Tausenden ihrer Untergebenen nicht vergönnt gewesen war. Die letzten davon starben in diesem Kampf, bevor endlich auch die ‹gardes du corps› sich zurückzogen. Zwei Stunden hatte der Kampf der Kavallerie gedauert, und mit ihm endete auch die Schlacht. Als jetzt die schrecklich dezimierte Reiterei Ludwigs XIV. langsam vom Schlachtfeld abzog, folgte ihr praktisch niemand mehr. Sieger und Besiegter waren in ihrer vollkommenen Erschöpfung nicht mehr unterscheidbar, die beiden Begriffe leere Worte, die nichts Erkennbares zu tun hatten mit dem, was hier geschehen war.

Der 11. September des 18. Jahrhunderts war vorbei, und die Alliierten hatten nicht gesiegt. So enorm der Schaden war, den sie Villars' und Boufflers' Armee zugefügt hatten, so sehr war diese doch immer noch eine Armee, die zwischen ihnen und Paris stand. Die zweistündige Schlacht der Kavallerie hatte es Frankreichs geschlagener Infanterie erlaubt, in der besten möglichen Ordnung abzumarschieren, ohne weitere Verluste zu erleiden, und als die überlebenden Reiter ihnen folgten, ließen sie den Feind in tödlicher Erschöpfung zurück. Nur eine Handvoll alliierter Berittener folgte den Geschlagenen, um ihnen «Nach Paris, Hundepack! Ab nach Paris, Kanaille!» hinterherzurufen, bis irgendwann die «Verfolgten» merkten, dass sie etwa tausendmal so viele waren wie die Verfolger, für die das böse ausging. Villars und Boufflers andererseits hatten natürlich erst recht nicht gesiegt, aber wenn man bedenkt, gegen welche Übermacht und mit was für entkräfteten Soldaten sie angetreten waren, dann mag man es schon als ihren Sieg ansehen, nicht vernichtet worden zu sein. Nur zweierlei war klar. Frankreich war gerade nicht so sehr geschwächt worden, dass es sich den harten Forderungen seiner Gegner hätte unterwerfen müssen. Diese Gegner andererseits hatten so schreckliche Verluste erlitten, dass sie weder in diesem Jahr noch überhaupt so bald wieder weiter nach Frankreich würden vordringen können. Und so ging der Feldzug von 1709 zu Ende und der Spanische Erbfolgekrieg – denn ja, bei alldem sollte es doch wirklich immer noch um Spanien gehen – in sein zehntes Jahr.

Niemand wird jemals mehr erfahren, wie viele Menschen an diesem einen Tag getötet wurden. Die Armeen selbst interessierten sich in ihrem harten Pragmatismus einzig dafür, wie viele Soldaten nicht mehr kämpfen konnten, und erfassten daher in ihren lückenhaften Statistiken bloß «Verluste», ohne zwischen Toten und Verwundeten zu unterscheiden. Ohnehin starb in der Regel mindestens ein geschätztes Drittel der Verwundeten schon bald nach der Schlacht, weil es ganz abgesehen von der allgemeinen Primitivität frühneuzeitlicher

Medizin noch praktisch keine ambulante militärische Gesundheitsversorgung gab. Manch ein Verstümmelter überlebte andererseits bis ins hohe Alter und trug dazu bei, dass sich nicht zuletzt auch an den Höfen dieser Zeit stets eine gewisse Zahl von Einäugigen, Einarmigen oder Einbeinigen fand. Die besten Kenner der Materie vermuten, dass etwa 21 000 Alliierte und 11 000 Franzosen tot oder verwundet auf dem Schlachtfeld zurückblieben – die höchsten Zahlen für das europäische 18. Jahrhundert. Die nominellen Sieger waren denn auch in den Tagen nach der Schlacht mit fast nichts anderem als der Versorgung der Verwundeten, der Beisetzung der Toten und dem Schreiben von Briefen beschäftigt, die glücklichen Verwandten ein Lebenszeichen und anderen Angehörigen den Tod eines Sohnes, Mannes, Vaters mitteilten. Während die ersten Briefeschreiber schon die Debatte darüber eröffneten, ob die Schlacht nach dem Weiler Malplaquet, nach dem Hügel von Aulnois, nach dem alliierten Hauptquartier in Blaregnies oder nach Albergottis Stellung Taisnières heißen sollte, lief Lord Orkney über das abendliche Schlachtfeld, um den Leichnam seines Neffen Tullibardine zu finden. Im Wald von Lanières fand er die Toten so dicht aneinander gedrängt, dass sie ihn an die Schafherden in seiner Heimat erinnerten, und seinem Bruder schrieb er, er hoffe mit Gott, dass er nie wieder eine Schlacht erleben müsse. Zur gleichen Zeit hoben hannoversche Kavalleristen den schwer verwundeten Rittmeister von Ilten von seinem Pferd, um ihn neben einem Lagerfeuer seiner Freunde auf den Boden zu legen und mit ihren Mänteln zu bedecken. «Hier lag ich unter dem Sternenhimmel auf Stroh, den Kopf an eine Kanone gelehnt. Meine Uniform war über und über mit Blut besudelt, sodass sie nur an der Stelle, wo die Schärpe hing, ihre Farbe bewahrt hatte. Mein Degen war krumm und zerhackt wie eine Säge.»

Der Herzog von Marlborough aber kehrte, nachdem er zusammen mit Prinz Eugen Anordnungen zur Sorge für die Verwundeten gegeben hatte, in sein Quartier zurück, um ein Postskriptum zu jenem Brief an seine Frau Sarah zu schreiben, den er vor der Schlacht angefangen hatte. Der letzte Satz hatte gelautet: «In the meantime I can't hinder saying to you, that though the fate of Europe if these armies ingage may depend upon the good or bad success, yet your uneasiness gives me much greater trouble.» – «Inzwischen kann ich nicht verhehlen, dass, obgleich das Schicksal Europas vom Erfolg oder Misserfolg abhängt, falls diese Armeen einander angreifen sollten, Ihr Unglücklichsein mich viel mehr beunruhigt.» Obwohl er unendlich müde war, obwohl er auch noch nicht wissen konnte, dass die Schlacht keinen Frieden bringen würde, und also Hoffnungen auf ein Ende all des Tötens hatte, musste er wieder an den bitteren Vorwurf denken, er unterstütze sie nicht genug gegen die undankbare Königin. Ohne einen Absatz zu machen, schrieb er den Brief jetzt zu Ende, und nur eine kaum merkliche Auflockerung der sonst so klaren Handschrift unterscheidet diese letzten beiden Sätze vom Vorangehenden. «I am so tired that I have but strength enough to tell you that we have had this day a very bloody Battaile, the first part of the day we beat their foot, and afterwards their horse. God almighty be praised, it is now in our powers to have what peace wee please, and I maybe pretty well aßured of never being in another Battel but that nor nothing in the world can make mee happy if you are not kind.» – «Ich bin so müde, dass meine Kraft nur gerade reicht, Ihnen mitzuteilen, dass wir heute eine sehr blutige Schlacht gehabt haben. In der ersten Hälfte haben wir ihre Infanterie besiegt und dann ihre Kavallerie. Lob sei dem allmächtigen Gott, es steht nun in unserer Macht, einen Friedensschluss nach unseren Wünschen zu haben, und ich darf recht sicher sein, nie wieder in eine Schlacht zu kommen, aber weder das noch sonst irgendetwas in der Welt kann mich glücklich machen, wenn Sie mir nicht gut sind.»

KAPITEL 10

Saint-Simon
zieht um

⚭

MARLY, 5. MAI 1710

Saint-Simon wäre gerne schneller gegangen, aber das konnte man vergessen, wenn der Herzog von Orléans so langsam hinter einem herschlurfte, wie das nur ein widerwilliger großer Herr hinbekam. Zur Linken und zur Rechten rahmten jeweils sechs nebeneinander aufgereihte Pavillons eine großartige Aussicht ein, auf die von links das schwindende Sonnenlicht eines frühsommerlichen Spätnachmittages fiel und die weder Saint-Simon noch Orléans eines Blickes würdigten. Als Saint-Simon vor genau fünfzehn Jahren zum ersten Mal auserwählt worden war, Ludwig XIV. nach Marly zu begleiten, da hatte er sich hier auf die Terrasse gestellt, das königliche Schloss und die große Kaskade im Rücken, hatte auf die Wasserbecken, Fontänen und Grünanlagen hinuntergesehen, die hier in perfekter Geometrie vom Schloss in den Park hinabführten, bis sich der Blick des Betrachters in leicht hügeligen Wäldern verlor, und hatte zu wissen geglaubt, dass alle Tore ihm offenstünden. Dann waren wenige Erfolge und viele Niederlagen gekommen, die sich nicht zuletzt darin gespiegelt hatten, wie oft er nach Marly zurückdurfte, viele Jahre, in denen er nicht einmal mehr um die Erlaubnis gebeten hatte, um seine Ungnade nicht durch eine Ablehnung noch sichtbarer zu machen, schließlich erst vor kurzem die langersehnte Rückkehr in dieses Paradies der Höflinge, aus dem er doch jederzeit wieder vertrieben werden konnte, weil er immer noch arbeitslos war. Heute würde er froh sein, wenn sich die absehbare Katastrophe verhindern ließ, und so wollen wir ihm nicht vorwerfen, dass er mit großen Schritten nach rechts abbog, ohne auch nur einmal auf die prächtigen Karpfenbecken zu blicken; riskant genug, dass schon wieder so viele Leute ihn mit Orléans auf dem Weg zu dessen Pavillon sahen.

Der Herzog von Orléans dagegen hätte zwar nichts lieber getan, als zu verweilen und abzulenken, bis das Abendessen ihn aus dieser Verlegenheit erlösen würde. Leider waren dafür jedoch unter allen Attraktionen dieses verwunschenen Gartens die Karpfenteiche am wenigsten geeignet, weil man ihre goldfarbenen, gescheckten oder roten Insassen nicht betrachten konnte, ohne an den königlichen Besitzer zu denken, seinen Onkel, vor dem er doch gerade solche Angst hatte. Der Sonnenkönig liebte seine Karpfen: Er ließ sie mit Gebäck füttern, gab für ungewöhnliche Exemplare oft mehr als tausend französische Pfund aus und führte sie mit ausführlichen Erklärungen den Gästen vor, die im Übrigen gut beraten waren, ihm von Zeit zu Zeit selber welche zu schenken. Obwohl der fünfunddreißigjährige Orléans noch mehr Hoferfahrung hatte als sein gleichaltriger Jugendfreund Saint-Simon, drohten ihm in diesem Moment all seine Erinnerungen darauf zusammenzuschnurren, wie er sich gefühlte Jahrzehnte lang vom allmächtigen Onkel Ludwig hatte erklären lassen müssen, warum der weiß-gold-rot gesprenkelte Karpfen dem viel selteneren inkarnat-blauen eindeutig unterlegen sei. Beim bloßen Gedanken an ein Gespräch über ernstere Dinge verkrampfte sich alles in ihm, und also beschleunigte auch er jetzt seinen Schritt, um rasch voranzukommen. Vielleicht hatte seine Frau recht. Vielleicht war ein Brief ja wirklich die am wenigsten grauenhafte Lösung.

Als sie in den Pavillon eintraten, den Orléans bei allen ‹Reisen› des Hofes nach Marly bewohnte, während seine Frau als Königstochter im Schloss wohnen durfte, musste erst einmal mühsam nach Schreibzeug gesucht werden. Endlich kamen die Diener mit minderwertigem Papier und schlecht geschnittenen Federn an, denen man ansah, dass so etwas hier selten in Gebrauch war. Typisch, dachte Saint-Simon und empfand dabei einmal mehr seine Weltsicht bestätigt, die es an

Schwärze mit der natürlich ebenfalls minderwertigen Tinte dieses Haushalts jederzeit hätte aufnehmen können. Der spielzeugartige Schreibtisch des Herzogs von Orléans stand an einem Fenster, aus dem man, wenn einem danach zumute gewesen wäre, in einen elegant hangabwärts gebauten Geometriegarten hätte blicken können, während man dem beruhigenden Plätschern einer direkt darunter entspringenden ‹Ländlichen Kaskade› lauschte und im beginnenden Halbdunkel versuchen mochte, neben dem Amphitheater des Merkur noch die Statuen des tyrannischen Kaisers Tiberius, seines Kronprinzen Germanicus oder des Rauschgottes Bacchus zu erkennen. Orléans brauchte freilich keine antikisierende Hilfestellung, um sich spontan für einen Abend mit dem Gott der Trunkenheit zu entscheiden, zumal wenn das Alternativprogramm wie heute darin bestand, aus Angst vor dem Germanicus der Gegenwart den dazugehörigen Tiberius anschreiben zu müssen. Aber seine Frau hatte Saint-Simon so ausdrücklich darum gebeten, ihrem Mann dabei zu helfen, dass sie nun doch zu zweit am viel zu kleinen Schreibtisch saßen, wobei es Orléans immerhin wie Glück im Unglück vorkam, dass Saint-Simon praktisch ein Zwerg war. Trotzdem stellte sich schon nach der obligatorischen Königsanrede ‹Sire!› heraus, dass das Konzept des gemeinsamen Briefschreibens für Leute entwickelt worden sein musste, die sehr anders waren als sie beide. Saint-Simon erklärte, es sei überhaupt besser, wenn jeder seinen eigenen Brief entwerfe, dann könne Orléans am Schluss ja wählen, ob er Saint-Simons Text en bloc übernehmen, etwas verändern oder die besten Teile daraus in den eigenen Entwurf integrieren wolle. Dann überließ er Orléans den Spielzeugschreibtisch, setzte sich mit Papier und Feder an einen anderen Tisch und begann sogleich zu schreiben.

Unter Saint-Simons Feder entstand nun ein Schreiben, das wie alle im Ancien Régime kompetent nach hierarchisch oben geschriebenen Texte eigentlich zwei Briefe war. Der offensichtlichere dieser beiden war natürlich derjenige, den die Feder schwarz aufs weiße Papier setzte. In diesem Brief war Orléans als nomineller Verfasser von schweren Gedanken durchdrungen, die dem König zu Füßen zu legen er in seinem Vertrauen auf die alten Wohltaten und die väterliche Güte des Monarchen nicht länger aufzuschieben wagte. Von schmeichelhaften Hoffnungen war dort die Rede, die der König in seinem Neffen zu erwecken die Güte gehabt hatte, als die Verheiratung des nächsten Königsenkels absehbar wurde, von den bewundernswerten Geschenken, die der König seiner übrigen Familie zu machen pflegte, von Orléans' Anteilnahme an all dem, was zum Beispiel des Königs unehelicher Lieblingssohn du Maine gerade an Rang geschenkt bekommen hatte, Anteilnahme zumal, als ja der König Orléans seinerzeit mit du Maines Schwester verheiratet habe, weiterhin volles Verständnis dafür, dass das kürzlich erlassene Rang-Reglement für die Prinzessinnen nicht allen einen Vorteil hatte bringen können, aber doch auch, ach, Sire, so viele Sorgen. Sorge, was einst aus seinen Kindern werden sollte, denen er ja weder einen Posten als Provinzgouverneur noch sonst ein großes Amt würde vererben können, Sorge darum, vom König erkennbar nicht als der selbstlos liebende Neffe erkannt zu werden, der er doch sei, Sorge darum, welch großen unbekannten Vorbehalt der König gegen ihn haben müsse, da ja die gegnerische Verschwörung im Innersten des Hofes, die Orléans seit langem beim König anschwärze, einen so starken und überlegenen Monarchen allein niemals gegen sein eigen Fleisch und Blut würde einnehmen können; und Sorge schließlich darum, was es bewirken möge, wenn man jetzt Orléans dieser okkulten Macht opfere, indem man ihm nicht einmal seinen bescheidensten Wunsch erfülle, damit aber eine gefährliche Uneinigkeit in das Herrscherhaus trüge, die ihm in absehbaren schweren Zeiten noch fatal werden könne. Das alles belaste Orléans' Sinnen und Fühlen und lasse sein Herz dermaßen überquellen, dass er im Gespräch darüber gewiss konfus geworden wäre; so sei es ihm denn seine nur umso teurere Pflicht, diese tief empfundenen Gedanken dem Herrscher schriftlich … Hm. Tinte ausgegangen.

Um die Feder in das Tintenfass zu tauchen, musste der kleine Saint-Simon sich etwas recken, wodurch er sah, dass Orléans währenddessen keine einzige Zeile geschrieben hatte; er lehnte sich vielmehr höchst bequem in seinem Sessel zurück und sah Saint-Simon von dort so gelassen beim Schreiben zu, als sei das ein zwar altbekanntes, aber doch immer noch nicht vollkommen uninteressant gewordenes Schauspiel der Natur. Saint-Simon hatte in Sachen Irritierbarkeit einen Ruf zu verlieren, und den verlor er auch heute wieder nicht. Was genau er jetzt sagte, wissen wir zwar nicht; da uns seine Beschreibung der Szene aber dicht und glaubhaft genug vorkommt und da die Persönlichkeit beider Beteiligten extrem gut dokumentiert ist, scheint es erlaubt, ihnen hier auch einen Dialog zu improvisieren, wie sie ihn mindestens ähnlich geführt haben müssen. «Ich sehe, mein Herr, dass Euer Königliche Hoheit zu jener Schule der Briefschreiber gehören, die auf spontane göttliche Intervention in letzter Minute warten? Und? Würden Euer Königliche Hoheit sagen, dass diese Methode sich in Ihrem bisherigen Leben bewährt hat?» – «Ich habe Ihnen gesagt, ich habe Angst, mit dem König zu sprechen, und das gilt nun einmal für das Schreiben genauso. Außerdem können Sie das eindeutig besser. Hören Sie, es ist überhaupt ein Jammer, dass Sie so fromm sind, niemand, wirklich niemand könnte so gute Liebesbriefe schreiben wie Sie. Argumentieren, schmeicheln, witzig sein kann ich auch, aber nur Sie haben diese beunruhigende Ernsthaftigkeit, bei der man immer den drohenden Vulkanausbruch im Hintergrund ahnt, Sie haben keine Vorstellung davon, wie gut das wirkt. Und das Beste: Ihre Briefe wären nicht einmal der anspruchsvollsten Dame zu kurz. Wissen Sie, warum es mir am Ende leichtfiel, mich von der Séry zu trennen?» – «Weil Euer Königliche Hoheit sehr genau wissen, wie viel wertvolle Unterstützung für unser Projekt diese Art von Liaison zunichtegemacht hätte ...» – «Natürlich. Ach ja. Das schöne Projekt. Nein, Saint-Simon: weil die Séry wollte, dass ich ihr wie ein Romanheld den Hof machen sollte, warten Sie, was hat sie gesagt: wie ein Schäfer im Schäferroman, ich, Monsieur, wollen Sie sich das bitte vorstellen? Haben Sie so was mal gelesen? Grauenhaft!» – «Ach, da würde ich mich wirklich nicht sorgen an Ihrer Stelle. Wenn wir heute keinen Brief mehr schreiben und Euer Königliche Hoheit für den Rest Ihres Lebens in Ungnade bleiben, dann werden Sie irgendwann mit allen chemischen Experimenten durch sein, werden komponiert oder

Theater gespielt haben, bis es Euer Königlichen Hoheit zu den Ohren herauskommt, und da die Jagd Sie ebenso langweilt wie die Religion, ja da sogar Genealogie und Zeremoniell Sie kaltlassen, dürften Euer Königliche Hoheit nur allzu bald noch sehr dankbar sein, dass es Schäferromane gibt.» – «Bitte. Bitte. Es ist zu schade. Aber wenn Sie sich partout Ihrer wahren Berufung zum Verführer entziehen wollen, dann schreiben Sie mir jetzt ebendiesen Brief an den König zu Ende. Das ist ja ohnehin eigentlich das Beste: dass es da so fast gar keinen Unterschied gibt.»

Während Saint-Simon kommentarlos zum Schreiben zurückkehrte und nicht ganz ohne Trotz einen Exkurs über das schreckliche Rangproblem beim Abendmahl in der Schlosskapelle anfing, zu dem er dem König immer schon mal unter anderem Namen seine Meinung hatte sagen wollen, nutzen wir die Zeit, um den relevanten Teil des ersten, schwarz auf weiß dastehenden Briefes in die etwas direktere Sprache unserer Gegenwart zu übertragen. Wir übersetzen also jetzt den zweiten Brief, der sich unter den respektvollen Tintenkringeln des ersten verbarg, fürs Auge nicht zu sehen, für keinen Vorwurf greifbar und doch für jeden hoftrainierten Leser unmissverständlich. In diesem Brief schrieb Orléans etwa Folgendes. Du hast, lieber Onkel, weder meinem Vater (dem vor neun Jahren verstorbenen Monsieur) noch mir jemals ein Provinzgouvernement gegeben, obwohl er ein Prinz erster Klasse war und ich als Enkel von Frankreich immer noch Prinz zweiter Klasse, also viel vornehmer als all die anderen, die sehr wohl eines bekamen. Als ich siebzehn war, hast du mich, obwohl ich echte Königstöchter hätte haben können, mit deiner aus doppeltem Ehebruch geborenen Bastardtochter verheiratet, was mir als Erstes mitten in der Spiegelgalerie eine Ohrfeige meiner Mutter Elisabeth Charlotte eingebracht hat – und ja, sie nennt deine Tochter immer noch «den Mausdreck», aber hey: An guten Tagen hat sie nach inzwischen achtzehn Jahren schon auch mal ein wenig Mitleid mit ihr. Aus den damals versprochenen Geschenken und Rängen ist nie etwas geworden – du warst viel zu sehr damit beschäftigt, Prinzen dritter und vierter Klasse zu beschenken und zu verwöhnen. Meinen Kindern hast du, obwohl sie durch ihr Blut so viel näher an der Krone stehen, den völlig logischen Rang als Prinzen zweieinhalbter Klasse verweigert; so stehen sie jetzt im Rang mit denen der dritten Klasse gleich, obwohl sie Königs-Urenkel sind und die anderen, wie jeder weiß, bloß Königs-Ur-Ur-Ur-Ur-Ur-Ur-Ur-Ur-Ur-Ur-Ur-Urenkel. Wie zum Hohn hast du schließlich sogar noch deine Bastardsöhne zu Prinzen von Geblüt (also der dritten Klasse) gemacht und damit meinen Kindern gleichgestellt, obwohl die Bastarde vor dem Gesetz nicht einmal eine Mutter haben. Aber bitte. Bitte. Ich will mich nicht beschweren.

Ich will auch gar nicht davon anfangen, dass die intrigante Entourage deines dümmlichen Kronprinzen (des Dauphins) mich ständig bei dir verleumdet – ich habe nämlich, als ich General in Spanien war, keineswegs versucht, deinem Enkel Philipp V. den Thron zu stehlen. Wirklich. Ich doch nicht. Nur das würde ich gerne zu bedenken geben: Wenn jetzt Berry, der Lieblingssohn des Dauphins, nicht mit meiner Tochter, sondern mit der Tochter meiner Schwägerin Madame la Duchesse verheiratet wird, dann würde das der Welt nicht nur zeigen, wie wenig du von mir hältst. Es würde auch keineswegs nur zeigen, wie sehr alle schon mit deinem baldigen Tod rechnen und deswegen Madame la Duchesse unterstützen, weil die den nächsten König am Nasenring herumführt – oder noch besser: wie sehr sie selbst dich inzwischen am Nasenring herumführen kann, obwohl doch du allein der Gesalbte des Herrn bist, die Sonne, um die die Planeten sich drehen, erinnerst du dich noch? Oh nein. Vor allem würde es bedeuten, dass meine Frau und ich gar keinen Einfluss mehr auf den neuen König hätten, wenn du einmal nicht mehr da bist (und seien wir ehrlich: Frankreichs königlichen Altersrekord der letzten 850 Jahre hast du schon vor zwölf Jahren gebrochen, als du sechzig wurdest). Deine Tochter Madame la Duchesse aber, die dann allmächtig wäre, ist seit dem Erbstreit im letzten Jahr mit ihrem Bruder du Maine so tödlich verfeindet, dass der nur noch mit seiner anderen Schwester gut steht – eben mit meiner Frau, die unter der neuen Herrschaft genauso machtlos wäre wie ich. Und also würde deinem Lieblingssohn du Maine alles wieder weggenommen, was du ihm gegeben hast an Rang und

Ämtern und Besitz, und der ganze Hof würde applaudieren. Kannst du das ernsthaft wollen, wenn doch die Alternative so einfach wäre? Der Dauphin ist phlegmatischer als dieser Schreibtisch hier, aber er liebt seinen dritten Sohn Berry, der mindestens genauso einfältig ist wie er. Eine kluge Ehefrau wird Berry in zwei Wochen um den Finger wickeln und den Schwiegerpapa in dreien; meine Tochter aber ist so klug wie keine andere, und sie ist durch ihre Mutter die Nichte deines Lieblings du Maine, der so dringend Schutz braucht. Also zeig der Welt, dass du noch alles im Griff hast. Erkläre dem Dauphin, dass sein Sohn Berry *meine* Tochter heiraten wird. Schütze den Sohn, den allein du wirklich liebst, und tu damit nebenbei auch mir etwas Gutes, wenn ich schon sonst immer leer ausgegangen bin. Schuldest du das denn nicht deinem Ruhm?

Zufrieden legte Saint-Simon die Feder beiseite, um seinen Entwurf Orléans vorzulesen, der davon offensichtlich ebenso angetan war und nur lässig abwinkte, als Saint-Simon ihn nach Änderungswünschen fragte. Ganz genau weiß man es natürlich nie, dachte Saint-Simon. Der Königsneffe verband, wenn er denn überhaupt einmal eine Aufgabe hatte, große Intelligenz mit ebensolcher Faulheit. Seine ungewöhnlich tiefe Bildung half ihm nicht gegen die Langeweile, seine Ironie nicht gegen das Hintergangenwerden, und so sagte seine Mutter Elisabeth Charlotte von Orléans (die zweite Madame), dass sie bei der Taufe wohl vergessen habe, die dreizehnte Fee miteinzuladen: Die müsse ihm dann gewünscht haben, dass all seine Talente doch zu nichts gut sein sollten. Saint-Simon übergab das Entwurfsblatt daher mit einer gewissen Skepsis, die sich verfestigte, als Orléans das Papier gar nicht weiter anschaute, obwohl er es ja nun eigenhändig abschreiben musste. «Ich vergaß zu erwähnen, dass ich in meiner kleinen schnellen Schrift für den Hausgebrauch geschrieben habe, es ist vielleicht besser, wenn Euer Königliche Hoheit nachsehen, ob Sie das überhaupt lesen können?» Der kurzsichtige Prinz, der genauso wenig wie alle anderen Schwertadeligen eine Brille tragen durfte, hielt sich das Blatt nah vor die Augen, fixierte es eine Zeitlang und murmelte schließlich anerkennend: «Das hier könnte zum Beispiel ein m sein, warten Sie:

nein! Ein u und ein ... n?» Saint-Simon seufzte. Also in Schönschrift abschreiben, sobald er vom Abendessen mit dem unerträglich neugierigen Marineminister zurück wäre, und dann noch einmal zum Appartement der Herzogin von Orléans mitten im Schloss, mitten in der Nacht, mitten unter den Augen ihrer Feinde. Weil das alles ja sonst auch nicht auffällig genug gewesen wäre.

Der schwierigste Teil ihres Projekts fing an, als Saint-Simon das Ehepaar Orléans am nächsten Morgen wiedersah und ihren Dank für den guten Brief empfing, aus dem sie nur die Erörterung des Rangproblems beim Abendmahl umstandslos gestrichen hatten (wie immer, dachte Saint-Simon). Der von Orléans abgeschriebene Brief musste jetzt in die Hände des Königs gelangen und einige Zeit haben, ungestört auf den Herrscher einzuwirken. Wenn Berry wirklich die Orléans-Tochter heiraten sollte, dann durften der Dauphin, Madame la Duchesse und ihre ganze Partei nichts davon wissen, bevor es für Sabotage zu spät sein würde. Aber eine gute Hofpartei ist wie ein Krake. Sie hat ihre Arme überall, kleine und große Tentakeln, in denen jeder Unvorsichtige hängenbleibt, und schon beim Abendessen mit (passenderweise) dem Marineminister war Saint-Simon nur knapp diesem Schicksal entgangen. Es war Glück im Unglück, dass der Hof eben jetzt in Marly war, denn hier war die Etikette so viel entspannter, um den König zugänglicher zu machen als in Versailles, das seit 1682 seine Hauptresidenz war. Natürlich, sehen konnte ihn auch dort jeder: Er war ja eine Touristenattraktion, die jeder besichtigen durfte, der bescheidene Mindeststandards erfüllte (wozu, wir erinnern uns, die Verpflichtung gehörte, am Eingang notfalls einen Degen zu mieten). Aber mit ihm zu sprechen war schon ungleich schwerer, und selbst wenn man es schaffte, weil ein teuer bezahlter höfischer Amtsträger einen dem Monarchen vorstellte, dann geschah das für Normalbürger in der Spiegelgalerie, dauerte eine Minute und wurde von halb Versailles mitangehört. Selbst ein Prinz wie Orléans hatte es nur begrenzt leichter, weil er zwar weiter ins Innere des Schlosses hineinkam, dort aber immer noch von den Mächtigen des Hofes umgeben war; eine förmliche Audienz schließlich war ein derartiges Ereignis, dass man sich auch gleich ein Schild mit den Worten «Ja, ich habe ein geheimes Anliegen» um den Hals hätte hängen können. Nur die Inhaber der innersten Hofämter konnten fast jederzeit und unauffällig mit dem König sprechen, und dass Saint-Simon kein solches Amt hatte, das war eben sein großer Kummer. Kein Wunder also, wenn alles sich danach sehnte, vom König nach Marly mitgenommen zu werden, wohin er seit 1686 mehrmals jährlich fuhr, um für ein paar Wochen der längst nicht mehr beherrschbaren Riesenmaschine Versailles zu entgehen. Dieser Wunsch war allerdings nicht nur genauso begreiflich, sondern auch genauso illusorisch wie die Sehnsucht moderner Touristen nach touristisch unberührten Urlaubsorten. Die Tatsache, dass der König sich regelmäßig in ein entlegenes kleines Lustschloss zurückzog, wo zwangsläufig nur für relativ wenige Begleiter Platz war, hatte denn auch sofort pervers logisch dazu geführt, dass jeder vernünftige Höfling genau dorthin wollte, um sich dem König nicht nur viel leichter als in Versailles nähern zu können, sondern auch einfach sichtbar einer dieser wenigen Auserwählten zu sein. Natürlich konnte Ludwig XIV. diesen Umstand bis zu einem gewissen Grad als Instrument der Disziplinierung nutzen, während er sich am Anblick der Kandidaten freute, die sich ihm in der Spiegelgalerie mit den fragenden Worten «Marly, Sire?» näherten. Aber wie immer in Versailles war auch hier der stete Tropfen letztlich stärker als der Stein. Der unendliche Andrang, das Überredungstalent der Höflinge oder auch nur die Unbequemlichkeit, tagaus, tagein von todtraurigen Bediensteten stumm angestarrt zu werden, all das zusammen bewirkte, dass man 1710 schon seit langem mindestens 140 Personen nach Marly mitnahm, wobei deren eigene Dienstboten noch nicht einmal mitgezählt sind. Es muss uns hier nicht im Detail interessieren, wie diese Logik sich während des ganzen 18. Jahrhunderts mit immer neuen Fluchtbewegungen in immer neue Lustschlösser fortsetzte, bis schließlich der Großraum Paris nahezu flächendeckend mit königlichen Nebenresidenzen gepflastert war. Ein anderer Nebeneffekt tangiert uns umso direkter. Die Reisen nach Marly stärkten nämlich noch einmal mehr die Position der großen Hofämter, deren Inhaber immer gebraucht wurden (nicht einmal in einem Lustschloss durfte der König auch nur Karten spielen, ohne dass der Oberkammerherr sie ihm gereicht hätte) und die also auch automatisch immer nach Marly mitgenommen wurden. Das aber wiederum trug nicht bloß zu Saint-Simons finsterer Entschlossenheit bei, sich durch Intrigen wie die der Orléans'schen Heirat endlich auch ein solches Amt zu verschaffen; es führte vielmehr auch dazu, dass man nicht einmal in Marly an den König herankam, ohne dabei d'Antin zu begegnen.

Louis-Antoine de Pardaillan de Gondrin, Marquis d'Antin hatte einen etwas seltsamen Einstieg in die Hoflaufbahn gehabt. Aus einer unglücklichen Ehe stammten zwar auch die meisten seiner Kollegen. D'Antins Mutter war jedoch Madame de Montespan, die ihren wütenden Ehemann nicht nur öffentlich, sondern auch für den König selbst verlassen hatte, bevor sie dem dann insgesamt sechs uneheliche Kinder gebar. Wie sehr Madame de Montespan sich für die Versorgung dieser ihrer Königskinder ins Zeug legte, haben wir bereits gesehen, als sie Lauzun nach Pignerol brachte, um das Vermögen seiner Freundin Mademoiselle für ihren Sohn du Maine zu erpressen. D'Antin aber, der die Mutter an ihren Mann erinnerte, war in dieser Konstellation immer das siebte Rad am Wagen gewesen. Da das Sorgerecht in einer patriarchalischen Gesellschaft ganz automatisch dem Vater zufiel, hatte dieser den bei der Trennung gerade erst zweijährigen d'Antin in die Provinz mitgenommen. Die nächsten zwölf Jahre über hörte d'Antin von seiner Mutter folglich nur aus den Erzählungen der Diener und Kinderfrauen, die ihm von all dem Gold, all der Macht vorschwärmten, die bei Hof angeblich auf ihn warteten, und so den Grundstein zu einer lebenslangen Erwartung legten, über die er in seinen psychologisch klugen Memoiren selbst klagte. Die Mutter sah er erst als Vierzehnjähriger kurz wieder und also im Grunde zum ersten Mal. Bereits ein Jahr später (1680) fiel sie infolge des Giftmordskandals in tiefe Ungnade, und so konnte er sich noch glücklich schätzen, 1685 wenigstens einen einfachen Kammerherren-Posten im Haushalt des vier Jahre älteren Dauphin zu erhalten. Aber was machte das? Er war jung, geistreich, so wohlerzogen, dass Gleichaltrige ihn nicht mochten, sah «auf männliche Weise» sehr gut aus und galt der ganzen Hofgesellschaft trotz lebenslangen Stotterns als solcher Musterhöfling, dass man ihm überall einen raschen Aufstieg zu Macht und höheren Ämtern vorhersagte: «Als ich an den Hof kam, glaubte ich, der Himmel habe sich geöffnet. Ich wusste nicht von seiner Bitternis.» Dann aber kam jahrzehntelang – nichts. Keine große Hofcharge, kein Provinzgouvernement, kein Herzogsrang, kein Heiliggeist-Ordensband, kein Einfluss. Eine vorteilhafte Heirat machte ihn zwar zum Schwager des jugendlichen Kriegsministers, was ihm zusammen mit seiner schwertadeligen Geburt normalerweise eine große Militärkarriere garantiert hätte. Leider zeigte er jedoch im Krieg seine Angst so deutlich, dass die brutalen Standesgenossen ihn lange als Feigling abschrieben, obwohl er alle Furcht unterdrückte, insgesamt vierundzwanzig Jahre lang diente und als begabter Stabsoffizier zuletzt den zweithöchsten Dienstgrad erreichte. (Sein Infanterie-Regiment gab er seinem Sohn Gondrin ab, als der fünfzehn war, und so war es auch Gondrin, der es als Einundzwanzigjähriger bei Malplaquet kommandierte.) D'Antins Lebensmittelpunkt war freilich immer der Hof geblieben, und es war dort, dass ihm das Stagnieren seiner Karriere am schmerzlichsten bewusst war. Seine Mutter kümmerte sich nicht mehr um ihn, schadete ihm aber immer noch, weil der von ihren Exzessen dauerhaft schockierte König auch den unschuldigen Sohn höflich abweisend behandelte. Den Dauphin konnte er zwar rasch für sich gewinnen; vielleicht verband sie unausgesprochen sogar die Parallelität ihrer Schicksale als wenig geliebte eheliche Kinder des einstigen Traumpaars Ludwig und Montespan. Um als Angehöriger dieses Hofes im Wartestand wirklich mächtig zu sein, hätte d'Antin jedoch den phlegmatischen Thronerben so exklusiv beherrschen müssen, wie er es allein nicht konnte, und so besann er sich auf das letzte höfische Kapital, das ihm noch blieb: seine halbköniglichen Halbgeschwister, die Kinder seiner Mutter und des Königs.

Dass d'Antin sich überhaupt mit ihnen anfreunden konnte, beweist bereits sein Höflingstalent, weil schon ihre bloße Verwandtschaft mit ihm eigentlich nicht auch nur angedeutet werden durfte – man hätte ja sonst vor den Augen des ganzen Hofes aussprechen müssen, dass diese offiziell mutterlosen legitimierten Prinzen und Prinzessinnen aus einer doppelt ehebrecherischen Beziehung stammten, eine Hobby-Satanistin zur Mutter hatten und Geschwister eines Mannes ohne jeden Rang waren. Trotzdem gelang es d'Antin, sich sowohl mit den beiden überlebenden Bastardprinzen als auch den beiden überlebenden Schwestern gut zu stellen, von denen die jüngere durch Heirat mit dem begabten Königsneffen Herzogin von Orléans und die ältere als Frau eines ziemlich bösartigen Zwergprinzen Herzogin von Bourbon mit dem Hoftitel ‹Madame la Duchesse› geworden war. Gerade zu der Zeit, als die zweiundzwanzig und achtzehn Jahre alten Schwestern 1695 in Marly dabei erwischt wurden, wie sie sich von einem Schweizergardisten das Rauchen beibringen ließen, muss d'Antin ihnen seinen Langzeitplan eröffnet haben. Der basierte darauf, dass die Herzogin von Orléans und Madame la Duchesse ja nicht nur (als Kinder der Montespan) Halbschwestern von d'Antin, sondern (als Kinder Ludwigs XIV.) auch Halbschwestern des Dauphins waren. Sie waren folglich durch ihre Geburt ebenso wie durch erheirateten Rang und Intelligenz prädestiniert, eine große Rolle in der Umgebung des Dauphins zu spielen, dem die große Dame, die Hausherrin oder Gastgeberin an seiner Seite fehlte, seit seine Frau gestorben war – seine Mätresse machte ihn zwar glücklich, konnte aber diese Rolle schon deswegen nicht ausfüllen, weil sie aus zu kleinem Adel war; als unverheiratete Frau von schlechtem Ruf musste sie sich zudem von Versailles fernhalten und lebte zurückgezogen auf seinem Landsitz Meudon. D'Antin hatte daher zuerst die Herzogin von Orléans gebeten, den Dauphin regelmäßig in ihre Gemächer in Versailles einzuladen, was jedoch bald an ihrer legendären Gewohnheit scheiterte, höchstens in absoluten Notfällen das Bett zu verlassen (dies Phlegma war neben zuletzt neun Kindern so ziemlich das Einzige, was sie mit ihrem Mann Orléans gemeinsam hatte). Der pragmatische d'Antin verbündete sich daher begreiflicherweise lieber mit Madame la Duchesse, die ihre Schwester Orléans an der Seite des Thronfolgers schon deswegen gerne ersetzte, weil deren viel höherer Rang sie ohnehin immer gewurmt hatte. Als Ehefrau eines Enkels von Frankreich, also Prinzen zweiter Klasse, stand Madame d'Orléans weit über Madame la Duchesse, deren Mann als Prinz von Geblüt nur zur dritten Rangklasse gehörte. Dieser Rangunterschied aber drückte sich im höfischen Alltag nun leider in hundert großen und kleinen Dingen aus, ob es Sessel versus Hocker waren oder etwa die Türen, deren Flügel nur für die ranghöchsten Personen komplett geöffnet wurden. Was Madame la Duchesse besonders verärgert hatte, waren die Anreden. Während sie selbst auf Anordnung des Königs ihre ranghöhere Schwester Orléans stets respektvoll mit «Madame» anreden musste, tat die das ebenfalls auf königlichen Befehl gerade nicht und sagte lediglich «Schwester» (ma sœur) zu ihr. Zuerst versuchte Madame la Duchesse das Problem noch elegant zu lösen, indem sie die Schwester nun ihrerseits statt «Madame» immer nur «Schätzchen» (mignonne) nannte. Nachdem ihr das aber eine harte Strafpredigt des königlichen Vaters eingebracht hatte, war das Verhältnis zwischen den Schwestern endgültig ruiniert. D'Antins Angebot, zusammen den Dauphin zu beherrschen, kam Madame la Duchesse daher gerade recht, und binnen kurzem waren diese beiden die wichtigsten Personen in der Umgebung des zukünftigen Königs.

In der Gegenwart war damit freilich noch nicht viel gewonnen, und so blieb d'Antin begreiflicherweise unzufrieden, ohne es sich je anmerken zu lassen oder auch nur einmal schlecht von jemandem zu sprechen. Erst als er 1707 unfreiwillig aus dem aktiven Militärdienst herausfiel, hatte er genug; gerade wollte er sich vom Hof zurückziehen, da starb seine Mutter Madame de Montespan, die seit langem ernsthaft fromm in einem Kloster gelebt hatte. Es war, als sei damit auch er vom Fluch ihres Andenkens erlöst worden; jedenfalls kündigte sich der König kurz darauf als Besucher auf d'Antins Schlösschen Petit-Bourg an. D'Antin wusste, welch seltenes Privileg das war, und machte sich sogleich mit finsterer Entschlossenheit ans Umbauen und Gärtnern. Für Ludwigs heimliche Ehefrau Madame de Maintenon baute er in Petit-Bourg beispielsweise eine so exakte Kopie ihres Appartements in Versailles, dass selbst die Bücher auf dem Schreibtisch an derselben

Stelle aufgeschlagen waren wie in der Originalwohnung. Dem König aber gefiel währenddessen nicht nur der Schlosspark, sondern wohl noch mehr der Umstand, dass eine von ihm kritisierte Kastanienallee am Morgen des zweiten Besuchstages bereits gefällt und abgeräumt war: Gleich darauf sprach d'Antin sich mit ihm aus und erhielt nur zwei Wochen später das erste frei gewordene Provinzgouvernement.

Wenig später wurde er auch Generaldirektor der Königlichen Bauten, was nicht nur wegen des damit verbundenen Millionenbudgets und der geradezu automatischen Korruptionseinkünfte angenehm war. Vor allem wurde er so Ludwigs Ansprechpartner für das liebste Hobby aller Könige, erhielt einen regelmäßigen Arbeitstermin mit dem König, ein riesiges Appartement im Schloss von Versailles und das Privileg der ‹entrées de derrière›. Dies Letztere vor allem machte ihn seinen Gegnern so gefährlich, weil es ihm erlaubte, die innersten Gemächer aller königlichen Schlösser jederzeit durch die Hintertür aufzusuchen. Er gehörte dadurch jetzt zu jenen wenigen großen Hofwürdenträgern, die den König nicht nur im optimalen Moment ungesehen ansprechen, sondern auch perfekt überwachen konnten, wer das sonst noch versuchte. Für das Haus Orléans und Saint-Simon hätte nichts fataler sein können.

Während es d'Antin gelungen war, in einem unglaublichen Balanceakt der Günstling sowohl des Kronprinzen als auch des Königs zu werden, hatten die Orléans trotz ihres viel höheren Ranges keine annähernd so guten Karten – oder vielleicht gerade deswegen. Gerade weil der Herzog von Orléans so nah mit dem König verwandt war, gerade weil in seiner Jugend nur drei Prinzen zwischen ihm und der Krone standen, war er Ludwig XIV. ohnehin immer als potenzieller Rivale suspekt gewesen. Orléans' offensichtliche Talente, die ihn so positiv vom Dauphin abhoben, hatten das nur noch ebenso verschlimmert wie sein ganz offen unmoralischer Lebenswandel, der die Ehefrau zwar eher belustigte, ihrem mit dem Alter immer frommer gewordenen königlichen Vater aber umso mehr missfiel. Dass Orléans dann als General eines französischen Heeres in Spanien versucht zu haben scheint, Ludwigs Enkel Philipp V. als spanischen König zu ersetzen, brach ihm nicht nur beim König beinahe das Genick. Erst recht entzweite es ihn mit dem Dauphin, für den ja das spanische Königtum seines Sohnes Philipp eine von zwei großen Leidenschaften war – die andere war die mit methodischer Hingabe jeden Winter hindurch betriebene Wolfsjagd; als er starb, gab es in der Île-de-France praktisch keine Wölfe mehr. Kein Wunder also, dass die Orléans ihre letzte Chance gekommen sahen, als 1710 der König erklärte, sein dritter Enkel Berry müsse jetzt endlich verheiratet werden, weil der Vierundzwanzigjährige sonst notwendigerweise bald der Sünde verfallen würde. Berry aber war der Lieblingssohn des Dauphins, der seinen allzu frommen Ältesten nicht ausstehen konnte, und ergo für das Haus Orléans der eine Weg zurück in die Gunst. Traf es sich da nicht ganz wunderbar, dass ihre älteste Tochter Mademoiselle d'Orléans schon fast fünfzehn und also genau im richtigen Alter war? Und traf es sich nicht gleichermaßen gut – auch wenn man das natürlich nie hätte laut sagen dürfen –, dass es hier einen französischen Traumprinzen für dieses Mädchen gab, das doch als Tochter einer unehelich geborenen Mutter nirgendwo außerhalb Frankreichs vermittelbar gewesen wäre? Und wäre es denn zu viel verlangt, sich Berry für Mademoiselle d'Orléans zu wünschen, wenn man bedachte, dass nach ihr noch drei jüngere Schwestern zu versorgen sein würden? Gewiss nicht. Leider nur traf es sich zugleich auch, dass Madame la Duchesse ihrerseits eine Tochter mit Namen Mademoiselle de Bourbon hatte; dass diese sogar schon auf die siebzehn zuging; dass weiterhin Mademoiselle de Bourbon ebenfalls Tochter einer unehelich geborenen Mutter und also ebenfalls außerhalb Frankreichs unverheiratbar war; dass nach ihr sogar noch vier jüngere Schwestern kamen; schließlich am wichtigsten: dass Madame la Duchesse Berry schon deswegen für ihre Tochter haben wollte, um es der Schwester zu zeigen. Und so musste es denn in diesem Frühsommer zwischen den Häusern Orléans und Bourbon-Condé zum Duell kommen.

Seltsamerweise half es diesen beiden Nebenlinien des Königshauses, dass um sie herum immer noch der Spanische Erbfolgekrieg weiterlief, nachdem neue Friedensverhandlungen gerade wieder erfolglos geblieben waren. Bei den offiziellen Verhandlungen in Holland scheiterte alles daran, dass die Alliierten immer noch die Vertreibung Philipps V. von Spanien notfalls auch durch Frankreich forderten. In einem Brüsseler Gasthof hatte währenddessen Grumbkow sehr konspirativ einen französischen Agenten getroffen, um Frankreich ein geheimes Angebot zu machen, wie man es ihm aus Berlin befohlen hatte. Dieses Angebot klang freilich selbst nach damaligen Maßstäben einigermaßen grotesk: Grumbkow schlug vor, dass in Zukunft nur noch die halbe preußische Armee gegen Frankreich kämpfen würde, während die andere Hälfte vom Sonnenkönig Sold fürs Nicht-Kämpfen erhalten sollte – und auch sonst scheint Grumbkow nicht ganz bei der Sache gewesen zu sein. Sein französisches Gegenüber beschrieb ihn in seinem Bericht derartig enttäuscht als unautorisierten Wichtigtuer, dass nicht nur ein späterer französischer Historiker diesen «unidentifizierbaren Kromkaw» sehr zu Unrecht für eine der vielen angeberischen Nebenfiguren der Zeit halten konnte. Auch Außenminister Torcy glaubte, das Ganze sei wohl nur ein Trick gewesen, mit dem der preußische König Frankreich habe verwirren wollen. Wesentlich wahrscheinlicher ist jedoch, dass Grumbkow selbst diese von Berlin durchaus ernstgemeinte Verhandlung bewusst sabotiert hat, weil ihm eben der geplante Verrat an den Alliierten so dilettantisch vorkam. Jedenfalls verriet er seinen Befehl zu dieser verräterischen Kontaktaufnahme seinerseits kurz darauf an Marlborough und Prinz Eugen. Er opferte also auf sehr riskante Weise das ohnehin undurchführbare Projekt seines wankelmütigen Herrschers, um sich dafür das Vertrauen der beiden politischen Soldaten zu kaufen, die damals zu den mächtigsten Männern Europas gehörten. Sie wussten es ihm zu danken, aber es dürfte auch damals gewesen sein, dass Prinz Eugen Grumbkow erklärte, so einer wie er könne bloß entweder in einem Palast oder im Gefängnis sterben. Grumbkow antwortete dem Prinzen, er wolle alles tun, um sich das eine oder das andere zu verdienen. Zuerst jedoch zogen sie alle wieder in den Krieg. In derselben Nacht, zu deren Anfang Saint-Simon und Orléans ihren Brief entworfen hatten, wurden die ersten Belagerungsgräben der Alliierten vor der von Albergotti verteidigten Festung Douai eröffnet. Drei Tage später würde Villars, der seit dem 2. Mai in Marly war, beim königlichen Stiefelausziehen Abschied von seinem Monarchen nehmen, um an den Kriegsschauplatz zurückzureisen – schwer humpelnd zwar, weil sein Knie nach Malplaquet nicht mehr geheilt war, aber doch immer noch angriffslustig genug, um den von Eugen und Marlborough geführten Alliierten sofort mit einer kompletten Armee entgegenzumarschieren. Noch in derselben Woche standen sich beide Heere dann einen halben Tag lang auf Schussweite gegenüber, bevor die Franzosen wieder abzogen, weil der Gegner zu stark erschien – für diesmal.

So würde es noch jahrelang weitergehen, und da Frankreich schon jetzt faktisch bankrott war, hätte man annehmen mögen, dass eine wenig dringliche königliche Hochzeit erst recht aufgeschoben worden wäre. Die Hochzeitsfeier würde teuer genug werden, aber das wirklich Fatale waren die Kosten, die von da an jährlich für den eigenen Hofstaat des Prinzen anfallen müssten. Dem königlichen Großvater war jedoch die moralische Gefährdung Berrys durch Junggesellentum so viel wichtiger, dass schon bald nicht mehr das Ob, sondern nur noch das Mit-Wem seiner Verheiratung zur Debatte stand. Und hier kam den Orléans und Bourbon-Condé nun der Krieg zu Hilfe, indem er die auswärtige Konkurrenz eliminierte – praktisch ganz Europa war ja mit Frankreich verfeindet. Wäre Berry der älteste Sohn des Dauphins gewesen, hätte man ihn sich zwar bis zum Friedensschluss aufgehoben, um dann seine Heirat teuer an den Meistbietenden zu verkaufen und dafür vielleicht Straßburg oder Französisch-Flandern zu retten. Weil aber die übernächsten Thronerben sein längst verheirateter Bruder Burgund und dessen zwei kleine Söhne waren, hätte sich selbst im Frieden kein europäischer Herrscher besonders um diesen Schwiegersohn bemüht, der wie einst Großonkel Monsieur zu einer ewigen Nebenrolle verurteilt war. Jetzt im Krieg blieben die Angebote erst recht aus, und nur der etwas tragisch an der Weltpolitik gescheiterte Herzog von Wolfenbüttel bot aus hoffnungsvollem diplomatischem Kalkül seine vierzehnjährige Enkelin Antoinette Amalie an, durch die sich Berry sowohl mit dem Sohn des Zaren als auch dem spanisch-österreichischen Kriegsgegner seines Bruders Philipp verschwägert hätte. Es hat nicht sollen sein, und wir werden der Dame daher ganz woanders wiederbegegnen. Ludwig XIV., der auf seine alten Tage keine unvertrauten Gesichter mehr sehen wollte, entschied sich für eine französische Heirat, wodurch die Zahl der in Frage kommenden Familien sich schlagartig von acht auf zwei reduzierte: Die künftige Herzogin von Berry würde entweder Marie-Louise-Élisabeth d'Orléans oder Louise-Élisabeth de Bourbon sein. Die Letztere war denn auch bereits in Marly, und während im Orléans'schen Pavillon der schicksalhafte Brief entstand, spielte sie auf Anordnung der Mutter mit ihrem ungeschickten Wunschprinzen Billard, damit der sich möglichst vom Fleck weg in sie verlieben sollte. Saint-Simon war fast gerührt gewesen von so viel Naivität, als er mit dem Ehepaar Orléans diskutiert hatte, ob man auch Mademoiselle d'Orléans nach Marly hätte mitbringen sollen. Dabei war es nicht die Vorstellung, dass Berry sich so schnell verlieben könnte, die ihn amüsierte, denn das konnte man diesem liebenswerten Mondkalb schon ohne weiteres zutrauen, zumal Mademoiselle de Bourbon ja sichtlich alle Tricks kannte. Weltfremd war nur die Idee, dass es bei der anstehenden Heiratsentscheidung in irgendeiner Weise auf die Meinung des Bräutigams ankommen werde, zumal noch in diesem Fall, wo es ja darum ging, nicht einmal seinen Vater das übliche Wort mitreden zu lassen.

Mademoiselle d'Orléans würde sich also zu solchem Unsinn gar nicht erst herablassen und stattdessen schön auf dem Landsitz der Eltern bleiben, wo sie im Interesse ihrer Figur seit einem Jahr jeden Tag die Treppen rauf und runter rannte. An sich war zwar das weibliche Schönheitsideal jener Zeit weit vom heutigen Schlankheitsterror entfernt und insgesamt so viel lässiger, wie es das in Zeiten grauenhafter Fehlernährung, ewiger Cousinenheiraten und dilettantischer Medizin auch sein musste. Selbst jene privilegierten Ancien-Régime-Schönheiten, die noch sämtliche Zähne, einen geraden Rücken und gleich lange Beine hatten, dürften heute in der Regel genau für jene rundlichen Formen und Gesichtszüge durch alle Attraktivitätsraster fallen, die damals besonders gefielen. Mademoiselle d'Orléans aber war nicht umsonst die Enkelin der Herzogin Elisabeth Charlotte, die bereits vor einem Jahrzehnt fröhlich geschrieben hatte, sie sei jetzt «viereckig wie ein Würfel». Auf diesem Weg war auch die fünfzehnjährige Enkelin schon einigermaßen fortgeschritten gewesen, bevor die Aussicht auf eine so großartige Heirat zum ersten Mal ihre eiserne Willenskraft zum Vorschein brachte. Sie war ein verwöhntes Kind, seit sie als Zweijährige und dann noch einmal als Sechsjährige schwer krank geworden war. Die Ärzte hatten sie bereits aufgegeben, und eine Stunde lang glaubte man sie tot, bevor ihr verzweifelter Vater entdeckte, dass sie noch lebte. Er kümmerte sich daraufhin selbst um sie, ließ auch keine Mediziner mehr an sie heran, bis er sie wieder gesundgepflegt hatte. Von nun an war sie das liebste Kind eines Vaters, der sämtliche Konventionen seines Standes sprengte. In einer Zeit, in der selbst liebende fürstliche und adelige Eltern ihre Kinder meistens nur aus großer Distanz aufwachsen sahen, in der nicht nur Eltern, sondern selbst Geschwister gesiezt wurden und Mama die Anrede nicht etwa für die Mutter, sondern für die im Alltag viel präsentere Gouvernante war in einer solchen Zeit verhielt der Herzog von Orléans sich, als wäre er nicht der Vater, sondern der Komplize seiner Kinder. Zwar hatte er keine Ahnung davon, wie man mit ihnen spielt. Schon bald jedoch konnte er der gelehrigen Tochter seine liebsten Experimente zeigen, komponierte mit ihr die Sorte böser Spottlieder, ohne die in Versailles der ganze Betrieb stillgestanden wäre, und verhielt sich so, dass die höfische Umgebung sich lange keinen Reim darauf hatte machen können. Als jetzt Saint-Simon mit Herzog und Herzogin von Orléans erwog, ob man die Tochter in Marly vorzeigen solle, einigte man sich zwar hauptsächlich ihrer Verwöhntheit wegen darauf, sie zu Hause zu lassen; zu leicht hätte es der Gegenseite gelingen können, sie vor den Augen des Königs zu einem Fauxpas zu verleiten, der ihre ohnehin schmalen Chancen noch einmal drastisch verringern würde. Mindestens Saint-Simon aber wusste in jenem Moment auch schon, was er den Eltern mitzuteilen sich nie getraut hätte. Er wusste, dass man die Prinzessin schnell würde verheiraten müssen, wenn man den widerlichen Gerüchten noch zuvorkommen wollte, die eben zu kursieren begannen. D'Antin selbst mochte ja dafür berühmt sein, dass er nie schlecht von jemandem sprach. Irgendwer in seiner Partei aber schien da laxere Standards zu haben, als er jetzt verbreitete, der Herzog von Orléans habe doch die Séry nur deshalb verlassen, weil er mit seiner vierzehnjährigen Tochter eine Beziehung habe – perfekter Ausdruck einer Weltsicht, für die selbst Inzest noch leichter vorstellbar war als eine freundschaftliche Vater-Tochter-Beziehung.

Sobald man sich im Orléans'schen Lager auf den Text des Briefes an den König geeinigt hatte, begann Saint-Simon den idealen Termin für die Übergabe zu berechnen. Das, wofür man früher Astrologen oder die Eingeweide heiligen Geflügels konsultiert hätte, ließ sich heute mit einer Taschenuhr, einem Kalender und jenem ungeschriebenen Erfahrungswissen erledigen, das nur die bei Hof aufgewachsenen Kinder des Schwertadels hatten. Der König musste in guter Stimmung sein, Madame de Maintenon anwesend und entspannt aus ihrem Lieblingskloster zurück, die Herzogin von Burgund wie zufällig in Reichweite, Madame la Duchesse anderweitig beschäftigt, der jesuitische Königsbeichtvater aus Paris angereist, ohne den keine Intrige vollständig gewesen wäre, Freund Boufflers im Dienst als Leibgardekommandeur, Freund Beauvillier als Oberkammerherr ebenso und umgekehrt d'Antin zwecks Business abwesend, das war schon alles. Also rasch ein Blick auf den tief verinnerlichten Fahrplan des immer gleich sich drehenden höfischen Uhrwerks, und voilà: Freitag, 9. Mai 1710, halb zehn Uhr abends im Schloss von Marly. An jenem Tag lief fast alles nach Plan. Die alte Königsehefrau Maintenon und die angeheiratete Königsenkelin Burgund spielten einander um den Kopf des Königs herum die lang abgesprochenen Konversationsbälle zu, mit denen sie ihn ernsthaft verwundert darauf hinwiesen, wie viel Macht doch ausgerechnet Madame la Duchesse über den Dauphin habe – eine berechtigte Beobachtung, die freilich unfreiwillig komisch hätte klingen sollen, wenn sie aus dem Mund einer Prinzessin kam, die selbst bereits als kleines Mädchen erfolgreich die Struktur des gesamten militärischen Oberkommandos durcheinandergeworfen hatte, nur um ihrem Oberstallmeister eine Herzensfreude zu machen.

Sie waren ein eingespieltes Team, das schon ganz andere Nüsse geknackt hatte, und bald war der König in der gewünschten Stimmung. Der Herzog von Orléans aber, der klügste und gebildetste Mann des Königshauses, derselbe Prinz, der sich in vier Schlachten an der Spitze königlicher Kavallerie auf Tausende feindlicher Panzerreiter gestürzt hatte und einmal leicht, einmal schwer verwundet worden war, der stand dabei, fasste sich gelegentlich an die Anzugtasche, in der er den eigenhändig abgeschriebenen Saint-Simon-Brief trug, und traute sich nicht, seinen Onkel anzusprechen. Der in ohnmächtiger Wut aus großem Abstand zusehende Saint-Simon fragte sich, wer diese Leute erziehe und wozu, wenn sie am Ende nicht einmal wollen konnten, bevor er sich daran erinnerte, nach welchen Kriterien im Haushalt des schwulen Monsieur die Erzieher des Sohnes ausgesucht worden waren. Dann seufzte er und warf der stirnrunzelnd dabeisitzenden Ehefrau des Unglücksprinzen einen wissenden Blick zu, den die gewiss erwidert hätte, wenn sie nicht ein klein wenig zu phlegmatisch dafür gewesen wäre.

Obwohl sie beide dem zerknirschten Herzog tags drauf ordentlich den Kopf wuschen, wiederholte sich das bittere Schauspiel am nächsten Abend. Dann kam d'Antin aus Paris zurück, Madame de Maintenon bekam Fieber und Saint-Simon Panik. Nur eine Woche würde der Hof noch im überschaubaren Marly bleiben, bevor es nach Versailles zurückging, wo die Wände Augen hatten, und nur mit viel Glück würde sich die günstige Konstellation noch einmal ergeben. Aber am Samstag, dem 17. Mai, fuhr d'Antin kurzfristig erneut nach Paris, und diesmal war Saint-Simon wild entschlossen, keine Ausreden mehr gelten zu lassen. Der König hatte kaum den großen Saal des Schlosses verlassen, als Saint-Simon so diskret auf «seinen» Prinzen einzureden begann, wie das angesichts der sie noch umgebenden Höflinge ratsam war. Eine Dreiviertelstunde lang hielt er dem gequält dreinblickenden Orléans vor, dass das Ding in seiner Tasche ein Brief sei und kein durch Reifung verbesserbarer Käse, dass er jetzt dem König folgen müsse, dass der Prinz nicht wisse, was für eine Mühe seine Anhängerschaft sich mit ihm gebe und dass diese ohnehin im Wesentlichen nur aus Saint-Simon bestehende Anhängerschaft sich langsam auch mal nach dem Sinn ihrer Mühen fragen müsse. Zum Glück war Orléans nicht gar so viel größer als der winzige Saint-Simon, aber wenn das auch ein leiseres Sprechen erlaubte, so machten sie sich doch noch deutlich genug zum Spektakel. Schließlich kam der König wieder vorbei, um sich vor dem Gartenspaziergang in sein Umkleidekabinett zu begeben, und endlich setzte auch Orléans sich wie immer schlurfend in Bewegung. Er ging langsam auf die Glastür zu, die den Saal von den Königsgemächern trennte, und stand schon davor, als er im letzten Moment abbog und umkehrte. Nun mochte Saint-Simons erste und einzige Kavallerieattacke zwar siebzehn Jahre zurückliegen, aber so viel Elan hatte er doch allemal, um dem Prinzen den Weg abzuschneiden (selbstverständlich diskret, denn auch im sich leerenden Saal waren immer noch genug Höflinge), sich Schulter an Schulter mit ihm zu stellen und ihn schließlich in einer Weise Richtung Glastür zu schieben, die schon nicht mehr viel eleganter war als Johann von Bessers Londoner Kickboxmanöver von 1685. Selbst im Korridor hinter der Glastür wäre ihm der Prinz noch beinahe entkommen, bevor er ihn schließlich mit Erfolg durch die offene Tür des königlichen Schlafgemachs bugsiert hatte. Erst hier, wo die wartenden großen Hofwürdenträger ihn ansahen, musste Orléans nolens volens auch allein ins Umkleidekabinett weitergehen. Saint-Simon aber schlich sich so nah und unauffällig wie möglich an diese Tür (er konnte froh sein, dass man in Marly war, denn in Versailles hätte man bereits eines der wichtigeren Ämter gebraucht, um überhaupt in diesem Raum sein zu dürfen) und fing dann an, die Zeit zu messen. Freilich waren Taschenuhren damals selbst bei der hochrangigen Aristokratie noch keine Selbstverständlichkeit, weswegen man, wenn es nicht gerade eine gut sichtbare Standuhr gab, die Zeit in solchen Situationen bloß schätzen konnte. Maßeinheit für Zeiten unterhalb der vollen Stunde war dabei noch nicht die Minute, sondern das christliche Standardgebet. Aus Berlin zum Beispiel beschwerte sich fast gleichzeitig der kaiserliche Gesandte bei seinen Wiener Vorgesetzten, dass der Kronprinz ihn auf Betreiben «eines gewissen Krumbgau» geschlagene zehn bis elf Vaterunser lang im Vorzimmer habe warten lassen (wobei die relative Ungenauigkeit der Angabe «zehn bis elf» zeigt, dass der Gesandte nicht etwa ununterbrochen gebetet, sondern einfach genauso geschätzt hatte, wie wir es heutzutage mit Minuten tun). Im Vergleich damit hatte Saint-Simon es besser, musste er doch jetzt bloß drei bis vier Vaterunser warten, bevor sein Prinz wieder aus dem Kabinett herauskam: Endlich war der Brief übergeben.

Saint-Simon war unglaublich erleichtert, und er hatte recht. Schon am nächsten Tag sprach der König Orléans diskret auf seine Bitte an und sagte ihm die gewünschte Heirat zu, wenn er ihm nur etwas Zeit ließe, um den Dauphin zu überzeugen. Damit hatten d'Antin und Madame la Duchesse ihr Spiel praktisch schon verloren, bevor sie auch nur von der Gegenintrige wussten. Als sie einige Tage später davon erfuhren, blieb ihnen nur noch, den Dauphin zum größtmöglichen Widerstand anzustacheln, was freilich bereits ein Plan der puren Verzweiflung war. Er scheiterte denn auch am zentralen Paradox der absoluten Monarchie, das sich in diesem Kronprinzen nur besonders drastisch verkörpert fand. Wie alle Prinzenhofmeister und -gouvernanten hatten auch seine Erzieher vor dem strukturellen Problem gestanden, ein Kind zum Respekt für so viele Regeln zu erziehen, das doch gleichzeitig von allen Seiten erfuhr, um wie viel höher es stand als alle anderen Menschen. Wenn es dann noch begriff, dass ihm eines Tages die allerhöchste Macht ganz automatisch, ja durch ein gottgewollt unabänderliches Gesetz zufallen würde, dann fingen die schweren Tage an. Die bewährte Lösung lag nun zwar darin, dem Kind beizubringen, dass diese Macht keineswegs ein Geschenk und vielmehr eine tödlich schwere Verantwortung sei, weil dem für seine Untertanen verantwortlichen Monarchen an allen Ecken und Enden besondere Höllenstrafen drohten – es konnte ja, weil die absolute Monarchie ihm so große Hebelwirkung verlieh, schon der kleinste Fehler dieses Herrschers Tausende ins Unglück stürzen. Die schwarze Pädagogik der Barockzeit war denn auch ebenso wie später die der Aufklärung nur zu gut darin, dem jeweiligen Kronsohn große Angst vor seiner Verantwortung einzuflößen, während sie ihm zugleich erlaubte, an seinen jüngeren Geschwistern schon einmal das Herrschen zu üben. Der Gefahr des Größenwahns antwortete man durch ein extremes Gegensteuern, impfte blinden Gehorsam gegenüber dem königlichen Vater ein und versüßte die bittere Pille durch die Aussicht darauf, dereinst selbst diese Rolle spielen zu dürfen – auch gegenüber den Geschwistern, die man als Herrscher nur noch wie Kinder behandeln würde. Leider jedoch produzierten diese Prinzipien allzu oft Männer ohne Eigenschaften, die nur den Gehorsams- oder Angstanteil des Erziehungsprogramms verinnerlicht hatten und so spätestens als Herrscher schnell zur Beute geschickter Günstlinge oder Mätressen wurden. Der Dauphin aber hatte nicht nur die Extremversion einer solchen Erziehung erhalten. Er hatte auch die ganzen neunundvierzig Jahre seines bisherigen Lebens im Zentrum eines Kults verbracht, der den königlichen Vater selbst nach damaligen Maßstäben geradezu götzendienerisch verherrlichte, und so war denn jeder Plan, der auf seinen Widerstand gegen den väterlichen Willen baute, von vornherein verzweifelt. Am Ende sprach Ludwig XIV. mit seinem Sohn halb als Vater, halb als Herrscher nur ein paar Worte, denen der nichts entgegenzusetzen hatte. Freundlich gewährte er dem Sohn Zeit, um sich mit der Entscheidung abzufinden, die nicht mehr zu hintertreiben er versprochen hatte. D'Antin aber wusste, wann er geschlagen war, und tat das Einzige, was ihm als gutem Höfling noch blieb. Wenn er Berrys Heirat mit Mademoiselle d'Orléans schon nicht mehr verhindern konnte, so wollte er sich wenigstens das Verdienst sichern, sie «selbstlos» durchgesetzt zu haben. Seine Entrées de derrière erlaubten es ihm, im passenden Moment zum König einzutreten; er ließ sich ins Vertrauen ziehen, «überredete» den König, seinen Sohn zur Bekanntgabe der Heirat zu drängen, und freute sich nicht wenig, als in eben dem Moment «zufällig» der Thronfolger eintrat. Ein Wort gab das andere, und schon waren Vater und Sohn auf dem Weg zur alten Madame (Elisabeth Charlotte), die als Mutter des Herzogs von Orléans zuerst um Erlaubnis gefragt werden musste; nett, dass sie immerhin auch den Bräutigam mitnahmen, der bei alldem staunend zusah. Es war der 2. Juni 1710, der Hof war nach kurzem Aufenthalt in

Versailles noch einmal nach Marly zurückgekehrt, und von allen Seiten strömten die auserwählten Höflinge herbei, um sich die Gesichter aller Beteiligten so aufmerksam anzusehen, wie man heute Aktienkurse lesen würde.

Saint-Simon hätte viel dafür gegeben, sich hinter einem Wandteppich in Madame la Duchesses Appartement verstecken zu können, aber auch so bekam er noch genug Gelegenheit, ihre Verstimmung zu sehen. Am meisten Spaß hatte bei alldem wohl Mademoiselle d'Orléans. Eben noch hatte das neue Rangreglement sie so ungerecht hinter Madame la Duchesse zurückgedrängt; nun aber würde sie als Herzogin von Berry für den Rest ihres Lebens hierarchisch weit über ihr schweben dürfen. Der Gratulationsbesuch, den Madame la Duchesse jetzt zähneknirschend bei dieser ihrer Nichte Orléans absolvierte, war so nicht nur das erste, sondern auch schon wieder das letzte Mal, dass die Tante Vorrang vor der Nichte hatte, und selten kann jemand so viel Vergnügen daran gehabt haben, einer anderen demonstrativ den höheren Rang einzuräumen, wie jetzt die vierzehnjährige Orléans-Tochter. An jeder Tür des Orléans'schen Schlosses Saint-Cloud gab sie der Tante ironisch respektvoll den Vortritt, ließ sie überall rechts laufen und erschlug sie mit einem Respekt, den die andere in Zukunft ihr würde erweisen müssen. Dann holten ihre Eltern sie nach Marly, damit sie ihren Bräutigam zum ersten Mal sah. Natürlich nicht allein, zu viel Spontaneität schadete nur in diesen Dingen. Der königliche Großvater beider Verlobten stellte sie einander vor, ohne dass sie selbst ein Wort hätten sprechen müssen. Mademoiselle d'Orléans wäre das natürlich nicht schwergefallen, aber Berry brachte selbst noch drei Jahre später als immerhin Siebenundzwanzigjähriger bei seiner ersten großen Staatszeremonie kein einziges Wort heraus und bekam einen Heulkrampf, als eine fehlinformierte Hofdame ihm nachher zu seiner «großartigen Rede» gratulierte. So war es vielleicht nur gut, dass diesmal Ludwig XIV. der kleinen Orléans erklärte, sein Enkel Berry sei zufrieden, sie heiraten zu dürfen (hatte er ihn je gefragt?). Dann erklärte er Berry, auch Mademoiselle d'Orléans sei sich des Vorteils dieser Heirat sehr bewusst und werde stets alles tun, um ihm zu gefallen. Am 6. Juli 1710 gaben sie einander in der Schlosskapelle von Versailles das Jawort. Saint-Simon stand oben auf der großartigen Empore und sah mit fast uneingeschränktem Wohlgefallen auf das Spektakel hinab. Dort knieten auf knallroten Betschemeln und rangrelevanten Teppichen all die Prinzen der drei Rangklassen, ohne sich dabei an den genau aufgezeichneten Plan des Zeremonienmeisters zu halten. Normalerweise hätte so etwas Saint-Simons hierarchische Empfindlichkeit zutiefst verletzt. Hier aber gefiel es ihm bestens, war es doch die Ausgrenzungsgeste der legitimen Prinzen gegen den Bastard du Maine und seine Söhne, die der König ihnen formal gleichgestellt hatte. Ebenso gut, dachte Saint-Simon, hätte er der Sonne befehlen können, in Zukunft im Westen aufzugehen. Lasterhaft. Wird schon sehen, wohin es führt, die Ordnung der Welt so durcheinanderzuwerfen. Dann zählte er die auf etwas kleineren Betschemeln knienden einfachen Herzöge, seine Standesgenossen, die dort gegen hinterhältige Ranganschläge der auswärtigen Prinzen die Stellung hielten. Er freute sich daran, dass die Herzoginnen den Frauen dieser auswärtigen Prinzen keinen Vorrang zugestanden hatten, und war überhaupt einen Moment lang mit der Welt ungewöhnlich im Reinen, weil er vergaß, was ihm in diesen Tagen scheinbaren Triumphs solchen Kummer bereitet hatte. Aber da war es schon wieder. Er sah seine Frau dort unten, sah, wie sie der Braut die Handschuhe abnahm, weil das Anlegen eines Eheringes zu den wenigen Handlungen zählte, die selbst eine Prinzessin mit bloßen Händen vollziehen musste, und er seufzte kurz.

Wir haben die Geschichte der Orléans'schen Heiratsintrige bisher hauptsächlich als einen Machtkampf im Inneren der komplizierten Königsfamilie erzählt. Zugleich jedoch war sie auch etwas ganz anderes. Keineswegs hatten hier nur die Häuser Orléans und Bourbon-Condé darum gekämpft, sich möglichst nah an den Futtertrögen der nächsten Regierung zu positionieren. Keineswegs hatten auch etwa nur Saint-Simon oder d'Antin ihre jeweiligen Prinzen hier vor sich hergeschoben. Hinter dem letztlichen Erfolg der Orléans steckte vielmehr ein ganzes Netzwerk von Hofamtsträgern aus zwei verschiedenen Parteien, die Saint-Simon mühsam auf seine Seite hatte ziehen müssen, damit sie ihrerseits «ihre» Prinzen in Bewegung setzten. Nur deshalb hatte Saint-Simons Brief beim König wirken können, weil Madame de Maintenon und die von ihr wie eine Tochter erzogene Herzogin von Burgund den König tagaus, tagein im selben Sinn beeinflusst hatten; die aber hatten das getan, weil Freunde der Herzogin von Orléans und Burgunds Hofdamen sich zusammengetan hatten, um ihre beiden Herrinnen zu Verbündeten zu machen. Den Hofstaat des Herzogs von Burgund währenddessen hatte Saint-Simon selbst bearbeitet, und diesen Hofstaat müssen wir uns kurz ansehen, nicht nur, weil von hier alle weiteren Probleme kamen: Er zeigt auch, wie das ganze System von Versailles sich inzwischen verändert hatte.

Burgund war der ungeliebte Sohn des Dauphins, und sein höfischer Haushalt bestand so ausschließlich aus Angehörigen einer sehr frommen Clanpartei, der sogenannten kleinen Herde, dass er problemlos auch als Sekte durchgegangen wäre. An der Spitze dieser Gruppe standen die unzertrennlichen Herzöge von Beauvillier und Chevreuse, zwei hochadelige Schwiegersöhne des Ministers Colbert, die zusammen mit ihrem geistlichen Orakel Erzbischof Fénelon 1689 die Erziehung des kleinen Burgund regelrecht gekapert hatten. Damals hatte Madame de Maintenon die schwärmerische Religiosität der «kleinen Herde» noch geteilt, und erst 1698 kam es zum Bruch, weil Fénelons Feinde seine Theologie erfolgreich als ketzerisch verurteilen ließen. Madame de Maintenon wandte sich einer anderen Hofpartei zu, während Fénelon höflich eingeladen wurde, sich in sein entferntes Grenzbistum Cambrai «zurückzubegeben» (er war so gut wie nie dort gewesen). Beauvillier und Chevreuse aber blieben trotz Gegenwind in Versailles, und so sehr hatten sie den inzwischen sechzehnjährigen Prinzen Burgund an sich gewöhnt, dass der König sie weder verbannen noch entlassen wollte. Indem es ihnen gelang, trotz halber Ungnade eine funktionierende und aus Cambrai brieflich ferngesteuerte Hofpartei zu bleiben, demonstrierten sie einen entscheidenden Wandel. Eine Generation zuvor war die höfische Politik noch von den großen Ministern Colbert und Louvois dominiert gewesen, die ihren Söhnen die Nachfolge als Minister sicherten und die hochadeligen Schwiegersöhne nur als Juniorpartner brauchten. Schon in der nächsten Generation jedoch wendete sich das Blatt, weil die beiden Ministersöhne zu jung und unerfahren waren, um den erwachsen gewordenen Schwägern aus viel vornehmerem Hofadel noch Befehle geben zu können. Schon bald gaben in beiden Clans nicht mehr die justizadeligen Minister, sondern die herzoglichen Schwiegersöhne aus altem Schwertadel den Ton an, sodass aus der ehemaligen Colbert- eine Beauvillier-Chevreuse-Partei wurde und aus dem ehemaligen Clan Louvois ein Clan Villeroy-La Rochefoucauld. Noch dominierte zwar der Justizadel das Ministertum; die Dynastiebildung wurde jedoch für diese relativen Aufsteiger immer schwieriger, weil ein unfähiger Sohn im Ministeramt naturgemäß viel mehr Schaden anrichten konnte als ein untalentierter Oberkammerherr, Garderobe-Großmeister oder Oberstallmeister. Das Großartige an solchen Hofämtern war eben gerade, dass man zu ihrer Ausübung nichts brauchte, was nicht jeder Schwertadelige ohnehin hatte – gesunde Beine, ein akzeptables Gedächtnis für Rang- und Etikettefragen, dazu je nach Fall Reit- oder Jagdkenntnisse und für die Details einen bürgerlichen Sekretär. Es war denn auch kein Problem, sich seinen Sohn oder sonstigen Erben schon als Zehn- oder Zwölfjährigen zum Nachfolger ernennen zu lassen, das Amt dann auf Jahrzehnte mit ihm zusammen auszuüben und ihm «on the job» beizubringen, was ein Außenseiter in Ermangelung von Lehrbüchern niemals hätte lernen können. Das aber bewirkte zweierlei. Erstens schloss der Hofadel sich immer mehr nach außen ab; wer nicht spätestens gegen 1685 den Einstieg in diese Elite geschafft hatte, hatte danach auch bei hoher Geburt kaum noch eine Chance. Zweitens gewannen die reinen Höflinge gegenüber den Ministern immer mehr an Macht, weil die Akteure der Klientelpolitik bald merkten, dass ministerielle Dynastien so regelmäßig abbrachen, wie die der Hofwürdenträger sich fortsetzten. Es lohnte sich also mehr, auf Letztere zu bauen, weil sie noch strafen und belohnen konnten, wenn ein verbündeter Minister erfahrungsgemäß schon wieder spurlos verschwunden sein würde. Saint-Simon etwa war ein Freund des Ministers Chamillart gewesen, der die volle Gunst Ludwigs XIV. besaß und dennoch nicht einmal mehr für seine herzoglichen Schwiegersöhne große Hofposten erlangen konnte, denn bei Hof war schon alles besetzt. Für Saint-Simon fiel erst recht nichts ab, und als Chamillart 1709 vom hohen Hofadel gestürzt wurde, verlor in einer Kettenreaktion auch Saint-Simon das Appartement, das er im Schloss von Versailles bisher bewohnt hatte. Mit viel Mühe kamen er und seine Frau zwar noch bei einem anderen Freund im Ministerflügel des Schlosses unter. Natürlich war auch Saint-Simon trotzdem immer noch Millionär, Besitzer eines Schlosses in der Île-de-France und eines Pariser Stadtpalasts, die er beide selten sah, Herr über Grundbesitz im Norden, den er nur vom Hörensagen kannte, und Gouverneur eines kleinen Städtchens im Süden, wo er später ein einziges Mal in seinem Leben zufällig vorbeischauen würde. Aus einer realistischen Höflingsperspektive aber war er dennoch seit diesem Sommer 1709 nicht mehr nur arbeitslos: Er schlief jetzt auch bei Freunden auf der Couch.

Die Lösung seines Problems lag auf der Hand. Er brauchte endlich ein Hofamt, das war ja schließlich auch der letzte Zweck seiner ganzen Heiratsintrige gewesen. Und sah nicht jetzt alles bestens aus? Den Herzog von Berry zu verheiraten lohnte sich schließlich nicht nur für die Eltern der Braut; es war zugleich ein regelrechtes Arbeitsbeschaffungsprogramm. Als unverheirateter Mann war Berry trotz seines relativ erwachsenen Alters doch immer noch ein bloßer Sohn gewesen und hatte also auch noch keinen eigenständigen Haushalt besessen. Die meisten Dienste hatten die Hofbeamten seines älteren Bruders Burgund für ihn erledigt, an deren Spitze auch als sein Oberkammerherr und Garderobegroßmeister der mächtige Sektierer Beauvillier stand. Sein eigenes Personal währenddessen hatte bisher bloß aus zwei Kammerjunkern vom Ärmel, einem Ersten und drei Ordentlichen Kammerdienern, zwei Kammertürhütern, einem Mantel- und einem Gewehrträger (beides übrigens Ämter, die den erblichen Adel verliehen), einem Barbier, einem Tapezierer, zwei Kammerjungen, einem Möbelträger, einem Ersten und drei Ordentlichen Garderobedienern, zwei Garderobejungen, einer Wäsche-Plätterin, einer Weißwäscherin, einem Kammerfouriersjungen, einem ordentlichen Stallmeister, acht Lakaien und natürlich einem kleinen Leibgarde-Detachement bestanden. Nun aber war Schluss mit dem anspruchslosen Junggesellenleben, denn ein verheirateter Prinz brauchte sowohl einen kompletten Haushalt für sich als auch einen separaten für seine Ehefrau. Auf einen Schlag wurden daher mitten im ruinösen Krieg insgesamt 811 Hof-Planstellen geschaffen, 568 im Haushalt des Herzogs und 243 im Haushalt der Herzogin von Berry, die also insgesamt deutlich mehr Personal beschäftigten als alle Pariser Ministerien zusammen. Alle diese Ämter würden jetzt verkauft werden, und weil es sich um einen neugeschaffenen Haushalt handelte, würden die als Kaufpreis gezahlten Summen sämtlich an die Krone gehen. Was auf den ersten Blick wie ein großartiges Geschäft für den König aussieht, stellt sich freilich beim zweiten Hinsehen als etwas ganz anderes dar. Von nun an würden die Amtsinhaber vom Herzog von Berry (und damit aus den ihm übertragenen königlichen Geldern und Besitzungen, der sogenannten Apanage) ein jährliches Gehalt empfangen, das de facto den Zinsen für das Kapital entsprach, mit welchem sie das Amt gekauft hatten. Finanziell betrachtet war der Einstieg in ein solches Hofamt folglich nichts anderes als der Kauf einer Staatsanleihe, zumal man das Amt wie eine Anleihe auch weiterverkaufen konnte. Anders als bei einer Anleihe brauchte man freilich sowohl zum Kauf als auch zum Weiterverkauf die Genehmigung des Königs, sodass nicht etwa jeder Interessierte sich hier einkaufen konnte: Ohne Klientelbeziehungen lief da genauso wenig wie irgendwo sonst in dieser Gesellschaft. Dafür erwarb man mit der faktischen Staatsanleihe jedoch auch einen Titel, diverse rechtliche und steuerliche Privilegien und vor allem den Zugang zum Hof, also zu jenem Ort, wo alle wichtigen Ämterverleihungen und Ehrungen entschieden wurden. Die großen Reichtümer des Königreichs wurden ebenfalls in Versailles verteilt, weil hier keineswegs nur königliche Gehälter, Geldgeschenke oder reiche Heiraten zu erlangen waren. In einer Zeit, in der die schwache Privatwirtschaft noch vollkommen vom Staat abhängig war und in der auf jeden Manufakturbesitzer oder Überseehändler (also «echten» oder gar «produktiven»

Kapitalisten) ein Dutzend Steuerpächter und Staatsfinanziers kamen, entschied sich nämlich auch scheinbar kapitalistischer Erfolg nur zu oft dadurch, dass ein Finanzmann durch provisionsgesättigte Höflinge dem Monarchen empfohlen und ein anderer angeschwärzt wurde; mit dem inkognito angelegten Geld der großen Hoffamilien arbeiteten diese Finanzleute sowieso alle.

Es lohnte sich daher für jeden, der überhaupt Geld hatte, hier zu investieren, zumal praktischerweise ja Ämter für alle sozialen Stände im Angebot waren. Die allerunterste Positionen, also die wirklichen Lakaien-, Diener- oder Küchenämter gingen entweder an Personen, die vorher in anderen königlichen Haushalten ähnliche Funktionen gehabt hatten, an die persönlichen Diener der vorgesetzten Hochadeligen oder an gut vernetzte Personen aus der Unter- oder unteren Mittelschicht. Sie konnten etwa Feueranzünder werden, großer Fußknecht (also Lakai, was noch heute auf Englisch Footman heißt), ‹enfant de cuisine› oder Siegelwachswärmer, ohne deswegen immer gleich allen Kompetenzanforderungen entsprechen zu müssen. So fiel Herzogin Elisabeth Charlotte von Orléans auf schwierigen Wegen nur deshalb mehrfach mit ihrer ganzen Kutsche um, weil die extra dafür auf der Rückbank platzierten Fußknechte unfähig waren, abzuspringen und das stürzende Vehikel so zu stützen, wie es ihre Aufgabe gewesen wäre – es waren eben alles wohlhabende ältere Herren aus Paris, die diesen Job nur wegen der Steuervorteile machten. Daneben freilich gab es nicht wenige Ämter, die handwerkliche Spezialkenntnisse verlangten, mit denen man Leib-Uhrmacher, Sporenmacher oder Schneider der Schweizergardisten werden konnte; später unter Ludwig XVI. war denn auch beispielsweise einer der zwei königlichen Toilettenstuhlträger ganz passend ein Porzellanhändler (der andere hatte sich das Amt allerdings von seinem Lotteriegewinn gekauft, um gesellschaftlich aufzusteigen). Wer ein wenig mehr Kapital mitbrachte, konnte etwa Hauptmann der Kammerwindspiele werden oder Tanzmeister der Stallpagen. Ein paar prestigiösere Ämter waren dann für den bei Hof ansonsten wenig gern gesehenen Justizadel reserviert, daneben ein paar mehr für die großen Staatsfinanziers. Auf der obersten

Ebene schließlich umfasste der Haushalt des Prinzen etwa 45 und der seiner Frau etwa 13 Posten, die auch für Angehörige des gehobenen alten Schwertadels akzeptabel waren – und auf diese stürzte sich jetzt die Hofpartei Beauvillier-Chevreuse, die bereits den Haushalt von Berrys älterem Bruder Burgund beherrschte. Einzig deswegen hatte sie ja das Orléans'sche Heiratsprojekt so wirksam unterstützt; ihr Preis bestand darin, dass sie den Haushalt des jüngeren Prinzen jetzt von Anfang an ebenso dominieren würden wie den seines älteren Bruders.

Auch Saint-Simon wollte an sich nichts lieber als ein Hofamt. Ganz abgesehen davon, dass er verstand, wie das System funktionierte, war er von Kindesbeinen an darauf trainiert worden, die einstige Hofmacht seines Hauses wiederherzustellen. Sein Vater war zwar als wenig bedeutender Landedelmann zuerst ein bloßer Page gewesen, hatte dann aber bald von der Zuneigung Ludwigs XIII. profitiert. Den Gipfel der Gunst erreichte er, nachdem er dem Herrscher beigebracht hatte, wie man vom erschöpften Jagdpferd auf ein frisches umsteigen konnte, ohne dabei den Boden zu berühren. Weil solche Genialität natürlich angemessen belohnt werden musste, erhob Ludwig XIII. den älteren Saint-Simon in rascher Folge zum Ersten Stallmeister, Gouverneur von Saint-Germain-en-Laye, Großmeister der Wolfsjagd, Oberkammerherrn, Heilig-Geist-Ordensritter, ja schließlich sogar zum Herzog und Pair von Frankreich. Leider ging jedoch mit der Reitkunst des Günstlings keinerlei politisches Talent einher. Aus den Bürgerkriegswirren, die 1643 mit dem Tod Ludwigs XIII. einsetzten, kam er denn auch prompt wieder ohne all die schönen Hofämter heraus. Dass es zum neuen System Ludwigs XIV. gehörte, den großen Hofwürdenträgern jene Rechtssicherheit zu geben, die bald nicht mehr nur sie selbst, sondern auch ihre Erben praktisch unabsetzbar machte, konnte Vater Saint-Simon daher nur noch abstrakt erfreuen. In der Praxis lief das nämlich darauf hinaus, dass es für seinen eigenen Wiedereinstieg in das Hofsystem keine freie Stelle mehr gab. Er verbrachte daher den Rest seines langen Lebens vergleichsweise zurückgezogen mit seiner zweiten Frau und dem einzigen Sohn, den er erst mit 68 Jahren (1675) gezeugt hatte. Da «unser» Saint-Simon seine Kindheit mit diesem auf die Achtzig zugehenden Vater verbrachte, der ihm erklärte, wie seit den 1630er Jahren alles den Bach runtergegangen sei, wird es kaum jemanden wundern, wenn später auch seine Memoiren auf Tausenden von Seiten immer wieder dieses Mantra variierten. Sicher hätte es Saint-Simon gefreut zu erfahren, dass ihn die späteren Historiker beim Wort nahmen und aus seinen Memoiren sowie den Briefen der notorisch heimwehkranken Elisabeth Charlotte von Orléans bald ein Zerrbild von Versailles strickten, in dem der König den alten Adel heimtückisch manipulierte, um an seiner Stelle alle Macht an bürgerliche Emporkömmlinge zu übergeben (insbesondere der in seinem Ansatz so innovative Norbert Elias hat leider außer diesen beiden Autoren gar keine Quellentexte aus Versailles gelesen).

Solch ein Bild gefiel Historikern der bürgerlichen Epoche natürlich nicht wenig, und so lehrten sie lange, der Adel sei im irrealen Versailles raffiniert abgelenkt worden, während draußen in der Realität die unausweichliche Modernisierung passierte, jenes pfeilgerade Wundertier also, dessen einziger Zweck es immer ist, unsere jeweils tagesaktuell perfekte Gegenwart herbeizuführen. Wie unsinnig diese Vorstellung ist, haben wir hier hoffentlich schon mehr als genug ausgeführt. Saint-Simons Memoiren aber, so schön und oft sehr witzig sie sind, muss man in diesem Punkt einfach so lesen wie die Äußerungen jener US-Millionäre, die überzeugt sind, in einer kommunistischen Diktatur zu leben, weil es irgendwo noch ein paar öffentliche Verkehrsmittel gibt. Ihr Autor war nicht umsonst ein fanatischer Kämpfer für den Rang der Herzöge, denn nur dieser Rang war ja seinem Vater und ihm geblieben. Es ist bemerkenswert, dass er es schaffte, selbst in dieser allgemein rangbesessenen Zeit als Fanatiker des Zeremoniells verspottet zu werden, und für alles Weitere nicht unwichtig, dass Ludwig XIV. das genauso sah. Wer auch mehr als er? Weit entfernt, das Zeremoniell durchgehend zur Knechtung des Adels benutzen zu können, war er nicht nur längst selbst ein größerer Gefangener des goldenen Käfigs geworden, als es die Höflinge je sein konnten. Man muss sich den Sonnenkönig in seinem Verhältnis zu Rangfragen auch durchaus wie einen Tennisspieler vorstellen, dem die Bälle ständig aus allen Richtungen gleichzeitig zufliegen. Der Hofadel in seiner atemlosen Statuskonkurrenz brauchte so durchgehend einen Schiedsrichter, dass der über jede ruhige Minute froh sein konnte; kein Wunder also, dass er semiprofessionelle Unruhestifter wie Saint-Simon nicht mochte. 1709 hatten Herrscher und Herzog zwar eine längere Aussprache gehabt, in der Ludwig Saint-Simon recht freundlich zuhörte. Selbst da aber hatte er ihn zuletzt halb väterlich, halb warnend erinnert, wie viele Feinde er sich mit seiner dogmatischen Haltung in Zeremonialfragen bereits gemacht hatte, bevor er sich Besserung versprechen ließ – ein Versprechen, das Saint-Simon jetzt ein Jahr später schwer im Magen lag.

Dies nämlich war Saint-Simons tragisches Dilemma. Als Hauptorganisator der Orléans'schen Heiratsintrige hatte er ebenso einen Anspruch auf ein großes Hofamt in einem der beiden neugebildeten Haushalte, wie er als enger Freund des mächtigen Beauvillier auch beste Aussichten hatte, dem König tatsächlich dafür vorgeschlagen zu werden. Die Chef-Stelle (nämlich das Oberkammerherren-Amt) im Haushalt des Herzogs von Berry war zwar schon an Beauvilliers Halbbruder Saint-Aignan vergeben, den Beauvillier dafür entschädigen musste, dass er sein eigenes Oberkammerherrenamt beim König gerade dem Schwiegersohn Mortemart gegeben hatte (die Erinnerung daran, wie nah er einst daran gewesen war, selbst dieser Schwiegersohn zu werden, ließ Saint-Simon immer noch grün im Gesicht werden). Aber das hätte noch nichts gemacht, denn noch brauchte ja die Herzogin von Berry, die in dieser Ehe ohnehin das Sagen haben würde, eine Oberhofmeisterin, und schon hatte ihr Vater Orléans dafür Saint-Simons Frau vorgeschlagen. Auf den ersten, zweiten und dritten Blick war das die Erfüllung aller Wünsche. In dieser Gesellschaft übten Ehepaare ihre Macht idealerweise sowieso immer gemeinsam aus, erst recht die glücklich unzertrennlichen Saint-Simons, und auch Dienstwohnung und Amtsprivilegien würden ganz unabhängig davon sein, ob nun Monsieur oder Madame de Saint-Simon ein solches Amt annahmen. Aber ach, der vierte Blick und erst der fünfte ... Saint-Simons Vater hatte dem König selbst gedient, und dafür war ein Amt im Haushalt Berry kein Ersatz. Nur der königliche Haushalt nämlich existierte ewig, weil es nur den König immer geben musste. Anders als im restlichen Europa hatte es sich in Frankreich sogar eingependelt, dass jeder neue König zwar die Minister auswechseln konnte, die Hofbeamten aber en bloc vom Vorgänger übernahm. Seit Ludwig XIV. dem Hofadel stillschweigend die De-facto-Erblichkeit seiner Ämter zugestanden hatte, garantierte ein Posten im Haushalt des Königs der Inhaberfamilie also praktisch ewige Verankerung im Zentrum der Macht.

Einen Herzog von Berry dagegen musste es nicht geben, er konnte morgen sterben und seine Gemahlin ebenso. Im Idealfall mochten sie zwar einen Sohn und männliche Nachkommen hinterlassen, die dann die neue Nebenlinie fortsetzen würden (und mit Familiennamen Berry heißen würden, wie die anderen Nebenlinien Orléans oder Bourbon hießen; nur die königliche Hauptlinie trug den Familiennamen «de France» und wäre beleidigt gewesen, hätte man ihr den Namen Bourbon angehängt). Aber was nutzte das den Hofbeamten, wenn doch diese Nachkommen sich mit jeder Generation nicht nur weiter vom Thron entfernten, sondern auch im Rang abstiegen? Berrys Kinder würden nur noch Enkel von Frankreich sein (also Prinzen zweiter Klasse), seine Enkel männlicher Linie sogar nur noch einfache Prinzen von Geblüt (dritter Klasse), und mit jedem Abwärtsschritt würden auch die Haushalte schrumpfen, die sie haben durften. Wer in Berrys Haushalt einstieg, begab sich daher auf ein Nebengleis, das entweder ins Nirgendwo oder bestenfalls stetig nach unten führte. Je ranghöher aber man als Höfling selbst war, desto schneller würde man auf diesem Weg die Endstation erreichen. Die hierarchischen Spielregeln sahen ja nicht nur für jedes Amt einen bestimmten angeborenen Sozialstatus der Inhaber vor, was übrigens auch bedeutete, dass es am Hof von Versailles normalerweise kaum eigentliche Karrieren gab. Wer vornehm genug war, um eines der großen Ämter zu bekommen, war zu vornehm, vorher etwa eines der niedrigeren anzunehmen, und konnte also nur entweder auf einen Schlag das hierarchisch passende Amt bekommen oder ganz ohne Posten bleiben. Zusätzlich kam es auch immer darauf an, wem man diente – ein und derselbe Posten war vornehmer, wenn er zum Haushalt des Königs gehörte, hingegen viel weniger wert, wenn man damit etwa bloß einem Enkel von Frankreich diente. Saint-Simon aber gehörte nun gerade durch den Herzogsrang, den sein Vater ihm als Einziges hinterlassen hatte, zur allerhöchsten Rangklasse, die es außerhalb des Königshauses überhaupt gab. Also schaute er sich, wie man das in solchen Fällen machen musste, die Präzedenzfälle an, um zu sehen, was er sich leisten durfte, und wie ebenfalls so oft antworteten sie ihm: nichts. Noch nie hatten ein Herzog-Pair oder dessen Ehefrau Ämter bei einem jüngeren Sohn von Frankreich oder dessen Ehefrau angenommen, wie das die Berrys waren, und also durfte seine Frau den wunderschönen Posten nicht annehmen, wenn man nicht das ganze Kollektiv der Herzoge entehren wollte. Damit jedoch konnte Saint-Simon nun gewissermaßen seinem größten Wunsch und seinem wichtigsten Glaubensartikel dabei zusehen, wie sie auf dem Feld der Ehre mit entsicherten Pistolen aufeinander losmarschierten.

Der zeremonialfetischistische Herzog hatte sich schon wegen viel kleinerer Dinge aufgeregt; jetzt aber kochte er, als er begriff, wie sich auf dieses unvermeidliche Dilemma prompt noch ein vermeidbares schlimmeres draufsetzte. Dumm genug, gerade hier keine Hofcharge annehmen zu können, wo er sie so leicht hätte haben können. Immerhin, so waren die Spielregeln, das war man der selbstverständlichen Ordnung der Welt nun einmal schuldig. Und dann war da ja auch die Hoffnung, für Madame de Saint-Simon demnächst einen einfachen Hofdamenposten bei der Herzogin von Burgund zu beschaffen – also bei einer Prinzessin, die eines Tages Königin sein würde und der selbst die Saint-Simons mit gutem Gewissen dienen durften. Was aber tat sein Freund Orléans, was tat der Mann, der ihm auf Lebenszeit dankbar sein musste? Er schlug Madame de Saint-Simon demonstrativ für die Oberhofmeisterstelle im falschen Haushalt vor, sodass jetzt alle Augen auf ihm ruhten; schon gratulierte ihm die ganze ignorante Hofbevölkerung, und schon freute sich der König, weil er Saint-Simon vom Rangwahn geheilt glaubte. Wenn er jetzt absagte, musste er es erklären, wenn er es erklären musste, musste er aussprechen, dass seine Frau für diesen Job zu vornehm sei, und wenn er das ausspräche, dann würde nicht mehr der Herzog von Orléans, sondern er selbst sich darauf einstellen können, die nächsten Jahrzehnte mit dem Lesen von Schäferromanen zu verbringen. Der Gipfel aber war, dass Orléans ihn nicht einmal wie sonst aus Planlosigkeit, sondern erkennbar ganz absichtlich in diese Zwickmühle gebracht hatte. Es war nicht zu fassen. Da handelte der notorisch gelangweilte Prinz einmal strategisch raffiniert, und wen traf es? Ihn! Für Orléans und seine Tochter Madame de Berry nämlich war es ein großer Statusgewinn, wenn sie eine Herzogsgemahlin in den Dienst einer Nebenlinie bringen konnten, und natürlich erinnerten sie ihn auch gleich wieder daran, dass es das doch sehr wohl schon einmal gegeben hatte. War denn nicht die Herzogin von Ventadour schon 1684 Oberhofmeisterin der Elisabeth Charlotte von Orléans (Madame, durch Heirat jüngere Tochter von Frankreich) geworden und es geblieben, bis sie 1703 ihrer Mutter als Gouvernante der Königskinder nachfolgte? Elisabeth Charlotte hatte sie «meine schöne Doudou» genannt, und jetzt lernten die kleinen Söhne des Herzogs von Burgund gerade, sie «Maman Doudour» zu nennen, weil Königskinder eben zur Gouvernante Mama sagten. Saint-Simon beeindruckte das natürlich kein bisschen. Erstens war es nicht seine Schuld, wenn andere Leute sich unbegreiflich erniedrigten, zweitens hatte das damals noch selbst den König schockiert, drittens war die schöne Doudou monumental pleite gewesen und viertens von ihrem Ehemann getrennt, seit der in nicht ganz unbegründeter Eifersucht angefangen hatte, mit der Pistole durch ihre Schlafzimmertür zu schießen: Was bitte hatte das alles mit seiner vorbildlich klugen, guten, treuen Frau zu tun oder gar mit der Ehre des Hauses Saint-Simon? «Also werden Sie ablehnen?» Orléans sprach leise in Saint-Simons Ohr, während sie in der Spiegelgalerie vor dem König herliefen, aber trotzdem konnte der neugierige Herzog von Burgund ihrer beider Unterhaltung noch mithören, wenn er sich bloß etwas herandrängte. So bekam er, während sie im königlichen Gefolge weiterliefen, auch Saint-Simons wütende Erwiderung mit, die passenderweise im

Kriegssaal begann, im Apollosaal Fahrt aufnahm, durch den Merkursaal und den Marssaal regelrecht hindurchtoste, ohne im Diana- und im Venussaal an Schwung zu verlieren, aus dem kleinen Saal des Überflusses in den Herkulessaal hinausquoll und erst auf der Empore der Schlosskapelle notgedrungen zum widerwilligen Stillstand kam. Der Herzog von Burgund aber lächelte immer noch. Natürlich würde Saint-Simon nicht ablehnen.

Natürlich lehnte Saint-Simon nicht ab. Der König fragte ihn sehr zivil, ob seine Frau das Amt annehmen wolle, und er dankte ebenso höflich für die gute Meinung des Königs, ohne das Amt selbst mit einem Wort zu erwähnen. Als Oberhofmeisterin der Herzogin von Berry erhielt Madame de Saint-Simon nicht nur das irgendwann vor Jahrhunderten festgelegte und schon ziemlich inflationsbenagte Gehalt von 1200 französischen Pfund, sondern auch 15 358 Pfund Kleider-, Teppich- und Brennholz-Zulage sowie die Erlaubnis, das tägliche An- und Ausziehen «ihrer» Prinzessin notfalls jederzeit an die Garderobe-Hofmeisterin zu delegieren. Der schönste Beweis der königlichen Dankbarkeit aber war das großartige Appartement, welches der König den Saint-Simons jetzt in der besten Etage des Nordflügels von Versailles einrichten ließ. Reihenweise vertrieb man weniger wichtige Höflinge aus ihren Löchern, um dem neuen Riesen-Appartement Platz zu machen (oder im Erdgeschoss auch nur dessen luxuriöser Küche). Die bisherigen Bewohner wurden wie in einer Kaskade durch das Schloss weitergeschoben, die zu Saint-Simons besonderem Vergnügen auch d'Antins Sohn und Schwiegertochter erfasste, bevor sie an ihrem Ende den Fürsten von Monaco ganz aus dem Schloss hinausdrückte. Die Saint-Simons aber konnten jetzt nicht nur elegant zum Essen einladen oder sich am damals noch ganz unverbauten Blick auf ein großes Wasserbassin erfreuen, in dem fast nie Schmutzwäsche gewaschen wurde. Vor allem erlaubte ihr neuer Wohnort es ihnen, die inneren Königsgemächer zu erreichen, ohne ein einziges Mal durch kalte, regnerische Innenhöfe gehen oder auch nur ein einziges Mal Treppen steigen zu müssen. Man bog nur ein wenig rechts ab und kam auf eine große Galerie, die bald zur Empore der Schlosskapelle führte und dann zum Herkulessaal, von wo der Weg sich durch die sieben unbewohnten Säle des königlichen Appartements bis zur Spiegelgalerie fortsetzte: Schon war man im Bullaugenvorzimmer, wo man darauf warten konnte, zum königlichen Aufstehen oder Zubettgehen gerufen zu werden. Noch sehr viel näher aber lag das Appartement des Herzogs und der Herzogin von Berry, und so hatte Saint-Simon es nicht weit nach Hause gehabt, als er am Abend des 6. Juli 1710 aus dem Schlafzimmer des jungen Paares zurückkam. Königsfamilie und Hof hatten die Neuvermählten ins Schlafgemach begleitet, um ihnen dabei zuzusehen, wie sie sich miteinander ins Bett legten. Das war kein Voyeurismus, sondern bloß juristische Absicherung der Ehe, die erst mit dem körperlichen Vollzug vollkommen rechtsgültig werden würde; dabei immerhin schaute der Hof dann nicht mehr zu, denn aus der pragmatisch-zynischen Perspektive des Ancien Régime reichte schon die beglaubigte Tatsache, dass beide Parteien miteinander in einem Bett gelegen hatten. Während im flackernden Licht Madame de Saint-Simon der Prinzessin beim Anziehen des Nachthemdes half, durfte Saint-Simon den Leuchter halten und kam bei allem Ärger über die Rangfrage doch nicht umhin, sich auch ein wenig zu gratulieren. Sie waren wieder jemand, sie wohnten großartig, sie waren quasi die Lehrer dieser vielversprechenden vierzehnjährigen Lieblingsschwiegertochter des zukünftigen Königs – und so hatten sie keinen Grund mehr, den absehbaren Moment zu fürchten, an dem der dicke Dauphin Ludwig XV. werden würde.

Dann geschah, was immer geschieht, wenn alle ihre Pläne gemacht haben. Am 9. April 1711 kam dem Dauphin beim Aufwachen sein ganzer Mund teigig vor, und zwei Tage später war klar, dass er an den Pocken erkrankt war. Nach zwei weiteren Tagen aber schien er diese gefährlichste Krankheit des 18. Jahrhunderts noch einmal glücklich überstanden zu haben; die Berichte der Ärzte, die aus seinem Schloss Meudon ins nahegelegene Versailles kamen, beruhigten den König ebenso, wie sie Saint-Simon und der Herzogin von Orléans Anlass zu einer zweistündigen Diskussion gaben. So systematisch wie deprimiert erörterten sie, welche tödlichen Erkrankungen denn jetzt noch blieben, die dem Land die Thronbesteigung dieses inkompetenten und nicht von ihnen beherrschten Prinzen ersparen könnten, und ebenso systematisch stellten sie fest, dass da «weder die geringste arme kleine Schlaganfallhoffnung» blieb noch sonst etwas. Immer abwechselnd unterbrachen sie einander, dass man so doch nicht denken dürfe, bevor sie wie gezwungen gleich wieder auf das Thema zurückkamen – Saint-Simon düster, Madame d'Orléans in dem ironischen Tonfall, den sie von ihrer Mutter Montespan geerbt hatte, Madame de Saint-Simon mit den größten Skrupeln. Dann setzten sie sich zum Abendessen an den Tisch. Sie ahnten nicht, wie dramatisch sich inzwischen in Meudon die Lage des Kronprinzen verschlechtert hatte. Man hatte daher den König benachrichtigt, der sofort nach Meudon aufbrach. Da die Krankheit extrem ansteckend war, nahm er jedoch nur solche Personen mit, die durch eine überstandene Erkrankung immun waren. Fast der ganze übrige Hof blieb zurück, und viele, die diese Wendung gar nicht mitbekommen hatten, lagen längst in ihren Betten. Auch die Saint-Simons waren gerade am Auskleiden, als ihr in den Haushalt Berry eingeschleuster ehemaliger Kammerdiener anklopfte: Der Herzog von Berry sei mit rot verheulten Augen zu seinem Bruder Burgund gerufen worden, und irgendetwas stimme nicht im ganzen Schloss. Saint-Simon rannte sofort auf den Korridor. Er bog in die lange Galerie, lief an den offenen Türen des leeren Berry-Appartements vorbei und an der leeren Kapellenempore. Die kühle Pracht der neun schlecht beleuchteten Säle schaute stumm auf ihn herab, während er vorbeieilte, ohne irgendjemanden zu treffen. Erst als er aus dem Kriegssaal in die Spiegelgalerie abbog, nahm er an deren anderem Ende wieder Bewegung wahr. Hier begann mit dem Friedenssaal das Appartement der Herzogin von Burgund, und hier hatte es eine ständig wachsende Menge aus dem Schlaf gerissener Höflinge hingezogen. In Morgenmänteln, Lockenwicklern und Pantoffeln diskutierten sie in variierenden Stadien der Auflösung den Aufbruch des Königs nach Meudon, die eben eingetroffene Nachricht vom plötzlichen Tod des Dauphins oder die Tatsache, dass man den König jetzt erst einmal einige Wochen lang nicht mehr sehen werde –

weil er im «verpesteten» Sterbezimmer seines Sohnes gewesen war, musste er sich für einige Wochen in Marly isolieren, um nicht den Rest der Familie anzustecken. Das alles begriff Saint-Simon nur zu schnell und war doch überwältigt. Um ihn zu verstehen, muss man sich nur heutige Politiker in einem Fernsehstudio vorstellen, während Wahlergebnisse hereinkommen, die gerade mal die Machtverhältnisse der nächsten vier Jahre bestimmen, und sich dann zu den dort sichtbaren Emotionen ein Vielfaches hinzudenken. Die Höflinge von Versailles kannten weder Wahltermine noch Meinungsumfragen, die sie hätten warnen können. Sie wussten nicht annähernd, wann die Macht wechseln würde, und durften doch andererseits glauben, die Machthaber nicht der nächsten vier Jahre, sondern der nächsten drei Generationen bereits genau zu kennen. Sie lebten in einem Machtsystem, dessen sture Erbprinzipien es komplett überraschungsresistent hätten machen sollen, und konnten doch so brutal abrupt überrascht werden wie niemand sonst. D'Antin und Madame la Duchesse, die bereits aus Meudon abfuhren, während noch geängstigte Handwerker den ansteckenden Leib des Dauphins in einen billigen Zinksarg legten, hatten mehr als zwei Jahrzehnte lang auf den Moment hingearbeitet, an dem dieser Prinz König wurde, und nun standen sie mit leeren Händen da. Der ganze Kampf um Ehe und Haushalt Berry war in einer einzigen Nacht nutzlos geworden, weil nun Berrys großer Bruder Burgund dem Großvater direkt nachfolgen und also Ludwig XV. sein würde. Damit war Saint-Simon, obwohl seine Stellung im Hause Berry schlagartig ihren Wert verloren hatte, als Burgunds Freund trotzdem einer der Gewinner dieser Nacht, ohne dass er sich diesem Gefühl schon wirklich hätte hingeben können. Zu sehr trieb ihn etwas anderes um.

Wer Saint-Simons berühmte Memoirenpassage über diese Nacht mit den Augen unserer Zeit liest, könnte dieses Etwas leicht für den Beobachtungsrausch eines Schriftstellers halten, den es in die Mitte eines unfassbar komplexen Königsdramas verschlagen hat. Aber nie hätte der stolze Herzog sich als Schriftsteller verstanden, der selbst Voltaire in den Memoiren nur deshalb erwähnte, weil der junge Mann ein Sohn seines Notars war und später in gewissen Kreisen fast so etwas wie wichtig geworden sei («une manière d'important parmi un certain monde»). Natürlich wollte er gelesen werden, lange nach seinem Tod, als allwissender Zeitzeuge. Aber was ihn jetzt berauschte, war etwas ganz anderes. Höfe wie Versailles waren die ersten aristokratischen Machtsysteme seit Jahrhunderten, die fast vollkommen ohne physische Gewalt auskamen. Obwohl die Schlösser von jungen Berufskriegern bevölkert waren, die fast jeden Sommer einen Horror wie den von Malplaquet erleben konnten, wurden hier die Machtkonflikte selbst der arrogantesten Herrenfamilien gewaltfrei gelöst. Sogar die nur noch außerhalb der Paläste vorkommenden Duelle waren zu seltenen Eigentoren geworden, und so war es normalerweise schon der Gipfel erwartbarer höfischer Gewalt, wenn Ludwig XIV. einmal in einer Übersprungshandlung seinen Rosenholz-Spazierstock auf dem Rücken eines Lakaien zerschlug, den er beim Klauen eines Kekses ertappt hatte. Alles Wichtigere regelte sich jetzt durch Psychologie und Intrige, durch genaueste Beobachtung jeder seelischen Regung und jenes gnadenlos instrumentalisierte Einfühlungsvermögen, das klugen Höflingen ein Schlüssel zum Herzen der Mächtigsten war. Wohl nie zuvor oder seitdem ist eine komplette Elite so konsequent zur Manipulation all derer erzogen worden, bei denen es sich lohnte, wie an den Höfen des alten Europa.

Wenn daraus jene menschliche Tragikomödie entstand, von der dieses Buch handelt, so lag das daran, dass diese Elite sich zugleich durch den wilden Zufall der Geburt rekrutierte und also auf jedes höfische Naturtalent mindestens ein lebenslang in den Porzellanladen eingesperrter Elefant kam. Wer aber wie Saint-Simon die Intelligenz, die Beharrlichkeit und die Beobachtungsgabe mitbrachte, die den besten Höfling ausmachten, der konnte eine schicksalhafte Nacht wie diese nur in 3-D erleben. Auf jedem Gesicht, in jeder Geste konnte so ein Eingeweihter jetzt ganze Dramen lesen, die je nach hofpolitischer Zugehörigkeit solche der Verzweiflung oder der mühsam beherrschten Begeisterung waren. Und auf nichts war Verlass. Die Herzogin von Orléans hatte bei all ihrem oft alkoholisch unterlegten Phlegma dieselbe Gabe, und ihre Blicke trafen die von Saint-Simon als erste; da war nur der große Wunsch, einander bald ungehört besprechen zu können. Auch dass der Herzog von Burgund keine Trauer über den Tod des Vaters erkennen ließ und dafür jetzt tausend Gedanken zu ordnen suchte, war ebenso wenig überraschend wie das viel größere diplomatische Schauspieltalent seiner Frau oder das kindliche Weinen seines kleinen Bruders Berry. Aber dort sah Saint-Simon den Herzog von Orléans, der immer ein Feind des Verstorbenen gewesen war und dem er doch fassungslos dabei zuschauen musste, wie er sich die Augen ausweinte. Es half nichts, ihm vorzuwerfen, man werde das als unglaubhaftes Schmierentheater verspotten, es half nicht einmal, ihn so, wie nur ein Herzog-Pair das wagen konnte, zu fragen, ob er jetzt völlig verrückt geworden sei. Orléans heulte immer weiter und erklärte dabei, in ein paar Tagen werde er sich daran erinnern, was er alles gewinne; in diesem Moment aber nehme ihn der Tod seines Vetters unsagbar mit. Saint-Simon verstand das. Zerriss nicht immer wieder ein Selbstvorwurf seine große Freude? Schämte er sich nicht sehr wohl, wenn er sich bei der Angst ertappte, der Dauphin könne vielleicht doch noch überleben? Und doch berauschte ihn die Lust des Sehens und Verstehens, riss ihn das Spektakel mit, das niemand so gut verstand wie er. Da lief Beauvillier herum, als wäre es der normalste Tag der Welt, und dirigierte die Diener mit der freundlichen Maske des zukünftigen Machthabers. Dort hörte man durch offene Fenster, wie das laute Wehklagen der von Meudon kommenden Bedienten des Dauphins die kühle Frühlingsnacht des Parks zerriss. Hier brach sich mitten in die Tragödie eine schrille Komödie Bahn, als die riesengroße und würfelhaft viereckige Herzoginmutter Elisabeth Charlotte von Orléans laut weinend aus ihren Gemächern zurückkehrte, wo sie als Einzige die großen Staatsgewänder angelegt hatte. Dort setzte sich die jetzige Herzogin von Orléans mit ihren zwei wichtigsten Hofdamen in eine dunkle Ecke der Spiegelgalerie, um ungestört diskutieren zu können, und schrak auf, als sich eines der Möbelstücke neben ihnen plötzlich zu bewegen begann. Es war das Feldbett eines Schweizer Schlosshausmeisters, der die großen Damen schlaftrunken anstarrte und nie erfahren würde, welch skandalös verbotene Reflexionen er beinahe hätte denunzieren können. Auch nachdem Beauvillier gegen drei Uhr morgens die Königsfamilie samt Gefolge schlafen geschickt hatte, blieb Saint-Simon noch zwei weitere Stunden lang wach, um wie berauscht mit seiner Frau davon zu sprechen, was geschehen war und sein würde. Er fühlte sich so lebendig wie vielleicht nie mehr danach in seinem ganzen Leben.

Langsam gewöhnten sich Hof und Land an die Folgen des unvorhersehbaren Umbruchs. Der König begann, seinen zum direkten Erben aufgestiegenen Enkel Burgund (der jetzt Dauphin hieß, den wir aber weiter so nennen) zu behandeln, als wäre er fast schon Mitregent. So ließ er den Neunundzwanzigjährigen auch über die Neubesetzung eines der größten Hofämter entscheiden, als Boufflers starb und nur einen fünfjährigen Sohn hinterließ, der alles mögliche andere, aber doch nicht gerade Chef der wichtigsten Leibgarde werden konnte. Saint-Simon bewarb sich natürlich, ging aber leer aus, weil Beauvillier und Chevreuse ihren besten Freund Charost durchsetzten, dessen Sohn bei Malplaquet gefallen war. Den kleinen Herzog trösteten sie damit, dass man ihn für Größeres brauche, denn bald werde ja Burgunds ältester Sohn Bretagne alt genug (nämlich sieben Jahre), um einen Oberhofmeister (gouverneur) zu erhalten: Wer aber könnte dem übernächsten König besser beibringen, wie seit den 1630er Jahren alles falsch gelaufen sei, als Saint-Simon? So träumte der bereits von kommender Größe, während Beauvillier, Chevreuse und ihr exilierter Meister Erzbischof Fénelon für den Thronerben eines der wenigen eigentlich gesellschaftspolitischen Programme entwickelten, die diese Hofgesellschaft je überhaupt produziert hat. Aber keine falschen Hoffnungen bitte. Das Programm der «kleinen Herde» hätte Frankreich direkt ins glückliche 15. Jahrhundert zurückkatapultiert, als die Welt noch in Ordnung war, wenn nicht in diesem Moment das Karussell der brutalen dynastischen Überraschungen angefangen hätte, sich immer schneller zu drehen. Am 5. Februar 1712 erkrankte die immer noch erst sechsundzwanzigjährige Herzogin von Burgund, das geliebte Kind des ganzen Hofes, die verwöhnte Ziehtochter ihres königlichen Schwiegergroßvaters Ludwig, an einem Fieber, das den Hofärzten so geheimnisvoll war wie fast alles, das nicht schon im 2. Jahrhundert nach Christus in den Lehrbüchern gestanden hatte. Am 12. Februar war sie tot, umgebracht von den Röteln, den vielen Aderlässen oder den Brechmitteln, wer weiß es. Ihrem Mann brach es das Herz. Sie waren aus eiskalter Staatsräson verheiratet worden, als sie zwölf und er vierzehn war, aber er hatte sie so bedingungslos geliebt, dass es ihr fast schon peinlich gewesen war. Als sie mit siebzehn und vierzehn auch förmlich «zusammengegeben» wurden, musste innerhalb kürzester Zeit das an ihr Schlafzimmer angrenzende Schlafgemach des Königs verlegt werden, weil er sich sonst ständig den physischen Ausdruck dieser Liebe hätte anhören müssen. (Erst dadurch und einzig deshalb landete das Schafzimmer des Sonnenkönigs im geometrischen Mittelpunkt des Schlosses.) Aus dem Krieg hatte Burgund dann für jeden ihrer Briefe drei geschrieben und die so lange mit eigenem Blut unterzeichnet, bis sie seufzend der Hofdame, die ihre Antworten schrieb, befohlen hatte, ebenfalls einmal mit Blut zu signieren. Ohne seine Frau wollte er jetzt schlichtweg nicht mehr leben. Noch in Marly, wohin er den Großvater begleitet hatte, zeigten violette Flecken auf seiner Haut, dass er sich im Sterbezimmer der Ehefrau angesteckt hatte. Sein Vater war 1711 den jähen Tod gestorben, den sich heute genauso viele wünschen, wie man ihn damals als den schlimmsten fürchtete, weil er dem Sterbenden keine Zeit mehr für sein Seelenheil ließ. Burgund aber hatte einen guten Tod. Er beichtete, empfing Absolution und Sterbesakramente, verzieh allen Feinden, erklärte, wie er sich freue, seiner Frau zu folgen, und tat das am 18. Februar 1712. Der König war fassungslos verzweifelt. Sein nächster Erbe war jetzt der fünfjährige Sohn des Verstorbenen, aber noch bevor man sich daran gewöhnen konnte, dass dieser kleine Duc de Bretagne nun Dauphin hieß, erkrankte auch er schon an der mysteriösen Infektion. Gegen die tödlich einfallslosen Methoden der Ärzte hatte ein so kleines Kind erst recht keine Chance. Am 8. März 1712 endete das kurze Leben dieses nunmehr schon dritten Prinzen, der Ludwig XV. hätte werden sollen. Noch im Tod rettete er seinem zweijährigen Bruder Anjou das Leben, weil die Ärzte sich natürlich nur für den ältesten interessierten. Während sie den zu Tode behandelten, verbarrikadierte die Gouvernante der Königskinder Madame de Ventadour oder «Maman Doudour» sich mit dem kleinen Anjou und den Untergouvernanten in ihren Zimmern, wo man ihn mit Keksen und Wein fütterte und so lange keine Ärzte hineinließ, bis sicher war, dass der kleine Prinz sich als Einziger seiner Familie nicht angesteckt hatte. Rasch erteilte man ihm die Nottaufe, und weil sein Bruder Louis bereits tot war, gab man auch ihm wieder den heiligen Königsnamen, damit er eines Tages Ludwig XV. werden würde. Das Schicksal der Monarchie hing nun an diesem Zweijährigen.

Unter der unerklärlichen Serie von Schicksalsschlägen war aus dem einstigen Sonnenkönig endgültig ein verzweifelter alter Mann geworden, den seine heimliche Ehefrau Madame de Maintenon mit Mühe vor der größten Melancholie bewahren konnte, indem sie den alten Freund Villeroy aus der Ungnade zurückholte. Vor allem aber brauchte so viel Leid einen Sündenbock, weswegen es für den Ruf des talentierten Herzog von Orléans ein Unglück war, dass er mehr als irgendjemand anderes von diesen Todesfällen zu profitieren schien. Schon zeichnete sich ab, dass Burgunds nächster Bruder Philipp V. den spanischen Thron zwar behalten würde, dafür aber alle französischen Erbrechte aufgeben müsste. Nächster Erbe nach dem Kind, das allen begreiflicherweise furchtbar fragil erschien, wäre folglich Berry, den Orléans' Tochter ganz so beherrschte, wie es die Eltern 1710 mit Saint-Simon geplant hatten. Weil aber der kleine Dauphin keine Mutter mehr hatte, würde Berry auch als Regent für ihn herrschen müssen, bis er volljährig war, und so konnte Orléans in jedem Falle hoffen, die Macht hinter dem Thron zu werden. Stürbe der kleine Dauphin, dann wäre Berry je nach Zeitpunkt entweder in seiner oder des Sonnenkönigs Nachfolge König Karl X. geworden und sein Schwiegervater Orléans die Macht hinter dem Thron; stürbe aber auch Berry, würde Orléans sogar selbst als Philipp VII. den Thron besteigen. Das notorisch paranoide Hofpublikum konnte kaum übersehen, dass Leute schon für sehr viel weniger vergiftet worden waren, und so manch einer musste jetzt mit Schaudern wieder an Orléans' Neigung zu chemischen Experimenten denken. Den Hofärzten dagegen war all das nur zu willkommen; sie mochten als Ärzte Versager sein, aber als Höflinge konnten sie es mit jedem aufnehmen. So verbreitete sich im Palast der Sonne bald ein scheußlicher Verdacht. Wie ein giftiges Miasma schlich er erst durch die Korridore und Galerien des Schlosses, dann auch durch die Straßen von Paris. Als Orléans zur aufgebahrten Herzogin von Burgund kam, um sie zeremoniell mit Weihwasser zu benetzen, hörte man unter den Umstehenden bereits böswilliges Gemurmel; am nächsten Tag bot er dem König an, sich zu rechtfertigen. Beinahe hätte sein sächsisch-indonesischer Leibalchimist sich «freiwillig» in die Bastille begeben müssen, um eine Untersuchung einzuleiten, und wenn daraus letztlich nichts wurde, so lag das nur am Unwillen des Königs, die schmutzige Wäsche der Dynastie öffentlich zu waschen.

Während der kurzen Zeit, die dem inzwischen dreiundsiebzigjährigen Ludwig XIV. noch verblieb, würde sein Neffe das Vertrauen des Herrschers nicht mehr wiedergewinnen. Und noch immer riss die Serie der Katastrophen nicht ab. Am 26. April 1714 erlitt Berry auf der Jagd einen schweren Reitunfall, der allein ihn vielleicht nicht getötet hätte (der Sattelknauf versetzte ihm einen heftigen Stoß in den Magen). Was ihn wirklich umbrachte, war vielmehr die bis zuletzt nicht überwundene Schüchternheit, die ihn seinen Dienern befehlen ließ, dem Großvater nichts von dieser Dummheit zu erzählen. Sie gehorchten, bis es zu spät war, und als Berry am 4. Mai seinen inneren Blutungen erlag, verschwand damit auch der letzte Prinz, der in der Thronfolge noch zwischen Orléans und dem kleinen Dauphin gestanden hatte. Spätestens von nun an war Orléans bei Hof ein Paria, und außer Saint-Simon sprach praktisch niemand mehr mit ihm. Fast war es, als wären sie nach unendlichen Wendungen wieder da, wo sie 1709 gewesen waren, und nur ein wichtiger Umstand machte den Unterschied. Orléans war zwar am Tod all dieser Verwandten unschuldig. Als Folge dieser Todesfälle hatte sich ihm jedoch unübersehbar deutlich die böse Fata Morgana gezeigt, die von nun an das

Schicksal seiner Nachkommen für mehr als zwei Jahrhunderte vergiften würde: Er hatte sich zum ersten Mal fragen müssen, wie es wäre, König zu sein.

Bleiben die beiden Prinzessinnen, die sich 1710 das Intrigen-Wettrennen um den nunmehr ganz spur- und kinderlos verschwundenen Berry geliefert hatten. Mademoiselle de Bourbon war 1713 von ihrer Mutter Madame la Duchesse mit dem multiplen Cousin Prince de Conty verheiratet worden. Er war der Sohn des Mannes, den ihre Mutter ein Leben lang geliebt und den sie so begeistert empfangen hatte, als er 1697 von seiner polnischen Expedition zurückgekommen war; 1709 war er gestorben und hatte diesen Sohn hinterlassen, der von den guten Eigenschaften des Vaters keine einzige geerbt zu haben scheint. Aber die neue Prinzessin von Conty war aus dem Holz ihrer Mutter geschnitzt, die einen noch wesentlich übleren Mann geduldig überlebt hatte, und sie war entschlossen, diesem Vorbild zu folgen. Tatsächlich starb sie erst 1775 als Einundachtzigjährige (und damit als die langlebigste Person, die das legitime Königshaus überhaupt jemals hervorgebracht hatte); wir werden ihr wiederbegegnen. Ihre erfolgreiche Rivalin Madame de Berry fing dagegen noch zu Lebzeiten des Ehemannes an, ganz systematisch alle Vorurteile über verwöhnte Kinder zu bestätigen. Saint-Simon und seine Frau hatten sich mit ihrer elegant choreographierten Intrige von 1710 die Erziehung eines rebellischen Teenagers eingefangen, der zugleich die in absehbarer Zukunft wichtigste Frau des Königreichs war und dadurch nicht leichter im Umgang wurde. Nachdem mit dem Tod Berrys 1714 alle ihre Aussichten auf große Macht so schnell wieder in Rauch aufgingen, wie sie sich vier Jahre zuvor materialisiert hatten, reichte es auch den Saint-Simons. Madame de Saint-Simon machte nun immer großzügigeren Gebrauch von ihrem Privileg, einer Prinzessin fernzubleiben, die sich trotz aller ererbten Intelligenz längst auf einen ungebremsten Kurs der Selbstzerstörung begeben hatte. Sie hielt im Palais du Luxembourg und in Schloss Meudon einen eigenen Hof voller Skandale und Exzesse, und spätestens seit dem Tod Ludwigs XIV. konnte ihr niemand mehr etwas vorschreiben. Ihr Vater Orléans mochte Regent für den kleinen König sein, der nun wirklich Ludwig XV. geworden war. Seiner Tochter etwas zu verbieten brachte er jedoch nicht übers Herz, obwohl er sehen musste, wohin sie steuerte. Lange waren die Tage her, in denen sie Diät gehalten hatte, um den längst vergessenen Wunschprinzen an Land zu ziehen. Seit Jahren trank sie exzessiv und fraß sich voll, bis neben ihr selbst die trotz Korpulenz kreuzgesunde Großmutter Elisabeth Charlotte dünn aussah.

Noch in einem anderen Punkt aber wiederholte sich nun die Geschichte als Farce. Saint-Simon war nämlich auf krummen Wegen, von denen wir noch hören werden, der Schwager des inzwischen uralten Multifunktions-Halunken Lauzun, und Lauzun wäre nicht Lauzun gewesen, wenn er diesen Umstand ungenutzt gelassen hätte. Dank Saint-Simon schleuste er seinen eigenen Großneffen Rions in den Haushalt der Herzogin von Berry, und weil dieser Großneffe dem Großonkel offenbar recht ähnlich war, stieg er nicht nur vom Leibgarde-Leutnant zum «Zweiten Ersten Stallmeister» der Prinzessin auf (ein Amt, dem man schon ansieht, dass es etwas außer der Reihe geschaffen wurde), sondern wurde auch ihr Liebhaber. Niemand weiß ganz genau, ob sie wirklich jene heimliche Ehe schlossen, die einst Lauzun und ihre Großtante Mademoiselle anstrebten. Schwanger aber wurde sie jedenfalls; im Frühjahr 1719 gebar sie eine schwächliche kleine Tochter, die wie schon zuvor ihre beiden ehelichen Kinder fast sofort wieder starb. Sie selbst erholte sich nie wieder richtig. Eine Zeitlang versuchte sie sich noch in exaltierter Religiosität, lag dann aber bald mit Fieber und anderen Krankheiten im Bett, die sich im Nachhinein nicht mehr diagnostizieren lassen. Den letzten Stoß scheint ihr die nach wie vor schrankenlose Fresssucht gegeben zu haben, denn als sie am 21. Juli 1719 mit nur vierundzwanzig Jahren starb, fand man unter dem Bett Verstecke, in denen sie Frikassee, Pasteten, Melonen und kaltes Bier gehortet hatte. Kein Geistlicher in ganz Paris war bereit, ihre Totenrede zu halten, und selbst die Familie scheute sich nicht, ihre Vornamen Louise-Élisabeth bloß zwei Jahre später neu zu vergeben, als man ihre nunmehr zwölfjährige Schwester Mademoiselle de Montpensier taufte. So schienen nur neun Jahre das ganze stolze Wunschgebäude spurlos ausgelöscht zu haben, das Saint-Simon und Orléans 1710 in Marly gezimmert hatten. Und doch blieb etwas. Der Herzog und die Herzogin von Saint-Simon behielten nicht nur bis 1743 das schönste Höflings-Appartement von Versailles. Nach dem Tod seiner Tochter Berry überließ der Regent Orléans ihnen 1719 auch das verwaiste Schloss Meudon. Eben noch war Meudon der Ort gewesen, von dem aus der alte Dauphin, d'Antin und Madame la Duchesse Saint-Simons ganze Zukunft bedroht hatten, eben noch hatte er davon gesprochen, wie «alle Kanonen von Meudon auf mich gerichtet» seien. Nun gehörte es ihm selbst, und es fällt schwer, sich für den kleinen Herzog einen besseren Ort zum Nachdenken vorzustellen als diesen, an den ihn allein die Achterbahn des höfischen Erfolgs gebracht hatte. Wohin würde sie ihn als Nächstes fahren?

KAPITEL 11

Die alte Dame reist ab

◇✕◇

IM GEBIRGE ZWISCHEN JADRAQUE UND
ATIENZA, 24. DEZEMBER 1714

So schwarz war die Nacht geworden, dass man nur dank des vom Schnee reflektierten Mondlichts überhaupt etwas sehen konnte. So laut heulte der Wind über die nur von struppigem Dickicht bewachsene Hochebene, dass er beinahe sogar das Geräusch übertönte, das zweihundert Pferdehufe auf einer vereisten Straße machten. In der Kutsche freilich hörte man sie nur zu gut. Als wäre der Aufbruch aus Jadraque nicht abrupt genug gewesen, hatte der Gouverneur von Panama in seinem verzweifelten Ungeschick zuletzt auch noch eine der Fensterscheiben eingedrückt, und so konnte die Fürstin Orsini jetzt nicht nur den Schneeflocken beim Hineinfliegen zusehen, sondern auch sehr deutlich hören, dass sie immer noch von fünfzig Leibgardisten Seiner Katholischen Majestät begleitet wurde. Die alte Dame hatte Grund, selbst für dieses monotone Geräusch dankbar zu sein, das noch viele Stunden lang ihre einzige Ablenkung von all den bohrenden Gedanken bleiben würde. Die zufällig ausgewählte Kammerzofe neben ihr, mit der sie mehr schlecht als recht eine Decke teilte, wäre schon unter normalen Umständen keine sehr hilfreiche Gesprächspartnerin gewesen. Jetzt war sie vor Angst oder Kälte genauso starr wie die beiden ratlosen Unteroffiziere der spanischen Leibgarde, die ihnen gegenübersaßen, ohne dass aus ihrem Mund mehr als winterlich sichtbare Atemwölkchen gekommen wäre. Aber selbst andernfalls: Was hätte sie ihnen sagen können? Was sagt ein vergoldetes Götzenbild, wenn es plötzlich zwischen Unterlingen gestürzt am Boden liegt? Was sagt eine selbstironisch kluge Frau, die mit gutem Grund angenommen hatte, durch nichts mehr überrascht werden zu können, wenn ihr ein böser Geist begegnet ist, ein fünfzig Jahre jüngeres Zerrspiegelbild, ein machtbesessenes Kind ohne jede Furcht? In ihrer Welt bevorzugte ja schon die amtierende Macht das Schweigen. Für die ehemalige Macht aber gab es überhaupt keinen Text mehr, und so schwieg denn auch diese Französin mit dem italienischen Titel, die vor vier Stunden noch die mächtigste Frau Spaniens gewesen war, schwieg und verlor sich in immer wirrer kreisenden Gedanken, während ihre Kutsche sie durch eine endlose Winternacht trug.

Niemand wusste genau, wie alt die Fürstin war. Auch sie selbst dürfte aller Wahrscheinlichkeit nach nur eine ungefähre Idee von ihrem Geburtsjahr gehabt haben, das man erst nach ihrem Tod aus einer notorisch unsicheren Altersschätzung auf etwa 1642 veranschlagt hat. Die Kirchenbücher der mutmaßlichen Geburtsorte sind verloren. Tauf- oder Geburtsurkunden mussten Adelstöchter wie sie im Unterschied zu ihren Brüdern nie vorlegen, weil sie nicht nur erbrechtlich weniger wichtig waren, sondern auch keine förmlichen Berufskarrieren absolvierten; ihre Geburt galt erst auf der Ebene der regierenden Häuser als Ereignis, und selbst da bloß indirekt, indem sie die Zeugungsfähigkeit der Eltern bewies. Ob Töchter als erwachsen galten, hing weniger vom Alter als von ihrem Status als Ehefrau ab, den schon eine Zwölfjährige legal erlangen konnte. Für die dynastische Heiratspolitik war es im Gegenteil oft sogar ganz vorteilhaft, das Alter der Mädchen im Unklaren zu belassen, weil die potenziellen Geschäftspartner im Wissen um die Mutterschaftsrisiken weder zu junge noch zu alte Schwiegertöchter wollten. Nur die relative Geburtsreihenfolge war immer bekannt, weil man die Töchter auch in dieser Reihenfolge verheiratete, solange es irgend möglich war. Wer dagegen dem Wunsch-Schwiegersohn erlaubte, sich die attraktivste Tochter auszusuchen, gestand automatisch auch seine relative Schwäche ein, wie es etwa das mit Zwergenwuchs geschlagene Haus Bourbon-Condé tat, als es 1692 dem Königslieblingssohn du Maine erlaubte, die einige

Zentimeter größere Zweitgeborene ihrer älteren Schwester vorzuziehen. Normalerweise aber war die älteste noch unverheiratete Tochter so automatisch die als Nächste zu verheiratende, dass man dies teilweise sogar durch einen besonderen Titel unterstrich, der sie gewissermaßen als die einzig aktuell interessante Tochter vorstellte. Im englischen Jane-Austen-Milieu etwa nannte man noch bis ins 20. Jahrhundert nur diese Tochter «Miss Nachname», während ihre jüngeren Schwestern «Miss Vorname Nachname» blieben, bis sie jeweils durch Heirat aller älteren Schwestern «aufstiegen». Im komplizierteren französischen Titelsystem des Ancien Régime hieß ebenfalls immer nur die älteste noch unverheiratete Tochter nach demselben Lehen wie der Vater: Wer Beauvilliers Schwiegersohn werden wollte, musste nach der einzigen Mademoiselle de Beauvillier Ausschau halten.

Auch die Fürstin Orsini war eine älteste Tochter gewesen, als sie um 1642 entweder in Paris oder an der französischen Atlantikküste geboren wurde. Da ihr Vater der Herzog von Noirmoutier war, hieß sie von Anfang an Mademoiselle de Noirmoutier, und nur der unter diesem Titel verborgene Name Anne-Marie de La Trémoïlle verweist darauf, dass sie zum selben Clan La Trémoïlle gehörte wie ihr Cousin Talmond, der damals gerade sein rheinbergisches Duell ausfocht. Gemessen an Talmonds Hauptlinie der Familie waren die Noirmoutiers freilich die armen Verwandten, was durch die Teilnahme des Herzogs an der Fronde nicht eben besser geworden war. Andererseits ist adelige Armut sehr relativ, und so war Vater Noirmoutier auch ohne königliche Gunst immer noch wohlhabend genug, um ein Stadtpalais (hôtel particulier) an der Place Royale zu besitzen, die heute Place des Vosges heißt. Noch heute vermittelt der 1612 angelegte Platz mit seinen fast unverändert erhaltenen Palais eine Ahnung von der Adelskultur des frühen 17. Jahrhunderts, als hier die Elite des französischen Hofs lebte. In Mademoiselle de Noirmoutiers Jugend war diese größte Zeit des Viertels zwar bereits vorbei. Dass aber auch sie hier noch immer nah am Zentrum der Adelsgesellschaft lebte, zeigt schon die Ehe, die ihre Eltern 1659 für sie arrangierten. Wie seine siebzehnjährige Braut gehörte auch Adrien-Blaise de Talleyrand, Comte de Chalais zwar nicht zum innersten Kreis des Hofsystems, das der Sonnenkönig gerade entwickelte, aber doch zu einer sehr alten und bekannten Schwertadelsfamilie mit besten Verbindungen. Bald schlossen sich der einundzwanzigjährige Graf und die frischgebackene Gräfin von Chalais dem Zirkel an, der eben um den gleichaltrigen Königsbruder Monsieur und dessen erste Frau Henrietta von England (Madame) entstanden war. Insbesondere Madame de Chalais war außerdem auch in allen großen Häusern, in allen geistreichen Gesellschaften der Hauptstadt gern gesehen. Was machte es, dass sie langnasig und kurzsichtig war, wenn strenge Beobachter ihr dennoch alle Tugenden ihres Milieus attestierten? Auch wenn man wie immer in solchen Fällen erst durch einen Wald zeitgenössischer Klischees hindurchmuss, entsteht aus dem einstimmigen Lob diverser Beobachter doch das Bild einer jungen Frau mit ausdrucksvollen Augen, die Charme, Takt und Humor ebenso besaß wie Freundlichkeit, Eleganz und ein Talent, Personen für sich einzunehmen; wie intelligent sie war, konnte man damals nur erst erahnen, bevor das Folgende es umso deutlicher machen würde. Wer wie Madame de Chalais außerdem noch von hoher Geburt war und wichtige Familienverbindungen besaß, war für den Aufstieg im neuen Hofsystem geradezu vorbestimmt. Schon näherte sich ihr Madame de Monacos unwiderstehlicher Bruder Guiche, dessen ersten Flirt sie mit der genau richtigen Mischung aus Abweisung und Ermutigung beantwortet haben soll. Und war denn nicht auch Chalais' Onkel schon Garderobemeister Ludwigs XIII. gewesen? Um wieder einen solchen Platz für die Familie zu erlangen, würde der Neffe kaum noch besonderes Glück brauchen: Die Abwesenheit von Pech hätte schon gereicht.

Leider aber war der Graf von Chalais im übertragenen Sinne wesentlich kurzsichtiger, als seine Frau es im wörtlichen Sinne war. Dabei hätte es schon gereicht, sich an das Schicksal seines Garderobemeister-Onkels zu erinnern, der 1626 kurz nach einem Duell als Verräter geköpft worden war. Wahlweise wäre es genug gewesen, beim Einzug in den Stadtpalast der Schwiegereltern einmal etwas länger aus dem Fenster hinauszusehen und daran zu denken, wie die Place Royale

1627 Schauplatz des spektakulärsten Duells einer ganzen Generation gewesen war. Drei prominente Adelige hatten gegen drei andere gekämpft, bis einer tot war, und weil es dem Kardinal de Richelieu so wichtig war, die Ernsthaftigkeit der ganz neuen Anti-Duell-Gesetze zu beweisen, war der Hauptduellant Boutteville tatsächlich zum Tode verurteilt worden. Die unerhörte Strafe war eine dieser symbolischen Gesten gewesen, die das Ancien Régime besonders dringend brauchte, weil schon aus Personalmangel Gesetze nur unvollkommen durchgesetzt wurden – erst recht, wenn sie der Elite nicht passten. Niemand verstand dieses Prinzip besser als der junge Ludwig XIV., der erst nach Mazarins Tod im März 1661 wirklich die Macht übernommen hatte. Um zu beweisen, dass er sie auch ohne Premierminister ausüben könne, hatte er noch im September desselben Jahres Fouquet buchstäblich vernichtet, den viele als wahrscheinlichsten Nachfolger Mazarins angesehen hatten. Später würde Lauzuns Verhaftung ganz ähnlich zeigen, was der König sich von seinen Günstlingen gerade noch bieten ließ und was dann endgültig nicht mehr, weswegen es eben auch kein Zufall war, dass Fouquet und Lauzun einander schließlich als Zellennachbarn in Pignerol wiederfanden. Aber schon jetzt musste man kein Genie sein, um zu ahnen, wie der König auf den nächsten eklatanten Verstoß gegen andere Spielregeln reagieren mochte, zumal er als erster französischer Monarch bei der Krönung auch einen Eid auf das Duellverbot geschworen hatte. Bei einem Ball, den der Königsbruder Monsieur im Januar 1662 im Tuilerienpalast gab und der den reizbaren jungen Kriegeradel rasch in sardinenartige Enge zusammendrückte, tickte so gesehen schon die Uhr einer Zeitbombe. Indem der Marquis de La Frette sich im Gedränge mit den Ellenbogen Platz verschaffte, entsicherte er den Zünder, den dann Chalais nur noch betätigen musste, indem er La Frette eine Ohrfeige gab. Da beide Seiten Brüder, Schwäger und Freunde dabeihatten, war man bereits auf dem besten Weg zur Massenschlägerei, als die Streitenden von empörten Hofbeamten hinausgeworfen und miteinander in eine Kutsche gesetzt wurden, wo sie für den nächsten Tag ein Duell vier gegen vier ausmachten. Im Morgengrauen trafen sie hinter einem Kartäuserkloster im Faubourg Saint-Germain aufeinander, was mit der vollständigen Niederlage der einen Seite endete. Während weder La Frette noch seine Mitkämpfer irgendeinen Schaden nahmen, wurde Chalais ebenso verletzt wie sein Schwager Noirmoutier und ein dritter Freund. Schon das wäre schwer genug zu verheimlichen gewesen, wie ja auch überhaupt ein Acht-Mann-Duell nicht gerade eine Steilvorlage für erfolgreiche Vertuschung abgab. Ihr vierter Mann d'Antin aber (der Onkel des späteren gleichnamigen Höflings, der uns schon begegnet ist) blieb tot auf dem Platz, zerstörte so endgültig jede Hoffnung auf Geheimhaltung und ließ zugleich das strengste Duellgesetz greifen, demzufolge alle Beteiligten wie Mörder zu behandeln seien. Indem der König ihnen ihre Ämter entzog, ermutigte er demonstrativ eine Justiz zur Verfolgung, die sich nur zu gerne ermutigen ließ, weil sie nicht aus kriegerischen Schwertadeligen, sondern aus gelehrten Justizadeligen bestand, von denen fast jeder eine Geschichte der Verspottung durch vornehmer geborene Schlägertypen zu erzählen hatte. So fiel sehr schnell ein Todesurteil, das nur deshalb nicht vollstreckt wurde, weil alle sieben Überlebenden sich längst ins Ausland abgesetzt hatten. Dass aber Chalais und sein Schwager nie wieder zurückkommen durften, dafür sorgte nicht nur der sonnenkönigliche Sinn für Symbolpolitik. Sie hatten auch den schweren Fehler begangen, sich unter anderem von La Frettes Cousin Chevalier de Saint-Aignan niederstechen zu lassen, dessen Vater Comte de Saint-Aignan gerade als Verbündeter der Königsmätresse La Vallière zu höfischer Macht aufstieg (bald würde er sie durch die Verheiratung seines dritten Sohnes Beauvillier mit einer Colbert-Tochter noch vergrößern). Dass Vater Saint-Aignan mitanzusehen hatte, wie sein Sohn für immer in fremde Militärdienste vertrieben wurde, wäre schlimm genug gewesen. Nachdem der Chevalier dann 1664 im ungarischen Türkenkrieg fiel, muss für Vater und Bruder endgültig klar gewesen sein, dass die Duellgegner ihn auf dem Gewissen hatten. Saint-Aignan und Beauvillier aber waren als Oberkammerherren nacheinander über fünfzig Jahre lang tagaus, tagein an der Seite des Königs, mit dem niemand so gut sprechen konnte wie sie. Wer solche Feinde hatte, der tat gut daran, sich ein für allemal an das Leben im Ausland zu gewöhnen.

Nun kann man dem Comte de Chalais wahrlich nicht vorwerfen, dass er seine Flucht aus Frankreich nicht als Chance genutzt hätte. Er hatte sich zuerst zwar einfach auf den Familienländereien in der Saintonge versteckt, weil der Arm der Kronautorität dort nicht hinreichte, war dann aber doch nach Spanien geflohen, das damals als fast einzige europäische Macht Krieg führte. Noch hatte er kaum für den Kampf gegen Portugal angeheuert, da nahm er bereits den Titel Prince de Chalais an, um von nun an einen völlig phantasmagorischen Fürsten- oder Prinzenrang zu beanspruchen. Dass ihm dabei die relative Unkenntnis der Spanier über das französische Rangsystem nicht ungelegen kam, sieht man schon daran, dass sie ihn lange für einen geborenen statt bloß angeheirateten La Trémoïlle hielten, wenngleich man es als mildernden Umstand verbuchen sollte, dass er natürlich umgekehrt auch kein Wort Spanisch sprach. Sein strategisches Talent bewies er währenddessen hauptsächlich im gesellschaftlichen Kleinkrieg mit dem französischen Botschafter. Im eigentlichen Kriegsgeschäft dagegen hatte er weniger Glück. Am 17. Juni 1665 kam es bei Villaviciosa zu einer Schlacht, in der eine zu großen Teilen aus französischen und englischen Söldnern bestehende portugiesische Armee auf ein deutsch-italienisch-französisch-schweizerisch unterfüttertes Heer der Spanier traf und ihm eine vernichtende Niederlage zufügte. Der Oberbefehlshaber der Portugiesen war unser alter pfälzisch-englisch-holländisch-französischer Bekannter Graf Friedrich Hermann von Schomberg, der diesmal an seiner Seite niemand anderen als den in portugiesische Dienste geflüchteten Chalais-Schwager und Mitduellanten Noirmoutier hatte. So war es auch Noirmoutier, mit dem der leicht verletzte Schomberg einen Moment lang beobachtete, wie eine riesige Masse aus Fußsoldaten und Reitern sich über einen Hügel hinüberwälzte, und Noirmoutier, den der General nachdenklich fragte, ob es nicht seltsam sei, dass all das wirklich wie eines dieser Schlachtenbilder aussehe, die er bisher immer für Erfindungen von Malern gehalten hatte? Mitten in dieser Masse aber steckte Chalais und trieb Schombergs portugiesische Kavallerie auseinander, bis zwei Säbelhiebe ihn niederstreckten und er mit gespaltenem Schädel in Gefangenschaft geriet. Seine spanische Militärlaufbahn war vorbei.

Madame de Chalais war ihrem Mann nicht gleich ins Exil gefolgt. Sie muss noch einige Jahre bei ihren verbitterten Eltern in Paris verbracht haben, bevor sie zu einem sehr ungewissen Zeitpunkt gegen 1667 dem halbwegs genesenen Ehemann nachreiste, der erst mit dem Friedensschluss von 1668 wieder nach Spanien zurückgekommen sein dürfte. Die drei Jahre ab 1667 sind dann für beide wieder so wenig dokumentiert wie vorher schon die ganze Jugend der Gräfin, und so wissen wir aus dieser Zeit lediglich, dass sie wohl damals Spanisch gelernt hat, bevor beide Eheleute 1670 in der Nähe von Venedig wieder auftauchen. Ob der im friedlichen Spanien arbeitslos gewordene Ehemann in venezianische Dienste treten wollte oder bloß auf der Durchreise an den Wiener Kaiserhof war, ist unklar. Aber es ist auch egal, denn schon haben wir den unglücklichen Kämpfer Chalais zum letzten Mal gesehen. In diesem Sommer 1670 waren zuerst seine Frau, dann er an einem schweren Fieber erkrankt, das sich durch die schlechte Luft des Städtchens Mestre noch verschlimmert haben sein soll. Als die knapp dem Tod entgangene Madame de Chalais schließlich wieder aus ihren Fieberträumen erwachte, war die Achtundzwanzigjährige eine mittellos im Ausland gestrandete Witwe. Auf diese traurige Weise hatte sie nicht nur die größte Freiheit gewonnen, die eine adelige Frau damals erreichen konnte. Da die Todesstrafe ja nur ihrem Mann gegolten hatte, war sie nun auch frei zur Rückkehr in die Heimat. Was hätte selbstverständlicher sein können? Und doch war die erste Entscheidung, die Madame de Chalais nicht mehr als abgeleitete Variable eines Mannes traf, diese: Sie würde in Italien bleiben. Wir wissen nicht, was sie dabei antrieb, und wir werden es noch oft nicht wissen, weil diese faszinierende Frau bei allem Kommunikationstalent kaum je über sich und noch viel weniger über ihr Leben im Unglück geschrieben oder gesprochen hat. Immerhin ist es auch mit Blick auf Späteres mehr als wahrscheinlich, dass sie, nachdem sie sich infolge des unglaublichen Rang-Bluffs ihres Mannes in Spanien an die dort ganz seltene Anrede

‹Su Alteza› (Euer Hoheit) gewöhnt hatte, nicht als Verliererin nach Frankreich zurückkehren wollte, wo dieser erfundene Rang niemals anerkannt worden wäre. Natürlich wusste sie, dass sie von ihrem nur unvollständig ausgezahlten Erbteil dauerhaft nicht im Stil einer großen Dame würde leben können. Zugleich hatte sie begriffen, dass ihr einziges echtes Kapital darin bestand, eine hochgeborene Französin mit großer Ausstrahlung und diplomatischem Talent zu sein. In Frankreich war das wenig wert, weil es dort Hunderte solcher Frauen gab. In Italien aber war sie eine attraktive Seltenheit, die umso leichter mit wenig Gepäck von Hof zu Hof ziehen konnte, als sie dort überall die inzwischen mit fremden Herrschern verheirateten Bekannten ihrer Jugend wiedertraf, die sich im barocken Italien genauso nach französischer Konversation sehnten wie zur gleichen Zeit Sophie von Hannover in der norddeutschen Tiefebene. Die größte Arena für jemanden wie sie aber war Rom, und so trat sie auch genau dort wieder in das Scheinwerferlicht der diplomatischen Korrespondenzen, um nie mehr daraus zu verschwinden.

Rom war das härteste Intrigenschlachtfeld im Europa der Könige, weil hier eben gerade kein König herrschte. Weit mehr als die übernationale Kirchenorganisation, an die wir heute bei der Erwähnung des Vatikans denken, war der wesentlich größere frühneuzeitliche Kirchenstaat einfach eine mittelitalienische Mittelmacht, die sich nur dadurch von anderen kleinen Monarchien unterschied, dass ihre ungewöhnliche Thronfolgeordnung sie zu einer Art Dampfkochtopf des Klientelismus gemacht hatte. In normalen Staaten herrschte bekanntlich immer dieselbe Familie, weswegen die Herrscher meistens jung auf den Thron kamen, ein Leben lang regierten und sich im Rahmen des Möglichen bemühten, ihren Nachkommen den Staat in brauchbarem Zustand zu hinterlassen; das war Kontinuität, das gab Planungssicherheit, das hatte sich bewährt. Zum Papst dagegen wurde man auch damals durch Wahl bestimmt, was schlimm genug war. Vor allem aber wählte man ständig ältere Herren, die mit dem Vorgänger nicht einmal entfernt verwandt waren, und brachte so im Durchschnitt alle acht bis neun Jahre eine neue Familie auf den Thron. Denn

Familienmenschen waren in der frühen Neuzeit natürlich auch die Päpste, selbst wenn sie sich unter dem Konkurrenzdruck der Reformation widerwillig die unehelichen Kinder abgewöhnt hatten. Stattdessen beschränkte sich jetzt jeder neue Papst darauf, unmittelbar nach Amtsantritt eine erste Ernennung von Kardinälen vorzunehmen, die man ganz offiziell auch Promotion der Kreaturen nannte, weil hier eben die sich selbst als seine Kreaturen bezeichnenden Klienten des neuen Herrschers versorgt wurden. Bei dieser Promotion erhob man auch immer mindestens einen Papstneffen zum Kardinal, der dann automatisch als sogenannter Kardinalnepot der faktische Premierminister des Kirchenstaats wurde. Nepotismus war hier also noch kein Schimpfwort, sondern einfach der Name eines Regierungssystems, in dem die Hauptfunktion des Kardinalnepoten darin lag, dem Papst die Drecksarbeit der Mikropolitik abzunehmen. Während der Onkel als geistlicher Vater aller Katholiken über den Parteien schwebte, war der Neffe für den Verkauf kirchlicher Ämter und aller sonstigen Wohltaten zuständig. Von der Ausbildung her waren all diese Leute selbstverständlich Juristen, und man musste schon ein besonders origineller Kopf sein, um seinem Neffen ausnahmsweise auch mal das Theologiestudium zu empfehlen, weil er mit dieser seltenen Qualifikation eine echte Marktlücke besetze. So oder so war der Kardinalnepot dafür verantwortlich, in der absehbar kurzen Zeit am Futtertrog genug materielle und Status-Vorteile für die ganze Papstfamilie zu sichern, damit sie auch nach dem Tod des päpstlichen Onkels als eine der großen Dynastien Roms weiterbestehen konnte. Man musste also Ländereien kaufen, sich vom Römisch-Deutschen Kaiser zum Reichsfürsten oder vom spanischen König zum Granden Erster Klasse machen lassen, einen großartigen Palazzo bauen, den deklassierten Verwandten des letzten Papstes für ihren Besitz Kaufangebote machen, die sie nicht ablehnen konnten, und währenddessen das Kardinalskollegium mit möglichst vielen eigenen Kreaturen füllen. Vor allem aber empfahl es sich, den für die geistliche Karriere am wenigsten geeigneten Papstneffen zum General der praktischerweise inexistenten Armee des Heiligen Stuhls zu ernennen und dann zwecks Fortsetzung der Dynastie mit einer reichen Hochadelstochter zu verheiraten, die idealerweise natürlich die Erbin einer früheren Papstfamilie sein sollte; man saugte den Staat aus, weil er ja bald ohnehin wieder der Konkurrenz gehören würde (zur Abwechslung also mal ein Problem, das auch die moderne Demokratie nicht wirklich gelöst hat). So lagerten sich zwar einerseits von Pontifikat zu Pontifikat immer neue Familien wie Sedimente in der aus lauter Papst-Überresten zusammengesetzten High Society von Rom ab. Andererseits absorbierten aber auch die Aufsteiger immer wieder den Besitz der Familien, die einige Generationen zuvor dasselbe Spiel gespielt hatten, und bildeten dadurch Dynastien wie die Chigi-Albani, Lante Montefeltro della Rovere, Barberini-Colonna di Sciarra oder Boncompagni-Ludovisi, denen man schon im Namen die zusammengeballten Papstvermögen ansah. Es war daher nur logisch, dass man in einer solchen Aristokratie neuen Bekannten als Erstes jene Frage stellte, die uns noch in der Adelssequenz aus Fellinis *La Dolce Vita* begegnet: «Und wie viele Päpste habt ihr so gehabt?» Zugleich aber machten diese Mechanismen Rom selbst nach damaligen Maßstäben zu einem Hexenkessel der Intrigen, in dem alle katholischen Mächte Europas mit Begeisterung herumrührten.

In unserer religionsskeptischen Gegenwart stellt man sich die katholische Kirche der Frühneuzeit gerne als eine nahezu totalitäre Macht von der Art vor, wie wir sie in der jüngeren Vergangenheit mit anderen Inhalten kennengelernt haben. Damit aber überschätzt man nicht bloß den Zynismus, die Brutalität und die Zentralisierung kirchlicher Institutionen oder auch einfach die schiere Reichweite ihrer Macht, die ständig an infrastrukturelle Grenzen stieß – die berühmt-berüchtigte Inquisition zum Beispiel gab es außerhalb Roms überhaupt nur in Spanien und Portugal, dort freilich nicht zu knapp. Vor allem waren die Päpste als angebliche Oberhäupter dieser Kirche damals viel weniger stark, als sie es heute wieder sind, weil praktisch alle außeritalienischen Landeskirchen ganz in der Hand des Adels oder der Monarchen waren. Der König von Frankreich beispielsweise ernannte seine Bischöfe und Äbte seit 1438 selbst und brauchte den Papst dabei nur noch als eine Art gehobenen Notar, während die deutschen Bischöfe von ihren altadeligen Domherren gewählt wurden; in beiden Fällen würde erst die revolutionsbedingte Säkularisierung des frühen 19. Jahrhunderts dem Papst eine Macht über die Landeskirchen zurückgeben, die er zuvor schon jahrhundertelang nicht mehr gehabt hatte. So wenig allerdings die frühneuzeitliche katholische Kirche insgesamt dem Papst gehorchte, so wichtig war sie doch überall als Stütze der politischen Macht, und so wichtig war es dieser Macht daher, innerkirchliche Debatten zu kontrollieren, die die Einheit des ineinander verschränkten weltlich-geistlichen Machtapparats gefährdeten. Insbesondere Frankreichs Herrscher legten nach den fatalen Erfahrungen der Religionskriege so großen Wert auf religiöse Einheit, dass sie nicht nur die Hugenotten unterdrückten, sondern auch innerkatholische Abweichler wie Jansenisten oder Quietisten immer schärfer bedrängten. In diesen Streitigkeiten aber konnte ein Machtwort des Papstes noch immer nützlich sein, und so lohnte es sich für den Sonnenkönig schon deshalb, in Rom starke diplomatische Präsenz zu zeigen. Dazu kam, dass der Papst durchaus noch manchmal das Zünglein an der Waage sein konnte, wenn z. B. im machtpolitisch wichtigen Kurfürst-Erzbistum Köln beide Kandidaten sich in etwa gleich illegaler Weise für gewählt erklärten (immerhin eine Ursache des Krieges von 1688); auch die zukünftige spanische Erbfolge, die ja schon seit 1665 als Problem im Raum stand, mochte sich so beeinflussen lassen, weil Spaniens Geistlichkeit sowohl ungewöhnlich mächtig als auch ungewöhnlich papsttreu war. Nicht zuletzt aber konnte man in Rom und nur in Rom ein überall unglaublich nützliches Machtinstrument erwerben, nämlich den scharlachroten Kardinalshut, der seinem Empfänger wesentlich mehr einbrachte als nur das Recht, den Papst zu wählen und theoretisch selbst wählbar zu werden (de facto gab es allerdings zwischen 1523 und 1978 keinen einzigen nichtitalienischen Papst). In der Praxis viel wichtiger war, dass Kardinäle in allen katholischen Ländern nicht nur juristische Immunität, sondern auch einen Rang gleich nach der Herrscherfamilie genossen. Dadurch aber wurde das Kardinalat nicht nur zur höchsten denkbaren Belohnung für unverheiratete oder verwitwete Politiker, sondern auch zum fast einzigen Mittel, einen außerhalb der Aristokratie geborenen Minister an die Spitze des Staates zu stellen, ohne die akzeptierte Ordnung der Welt zu zerstören. Der rote Hut war anders gesagt die Camouflage, die zum Beispiel der aus zweifelhaftem Adel stammende Ausländer Mazarin gebraucht hatte, um als französischer Premierminister mit Grandseigneurs überhaupt von Gleich zu Gleich reden zu dürfen; er war für die Könige ein Instrument zur vorsichtigen Erweiterung des Kreises, aus dem sie das höchste Staatspersonal wählten, und doch zugleich auch für die geistlichen Söhne der alten Aristokratie eine attraktive Belohnung. Kein Wunder also, wenn die römischen Spielregeln vorsahen, dass auf jede Kreaturenpromotion eine sogenannte Kronenpromotion folgen musste – eine zweite Ernennungsrunde also, bei der der Papst jedem katholischen Monarchen für einen Wunschkandidaten die Kardinalswürde zusprach. Das Papsttum mochte zu schwach geworden sein, um sich diesen Wünschen noch komplett zu entziehen. Zugleich jedoch war es klug genug geblieben, um die Mächte hierin wie auch in allem anderen gegeneinander auszuspielen. So kämpften denn Kaiser, Spanien und Frankreich ständig um die Vorherrschaft am römischen Hof. Es war ein verwirrender kleiner Krieg, der mit Spionen und Agenten, mit Bestechung, Straßenschlachten, Erpressung, Juristerei und manchmal sogar mit Theologie geführt wurde; die italienischen Kleinstaaten spielten ebenso mit wie die Kardinäle der verschiedenen Nationen, die Gelehrten und die Botschafter. Zu den wichtigsten Schachfiguren aber, die auf diesem Spielfeld hin- und hergeschoben wurden, gehörten die großen Familien des römischen Adels, und es war dieser Teil des Spielfeldes, auf dem man auch eine Dame brauchte.

Madame de Chalais kannte Frankreichs Botschafter in Rom noch aus Paris, und schon 1673 hatte er ihr eine Mission verschafft, in der sich seltsam spiegelt, was sie dann später viel Größeres tun sollte. Sie sollte die fünfzehnjährige Prinzessin Maria Beatrix d'Este von Modena nach London bringen, um sie dort dem Herzog von York zu übergeben, der sich eben zum Katholizismus bekehrt hatte und 1685 mit den bekannten Folgen König Jakob II. werden würde. Nur eine etwas andere Abzweigung also, und unsere Heldin hätte 1688 mit Lauzun in jenem Ruderboot gesessen, das Königin und Kronsohn wieder aus der Revolution herausholte, die das Ungeschick des Königs provoziert hatte. Stattdessen brachte der überschnelle Abschluss der Heiratsverhandlungen Madame de Chalais um diese Reise und ließ sie nach Rom ziehen, wo sich sogleich spanische ebenso wie französische Diplomaten um sie bemühten. Ihr Schicksal entschied sich in denselben Apriltagen 1674, die wir mit Nikolaus Bartholomäus Danckelmann am Genfer See verbracht haben, während Ludwig XIV. jenseits der Berge die bisher spanische Franche-Comté eroberte. Eben war sie kurz davor gewesen, sich auf die Seite Spaniens und Österreichs zu stellen. Als nun die Nachricht von der Einnahme Besançons Rom erreichte, begriff Madame de Chalais jedoch, dass Spaniens Großmachtzeiten vorbei waren. Die neue europäische Vormacht war jetzt endgültig Frankreich, und Frankreich würde sie dienen, nicht weil sie Französin war, sondern weil sie es so wollte. Wie aber dieser Dienst aussehen sollte, das zeigte ihr sofort eine zweite Nachricht. Am 29. April 1674 nämlich war Donna Ippolita Ludovisi, Herzogin von Bracciano gestorben, eine Papstnichte, deren erster Mann ebenso ein Papstneffe gewesen war wie dann beide Schwiegersöhne und der Mann der Enkelin. Nun machte ihr Tod die attraktivste Planstelle der römischen Gesellschaft vakant. Ihr zweiter Mann und jetzt kinderloser Witwer war der vierundfünfzigjährige Don Flavio Orsini, Herzog von Bracciano, das Oberhaupt einer Familie, die in sechs Jahrhunderten zwei Päpste und 22 Kardinäle gestellt hatte. Er durfte als spanischer Grande Erster Klasse in Gegenwart des Königs von Spanien einen Hut aufsetzen, war Herr über riesenhafte Ländereien, durch seine Medici-Großmutter halbwegs enger Verwandter Ludwigs XIV. und vor allem als Assistenzfürst des Heiligen Stuhls (principe assistente al soglio pontificio oder: stator proximus a solio pontificis maximi) einer von nur zwei römischen Fürsten, die bei großen Zeremonien abwechselnd zur Rechten des päpstlichen Throns standen. Der andere Assistenzfürstenrang gehörte dem Haus Colonna, und weil dadurch diese zwei Familien genau gleiches Anrecht auf den obersten Rangplatz im römischen Adel hatten, waren sie natürlich auch verfeindet: Stand einer auf der französischen Seite (normalerweise der Orsini), so schloss der andere (also üblicherweise der Colonna) sich schon fast automatisch Spanien und Österreich an. Es war daher der letzte große Coup des sterbenden Kardinals Mazarin gewesen, seine Nichte Maria Mancini 1661 mit dem aktuellen Fürsten Lorenzo Onofrio Colonna zu verheiraten und dadurch auch diesen in die französische Partei hineinzuziehen. Leider nur erwies es sich langfristig betrachtet als doch nicht so gute Idee, die enttäuschte Ex-Freundin Ludwigs XIV. mit einem Mann zu verheiraten, der zugleich frustriert ehrgeizig, permanent untreu und mörderisch eifersüchtig war. Colonnas Tendenz, sein ganzes Leben theatralisch in Szene zu setzen, fiel selbst in Rom auf, passte andererseits aber auch gut zur dauernden Rivalität der großen Familien und Parteien, die sie in einem endlosen Überbietungswettbewerb mittels Festen, Illuminationen, Maskeraden, Opernaufführungen, Reiterspielen und Prozessionen ausagierten. So hatte man im Rom der 1660er Jahre dem Ehepaar Colonna fassungslos bis amüsiert beim Führen einer anscheinend offenen Ehe zugeschaut, hatte zugesehen, wie sie trotz Dauerstreit Seite an Seite mit Liebhabern und Mätressen in vergoldeten Karnevalskutschen und mythologischen Kostümen durch die Stadt fuhren, um Konfetti auf die Zuschauer zu werfen, und hatte sich trotzdem nicht besonders gewundert, als die Fürstin Colonna 1672 aus Angst vor einem Giftmord die Flucht ergriff. Zusammen mit ihrer Schwester, der ihrerseits vor einem noch etwas eindeutiger verrückten Ehemann geflohenen Herzogin Mazarin, reiste sie mitten durch eine Pestepidemie hindurch, um sich in einem kleinen Boot übers Mittelmeer gerade noch so rechtzeitig nach Monaco abzusetzen, dass auch die private Galeerenflotte ihres tobenden Gemahls sie nicht mehr zurückholen konnte. Das aber war mehr als nur Futter für die entstehende europäische Klatschpresse. Auf einen Schlag war nicht nur das römische Gesellschaftsleben so viel langweiliger geworden, dass z. B. Madame Colonnas Ex-Flirt Ernst August von Hannover sich fragen musste, ob sich die jährliche Anreise aus seiner allzu niedersächsischen Bischofsresidenz Osnabrück in Zukunft überhaupt noch lohnen würde. Vor allem war auch Fürst Colonna nunmehr begreiflicherweise durch mit dem Sonnenkönig, der ihm so eine Gemahlin angehängt hatte, und schloss sich bedingungslos Spanien an, sodass als Frankreichs letzter Klient dieser Preisklasse nur noch sein ebenfalls gefährlich in Richtung Spanien schwankender Fürstenkollege Bracciano übrig blieb. Dessen ältere Ehefrau war durch den Weggang der Colonna die unbestrittene First Lady des Kirchenstaats geworden; ihr Tod eröffnete nun 1674 ein lohnendes Spielfeld für alle, die den wichtigen Witwer auf ihre Seite des Schachbretts ziehen wollten.

Sobald Madame de Chalais und der französische Botschafter sich auf Zusammenarbeit geeinigt hatten, war der Rest ganz einfach. Man musste nur dafür sorgen, dass erstens der verwitwete Herzog von Bracciano die geistreiche Zweiunddreißigjährige zu sehen bekam, er zweitens (aber das würde sich von selbst ergeben) hingerissen genug sein würde, um sich dann drittens von einer charmanten Zurückweisung erst recht begeistern zu lassen. Gleichzeitig musste man natürlich viertens die richtigen Leute an der richtigen Stelle des päpstlichen Behördenapparats in der richtigen Größenordnung bestechen, um dem Herzog die kirchliche Sondererlaubnis verweigern zu lassen, die er sich für die geplante Heirat mit einer sehr reichen Enkelin seiner ersten Frau ausgebeten hatte. Sobald Kardinal Orsini dem Botschafter erklären konnte, sein Bruder Bracciano habe sich dermaßen in Madame de Chalais verliebt, dass er jetzt nur noch ein paar rechtlich bindende Angaben über ihren Vermögensstand brauche, galt es fünftens so lange glaubhaft zu lügen, bis Versailles dem Herzog lebenslange französische Subventionen sowie den Heiliggeistorden versprechen würde, und schon ergäbe sich der Rest ganz von allein. Und so kam es denn auch: Am 17. Februar 1675 wurde Madame de Chalais im Palazzo Farnese durch Kardinal d'Estrées mit dem Herzog von Bracciano getraut – sowohl der Ort als auch der Geistliche würden sich dereinst noch als ironische Wahl erweisen. Sie war nun Herrin über einen Palazzo an der Piazza Navona, aus dessen Fenstern in Roms festlichen Nächten Tausende teurer Wachskerzen leuchteten, während im Garten die besten Musiker der Stadt die Kompositionen ihres musikalischen Ehemannes spielten. Über dem Tor aber hing wie in all diesen Palästen als unübersehbares Zeichen der Parteizugehörigkeit ein königliches Wappen, das hier natürlich das französische war. Tatsächlich war denn auch niemand Frankreich treuer als Bracciano. Wenn beispielsweise der Papst dem Sonnenkönig wieder einmal die ihm zustehenden Kardinalsernennungen verweigerte und der Botschafter Ludwigs XIV. dem Herzog von Bracciano erklärte, wie man den Heiligen Vater zur Änderung seines Verhaltens ermutigen wolle (nämlich zuerst durch demonstratives Nicht-Beleuchten der Botschaftsfenster und danach, falls das noch nicht reichen sollte, mit einem Militärschlag gegen den Kirchenstaat), dann bot der Herzog zur Unterstützung der regulär vom Botschafter angeworbenen fünfhundert Banditen spontan drei- bis vierhundert seiner eigenen Untertanen an, als plane man bloß ein Picknick in Latium. Kein Wunder, dass er bald wirklich den Heiliggeistorden erhielt; da zugleich seiner Frau, diesem Genie der Motivation, das begehrte Recht auf einen Hocker in Versailles verliehen wurde, fehlte ihnen jetzt bloß noch das ähnlich sehnsüchtig angestrebte Prädikat «Altezza» (Fürstliche Gnaden), das gewiss bald folgen würde. So war denn einen Moment lang alles gut.

Leider nur hatte Madame de Bracciano kein Glück mit ihren Ehemännern. Dass dieser Untertan eines Staats ohne Armee schon aus Altersgründen kein impulsiver Kriegertyp wie weiland Chalais sein konnte, wäre ihr zweifellos noch recht gewesen. Dass Bracciano aber das Gegenteil nicht nur des Vorgängers, sondern auch der aktiv pragmatischen Ehefrau war, erwies sich als weniger hilfreich. Das beherrschende Lebensgefühl des Herzogs scheint ‹Das wird mir jetzt alles ein bisschen zu viel› gewesen zu sein, und weil er dieses Prinzip nicht zuletzt auf die Verwaltung seines an sich immensen Vermögens anwandte, wurde der melancholische Musikfreund bald von Gerichtsvollziehern ebenso verfolgt wie vom Kopfschmerz. Zwar war es Glück im Unglück, dass die malerisch an einem See gelegene Burg Bracciano mit ihren hohen Türmen und bewaffneten Bauern so leicht nicht zu pfänden war. Nach Rom jedoch traute sich der Herzog schon 1676 kaum noch, obwohl seiner Frau dort inzwischen das Geld zum standesgemäßen Leben ausging. Das kriegsbedingte Einschlafen der französischen Zahlungen trug ebenso zur Abkühlung des Binnenklimas ihrer Ehe bei wie die inzwischen beim Herzog angekommene Erkenntnis, dass man ihm das heimatliche Privatvermögen seiner Frau mehr optimistisch als korrekt beschrieben hatte. Bald einigten sich daher beide Ehepartner und die französische Botschaft, die in dieser Ehe stets der Dritte war, dass Madame de Bracciano unmittelbar nach der Papstwahl, die sie natürlich noch mitentscheiden musste, auf unbestimmte Zeit nach Paris reisen wolle, um dort beim König für bessere Unterstützung zu plädieren. Es mag nicht von vornherein Teil dieses Plans gewesen sein, dass sie dort sieben Jahre verbringen würde. Aber solange der reisefreudigere Partner politisch begabter war als der zurückgelassene, schlossen hochadelige Vernunftehen nun mal keine Anwesenheitspflicht ein, und so blieb der Herzogin viel Muße, sich wieder in die so lange zurückgelassene Hofgesellschaft ihres Heimatlandes hineinzufinden: Als aufmerksame Beobachterin würde sie dereinst von jeder Minute dieser Zeit profitieren. Schließlich kam sie 1683 nach Rom zurück und verbrachte noch einmal einige Jahre mit dem vorübergehend wieder solventen Ehemann, bevor es 1687 erneut zum Bruch kam. Diesmal war es der Streit um die Zollprivilegien des Botschaftspersonals, der Ludwig XIV. und den Papst entzweite. Da die hochadeligen Botschafter ihre ruinösen Repräsentationskosten de facto meistens selbst zahlen mussten, war ihnen die Zollfreiheit immer ein lebenswichtiger Ausgleich gewesen, und so waren sie denn bisher nicht nur in Begleitung bewaffneter Horden, sondern zugleich auch mit regelrechten Handelskarawanen angereist. Entsprechend rasch führte ein päpstlicher Reformversuch zur Eskalation, an deren Ende die Küste des Kirchenstaats von genau jenen französischen Kriegsschiffen bedroht wurde, die eigentlich Jakob II. von England vor seinem oranischen Schwiegersohn hätten schützen sollen. Einer solchen Situation aber konnte auch der Herzog von Bracciano nicht mehr entkommen. Als der Papst damit drohte, die Gerichtsvollzieher nicht länger zurückzuhalten, nahm der Herzog das französische Königswappen von seinem Palazzo ab, schickte den französischen Heiliggeistorden mit Dank zurück und ließ sich von Spanien mit dem ebenso prestigiösen Goldenen Vlies entschädigen. Das himmelblaue Ordensband und der silberne Stern würden freilich nicht allein nach Frankreich zurückreisen, denn Madame de Bracciano wusste, was sie dem König schuldig war, der allein ihr noch ein Auskommen garantieren konnte. Also reiste auch sie ab und blieb diesmal sogar acht interessante Jahre lang in Paris, bevor endlich die Aussöhnung Ludwigs mit einem neuen Papst 1695 ihre Rückkehr ermöglichte. Bald danach musste ihr inzwischen endgültig pleitegegangener Mann sein Herzogtum Bracciano dem Papstneffen Livio Odescalchi verkaufen, dessen Nachkommen die Burg noch heute besitzen und sie für Hochzeiten wie die von Tom Cruise und Katie Holmes vermieten (ein Beinahe-Zusammenhang, den jeder im Hinterkopf behalten sollte, dem das 17. Jahrhundert so viel absurder als unsere eigene Zeit vorkommt). Der Verkäufer und seine Frau brauchten also einen neuen Namen; sie nannten sich von nun an nach dem Familiennamen Fürst und Fürstin Orsini, und es ist dieser Name, unter dessen französischer Version (princesse des Ursins) unsere Heldin der Nachwelt in Erinnerung geblieben ist. Ihrem Mann dagegen blieb nicht mehr viel Zeit, ihn zu tragen. Als er 1698 starb, waren noch immer so viele Schulden abzuzahlen, dass kaum etwas für seine Blutsverwandten übrig blieb. Ehepartner erbten damals sowieso fast nichts voneinander, selbst wenn sie wie hier kinderlos waren, denn dafür war das Prinzip viel zu heilig, wonach man Land und Herrschaft nur als Nachkomme der früheren Besitzer erhalten dürfe. Einer Witwe blieb lediglich auf Lebenszeit das im obligatorischen Ehevertrag festgelegte Witwengut, und wenn das wie jetzt im Falle der Fürstin ein riesiger Palazzo ohne die zum Unterhalt nötigen Geldquellen war, dann hatte man eben Pech gehabt. Formal zwar war ihr über ganz Italien verteiltes Witwengut sehr umfangreich; in der Praxis hing an jedem Stück Land ein Tonnengewicht von Prozessen. Einmal mehr war deswegen der nur scheinbar immaterielle Rang einer Grandin von Spanien das einzig Sichere, was der

Fürstin Orsini verblieb. Bald sollte sie sehen, wie unerwartet wertvoll er war.

Als Mittfünfzigerin hatte sie genug erlebt für zwei, und weil die damalige Gesellschaft für eine nicht nur kinderlose, sondern auch wenig reiche Frau ohne enge Familienanbindung kaum noch interessante Rollen vorsah, wäre es nicht abwegig gewesen, sich diskret als weltliche Untermieterin in eines der zahllosen Klöster von Paris oder Rom zurückzuziehen, wie andere adelige Frauen das in vergleichbarer Lage taten. Die Fürstin Orsini aber dachte nicht daran. Als hochrangige Gastgeberin in Rom, als erfahrene Machtmaklerin war sie noch immer Gold wert für die französische Diplomatie. Vor allem aber verfügte sie als Kind der Hofaristokratie auch über eine ganze Klaviatur von Verwandtschaftsbeziehungen, auf der sie virtuos spielen konnte; noch im selben Jahr 1698 lenkten sie ihre Karriere in eine ungeahnte Richtung. Dass die Marschallin-Herzogin von Noailles ihre recht nahe Cousine war, hatte ihr immer genützt, weil deren Mann einer der Leibgarde-Kommandanten von Versailles war und also zur engsten Entourage Ludwigs XIV. gehörte. Auch dass Madame de Noailles sich der ‹kleinen Herde› angeschlossen hatte, also jener von Erzbischof Fénelon angeführten frommen Hofclique, die den Königsenkel Burgund erzog, war der Fürstin Orsini nicht unwillkommen gewesen, weil es sie beide zugleich mit ihrer alten Bekannten Madame de Maintenon verband.

Als die Orsini vor vierzig Jahren Madame de Maintenon kennengelernt hatte, hatte die als schöne junge Ehefrau eines entsetzlich verkrüppelten bürgerlichen Satiredichters noch Madame Scarron geheißen. Für jemanden, der als Kind eines Ehefrauenmörders und der Gefängnisdirektorstochter hinter Gittern aufgewachsen war und aus allerkleinstem Adel stammte, war das damals die einzige überhaupt erreichbare Ehe gewesen. Inzwischen aber war die zur Marquise de Maintenon erhobene Witwe Scarron nach einem unglaublichen Aufstieg offiziell inoffiziell mit Ludwig XIV. verheiratet; bei Hof erkannte man in ihr die Macht, an die alle heranwollten. Echte Religiosität hatte sie dem ebenso tiefsinnigen wie intriganten Fénelon und seinen Jüngern nähergebracht, aber echte Religiosität hatte sie letztlich auch wieder davon Abstand nehmen lassen, nachdem ihr der Einfluss dieser unzertrennlichen Sektierer ebenso unheimlich geworden war wie ihre ekstatische Theologie von der puren Liebe Gottes, die alles andere überflüssig mache. Auch Madame de Noailles hatte als geborene Intrigantin sofort gespürt, wie der Wind sich drehte, und sie hatte keinen Moment gezögert, sich ebenfalls von den Höflingen um Fénelon zu trennen; ihr Lohn war die Heirat der schwerreichen Maintenon-Erbnichte mit dem Noailles-Sohn, durch die die unzählbaren Noailles-Kinder auf einen Schlag zum Ersatzclan der kinderlosen Maintenon aufstiegen. Nun aber hieß es für die beiden Damen eine päpstliche Verdammung der Fénelon'schen Lehren zu erlangen, um den gefährlichen Geistlichen auf immer zu diskreditieren. Da der damalige französische Kardinalbotschafter in Rom dem Beklagten zu helfen versuchte, traf es sich umso handlicher, dass Madame de Noailles eine Cousine der Fürstin Orsini war. Es war die große Chance, auf die die Fürstin gewartet hatte, und so energisch legte sie sich ins Zeug, dass der Papst schon im März 1699 das erwünschte Verdammungsurteil sprach. Den bereits am Rande des Königreichs kaltgestellten Fénelon bewahrte zwar seine hohe Geburt vor Schlimmerem. An die Erziehung seines Enkels aber würde der Sonnenkönig diesen Mann nie mehr heranlassen, und so verdankte die Partei Maintenon-Noailles der Cousine Orsini einen wichtigen Sieg. Welche Rolle, welche Aufgabe würde der Fürstin daraus als Nächstes erwachsen? Die dynastischen Würfel rollten schon, die das entscheiden mussten.

Wir haben bereits gesehen, wie der Tod Karls II. von Spanien am 20. November 1700 eine ganze Ereigniskette in Bewegung gesetzt hatte, an deren Ende ein Enkel Ludwigs XIV. als Philipp V. den spanischen Thron bestieg. So jung war dieser Prinz noch im Moment seines Aufbruchs aus Versailles gewesen, so wenig auch als Zweitgeborener auf die Regierung vorbereitet, dass sein Großvater sich mit Recht Sorgen machte, wie es mit ihm in Spanien weitergehen solle. Schon bahnte sich zudem der große Spanische Erbfolgekrieg an. Wer sollte dem jungen verschlossenen Mann da jenen Halt geben, den die großväterlichen Instruktionen allein ebenso wenig boten wie eine ganze Armee französischer Berater, die sich den Spaniern in Windeseile verhasst gemacht hatten? Die Lösung war offensichtlich: Man brauchte für Philipp V. eine kluge Ehefrau, und weil die ohnehin klaustrophobischen Heiratskreise der Herrscherhäuser sich diesmal kriegsbedingt noch enger zusammenzogen als sonst, war mit dem Aussprechen des Gedankens auch schon klar, wer das sein musste. Damit verband sich eine gute und eine schlechte Nachricht. Auf der Habenseite ließ sich verbuchen, dass die einzige disponible Prinzessin Marie Louise von Savoyen nicht nur die Tochter des wetterwendischen Alpenfürsten war, den man mit dieser Heirat ein wenig länger an Frankreich würde binden können, als es seiner natürlichen Allianzhalbwertzeit entsprach. Zugleich war sie auch die Schwester der Herzogin von Burgund, weswegen ihre Heirat mit Burgunds Bruder Philipp den spanischen Herrscher noch enger an seinen zukünftigen französischen Königskollegen binden und also die Einigkeit der Dynastie sichern würde. So weit also alles bestens. Die schlechte Nachricht war allerdings auch nicht von Pappe: Als Versailles das erste diplomatische Auge auf Marie Louise von Savoyen warf, war sie gerade zwölf geworden.

Immerhin: Wenn das Leben in einer durch Geburtszufälle regierten Intrigengesellschaft auch sonst zu nichts gut gewesen sein dürfte, so brachte es den Protagonisten dieses Buches doch jedenfalls Flexibilität bei. Wenn die als Stütze des siebzehnjährigen Königs vorgesehene Prinzessin selbst bloß ein Kind war, so konnte man aus ihr wenigstens noch etwas machen. Alles, was es brauchte, war eine kompetente Erzieherin, die man im Haushalt einer verheirateten und damit pro forma erwachsenen Frau dann eben ihre Oberhofmeisterin nennen würde oder in Spanien ‹camarera mayor›. Da kam es freilich umso mehr auf die Auswahl der richtigen Person an, weil das formelle Bewerbungsprofil ebenso komplex war wie das informelle. Ersteres verlangte, dass die Camarera mayor eine durch keine anderen Verpflichtungen abgelenkte Witwe sein musste, natürlich auch die spanische Sprache zu beherrschen hatte und vor allem als Grandin erster Klasse Angehörige des höchsten spanischen Adels war, weil die dortige Machtelite sie sonst in diesem Amt nie akzeptiert hätte.

Das informelle Profil verlangte währenddessen nicht nur nach einer ausreichend alten und zur diskreten Erziehung ihrer Herrin fähigen Person, sondern auch nach einer Frau, die sowohl die weiblich-standesgemäßen Herrschaftstechniken als auch die politisch-dynastische Geographie ihrer Welt gut genug verinnerlicht hatte, um sie ihrer Schülerin beibringen zu können. Genauso wichtig war jedoch gerade angesichts der unfassbaren Macht, die man in die Hände einer solchen Frau legen würde, ihre bedingungslose Loyalität zum französischen König – und spätestens hier bog das Jobprofil in Richtung Quadratur des Kreises ab. Grandinnen von Spanien gab es zwar genug, die zudem auch keineswegs alle Spanierinnen waren, weil ja das Haus Österreich so lange ein so übernationales Imperium beherrscht hatte. Leider nur teilten die belgisch-wallonischen, neapolitanisch-sizilianischen oder lombardischen Grandenfamilien mit Spanien eine Geschichte, in der Frankreich seit über zwei Jahrhunderten fast ununterbrochen der Feind gewesen war; wie gut würden solche Leute wohl mit den französischen Beratern und Generälen koexistieren können, ohne die Philipp V. im fremden Land doch nur ein rat- und sprachloses Kind war? Einen Franzosen zum Granden zu machen, um seine Ehefrau für den Posten zu qualifizieren, hätte die etablierten Familien erst recht provoziert; in den bereits existenten Grandenfamilien aber gab es angesichts dieser Vorgeschichte naturgemäß keine französischen Ehefrauen. Oder eben genauer gesagt: fast keine.

Während der Kurier noch mühsam die verschneiten Pyrenäen überquerte, mit dem Madame de Maintenon die erste Nachricht vom Heiratsplan nach Spanien schickte, setzte sich im römischen Dezember 1700 die Fürstin Orsini an den Schreibtisch. Sie hatte lange genug mit Kardinälen und Botschaftern diskutiert, um die savoyische Heirat kommen zu sehen; nun war es Zeit, Madame de Noailles zu schreiben. Zum Glück hatte diese gerade ihren Schwager zum Kardinal und Pariser Erzbischof gemacht – der Papst war für jemanden wie Madame de Noailles schlichtweg ein Geschäftspartner des Familienunternehmens, und so brauchte sie auch Informationen über den eben gewählten Clemens XI., mit denen die römische Cousine Orsini ihren Brief jetzt nur zu gern eröffnete. Erst danach (und nach einem Satz darüber, wie sie einander ja nicht mit Politik langweilen müssten) beschrieb die Fürstin ihr eigenes Anliegen. Sie begründete, warum für Philipp V. nur die savoyische Prinzessin in Frage käme, hielt fest, dass eine große Dame sie nach Spanien bringen müsse (da Könige ihr Land praktisch nur zum Krieg verließen, ließen sie auch ihre Bräute zu sich kommen), und erklärte mit den uns schon bekannten Gründen, warum dafür niemand so geeignet sei wie sie selbst. Natürlich würde sie nach Ablieferung der Braut nur gerade so lange in Madrid bleiben, wie ihr dortiger Erbschaftsprozess es erfordern mochte, und dann nach Versailles kommen, um dem König aus Spanien zu berichten. Immerhin würde sie so aber auch Gelegenheit haben, all die mächtigen Spanier wiederzusehen, mit denen sie befreundet war. Hatte nicht gerade erst Kardinal Portocarrero ihr wieder einmal die teuersten Geschenke übersandt, den sie aus Rom kannte und der jetzt Chef der provisorischen Regierung in Madrid war? «Urteilen Sie selbst, ob ich nicht in diesem Land Regen und Sonnenschein würde machen können.» Standesgemäße Ehemänner für ein Dutzend Noailles-Töchter wären dabei das Geringste, aber sie wolle das doch erwähnen, weil sie ohnehin schon ein schlechtes Gewissen habe, die Cousine schon wieder um eine Intervention bei Madame de Maintenon zu bitten; sicher sei die dessen längst sehr müde?

Mag sein. Aber Madame de Noailles war nicht bloß eine Frau, die in dreiundzwanzig Jahren Ehe einundzwanzig Kinder geboren hatte, von denen damals noch drei Söhne und neun Töchter lebten. Sie würde auch bis zu ihrem Tod als beinahe Dreiundneunzigjährige eine der erfolgreichsten Clan-Politikerinnen von Versailles bleiben, die männliche Karrieren ebenso machen oder beenden konnte wie weibliche. Eine solche Frau konnte nicht übersehen, welch großartiges Geschäft ihr hier angeboten wurde, und selbstverständlich nahm sie es an. Die Feinheiten der Verhandlung mochten sich einschließlich der unvermeidlichen Gegenintrigen noch einige Monate hinziehen. Es würde Mai 1701 werden, bevor die Fürstin durch Außenminister Torcy ihre endgültige Ernennung zur Reisebegleiterin erfuhr, Juni 1701, bevor

Torcy ihre Antwort erhielt, in der vor lauter Begeisterung die sonst so fein abgestuften Komplimente wie Feuerwerkskörper kreuz und quer herumflogen, schließlich Dezember 1701, bevor offiziell klar war, dass die Fürstin als Camarera mayor der kindlichen Königin dauerhaft in Spanien bleiben würde. Die entscheidenden Weichen waren dennoch schon in diesem Winter gestellt worden. Die Fürstin Orsini würde als Frankreichs wichtigste Vertreterin ins umkämpfte Spanien gehen, weil sie eine erfahrene Machtvermittlerin, kluge Hofpsychologin und Grandin von Spanien war, gewiss. Genauso sehr verdankte sie ihre größte Rolle jedoch der bloß für moderne Beobachter irrelevanten oder meistens einfach unsichtbaren Tatsache, dass sie die Cousine zweiten Grades der Schwiegermutter der Nichte jener heimlichen Königsgemahlin war, mit der zusammen sie nun Frankreich und Spanien durch den Erbfolgekrieg steuern sollte.

Wie ein Spinnennetz zogen sich Tausende solcher Fäden über das Europa der Könige, Loyalitäten aus Blut und Briefen, die noch fast nichts mit Nationalität zu tun hatten und als Werkzeuge der Herrschaft jedes schwergewichtige Gesetzbuch in den Schatten stellten. An ihren Enden saßen alte Damen, die dort vermittelten, wo ihre kriegerischen Männer das Gesicht wahren mussten. Diese alten Damen konnten Clanmütter von geradezu biblischem Format sein wie Madame de Noailles, kinderlose Erzieherinnen wie Madame de Maintenon, die erst die Königsbastarde und dann die Herzogin von Burgund geformt hatte, oder mächtige Protektionstanten wie die ebenfalls kinderlose Fürstin Orsini, in deren Schlepptau sich jetzt eine riesige Patchwork-Familie aus Bluts- und angeheirateten Verwandten über die spanische Monarchie herzumachen begann. Frauen wie diese drei diskutierten kühl und pragmatisch darüber, wer Minister werden sollte und wer General. Sie teilten einander militärische Ereignisse genauso detailliert mit wie diplomatische Manöver oder kirchliche Intrigen. Sie bewegten junge Männer und Frauen mitleidslos über das Schachbrett der Allianzpolitik, schrieben widerspenstigen Höflingen die höflichsten Drohbriefe der Welt und konnten doch zugleich immer wieder ernsthaft warm und taktvoll reagieren, wenn – wie so oft – ihnen nahestehende Menschen auf dem Schlachtfeld oder im Kindbett das Leben verloren. Vor allem jedoch wahrten sie immer und überall den schönen bösen Schein des Patriarchats, das sie umgab. Sicher, zur hierarchisch codierten Höflichkeit, zur Demut vor Macht oder Rang waren die Männer und Frauen dieser Gesellschaft gleichermaßen erzogen; nach oben mussten sie alle gleichermaßen als «demütige und sehr gehorsame Diener» unterschreiben, ihre eigenen Aktionen oder Aussagen immer genauso in «untertänigst» und «gehorsam» verpacken, beim Gehorchen noch für die «Ehre» des Befehls danken und alle Taten des höherrangigen Gegenübers automatisch «gnädig» finden. Aber nur für die Männer war damit schon alles getan. Die Frauen dagegen sprachen keine Bitte, keine Empfehlung, ja nicht mal eine Drohung aus, ohne reflexhaft nachzusetzen, dass sie als schwache Frauen natürlich auf die Nachsicht des Gegenübers hoffen mussten, weil sie selbst ja von diesen Dingen keine Ahnung hatten. Selbst (oder gerade?) wenn sie wie die Fürstin Orsini oder Madame de Maintenon in ihren besten Tagen zu den zwei oder drei mächtigsten Personen eines ganzen Königreichs gehörten, blieb es ihr ewiger Refrain, dass sie sich in die Politik nicht einmischen wollten; Macht hätten sie ja ohnehin so gut wie keine. Sie hatten gute Gründe, das zu sagen, waren sie doch die perfekten Sündenböcke. Wenn beispielsweise ein gutes Kavallerieregiment vakant wurde, bewarben sich leicht zwanzig Familien darum, deren achtzehnjährige Söhne endlich den Obristenrang brauchten und von denen man notwendigerweise neunzehn enttäuschen musste. Ein kompetenter Kriegsminister entschärfte nun dieses Problem in der Regel dadurch, indem er diesen neunzehn diskret signalisierte, dass *er* sich sehr für sie eingesetzt habe; leider nur sei die allmächtige ‹maîtresse en titre› wieder einmal stärker gewesen, man wisse ja, wie es in letzter Zeit zugehe ... und schon war wieder einer mehr von der Allmacht dieser Mätresse überzeugt. Ohnehin war ja diese Gesellschaft so paranoid wie alle Systeme, die aus Angst vor offenen Konflikten jegliche Interessenkonkurrenz hinter die Kulissen verbannen. Die offizielle Formel von Harmonie und weiser Führung ist in solchen Systemen natürlich derartig lächerlich, dass auch damals kein einigermaßen wohlinformierter Mensch daran glaubte. Umso beliebter waren stattdessen Verschwörungstheorien, was angesichts der vollkommenen Intransparenz der höfischen Systeme freilich kein Wunder war; die Herrschenden waren bis zur Unkenntlichkeit vernetzt, ließen sich mangels politischer Ideologien zu jedem beliebigen Bündnis kombinieren und wurden von Höflingen umgeben, die davon lebten, Außenstehenden die unsagbaren Geheimnisse der Macht teuer zu verkaufen. So entstand ein halb realistisches, halb zynisches Bild der eigenen Gesellschaft, in das die Idee einer an sich illegitimen Macht der Frauen nur zu gut hineinpasste. Gleichzeitig nahm man diese Macht jedoch im Alltag genauso resigniert hin, wie man heute den Einfluss von Lobbyisten als unvermeidliches Übel betrachtet, und bediente sich ihrer ungeniert, sobald es dem eigenen Clan nützte. Die ständigen Beteuerungen einer Orsini oder Maintenon, sie hätten doch gar keinen Einfluss, waren daher je nach Fall entweder Reaktionen auf tatsächlich übertriebene Vorstellungen oder Notlügen zur Vertuschung realer Einflussnahme, die die Zeitgenossen ihnen so oder so nicht glaubten. Umso glücklicher waren dafür spätere Historiker über diese Aussagen, wenn sie im 19. und 20. Jahrhundert ihre Lieblingsmonarchen oder -staaten gegen den schrecklichen Vorwurf der Beeinflussbarkeit durch Frauen zu verteidigen hatten. Solche Historiker wussten, dass Politik etwas war, was ideologisch solide Männer in Parlamenten, Zeitschriften und Parteien erledigten, während Frauen sich bekanntlich nur für ihre Familie, das Gesellschaftsleben einschließlich all der kindischen Rang-Eitelkeiten und natürlich Heiraten interessierten; eine Welt, in der die große und die kleine Politik zum überwiegenden Teil genau aus diesen Dingen bestand, konnten sie nur noch im großen Stil missverstehen.

Kaum war sie zur Abholung der Prinzessin bestimmt, begann die Fürstin Orsini ihre minutiösen Vorbereitungen. Vergoldete und schwarze Kutschen, goldbestickte Winter- und schwarzseidene Sommer-Livreen für ihre Lakaien, Pagen aus so guten Familien, dass sie jederzeit Malteserritter werden könnten, Kammerzofen, die bitte keine Italienerinnen sein sollten, weil sie die nicht mochte, all das wollte organisiert sein – und bezahlt, was der viel bescheideneren Madame de Maintenon große Sorgen machte. Die Fürstin beruhigte sie, dass sie zwar in der Tat bettelarm sei, noch mehr aber stolz; für so etwas werde selbst ihr winziges Vermögen schon noch ausreichen, zumal sie es ja auch bisher geschafft habe, von aller Welt ganz irrig für reich gehalten zu werden.

Dann geht der Hindernislauf los. Am 11. September 1701 hat man die knapp dreizehnjährige Prinzessin in Turin zum ersten Mal verheiratet, damit sie schon als Königin reisen kann. Die Abwesenheit des Ehemannes ist kein Problem, denn dafür gibt es ja die in solchen Fällen übliche Stellvertreterheirat, bei der aus Ranggründen normalerweise der Bruder der Braut einspringt; nur weil er hier erst zwei Jahre alt ist, muss er seinerseits durch einen Cousin ersetzt werden. Der spanische Botschafter Marqués de Castel Rodrigo soll währenddessen Königin und Fürstin begleiten, will aber seine eigene Frau zur Camarera mayor machen lassen und sticht deswegen schon einmal Richtung Nizza in See, ohne auf Madame Orsini zu warten. Als sie mit einer gemieteten Galeere im damals noch zu Savoyen gehörenden Nizza eintrifft, gerät sie mitten in einen zeremoniellen Stau. Ganz als ob das savoyische Gefolge der jungen Königin, ihre savoyische Oberhofmeisterin, die unbedingt mitreisen will, die trotzige spanische Gesandtschaft, die staunenden Bürger von Nizza, die benachbarten Franzosen und der unbequem im Weg liegende Fürst von Monaco nicht genug wären, hat Rom einen von niemandem angeforderten Gratulations-Kardinal geschickt, dessen pompöses Gefolge wertvollen Zeremonialplatz verbraucht, aber unmöglich einfach zurückgeschickt werden kann. Vielleicht könnten sich alle Beteiligten an Bord der Hauptgaleere treffen? Unmöglich, schreibt die Fürstin, weil es nicht gut zur Würde unserer Unternehmung passen dürfte, einen Kardinal in Pontifikalroben an einer Strickleiter aus dem Beiboot hochklettern zu lassen (vom Baldachin, der ihm überall nachgetragen werden muss, fangen wir lieber gar nicht an). Kurzum, es ist ein Segen, endlich an Bord der abfahrenden Staatsgaleere zu stehen – oder wäre es, wenn man die Seereise nicht gerade in die Zeit der Herbststürme gelegt hätte. Natürlich ist die

Fürstin Orsini als einzige der großen Damen immun gegen die Seekrankheit, und so beginnt ihre vorsichtige Annäherung an die kleine Königin damit, dass sie der sich Übergebenden eine Schüssel hinhält, während das Rollen des Schiffes sie selbst beinahe umwirft. Langsam, sehr langsam gewinnt die alte Dame ihre junge Herrin für sich, der sie ungewöhnliche Willensstärke, einen unschönen Mund und eine gute Figur attestiert; sie kann im Unterschied zu ihrem Mann schon Spanisch, weil ihre kluge Mutter (selbst eine Tochter von Monsieur, Herzog von Orléans und seiner ersten Frau Henrietta von England) gewusst hatte, was man solchen zur Krone geborenen Kinder mitgeben muss, bevor sie einen viel zu früh auf immer verlassen. Schon sind die Reisenden wieder an Land, reisen ab Marseille quer durch Frankreich und lassen sich in Sänften aus karmesinrotem Velours über die Pyrenäen tragen. An der Grenze schickt Madame Orsini das gesamte savoyische Gefolge zurück: Ab jetzt hat sie die Königin ganz für sich. Am 3. November 1701 steht dann plötzlich ein verdächtiger Bote an der Tür der königlichen Kutsche, in dem die junge Königin von Bildern her ihren Ehemann erkennt; schnell küsst sie ihn etikettewidrig und sieht ihm nach, wie er zu Pferd davonfliegt, erkennbar zufrieden. Dann die zweite kirchliche Trauung, ein Staatsdiner, bei dem die spanischen Hofdamen absichtlich alle französisch zubereiteten Speisen fallen lassen, bis die an spanisches Essen nicht gewöhnte Königin hungrig zu Bett geht. Entsprechend enttäuschend fällt denn auch die Hochzeitsnacht des Siebzehnjährigen mit der Dreizehnjährigen aus. Die verstimmte Marie Louise erinnert sich mit dem ganzen Elan der Jugend an die politischen Anweisungen ihres Vaters und findet, dass jetzt der Moment gekommen ist, dem perplexen Gemahl eine stundenlange Strategievorlesung zu halten. Prompte Staatskrise. Die Fürstin schreibt besorgt nach Versailles, so etwas dürfe gar nicht erst anfangen, gerade weil der schrecklich fromme König einerseits nie eine andere Frau anfassen würde, andererseits aber eben ein ungeduldiger Teenager sei; nicht auszudenken, welche Zugeständnisse der noch machen könne. Aber soll man warten, bis aus Frankreich ein Mahnbrief des zur Eheberatung ohnehin nur mäßig qualifizierten

Sonnenkönigs kommt? Lieber sprechen die Fürstin und Kammerherr Louville gleich selbst mit Philipp V., dem sie offenbar mit Erfolg die Grundprinzipien des Herumzickens in Paarbeziehungen beibringen. In ihrer zweiten gemeinsamen Nacht jedenfalls ist es nun der König, der sich schnöde wegdreht; am dritten Tag lächelt Marie Louise schon wieder ganz reizend, und am Morgen des vierten Tages können die Oberhofchargen aufatmend konstatieren, dass sie hier eine der seltenen glücklichen Fürstenehen gestiftet zu haben scheinen. Finden diese beiden Königskinder wohl auch deswegen Halt aneinander, weil sie wissen, dass sie aller Wahrscheinlichkeit nach Eltern oder Geschwister nie wiedersehen werden? Jedenfalls sind sie gleich zweimal Cousin und Cousine zweiten Grades, verbunden durch so viele Familienerinnerungen, durch die isolierende Absurdität ihres hohen Ranges und durch das italo-hispano-französische Kauderwelsch, das sie miteinander sprechen. Die Fürstin aber wächst ihnen beiden als Lehrerin, Ersatzgroßmutter und wichtigste Beraterin ans Herz. Niemand wird ihnen je näher sein als sie.

Die Nähe. Gelegentlich gestand die Fürstin sich ein, dass etwas weniger davon ihr auch gereicht hätte. Dass sie ihren Tagesablauf dem des Königspaares unterordnen musste, bis sie schon froh sein konnte, irgendwo im Laufen etwas essen zu können, war unter erfahrenen Hofbeamten kaum der Rede wert. Umso gewöhnungsbedürftiger fand sie dafür die Konsequenzen, die sich aus der Personalstruktur des spanischen Hofes ergaben, sobald ein König wie Philipp V. nicht nur jede Nacht im Bett seiner Ehefrau verbrachte, sondern auch von allein keine Lust zum Aufstehen hatte. Ihrer Cousine Noailles schrieb sie bald: «Mein Gott, Madame, was haben Sie mir da für einen Posten verschafft!», um dann zu erklären, wie der Morgenmantel und die Pantoffeln des Königs leider nur ein Teil dessen seien, was sie abends entgegennehmen und morgens wieder mitbringen müsse. Da außer dem König und der Camarera mayor absolut niemand ins heilige Schlafzimmer der Königin hineindürfe, übergebe der Großkämmerer Graf Benavente ihr jeden Abend zum Hineintragen auch das königliche Schwert, den königlichen Nachttopf und eine brennende Lampe, deren Öl sie angesichts dieser Überladung regelmäßig verschütte. Wenn sie am Morgen wiederkam, brannte daher die Lampe oft schon nicht mehr, die aber angesichts dicker Vorhänge die einzige Lichtquelle des Schlafzimmers gewesen war. So musste die Fürstin Orsini die Vorhänge denn im Dunkeln suchen, was angesichts der oft riesigen Räume selbst in den ihr bekannten Schlössern keine rechte Freude war. Da der Hof jedoch zudem ständig im Land herumzog, seien sie und der König neulich eine geschlagene Viertelstunde lang auf der Suche nach den Vorhängen durchs Dunkle gestolpert, sodass es wohl nur eine Frage der Zeit sei, bis sie sich an einer Wand die Nase brechen werde. Auch sonst war das Leben in diesen spanischen Palästen dem Trio ein ständiger Kampf gegen die mal arabisch, mal christlich-mittelalterlich anmutenden Gewohnheiten des Landes. Noch zu Lebzeiten des letzten Königs war bei Sonnenuntergang die Königin in einem Palast eingeschlossen worden, in dem sich dann nur noch Frauen und Hofzwerge aufhalten durften. Die Hofzwerge wurden auf Wunsch des französischen Außenministers sofort abgeschafft, weil sie so perfekt zur Spionage geeignet seien; die Hofdamen dagegen blieben auf Dauer ein Problem, hing doch an jeder von ihnen eine einflussreiche Familie, die man nicht vor den Kopf stoßen durfte. So musste nun jedes noch so kleine Detail der französischen Hofkleidung mühsam gegen Grandinnen durchgesetzt werden, die lieber gestorben wären, als einen Fremden auch nur ihre Schuhe sehen zu lassen. Da auch die Hofküchen sich durch so eine Bagatelle wie den Willen der Königin selbstverständlich nicht von der traditionellen spanischen Küche abbringen ließen, findet man Marie Louise noch im sechsten Jahr ihrer Ehe damit beschäftigt, sich im Schlafzimmer ihre eigene Zwiebelsuppe zu kochen. Der von Natur aus verschlossene König begann währenddessen, erste Anzeichen einer Depression zu zeigen, die offensichtlich auch mit der traditionellen Eingesperrtheit spanischer Könige in Etikette und relativ bedrückende Paläste zu tun hatte. Es war, kurz gesagt, das Dilemma des jungen Paares und seiner Vertrauten, dass anders als normalerweise nicht nur die ausländische Königin, sondern alle drei in ein ihnen fremdes Land gekommen waren. (Selbst Madame Orsini hatte ihre spanischen Kontakte hauptsächlich in Rom erworben und Spanisch anscheinend erst lange nach ihrem kurzen Aufenthalt gelernt.) Im Vergleich mit Versailles, Rom oder Turin musste ihnen Spanien tatsächlich ärmlich, primitiv und verbohrt vorkommen, und es machte die Dinge nicht besser, dass bald nach ihrer Ankunft auch noch ein Krieg ausbrach.

Die ersten zwei Jahre des Spanischen Erbfolgekrieges hatten Kampfhandlungen nur außerhalb Spaniens gesehen, weil Franzosen und Alliierte zuerst um die einfacher zu erreichenden spanischen Gebiete in Italien und Belgien gekämpft hatten. 1703 landete jedoch Philipps österreichischer Gegenkandidat Erzherzog Karl in Katalonien, wo er sich als Karl III. zum König von Spanien proklamieren ließ. Der folgende Krieg wurde zwar insofern nie ein vollständiger Bürgerkrieg, als die große Mehrheit der Spanier Philipp V. im Rahmen des Möglichen treu blieb und das Heer Karls III. immer ganz überwiegend aus Deutschen, Portugiesen und Engländern bestand. Trotzdem zerriss der elfjährige Kampf das Land natürlich, zumal Philipp und seine französischen Berater sehr bald anfingen, nach französischem Vorbild die bisherige Autonomie der Königreiche Aragón und Valencia zu zerschlagen. Auch sonst reorganisierten sie Staat, Hof und Militär, wo sie es nur konnten. Unter dem Gesichtspunkt der Effizienz war das meistens wohl durchaus sinnvoll; es half jedenfalls, das zu Kriegsbeginn ebenso wehr- wie mittellose Land überhaupt kampffähig zu halten. (Statt einer Erörterung z. B. des jetzt ebenfalls beginnenden Seekrieges sei hier zur Illustration nur erwähnt, dass für die Verteidigung des gesamten spanischen Imperiums in Amerika nicht mehr als zwanzig Kriegsschiffe zur Verfügung standen.) Zugleich stieß man so jedoch große Teile der aristokratischen Elite vor den Kopf, deren Widerwillen niemand stärker zu spüren bekam als die Fürstin Orsini. Ohnehin war sie als Frau und Französin ja die perfekte Verkörperung dessen, was viele als unerträgliche fremde Kontrolle empfanden, und so wird es neben ihrer tatsächlich grenzenlosen Loyalität zum Königspaar durchaus auch Eigeninteresse gewesen sein, das sie zunehmend in Konflikt mit den anderen Vertretern Frankreichs brachte. Es lag an ihr, wenn kein französischer Botschafter sich lange in Madrid hielt, und auch der Kardinal d'Estrées, der sie 1675 mit ihrem zweiten Mann getraut hatte, kam nun bereits als ihr Feind nach Spanien. Zwar konnte sie bald seine Abberufung als Botschafter erreichen. Weil jedoch sein Neffe eine der vielen Noailles-Töchter geheiratet hatte, durfte die Familie nicht zu sehr vor den Kopf gestoßen werden, sodass man in bester Ancien-Régime-Logik den zweiten Kardinals-Neffen Abbé d'Estrées zum Nachfolger ernannte. Wenig überraschend, wenn der die alte Dame nun erst recht loswerden wollte. Während sie sich ernsthaft um freundliche Kooperation bemühte, schrieb er daher täglich anklagende Briefe nach Versailles, die zu seinem Pech jedoch durch Philipp V. abgefangen und der Fürstin gezeigt wurden. In einem davon hatte d'Estrées unterstellt, dass durch die Orsini eigentlich deren dubios gutaussehender Stallmeister und Sekretär d'Aubigny das Land beherrsche, der nicht nur seit Jahrzehnten ihr Liebhaber sei, sondern sie auch heimlich geheiratet habe (heimlich natürlich deshalb, weil sie andernfalls ja die alles entscheidende Grandenwürde verloren hätte). Das war zu viel. Die Fürstin schrieb von eigener Hand Korrekturen in die offizielle Depesche und soll das gekrönt haben, indem sie neben die Hauptanschuldigung ein «*Verheiratet* nicht» setzte; dann schickte sie das Ganze ihrem Bruder nach Paris, wo er es Außenminister Torcy zeigen solle. Wie sich sogleich herausstellte, war das erst recht zu viel gewesen.

Sobald Torcy von der zweckentfremdeten Depesche erfuhr, ging aus Paris die ganze barocke Pracht eines sonnenköniglichen Staats-Donnerwetters über der Fürstin nieder, die geglaubt hatte, sie allein könne in Spanien über Regen und Sonnenschein bestimmen. Sofort erhielt Philipp V. den großväterlichen Befehl, die Oberhofmeisterin ohne Umwege nach Rom zurückzuschicken, und diesmal gehorchte er noch. So brach Fürstin Orsini 1704 mit drei Kutschen und einem Gefolge von 25 Bedienten zum ersten Mal aus Spanien auf, scheinbar geschlagen. Aber ihre Feinde hatten nicht mit dem Spinnnetz der alten Damen gerechnet. Durch die Marschallin Noailles hatte sie noch immer indirekten Kontakt mit Madame de Maintenon, und so gut waren die Briefe, die sie aus Südfrankreich schrieb, dass man ihr bald erlaubte, sich mit der Rückreise nach Rom Zeit zu lassen. (Ob sie jetzt, 1714, in ihrer schneedurchwehten Kutsche daran denken musste, wie sie damals geschrieben hatte, eine sofortige Weiterreise sei wegen der großen Hitze lebensgefährlich?) Dann nahmen die Engländer Gibraltar ein, als wollten sie Versailles zeigen, wie schlecht es um die spanische Sache bestellt war. Brauchte man dort in dieser Situation nicht jede kompetente Person? Und wirklich folgte bald die Erlaubnis, auch nach Paris und schließlich nach Versailles zu kommen. Damit aber hatte die Fürstin praktisch schon gewonnen. Es hatte gute Gründe, wenn Hofintriganten stets versuchten, ihren Gegner so lange vom Herrscher fernzuhalten, bis der eine ohne Gesichtsverlust nicht mehr revidierbare Entscheidung gefällt hatte. Auf nichts waren Höflinge so sehr trainiert wie darauf, im Gespräch von Angesicht zu Angesicht freundlich überzeugend zu wirken, während sie jedes Wort des Gegenübers blitzschnell analysierten. Wenn ihr Gegner ein Abwesender war, der keine besseren höfischen Unterstützer hatte als sie selbst auch, war die bloße Chance eines Gesprächs mit König, Königsmätresse oder sonstigen Machthabern daher schon unter normalen Bedingungen praktisch eine Erfolgsgarantie. Die Fürstin Orsini aber war ein Naturtalent dieses Berufs, und so war die Karriere des Abbé d'Estrées schon begraben, bevor sie nur eine halbe Stunde mit Madame de Maintenon gesprochen hatte; den neuen Noailles-Verwandten, den man zu seinem Nachfolger ernannte, erledigte sie ebenfalls noch vor ihrer Rückreise. Schon nahm man sie auch ins verzauberte Marly mit, wo die Königsehefrau aus Rücksicht auf die vom Sonnenlicht angestrengten Augen der Fürstin alle Vorhänge ihres Appartements zuziehen ließ; dann begannen sie miteinander zu sprechen und hörten tagelang nicht mehr auf. Bald kam auch der König dazu. Die fließende, leichte Konversation der Fürstin, die stolz war und doch drastisch selbstironischen Humor hatte, bezauberte Ludwig XIV. ebenso wie ihren jungen Cousin Saint-Simon, der noch lange von ihren Erzählungen zehrte. Am Ende blieb sie fünf Monate bei Hof und wäre ohne Widerspruch länger geblieben, wenn dem nicht Madame de

Maintenons nachvollziehbare Sorgen entgegengestanden hätten. Die Fürstin mochte inzwischen zweiundsechzig Jahre alt sein, aber der König war sechsundsechzig und sie selbst nicht nur neunundsechzig, sondern auch mit einer sehr pessimistischen Realismus-Variante geschlagen, die ihr sagte, die Orsini solle lieber weiterhin den spanischen als den französischen König beherrschen. Am 22. Juni 1705 brach die erneut zur Camarera mayor Ernannte aus Paris auf, um im Triumph nach Madrid zurückzukehren.

Sie kam keinen Moment zu früh. Da es in Spanien selbst seit Jahrhunderten keinen Krieg mehr gegeben hatte, fehlte es überall an modernen Befestigungen und Kriegsmaterialien. Gleich zu Beginn des Krieges hatte daher eine portugiesische Invasionsarmee zu ihrer eigenen Überraschung Madrid eingenommen. Auch wenn dieser Erfolg nicht von Dauer war, eröffnete er doch einen Krieg, bei dem sowohl das Königspaar samt spanisch-französischer Armee als auch Karl III. und die alliierten Truppen in ständiger Bewegung blieben. Philipp V. war intelligent und tapfer, aber schon damals immer wieder von Depression gezeichnet, und so waren es die Königin und ihre Oberhofmeisterin, die ihn stets von neuem motivieren mussten, sich hoch zu Ross als strahlender Held dem verängstigten Volk zu zeigen. Das allein konnte freilich nicht reichen. Im Frühjahr 1707 zeichnete sich ab, dass die Königin auch für das gesorgt hatte, was für die Bewahrung des Thrones am zweitwichtigsten war: Sie war schwanger. Am 25. August 1707 gebar sie (immer noch nicht einmal neunzehn Jahre alt) einen Königssohn, der neben dem spanischen Thronfolgertitel Prinz von Asturien auch den urfranzösischen Namen Ludwig erhielt. Schwieriger war es mit dem Familiennamen, der nach spanischem Brauch auch im Herrscherhaus relativ sichtbar war, aber nicht «Spanien» lauten konnte, weil das nach wie vor nur der sehr lockere Arbeitstitel für die Personalunion der Königreiche Kastilien, León, Aragón und Valencia war. An sich hießen die Dynastien hier daher nach ihrem wichtigsten vorherigen Besitz, im Falle der habsburgischen Könige also «de Austria» (was auch erklärt, warum die spanische Mutter Ludwigs XIV. als «Anna von Österreich» bekannt wurde). Philipp V.

aber, der als Sprössling des bisherigen Erbfeinds ohnehin schon genug Gegenwind hatte, wollte seine Kinder ungern «de Francia» nennen. Stattdessen grub man daher den seit 1589 nicht mehr verwendeten Namen Bourbon aus und löste damit unabsichtlich eine Entwicklung aus, an deren Ende man von Frankreich und Spanien als «den bourbonischen Höfen» sprach, bis der eigentlich ganz unpassende Name sich rückblickend für die ganze Familie Ludwigs XIV. durchgesetzt hat. Das ließ sich 1707 freilich noch nicht erahnen. Umso wichtiger war dagegen, was die Geburt eines Kronprinzen den schwankenden Granden signalisierte: Dieses Herrscherhaus hatte eine Zukunft, und wer sich für Philipp V. engagierte, würde nicht als Verlierer in der dynastischen Sackgasse enden.

Die Geburt eines Erben allein hätte naturgemäß nicht gereicht, den Thron Philipps V. zu festigen. Zu seinem Glück war jedoch kurz zuvor die wichtigste Weichenstellung ebenfalls gut ausgefallen. Das Heer Karls III. war in sengender Hitze durch Zentralspanien marschiert, um die französischen Hilfstruppen Philipps zu stellen, von denen man annahm, dass sie zahlenmäßig unterlegen waren. Tatsächlich waren sie jedoch mit 32 000 Mann fast doppelt so stark wie die Angreifer und wichen nur deshalb zurück, weil ihr Befehlshaber bis zuletzt Angst hatte, die Schlacht ohne seinen an der Grenze aufgehaltenen Vorgesetzten Herzog von Orléans zu eröffnen. Die Angst basierte freilich einzig und allein auf Ranggründen, denn kriegserfahren war der zweite Mann auch selber. Es war der uneheliche englische Königssohn Berwick, der hier an der Spitze einer französischen Armee einem englischen Heer gegenüberstand, das seinerseits von einem Franzosen kommandiert wurde. General Lord Galway hatte bis zum Übertritt in die Dienste Wilhelms III. Marquis de Ruvigny geheißen, und sein Bruder war La Caillemotte gewesen, der 1690 in der Schlacht an der Boyne gefallen war, während auf gegnerischer Seite Berwick zugesehen hatte. Jetzt war es Galway, der Berwick verfolgte, ohne zu ahnen, dass der ihn in eine Falle manövrierte. Am Ostermontag 1707 trafen beide Heere unterhalb der kastilischen Burg Almansa aufeinander. Eine spanische Kavallerieattacke entschied den Tag, als sie auf die portugiesische Reiterei des alten Marquês das Minas traf, der man aus Gründen des Ranges den rechten Flügel zugewiesen hatte. Der fünfundsechzigjährige Marquis selbst kämpfte todesmutig, während neben ihm seine als Mann verkleidete Geliebte den Tod fand. Das Gros der Reiter floh jedoch in Panik, und als im beginnenden Chaos auch der einundsechzigjährige Galway zwei Säbelhiebe auf die Stirn erhielt, brach die Schlachtordnung der Alliierten völlig auseinander. Während der größere Teil der holländischen, britischen und hugenottischen Infanterie in disziplinierten Linien und Rechtecken langsam vom Schlachtfeld marschierte, rettete der niederländische Generalmajor Graf Johann Friedrich zu Dohna-Ferrassières fünfzehn Bataillone und fünf Kanonen auf einen waldbedeckten Berg. Er war der am Genfer See aufgewachsene Erbe reicher französischer Güter, die in jedem Krieg konfisziert wurden, der Bruder des preußischen Kronprinzenhofmeisters und einer der besten Generäle des niederländischen Heeres. Gegen die unerbittliche Sonne Spaniens, den Hunger und den Durst konnte jedoch auch er nichts ausrichten. Nach einem Tag ergab er sich ehrenvoll, und mit dieser Kapitulation war die alliierte Eroberung Kastiliens endgültig gescheitert. Berwick hatte Philipp V. die Krone gerettet.

Seine Belohnung fiel so fürstlich aus, dass sie den Nachkommen des bisher Heimatlosen auf Dauer einen großartigen Platz in der europäischen Adelswelt sicherte. Sein jüngerer Halbbruder mochte nominell König sein und wurde doch gerade dadurch auf Lebenszeit ins unruhige Exil verbannt, ohne sich Geld oder Besitz verdienen zu können. Berwick hingegen begründete jetzt gleich zwei aristokratische Dynastien. Für seinen jüngeren Sohn würde Ludwig XIV. in jenen Marly-Tagen von 1710, während derer auch Saint-Simon und Orléans dort intrigierten, den französischen Herzogtitel Fitzjames schaffen, den die französischen Nachkommen des Königssohnes bis zu ihrem Erlöschen 1967 besaßen. Den Löwenanteil des Erbes erhielt währenddessen Berwicks älterer Sohn, der dem Vater als Grande erster Klasse und in den spanischen Herzogtümern Liria und Xérica nachfolgte, bevor er 1716 mit der Erbin des Christoph Kolumbus auch so schöne

Titel wie Großadmiral von Indien oder Marquis von Jamaica erheiratete. Weil eine weitere reiche Heirat der Familie schließlich 1802 auch noch das Herzogtum Alba einbrachte, waren die spanischen Nachkommen Berwicks von da an unter diesem Namen am bekanntesten. Sie besaßen Alba, Liria, Xérica und über 20 weitere Grandentitel, bis schließlich 1953 eine Erbtochter namens Cayetana Fitzjames-Stuart y Silva nahezu all den durch einheiratende Erbinnen erworbenen Besitz wieder aus der männlichen Linie des Königssohnes heraustrug. Diese erst 2014 verstorbene Herzogin von Alba heiratete in erster Ehe einen Herzogssohn, in zweiter Ehe einen Ex-Priester und Adorno-Herausgeber, schließlich als Fünfundachtzigjährige einen vergleichsweise jugendlichen kleinen Angestellten, nachdem das Magazin *Vanity Fair* sie gerade erst zur bestangezogenen Frau des Jahres gekürt hatte. Schwer zu sagen, ob Berwick sich den Ausgang seines dynastischen Plans genau so vorgestellt hatte; wie sehr die Belohnungen der Könige aber über die Jahrhunderte wirken, das zeigt das Beispiel umso besser.

Das Königshaus selbst schien durch den Sieg bei Almansa gefestigt wie nie. Schon war der Gegenkönig in die Defensive gedrängt, schon sah es aus, als wäre bald wieder ganz Spanien unter der Herrschaft Philipps V. vereint, da setzte auf den anderen Kriegsschauplätzen die Serie der französischen Rückschläge ein. Der katastrophale Feldzug von 1708 ruinierte Frankreich, noch bevor die große Kälte des Winters 1709 die Temperaturen selbst am Mittelmeer auf fast 20 Minusgrade absinken ließ. Hungersnot und Geldmangel zwangen den einst so stolzen Sonnenkönig, in Friedensverhandlungen mit den Alliierten zu treten. Indem die Alliierten darauf bestanden, dass Ludwig XIV. seinen Enkel notfalls selbst aus Spanien vertreiben solle, retteten sie Philipp V. unwissentlich die Krone, weil dies und nur dies für den Großvater inakzeptabel war. So scheiterten die Verhandlungen; der Krieg begann erneut und perpetuierte sich von neuem, weil die Schlacht von Malplaquet ein neues Patt schuf. Die Fürstin Orsini und ihre Königskinder aber hatten während dieser Sommertage des Jahres 1709 einen historischen Moment lang den Atem anhalten müssen, als sie begriffen, wie nah Frankreich daran gewesen war, sie fallenzulassen. Langsam, aber unaufhaltsam begann nun tödliches Misstrauen die feinen Fäden zu überwuchern, die Madrid mit Versailles verbanden. Gewiss, die Friedensverhandlungen waren gescheitert. Aber hatte nicht Geldmangel den Abzug der meisten französischen Truppen aus Spanien erzwungen? Musste nicht Philipp V. den Rest jetzt selbst bezahlen, und musste er nicht dabei zusehen, wie sie trotzdem nicht kämpfen wollten? Längst war die Fürstin Orsini überzeugt, dass Frankreich das Königspaar durch die Hintertür doch noch opfern wollte, indem es den Weiterkampf unmöglich machte. Denn natürlich marschierten jetzt die Alliierten wieder voran, während Frankreich zu Beginn des Jahres erneut Friedensverhandlungen eröffnete. Immer mehr wurden nun auch die Briefe der Orsini und der Maintenon zum Schlachtfeld, auf dem der fast wütende hochadelige Kampfgeist der einen auf den vorsichtig resignierten Realismus der anderen traf. Hatte denn nicht Malplaquet gezeigt, dass Frankreich noch immer kämpfen konnte? Nein, antwortete Madame de Maintenon. Malplaquet hatte gezeigt, dass man noch immer Zehntausende umbringen konnte, ohne danach einen Schritt näher am Sieg oder am Frieden zu sein; wie oft sollte das noch geschehen? Längst hatten die beiden die sonst so sorgfältig eingehaltene Konvention über Bord geworfen, wonach sie nur zwei arme alte Damen seien, die sich im stillen Kämmerlein Gedanken über den schweren Lauf der Welt und die großen Taten der unbeeinflussbaren Männer machten; längst zeigten ihre Briefe, dass sie nie Illusionen über das Ausmaß ihrer Macht gehabt hatten, die zugleich unerträgliche Verantwortung war. Niemand kann sicher sagen, was geschehen wäre, wenn die Alliierten in diesem Moment verspäteten Verstand bewiesen und Ludwig XIV. angeboten hätten, sich einfach so aus dem Krieg zurückzuziehen. Der von seiner Frau, deren Oberhofmeisterin und den spanischen Anhängern angefeuerte Philipp V. hätte ohne Zweifel allein ausgehalten, wäre aber auch aller Wahrscheinlichkeit nach besiegt worden, wenngleich seine mutige Königin für diesen Fall bereits angekündigt hatte, notfalls selbst von Peru aus weiterzukämpfen. Das Haus Österreich hätte den spanischen Thron zurückerhalten, Philipp V. hätte wohl an der Seite von Berwicks

Halbbruder die Exilkönig-Sammlung seines Großvaters vervollständigt, und die Fürstin Orsini hätte vermutlich als gescheiterte Verräterin der Interessen Frankreichs in ein unsicheres Exil fliehen müssen. Fast sicher wären Europa auf diese Weise nicht nur die letzten Jahre des Spanischen Erbfolgekriegs, sondern auch die nächsten beiden großen Kriege erspart worden. Aber es sollte nicht sein. Die Alliierten hatten sich derartig an ihr Bild vom unersättlichen Imperialisten Ludwig gewöhnt, dass nur eine totale Demütigung dieses Feindes ihnen Sicherheit zu garantieren schien. Sie merkten nicht, dass genau das sie inzwischen nicht weniger verblendet machte, als es ihr Feind so lange gewesen war, und ließen also auch 1710 die Friedensverhandlungen wieder am fatalen Artikel 37 scheitern, der Ludwig gegen seinen Enkel in Stellung gebracht hätte.

Ein scheinbar allerletztes Mal hatten die Zöglinge der Fürstin Orsini eine Atempause gewonnen. Noch aber stand ihnen die glückliche Wendung bevor, die die alte Dame letztlich ihren Realitätssinn kosten sollte. Als Frankreich 1710 ein weiteres Mal Unterstützung nach Spanien schickte, sah es noch so aus, als könnte auch das kaum mehr helfen. Zwei neue Schlachten hatte Philipp bereits verloren, bevor er auch Madrid ein zweites Mal aufgeben musste und erst im letzten Moment dadurch gerettet wurde, dass der 1708 in Flandern so fatal gescheiterte Herzog von Vendôme jetzt in der Doppelschlacht von Brihuega und Villaviciosa (9./10. Dezember 1710) die Briten und Österreicher besiegte. Die wirkliche und unvorhersehbare Rettung der spanischen Bourbonen brachten jedoch zwei ferne Hofereignisse.

Im Januar 1711 vollendete sich am britischen Hof die Wühlarbeit, mit der Mrs. Masham seit Jahren ihre Cousine Herzogin von Marlborough in der Gunst der alleinregierenden Königin Anna unterminiert hatte. Die dreißigjährige Freundschaft Annas mit Sarah Marlborough, die diese zur Oberhofmeisterin und ihren Mann zum Chef der alliierten Armeen gemacht hatte, ging an der wütenden Eifersucht der Herzogin zugrunde, bis schließlich Anna sie entlassen musste. Schon im März wurde daraufhin Mrs. Mashams Cousin Harley faktischer Premierminister, der als Gegner des ganzen Krieges nun begann, den

Oberbefehlshaber Marlborough immer mehr an die Wand zu drängen. Schließlich starb im April 1711, nur drei Tage nach dem französischen Dauphin, der Römisch-Deutsche Kaiser Joseph I., ohne einen Sohn zu hinterlassen. Die österreichischen, böhmischen und ungarischen Erblande fielen dadurch ebenso wie die praktisch sichere Anwartschaft auf die Kaiserwahl seinem einzigen Bruder Karl zu, der seit acht Jahren als Karl III. um die spanische Krone kämpfte. Damit aber hatte sich auf einen Schlag das dynastische Gleichgewicht ganz Europas verschoben. Seit fast einem Jahrzehnt kämpfte Europa gegen Frankreich, weil ihm schon die Existenz eines französischen Königsenkels auf dem spanischen Thron wie eine unzumutbare Machtzusammenballung erschienen war. Nun stellte sich von einem Moment auf den anderen heraus, dass ein Erfolg dieses Kampfes eine ungleich größere Machtkonzentration in einer einzigen Person mit sich bringen würde. Selbst Karl V., in dessen Reich die Sonne nicht unterging, hatte nicht über so viele Untertanen geherrscht, wie es jetzt Karl III. beanspruchen konnte (bald würde er als Kaiser Karl VI. sein). Der ganze Spanische Erbfolgekrieg war anders gesagt nach zehn Jahren erbittertster Kriegführung allein dadurch zur vollkommenen Absurdität geworden, dass der verstorbene Kaiser zwar zwei Töchter, aber keinen überlebenden ehelichen Sohn hinterlassen hatte. Und so begannen denn sofort die ersten Alliierten von ihrem alten Bündnis abzubröckeln. Zum Jahresende 1711 stürzte auch Oberbefehlshaber Marlborough, und während er sich auf der Flucht vor einem Hochverratsprozess absetzen musste, erhielt sein Amtsnachfolger den Befehl, alle weiteren Kriegshandlungen in Flandern nur noch als Zuschauer mitzuverfolgen. Aufmerksamen Beobachtern war freilich schon länger klar, dass nicht nur dieser Krieg dem Ende zuging, sondern auch der österreichische Anspruch auf Spanien mangels Unterstützung hinfällig war. Man würde den neuen Kaiser mit dem bereits Eroberten abfinden, ihm also die bisher spanischen Niederlande (das heutige Belgien und Luxemburg), die Lombardei und Neapel oder Sizilien überlassen; Spanien selbst und «die Indien» hingegen würde Philipp behalten. Natürlich würde das lange Verhandlungen brauchen.

Um mehr als um die Details der Grenzziehungen aber konnte es da nicht mehr gehen.

Es war genau dieser Moment, in dem der heimtückischste aller Feinde die Fürstin Orsini unerwartet überwältigte, und dieser Feind war ihr Erfolg. Von den Bürgerkriegsabenteuern ihres Vaters bis jetzt war ihr knapp siebzigjähriges Leben eine Achterbahnfahrt gewesen. Ausnahmslos hatte sie gegen widrige Umstände kämpfen müssen, hatte sich daran gewöhnt, zu scheitern und wiederaufzustehen, über ihre blauen Flecken zu lachen und trotzdem mit der Würde einer großen Dame dem Kommenden entgegenzusehen. Immer wieder waren ihr neue unabsehbare Widerstände entgegengetreten, immer wieder hatte sie am Abgrund gestanden, und nie hatte sie sich darauf verlassen, dass sie auch weiterhin Glück haben werde. Nun aber, da alles möglich schien, da sie die mächtigste Untertanin zweier Könige geworden war, wurde sie von der überlebensgroßen Ausprägung eines begreiflichen Wunsches überwältigt. Unabhängig sein, frei, selbstbestimmt – wie emanzipiert klingt das nicht und wie modern, wenn man es so fasst. Aber was in diesem Herbst 1711 der nagende Wurm des Ehrgeizes der Fürstin Orsini soufflierte, das war eine ganz und gar vormoderne Hochadels-Version dieses Wunsches, aus der aller Stolz und alle Hybris des Hauses La Trémoïlle sprachen. Die fundamentalen Selbstverständlichkeiten ihres Standes waren so stark, dass auch eine ihr Leben lang ungewöhnlich stark zur Autonomie gezwungene Frau ohne Kinder sich den letzten Ehrgeiz nicht anders denn dynastisch denken konnte, und so beschloss sie, aus ihrer Familie ein Herrscherhaus zu machen. Aus der spanischen Konkursmasse würde irgendwo ein souveränes Fürstentum für sie herausgeschnitten werden, ein kleines Land, in dem sie keinen Monarchen mehr über sich haben würde, wo sie allein regieren und wohin sie sich zurückziehen konnte, wenn Spanien sie nicht mehr brauchte. Vor allem aber würde diese Souveränität ihr endlich, endlich den ersehnten Rang über allen anderen Untertanen geben, dem sie mit beiden Männern so erfolglos nachgejagt war; endlich würde sie ‹Votre Altesse› sein, ‹Euer Hoheit› und ‹Su Alteza›, wie es ihr jetzt Philipp V. gleichzeitig mit dem Versprechen eines solchen Fürstentums verlieh. In den Details war sie umso flexibler. Das Fürstentum solle jährlich mindestens 90 000 französische Pfund abwerfen, sicher. Wo es jedoch liege, sei ihr ganz egal, sie nehme etwas Italienisches ebenso gerne wie das Herzogtum Limburg oder die Grafschaft Chiny in den Ardennen, denn leben würde sie da doch ohnehin nur im Notfall – der Rang war alles, was zählte. Und für diesen Rang würde sie alles tun.

Irgendwo mitten in diesen Überlegungen driftete der sonst so pragmatische Verstand der Fürstin vom absolut Einleuchtenden in den Größenwahn ab. Es ist aufschlussreich, dass dies gerade einem so klaren Geist wie ihr passieren konnte, weil es zeigt, unter welcher Bedingung auch die klarsten Geister vollkommen irrationale Entscheidungen treffen oder rechtfertigen können – wenn diese Entscheidungen nämlich perfekt zur bewussten oder unbewussten Weltsicht der tonangebenden Elite passen. Der Fehler der Fürstin lag denn auch nicht darin, hier dynastisch zu denken. Das taten alle, die Aristokraten nicht weniger als die Monarchen oder die Bauern. Ihre fatale Fehleinschätzung lag anderswo. Die viel mächtigere Hauptlinie der La Trémoïlle proklamierte zwar seit spätestens 1648 an jeder Straßenecke ihre Rechte auf den Thron von Neapel, hatte aber von Anfang gewusst, dass das bestenfalls ein Verrechnungsscheck für Rang bei Hof sein würde. Mit der als Anne-Marie de La Trémoïlle geborenen Fürstin Orsini dagegen ging jetzt der defensive Stolz einer vergleichsweise deklassierten Nebenlinie dermaßen durch, dass sie zu vergessen bereit war, was sich in den letzten hundert Jahren geändert hatte. Indem sie riesige Militär- und Staatsmaschinen aufbauten, hatten die Herrscherhäuser nicht nur den Abgrund zwischen aristokratischen Untertanen und echten Monarchen endgültig unüberwindbar gemacht; wer ihn selbst nur durch Heirat zu überspringen versuchte, würde so enden wie Lauzun in Pignerol. Vor allem hatten auch dieselben großen Maschinen in den letzten zehn Jahren Hunderttausende Menschenleben zwischen ihren erbarmungslosen Rädern zermalmt, um das perfekte Gleichgewicht der Kräfte zu erzwingen. Konnte sie ernsthaft glauben, dass sie jetzt für eine französische Untertanin Platz machen würden, von der sofort das Gerücht kursierte, sie wolle das an der französischen Grenze erworbene Fürstentum doch nur haben, um es Ludwig XIV. zu schenken und sich so einen sicheren Lebensabend in Frankreich zu kaufen? Aber sie glaubte es, weil sie es glauben wollte, und so groß war ihre Macht über das spanische Königspaar, dass sie zuletzt die großen Räder noch fast zwei Jahre lang aufhalten konnte. Das nämlich war der schlimmste Teil ihres Plans: Er konnte nur gelingen, wenn sie bereit war, die 1712 neu aufgenommenen Friedensverhandlungen so lange im Namen Spaniens zu sabotieren, bis auch der Kaiser als neuer Herr Belgiens und Süditaliens ihr endlich das souveräne Fürstentum zugestand. So blieben die zum Friedenskongress von Utrecht versammelten Diplomaten der europäischen Mächte, als hätten sie sonst nichts zu tun, über viele Monate mit der Angelegenheit der Fürstin Orsini beschäftigt, während die letzten Truppen sich an die Front schleppten und nur die Erschöpfung aller Beteiligten verhinderte, dass sie sich noch einmal eine große Schlacht lieferten.

Im Frühjahr und Sommer 1713 wurden nach und nach die wichtigsten Friedensverträge geschlossen, und es sah es noch immer so aus, als könnte die Fürstin ihre Souveränität erlangen. Im weiteren Verlauf des Jahres erklärten jedoch immer mehr Mächte ihre unter Druck gegebenen Versprechen für nichtig, bevor im März 1714 auch der letzte offizielle Friedensschluss erfolgte, ohne dass der Wunsch der Fürstin sich erfüllt hätte. Trotzdem hatte die Orsini scheinbar noch nicht alles verloren, weil Philipp V. ihr eingedenk seines Versprechens zusagte, sie angemessen zu entschädigen. In der Realität hatte die Camarera mayor sich jedoch bereits dem Untergang geweiht. Durch die Verzögerung des Friedens, die auch wieder einmal das inzwischen schon routinierte Abschießen des aktuellen französischen Botschafters nötig machte, hatte sie sich nicht nur Ludwig XIV. und Madame de Maintenon endgültig zu zwar heimlichen, aber doch so entschiedenen Gegnern gemacht, dass die Historiker noch im 19. Jahrhundert zu Unrecht annahmen, ihr Sturz wäre von dieser Seite organisiert worden. Heute wissen wir, dass ihr Schicksal in dem Moment besiegelt war, in dem ihr Souveränitätsprojekt einen mittelitalienischen Gartenarbeitersohn namens Giulio Alberoni endgültig davon überzeugt hatte, dass eine Frau wie diese ihre Macht nie mehr mit irgendwem teilen werde. Wie hätte sie gelacht, wenn man es ihr gesagt hätte. Aber die dynastische Welt war so gebaut, dass hier der Flügelschlag eines Schmetterlings am richtigen Ort wirklich einen Wirbelsturm auslösen konnte; es brauchte nur einen Todesfall, um die stolzesten Machtgefüge einstürzen zu lassen.

Königin Marie Louise von Spanien war seit Jahren fiebrig gewesen, bevor die ununterbrochene Serie ihrer Schwangerschaften sie zusätzlich geschwächt hatte. Es war eine noch kaum verstandene Tuberkulose, die die Fünfundzwanzigjährige langsam tötete, bis Spanien am Vormittag des 14. Februar 1714 keine Königin mehr hatte. Philipp V., der ungeachtet ärztlicher Warnungen bis fast zum Schluss im Sterbezimmer ausgeharrt hatte, war untröstlich. Zudem hatte er zwei Söhne, sodass eine Wiederheirat auch dynastisch wenig nötig erschien; sofort wurde die Fürstin Orsini, die ja mit dem Tod der Königin ihr Oberhofmeisterinnen-Amt verloren hatte, zur Erzieherin dieser Prinzen ernannt. Und doch gingen noch während der dreitägigen Aufbahrung der Verstorbenen im Alcázar von Madrid Depeschen an Spaniens Diplomaten ab, um sie zu Verhandlungen über die nächste Heirat des Monarchen aufzufordern. Der König war zu sehr daran gewöhnt, die Nacht mit einer Frau zu verbringen, vermisste sicher auch die Gesellschaft der einen Person, die ihm wirklich ohne Hintergedanken loyal sein würde; die tiefschwarze Frömmigkeit aber, die Beauvillier und Fénelon im Vorbeigehen auch ihm anerzogen hatten, ließ es ihm unvorstellbar erscheinen, diese Nähe mit jemand anderem als einer vor Gott angetrauten Ehefrau zu teilen. Woher sie nehmen? Deutschland fiel aus, weil hier der Erzfeind in Wien alles verhindern würde, Portugal war Feind quasi per Naturgesetz, und Frankreich hätte höchstens eine Tochter des Herzogs von Orléans im Angebot gehabt, der seit seinen spanischen Intrigen gegen Philipp V. ein Todfeind der Orsini war. Die einzig denkbare polnische Prinzessin war ein wenig zu nah am Wiener Hof. Blieb als letztes Land, in dem es überhaupt noch katholische Prinzessinnen der benötigten Preisklasse gab, Italien. Warum auch nicht?, dachte die Fürstin, die einst keine italienischen Dienstboten gewollt hatte. Mit Frankreich war sie fertig, und da sie den Spaniern allein nicht trauen konnte, boten Italiener sich der langjährigen Römerin doch nun geradezu an als ergebene Helfershelfer. Unter den Prinzessinnen Italiens aber war keine der zweiundzwanzigjährigen Elisabetta Farnese vorzuziehen, die eine Nichte des Herzogs von Parma war und bald schon in Spanien Isabella heißen würde. War sie nicht zugleich in männlicher Linie Erbin des erlöschenden Hauses Parma und in weiblicher Linie die logische Erbin des Großherzogtums Toskana, wo die Medici ebenfalls auf ein sicheres Aussterben zusteuerten? Na also. Am Ende würde man mit diesen Erbschaften die spanische Macht in Italien wiederaufbauen können; war das nur erst getan, mochte die Rückeroberung von Neapel und Sizilien folgen. Die Fürstin war zufrieden mit ihrer Wahl.

Als General Graf Zenobio Albergotti, der die widerwilligen Komplimente Ludwigs XIV. überbringen soll, rechtzeitig zur Stellvertreterhochzeit am 15. August 1714 in Parma eintrifft, haben die Minister in Paris ihn bereits gewarnt. Sie wissen längst, was die Fürstin nicht wusste oder nicht wahrhaben wollte. Isabella Farnese ist zweiundzwanzig, und sie hat das falsche Temperament, um sich von einer übermächtigen Oberhofmeisterin so behandeln zu lassen wie ihre zwölfjährige Vorgängerin. Mehr noch als das Alter unterscheiden aber zwei ganz elementare Faktoren sie von Marie Louise. Sie heißen Prinz von Asturien und Infant Don Ferdinand, sie sind die beiden Stiefkinder der neuen Königin. Durch ihre bloße Existenz verhindern sie, dass je ein Sohn Isabellas den spanischen Thron erben wird und verurteilen sie dazu, sich später als Witwe in irgendein ödes Kloster zurückzuziehen. Und doch trägt sie zugleich wunderschöne Erbrechte in sich, mit denen sich Spaniens Macht in Italien wiederaufbauen lassen wird. Ist das erst getan, wer hindert sie dann noch, Neapel und Sizilien zurückzuerobern und ihrem eigenen Sohn als Königreich zu übergeben? Freilich, Spanien wird davon genauso wenig haben, wie Frankreich davon gehabt hat, Philipp V. auf den Thron von Madrid zu setzen. Aber was macht das, wenn sie selbst Spanien beherrscht;

es darf ihr dort nur niemand im Wege stehen. Wie diese Prämisse sich zur Stellung der Fürstin Orsini verhält, muss Isabella nicht lange erwägen, denn dafür hat sie Giulio Alberoni. Der fünfzigjährige kleine Priester mag der Sohn eines Gartenarbeiters sein, aber er hat die einzige Aufstiegsleiter für seinesgleichen gefunden und genutzt. Das Priesterseminar allein hätte nicht gereicht, das stimmt. Aber als der Krieg nach Norditalien gekommen war, da hatte Alberoni seine Intrigendienste sofort dem Herzog von Vendôme angeboten. Wen kümmert es jetzt noch, dass er angeblich nur deswegen zum Faktotum des mächtigen Feldherrn aufgestiegen ist, weil es ihm nichts ausmachte, von dem auf seinem Toilettenstuhl empfangen zu werden? Vendôme hat Alberoni 1710 nach Spanien mitgenommen, und weil er dort zum Gesandten seines parmaischen Landesherrn aufgestiegen war, ist es jetzt er, der der Fürstin Orsini vom angeblich so sanften Charakter der Farnese-Prinzessin vorschwärmen darf, bis die Falle zuschnappt. Als Gesandter kann Alberoni jeden Tag zum öffentlichen Mittagessen der Fürstin kommen und jeden Abend einen neuen Brief in die Heimat schreiben, um vor ihr zu warnen. Anfangs empfiehlt er noch, es ein Jahr lang mit ihr zu versuchen. Angesichts ihres sturen Bestehens auf der Souveränität aber begreift er, dass man ‹la Vecchia› (die Alte) nur überraschend wird stürzen können oder gar nicht. Und weil die Orsini müde geworden ist bei all ihrer Machtgewissheit, weil sie viel zu sehr damit beschäftigt ist, die Erhebung ihrer Neffen Chalais und Lante zu Granden erster Klasse zu feiern, ist diesmal nicht mehr sie, sondern ihre angeheiratete Nichte Fürstin von Piombino die Begleiterin der Königin auf ihrer Reise, die äußerlich der von 1701 so ähnlich sieht. Sogar ein wenig zu ähnlich, denn schon lange im Voraus hat Alberoni nach Parma geschrieben, dass Isabella Seekrankheit vortäuschen solle, um an Land gesetzt zu werden und so noch vor der Fürstin den Gesandten Alberoni treffen zu können. Auch diese Reise zieht sich daher wieder so endlos hin, dass inzwischen bereits die Zeit der kürzesten Tage begonnen hat. Als Isabella am 15. Dezember 1714 in Pamplona eintrifft, muss sie die Nacht schon mit Fackeln zum Tage machen lassen, um den dritten Stierkampf noch sehen zu können, den sie sich erbeten hat. Schon das ist geschickt für die Galerie gespielt, ein Zeichen an die Spanier, dass hier endlich mal jemand ihre Traditionen liebt. Während aber auf dem Hauptplatz der Stadt jetzt als Frauen verkleidete Priester einen Spaß-Stierkampf mit echten Stieren vorführen, bespricht sich die Königin ganz kühl zum ersten Mal selbst mit Alberoni. Von nun an begleitet der geborene Intrigant aus der Unterschicht die Nachkommin von Königen und Kaisern. Seit in Pamplona das ganze aus Parma stammende Gefolge vertragsgemäß zurückgeschickt wurde, ist er ihr letzter, ihr einziger Vertrauter. Jede Nacht bespricht er sich stundenlang mit ihr, die nie vor Mittag aufsteht, beschreibt ihr, was zu beachten und was zu befürchten ist, bis er ihr schließlich in der vierten Nacht unter Tränen gesteht, dass es nur ein einziges Mittel gibt, der Tyrannei der «Alten» zu entgehen. Sehr schön, sagt die Königin, nachdem er es beschrieben hat, aber was wird mein Mann sagen? Alberoni lächelt, erklärt, gibt ihr als Bedenkzeit eine Nacht, die sie schlaflos verbringt. Dann bricht sie allein mit der Fürstin von Piombino zur letzten Tagesetappe nach Jadraque auf, wo die Fürstin Orsini sie erwartet. Der König ist nur wenige Meilen weiter in Guadalajara, und er ist ungeduldig darauf, seine Frau endlich zum ersten Mal zu sehen. Er ahnt nicht, wie sehr auch sie das weiß, und noch weniger ahnt er, wie viel das ausmachen wird.

Als die Königin am 23. Dezember in Jadraque eintrifft, ist es bereits fast acht Uhr abends und unerträglich kalt. Während die Fürstin die Kutsche ihrer neuen Herrin auf das notdürftig zur Residenz umfunktionierte Bürgermeisterhaus zurollen sieht, mag sie an Isabellas allerersten Brief denken, den sie gerade mal am Vortag erhalten hat. Auf Italienisch hatte die sie da als «meine sehr teure und liebe Cousine» angeredet, hatte ihr erklärt, dass sie zwar bisher keine Zeit zum Beantworten ihrer Briefe gehabt habe, sie dafür aber jetzt umso lieber kennenlernen und umarmen wolle – signiert nach spanischem Brauch nur: «Ich, die Königin». Vielleicht dachte sie aber auch an ein ganz anderes Schreiben, das am selben Tag ausgestellt wurde und von dem noch bloß sie wusste. Es war ein Patent Philipps V., mittels dessen er aus dem eben erst zurückeroberten Katalonien ein Stück herausschnitt, um es als «Souveränes Fürstentum von Rosas und Cardona» auf Lebenszeit der Orsini zu übertragen; am morgigen Hochzeitstag wird der König es unterschreiben. Ich habe es doch noch geschafft, mag sie sinnieren, während sie die neue Königin im Schneetreiben aus der Kutsche steigen sieht, ohne ihr aus dem schützenden Torbogen heraus entgegenzukommen; es ist ja so kalt. Dann stehen zum ersten und letzten Mal diese beiden Frauen einander gegenüber, ohne die es zwei europäische Königshäuser nie gegeben hätte, geben einander stumm den Etikettekuss und ziehen sich in einen Raum zurück, in dem sie allein sind. Die Fürstin überreicht der Königin einen Brief Philipps V., der seine brennende Ungeduld beteuert, sie endlich zu sehen. Wäre Isabella unnötig ehrlich, so könnte sie der Fürstin jetzt erklären, dass genau diese Ungeduld ihr alles Weitere erlaubt. Stattdessen sagt sie, wie beleidigend die zur schnelleren Reise drängenden Briefe der Fürstin gewesen seien, auf die sie mit gutem Grund nicht geantwortet habe. Die Oberhofmeisterin beginnt sich zu rechtfertigen; noch immer ist sie gut darin, auch wenn sie nicht mehr genau weiß, ob sie mit diesem verwirrend dreisten Kind so sprechen soll wie damals mit der Zwölfjährigen oder eher wie mit Madame de Maintenon. Aber längst sind die Zeiten der dunklen Kammer von Marly vorbei. An diesem Winterabend im Nirgendwo ist egal, was sie sagt. Schon ruft die Königin den Hauptmann der Leibgarde, er solle diese Impertinente wegführen, die es wage, so mit der Majestät der Königin zu sprechen; schon wird die eben noch allmächtige Orsini in ein Nebenzimmer geführt, während die Leibgardisten ihre flüchtenden Bedienten verhaften. Zwar ist die alte Dame unerschüttert genug, um der Königin durch einen Lakaien das kostbare Schmuckstück überbringen zu lassen, das jede Camarera mayor ihrer Herrin zum Dienstantritt schenken muss. Der Lakai hat freilich noch nicht einmal seinen Satz über das Geschenk Ihrer Hoheit zu Ende gebracht, als die immer wütendere Königin ihn schon unterbricht: «Hoheit? In diesem Lande gibt es nur eine Hoheit, und das ist mein Stiefsohn.» Das Schmuckstück aber drückt sie der Fürstin von Piombino mit den Worten in die Hand: «Da haben Sie ein schönes Geschenk für Ihre Kammerzofe.» Dann ruft sie Amezaga, der bei

Almansa die entscheidende Kavallerieattacke geführt hat und dafür zum Gouverneur von Panama ernannt wurde (natürlich ohne da auch hinzumüssen, das wäre ja eine Strafe gewesen); jetzt kommandiert er die Leibgardisten, die die Königin begleiten. Isabella befiehlt ihm, eine Kammerfrau und einen Lakaien mitzunehmen, sie mitsamt der Fürstin in eine Kutsche zu setzen und diese dann von fünfzig Gardisten über die Grenze schaffen zu lassen – sofort. Und als er so entgeistert blickt, wie man es eben tut, wenn die Gestirne vom Firmament fallen, fragt sie ihn, ob er etwa nicht Befehl habe, ihr in allem zu gehorchen? Hätte man der Königin statt der spanischen die wallonische Leibgardekompanie zugeteilt, dann wären es loyale Gardisten unter dem Befehl eines weiteren Neffen der Orsini gewesen, die sie jetzt zur Kutsche führten. Wer weiß, ob es ihr nicht gelungen wäre, noch einmal ihren Erfolg von 1704 zu wiederholen, indem sie sich nach Guadalajara zum König bringen ließe, sich ihm zu Füßen würfe, ihm, der sie niemals von Angesicht zu Angesicht wegschicken könnte ... Aber es sind Spanier, die mehr Angst vor dieser stählernen jungen Frau haben als vor der alten Hexe, der man im Volk noch vor ein paar Monaten zutraute, den König womöglich selbst zu heiraten. Der Gouverneur von Panama mag tief beschämt und verwirrt sein, ohne dass ihr das mehr einbringt als ein im Gedränge zerbrochenes Fenster. Würdevoll sagt sie ihre vorerst letzten Worte am Hof von Spanien: «Ich bedauere sehr, der Königin Kummer bereitet zu haben.» Dann fährt die Kutsche los, fährt langsam auf den vereisten Weg, der durchs Hochland führen muss, damit sie nicht nach Guadalajara abbiegen kann. Fährt immer weiter, quälend langsam durch eine Nacht voll böser Fieberträume, bis sie schließlich um sieben Uhr morgens zu Tode erschöpft in Atienza ankommen. Der Kutscher hat dermaßen schwere Erfrierungen, dass man ihm eine Hand amputieren muss, und so oft haben sie sich im Dunkeln verfahren, dass man in acht Stunden gerade einmal 30 Kilometer weit gekommen ist.

Heiligabend und den ersten Weihnachtsfeiertag verbringt die Fürstin auf der Reise durch ein ungastliches Winterland. Ein paar Eier sind alles, was sich an Nahrungsmitteln findet, und ein paar Strohsäcke alles, was unterwegs in den Bauernhütten einem Bett noch am ähnlichsten sieht. Erst am 26. Dezember erreichen ihre schockierten Neffen Lante und Chalais sie in Aranda de Duero, um ihr zu berichten, was inzwischen geschehen ist. Noch einmal erscheint ein Silberstreifen am Horizont, als sie erzählen, wie unwillig der König am 24. die Erklärungen Alberonis entgegengenommen hat. Ohne die Befehle seiner Frau, die er noch immer nicht gesehen hat, direkt zurückzunehmen, schreibt er doch der Oberhofmeisterin einen beruhigenden Brief, sie solle anhalten und auf die baldige Verbesserung ihrer Lage warten, die sie von ihm zu erhoffen das Recht habe. Selbst das Patent über ihr Fürstentum Rosas hat er an jenem Tag noch unterschrieben, um es ihr bald nachschicken zu lassen, und so gierig saugt die halbverhungerte Fürstin diese Nachrichten ein, dass sie nicht anders kann, als neue Hoffnung zu schöpfen. Mehr als einen Tag lang bleibt sie, die erst jetzt das absurde Staatskleid ablegen kann, weil die Neffen notdürftiges Gepäck mitgebracht haben, in der Schwebe zwischen Höflingshimmel und Höflingshölle. Dann erhält sie einen zweiten Brief des Königs.

Königin Isabella war am 24. gegen alle ihre Gewohnheiten um sieben Uhr morgens aufgestanden, um rechtzeitig in Guadalajara anzukommen. Sie war nervös genug, als sie gegen drei Uhr nachmittags zum ersten Mal dem Mann gegenüberstand, mit dem sie den Rest ihres Lebens verbringen sollte. Aber auf durchaus perverse Weise hatte Alberoni recht gehabt, als er den König einige Tage zuvor mit dem ganzen Hohn, zu dem nur ein baldiger Kardinal-Premierminister fähig ist, «einen Heiligen» nannte. Es braucht nur wenige Blicke, einige demonstrativ liebevolle Worte für den siebenjährigen Stiefsohn und einen Kniefall, damit Philipp V. sich in die einzige Frau verliebt, die das Gesetz Gottes ihm jetzt noch zu lieben erlaubt. Schon nimmt er sie bei der Hand, um sogleich in den Palast von Infantado hinüberzugehen, wo die endgültige Trauung vollzogen wird. Dann ziehen Ihre Katholischen Majestäten sich ins Bett zurück, und während sie dort die nächsten sechs Stunden bis zur Mitternachtsmesse verbringen, sprengen zwei Reiter los, um zwei Briefe zu überbringen. Der eine ordnet an, das Souveränitätspatent zurück zu den Akten zu legen. Der andere erreicht die Fürstin Orsini am 28. Dezember. Es ist das Ende. Der König wünscht ihr eine gute Reise, nichts bleibt ihr mehr. Aber es ist ihr doch noch etwas geblieben. Sie wird nach Italien zurückkehren. Sie wird inkognito reisen, um nicht offiziell auf die zerronnene Hoheit verzichten zu müssen. Sie wird sich in Genua niederlassen, bis sie 1719 erfährt, dass die anorexische Schwester der beinahe mit Philipp V. verheirateten polnischen Prinzessin als Königin nach Rom kommen wird, wenn nur die zu ihrer Begleitung angeheuerten irischen Banditen es schaffen sollten, sie an den Häschern des Römisch-Deutschen Kaisers vorbeizuschmuggeln. Inzwischen nämlich hat der Friedensschluss von 1713 Ludwig XIV. nicht nur endgültig zur Anerkennung der revolutionären Thronfolge in England gezwungen. Er hat ihm darüber hinaus auch auferlegt, den Exilkönig Jakob III., der eben noch bei Malplaquet sein Leben riskiert hat, aus seinem Land zu vertreiben. Das allein reicht den Briten jedoch nicht, die den Prätendenten mit gutem Grund noch immer fürchten. Die sonst zwischen Monarchen unüblichen Mordanschläge auf ihn mögen improvisiert sein. Umso systematischer ist ihre Politik, ihn aus einem Land nach dem anderen verdrängen zu lassen, bis nur noch Rom ihm Asyl gewährt, wo sie ihn von Anfang an hatten hinbringen wollen – die Ausgeburt des Papismus sollte in den Höllenschlund des Bösen ziehen, damit kein englischer Patriot sich mehr Illusionen über sie machen kann. Für die Fürstin Orsini hingegen ist Rom eine schöne Erinnerung, die Welt der jakobitischen Verschwörer eine interessante Variation auf ihr bisheriges Berufsfeld und der streng katholische Phantomhof, den Jakob III. dort jetzt mit seiner erfolgreich über die Alpen geschmuggelten Frau Clementina Sobieska einrichtet, die langersehnte Herausforderung, nicht aus der Übung zu kommen. In kürzester Zeit wird sie zur Vertrauten dieser beiden und macht ein letztes Mal unter Palmen Regen und Sonnenschein, bis sie 1722 als lebenssatte Achtzigjährige stirbt. In Spanien aber hat sie eine Königin zurückgelassen, deren große Pläne Europa von nun an in Atem halten werden.

KAPITEL 12

Marthon legt sich
einen Vornamen zu

⚜

PARIS, 25. MÄRZ 1719

Hätte der Comte de Marthon jemals von allein bemerkt, dass er keinen Vornamen hatte? Dreiundzwanzig Jahre lang war ihm nie etwas aufgefallen; die Eltern nannten ihn ‹mein Sohn›, Geschwister, Freunde und Offizierskameraden ‹Marthon›. Der übrige Adel von Versailles sagte ‹Monsieur› zu ihm. Der König, der niemanden einfach so mit ‹Mein Herr› anreden konnte, nannte ihn ‹Monsieur de Marthon› oder ‹Comte de Marthon›, und jene zwanzig Millionen Franzosen, die sozial weit unter ihm standen, mussten ‹Herr Graf› (Monsieur le Comte) sagen. Wer überhaupt jemand war, wusste und hatte zu wissen, dass Marthon zur Familie Roye de La Rochefoucauld de Roucy gehörte – und also zum selben Clan wie der Großmeister der Garderobe, der dem König jeden Tag Hemd und Schuhe an- und auszog. Wann immer ein protestantischer Souverän starb, sah man den braven Katholiken Marthon Trauerkleidung anlegen, weil doch zwei seiner Urgroßmütter aus dem Haus Bouillon stammten und deren gemeinsame Mutter eine Nassau-Oranien war, die ihn mit Gott und der Welt verwandt machte. Sein Vater war Blanzac, sein Halbbruder der schöne Nangis, dem die Herzogin von Burgund in der Spiegelgalerie immer etwas zu lange hinterhergesehen hatte, und seine Tante zweiten Grades Madame de Saint-Simon, deren rangbewusster Ehemann auf diese Verwandtschaft nicht wenig stolz war. Marthon selbst war ein umgänglicher Hofmann, der sich von Anfang an da geschickt verhielt, wo seine Eltern ihre jeweiligen Karrieren an die Wand gefahren hatten. Er hatte zu kompensieren, dass sein Vater als jüngerer Sohn ohnehin nur sehr wenig geerbt hatte, und konnte tatsächlich im Laufe eines langen Lebens seinen Familienzweig zu neuem Glanz emporheben. Obwohl er intrigentauglich genug war, um sich nicht mit den je nach Moment falschen Leuten einzulassen, scheint ihm dennoch die dynastische Karriere nicht über alles gegangen zu sein, denn als er zum ersten Mal die Möglichkeit erhielt, durch Heirat mit einer immens reichen Cousine fast das gesamte Familienvermögen an sich zu bringen, lehnte er das noch ab. Er lebte nämlich seit langen Jahren mit einer anderen Cousine namens Mademoiselle de La Roche-sur-Yon zusammen, die er nicht heiraten konnte, weil sie als Prinzessin aus dem Hause Bourbon-Conty von zu hohem Rang für ihn war – den letzten Versuch einer solchen Heirat hatte Marthons Onkel Lauzun 1670 unternommen, und wir haben gesehen, wohin das geführt hatte. Auch deshalb wusste alle Welt, wer er war; selbst sein Anblick war im Übrigen aufschlussreich genug. Wenn er vor dem geborgten Vorstadt-Schlösschen seiner bankrotten Mutter aus der Kutsche stieg, verrieten knallbunte Kleidung und rote Absätze den altadeligen Hofmann; fuhr er durch die äußersten Tore des königlichen Schlosses, erkannten ihn die auf so etwas trainierten ‹gardes de la porte› an den roten Sparren, den blauen Löwen und der sich kämmenden Nixe des auf die Kutsche gemalten Wappens und wussten, dass sie ihn nicht bis in den innersten Hof fahren lassen durften, weil er kein Herzog war. An wenigen ausgewählten Tagen im Jahr konnte man ihn wohl sogar in einer Uniform sehen, die diskret darauf verwies, dass er seit seinem neunzehnten Lebensjahr der eher theoretische Kommandeur von sechshundert Soldaten war. Alles war gut, und das Letzte, was so ein Mann gebraucht hätte, war ein Vorname.

In diesem Frühling 1719 jedoch griffen zum ersten Mal die kalten Finger der beginnenden Moderne nach Marthon. Krieg lag in der Luft. Das war für sich genommen freilich gerade diesmal noch alles andere als modern, ging es doch um nichts anderes als den rein dynastischen Plan der spanischen Königin Isabella Farnese. Zusammen mit Alberoni, der zum Kardinal und Premierminister aufgestiegen war, hatte sie ihren Mann Philipp V. dazu bewogen, mit einer Landung auf Sizilien die Rückeroberung Italiens für die spanische Krone einzuleiten. Dass das Haus Österreich und also der Römisch-Deutsche Kaiser sich dem widersetzen würde, war klar, denn ihm waren ja die meisten bisher spanischen Provinzen beim Friedensschluss von 1713 zugefallen. Dass die seit 1688 mit Österreich verbündeten Briten und Niederländer ihre Alliierten dabei unterstützen würden, war ebenso wenig überraschend. Umso erstaunlicher mutet es auf den ersten Blick an, dass nun auch Frankreich sich an der Seite dieser drei Mächte gegen Philipp V. stellte, dem es gerade erst in einem dreizehnjährigen Krieg unter unsagbaren Opfern den spanischen Thron erkämpft hatte. Und doch war auch das konsequent. Weil es in der damaligen Politik weder ideologische noch wirklich nationalistische Motive gab, hätte nur dynastische Solidarität die beiden Länder vom Krieg abhalten können, deren Könige Philipp V. und Ludwig XV. ja immerhin Onkel und Neffe waren. Gerade aus dynastischen Motiven wurde jedoch nichts daraus. Schon Philipp V. selbst musste sich als Begründer einer neuen Linie des französischen Königshauses mehr als für den Frieden mit dem Neffen dafür interessieren, seinen eigenen Nachkommen möglichst viele Territorien zu hinterlassen. Für seine dominante Frau Isabella ging es erst recht nur um ihren 1716 geborenen Sohn Don Carlos, der ja als jüngerer Halbbruder des Kronprinzen in Spanien nichts zu erben hatte. Wenn sie den ihr selbst ganz fernstehenden Verwandten ihres Mannes auf die Füße treten musste, um ihrem Ältesten eine eigene Krone zu verschaffen, dann würde sie das eben tun. In Frankreich andererseits war der noch immer erst neunjährige Ludwig XV. natürlich bloß nomineller Herrscher, für den sein Onkel Herzog von Orléans als Regent auch ganz offiziell die Regierungsgeschäfte ausübte. Orléans aber hatte sich gleich nach Beginn seiner Regentschaft mit Großbritannien verbündet, und wenn das zum Kampf gegen Spanien führen sollte, dann machte ihm das nicht nur deswegen wenig aus, weil er ja mit Philipp V. wesentlich entfernter verwandt war als der kleine König. Vor allem war Philipp V., dem er 1709 die spanische Krone abzunehmen versucht hatte, inzwischen auch sein Rivale um die französische Thronfolge geworden. Warum das so war, wird im nächsten Kapitel deutlicher werden; hier reicht es festzuhalten, dass auch Philipp V. das genau genug gewusst hatte, um eine innerfranzösische Verschwörung gegen den Regenten Orléans anzuzetteln. Da ihr Auffliegen Orléans begreiflicherweise endgültig gegen den spanischen Cousin einnahm, hatte er spätestens ab da auch keinerlei Skrupel mehr, sich nach der spanischen Invasion auf Sizilien sofort den drei anderen Mächten anzuschließen, die sich unter dem schönen Namen Quadrupelallianz der spanischen Expansion entgegenstellten. Es folgten also anders gesagt alle Akteure nur ihrem logischen Eigeninteresse und gerieten damit doch in ganz absurde Frontstellungen, weil eben das ganze System der dynastischen Machtpolitik nicht nur zynisch, sondern auch paradox instabil war. Dieselbe stur durchgezogene Vererbung der Herrschaft, die die entstehenden Staaten im Inneren stabilisierte, führte auf der Ebene der Außenpolitik ständig zu unvorhersehbaren Konflikten.

So wie die Kriegsmotive der Könige alles andere als modern waren, so war auch die Selbstverständlichkeit, mit der Schwertadelige wie Marthon solche Kriege herbeisehnten, ein uraltes Erbe des nie ganz zu Ende gegangenen Rittertums – Kämpfen war für sie eben der einzig wirklich legitime Beruf und eine Friedenszeit wie die letzten sechs Jahre praktisch Arbeitslosigkeit. Schlimm genug, dass Marthon nur ein Infanterieregiment kommandierte (die Kavallerie galt als ritterlicher, ergo vornehmer) und mit dreiundzwanzig immer noch nicht Brigadegeneral war: Beide Probleme konnte man realistischerweise nur im Krieg lösen, der dem Grafen daher wohl gelegen kam. Das Regiment, das theoretisch von Marthon und praktisch von einem erfahrenen älteren Provinzadeligen ohne Beziehungen kommandiert wurde, war noch etwas theoretischer der Besitz von Marthons entferntem Cousin aus dem Königshaus, dem Prince de Conty, dessen Schwester ja praktischerweise Marthons Lebensgefährtin war. Conty selbst war der Ehemann derselben Prinzessin, die 1710 noch als Mademoiselle de Bourbon den Wettkampf um die Hand des Herzogs von Berry verloren hatte. Den viel rangniedereren Conty hätte sie wohl in jedem Fall nur als eine Art Trostpreis betrachtet; leider war er außerdem aber auch noch klein, hässlich und so ungeschickt, dass man das Geräusch einer im Hintergrund über den eigenen Spazierstock stolpernden Person bei Hof angeblich schon reflexartig mit den Worten «Das ist nichts, Conty ist nur wieder hingefallen» kommentiert haben soll. Das Binnenklima dieser Ehe war also von Anfang an wenig erfreulich gewesen; 1719 aber war es längst bis zu massiver Feindseligkeit und bösem Streit in der Öffentlichkeit eskaliert, bei dem die Prinzessin ihren Mann schon einmal daran erinnerte, dass er ohne sie keinen Prinzen von Geblüt machen könne, sie aber ohne ihn sehr wohl. Kaum überraschend also, dass Conty der Krieg gerade recht kam; seinen gleichaltrigen Günstling, Obristen-Stellvertreter, Cousin und Quasi-Schwager Marthon dorthin in der eigenen Kutsche mitzunehmen, verstand sich erst recht von selbst. Das standesgemäße Leben war freilich auch im Felde teuer, zumal wenn man mit einem Prinzen reiste, und so verschaffte Conty Marthon jetzt erst einmal ein jährliches Zusatzgehalt von 3000 französischen Pfund, damit der nicht sehr reiche Regimentskommandeur sich die für den Feldzug benötigten neuen Pferde, Uniformen, Zelte, Diener und Köche überhaupt leisten konnte – der Prinz selbst erhielt zum selben Zweck einmalig 150 000 Pfund und für 10 500 Pfund Silbergeschirr zur Bewirtung anderer Offiziere.

Für dieses Zusatzgehalt aber, und damit kommen wir endlich zum modernen Ausgangspunkt von Marthons Problem, musste irgendwo im Kriegsministerium ein bürgerlicher Beamter eine Urkunde ausstellen. Dieser Beamte mochte so obskur sein, dass selbst der mehrtausendseitige Staatskalender seinen Namen nicht verzeichnete – der Name des Obristen war ihm für seine Buchführung nun einmal nicht vollständig genug, und also erbat er für das notwendige Patent höflich die Mitteilung eines Vornamens, auf die man vor sechs Jahren bei der Ernennung zum Obristen noch verzichtet hatte. Zu gerne wüsste man, welche Variation auf «Ach ja» oder «Was weiß denn ich?» Marthon durch den Kopf ging, als er diesen Brief erhielt. Jedenfalls befragte er erfolglos Verwandte und Kindermädchen, bis er herausfand, dass seine Taufe im gelinde gesagt unordentlichen Haushalt der Eltern schlichtweg vergessen worden war. Immerhin war damit auch klar, wie sein Problem gelöst werden könne, und so ließ er sich am 25. März 1719 im Alter von dreiundzwanzigeinhalb Jahren auf den Namen Louis-François-Armand taufen, wobei man ihm freundlicherweise erlaubte, auf das sonst obligatorische weiße Taufkleidchen zu verzichten. Von der einzigartigen Möglichkeit, sich seinen Vornamen frei auszusuchen, machte der Täufling dagegen genau so viel Gebrauch, wie seine Welt das empfahl, und also überhaupt keinen. Wozu auch Individualismus, wenn es doch klare Spielregeln gab? So hieß er nun Louis nach seinem Paten-Cousin Conty, François nach dem Chef seines Clans, dem Garderobe-Großmeister, und schließlich Armand nach einem Erbonkel und einer Patentante, woran sich sogar noch die alte Verwandtschaft seiner Vorfahren mit dem Kardinal Richelieu erkennen ließ.

Wäre Marthons Geschichte ein Einzelfall, wäre sie aus der Perspektive des 21. Jahrhunderts seltsam genug. Tatsächlich war sie jedoch höchstens die etwas übertriebene Konsequenz eines Verfahrens, das französischen Adeligen der frühen Neuzeit vollkommen natürlich vorkam. Sie hatten im Spätmittelalter ein Titelsystem entwickelt, bei dem jeder Titel die Herrschaft über ein bestimmtes Lehensgut bezeichnete und daher immer nur ein einziges Mal existierte. Wie ein schmückender Überzug legten diese Herrschaftstitel sich über die ursprüngliche Kombination aus Vor- und Familiennamen, und so verschwand etwa Marthons Vater Charles de Roye de La Rochefoucauld de Roucy völlig unter seinem gräflichen Lehenstitel Comte de Blanzac. Der aus beiden Teilen bestehende vollständige Name wurde nur noch in ganz förmlichen Dokumenten gebraucht, während man sonst überall nur noch von Blanzac, Monsieur de Blanzac oder dem Comte de Blanzac sprach. Besonders praktisch war dieses System freilich nicht, weil man ja nach wie vor mehrere Angehörige derselben Familie voneinander unterscheiden musste. Dazu konnte man im einfachsten Fall ein und denselben Lehens- oder Familiennamen mit verschiedenen Titeln durchdeklinieren – die Männer der Familie hießen dann etwa der Marschall-Herzog, der Herzog, der Marquis, der Graf und der Vicomte de Noailles. Je berühmter jedoch die Familie war (oder je lächerlicher ihr Familienname klang), desto eher neigte sie auch dazu, ihre sämtlichen Ländereien als Namen zu gebrauchen und sich blind darauf zu verlassen, dass die wesentlichen Leute sich schon den richtigen Familiennamen hinzudenken würden. Blanzacs Brüder etwa hießen Comte de Roucy, Vidame de Laon, Comte de Marthon, Marquis de Roye und Marquis de La Rochefoucauld, und wer im Dickicht der höfischen Intrigen nicht böse stolpern wollte, tat gut daran, alle sechs als Brüder und Angehörige des Hauses La Rochefoucauld zu erkennen. Dass der französische Adel überhaupt bereit war, ein so umständliches System zu praktizieren, zeigt, dass für ihn der wichtigste Zweck der Namen darin lag, den genauen hierarchischen Platz jedes Einzelnen innerhalb seiner Dynastie auszudrücken. Bestimmte Titel wurden beispielsweise immer nur dem ältesten Sohn und Haupterben gegeben, während das weibliche Äquivalent jeweils die älteste Tochter als diejenige markierte, die als Nächste zu verheiraten war. Der Titel Chevalier andererseits bezeichnete immer einen jüngeren Sohn, der zugunsten des älteren Bruders vom Erbe ausgeschlossen war und als Ritter des Malteserordens nur so lange ein gewisses Einkommen erhielt, wie er unverheiratet blieb; der Name allein warnte hier also schon jede vernünftige Adelstochter davor, mit so jemandem zu flirten, weil das ziemlich zwangsläufig ähnlich böse ausgehen musste wie noch 1988 in den *Gefährlichen Liebschaften* für Uma Thurman (Cécile de Volanges) und Keanu Reaves (Chevalier Danceny).

Es ist wichtig, das System der Lehenstitel zu verstehen oder doch wenigstens von seiner Existenz zu wissen, weil es keineswegs nur vom französischen Adel praktiziert wurde. Zwar findet es sich nur in muttersprachlich französischen Ländern absolut konsequent, also auf den ganzen Adel angewandt (jedenfalls bis etwa 1780; danach allerdings gewöhnte sich der französische Adel – wohl unter englischem Einfluss – auch Vornamentitel an, was insofern fatal ist, als dadurch selbst die unmittelbaren Nachkommen unserer Protagonisten die Logik des alten Systems bald vergaßen). In etwas weniger absoluter Form fand und findet man es jedoch auch in England, Schottland, Irland, Italien, Spanien und Portugal, wo es zwar auf die Familienchefs und Erbsöhne des höheren Adels beschränkt blieb, von diesem aber nach genau denselben Prinzipien praktiziert wurde. Auch hier waren die Familiennamen meistens nicht mit dem Lehenstitel identisch, hinter dem sie genauso verschwanden wie die Vornamen. Man sprach also auch in Spanien im Alltag immer vom Herzog von Medinaceli und von seinem ältesten Sohn als dem Marqués de Cogolludo, statt sie mit ihren ohnedies gerade in Spanien sagenhaft komplizierten Vor- und Familiennamen zu nennen. Der älteste Sohn des römischen Fürsten von Piombino trug und trägt zu Lebzeiten seines Vaters genauso dessen zweiten Titel Herzog von Sora, wie der älteste Sohn jedes Herzogs von Marlborough mit dem zweithöchsten Titel seines Vaters Marquess of Blandford hieß und heißt. Vornamen als Titel gab und gibt es in diesen Ländern dagegen erst für den niederen Adel – etwa für Ritter und Baronets, deren Titel ‹Sir› gerade nur *mit* dem Vornamen zusammen verwendet werden darf – sowie für die jüngeren Söhne der Lehenstitelträger. Ihre Namen setzen sich jeweils aus Höflichkeitstitel, Vor- und Familiennamen zusammen, sodass sie etwa in den drei hier erwähnten Familien Don Antonio Fernández de Córdoba de La Cerda y Pimentel, Principe Don Giuseppe Boncompagni-Ludovisi und Lord Randolph Churchill heißen konnten. Im deutschen Sprachraum schließlich kamen nur noch die schwächsten Ausläufer dieses Systems an. Grundsätzlich waren hier Lehenstitel und Familiennamen immer identisch gewesen, während die späte Einführung der Primogeniturerbfolge es mit sich gebracht hatte, dass noch sehr lange alle Söhne gleichberechtigt denselben Titel trugen, also etwa Herzog Georg Wilhelm, Herzog Johann Friedrich und Herzog Ernst August von Braunschweig hießen; schon deswegen mussten ihre Vornamen sichtbar bleiben, weil sie sich nur dadurch unterscheiden ließen. Im 17. Jahrhundert führten jedoch sowohl die zunehmende Durchsetzung der Primogenitur als auch die Vorbildwirkung Frankreichs dazu, dass es im deutschen Hochadel immer mehr Familienchefs und Erbsöhne gab, die man schon an ihrem Titel als solche erkannte. Zunehmend sprach man außerhalb der Urkunden jetzt nicht nur von «dem» (nämlich einzigen) Kurfürsten bzw. Kurprinzen von Brandenburg, Sachsen oder Bayern, sondern auch von «dem» Herzog und «dem» Erbprinzen von Sachsen-Gotha (und immer häufiger nur noch: Gotha), wo man früher Herzog Friedrich und Herzog Ernst von Sachsen gesagt hätte. Nur die jüngeren Söhne behielten, weil es ihrer ja immer noch mehrere gab, ihre Vornamen im Titel. Zugleich wurde für sie jedoch ein neuer und niedrigerer Titel erfunden, indem man aus dem französischen Wort für Fürst den deutschen Titel ‹Prinz› ableitete, der nun ausschließlich für nicht regierende Mitglieder von mindestens fürstlichen Häusern verwendet wurde. Der jüngere Bruder des gewissermaßen einzigartigen Erbprinzen von Gotha hieß daher nun Prinz August von Gotha, der jüngere Bruder des preußischen Kronprinzen Prinz Heinrich von Preußen und dessen Ehefrau zwecks besserer Zuordnung auch gleich genauso Prinzessin Heinrich, wie etwa Lord Randolph Churchills Frau Lady Randolph Churchill genannt wurde. Erst in Skandinavien, Ostmittel- und Osteuropa dann trifft man Adelssysteme, in denen bis zuletzt und heute alle Adeligen Vor- und Familiennamen zu zeigen bereit waren oder doch jedenfalls nicht hinter statusdifferenzierenden Lehenstiteln verschwinden ließen. Nicht dass es dort deswegen wirklich egalitär zugegangen wäre. Immerhin benutzte man aber zur Erzeugung von Ungleichheit statt feudaler Titel Ämterbezeichnungen, die gerade im nominell egalitären Polen die blumigste Verwirrung erzeugen konnten, weil man dort beispielsweise Fürst Marcin Mikołaj Radziwiłł umgangssprachlich lieber ‹Fürst Großtruchsess von Litauen› nannte (książę [wielki] krajczy litewski). Der deutsche niedere Adel machte es kaum anders, und so hieß auch jemand wie unser zweifelhafter Held Grumbkow für seine Zeitgenossen nacheinander nur ‹der zweite Sohn des Generalkriegskommissars›, ‹der Kammerjunker von Grumbkow›, ‹der Oberschenk von Grumbkow›, ‹der Oberst von Grumbkow›, ‹der General von Grumbkow›, ‹der Staatsminister von Grumbkow› und ‹der

Feldmarschall von Grumbkow›. Sein Vorname Friedrich Wilhelm kam dagegen in zeitgenössischen Texten so selten ins Spiel, dass später selbst ein für seine gründliche Quellenlektüre bekannter Historiker des 19. Jahrhunderts ihn voller Überzeugung Otto nannte, weil schon der Berliner Adresskalender von 1712 denselben Fehler gemacht hatte.

Die aristokratischen Titelsysteme sind also selbst bei freundlicher Betrachtung kompliziert genug, um an dieser Stelle eine hoffentlich beruhigende Bemerkung nötig zu machen: Niemand, der das Vorangehende gelesen hat, muss sich die Details oder auch nur die Grundprinzipien des Ganzen merken, um den Rest des Buches zu verstehen. Dennoch gibt es zwei gute Gründe, sie hier noch einmal wenigstens skizziert zu haben. Zum einen sind uns solche Titelbräuche eben aus demselben Grunde fremd, aus dem sie auch besonders aufschlussreich sind: Sie widersprechen auf einem besonders elementaren Feld einigen unserer fundamentalsten modernen Selbstverständlichkeiten. Weil wir uns angewöhnt haben, im Vornamen das wichtigste Symbol unserer Individualität zu sehen und weil Individualität uns heilig ist, können wir nicht mehr verstehen, wie frühneuzeitliche Aristokraten oft ihr ganzes Leben mit anderen verbringen konnten, ohne je deren Vornamen zu erfahren. Seltsamerweise sind wir aber gleichzeitig immer weniger flexibler im Umgang mit Namen. Der Adel der Frühneuzeit wurde allein schon von der Vielzahl seiner Namen und Titel dazu gezwungen, sie flexibel zu verwenden; anlässlich von Heiraten oder Erbschaften wechselte man oft mehrfach im Leben die Lehenstitel, wie es auch Marthon tat, der 1721 Comte de Roucy und schließlich 1737 Duc d'Estissac wurde. Man konnte solchen Titel durchaus emotional oder liebevoll verwenden, konnte als Mutter sein Kind liebevoll mit dem Namen eines Stücks Grundbesitz anreden oder als galanter Hofmann einer Sechzehnjährigen ein bewunderndes Gedicht schreiben, das schon deshalb mit den Worten «Liebliche Dromesnil» anfangen musste, weil man Mademoiselle de Dromesnils Vornamen gar nicht gekannt hätte (für Freunde der Individualität sei hinzugefügt: Er lautete Adélaïde-Élisabeth-Charlotte). Man war mal «Euer Gnaden», mal «mein lieber Freund», mal «Marthon» und dann wieder

«Mein General!». Man war nicht kleinlich mit den Vornamen, die man beim ständigen Wechsel der Sprachen ebenso selbstverständlich ins Französische übersetzte, wie es oft sogar den Ortsbezeichnungen der Titel geschah (eine Prinzessin von Zweibrücken unterschrieb ihre französischen Briefe mit ‹Deux-Ponts›). Die genaue Reihenfolge der Vornamen kümmerte diese Leute so wenig, dass ein und dieselbe Person bei Taufe und Heirat nicht selten mit völlig verschiedenen Kombinationen im Kirchenbuch stand (einer der wenigen Orte, wo sie überhaupt aufgeschrieben wurden); auch neue hinzufügen oder ältere weglassen konnte man ohne großen Ärger, zumal wenn man sich doch oft selbst nur vage an die Details erinnerte. Als französischer Prinz oder deutscher Fürst wurde man im Alltag nie mit Vornamen genannt, musste aber Briefe nur mit ihm unterschreiben, was gerade im fürstenreichen Deutschland durchaus Verwirrung stiften konnte (1684 hielt beispielsweise ein lediglich mit *Charlotte* unterzeichneter Brief den hannoverschen Hof längere Zeit im Ungewissen, bevor ein durchreisender polnischer Söldnergeneral die Absenderin an der Handschrift identifizierte). Man kompensierte die Steifheit der Titel durch Spitznamen, die manchmal vom Vornamen, viel häufiger aber von etwas anderem und oft auch von Titeln abgeleitet wurden (noch Winston Churchills Cousin Herzog von Marlborough wurde nicht etwa deshalb Sunny genannt, weil er so ein Sonnenschein gewesen wäre, sondern weil er als Kind Earl of Sunderland geheißen hatte). Selbst wo man einander duzte, benutzte man dazu die Lehenstitel – dies wohlgemerkt, obwohl das Duzen damals unter Gleichrangigen so viel seltener, so viel intimer war als heute. Im hohen Adel und erst recht in Herrscherhäusern pflegten selbst Geschwister ein Leben lang ‹Sie› zueinander zu sagen; wo alle anderen regelmäßig ‹Euer Königliche Hoheit› oder ‹Allergnädigste Herrin› sagten, war das bloße Siezen ja auch bereits intim genug. So hielten es trotz enger Freundschaft beispielsweise Friedrich der Große und seine Schwester Wilhelmine, deren Übersetzer die französischen Briefe daher schon in den 1920er Jahren kommentarlos im großen Stil retuschieren mussten: Sie waren schließlich brave Hohenzollern-Propagandisten, die ihre Helden nicht als Freaks rüberkommen lassen wollten. In den neunzig Jahren seitdem haben sich natürlich erst recht fast alle Namensprinzipien ins Gegenteil verkehrt. Keine deutsche und kaum noch eine englische Zeitung erträgt es mehr, etwa ein englisches Oberhausmitglied in der korrekten Form ohne Vornamen zu nennen; stattdessen schiebt man diesen überall hinein, schreibt also «Lord Ralf Dahrendorf» und macht ihn so zum jüngeren Sohn eines Marquis oder Herzogs, der er nun wirklich nicht war – aber ein Mensch ohne sichtbaren Vornamen ist für uns eben zunehmend undenkbar geworden. Die hierarchischen Namen der frühen Neuzeit waren auch dann Namen für Erwachsene gewesen, wenn man sie Kindern gab; falls sie dadurch für die Kinder selbst zu kompliziert wurden, machte das nichts, weil man ja Kurzformen hatte. So hieß etwa Prinz August Wilhelm von Preußen, ein jüngerer Bruder Friedrichs des Großen, als Kind unter den Geschwistern Guille mit stummem u, was sich bezeichnenderweise nicht von der selten gebrauchten deutschen, sondern der französischen Namensform Auguste-Guillaume herleitete. Heute dagegen scheint ein stetig wachsender Prozentsatz der Bevölkerung davon überzeugt zu sein, dass nur eine einzige Namensform erlaubt ist, die dann auch genau so im Personalausweis zu stehen hat; da aber alle Namensträger ihre Namen notwendigerweise als kleine Kinder empfangen, geben immer mehr Eltern ihren Kindern auch ganz offiziell Namen wie Ben oder Mia, die früher nur die kindliche Alltagsadaptation eines für Erwachsene geeigneten Namens gewesen wären. Selbst in der scheinbaren Vielfalt der Namensvarianten ist die Flexibilität dermaßen von Bord gegangen, dass Schreibweisen wie etwa *Phillip* heute nicht mehr wie noch in der frühen Neuzeit Ausdruck fröhlich phonetischer Zufalls-Orthographie, sondern präzise in Stein gemeißelte Produkte eisernen Originalitätswillens zu sein scheinen. Genug genörgelt; die Dinge ändern sich, und also ändert sich auch das. Aber es sagt uns eben über die Gegenwart genauso viel wie über die Vergangenheit, wenn wir deren Namensbräuche zunehmend unverständlich finden.

Der zweite Grund, so ausführlich vom Ancien-Régime-System der Titel zu sprechen, ist noch viel einfacher: weil es in seiner Fremdheit inzwischen nur noch von ganz wenigen verstanden wird, sind auch die Protagonisten dieses Buches in immer mehr modernen Texten regelrecht unsichtbar geworden. Immer mehr wohlmeinende Historiker und Historikerinnen passen die Namen solcher Aristokraten unserem modernen Namensschema aus Vor- und Nachnamen an, ohne zu verstehen, dass sie damit nicht nur die Eigenheit einer vergangenen Epoche negieren, nicht nur vormoderne Menschen als unsere Zeitgenossen verkleiden, sondern nebenher auch noch schlichtweg die Verbindung zwischen moderner Literatur und Quellen unterbrechen. Wer sich nämlich durch die moderne Literatur zu einer solchen Person daran gewöhnt, beispielsweise eine wichtige englische Schriftstellerin des 17. Jahrhundert Margaret Cavendish zu nennen, der wird sie in keinem einzigen Text ihrer eigenen Zeit wiedererkennen, weil sie nie so und vielmehr nacheinander Margaret Lucas, Marchioness of Newcastle und schließlich Duchess of Newcastle hieß, informell offenbar gelegentlich auch Mad Madge. Umso leichter wird er sie dafür mit Stieftochter oder Stiefenkelin verwechseln, die bis zur Hochzeit tatsächlich den Namen Lady Margaret Cavendish führten. Wirklich fatal wäre natürlich zugegebenermaßen erst die Verwechslung mit der anderen Stiefenkelin Elizabeth, die als reiche Herzoginwitwe vor lauter Rang verrückt geworden zu sein scheint; jedenfalls ließ sie sich nur deshalb zur zweiten Ehe mit dem Organisator des französisch-englischen Geheimpakts von 1669 herab, weil der ihr glaubhaft versicherte, Kaiser von China zu sein. Zum Glück hatte sie sich längst abgewöhnt, ihren Londoner Stadtpalast zu verlassen, wo das Hauspersonal sie bis zu ihrem Tod im Jahre 1734, 42 Jahre lang, als Kaiserin auf Knien bediente.

Wo aber selbst wissenschaftliche Texte inzwischen in ganz anachronistischer Weise die «echte Identität» von den als Beruf oder bösen Hierarchiekram missverstandenen Titeln trennen, da kann man von den populäreren Texten und Medien natürlich erst recht nicht mehr viel verlangen. Betrachten wir als beliebiges Beispiel den Wikipedia-Artikel über den Prince de Talmond, mit dessen unglücklichem Duell dieses Buch beginnt. Der Artikel liegt in fünf verschiedenen Sprachen vor, ohne dass diese Versionen sich jedoch substanziell unterscheiden, und ist auch im Vergleich mit Artikeln zu ähnlichen Personen durchaus solide; für das Grundproblem – dass also nahezu keine Person der weiter zurückliegenden Vergangenheit bei Wikipedia mit auch nur annähernd so viel Sorgfalt präsentiert wird, wie es heutigen Berufsfußballern oder Vampir-Epos-Nebendarstellern ganz selbstverständlich widerfährt – kann ja der Artikel nichts und vermutlich nicht einmal Wikipedia insgesamt. Der Name des Artikels ist aber in allen Sprachen Henri-Charles de La Trémoïlle, während die Lehenstitel erst weiter unten und nur so erwähnt werden, als seien sie Aktivitäten oder Berufsbezeichnungen. Vor allem werden auch gleich sieben solche Titel angeführt, ohne dass irgendwo erklärt würde, wie zwei davon (nämlich Prince de Talmond und Prince de Tarente) nacheinander die tatsächlichen Alltagsnamen des Protagonisten waren, während die fünf anderen nur in der notariellen Besitzaufzählung vorkamen, gleichzeitig aber drei davon zu Lebzeiten Talmonds diversen Verwandten als wirkliche Namen dienten. Nur der französische Artikel äußert sich überhaupt zur Namensführung und macht prompt alles noch schlimmer, indem er behauptet, unser Mann habe «den Beinamen [!] Herzog von La Trémoïlle» geführt, der in Wahrheit nur seinem Vater und viel später seinem Sohn als Name diente. So oder so ist von Titeln nur ein einziges Mal die Rede, bevor dann der Artikel selbst seinen Protagonisten in allen fünf Sprachen durchgehend Henri-Charles nennt, als wäre er ein König oder alter Kumpel. Nun soll man nicht mit Kanonen auf Spatzen schießen. Aber bedauerlich ist es doch, dass das unter Normalbürgern heute mit Abstand am weitesten verbreitete Nachschlagewerk hier wie in einer Unzahl analoger Fälle historische Aristokraten in einer Form vorstellt, die selbst die intelligentesten Leser geradezu dazu zwingt, sie mit einem halben Dutzend ihrer Angehörigen zu verwechseln. Noch vor fünfundzwanzig Jahren hätte das Problem sich in Ermangelung weitverbreiteten Internetzugangs gleich doppelt nicht gestellt. Da heutzutage aber die überwältigende Mehrheit aller für dieses Buch verwendeten Quellentexte im Internet nicht nur verfüg-, sondern sogar durchsuchbar ist, erscheint es doppelt bedauerlich, wenn dieser riesige Schatz miteinander verwobener Erzählstränge Historikern und Laien allein aufgrund anachronistisch moderner Namenskonventionen faktisch verschlossen bleibt.

Im Übrigen irrt die Wikipedia hier ausnahms- und ironischerweise einmal gerade nicht, weil sie von Laien geschrieben wird, sondern weil sie Vorgaben und Tendenzen der seriösen Wissenschaft folgt, die inzwischen beispielsweise jeden deutschen Bibliothekskatalog verunstalten. Auch hier hatten die Erfinder der Personennamendatei PND in heiliger Einfalt beschlossen, dass eigentliche Adelstitel so etwas wie eine Berufsbezeichnung seien, von der nur das undifferenzierte ‹von› übrig bleiben dürfe. Es passt dazu, dass inzwischen auch deutsche Zeitungen einerseits Titel wie Freiherr, Graf oder Fürst systematisch fallenlassen, andererseits aber das nackte ‹von› oder ‹zu› für so wichtig halten, dass sie es gegen jede Sprachlogik oder -ästhetik untrennbar an die Familiennamen ankleben und damit Sätze bauen, die gleichzeitig unabsichtlich subaltern und syntaktisch schauderhaft ausfallen – «zu zu Guttenbergs Zeiten» oder «nach Ansicht von von Beust» sind da nur die Eisbergspitzen, die den Sprachfehler besonders deutlich machen. Daher hier zum Schluss sowohl des Exkurses als auch der Predigt eine letzte Bitte: Lassen Sie sich nicht zu sehr von denjenigen beeindrucken, die überzeugt sind, dass eine Spezialbehandlung von Adelsnamen notwendigerweise die Wiederkehr der Adelsherrschaft – dieser großen Gefahr des 21. Jahrhunderts – nach sich ziehen werde, zumal auch die Vertreter dieser Position selbst fast immer inkonsequent genug sind, Titel wie Graf, Freiherr usw. dann doch wieder fallenzulassen. Glauben Sie stattdessen jemandem, der sich sehr lange damit beschäftigt hat, dass allein schon aus sprachlichen Gründen ein deutsches Adels-‹von› oder -‹zu› ebenso wie ein französisches ‹de› wirklich nur dann gebraucht werden sollten, wenn Vornamen oder Titel mit einem (Lehens- oder Familien-)Namen zu verbinden sind. Sagen und schreiben Sie also bitte auch in Zukunft Heinrich von Kleist, Reichspräsident von Hindenburg und Freiherr zu Guttenberg, wo diese Vornamen oder Titelzusätze Ihnen sinnvoll erscheinen, aber Kleist, Hindenburg und Guttenberg, wo es keinen solchen Zusatz gibt – und schon wird mindestens dieser eine Leser Ihnen sehr dankbar sein.

Zurück ins 18. Jahrhundert. Was wir über das alte französische Titelsystem festgehalten haben, erklärt erst einmal bloß, wieso Marthons Vorname sowohl für seine Umgebung als auch ihn selbst praktisch unsichtbar blieb. Dass er aber anders als seine Standesgenossen auch gar keinen hatte, lag an der vergessenen Taufe, die natürlich die nächste Frage aufwirft. Wie konnte es sein, dass in einer durch und durch christlichen Gesellschaft ausgerechnet das alles entscheidende Sakrament vergessen worden war? Sicherlich war das das Peinlichste an Marthons Situation gewesen, ziemlich sicher auch der Hauptgrund dafür, dass etwa sein Cousin Saint-Simon den Fall als «lächerlich oder schlimmer» beschreiben konnte. Andererseits entsprach selbst das wieder fast einem normalen Modell. Nahezu kein französisches Adelskind des 17. und 18. Jahrhunderts wurde unmittelbar nach der Geburt getauft, und beinahe alle empfingen stattdessen bloß eine Art von Nottaufe (ondoyement); sie reichte aus, den Getauften im Falle seines Todes vor der Hölle zu bewahren, schloss aber noch keine Namensgebung ein. Mit der eigentlichen Taufzeremonie (baptême) wartete man dagegen in der Regel, bis das Kind etwa zwölf bis fünfzehn Jahre alt war – seltsamerweise, da doch auch im Adel eine gleichbleibend große Zahl von Kindern noch vor diesem Alter starb. Diese vor der förmlichen Taufe verstorbenen Kinder hatten also überhaupt nie einen Vornamen besessen, und selbst in der Genealogie des Königshauses tauchen so regelmäßig Kinder auf wie «Anonyme de Bourbon, Prince de La Roche-sur-Yon» (der Bruder von Marthons Lebensgefährtin). Unter diesen Umständen brauchte es nicht viel mehr als ein etwas chaotisches Elternhaus, damit jemand ohne Vornamen aufwuchs und dessen Fehlen erst viel später bemerkte.

Tatsächlich war denn auch Marthon gar nicht allein mit seinem Problem. 1734 musste sich der achtundzwanzigjährige Comte de La Vauguyon taufen lassen, um in seinem Heiratsvertrag mit Vornamen genannt werden zu können (für Unterschriften brauchte man ihn nicht), und 1718 hatte Marthons Cousin d'Agénois dasselbe sogar erst als Fünfunddreißigjähriger getan. Sowohl Marthon als auch d'Agénois kamen aus ebenso hochadeligen wie unordentlichen Verhältnissen, in denen die vergessene Taufe schnell als das geringste Problem erscheint. So war Marthons ältere Schwester 1692 nur wenige Stunden nach der Hochzeit der Eltern auf die Welt gekommen; die offizielle Sprachregelung war, man habe schon ein Jahr zuvor heimlich geheiratet und jetzt nur ungewöhnlich lange auf die routinemäßige kirchliche Erlaubnis zur Heirat von Cousin und Cousine gewartet. Derselbe Duc de Saint-Simon, der sich so irritiert über die verspätete Taufe Marthons gezeigt hatte, beschreibt dessen Mutter in einem einzigen Atemzug als «verzaubernde Sirene» (was schön zum Wappen ihres Mannes passte), als die amüsanteste, begabteste Lügnerin von ganz Versailles und als eine der besten Quellen für seine eigenen Memoiren. Der vornamenlose Comte d'Agénois war 1683 unter eher noch dramatischeren Bedingungen geboren worden, bevor er es später zum Liebhaber der bereits erwähnten Princesse de Conty brachte (und dadurch den armen Conty in die zweifellos einzigartige Lage versetzte, als Liebhaber seiner Schwester sowie seiner Frau gleich zwei Vornamenlose ständig im Haus zu haben). Auch d'Agénois' Eltern waren Cousin und Cousine gewesen, befanden sich jedoch zum Zeitpunkt seiner Geburt seit einem Jahr zusammen auf der Flucht vor dem Brautvater, der die Ehe nicht erlaubt hatte. Was heute maximal als Stilfehler kritisiert würde, war damals eine Frage von Leben und Tod und illustriert nebenbei, wie selbstverständlich im Ancien Régime auch die Religion der Clan-Mentalität untergeordnet wurde.

Das Problem rührte daher, dass es in der christlichen Definition der Ehe ganz eindeutig nur auf den völlig freien Willen von Braut und Bräutigam ankam und selbst die 1600-jährige Einwicklung des Christentums in patriarchalisch-dynastische Gesellschaften nicht gereicht hatte, dieses Prinzip aufzuweichen. Man behalf sich daher in Frankreich seit 1639 mit einer Rechtskonstruktion, die ein Vertreter des zeitlosen Typus ‹humoriger Jurist› in die Worte fasste: «Keine Ehe ist so gut, dass ein Galgenstrick sie nicht wieder zerreißen könnte.» Wer ohne Zustimmung der Eltern die Ehe eines Mannes oder einer Frau unter fünfundzwanzig Jahren ermöglichte, war theoretisch von der Todesstrafe bedroht, was je nach Fall auch den Bräutigam selbst einschloss; die Altersgrenze war dabei auch deshalb auf fünfundzwanzig gelegt, weil im Konsens der Zeit eine Frau oberhalb dieses Alters als sowieso nicht mehr vermittelbar galt.

Angesichts dieser Rechtslage war es für d'Agénois' Eltern eher beunruhigend, dass der Vater der Braut ausgerechnet der religiös verrückte Duc Mazarin war. Andererseits verhalf gerade die erkennbar wahnwitzige Disposition des Duc Mazarin zuletzt seiner Tochter und dem Schwiegersohn wieder aus dem Galgenstrick-Dilemma heraus, da kein Gericht mehr zu Gunsten eines Mannes entschieden hätte, der dem König im Auftrag des Erzengels Gabriel die Trennung von seiner Mätresse empfohlen hatte. Nur für die Taufe des Kindes blieb bei alldem keine Zeit mehr. Aus Saint-Simons Perspektive freilich war nicht etwa das die erstaunlichste Namensentscheidung in der Familie der Mazarin-Erben. Keinen Vornamen zu haben mochte lächerlich sein. Skandalös war es, wenn man wie Mazarins Schwager Nevers seine Ehefrau ernsthaft und vor Zeugen mit ihrem Vornamen (Diane) anredete: Wer das tat, musste nach Saint-Simons fester Überzeugung ein schrecklicher Parvenü, Italiener oder einfach ganz verrückt sein.

Es sind beiläufig geäußerte Selbstverständlichkeiten wie diese, die den Wert alter Quellentexte oft viel mehr ausmachen als das, worum es den Autoren eigentlich geht und wofür sie uns notfalls zu manipulieren bereit wären. Der kleine Herzog und große Memorialist Saint-Simon ist vielleicht eine der besten Verkörperungen dieses Paradoxons. Die Selbstverständlichkeit, mit der der französische Adel der Frühneuzeit sich Menschen ohne jeden Vornamen vorstellen konnte, prägte auch Saint-Simon bis ins Innerste seiner Familie. Als er deren Geschichte und Genealogie aufzeichnete, hatte er keine Schwierigkeit, die zahllosen Titel und Ämter seines Schwiegersohnes offenbar auch aus dem Gedächtnis aufzuschreiben. Dort aber, wo er den Namen der eigenen Tochter hätte angeben müssen, schrieb er nur

«... de Rouvroy, demoiselle de Saint-Simon», ließ für den Vornamen (und das Geburtsjahr – den Tag immerhin wusste er!) einen freien Platz und füllte diesen auch später nie mehr aus. Das mag auch damit zu tun haben, dass diese 1696 geborene Tochter Charlotte offenbar von frühester Kindheit körperlich behindert war. Genaueres wissen wir nicht, weil von ihr nie ein Bild gemalt wurde und sie in den Tausenden von Seiten, die der Vater hinterließ, kein halbes Dutzend Mal erwähnt wird; vielleicht war sie auch einfach zwergenhaft klein, nachdem schon ihr Vater spöttisch als «le petit Duc» bezeichnet wurde. Jedenfalls versteckte er die Tochter vor der Öffentlichkeit, erklärte, manche Personen blieben im Leben unverheiratet glücklicher, und stimmte 1722 ihrer Verheiratung mit dem Prince de Chimay erst nach einer einigermaßen gespenstischen Szene zu. Gespenstisch nicht nur, weil Saint-Simon, «der in seinen Ausdrücken extrem energisch ist», Chimay zuerst ausführlich und wohl sogar übertrieben die körperlichen Defekte der Tochter beschrieb – wie so viele Schwiegersöhne des Ancien Régime hatte Chimay die Braut noch nie gesehen, als er um ihre Hand anhielt. Gespenstisch auch nicht einmal, weil Saint-Simon dem Schwiegersohn in spe erklärte, er wisse ja, dass der die Tochter nur heiraten wolle, um von der Macht des Vaters zu profitieren – das war ebenso normal. Das wirklich Bemerkenswerte war vielmehr, wie Saint-Simon sich während dieser Szene daran erinnert haben muss, dass er selbst 1694 buchstäblich dieselbe Bitte an den von ihm bewunderten Duc de Beauvillier herangetragen hatte. Der Neunzehnjährige wollte eine ihm völlig unbekannte Tochter Beauvilliers direkt aus der Klosterschule heraus ehelichen, um sich so die große Familie zu erheiraten, die man in dieser Welt dringend brauchte und die er als vaterloses Einzelkind selbst nicht hatte. Wenn die Szene damals trotzdem mehr komisch als tragisch ausgefallen war, lag das daran, dass Beauvillier insgesamt acht unverheiratete Töchter hatte, deren von Lehen abgeleitete Namen im Einklang mit den oben skizzierten Prinzipien zusammen quasi einen Grundbucheintrag des Vaters ergaben – sie hießen nicht nur Mademoiselle de Beauvillier, Mademoiselle de Séry, Mademoiselle de Montigny, Mademoiselle de Chémery, Mademoiselle de La Ferté, Mademoiselle de Buzançois, Mademoiselle de Montrésor und Mademoiselle d'Argy, sondern wurden von ihrem Vater auch wirklich mit diesen Titeln als «meine Tochter Chémery» etc. angesprochen, bevor sie nach und nach fast alle ins Kloster gingen und Ordensnamen vom Typ «Schwester Marie-Anne vom Jesuskind» annahmen. Kaum hatte der Vater erklärt, die älteste Tochter werde wohl Nonne werden wollen, bat Saint-Simon um die Hand der zweiten, von der ihr Vater jedoch erklärte, sie sei zu verwachsen, dann um die der dritten, wobei er erklärte, es sei letztlich eh Beauvillier selbst, den er heiraten wolle, weswegen es auch nicht auf eine bestimmte Tochter ankomme. So taktvoll wie nur überhaupt möglich zog sich Beauvillier aus der Affäre und rettete die Freundschaft mit Saint-Simon. Der Duc de Mortemart allerdings, den die dritte Tochter dann stattdessen heiratete, dem sie das wunderbare Hofamt ihres Vaters einbrachte und der sie auch noch schlecht behandelte, fand sich ziemlich zwangsläufig auf Saint-Simons ohnehin schon langer Hassliste wieder.

Zum Glück musste sich in dieser Gesellschaft der nach Status arrangierten Ehen kein Inhaber eines Herzograngs Sorgen ums Alleinbleiben machen, und so kam auch Saint-Simon bald zum Zug. Lange und diskret war über diverse Mittelsleute verhandelt worden, da das Bekanntwerden eines gescheiterten Heiratsplans vor allem die verhinderte Braut kompromittiert hätte. Auch deshalb heiratete man gern innerhalb der Verwandtschaft, weil man unverheiratete Frauen im (sehr jungen) Heiratsalter nur hier unauffällig treffen und beiläufig in Augenschein nehmen konnte. Wo das nicht möglich war, griffen beide Seiten jedoch ohne weiteres auf die Dienste einer großen Zahl von Vermittlern zu, wozu neben den unvermeidlichen Tanten die Rechtsanwälte der großen Familien ebenso zählen konnten wie der Weltgeistliche (Abbé) ohne Pfarrstelle, den viele große Damen sich als mehr oder weniger geistlichen Berater hielten. Auch dem inzwischen zwanzigjährigen Saint-Simon fanden solchen Vermittler schließlich in der etwa siebzehnjährigen Mademoiselle de Lorge eine Braut, die sich in mehrfacher Hinsicht als großer Glücksfall erweisen sollte. Dass sie als Tochter einer Frau aus reicher Finanziersfamilie eine gute

Ludwig XIV. mit seinem Sohn (dem Dauphin), ältesten Enkel (Herzog von Burgund), ältesten Urenkel (Herzog der Bretagne) und der Prinzen-Gouvernante Herzogin von Ventadour (1710). Nachdem 850 Jahre lang kein französischer König älter als 59 Jahre geworden war, erschien die Gleichzeitigkeit von vier Generationen wie ein Wunder.

Leopold I., Römisch-Deutscher Kaiser und Erzherzog von Österreich, 1667 während seiner Hochzeitsfeierlichkeiten. Leopolds Ehe mit einer Nichte sollte der österreichischen Linie der Habsburger das Erbe der spanischen Linie einbringen.

Die hannoversche Erbprinzessin Sophie Dorothea 1691 mit ihren Kindern (nachmals Georg II. von Großbritannien und Königin Sophie Dorothea von Preußen) – drei Jahre vor der Katastrophe.

Drei Teilnehmer der Schlacht von Malplaquet 1709: Preußens Kronprinz Friedrich Wilhelm (1701 als nur scheinbar harmloser Zwölfjähriger), Prinz Eugen von Savoyen (1717 im Türkenkrieg, wo man noch Helme trug) und Jakob ‹III.› von England, dem vom väterlichen Königtum nur die Ordnungszahl geblieben war.

Drei Prinzessinnen, die 1710 um den wichtigsten Prinzen von Versailles kämpften. Die Herzogin von Orléans (oben, um 1692), die ihm ihre Tochter Mademoiselle d'Orléans (Mitte) vermählen wollte, war ebenso ein Kind Ludwigs XIV. wie ‹Madame la Duchesse›, deren Tochter Mademoiselle de Bourbon (unten) als Gegenkandidatin antrat.

Als ehelicher Sohn der Königsmätresse Montespan war der Marquis d'Antin ein Halbbruder der unehelichen Kinder Ludwigs XIV. und damit eine Schlüsselfigur des Prinzessinnen-Machtkampfes von 1710.

Obwohl Ludwig XV. bei seiner Thronbesteigung 1715 erst fünf Jahre alt war und noch zwei Jahre lang an einer Leine geführt wurde, musste er sofort repräsentieren. Die Macht übernahm als Regent der Herzog von Orléans, den hier seine als Minerva verkleidete Geliebte Madame de Parabère zu großen Taten auffordert.

Nachdem Madame de Maintenon (oben links mit Nichte) es zur heimlichen Ehefrau Ludwigs XIV. gebracht hatte, verschwägerte sie sich durch die Heirat ihrer Nichte mit der ebenso machtbewussten Fürstin Orsini (oben rechts) und stellte diese 1701 dem naiven Philipp V. an die Seite, damit sie Spanien im Sinne Frankreichs regiere.

Die 1724 als Sechsjährige gemalte Maria Anna Victoria von Spanien hatte damals zwar bereits seit drei Jahren ein Anrecht auf die neben ihr liegende Krone; dennoch wirkt es prophetisch, wie wenig sie den für Königsporträts vorgesehenen Raum auszufüllen vermag.

Eben hatte die polnische Ex-Königs-Tochter Maria Leszczyńska noch gehofft, wenigstens einen Herzog heiraten zu können. Dann fand sie sich plötzlich als zweiundzwanzigjährige Ehefrau eines fünfzehnjährigen Königs wieder und gebar ihm einen Sohn, der am blauen Band des Heiliggeistordens unschwer als französischer Prinz zu erkennen ist.

Beim Staatsbesuch von 1730 konnten August II. ‹der Starke› von Polen-Sachsen und ‹Soldatenkönig› Friedrich Wilhelm I. von Preußen der Welt noch einmal so richtig zeigen, warum sie die ‹Gesellschaft zur Bekämpfung der Nüchternheit› gegründet hatten.

Mitgift hatte, war natürlich willkommen. Noch wertvoller aber waren Saint-Simon, der selbst keine lebenden Geschwister und kaum nahe Verwandte hatte, die zahllosen Verwandtschaften und Hofbeziehungen, die sie als Tochter eines Herzogs und Leibgardekommandeurs mit in die Ehe brachte, und so war diese Ehe nach Ancien-Régime-Maßstäben bereits eine gute, bevor sie sich dann auch noch zu einer echten Partnerschaft entwickelte.

Die aus unserer Perspektive wertvollste Verwandtschaftsbeziehung seiner Frau freilich hatte Saint-Simon bei seiner Entscheidung nicht in Rechnung stellen können, denn sie existierte noch gar nicht. Auch an jenem 8. April 1695 sah er sie gewiss nicht kommen, an dem sie doch direkt vor seinen Augen als Idee geboren wurde. Es war der Morgen nach seiner Hochzeit mit Mademoiselle de Lorge, die deswegen jetzt im besten Schlafzimmer des väterlichen Stadtpalasts im Pariser Faubourg Saint-Honoré auf einem Staatsbett saß, um die Gratulationsbesuche von «ganz Frankreich» zu empfangen. Erste Besucherin war als Cousine des Bräutigams die Fürstin Orsini gewesen, die gerade ihre endgültige Rückreise nach Rom vorbereitete und hier schnell zwei noch zu verheiratende Nichten vorstellte. Seitdem war der Strom der Gratulanten nicht mehr abgerissen, der schließlich auch den Herzog von Lauzun heranspülte. Im Grunde führten ihn nur die ungeschriebenen Gesetze der gehobenen Hofaristokratie hierher, die alle Angehörigen dieses aus maximal hundert Familien bestehenden Milieus dazu verpflichteten, durch Briefe oder Besuche Anteilnahme an den Familienereignissen aller Übrigen zu demonstrieren. Nun aber war er da und kam auf dem Weg zum Gratulationszimmer durch das große Kabinett. Nirgendwo konnte man besser begreifen, warum das Hôtel de Lorge als einer der schönsten Adelspaläste der Hauptstadt galt. Hohe Fenster gingen auf einen wunderbaren Garten hinaus und erlaubten den Blick auf die noch fast unberührte Landschaft jenseits der Stadtmauern, in die Paris gerade erst seine Finger ausstreckte; geradeaus sah man durch eine Serie vergleichbarer rückwärtiger Gärten hindurch, während sich links die Weinberge und die Abtei von Montmartre erkennen ließen.

Vielleicht kam Lauzun der Gedanke schon hier. Vielleicht aber auch erst im anschließenden Schlafzimmer, wo neben der neuen Herzogin von Saint-Simon auch diverse jüngere Verwandte auf dem Bett saßen, junge Mädchen, deren Verheiratung als Nächstes anstand, die in der Regel noch sozial unsichtbar waren und die man daher bei solchen Gelegenheiten umso weniger subtil ins Rampenlicht stellte. Direkt neben der blonden Braut saß ihre braunhaarige Schwester Mademoiselle de Quintin, knapp zwei Jahre jünger und also fünfzehn Jahre alt. War es ihr Anblick allein, der den immerhin zweiundsechzigjährigen Lauzun ans Heiraten denken ließ? Vielleicht. Hinter dem Bett allerdings stand ihr Vater, der Marschall-Herzog von Lorge, und wenn die Vergangenheit es dem Autor zur Abwechslung mal leicht machen würde, dann hätte der jetzt seine Uniform als Kommandeur der Leibgarde getragen. Tat er natürlich nicht – der höfische Adel Frankreichs trug fast nie militärische Uniformen, die in Versailles außer für die Leibgarde sogar ganz verboten waren, und selbst die vier Hauptleute der vier Leibgardekompanien legten die ihre nur zu bestimmten Anlässen an, obwohl sie doch das attraktivste Amt im ganzen Hofmilitär hatten. Wirklich skurril ist freilich, dass Lauzun den Anblick des tatsächlichen Leibgarde-Hauptmanns Lorge gar nicht brauchte, um an das schöne Amt erinnert zu werden, das er vor dreiundzwanzig Jahren verloren hatte, weil schon ein Blick in den Spiegel gereicht hätte. Noch immer litt Lauzun unter seinem Phantomschmerz und trug als Zivilkleidung die fast identische Kopie der blau-silbernen Uniform eines Hauptmanns der Leibgarde, um wenigstens äußerlich an seine brillante Vergangenheit anzuknüpfen; dass er damit eher wie ein Oberförster aussah, sagten die Höflinge vorsichtshalber nur hinter seinem Rücken. Was nützte es, dass seine englisch-irischen Taten ihm den Hosenbandorden, ein Appartement in Versailles, die Grandes entrées beim König und zuletzt sogar noch einen Herzogstitel eingebracht hatten? Die wirkliche Gunst des Königs hatte er doch ebenso wenig zurückgewonnen wie dieses schönste aller Ämter, das allein ihn als mächtigen Vertrauten des Monarchen retablieren konnte. Das dachte er tagaus, tagein; nun aber stand er hier einem Inhaber dieses Amtes gegenüber, der drei Jahre älter war, zu gefährlichen Schlaganfällen neigte und einen gerade erst zwölfjährigen Sohn hatte. Da nämlich lag der einzige Haken des schönen Amts – weil es so wichtig und militärisch war, ließ es sich schwerer als alle anderen einem Kind übertragen (nur die Noailles schafften das ohne weiteres). Sollte nicht also bei Lorges Tod die große Stunde eines viel erfahreneren Schwiegersohnes schlagen, zumal wenn der auch seit 1670 Generalleutnant war? In weniger als zwei Monaten würde Lorge als Oberbefehlshaber am Rhein in den Sommerfeldzug aufbrechen; wäre Lauzun sein Schwiegersohn, so würde man ihm kaum abschlagen können, den Schwiegervater zur Armee zu begleiten, wo er dann der ranghöchste Offizier direkt nach ihm sein würde, sein Vertrauter ohnedies und folglich ideal platziert, sich jene neuen Verdienste zu erarbeiten, die ihn beim absehbaren Ende des Schwiegervaters in dessen Amt tragen müssten. Ganz klar stand all das jetzt Lauzun vor Augen, es konnte, es würde, es musste so kommen. So begann er bereits seine Fühler auszustrecken, während die Saint-Simons nach Versailles aufbrachen, um die neue Herzogin dort ihren Hocker einnehmen zu lassen; als die Neuvermählten zum ersten Mal nach Marly fuhren, eröffnete Lauzun schon die Verhandlungen mit dem Haus Lorge.

Selbst nach den Maßstäben dieser Zeit und Gesellschaft war die Heirat eines Zweiundsechzig- mit einer Fünfzehnjährigen ein etwas extravaganter Plan. Die dynastische Logik nötigte zwar ledige Familienchefs, die wie der alte Lauzun keine männlichen Erben für Rang und Besitz hatten, durchaus genauso zum Heiraten, wie sie das andererseits mittellosen jüngeren Söhnen auszureden versuchte. Seit 1693 seine bitter verfeindete Ex-Freundin Mademoiselle gestorben war, mit der heimlich verheiratet zu sein er wohl zu Unrecht gerne suggerierte, war daher auch von Lauzun eine späte Heirat zu erwarten gewesen. Normalerweise freilich waren Heiratswillige dieses Alters realistisch genug, sich ihre Braut wenigstens nur so viel jünger zu suchen, wie es zur einigermaßen aussichtsreichen Zeugung des Erben nötig schien. Sie hielten daher in der Regel nach Frauen in den oberen Zwanzigern oder Dreißigern Ausschau, die zwar altersbedingt selbst über Annahme oder Ablehnung des Antrags entscheiden durften, andererseits aber auch wussten, dass der brutale Heiratsmarkt sie bereits mehr oder weniger aussortiert hatte. Wenn Lauzun jetzt statt in die Töchter- gleich in die Enkelinnengeneration einheiraten wollte, war das also genau die persönliche Note, die zur Vervollständigung seines Rufs als gefährlich bizarre Gestalt noch gefehlt hatte. Trotzdem gelang es ihm. Den begreiflichen Widerwillen der Eltern Lorge überwand er mit dem Zauberwort «ohne Mitgift» – sein Reichtum machte ihn ja nicht nur unabhängig vom üblichen Zugewinn, sondern ermöglichte es ihm auch, der Zukünftigen ein fürstliches Witwengut zuzusagen. Im Hause Lorge andererseits musste man kaum lange nachrechnen, um zu begreifen, dass die große Mitgift der ältesten Tochter Madame de Saint-Simon nicht genug Geld übrig gelassen hatte, um auch der jüngeren noch einmal einen Herzog zu kaufen. Damit war Lauzun Mademoiselle de Quintins einzig reale Chance, jemals auf dem alles entscheidenden Hocker zu sitzen. Wie zur Unterstreichung dieser Erkenntnis bot sich als Gegenkandidat nur ein neuadeliger Minister mit possierlichem Lurch-Wappen an, der zwar erst dreiundzwanzig, zugleich aber durch seine Geburt auf ewig von herzoglichem Rang ausgeschlossen war. Selbst wenn wir zugestehen, dass Saint-Simons böse Beschreibung dieses Mannes wohl wie so oft nur auf ungerechter Irritation beruhte, war doch schon die Aussicht, bei Hof an seiner Seite ein Leben lang stehen zu müssen, für Mademoiselle de Quintin Hinderungsgrund genug. Dass die Fünfzehnjährige sich nun nachweislich auch selbst für Lauzun entschied, lag allerdings nicht nur daran. Den Ausschlag gab, wie sie später ihren Verwandten offen und oft gestand, dass sie zugleich auch alle Wahrscheinlichkeitsrechnungen der frühneuzeitlichen Demographie auf ihrer Seite hatte. In der aber konnte ein Zweiundsechzigjähriger froh sein, wenn ihm zehn Lebensjahre blieben. Mademoiselle de Quintin hatte also realistischen Grund zur Annahme, dass sie spätestens als Mittzwanzigerin jenen Ancien-Régime-Idealzustand weiblicher Freiheit erreichen würde, den sich nicht erst die fiktive Marquise de Merteuil der *Gefährlichen Liebschaften* als junges Mädchen ausmalte – sie würde eine hochrangige reiche Witwe sein.

Weil nun also beide Beteiligten gleichermaßen ein Szenario vor Augen hatten, in dem die Nachteile der ungleichen Ehe durch die Vorteile eines absehbaren Todesfalls gerechtfertigt wurden, ging der Rest sehr schnell. Schon am 17. Mai 1695 gingen Lauzun und Lorge gemeinsam zum König, um dessen – eher theoretisch erforderliche, aber automatisch erteilte – Erlaubnis zu erbitten. Der König gratulierte Lorge zum Mut, Lauzun in seine Familie aufzunehmen (er hatte ja selbst eine gewisse Erfahrung damit), stimmte dann zu und unterschrieb am nächsten Tag ebenfalls spielregelgemäß als erster Zeuge den Heiratsvertrag. Weil er Lauzun dabei fröhlich verspottete, erklärte der stolz, schon dafür habe sich das Heiraten gelohnt, dass er den Monarchen endlich wieder einmal zum Lachen bringe. Gewiss hätte ihn weniger amüsiert, was Ludwig XIV. außerdem zu Lorge gesagt hatte, sobald sie miteinander allein waren (eine von tausend Situationen, in denen sich das Garde-Hauptmanns-Amt rentierte): «Von meinen Angelegenheiten wird er durch Sie allerdings kein Wort erfahren, dafür bürgen Sie mir.» Für Lauzuns Wunschrolle als Lorges rechte Hand im Krieg ließ das nichts Gutes erhoffen. Andererseits spielte er wie alle fähigen Höflinge auf Zeit; dass er seinen fast gleichaltrigen Schwiegervater nicht schon im unmittelbar bevorstehenden Feldzug würde begleiten können, war ohnehin klar, denn der begann bereits am 1. Juni, und so ging es für den Augenblick erst nur einmal darum, in rasender Eile noch vor Abreise des Brautvaters zu heiraten. Die Hochzeitsgesellschaft, die sich am 21. Mai im Hôtel de Lorge versammelte, muss einigermaßen improvisiert ausgesehen haben, weil vier Tage Vorwarnung natürlich nicht annähernd gereicht hatten, um all die handgemachten Kleider und Accessoires zu beschaffen, die normalerweise den Glanz solcher Feste ausmachten. Den Bräutigam kümmerte das weniger als eine andere Abweichung vom üblichen Verfahren, die er sich erbeten hatte. Zu seiner Gemahlin ins Bett kam er erst, als alle Hochzeitsgäste das Schlafzimmer bereits verlassen hatten (es sagt uns viel über die Selbstverständlichkeiten der Zeit, dass das eine erwähnenswerte Nachricht war). Am nächsten Morgen gab er an, natürlich. Was die neue Herzogin von Lauzun dachte, wissen wir nicht, natürlich. Ebenso natürlich lebten diese beiden jetzt zusammen im Palast der Eltern Lorge. Lauzun mochte noch so viele Schlösser, Landhäuser und Stadtpaläste in ganz Frankreich besitzen, die Spielregeln blieben doch die Spielregeln. Bei Kinderheiraten zog der Bräutigam zu den Schwiegereltern, die so nicht nur die Tochter, sondern auch deren Mann noch einigermaßen zu Ende erziehen konnten; bloß weil da bei Lauzun keine große Hoffnung mehr war, musste man noch lange nicht das übliche Verfahren außer Kraft setzen. Und so war es nun an Lauzun, aus den Fenstern des Hôtel de Lorge die Weinberge von Montmartre zu betrachten, während er sich auf den baldigen Tag freute, an dem sein Schwiegervater die Weinberge der Pfalz nicht mehr ohne ihn würde abbrennen können.

Leider nur ging gleich noch einmal alles sehr schnell. Am 20. Juni 1695, keine drei Wochen nach seinem Aufbruch, erkrankte der Marschall-Herzog von Lorge im Feldlager am Neckar so schwer, dass nicht einmal mehr 75 von jenen englischen Tropfen ihn wiederherstellen konnten, die schon 1688 dem kleinen Prince of Wales als Milchersatz verschrieben worden waren und zu deren Zutaten neben gedörrten Schlangen und dem Schädel eines Gehängten diesmal wohl auch Opium gehört hatte. Der Marschall musste daher das eben erst angetretene Kommando aufgeben, um zur Kur nach Vichy zu reisen. Erst im Dezember entließ man ihn dort, worauf er zwar sofort an den Hof reiste, dort aber bei der täglichen Ausübung seines Leibgardedienstes nur erst recht zeigte, wie schwach er weiterhin war; er selbst hoffte allerdings noch immer, im neuen Jahr wieder den Oberbefehl an der Rheinfront zu erhalten. Am 2. Januar 1696 ging er mit dieser Hoffnung in eine Audienz beim König hinein, aus der er mit der ganz ungewollten ‹Erlaubnis› herauskam, auf diese anstrengende Pflicht für alle Zukunft zu verzichten. Indem er das den im Vorzimmer wartenden anderen großen Herren erzählte, machte er, was heute eine Presseerklärung wäre, und begrub zugleich alle militärischen Hoffnungen Lauzuns. Schon vier Monate später, fast genau am ersten Jahrestag seiner Hochzeit, zog Lauzun überraschend aus dem Haus der Schwiegereltern in einen nahegelegenen Stadtpalast, wohin seine Frau ihm am nächsten Tag folgen musste. Noch einmal vier Monate später starb ihr monumental reicher Finanziersgroßvater, aus dessen Erbe ihr nun eine kleine nachträgliche Mitgift zufiel. Mehr sei leider nicht da, erklärten die Eltern, die vielleicht besser Rücksicht auf den spielerischen Kampfgeist ihres arbeitslosen Schwiegersohns hätten nehmen sollen. Der jedenfalls ließ sich das nicht zweimal sagen. In kürzester Zeit trieb er einen Gehilfen des Verstorbenen auf, der eidlich bezeugte, im Keller eines normannischen Schlosses seinerzeit Gold und Silber im wahnwitzigen Wert von 40 Millionen Pfund versteckt zu haben. Wir behalten uns leichte Skepsis vor, da dieser Betrag nicht nur 20 Prozent der Staatsausgaben eines durchschnittlichen Friedensjahres entsprach, sondern auch nie mehr gefunden wurde. Aber das poetische Ancien Régime mochte seine Summen nun einmal möglichst rund und groß, und weil niemand poetischer war als Lauzun, fand er sich bald Hals über Kopf in ein Epos von Prozessen verwickelt: Während Frankreich um die Spanische Erbfolge kämpfte, focht er mit ähnlicher Intensität, aber noch geringerem Erfolg um die Salzsteuerpächtermillionen seiner Frau.

Wir wollen das Bild nicht zu schwarz zeichnen. Obwohl Madame de Lauzun von der robusten Gesundheit ihres Mannes unangenehm überrascht worden war (noch als Neunzigjährigen sah man ihn gerade erst dressierte Pferde reiten), war die Ehe nach damaligen Maßstäben keine unglückliche. Lauzun ermutigte seine Frau dazu, bei Hof viel Zeit mit ihrer Schwester und der gleichaltrigen Herzogin von Burgund zu verbringen. Seine berüchtigten Launen wurden mit dem Alter weniger, und nur ausnahmsweise platzierte er noch Lakaien mit Pistolen im gemeinsamen Vorzimmer, um einem angeblich zu sehr an Madame de Lauzun interessierten Ministersohn ein unsubtiles Signal zu geben. Nur einmal hatte er noch einen großen Wutanfall, als seine Frau eine Cousine zur Parade der Leibgarde begleiten wollte, denn selbst nach fünfundvierzig Jahren tat der Verlust seines Amtes dem Dreiundachtzigjährigen noch mehr weh als alles andere. Als er nach wüsten Beschimpfungen das familiäre Abendessen verließ, wollte Schwager Saint-Simon etwas zu dem Eklat sagen; Madame de

Lauzun aber ließ sofort Spielkarten verteilen, um die Unterhaltung demonstrativ abzubiegen, und konnte am nächsten Tag die tränenreiche Entschuldigung ihres von Selbstvorwürfen gepeinigten Mannes entgegennehmen. Bis zuletzt gefährlich blieb er dagegen für die übrigen Höflinge. Noch jetzt, als im Frühjahr 1719 das französische Heer mit Conty und Marthon nach Spanien zog, zerstörte er die Hoffnung diverser alter Generäle, bei dieser Gelegenheit zum Feldmarschall ernannt zu werden. Dem Regenten Orléans erklärte er, falls nutzlose Marschälle ernannt werden sollten, möge man dabei berücksichtigen, dass er seit neunundvierzig Jahren Generalleutnant und also der ranghöchste Nicht-Marschall überhaupt sei. Orléans lachte, denn er verstand sofort, was ihm hier geboten wurde: keine ernsthafte Bewerbung, sondern der nötige Vorwand, um alle anderen Kandidaten erst recht abzulehnen. Weil Lauzuns letzte Kriegsleistung die vor neunundzwanzig Jahren verlorene Schlacht an der Boyne gewesen war, wäre seine Ernennung allzu grotesk gewesen; weil er aber der ranghöchste aller Kandidaten war, musste eine Übergehung ihn so entehren, dass jeder statt seiner Ernannte in Zukunft den Zorn des noch immer unberechenbaren alten Mannes am Hals haben würde – und so mutig war auch unter Berufssoldaten niemand.

Nicht zuletzt deshalb blieb für den Oberbefehl gegen Spanien als einzig disponibler Marschall des Landheeres nur der Marschall-Herzog von Berwick übrig. Und kannte er sich denn nicht bestens aus mit Spanien? 1707 hatte der Exil-Engländer Philipp V. bei Almansa die Krone gerettet, jetzt würde er ihn besiegen müssen, so waren die Spielregeln, man nahm es einander nicht allzu persönlich. Lauzun aber blieb bei Hof, bis er als Neunzigjähriger 1723 den Tod kommen spürte. Er zog sich in ein Kloster zurück, spielte allerhand Erben und Erbschleichern noch allerhand Schabernack vor und garantierte seiner Frau durch eine letzte Intrige, dass sie ihr Witwengut ungestört würde behalten dürfen. In der Nacht vom 18. auf den 19. November 1723 schloss dann Antonin-Nompar de Caumont, Duc de Lauzun, Generalleutnant der Armeen des Königs, Ritter vom Hosenbandorden und Hauptmann der ersten Kompanie der Rabenschnabelgarde, für immer seine Augen. Seiner vierundvierzigjährigen Witwe blieben etwas mehr als sechzehn gute Lebensjahre, um die teuer verdiente Unabhängigkeit zu genießen. Die Rabenschnabelgarde wurde aufgelöst. Lauzun begrub man, wie er es sich gewünscht hatte, unter einem schmuck- und namenlosen Stein in einem Pariser Kloster, von dem die Revolution nichts übrig gelassen hat. Seine wahre Grabinschrift hatte schon dreißig Jahre zuvor der Schriftsteller La Bruyère geschrieben: «Man träumt nicht, wie er gelebt hat.»

Obwohl sie nicht die ersehnte höfisch-militärische Hebelwirkung gebracht hatte, war Lauzuns Heirat keineswegs umsonst gewesen. Indem sie den notorisch schreibfaulen Antihelden zum Schwager des graphomanischen Saint-Simon machte und diesem achtundzwanzig Jahre ließ, die Erzählungen des zweiundvierzig Jahre Älteren begeistert aufzusaugen, rettete sie Lauzuns eigene Version seines bewegten Lebens für die Nachwelt. Nicht zuletzt deshalb mag es einem fast folgerichtig erscheinen, dass bloß zwei Wochen nach Lauzuns Tod ein anderes Ereignis auch Saint-Simon dazu brachte, sich für immer vom Hof zurückzuziehen. Neben seinen überschuldeten Ländereien, der Pariser Residenz und den Memoiren blieb ihm die Beziehung zu seiner Frau, über die wir gerade deshalb so relativ wenig wissen, weil sie eine der seltenen Liebesehen ihrer Zeit gewesen zu sein scheint. Auf den Seiten seines Memoirenmanuskripts, an denen er 1743 schrieb, als er die Nachricht von ihrem Tode erhielt, erkennt man heute noch die Tränenspuren. Trotzdem fällt es einigermaßen schwer, gar keine ausgleichende Gerechtigkeit darin zu sehen, dass durch den söhnelosen Tod der Söhne Saint-Simons sein Herzogsrang, der ihm das Objekt eines fast religiösen Kults gewesen war, noch zu seinen Lebzeiten auf das sichere Aussterben zusteuerte. 1763 starb als letztes seiner Kinder die Tochter, deren Vornamen er nicht gewusst hatte; bis zuletzt wohnte sie im Stadtpalast des Vaters, wo ihr Mann Chimay sie noch einige Jahre lang dann und wann besucht hatte. Als dann 1774 auch Saint-Simons einzige Enkelin ohne Nachkommen aus ihrer Ehe mit einem Prinzen von Monaco starb, fiel das restliche Erbe an eine ganz entfernte Nebenlinie der Familie, die gleich darauf mit dem 1760 geborenen Grafen Claude-Henri den einzigen anderen berühmten Saint-Simon hervorbrachte. Hätte es den kämpferischsten Hohepriester des Adelskults gefreut zu wissen, dass sein vom Aussterben bedrohter Name ausgerechnet durch einen der Begründer des Sozialismus noch einmal prominent werden würde?

KAPITEL 13

Die junge Dame reist ab

VERSAILLES, 5. APRIL 1725

Sie standen im Schlosshof und warteten auf ihre Königin. Die Soldaten der Schweizer- und Französischen Garde konnten es gelassen angehen, denn sie wurden nur gebraucht, um bei der Ausfahrt zu salutieren. Um sie herum bepackten Lakaien und Kammerfouriere die neun Wagen des Gefolges mit dem Gepäck jener 226 Personen, die tatsächlich mitkommen sollten; besonders die Anwesenheit von 50 Küchenbedienten verriet, dass es keine ganz kurze Reise werden würde. Neben der vergoldeten achtspännigen Kutsche versuchten 50 Leibgardisten der Kompanie Charost ihre nervösen Pferde in der strikt vorgeschriebenen Linie zu halten. Ein letztes Mal überprüfte Leutnant Marquis de Savines die Sauberkeit der blau-silbernen Uniformen. Wie alle Leibgardeoffiziere hatte auch er eine irreführend niedrige Amtsbezeichnung: Die Truppe war zwar klein, aber unglaublich privilegiert. Wo schon die einfachen Reiter adelige Unteroffiziere waren, kam dem Leutnant gleich der zweithöchste Generalsrang zu, obwohl er normalerweise nur 43 Mann kommandierte. Als die Kompanie Charost noch dem Marschall-Herzog von Boufflers gehörte, hatte sich Savines unter dessen Befehl bei Malplaquet in den letzten Angriff der Hofkavallerie gestürzt, und bis heute zeichnete ihn die schwere Verletzung, die er damals erlitten hatte. Aber das war wenigstens Krieg gewesen, genau die Art von offenem Kampf, den er von Jugend auf kennengelernt hatte. Was dagegen hier anfing, dürfte ihm gerade deswegen solchen Widerwillen verursacht haben, weil es ebenso ehrlos wie ungefährlich war. In diesem Moment fiel sein prüfender Blick auf den Zeremonienmeister Desgranges, der eben sein Pferd bestieg. Desgranges mochte noch so sehr der Sohn eines ursprünglich bürgerlichen Sekretärs sein, er war doch selbst zugleich ein Offizier wie Savines: Sollte es ihm da in diesem Moment nicht ähnlich gehen? Aber falls dem so war, verriet der Zeremonienmeister nichts davon und erinnerte Savines durch seine bloße Präsenz vermutlich sogar eher an den einzig erfreulichen Umstand des Bevorstehenden, der ausnahmsweise ein zeremonieller war. Wenigstens würden nämlich die Garde-Gendarmen, Garde-Chevauxlégers und Garde-Musketiere nicht mitkommen, mit deren Offizieren er sich sonst um die Plätze neben den großen Hinterrädern der königlichen Kutsche hätte streiten müssen. Anstrengend genug würde die Reise auch so noch bleiben, und das keineswegs nur, weil es eben kein Vergnügen war, sein Pferd einen ganzen Tag lang immer präzise auf der Höhe des Hinterrades zu halten: Die Tür der Kutsche durfte auch unterwegs nie verdeckt sein, damit sie dem Volk nicht «die Befriedigung des Anblicks der Majestäten» nahm. Pech für das Volk, dass es diesmal beim Vorbeifahren trotzdem nichts zu sehen bekommen würde, weil die Königin zu klein war, um zum Fenster hochzureichen. Auch Desgranges würde ihm noch genug Ärger machen, so umgänglich er als Person auch sein mochte. An sich war zwar der Zeremonienmeister der natürliche Feind des Zeremoniengroßmeisters, seit Ersterer sich das Recht erstritten hatte, bei großen Staatsereignissen auf derselben gedachten Linie zu gehen wie der Großmeister. Aber wenn es gegen die Leibgarde ging, hielten die beiden schon aus Eigeninteresse zusammen, und so musste es auch auf dieser Reise wieder den üblichen Streit darum geben, ob die begehrten Zuschauertickets für die Mahlzeiten der Königin vom Leutnant oder vom Zeremonienmeister verkauft werden dürften. Anderthalb Monate lang würden sie quer durch das halbe Königreich reisen. Jeden Abend würden die Honoratioren irgendeines Provinzkaffs ihnen in den Ohren liegen, um einmal im Leben wenigstens die Ehefrau ihres Königs zu sehen, und anderthalb

Monate lang würden sie diesen Leuten erklären müssen, wie man die Königin korrekt zu belügen habe.

Während Savines noch solchen Gedanken nachhing, fingen die Trommeln zu schlagen an. Der Lärm des Saluts zog aller Augen auf das linke Schlossportal, aus dem jetzt die Königin heraustrat. Der schöne Nangis führte sie an ihrer rechten Hand, und sosehr das seine Oberhofmeister-Amtspflicht war, so unfreiwillig komisch sah es doch durch den Größenunterschied aus. Hinter den beiden liefen die Herzogin von Tallard, der Herzog von Duras, zwei Spanierinnen mit versteinerten Gesichtszügen, schließlich die Diener. Dann ging alles sehr schnell. Duras stieg mit der Königin und den Damen in die achtspännige Karosse. Nangis machte eine letzte erleichterte Reverenz, bevor die Tür sich schloss. Pagen und Lakaien sprangen auf ihre Plätze an der Seite und am hinteren Ende der Kutsche. Während die Karosse anfuhr, riefen die Leibgardeoffiziere ihre Befehle, und wie ein blau-silberner Strom flossen die fünfzig Gardisten dem Wagen hinterher, woraufhin die übrigen Fahrzeuge und Reiter sich nach und nach anschlossen. Noch bevor die letzten außer Sichtweite waren, kehrten die Detachements der Schweizer- und Französischen Garde in ihre Unterkünfte zurück. Die Torwachen gingen wieder in ihren Wachraum am Eingangstor, die wenigen unbeteiligten Zuschauer verliefen sich, bis schließlich der Schlosshof fast leer war. Der König hielt sich ohnehin seit drei Wochen in Marly auf; wer etwas zählte, hatte ihn dorthin begleitet, und wer in Versailles geblieben war, hatte nun ruhige Tage vor sich. Nur aus einem Fenster des ersten Stocks, das direkt über dem Portal lag, aus dem die Königin gekommen war, mag die Herzogin von Ventadour ihr noch lange nachgesehen haben. Die alte Dame wohnte hier in einem Appartement, aus dem sie sehr bald in den Prinzenflügel umziehen würde, und sie war nur deshalb nicht mit hinuntergekommen, weil sie seit Tagen Krankheit simulierte. Sie hätte es nicht ausgehalten, die Königin zu begleiten, deren Oberhofmeisterin sie doch war. Auf ihr Alter allein konnte sie sich dabei nicht hinausreden, denn die Vierundsiebzigjährige war bei bester Gesundheit; sie hatte noch fast zwanzig Lebensjahre vor sich. Zum Glück war jedoch außer der Königin niemand in der Stimmung für Nachfragen, und weil sie der schon seit Monaten allerhand Geschichten über ihren schlechten Zustand erzählt hatte, konnte sie sich nun auch als Reisebegleiterin von ihrer Enkelin Tallard vertreten lassen. Der König, dem sie damals das Leben gerettet hatte, hätte Maman Doudour ohnehin noch ganz andere Wünsche erfüllt, und so hatte sie normalerweise allen Grund, gerne an ihn zu denken. Aber heute war kein normaler Tag. Sie setzte sich an ihren Schreibtisch, um einen Brief an die Mutter der Königin zu schreiben. «Der Tod meiner eigenen Enkelkinder, Madame, würde mich tausendmal weniger Schmerzen kosten als die Trennung von meiner Königin. Sie wird es für mich auf ewig bleiben, und bei Gott, Madame! Was haben wir nicht seit dem Tod Ludwigs XIV. an Umschwüngen gesehen, und wie viele mögen noch kommen! Die Hand Gottes lastet immer schwerer auf uns.»

Die Adressatin des Briefes war Isabella Farnese, Königin von Spanien, denn es war ihre Tochter Infantin Maria Anna Victoria, die soeben von der achtspännigen Kutsche aus ihrem bisherigen Leben herausgetragen wurde. Seit drei Jahren hatte die Infantin unter Madame de Ventadours Aufsicht am französischen Hof gelebt, und weil ihr Heiratsvertrag mit dem damals elfjährigen Ludwig XV. längst unterschrieben war, nannten die meisten Höflinge sie seitdem Infantin-Königin oder auch einfach nur Königin. Ihr Rang als Königstochter reichte aus, um sie schon vor der noch aufgeschobenen Hochzeit zur ranghöchsten Frau Frankreichs zu machen. Sie hatte das Königinnen-Appartement von Versailles bezogen und war vom Hofstaat einer Königin bedient worden. Nun aber brach sie zu einer Reise ohne Wiederkehr auf. Seit zwei Monaten wussten ganz Versailles und Paris, was man allein ihr aus Feigheit oder hilfloser Rücksichtnahme noch immer verschwieg: Die politische Wetterfahne hatte sich dermaßen gedreht, dass ausgerechnet der politisch-dynastische Wind, der die Infantin-Königin einst hierhergebracht hatte, sie nun wieder nach Spanien zurückwehen würde. Längst suchte man hitzig nach einer neuen Braut für Ludwig XV., längst hatte der aktuelle Prinz-Premierminister dem Monarchen vorgerechnet, wie von den

100 theoretisch disponiblen Prinzessinnen 44 zu alt, 29 zu jung, 10 aus anderen Gründen ungeeignet seien, um von den 17 übrigen am Schluss je zwei Engländerinnen und zwei seiner eigenen Schwestern zu empfehlen, und so war es denn höchste Zeit, die nicht mehr gewollte Infantin so taktvoll wie möglich zu verabschieden. Man hatte ihr also scheinbar beiläufig berichtet, dass ihre königlichen Eltern eine Reise in die nordwestlichen Grenzprovinzen planten. Weil sie ganz nahe am französischen Bayonne vorbeikommen würden, wären sie mehr als glücklich, dort die Tochter wiederzusehen: Ob das nicht wunderbar sei? Kaum hatte die Infantin-Königin gesagt, dass auch sie sich das wünsche, hatte man schon angefangen, die Reise vorzubereiten, und nur Madame de Ventadour war von da an jeden Tag so traurig gewesen, dass es selbst der Infantin auffiel. Was haben Sie denn nur, Maman, hatte sie gefragt, und war mit den ständig wechselnden Erklärungen nicht recht zufrieden gewesen, wonach es mal an der Migräne lag und mal an Spielschulden. Die ganze Wahrheit aber ahnte sie doch nicht, obwohl das deutlichste Zeichen ganz offen vor ihren Augen lag. Das Desinteresse des pubertierenden Königs war es nicht; der fuhr zwar jetzt extra früh nach Marly, um nicht Abschied nehmen zu müssen, hatte sich aber auch schon in den vergangenen Jahren kaum für sie interessiert. Viel offensichtlicher verdächtig war der Reiseplan selbst. Es hatte schließlich seinen Grund, wenn in Friedenszeiten weder Könige noch Königinnen jemals das Land verließen und selbst innerhalb dieses Landes kaum noch große Distanzen zurücklegten. Die Zeiten waren vorbei, in denen das Königtum zur Machtausübung reisen musste, denn nach und nach gewöhnte man sich daran, auch einem unsichtbaren Herrscher zu gehorchen. Die hypothetischen Kosten solcher Reisen aber waren mit dem wachsenden Ausbau der Höfe ebenso extrem gestiegen, wie andererseits die stetige Verfeinerung des internationalen Zeremoniells, für die beispielsweise Bessers Königsberger Armlehnenstühle stehen, jede Begegnung mit anderen Monarchen immer mehr zum untragbaren Prestigerisiko gemacht hatten. Neben solchen Nachteilen wog das persönliche Glück der Begegnung mit engen Verwandten herzlich wenig, zumal die

Kosten auch noch ungleich verteilt waren. Während es für die Töchter regierender Häuser selbstverständlich war, mit der Hochzeit außer Landes zu gehen und ihre Eltern nie wiederzusehen, musste der stets im Lande bleibende Herrscher selbst sich ja weder von seinen Eltern noch von Brüdern oder Söhnen trennen; mit aller übrigen Verwandtschaft blieb dagegen praktisch nur der Briefkontakt, der dieser schreibfreudigen Zeit ohnehin nicht schwerfiel. Diese Spielregeln hielten noch lange; erst zum Ende des 18. Jahrhunderts würde es wieder häufigere Herrscherreisen geben. Auch die Infantin hätte also an sich sofort Verdacht schöpfen müssen, als man ihr aus heiterem Himmel einen Familienbesuch am anderen Ende des Landes vorschlug: Hatte sie denn weder zu Hause noch in drei Jahren Versailles gelernt, wozu ihr angeborener Beruf sie verpflichtete? Aber seien wir nicht zu streng mit ihr; als sie in jenem April 1725 Versailles für immer verließ, war es gerade erst eine Woche her, dass sie ihren siebten Geburtstag gefeiert hatte.

Selbst nach barocken Maßstäben war es eine Geschichte voller skurriler Wendungen, die zuerst zum Ehevertrag Ludwigs XV. mit einer Dreijährigen und dann zu seiner Verheiratung mit einer noch viel weniger vorhersehbaren Kandidatin führte. Und doch erwuchs sie wie so vieles Seltsame lediglich aus makellos logischen Voraussetzungen, deren erste wir bereits in Kapitel 10 kennengelernt haben – die fast völlige Auslöschung der französischen Königsfamilie durch Krankheit und Ärzte, die 1712 einzig der zukünftige Ludwig XV. lebend überstanden hatte. Dem alten Sonnenkönig war so als direkter Erbe nur dieser damals erst zweijährige Urenkel geblieben, der dementsprechend den Titel Dauphin erhielt; von seinen ehelichen Enkeln lebten bloß noch Philipp V. von Spanien und dessen jüngerer Bruder Berry, der jedoch 1714 ebenfalls starb, ohne Kinder zu hinterlassen. Auch dem direkten Erben trauten viele kein langes Leben zu. Die Kindersterblichkeit der Zeit war ja immens hoch und traf die Königshäuser kaum weniger als etwa Bauernfamilien. Im Falle des kleinen Dauphin Ludwig kam noch der Schock hinzu, den das rapide Wegsterben seiner ganzen Familie selbst bei den abgebrühten Höflingen hinterlassen hatte; kein Wunder also, dass noch auf viele Jahre hinaus jeder leichte Schnupfen des königlichen Kindes größte Sorgen auslöste. Trotzdem hätte diese Konstellation allein sich immer noch handhaben lassen, wenn nicht zugleich ein neuartiges Problem die Franzosen und Europa fast zwei Jahrzehnte lang in atemlose Anspannung versetzt hätte. An sich griff hier ja gerade die Stärke der strikten Erbmonarchie, deren klare Regeln weder Machtvakuum noch Unsicherheit zuließen. So traurig der Tod des kleinen braunlockigen Königsjungen in jedem Falle gewesen wäre, so eindeutig hätte er sich doch normalerweise auch ersetzen lassen: Starb er kinderlos, dann musste eben, weil er ja keine Brüder mehr hatte, zuerst sein nächster Onkel Philipp V. erben, hinter dem 1715 in unumstrittener Geburtsreihenfolge nicht weniger als zwölf weitere Prinzen standen.

Genau in diesem Moment wendete sich jedoch der scheinbar größte Erfolg Ludwigs XIV. auf grausame Weise gegen sein eigenes Haus. Um seinem Enkel Philipp V. den spanischen Thron zu sichern, hatte der alte König Frankreich ein letztes Mal in zwölf ruinöse Kriegsjahre gestürzt, bis schließlich 1713 der Frieden von Utrecht Philipps Herrschaft über Spanien bestätigte. Was bei oberflächlicher Betrachtung wie der größte Triumph aussah, kam jedoch mit einer zwingend logischen Bedingung daher, die nicht nur kurzfristig größte Spannungen auslöste; auch langfristig würde sie das französische Königshaus so fatal beschädigen, dass Frankreich fast nur deswegen heute eine Republik ist. Nachdem beinahe ganz Europa über ein Jahrzehnt lang gegen Frankreich gekämpft hatte, um die auch nur indirekte Vereinigung dieser aggressiven Großmacht mit dem spanischen Reich zu verhindern, war es für die Alliierten 1713 frustrierend genug, den französischen Kandidaten doch noch anerkennen zu müssen. Umso härter bestanden sie nun bei den Friedensverhandlungen von Utrecht darauf, wenigstens die direkte Vereinigung beider Kronen in einer Person für immer auszuschließen, die durch die Todesfälle von 1712 gerade eben so viel wahrscheinlicher geworden war. Sie zwangen also zuerst Philipp V., für sich und alle Nachkommen feierlich auf seine französischen Thronrechte zu verzichten, und verpflichteten dann

Ludwig XIV., diesen Verzicht mit allen rechtlichen Formen auch in Frankreich zu ratifizieren. Weil keiner der beiden sich noch längeren Krieg leisten konnte, geschah es so – und zog fast sofort unabsehbare Folgen nach sich.

Der Erbverzicht Philipps V. war eine jener guten Ideen, die hundert Jahre zu früh kamen. Wie in so vielem stand die frühe Neuzeit auch hier auf genau halber Strecke zwischen Vormoderne und Moderne. Die Herrscher, Diplomaten und Aristokraten von 1713 mochten modern genug sein, um zumindest ansatzweise zwischen Staaten und Dynastien zu unterscheiden, modern genug auch, um im Interesse des europäischen Friedens zwei Staaten separat halten zu wollen, die sich nach rein dynastischer Logik hätten vereinigen sollen. Gleichzeitig aber waren sie doch noch so stark im alten Denken verhaftet, dass ihnen diese Trennung zutiefst unnatürlich, ja geradezu unheimlich vorkommen musste. Waren sie denn nicht alle selbst nur durch Erbrecht das, was sie waren, war nicht das Erbrecht das Einzige, was die gottgewollte Gesellschaftsordnung zusammenhielt, war es nicht auch ganz abstrakt den meisten Zeitgenossen so heilig wie heute uns die Demokratie, und musste nicht alles zusammenbrechen, wenn der oberste Herrscher nicht mehr nach diesem heiligen Prinzip bestimmt wurde? So glaubten denn letztlich nicht einmal die, die den Verzicht Philipps V. forderten und vertraglich festlegten, an seine Wirksamkeit im Ernstfall. Ihnen allen war noch im Moment des Unterschreibens klar, dass die Verzichterklärungen für Spaniens König totes Papier würden, falls Frankreichs königliches Kind ohne Nachkommen stürbe, denn nie würde Philipp dann seine angeborenen Rechte aufgeben. Und doch war dieses Papier alles andere als wirkungslos. Es schwächte notwendigerweise jeden Anspruch, den Philipp V. erheben mochte, es nahm ihm gewissermaßen seine halbe Erfolgsaussicht und schenkte sie dem nächsten Prinzen. Dieser nächste Prinz war einen kurzen Moment lang der glücklose Berry, der aber schon 1714 starb. Nachdem nun keine weiteren Enkel Ludwigs XIV. mehr übrig waren, wären als Nächstes seine jüngeren Söhne auf den ersten Platz der Thronfolge nachgerückt. Da aber gab es nur noch die unehelichen

Söhne du Maine und Toulouse. Der verzweifelte und schon halb senile Sonnenkönig erteilte ihnen jetzt zwar zum Entsetzen aller Untertanen auch wirklich das Thronfolgerecht, das uneheliche Königskinder in Mitteleuropa schon seit acht Jahrhunderten nicht mehr gehabt hatten; selbst er setzte sie freilich nur für den Fall als Erben ein, dass alle anderen legitimen Linien erloschen seien, und zwang sie also, sich quasi hinten anzustellen – eine erwähnenswerte Tatsache, weil erstaunlich viele Historiker es falsch genug darstellen, um das Folgende unverständlich zu machen. Wer die Verzichterklärung Philipps V. ernst nahm, musste also zum Finden des nächsten Erben noch weiter rückwärts gehen, bog damit beim jüngeren Bruder Ludwigs XIV. ab (dem verstorbenen Monsieur) und fand so dessen einzigen Sohn Herzog von Orléans. Eben noch war Orléans der Ausgestoßene der Familie gewesen, dem man sogar die Vergiftung der direkten Thronerben zutraute. Nun wurde er bloß zwei Jahre später (1714) durch Berrys Tod zum nächsten Erben in Frankreich selbst, zum zukünftigen Regenten für den kindlichen Erben und zum logischen Rivalen Philipps V. um die Nachfolge. Indem die Diplomaten von Utrecht den Spanier zum Erbverzicht gezwungen hatten, hatten sie also Orléans ein starkes Argument geschenkt und zugleich dem Erbprinzip seine einzige Stärke genommen – nämlich die Eindeutigkeit. In außereuropäischen Monarchien war es noch immer eher die Regel als die Ausnahme, wenn gleichberechtigte Prinzen die Nachfolge durch Putsch, Mord oder Bürgerkrieg untereinander ausmachten. In Europa dagegen hatte man sich das dank Primogenitur und (mühsamer) Monogamie weitgehend abgewöhnt und sah nun also mit desto größerem Entsetzen, wie die so gutgemeinte Verzichterklärung von 1713 ausgerechnet das größte Land des Kontinents in solche Zustände zurückzuwerfen drohte.

Die ersten Folgen waren innenpolitisch. Ludwig XIV. brauchte keine abstrakte staatsrechtliche Reflexion, um von der absehbaren Zukunft schockiert zu werden, die er doch nicht ändern konnte. Sein Vater hatte mit neun, er selbst mit viereinhalb Jahren den Thron bestiegen, und so war die notwendige Regentschaft für beide von der Mutter ausgeübt worden. Sein Urenkel aber hatte Mutter, Großmutter und Urgroßmutter längst verloren. Als Regent für ihn blieb daher nur der nächste im Land befindliche legitime männliche Verwandte übrig und also seit Berrys Tod ausgerechnet Orléans, dem man doch die schlimmsten Dinge nachsagte; Orléans, der beim Tod des kleinen Königs selbst den Thron beanspruchen konnte; Orléans, der jedes Motiv hatte, einen französischen Richard III. zu geben. Wenn Ludwig XIV. ihm trotzdem die zukünftige Regentschaft nicht einfach entziehen konnte, so zeigt das bloß, wie sehr die Traditionen der Monarchie als ungeschriebene Verfassung wirkten, die auch dem scheinbar absoluten Herrscher Grenzen setzten. Umso mehr nutzte der Sonnenkönig sein letztes Lebensjahr freilich dazu, dem suspekten Neffen alle nur erdenklichen Steine in den Weg zu legen. Als wollte er eine regelrechte Mauer von Beschützern um den kindlichen Erben bauen, ernannte er zuerst seinen alten Ballettfreund Villeroy zum ‹gouverneur› (Oberhofmeister) des Urenkels. Villeroys Vorgesetzter wurde als ‹surintendant de l'éducation› der uneheliche Lieblingssohn du Maine, der zugleich den Befehl über sämtliches Hofmilitär erhielt, um notfalls jederzeit Paris besetzen und Orléans wegputschen zu können. Schließlich schuf der König einen Regentschaftsrat, an dessen Beschlüsse Orléans gebunden sein sollte, und besetzte ihn mit du Maine, Toulouse, Villeroy und deren Kreaturen, die den Regenten jederzeit problemlos würden überstimmen können. So schien es, als hätte er sein Haus gut bestellt; Orléans würde nur die leere Hülle einer Regentschaft erhalten und zusehen müssen, wie Ludwigs Vertraute den neuen König verlässlich zur korrekten Kopie des Urgroßvaters heranzogen. Dann ging es ans Sterben. Mehrere Wochen lang breitete qualvoller Wundbrand sich am Körper des alt gewordenen Sonnenmonarchen aus, während er in großer Würde das zutiefst öffentliche Schauspiel eines königlichen Todes darbot. Am 1. September 1715 endete mit seinem Leben auch die nach zweiundsiebzig Jahren längste königliche Amtszeit der gesamten europäischen Geschichte. An ihrem Anfang hatte genauso ein Kind gestanden, wie nun wieder eines den Thron bestieg. Der bisherige Dauphin trug immer noch den Unisex-Rock der unter Siebenjährigen, er wurde immer noch von Maman Doudour am goldseidenen

Gängelband festgehalten und war doch jetzt Ludwig XV., König von Frankreich und Navarra. Hofpolitik kannte keine Pietät. Schon am Morgen des 2. September trat im Pariser Justizpalast das Parlament von Paris zusammen. Ungeachtet seines Namens war es kein Parlament im modernen Sinne, sondern der aus etwa 200 justizadeligen Richtern zusammengesetzte oberste Gerichtshof des Landes, in dem außerdem auch jene Herzöge und Prinzen Stimmrecht hatten, die in anderen Ländern ein eigenes Oberhaus der Ständeversammlung gebildet hätten. Hier würde man das Testament Ludwigs XIV. eröffnen, um dann die neue Verteilung der Macht zu fixieren. Im Interesse einer ungestörten Diskussion hatten 800 Schweizergardisten unter dem Befehl du Maines den Palast umstellt, denen mit gleichlautender Begründung 1400 Soldaten des Französischen Garderegiments zu Fuß gegenüberstanden; ihr Oberst Herzog von Guiche war ein Schwiegersohn des Hauses Noailles und mit diesem ganzen Clan gerade noch rechtzeitig von Orléans gekauft worden, um nicht nur verbal Waffengleichheit herzustellen. Zuerst allerdings hätte der in seinen Prioritäten unbeirrbare kleine Herzog von Saint-Simon die Versammlung beinahe mit seinem Protest gegen einen Zeremonialfehler gesprengt, der freilich auch die anderen Herzöge extrem erboste. Der Erste Parlamentspräsident hatte sich nämlich über die Jahre schleichend angewöhnt, beim Abfragen der Voten seine Amtsmütze nur noch dann abzunehmen, wenn er die Prinzen und seine Präsidentenkollegen ansprach; die Herzöge erniedrigte er dagegen, indem er sie mit bedecktem Haupt zur Abstimmung aufforderte, und das konnte natürlich nicht so bleiben. Es dauerte lange, bis man die Lösung dieser Frage halbwegs vertagen konnte – so erfolgreich übrigens, dass sie bis zur Revolution von 1789 in der Schwebe blieb –, was dann Saint-Simon wiederum so aufregte, dass seine zwanzig Jahre später verfasste Schilderung der Sitzung schon an dieser Stelle dauerhaft auf die phantastische Überholspur des Wunschdenkens abbog. Lassen wir ihn also ungestört in seiner Idealversion des Ablaufes sitzen, in der er nicht nur der bewunderte Held des zeremoniellen Zwergenaufstandes war, sondern nebenher auch noch das vertrackte Problem löste, wer quer übers Parkett des Sitzungssaales laufen und wer nur außen herum gehen durfte: Zum Glück gibt es ja noch dreizehn zuverlässigere Berichte über jene schicksalhafte Sitzung, die sich nun mit der eindrucksvollen Rede des Herzogs von Orléans fortsetzte. Eloquent beschrieb er der Versammlung, wie sein Onkel Ludwig XIV. ihm noch auf dem Sterbebett versichert habe, dass er als selbstverständlicher Regent und nächster Thronerbe natürlich auch die unumstrittene Kronautorität erhalten werde, sprach gerührt vom kleinen König, lobte die Richter und kündigte schließlich an, versöhnlich kooperativ zu herrschen. Dann begaben sich die drei von Ludwig XIV. dazu bestimmten Würdenträger in einen Nachbarraum, wo sie das in die Wand gemauerte Versteck des Testaments aufschlossen, um mit den Worten «Hier ist unser Gesetz» den letzten Willen des Sonnenkönigs in den Großen Saal zu bringen. Dort öffneten sie das vom feuchten Mauerwerk stark verschmutzte Paket, ließen es sofort vom Gerichtsrat mit der stärksten Stimme vorlesen und hörten aufmerksam zu, wie nun eine Klausel nach der anderen die Macht des Regenten immer stärker beschränkte, bis ihm am Schluss bloß noch der Schatten der Autorität blieb. Obwohl Orléans den Inhalt des Testaments wohl schon einige Tage zuvor erfahren hatte, verzog sein Gesicht sich während der Verlesung immer unübersehbarer; sobald sie abgeschlossen war, sprang er auf, um noch einmal seinen tiefen Respekt vor dem Verstorbenen Ausdruck zu verleihen. Leider widerspreche nun allerdings das eine oder andere Detail doch seinem ererbten Recht ebenso wie den (praktischerweise ungeschriebenen) Grundgesetzen der Monarchie. Zum Glück habe aber der sterbende Onkel ihm auch gesagt, dass man dieses Testament nur als so eine Art ersten Entwurf behandeln solle; er fordere also vom Parlament eine Klarstellung seiner selbstverständlichen Rechte. Die Gerichtspräsidenten blickten gewichtig in den Saal, eröffneten die ausführliche Debatte und taten überhaupt alles, um zu verdecken, dass sie schon seit Tagen einen Deal mit Orléans hatten. Die Mehrzahl der Prinzen und Herzöge war ohnehin gegen den emporgekommenen Bastard du Maine. Dann durften zum Dekor die jüngeren Gerichtsräte ein wenig debattieren, bevor schließlich die als «große Mützen» oder «große Perücken» bekannten Präsidenten die Abstimmung abschlossen, deren Ergebnis sie selbstverständlich vorgaben. So konnte du Maine noch von Glück reden, bloß sein Kommando über das Hofmilitär zu verlieren, während gleichzeitig Orléans über den Regentschaftsrat gestellt wurde, den er nach persönlichem Gutdünken neu würde zusammensetzen dürfen. Am wichtigsten war freilich, was völlig ungesagt blieb. Zum einen hatte niemand Philipp V. erwähnt, obwohl doch der als direkter Onkel sowohl nächster Thronerbe als auch Regent hätte sein sollen – noch wusste er freilich nicht einmal vom Tod des Großvaters, da Orléans vorsichtshalber alle Kuriere hatte verhaften lassen. Zum anderen hatte aber auch Orléans durch eine einzige beiläufige Erwähnung dem Parlament ein Vetorecht gegen königliche Gesetze zurückgegeben, welches Ludwig XIV. ihm de facto entzogen hatte, ohne dass es formal je abgeschafft worden wäre. Auch die Wiedereinführung dieses sogenannten Remonstrationsrechts erfolgte daher ganz stillschweigend und war doch umso wichtiger, weil damit ein politischer Störfaktor wiederhergestellt war, der die Macht der Krone in den nächsten vierundsiebzig Jahren immer häufiger lähmen sollte. Zu Anfang nutzten die Parlamentarier dieses Recht zwar noch moderat und hauptsächlich in religiösen Streitfragen. Mit den Jahren aber würden sie sich immer mehr für ihre Rolle begeistern; sie würden sich von ihrem Amtskollegen Montesquieu die Idee der Gewaltenteilung erfinden lassen, würden mit zunehmendem Interesse das völlig anders konstruierte englische Parlament betrachten, würden Rousseau auf interessante Weise missverstehen und allmählich unüberhörbar auch darauf hinweisen, dass ja in Abwesenheit der längst verschwundenen Generalstände einzig sie selbst die logische Fortsetzung der altfränkischen Volksversammlung sein konnten. Unter anderen Umständen wäre das vielleicht Stoff für ein paar Historiker geblieben. Tatsächlich jedoch sah das zunehmend gebildete und fortschrittsgläubige Frankreich des 18. Jahrhunderts die Parlamentarier bald als edle Verteidiger seiner Freiheit an, obwohl die ihre Posten allesamt geerbt oder gekauft hatten und sich ohne den Hauch eines Beleges als Reinkarnation einer weitgehend mythischen Stammesversammlung des 5. Jahrhunderts ausgaben – eines von tausend bis in die unmittelbarste Gegenwart reichenden Beispielen dafür, wie nachvollziehbare Wut auf die ihnen bekannteste Ungerechtigkeit auch kluge Menschen völlig blind in die Arme einer Gegenseite treiben kann, die allzu oft kein bisschen besser ist. So wurden die Parlamente der Krone schließlich 1787/88 zum Verhängnis, weil sie so erfolgreich opponierten, dass man zur Abwehr ihrer Ansprüche die längst vergessenen Generalstände einberufen musste. Die Bombe, die daraufhin explodierte, hatte also eine lange Lunte, die schon 1715 von Orléans angezündet worden war. Der aber hätte auf Vorwürfe mit Recht antworten können, dass seine Position ihm keine Wahl gelassen hatte. Um Frankreich ernsthaft regieren zu können, musste er die von Ludwig XIV. aufgebauten Hindernisse beseitigen und also das Parlament mit dem einzigen Zugeständnis kaufen, welches in seiner Macht lag. So hat am Ende niemand anderes als der Sonnenkönig selbst die Zerstörung seines Werks ermöglicht – und das, weil er glaubte, den Urenkel gegen den Neffen verteidigen zu müssen.

1715 kümmerten diese langfristigen Wirkungen naturgemäß erst einmal niemanden. Für den Augenblick schien alles gut. Der nunmehr unumschränkt herrschende Regent verlegte den Hof von Versailles nach Paris zurück, was nur offiziell damit begründet wurde, dass man den zarten kleinen König nicht länger der pestilenzialischen Sumpfluft aussetzen wolle. Realiter sprach Orléans hier für eine ganze Generation, die Versailles in der immer frommeren und zugleich kriegsbelasteten Spätzeit Ludwigs XIV. nur noch als rituell erstarrtes Puppentheater erlebt hatte und nun endlich die ihr zustehenden wilden Jahre nachholen wollte. Während der königliche Hof sich in den Tuilerien einrichtete, residierte der Regent direkt nebenan im Palais Royal, wo er sich nach einem Arbeitstag voller vernünftiger Beschlüsse jeden Abend mit Freunden zum diskreten Besäufnis einschloss; dass es von hier aus nicht mehr wie einst in Versailles zwei Stunden, sondern bloß noch ein paar Minuten bis zu den Sängerinnen und Tänzerinnen der Königlichen Oper waren, kam ihm nur zu gelegen. Auch in seinen attraktiveren Eigenschaften stand Orléans für den neuen Stil einer neuen Zeit, war tolerant und spöttisch, gelassen und neugierig, wo der späte Sonnenkönig zuletzt dogmatisch versteinert gewesen war. Es war vielleicht kein Zufall, dass gerade ihm es gelang, durch geduldige Zuwendung langsam auch die Sympathie des verschlossenen Königsjungen zu gewinnen; der alte Oberhofmeister Villeroy rief dagegen mit seinen tanzlehrerhaften Versuchen, Ludwig XV. zum perfekten Klon Ludwigs XIV. zu prägen, lediglich eine lebenslange Aversion des Zöglings gegen das Ballett hervor. Um sie herum wurden die Perücken kleiner, während die Frisuren der Damen sich von den schlimmsten Aufbauten befreiten. Watteau malte ein Bild, in dem der Gemäldehändler Gersaint das nicht mehr gebrauchte Porträt Ludwigs XIV. wegräumt, und fing dann an, seine idyllischen Landschaften mit aristokratischen Blumenkindern im Kostüm der italienischen Komödie zu bevölkern.

Selbst die hohe Politik schien dazu zu passen, in der der Regent Frankreich fast sofort mit Großbritannien verbündete, um so das antifranzösische Bündnis der letzten dreißig Jahre elegant aufzulösen. Nicht umsonst war es ein Schotte namens Law, der Orléans jetzt auf einen Schlag das Geheimnis der Staatsbank, des Papiergeldes, des Aktienhandels und der Kolonialprojekte erklärte und alle vier zum sogenannten Système zusammenschloss, aus dem bald ungeahnte Reichtümer sprudelten. Natürlich hakte es hier und da noch im Detail, natürlich war es auch ein wenig schade, dass Frankreich insgesamt noch nicht ideal auf diese nützlichen Innovationen vorbereitet war. Eine absolute Monarchie mochte größenwahnsinnig genug sein, um von einem Moment auf den anderen den Besitz von Bargeld komplett zu verbieten. Sie war andererseits aber auch so konstruiert, dass niemand die Prinzen von Geblüt daran hindern konnte, auf dem Höhepunkt der von noch keinem so ganz begriffenen Spekulationsblase mit großen Kutschen bei der Staatsbank vorzufahren und einfach dadurch den Anfang vom Ende einzuleiten, dass sie sinngemäß Folgendes sagten: Wir sind gekommen, um unser Guthaben in Gold abzuheben. Jetzt. ALLES. So brachte Law in der Spätphase seiner Karriere dem

Regenten also auch noch bei, was ein Crash ist, bevor er sich dann vernünftigerweise in finanziell aufgeschlossenere Gefilde absetzte. Zum Jahresende 1720 erhielten die Untertanen wieder die Erlaubnis, Bargeld zu besitzen, was für die meisten nun jedoch nur noch ein sehr abstraktes Recht war – oder in den Worten von Orléans' immer schon skeptischer Mutter Elisabeth Charlotte: «In Frankreich hat nun niemand weder Heller noch Pfennig, aber ... auf gut Pfälzisch zu sagen, Arschwische von Papier genug.» Andererseits gab es natürlich auch Gewinner – etwa den Buckligen aus der Wall-Street-ähnlichen Rue de Quincampoix, der den Spontan-Aktienhändlern seinen Buckel als Schreibunterlage für Kaufverträge vermietet hatte, oder den Staat, der fast die Hälfte seiner immensen Schulden im reinigenden Feuer des Börsencrashs hatte verbrennen können.

Für unsere Zwecke waren freilich andere Maßnahmen wichtiger als dieser bald schockiert wieder abgebrochene Ausflug des Ancien Régime in die finanzielle Moderne. Wie jeder Königsstellvertreter musste auch Orléans seine prekäre Autorität ständig verteidigen, die ja mit einem Verfallsdatum versehen war – mit seinem dreizehnten Geburtstag würde der König formal volljährig sein. Natürlich erwartete niemand ernsthaft, dass er von da an allein regieren könne. Das Volljährigkeitsalter war aber schon vor Jahrhunderten ganz bewusst so niedrig angesetzt worden, um das gefährliche Intermezzo einer Herrschaft des nächsten Thronerben möglichst kurz zu halten, und so wussten auch diesmal die Feinde des Regenten wieder, dass sie nur bis 1723 würden überwintern müssen, um dann experimentell herauszufinden, wer das Königskind am besten beeinflussen konnte. Im Ausland war ein solcher Feind natürlich Philipp V.; in Frankreich selbst stand dem Regenten vor allem die sogenannte Partei des alten Hofes um du Maine und Villeroy gegenüber, die ihm durch ihre Rolle in der Erziehung Ludwigs XV. besonders gefährlich werden konnten. Orléans verbündete sich daher mit dem nach ihm nächstwichtigen Prinzen, dem Herzog von Bourbon, der als Sohn der Königstochter Madame la Duchesse nicht nur Chef des Hauses Condé, sondern auch ein erbitterter Feind du Maines war. (Ein Erbstreit hatte die beiden eng verwandten Häuser entzweit. Bourbon selbst hätte mehr Grund gehabt, einen anderen Prinzen zu hassen, denn er war einäugig, seit ihm 1712 der bis zuletzt vom Pech verfolgte Herzog von Berry auf der winterlichen Jagd ein Auge ausgeschossen hatte.) Während der Regent den überparteilichen Landesvater mimte, war Bourbon für Repressalien zuständig, die 1717 damit anfingen, dass er du Maine und seinem Bruder die vom Sonnenkönig verliehenen Thronfolgerechte wieder aberkennen ließ. Das politische Publikum applaudierte durchaus, fand man doch, dass diese Nachfolgerechte für Uneheliche geradezu die natürliche Ordnung der Welt auf den Kopf stellten – einer Welt voller lieblos arrangierter Ehen nämlich, in der jeder zweite Familienchef selbst uneheliche Halbgeschwister hatte und vom Erbe fernzuhalten vorzog. Warum aber da aufhören? War nicht der enorm hohe Prinzenrang, in den ihr Vater sie nach und nach erhoben hatte, erst recht eine Beleidigung des legitimen Hochadels? So dachten viele, niemand freilich mit größerer Wut als Saint-Simon, der als treuer Günstling des Regenten inzwischen eine der Schlüsselfiguren des Regimes geworden war. Als Orléans 1718 religiösen Streit beenden und zu diesem Zweck temporär auch das rebellische Pariser Parlament erniedrigen musste, waren daher Saint-Simon und Bourbon entschlossen, die Gelegenheit in ihrem Sinne zu nutzen. Was sie nun zusammen mit dem Regenten planten, war nicht geradezu ein Staatsstreich, aber doch eine Demonstration der Macht, die die ungeschriebene Verfassung des Landes bis an ihre Grenzen dehnte. Um die vom Parlament gegen die Religionspolitik des Regenten erlassenen Verordnungen für ungültig erklären zu können, musste Orléans das 1715 wiederhergestellte Widerspruchsrecht der Parlamentarier aushebeln, ohne es geradezu wieder abzuschaffen. Zum Glück fand sich im seltsamen Inventar der Ancien-Régime-Verfahren auch eines, das genau dazu passte: die schwer übersetzbare Zeremonie des ‹lit de justice› (wörtlich: Bett der Gerechtigkeit, weil der König sich dabei inmitten seines Parlaments auf seidene Kissen setzte). Ihre Logik war nur zu einfach. Weil in Gegenwart des Königs kein Widerspruch erlaubt war, kam er beim Lit de justice selbst ins Parlament, wo er den Ungehorsam zum Verstummen brachte und durch seine bloße Präsenz die Parlamentarier zwang, seine Befehle als rechtskräftige Gesetze zu ratifizieren. Natürlich war dieses Instrument zu schön, als dass man es in der Alltagspraxis des Regierens nicht mit Vorsicht gebraucht hätte. Das Lit de justice signalisierte eben immer auch, die Forderungen der Regierung seien so inakzeptabel gewesen, dass nicht einmal die übliche Mischung aus guten Argumenten, Belohnung und Drohung ihre Ratifikation bewirkt habe. Für viele Maßnahmen war das fatal, weil sie wie beispielsweise Staatsanleihen ohne Kooperation der Eliten gar nicht erst durchführbar waren. Diesmal aber ging es dem Regenten so ausdrücklich um die Machtdemonstration, dass das Lit de justice gar nicht provokativ oder überraschend genug ausfallen konnte.

Am frühen Morgen des 26. August 1718 war es so weit. Nebenbei zeigte die Veranstaltung, wie sehr der Biorhythmus der Hofaristokraten sich von dem des Justizadels unterschied. Der Arbeitstag der Parlamentarier hatte längst angefangen, als Zeremonienmeister Desgranges ihnen um sechs Uhr den königlichen Befehl zum Aufbruch in das Tuilerienschloss brachte – diesmal sollten sie zum König kommen statt wie sonst der zu ihnen. Der Duc du Maine dagegen lag um vier Uhr nur deswegen schon seit einer Stunde im Bett, weil er von einem Fest seiner umtriebigen Frau relativ früh heimgekommen war; nun weckte man ihn, damit er als Generaloberst der Schweizergarde Truppen für eine ihm ganz unbekannte Staatszeremonie abstellen könne. Obwohl die Zeremonie sich vor allem gegen ihn richtete, hatten die Orléanisten nicht auf «seine» Schweizer verzichten wollen, weil die erstens loyal seien und zweitens andernfalls auch vom riesigen Garderegiment zu Fuß problemlos niedergemacht werden könnten. Es war keine Paranoia, wenn der Regent Paris an diesem Morgen mit Hofsoldaten überschwemmte – den großen Fronde-Aufstand hatte 1648 schließlich auch das provozierte Parlament ausgelöst, und noch 1789 würde es die übergelaufene Garde zu Fuß sein, die im Namen der Revolution die Bastille stürmte. An diesem Tag aber hatte Orléans seine Feinde völlig unvorbereitet getroffen. Ab fünf Uhr früh ertönten in der ganzen Stadt die Trommeln, unter deren Klang nicht nur Gardekavallerie und Infanteristen, sondern auch die zur Zeremonie notwendigen Herzöge, Marschälle und Ordensritter von allen Seiten auf das Tuilerienschloss zuströmten; der Pont-Neuf war währenddessen scharlachrot von den Roben der 153 Parlamentsrichter, die sich im Schutz ihrer riesigen Perücken als zähflüssiger Strom juristischen Widerwillens demselben Palast entgegenwälzten. Im Inneren der Tuilerien wandelte jetzt der Regent eine reguläre Sitzung des Regentschaftsrats zum Lit de justice um; «wie die Kinder» lehnten sich Saint-Simon und die anderen Ratsmitglieder aus den Fenstern, um sich am Anblick der zu ihrer Demütigung anmarschierenden Juristen zu freuen. Während die Parlamentspräsidenten hinter vorbereiteten Paravents ihre zum Augustwetter wenig passenden zeremoniellen Pelzmäntel anlegten, brachte ein großes Gefolge den achtjährigen König in den vorbereiteten Saal. Seine Rolle würde sich darauf beschränken, dem Siegelbewahrer das Wort zu erteilen, auf dem Kissensitz einige Stunden Langeweile zu ertragen und dabei nicht ohnmächtig zu werden, wie man es von diesem delikaten Kind angesichts der verschobenen Frühstückszeit ernsthaft befürchtet hatte; da aber Ludwig XV. in allen drei Punkten musterhaft den Plan erfüllte, wurde auch das Lit de justice zum Triumph. Die Bastarde du Maine und Toulouse hatten sich nach taktvollem Hinweis noch vor Sitzungsbeginn entfernt. Den Parlamentariern blieb dieser Ausweg versperrt, und so mussten sie nun auf Knien anhören, wie Siegelbewahrer d'Argenson ihre sämtlichen letzten Verordnungen für null und nichtig erklärte. Als Nächstes erklärte er den Prinzenrang der Königsbastarde für aufgehoben, die damit auf ihren Status als einfache Herzöge zurückgeworfen waren. Saint-Simon war im siebten Himmel. Noch ein Vierteljahrhundert später beschrieb er seine Begeisterung über diese Wiederherstellung der einzig gerechten Rangordnung so euphorisch, dass es schwerfällt, dabei nicht an körperliche Formen der Ekstase zu denken: «Ich starb vor Freude … mein bis zum Exzess geweitetes Herz fand keinen Platz mehr in meiner Brust. Die Gewalt, die ich mir antun musste, um nicht [meine ganze Begeisterung] zu zeigen, war grenzenlos; und doch war diese Qual köstlich … Ich triumphierte, ich rächte mich, ich schwamm in der Rache; ich genoss die vollkommene Erfüllung der heftigsten und dauerhaftesten Begierden meines Lebens.» Das Beste kam freilich zum Schluss, als Orléans kurz das Wort ergriff, um einen Antrag seines Cousins Bourbon anzukündigen, der ihm ganz und gar gerechtfertigt erscheine. Der einäugige Prinz seinerseits zeigte sich unerwartet taktvoll. Da du Maine nunmehr bloß noch ein Herzog mit Stichdatum 1694 sei, sei er nicht mehr ranghöher als der Königserzieher Villeroy, dessen Herzogsrang von 1663 datierte. Unter solchen Bedingungen könne man dem guten Villeroy nicht länger zumuten, du Maine zum Vorgesetzten zu haben. Die Oberaufsicht über die Königserziehung sei dem Ex-Prinzen daher sofort zu entziehen und dem ranghöchsten volljährigen echten Prinzen von Geblüt zu übertragen: Wie praktisch, dass das Bourbon selbst war ... Auch diese Maßnahme wurde vom Parlament ratifiziert; während der Siegelbewahrer die roten Roben ermahnte: «Der König will Gehorsam, und er will ihn sofort», hielt der wütende Villeroy (der ja du Maines engster Verbündeter war) sich nur noch mühsam an seinem Amtsstab fest. Der Regent mochte seinen Sieg etwas weniger vehement auskosten als Saint-Simon, aber er hatte gesiegt. Die liberale Phase dieser Regentschaft war vorbei.

Nun traf sich die französische Innenpolitik mit dem großen Spiel der europäischen Mächte. Während Orléans das Lit de justice plante, segelte eine spanische Kriegsflotte auf Sizilien zu, um mit der Rückeroberung Spanisch-Italiens zu beginnen. Der große Plan von Isabella Farnese und Kardinal Alberoni stand vor der Verwirklichung, und weil er die Resultate des Friedens von 1713 umstoßen würde, musste er ganz Europa gegen Spanien aufbringen. Als Erstes reagierte Großbritannien, dessen Flotte sich den spanischen Invasionstruppen bei Messina näherte; noch immer hatte niemand niemandem den Krieg erklärt. Als aber am 11. August 1718 Admiral Byng bei Kap Passaro eine spanischen Fregatte zur Kapitulation aufforderte und statt einer Antwort eine Kanonensalve erhielt, kam es zur Seeschlacht, die mit der Versenkung der gesamten spanischen Mittelmeerflotte endete. So vollständig war die Niederlage der Spanier, dass alle Überlebenden gefangen genommen wurden und Madrid erst nach Wochen überhaupt erfuhr, was geschehen war. Admiral Byng verlieh währenddessen in einer Grußbotschaft an den Oberbefehlshaber der nunmehr ohne Flotte auf Sizilien festsitzenden spanischen Truppen seiner Hoffnung Ausdruck, dass diese Widrigkeit keinen Einfluss auf die englisch-spanische Freundschaft haben möge. Die Hoffnung erfüllte sich begreiflicherweise nicht. Zwar ließ die förmliche Kriegserklärung noch einige Monate auf sich warten; unvermeidlich geworden war sie freilich schon jetzt, und prompt erweiterte Spanien seine fortlaufende Invasion in Italien um Maßnahmen, den Exilkönig Jakob III. gegen die Briten in Stellung zu bringen. Frankreich aber war nicht bloß seit 1716 mit Großbritannien, sondern durch die soeben geschlossene Quadrupelallianz auch mit allen anderen Mächten verbündet, die sich der spanischen Expansion widersetzen wollten: Würde es dem Krieg mit Spanien entgehen können? Noch wollte das Orléans, den seinerzeit ernsthaftes Interesse am europäischen Gleichgewicht auf die englische Seite gebracht hatte. Eine völlige Unterwerfung Spaniens hätte dem widersprochen, zumal sie ihn im eigenen Land als dynastischen Egoisten diskreditieren musste, der wie zum Hohn auf die Mühen des Spanischen Erbfolgekriegs als Franzose den französischstämmigen Cousin bekämpft. Genau diese französischen Wurzeln Philipps V. waren freilich das Problem. Philipp war nicht mehr französisch genug, um mit seiner Machtpolitik Rücksicht auf das Land seiner Herkunft zu nehmen, und zugleich doch unendlich auf seine französischen Erbrechte fixiert. Schlimm genug, dass man die Regentschaft seinem alten Gegner Orléans übertragen hatten, obwohl doch er und du Maine ungleich näher mit dem König verwandt waren; wenn dieser sündige Usurpator ihn nun auch noch an der Rückeroberung dessen hindern wollte, was ihm in Italien zustand, dann musste man ihm dringend eine Lektion erteilen. Der spanische Botschafter in Paris, Fürst Cellamare, erhielt daher jetzt den Auftrag, sich nach Verschwörern umzusehen, die Philipps Anspruch auf die Regentschaft notfalls auch mit Gewalt durchsetzen würden. Da in Spanien mit Isabella und Alberoni die Italiener die Macht übernommen hatten, war auch dieser Botschafter ein würdevoller Neapolitaner, dem Paris viel zu gut gefiel, als dass er sich durch einen Abbruch der diplomatischen Beziehungen selbst nach Madrid exiliert hätte. Aber Befehl war Befehl, und so fand sich denn in diesem Herbst 1718 die Krone Spaniens konspirativ mit dem Duc du Maine zusammen, den Saint-Simons Rachsucht gerade rechtzeitig in die wütendste Opposition getreten hatte.

Wenn wir die Akteure des Cellamare-Komplotts nicht ohne Bedauern als die vermutlich inkompetentesten Verschwörer eines an dilettantischen Größenwahnplänen wahrlich reichen Jahrhunderts qualifizieren müssen, so liegt das nicht an mangelndem Potenzial. Cellamare selbst war sich der Schwächen seiner Verbündeten schmerzlich bewusst und tat alles in seiner Macht Stehende, um alternativ brauchbarere Rebellen zu rekrutieren. Du Maine war trotz verlorener Oberaufsicht über die Königserziehung noch immer Chef aller Schweizer Söldner, Gouverneur des Languedoc, Großmeister der Artillerie und zudem durch das seinerzeit via Lauzun für ihn erpresste Montpensier-Vermögen auch der wohl reichste Mann Frankreichs, wodurch er im ganzen Land über Vasallen und Kreaturen verfügte. Da er zugleich jedoch je nach Betrachtungsweise etwas zu phlegmatisch oder zu realistisch war, um das Land für ein paar Rangprivilegien in den Bürgerkrieg zu stürzen, fiel die Hauptrolle in der Verschwörung automatisch seiner mit keinerlei vergleichbaren Vorbehalten beschwerten Frau zu. Louise-Bénédicte de Bourbon war 1692 Herzogin von Maine geworden, weil sie vier Zentimeter größer als ihre ältere Schwester war und damit aus dem arg verzwergten Nachwuchs des Hauses Condé buchstäblich herausgeragt hatte. In ihrer Ehe mit dem Halbprinzen hatte sie Gelegenheit erhalten, jene wesentlicheren Talente zu beweisen, in deren Konsequenz sich ihr Schloss Sceaux schon bald als zauberhafter Treffpunkt der Pariser Salonkultur etablierte. Dichter, Höflinge und Gelehrte umschwirrten die umtriebige kleine Dame wie Motten das Licht, sangen ihr Loblied in Gedichten, die heutzutage selbst der geduldigsten Literaturwissenschaftlerin den Rest geben, und warteten nur darauf, auf Anfrage auch politische Pamphlete zu schreiben. Leider erwies sich jedoch gerade das als fataler Nachteil, sobald es nun daranging, die alles entscheidenden Proklamationen zu redigieren.

Diese Texte sollten auf einen Schlag Frankreichs unzufriedenen Adel zur Rebellion auffordern (wozu es im Grunde reichte, als Beispiel für die Rangarroganz der Herzöge ausführlich Saint-Simon zu zitieren), das Parlament auf du Maines Seite ziehen, die teuflischen Pläne des Regenten gegen den hilflosen König enthüllen (hier würde man ein wenig improvisieren müssen), den Franzosen Philipps gottgewollte Regentschafts- und Erbrechte erläutern, schließlich darlegen, warum du Maine an seiner Stelle Vizeregent sein müsse, und so kann man denn verstehen, warum ihre Verfasser sich lange Gedanken über den optimalen Text machten. Dennoch wäre der hyperaktiven Herzogin mit etwas mehr Lockerheit wohl besser gedient gewesen; indem sie nämlich die Texte ihren literarischen Freunden zur Überarbeitung weitergab, setzte sie eine bald nicht mehr kontrollierbare Kettenreaktion in Bewegung. Kaum hatte beispielsweise der Abbé Brigault einen vom Marquis de Pompadour entworfenen Proklamationstext von falschen Konjunktiven des Plusquamperfekts gereinigt, musste der Kardinal de Polignac das Resultat auf unelegante Ausdrücke durchsehen, während der bescheidene Monsieur de Malezieu seine argumentativ veredelten zwei Alternativversionen nur unter der Bedingung einreichte, bitte keine von beiden zu verwenden. Die ungeduldig-perfektionistische Herzogin schrieb daraufhin alle drei Texte kurzerhand selbst um (alles natürlich mit unsichtbarer Essigtinte), bevor Cellamare sie wieder an Brigault weiterreichte, der das seines Erachtens nunmehr doch arg diffuse Endprodukt natürlich sofort wieder in den Urzustand zurücklektorierte. Die anspruchsvollen Verschwörer würden daher vermutlich noch heute fröhlich vor sich hinredigieren, wenn nicht irgendwann zwei relativ vorhersehbare Dinge passiert wären. Zum einen gelangten aus dem immer größeren Kreis der Lektoren bald auch kompromittierende Schriftstücke an den ehemaligen Prinzenerzieher Dubois, der es im Dienste des Regenten zum Außenminister gebracht hatte, aber zugleich immer noch sein Mann fürs Grobe war. Da Madame du Maine natürlich Wert darauf gelegt hatte, ihre Pamphlet-Entwürfe vom besten Kalligraphen der königlichen Bibliothek schreiben zu lassen, erkannte Dubois die Handschrift und stattete dem armen

Kerl einen Besuch ab, an dessen Ende sein Versprechen stand, in Zukunft Kopien aller Texte direkt an Dubois weiterzugeben. Zum anderen wollte auch Madrid so langsam Taten sehen. Die Verschwörer packten daher zum Beleg ihrer Aktivitäten ein Paket der aktuellsten Pamphlete zusammen, das sie dann im Fußboden einer Kutsche versteckten, mit der zwei adelige spanische Jugendliche von Paris in die Heimat zurückfahren würden (einer von ihnen übrigens jener Ururenkel des Malers Velázquez, von dem sowohl die letzte deutsche als auch die letzte österreichische Kaiserin abstammten). Unseligerweise war nun der Botschaftssekretär, der ihre Begleitschreiben formulieren sollte, ein ausreichend gewissenhafter Mensch, um angesichts der kurzfristigen Mehrarbeit seinen üblichen Bordellbesuch abzusagen. Die Besitzerin des entsprechenden Hauses stand jedoch ebenso auf Dubois' Gehaltsliste wie der Kalligraph, und so erfuhr der Minister gleich doppelt vom Aufbruch der kompromittierenden Kutschenladung. Am 5. Dezember 1718 wurden die Reisenden bei Poitiers von der Straßenwache verhaftet, am 9. Dezember wurde auch Cellamare in Paris arretiert und mit allen protokollarischen Ehren als Gefangener nach Blois geführt. Die unerhörte Verhaftung eines Botschafters, der ja seinen König in Person repräsentierte, war praktisch bereits eine Kriegserklärung. Schon kurz zuvor war der französische Botschafter Saint-Aignan aus Madrid vertrieben worden, den man jetzt nachträglich noch zu ergreifen suchte; nur deshalb entkam er dem offiziellen Hinterhalt des Vizekönigs von Navarra, weil er mit einen Diener die Kleidung tauschte und auf einem Maultier floh – die bäuerlichen Banditen, die ihn dann doch noch erwischten, waren zum Glück unpolitisch genug, um ihm nur alles Geld abzunehmen. Das Jahr klang mit der Verhaftung des Herzogs und der Herzogin von Maine aus, bevor schließlich Frankreich am 9. Januar 1719 Spanien auch förmlich den Krieg erklärte. Weniger als sechs Jahre nach dem Ende des Spanischen Erbfolgekrieges waren die beiden vom Haus Frankreich regierten Königreiche selbst Kriegsgegner geworden.

Zum Glück fehlte beiden Parteien die verzweifelte Entschlossenheit, die den Spanischen Erbfolgekrieg auf dreizehn Jahre ausgedehnt hatte. Zu sehr empfand man, wie unnatürlich dieser Kampf war. Noch immer fühlte sich Philipp V. auch als Franzose. Der französische Oberbefehlshaber Berwick andererseits erinnerte sich nicht nur daran, wie er Philipp zusammen mit den nunmehrigen Feinden ein Königreich erobert hatte, sondern wusste auch, dass auf dieser Gegenseite nicht zuletzt sein eigener Sohn Liria kämpfte, dem er dazu ausdrücklich die Erlaubnis gegeben hatte. Nur zögernd marschierte man aufeinander zu, und wenn die französische Invasionsarmee sowohl im Baskenland als auch in Katalonien die Oberhand behielt, lag dies vor allem an mangelndem Widerstand. Endgültig surreal freilich wurde der Feldzug durch die Beteiligung des spanischen Königs, dessen depressive Störung zwei Jahre zuvor endgültig klinische Ausmaße angenommen hatte. Den größeren Teil des Jahres 1717 über war Philipp V. derartig von Todesangst und Bulimie gelähmt gewesen, dass er weder sprach noch auch bloß die Energie hatte, seine Kleider zu wechseln; nur die innige Fürsorge der Königin Isabella hatte ihn langsam einigermaßen wiederhergestellt. Inzwischen aber schien der Monarch in eine manische Phase eingetreten zu sein. Jedenfalls drängte es ihn mit solchem Elan an die Front, dass Alberoni angst und bange wurde – er wusste ja nicht, dass Berwick strikten Befehl gegeben hatte, Philipp in keinem Fall gefangen zu nehmen und nur den verhassten Alberoni zu ergreifen. Als König und Königin zuletzt wirklich in den Krieg aufbrachen, führten ihre ortskundigen Bedienten sie daher auf Befehl des Kardinal-Premierministers so erfolgreich vom Weg ab, dass sie bei der Suche nach ihrer Armee längere Zeit durch unbewohnte Wildnis irrten. Der französische Angriff zerfaserte währenddessen in die übliche Belagerungen, die freilich ebenso zum Nachteil Spaniens verliefen wie Frankreichs Invasion in Florida oder die Kämpfe auf Sizilien, wo das nach Versenkung seiner Flotte isolierte spanische Heer von den Kaiserlichen geschlagen wurde.

Auch auf einem vierten Kriegsschauplatz misslang jetzt Alberonis großer Plan, der zur Ablenkung der Briten ja einen jakobitischen Gegenschlag vorgesehen hatte. Tatsächlich war es spanischen Schiffen gelungen, den Prätendenten Jakob III. aus Rom nach Spanien zu holen, wo er mit großem Pomp gefeiert wurde, während man gleichzeitig Krieg gegen eine von seinem Halbbruder Berwick befehligte Armee führte. Schon drei Wochen zuvor war von Cádiz eine große Kriegsflotte in See gestochen, um eine Invasionsarmee aus Exilschotten und Spaniern in Schottland abzusetzen und das Land für «the King over the water» zurückzuerobern, den selbst man vorsichtshalber erst einmal nicht mitnahm. Es war der dritte Versuch, diesem einst von Lauzun geretteten Jakob die Krone jenes Landes zurückzuerobern, in dem er 1688 die ersten sechs Monate seines Lebens verbracht hatte, und er endete noch katastrophaler als die beiden vorigen (1708 und 1715). Bereits in der spanischen Biskaya geriet die Armada zwölf Tage lang in furchtbarste Atlantikstürme, die zahlreiche Schiffe versenkten. Die Besatzungen der übrigen mussten nacheinander Lebensmittel, Kanonen, schließlich ihre Pferde über Bord werfen, bis zuletzt alle entweder untergegangen oder an die spanische Küste zurückgefallen waren.

Nur zwei separat gestartete Schiffe landeten am 16. April 1719 bei Eilean Donan Castle in den westlichen Highlands, wo sie von loyalen Lords und Clans einschließlich des berühmten Rob Roy MacGregor erwartet wurden. An ihrer Spitze stand Lord Tullibardine, dessen Bruder vor zehn Jahren bei Malplaquet für die britische Krone gefallen war. Jetzt pflanzte er im Glauben, die spanische Hauptflotte werde unmittelbar folgen, das Banner der Rebellion auf, schickte die Schiffe zurück und erfuhr erst einen Tag später, dass die Hauptflotte in alle Winde zerstreut war. Die Spanier und Jakobiten waren also nicht bloß ohne Aussicht auf Verstärkung in der entlegensten Region Europas gestrandet, sondern hatten auch von den übrigen Hochlandclans keine Unterstützung mehr zu erwarten, weil deren grundsätzliche Sympathie nicht von der lebensmüden Art war. Dennoch marschierte Tullibardines kleine Truppe mit dem Mut der Verzweiflung auf Inverness zu. Schon am 10. Juni 1719 lief sie jedoch bei Glenshiel in die schottisch-englisch-holländische Kronarmee hinein, deren Nähe sie ebenso überraschte wie ihre Größe. So tapfer Tullibardine und seine Verbündeten in dieser vermutlich nördlichsten Schlacht der spanischen Militärgeschichte kämpften, so uneinnehmbar eigentlich auch ihre Stellungen auf steilen Berghängen oberhalb des engen Tals waren, so entschieden unterlagen sie doch, womit der ganze Aufstand zusammenbrach. Während die 300 Spanier als Gefangene nach Süden (immerhin) geführt wurden, flohen die Clans in den Nebel des immer noch kaum kontrollierbaren Hochlands; in den Worten von Oberst James Keith schlug «jeder ... den Weg ein, der ihm am besten gefiel» – sein eigener würde ihn über die spanischen und russischen Heere in den Dienst Friedrichs des Großen führen, für den er 1758 in der Schlacht bei Hochkirch fiel; in Berlin heißt bis heute die Keithstraße nach ihm.

Einmal mehr hatte das Haus Stuart seinen Anhängern nur Unheil gebracht, und so ist es nicht frei von Ironie, dass man genau zur gleichen Zeit das Ereignis feierte, welches der nächsten Generation die verschlimmerte Wiederholung dieser Tragödie bescheren würde. Am 15. Juni 1719 nämlich wurden im Kapitol zu Rom unter altrömischen Tubaklängen und mit zweitausend Jahre altem Zeremoniell ein einundzwanzigjähriger irischer Abenteurer namens Charles Wogan sowie drei weitere irische Söldneroffiziere zu Senatoren von Rom erhoben. Die auch nach Barockmaßstäben ungewöhnliche Ehrung war der päpstliche Lohn dafür, dass die vier eine sechzehnjährige polnische Prinzessin namens Clementina Sobieska an kaiserlichen Schergen und englischen Agenten vorbei über die Alpen geschmuggelt hatten. Diese Cousine der spanischen Königin war die Braut des vom Pech verfolgten Scheinkönigs Jakob III., dessen Dynastie die Briten durch Heiratsboykott zum Aussterben bringen wollten und gegen dessen Heirat sich daher fast ganz Europa verschworen hatte. Nun aber war sie da. Rom feierte seine neue Königin, während der nach dem Scheitern der Invasion in Spanien nicht mehr benötigte Bräutigam ihr quer über das umkämpfte Mittelmeer entgegeneilte, bis sie einander am 2. September 1719 in Montefiascone zum ersten Mal begegneten. Der Ortsname sollte sich zwar als präzise Prognose dessen erweisen, was allzu bald auch aus dieser arrangierten Ehe wurde; für den Augenblick jedoch war sie nach damaligem Maßstab glücklich genug. Nachdem der noch immer erst einunddreißigjährige Jakob III. sein ganzes bisheriges Leben lang vom «unglaublichen, fast übernatürlichen Pech der Stuarts» verfolgt gewesen war, gab er jetzt die Hoffnung schlichtweg auf, seine Krone jemals zurückzuerobern, und konzentrierte sich stattdessen auf das Einzige, was er für seine Dynastie noch tun konnte. Und tatsächlich: Dies eine Mal schien er Glück zu haben. In den letzten Stunden des Jahres 1720 gebar seine Frau einen Sohn, der den Fortbestand des jakobitischen Hauses garantierte. Während um den düsteren Palazzo des Exilkönigs herum das Freudenfeuerwerk der Stuarts sich mit der Neujahrsfeier vermischte, gab man diesem neuen Prinzen von Wales die Namen Charles Edward Louis John Casimir Silvester Severino Maria, woraus der liebevolle Vater im Alltag bald Carluccio machte (die Taufe war natürlich auf Latein erfolgt, und das war denn auch die einzige Sprache, in der man die Namen und Zugehörigkeiten dieses schottisch-italienisch-polnisch-deutsch-französischstämmigen Kindes noch halbwegs zusammenfassen konnte). Ehe ein Vierteljahrhundert vergangen war, sollte dieser vorgebliche Retter der jakobitischen Bewegung sich als ihr wirksamster Totengräber erweisen.

Mit der spanischen Nordatlantikflotte war nicht nur die jakobitische, sondern auch Kardinal Alberonis letzte Hoffnung versunken. Als die Armeen der kriegführenden Nationen sich im Herbst 1719 in ihre Winterquartiere zurückzogen, sah Spanien sich an allen Fronten so massiv zurückgedrängt, dass Königin Isabella im Namen ihres inzwischen wieder in Depressionen verfallenen Mannes die Notbremse zog. Sie musste nicht lange nachdenken, woher man einen Sündenbock nehmen könnte. Am 5. Dezember 1719 erhielt Alberoni vom Königspaar den Befehl zur sofortigen Abreise aus Spanien; den König noch einmal zu sehen wurde ihm besonders strikt verboten. Während er durch den Winter auf die französische Grenze zureiste, wird er kaum umhingekommen sein, an die Fürstin Orsini zu denken, die er vor genau fünf Jahren in dieselbe Richtung verjagt hatte. Verglichen mit seiner Reise war die ihre freilich geradezu ein Picknick gewesen. Nachdem ihm zuerst königliche Truppen die wichtigsten Papiere abgenommen hatten, überfielen ihn zwischen Lleida und Girona 250 katalonische Partisanen, von denen bis heute unklar ist, ob sie auf eigene Rechnung oder im geheimen Auftrag der Regierung handelten. Der Überfall kostete mehrere von Alberonis Bedienten das Leben; er selbst entkam nur mit Mühe – in Begleitung seiner letzten Diener, zu Pferd und mit einem Kavalleriesäbel in der Hand. Nachdem er endlich die Grenze zum feindlichen Frankreich überquert hatte, dankte Alberoni Gott und schwor, lieber ins Gefängnis zu gehen, als jemals wieder das Land zu betreten, dessen Premierminister er fünf Jahre lang gewesen war. Die Alternative war unangenehm realistisch. Der Kardinalspurpur galt zwar nicht ohne Grund als beliebteste Rückversicherung für wagemutige Politiker, weil Kardinäle nur der päpstlichen Gerichtsbarkeit unterstanden. Im Falle Alberonis hatten jedoch nahezu alle europäischen Mächte gewissermaßen zusammengelegt, um genau einen solchen römischen Prozess zu erzwingen, in dem der Gestürzte nun einer langen Reihe von Staatsverbrechen und Unsittlichkeiten beschuldigt wurde. Einige Zeit lang musste er daher in Genua überwintern, bevor ihm schließlich sein noch immer beträchtliches Verhandlungsgeschick einen Freispruch einbrachte. Dann verschwand er, während er sich in der römischen Hierarchie unter jedem neuen Papst wieder ein wenig höherarbeitete, endgültig aus der großen europäischen Politik. Ein paar aufmerksame Zeitungsleser mögen noch mitbekommen haben, wie der inzwischen Fünfundsiebzigjährige 1739 versuchte, für den Kirchenstaat die Republik San Marino zu erobern, bevor auch das fehlschlug. Als er 1752 starb, hinterließ er sein beträchtliches Vermögen einer Internatsschule für jugendliche Kleriker, die er in seiner Heimatstadt Piacenza gegründet hatte. Es muss also im Herzogtum Parma noch im frühen 19. Jahrhundert Dorfpfarrer gegeben haben, zu deren Kindheitserinnerungen die Erzählungen eines alten Mannes gehörten, der wie sie Sohn einfacher Leute war und doch für ein Jahr Europa in Flammen gesetzt hatte.

Der Sturz Alberonis beendete nicht nur den kurzen Krieg Philipps von Spanien gegen Philipp von Orléans. Indem er anstelle von Alberoni einen anderen Parvenu emporhob, löste er auch jene Ereigniskette aus, durch die die gerade erst geborene Infantin Maria Anna Victoria nach Versailles gelangen würde. Niemandem verdankte der Regent Orléans den Triumph über seine Feinde mehr als Guillaume Dubois, der einst sein laxer Erzieher gewesen war und ihm nun als Außenminister diente. Damit aber der bürgerliche Sohn eines Provinzapothekers ein solches Amt auf Dauer ausüben konnte, musste man ihm den einzigen Stand verleihen, der einen notfalls auch ohne vornehme Geburt zum großen Herrn machte. So traf es sich denn bestens, dass eben jetzt Kardinal de La Trémoïlle starb, der es als Bruder der Fürstin Orsini einst zum Erzbischof-Herzog von Cambrai gebracht hatte. Dubois mochte in allen Dingen das Gegenteil dieses Hochadeligen sein, aber er war doch Weltgeistlicher mit dem Titel Abbé, seit man ihm als Dreizehnjährigem die Tonsura minima ins Kopfhaar geschnitten hatte. Allerdings war das einundfünfzig Jahre her, in denen Dubois' weitere geistliche Karriere sich aus gutem Grund keinen Millimeter mehr weiterbewegt hatte. Seine Feinde übertrieben zwar mit ihrer Annahme, dass er irgendwo in der Provinz eine Ehefrau versteckte, und also erst recht mit der Vermutung, dass der Marquis de Breteuil nur deshalb Minister geworden sei, weil er im Auftrag Dubois' die entsprechende Kirchenbuchseite herausgerissen habe. Aber aus dem Stoff, aus dem die Erzbischöfe sind, war unser Mann doch jedenfalls nicht, und so organisierte er denn auch das Folgende lieber mit geradezu konspirativer Vorsicht. Am 24. Februar 1720 erhielt er an obskurem Ort durch einen bischöflichen Komplizen nacheinander die niederen Weihen und das Subdiakonat, tags drauf die Diakonsweihe, am 26. Februar durch königliche Nomination das Erzbistum-Herzogtum Cambrai und am 3. März die Priesterweihe. So schnell war er über die vorgeschriebenen Fristen hinübergesprungen, dass böse Zungen vorschlugen, man hätte ihn bei der Gelegenheit gleich noch taufen sollen. Auch seine wenig erfolgreichen Bemühungen, rechtzeitig zur Bischofsweihe am 9. Juni die wichtigsten liturgischen Texte auswendig zu lernen (oder doch wenigstens nicht immer gleich «Gottes Tod!» zu fluchen, wenn er wieder einen Teil der Messe vergessen hatte), kamen beim religiösen Publikum nicht allzu gut an. Aber er war nun einmal der mächtigste Berater des allmächtigen Regenten, und so wurde die pompöse Bischofsweihe ihm zu einer wahren Krönungsmesse, während um seine Regierung herum gerade das geniale Börsensystem des Schotten Law in Trümmer zu fallen begann.

Die Aufräumarbeiten beschäftigten Orléans und Dubois ein gutes Jahr, während man den förmlichen Frieden mit Spanien schloss und eine Serie von Diplomatenkongressen einleitete, auf denen die weiterbestehenden italienischen Erbansprüche der Isabella Farnese geregelt werden sollten. Der Duc du Maine und seine Frau wurden freigelassen, nachdem sie glaubhaft versichert hatten, auf weitere Verschwörungen zu verzichten (du Maine nutzte die Rückkehr aus separaten Gefängnissen sogar dazu, sich von seiner übereifrigen Gemahlin gleich ganz zu trennen). Das grundlegende Problem der mit Orléans rivalisierenden Erb- und Regentschaftsrechte Philipps V. war damit jedoch ebenso wenig gelöst wie die italienische Frage, und so wäre es wohl ohnehin im Interesse Frankreichs gewesen, sich mit dem nicht mehr ganz so aggressiven Nachbarn wieder gut zu stellen. Ein Angebot allerdings, wie es der spanische König Dubois im Sommer 1721 ausrichten ließ, hatte der Minister nicht einmal in seinen schönsten Träumen erwartet. Natürlich nahm er es sofort an, und natürlich drang er auf enorme Geheimhaltung, weil er nur so dem Regenten weismachen konnte, dass der ihm wie ein Geschenk in den Schoss gefallene Vorschlag die Frucht raffiniertester Verhandlungstaktik gewesen sei. Gönnen wir es ihm ruhig; der Heiratsplan, um den es ging, war schon auch wirklich genial.

Philipp V. hatte seine wiederkehrenden depressiven Schübe vorübergehend in den Griff bekommen, indem er mit seiner Frau zusammen einen strikt geheimen und von Zeit zu Zeit schriftlich erneuerten Schwur ablegte. Was er geschworen hatte, würde ihm jeder heutige Psychologe genauso empfehlen, wie es einem frühneuzeitlichen Monarchenkollegen als endgültiges Abdriften in die Verrücktheit erschienen wäre: Er wollte abdanken. War er denn sicher, ob Gott wirklich ihn auf dem spanischen Thron gewollt hatte und nicht doch den Erzherzog Karl? War denn nicht sein Seelenleiden die mutmaßliche Strafe dafür? Und sollte nicht alles besser werden, wenn statt seiner bald ein unschuldiges Kind auf dem Thron säße, dem Gott verzeihen musste, was er Philipp offenbar nicht verzieh? So drehten sich seine Gedanken durch die Nacht, die er in seinem Lebensrhythmus schon seit langem zum Tag machte, während Königin Isabella ihm zuredete. Man muss keine Sympathie für die dynastische Agenda dieser Frau haben, um die Standhaftigkeit zu bewundern, mit der sie ihren kranken, von der Welt isolierten Mann fast im Alleingang zu beruhigen vermochte. Die Abdankung würde sie von der Macht verdrängen, indem sie ihren dreizehnjährigen Stiefsohn Ludwig auf den Thron brächte, und so schlug sie gewiss auch aus Eigeninteresse eine dreijährige Frist vor, während derer niemand vom Plan des Königs erfahren dürfe. Zugleich aber war jetzt klar, dass Philipp seinem ältesten Sohn ein sicheres Land hinterlassen wollte, wozu ein Bündnis mit Frankreich gehörte, das zugleich den Bruderkrieg innerhalb der Dynastie ad acta legen würde. Ein Bündnis aber, das wussten alle, konnte ernsthaft nur durch Verwandtschaft abgesichert werden, weil doch nur auf Blut Verlass war; wenn nun die bisherigen Verwandtschaften zugegebenermaßen ja gerade zum Krieg geführt hatten, bitte, dann musste man sie eben durch eine neue Verwandtschaft auffrischen, wie das allein durch Eheschließung möglich war.

Ludwig XV. würde also die einzige Tochter Philipps V. heiraten, und der Regent Orléans würde zustimmen, weil er im Gegenzug seine Tochter Mademoiselle de Montpensier mit dem zukünftigen spanischen König verheiraten dürfe. So wäre schließlich der neue spanische König zugleich Schwager seines französischen Amtskollegen und Schwiegersohn des dortigen Regenten, alle wären wieder eine große glückliche Familie, die zusammen dann ja bei Gelegenheit immer noch einmal Italien zurückerobern könnte: Was sollte man sich Besseres wünschen? Und in der Tat war die Idee nicht einfach gut, sondern auf perfide Weise genial. Ausgerechnet bei Philipp V. selbst können wir zwar nicht ganz sicher sein, ob er die Implikationen dieses Plans begriff, weil er nun einmal von regelmäßigen Phasen geistiger Umnachtung gequält wurde. Dass aber Königin Isabella den versteckten Reiz dieser Lösung auf den ersten Blick erkannt haben muss, dass es Orléans und Dubois ganz genauso gegangen sein wird und dass dann alle Zeitgenossen es ebenfalls schnell begriffen, das ist nicht weniger sicher, als die Blindheit vieler moderner Historiker für diese Faktoren erstaunlich ist. Unter dem spanischen Versöhnungsplan nämlich versteckte sich einfach aufgrund der biologischen Tatsachen ein fast diabolischer Nebeneffekt. Ludwig XV. war nach Ansicht der Zeitgenossen von gefährlich fragiler Gesundheit (erst die Zukunft würde zeigen, dass hier die Angst den Blick für die Realität verstellt hatte); umso wichtiger also, dass er als jetzt (1721) Elfjähriger nicht bloß bereits nah am legalen Heiratsalter von zwölf Jahren, sondern auch schon recht nah an jenem Alter war, in dem er tatsächlich den ersehnten Thronerben würde zeugen können. Die einzige spanische Königstochter trug dagegen ihren Titel Infantin, der ja in Analogie zu den Enfants de France wörtlich einfach ‹Kind› bedeutete, mit nur zu großem Recht – sie war drei Jahre alt. Eine tatsächliche Hochzeit mit ihr würde es also nicht vor 1730 geben können, einen Thronerben kaum vor 1733. Wenn man nun diese beiden Königskinder dennoch so bindend miteinander verlobte, wie das in ihrem Alter möglich war, schuf man folglich einen Zeitraum von mindestens zwölf Jahren, innerhalb dessen Ludwig XV. noch kinderlos bleiben würde; starb er während dieser Zeit, so musste Frankreichs Thron entweder nach dem alten Erbrecht an Philipp V. fallen oder nach den 1713 festgelegten Regeln dem Regenten Orléans zukommen. Die Unklarheit der Thronfolge würde Frankreich zerreißen, weil einerseits Orléans die Macht hatte, andererseits aber selbst ein so treuer Anhänger wie Saint-Simon ihm erklärte, dass er in diesem Falle unter Tränen zum rechtmäßigen Bluterben überlaufen müsse. Fast mit Sicherheit würde es einen Bürgerkrieg geben, und erst recht mit Sicherheit würde daraus ein großer europäischer Konflikt erwachsen, weil die Thronfolge im mächtigsten, reichsten und dichtestbevölkerten Land des Kontinents den anderen Mächten unmöglich egal sein konnte. So war es kein Wunder, dass ganz Frankreich verzweifelt darauf hoffte, dieses Szenario nie eintreten zu sehen, und folglich betete, es möge so bald wie möglich ein

Sohn Ludwigs XV. geboren werden. Umgekehrt gab es in ganz Europa nur genau zwei Personen, die vom kinderlosen Tod dieses Königs profitieren konnten – Philipp V. und Orléans, die zwar Rivalen waren, sich aber beide zutrauten, den anderen zu besiegen, wenn nur erst die Gelegenheit da war. Keiner der beiden hätte wohl jemals dem Neffen selbst etwas angetan; daran aber, dass sie sich für den Fall seines natürlichen Todes alle Optionen offenhielten, sah keiner von ihnen etwas Verwerfliches. Zum Unglück aller übrigen Beteiligten waren es nun aber auch genau diese beiden, die die Heiratsfrage zu entscheiden hatten, und also kauften sie sich jetzt zwölf Jahre Hoffnung, indem sie Ludwig XV. mit seiner dreijährigen Cousine verlobten.

Am Nachmittag des 14. September 1721 verzögerte sich im Pariser Tuilerienschloss die Sitzung des Regentschaftsrats so sehr, dass die wartenden Ratsmitglieder sich schließlich einer nach dem anderen in das angrenzende Kabinett schlichen. Sie fanden dort außer dem König noch den Regenten, den einäugigen Herzog von Bourbon, Oberhofmeister Villeroy, Dubois und den königlichen Präzeptor (also für die Bildung zuständigen Erzieher) Monsieur de Fleury, Ex-Bischof von Fréjus, die alle fünf abwechselnd, aber kaum hörbar auf Ludwig XV. einredeten. Von den Regentschaftsräten wusste nur Saint-Simon, worum es ging. Selbst er war jedoch so nervös um Takt bemüht, dass er nur ganz verschämt versuchte, einen Blick ins Gesicht des mit dem Rücken zu ihm stehenden Kindes zu werfen: Die Tränenspuren waren unübersehbar. Dann flüsterte Fleury dem König etwas zu, der Regent sagte «Courage!», und alle gingen wieder in den Sitzungssaal hinüber, wo der elfjährige Herrscher mit geröteten Augen sehr kurz erklärte, er wolle sich mit seiner dreijährigen Cousine verloben. Der Einschlag einer Bombe hätte nicht dramatischer wirken können. Während der Regent alles Weitere erklärte, sah Saint-Simon sich die Mienen der am Boden zerstörten Orléans-Gegner mit solchem Vergnügen an, dass es ihn fast für den Triumph des skandalösen Emporkömmlings Dubois entschädigte. Sechs Jahre lang hatten Villeroy und seine Leute in ihrer unterschwelligen Opposition auf Spanien hoffen können, und nun war das mit einem einzigen Satz weggewischt. Nur eine Woche später traf aus Rom der Kardinalshut für Dubois ein, den ihm nach endloser Wühlarbeit schließlich eine gut manipulierte Papstwahl eingebracht hatte. Auch wenn dem Apothekersohn nun nahezu derselbe Rang wie einem Prinzen von Geblüt zustand, war er doch klug genug, sich weiterhin an die Spielregeln zu halten. Als er seinen Antrittsbesuch bei der Regentenmutter Madame (also Elisabeth Charlotte von Orléans) machte, hatte die bereits einen Brief an die Schwester angefangen, in dem sie beschrieb, wie widerlich ihr dieser Mann sei, der die Heirat ihres Sohnes mit dem «Mausdreck» eingefädelt hatte. Dann kam die Audienz, und so effektiv erklärte Dubois sich der hohen Ehre für unwürdig, so erfolgreich spielte er die Demutskarte, dass Madame ihm nicht einmal mehr den Armlehnensessel übelnehmen konnte, auf den er sich nun in ihrer Gegenwart setzen durfte (immerhin öffnete man ihm nach wie vor bloß einen Türflügel, damit wenigstens überhaupt noch ein Unterschied zu echten Prinzen blieb). Als sie danach ihren Brief zu Ende schrieb, schwärmte sie vom Verstand des Mannes: wenn er nur nicht so böse wäre …

Noch einmal eine Woche später schließlich folgte der endgültige Triumph von Dubois' Politik, als am 28. September auch die zweite Heirat öffentlich erklärt wurde, mit der Orléans seine Tochter zur zukünftigen Königin von Spanien machte. Es war ein für den neuen Kardinal angenehmer Nebeneffekt des Doppelheiratsplans, dass man dazu einen Sonderbotschafter nach Madrid schicken musste, weil dies die perfekte Gelegenheit bot, seinen Rivalen Saint-Simon außer Landes zu manövrieren; mit etwas Glück würde er in Spanien vielleicht sogar einen diskreditierenden Zeremonial-Fauxpas machen. Und tatsächlich, Saint-Simon nahm das Angebot an. Die Mission würde ihn zwar ruinieren, weil die Repräsentationskosten gigantisch waren und Spesenabrechnungen unserem Mann natürlich inakzeptabel bourgeois vorkamen; sie würde ihn vom Hof entfernen und wehrlos den üblichen Verleumdungen aussetzen, während er im unwegsamen Spanien unterwegs war, wo es bekanntlich außer Schokolade nichts für einen Franzosen Essbares gab (später stellte er fest, dass auch der Schinken von mit Schlangen gefütterten Schweinen ganz ausgezeichnet schmeckte). Aber was war das schon im Vergleich mit dem einen ersehnten Hauptgewinn, den es nur in Spanien gab, der spanischen Grandenwürde nämlich, deren Essenz darin bestand, in Gegenwart Seiner Katholischen Majestät den Hut auf dem Kopf behalten zu dürfen – auf den ersten Blick also ein Privileg, dessen Nutzen sich für Nichtspanier in engen Grenzen hielt. Seit der Thronbesteigung Philipps V. hatte es jedoch so viel Kontakt zwischen den Höfen von Versailles und Madrid gegeben, dass man zur Vermeidung der schlimmsten Rangstreitigkeiten bald Granden von Spanien und französische Herzöge einander gleichgestellt hatte. Während aber der französische Herzogsrang nach wie vor eine kaum zu erlangende Seltenheit blieb, war Spanien wesentlich großzügiger – wenn Philipp V. Franzosen zu Granden machte, gab das ja in Spanien selbst keine Inflation und störte dort also auch niemanden. Franzosen auf der Suche nach herzoglichem Rang hatten das bald begriffen, und so war denn Madrid längst der begehrteste diplomatische Posten geworden, weil man hier als französischer Botschafter fast automatisch den Grandenrang erhielt. Saint-Simon selbst war natürlich längst Herzog – und war es, wenn man seine gut dokumentierten Lebensprioritäten betrachtet, mehr als so ziemlich alles andere. Aber hatte er denn nicht zwei Söhne, von denen nur einer den französischen Rang und Besitz erben würde? War nicht klar, dass ein Grandentitel dem Jüngeren sofort eine reiche Ehefrau von jener Sorte einbringen würde, deren höchstes Ideal der Hocker der Herzoginnen war? Hieß es nicht auch, die Überlebenswahrscheinlichkeit seines Hauses zu verdoppeln, indem man dem zweiten Sohn eine Heirat ermöglichte, die sonst mangels Vermögen nie in Frage käme? Und so machte Saint-Simon sich also auf die ruinöse Reise, weil er wusste, dass sein zweiter Sohn nur würde heiraten können, wenn er sich in Gegenwart des spanischen Königs einen Hut aufsetzte, an dem das Recht hing, seine zukünftige Frau in Gegenwart der zukünftigen französischen Königin auf einen Hocker zu setzen: Nichts konnte 1721 logischer sein.

Das war die Pflicht. Indem er sie erfüllte, kam Saint-Simon zugleich aber auch in den ganz ungewohnten Genuss des Touristendaseins.

Wie die meisten französischen Hochadeligen hatte er keine europäische Kavalierstour absolviert: Was genau hätte man im Ausland lernen sollen, was es nicht in Frankreich schon viel besser gab? Und wozu Sprachen lernen, wenn doch alle anderen Nationen Französisch sprechen wollten? Dieselbe Betrachtungsweise machte freilich auch jeden Besuch im Rest von Frankreich überflüssig, und so hatte denn Saint-Simon in sechsundvierzig Lebensjahren außer den obligatorischen Kriegsschauplätzen am Rhein kaum mehr von der Welt gesehen als Paris, Versailles und ein Dutzend nahegelegener Schlösser. Umso besser, dass er jetzt mit königlichen Ehren reisen würde: So verband er pompöse Repräsentation mit allerhand Sightseeing, das ihm beispielsweise erlaubte, zum ersten und letzten Mal seine südwestfranzösischen Ländereien oder das kleine Städtchen zu besuchen, dessen Gouverneur er seit achtundzwanzig Jahren war. In Bayonne traf er den Stadtkommandanten, den er als guten Mann schätzte. Zum Kommandanten war ein Hochstapler gekommen, der sich als Saint-Simons zweiter Sohn ausgab; er hatte den Jugendlichen ehrfürchtig zum Essen eingeladen, dann aber sofort verhaften lassen, als er ihn Oliven mit einer Gabel essen sah (der Verhaftete stellte sich als abenteuerlustiger Sohn eines Türhüters bei Hof heraus, der von seinem Vater genug über die großen Herren gehört hatte, um sie beinahe perfekt nachzuahmen). Saint-Simon bedankte sich. Dann überquerte er die Grenze und fing an, neugierig alles aufzusaugen, was er über spanischen Adel und Zeremoniell in Erfahrung bringen konnte. Die spannendsten Sachen verheimlichte man ihm allerdings leider. Da mochte er noch so taktvoll fragen, ob wirklich alle Grandenfamilien dieses halbarabischen Landes von mittelalterlichen Bastardsöhnen abstammten, man antwortete ihm doch immer bloß mit wortlos feinem Lächeln. Die äußeren Formen des spanischen Katholizismus fand er nicht trotz, sondern aufgrund seiner ganz anders gearteten französischen Religionsauffassung faszinierend barbarisch. Überall waren nutzlose Mönche, die sich für seine sarkastischen Fragen rächten, indem sie ihn stundenlang skurrile Reliquien besichtigen ließen. Das meiste Vergnügen bereitete ihm jedoch der Besuch des Escorial bei Madrid. Dieser düster-asketische Klosterpalast aus dem 16. Jahrhundert enthielt unter anderem die Gruft des Königshauses, in der man zu Saint-Simons großem Ärger auch seinen alten Feind Vendôme bestattet hatte, weil dieser französische Bastardprinz 1712 kurz nach einem großen Sieg im Dienst Philipps V. gestorben war. Es überraschte den Botschafter also umso angenehmer, von den örtlichen Mönchen zu hören, wie skandalös auch sie diese unverdiente Ehrung gefunden hatten. So hatten sie dem Sarg des armen Vendôme nicht einmal einen Platz in der bereits wenig prestigiösen Gruft für kinderlose Königinwitwen gegönnt und ihn vielmehr auf Dauer in jenem Warteraum abgestellt, wo die anderen Sarkophage nur blieben, bis das Fleisch von den Knochen gefallen war: Saint-Simon fand das mehr als angemessen. Die meiste Zeit verbrachte er freilich mit lebenden Angehörigen des Königshauses, sobald er nur endlich den spanischen Hof erreicht hatte. Auch hier versuchte er mit der größten Neugier alles über Personen und Intrigenarchitektur zu erfahren, was sich nur herausfinden ließ, schloss Freundschaften und traf alte Bekannte. Die eigentlichen Verhandlungen waren ein Kinderspiel, längst war ja alles Wesentliche entschieden. Nachdem man den doppelten Heiratsvertrag unterschrieben hatte, konnte Saint-Simon daher in Ruhe seine nächste Pflicht erwarten. Erst einmal nämlich mussten die beiden Prinzessinnen sich in ganz symmetrischen Reiseetappen auf die Grenze und aufeinander zubewegen, um dort ausgetauscht zu werden.

Am 9. Januar 1722 übergab das spanische Gefolge der dreijährigen Infantin Maria Anna Victoria sie auf der Fasaneninsel im Fluss Bidassoa den Franzosen, die ihrerseits die zwölfjährige Louise-Élisabeth d'Orléans, Demoiselle de Montpensier mitgebracht hatten. Einen kurzen Moment lang schauten diese beiden fremden Cousinen einander zum ersten und zugleich letzten Mal in die Augen, während ihre Begleiter sich darum stritten, wer wen in den Übergabepapieren ‹Fürstliche Gnaden› oder ‹Exzellenz› nennen sollte; dann gaben sie einander die vorgeschriebenen Wangenküsschen, und schon betraten sie in unvertrauter Gesellschaft das fremde Land, von dem sie annehmen mussten, dass sie es nie wieder verlassen würden. Am 20. Januar 1722 erreichte Mademoiselle de Montpensier den spanischen Hof in Lerma bei Burgos, wo sie noch am selben Tag mit dem Prinzen von Asturien verheiratet wurde, der nach dem geheimgehaltenen Schwur seines Vaters bald König Ludwig I. sein sollte. Saint-Simon erhielt zur Feier des Tages für seinen Sohn die Grandenwürde sowie für sich den Orden vom Goldenen Vlies, und man muss ihm neidlos zugestehen, dass er als Diplomat sein Geld wert war. Schon von Anfang an hatte er Ausschau nach Verfahrensfehlern gehalten, aufgrund derer diese wichtige Heirat womöglich doch noch für ungültig erklärt werden könnte; nun fand er im letzten Moment einen ganz wesentlichen. Sosehr das katholische Europa die Idee der Ehescheidung ablehnte, so einig war man sich andererseits auch, dass eine Ehe noch annulliert werden konnte, solange sie nicht körperlich vollzogen war. Mademoiselle de Montpensier war nun zwar mit zwölf Jahren viermal so alt wie ihre soeben nach Frankreich expedierte spanische Überkreuzcousine und damit formal alt genug zum Heiraten. Während aber die seelischen Folgen solcher Kinderheiraten die Zeitgenossen kaum je beunruhigt zu haben scheinen, galt zu früher Sex sowohl bei Jungen als auch Mädchen immerhin als gesundheitsgefährlich, weswegen der tatsächliche Vollzug der Ehe auch in diesem Fall aufgeschoben wurde, bis Braut und Bräutigam dreizehneinhalb beziehungsweise sechzehn Jahre alt wären. Bis dahin blieben jedoch unsichere 17 Monate, und Saint-Simon hatte zu viele dynastische Umschwünge überlebt, um nicht genau zu wissen, was alles in dieser Zeit passieren konnte. Auch seine Erfahrungen mit der Herzogin von Berry beunruhigten ihn, denn diese exzessive Prinzessin war ja die ältere Schwester der jetzigen Braut gewesen; falls die ungewohnt freie Erziehung durch den Vater Orléans bei der jüngeren Tochter so gewirkt haben sollte wie bei der älteren, dann standen dem spanischen Hof stürmische Zeiten bevor. Unter diesen Umständen durfte der Botschafter kein Risiko eingehen. Er musste in Ermangelung einer Anweisung aus Paris kreativ improvisieren und tat das, indem er vorschlug, was in Spanien unbekannt war, vom Rest des zivilisierten Europa aber seit unvordenklichen Zeiten praktiziert wurde: Man solle doch auch hier die jungen Eheleute in Gegenwart des ganzen Hofes miteinander ins Ehebett legen, um damit pro forma zu demonstrieren, dass alles rechtlich Relevante hätte geschehen können. Dass nichts irgendwie Unsittliches passiere, dafür werde er natürlich sorgen; für das Kirchenrecht dagegen, das ja zynisch immer mit dem Schlimmsten rechne, werde auch die Tatsache des geteilten Betts reichen, um die Ehe unauflösbar zu machen, und so hätten denn alle gewonnen. Einen Moment lang hatten König und Königin einander fragend angesehen, bevor sie einwilligten, und so verlief nun am Hochzeitsabend alles nach Plan. Der König und die Königin halfen den Kindern in ihre Nachthemden und legten sie ins Bett, bevor die Türen zum Ballsaal geöffnet wurden und der ganze Hof ins Schlafzimmer kam. Eine Viertelstunde lang blieben die überraschten Spanier im Raum; vor ihren Augen schloss man nacheinander auf allen vier Seiten des großen Himmelbetts die Vorhänge, bis schließlich die Neuvermählten ganz unsichtbar waren. Nur wenige hatten gesehen, wie sich beim Fallen des hintersten Vorhanges auch der einundsiebzigjährige Oberhofmeister Herzog von Popoli und die zweiundsechzigjährige Oberhofmeisterin Herzogin von Montellano ins Bett geschlichen hatten; nun lagen sie links und rechts neben dem Prinzen und der Prinzessin, um sie unauffällig von verfrühten Berührungen abzuhalten. So war denn alles bestens gelöst. Saint-Simon gönnte sich noch die phantasmagorische Zeremonie der Cobertura, mit der am 1. Februar in Madrid sein zweiter Sohn Ruffec feierlich in den Grandenrang eingeführt wurde; er sah dem jungen Mann gerührt dabei zu, wie er dem König seine Reverenz machte und von diesem mit den Worten «Bedecken Sie sich!» die Erlaubnis erhielt, seinen Hut aufzusetzen. Dann reiste er mit genauso großem Pomp wie bei der Anreise ab, um endlich wieder an seinen eigenen Hof zurückzukommen.

Während in Spanien nun das Prä-Teenager-Drama der nachvollziehbar desorientierten Prinzessin von Asturien begann, die gleich einmal ausprobierte, wie gut sich ihre Schwiegereltern anschweigen ließen, reiste ihre kleinkindliche Schwägerin Maria Anna Victoria fast zwei Monate lang mit allem zeremoniellen Prunk durch Frankreich.

Obwohl sie außer ihren spanischen Kindermädchen niemand Vertrauten mehr an ihrer Seite hatte, hatte die Dreieinhalbjährige auf der Fasaneninsel nur kurz geweint, bevor sie sich erstaunlich gut in ihre groteske Rolle fand. Von Anfang an hatten Madame de Ventadour und ihr Clan darauf geachtet, die zukünftige Königin ganz in ihre Hand zu bekommen, und wenn sie das auch offensichtlich aus dynastischem Egoismus taten, so muss man ihnen doch zugestehen, dass sie immerhin gut im Umgang mit Königskindern waren. Das schloss freilich allerhand Seltsames ein. Madame de Ventadours Enkelin Madame de Tallard verdiente sich ihren konkurrenzlos guten Ruf als Gouvernante unter anderem durch die Professionalität, mit der sie einen königlichen Säugling wie eine Bauchrednerpuppe auf den Arm nehmen und dann in seinem Namen eine kleine zeremonielle Ansprache halten konnte, um beispielsweise dem Botschafter einer Großmacht für seinen Antrittsbesuch zu danken (dass dafür am Ende der Erziehung auch sämtliche Habseligkeiten der Königskinder bis zur letzten Bonbon-Dose in ihren Besitz übergingen, schien für solche Dienste bloß angemessen, zumal sie ihnen manches sogar zurückschenkte). Wer das weiß, wird sich auch gleich weniger über den Brief wundern, den Ludwig XV. jetzt von der anreisenden Infantin-Königin erhielt. Sätze wie: «Das Vergnügen, von Ihnen geliebt zu werden, wird mir zeitlebens ein unvergleichlich größeres selbst noch als der Gehorsam Ihrer Untertanen sein» schrieben sogar die Prinzessinnen des 18. Jahrhunderts erst, sobald sie deutlich älter als drei Jahre waren; wenn diese hier offenbar wirklich ein sehr begabtes Kind war, drückte sich das angesichts ihres Alters doch noch bloß darin aus, dass immerhin die Unterschrift wirklich von ihrer Hand war. Auch Französisch lernte sie bereits, bezeichnenderweise allerdings von einem Leibgardisten, der zufällig Spanisch konnte – an einen Lehrer hatte niemand gedacht, weil man offenbar annahm, dass sie schon in Spanien immer Französisch gesprochen habe. Es machte nichts aus. So oder so waren ausnahmslos alle Zeitzeugen nicht nur vom hübschen Aussehen, sondern auch vom Charme und Verstand des Kindes begeistert, was umso mehr auffiel, als ihr fehlbesetzter Bräutigam mit nunmehr zwölf Jahren langsam in das schwierige Alter kam. Am 2. März 1722 begrüßten sie einander in Bourg-la-Reine bei Paris mit dem auch hier aus Größenunterschiedsgründen nicht ganz leicht zu applizierenden Etikette-Wangenkuss, bevor der feierliche Einzug unter Pariser Triumphbogen und ein wochenlanger Wirbelwind von Festlichkeiten folgten. Das Vergnügen, das Maria Anna Victoria an diesen Veranstaltungen hatte, dürfte sehr variiert haben, zumal sie oft zu früh ins Bett musste, um überhaupt teilnehmen zu können. Ludwig XV. hätte sich freilich nicht weniger über widersprüchliche Signale beklagen dürfen, wenn bei drei Bällen seine dreijährige Verlobtencousine ihm zusah, wie man ihn mit einer sechsundzwanzigjährigen anderen Cousine tanzen ließ. Dem Sohn des großen Boufflers, der soeben im «normalen» Alter von fünfzehn Jahren die dreizehnjährige Enkelin Villeroys geheiratet hatte, erklärte er den praktischen Unterschied zwischen ihren beiden Ehesituationen denn auch mit all der nüchternen Grobheit seines Alters und seines Milieus: «... aber mit meiner werde ich noch lange nicht schlafen können.» Der immer noch nicht einmal vierjährigen Verlobten schenkte man währenddessen mit kaum größerer Subtilität das Wachsmodell jenes Kronprinzenbabys, das man eines Tages von ihr erwartete. Aber die kleine Prinzessin störte sich an nichts; sie adoptierte den kleinen Mann als ihre Lieblingspuppe und rührte mit mal naivem, mal altklugem Charme selbst die skeptischsten Besucher. Da sie jetzt im Louvre und ihr Gemahl in den benachbarten Tuilerien wohnte, wo man beiden relativ problemlos bei ihren separaten Mahlzeiten zusehen konnte, bot sich für viele Interessierte ein Charisma-Direktvergleich an, in dem der schüchterne und verschlossene König in der Regel nicht gut abschnitt. Wen konnte es wundern, wo doch kein Textbuch der Sozialarbeit einen besseren Beispielfall für den Verlust von Bezugspersonen erfinden könnte? Dass so gut wie niemand in seiner Umgebung ihn ohne Eigeninteressen betrachten konnte, muss ihm sowieso schon klar gewesen sein. Dazu aber kam, dass Ludwig kaum zwei Jahre alt gewesen war, als seine Eltern und der Bruder starben; mit vier verlor er den Onkel Berry, der ihm Ersatzvater hätte werden sollen, mit fünf den sonnenköniglichen Urgroßvater, schließlich mit sieben Maman Doudour, weil man ihn spielregelgemäß «an die Männer übergab». Umso mehr würde also davon abhängen, ob er noch einmal Halt an anderen Menschen würde finden können. Das Unglück der Könige bestand darin, von so vielen umgeben zu sein und doch so schwer vertrauen zu können. Das spezifische Unglück Ludwigs XV. aber war, dass die Serie der Verluste für ihn gerade erst angefangen hatte.

Saint-Simon war gerade rechtzeitig aus Spanien zurückgekehrt, um Dubois bei der endgültigen Machtübernahme zuschauen zu können. Den Regentschaftsrat hatte der Kardinal noch im Februar von praktisch allen Rivalen bereinigt, und weil er seinen skandalösen neuen Rang sehr elegant als Waffe gegen die Herzöge benutzt hatte, musste auch Saint-Simon nach seiner Rückkehr von allen Sitzungen wegbleiben. Kurz darauf verlegte der Regent Orléans auf Zureden des Ministers den Sitz des Hofes von Paris nach Versailles zurück, was allerhand praktische Nutzanwendungen mit sich brachte. Viele alte Freunde des Regenten ließen sich jetzt schon dadurch aus seiner Nähe entfernen, dass man ihnen einfach keine Wohnungen im Schloss mehr gab. Immerhin behielten die Saint-Simons ihr großartiges Appartement, woran man sah, dass sie nach wie vor die Gunst des Regenten hatten; bald erfuhr denn auch der kleine Herzog den Hauptgrund für den Umzug. Orléans und Dubois waren überzeugt, den alten Oberhofmeister Villeroy im isolierten Versailles leichter loswerden zu können als in der noch immer unberechenbaren Großstadt Paris, und so muss es ihnen wie eine Fügung des Schicksals erschienen sein, als die wiederbelebte Residenz ihnen sofort einen ersten Volltreffer schenkte. Normalerweise hätte es niemanden allzu sehr interessieren müssen, dass die Schlosswachen eines Nachts mehrere jugendliche Hochadelssöhne im Park bei allerhand experimentellen Sexualakten erwischten. Da aber einer von ihnen Villeroys Enkel und ein anderer sein Schwiegerenkel Boufflers war, wurden sie sofort sehr publikumswirksam zu ihren Regimentern in die Provinz verbannt (wie alle Teenager dieses Milieus waren sie natürlich die Kommandeure von jeweils etwa tausend Soldaten), während die Orléanisten eine mündliche Schmutzkampagne gegen die Familie des Oberhofmeisters lostraten. War es verantwortbar, solche Personen in die Nähe des heranwachsenden Königs zu lassen? Hatte man nicht schon genug Mühe damit gehabt, dem neugierigen Ludwig XV. zu verheimlichen, was genau diese Jungs eigentlich Schlimmes getan hatten? (Da den Erziehern spontan nichts Intelligenteres als «Zäune im Park kaputt machen» eingefallen war, hießen die bald begnadigten Betroffenen bei Hof noch Jahrzehnte später «die Zaunausreißer», arracheurs des palissades.) Während man sich so die Mäuler zerriss, planten Dubois, Saint-Simon und Berwick schön diskret den unblutigen Miniatur-Staatsstreich, mit dem am 11. August 1722 Villeroys Amtszeit als Oberhofmeister enden würde. Nach einem inszenierten Wortwechsel in der Spiegelgalerie, der uns nicht wenig an die erste und letzte Konversation der Fürstin Orsini mit Königin Isabella erinnert, ließ Orléans den schockierten Achtundsiebzigjährigen wegen angeblicher Beleidigung von seinem eigenen Gardehauptmann verhaften und in eine Kutsche setzen, die Villeroy nach Lyon in die Verbannung davontrug. Der frostige Tanzmeister, der würdevolle Katastrophengeneral hatte den kleinen König viel zu sehr wie eine mechanische Puppe behandelt, als dass Ludwig XV. ihm jetzt besonders nachgetrauert hätte. Dieser Abgang bestätigte jedoch seine Erfahrung, wonach die Personen seiner engsten Umgebung eine unheilvolle Tendenz hatten, unvorhersehbar, rasant und für immer zu verschwinden.

Zunehmend hätte freilich auch der Herzog von Orléans Grund zu solchen Empfindungen gehabt, um den die Reihen sich ebenfalls zu lichten begannen. Während der König gerade aufgrund seiner allüberragend hohen Geburt niemandem trauen konnte, war es für Dubois genau umgekehrt. Obwohl der Kardinal noch am Tag von Villeroys Sturz den seit 1661 vakanten Titel eines Premierministers erhalten hatte, macht er sich keine Illusionen darüber, wie sehr er für einen derartig steilen Aufstieg gehasst wurde. Ein anderer hätte sich in dieser Lage an die Spielregeln des Ancien Régime gehalten und also vorsichtig in der zweiten Reihe verharrt, wo man Leute wie ihn gerade noch so tolerierte. Dubois aber ging die Sache mit geradezu mafiöser Konsequenz genau andersherum an; bald schien es, als wollte er schlichtweg alle hochstehenden Machtakteure aus dem Weg schaffen. In die Nähe des Regenten ließ er zunehmend nur noch dessen diverse Mätressen, von denen aufgrund der extrem unromantischen Natur des Prinzen keine Gefahr ausging, sowie die relativ harmlosen Saufkumpane, deren Dauereinsatz freilich Orléans Gesundheit zunehmend unterminierte. Auch deswegen zog der alte Jugendfreund Saint-Simon sich mit ehrlicher Traurigkeit zunehmend von dem zurück, der ihm in die Klauen eines bösen Geists geraten zu sein schien; nachdem man Dubois zum Premierminister ernannt hatte, kam es dem kleinen Herzog vor, als gebe nur noch die Apokalypse des Johannes passende Vergleiche her, wenn sie als Vorstufe des Jüngsten Gerichts die Herrschaft des Tieres ankündigte. Was tat es, wenn Ludwig XV. jetzt im Oktober 1722 gekrönt, dann im Februar 1723 für offiziell volljährig erklärt wurde. Die Krönung war zwar wunderschön, hatte aber auch schon seit Jahrhunderten nichts mehr mit der tatsächlichen Machtausübung zu tun; die Volljährigkeit änderte erst recht nichts, weil der immer noch bloß dreizehnjährige Monarch auch nach dem Ende der Regentschaft weiterhin das tat, was sein vertrauter Onkel ihm riet und also dessen Faktotum Dubois den ganzen Staat beherrschen ließ. Schon fing der an, seine eigenen Komplizen ebenso vom Schachbrett zu fegen wie vorher die Herzöge und Marschälle. Bald wurde der Leichnam eines wichtigen Schatzmeisters aus der Seine gezogen, worauf Dubois das Verbrechen dem bisherigen Kriegsminister anhängen ließ, der mit seinen wichtigsten Helfern sofort in die Bastille geschafft wurde. Zwar spielte hier auch die Rachsucht der schönen Marquise de Prie mit hinein, die zunehmend mächtiger wurde, weil sie als dominante Mätresse des einäugigen Herzogs von Bourbon den zweitwichtigsten Prinzen und damit eine der wenigen Schachfiguren kontrollierte, die selbst Dubois nie würde vom Brett schieben können. Alle anderen aber hatten jetzt Grund zum Zittern, und man mag eine eigenartige Symmetrie darin sehen, dass es am Ende gerade Dubois' schrankenlose Machtgier war, die seine Gegner von ihm befreite. Schon die großen Minister Ludwigs XIV. waren nicht zufällig in relativ jungen Jahren gestorben, weil ihre Amtspflichten einfach lebensgefährlich anstrengend waren; seitdem war der Staatsapparat insgesamt so gewachsen, dass endgültig keine einzelne Person mehr alle Fäden in der Hand behalten konnte. Dubois aber wollte das, und weil er sich paranoid weigerte, irgendetwas von seinen vielen Funktionen zu delegieren, fand er inzwischen kaum noch Zeit zum Schlafen; für einen Siebenundsechzigjährigen mit der barocküblich monströsen Fehlernährung war das keine gute Idee. Schon den ganzen Sommer 1723 hatte man beobachten können, wie die Gesundheit des Kardinals immer schlechter wurde. Schließlich machte die schwer bestimmbare Erkrankung, in der die Zeitgenossen natürlich eine Geschlechtskrankheit sahen, eine Operation nötig, die Dubois aus Angst aufschob. Weil er die ministerspezifische Pendelei zwischen Hof und Hauptstadt nicht mehr ertrug, ließ er sich unter furchtbaren Schmerzen auf einem mit Matratzen vollgestapelten Gefährt nach Versailles bringen, das einem Leichenwagen beängstigend ähnlich sah. In Versailles setzte Gangrän ein, das nun auch durch die verspätete Operation nicht mehr entfernt werden konnte. Am 10. August 1723 starb Kardinal Dubois, Premierminister, Erzbischof, Priester und Abt von sieben Abteien, die er niemals besucht hatte, auf die Stunde genau ein Jahr, nachdem er durch Villeroys Entfernung zur höchsten Macht aufgestiegen war; überall in seinem Appartement fand man unaufgeschnittene Briefumschläge voller Staatspapiere oder Berichte, von denen viele mehrere Monate alt waren. Die Hofgesellschaft, die ihm seine Herkunft noch weniger verziehen hatte als seine Taten, atmete auf. Als er in einer Pariser Kirche bestattet wurde, wurde der Leichenzug von kleinen Leuten beschimpft, die vermutlich selbst nicht hätten sagen können, ob sie ihn für seine Macht gehasst hatten oder dafür, dass er einst fast einer von ihnen gewesen war. Einen Moment lang war er zugleich Alter Ego und Sündenbock des offiziellen Herrschers gewesen, aber wie alle allzu dreisten Aufsteiger hinterließ er keinen Namen, keine genealogische Spur und keinen Clan, der uns jemals so wieder begegnen würde wie die Familien des alten Adels: So rasant war er nach oben gekommen, dass niemand aus seiner Familie ihn auch nur ansatzweise dorthin hätte begleiten können.

Der heute vollkommen vergessene Dubois war für seine Zeit ein personifizierter Skandal, und also war sein Tod ein Ereignis. Innerhalb kürzester Zeit sollte es jedoch durch ein weit größeres überschattet werden, das auch den roten Faden dieses Kapitels zum logischen Ende bringen wird. Sofort nach dem Tod des verhassten Kardinals hatte Ludwig XV. seinen Onkel Orléans zum neuen Premierminister ernannt, wodurch an sich die Kontinuität der Regierung hätte gewahrt bleiben sollten. Aber Saint-Simon reichten die wenigen Höflichkeitsbesuche, die er dem einstigen Freund noch machte, um mit Schrecken zu begreifen, dass es für eine Versöhnung zu spät war. Der ehemalige Regent war von Alkohol und Ausschweifungen schon so gezeichnet, dass niemand ihm seine neunundvierzig Jahre geglaubt hätte. Rotgesichtig aufgedunsen saß er auf seinem Toilettenstuhl, bemerkte Saint-Simon erst, als die Diener ihn ansprachen, und bewegte den Kopf so langsam zu ihm, dass es dem kleinen Herzog schien, als werde der unvermeidliche Schlaganfall ihn noch hier und jetzt niederstrecken. Niedergeschlagen verließ Saint-Simon die Gemächer des Herzogs von Orléans, den er lange nicht wiedersah. Dann starb am 1. Dezember 1723 der Erste Stallmeister des Königs und ließ ein wunderschönes Hofamt vakant, das einst Saint-Simons Vater gehört hatte. Hier war die eine und angesichts der unübersehbaren Zeichen fast sicher auch allerletzte Gelegenheit für Orléans, Saint-Simon seinen Lebenstraum von der höfischen Festanstellung zu erfüllen. So kam der entfremdete Freund am nächsten Tag noch einmal in das Appartement des Ex-Regenten, das ja von seinem eigenen nur eine Viertelstunde Fußweg entfernt war. Orléans litt an einer Erkältung; er hustete ständig und hatte zu allem Überfluss auch noch den schönen Nangis bei sich, der dasselbe Amt beanspruchte. Schnell kam es zum Streit zwischen Nangis und Saint-Simon, der den kranken Premierminister zu ermüden schien; beide verließen ihn, damit er weitere Besucher empfangen konnten. Als Letzte empfing er an diesem Tag eine sympathische Abenteurerin, deren Geburtsadel ebenso falsch war wie ihr in Frankreich wertloser päpstlicher Herzogstitel echt. Es war kein Rendezvous, sondern der Routinebesuch einer Lobbyistin, die ihr Gegenüber gut genug kannte, um sich nicht zu wundern, dass er sich zum Zuhören auf ein Sofa legte. Auch dass er zwischendrin laut schnarchend einschlief, schockierte sie nicht; eben wollte sie leise davongehen, als sie zu ihrem Entsetzen sah, dass der Prinz mit verzerrtem Mund und offenen Augen dalag. Weil Orléans als Nächstes seinen täglichen Besuch beim König abgestattet hätte, hatten die Diener ihn wie vorgeschrieben allein gelassen. Das riesige Appartement im Erdgeschoss des Schlosses war vollkommen leer, und für Madame de Phalari fühlte es sich wie eine Ewigkeit an, bevor sie endlich einen zufällig vorbeikommenden Lakaien des Ventadour-Clans finden konnte; eine weitere Viertelstunde verging, bis im Zimmer des Sterbenden die ersten Ärzte eintrafen, die wie so oft nichts mehr ausrichten konnten. Um halb acht Uhr abends endete ein Leben, das man ebenso gut reich und glücklich wie vergebens und vergeudet nennen könnte.

Der Palast aber war ein Ameisenhaufen, der niemals schläft, und längst schon hatte einer der vielen Diener sich, sagen wir, einen schönen kleinen Posten bei der Salzsteuerpolizei verdient, indem er mit der erwarteten und doch schockierenden Nachricht über den winterlich verlassenen Innenhof zum Ministerflügel rannte, wo er dem Staatssekretär La Vrillière berichtete. Während die Sekretäre des Ministers unter Hochdruck das kalligraphische Ernennungspatent für einen neuen Premierminister ausfertigten, eilte La Vrillière selbst in den ersten Stock des Nordflügels, wo der Herzog von Bourbon das ehemalige Appartement des Ehepaares Berry bewohnte. Nur wenige Schritte und eine Tür trennten ihn in diesem Moment von Saint-Simon, der nichtsahnend in seiner Traumwohnung saß und sich ausmalte, wie der Ex-Regent dem König bei ihrer morgigen Arbeitssitzung einen neuen Ersten Stallmeister vorschlagen würde. Am nächsten Tag würde er jedoch eine Audienz bei einem neuen Premierminister haben, und auch dem würde er erklären, dass doch seine Ernennung zum Ersten Stallmeister schon beschlossen war, nur noch unterschrieben werden müsse, moralisch geradezu verpflichtend sei. Aber der Blick des neuen Machthabers würde ausreichen, um Saint-Simon zu zeigen, dass seine Zeit vorbei war, und noch im selben Monat würde er sich für immer vom Hof zurückziehen. La Vrillière dagegen wusste es schon heute besser als Saint-Simon, und er brauchte nicht lange, um Bourbon zu erklären, was jetzt zu tun sei. Gemeinsam liefen sie die große Galerie hinunter, über die Empore der Schlosskapelle, durch den Herkulessaal, die sieben unbewohnten Säle des königlichen Appartements und die Spiegelgalerie, bevor sie schließlich durch das sogenannte Perückenkabinett in die inneren Gemächer des Königs vordrangen. Einem Staatssekretär allein hätte der Kammertürhüter wohl den Zutritt zum Arbeitskabinett verweigert, wo Ludwig XV. seit zwei Stunden den letzten Unterricht des Tages hatte. Aber Bourbon war ein Prinz von Geblüt, der nahezu immer nahezu überall hindurfte, und so öffnete sich die Tür, hinter der König und Präzeptor erstaunt auf die unerwarteten Besucher blickten. Weil Orléans' Appartement zu weit weg war, als dass man von hier aus schon etwas hätte sehen oder hören können, war Bourbon tatsächlich der Erste, der dem König vom Tod seines Onkels berichtete. Ludwig XV. weinte um den Mann, der ihm zum ernsthaft geliebten Ersatzvater geworden war, aber viel Zeit ließ man ihm nicht, denn schon setzte der hochgewachsene Einäugige mit seinem charakteristischen Stottern zu einer fast gar nicht taktlosen Rede an, in der er die Nachfolge des Verstorbenen als Premierminister erbat. Bourbon war gerade so intelligent, dass es zusammen mit seiner ererbten Stellung und guten Beratern zum politisch effektiven Akteur reichte. La Vrillière war ungleich gerissener und musste das sein, weil er zwar ein Staatssekretariat, aber keine Amtsfunktionen geerbt hatte. Dass jedoch auch er nicht der beste Höfling in diesem Raum war, zeigte die wortlose Reaktion des noch immer ganz rotäugig-verweinten Königs auf Bourbons Bitte. Er drehte den Kopf zu seinem Lehrer Bischof Fleury, und Fleury nickte fast unmerklich. Also nickte der König, Bourbon bedankte sich mit den vorgestanzten Komplimenten, die diesen Leuten von Kindheit an eingetrichtert worden waren, während La Vrillière wie zufällig ein Papier aus der Tasche zog, auf dem der Text für den Amtseid eines Premierministers stand: Ob wir vielleicht gleich …? Schon kniete Bourbon vor seinem dreizehnjährigen Herrscher nieder, legte seine rechte Hand in die des Kindes und sprach, immer noch stotternd, nach, was La Vrillière feierlich vorlas. Dann sahen sie einander an und schienen alle gleichermaßen unsicher, was sie einander jetzt sagen sollten. Frankreich hatte eine neue Regierung.

Die Infantin-Königin Maria Anna Victoria war fünfeinhalb Jahre alt, als dieses Jahr 1723 ausklang, und längst hatte sie vieles gelernt, worüber man in diesem Alter noch nicht einmal nachdenken müssen sollte. Sie begriff, dass ihre Verheiratung mit dem ausgesprochen schönen und wortkargen Cousin eine holprige und potenziell komische Sache war, und selbst von Maman Doudour ließ sie sich zunehmend schwerer mit Ausreden beruhigen. Man hatte ihr gesagt, der König werde sie zu lieben anfangen, wenn er sie nur erst einmal geheiratet hätte, aber ganz abgesehen davon, dass das ja immer noch ferner in der Zukunft lag, als ihr ganzes bisheriges Leben gedauert hatte, waren ihr auch durch rationale Deduktion Ungereimtheiten aufgefallen. Gerade hatte man zur Bekräftigung der spanisch-französischen Allianz ihren Bruder Don Carlos, auf dem alle italienischen Hoffnungen seiner Mutter Isabella ruhten, mit einer weiteren Orléans-Tochter namens Mademoiselle de Beaujolais verlobt, und schon schrieb ihr der Siebenjährige so schwärmerisch von seiner gerade eingetroffenen Braut, die freilich auch bereits neun Jahre alt war, dass die Infantin-Königin den Brief vorwurfsvoll zu Madame de Ventadour trug: «Diese beiden sind noch nicht verheiratet und lieben einander trotzdem!» Wenn sie Sätze sagte wie «Ach, Maman, er wird uns nie lieben», dann zeigte das neben allem anderen, wie gut sie bereits den Majestätsplural verinnerlicht hatte, und wenn sie Konversation mit Höflingen machten, dann waren die von der kleinen Persönlichkeit so hingerissen wie am ersten Tag. Aber selbst die begabteste Fünfjährige hätte kaum schon verstehen können, was der Tod dieses freundlichen Alkoholikers in mittleren Jahren aus ihrem Leben machen würde, das doch trotz aller Merkwürdigkeiten ganz gerade vorgezeichnet schien. In Wahrheit hatte der 2. Dezember 1723 die dynastische Schwerkraft dermaßen umgedreht, dass auch die kleine Prinzessin bald aus ihrem Königinnentraum würde erwachen müssen.

Der Herzog von Bourbon hatte von Orléans nämlich nur die

Macht geerbt, weil er rasch zugegriffen hatte; die fast ebenso wertvollen Thronansprüche des Verstorbenen aber waren an dessen Sohn gefallen, der bisher Herzog von Chartres gewesen war, bis er nun mit allem Besitz auch den Titel Orléans erhielt. Selbst seine vom Vater geerbten Anhänger hätten zwar kaum ehrlich behaupten können, dass dem Land ein brauchbarer Premierminister entgangen war, weil Chartres sich zum entscheidenden Zeitpunkt in Paris eine Oper angehört hätte – und das lag noch am wenigsten daran, dass er mit einundzwanzig zehn Jahre jünger als Bourbon war. An Chartres schien sich der auf seinem Vater lastende Feen-Fluch noch verstärkt zu wiederholen, sodass das, was beim Vater spielerische Gelehrsamkeit gewesen war, den hochgebildeten, aber vergrübelt sinnsuchenden Sohn innerhalb nur eines Jahrzehntes an die Grenze des religiösen Wahnsinns bringen würde. Gerade weil er als Machthaber eine absehbare Katastrophe gewesen wäre, musste es ganz Frankreich beunruhigen, dass es angesichts der Kinderlosigkeit Ludwigs XV. nur einen einzigen Todesfall brauchte, um diesen Problemprinzen auf den Thron zu bringen (vom dann ebenfalls absehbaren Angriff der Spanier wollte man da gar nicht erst anfangen zu reden). Bourbon selbst hatte jedoch noch ungleich mehr zu befürchten. Gerade weil der neue Herzog von Orléans politisch eine Null war, fiel die Führung seiner großen Hofpartei jetzt zwangsläufig an seine verwitwete Mutter.

Diese Herzogin von Orléans aber war nicht nur (wie wir in Kapitel 10 gesehen haben) schon seit Jahrzehnten mit Bourbons Mutter Madame la Duchesse verfeindet, obwohl oder weil sie beide als uneheliche Töchter Ludwigs XIV. Schwestern waren. Anders als ihre Schwester hatte die Herzogin von Orléans auch immer auf der Seite des gemeinsamen Bruders du Maine gestanden; sie hatte ihn selbst dann noch gegen ihren eigenen Mann Orléans verteidigt, als der schon alle Beweise der Cellamare-Verschwörung in Händen hielt, und diesem nie ganz verziehen, dass er du Maine dennoch verhaften ließ. Jetzt war der Regent tot, und nichts hinderte seine Witwe mehr daran, ganz mit du Maine zusammenzuarbeiten; sollte sie je an die Macht kommen, würde ihr erstes Opfer Bourbon selbst sein, der sich ja beim Lit de justice von 1718 so aggressiv gegen du Maine gestellt hatte. Der neue Premierminister musste also nichts so fürchten wie die Thronbesteigung eines schwachen Königs, der diese Frau zur Mutter hatte, und wusste doch, dass es noch bis mindestens 1733 keinerlei Hoffnung auf einen Königssohn gab, der die Orléans-Thronfolge verhindern würde.

So arbeitete von nun an die Zeit gegen die kleine Königin, ohne dass sie es hätte ahnen können, und nur das war noch überraschend, dass der Einsturz des schönen Wunschtraumgebäudes von 1721 nicht in Frankreich, sondern in Spanien begann. Dort hatte Philipp V. das Jahr 1724 damit eröffnet, dass er nur leicht verspätet seinen geheimen Schwur umsetzte und abdankte. Am 9. Februar 1724 traten Prinz und Prinzessin von Asturien auf den Balkon des Alcázar von Madrid, während der Oberste Wappenherold das Volk auf dem Platz zur Ruhe aufforderte. Dann rief der Oberkammerherr: «Kastilien! Kastilien! Kastilien! Für unseren König Don Luis den Ersten, Gott schütze ihn!» Das Volk auf dem Platz rief zurück: «Amen, viva, viva, viva», und nachdem sich das dreimal wiederholt hatte, war Ludwig I. endgültig Spaniens neuer Herrscher. Philipp V. und die Königin-Stiefmutter Isabella zogen sich auf ihr Lustschloss von San Ildefonso zurück, und es dauerte einige Wochen, bevor sich herumsprach, dass alle maßgeblichen Anordnungen immer noch von dort kamen. Vielleicht hätte sich die Machtfrage zwischen dem neuen und dem alten Königspaar bald geklärt, war doch die neue Königin Louise Elisabeth in den zwei Jahren seit ihrer Hochzeit nur immer stärker mit den Schwiegereltern und auch so ziemlich sonst ganz Spanien aneinandergeraten; aber nachdem der neue König seine Frau bald wegen zu offenherziger Kleidung und sonstigen skandalös unspanischen Verhaltens für eine Woche unter Arrest gesetzt hatte, kam sie nur eben noch rechtzeitig wieder heraus, um sich bei ihrem Mann mit den Pocken anzustecken. Sie überlebte das gerade noch einmal. Ludwig I. dagegen starb am 31. August 1724, sechs Tage nach seinem 17. Geburtstag, und ließ das Land im Chaos zurück. Sollte nun sein nächster Bruder Ferdinand den Thron besteigen? Aber der war erst elf Jahre alt, und so sprach alles dafür, Philipp V. zurückzuholen, dessen Abdankung ohnehin ein kaum fassbarer Regelverstoß gewesen war. Andererseits kann man leicht verstehen, wie der Tod seines Sohnes sich auf den Ex-König auswirkte, wenn man sich erinnert, dass der ja gerade dem tödlichen Fluch der unverdienten Krone hatte entgehen wollen, indem er sie stattdessen einem unschuldigen Kind aufsetzte. Nach seinem Verständnis war er also der Mörder des eigenen Sohnes, und man muss keine tiefsitzende Depression haben, um seine Verzweiflung zu verstehen. Als man ihn beschwor, auf den Thron zurückzukehren, schrie er auf, dass er nicht zur Hölle wolle; er gehe jetzt, und die Leute sollten machen, was sie wollen. Eine Woche lang hatte Spanien überhaupt keinen König, bevor der erschöpfte Philipp sich schließlich am 6. September überreden ließ, die Krone noch einmal anzunehmen. Vielleicht am verlorensten aber war die nunmehrige Königinwitwe Louise Elisabeth, die noch immer nicht einmal fünfzehn Jahre alt war; gestrandet in einem Land, in dem niemand ihre lockeren französischen Sitten oder ihren jugendlichen Oppositionsgeist akzeptierte, durch die Heiratsverträge auf Lebenszeit mit einem gigantisch teuren Hofstaat ausgestattet und gerade deswegen für Spanien so nutzlos teuer, dass der Schwiegervater-König bald beschloss, sie den Franzosen mehr oder weniger ungefragt zurückzuschicken. Philipp V. ließ also deswegen nach Frankreich schreiben, erbat Verhandlungen und hatte nicht im Traum erwartet, was als Nächstes geschehen würde.

Der Herzog von Bourbon hatte ein kaum weniger unruhiges Jahr 1724 verbracht. Selbst ohne den verstorbenen Regenten und unter der nominellen Führung eines zur Hofpolitik völlig unfähigen Jugendlichen war die Partei Orléans' so stark, dass sie an allen Ecken und Enden Sand ins Getriebe von Staat und Hof werfen konnte. Die herbstliche Jagdsaison hatte der Hof zwar wie immer in Fontainebleau verbracht. Anders als sonst war es dort weniger um die Hirsche gegangen, von denen einer immerhin einen wichtigen Höfling zu Tode spießte, sondern um die hübschen jungen Hofdamen, die versuchten, sich als Erste dem vierzehnjährigen König anzunähern. Noch zeigte der sich zwar zum Glück nicht interessiert und nahm bloß die Jagd so ernst, wie das alle Bourbonen taten – allein im nächsten Jahr würde er insgesamt 12 688 Kilometer zu Pferd zurücklegen und 136 Hirsche und 97 Wildschweine töten. Aber wenn man ihm nicht bald eine gleichaltrige Ehefrau verschaffen konnte, würde es offensichtlich nur eine Frage der Zeit sein, bis die Tochter eines der großen Hofclans ihn um den Finger wickeln würde; gnade uns Gott, wenn die Gegenseite da schneller war. Vom sechzehnjährigen Oberkammerherrn Herzog von La Trémoïlle wollte man gar nicht erst zu sprechen anfangen, der durch sein Amt ständig mit dem König allein war und ihm so problematische erotische Praxisinformationen übermittelt zu haben schien, dass man ihn vorsichtshalber gleich selbst mit einer naheliegenden Cousine aus dem Hause Bouillon verheiratete. Das alles wäre schlimm genug gewesen und doch nichts im Vergleich mit der Angst, die Bourbon überkam, als Ludwig XV. am 20. Februar 1725 für anderthalb Tage mit Fieber ins Bett musste. Dem Historiker fällt es im Nachhinein leicht zu sagen, dass der Fünfzehnjährige einfach zu viel gegessen und sich dann auf der Jagd überanstrengt hatte. Die Zeitgenossen dagegen waren durch die Ereignisse von 1712 so traumatisiert, dass sie ständig deren Wiederholung befürchteten. Da Bourbon direkt über dem Schlafzimmer Ludwigs wohnte, hörte er ihn nachts auch husten, bis er selbst nicht mehr schlafen konnte. Wieder und wieder in diesen schlaflosen Nächten erschien ihm das Schreckgespenst einer Orléans-Thronbesteigung; als sie vorbei waren, war das Ende des spanischen Heiratsprojekts beschlossene Sache. Nichts hätte ihm in dieser Situation willkommener sein können als die Anfrage Philipps V., ob Frankreich nicht die ungeliebte Königinwitwe zurückhaben wolle, und ehe man sich's versah, war auch schon der seit Monaten insgeheim debattierte Brief verfasst, mit dem man den Spaniern gestand, dass Ludwig XV. nicht bis 1733 mit dem Heiraten würde warten können und deswegen seine Cousine den Eltern zurückschicken müsse.

Die Intrigen darum, wer dereinst große Ämter im Hof der zukünftigen Königin erhalten solle, hatten schon längst begonnen und vor allem die Frauen von Versailles in Bewegung gesetzt, da es ja nirgendwo attraktivere weibliche Ämter gab als in einem solchen Königinnenhaushalt. Nun aber beschleunigten sie sich nicht bloß dadurch, dass der Plan einer viel früheren Heirat bekannt wurde, sondern vermischten sich auch mit den Intrigen darum, wer denn überhaupt diese Königin sein solle. An manchen Stellen überschnitten sich beide Fragen sogar. Insbesondere das Amt als Oberste Hofmeisterin (surintendante de la maison) war so großartig bezahlt und mit solcher Macht verbunden, dass selbst Prinzessinnen von Geblüt es haben wollten; weil aber Bourbon selbst ein Prinz war, lag es auch nahe, dass er dabei seine Schwestern berücksichtigen würde. Eine von ihnen war die Prinzessin von Conty, die einst erfolglos den Königsenkel Berry zu heiraten versucht hatte; vom ständig stolpernden Conty hatte sie sich längst auch rechtsförmlich getrennt und kehrte jetzt doch einzig deswegen zu ihm zurück, weil sie als offiziell getrennt lebende Ehefrau automatisch für moralisch so zweifelhaft gehalten wurde, dass man ihr niemals das oberste Amt im Haushalt der Königin anvertraut hätte. Leider wurde auch so nichts daraus, wenngleich die extrem kurzlebige Versöhnung immerhin zur Geburt einer Tochter führte, die uns noch in einer wichtigen Rolle wiederbegegnen wird. Dass das begehrte Amt währenddessen an eine andere Schwester Bourbons ging, war allerdings vor allem insofern bemerkenswert, weil es zeigte, dass keine dieser Schwestern Königin werden würde (wäre es nämlich so gekommen, hätte man unmöglich eine zweite Schwester in diese untergeordnete Position bringen können). Es wurde zu Beginn des Kapitels schon erwähnt, dass Bourbon anfangs durchaus versuchte, seine Schwestern mit einer stark zurechtgebogenen Kandidatinnen-Liste in die Arme Ludwigs XV. zu bugsieren. Daraus wurde jedoch nichts, weil es zum einen zu starke Vorbehalte gab, das «unreine Blut» dieser Prinzenlinie auch in den Hauptzweig des Herrscherhauses zu bringen (ihre Mutter Madame la Duchesse stammte ja aus dem doppelten Ehebruch Ludwigs XIV. mit der «nur» aristokratischen Madame de Montespan); gerade weil Bourbon der Bruder der Kandidatinnen war, hätte man ihm hier egoistische Beschädigung der Königswürde vorwerfen können. Noch wichtiger war jedoch, dass nicht nur er selbst, sondern auch seine Mätresse Madame de Prie fest entschlossen war, erstens den Haushalt der neuen Königin, zweitens sie selbst und drittens durch sie dauerhaft auch den König zu beherrschen. Mindestens für Madame de Prie, die selbst nur durch die Heirat mit Madame de Ventadours Neffen einigermaßen vornehm war, musste das jedoch unmöglich werden, sobald die neue Königin eine gut vernetzte französische Prinzessin wäre, die zumal als Bourbons Schwester leicht an ihr hätte vorbeiregieren können. Eine Ausländerin dagegen würde ihr für die Vermittlung dankbarer sein müssen und das umso mehr, je weniger selbstverständlich das Erheiraten einer Krone für sie gewesen war. Ging man aber die schon einmal erstellte Liste der hundert europäischen Prinzessinnen noch einmal unter diesem Aspekt durch, so zeigten plötzlich alle Hinweispfeile auf ebenjene Kandidatin, die es im ersten Durchgang aus genau denselben Gründen beinahe gar nicht mehr auf die Liste geschafft hätte.

Und so ergab es sich denn, dass Ludwig XV. am 27. Mai 1725 im Verlauf seines üblichen Aufsteh-Zeremoniells erneut eine Ankündigung zur Person seiner zukünftigen Ehefrau zu machen hatte. Diesmal gab es weder Tränen noch rote Augen, während er seine Absicht erklärte, die Prinzessin Maria Leszczyńska zu heiraten, deren Vater Stanisław I. vor zwei Jahrzehnten einige Zeit lang erwählter König von Polen gewesen war. So obskur war die Familie dieser gekrönten Eintagsfliege, dass Bourbon und Madame de Prie ihren König vorsichtshalber gleich noch ein paar genealogische Basisinformationen mitverlesen ließen. Viel half es nicht, denn von den Opalińskis hatte man in diesem Land noch genauso wenig gehört wie von den Leszczyńskis oder der Dönhoff'schen Urgroßmutter. Dass die Braut über die Familie Potocki auch von Vlad Draculeas jüngerem Bruder Vlad dem Mönch und so also doch immerhin von der walachischen Herrscherfamilie abstammte, hätte den Eindruck selbst dann kaum verbessert, wenn es denn hier bekannt gewesen wäre; dass andererseits Marias Onkel Jabłonowski die Tochter der hiesigen Garderobe-Oberhofmeisterin Madame de Béthune geheiratet hatte, klang schon fast unfreiwillig komisch, wenn man sonst Königinnen gehabt hatte, deren Vorfahren seit Jahrhunderten ausschließlich aus regierenden Häusern kamen. Auch das war nämlich die dynastische Politik: ein Zuschauersport für die Ober- und Mittelklasse, deren Angehörige jetzt ästhetisch befremdet fragten, ob man wirklich eine Königin brauche, «deren Name auf -ski endet».

Nicht zuletzt der brave König Stanisław war völlig überrumpelt. Nachdem er 1704 als schwedische Marionette auf den Warschauer Thron gekommen war, hatte der nur kurzzeitig verdrängte August der Starke ihn schon 1709 wieder vertreiben können. Danach hatte eine lange Odyssee ihn nicht nur über die Türkei und das schwedische Zweibrücken schließlich ins elsässische Exil gebracht, sondern auch alle seine Hoffnungen so wirksam zerschlagen, dass ihm schon die Aussicht wie ein unerfüllbarer Traum erschienen war, seine Tochter vielleicht eines Tages mit dem Herzog von Bouillon zu verheiraten. Als Bourbon ihm unter der Hand einen Hofmaler geschickt hatte, um Prinzessin Maria möglichst realistisch abbilden zu lassen, war Stanisław im siebten Himmel gewesen, weil er sich Bourbon selbst als Schwiegersohn vorstellte; als dann schließlich der Brief im Namen des Königs kam, war er nach der Lektüre erst einmal in Ohnmacht gefallen. Man sieht also, dass Madame de Prie in puncto «dankbare Außenseiterin» ganze Arbeit geleistet hatte, und so lag es wirklich nicht daran, wenn sie und Bourbon sich trotzdem bloß dreizehn Monate später auf der Müllhalde der Hofpolitik wiederfanden: Sie hätten den bescheidenen Bischof Fleury ein wenig besser im Auge behalten sollen. Zwei Gewinner des Ganzen gab es dennoch. Es waren nur eben nicht diese beiden, sondern ausnahmsweise einmal das zukünftige Ehepaar. Maria Leszczyńska mochte sich zwar mit Recht über den Altersunterschied wundern, mit dem auch diese Ehe wieder geschlossen wurde; später würden sie erst die ständigen Schwangerschaften und dann die ständig sichtbaren Mätressen ihres Mannes ermüden, zumal die aus den bekannten praktischen Gründen fast immer auch Hofdamen ihres eigenen Haushalts waren. Aber das lag weit in der Zukunft. In der Gegenwart machte Madame de Pries kapriziöse Entscheidung für Maria nicht nur den Unterschied zwischen der bestdotierten Ehefrauenplanstelle Europas und einer Existenz als mittellose Exilantin.

Die aus Notwendigkeit und intellektueller Neugier sechssprachige Polin stellte auch fest, dass ihr Mann trotz allen Eigenheiten selbst unabhängig von Rang und Macht attraktiv war; wenn dennoch eine bemerkenswerte Asymmetrie blieb, so glich die sich dadurch aus, dass Ludwig seiner Frau sofort die allergrößte Zuneigung entgegenbrachte. Vor dem Abschied von seiner siebenjährigen Ex-Braut hatte der Fünfzehnjährige sich mit Zustimmung der Erzieher schmählich gedrückt. Als man ihn nun zum Ersatz und wie als Gegenmittel mit einer Zweiundzwanzigjährigen verheiratete, war er hingerissen. Selten in der Geschichte der arrangierten Ehen dürften dynastische Verpflichtungen mit solchem Enthusiasmus erfüllt worden sein wie jetzt im Falle Ludwigs XV. Auf drei Töchter folgte 1729 der langersehnte Dauphin, dem in zwölf Jahren nicht weniger als zehn Kinder folgen würden. Die Verheiratungsgeschichte Ludwigs XV. ist gewiss an bizarren Wendungen reicher als die meisten anderen Ehen selbst dieser ohnehin schon exzentrischen Fürstenwelt. So mag man es vielleicht auch als ihren angemessenen Schlusspunkt betrachten, dass Ludwig XV. 1741 einen monarchischen Rekord aufstellte, der zweifellos noch weniger je übertroffen wird als die zweiundsiebzigjährige Regierungszeit seines Vorgängers: Er wurde mit einunddreißig Jahren Großvater.

Was aber geschah mit der kleinen Infantin-Königin? Während in Versailles schon längst alles für die unbekannte Nachfolgerin vorbereitet wurde, reiste sie mit viel Zeremoniell an die spanische Grenze und soll noch in Bayonne nicht geahnt haben, dass es keine Rückreise geben werde. Vermutlich war es letztlich ein Segen, dass Bourbon als solider Feind des Hauses Orléans sich geweigert hatte, der aus Spanien zusammen mit ihrer kleinen Schwester Mademoiselle de Beaujolais zurückgeschickten Königinwitwe ein ordnungsgemäßes Gefolge entgegenzusenden. Die dadurch verursachte Verzögerung ihrer Reise verhinderte zugleich, dass beide Reisezüge einander noch einmal wie 1722 an der Grenze kreuzten und ersparte so auch allen drei Prinzessinnen eine Zeremonie, die der Niederlage bloß eine Farce hinzugefügt hätte. Am 17. Mai 1725 kehrte Maria Anna Victoria nach Spanien zurück, das sie vor drei Jahren verlassen hatte – und diesmal bewusst nicht an derselben Stelle. So wütend waren die spanischen Höflinge, die sie empfingen, dass sie zum großen Schock der Herzogin von Tallard den sämtlichen Besitz der Prinzessin mitnahmen, statt ihn, wie sich das gehörte, der Gouvernante zu schenken. Da sie «selbst die Puppen» mitnahmen, mag es sein, dass die Infantin-Königin auch ihren kleinen Puppendauphin behalten hat. Der 1729 geborene Originalprinz, dessen Mutter sie ursprünglich hatte sein sollen, würde dann 1745 ihre jüngere Schwester heiraten, was freilich erst recht traurig ausging. Das für lange Zeit Letzte, was man in Frankreich von ihr erfuhr, war ihre angebliche Bitte, in Zukunft nur noch mit jemandem verheiratet zu werden, der sie nicht warten lassen werde. Dann verschwand sie aus den Gazetten und Diplomatenberichten, und so wissen wir nur wenig darüber, wie sie sich bei den Eltern wiedereingewöhnte, an die sie sich kaum noch erinnert haben kann. 1727 wurde Maria Anna Victoria, immer noch erst neunjährig, durch eine Stellvertreterheirat mit dem Prinzen von Brasilien verheiratet, der eines Tages König von Portugal werden sollte. 1729 heiratete sie ihn auch persönlich, und 1732 wurde die Ehe vollzogen, aus der insgesamt vier Kinder hervorgingen. 1750 wurde sie durch die Thronbesteigung ihres Mannes Joseph I. wirklich Königin, und noch lange danach enthielten die Instruktionen für französische Diplomaten die Warnung, sie habe ein ebenso persönliches wie kompliziertes Verhältnis zu Frankreich. Sie starb 1781, ohne in die große Geschichte eingegangen zu sein, und war doch durch ein eigenartiges Band mit Frankreichs letzter unbestrittener Königin verbunden. 1755 nämlich war nur einen Tag nach dem katastrophalen Erdbeben von Lissabon in Wien das fünfzehnte Kind der Kaiserin Maria Theresia geboren worden. Sei es, dass man sich im Kaiserhaus mit dem schwer getroffenen Portugal solidarisieren wollte, sei es, dass die Familie des mit Maria Theresia eng verwandten Joseph I. nun endlich einmal dran war (oder dass nach vierzehn Kindern die interessanten Paten alle schon verbraucht waren), jedenfalls wählte man für diese Tochter die Königin von Portugal als Patentante aus. Das weitere Schicksal dieser Patentochter, die als Marie Antoinette Frankreichs letzte Königin vor der Revolution wurde, ist von dieser Patin gewiss wenig beeinflusst worden, da sie einander ja nie begegnet sind. Umso besser erinnert uns diese Patenbeziehung jedoch daran, dass es durchaus auch ein Glück sein konnte, *nicht* Königin von Frankreich zu werden.

Madame de Ventadour hielt das Versprechen, das sie in ihrem Schreiben an Isabella von Spanien gemacht hatte. Die zurückgeschickte Infantin blieb für sie bis zuletzt so sehr die wahre Königin, dass sie ihr während der restlichen neunzehn Jahre ihres langen Lebens Woche um Woche einen umfangreichen Brief schrieb. Als 1890 der Historiker Alfred Baudrillart in das königliche Archiv von Simancas kam, stellte er fest, dass die Infantin diese Briefe offenbar schon nach ganz kurzer Zeit nicht einmal mehr öffnete, sodass Hunderte von ihnen noch sechzehn Jahrzehnte später in ihren verschlossenen Umschlägen steckten. «Wir haben eine sehr große Zahl davon geöffnet; sie enthalten absolut nichts Interessantes.»

KAPITEL 14

Grumbkow trinkt

❦

CROSSEN AN DER ODER, 11. JANUAR 1733

Ach, der Champagner. War denn Bier oder Wein plötzlich nicht mehr gut genug? Und das ausgerechnet in Crossen. Die 2500-Einwohner-Stadt war in diesem vergessenen Niemandsländchen zwischen Brandenburg und Schlesien ja keineswegs bloß die Landeshauptstadt, in deren kastenförmigem Zwergschloss deswegen der vom preußischen König eingesetzte ‹Verweser und Hauptmann über das Herzogtum Crossen und das Amt Züllichau› residierte. Alte Privilegien garantierten Crossen vielmehr auch seine lebenspraktisch mindestens ebenso wichtige Zweitfunktion: Es war die unbestrittene Alkoholmetropole der ganzen Umgebung. Die dörflichen Wirtshäuser durften ihr Bier nirgendwo anders als hier kaufen, und Grumbkow selbst hatte als Minister eine Verordnung unterschrieben, die das noch 1724 bestätigte. In der Praxis war das Resultat natürlich weniger ein sauberes Monopol als ein ewiger Kleinkrieg der Städter mit den Bauern, die in ihrer infamen Blindheit für größere Zusammenhänge nichts unversucht ließen, um sich das Bier beim Schwarzbrauer ihrer Wahl günstiger zu beschaffen. Das Stadtgericht urteilte regelmäßig über solche Taten, was freilich noch sinnvoller gewesen wäre, wenn es zur Umsetzung der Urteile auf dem flachen Lande auch irgendeine Art von Polizei gegeben hätte – die Rittergutsbesitzer, die diese Lücke als Einzige ausfüllten, brauten selbst zu gerne und waren folglich keine Hilfe. Trotzdem lief das Geschäft gut genug, um nicht weniger als 156 Haushalte von Crossen Bier brauen zu lassen, wobei man sich natürlich fragen darf, wie attraktiv ein Getränk wohl ausfiel, dessen Hersteller im Hauptberuf Weber waren und für unfreiwillige Abnehmer produzierten. Andererseits gab es für den gehobenen Geschmack ja noch den Wein, den ebenfalls fast jeder Stadtbürger anbaute, und wenn es ein gutes Jahr war, dann trank man in Crossen zwölf Monate lang nichts anderes. Nur um das Wasser stand es offenbar nicht so gut; ein kürzlich angelegter Brunnenkurort war jedenfalls mangels Nachfrage bald wieder eingeschlafen. Dem wohlwollenden Betrachter musste die Stadt daher mehr als geeignet für das halbgeheime Wiedersehen vorkommen, zu dem in diesem Moment zwei hochrangige Gründungsmitglieder der ‹Gesellschaft zur Bekämpfung der Nüchternheit› anreisten. Aber da kam eben der unselige Champagner ins Spiel, und prompt stößt auch unsere Quellenbeherrschung so sehr an ihre Grenzen, dass wir lediglich raten können, wo die Protagonisten dieses Kapitels ihn hernahmen.

Noch nämlich war Champagner in Deutschland ein exotischer Luxus, was weniger an seiner relativen Neuheit lag als daran, dass man ein wesentliches Problem nicht recht im Griff hatte. In Fässern ließ er sich natürlich sowieso nicht transportieren; den Flaschen aber, die man stattdessen verwendete, würde erst das 19. Jahrhundert ihre unglückliche Tendenz abgewöhnen können, schon bei harmlosen Erschütterungen zu explodieren. Die europaweit immer größere Champagnernachfrage war für Hersteller und Händler daher nur theoretisch ein Segen, in der logistischen Praxis dagegen ein Albtraum, der den bekannteren Reiseplagen der frühen Neuzeit ein interessantes ballistisches i-Tüpfelchen aufsetzte. Entsprechend heftig fielen denn auch die Preise aus, und so sind wir geneigt zu bezweifeln, dass selbst Baron Schönaich (also der mit dem Titel ‹Verweser› geschlagene Gouverneur von Crossen) sich ohne weiteres solche Champagnervorräte hätte leisten können, wie sie jetzt gebraucht wurden. Dass er sie sich extra für den Anlass zugelegt haben könne, ist nicht weniger unwahrscheinlich, denn angesichts der langen Wege hätte die ohnehin knappe Zeit dafür nie gereicht. Grumbkow hätte folglich riskiert, am Ende genau jenen Abend ohne sein wichtigstes diplomatisches Hilfsmittel zu verbringen, an dem sich immerhin das Schicksal von Ost- und Mitteleuropa entscheiden mochte, und das konnte er sich gerade jetzt nicht leisten. Blieb nur, das Zeug selbst aus Berlin mitzubringen, wo es zum Glück mehr als genug gab. Das eigentliche Hofleben mochte ja unter dem sogenannten Soldatenkönig Friedrich Wilhelm I. etwas spartanischer geworden sein. Grumbkow aber, den gute Bezahlung durch den eigenen und fremde Herrscher zu einem der reichsten Einwohner Berlins gemacht hatten, lebte auf so großem Fuß, dass sogar sein Kochschinken in Champagner gekocht wurde; der König erklärte seinem Günstling zwar, wie *er* sich so etwas nicht leisten könne, kam dafür aber umso lieber zu Besuch. An den nötigen Vorräten würde hier also nichts scheitern – der Teufel steckte im Transport. Selbst wenn man das zerbrechliche Produkt ab Frankfurt stromaufwärts die Oder entlangsegeln ließ, blieb doch eine lange Strecke, die das explosionsanfällige Mitbringsel vorher auf den primitiven Straßen Ostbrandenburgs würde zurücklegen müssen. So richtig vielversprechend wurde diese Versuchsanordnung jedoch erst durch die ganz besondere Reisemethode, deren sich Leute wie Grumbkow bedienten. Die hohen Staats- und Kriegsbedienten Seiner Königlichen Majestät in Preußen mussten nämlich auf solche Fahrten bloß ihre Kutsche und ein Abrechnungsformular mitbringen, den sogenannten Vorspannpass. Die Pferde hingegen stellten bäuerliche Untertanen, die etwa alle 15 Kilometer auf die Reisenden warteten, um deren bisherige Kutschpferde durch ihre eigenen zu ersetzen. Diese Bauern erhielten zwar einen bescheidenen Betrag, den der Reisende sich von der Krone erstatten ließ, mussten dafür aber notfalls auch bis zu 24 Stunden auf verspätete Wagen warten. Pro Kutsche hatten sie mindestens sechs und oft acht Pferde zu stellen, woran hauptsächlich die Primitivität der Straßen schuld war. (Das Gewicht des gehobenen Staatspersonals tat allerdings ein Übriges. Als Friedrich Wilhelm I. sich 1722 mit seiner privilegierten Offiziers-Entourage wiegen ließ, war das Durchschnittsgewicht von elf Edelmännern mit 107 Kilo genau dasselbe wie sein eigenes – keine geringe logistische Herausforderung also, ihresgleichen durch den Sand der Mark zu wuchten.) Nun wäre eine Kutsche mit acht Pferden schon unter idealen Bedingungen ein extrem unhandliches Vehikel. Wie es sich jedoch für die Insassen anfühlte, wenn sie von acht untrainierten, dabei ganz unterschiedlich starken Pferden über kaum existente Straßen gezogen und von deren widerwilligen Besitzern mehr schlecht als recht gelenkt wurde, das können wir zwar nur mühsam erahnen – Leute wie Grumbkow aber wussten es unangenehm genau. Kein Wunder, wenn der König im Durchschnitt alle zwei Jahre ein neues Reskript erlassen musste, um seinem Staatspersonal in ebenso scharfen wie unwirksamen Worten wenigstens Peitschenschläge gegen die Pferde oder deren Besitzer zu verbieten. Grumbkow hatte als Minister auch diese Verordnungen unterschrieben, aber gerade deswegen wäre niemand gut beraten gewesen, ihn selbst daran zu erinnern (noch 1793 machten entsprechende Vorschriften übrigens eine explizite Ausnahme für Staatsminister und Generäle, «deren Zeit Unserem eigenen Interesse kostbar ist», weil der König ihnen zutraue, die Vorspannknechte nur in echten Notfällen zu schlagen). So müssen wir uns Grumbkows Reise nach Crossen als eine holprige Veranstaltung vorstellen, mit deren Verlauf keiner der Beteiligten besonders glücklich war; vor allem das dann und wann hinzuzudenkende Geräusch ungeplant knallender Sektkorken dürfte für die damalige Stimmungslage des Generals genau die richtige Begleitmusik gewesen sein.

Grundsätzlich konnte er nicht klagen. In seiner Lehrzeit im Hauptquartier Prinz Eugens und Marlboroughs hatte er zwar so viele Staatsmänner gegeneinander ausgespielt, dass er zum Ende hin selbst den Überblick verloren zu haben scheint und jedenfalls im Schatten tiefer Ungnade nach Berlin zurückkehrte. Grumbkows gefährlichster Gegner war dort niemand Geringeres als Premierminister Graf Wartenberg, der nun (1711) freilich selbst darüber stürzte, den Bankrott des Landes nicht länger verheimlichen zu können. Der Abgang des eben noch übermächtigen Hofmannes enthielt für Grumbkow gleich mehrere Lektionen. Wartenberg war auch deswegen gestürzt, weil seine Frau nicht nur als Geliebte des britischen Botschafters, sondern vor allem durch ihre bürgerliche Geburt unangenehm auffiel und das durch einigermaßen größenwahnsinnige Ransprüche noch verschlimmert hatte. In dieser Hinsicht hatte der standesgemäß verheiratete Grumbkow zwar nichts zu befürchten, und so wird er während seiner Champagner-Reise des Jahres 1733 höchstens deswegen an die Gräfin Wartenberg gedacht haben, weil sie die Tochter eines Weinhändlers gewesen war (man erinnerte sich daran, als ihr Mann im Frankfurter Exil starb und sie ihn in einem Fass zu seinem Berliner Staatsbegräbnis schickte). Umso wertvoller war dagegen die Warnung gewesen, sich nicht zu sehr auf der Königsgunst auszuruhen. Dem exilierten Wartenberg half nicht einmal mehr das Bernsteinherz, das Friedrich I. ihm einst zum Dank für die Königswürde geschenkt hatte. Als er es trotzdem einem Bittbrief beilegte, gab der desillusionierte Monarch es einfach ins Archiv ab, wo man es erst 1841 wiederfand und nur noch schreiben konnte: «wohl der Druck der Akten hat das Herz zerbrochen». Da das auch im übertragenen Sinne eine gute Beschreibung des Geschehenen war, beschloss Grumbkow, seine Kompetenz als Hofmann und Offizier vorsichtshalber um Kenntnisse der Finanzverwaltung zu erweitern. Nur zu bald sollten sie sich als nützlich erweisen. Schon 1712 gelang es ihm, sich mit geschickt ausgewählten oder erfundenen Budget-Zahlen den besten Platz der Steueradministration zu sichern, und so war er gerade rechtzeitig aus der reinen Hofkarriere ausgestiegen, um vom Regierungswechsel des Jahres 1713 nicht kalt erwischt zu werden. In diesem Jahr nämlich starb Friedrich I., der – Optimist bis zuletzt – Grumbkow noch auf dem Totenbett zu moralischer Besserung ermahnte. Tatsächlich waren Vater und Sohn sich in diesem Punkt ausnahmsweise so einig, dass es fast der erste Regierungsakt des neuen Königs Friedrich Wilhelm I. war, Grumbkow vor Zeugen ‹Hundsfott› zu nennen; ein Schlösschen, um das er gebeten hatte, gab Friedrich Wilhelm demonstrativ einem anderen, weil der ein ehrlicher Mann sei. Der vierunddreißigjährige Grumbkow war jedoch nicht an der Seite des vierundzwanzigjährigen Herrschers aufgewachsen, um sich nun von ihm überraschen zu lassen. Schnell begriff er, dass die Brutalität eines Königs, der in diesen ersten Wochen alle Gehälter kürzte und alle Gewohnheiten umstieß, mindestens zur Hälfte auch einfach eine Pose war. Wo Friedrich I. mit unzureichender Finanzierung Hof und Pomp des Sonnenkönigs zu imitieren versucht hatte, stand nun Friedrich Wilhelm I. für eine heftige Gegenreaktion, die man auch bei Karl XII. von Schweden oder Zar Peter dem Großen beobachten kann. Als grober Kriegerkönig inszenierte er mit seiner brutalen Direktheit, seiner Ablehnung des als feminin verpönten Luxus, seiner demonstrativen Frauenverachtung, seinen ritualisierten Sauf- und Fress-Exzessen, seinem Spott für alle Gelehrsamkeit und nicht zuletzt mit relativ kurzhaarigen Perücken eine neue Art von Männlichkeit, die einem Minderwertigkeitskomplex verdächtig ähnlich sah. Wo diese Inszenierung aufhörte, begann das Territorium der unkontrollierten Wutausbrüche, die Medizinhistoriker auf guter Quellenbasis der Stoffwechselkrankheit Porphyrie zugeschrieben haben. Ganz sicher belegen lässt sich das natürlich so lange im Nachhinein nicht mehr, aber schön wäre es doch, weil dann hinter der vom preußischen 19. Jahrhundert so gelobten Tatkraft des absoluten Monarchen Friedrich Wilhelm genau dieselben Symptome stünden, die seinen britischen Großneffen Georg III. im parlamentarischen Großbritannien 1788 fast sofort in die Zwangsjacke brachten.

Der Höflingsberuf war also schwieriger geworden, ohne deshalb aufzuhören, denn natürlich gab es weiterhin einen Hof, der jetzt bloß eben noch mehr aus Offizieren bestand als zuvor. Ein solcher war auch Grumbkow, wobei sein Generalsrang nicht einmal am meisten wog. Hundertmal wertvoller war, dass er mit dem neuen König zusammen bei Malplaquet gekämpft hatte, in jener Schlacht also, die nicht nur Friedrich Wilhelms erste gewesen war, sondern auch seine einzige bleiben sollte. Das nämlich war das größte Paradox des Soldatenkönigs: Sosehr er sich auf den Ausbau seiner Armee konzentrierte, so wenig wollte er dieses Lieblingsspielzeug im Krieg riskieren, und so sehr traten also bald all die Generäle einander auf die Füße, denen in Ermangelung irgendeines Kampfgeschehens nur ewiges Exerzieren oder Zwangsrekrutieren von Großgewachsenen blieb. Wie so manche Marotte des Königs war auch seine Begeisterung für gigantische

Grenadiere im Grunde nur eine Überspitzung des pragmatisch Sinnvollen. Sie führte jedoch dazu, dass Männer spätestens ab 1,85 Meter gut beraten waren, um Preußen einen großen Bogen zu machen, und dann immer noch befürchten mussten, im Ausland von preußischen Werbern entführt zu werden, die ihre betrunken gemachten Opfer notfalls auch schon mal in Särgen abtransportierten. Nichts hellte eben die wechselhafte Stimmung des Soldatenkönigs dermaßen auf wie ein Riese für das Leibregiment, weswegen preußische und fremde Diplomaten sich schon bald ebenso europaweit auf die Jagd machten wie die Generäle. Zugleich war dem rationaleren Teil Friedrich Wilhelms jedoch klar, dass ein kleines Land sich eine in jeder Hinsicht große Armee nur dann leisten konnte, wenn es auch eine leistungsfähige Wirtschaft und Finanzverwaltung hatte. So arbeitete er sich daran ab, überall «ein Plus zu machen», und brauchte folglich kompetente Administratoren, denen er vertrauen konnte. Entsprechende Kompetenzen aber hatten leider fast nur die Zivilisten des reicheren Adels oder gehobenen Bürgertums, von denen es im Übrigen so wenige gab, dass die meisten bis zur Unkenntlichkeit miteinander verschwägert waren: Wirklich vertrauen wollte man denen ungerne. Fast nur Grumbkow war sowohl Militär als auch Verwaltungsexperte, und so hatte Friedrich Wilhelm ihn denn auch zwei Wochen nach Regierungsantritt zum Wirklichen Geheimen Staatsminister ernannt. Das allein hätte freilich noch nicht allzu viel bedeutet, denn nach wie vor brauchte man mehr als ein Amt, um zum inneren Kreis der Macht zu gehören. Aber Grumbkow hatte auch sofort begriffen, dass genau dort sein Platz war, wenn er seinem neuen Herrn nur erfolgreich den geradlinigen Krieger, den aufrechten Ritter, den für Subtilitäten leider zu bodenständigen pommerschen Junker vorspielen konnte. Ganz glaubhaft gelang ihm das zwar nicht, wie denn auch? Aber selbst in ihrer abgeschwächten Version reichte diese Scharade noch aus, um Grumbkow tatsächlich zum mächtigsten Mann am Berliner Hof aufsteigen zu lassen. Wie so viele Möchtegernzyniker, die aller Welt lautstark nur das Schlimmste unterstellen, scheint auch Friedrich Wilhelm I. ein im Grunde sehr naives Menschenbild gehabt zu haben, und gerade weil Grumbkow so ein offensichtlicher Intrigant war, fühlte der König ihm gegenüber ein warmes Gefühl der Überlegenheit, das zu angenehm war, als dass er allzu lange auf die Gesellschaft des Minister-Generals hätte verzichten wollen. So wurde Grumbkow nicht bloß die Nummer eins im 1723 gegründeten ‹General-Ober-Finanz-Kriegs-und-Domänen-Direktorium›. Auch im sogenannten Tabakskollegium glänzte er wie kein Zweiter, wenn der König abends in grobschlächtiger Männerrunde über Gott und die Welt und die Politik redete, während man sich sehr viel weniger dem Tabak als dem Alkohol widmete. Angesichts der Temperamentsexplosionen des Gastgebers wäre das für die meisten ein bestenfalls gemischtes Vergnügen gewesen. Aber Grumbkow hatte Nerven wie Drahtseile, und wenn der König sich beispielsweise gegen einen Staat in Rage redete, von dem Grumbkow für genau solche Fälle bezahlt wurde, dann ließ der General schon einmal einen Brummkreisel aus Blech über den Tisch rasen, bis Flaschen und Gläser am Boden lagen und der König sich halb beleidigt, halb amüsiert beruhigte. Das königliche ‹Edict wegen Abstellung des Vollsauffens› hatte währenddessen zum Glück nicht Grumbkow, sondern der Schwiegervater seiner Tochter unterschrieben, der zwar ein Edelmann, aber zugleich ein studierter Jurist war und also fürs Tabakskollegium schon definitionsgemäß viel zu uncool.

Sosehr aber Generalleutnant von Grumbkow das Multitalent des preußischen Hofs war, so sehr drückte ihm doch jetzt, während er sich von unsynchronisierten Ackergäulen durch einen kalten Januartag des Jahres 1733 ziehen ließ, wieder einmal jenes wichtigste aller Themen aufs Gemüt, für das er offiziell nicht einmal zuständig war – die Außenpolitik. Dass man dafür kürzlich ein eigenes Ministerium gegründet hatte, störte Grumbkow am wenigsten, denn gerade weil Außenpolitik und Krieg den Zeitgenossen als höchste Form der Politik galten, waren beide auch zu wichtig, als dass man sie einer einzelnen Institution überließ. Vorsichtshalber hatte Grumbkow zwar seinen mondgesichtigen Schwiegersohn Podewils sowie seinen kriecherischen Spion Thulemeyer als zweiten und dritten Außenminister platziert. Die großen Entscheidungen aber traf der König selbst, wobei er sich von niemandem leichter beeinflussen ließ als von Grumbkow. Dieser Einfluss war buchstäblich Gold wert, und so hatte Grumbkow ihn schon seit langen Jahren immer an den Kaiser in Wien verkauft – oder, genauer gesagt, an seinen einstigen Malplaquet-Vorgesetzten Prinz Eugen von Savoyen, der die Diplomatie des Hauses Österreich dominierte. Seit 1725 die Zurücksendung der Infantin-Königin Spanien und Frankreich entzweit hatte, hatte das europäische Bündniskarussell sich zuerst immer schneller gedreht, wobei es mehrfach nur knapp am Krieg vorbeischrammte. Ab 1729 stand dann ein österreichisch-preußisch-russischer Block einem französisch-englisch-spanischen Block gegenüber. Dabei ging es vor allem um zwei Hauptkontroversen, die natürlich beide wieder Erbfragen betrafen. Zum einen waren Spaniens italienische Ambitionen lebendiger denn je, seit die Geburt eines französischen Thronerben den bisherigen Hoffnungen Philipps V. ein Ende gesetzt hatte. Umso mehr setzte Königin Isabella Farnese nun darauf, Parma und die Toskana ihrem Sohn Don Carlos zu verschaffen; er war zwar in Spanien bloß ein zweitgeborener Infant, hatte aber als erster Sohn seiner Mutter auch deren Farnese- und Medici-Blut, das ihn zum legitimen Erben der beiden italienischen Staaten machte. Die andere explosive Ambition betraf das ‹allerhöchste Erzhaus› Österreich. Sein Oberhaupt war der Römisch-Deutsche Kaiser Karl VI., der einst als Karl III. vergeblich um das spanische Erbe gekämpft hatte. Nun zeichnete sich ab, dass mit ihm auch der österreichische Zweig der (nach wie vor nicht so genannten) Habsburger in männlicher Linie aussterben würde, dem damals nicht nur Österreich, sondern auch Böhmen, Ungarn, Schlesien, Belgien, Luxemburg, Kroatien, Mailand, Neapel und Sizilien gehörten. Die Erbansprüche seiner beiden Töchter aber waren angreifbar genug, um ihn zu beunruhigen, und so versuchte er seit Jahr und Tag, eine unter dem Namen ‹Pragmatische Sanktion› erlassene Erbfolgeregelung von möglichst allen Mächten garantieren zu lassen.

Schon diese wacklige Vererbung eines so großen Besitzes hätte die vielen Rivalen Österreichs zwangsläufig aufmerksam gemacht. Das wirkliche Drama aber resultierte daraus, dass die älteste Erbtochter,

Maria Theresia, ja auch notwendigerweise jemanden würde heiraten müssen – und dass dafür aus Ranggründen nur ein Jemand in Frage kommen würde, der alles andere als ein Niemand war. Die Heirat würde also das ohnehin schon große Österreich mit noch einmal einem Territorium mehr vereinen, was Europas Herrscher dermaßen ungerecht fanden, dass sie geradezu systemwidrige Umverteilungsphantasien entwickelten. Nicht zuletzt deswegen scheiterte die quasi symmetrische Lösung, bei der zur rückstandslosen Verrechnung beider Probleme einfach die Erzherzogin Maria Theresia mit dem Infanten Don Carlos verheiratet worden wäre. Tatsächlich war das von 1725 bis 1729 zum nicht geringen Horror aller übrigen Mächte der offizielle Plan der beiderseitigen Eltern gewesen, bevor auch dieses Albtraumpaar der dynastischen Welt durch die Wühlarbeit fleißiger Diplomaten getrennt wurde, ohne einander je begegnet zu sein. Indem der Kaiser 1729 zum entgegengesetzten Prinzip zurückkehrte und also seiner Tochter den unwichtigsten Prinzen aussuchte, der gerade noch standesgemäß war (sowie, natürlich, sein Lieblingsneffe), machte er die Dinge jedoch keineswegs besser. Herzog Franz Stephan von Lothringen mochte in jeder anderen Hinsicht der beste Kandidat sein; er war mit der Erbin fast zusammen aufgewachsen und würde ihr, sobald nur erst sämtliche Großmächte Europas ihre Zustimmung gegeben hatten, ungewöhnlich liebenswerte französisch-italienische Verlobungsbriefe schreiben (schlug hier das Talent seiner Großmutter Elisabeth Charlotte von Orléans durch?). Sein Herzogtum Lothringen aber lag genau in jener letzten offenen Tür, durch die eine nicht sehr hypothetische feindliche Armee nach Frankreich hätte einmarschieren können, weswegen Frankreichs Premierminister Kardinal Fleury die absehbare Vereinigung der Häuser Österreich und Lothringen mit etwa denselben Gefühlen betrachtete, die später die Stationierung sowjetischer Atomraketen auf Kuba bei John F. Kennedy auslösen sollte. Kaiser Karl VI. andererseits wusste nur zu gut, wie Fleury sich fühlte: Er musste ja nur einen Augenblick daran denken, dass sein Ex-Beinahe-Schwiegersohn Don Carlos sich mit etwas Pech als widriger spanischer Karbunkel in Parma und der Toskana einnisten würde.

Dort würde er nicht nur genau an das zu Österreich gehörende Herzogtum Mailand angrenzen, sondern dem Kaiser zudem auch noch den Weg zu seinem von Spanien begehrten Königreich Neapel-Sizilien abschneiden. In Momenten wie diesen überschlug man in der Wiener Hofburg gerne einmal die Zeit, die eine Armee des Hauptverbündeten Russland wohl zum Anmarsch nach Süditalien oder gegen Frankreich brauchen würde; man seufzte dann, sah sich nach militärisch starken Verbündeten um, die nicht längst schon auf Seiten der Westmächte standen, und kam so immer wieder auf Preußen zurück.

Normalerweise hätten die regelmäßigen Geheimzahlungen, die Grumbkow aus Wien erhielt, leicht verdientes Geld sein sollen. Unter den mächtigen Fürsten des Römisch-Deutschen Reichs glaubte praktisch nur Friedrich Wilhelm I. noch ernsthaft daran, dass er seinem Kaiser Loyalität schulde. Die Diplomatie seiner Zeit lehnte er als unwürdiges Intrigengewerbe ab, womit er in der Sache nicht unrecht hatte, sich zugleich aber dazu verurteilte, immer wieder tanzbärenartig an der Nase herumgeführt zu werden. So hätte es denn auch zur Erhaltung der Allianz mit Wien normalerweise gereicht, dass der Kaiser dem König von Zeit zu Zeit sein erbtes Recht auf die Herzogtümer Jülich und Berg bestätigte, die er haben solle, sobald nur der zum Glück nahezu unsterbliche jetzige Besitzer nicht mehr lebte. Tatsächlich aber kam hier ausgerechnet jene Dame den Österreichern in die Quere, mit der Grumbkows Frau damals als Hoffräulein in Hannover am selben Tisch gesessen hatte: die Königin. Sophie Dorothea von Preußen war eine hannoversche Prinzessin, seit 1714 aber auch eine englische, weil ihr Vater diesen Thron geerbt hatte, den jetzt ihr Bruder Georg II. besaß. Sie stammte also ihrer Ansicht nach aus einem ungleich vornehmeren Haus als ihr Mann, und falls sie das je hätte vergessen können, hätte der Gemahl mit seiner Vorliebe für Biersuppe und dergleichen Bauernmanieren sie jeden Tag von neuem daran erinnert. In ihrem Berliner Schloss Monbijou sammelte sich um sie eine prohannoversche Hofpartei, deren Mitglieder in Königin und Kronprinz die einzige Hoffnung für eine Zukunft sahen, die angesichts der schlechten Gesundheit Friedrich Wilhelms I. kaum mehr besonders fern sein konnte. Die Königin selbst war eine Frau mit genau einer Mission. Es war, wenn wir ehrlich sind, keine besonders sinnvolle Mission, und sie gewinnt noch weniger, sobald man sieht, in welchen grauenhaften Konflikt mit dem Vater sie die Kinder zwingen würde; wer nur einmal eine Biographie ihres Sohnes Friedrich aufgeklappt hat, der erst noch ‹der Große› werden würde, weiß genauer, was hier nur skizziert werden kann. Andererseits muss man einer Frau, die mit diesem mal sentimentalen, dann wieder explosiv gewalttätigen Mann verheiratet war, wohl auch einen ziemlichen Spielraum an schierer Notwehr einräumen. Königin Sophie Dorotheas Idee zur gleichzeitigen Rettung der borussischen Hof-Zivilisation und ihrer Kinder bestand jedenfalls darin, die beiden ältesten wiederum hannoversch-britisch zu verheiraten, indem man Kronprinz Fritz mit seiner englischen Cousine Prinzessin Amalie, seine älteste Schwester Wilhelmine aber mit Amalies Bruder Prinz Fritz von Wales vermählte. Dem stand freilich als Haupthindernis der König selbst entgegen. Friedrich Wilhelm hatte nämlich mit seinem fünf Jahre älteren Cousin Georg II. als Kind in Hannover so eng zusammengelebt, dass er ihn seitdem auch ganz persönlich hasste. Andererseits würde die Doppelheirat notwendigerweise ein Bündnis mit Großbritannien nach sich ziehen; in London aber sah man auf den Landkarten dasselbe wie der Kaiser in Wien und begriff also, wie wertvoll es wäre, Preußen aus dem kaiserlichen Bündnis herauszulösen.

So lieferten sich denn Briten und Österreicher am Berliner Hof schon seit 1726 eine unterirdische Schlacht um die Seele des Hauses Brandenburg, deren Opfer die ältesten Königskinder wurden. Ihre Mutter hatte beide längst davon überzeugt, dass ihr Lebensglück in den englischen Heiraten liege, mittels deren Wilhelmine dem Vater als Braut und Fritz als Statthalter von Hannover entfliehen würden; ihr Unglück war, dass sie Grumbkow gegen sich hatten. Dabei war die Verhandlungsrunde, die mit seinem Triumph endete, auf allen Seiten eine solche Stümperei gewesen, dass sie dem Wort ‹blutige Amateure› einen schrecklich wörtlichen Sinn gab. Im Sommer 1730 war als britischer Gesandter Sir Charles Hotham nach Berlin gekommen, ein Kammerjunker und Leibgardeoffizier ohne jede Diplomatie-Erfahrung, der jetzt dem Kronprinzen und der Königin fatalen Mut machte. Schon sah es einen trügerischen Moment so aus, als werde die Doppelhochzeit tatsächlich gelingen, schon besaß auch Hotham 26 Briefe Grumbkows, die nur zu klar bewiesen, dass der General die Verhandlungen bewusst sabotierte. Leider nur hatte offenbar niemand Sir Charles erklärt, wie stolz Friedrich Wilhelm I. auf seine Illusion war, Grumbkow überlegen zu durchschauen. Es war daher nicht nur ein Wunder, dass Friedrich Wilhelm im Rahmen seiner Möglichkeiten höflich reagierte, als der Brite ihm freudig den Beweis für Grumbkows Verrat vor die Nase hielt, sondern zugleich der Auftakt einer Tragödie. Während nämlich Hotham scheinbar triumphierend aus dem Schloss herausmarschierte, tat Grumbkow etwas, was entweder (wie er selbst später behauptete) das perfekt kalkulierte Meisterstück eines Weltklasse-Intriganten oder (wahrscheinlicher) ein blöder Fehler war. Obwohl der General nun wusste, dass seine Briefe an einen preußisch-diplomatischen Komplizen in London mitgelesen wurden, schrieb er noch einmal einen, in dem er den Gegner buchstäblich herausforderte, ihm etwas nachzuweisen. Natürlich wurde auch dieser Brief von den Engländern abgefangen, und natürlich hielt Hotham es für eine großartige Idee, dem König diesen Superbeweis nun erst recht vorzulegen. Am Abend des 9. Juli 1730 gestand er der preußischen Majestät optimale Bedingungen für eine Doppelheirat zu, obwohl er dafür nicht mal den Hauch einer Autorisierung hatte. Aber das war's ihm wert, hob es doch die Stimmung für den nächsten Tag, an dem er Grumbkow stürzen würde. Und also nahm er am 10. Juli Grumbkows Brief in die Audienz mit, hielt ihn dem König hin und dozierte über die Kränkung, die dieser Ungetreue beiden Kronen zugefügt habe. Diesmal geschah kein Wunder. Es hat dann nachher zwar verschiedene Aussagen über die genauen Worte gegeben, mit denen der König dem Gesandten das Papier vor die Füße geschmissen haben soll, bevor er sich auf dem Absatz umdrehte und türenknallend den Raum verließ. Da aber Friedrich Wilhelms Antwort jedenfalls mit «mehreren harten Wörtern, so ihm nicht mehr alle einfielen», geendet hatte, versteht man, warum der ausnahmsweise leicht beunruhigte König seine Minister befragte, was nun als Nächstes passieren werde. Grumbkow hielt sich begreiflicherweise zurück. Der Außenminister Borcke aber, der stattdessen sprach, erwies sich mit seiner Antwort «Nüscht» erstens als berlinisierter Pommer, wie es auch Grumbkow war, und zweitens als ziemlich schlechter Prognostiker.

Natürlich passierte etwas. Dass Hotham sofort abreiste, war noch das Offensichtlichste; als Diplomaten hat man ihn danach vorsichtshalber nie wieder verwendet. Grumbkows Brief immerhin hatte er vom Boden aufgehoben, um ihn als Erinnerungsstück mitzunehmen, und noch 1918 besaßen seine Erben das fatale Stück. Den in Berlin verbliebenen Gesandten teilte man dagegen mit, dass sie in Zukunft Sachfragen nicht mehr mit dem König und nur noch mit den Außenministern besprechen dürften, «inmaßen Seine Majestät gerne aufrichtig und frei von Sich sagen, wie es Ihro ums Herze ist, da es doch nöthig sein will, nach der weltüblichen Art ... öfters mit seines Herzens Gedanken hinter dem Berge zu halten». Dass weiterhin die Doppelhochzeit erst einmal auf Eis lag, empfand der König zwar als dreiste Beleidigung. Aber bitte – dann würde er eben die bevorstehende Reise an allerhand deutsche Höfe zur Auswahl tauglicherer Schwiegerkinder nutzen. Noch ahnte Friedrich Wilhelm nicht, welche genau entgegengesetzten Hoffnungen der Kronprinz in diese Reise setzte. Dem achtzehnjährigen Friedrich hatte man immer wieder Hoffnungen auf die Heirat und ein freies Leben in Hannover gemacht; nun verfiel er der Verzweiflung. Seit Jahren widersetzte sich der Erbe dem Drill, der Sparsamkeit und dem Nützlichkeitswahn des Vaters, indem er verbotene Bücher las, schlechte französische Verse schrieb oder im auf Pump gekauften seidenen Morgenmantel Flöte spielte, und seit Jahren behandelte der Vater ihn dafür mit der größten Härte. Es war noch keine drei Wochen her, dass beide zum Staatsbesuch in Sachsen gewesen waren, um der Armee Augusts des Starken bei barocken Festmanövern zuzusehen. Die Feierlichkeiten hatten mit dem Auffahren eines 8 mal 10 Meter großen Kuchens geendet, der uns noch einmal begegnen wird, und waren von zeremoniellen Ehrerbietungen gegen den preußischen Kronprinzen begleitet gewesen. Friedrich Wilhelm I. aber schlug ihn vor aller Augen, zerrte ihn an den Haaren und sagte dabei, er selbst hätte sich schon längst erschossen, wenn sein Vater ihn so behandelt hätte. Damals hatte Friedrich wenigstens noch auf die englische Heirat hoffen können. Nun war er verzweifelt genug, um nur in der Flucht noch seine Rettung zu sehen, zu der die Reise ihm die einzige Gelegenheit böte. Zusammen mit seinem engsten Freund Hans Hermann von Katte schmiedete er einen kindlich leichtsinnigen Plan, der vorhersehbar scheiterte, als man ihn am 5. August 1730 in der Nähe von Mannheim ertappte, bevor er auch nur aufs Pferd hätte steigen können. Weil man eine wochenlange Reise vor sich hatte, musste der Vater seine Wut noch einige Zeit lang notdürftig kaschieren, worin er so gar keine Übung hatte; sobald man in Preußen zurück war, brach sie dafür nur um so zügelloser aus ihm heraus.

Da der Kronprinz seit Kindesjahren Offizier war und Katte als Leutnant des Gendarmen-Regiments zur faktischen Leibgarde des Königs gehörte, wurden beide vor ein Kriegsgericht gestellt. Für den Kronprinzen erklärten dessen Mitglieder sich unzuständig, weil das Herrscherhaus über dem Gesetz stehe; Katte verurteilten sie zu lebenslanger Haft. Aber für Friedrich Wilhelm vereinten sich in Kattes nie ausgeführter Absicht die zwei furchtbarsten Verbrechen. Der Leutnant hatte nicht nur dem ungehorsamen Prinzen geholfen, sondern mit der Desertion auch genau das geplant, wovon der König sein Heer am meisten bedroht sah. Obwohl Kattes Vater und Großvater hochrangige preußische Militärs waren, war der Rest seiner magdeburgischen Familie mehr nach Hannover als nach Berlin orientiert; seine Tante Melusine von der Schulenburg war sogar eine mächtige englische Königsmätresse, wodurch der einst nur unwillig in den Militärdienst eingetretene Leutnant sich dem Kronprinzen als Fluchthelfer noch besonders empfohlen hatte. So verkörperte denn dieser eine Unglückliche nur zu gut die Ängste des Soldatenkönigs, der sein zerfranst-künstliches Staatengebilde überall von Verrat bedroht sah. Den durch Reichsrecht geschützten Kronprinzen konnte er nicht einmal enterben, obwohl er überzeugt war, dass dieser unsoldatische

Schöngeist den mühsam aufgebauten Staat ruinieren würde. Katte aber musste am Ende wohl deswegen sterben, weil der Vater seinem Sohn die denkbar härteste Lektion erteilen wollte. Jedenfalls wandelte Friedrich Wilhelm das Urteil durch einen einzigen Befehlsbrief in die Todesstrafe um und ließ Katte in dieselbe Festung Küstrin bringen, in der auch der Kronprinz gefangen gehalten wurde. Als der sechsundzwanzigjährige Leutnant am 6. November 1730 zum Richtplatz geführt wurde, musste der Kronprinz aus seinem Zellenfenster zusehen, während General von Lepels Soldaten ihn am Wegschauen hinderten. Nur kurz konnte er dem Verurteilten noch einmal seine Bitte um Vergebung zurufen, nur kurz konnte der dem Prinzen antworten, dass er keine Schuld trage. Dann kniete er schon mit unverbundenen Augen vor dem Scharfrichter, und während der noch das Schwert hob, brach Kronprinz Friedrich ohnmächtig zusammen.

Die Hinrichtung eines jungen Mannes aus bester Familie schockierte selbst die zynische Hofgesellschaft derartig, dass nicht einmal Grumbkow sie zu rechtfertigen versuchte. Zugleich aber hatte der Eklat im Königshaus ihm enorm genutzt, indem er die Königinnenpartei diskreditierte. Als nunmehr unbestrittener Günstling seines Herrn fand Grumbkow sich an der Spitze einer Untersuchungskommission wieder, die den Kronprinzen zum freiwilligen Thronverzicht bringen sollte. Bald stellte sich allerdings heraus, dass der sensible Prinz selbst als traumatisierter Staatsgefangener nicht bereit war, die ihn schützenden Rechte aufzugeben. So wurden beide Seiten zu einem Kompromiss gezwungen, der zeigt, wie viel Macht die dynastischen Grundregeln des alten Europa selbst über einen cholerisch-brutalen Monarchen vom Schlag Friedrich Wilhelms hatten. Römische oder chinesische Kaiser, Zaren, Großmogule und Sultane hätten es als ihr selbstverständliches Recht angesehen, einen rebellischen Sohn zu enterben, wo nicht gar töten zu lassen. Unter europäischen Frühneuzeitbedingungen musste Friedrich Wilhelm I. sich dagegen mit seinem Erben abfinden und also hoffen, dass sich aus dem ungeliebten Ältesten doch noch der Wunschnachfolger machen ließe. So begann das fatal erfolgreiche Projekt der Umerziehung Friedrichs zum Großen, von dem uns hier nur ein Aspekt interessieren muss. Vater und Sohn wurden jetzt räumlich getrennt, weil der Kronprinz nach seiner Haftentlassung in Küstrin und dann in Ruppin die Details der zivilen und Militärverwaltung erlernen musste. Der Erfolg der Versöhnung hing deswegen davon ab, wie diese beiden, zwischen denen doch das emotionale und politische Terrain so vermint war, miteinander durch Briefe und Dritte kommunizierten. Ohne Vermittler konnte das nichts werden. Wer aber konnte eine solche Rolle ausfüllen? Der Kronprinz war schwierig genug – zutiefst verletzt, zugleich so verschlagen, wie es ein intelligenter Achtzehnjähriger eben werden muss, wenn sein dysfunktionales Elternhaus konkurrierenden Großmächten als Intrigenschlachtfeld dient. Wer konnte sein Vertrauen gewinnen und doch das eines Königs behalten, vor dem normale Untertanen schon Angst hatten, wenn sie ihm bloß auf der Straße begegneten? Nur einer natürlich. Und also war nun ausgerechnet Grumbkow Friedrichs letzte Hoffnung. Grumbkow, der mit ihm regelmäßig zu korrespondieren begann, Grumbkow, der beim König für kleine Lockerungen der strikten Lebensvorschriften plädierte, Grumbkow, der das österreichische Geld beschaffte, das Friedrich dann der Schwester oder den in Ungnade gefallenen Bedienten schickte. Es war Grumbkow, der immer noch alle Neuerscheinungen las und Friedrich jetzt Voltaires Buch über den modellhaften Kriegerkönig Karl XII. schenkte, während seine Frau dem Prinzen von Zeit zu Zeit Brathühner zukommen ließ. Es war Grumbkow, der dem Prinzen Regieanweisungen schrieb, wie er dem König gegenübertreten müsse, und es war also auch Grumbkow, der vermutlich selbst nicht mehr genau wusste, ob er damit dem König bei der Umerziehung half oder dem Prinzen bei der Vortäuschung des Umerzogenseins – gut denkbar, dass der General nach 50 Jahren als Höfling da ohnehin keinen Unterschied mehr sah. Vor allem aber machte Grumbkow sich dem Kronprinzen unentbehrlich, um ihm im entscheidenden Moment das abzuverlangen, wofür Wien bezahlte: eine politische Heirat.

Nachdem Österreich die englisch-preußische Doppelhochzeit verhindert hatte, lag es nahe, diesen Erfolg zu konsolidieren. Am leichtesten war das im Falle der preußischen Königstochter Wilhelmine gewesen, die 1731 die Freilassung ihres geliebten Bruders erkaufte, indem sie einen unbedeutenden Cousin heiratete. Statt Prinzessin von Wales würde sie nun bloß Markgräfin von Bayreuth werden, was ihr viel Zeit zum Schreiben von Memoiren ließ, die begreiflicherweise verbittert ausfielen. Um aber Preußen nicht nur von England zu entfernen, sondern auch dauerhaft an Österreich zu binden, würde man vor allem den Thronerben selbst entsprechend verheiraten müssen, und das war nicht leicht, weil die Kaisertöchter natürlich katholisch waren. Niemals wären solche Prinzessinnen konvertiert, und niemals hätte der tief religiöse Protestant Friedrich Wilhelm I. die Ehe seines Erben mit einer Katholikin gebilligt. Was tun? Nur keine Sorge. Das dynastische Europa hat für alles eine Lösung, mag sie auch seltsam sein. In diesem Augenblick bewegt es sein Vergrößerungsglas über die Landkarte, vorbei an den mächtigen Staaten, vorbei an den glänzenden Palästen, den ehrwürdigen Kathedralen, den uneinnehmbaren Festungen, bewegt es immer weiter über dunkle Wälder und verlassene Äcker, bis es über einem entlegenen Teil Norddeutschlands zur Ruhe kommt. Es ist die kleine Residenzstadt Wolfenbüttel, die wir sehen, in ihrer Mitte das von einem Burggraben umringte Schloss, das man erst kürzlich barock verschönt hatte. Aber nicht dorthin zielt der Blick jetzt, sondern auf einen Fachwerkbau, der sich wie ein armer Verwandter an die Residenz anlehnte und schwer an seinem übergroßen Namen ‹Kleines Schloss› trug.

Hier wohnte seit zwei Jahrzehnten Antoinette Amalie, geborene und verheiratete Herzogin von Braunschweig. Als sie vierzehn war, hatte 1710 ihr wolfenbüttelscher Großvater sie dem Sonnenkönig als Braut für dessen Enkel angeboten, wodurch sie Herzogin von Berry geworden wäre, wenn nicht Ludwig XIV. eine Französin bevorzugt hätte. Stattdessen hatte sie dann 1712 als Sechzehnjährige ihren doppelt so alten Halbonkel zweiten Grades geheiratet, und weil dieser Ferdinand Albrecht II. von Braunschweig den Titel Herzog von Bevern führte, scheint es auf den ersten Blick, als hätte sich ihr tatsächliches Schicksal nur durch ein paar Buchstaben von dem unterschieden, das ihr entging. An denen aber hing viel. Berry ist eine französische Provinz, nach der man traditionsgemäß französische Königssöhne benannte und die der entgangene Bräutigam sein ganzes kurzes Leben lang kein einziges Mal besucht hatte: Das viele Geld, das ihm von dort als Apanage zukam, ließ sich in Paris und Versailles angenehmer ausgeben. Bevern andererseits ist ein weiß-rotes Sandsteinschloss im Kreis Holzminden, zu dem damals nicht nur 160 Hektar Ackerland gehörten, sondern auch ein gleichnamiges Dorf mit frühneuzeitlich ausdifferenzierter Sozialstruktur, das von neun Hofbesitzern, sieben Halbmeiern, 20 Großkötern, 13 Mittelkötern, 24 Kleinkötern und 46 Brinksitzern bewohnt wurde. Im Schloss hingen 82 Porträts von Fürsten oder Standespersonen an den Wänden, während allein im Wohnkabinett 36 Uhren tickten. Im Kuriositätenkabinett lag als Souvenir das mottenzerfressene Bärenfell, auf dem 1658 die Herzogin von Kurland mit ihren sieben Kindern geschlafen hatte, als ein schwedisches Schiff sie zuerst die Düna hinauf nach Riga und dann in die russische Kriegsgefangenschaft führte. (Eines dieser kurländischen Kinder ist uns 1674 auf dem Genfer See begegnet, ein anderes 1686 beim Sturm auf Budapest, aber nicht nur deswegen erwähnen wir das seltsame Stück; auch für die ahnungslosen bevernschen Fürstenkinder der 1730er würde es sich noch als unheilvolles Omen erweisen.) Über jeder Tür und an den Wänden standen in insgesamt acht Sprachen lehrreiche Sinnsprüche des verstorbenen Herzogs, der sich seinen Beinamen «der Wunderliche» redlich verdient hatte. Zu regieren gab es dagegen praktisch nichts, stand doch selbst das Dorf Bevern unter der Landeshoheit des Herzogs in Wolfenbüttel, und so war es wohl ausgleichende Gerechtigkeit, dass Ferdinand Albrecht II. wenigstens körperlich der größte Reichsfürst seiner Zeit war. Außer Sandsteinschloss und Sinnsprüchen hatte der lange Bevern jedoch nichts als Hoffnungen geerbt. Eines Tages würde er von Antoinette Amalies Vater das sieben Quadratmeilen große Harz-Fürstentum Blankenburg erben, von einem weiteren Cousin dann irgendwann sogar das Herzogtum Wolfenbüttel. Bis er auf diesem Höhepunkt der Macht angekommen sein würde, blieb ihm jedoch nur die Militärkarriere beim Kaiser. Im ungewohnt langen Frieden ab 1719 nahm allerdings auch die ihn nicht sehr in Anspruch, und so hatte das Ehepaar Bevern bald alle Zeit der Welt, sich im Wolfenbütteler Kleinen Schloss ganz unfürstlich liebevoll um seine zuletzt 14 Kinder zu kümmern. Wir haben gesehen, wie die Sprösslinge der Herrscherhäuser sonst schon in jüngsten Jahren zu kleinen Erwachsenen dressiert wurden, die von ihren Lehrern Fremdsprachen und von ihren Höflingen das Intrigieren lernten. Den bevernschen Prinzen und Prinzessinnen dagegen ließen liebende Eltern so viel Kindheit übrig, wie es für fürstliche Personen nur überhaupt denkbar war. Natürlich siezten selbst diese Kinder ihre Geschwister in Briefen, aber sie taten es eben auf Deutsch, die kleinen Wilden. Warum auch nicht, mag man nun denken, wenn doch selbst den ältesten Sohn Karl nichts Beunruhigenderes als die wolfenbüttelsche Thronfolge erwartete? Und doch war das ein gefährliches Missverständnis. Antoinette Amalie von Bevern nämlich hatte zwei Schwestern gehabt, deren Schicksale nicht bloß die ganze Bandbreite der dynastischen Heiratslotterie aufzeigen, sondern bald auch die Kinder Bevern aufs gefährlich glatte Parkett der großen Politik stoßen würde. Die mittlere Schwester Antoinette Amalies, Prinzessin Charlotte von Braunschweig-Wolfenbüttel, hatte 1711 den Sohn Peters des Großen geheiratet und hätte so Kaiserin von Russland werden können, wenn sie nicht schon 1715 nach vierjähriger liebloser Ehe im Kindbett gestorben wäre. Genau eine Woche nach Charlottes Tod wurde 1715 im Wolfenbütteler Kleinen Schloss die erste Tochter ihrer Schwester Antoinette Amalie von Bevern geboren. Ihren Namen erhielt die kleine Prinzessin allerdings nicht von der eben verstorbenen Tante, sondern nach der anderen Schwester ihrer Mutter – nach Elisabeth Christine also, die 1708 den österreichisch-spanischen Erzherzog-Gegenkönig Karl geheiratet hatte und inzwischen an seiner Seite als Kaiserin glücklich in der Wiener Hofburg residierte. So waren denn der lange Bevern und seine Frau Schwager und Schwägerin des Römisch-Deutschen Kaisers, ihre Kinder aber die engsten protestantischen Verwandten des allerhöchsten Erzhauses. Es half Elisabeth Christine von Bevern nichts, dass sie in diesen Dingen noch mit sechzehn Jahren kindlich ahnungslos gewesen zu sein scheint: Sie war das einzige Verbindungsglied, das jemals die Häuser Preußen und Österreich würde aneinanderschmieden können.

Während Kronprinz Friedrich in Küstrin lernte, mit dem Trockenlegen von Sümpfen ebenso ein Plus zu machen wie mit dem Abschuss königseigener Wildsäue, entwarfen Österreichs Diplomaten die Quadratur des Kreises. Friedrich sollte einerseits unbedingt die bevernsche Prinzessin heiraten, andererseits aber ebenso wenig vor den Kopf gestoßen werden wie der britische König, dem man damit ja den Wunsch-Schwiegersohn wegnehmen würde. Es müsste also alles so aussehen, als hätte Wien mit der Sache nichts zu tun – Grumbkow andererseits aber auch nicht, denn der wollte und sollte dem Kronprinzen gegenüber nach wie vor die Rolle des Good Cop einnehmen. Überstürzen dürfe man sowieso nichts, andererseits aber auch keine Minute verlieren, weil sich der große Krieg gegen Spanien immer deutlicher abzuzeichnen schien, in dem man Preußen als Verbündeten brauchen würde. Den Preußenkönig zur bevernschen Heirat zu überreden fiel Grumbkow zwar leicht; Friedrich Wilhelm I. war ein großer Freund des Herzogs von Bevern und hatte dessen ältesten Sohn Karl bereits 1730 mit seiner Tochter Charlotte verlobt. Das viel größere Problem bestand darin, Friedrich Wilhelm zu einer Vorgehensweise zu bewegen, die diskret, taktvoll und also seinem ganzen Wesen fundamental entgegengesetzt war. Eben noch hatte er dem Sohn wenigstens die Wahl zwischen drei Prinzessinnen versprochen, woraufhin Friedrich sich prompt die Ehe mit einer vierten ausmalte. War nicht die Prinzessin von Mecklenburg Nichte und Erbin der Zarin, und sollte sie also nicht zwei oder drei Millionen Rubel Mitgift erhalten? Gewiss könne man ihn stattdessen zur Heirat mit der Bevernschen zwingen, doch werde er die als König natürlich sofort verstoßen. Das alles schrieb er fröhlich Grumbkow, den er noch immer als verständnisvollen Komplizen ansah. Nur wenige Tage später, am 4. Februar 1732, wurde der Prinz jedoch mitten in der Nacht geweckt, um einen Eilbrief des Vaters entgegenzunehmen, und von nun an ging gar nichts mehr nach Plan.

Nach den Maßstäben Friedrich Wilhelms I. war es ein freundlicher Brief geworden, weil ja, «wenn Meine Kinder gehorsam sind, Ich sie sehr lieb habe». Aber ganz abgesehen davon, dass solche Bemerkungen aus dem Munde eines jähzornigen Tyrannen nicht notwendigerweise beruhigen, fand sich im selben Brief auch die Feststellung, der Vater habe für den Sohn «die Prinzessin, die älteste, von Bevern» ausgewählt (ihr Vorname scheint weder jetzt noch im Folgenden irgendwen interessiert zu haben), weil sie weder hässlich noch schön, dafür aber «modeste und eingezogen», also zurückhaltend sei, wie sich das für Frauen gehöre. Dass der Sohn dem Vater dazu schnellstens sein «Sentiment» schreiben solle, hatte mit einer Wahlmöglichkeit nichts mehr zu tun, weswegen der Prinz denn auch sofort eine gehorsame Antwort verfasste. Im anschließenden Brief an Grumbkow bezeichnete Friedrich die Braut jedoch bereits als «üble Kreatur», bevor er mit einem hundertdreißigzeiligen Gedicht in phonetischem Französisch abschloss, das die Nachteile des Kutschenfahrens durch die neumärkische Sand und Sumpfwüste katalogisierte (am ärgerlichsten fand er die Standardsituation, in der Mitreisende ihm beim Herausklettern aus den Fenstern einer umgekippten Kutsche auf den Kopf traten). Aber das war bloß die kurze Schockstarre eines überrumpelten Zwanzigjährigen, dem das Geistreich-Sein längst zur Rüstung, zum lebensrettenden Gegengift gegen die Welt des Vaters geworden war – und dem dieser Vater die Braut daher gar nicht abschreckender hätte zeichnen können, als er es gerade getan hatte. Kein Wunder, dass Friedrich Wilhelm I. sich für die schüchterne Prinzessin begeisterte: Sie schien das Gegenteil seiner eigenen Mutter Sophie Charlotte zu sein, deren Bildung und Eleganz sie dem lernunwilligen oder -behinderten Sohn Friedrich Wilhelm so unerreichbar gemacht hatte. Kein Wunder aber auch, dass vom genau umgekehrt disponierten Friedrich jetzt eine Lawine verzweifelter Briefe über Grumbkow niederging. Am 9. Februar hieß die Braut darin immerhin noch «meine Dulcinea», während Friedrich erklärte, dass jeder Bauer glücklicher sein dürfe als er. Am 11. war Elisabeth Christine ihm bereits das «Corpus Delicti», an dessen Stelle er «lieber die größte Hure von Berlin» heiraten wolle.

Wenn die Eltern Bevern nach Berlin kämen, werde er sie selbst dann mit der striktesten Höflichkeit begrüßen, «falls ich sie und ihre Ausgeburt hassen sollte wie die Pest». So steigerte sich der Prinz von Brief zu Brief, bis es selbst Grumbkows Stahlseilnerven kaum mehr aushielten.

Ein gewisser kronprinzlicher Widerwille war dem Minister-General zwar gerade recht gekommen, um den Zahlmeistern in Wien zu zeigen, wie sehr sie auf den Vermittler angewiesen waren. Diesen Teil des Planes hatte der Prinz jedoch dermaßen übererfüllt, dass der Beschwichtigungsteil plötzlich gar nicht mehr so leicht aussah.

Es war dementsprechend ein bis zum Zerreißen angespannter Grumbkow, dem der König am 20. Februar 1732 im Potsdamer Stadtschloss einen neuen Brief des Thronerben zeigte, und ein unaussprechlich erleichterter Grumbkow, der diesen Brief seinem Herrn gelesen zurückgab. Zu den vielen Marotten Friedrich Wilhelms I. gehörte auch die, mit dem Sohn auf Deutsch zu korrespondieren, weswegen die Briefe des Kronprinzen immer etwas nach wörtlich übertragenem Französisch klangen (wo also beispielsweise heute vergleichbar anglifizierte Zeitgenossen «in 2017» sagen, war Friedrich immer «von» statt «mit» etwas zufrieden). Ansonsten stimmte jedoch alles. Der zweimal «allerunterthänigste» Sohn nannte den Vater in vier Sätzen siebenmal «allergnädigst», bat dreimal um dessen «Gnade», beschwor zweimal seine «Submission», einmal seinen «Respect» und vor allem zwischendrin seinen «blinden Gehorsam» in der Heiratssache – die Prinzessin «mag sein, wie sie will». Während der König Grumbkow nach seiner Meinung fragte, standen ihm schon Tränen der Rührung in den Augen. Grumbkows Rührung dagegen war zutiefst unehrlich motiviert und doch so ehrlich empfunden wie eben noch seine Angst. Entsprechend überschwänglich lobte er den Prinzen, während Friedrich Wilhelm I. dies den glücklichsten Tag seines Lebens nannte. Sogleich ging der König auch ins Nebenzimmer, um den Herzog von Bevern zu umarmen, und es dürfte ein Bild für die Götter gewesen sein, wie dieser inzwischen kugelförmige 120-Kilo-Mann sich dem längsten Fürsten des Reichs an den Hals warf. Nach dem gemeinsamen Essen brach man dann auf, um im Holländischen Haus des Schlossparks Kaffee zu trinken. Hier bekam Grumbkow nun auch endlich die sechzehnjährige Elisabeth Christine selbst zu sehen, die ihre Eltern ja ausdrücklich zur Anschauung mitgebracht hatten. Am Abend konnte er dem Kronprinzen daher schreiben, dass seine Zukünftige längst nicht mehr so unattraktiv sei, wie es Grumbkows Tochter seinerzeit noch berichtet hatte. Die Brüste seien bereits erkennbar, ihrer attraktiven Großmutter ähnele Elisabeth Christine auch immer mehr, und so müsse sie jetzt nur noch zunehmen, um «appetitlich» zu werden. Dann ging Grumbkow zufrieden zu Bett, und wir gönnen es dem General für diesmal, weil wir im Unterschied zu ihm ja wissen, welcher Brief währenddessen unterwegs war. Am nächsten Tag erhielt er ihn gleich nach dem Aufstehen.

Grumbkow konnte nur raten, wieso Friedrich dem Vater so übertrieben gehorsam geantwortet hatte, aber was immer das auch ausgelöst haben mochte, war jedenfalls nicht von Dauer gewesen. Gleich nach dem alleruntertänigsten Sohnesbrief hatte der Kronprinz folglich Grumbkow geschrieben, wie mäßig seine Vorfreude auf «das abscheuliche Objekt meiner Begierde» sei, bevor er ebenso leidenschaftlich wie verspätet vorschlug, den Heiratsplan doch noch umzubiegen. Habe man ihm nicht drei Prinzessinnen zur Auswahl versprochen? Diese hier jedenfalls werde er nie nehmen, und wäre es auch sein Schicksal, ewig unglücklich zu bleiben – reiche denn nicht ein einziger Pistolenschuss aus, um dies Unglück zu beenden? In diesem Moment erhalte er einen Brief des Königs, der sich in die Wunschschwiegertochter offenbar regelrecht ‹verknallt› (coiffé) habe. Was müsse man dem denn noch erklären? Gebe es denn immer noch nicht genug unglückliche Ehen in dieser Familie? Wer ihn, den Kronprinzen, retten wolle, könne das jedenfalls nur tun, indem er ihm die Hand der Prinzessin Christine von Eisenach verschaffe. Aber zum Glück sei der König ja so vernünftig, dass er das sicher sofort verstehe, wenn man es ihm nur erkläre: Also nichts wie los, «damit wir nicht später Grund haben, unsere Nachlässigkeit zu bereuen!». Mit dieser feinen Note selbstmörderischen Wunschdenkens endete der Brief, immerhin. Grumbkows Albtraum aber hatte gerade erst angefangen. Das beigefügte Schreiben von Friedrichs Hofmarschall konnte Grumbkow bloß noch wie ein sadistisches i-Tüpfelchen vorkommen, informierte es ihn doch, dass der Kronprinz die ihm natürlich völlig unbekannte Prinzessin von Eisenach im Moment zwar wirklich wolle, man sich darauf aber nicht allzu sehr verlassen möge: «Denn die großen Herren hassen und lieben willkürlich, ohne zu wissen, warum.»

Als Grumbkow das las, waren seine Sicherungen längst durchgebrannt. Anderthalb Jahre lang hatte er den cholerischen König von der Idee abzubringen versucht, dass sein Sohn nur aus lauter Verlogenheit bestehe. Friedrichs allzu gehorsamer Brief war die Krönung dieser Rehabilitation gewesen, und so konnte man sich vorstellen, was passieren würde, wenn der Vater herausfände, dass der Sohn das genaue Gegenteil des dort Geschriebenen empfand. Grumbkow jedenfalls reichte es jetzt. Noch «in der ersten Hitze» schrieb er eine Antwort, die alle Hoffnungen des Prinzen vernichtete. Sein großes Königsdrama solle er bitte allein aufführen und den General da schön außen vor lassen, der sich eh nur aus Wohlwollen für ihn engagiert habe. Er sei nicht verrückt genug, sich zwischen Sohn und Vater zu stellen, das sei nicht sein Beruf (so wütend war er, dass ihm für ‹Beruf› kein französischer Begriff einfiel und er das deutsche Wort schreiben musste). Wie könne er sein Schicksal und das «meiner armen Kinder» an einen Fürsten binden, der schon wegen solcher Bagatellen an Selbstmord denke? So nahm der General jetzt respektvollen Abschied vom Prinzen. Übermorgen werde es in Berlin einen Ball geben, wo man ihm die Prinzessin zeigen wolle, dafür wünsche er ihm viel Spaß und göttlichen Beistand, weil er sonst herausfinden werde, dass das Schlausein allein den Untergang nicht verhindere. In diesem Sinne verbleibe er bis zum Tode sehr respektvoll und ernsthaft Seiner Königlichen Hoheit demütiger und untertäniger Diener. Gleich darauf schrieb er, wohl immer noch aus seinem Potsdamer Stadtschloss-Schlafzimmer, an einen Vertrauensmann, dass er seinen zukünftigen Herrscher umso gefährlicher finde, je länger er über ihn nachdenke (natürlich nicht wegen seiner Verstellung, die einer wie Grumbkow als selbstverständlich hingenommen hätte, sondern weil er darin so unberechenbar inkompetent war). Dem Hofmarschall schließlich teilte er mit spitzer Feder mit, ihm sei es durchaus egal, ob der Kronprinz Christine von Eisenach oder die perfekte Venus heirate. Die Meisterdiplomaten von Küstrin sollten nur bitte vergessen, dass sie jemals mit ihm korrespondiert hätten, bevor ihretwegen der König am Ende noch auf die irre Idee käme, Grumbkow für einen Intriganten und Verräter zu halten. Dann ließ er einen Sekretär kommen, um alle drei Briefe für den österreichischen Gesandten abschreiben zu lassen, und schon war alles Nötige getan. Das Kartenhaus von Friedrichs Hoffnungen war eingestürzt, und alle Karten fielen nun an die richtige Stelle, bis die Patience ganz aufgelöst schien. Der Kronprinz kam zum Ball nach Berlin, wo er Elisabeth Christine von Bevern mit einer ganzen Salve vorbereiteter geistreicher Bemerkungen beschoss. Die schüchterne Reaktion des sechzehnjährigen Mädchens vom Lande bewies dem vier Jahre älteren Friedrich, dass er ihr geistig überlegen war, wie immer, ach ... Aber das war keineswegs das Schlimmste. Nicht umsonst nämlich war sie die Tochter des langen Bevern. Wir kennen zwar nicht ihre genaue Größe, aber so viel ist klar: Sehr groß musste man auch als Frau des 18. Jahrhunderts nicht sein, um den 1,62 Meter großen Friedrich im Vergleich klein wirken zu lassen. So war denn dem Kronprinzen genauso klar, dass er diese Frau nicht wollte, wie er verstand, dass er jetzt keine Wahl mehr hatte. Er hielt also den Mund, während die Verlobung am 10. März 1732 offiziell wurde und Friedrich Wilhelm I. sich freute, als wäre er selbst verlobt. Österreich und Preußen standen enger beieinander denn je zuvor, während Braunschweig-Bevern nicht einfach nur als Bindeglied glänzte, sondern für seinen jüngeren Sohn Anton Ulrich gleich auch noch die Hand der russischen Prinzessin gewann, die ja durch Friedrichs Verlobung wieder disponibel geworden war. Welche Begeisterung das in Braunschweig und Wolfenbüttel auslöste, kann man sich leicht ausmalen. Allzu lange hatten die feindlichen Vettern in Hannover und London die Großmacht rausgekehrt, obwohl sie doch bloß die jüngere Linie des Welfenhauses waren und Braunschweig die ältere. Nun endlich hatte man die Revanche, und wenn alles nur einigermaßen nach Plan lief, dann würde das Imperium der älteren

Linie bald von Wolfenbüttel bis Wladiwostok reichen. Aber auch am Wiener Kaiserhof war man euphorisch – und wusste, wem man es verdankte. So strich Grumbkow in diesem Jahr das Zehnfache seiner üblichen Zahlung, ergo das Zweieinhalbfache seines preußischen Jahresgehalts ein: Die Zwangsverheiratung des Kronprinzen hatte ihn um genau 26 666 Reichstaler und 16 Gute Groschen reicher gemacht. Das war die gute Nachricht, und die sah man wie so oft zuerst.

Was man nicht gleich gesehen hatte, war allerdings von ganz anderem Kaliber. Im genialen Plan steckte ein Wurm, ach was, ein Sprengsatz, ein tragödientauglicher Timing-Fehler, der Grumbkow die nächsten 16 Monate lang nicht mehr zur Ruhe kommen ließ. Zwei Schwierigkeiten nämlich entdeckten die Wiener Diplomaten mit so punktgenauer Verspätung, dass sie die Verlobung zwar nicht mehr verhinderten, wohl aber vor der Hochzeit Angst bekamen. Zum einen begriff man in der Kaiserstadt absurderweise erst jetzt, welchen Hass die Zwangsheirat mit einer ungewollten Kaiserinnennichte beim preußischen Kronprinzen auslösen konnte, und schon das war nicht gut. Nur auf den ersten Blick sah es da gut aus, dass auch Friedrich Wilhelm I. dem Sohn bis zur Hochzeit noch ein Jahr Zeit lassen wollte. Tatsächlich aber war die Hoffnung, Friedrich möge sich doch noch in Elisabeth Christine verlieben, nicht bloß naiv. Sie machte alles sogar noch schlimmer, weil sich genau während dieser Zeit nun auch die größte diplomatische Gewichtsverlagerung seit zwei Jahrzehnten vollzog. Als Großbritannien 1731 mit dem Kaiser einen Vertrag zur Bestätigung seiner umstrittenen Erbregelung geschlossen hatte, hatte es ihn im Gegenzug verpflichtet, spanische Truppen in Italien zu akzeptieren. Aber gerade weil das gelungen war, sah sich Österreich jetzt von Süden bedroht. Eben war Infant Don Carlos zum Erb-«Großprinzen der Toskana» proklamiert worden, schon waren Sizilien und Neapel in Gefahr, wo doch bereits 1719 nur britische Schiffe die Spanier abgewehrt hatten. Während Wien daher zunehmend wünschte, den Vertrag mit Großbritannien in ein echtes Bündnis umzuwandeln, stellten die Briten nicht ohne Verblüffung fest, dass sie sich vielleicht verkalkuliert hatten. Wollten sie denn Spanien wirklich so stark machen, wie es das jetzt zu werden drohte? War es nicht außerdem eine unangenehme Überraschung, dass ihr bisheriger Verbündeter Frankreich sich verraten fühlte, weil der Vertrag von 1731 die britische Zustimmung zu einer Heirat einschloss, die Lothringen mit Österreich vereinigen könnte? Und also bewegte sich Georg II. von Großbritannien während des Sommers 1732 immer mehr auf die Österreicher zu, die ihr Glück kaum fassen konnten. Entsprechend ungern dachten sie daran, wie sie gerade eben noch diesem König den Herzenswunsch vermasselt hatten, seine Tochter Amalie zur Königin zu machen (da es außerhalb Englands ja nur drei protestantische Königsfamilien gab, in Schweden oder Dänemark aber alles verheiratet oder zu jung war, war Preußen ihre letzte Chance gewesen). Gab es denn nicht doch noch eine Umgruppierung der Schachfiguren, mit der man die Briten an den preußisch-österreichischen Block anschließen könnte?

So sinnierte es in der Hofburg, bis man dort im Oktober 1732 auf eine Lösung kam, die sichtlich im luftleeren Raum entstanden war. Dem entsetzten Grumbkow wurde eine subtile Prinzessinnen-Rochade aufgetragen, neben der sich Kronprinz Friedrichs Tauschplan aus dem Februar im Nachhinein geradezu realistisch ausnahm. Es sollte nämlich das Verlöbnis der preußischen Königstochter Charlotte mit dem Erbprinzen von Bevern gelöst werden, damit Charlotte dann den Prinzen von Wales heiraten könne, während man den Erbprinzen (immerhin ein Neffe der Kaiserin) mit einer englischen Prinzessin entschädigen und dadurch alle drei Mächte großartig miteinander verknoten wollte. Der misstrauische Grumbkow vermutete freilich, dass Wien sich noch viel mehr erhoffte. Indem der offizielle Plan den Bruch des Verlöbnisses zwischen Charlotte von Preußen und Karl von Bevern erforderte, garantierte er auch die nächste Wutexplosion des preußischen Königs, der ja nichts mehr hasste, als durch Intrigen zu unehrenhaftem Verhalten gezwungen zu werden. In seiner Wut würde er fast sicher auch die Verlobung seines Sohnes Friedrich mit Elisabeth Christine von Bevern auflösen; dadurch aber würde Friedrich wieder für Amalie von England frei, deren Vater man dergestalt sowohl Preußen als auch Österreich verpflichtet hätte. Und irgendwo in einer seltsamen Spieltheoretiker-Parallelwelt mochte das alles wohl auch sehr klug sein. Auf dem Planeten Erde aber musste Grumbkow sich fragen, was die absehbare Explosion seines Herrschers von seiner Gunst übrig lassen würde, und es kann ihn kaum beruhigt haben, aus Wien statt einer Antwort nur die patzige Gegenfrage zu erhalten, er habe doch wohl nichts gegen England? Schon zweifelte man dort, ob er noch der richtige Mann für eine solche Aufgabe war. Während er so seinen Nebenjob zu verlieren drohte, verachtete ihn sein zukünftiger König für die bevernsche Verlobung genauso, wie der jetzige es für den Versuch ihrer Auflösung tun würde. Ein britisch-preußisches Heiratsbündnis aber wäre vollends das Letzte gewesen. Die Königin und ihre Hofpartei hätten Oberwasser bekommen, und Grumbkow mit seiner antienglischen Vorgeschichte wäre die längste Zeit außenpolitischer Berater seines Königs gewesen.

Es gab sogar schon einen logischen Nachfolger – Graf Degenfeld, der als preußischer Gesandter in London nicht nur das ideale Sprungbrett für eine solche Rolle hatte, sondern Grumbkow auch der diabolische Erfinder des Ganzen zu sein schien. Tatsächlich war der Mann als Politiker so durchschnittlich, dass sich heute selbst unter Fachleuten kaum mehr jemand an ihn erinnert. Wenn er trotzdem einen Moment lang Grumbkows Nemesis zu werden drohte, belegt das die Wichtigkeit der vorgezeichneten Umlaufbahnen, auf denen sich diese Protagonisten der ständischen Gesellschaft bewegten. Einerseits hatte nämlich der König von Preußen viel zu wenige weltgewandte, reiche und damit diplomatietaugliche Untertanen. Der pfälzische Schwabe Degenfeld andererseits war zwar genau das, erfuhr aber als Calvinist im Dienst dreier verschiedener Herrscher so viel Benachteiligung, dass er sich zuletzt ganz alternativlos in preußischen Diensten fand. Da es weiterhin normal war, Verwandte zu heiraten, war Degenfeld seit 1717 der Ehemann seiner Cousine Lady Maria von Schomberg; die aber war nicht nur die Erb-Enkelin des 1690 an der Boyne gefallenen Herzogs von Schomberg, sondern vor allem auch die Tochter eines zur linken Hand gezeugten pfälzischen Kurfürstenkindes. Ohne besonderen Aufwand hatte Graf Degenfeld sich damit eine zwar unaussprechliche, aber allen bewusste Verwandtschaft nicht nur mit dem preußischen Königspaar sowie dem britischen König erheiratet, die ihn jetzt zum selbstverständlichen Vermittler zwischen beiden Thronen qualifizierte. Grumbkow würde experimentell herausfinden müssen, was höfische Geschicklichkeit gegen so viel Geburt ausrichten konnte, und er konnte nur hoffen, dass ihm seine österreichischen Verbindungen dabei nicht wie ein Klotz am Bein hängen würden.

Anderthalb Monate lang hatte Grumbkow vergeblich gegen das verrückte Tauschprojekt argumentiert, hatte erfolglos darauf hingewiesen, sein König sei «nicht so dumm, wie man glaube». Am 5. Dezember 1732 schließlich musste Österreichs Berliner Gesandter das Projekt vorschlagen, und es half Grumbkow wenig, dass er sich da bewusst heraushielt. Am nächsten Tag kam im Tabakskollegium der ganze Zorn des Königs in einer Szene zum Ausbruch, von der Grumbkow schrieb, selbst er habe noch nie Vergleichbares erlebt. Nur mit größter Mühe konnte der General den in alle Richtungen drohenden Herrscher besänftigen, den er zugleich ständig unterbrechen musste, weil sonst vier unzuverlässige Rauch- und Trinkkumpane den Inhalt des Wiener Angebots erfahren hätten. Es spricht für Grumbkows Schauspieltalent, dass er nicht einmal dann rot wurde, als er in beruhigendem Tonfall sagte: «Ihre Majestät haben ja ehrliche Leute um sich, und das muss ein Verräter sein, der sich employiren lässt in Sachen, so wider Sie sein.» Aber so viel war auch ihm klar, dass er nur eine kleine Indiskretion davon entfernt war, selbst als dieser Verräter enttarnt zu werden. In solchen Momenten wog das Patent als kaiserlicher Feldmarschalls-Leutnant nicht viel, das man in Wien für den Fall seiner Flucht aus Preußen bereithielt, und daher war es diesmal wohl nicht bloß der berufsbedingte Suff, der ihn seinen Bericht an die Österreicher mit den Worten «Adieu, ich habe Kopfschmerzen» beenden ließ. Auch die folgende Versöhnung des Königs mit Wien änderte nichts daran, dass man das provokante Projekt dort bloß vertagt hatte. Es schien dem Kaiser und Prinz Eugen im Gegenteil sogar nötiger denn je, weil es zum Jahreswechsel 1732/33 nach einem Krieg Spaniens und Frankreichs gegen den Kaiser aussah, den er nur mit Hilfe Preußens und Großbritanniens gewinnen konnte. Aber Friedrich Wilhelm I. hatte nicht vergessen, was man ihm zumuten wollte, und zeigte sich jetzt auch Grumbkow gegenüber distanziert. Nur eine schwere Erkältung hinderte den König an einer Jagdreise nach Pommern, vor der sich der Günstling bereits gefürchtet hatte: Er selbst war ja zu so etwas nicht zu gebrauchen, und wenn er bei der Wusterhausen'schen Waldhuhnjagd ausnahmsweise einmal einen Vogel traf, nannte der König das «ein Mirackle».

Aber diesmal hätte der König Grumbkow ohnehin nicht mitgenommen, weil er stattdessen mit seinem Cousin, Feldmarschall und Freund Leopold von Anhalt-Dessau auf die Jagd gehen wollte. Leopold war vieles gleichzeitig, was normalerweise eher nicht zusammenging: ein frommer Calvinist, Erfinder des eisernen Flinten-Ladestocks, jähzorniger Hochadeliger, Ehemann einer aus Liebe geheirateten Apothekertochter und letzter Schnurrbartträger der europäischen Hofwelt, was ihm den Beinamen «la vieille moustache» eingebracht hatte; noch als Neunundsechzigjähriger würde dieser gnadenlose Krieger Preußens Armee mit den Worten «Im Namen Jesu Marsch!» einen vereisten Berghang hinauf und direkt in feindliches Kanonenfeuer führen. Leopolds Hass auf seinen überlegenen Rivalen Grumbkow war groß, und Grumbkow, der sich schon zweimal einem Duell entzogen hatte, war auch mit Leopold zum Zweikampf verabredet gewesen. Aber als er am 19. August 1725 an der Coswiger Fähre stand, die ihn über die Elbe in den Wald von Wörlitz bringen sollte, spürte er, dass ihn dort drüben der Tod erwartete. Dort lag das winzige Fürstentum Anhalt-Dessau, wo Leopold ihn nicht nur halblegal im Duell, sondern auch fast ganz legal als Landesherr würde umbringen können. Es hätte schon gereicht, Grumbkow und seinen Sekundanten töten zu lassen, um nachher unwidersprochen behaupten zu können, das sei im ‹fairen› Duell geschehen. Also hatte Grumbkow die Fähre leer zurückgeschickt, war nach Berlin zurückgekehrt und hatte es mit viel Mühe geschafft, auch diesmal wieder ohne Ehrverlust aus der Geschichte herauszukommen. Friedrich Wilhelm I. konnte froh sein, dass seine beiden liebsten Offiziere ihm schließlich widerwillig versprachen, einander nicht umbringen zu wollen. Mehr war nicht drin gewesen, und so musste man kein Genie der Hofpolitik sein, um zu ahnen, mit welcher Freude der Dessauer nun versuchte, dem angeschlagenen Grumbkow wenigstens ein politisches Grab zu graben. Schon jetzt konnte dieser sehen, wie seine zum Minister erhobene Kreatur Thulemeyer nicht bloß von ihm abfiel, sondern sich damit sogar noch brüstete, als käme es gar nicht mehr darauf an, was der General erführe.

So böse standen also die Dinge, als Friedrich Wilhelm von Grumbkow am 8. Januar 1733 in die mit explosivem Champagner beladene Karosse nach Crossen einstieg. Es war gefährlich, sich in einer solchen Situation vom Hof zu entfernen, und so tat der General es nur deshalb, weil es in Crossen für ihn viel zu gewinnen gab. Neben dem britisch-österreichischen Dilemma gab es im mitteleuropäischen Machtspiel nämlich noch eine zweite wichtige Variable – einen weiteren Herrscher vor Preußens weit geöffneten Toren, von dem der erste Angriff kommen würde, sobald Frankreich ein Signal gab. Es war August der Starke, König von Polen und Kurfürst von Sachsen, der sich in diesem Moment anschickte, quer durch preußisches Territorium von seinem einen Land in das andere zu reisen: Noch nämlich gab es keine gemeinsame Grenze Sachsens mit Polen, weil das österreichische Schlesien und die brandenburgische Neumark samt Crossen im Weg lagen. An dieser Reise aber hing ein wahnwitziger Geheimplan, den der in Sünde alt gewordene Dresdner Hufeisenverbieger gerne diskret mit einem Vertreter Preußens besprechen wollte. Den Ausschluss der Öffentlichkeit garantierte schon die Geographie (die Zeitungen meldeten zwar Grumbkows Abreise, erfuhren aber nie sein Reiseziel). Dass Grumbkow Preußen vertrat, gab ihm nicht bloß Gelegenheit, seinen politischen Wert zu beweisen, es war auch deswegen selbstverständlich, weil kein anderer Preuße den polnisch-sächsischen Monarchen so gut handhaben konnte wie unser General. Dies war umso wertvoller, als die deutschen Landesherren ja im Unterschied zu den übrigen Souveränen relativ nah beieinander lebten und daher die Unsitte entwickelt hatten, einander von Zeit zu Zeit zu besuchen. Warum Diplomaten dieses Aufeinanderprallen der Herrscherpersönlichkeiten hassten, versteht jeder, sobald er bloß Friedrich Wilhelm I. mit August II. vergleicht. Dem Preußen waren Pomp und Zeremoniell zuwider, wenn er nicht gerade die Macht seines Staates demonstrierte (etwa durch Europas größte Silbergeschirr-Sammlung, die er im Kriegsfall einfach in Geld umgeschmolzen hätte). Intrigen ekelten ihn schon deshalb an, weil er kein Talent dazu hatte, während er seinem Kaiser genauso stur treu war wie seiner Frau und dem Protestantismus. August der Starke veranstaltete dagegen die teuersten Hoffeste seiner Zeit, trat für eine Krone bedenkenlos zum Katholizismus über und war stolz darauf, die Mätressen so regelmäßig zu wechseln wie die Bündnisse. Selbst ihre Namen verwiesen noch darauf, wie entgegengesetzt sie die Welt sahen. Als der bisherige Kurfürst Friedrich August I. von Sachsen 1697 zum polnischen König gewählt wurde, passte er sich der Tradition an, wonach Könige nur einen einzigen Namen trügen, und wurde so August II. Seinem Cousin Friedrich Wilhelm dagegen hatte Ober-Zeremonienmeister von Besser das zwar ebenso erklärt, als der 1713 den Thron bestieg. Das war aber auch schon die letzte Amtshandlung des Zeremonienmeisters gewesen, der natürlich in Augusts Dienste wechselte, während Friedrich Wilhelm aus purem Anti-Konventions-Trotz seine beiden Namen behielt. Tatsächlich wirkte das derartig verwirrend, dass sogar in Preußen viele ihn trotzdem für Friedrich II. Wilhelm hielten und folglich seinen Nachfolger Friedrich III. nannten, den wir nur noch als den Zweiten kennen. Aber die armen Zeitgenossen konnten das schon deswegen nie sicher wissen, weil die preußischen Könige selbst wie viele ihrer Kollegen gar keine Ordnungszahlen benutzten.

Zum Glück gab es zwischen August II. und Friedrich Wilhelm I. eine einzige Gemeinsamkeit – beide waren dermaßen männlichkeitsbesessen, dass es kaum noch auszuhalten war. Für sich genommen half das zwar nichts, weil ja bei typisch männlichen Aktivitäten wie dem Hufeisenverbiegen immer einer verlieren musste, und sei es der Stärkere, wenn er wie damals August auf seiner Kavaliersreise in Venedig die zentnerschwere Marmorplatte zwar hochheben konnte, sich dann aber auf den Fuß fallen ließ (wir erwähnen dies nicht zuletzt deshalb, weil die nie mehr verheilte Verletzung am linken großen Zeh noch eine erstaunlich wichtige Rolle spielen wird). Auch die Jagd, die beiden so gefiel, war bekanntlich kompetitiv, weswegen Friedrich Wilhelm dem Vetter beispielsweise eine schriftliche Erfolgsbilanz zuschickte, die unter dem Titel «Specification derer Sauen, so S. Kgl. Maj. todt gemacht» 3582 vom Preußenkönig abgeschossene Wildschweine auflistet, 447 davon «hauende Schweine». Es brauchte also einmal mehr Grumbkows Genie, um beim Doppelstaatsbesuch von 1728 das Trinken als den einzigen Männerwettkampf zu erkennen, der sich am Ende in Freundschaft aufzulösen pflegt. Und so hatte man denn die Gesellschaft zur Bekämpfung der Nüchternheit (société des antisobres) gegründet, an deren Spitze ‹Patron› August, ‹Compatron› Friedrich Wilhelm und als Präsident für Preußen Grumbkow standen. Der Erfolg dieser Einrichtung übertraf alle Erwartungen. Besuch und Gegenbesuch verliefen ebenso heiter, wie es die Beziehungen zwischen August und Friedrich Wilhelm auch in den Folgejahren blieben. Ständig wurden nun kleine Geschenke verschickt. So erhielt August von Friedrich Wilhelm etwa einen Bernsteinschrank, einen Auerochsen, die Pläne der Festung Magdeburg, 250 Pferde und zwei besonders große Bären, wofür er sich mit einer Ansicht der neuen Dresdner Elbbrücke, zwei Kanonen, einem Grenadier-Regiment, neuen Flinten- und Säbelmodellen und 87 Jahre altem Wein für Grumbkow revanchierte (übrigens zum Ersatz für eine Flasche, die dem General auf der Kutschenreise durch die Neumark kaputtgegangen war). Vor allem traten aber auch preußischer und sächsischer Teil der Gesellschaft regelmäßig zusammen, um statutengemäß auf die andere Hälfte zu trinken, bis es nicht mehr feierlich war. Über ein solches Gelage mit Grumbkow befahl August der Starke ausführlich nach Berlin zu berichten, besonders über «den Nachttopf, dessen Boden nicht mehr gefunden werden konnte» (der Bericht ist im Unterschied zum Topfboden noch heute auffindbar). Nebenher erledigte man die nötigen Formalien, erteilte also beispielsweise August anlässlich einer leichten Unpässlichkeit die Erlaubnis, ausnahmsweise statutenwidrig weniger als eine Flasche Wein pro Mahlzeit zu trinken (dass diese Unpässlichkeit eine lebensgefährliche Zuckerkrankheit war, wusste man damals noch nicht). Die Berliner Sektion versammelte sich zu diesem Zweck in Grumbkows Stadtpalais, wo er dann auch ein Protokoll verfasste, das mit den würdevollen Worten endete: «Vivat Patronus et Compatronus und Ich auch.» Zur Vervollständigung des Rollenspiels unterschrieb man mit extra für die Gesellschaft kreierten Übernamen, die natürlich das übliche Kauderwelsch abgaben, weil man da etwa «Hänschen in der Granate» oder «le Parfum» heißen konnte. Grumbkows lateinischer Name Biberius Cassubiensis (etwa: der kaschubische Trinker) war eine Anspielung auf seine Herkunft aus dem fast schon polnischen Ostrand Pommerns – und im Vergleich noch relativ diskret; dem Grafen Alexander Dönhoff beispielsweise brachten deutsch-polnische Familienbande es ein, hier mit dem fast völlig korrekten Gouverneurstitel der polnischen Nachbarprovinz als «Starosta Schmutzky» bezeichnet zu werden. Das Schönste war aber, dass Grumbkow und seine Freunde diese ihre Saufnamen in musterhaft preußischer Sparsamkeit für die Intrigenkorrespondenz zweitverwerteten. So hieß denn Grumbkow von nun an auch in seinen Verräterbriefen nach Wien genauso Biberius, wie die Könige Patron und Compatron waren. Den Kronprinzen nannten der General und die Wiener mit vergleichbarer Originalität Junior, den Römisch-Deutschen Kaiser Augustissimus und seinen Berliner Gesandten Germanicus, ganz als hätten sie Angst gehabt, dass weniger offensichtliche «Decknamen» ihre Geheimkorrespondenz für Außenstehende unverständlich machen könnten.

  Leider konnte jedoch selbst eine so gute Erfindung wie die Gesellschaft zur Bekämpfung der Nüchternheit das Allianzenkarussell langfristig nicht am Weiterdrehen hindern. Preußen und Sachsen waren von Anfang an unnatürliche Verbündete gewesen. Ihre Territorien waren so eng ineinander verklammert, dass jeder Machtgewinn des einen automatisch zur Bedrohung des anderen werden musste. Komplizierte Beziehungen zu anderen Mächten taten ein Übriges, und so war von der Freundschaft spätestens 1732 nahezu nichts mehr übrig. Immer mehr hatte August sich den Franzosen angenähert, die durch ihn sowohl Preußen als auch das österreichisch beherrschte Böhmen aus nächster Nähe bedrohen konnten. Sein polnisches Reich versank inzwischen in immer größerer Unordnung, was Preußen nur recht war. Als 1732 in Litauen ein regelrechter Privatkrieg um das Erbe von Bogusław Radziwiłłs Enkelin ausbrach, hatte Friedrich Wilhelm I. die Gelegenheit sogar zum Einmarsch nutzen wollen. Noch bedrohlicher war für August nur das Bündnis zwischen Russland, Österreich und Preußen, die er nach ihren Wappen «die drei schwarzen Adler» nannte, obwohl ihr Blick auf Polen bereits eher der von Geiern war. Per Geheimvertrag beschlossen sie, dass Polens nächster König kein Sachse mehr sein dürfe; stattdessen wollten sie den Infanten Emanuel von Portugal wählen lassen oder notfalls sogar einen Polen. Da erhielt man in Berlin im Herbst 1732 Nachricht von einem großen Plan des Sachsen. Preußens Gesandter in Dresden war euphorisch: Dieses Meisterwerk werde die Spannungen auflösen, die Polen gehorsam und alle Herrscher glücklich machen. Grumbkow blieb unbeeindruckt; wichtigtuerische Gesandte gab es wie Sand am Meer, auch wenn dieser hier sein Schwager war. Andererseits war die Gefahr gering. Weder in Wien noch in Berlin traute irgendwer dem Polenkönig, weswegen es nur darum gehen würde, ihn möglichst effektiv reinzulegen. Man beschloss, sich zum Schein auf Augusts Plan einzulassen, um sich das mit seinem Verzicht auf das französische Bündnis bezahlen zu lassen. Bei der Ausführung des größenwahnsinnigen Projekts konnte man sich dann immer noch im letzten Moment raushalten, zumal ja derartig viele Risiken eingebaut waren, dass es letztlich egal sein würde, woran genau es scheiterte. Allerdings rechnete August natürlich mit solchen Tricks. Man würde daher für diese Verhandlungen einen perfekten Intriganten brauchen, dem der alte König trotzdem vertraute. Sobald man sich die Frage aber so stellte, konnte Grumbkow im Grund schon den Champagner einpacken lassen.

Am Vormittag des 10. Januar 1733 rollte Grumbkows Kutsche durch die enge Toreinfahrt des Schlosses von Crossen. Während er in den Innenhof einfuhr und vergeblich zu erkennen versuchte, ob da in den Arkaden auch der Verweser ihn erwartete (das wissen wir nämlich nicht), griff im dreizehnmal so großen Berliner Stadtschloss die preußische Königstochter Wilhelmine zur Feder, um ihrem Bruder Friedrich zu schreiben. Es kann ihr kaum unangenehm gewesen sein, dem Bruder mitzuteilen, dass ihr Feind Grumbkow beim König nicht mehr gut angeschrieben sei, aber natürlich war sie diskret (so diskret, wie man sein musste, wenn man Grumbkows Nichte als Hofdame hatte und einem Bruder schrieb, der ihren Hinweis auf Geheimtinte aus Zitronensaft immer noch nicht verstanden hatte). Jetzt aber fügte sie ihrem Brief ein Postskriptum über das Gespräch mit der Mutter an. Auch Königin Sophie Dorothea hatte nämlich vom jüngsten Prinzessinnentauschplan erfahren und darin eine letzte Chance für die englische Heirat gesehen; umso beleidigter war sie jetzt, dass Friedrich des Kampfes müde war, dem sie die Jugend der Kinder geopfert hatte. An diesem Abend erklärte sie der Tochter daher unter Tränen, dass sie den Sohn nicht länger behelligen werde. Sobald der König nur erst gestorben wäre, wolle sie Berlin für immer verlassen und sich auf ihren per Heiratsvertrag vorbestimmten Witwensitz zurückziehen. Dass das im Falle Sophie Dorotheas nun gerade Schloss Crossen war, war freilich bitter, und so mag Grumbkow schon deswegen bei der Einfahrt in das seit hundert Jahren nicht mehr renovierte Gebäude an die Erzfeindin gedacht haben, die er ehrlichen Herzens dorthin wünschte. Aber gewirkt hatte ihr Auftritt natürlich doch, weswegen Wilhelmine jetzt dem Bruder schrieb, er solle zur Mutter netter sein. Dann ging sie schlafen, um sich für die höfischen Karnevalsfeiern zu stärken. Sie konnte es gebrauchen, denn am nächsten Tag würde ihr Vater sie dafür beschimpfen, dass der Mann, den zu heiraten er sie gezwungen hatte, so ein Schwachkopf sei. Kein Wunder also, wenn der Kronprinz sich bei der Ruppiner Karnevalsfeier desselben Tages als Witwe kostümierte und damit eine Einstellung zur Ehe zum Ausdruck brachte, die den Kindern Friedrich Wilhelms I. niemand übelnehmen wird.

In Berlin mochten sie feiern, aber für Grumbkow war der 11. Januar 1733 ein Arbeitstag. Der Berliner Hofkalender für 1733 empfahl diesen Sonntag Epiphanias als ideal für den Gebrauch von Abführmitteln, wohingegen der Sächsisch-Polnische Hof- und Staatskalender

Schröpfen und Aderlass anriet, bevor man dann tags drauf ans Holzhacken oder Kinder-Entwöhnen gehe. Grumbkow schlief vermutlich aus, denn seine Nacht würde lang werden. Außerdem war der König von Polen erst am Morgen überhaupt von Dresden abgereist, weil er noch das Eintreffen eines Goldmodells vom Tempel Salomons abgewartet hatte, das teurer als Grumbkows Berliner Stadtpalast war. Die Polnische Majestät, die mit vier sechsspännigen Kutschen und dreizehn Reitern nahezu inkognito reiste, würde also nicht vor dem Nachmittag ankommen, was dem General alle Zeit der Welt ließ, um dem örtlichen Koch seinen Kochwassertrick zu erklären. Nachdem sie genug Wasser mit scheinbaren Champagnerbläschen gefüllt hatten, erwartete Grumbkow seinen ersten Gesprächspartner. Zwei Stunden vor König August nämlich kam bereits sein Günstling Heinrich von Brühl in Crossen an, dessen Anwesenheit dazu beitrug, dies Treffen einzigartig zu machen. Selbst die diplomatischen Quellen bieten uns kaum je eine so klar aufs Wesentliche reduzierte Versuchsanordnung wie hier; selten bekommen wir einen so unmittelbaren Einblick in diese frühneuzeitliche Männerwelt der Krieger und Herrscher, wie ihn der Bericht Grumbkows über jene Nacht im dunklen Schloss von Crossen bietet. Wir hören im Französisch seiner Beschreibung des Treffens die amüsierte, beiläufig einschmeichelnde Stimme des Generals, und wir können ihm mehr vertrauen als meistens, weil er hier ausnahmsweise keinen Grund zum Lügen hatte: König, Kaiser und Grumbkow wollten ausnahmsweise von Anfang an dasselbe. Vor allem aber hören, ja sehen wir diese drei Männer vor uns, die sich für einen kurzen Augenblick aus dem Riesentheater der barocken Staatssimulation herausgezogen haben, um an einem verlorenen Nirgendort über das Schicksal von Millionen zu entscheiden. Freilich keineswegs als Gleichberechtigte. Die selbstverständliche Ungleichheit des Standes trennte sie ebenso, wie die Ungleichheit der Fähigkeiten sie wieder zusammenzwang: Ein zum Herrschen geborener König kam nicht ohne die zum Dienen geborenen Höflinge aus und umgekehrt.

Selbst Grumbkow und Brühl, deren Talente sich so glichen, waren doch ganz unterschiedlich leicht zur Macht aufgestiegen, obwohl sie beide pure Hofprodukte waren. Aber wo Grumbkows Vater als Oberhofmarschall zu den mächtigsten Männern eines wichtigen Landes gehört hatte, diente Brühls Vater als Oberhofmarschall einer dauerbankrotten sächsischen Nebenlinie, in deren Hof der dreizehnjährige Brühl daher als Page einstieg. Grumbkow hätte dieses niedrigste für einen Edelmann noch akzeptable Hofamt gar nicht erst angenommen, weil die Pagen-Erziehung nur für arme Adelsfamilien attraktiv war. Wo Grumbkows Bildung mit Hauslehrern und eigener Bibliothek angefangen hatte, bevor sie mit Europareise, Universität und Armee weiterging, hatte Brühl zwischen lückenhaften Unterrichtsstunden silberne Teller zum Tisch der Schwägerin eines Zwergfürsten getragen, der einzig für seinen sprechenden Hund berühmt war; die Taschen seines Pagenkostüms werden wie üblich mit Leder ausgeschlagen gewesen sein, damit er bei Gelegenheit ein übrig gebliebenes Brathuhn einstecken konnte. Abgesehen von ein paar Leipziger Gasthörerstunden, hatte er so wenig studiert, wie er gereist war, und seine Tante Frau von Reibold mag ihm tröstend von den Gefahren des Reisens erzählt haben. (Sie wusste, wovon sie sprach; war denn nicht ihr Bruder Raban Heinrich von Uffeln 1674 bloß deshalb auf dem Genfer See erschossen worden, weil er auf Studienreise gegangen war?) Erst mit neunzehn war Brühl in den Dienst König Augusts gewechselt, und erst mit siebenundzwanzig hatte er es auch nur zum Kammerjunker gebracht, wie Grumbkow das schon als Siebenjähriger gewesen war. Dann aber fing König August an, ihn wahrzunehmen. Er gab ihm kleine Schreibaufträge, bevor er ihn zum «Vortragenden Kammerjunker» beförderte – angeblich, weil Brühl es als Einziger geschafft habe, einen Behördenbericht auf acht Zeilen zu komprimieren. Diese invers bürokratische Begabung allein zwar hätte August den Starken vermutlich nur halb beeindruckt; als Brühl aber auch das Manöverfest von 1730 organisierte und so einer der Schöpfer des 8 mal 10 Meter großen Staatsbesuch-Kuchens wurde, da faszinierte das selbst den Preußenkönig dermaßen, dass er dem jungen Mann prompt den Schwarzen Adlerorden verlieh. (So trägt denn auch jetzt in Crossen der Sachse Brühl Preußens höchsten Orden, während den Preußen Grumbkow der ihm von August verliehene polnische Weiße Adler-Orden ziert). Mit zweiunddreißig war Brühl jetzt bereits Wirklicher Geheimer Rat, Erster Garderobe-Kämmerer und zunehmend die rechte Hand des Herrschers, der ihm erst vor drei Tagen die Verwaltung seines Grundbesitzes übertragen hatte. Noch freilich gab es über ihm Minister, die wegmussten. Noch diente er einem König, der auf seine Unabhängigkeit so großen Wert legte wie Friedrich Wilhelm I., aber weniger naiv war als der. Noch schließlich hatte Brühl keine Rücksichtslosigkeit, sondern nur die wunderbaren Umgangsformen bewiesen, mit denen moderne Biographen ihn gegen das tatsächlich wohl zu harte Urteil seiner eigenen Zeit verteidigen. Aber es war eben auch nicht bloß die Schwerkraft, die bald einen Rivalen nach dem anderen stürzen ließ, und der konnte froh sein, der bloß ins vergoldete Exil seiner Ländereien fiel. In wenigen Monaten würde Brühls Hauptgegner unter den Ministern auf die sächsische Gefängnisfestung Sonnenstein gebracht worden, deren Kommandant übrigens Grumbkows Bruder war; drei Jahre später wird dieser Gestürzte sich dort erhängen, während um ihn herum adelige Staatsgefangene am Skorbut starben. Männer wie Brühl und Grumbkow balancierten in großer Höhe auf einem dünnen Seil. Sie waren mächtig und unangreifbar, solange sie ihren Monarchen konkurrenzlos zu manipulieren verstanden. Sie mussten ihm seine Wünsche erfüllen, wo es ging, anderen die Schuld geben, wo es nicht ging, und stets die Illusion der königlichen Alleinherrschaft aufrechterhalten. Aber jederzeit konnte es einen neuen Günstling, eine Mätresse, einen Feldherrn geben, die den Herrscher gegen sie einnehmen mochten; sah man dann ihre Position wanken, würde es bald aus allen Ecken auf den Monarchen einflüstern, was für ein Parasit doch sein Favorit sei. Der Herrscher mochte ein brutaler Choleriker sein wie Friedrich Wilhelm I. oder morbide schüchtern wie Ludwig XV.: Er konnte doch Männer wie Grumbkow oder Brühl jederzeit mit einer gedankenlosen Handbewegung, einem halbherzigen Federstrich, einem fast unhörbar gesprochenen Befehl zerschmettern, und das vergaßen sie nie. Hier nun trafen diese drei aufeinander. Der Monarch würde vom Umsturz schwärmen, den er plante, um Ruhm und

Macht seines Hauses zu mehren, wie das sein ererbtes selbstverständliches Recht war. Die beiden Höflinge würden sehen, in welche für sie günstige Richtung sich diese schussbereite Kanone wohl drehen ließ, und sie würden einander dabei zuschauen, wie sie das gemeinsame Spiel gegeneinander spielten.

Der große Plan Augusts des Starken war das Resultat seiner fast vierzigjährigen Erfahrungen mit der Macht. Obwohl der Zweiundsechzigjährige seit zwei Jahren Europas ältester lebender König war und seit der zuckerkrankheitsbedingten Amputation des großen Zehs nicht mehr gut laufen konnte, schien August nach wie vor von jugendlichem Überschwang beflügelt. Noch kürzlich hatte der lustige Witwer der allein regierenden russischen Zarin Anna einen Heiratsantrag gemacht, dessen Erfolg die polnisch-russischen Beziehungen nicht wenig kompliziert hätte (zum Glück hatte Anna eine feste Beziehung mit ihrem Oberkammerherrn und dachte nicht im Traum ans Heiraten). Augusts Begeisterung für Polen dagegen war seit langem erkaltet. Hatte er nicht die Religion gewechselt, um polnischer König zu werden? Hatte er nicht dadurch die Sachsen so sehr gegen sich aufgebracht, dass es dem Adelsparlament des Kurfürstentums leicht gefallen war, sich Augusts Versuchen einer absolutistischen Herrschaft zu widersetzen? Und also wurden die sächsischen Steuern weiter vom Adel bewilligt, weswegen das Geld nicht einmal für halb so viele Soldaten reichte wie im ärmeren, aber absolut regierten Preußen – oder genauer gesagt: deswegen und weil man den Pomp der doppelten Hofhaltung in Dresden und Warschau natürlich nicht einschränken konnte ... wozu sonst überhaupt König sein? Überhaupt war es nicht das geringste Ärgernis an Polen, dass man da ständig hinreisen musste. Als allerdings ein leichtfertiger Angriffskrieg gegen Schwedens Karl XII. dazu geführt hatte, dass August fünf Jahre lang aus Polen vertrieben wurde, war es ihm auch wieder nicht recht gewesen. Karl hatte 1704 Stanisław Leszczyński als neuen König eingesetzt, den wir als den Vater der späteren französischen Königin Maria kennen, und war schließlich nur daran gescheitert, dass Polen und die Ukraine für das schwedische Heer schlichtweg zu groß und zu straßenlos waren. Auch nachdem August die Krone 1709 mit russischer Hilfe zurückerlangte, dauerte es bis zur Befriedung des Chaos noch einmal ein Jahrzehnt. Fast zwanzig Jahre lang war Polen von sächsischen, russischen, schwedischen, tatarischen und nicht zuletzt eigenen Soldaten geplündert worden, während aus Moldawien die Pest ins Land kam. Am Ende dieses Großen Nordischen Krieges standen eine ruinierte Bevölkerung, reich gewordene Söldnerführer sowie die 1717 unter russischem Druck zustande gekommene Entscheidung des Sejms (also des polnischen Reichstages), Polen-Litauens Armee auf 24 000 Mann zu reduzieren. Es war die erste förmliche Verfassungsänderung seit 1569 gewesen und zugleich die lästige Ursache von Augusts jetziger Reise, an die auch sein geheimer Plan anknüpfte. Das Militärbudget machte nämlich 95 % des polnischen Staatshaushalts aus, was allerdings nur daran lag, dass die Adelsrepublik ihren zivilen Staatsdienern überhaupt kein Gehalt zahlte. Die vier Oberbefehlshaber-Ämter, deren Titel ‹Hetman› vom deutschen ‹Hauptmann› kam, wurden dagegen durch fürstliche Besoldung zu Hauptpreisen der polnischen Klientelpolitik – und damit Hauptwerkzeuge für Augusts Versuch, seinen Sohn zum Nachfolger wählen zu lassen. 1726 starb Kron-Großhetman Sieniawski, der das größte Vermögen des Landes erworben hatte, indem er Soldzahlungen zur Hälfte und die von seinem Soldaten eingezogenen Steuern komplett in die eigene Tasche steckte. Hunderttausende leibeigener Bauern gehörten nun seiner einzigen Tochter, der verwitweten Gräfin Maria Zofia Dönhoff, deren Mutter – natürlich – eine Lubomirska und deren Großmutter – natürlich – eine Radziwiłł war. Sogleich plante man in Wien, sie mit dem Thronkandidaten Emanuel von Portugal zu verheiraten, dem jedoch als Bräutigam Fürst August Aleksander Czartoryski zuvorkam, indem er sein Interesse mit einem Duell gegen einen dritten Bewerber bewies. Und so entschied sich auch August II. Um einen Machtblock zu schaffen, der seinem Sohn die Königswahl garantieren konnte, würde er die gerade vakanten Hetman-Ämter der Familie Czartoryski sowie dem Czartoryski-Schwager Poniatowski übertragen. Was so einfach klang, hatte jedoch einen Haken. Der Sejm hatte nämlich festgelegt, dass der

König die Hetmanate nur verleihen dürfe, wenn er sich erstens selbst auf polnischem Boden befand und zweitens ein förmlich korrekter Sejm tagte (wie fast alle Ständeversammlungen trat auch der polnische Reichstag nur relativ selten zusammen). Die harmlos aussehende Bestimmung enthielt ein diabolisches Problem. So grenzenlos demokratisch war nämlich der Sejm konstituiert, dass der mit den rituellen Worten «Ich erlaube es nicht» geäußerte Widerspruch auch nur eines einzigen Abgeordneten gleich den ganzen Sejm auflöste (oder, im Sprachgebrauch der Zeit, «zerriss»). Experten verweisen zwar darauf, dass es zur tatsächlichen Ausübung dieses sogenannten *liberum veto* in der Praxis mehr als einen einzigen Abgeordneten brauchte, weil nur eine Gruppe von mindestens vierzig Kollegen ihn davor schützen konnte, sofort gelyncht zu werden. Auch so aber blieb das Veto ein großartiges Instrument für jeden Störer, wie es jetzt der französische Botschafter bewies – ein Italiener, der im Auftrag Ludwigs XV. alles sabotierte, was der sächsischen Thronfolge genutzt und also Ludwigs Schwiegervater Stanisław Leszczyński geschadet hätte. Auf sein Betreiben waren bereits zwei Sejms schon beim Zusammentreten gesprengt worden, und so reiste König August nun in wütender Entschlossenheit einem neuen Reichstag entgegen, bei dem ungeahnte Bestechungssummen dergleichen verhindern sollten. Bis hierhin reichte der allgemein bekannte Plan des Königs; sein geheimer Plan aber sollte sicherstellen, dass es mit solchen Zumutungen bald ein für alle Mal zu Ende sein werde.

Dies war der große Plan Augusts des Starken. Sobald der Sejm vollständig konstituiert war, würde der König alle vier Feldherrnämter an Mitglieder des Clans Czartoryski verleihen. Danach würde der Sejm unter militärischem Druck den sächsischen Kurprinzen Friedrich August zum Thronfolger bestimmen, die Erbmonarchie einführen und eine Verfassung ratifizieren, die nach dem Vorbild aller zivilisierten Länder dem Monarchen absolute Macht verlieh. Senatoren und Abgeordnete, die den Unterschied zwischen einem rationalen Zukunftsmodell und einem sinkenden Schiff begriffen, würden sich freiwillig auf die Seite ihres Königs stellen und so großartig belohnt werden, wie es seinerzeit vergleichbaren Familien in Frankreich, Dänemark oder Ungarn geschehen war. Die anderen würden den Mund halten müssen, während die Großfeldherren mit dem polnisch-litauischen Heer, der Privatarmee der Czartoryskis und sächsischen Truppen gegen alle verbleibenden Rebellen aufbrächen. Für den Kriegsplan, in dem Polen auf immer unterjocht werden sollte, zeichnete niemand anderes als Moritz Graf von Sachsen verantwortlich, also der uneheliche Sohn Augusts und der Aurora Königsmarck, der mit zwölf Jahren bei der Schlacht von Malplaquet zugeschaut hatte und inzwischen Frankreich als Generalmajor diente. Zugleich aber würden von allen Seiten die Heere der drei schwarzen Adler im Lande einfallen. Österreich, Russland und Preußen würden den letzten Widerstand brechen und zum Lohn dafür die Randgebiete der zerschlagenen Adelsrepublik erhalten, während Augusts Nachkommen ein verkleinertes Erbkönigreich bliebe. Was konnte besser geeignet sein, die freundschaftliche Übereinstimmung der vier Monarchien des Ostens zu bekräftigen … so lange jedenfalls (aber das war natürlich schon nichts mehr, was August den ‹Adlern› mitgeteilt hätte), wie diese Freundschaft der Größe des Hauses Sachsen nicht im Wege stünde. Hatte denn die staufische Kaiser-Erbin Margarethe etwa nicht 1254 Albrecht den Entarteten geheiratet und mit ihm Friedrich den Gebissenen gezeugt, von dem August in direkter Manneslinie abstammte? Und war es denn angesichts so offensichtlicher Rechte nicht geradezu bescheiden, wenn August bloß das einst staufische Sizilien beanspruchte, das er schon einmal 1730 beinahe bekommen hätte? War nicht vor allem auch sein Kurprinz mit der ältesten Tochter Kaiser Josephs I. verheiratet, deren Rechte auf Böhmen, Ungarn und Österreich und all das doch ungleich besser waren als die der Maria Theresia? Schon deswegen lohnte es sich, aus Polen ein Erbkönigreich zu machen; war das erst einmal gelungen, konnte man in Sachsen mit der Mitregentschaft des Adels aufräumen, das Heer vergrößern und zu allem bereit sein, wenn dann nach dem Tod Karls VI. seine Tochter Maria Theresia Erblande und Kaiserkrone übernehmen wollte. Wohin er auch sah, überall hielt das Leben großartige Bewährungsproben bereit für den alten Kriegerkönig, dessen sechsspännige Karosse jetzt in den Crossener Schlosshof einfuhr. Er konnte es kaum erwarten.

Grumbkow und Brühl hatten zwei Stunden lang so angeregt gesprochen, dass sie zuletzt vor lauter Reden auf der Treppe zum Innenhof stehen geblieben waren. Grumbkow ließ sich den polnischen Plan erklären, redete Brühl aus, dass Preußen das alles selbst vorgeschlagen habe, machte schließlich ein paar Vorwürfe wegen des französischen Bündnisses, die Brühl nicht ungeschickt zurückspielte. Aber weil das nur eine Aufwärmübung gewesen war, liefen sie nun umso eiliger dem Mann entgegen, an dem so viel hing. August II. war huldvoll, wie es sich gehörte; noch durch das Kutschenfenster legte er Grumbkow die Hand auf den Kopf, während er «Ich bin recht froh, Euch zu sehen» sagte (dies auf deutsch und mit sächsischem Einschlag). Schon half der General dem mühsam laufenden Monarchen auf sein Zimmer, während dieser mitfühlend nach Gicht und Trinkfestigkeit seines preußischen Cousins fragte, das Warmhalten der Füße empfahl und bezweifelte, ob Prinz Eugen noch Treppen steigen könne. Dann stürzte er und fiel so vehement auf Grumbkow, dass nur ein Schrank sie daran hinderte, gemeinsam zu Boden zu gehen. (Grumbkow war nach damaligen Maßstäben groß genug, um von den Bekämpfern der Nüchternheit zuerst den Übernamen ‹Großer Schlaks› zu erhalten. Aber groß war August der Starke mit 1,76 Metern auch und dazu mit 102 Kilo alles andere als schlaksig.) Nicht zuletzt daran erkennt man den Höfling, dass er dergleichen fehlerlos zu überspielen weiß; der General fragte den König, ob er gleich über die Geschäfte sprechen wolle, und wenn auch August sich zuerst noch mit Brühl zurückzog, folgte er Grumbkow doch bald in dessen Zimmer.

Hier begann nun das große Schachspiel aus Ermutigung und Herausforderung, bei dem beide einander auszuhorchen, zu belügen und zu überzeugen versuchen würden. Wie Spielfiguren schoben sie mal Beobachtungen, dann wieder Personen und Ereignisse übers Feld, um wie Grumbkow daraus einen Wall aus Hinderungsgründen vor den ungeliebten Plan zu stellen oder ihn wie August immer von neuem aufzubrechen, und dank Grumbkows Bericht können wir ihr Gespräch fast Wort für Wort nachvollziehen. Der General eröffnete damit, dass alles dafür spreche, den großen Schlag in Polen um ein Jahr zu verschieben. Die Freundschaft des Kaisers aber könne August jetzt schon haben, indem er dessen Erbfolgegesetz garantierte; schützte das denn nicht auch die Rechte seines Schwiegerkindes, der Kaisertochter? Ach, da denke er gar nicht drüber nach, nie werde man Sachsen da etwas erben lassen; außerdem gehe es ihm mit dieser Garantie wie einem anständigen Mädchen, das schließlich auch nichts gratis hergibt. Aber sehe Er einmal hier. Da steht die Zarin und an ihrer Seite Biron, der Oberkammerherr, der bei ihr alles bewirkt. Der verzehrt sich doch seit Jahr und Tag danach, sein heimatliches Kurland selbst zu beherrschen, wo er der hinterletzte Krautjunker war, bis Anna Iwanownas allerdurchlauchtigster Blick auf ihn gefallen ist. Bitte: wenn ich nur erst einmal absolut bin, dann schenke ich ihm das ganze Land. Und wie ich an Biron herankomme? Da habe ich Frau von LeFort, meine Gesandtin in Warschau, das intriganteste Weib Europas (und, wie wir aus dem Hintergrund ergänzen dürfen, die Nichte des Genfer Hooligans von 1674). Meine Feinde glauben, sie zu kontrollieren, weil sie die Geliebte des Woiwoden Potocki ist, aber weit gefehlt, sie arbeitet für uns. Diese Generalin ist nun zugleich die beste Freundin von Birons Frau, der sie das Angebot in diesem Moment discretissime weiterreicht, nichts einfacher als das. – Grumbkow dachte mit einem Lächeln an den gerade erst abgeschlossenen Geheimvertrag, in dem Preußen, Russland und Österreich eine sächsische Thronfolge in Polen ausdrücklich ausschlossen. Laut sagte er: Was hilft das aber, wenn doch der Kaiser nicht mitspielt. Und wie sollte er das wohl, wenn er jederzeit einen Angriff der Spanier und Franzosen zu erwarten hat? – Ich bitte Ihn, die Spanier sind ja noch viel zu beschäftigt mit ihrem Krieg in Marokko. Der arme alte Feigling Fleury wird friedlich bleiben, wenn nicht der Kaiser seinen Wunsch-Schwiegersohn zum Erben des Kaisertums wählen ließe. Das aber kann er nur mit meiner Hilfe. Außerdem bearbeite ich ihn ja schon für meinen Plan. – Prinz Eugen würde dem niemals zustimmen, und an dem vorbei führt kein Weg zum Kaiser. – Was, das glaubt Er? (Nun blickte August den General mitleidig überlegen an, und Brühl im Hintergrund imitierte diesen Blick.) Und wie hat dann bitte der Marquis von Valparaíso sein Regiment bekommen? Glaube Er mir, sehr wohl gibt es einen solchen Weg. Der Prinz muss von gar nichts erfahren. Man hat mir ja vom Wiener Hof schon selbst Angebote gemacht – doch, doch ... aber dies, wir verstehen uns, in der größten Vertraulichkeit, sonst kann ich es ja dem Prinzen Eugen gleich selbst verraten. War das wohl schon alles, was Er an Champagner mitgebracht haben? Nein? Der gute Biberius. Also nur immer her damit.

Inzwischen nämlich saß man schon seit langem zu dritt bei Tisch, wo Grumbkow den Gastgeber machte. Anderthalb Stunden hatte man nur gegessen und moderat Wein getrunken, bevor der König schließlich die von Grumbkow erwartete Frage gestellt hatte: Ob er Champagner habe? Grumbkow hatte Champagner, genug sogar für die sechs Stunden, die sie an diesem Tisch verbringen würden. Vor allem aber hatte Grumbkow auch gekochtes Wasser, dessen Bläschen es wie Champagner aussehen ließen, und es war dieses Wasser, das ihm jetzt ein Glas nach dem anderen füllte, während seine Gegenüber sich zielstrebig die Erbmonarchie ihrer Träume herbeitranken. Schon hatte der König die Landkarten ausgerollt, sehen Sie einmal, in Lemberg reichen 5000 Mann, weil der Türke ja mit dem Perser beschäftigt ist. Thorn bekommt ihr und das Ermland und Pomerellen auch, nur Danzig muss ich schon selbst behalten mit den schönen Flusszöllen ... ist es nicht großartig, wie die Engländer alle eigenen Wälder abgehackt haben und jetzt ihre Schiffe aus meinem Holz bauen müssen? Mein Sohn wird es besser haben als ich, das macht mich froh. Aber nicht wahr, Biberius, er verrät nichts davon, was ich über Prinz Eugen gesagt habe? Er vergisst einfach alles, was ich da gesagt habe, ja? – So mäanderte die Unterhaltung vor sich hin, während Brühl Grumbkow ins Ohr flüsterte: Sehen Sie, wie sehr ich ihn von Frankreich abgebracht habe? Sehen Sie's? Und Grumbkow fragte sich, was er sah. Vielleicht spielte Brühl ihm etwas vor, was er mit dem König abgesprochen hatte? Vielleicht war er sein nützlicher Freund, der einzige am Dresdner Hof, auf den zu setzen sich lohnte? Vielleicht war er wirklich schon so betrunken, wie sein Versuch einer peinlich korrekten Haltung es vermuten ließ? Der König hatte mehr Übung und Masse, vom vielen Essen ganz zu schweigen. Trotzdem war auch an Seiner Polnischen Majestät der Champagner alles andere als spurlos vorbeigegangen; in nüchternem Zustand hätte er Grumbkow wohl kaum schon wieder gebeten, sein Wiener Umgehungsmanöver einfach zu vergessen, und es sich damit erspart, dieses besonders ausführlich in den Bericht des Generals eingehen zu lassen. Längst hatte Brühl im Hintergrund aufgehört, überlegen zu blicken, und bald würde er endgültig betrunken genug sein, um Grumbkow offen zu sagen: Wenn Sie an meiner Stelle wären, müssten Sie jetzt ‹bassa la testa› machen (den Kopf hängen lassen). Der unverwüstliche König dagegen war bereits wieder im vollen Kriegermodus. Sehe Er sich einmal die Fortifikationen an, die mein Sohn anlegen wird. Nein, nicht der Kurprinz. Um Himmels willen. Ich meine Graf Moritz, der mit Euch bei Malplaquet gewesen ist. Hier, das ist sein Plan für ein achteckiges Fort aus Holz und Erde, alles genau berechnet: Um so eines zu bauen, brauchen 4800 Mann genau 111¾ Stunden und müssen dennoch immer bloß drei Stunden am Stück arbeiten, solange die Trommel im richtigen Takt geschlagen wird. Wartet, hier steht's: «Auf diese Weise gelang es dreitausend Männern von Sparta unter dem Befehl des Lysander, innerhalb von lediglich sechs Stunden und zum Klang der Flöten den Hafen von Piräus vollkommen abzutragen. Auch die Galeerensträflinge im Hafen von Marseille bewegen gigantische Mengen von Bauschutt, wenn man dazu die Trommel in der richtigen Kadenz schlägt.» Ist ein guter Junge, der wird mir Ehre machen. Euer Sohn steht jetzt in sardinischen Diensten, glaube ich? Ach, lassen Sie uns auf Malplaquet trinken. Er auch, Brühl! Er ist ja Zivilist, er kann noch viel lernen von Biberius ... Die Nacht wurde lang.

Am nächsten Morgen war es nicht einmal sechs Uhr, als Brühl Grumbkow weckte. Der König schickte ihn, um noch einmal darauf hinzuweisen, dass Augusts Plan zur Hintergehung des Prinzen Eugen geheim bleiben müsse. Wir können nur ahnen, in welchem Zustand Grumbkow das aufnahm, weil es Anzeichen gibt, dass auch er nicht annähernd so vollständig um das Trinken echten Champagners herumgekommen war, wie er es in seinem Bericht beschrieb. Jedenfalls notierte kurz darauf ein französischer Diplomat, der das nur von Brühl haben konnte, dass dieser sich zwar ganz elend und bettlägrig gefühlt habe. Grumbkow aber sei vor lauter Betrunkenheit so unglücklich aus seiner Kutsche gefallen, dass er sich zwei Rippen gebrochen habe. Das scheint nun freilich übertrieben, zumal der Franzose sich in anderen Details nachweisbar irrte. Trotzdem darf man annehmen, dass Grumbkow vermutlich weder ganz so betrunken war, wie Brühl es nachträglich gern gehabt hätte, noch andererseits so triumphal nüchtern, wie er es nach Berlin meldete – und wozu denn auch? Wenn je einer Übung hatte mit Intrigenarbeit unter alkoholisch erschwerten Umständen, dann war das Grumbkow. Es ist daher auch kein Widerspruch zum eben Gesagten, wenn wir ihn nun ganz zivil mit Brühl über die Schwierigkeiten des Berufs nachdenken sehen. Der Preuße hatte nicht lange nachfragen müssen, bevor der sächsische Kollegen zugab, dass Wiener Verhandlungen ohne den Prinzen Eugen genau jene Art von Scheinraffinesse seien, an der bisher noch fast jeder große Plan Augusts II. gescheitert war. Aber was kann man da tun, sagte Brühl, ein Fürst will in seinem eigenen Stil bedient werde – und diese kleinen Tricks machen ihm eben Spaß (il se plaît à ces petites finesses). Er selbst müsse da allerhand mitmachen, das ihm keineswegs behage, zumal der Kurprinz die Politik seines Vaters radikal ablehne: Man müsse mit dem Herrscher gut stehen und doch an die Zukunft denken. Was immer Grumbkow sich dazu dachte und vielleicht auch sagte, kam jedenfalls nicht in einen Bericht, den ja Friedrich Wilhelm I. lesen würde. Sowohl Grumbkow als auch Brühl konnten nur raten, wer von ihnen als Erster mit der Thronbesteigung eines ganz anders tickenden Erbfolgers würde zurechtkommen müssen, und so mussten sie einander nicht lange erklären, warum das in ihrem Beruf ein Dilemma war. Dann ließ der König Grumbkow in sein Schlafzimmer rufen.

August der Starke saß noch im Nachthemd und mit nackten Beinen am Kaminfeuer. Als Grumbkow hereinkam, begrüßte er ihn amüsiert vorwurfsvoll, er habe ihn gestern Abend «gut zugedeckt». «Ist das sobre (nüchtern) leben? Mir ist der Kopf ganz wüste. Und wie hat Er es gemacht? Er sieht ganz frisch aus.» Der General erklärte verständnisvoll, man habe eben an einem Tag einen besseren Trunk als an einem anderen. Dann beschwor August den «lieben Grumbkow», schnell nach Berlin zu seinem König zu gehen und dort darauf zu achten, dass niemand seinen Plan den Polen verrate, «sie brechen mir sonst den Hals, versteht Er? Er kennt die Polen nicht.» Während Grumbkow daran dachte, wie verächtlich sich Polens König gestern noch über den absehbaren Widerstand seiner Untertanen ausgelassen hatte, wies er sehr vorsichtig darauf hin, dass er selber zwar so verschwiegen sein werde wie immer; allerdings habe der König wohl schon vielen anderen davon erzählt, was die Dinge nicht eben leichter mache. Aber so sehr bedrängte August Grumbkow, dass der am Ende alles versprach, um nur seine Ruhe zu haben. Das wiederum beruhigte auch den König genug, um ihn prompt noch einmal eine Stunde lang schlafen zu lassen; wenn das Königsein einen schon so anstrengte, dann war es nur der verdiente Ausgleich, dass der Monarch im Gegenzug auch die Schlaf- und Wachzeiten seiner Entourage vorgab. (Mit August dem Starken hatte man es dabei im Übrigen noch vergleichsweise gut; unter Ludwig XV. konnte das Aufstehzeremoniell sich schon mal bis vier Uhr nachmittags verschieben, während die Gewohnheit des komplett zeitverschobenen Philipp V., jede Nacht von zwei bis sechs Uhr morgens mit dem Premierminister zu plaudern, dessen Weg in ein frühes Grab nicht unwesentlich beschleunigt haben soll.) Schließlich aber brach auch der König auf, nachdem er den General zum Abschied noch dreimal umarmt hatte. Während er die Staatskutsche wegfahren sah, formte Grumbkows halb verkaterter Kopf schon den Bericht, den er seinem König schuldete. Aber das hatte keine Eile. Vor ihm lagen zweieinhalb Tage auf neumärkischen Straßen, und weil ihm auf dieser Rückreise nicht einmal mehr das Geräusch der Champagnerexplosionen Ablenkung verschaffen konnte, würde er für jeden Zeitvertreib noch dankbar genug sein. Er wusste wohl, dass er keinen vollen Erfolg davongetragen hatte. Aber wie auch? Der Patron der Nüchternheitsfeinde war von seinem Staatsstreichtraum sichtlich besoffener, als sämtliche Champagnervorräte der ostdeutschen Tiefebene es hätten bewirken können. Wenn überhaupt etwas August in die Arme des Kaisers zurücktreiben konnte, dann würde das die Zeit sein, die nagende Nachwirkung des von Grumbkow zielsicher implantierten Zweifels – und, natürlich, die Erfahrung des katastrophalen Misserfolges, auf die man sich in diesem Falle getrost verlassen konnte. Inzwischen wusste man in Berlin wieder ein wenig mehr als zuvor, was doppelt wertvoll war in dieser Zeit, deren Staatsmänner einander nur selten zu sehen bekamen. Seinen letzten Eindruck von August II. formulierte Grumbkow so: «Ich fand ihn ziemlich unterminiert und sogar, wenn ich das zu sagen wagen darf, etwas auf dem absteigenden Ast, obwohl man sich angesichts seiner bekannten Verstellungskunst auf solche Eindrücke natürlich nicht verlassen darf.»

Während Grumbkow nach Berlin zurückfuhr, hatte die königliche Karosse sechs Stunden gebraucht, um ein polnisches Grenzstädtchen zu erreichen, das vom adeligen Besitzer Unruhstadt und von den Einheimischen Schweine-Karge genannt wurde. Es war wohl hier, dass der nach wie vor unpässliche August mit seinem diabetischen Fuß unglücklich auftrat, und ebenfalls hier, von wo er dem preußischen Kronprinzen schrieb, um ihn vor Grumbkow zu warnen; dann ging es in 50-Kilometer-Etappen weiter in Richtung Warschau. Am Tag, als Grumbkow seinen Bericht schrieb, verfiel der König in tiefen Schlaf, ohne dass es jemand bemerkt hätte, weil er aus Ranggründen allein in der Kutsche saß. Erst bei der Ankunft in Lissa sahen die Bedienten, dass ihr Herr mit warmen Tüchern gerieben werden musste, bevor er auch nur sprechen oder gar aussteigen konnte. Tags drauf hatte er einen Ohnmachtsanfall, und als man am 16. Januar 1733 in Warschau ankam, fragte er: «Mein Gott, wo bin ich und wie ist mir?» Mit Mühe trugen sie ihn zum Königlichen Palast, ohne allzu großes Aufsehen zu erregen – die Stadt wimmelte ja nur so von mächtigen Polen, die sich ihr gefährliches Engagement auf Seiten des Königs bei diesem Anblick wohl noch einmal überlegt hätten. Ausgerechnet jetzt trat der alles entscheidende Sejm tatsächlich zusammen, ohne sofort vom bezahlten Veto zerrissen zu werden, und so zählte denn Augusts sächsische

Entourage nun die Tage und Stunden bis zur Einführung jener Erbmonarchie, die auf einmal so unangenehm dringlich geworden war. Sie ahnte ja nicht, dass die Czartoryskis beschlossen hatten, das Land nicht noch einmal dem Größenwahn des sächsischen Hauses auszuliefern. Ihr Bündnis mit August II. würde bloß genau so lange halten, bis er ihnen die vier Feldherrnämter verliehen hätte. Danach mochte er ruhig sterben: Den nächsten König von Polen würden jedenfalls sie machen, und es würde kein Sachse sein. So waren es zwei ganz entgegengesetzte Gruppen, deren Hände sich gierig nach der Krone ausstreckten, als mit der Wahl des Sejm-Marschalls am 27. Januar endlich alles zur Ämterverleihung bereit war. Doch noch immer war der König nicht selbst auf dem Reichstag erschienen, und als am verletzten Fuß tödlicher Wundbrand einsetzte, begriff Brühl, dass er es nie mehr tun würde. In Panik beknieten Minister und Würdenträger ihren Herrn, die vier Ernennungen auszusprechen oder wenigstens seinen Sohn dem Reichstag zu empfehlen. August der Starke aber wollte nicht mehr. Sein ganzes Leben lang hatte er, der so beharrlich dem Vergnügen und dem Ruhm hinterherjagte, die Religion gering geachtet, ja wie ein Hemd gewechselt, als sie nicht zur Königskrone passte. Jetzt fiel er mehrfach um, während er auf Knien zu beten versuchte, und ließ sich von Staatsgeschäften nichts mehr belästigen. Um vier Uhr morgens am 1. Februar 1733 richtete er sich im Bett auf, um die Umstehenden zu segnen; dann ließ er sich fallen, drückte noch mit einer Hand selbst die Augen zu und starb. Es dauerte einige Tage, bis der sechsundfünfzigjährige Friedrich I. von Schweden erfuhr, dass von nun an er der älteste lebende König Europas war.

Als die Nachricht aus Warschau die sächsische Hauptstadt erreichte, senkte sich eine dunkle Wolke der Trauer über das offizielle Dresden. Wir meinen das gar nicht metaphorisch, denn es waren alles andere als bloße Stilmittel, die aus der gedruckten Anweisung des Oberhofmarschalls herauskrochen, während sich rundherum die Stadttore schlossen, um die auf August eingeschworenen Soldaten am Desertieren zu hindern. Die Trauerkleidung, die der Oberhofmarschall jetzt den Staatsbedienten befahl, würde ein Jahr lang zu tragen sein, während man das für Eltern oder Ehepartner nur neun Monate lang tat (und für Kinder unter einem Jahr gar nicht – die starben ja so oft). Aber nicht nur der Rang des Verstorbenen zählte, sondern auch der der Staatsdiener, die umso aufwendiger trauern mussten, je höherrangig sie selbst waren. Dabei ging es freilich keineswegs um emotionale Auftritte, wie wir sie aus modernen Diktaturen kennen, sondern viel pragmatischer um ritualisierte Äußerlichkeiten, die zugleich Statussymbole waren. Man konnte daher jemanden wie Brühl, der als Wirklicher Geheimer Rat zur obersten Rangklasse gehörte, ganz ernsthaft darum beneiden, dass beispielsweise seine Kutsche nun ein (hoffentlich nicht sehr regnerisches) Jahr lang komplett mit schwarzem Wollstoff und schwarzen Quasten überzogen bleiben würde. Die schwarzen Decken auf dem Rücken seiner Pferde unterschieden ihn ebenso von den nächstniedrigeren Geheimräten und Hofbeamten wie die Tatsache, dass in seinem Haus zwei, in ihren Häusern aber nur ein Zimmer komplett in schwarzem Stoff ausgeschlagen wurde, wobei bunte Möbelstücke durch schwarze zu ersetzen waren. Die Kleidung immerhin hatte er mit allen Adeligen gemeinsam – eine anfangs komplett schwarze Montur mit Armbinden, Achselbändern und Hutschleppen, die in ihrer konsequenten Farbauslöschung gewissermaßen den Nullpunkt der Dekoration darstellte. Im Lauf des Jahres würde man dann all die schwarz bezogenen oder geschwärzten Knöpfe, Handschuhe, Degenfutterale, Schuhschnallen, Absatzschuhe und Spazierstöcke nach einem genau festgelegten Kalender in ihren goldenen, silbernen oder weißen Urzustand zurückversetzen, während gleichzeitig Samt, Seide und Spitzen in immer mutigeren Farben das Schwarz des Hauptkostüms unterwanderten. So kompliziert war das Verfahren, dass selbst die für Ehefrauen geltenden Parallelvorschriften es nicht mehr übertreffen konnten – die Männer waren eben in der höfisch-frühneuzeitlichen Gesellschaft noch das wesentlich stärker herausgeputzte Geschlecht. Umso mehr verwehrte man diese Privilegien dafür den bürgerlichen Beamten, die sich nur das Recht auf weiße Leinenbinden an den Ärmeln erkämpfen konnten. Den sehnlichen Wunsch hingegen, ihren natürlich ebenfalls schwarz gekleideten Lakaien nach dem Vorbild der Edelleute Achselbinden in den Farben des Familienwappens umhängen zu dürfen, erfüllte man den Bürgern auch diesmal wieder nicht.

Noch freilich war Brühl in Warschau, und da konnte er schon froh sein, wenn er rechtzeitig an schwarzen Siegellack und schwarz gerändertes Papier kam. Briefe nämlich waren nun viele zu schreiben, wenn man den Nachteil ausgleichen wollte, weit weg vom neuen Kurfürsten zu sein. Immerhin hatte er sich sofort nützlich gemacht. Die Nachricht vom Tode Augusts II. vermochte er gerade lang genug geheim zu halten, um Geld, Wertsachen und vor allem die Unterlagen über den großen Plan in Sicherheit zu bringen, bevor er das provisorische Begräbnis seines verstorbenen Herrn veranlasste. Als Nächstes ließ er sich von den wichtigsten Politikern Polens schriftlich bestätigen, dass er sie auf die Seite des neuen sächsischen Kurfürsten gezogen habe, und brach dann nicht unzufrieden nach Dresden auf. Was nämlich Plan B war und dass man Brühl dazu brauchen würde, war nur zu klar. Den dringendsten Wunsch des neuen Kurfürsten Friedrich August II. konnte man ja bereits daran erkennen, dass er sich auch weiterhin mit «Königliche Hoheit» anreden ließ – ein Prädikat nicht etwa der Könige, sondern ihrer nicht regierenden Nachkommen, das Friedrich August seinem Status als polnischer Königssohn verdankte. Indem er diesen Titel beibehielt, obwohl die automatische Erbfolge in Sachsen ihn zur «Kurfürstlichen Durchlaucht» gemacht hatte, signalisierte er, wie begehrenswert auch ihm die polnische Wahlkrone erschien. Was er der Dynastie schuldete, zählte mehr als die 4 Millionen Reichstaler Staatsschulden, die man mit Blick auf die absehbaren Kosten der Königswahl bald verdoppeln würde. Es mochte ja irgendwie rührend sein, dass im selben Moment Dresdner Finanzräte eine Gesamtbilanz der bisherigen polnischen Kosten erstellten und dabei herausfanden, dass diese Krone August dem Starken in fünfunddreißig Jahren einen Nettoverlust von 99 Millionen Reichstalern verursacht hatte. Aber Brühl wusste zu gut, dass das seinen neuen Herrn nicht von Plan B abbringen konnte – er würde nur eben einen übermenschlich gerissenen Finanzminister brauchen.

Während im modisch verdunkelten Dresden das Wettrennen um die kleidsamsten Trauerkostüme anfing, begann auch der Rest Europas die unerwartete Hebelwirkung des Grumbkow'schen Champagnertricks zu spüren. Indem er August den Starken zu Tode getrunken hatte, hatte der General unwissentlich genau den einen diplomatisch-dynastischen Dominostein umgeworfen, der nun alle übrigen mit sich riss. Der polnische Thron nämlich war durch Augusts Tod nicht einfach vakant geworden. Er war zum ersten Mal vakant geworden, seit die Sachsen 1709 Stanisław Leszczyński vertrieben hatten und seit 1725 dessen einziges Kind Maria Leszczyńska Ludwig XV. von Frankreich geheiratet hatte. Damit aber war Stanisław vom lächerlichen Exilanten zur nicht mehr ignorierbaren Größe aufgestiegen. Das alte Europa war zu sehr daran gewöhnt, Positionen auf Lebenszeit zu vergeben, als dass es mit dem Konzept eines Ex-Königs etwas hätte anfangen können: Wer einmal ein gekröntes Haupt war, blieb es auch bis zum Tode. Der Fall der 1689 abgesetzten Stuarts zeigte zwar, dass man nicht nur die Herrschaft sehr wohl verlieren konnte, sondern gerade durch den lebenslangen Königsrang auch die Bewegungsfreiheit, die «Jakob III.» inzwischen nur noch in Rom hatte (nirgendwo sonst gewährte man ihm diesen Rang, weil das Krieg mit Großbritannien bedeutet hätte, und so konnte er eben einfach nirgendwo anders mehr hingehen). Stanisław aber war der Schwiegervater von Europas mächtigstem Herrscher, der Vater einer von Ludwig XV. noch immer geliebten Frau, die gerade mit dem siebten Kind in sieben Jahren schwanger war, während ihr Mann sich ungeduldig zeigte, dem Schwiegervater seinen Thron zurückzuholen. Zwar begriff Ludwigs vorsichtiger Premierminister Kardinal Fleury sehr wohl, dass das Krieg geben werde, weil Österreich im benachbarten Polen keinen profranzösischen König akzeptieren konnte. Fleury stand aber auch einem höfischen Adel gegenüber, der mit Ausnahme des kurzen Spanienfeldzuges von 1719 seit zwanzig Jahren in Frieden lebte – zu lang für eine Elite, die den Krieg ohne jedes Zögern als ihren eigentlichen Beruf ansah. Fleury wusste, dass gegen diese Leute selbst er nicht regieren konnte, und so begann er widerwillig, die polnischen Anhänger Stanisławs zu unterstützen. Die nämlich gab es noch immer. Selbst Erzbischof Potocki von Gnesen, der bis zur Wahl als «Zwischenkönig» an die Spitze des polnischen Staates trat, war Stanisławs Cousin, weil sie beide von Draculas Bruder Vlad dem Mönch abstammten, und so war es auch Potocki, der dem französischen Botschafter jetzt mit leuchtenden Augen die Millionensummen vorrechnete, die der Wahlkampf in einem demokratisch anspruchsvollen System kosten würde. Leider verfügte nicht einmal Ludwig XV. über so viel Bargeld, weswegen sein Botschafter in Warschau unter den interessierten Magnaten zuerst bloß massiv goldene Uhren, Taschenfläschchen und Schminkdosen verteilen konnte. Aber auch das reichte, um eines deutlich zu machen: Kein Kandidat würde Stanisław noch überholen, der nicht ebenfalls eine zu allem entschlossene Großmacht hinter sich hatte.

Nun war Versailles keineswegs die einzige Residenz, deren Bewohner durch Augusts Tod in hektische Wachsamkeit versetzt wurden. Auch in Sevilla schlug die Nachricht wie eine Bombe ein. Dass Spaniens Königin Isabella den Polen sofort ihren zwölfjährigen Sohn Don Felipe als König anbot, mag man noch als eine Art Reflex ansehen. Aber auch ihr Mann Philipp V. reagierte fasziniert auf die Nachricht, obwohl der Neunundvierzigjährige schon seit einem halben Jahr nicht mehr aus seinem Schlafzimmer herausgekommen war. Die Geburt eines französischen Königssohnes hatte ihn nicht bloß aus seiner Position als direkter Erbe Frankreichs heraus-, sondern auch in die Depression zurückkatapultiert, die ein erfolgreicher Krieg gegen Marokko nur kurz hatte unterbrechen können. Monatelang lag der König mit einem Finger im offenen Mund auf seinem Bett, ließ weder Rasur noch Hemdenwechsel zu und weigerte sich zu sprechen, da er bekanntlich tot sei. Zwar gelang es schließlich mit größter Mühe, ihn wieder zum Reden zu bringen, was aber auch wenig half, weil er nun mit niemandem außer seinem Kammerdiener sprechen wollte, dem er dann (nach wie vor bloß mit einem Nachthemd bekleidet) stundenlang seine französischen Thronrechte erklärte. Sobald er jedoch die Nachricht aus Polen erhielt, sprang Philipp V. aus dem Bett, um sich den langen Bart abnehmen zu lassen, als wäre nie etwas gewe-

~ *Grumbkow trinkt* ~

sen. Prompt fiel er in seinen Hyperaktivitätsmodus zurück, der ihn nicht nur von einem Tag auf den anderen den Hof ins ferne Aranjuez verlegen, sondern auch befehlen ließ, die elefantöse Umzugskarawane müsse um alle Städte einen großen Bogen machen. Lassen wir ihn also glücklich über menschenleere Felder nach Kastilien ziehen; seine Diplomaten hatten inzwischen desto mehr Zeit, die unglaublich günstige Konstellation auszunutzen. Bisher waren es ja Philipp und Isabella gewesen, die für ihre Italienpläne die Hilfe eines zögerlichen Frankreichs gebraucht hatten. Nun dagegen legte Frankreich sich einseitig auf eine polnische Königsmacherei fest, die Krieg mit dem Kaiser bedeutete. Da Polen selbst für die Franzosen unerreichbar war, blieb ihnen nur ein Frontalangriff von Westen und Süden. Im Reich aber hatten sie seit Augusts Tod keinen Verbündeten mehr, nachdem sein Sohn ja nun der Konkurrent ihres eigenen Kandidaten war. Für einen direkten Angriff waren die mitteleuropäischen Erblande Österreichs zu weit von der französischen Grenze entfernt, während ein Einmarsch im österreichischen Belgien die Briten und Holländer provoziert hätte. Verwundbar blieben damit nur Österreichs italienische Besitzungen in Mailand, Neapel und Sizilien – und also genau jene Territorien, die bis 1714 zu Spanien gehört hatten. Kein Wunder, dass das spanische Königspaar sein Glück kaum fassen konnte. Um den Schwiegervater Ludwigs XV. glücklich zu machen, würde Frankreich Philipp V. und Isabella Farnese nun bei der Eroberung all dessen unterstützen müssen, was diese für ihren Sohn Don Carlos beanspruchten.

Wie das am Wiener Hof ankam, muss man kaum noch erklären. Der Kaiser und seine Minister sahen mit Grauen, dass sie in einen polnischen Thronfolgekrieg verwickelt werden würden, dessen polnischer Teil noch das geringste Problem war. Dort genügte Wien die Hilfe der beiden anderen schwarzen Adler. Aber was nutzten Russen und Preußen, wenn es darum ging, Neapel-Sizilien gegen zwei Mittelmeermächte zu verteidigen? Hier konnten, wie schon einmal, nur die Briten noch helfen, auf die man sich auch bisher verlassen hatte. Das 1731 abgeschlossene Bündnis der Briten mit dem Kaiser galt jedoch nur für die damals erwartbaren Konfliktfälle. Hätten also die Franzosen aus Protest gegen die Heirat der österreichischen Erbin angegriffen oder die Spanier im Interesse des Don Carlos, dann wäre dem Kaiser Großbritanniens Hilfe in der Tat sicher gewesen. Dank Grumbkow jedoch würden die Feinde Österreichs nun natürlich einzig und allein aus ehrlicher Empörung über die Manipulation der polnischen Königswahl angreifen und somit keinen Bündnisfall auslösen. Umso verzweifelter fragte man sich daher in Wien, wodurch man Georg II. von Großbritannien doch noch zur Intervention motivieren konnte: Als man die Antwort hatte, fiel damit ein letzter Dominostein um und Grumbkow voll auf die Füße. Die kaiserliche Ministerkonferenz beschloss nämlich, genau jenen Prinzessinnen-Tauschplan verschärft wiederzubeleben, der ihm schon vor sechs Monaten solchen Ärger gemacht hatte. Grumbkow sollte Friedrich Wilhelm I. diesmal nicht bloß davon überzeugen, seinen kronprinzlichen Sohn nun doch noch mit Amalie von England zu verheiraten. Diesmal sollte die vom preußischen Friedrich entlobte Kaiserinnen-Nichte Elisabeth Christine danach auch sofort den Prinzen von Wales heiraten – und ihn also jener Tochter Friedrich Wilhelms wegnehmen, der man ihn beim letzten Versuch noch versprochen hatte. Das neue Tauschprojekt war folglich genauso entehrend wie das alte, kam aber jetzt auch noch ohne jede Entschädigung daher. Man könnte denken, das habe Grumbkows Aufgabe schon schwierig genug gemacht; tatsächlich aber fehlt hier das Beste noch.

Als nämlich die Anweisung zum Prinzessinnen-Tausch am frühen Morgen des 11. Juni 1733 den österreichischen Gesandten Seckendorff erreichte, war es kein preußisches Schloss, durch dessen Korridore er panisch zu Grumbkow eilte. Es war die braunschweigische Sommerresidenz Salzdahlum, die dem Großvater der Elisabeth Christine von Bevern gehörte. Preußens Königsfamilie, Grumbkow und Seckendorff waren hier zu Gast, um schon am nächsten Tag die preußisch-bevernsche Doppelhochzeit zu feiern, also Charlotte von Preußen mit Karl von Bevern und Elisabeth Christine von Bevern mit Friedrich von Preußen zu verheiraten. Dieser morgige Hochzeitstag würde ein Freitag sein, und für den Sonntag drauf schrieben in diesem Moment alle Pfarrer Preußens Gratulationspredigten, um von Cleve bis Memel die Untertanen am Freudentag des Herrscherhauses teilhaben zu lassen. Es war, anders gesagt, ein unglaublich genial gewählter Zeitpunkt, um dem notorisch reizbaren Preußenkönig den Bruch der wichtigeren dieser beiden Ehen vorzuschlagen, und so war es denn auch der Punkt, an dem Grumbkow sich innerlich aus der ganzen Unternehmung verabschiedete. Er erklärte Seckendorff, dass niemand dem Kaiser mehr verbunden sei als er. Habe er nicht alles getan, nur um Wien zuliebe genau die Ehe zu verhindern, die er jetzt plötzlich vorschlagen solle? Aber zu viel sei zu viel; dieses unfasslich dumme Projekt dürfe Seckendorff dem König ruhig allein vorschlagen, während er, Grumbkow, aus reiner Herzensgüte darauf verzichten werde, es seinem Herrn auszureden: Mehr war nicht drin für 2666 Taler jährlich. Und also ging der zitternde Seckendorff jetzt allein in das Schlafzimmer Friedrich Wilhelms I., um ihm vorzuschlagen, was Grumbkow als «offenbare Prostitution» bezeichnet hatte. Er hatte Glück, dass die Stimmungen des Preußenkönigs weder im Guten noch im Bösen vorhersehbar waren; dies war ein guter Tag, an dem der zuerst schlicht ungläubige Friedrich Wilhelm das Angebot bloß ablehnte, ohne zu explodieren. Selbst seiner Ehefrau Sophie Dorothea und seinem Sohn Friedrich glaubte er nach einer Weile, dass sie mit diesem Last-Minute-Irrsinn nichts zu tun hatten, und so konnten sie sich am Abend ganz harmonisch eine französische Komödie ansehen, in der zwei noble Liebespaare nach allerhand Verstrickungen doch noch zusammenkommen. Am nächsten Tag wurde mit mäßigem Pomp und ebensolcher Begeisterung geheiratet; vier Tage später ging es nach Berlin zurück. So blieb Preußens Allianz mit dem Kaiser offiziell unbeschädigt. Wirkungslos aber war Wiens absurdes Projekt dennoch nicht gewesen. Es hatte Friedrich Wilhelm I. sehr deutlich gezeigt, was der Kaiserhof von ihm hielt, und es hatte Grumbkow gewarnt, dass für Wien zu arbeiten vielleicht die längste Zeit eine gute Idee gewesen war. Dabei wünschte er sich doch nur Ruhe, Macht und Geld. War das denn zu viel verlangt?

Aber in Berlin gab es keine Ruhe mehr. Der endlose Kanonendonner war noch das Geringste, mit dem man ganz wie 1684 den Einzug der neuen Kronprinzessin Elisabeth Christine feierte. Viel schlimmer war, dass hier so kurz nach dem knapp vermiedenen Eklat bereits die nächste Wiener Katastrophenbotschaft wartete. Dort fragte man sich lange schon, wem man den polnischen Thron zuschanzen solle, nachdem der von den drei Adlern ursprünglich vorgesehene portugiesische Infant Emanuel sich als nutzlos herausstellte. Kaum hatte Don Emanuel nämlich erfahren, dass er in die Mitte eines österreichisch-französisch-russisch-preußisch-sächsisch-spanisch-italienischen Krieges aller gegen alle geraten würde, war er auch schon von der Kandidatur zurückgetreten. Wien und Petersburg begriffen daraufhin rasch, dass man den Franzosenfreund Stanisław jetzt nur noch durch Friedrich August II. von Sachsen verhindern konnte, und hatten sich daher schon im Mai 1733 für ihn entschieden, ohne davon allerdings Friedrich Wilhelm I. Bescheid zu sagen. Erst jetzt erfuhr er, dass man ihn erneut wie einen Idioten behandelte, denn gerade Preußen hatte ja den sächsischen Rivalen partout aus Polen fernhalten wollen, wo er der preußischen Expansion am meisten im Weg stand. Diese zweite Provokation in so kurzer Zeit gab daher nun den Ausschlag zu einem Kurswechsel, dessen langfristige Konsequenzen Europa erschüttern würden. Friedrich Wilhelm I. stellte sich auf die Seite Stanisławs, und wir wissen nicht, wie ausschlaggebend Grumbkows nachweisliches Plädoyer genau dafür war. Immerhin kennen wir einen Brief, in dem der General seinem König eloquent beteuert, kein Geld von Stanisław genommen zu haben, und den kann man kaum lesen, ohne sich auf Grumbkows Schreibtisch unwillkürlich eine der massiv goldenen Uhren, Taschenfläschchen oder Puderdosen vorzustellen, die Frankreichs Mann in Warschau verteilte. Auf jeden Fall hatte Grumbkow sich von seiner Verräter-Loyalität zum Prinzen Eugen gelöst; wenn er trotzdem noch etwa ein Jahr lang österreichisches Geld nahm, dann war das nicht nur Gier, sondern auch notwendige Absicherung. Noch hatte ja auch sein Herr sich nicht direkt gegen Österreich gestellt: Er hatte nur einfach aufgehört, der Hampelmann des Kaisers zu sein.

In Polen waren die Dinge inzwischen nicht weniger vorangeschritten. Nachdem der französische Botschafter die Clans Czartoryski, Poniatowski und Potocki sowie sämtliche Druckerpressen von Warschau gekauft hatte, beschloss die Wahl-Vorversammlung, als Kandidaten nur geborene Polen zuzulassen. Während Adelige aus allen Teilen des riesigen Doppelstaats nach Warschau aufbrachen, machte auch Stanisław Leszczyński sich aus Frankreich auf den Weg; seine Annahme, man werde ihm eine Armee mitgeben, stellte sich allerdings als etwas naiv heraus. Zwar ertönte in der Nacht vom 26. auf den 27. August 1733 der Atlantikhafen Brest vom Lärm der Salutschüsse, als ein Geschwader von acht Kriegsschiffen in Richtung Kopenhagen auslief. Der ganze Hafen hatte den jovialen Dicken mit Ordensband und Galakostüm gesehen, der sich beim An-Bord-Gehen vergeblich um Unauffälligkeit bemühte, und manch einer erkannte ihn, der Stanisław auf einem billigen Holzschnitt gesehen hatte. So berichteten schon bald alle Zeitungen Europas vom Aufbruch des Königsschwiegervaters, der an Bord des *Eroberers*, des *Argonauten* und der *Medusa* mehrere tausend Soldaten mitbringe. Ein Dutzend Personen wusste jedoch, dass König Stanisław von dieser Eskorte wenig haben würde. Der joviale Dicke nämlich war der Commandeur de Thianges, ein Komtur des Malteser-Ordens, der dem Exilkönig frappierend ähnlich sah und jetzt in lässigem Komfort nach Kopenhagen segelte, während der echte Stanisław in einer billigen Kutsche ins Römisch-Deutsche Reich hineinfuhr. Sein falscher Pass, der auf den Namen Ernst Brambach lautete, wies den in billiges Tuch Gekleideten als Handlungsgehilfen eines Kaufmanns namens Georg Bauer aus, der in Wahrheit auf den wesentlich hübscheren Namen François-Léonor von Andlau hörte und ein dreiundzwanzigjähriger, aber bereits achtsprachiger elsässischer Kavallerieoffizier war. Nur von zwei Dienern begleitet und also nach den Maßstäben ihres Standes geradezu nackt, reisten sie über die große Weseler Landstraße ungestört nach Osten, bis sie am Abend des 8. September die französische Botschaft in Warschau erreichten. Es war keinen Tag zu früh, denn schon war der Wahlreichstag abstimmungsbereit. Stanisław zog daher sein sarmatisches Barbarenkostüm an, legte die Perücke ab, um den Topfschnitt des polnischen Edelmannes sichtbar zu machen, und erschien dann seinem Volk, indem er wie aus heiterem Himmel im Gottesdienst der Heiligkreuzkirche auftauchte. Die schöne Geste gelang – auch deshalb, weil die russische Interventionsarmee zu spät kam (ihr irischer Oberbefehlshaber hatte zu lange über den Intrigen-Subtext seines Marschbefehls gegrübelt). Am 11. September versammelten sich auf der Ebene von Wola die in großen Formationen angeordneten Wähler. Nachdem er die Messe gelesen hatte, ritt Erzbischof Potocki zum Stimmenzählen anderthalb Tage lang durch strömenden Regen, bis es schließlich ein Ergebnis gab. Dreizehntausend Edelleute hatten Stanisław ein zweites Mal zum König gewählt.

Leider war diese Eröffnungsszene seines erneuerten Königtums auch schon wieder die letzte, die nach Plan lief. Bereits während der Wahl hatten litauische Magnaten unter Führung der Fürsten Radziwiłł und Lubomirski beleidigt den Abstimmungsort verlassen, und weil jeder dieser großen Herren Hunderte von wahlberechtigten adeligen Dienern hatte, waren es am Ende Tausende gewesen, die in Praga am anderen Ufer der Weichsel ein bedrohliches Protestlager formierten. Dazu marschierte das russische Heer an, dem die viel zu kleine Armee der Adelsrepublik keinen ernsthaften Widerstand bieten konnte. Bereits am 22. September 1733 musste Stanisław sich daher in Richtung Ostsee absetzen, um der französischen Flotte entgegenzukommen, die jetzt seine letzte Hoffnung war; am 29. erschien die russische Armee in Praga, wo unter ihrem «Schutz» 4000 adelige Wähler am 5. Oktober Friedrich August II. von Sachsen als August III. zu ihrem neuen König wählten. Der Kurfürst hatte gewusst, dass man nicht selbst zur Wahl zu erscheinen braucht, wenn man die richtigen Leute kennt; er schickte der Zarin ein Meißener Porzellanservice und brach dann in aller Ruhe nach Polen auf, während Johann Sebastian Bach sich eine zum Anlass passende Komposition einfallen lassen musste. Zum Glück hatte er vor Jahren einem Leipziger Professor eine Kantate geschrieben, in der es nach milde ironischen Huldigungen hauptsächlich um wilde Herbststürme gegangen war; da dieser Professor praktischerweise auch noch August Müller geheißen hatte, musste Bach jetzt nicht einmal mehr den Refrain «Vivat Augustus!» ändern. Und so erklang denn, während sich August III. am 17. Januar 1734 im Dom von Krakau zum König krönen ließ, aus dem Munde der Leipziger Chorknaben der erfolgreich adaptierte Kantatentext:

> Blast Lärmen, ihr Feinde! verstärcket die Macht,
> Mein Helden-Muth bleibt unbewegt.
> Blitzt, donnert und kracht,
> Zerschmettert die Mauern, verbrennet die Wälder.
> Verwüstet aus Rachgier die Aecker und Felder.
> Und kämpft bis Ross und Mann erlegt. (BWV 205a)

Ganz Europa drohte in Flammen aufzugehen. Wenn auch noch am Krönungstag die von einem oldenburgischen Deichgrafensohn kommandierte Armee der Zarin aufbrach, um den nach Danzig geflohenen Stanisław zu verfolgen, war Polen doch bereits zum Nebenschauplatz dieses Polnischen Thronfolgekrieges abgesunken. Unmittelbare Folge der zweiten Königswahl war nämlich eine französische Kriegserklärung an Kaiser Karl VI. gewesen, auf die sogleich ein Bündnis Frankreichs mit Spanien und Savoyen-Sardinien folgte; innerhalb zweier Monate nahmen diese Verbündeten dem Kaiser Mailand und die Lombardei weg. Gleichzeitig besetzte Frankreich Lothringen sowie die Rheinfestung Kehl, was wiederum die Stände des Römisch-Deutschen Reichs zur Kriegserklärung gegen Frankreich veranlasste. Die Erklärung des Reichskrieges betraf natürlich auch Friedrich Wilhelm I., der als loyaler Reichsfürst sofort 50 000 Soldaten anbot. Aber sein diplomatisches Pech blieb ihm treu, zumal Kaiser und Reich ja auch nicht ganz blöd waren. Sie wussten, dass diese Hilfstruppen auf dem Weg zur Rheinfront rein zufällig durch die von Friedrich Wilhelm begehrten Herzogtümer Jülich und Berg marschieren würden, sie ahnten, dass man sie da nie wieder rausbekommen werde, und dankten dem Preußen also mit den Worten, 10 000 Mann seien wirklich mehr als genug. Dass Friedrich Wilhelm den Wiener

Ministern daraufhin «vier Wochen Verstopfung» wünschte, war man ja inzwischen gewohnt. Zugleich garantierte diese Zurückweisung jedoch auch, dass die ad hoc aus den Kontingenten der Länder zusammengesetzte Reichsarmee diesmal von Anfang an zu klein sein würde, um die Franzosen am Rhein zurückzudrängen. Hier nämlich eröffnete man jetzt, während im Süden der Kampf um Italien weiterging, den zweiten Hauptkriegsschauplatz des Jahres 1734. Es war der vierte Krieg innerhalb eines Menschenalters, der diese unglückliche Region zu verwüsten drohte, und nichts hätte dies Déjà-vu besser verdeutlichen können als Angriffsziel und Oberbefehlshaber.

Einmal mehr war es die pfälzische Festung Philippsburg, auf die Frankreichs Heer marschierte, und einmal mehr war es der alt gewordene Marschall-Herzog von Berwick, der an seiner Spitze stand. Wer denn auch, wenn nicht er? Dass Philippsburg der Schlüssel zur Herrschaft am Rhein war, hatte 1688 das Schicksal dieses englischen Königssohnes entschieden – niemals wäre sein Vater Jakob II. das Opfer Wilhelms von Oranien geworden, wenn nicht Ludwig XIV. Philippsburg statt der Niederlande angegriffen hätte, und niemals hätten also Berwick und seine Nachkommen sich als Franzosen oder Spanier neu erfinden müssen. Seine erste Schlacht hatte er 1685 als Fünfzehnjähriger erlebt. Er war 1686 bei der schrecklichen Einnahme von Ofen dabeigewesen und 1690 in Lauzuns irischem Feldzug zum ersten Mal verwundet worden, hatte bei Almansa 1707 die spanische Krone für Philipp V. gerettet und ihm 1714 Barcelona erobert, bevor er 1719 ein französisches Heer gegen ihn führte. In Versailles dagegen hatte er sich stets er auf der richtigen Seite des Intrigenspiels wiedergefunden, ohne sich doch verhasst zu machen. Er selbst war Herzog, Pair und Marschall von Frankreich, Grande von Spanien, Ritter des Ordens vom Heiligen Geist, Provinzgouverneur, Großgrundbesitzer sowie Empfänger von 109 312 französischen Pfund Jahresgehalt, und so wäre sein Haus denn beinahe schon bestellt gewesen, hätte da nicht noch ein großes Hofamt gefehlt. Aber noch war ja auch Zeit: Mit dreiundsechzig brach Berwick in seinen 22. Feldzugssommer auf, in dem er prompt einer der jüngsten Oberbefehlshaber sein würde.

Auf kaiserlicher Seite stand ihm am Rhein ein einundsiebzigjähriger Prinz Eugen von Savoyen gegenüber, der den irritierten Grumbkow bereits vor zwei Jahren nach dem Wohlergehen längst Verstorbener gefragt hatte. Das kaiserliche Heer in Italien kommandierte währenddessen Claude-Florimond de Mercy, der mit achtundsechzig Jahren zwar noch immer impulsiv wie ein Junger war, zugleich aber nahezu taub, fast blind und durch die Gicht kaum mehr bewegungsfähig. Gut also, dass ihm jetzt als französischer Oberbefehlshaber in Italien der einundachtzigjährige Marschall-Herzog von Villars gegenüberstand, der seit seiner bei Malplaquet erlittenen Beinverletzung nicht mehr richtig laufen konnte. Das viele Herumreiten ertrug Villars schon seit Monaten nur noch durch regelmäßigen Verzehr von Opiumkügelchen, und eben jetzt schrieb er an Ludwig XV., dass er einen Entzugsversuch leider wegen Schlafstörungen habe abbrechen müssen. In diesem Quartett war Berwick nun allerdings der mit Abstand dynamischste Feldherr. Da sein Heer der Reichsarmee weit überlegen war, hätte er unter modernen Bedingungen wohl leicht den ganzen Krieg entscheiden können. Unter den Bedingungen dieser Zeit dagegen, die kein Vorbeimarschieren an feindlichen Festungen erlaubten, bestand seine Aufgabe ebenso undynamisch darin, Zehntausende Soldaten beim Trockenlegen des malariaverseuchten Rhein-Sumpfs zu beaufsichtigen, der Philippsburg uneinnehmbar machte. Woche um Woche gruben sich die Laufgräben der Belagerer an die Festungswerke heran. Am Morgen des 12. Juni 1734 brach Berwick wie jeden Tag um fünf Uhr morgens auf, um die Arbeiten zu inspizieren. In Begleitung französischer und englischer Verwandter umrundete er die belagerte Stadt, deren Geschütze sich mit denen der Franzosen einen tödlichen Wettkampf lieferten. Gegen halb acht erreichten sie eine Stelle, die so gefährlich war, dass ein Wachtposten alle Vorbeikommenden aufhielt. Der ungeduldige Marschall wies den verdutzten Soldaten mit den bewährten Worten «Weißt du nicht, wer ich bin?» zurecht, lief an ihm vorbei und wurde sofort von der Kanonenkugel getroffen, die ihm den Kopf abriss. In dieser Nacht schlief niemand, denn wo ein Marschall von Frankreich gestorben war, musste bis zur Überführung des Leichnams jede halbe Stunde eine Kanonensalve ertönen. Am nächsten Tag brachte man Berwick nach Straßburg, dann von dort in ein Grab, von dem er sich gewünscht hatte, dass es so bescheiden wie nur möglich ausfallen möge (und so gut wurde dieser Wunsch erfüllt, dass heute niemand mehr weiß, wo er überhaupt begraben ist). Erst lange nach Eintreffen der Kondolenzpost aus ganz Europa fand man heraus, dass es eine französische Kanone gewesen war, die das Leben des vertriebenen Königssohnes so brutal beendet hatte. Aber an den Reaktionen auf Berwicks als ideal empfundenen Kriegertod änderte das nichts mehr. Der alte Villars fand gerade noch Zeit, aus seinem Opiumschlaf heraus zu sagen: «Dieser Mann hat stets Glück gehabt»; dann starb am 17. Juni 1734 auch er, ganz friedlich in seinem Bett in Turin. Zwölf Tage später kam es bei Parma zur Schlacht um Norditalien, die mit dem Sieg der Österreicher endete. Ihr halb blinder Feldmarschall Mercy hatte sich in seiner Wut über die scheinbare Feigheit anderer Offiziere selbst hoch zu Ross an die Spitze eines Angriffs gesetzt, der einem Vorposten gelten sollte, tatsächlich aber direkt ins Feuer der gesamten spanisch-französisch-savoyardischen Armee hineinführte; eben hatte er seinen Irrtum begriffen und wollte sein Pferd mühsam zur Umkehr drehen, als auch ihn die tödlichen Kugeln trafen.

Der Höhepunkt des Feldzugssommers war erreicht. In Süditalien brach die Armee des achtzehnjährigen Infanten Don Carlos die Festungen des Königreichs Neapel, während sein fünfzehnjähriger Cousin Prinz Karl Eduard Stuart bewundernd zusah; schon malte auch er sich aus, wie er eines Tages seinem Vater Jakob III. die Krone zurückerobern wolle. Am 7. Juli 1734 traf Preußens Kronprinz Friedrich im Lager des Prinzen Eugen ein, von wo man einen perfekten Logenblick auf die Belagerung von Philippsburg hatte. Noch zwölf Tage lang hielt die Festung aus, ohne dass der vorsichtige alte Prinz ihr zu Hilfe gekommen wäre. Auch nach der Kapitulation Philippsburgs blieb es zwischen Franzosen und Reichsarmee bei einem Kriegszustand fast ohne Gefechte. Kronprinz Friedrich konnte in aller Ruhe mit Schwiegervater Bevern essen gehen, sich über das marode österreichische Heer informieren und nicht zuletzt Freundschaft mit einem charmanten Franzosen schließen, der zu den Preußen übergelaufen war, nachdem er im Duell den Cousin seines Regimentschefs erschossen hatte. (Dieser Regimentschef Boufflers, Sohn des Malplaquet-Befehlshabers und selbst einer der 1722 im Park von Versailles beim Sex erwischten «Zaunausreißer», besaß so viel Ancien-Régime-Takt, dass er dem Deserteur noch dessen drei private Ersatzpferde nachschickte.) Andere hatten weniger Glück. In der Nacht, in der Friedrich von Preußen zum rheinischen Kriegsschauplatz aufgebrochen war, irrte Polens alter und neuer Ex-Monarch Stanisław bereits die dritte Nacht in Folge als Bauer verkleidet durch das überschwemmte Sumpfland um Danzig. Längst hatte er alle Begleiter verloren, und wenn er mit den geliehenen Stiefeln wieder einmal stecken blieb, dann mag er sich nach der Anreise zurückgesehnt haben, die er wenigstens noch als Handlungsgehilfe absolviert hatte. Allzu viel Mitgefühl freilich wollen wir nicht erübrigen für ihn, der mit seiner Flucht nach Danzig so viel Unheil über diese Stadt gebracht hatte. Als die französische Hilfsflotte eingetroffen war, war klar geworden, dass Premierminister Fleury als kalter Realist gar nicht erst versuchte, in Polen etwas zu erreichen: Das Himmelfahrtskommando des polnischen Schwiegervaters war ihm bloß nützlicher Vorwand für den wirklich wichtigen Krieg anderswo. Der französische Botschafter in Kopenhagen setzte sich spontan an die Spitze der viel zu wenigen Soldaten, um wenigstens die Ehre zu retten. Aber sein selbstmörderischer Angriff war vor Danzig im Kugelhagel der Russen zusammengebrochen und hatte nichts bewirkt, außer zum offenbar ersten Mal überhaupt Franzosen und Russen gegeneinander kämpfen zu lassen. König Stanisław selbst dagegen kümmerte seine Ehre so wenig, dass er heimlich aus Danzig hinausgeschlichen war, dessen Bürger einzig seinetwegen ein russisches Bombardement erlitten. Was die preußischen Grenzwachen in Marienwerder gedacht haben mögen, als am 3. Juli 1734 ein zerlumpter Bauernknecht einen Ochsenkarren über die Grenze lenkte, um sich als König von Polen vorzustellen, ist leider nicht überliefert. Dem diesmal endgültig entthronten Pechvogel aber blieben noch fast zweiunddreißig Jahre, um in wunderschönen Rokoko-Interieurs amüsiert seine Fluchtgeschichte zu erzählen, bevor der Brand eines Morgenmantels seinem langen Leben ein Ende setzte. Zehntausende hatten diesen Ausflug mit einem wesentlich früheren Ende bezahlt, und ihre Hinterbliebenen würden nichts von den Hauptgewinnen haben, die nun bald zu verteilen waren.

Schon nämlich ging der Krieg wieder zu Ende, von dem ausgerechnet Grumbkow kopfschüttelnd bemerkte, niemand wisse so recht, wer ihn eigentlich ausgelöst habe. Im September erlitten die Österreicher eine Niederlage in Norditalien, während die Spanier endgültig den Süden in Besitz nahmen. Savoyen hieß zwar inzwischen nach dem neuen Königstitel seines Herrschers Sardinien, hatte aber immer noch jene innere Uhr, die es jetzt das Bündnis wechseln ließ. Zugleich begannen die bisher neutralen Briten Druck auf Frankreich auszuüben, weil Spaniens Machtzuwachs ihnen immer unbehaglicher wurde. In Polen hatten währenddessen Sachsen und Russen so eindeutig gesiegt, dass man die Truppen der Zarin schon zur Kriegssaison 1735 am Rhein erwartete, wo sie nur aufgrund der Entfernungen erst nach Ende der üblichen Kampfzeit ankamen – und dann nicht mehr gebraucht wurden. Am 3. Oktober 1735 schlossen alle Beteiligten den Vorfrieden von Wien, der die Kampfhandlungen beendete. Der letzte jetzt noch zu entscheidende Krieg blieb damit das in Versailles geführte Intrigenduell des zweiundachtzigjährigen Kardinals Fleury mit seinem kriegsbegeisterten Außenminister, das der alte Fuchs lässig gewann, während die Wiener Verhandlungen nach und nach einen Riesenkompromiss von atemberaubender Frühneuzeitlichkeit hervorbrachte. Was tendenziell allen diplomatischen Lösungen dieser Zeit innewohnte, steigerte dieser Wiener Friedensvertrag von 1738 noch einmal so sehr, dass man ihn einerseits zu Recht als rationales Meisterstück beschreiben kann und andererseits doch mit ziemlich genauso gutem Recht glauben dürfte, es seien hier der Märzhase, der verrückte Hutmacher und die Herzkönigin am Werk gewesen. Stellt man sich die umstrittenen Territorien einen Augenblick lang als Sitzmöbel vor, dann war der Polnische Thronfolgekrieg eine Reise nach Jerusalem gewesen, bei der Folgendes herauskam:

Dem Kurfürsten von Sachsen bestätigte man, dass nun er der rechtmäßige König Polens sei, während König Stanisław zwar den leeren Titel behielt, auf alle Herrschaftsansprüche aber für immer verzichtete. Weil man aber einerseits den Schwiegervater Ludwigs XV. nicht unentschädigt lassen konnte und andererseits ja Frankreich immer noch gegen den österreichischen Plan protestierte, die Erbin Maria Theresia mit Herzog Franz Stephan von Lothringen zu verheiraten, löste man beide Probleme auf einen Schlag. Die Heirat wurde erlaubt, die Vereinigung des strategisch wichtigen Lothringen mit Österreich jedoch verhindert, indem Franz Stephan sein Heimatland an Stanisław abtrat. Da Stanisławs einziges Kind bekanntlich die Frau Ludwigs XV. war, würde die wertvolle Grenzprovinz dadurch bald ganz von allein an Frankreich fallen, das diese endgültige Absicherung seiner «natürlichen» Grenzen folglich allein der von Fleury organisierten Erfolglosigkeit Stanisławs in Polen verdankte. Der joviale Stanisław würde Lothringen als Marionette regieren, gewann aber das Herz der Einheimischen, indem er sich eine uradelige Mätresse aussuchte, deren Mutter das bereits bei Franz Stephans Vater gewesen war und also die Kontinuität der Hofkarrieren garantierte. Während französische Beamte in Lothringen einfielen, wanderten lothringische Adelige in umgekehrter Richtung, um mit Stanisławs glühenden Empfehlungsschreiben an seine Tochter Versailles zu erobern; nur die jüngeren Söhne gab man dem abziehenden Herzog Franz Stephan mit, um vorsichtshalber auf allen Seiten vertreten zu sein. Denn auch Franz Stephan musste ja nun entschädigt werden, der doch als zukünftiger österreichischer Prinzgemahl schlecht landlos bleiben konnte. So traf es sich gut, dass er durch eine Medici-Urururgroßmutter auch der zweitbeste Erbe des toskanischen Herrscherhauses war, als dessen direkten Erben man vor kurzem noch den Infanten Don Carlos anerkannt hatte. Da der letzte Medici taktvollerweise gerade jetzt starb, wurde Franz Stephan zum neuen Großherzog der Toskana erklärt, während man Don Carlos mit den Königreichen Neapel und Sizilien entschädigte, die ja bis 1713 ohnehin spanisch gewesen waren. Nun gab Kaiser Karl VI. sie her und erkaufte damit Frankreichs Zustimmung zur lothringischen Heirat sowie Erbfolge seiner Tochter.

So blieb nur einer, der sich noch über den Besitzwechsel Neapel-Siziliens ärgern dürfte, nämlich August III. von Polen-Sachsen, der doch als Nachkomme Friedrichs des Gebissenen zugleich Erbe der Staufer war. Zum Glück aber hatte andererseits auch Neapels neuer König Carlos ursprünglich den polnischen Thron begehrt, weswegen sich jetzt sämtliche Ansprüche verrechnen ließen, indem man Carlos einfach mit Augusts Tochter verheiratete. Im Januar 1738 verlobte man also in Dresden die dreizehnjährige Maria Amalie von Sachsen mit dem nunmehrigen König Karl V., wobei passenderweise auch Brühls letzter Konkurrent in Ungnade fiel, ohne dass der ewige Glückspilz Brühl etwas damit zu tun gehabt hätte. Dann kam der Herzog von Sora, um die Braut nach Neapel zu holen – ein Enkel jener Fürstin von Piombino, die 1714 Königin Isabella Farnese nach Spanien gebracht und von ihr den Begrüßungsschmuck der Orsini geschenkt bekommen hatte. Isabella selbst dachte jetzt freilich bei aller Freude über die Königskrone ihres ältesten Sohnes doch schon an dessen nächsten Bruder Don Felipe. Waren da nicht noch ihre Rechte auf Parma und Piacenza? Würde es vielleicht noch einmal eines Krieges bedürfen, bevor sie sich als gute Mutter zur Ruhe setzen konnte? Aber immerhin, man war ja wieder mit Frankreich verbündet, weswegen denn auch zu guter Letzt Don Felipe möglichst bald die älteste Tochter Ludwigs XV. heiraten sollte. So besiegelte man denn zugleich den Frieden und bereitete doch schon halb unbewusst den nächsten Krieg vor, als Louise Elisabeth von Frankreich am 26. August 1739, zwölf Tage nach ihrem zwölften Geburtstag, ihren (natürlich abwesenden) Cousin Felipe heiratete. Aber solch düstere Gedanken waren Zukunftsmusik, während Versailles von den Klängen des Hochzeitsmenuetts durchweht wurde. Einen Augenblick lang sah es aus, als wären die dynastischen Ambitionen von ganz Europa miteinander versöhnt worden.

Ganz Europa? Nein! Einen Verlierer hatte am Ende doch selbst das ansonsten geniale Friedenswerk des irren Hutmachers hervorgebracht, und es wird niemanden mehr wundern, dass das wieder einmal Friedrich Wilhelm I. von Preußen war. Seine Parteinahme für Stanisław hatte dem Wiener Hof den ersehnten Vorwand geliefert, nun endgültig vom alten Versprechen abzurücken. Statt die Nachfolge in Jülich und Berg Friedrich Wilhelm zuzusichern, garantierte der Kaiser sie im Frieden von 1735 vielmehr der Gegenseite. Es war das Ende der preußisch-kaiserlichen Allianz, und weil die Verhältnisse danach eine Zeitlang unklar blieben, machte Grumbkow nun mangels Korruptionszahlungen die völlig ungewohnte Erfahrung, seinem Herrn loyal zu sein. Natürlich blieb das nicht von Dauer. Schon im Sommer 1734 hatte er, während König und Kronprinz zur Rheinarmee aufbrachen, von Berlin aus mit den Briten darüber verhandelt, ob vielleicht eine dritte Tochter seines Königs doch noch den Prinzen Fritz von Wales heiraten würde; als das nichts wurde, wurde er stattdessen mit dem französischen Gesandten in Berlin handelseinig. Von nun an arbeitete Grumbkow für Frankreich, und so wurde auch das folgende Rachebündnis Preußens mit Frankreich noch einmal sein Werk. Kurz bevor es unterzeichnet wurde, verschlimmerte sich jedoch im Frühjahr 1739 eine seit langem anhaltende Krankheit Grumbkows. Mehrere Monate lang spuckte der Sechzigjährige Blut und bereitete sich so systematisch ruhig auf seinen Tod vor, wie er zuvor sein Leben organisiert hatte. Seit 1737 stand er als Feldmarschall auf der höchsten Stufe des preußischen Rangreglements, war daneben Staatsminister, Erbjägermeister der Kurmark und als Dompropst von Brandenburg Vorsitzender des freilich auf ewig vertagten Ständeparlaments. Während in Wien das kaiserliche Generalspatent vermoderte, das er sich einst zur Absicherung hatte ausstellen lassen, rechneten die verstimmten Diplomaten des Kaisers aus, dass dieser Mann sie über die Jahre 166 666 Reichstaler gekostet habe. Reich war er trotzdem nicht; elf überlebende Kinder waren zu versorgen gewesen, während allein ein Drittel seines offiziellen Gehalts jährlich für Informanten draufging. Der sächsische Gesandte, der zur Zeit der gemeinsamen Nüchternheitsbekämpfung oft mit ihm gesoffen hatte, übernahm diese Informanten, noch während er vom langsamen Verfall des Ministers berichtete. Aber er beschrieb auch, wie an Grumbkows Todestag Volksmassen klagend vor seinem Stadthaus standen, weil er ihnen als Beschützer vor der Wut des Königs galt. Waren sie wieder einmal Opfer raffinierter Manipulation? War es Legende, dass Grumbkow Friedrich Wilhelm I. einen Brief hinterließ, in dem er ihn dazu aufforderte, anständige Menschen so zu behandeln, wie er dereinst einmal selbst von Gott behandelt werden wolle? Wir können es nicht wissen, obwohl es Indizien gibt, dass der Berufsverräter Grumbkow oft genug für Milde plädierte. Wir können es nicht wissen, weil es ein falsches Versprechen gewesen zu sein scheint, als er dem Kronprinzen von Truhen voller Papiere auf Schloss Ruhstädt schrieb, denen man eines Tages seine wirklich interessante Lebensgeschichte werde entnehmen können. War es die Ironie des innerlich lächelnden Intriganten, so etwas dem zukünftigen König zu schreiben, den er doch nach Strich und Faden verraten hatte? Wollte der Feldmarschall eine bereinigte Version der eigenen Geschichte übrig lassen? Am Vorabend seines Todes verbrannte er in Berlin Papiere, was freilich offenlässt, warum man die Ruhstädter Papiere nicht einmal in bereinigter Version je gefunden hat. Gut möglich, dass es Grumbkows mondgesichtiger Schwiegersohn Podewils war, der als Außenminister die Erinnerung an Grumbkow auslöschte. Ihn nämlich beauftragte Friedrich Wilhelm I. mit der routinemäßigen Konfiszierung der Papiere des Verstorbenen, und gerade ihn können wir uns mehr als leicht dabei vorstellen, wie er den Inhalt der Truhen ruhig und methodisch den Flammen übergab. Warum riskieren, dass die Lebenden Schaden nähmen an all dem Schmutz? Was kümmerten die Erben verjährte Intrigen, solange nur alle Besitzurkunden ordentlich überliefert wurden. Einzig den Briefwechsel Grumbkows mit dem Kronprinzen übergab Podewils später diesem, als der schon Friedrich II. war, und so sind diese Briefe neben ein paar verstreuten Papieren und den Wiener Akten alles, was von Grumbkows Denken übrig geblieben ist. Aber selbst wenn wir ungleich mehr Material besäßen, könnten wir das Paradox dieses Mannes kaum auflösen. Er steht nicht nur für so viele andere historische Figuren, die uns einen Moment lang wie nahe, verstehbare, sympathische Menschen erscheinen und dann wieder wie kalte, böse, herzlose Gewalthaber. Gerade Figuren der zweiten Reihe, die wie Grumbkow eben nicht perfekt dokumentiert sind, erinnern uns an etwas Wichtiges: Wenn wir ehrlich mit uns selbst und der Vergangenheit sind, müssen wir akzeptieren, dass wir von all diesen Menschen aus einer fremden Welt und Denkweise keinen vollkommen verstehen können – und dass der zum Scheitern verurteilte Versuch des Verstehens dennoch wertvoll ist.

Was wir kennen, ist das Ende. In der Nacht vom 17. auf den 18. März 1739 schlief Grumbkow ruhig, bevor ihn um zwei Uhr morgens ein neuer «Anfall» seiner Krankheit aufweckte. Er starb innerhalb zweier Stunden, bevor noch die Ärzte kommen konnten, und sofort brachte ein Eilbote die Nachricht dem untröstlichen König. Was blieb? Zuerst die Familie, natürlich. Man hat oft behauptet, dass sie ganz erstaunlich abgestiegen sei, was aber nur das übliche Missverständnis derer ist, die glauben, dass einerseits Grumbkows Nachkommen alle Grumbkow heißen müssen und andererseits alle späteren Grumbkows Nachkommen dieses einen seien. Die Söhne hatten mittelprächtige Karrieren und ordentlichen Landbesitz, hinterließen selbst aber keine Söhne. So lebte denn Grumbkows Nachkommenschaft ab der zweiten Generation nur noch durch die Nachkommen der Töchter und Sohnestöchter fort, die zusammen mit Töchternachkommen von Grumbkows Bruder noch das ganze 19. Jahrhundert zur Elite des preußischen Hof-, Staats- und Militäradels gehörten; die späteren Grumbkows waren dagegen bloß sehr entfernte Verwandte des Feldmarschalls, dem man ihre pommersch-junkerliche Unauffälligkeit schwerlich vorwerfen kann. Die Schlösser wurden nach und nach verkauft, ebenso der wunderschöne Stadtpalast so nah beim Königsschloss. Im 19. Jahrhundert baute man ihn zum Hauptpostamt um; heute findet man an seiner Stelle eine Baugrube. Wer beispielhaft sehen will, was vom höfischen Berlin des 18. Jahrhunderts übrig geblieben ist, der muss bloß zum äußeren Rand des Alexanderplatzes laufen, sich dann in der Rathausstraße 21 etwa zwischen dem Lokal «Mutter Hoppe» und einem Baseballmützen-Fachhändler platzieren und schließlich geradeaus die Straße überqueren, um garantiert keine Spur mehr vom Palais Grumbkow zu finden.

Überlassen wir das letzte Wort der Königin Sophie Dorothea, die mit Grumbkows Frau zusammen aufgewachsen war und diesen hartnäckigen Feind ihrer Hoffnungen lange genug ertragen hatte. Im ersten Brief an ihren Sohn erwähnte sie bloß kommentarlos die Trauer des Königs. Dann trug sie nach, was für ein Glück Grumbkow gehabt habe, die absehbare Thronbesteigung des Kronprinzen nicht mehr zu erleben. Sophie Dorotheas abschließende Bemerkung zum Thema aber war am 16. April 1739 dann doch noch versöhnlich: «Der König hat Grumbkows Koch in seinen Dienst genommen, und seitdem essen wir besser.»

KAPITEL 15

Georg II. mag seine dicke Venus viel lieber als all die anderen

∞

KENSINGTON PALACE, 6. NOVEMBER 1735

Der König war zurück, hurra. Nebel über dem Ärmelkanal hatte ihn gezwungen, zweimal auf See zu übernachten, aber nun hatte England seinen Monarchen wirklich wieder. Um fünf Uhr am Sonntagmorgen war die *Royal Caroline* in Harwich eingelaufen, und gleich war Georg II. in eine Kutsche gestiegen, die ihn in seine Residenz zurückbringen sollte. Um zwei Uhr mittags fuhr der offene Wagen durch die City of London, während Kanonensalven aus dem Tower und St James's Park die passende Geräuschkulisse lieferten. Überall säumte jubelndes Volk die Straßen. Es lachte, es schrie, es warf Hüte in die Höhe, während jene ziellose Fröhlichkeit in der Luft lag, die der impulsiven Unterklasse einer Stadt ohne Polizeibehörde ihren Namen ‹mob› (von mobile people) eingebracht hatte. Zum Glück war selbst Georg II. nach einundfünfzig Jahren als Mitglied eines Herrscherhauses professionell genug, um ungeachtet seiner Stimmung mitzuspielen. Immer wieder nahm auch er huldvoll grüßend den Hut ab, während die vergoldete Kalesche sich über Cheapside und Fleet Street Richtung Piccadilly schleppte, und erst als hinter Half Moon Street die Stadt aufhörte und man in den Hyde Park einbog, um auf die sogar nachts beleuchtete königliche Spezialstraße nach Kensington zu kommen, blieb der königliche Hut wieder resolut auf dem Kopf sitzen. Aber das Straßenvolk von London war zufrieden. Es hatte sich nicht nur am Spektakel der königlichen Durchfahrt laben dürfen, sondern konnte sich auch auf den in dieser Jahreszeit rasch näher rückenden Abend freuen, an dem zur Feier solch glücklicher Wiederkehr die ganze Stadt illuminiert werden sollte. Schon trugen in allen Stadtpalästen der Aristokratie Diener Kerzen an die Fenster, damit man sie gleich nach Einbruch der Dunkelheit würde anzünden können. Eile war geboten, denn schon machte auch jener Teil des Mobs sich auf den Weg, den die Regierung bei solchen Anlässen per Trinkgeld dazu motivierte, nach unbeleuchteten Häusern zu suchen. Es lag in der Natur dieser Abmachung, dass niemand den Trinkgeldempfängern ausdrücklich vorschrieb, solch schlechten Patrioten sämtliche Fenster mit Steinen einzuwerfen. Aber in einer Welt, in der das ideale Wochenende einer Mehrheit aus dem Anschauen von Tierkämpfen, billigem Gin und einer guten Schlägerei bestand, musste man das auch kaum dazusagen, und so hätte es vermutlich der zusätzlichen Aufhetzung durch Glasermeister und Kerzenhändler gar nicht mehr bedurft, über die ein säuerlicher Oppositions-Lord sich später beschwerte. Leuten wie ihm blieb heute nur der Trost, dass der im Grunde seines Herzens wunderbar unparteiische Pöbel spätestens beim nächsten Anlauf zu einer Alkoholsteuer wieder die Fenster der Regierungs-Lords einwerfen würde; in der Zwischenzeit empfahl es sich, den Abend drinnen zu verbringen und zum Klang der Hausmusik ein wenig in den Werken der Stoiker zu blättern.

Der König war zurück, na toll. Die Hofbeamten, die im Uhrenhof des Kensington Palace auf die Einfahrt der Königskutsche warteten, sahen ihrem etwas unterdurchschnittlich gottgewollten Herrscher mit dem tiefgekühlten Enthusiasmus desillusionierter Ehepartner entgegen, die einander nur noch durch die gemeinsame Hypothek verbunden sind und doch die Hoffnung nicht aufgeben. Denn das war ja gerade ihr Dilemma, dass es ohne ihn dann irgendwie auch wieder nicht gut gewesen wäre. In einer rationalen Welt hätten sie einander dazu beglückwünschen können, dauerhaft von Königin Caroline regiert zu werden, die ihren abwesenden Gemahl während der letzten fünf Monate als Regentin ersetzt hatte. In einer rationalen Welt hätte es freilich auch keinen Statusunterschied zwischen der bloßen Ehefrau und dem regierenden Souverän gegeben und erst recht keinen Stolz, den es kränkte, wenn ebendieser Souverän sich monatelang ins heimatliche Hannover absetzte. Noch schlimmer war nur, dass er deswegen nicht weniger nach Großbritannien hineinregierte. Gerade jetzt, wo der Polnische Thronfolgekrieg ins zweite Jahr ging und alle Augen sich auf die neutrale Insel richteten, konnte man schon froh sein, wenn der König seine britischen Untertanen nicht aus bloßem Tatendrang in diesen Krieg hineinzog. Dass seine hannoverschen Vorfahren sich den Aufstieg als Kriegsunternehmer erkämpft hatten, hätte allein bereits gereicht, diese Dynastie dem britischen Adel suspekt zu machen, der wesentlich weniger militärisch orientiert war als etwa der französische. Die Hauptfiguren dieser Aristokratie waren Zivilisten, für die das stehende Heer bestenfalls ein notwendiges Übel war und schlimmstenfalls ein Unterdrückungsinstrument in der Hand des Königs. Ihre eigene Wichtigkeit bemaß sich nicht in der Zahl der Soldaten, sondern der Parlamentsabgeordneten, die ihnen gehorchten. Ihre Macht ruhte nicht wie in Frankreich auf erblichen Hofämtern, sondern auf erblichen Sitzen im House of Lords sowie auf Grundbesitz in der Provinz, den man zur Kontrolle der Unterhaus-Wahlen brauchte. Noch aber benötigte dieses reibungslos eingespielte System einiger hundert Familien die Macht der Krone, weil allein eine übergroße Herrscherfigur das Gleichgewicht zwischen den Clans garantieren konnte. Noch war die Krone denn auch sehr mächtig; wenn Lords und Unterhaus Gesetze machen und Steuern beschließen durften, so blieb dem König doch immer noch die freie Vergabe all jener Ämter, um deren Erwerb es den Politikern nun mal hauptsächlich ging, seit die großen religiösen und ideologischen Fragen der Revolution von 1688 ad acta gelegt waren. Der König mochte abhängig sein von der Whig-Partei, der das Haus Hannover seine Thronfolge verdankte. Aber umgekehrt galt eben dasselbe: Die Whigs konnten es sich nicht noch einmal leisten, den Herrscher grundsätzlich zu unterminieren, weil sie sonst die Rückkehr ihres Todfeindes Jakob III. hätten fürchten müssen. Außerdem waren längst nahezu alle Familien der Politaristokratie Whigs geworden. So hatte der König bei der Verteilung der

Spitzenposten nun doch wieder eine gewisse Auswahl, und so mussten selbst die stolzesten Anhänger der Parlamentsherrschaft doch zugleich immer noch Höflinge sein, wenn sie nicht als machtlose Nörgler enden wollten. Hier stehen zwei davon unter den Wartenden, mit denen wir etwas Zeit verbringen werden.

Falls die Weltgeschichte einen Regisseur hat, muss man ihm unterstellen, Sir Robert Walpole und Lord Hervey als komisches Duo angelegt zu haben. Walpole war mit neunundfünfzig Jahren der ältere der beiden, knapp der größere und unübersehbar der dickere, seit seine Figur sich mit 125 Kilo der im Eliten-Lebensstil angelegten Kugelform angenähert hatte; so etwas wie einen Hals hatte man bei ihm schon vorher vergeblich gesucht. Immerhin standen Übergewicht, Doppelkinn und gerötetes Gesicht Walpole keineswegs schlecht, passten sie doch perfekt zu seinem bewusst kultivierten Image. Seht her, schien die Statur ebenso zu sagen wie der Blick, der da unter mächtigen schwarzen Augenbrauen hervorkam, seht her, was für ein robuster No-Nonsense-Landedelmann ich bin; ich trinke wie die Besten, ich esse viel und gehe auf die Fuchsjagd, statt Romane zu lesen, lasse mich von kontinentalen Subtilitäten nicht beeindrucken, spreche Latein nur, wo es zu Businesszwecken nötig ist (also beispielsweise mit Georg I., der kein Englisch gekonnt hatte), und lache über meine groben Sexwitze selbst am lautesten, kurzum, ich bin ein jovialer alter Sack, wie ihn die anderen ‹country gentlemen› mögen, ohne deren Stimmen es im Parlament keine Mehrheit gibt. Das alles war denn auch vollkommen wahr und bloß in mehr als einer Hinsicht unvollständig. Erstens benannte man diesen Mann nicht ohne Grund seit ein paar Jahren mit einem hierzulande völlig neuen Wort als ‹Premierminister›, obwohl er formal als ‹First Lord of the Treasury› nur die Staatsfinanzen dirigierte. Selbst diese Funktion aber war nur ein Teil seiner Macht, die ihn zum wichtigsten Manager der königlichen Klientelpolitik machte. Paradoxerweise half ihm daneben gerade das, was er den Country Gentlemen als Zeichen seiner bodenständigen Unkorrumpierbarkeit verkaufte – die Tatsache nämlich, dass er sich trotz großer Königsgunst nicht zum Lord machen ließ, ergo keinen

Sitz im Oberhaus hatte und also auch gemäß der absurd formalistischen Adelsdefinition seiner Heimat ein bürgerlicher ‹commoner› geblieben war. Überall sonst in Europa hätte man wappentragende, jahrhundertealte und hochadelig verschwägerte Landbesitzerfamilien wie die Walpoles, also die sogenannte Gentry, selbstverständlich zum Adel gezählt. Im englischen Recht dagegen zählten wirklich nur Oberhausmitglieder als Adelige, während bereits ihre Erbsöhne oder Ehefrauen vor dem Gesetz Commoners waren. Dies zu erwähnen lohnt sich, weil es drei interessante Konsequenzen hatte. Erstens wurde die Elite dadurch unabsichtlich ein winziges bisschen offener als auf dem Kontinent. Die Gentry spielte zwar in der Praxis genau dieselbe Rolle wie der Niederadel des Kontinents, hatte anders als dieser aber keine formalrechtliche Grenze nach unten. Wo daher ein Deutscher nur durch Gnadenakt des Herrschers Adeliger werden konnte, stand einem Briten die Gentry auch ohne seinen König offen. De facto half das zwar wenig, weil man dafür großen Landbesitz kaufen musste, wie er selten auf den Markt kam; danach musste man sofort alle Bank- oder Großhandelsgeschäfte aufgeben, sich mühsam um die Akzeptanz der Gentry-Nachbarn bemühen und schließlich in ältere Familien einheiraten, was alles zusammen mindestens zwei Generationen dauerte. Die angeblich so große Offenheit des Adels war denn auch bei Lichte besehen in Britannien kaum größer als anderswo. Weil es jedoch keine sichtbare Schranke gab, konnten große Teile des Bürgertums sich trotzdem irrig, aber wirksam als Gentlemen mit der landbesitzenden Elite identifizieren, statt wie das aufstiegsfrustrierte deutsche Bildungsbürgertum ein notgedrungen antiadeliges Selbstbild zu entwickeln. Die zweite Konsequenz der zu engen Adelsdefinition bestand viel simpler darin, dass im für Commoners reservierten Unterhaus mehrheitlich Leute saßen, die nach jedem realistischen Maßstab eindeutig Adelige waren. Ihr logisches Aufstiegsziel aber blieb das Oberhaus, woraus die dritte und für Walpole wichtigste Konsequenz erwuchs. Seit das Parlament die Finanzen kontrollierte, brauchte jede britische Regierung einen effizienten Vertreter im Unterhaus, um dort die nötigen Beschlüsse durchzusetzen, und musste also mindestens einen talentierten Abgeordneten durch ein Ministeramt an sich binden. Gerade weil aber dieser schon damals als ‹manager› Bezeichnete so wichtig war, stand ihm auch nach einigen Jahren der Hauptpreis zu und also genau jene Beförderung ins Oberhaus, die ihn aus dem wichtigeren Unterhaus hinauskatapultierte. Erst Walpole kam auf eine geniale Lösung dieses Dilemmas. Er würde sich mit übermenschlicher Willenskraft verkneifen, eine Erhebung zum Lord zu erbitten (jedenfalls für sich selbst – sein Sohn erhielt sie sehr schnell), würde also in einer Regierung aus lauter hochadeligen Familienchefs dauerhaft der einzige «Bürgerliche» bleiben, damit zum unersetzlichen Macht-Makler aufsteigen und sich der Öffentlichkeit trotzdem als bescheidener Patriot verkaufen können. (Beinahe hätten wir noch «unkorrumpierbar» dazugeschrieben, nur wäre das dann doch wieder naiver gewesen, als selbst die naivste Ancien-Régime-Öffentlichkeit es je sein konnte. Das riesenhafte Schloss Houghton, das Walpole sich in seiner Heimat Norfolk bauen ließ, mochte viele Botschaften transportieren, aber «Ich wurde aus Sir Roberts überschaubarem Privatvermögen bezahlt» war keine davon).

So weit, so relativ modern. Aber fehlte da nicht noch etwas? Genau, der Hof. Sir Robert musste sicherstellen, dass der König all die administrativen, geistlichen, höfischen und militärischen Ämter so vergab, wie es für Walpoles Patronagemaschine gut war, und also musste er mit dem König in Einklang leben. Aber das war leichter gesagt als getan, wenn man es mit dem cholerischen Pedanten Georg II. zu tun hatte; hier konnte nur subtile weibliche Intervention helfen, auf die denn auch viele setzten, als 1727 der zweite Georg dem ersten auf den Thron gefolgt war. Während alle anderen jedoch geglaubt hatten, über Georgs Mätresse zum Ziel zu kommen, hatte Walpole auf die Ehefrau gesetzt (oder, wie er selbst es mit ländlichem Charme formulierte, als Einziger «die richtige Sau beim Ohr gepackt»). Nur er hatte begriffen, wie der König seine Mätresse hauptsächlich als Beweis dafür brauchte, dass er nicht von seiner Frau beherrscht wurde, und nur ihm war bereits klar, wie wenig dieser Beweis bewies. Auch nach jahrzehntelanger Ehe respektierte Georg II. seine gleichaltrige Frau Caroline von Brandenburg-Ansbach nicht nur (widerwillig) als Ratgeberin, sondern begehrte sie nach wie vor auch körperlich; als er 1729 und 1732 aus Hannover zurückkam, hatte er sich sofort ungeduldig mit ihr zurückgezogen, und selbst die Zeit schien nicht gegen sie zu arbeiten, weil ihre Figur sich auch durch massives Zunehmen nur immer mehr dem voluminösen Ideal der Zeit angenähert hatte. Insbesondere ihr Busen war eine Touristenattraktion, über die man sogar Briefe enttäuschter Hofbesucherinnen kennt, die sich mehr versprochen hatten.

Vor allem aber war Caroline nicht einfach nur klug und neugierig, sondern auch machtbewusst genug, um ihrerseits in Walpole sofort den idealen Verbündeten zu erkennen. Zusammen pflegten sie den sturen und ins Ressentiment verliebten Ehemann umso unmerklicher in die richtige Richtung zu bugsieren, als Caroline nicht nur genauso intelligent wie der Premierminister war, sondern im Unterschied zu ihm auch Takt besaß. Das Einzige, was diesen beiden noch gefehlt hatte, war daher ein Verbindungsmann gewesen, der der Königin bei Hof gewissermaßen die Bälle zuspielen konnte, wie es dem mit Arbeit überlasteten Premier unmöglich gewesen war. Bald aber fand sich auch dafür jemand, und es war dieser Mann, den wir jetzt im Uhrenhof von Kensington an Walpoles Seite stehen sehen, als hätte besagter Regisseur ihn sich als Maximalkontrast ausgedacht.

John, Lord Hervey, dessen Name trotz Schreibweise «Harvey» gesprochen wurde, war nicht bloß zwanzig Jahre jünger als Walpole (und also jetzt neununddreißig). Er war der schönste junge Mann des Hofes gewesen und immer noch eine ätherische Erscheinung von zierlicher Statur und feinen schmalen Händen, eine zum Leben erweckte Porzellanfigur, in deren Gesicht die Schminke mit der vornehmen Blässe des chronisch Magenkranken um die Vorherrschaft kämpfte. Die einzige ihm wohlwollende Schriftstellerin der Zeit hatte kürzlich geschrieben, Gott habe Männer, Frauen und Herveys geschaffen; seine sehr viel zahlreicheren Feinde drückten dasselbe aus, indem sie den Lord beispielsweise als «amphibisches Ding», Schmetterling, Puderquaste, «angemaltes Spielzeug» oder «zweifelhaftes Er, Sie, Gewisses Etwas» bezeichneten, womit sie nicht zuletzt auf sein kompliziertes

Privatleben zielten. Auch seine physische Eleganz machte ihn einer Aristokratie eher suspekt, die anders als moderne Berühmtheiten ja eben gerade nicht nach gutem Aussehen rekrutiert wurde. Direkt vor Lord Hervey beispielsweise stand jetzt als ranghöchster aller Hofbeamten sein Cousin, der Oberkammerherr (lord chamberlain) Herzog von Grafton, ein Königsenkel in unehelicher Linie, neben dem selbst Walpole noch dünn aussah und dessen 200-Meter-Wettrennen mit dem zweitdicksten Mann der Hauptstadt schon vor einem Vierteljahrhundert begeisterte Massen auf die Straße getrieben hatte (natürlich gewann der andere). Nur ein einziger Arzt der Epoche traute sich überhaupt, für hoffnungslose Fälle das Abnehmen als verzweifeltes letztes Mittel zu empfehlen, und auch dem war der Gedanke erst gekommen, als er selbst gerade die 200-Kilo-Grenze überschritten hatte; ironischerweise war dann ausgerechnet der schlanke Hervey sein Patient geworden, weil dessen Nerven- und Magenschwächen ihn zu einem so radikalen Vorgehen zwangen. Da aber andererseits Vetter Grafton nicht bloß überschwer, sondern für den Alltagsdienst bei Hof auch fast schon zu vornehm war, blieb die Organisation des königlichen Alltags letztlich meistens bei Lord Hervey hängen, an dessen Rocktasche man seit fünf Jahren den goldenen Schlüssel des Vize-Oberkammerherrn (vice-chamberlain) bestaunen konnte. Hervey war daher seit fünf Jahren praktisch nie mehr von der Königsfamilie losgekommen, hatte kaum noch Muße für seine satirischen Gedichte gefunden und dafür umso mehr Zeit gehabt, sich die rustikalere Disposition seines Verbündeten Walpole zu wünschen. *Der* ritt genauso gern zur wöchentlichen Jagd wie sein König, während Lord Hervey sein Pferd bei solchen Anlässen routinemäßig neben den mitfahrenden Wagen der Königin lenkte, um sich mit ihr ungestört über Theologie, Weltpolitik oder Sex zu unterhalten. Obwohl (oder weil?) er sich mit allen Menschen außer einem ironisch distanziert gab, war Hervey schnell Königin Carolines liebster Höfling geworden und hatte so das zum Regieren notwendige Trio vervollständigt, wie man es sich nicht besser hätte wünschen können. Oder genauer gesagt: wie man es sich nicht hätte besser wünschen können, wenn man sich nicht gerade wie

Walpole, Hervey und der gesamte britische Adel als logische Fortsetzung jenes republikanischen altrömischen Adels gesehen hätte, der zur Herrschaft im Senat geboren war wie sie fürs Parlament. Die dazu passenden Texte der klassischen Antike standen nicht umsonst im Zentrum ihrer Eton- und Cambridge-Bildung: ideale Identifikationsmuster für eine Elite, die gerade wieder anfing, ihre Paläste im römisch-klassizistischen Stil zu bauen. Nur einen Haken hatte die Sache: Ein König war nicht vorgesehen im Idealbild und ein reizbarer Deutscher gleich gar nicht. Schon die Königin machte in wichtigen politischen Fragen nur Ärger, obwohl die wenigsten noch zu begreifen behauptete, dass es ohne die relative Freiheit der Briten auch keine hohen Steuereinnahmen gäbe: «Und wer zum Teufel wollte euch dann wohl noch haben?» Erst vor kurzem hatte Hervey sich mit Walpole über das Haus Hannover ausgesprochen und laut nachgedacht: Wenn selbst wir, die wir diesem Königshaus aus wohlverstandenem Eigeninteresse alles Gute wünschen, trotzdem regelmäßig zusammenzucken, sobald wir sie über England oder ihren Willen reden hören – was würde dann wohl die große Masse tun, wenn sie wüsste, wie unsere Herrscher wirklich sind? Es war genau diese Kränkung, die neuen Könige selbst gemacht zu haben und dennoch von Fremden beherrscht zu werden, die man bis heute bei britischen Antimonarchisten genauso wie im Smalltalk der Aristokratie finden kann und die 1735 selbst solche Loyalisten wie diese beiden hier daran hinderte, sich auf die Rückkehr ihres Monarchen besonders zu freuen. Immerhin konnte es gelegentlich eine angenehme Überraschung geben. Als Georg II. vor drei Jahren das letzte Mal aus Hannover zurückgekommen war, hatte Hervey ihm ans Meer entgegenreisen müssen, und obwohl er sich eine unverzeihliche Viertelstunde verspätete, hatte der König ihn so erfreut empfangen, dass Hervey sich zuletzt zu seiner eigenen Verwunderung auch selbst über diese Rückkehr gefreut hatte. Wer sagte denn, dass das nicht wieder so kam?

Der König war zurück, und er freute sich kein bisschen. Weil neben ihm diesmal sein hannoveranischer Oberkammerherr Marquis de La Forest saß, war die offene Kutsche gewissermaßen ein letztes Stück

Hannover um ihn herum, als wollte er England so spät wie möglich an sich heranlassen. Das Fieber, das Georg II. sich unterwegs eingefangen hatte, half ihm, sich aufs Negative zu konzentrieren, aber es hätte dieser Hilfe kaum noch bedurft, um zu erkennen, was auch so auf der Hand lag. Alles war verkehrt. Ein halbes Jahr lang war er in seinem Kurfürstentum fast unbeschränkter Herrscher gewesen, um nun in das Land der Parlamentsquerelen zurückzukommen, wo alle ihm misstrauten, ihm!, der doch wie ein Vater nur ihr Bestes wollte. Da reiste er nun schon bloß alle drei Jahre nach Hannover, und denen war es immer noch zu viel. Um jeden Tag hatte er kämpfen müssen, bis er am Schluss in viel zu großer Eile aufgebrochen war; kein Wunder, wenn die Hämorrhoiden sich wieder bemerkbar machten. Das Wiedersehen mit seiner Tochter Anna in Den Haag war erst recht nicht geeignet, seine Stimmung aufzuhellen. Dank Grumbkow war ja aus den preußischen Heiratsplänen nichts geworden, weswegen man die Prinzessin vor einem Jahr notgedrungen anderweitig verheiratet hatte. Europaweit hatte es genau drei disponible Kandidaten gegeben, kein einziger ein König und zwei als Witwer mit bereits vorhandenen Erbsöhnen eigentlich indiskutabel. Prinzessin Anne hatte also den dritten geheiratet, der wieder einmal Prinz Wilhelm von Oranien hieß, ein Sohn des 1711 ertrunkenen Schlächters von Malplaquet war und außerdem ein kleinwüchsiger Buckliger mit Mundgeruch, den seine meinungsstarke Schwiegermutter Caroline «dieses Monster» nannte. Prinzessin Anne hatte die Sache stoischer gesehen. Sie erklärte, ihn auch heiraten zu wollen, wenn er ein Affe wäre, tat's und landete in den Niederlanden, wo der zurückreisende Vater sie nun besucht hatte – dicker denn je, von ihrem Mann zugunsten einer deutschen Nichte des Marquis de La Forest ignoriert, immer noch nicht Mutter eines Erben und keinen Schritt näher an der Generalstatthalterschaft der Niederlande, die ihr Mann doch mit ihrer Hilfe hatte erwerben wollen wie seinerzeit schon sein Vater bei Malplaquet. Der einzige wirkliche Effekt dieser Heirat war daher der gewesen, dem ungeliebten Prinzen von Wales einen neuen Grund zur Beschwerde zu geben: Warum man noch immer nicht ihn verheirate, der doch ältester Königssohn und bereits achtundzwanzig sei? Natürlich war es nicht die Ehefrau, um die es Fritz ging. Aber wer heiratete, musste auch einen Haushalt bekommen, eigene Einkünfte also, eigene Residenzen und vor allem eigene Höflinge. Also würde die Opposition sich in diesen Haushalt einschleichen, den kindischen Fritz im Handumdrehen zu ihrer Marionette machen und gegen den König in Stellung bringen. Wie man das tat, wusste Georg nur zu gut, weil er schließlich selbst lange genug Prince of Wales gewesen war. Sein mit allen Waffen des Zeremoniells geführter Kleinkrieg gegen den Vater war legendär gewesen, freilich auch ganz etwas anderes, denn *er* hatte damals ja recht gehabt. Fritz dagegen war nicht bloß undankbar bis über beide Ohren, sondern auch so ahnungslos, dass man nur raten konnte, in wessen Hände er fallen würde; beim bloßen Gedanken daran dachte Georg II. zum tausendsten Mal, dass man den Prinzen nie aus Hannover hätte herbringen sollen. Ebenjener La Forest, der jetzt neben ihm saß, hatte den schüchternen und linkischen Jungen vor sieben Jahren dort abgeholt, und dass Georg ihn dafür auch noch befördert hatte, vervollständigte nur mehr den Gesamteindruck. Alles war verkehrt. Der spielverderberische Sohn war genauso eindeutig auf der falschen Seite des Ärmelkanals wie andererseits die sanfte Frau von Wallmoden, die Georg in Hannover nicht nur schwanger, sondern auch mit dem Versprechen zurückgelassen hatte, noch vor ihrer Niederkunft zurückzukehren. Wie er das seinen britischen Untertanen schonend beibringen sollte, die ja glaubten, ihn wieder für drei Jahre zurückzuhaben, wusste der Himmel allein. Und war es nicht nur zu folgerichtig, wenn sie jetzt unter dem Uhrenturm hindurch in den Kensington Palace hineinfuhren? Seit sein asthmatischer Vorgänger Wilhelm III. vor dem Londoner Smog ins ländliche Kensington geflohen war, hatte man das einst kleine Landhaus derartig bis zur Unkenntlichkeit umgebaut, dass man jetzt nur noch von hinten hineinfahren konnte und also auch hier alles verlässlich verkehrt war.

Im Uhrenhof schlug nun die Stunde der Handküsse. Hofwürdenträger aller Art, Minister und Offiziere, Lords und Kammerjunker warfen sich auf die Knie, bevor sie dem Herrscher so die Hand küssten, wie sie es auch getan hatten, als er ihnen ihre Ämter oder Titel verliehen hatte. (Bis heute beginnt die Amtszeit eines britischen Premierministers nicht etwa mit Überreichung einer – inexistenten – Ernennungsurkunde, sondern damit, dass er der Königin die Hand küsst.) Den Damen gab der König großzügige Etiketteküsse, die freilich auch genau deshalb weniger wert waren, weil er sie eben allen Damen gab. Der zeremonielle Hauptpreis für Frauen war ein Etikettekuss von der Königin, den es erst von der Grafentochter aufwärts gab; als Carolines schwerhörige Tochter Amalie eines Tages geistesabwesend auch die Frau eines bloßen Ritters zu küssen drohte, musste daher ein Türhüter die Situation retten, indem er «Don't kiss her, she is not a real lady!» brüllte. Einen Kuss auf den Mund erhielt jetzt dagegen allein Königin Caroline; nach jenen kleinen Zeichen größerer Nähe, auf die Walpole und Hervey besonders gehofft hatten, sah es dieses Mal jedoch wahrlich nicht aus. Schon bewegten sich auch König und Entourage auf die südöstliche Ecke des Uhrenhofs zu, wo ein relativ unspektakulärer Eingang zum «Großen Treppenhaus des Königs» führte. Noch heute können Besucher beim Emporsteigen dieser Staatstreppe den Blick der Bedienten spüren, die von echten und vorgetäuschten Galerien auf sie herunterzuschauen scheinen, seit William Kent sie 1725 an die Wände gemalt hat: die hannoveranischen «Kammertürken» Mehmet und Mustafa etwa, der vielleicht polnische, vielleicht dänisch-norddeutsche Hofzwerg Christian Ulrich Jorry oder Peter «the Wild Boy», ein angeblich mit Wölfen aufgewachsener Junge aus einem Wald in der Nähe von Hameln, der jetzt als Kuriosum bei Hof lebte und dort seit zehn Jahren einen aussichtslosen Kampf gegen das feindliche Prinzip Kleidung kämpfte. An diesem Abend freilich überstieg die Zahl der leibhaftigen Bedienten die der gemalten bei weitem, und wenn auch naturgemäß nur ein relativ kleiner Teil der etwa 950 zivilen Hofangestellten oder 4800 Leibgardisten anwesend war, reichte das doch immer noch, um das Treppenhaus überquellen zu lassen. Am engsten um den Monarchen drängten sich natürlich der dicke Grafton als Oberkammerherr, Hervey als dessen Stellvertreter, Walpole als Chefminister und ein Leibgardeoffizier, dem sein Kommandostab aus vergoldetem Elfenbein den schönen Titel ‹gold stick in waiting› einbrachte. Der König selbst führte die Königin an der Hand die Treppe hinauf, bis sie die Presence Chamber erreicht hatten, und bog dann nach links in den Drawing Room ein, der das Staatsappartement der Königin eröffnete. Hier begann ein langer Schlauch von Zimmern, der nicht nur den Rang der Bewohnerin, sondern vor allem den der Gäste ausdrückte – je weiter man darin vordrang, desto näher kam man den gewissermaßen intimen innersten Räumen, und desto wichtiger war man also. Fast alle Paläste Europas folgten dieser Logik, und nur in Versailles hatte Ludwig XIV. die Gemächer aus Rücksicht auf das Jagdschlösschen seiner Jugendjahre derartig ineinanderschieben müssen, dass die normale Prozedur nicht mehr funktionierte. Die Wichtigkeit französischer Hofleute maß man daher nun notgedrungen nicht mehr daran, wie nah sie an das königliche Schlafzimmer herankamen, sondern wie früh man sie dort hineinrief. Überall sonst hingegen diktierte die Logik des Zeremoniells den Wohnungen der großen Herren weiterhin die Schlauchform (enfilade), weil nur sie eine klare hierarchische Reihenfolge der Räume erlaubte; dass sie zugleich fast alle Zimmer zu Durchgangszimmern machte, fällt erst uns unangenehm auf, die wir an so etwas wie Privatleben glauben. Gleichzeitig schlich sich jedoch der Diener wegen eine Unzahl winziger Korridore, Zwischengeschosse und Hintertreppen um die riesigen Staatszimmer herum, und nirgends waren sie labyrinthischer als in Kensington, das ja wie Versailles im Grunde bloß ein unordentlich vergrößertes Landhaus war. Vor einigen Jahren erst hatte Königin Caroline mit ihrem etwas trotteligen Oberkammerherrn Lord Grantham gewettet, ob man einen bestimmten Raum erreichen könne, ohne die große Treppe zu nehmen, hatte den armen Mann dann auf die Suche geschickt, bis er erfolglos zurückkam, und ihm zuletzt mit einem Kerzenleuchter in der Hand triumphierend den richtigen Weg gezeigt.

Heute freilich gab es keine Umwege und keinen Spaß. Statt wie in besseren Zeiten mit seiner Frau allein zu bleiben, sobald sie das innerste Gemach erreicht hatten, führte Georg II. sie einfach noch eine Tür weiter und damit abrupt wieder aus ihrem Appartement hinaus, wodurch sie in einer großen Galerie zu stehen kamen. Hervey war einer der wenigen, die ihnen bis dahin hatten folgen dürfen. Normalerweise wäre jetzt die Oberhofmeisterin (mistress of the robes) der Königin an ihrer Seite gewesen, aber *der* Posten war vakant, seit Lady Suffolk ihn vor einem Jahr hingeworfen hatte. Sie hatte keine Lust mehr gehabt, sich als Mätresse des Königs jeden Abend seine stundenlangen Monologe anzuhören, die sie trotz Taubheit auf einem Ohr zunehmend unerträglich fand. Die Königin, die über genau diese paar Abendstunden ohne ihren Mann immer sehr froh gewesen war, hatte zwar noch alles versucht, um Lady Suffolk umzustimmen. Am Ende warf sie ihr vor, sie handele offenbar unter dem unangemessenen Einfluss kindischer Romane: Sollte sie denn als Fünfundvierzigjährige nicht längst gelernt haben, dass Beziehungen nun mal kein Zuckerschlecken seien? Aber Lady Suffolk blieb stur. Ihr halbirrer Trunkenbold von einem Ehemann war kürzlich gestorben, und so brauchte sie auch den Hofjob nicht mehr, der sie anderthalb Jahrzehnte lang notdürftig vor ihm geschützt hatte. Einmal allerdings war Lord Suffolk auf der Suche nach seiner Frau in das Zimmer der Königin eingedrungen, die ausnahmsweise ganz allein war und daher höflichen Smalltalk machte, bis sie nah genug an der Tür war, um nicht mehr aus dem offenen Fenster gestoßen werden zu können. «Da setzte ich meinen großen Königinnentonfall auf und sagte ihm, er solle es nur wagen, seine Frau bei mir abzuholen – obwohl ich wusste, dass er sehr wohl damit durchkäme, wenn er bloß wollte.» Nun aber war das nicht mehr zu befürchten, und also nahm Lady Suffolk sich die Freiheit heraus, den König zu verlassen; sie heiratete einen netten dreiundvierzigjährigen Oppositionsabgeordneten, ließ sich in einem grünen Londoner Vorort nieder und erzählte ihren Gästen noch drei Jahrzehnte später interessante Geschichten aus dem Hofleben. Halb widerwillig hatte Königin Caroline sie verstehen können, die sie selbst sich diesen Luxus nie würde leisten dürfen und also noch ärgerlicher über Lady Suffolk wurde. Gerade jetzt, als der König den gesamten Hof in die Galerie kommen ließ, hätte sie viel dafür gegeben, sich ungestört einen seiner Monologe anzuhören. Aber ausgerechnet mit ihr sprach Georg II. im

Lauf der nächsten halben Stunde kein Wort, um sich stattdessen den übrigen Anwesenden mit genau so viel Freundlichkeit zuzuwenden, wie sie eben ein von Natur aus schlecht gelaunter Herrscher unter dem Einfluss von Fieber und Hämorrhoiden zustande bringt. Dann ließ er sich in umgekehrter Richtung durch die Königinnengemächer hindurch in seine eigenen zurückbegleiten, während Caroline, Walpole und Hervey versuchten, einander nicht besorgt anzusehen.

An dieser Stelle müssen wir Georg II. vielleicht einen Moment lang in Schutz nehmen. Der Verweis auf eine schwere Kindheit ist natürlich ein Klassiker, aber wer sich noch daran erinnert, wie in Kapitel 8 Georgs Mutter Sophie Dorothea zuerst mit dem sofort ermordeten Liebhaber Königsmarck erwischt und dann für den Rest ihres Lebens in eine nach fauligem Schlamm stinkende Beinahe-Ruine eingesperrt wurde, wird vermutlich verstehen, warum es hier ganz ohne diesen Verweis nicht gut ginge. Georg II. war zehn Jahre alt gewesen, als dies geschah. Da seine Mutter starb, bevor er König wurde und sie hätte befreien können, hat er sie nie wiedergesehen; ihren Namen sprach er offenbar kein einziges Mal mehr aus, obwohl er es doch sonst so liebte, endlose Familiengeschichten zu erzählen. Man muss kein guter Psychologe sein, um zu ahnen, was das mit ihm gemacht haben mag, denn selbst dem ironisch distanzierten Hervey fiel da etwas auf, der als vielleicht einziger Beobachter alle relevanten Perspektiven kannte. Einerseits war er selbst als geliebtes Kind einer der seltenen Liebesheiraten aufgewachsen, später auch in große Liebe verfallen und zugleich als einfühlsamer Mann an der Seite der Königin ihr wirklicher Freund geworden. Andererseits hatte er aber erleben müssen, wie seine Mutter sich nicht nur mit dem Vater entzweite, sondern auch den Sohn fast mit Hass verfolgte, während er selbst die einst aus Liebe geheiratete Frau zu verachten begann und ihre gemeinsamen acht Kinder noch mehr vernachlässigte, als das sogar in dieser Welt üblich war. Das größere Problem freilich ist, dass wir Hervey überhaupt zitieren müssen. Seinen königlichen Herrn nämlich haben wir uns nicht nur als Produkt einer dysfunktionalen Familie vorzustellen, sondern vor allem auch als Opfer einer Quellenlage, die in seinem Fall noch einmal problematischer war als üblich. Ohnehin hat ja schon jeder Hof und jede Epoche mindestens einen zynischen oder verschnupften Chronisten. Hofmemoiren werden oft erst geschrieben, wenn man schon zu alt, zu zurückgezogen oder zu verbannt ist, um noch aktiv mitzuspielen, und entsprechend negativ fällt die Perspektive denn meistens auch aus. Wer andererseits noch mittendrin war und tatsächlich von Tag zu Tag schrieb, nutzte das gerne zum Dampfablassen, zumal wenn er beispielsweise so eng wie Hervey mit der unter ihrem Mann oft leidenden Königin befreundet war. Im Fall des britischen Hofes nach 1714 kam jedoch sehr vieles dazu, um das Bild ungewöhnlich stark zu verzerren.

Wir haben oben bereits beschrieben, wie dem britischen Adel aus den Zwängen der Politik das kränkende Gefühl entstanden war, sich unter Wert an eine fremde Dynastie verkauft zu haben. Bei realistischer Betrachtung war das zwar schon dann Unsinn, wenn man die zum Welfenhaus gehörenden Hannoveraner etwa mit den vorherigen Dynastien Stuart oder gar Tudor verglich, erst recht natürlich im Vergleich mit dem britischen Adel. Die ununterbrochene Familienkontinuität selbst des ältesten englischen Grafentitels reichte gerade mal bis 1442 zurück, die des ältesten Herzogranges sogar bloß bis 1660; auch der untitulierte Adel der meisten Familien war selten älter als vier- oder fünfhundert Jahre, während die Welfen damals bereits auf ein knappes Jahrtausend zurückblicken und sich schon im 9. Jahrhundert mit den Karolingern verschwägert hatten. Vor allem aber waren britische Adelige niemals unabhängige Landesherren wie etwa die Reichsfürsten gewesen. Ihre Titel waren reine Hausnummern, die etwa einem Herzog von Norfolk oder Devonshire keinerlei Herrschaftsrechte über die gleichnamige Region verliehen, und so waren sie denn auch von Europas Herrscherhäusern nie als ebenbürtige Heiratspartner anerkannt worden. Nur englische Königstöchter durften sie genau so lange heiraten, wie die Rosenkriege den Herrscher zum Bündnis mit starken Untertanen zwangen. Seit dem 16. Jahrhundert aber war auch das endgültig vorbei, und erst 1871 würde wieder eine englische Prinzessin in ein Haus des englischen Adels einheiraten (die erste legale Heirat eines Prinzen mit einer englischen Adelstochter ließ sogar bis 1923 auf sich warten, also bis nach dem weltkriegsbedingten Abbruch der Beziehungen mit Deutschland). Schon deshalb blieb dem Haus Hannover die Einheirat vor Ort und also die wirksamste Form der Integration verwehrt. Statt sich durch britische Heiraten nach und nach zu assimilieren, holten diese Herrscher in jeder Generation eine neue deutsche Importbraut ins Land, sodass noch Georg VI. (1895–1952) bis zur Winterkönigin Elisabeth (1596–1662) zurückgehen musste, um in seiner Ahnentafel überhaupt eine aus «urbritischer» Familie stammende Person zu finden (zum Glück brachten es wenigstens die diversen Cousinenheiraten der Vorfahren mit sich, dass er gleich siebenfach von ihr abstammte). Diese Heiraten verfestigten aber nicht nur die bis heute anhaltende Wahrnehmung aller seit 1714 regierenden Herrscher als «Deutsche». Sie hielten vor allem auch die Wut des britischen Adels auf jene deutschen «princelings» am Leben, deren Töchter man immer wieder den ihren vorzog. So sehr verbreitete sich diese Perspektive, dass mit Ausnahme einiger wunderbarer Experten noch heute kein britischer Autor anders als spöttisch über deutsche Herrscher schreiben kann. Stets wird dabei stolz hervorgehoben, dass schon im 18. Jahrhundert manch ein britischer Adeliger mehr Geld hatte als manch ein deutscher Fürst, und nie erklärt man, warum das so war – nur der Lord konnte ja als verpflichtungsfreier Privatmann von Landwirtschaft, Bodenschätzen oder karibischer Sklavenarbeit profitieren, während der Fürst von seinem nicht unbedingt besser erworbenen Geld immerhin einen Staat samt Verwaltung, Universitäten und Opernhaus finanzieren musste und also am Ende gerade deswegen nicht mehr besaß, weil er ein wenig nützlicher war. Wenn aber deutsche Fürsten aus britischer Perspektive prinzipiell lächerlich waren oder doch aus Gründen der Selbstachtung so gesehen werden mussten, dann konnten auch die Hannoveraner kein ernst zu nehmendes Haus gewesen sein – und also lag es nahe, rückblickend jedem Chronisten blind zu glauben, der sie aus oft ganz anderen Gründen verspottete. Im speziellen Fall Georgs II. kam hinzu, dass die Lords der Whig-Partei später jahrzehntelang im Streit mit seinem Enkel Georg III. lagen, dem sie unterstellten, Britanniens Freiheiten eine nach der anderen abschaffen zu wollen. Da die finsteren Absichten dieses Königs sich bei Lichte besehen jedoch darin erschöpften, seine formalen Rechte auch wirklich ausüben zu wollen, mussten seine Gegner nach und nach eine Vergangenheit erfinden, in der sein Vorgänger auf diese Rechte angeblich bereits verzichtet hatte. Weil aber selbst der talentierteste Whig-Historiker nicht imstande gewesen wäre, Georg II. als großen Freund der britischen Freiheiten darzustellen, einigte man sich schnell auf die ohnehin unterhaltsamere Alternative, wonach er die reale Macht einfach aus Dummheit abgegeben habe. Da aber weiterhin das Schöne an der Entwicklung der britischen Verfassung gerade darin liege, dass sie sich seit 1689 rein evolutionär, gewohnheitsrechtlich und ohne Papierkram vollziehe, dürfe nun auch der Enkel diese Macht nicht einfach wieder zurückfordern. Wie wir an der fast vollkommenen Machtlosigkeit der heutigen Monarchin erkennen können, siegten in diesem Konflikt letztlich die Whigs, bevor die nächste Stufe der lautlosen Verfassungsevolution auch die Adelsmacht auflöste; mit den Whigs aber siegte zugleich eine sie verklärende Geschichtsschreibung, die gerade den zweiten Georg nur als Trottel gebrauchen konnte.

Vielleicht hätte der in diesem Punkt glücklose König trotzdem noch eine Chance gegen die Historiker gehabt, wenn wenigstens die aus seiner Zeit stammenden Quellen reichhaltig und komplex genug wären, um eine so parteiliche Interpretation zu widerlegen. Aber auch hier machte das Pech keine halben Sachen. Georg selbst hinterließ kaum Briefe, weil er wie so viele seiner Kollegen hauptsächlich mündlich regierte, nämlich in Einzelbesprechungen mit den Ministern, die man auf diese Weise leichter gegeneinander ausspielen konnte. Schriftliche Berichte beantwortete er durch Randbemerkungen; der kommentierte Originalbrief ging also an den Empfänger zurück, ohne im königlichen Archiv den sonst üblichen Entwurf der Antwort zu hinterlassen. Vom trotzdem angesammelten Archivmaterial ging 1837 ein großer Teil an das nun wieder unabhängige Hannover zurück, wo das meiste dann ein Jahrhundert später britischen Luftangriffen zum

Opfer fiel. Auch was übrig blieb, war jedoch meistens auf Deutsch oder in Georgs buchstäblicher Muttersprache Französisch verfasst worden. Deutsch hatte er ja erst (widerwillig) mit vier Jahren gelernt, und auch mit Königin Caroline sprach er normalerweise Französisch; das Deutsche brauchten die beiden nur für solche Momente, in denen ihre englische Entourage sie nicht verstehen sollte, mit der sie sonst je nach Fall Französisch oder ein etwas akzentbelastetes Englisch sprachen. Herveys Memoiren belegen, dass die Königin im Gespräch mit ihm regelmäßig vom Englischen ins Französische wechselte. Ganz offenbar ging es ihr also ähnlich wie so vielen Herrschern und Aristokraten jener Zeit, die für bestimmte Dinge nur auf Französisch Worte fanden, was in diesem Fall freilich durch das Jonglieren mit drei statt zwei Sprachen zusätzlich kompliziert wurde. Noch ihr 1771 geborener Urenkel Ernst August, der 1837 das Königreich Hannover erbte, lebte so selbstverständlich zwischen diesen drei Sprachen, dass er beispielsweise den anglo-franko-deutschen Mischmasch «I do not know leur daher» schrieb, wenn er «Ich kenne ihre Gründe nicht» meinte. Wenig verwunderlich also, dass die britische Geschichtsschreibung sich über Georg II. und die Seinen am liebsten und fast ausschließlich bei den englischsprachigen Zeitgenossen informiert. Die Politiker und Höflinge aber, die ihn als Einzige einigermaßen aus der Nähe kannten und dann auch noch etwas über ihn aufschrieben, hatten nicht bloß allesamt ihre eigene Agenda. Sie waren auch nicht bloß alle mindestens einmal von ihm entlassen worden, weil ihre durchschnittliche Amtszeit natürlich viel kürzer war als seine dreiunddreißigjährige Regierung. Vor allem gab es in dieser Epoche einfach schrecklich wenige von ihnen, wodurch jedem Einzelnen dieser kaum vier oder fünf Kronzeugen gleich gefährlich viel Gewicht zukam. Das klingt erst einmal sehr abstrakt; sobald man aber weiß, dass mindestens drei dieser Autoren regelrechte Meister jener vernichtenden Satire waren, ohne die im Großbritannien Georgs II. keine politische Diskussion auskam, wird vermutlich schon klarer, warum wir von ihnen kein besonders gerechtes Bild des Königs erwarten dürfen. Ein Beispiel mag das veranschaulichen. Lord Chesterfield beschrieb Georg II. aus der Perspektive eines Mannes, der dem König in dreiunddreißig Jahren nacheinander als Kammerherr, Hauptmann der Beefeater-Garde (Yeomen of the Guard), Geheimrat, Botschafter, Oberhofmarschall, Vizekönig von Irland und Außenminister gedient hatte. Nach seiner letzten Entlassung blieben dem langlebigen Chesterfield noch fünfundzwanzig Jahre, die er weit weg von einer aus rein strategischen Gründen geheirateten unehelichen Halbschwester des Königs verbrachte. Die belehrenden Briefe, die Chesterfield seinem unehelichen Sohn über standesgemäßes Verhalten schrieb und in denen er unter anderem stolz festhielt, nie im Leben laut gelacht zu haben, sind heute hauptsächlich deswegen noch in Erinnerung, weil ein berühmterer Autor dem Chesterfield'schen Ideal vom Gentleman später «die Moral einer Hure und die Manieren eines Tanzlehrers» attestierte. Schon das wäre vermutlich Grund genug, um Chesterfield nicht ganz blind zu glauben, dass alles an Georg II. «klein und niedrig» gewesen sei. «Er hatte alle Schwächen eines kleinen Geists, aber nicht einmal die Schattenseiten eines großen. Er liebte es, den König zu spielen, aber er hat die Rolle immer falsch angelegt. Von allen Leidenschaften beherrschte ihn die gemeinste, nämlich der Geiz, und nie sah ich ihn davon zu einer großzügigen Tat hin abweichen. ... Er starb unbedauert, wenngleich nicht ungelobt, denn immerhin war er tot.» So weit, so deutlich. Aber was, wenn man nun einen Augenblick lang Chesterfields Verhältnis zu Lord Hervey betrachtet, mit dem er sich doch in seinem Urteil über den König ganz einig war? Tatsächlich waren sie befreundet genug, um etwa Chesterfield zum Paten von Herveys Sohn zu machen, und noch kurz vor Herveys Tod intrigierten sie gemeinsam gegen den Rest der Hofpolitiker, obwohl sie einander nach Meinung des dritten wichtigen Chronisten in Wahrheit hassten. Und wirklich hatte schon zu Beginn ihrer Bekanntschaft Chesterfield eine Satire über das angebliche Verhältnis von Herveys Frau mit dem alten Georg I. publizieren lassen, die er nach ihrer charmanten Beschwerde sogar noch verschärfte. Hervey andererseits charakterisierte Chesterfield in seinen Memoiren als gewohnheitsmäßigen Lügner, der selbst da lüge, wo es sich gar nicht lohne; nur so als kleine Zugabe gab es dann noch die Information, dass er aussehe wie ein zum Winzling zusammengedrückter Riese, dass er schwarze Zähne habe (Herveys eigene waren angeblich gutgemachte Attrappen aus Achat), dass er weiterhin insgesamt so hässlich sei, wie man es gerade noch sein könne, ohne im technischen Sinne als deformiert zu gelten, und dass daher die Frauengeschichten, mit denen Chesterfield so angebe, in Wahrheit alle bloß mit solchen Frauen stattgefunden hätten, «die mit Adonis genauso gegangen wären wie mit [dem hässlichen Feuergott] Vulkan, weil sie beiden dieselbe Summe berechneten». Es mag ein amüsanter Sumpf sein, in den man da bei der Memoiren-Lektüre hineintappt. Aber ein Sumpf ist es doch und die Navigation darin anstrengend genug, um einem fast schon wieder das Herz zu wärmen, wenn man liest, wie Georg II. in seiner vergleichsweise unkomplizierteren Art den Ex-Oberhofmarschall Chesterfield einfach als «diesen Zwergpavian» bezeichnete.

Unsere Hauptzeugen für den Charakter Georgs II. sind so wenige, so parteiisch und so grundsätzlich giftig, dass die von den Whigs geprägte Geschichtsschreibung des 19. und 20. Jahrhunderts sie sich gar nicht besser hätte wünschen können. Kein Wunder folglich, wenn noch vor wenigen Jahrzehnten einer der besten Kenner dieser Epoche seine Charakterisierung dieses Königs mit den Worten «Wie sein Vater war Georg II. dumm, aber kompliziert» einleitete, bevor er dann durchaus einfühlsam einen Mann beschrieb, der allem Anschein nach weder besonders dumm noch dramatisch intelligent war. Im etwas freundlicheren Bild gegenwärtiger Historiker erscheint Georg als kompetenter Politiker, dessen Blick für europäische Zusammenhänge oft besser war als der seiner insularen Minister; er bewahrte in Krisensituationen die Ruhe und arrangierte sich mit einer Verfassung, die ihm begreiflicherweise keine rechte Freude machte. Auch die Grenzen seines Regierungstalents waren dem König durchaus bewusst. Zugleich verstand er allerdings, dass jeder, der ihm diese Arbeit hätte abnehmen können, seine eigene problematische Agenda verfolgte. Es widerstrebte Georgs Stolz, sich von seiner Frau und seinem Premierminister so beeinflussen zu lassen, wie er es dann doch wieder zuließ, weil er eben nicht größenwahnsinnig war. Irgendwohin aber musste das Ressentiment, und so schimpfte er denn tagaus, tagein vor sich hin, was durch eine mit Königin Caroline geteilte Neigung zur Drastik nicht eben besser wurde (siehe oben unter «Zwergpavian» und «Monster»). Selbst seine ausgeprägten Talente waren kein reiner Segen. So speicherte Georgs perfektes Gedächtnis beispielsweise nicht nur alle Uniformdetails, sondern auch sämtliche Familienverbindungen des europäischen Hochadels ab, und wer dieses Buch bis hierher gelesen hat, wird gewiss verstehen, warum der Autor sich eine gewisse Sympathie für diese Fähigkeit nicht verkneifen kann. Leider nur machten diese Familienverbindungen nach übereinstimmender Aussage aller Zeitgenossen auch bereits 50 % von Georgs Gesprächsthemen aus; da die andere Hälfte seiner Unterhaltungen sich hauptsächlich um militärische Leistungen und dabei vorzugsweise um seine eigenen gedreht zu haben scheint, wird leicht begreiflich, warum es der Königsmätresse Lady Suffolk irgendwann nicht mehr reichte, nur auf einem Ohr taub zu sein. An den Besuchen, die der König ihr sechzehn Jahre lang jeden Abend abstattete, zeigt sich im Übrigen auch seine obsessive Gründlichkeit, die ihn einerseits Verspätungen hassen und deswegen jeden Abend zehn Minuten zu früh eintreffen ließ, es ihm andererseits aber auch unmöglich machte, vor der regulären Neun-Uhr-Verabredung an die Tür zu klopfen. Das Hofpersonal konnte dem Herrscher daher jeden Abend zehn Minuten lang dabei zusehen, wie er vor Lady Suffolks Tür auf und ab ging, während er übel gelaunt die Taschenuhr anstarrte. Bereits der Anblick eines falsch abgestellten Stuhls konnte Georg in einen seiner zum Glück kurzlebigen Wutausbrüche versetzen, woraus manche in neuester Zeit sogar eine etwas arg spekulative Asperger-Diagnose abzuleiten versuchen. Aber anstrengend war dieser Mann jedenfalls – und das doppelt und dreifach, wenn ihn wie jetzt im Herbst 1735 zu viele Ärgernisse auf einmal ansprangen.

Es machte die Dinge nicht besser, dass der Tag nach der Rückkehr des Königs keine der Ablenkungen bot, die ihn hätte fröhlicher stimmen können. Seine Erkältung war so stark, dass sie ihn vier Monate lang begleiten würde. Zur Jagd reichte es daher nicht, wohl aber zu dringenderen Staatsverpflichtungen, die Georg auch bei schlechter Gesundheit eisern durchhielt. Zuerst tagte der Geheime Rat, der zwar als Regierungsgremium längst durch das formal gar nicht existente Kabinett abgelöst worden war, aber weiterhin für allerhand Formales gebraucht wurde. Diesmal gab die Königin ihrem Mann die Regentschaftsurkunde zurück, kraft deren noch am gestrigen Abend nicht er, sondern sie selbst den Hofbedienten ihre Anweisungen erteilt hatte. Dann ging die Rückreise-Gratulations-Handküsserei wieder los, für die eine neue Lieferung von Diplomaten, Lords, Beamten und Adelstouristen nach Kensington gekommen war, ohne die Stimmung des Monarchen aufzuhellen. Der formal wichtigste Gast war der Erbprinz von Modena, der Unterstützung für den mittelitalienischen Kleinstaat seines Vaters erbat. Da er bereits vorgestern zum Abendkonzert der Königin gekommen war, hatte auch Lord Hervey Gelegenheit gehabt, alle Illusionen über den Unterhaltungswert des Prinzen zu verlieren, dessen Größe, gutes Aussehen und ebensolche Manieren leider mit einer Neigung zu maximal zweisilbigen Sätzen einhergingen. Nun waren zwar die Maßstäbe des Königs andere als die seines geistreichen Kammerherrn, und insbesondere die für Hervey so lächerliche Verliebtheit des Prinzen in die eigene vornehme Abstammung hätte an sich schon reichen sollen, ihn dem König sympathisch zu machen. Dass er nicht sprach, qualifizierte ihn ebenso zum perfekten Gesprächspartner Georgs wie der Umstand, dass dieser an ihm sein ziemlich gutes Italienisch würde praktizieren können. Auch die dem König so liebe Genealogie gab interessante Themen vor, da die hannoverschen Welfen mit den Este von Modena vom selben Mannesstamm waren, zwei Zweige derselben Familie also, die sich erst im Jahre 1070 getrennt hatten; dass der italienische Zweig sich viermal nur durch uneheliche Söhne fortgesetzt hatte, war zwar milde spielregelwidrig, letztlich aber auch in Ordnung, da sie es ja im entspannten Italien trotzdem geschafft hatten, Souveräne zu bleiben. Amüsanter dürfte Georg freilich die sehr viel nähere Verwandtschaft in der weiblichen Linie gefunden haben. Sowohl der Erbprinz als auch seine Frau stammten nämlich nicht bloß von den Stuart-Königen ab, sondern hatten dadurch im Grunde auch wesentlich bessere Erbansprüche auf den englischen Thron als Georg selbst; als Nummer 13 und 46 standen sie auf der Liste jener 55 Personen, die man beim Tod der britischen Königin Anna im Jahre 1714 nur deswegen nicht zur Nachfolge zugelassen hatte, weil sie katholisch und also dem Act of Settlement zufolge «legal tot» waren (55 oder 56, falls man nämlich Prinzessin Luise zu Salm noch mitzählt, die als Nonne in Nancy auf so wirksame Weise ebenfalls legal tot war, dass niemand weiß, ob sie 1714 wenigstens physisch noch lebte). Aber so schön die Unterhaltung auch gewesen wäre, die ein monologisierender Gewinner und ein zweisilbiger Verlierer aus solchen Voraussetzungen hätten improvisieren können, so wenig wurde diesmal daraus. Unseligerweise war nämlich für Georg II. auch dieser Besuch bloß wieder eine unwillkommene Erinnerung an die grundsätzliche Verkehrtheit der Welt im Allgemeinen und der seinen im Besonderen. Hatte er denn die Königin von Hannover aus nicht ausdrücklich angewiesen, unbedingt die Ehefrau des Erbprinzen nach London zu holen, mit der er dringend flirten wollte? Immerhin war sie nicht nur eine Tochter des Regenten Orléans und Schwester der skandalös an Überfressung gestorbenen Herzogin von Berry, die wir bereits kennengelernt haben; sie galt vor allem auch als «extrem frei mit ihrer Person», also zu galanten Abenteuern geneigt, die ihr bereits die langersehnte Zurücksendung von Modena nach Frankreich eingebracht hatten, und versprach dadurch dem auf seine Verführungskünste grundlos stolzen König «ein Vergnügen, von dem ich sicher bin, meine liebe Caroline, dass Sie es mir gerne verschaffen werden, wenn ich Ihnen sage, wie sehr ich es mir wünsche». Aber so wenig interessierte sich eben die liebe Caroline für das Wohlbefinden ihres armen Mannes, dass sie nicht einmal das hinbekommen hatte. Der legal tote Prinz war ohne seine sichtlich lebendigere Gemahlin über den Kanal gesegelt, und nur ein unnatürlich mutiger Spielverderber hätte an dieser Stelle darauf hingewiesen, dass daran nicht Königin Caroline, sondern die Familie der in ein Kloster eingesperrten Erbprinzessin schuld war – das Haus Orléans nämlich, das keine weiteren Skandale mehr wollte. Schon dieser Hinweis hätte freilich dem, der ihn zu machen wagte, einen jener gefürchteten Blicke eingebracht, für die Georgs ohnehin schon überquellenden Augen rot und immer noch weiter wurden, und so ist es kein Wunder, wenn erst recht niemand sich darauf hinzuweisen traute, wie doch der König in denselben Briefen aus Hannover der Königin viel zu ausführlich die Reize der Frau von Wallmoden beschrieben habe, als dass man andere Absichten hätte ernst nehmen müssen. Oft waren es 60 Seiten pro Tag gewesen, bis die entnervte Caroline schließlich Hervey erklärte, sie könne auf dieser Grundlage inzwischen notfalls eigenhändig ein Porträt der Dame malen. Aber das musste sie natürlich nicht: Eben in diesem Moment wurde es in Hannover gemalt, und nur zu bald würde es über dem Bett des Königs hängen. Nur weil Georgs liebste Kunstform unzweifelhaft die Musik war, hieß das ja noch lange nicht, dass er sich nicht im Einzelfall sehr wohl auch für Malerei begeistern konnte; dass aber die viel stärker an Kunst interessierte Königin auch daran keine Freude haben würde, sollte sich gerade an diesem Montag herausstellen.

Zu den kleineren Freuden der Regentschaft, mit denen Königin Caroline sich über die Abwesenheit ihres Gemahls getröstet hatte, gehörte die Rolle als Hausherrin in den Palästen. Als solche hatte sie im großen Drawing Room von Kensington die Bilder austauschen lassen, mit denen dort nahezu die gesamte Wandfläche zugehängt war. Die religiösen Motive kollidierten nicht unamüsant mit einem Deckenfresko, auf dem Göttervater Zeus die Sterbliche Semele verführte, über deren Schicksal einige Jahre später Georgs Lieblingskomponist Händel ein schönes Oratorium schreiben würde – eines von vielen Kunstwerken der Zeit, die die gefährlichen Beziehungen zwischen bevorzugten Untertanen und gottähnlichen Herrschern thematisierten. Die hoftypische Kollision des Heiligen mit dem Unanständigen war freilich Königin Caroline ganz egal gewesen, die bloß korrigieren wollte, was der geringe Kunstverstand ihres Mannes angerichtet hatte. Also weg mit all den vom Schmutz der Jahrhunderte verdunkelten «schwarzen Meistern» – und her mit den bunten Van-Dyck-Porträts aus dem letzten Jahrhundert, die sie in den Abstellkammern von Windsor entdeckt hatte. So hingen jetzt, wo vorher eine nackte Venus des 16. Jahrhunderts sich voluminös gerekelt hatte, zwei prächtig aufgeputzte Kindergruppen, denen die gegenwärtigen Bewohner des Palastes erstaunlich viel zu verdanken hatten. Natürlich wissen wir nicht, ob Lord Hervey sich beim Anblick der beiden Villiers-Kinder vergegenwärtigte, dass diese Söhne des Königsfavoriten Buckingham direkte Cousins seiner eigenen Villiers-Urgroßmutter waren. Wir wissen das schon deswegen nicht, weil Hervey natürlich zu jenen cooleren Hofaristokraten gehörte, die ihre vornehme Abstammung ausdrücklich runterspielten, um sich stattdessen bloß für spielerische Bildungsleistungen, angeborene Eleganz und lässige Uneitelkeit bewundern zu lassen. Aber wir wissen eben auch, dass Hervey es einzig und allein der Villiers-Abstammung seiner Mutter verdankte, wenn er heute als wichtiger Hofmann vor den Bildern seines Königs stand, statt sie als ländlicher Gentleman-Tourist zu bestaunen. Es war diese Abstammung gewesen, die die Herveys zu Verwandten des großen Marlborough gemacht hatte; das wiederum hatte ihnen einen Sitz im Oberhaus eingebracht, sobald die Herzogin von Marlborough unter Königin Anna allmächtig geworden war; die Ungnade ihrer Beschützer hatten sie ebenso geteilt und waren dafür nach dem Marlborough'schen Comeback von 1714 mit dem Grafentitel belohnt worden, den bis heute Herveys Vater Earl of Bristol trug. Noch jetzt war Herveys Mutter die engste Freundin der inzwischen verwitweten, aber nach wie vor mächtigen Marlborough, mit der zusammen sie beim halblegalen Glücksspiel der Hauptstadt schon so manchen Lord Bankrott gemacht hatte, und so hätte Hervey mindestens genauso guten Grund gehabt, die Villiers-Kinder gern zu sehen, wie seinem König der Anblick des anderen van Dyck hätte gefallen sollen.

Dies zweite Porträt nämlich zeigte in putzigen Unisex-Kleinkinderröcken jene ältesten drei Kinder Karls I. von England, ohne deren unabsichtliches Zusammenwirken hier auch Georg II. nicht Hausherr, sondern armer Verwandter gewesen wäre. Der älteste der drei, Karl II., hatte es bekanntlich durch dynastische Fehlplanung geschafft, seinen vierzehn unehelichen Kindern kein einziges eheliches an die Seite zu stellen, und so stammte heute zwar der halbe Hof von ihm ab (der dicke Grafton beispielsweise war ein Enkel Karls und seiner Villiers-Geliebten), aber kein legitimer Nachfolger. Stattdessen war auf Karl sein mitgemalter Bruder Jakob II. gefolgt, der seinerseits in einem langen Leben praktisch nichts ausgelassen hatte, was eine Absetzung provozieren konnte, bis diese schließlich von einem niederländischen Neffen durchgeführt wurde, den Karls und Jakobs mitporträtierte Schwester Maria in die Welt gesetzt hatte. Dass bei dieser Glorreichen Revolution auch Herveys Onkel Marlborough wesentlich mitgeholfen hatte, obwohl doch seine Schwester Arabella als Villiers-Urenkelin fast zwangsläufig die Mätresse Jakobs II. und Mutter seines Sohnes Berwick geworden war, vermischte die beiden Familienkreise ein wenig, ohne deswegen den Hauptpunkt abzuschwächen – Georg II. hätte wahrlich allen Grund der Welt gehabt, den Stuart-Cousins seiner eigenen Großmutter für ihre diversen Unfähigkeiten dankbar zu sein.

Leider war der 7. November 1735 jedoch sichtlich kein guter Tag fürs Dankbarsein. Der König hatte sich gerade warmgelaufen, indem er seiner Entourage nicht ganz zum ersten Mal erklärte, welche Produkte, Personenkreise und sonstigen Weltphänomene in Hannover von optimaler Qualität, in England dagegen durchgehend minderwertig seien (eine Liste, die noch in stark kondensierter Form mehrere Seiten von Herveys Memoiren füllt), als er in den großen Drawing Room kam und zum ersten Mal die neuen Bilder sah. Einmal mehr weiteten sich die überquellenden Augen, bevor der König Hervey befahl, sofort *sämtliche* neuen Bilder abzuhängen und *sämtliche* alten Bilder zurückbringen zu lassen. Hervey jedoch hatte der Königin ohnehin schon lange seine Solidarität demonstrieren wollen, für die sich nun eine Gelegenheit bot. Sollten nicht wenigstens die beiden van Dycks dort bleiben dürfen, wo vorher ja bloß zwei schwarze «Straßenschilder» gehangen hatten, von denen man nicht einmal die Maler kannte? Schwer zu sagen, ob Herveys alleruntertänigst spöttischer Tonfall sein Signal an die Königin bewusst verstärken sollte oder ob er es bloß wieder mal nicht ausgehalten hatte, länger als fünf Minuten auf beißende

Ironie zu verzichten. Gewirkt hatte es jedenfalls. Schon stand der klein gewachsene König vor dem ebenso kleinen Vize-Oberkammerherrn, um ihm mit überquellenden Augen einen Vortrag über Kunstverstand und Malerei zu halten; er habe den größten Respekt vor Lord Herveys Geschmack in allen Dingen, von denen der etwas verstehe, aber in der Malerei bitte er um Erlaubnis, dem eigenen Empfinden folgen zu dürfen. Es müsse schon reichen, dass die Königin Herveys feinen Ratschlägen gefolgt sei, als sie beschloss, «mein Haus in Stücke zu reißen und meine Möbel zu verderben. Gott sei Dank hat sie wenigstens die Wände stehen gelassen.» Die van Dycks seien ihm an sich egal, aber dieses Bild mit dem dreckigen Rahmen und das da mit den drei fiesen kleinen Kindern müssten auf jeden Fall weg, und zwar sofort; übrigens müsse das noch vor dem morgigen Umzug des Hofes geschehen, denn so viel wisse der König schon auch, dass es sonst doch wieder nie passieren würde. Dürfe er also, fragte Lord Hervey, der spätestens jetzt ganz in seinem Element war, aus dem Gesagten darauf schließen, dass Euer Majestät auch die gigantische dicke Venus wieder zurückbringen lassen wollen? «Ja, mein Lord. Ich bin da nicht so wählerisch wie Euer Lordschaft. Ich mag meine dicke Venus viel lieber als irgendetwas, was Ihr mir an ihrer Stelle gegeben habt.» Solche Momente waren die schwersten für Lord Hervey. Die denkbar schönste Antwort lag so nahe, lag buchstäblich schon auf der Zunge, und doch würde der Kenner des königlichen Stimmungsbarometers sie sich für die Memoiren aufheben müssen, wo der Kammerherr von sich selbst natürlich in der cäsarischen dritten Person schrieb: «Lord Hervey dachte, obwohl er sich das zu sagen nicht traute, dass es all diese Streitereien [mit der Königin] gar nicht gegeben hätte, wenn nur Seine Majestät ihre dicke Venus wirklich noch so gern gemocht hätten wie einst. Da er aber feststellen musste, dass seine Scherze an dieser Stelle ebenso wenig geschätzt wurden wie seine Argumente und dass der König durch alles, was man zu seiner Beruhigung oder Ablenkung sagte, wie üblich nur immer noch erhitzter und rechthaberischer wurde, sah Seine Lordschaft sich gezwungen, eine ernste Verbeugung zu machen, und ... versicherte» (obwohl er wusste, dass das logistisch unmöglich war) «Seiner Majestät, dass am nächsten Morgen alles ohne das geringste Hindernis genau so getan werden werde, wie er es befohlen hatte.»

Am nächsten Morgen frühstückte die Königin in der Langen Galerie, als Hervey ihr gerade noch rechtzeitig vom Bilderproblem erzählte, um einen mäßig originellen Ratschlag zu erhalten (denken Sie sich eine Ausrede aus), bevor der König dazukam. Normalerweise verbrachte Georg II. seinen Morgen und Vormittag bis genau elf Uhr in dieser Galerie, durch deren Jalousien er ungesehen beim Wachwechsel seiner Leibgarde zusehen konnte. Heute aber blieb er sehr zu Herveys Erleichterung kaum fünf Minuten, in denen er schon deswegen nicht nach den Bildern fragte, weil er viel zu sehr damit beschäftigt war, sich seiner Familie zuzuwenden. Des Königs allergnädigste Majestät ermahnte also zuerst die unwillig beim Trinken einer Tasse Schokolade beobachtete Königin wegen ihrer Angewohnheit, sich pausenlos vollzustopfen. Die Prinzessin Caroline informierte er ausführlich darüber, wie dick sie geworden sei, bevor er Prinzessin Amalie dafür kritisierte, ihren Vater nicht gehört zu haben, und seinen vierzehnjährigen Lieblingssohn Cumberland fragte, wie er es schaffe, so unfassbar ungelenk herumzustehen; eher beiläufig empörte er sich noch darüber, dass der angeblich so gebildete Vize-Oberkammerherr nicht einmal die genaue Verwandtschaftsbeziehung des Pfalzgrafen von Sulzbach mit dem Kurfürsten der Pfalz kenne, und war dann auch schon wieder in den Schlosspark verschwunden. Die Königin, die infolge schwerer Gicht keine zwei Schritte ohne Schmerzen gehen konnte, hatte er natürlich mitgenommen, damit sie mit ihm spazieren gehen und sich noch ein wenig weiter beschimpfen lassen könne. Alle übrigen Insassen der Galerie dagegen atmeten hörbar auf, und keinem von ihnen kann es unwillkommen gewesen sein, dass bald danach die Arbeiter des Department of the Removing Wardrobe kamen, um das Gepäck des Hofs für den nächsten Umzug vorzubereiten. Lord Hervey nutzte seine Zeit, um sich eine Ausrede dafür auszudenken, warum die dicke Venus noch immer im Depot schlummerte, und kam bald auf die universale Trumpfkarte unwilliger Hofbeamter: Der Mann, dessen alleiniges Amtsprivileg es ist, die Bilder abzuhängen, konnte bisher leider noch nicht gefunden werden.

Dann fuhren Kutschen und Möbelwagen vor, die den ganzen Ameisenhaufen für den Rest des Herbsts und den Winter nach London zurückbringen würden – genauer gesagt, in den St James's Palace, ein seltsam violettes Backsteingebäude am Ostrand des Hyde Park, das ohne eigene Verdienste zur bis heute offiziellen Hauptresidenz der britischen Monarchie geworden war. Die Hauptschuld lag wohl bei jener unseligen holländischen Kammerzofe, die in einer Winternacht des Jahres 1698 nasse Wäsche zu nah ans Feuer gehängt hatte; der daraus entstandene Brand tötete nicht nur die Verursacherin sowie 29 weitere Hofbewohner, sondern radierte auch das größte Schloss des christlichen Europa aus – das riesige Labyrinth des Palasts von Whitehall, aus dem wir noch 1688 Jakob II. haben flüchten sehen. Gerade die Größe des Palasts verhinderte letztlich seinen Wiederaufbau; stattdessen entstanden hier am westlichen Themse-Ufer nun Bauten für eine langsam entstehenden Bürokratie, durch die Whitehall den Briten bald zu einem Synonym für Beamtentum wurde. Der asthmatische Wilhelm III. und sein Hof zogen dagegen erleichtert ins smogfreie Kensington, das zwar gerade ebenfalls gebrannt hatte, aber von Leibgardisten im letzten Moment mit Bier aus dem königlichen Keller gelöscht worden war. Was genau dieser Umzug für die britische Monarchie bedeutete, kann man sich als deutscher Leser wohl am besten dadurch vergegenwärtigen, dass man sich den Hyde Park als Äquivalent zum Berliner Tiergarten denkt. In beiden Fällen begann die Stadt im 18. Jahrhundert erst am östlichen Rand dieses Parks; vor allem aber gab es in beiden Fällen auch erstens einen alten, am Fluss gelegenen Stadtpalast in der Mitte dieser Altstadt (Whitehall in London, das Stadtschloss in Berlin), zweitens ein moderneres Nebenschloss am westlichen Ende des Parks (Kensington bzw. Charlottenburg) sowie schließlich drittens einen etwas entfernteren Komplex im Südwesten (Hampton Court, Richmond und Kew im britischen, Potsdam, Sanssouci und Glienicke im preußischen Fall). Der britische Hof hatte nun allerdings seit 1698 das Problem, dass der ursprüngliche Zentralpalast nicht mehr existierte. Da man ihn schlecht durch den längst zum Staatsgefängnis mutierten Tower ersetzen konnte, der Herrscher andererseits aber auch unmöglich auf eine regelmäßige Präsenz in Parlaments-, Verwaltungs- und Society-Nähe hätte verzichten können, blieb den Nachfolgern Wilhelms III. fast ein Jahrhundert lang nichts anderes übrig, als sich an den viel zu kleinen und altmodischen Saint-James-Palast zu gewöhnen. Als Georg IV. im frühen 19. Jahrhundert den Buckingham Palace zur zentralen Stadtresidenz ausbaute, war es dann schon zu spät, um noch die Tradition zu ändern, der zufolge auswärtige Botschafter bis heute «am Hof von St James» akkreditiert werden. Das ganze 18. Jahrhundert über konnte man dagegen den nach königlichen Maßstäben sparsamen Hannoveranern dabei zuschauen, wie sie sich klaglos mit Behelfskonstruktionen abfanden, die nicht zuletzt auch durch ständiges Umziehen erträglicher wurden.

Indem Georg II. und Caroline den ganzen Winter von 1735 auf 1736 in St James verbrachten, folgten sie nicht nur ihrem eigenen Rhythmus. Sie erkannten damit auch an, dass sich gerade etwas herauskristallisierte, was man bald die London Season nennen würde – die Jahreszeit der gesellschaftlichen Vergnügungen, zu der die im Sommer und Herbst übers ganze Land verstreute Elite in die Hauptstadt zurückkam. Bis 1689 war das Parlament ein Ereignis gewesen, eine Art Gesandtschaft der Provinzen an den Herrscher, die nur mit großen Abständen überhaupt zusammentrat und sich nach ein paar Monaten wieder auflöste. Die endlosen Kriege gegen Ludwig XIV. hatten jedoch regelmäßige Sitzungen erzwungen, und so mussten nun auch die Mitglieder von Ober- und Unterhaus sich an eine immer dauerhaftere Präsenz in London gewöhnen. Natürlich gab es nach wie vor keine Anwesenheitspflicht. Lords wie Abgeordnete konnten jederzeit wegbleiben, und es galt schon als konstruktiv, wenn sie ihre Stimme dann vorübergehend einem Kollegen übertrugen. Lord Hervey beispielsweise, der damals noch wie so viele adelige Erbsöhne ein Abgeordneter des Unterhauses gewesen war, weil alle 27 Wähler des Wahlkreises Bury St Edmunds für ihn gestimmt hatten, war 1728 aus

Gesundheitsgründen für anderthalb Jahre nach Neapel gereist, ohne dass das irgendjemandem auffiel, und hatte in Gestalt seines Geliebten Stephen Fox sogar noch einen zweiten Abgeordneten mitgenommen, dessen immerhin 204 Wähler ihn anscheinend genauso wenig vermissten. Im großen Ganzen aber spielte sich doch ein Rhythmus ein, der die Elite ab November für etwa acht Monate lang zu Parlamentssitzungen verpflichtete, bevor sie rechtzeitig zur Jagdsaison wieder aufs Land entlassen wurde. Wenn jedoch alles, was Rang und Namen hatte, nun ohnehin schon einmal in London war, dann konnte man diese Zeit auch gleich für eine Serie von Bällen, Konzerten und Sportveranstaltungen nutzen und nicht zuletzt zum Vorzeigen der heiratsfähigen Töchter. Unter Georgs Nachfolger würde man anfangen, diese sogenannten Debütantinnen nach französischem Vorbild auch förmlich der Königin vorzustellen, bevor man sie auf der Jagd nach der standesgemäßen Partie von Ball zu Ball schleppte – ein ritueller Einstieg in die Erwachsenengesellschaft, für den der Begriff des Coming-out in seiner ursprünglichen Bedeutung entstand, weil die etwa sechzehn- bis achtzehnjährigen Debütantinnen mit ihrer ersten London Season aus dem School Room des Elternhauses in die große Welt herauskamen. Die größte Zeit der Season würde freilich das 19. und frühe 20. Jahrhundert sein, und wer jemals Jane Austen, Thackeray oder Evelyn Waugh gelesen hat, der weiß, wie sehr die vielen Gesellschaftsromane ihr verdanken, die eben nicht ohne Grund ein englisches und französisches, aber kein deutsches Genre sind. Nur da, wo die Eliten sich über Jahrhunderte in einer einzigen Hofmetropole trafen, konnte auch jener Code der Selbstverständlichkeiten entstehen, jener ‹bon ton›, jenes ‹done thing› und jene eindeutigen Hierarchien, die britische und französische Autoren beim Leser als bekannt voraussetzen konnten, während Thomas Manns Lübeck schon für die Bewohner des Fontane'schen Berlin (von Süddeutschen gar nicht zu sprechen) genauso fremd war wie umgekehrt. Wo deutsche Autoren das halbe Buch damit verbringen mussten, die Spielregeln zu erklären, konnte Jane Austen im blinden Vertrauen auf den Leser eine Klaviatur bespielen, die noch 150 Jahre später bei Anthony Powell nicht wesentlich anders aussah: Einen Earl zu heiraten ist besser, als bloß einen Baronet abzubekommen, ein Sergeant *kann* kein Gentleman sein, Lords mit Vornamen sind mittellose jüngere Söhne, man muss immer in Mayfair wohnen und nie in Whitechapel, den Titel ‹The Honourable› gibt man nur auf Briefumschlägen, Fetherstonhaugh wird wie Fanshawe ausgesprochen und Cholmondeley wie Chumley ... natürlich, das weiß man ja. Nur die Länge der Season änderte sich mit der Zeit, bis sie zum Ende des 20. Jahrhunderts ganz ausstarb; die Hofpräsentation der Debütantinnen, die übrigens auch im St James's Palace stattfand, hatte man bereits 1958 abgeschafft, was offiziell mit dem Ideal einer klassenlosen Monarchie (!) begründet wurde, inoffiziell dagegen durch Prinzessin Margaret damit, dass inzwischen «jede Londoner Schlampe» hineingekommen sei. Dieses Problem immerhin scheinen Georg II. und Caroline noch nicht gehabt zu haben, ging doch die Unmoral an ihrem Hof nahezu ausnahmslos von den Kammerjungfern oder ‹maids of honour› aus, die zwar unverheiratet und damit zu allem fähig waren, zugleich aber auch vornehme Vorfahren mitbrachten. Es lag also an etwas anderem, wenn die Season von 1735/36 dem König dennoch nur immer noch schlechtere Laune bereitete.

Dabei hätte alles so schön sein können. Gleich nach dem Umzug des Hofes war am 10. November Georgs zweiundfünfzigster Geburtstag zu feiern gewesen, und gleich das gelang nicht gut. Der Tag fing zwar mit Festen in den Stadthäusern der Hocharistokratie an, die sich jedoch letztlich als eher kontraproduktiv erwiesen, weil schon hier so viel gegessen und getrunken wurde, dass kaum einer der Teilnehmer es dann auch noch zum Abendempfang in St James schaffte (ein Botschafter etwa schrieb, er sei «in meinem ganzen Leben noch nie so demoliert» gewesen). Bei Hof gab es daher an diesem Abend nicht einmal genug Männer für den Tanz, was natürlich ebenso unangenehm auffiel wie der Umstand, dass kaum jemand in teurer neuer Galakleidung erschien. Die Dinge wurden nicht besser, als ein hilfsbereiter Idiot dem wutschnaubenden König erklärte, wie das doch ganz natürlich sei: Alle Welt wisse schließlich, dass er im nächsten Frühjahr den Prinzen von Wales verheiraten werde, und da hebe man sich natürlich die besten Kleider für diese Hochzeitsfeier auf (wozu wir rasch ergänzen, dass es weniger der Modewahn war, der den Adel am Zweimal-Tragen eines edlen Kostüms hinderte, und sehr viel mehr die Realitäten eines manuellen Waschvorganges mit katastrophalem Themse- oder Seinewasser; was auch nur einmal gewaschen war, war oft schon ruiniert, und so sah man einerseits Bettler in Kleidung, die noch ein paar Tage zuvor bei Hof gestrahlt hatte, andererseits aber Familien der Elite, in deren Budget die Kleidung regelmäßig einer der größten Ausgabeposten war). Sosehr es nun allerdings in Georgs Weltbild passte, dass wieder einmal Sohn Fritz an allem schuld sein sollte, so bald stellte sich jedoch heraus, dass das Problem im Grunde viel simpler war: Die Stadt war (sobald man nur die 699 000 nichtadeligen Einwohner ausklammert) nahezu leer und leerte sich von Tag zu Tag weiter. Schon meldete Sir Robert Walpole sich nach Norfolk ab, um dort als König der Provinz große Jagden abzuhalten. Dem Premierminister gönnte das Georg II. gerade noch so. Als aber selbst Oberkammerherr Grafton sich zur Fuchsjagd verabschieden wollte, konnte der Herrscher nicht mehr an sich halten. Schlimm genug, dass diese so absurde Form der Jagd in Mode kam, seit das englische Rotwild nahezu ausgerottet war: Musste sie nun auch noch den Society-Kalender durcheinanderbringen? Was hat euch der Fuchs denn getan, fragte Georg, der als guter Kontinentaleuropäer das Zu-Tode-Hetzen von Tieren nur oberhalb einer gewissen Mindestgröße lohnend fand, und was genau bringt euch diese Jagd, was man nicht einfacher haben kann? Der dicke Grafton versuchte es mit dem Vergnügen, den Hunden beim Jagen zuzusehen, worauf jedoch sein Monarch nicht ohne Logik antwortete, das Pferd wolle er sehen, mit dem ein 130-Kilo-Mann wie Grafton auch nur in Hörweite einer rennenden Hundemeute bleiben könne. Man ging also einigermaßen unversöhnt auseinander, und einmal mehr hatte Hervey am Abend Gelegenheit, den König vom wütenden Einreden auf seine Frau abzulenken. Als sie ihm am nächsten Morgen dankte, sagte sie besorgt, er habe sie ja angeschaut, als rechne er damit, dass sie gleich losheule? Zum Glück hatte Hervey, wenn er nur wollte, all den Takt, der Walpole abging, und also antwortete er, wie er selbstverständlich nur eines gefürchtet habe: dass nämlich die Königin laut loslachen müsse und er sich dann auch nicht mehr hätte bremsen können. Aber tief drinnen wusste er doch, dass sie viel Glück brauchen würden, wenn das fragile Machtgefüge von Königin und Premierminister dies Jahr 1735 überleben sollte.

Die Frage danach, wer Herz und Kopf des Königs beherrschte, wäre natürlich an jedem Hof entscheidend gewesen, weil Mätressen, Günstlinge und Chefminister überall die Hauptakteure waren. Der britische Hof des Jahres 1735 war jedoch selbst nach damaligen Maßstäben ein Extremfall. Der Kaiser in Wien und der spanische König mochten ein internationaleres Hofpersonal haben und der russische Hof ein sozial mobileres. Wenn aber Historiker Experimente machen könnten wie Naturwissenschaftler und wenn sie an einem einzigen Hof nacheinander die Wirkung aller nur denkbaren Ingredienzien ausprobieren wollten, dann käme dabei ziemlich genau die Hofgeschichte Großbritanniens im Jahrhundert vor Georg II. heraus. Dass 1603 die schottischen Stuarts den englischen Thron geerbt hatten, war noch relativ unauffällig gewesen; der Wechsel brachte zwar ein paar neue Leute in Position, unterschied sich aber ansonsten kaum davon, wie in Frankreich 1589 mit den Bourbonen ein neuer Zweig der dortigen Dynastie an die Macht gekommen war. Dann aber trennten sich die Wege. Frankreichs Thron wurde von 1589 bis 1792 immer in ununterbrochener Väterlinie vererbt, weswegen man auch ab 1610 bei jedem Thronwechsel das gesamte Hofpersonal en bloc übernahm. Die Thronbesteigung von Kindern ergab hier extrem lange Regierungszeiten, sodass beispielsweise von 1643 bis 1774 nur genau zwei Könige regierten. In Großbritannien herrschten dagegen allein zwischen 1660 und 1760 sieben Monarchen, von denen außer Georg II. keiner der Sohn des Vorgängers gewesen war. Diese sieben Herrscher gehörten drei Dynastien an (Stuarts, Oranier, Hannover), kamen aus drei Ländern (Großbritannien, Niederlande, Deutschland), benutzten im Alltag fünf Sprachen (Englisch, Französisch, Niederländisch, Deutsch, Latein) und gehörten vier Konfessionen an (Anglikaner, Katholiken, Calvinisten, Lutheraner). Die ersten zwei, also Karl II. und sein Bruder Jakob II., waren 1660 aus dem Exil zurückgekommen und brachten von dort, obwohl sie selbst dem Katholizismus zuneigten, eine Reihe französischer Adeliger mit, die fast alle zum Calvinisten-Netzwerk gehörten und deshalb unter Jakobs calvinistischem Nachfolger Wilhelm III. erst recht Karriere machten. Noch jetzt, im Jahr 1735, gehörten sie zum Inventar von Kensington, Lord Lifford etwa, hinter dessen Titel sich Frédéric-Guillaume de Roye de La Rochefoucauld verbarg und der vorher ebenso Comte de Marthon geheißen hatte wie später sein vornamenloser Neffe. Liffords Schwester Lady Charlotte de Roucy erzog die Töchter Georgs II., während ihr Bruder dessen liebster Gesprächspartner war, weil er so viel mehr über die großen Familien des Kontinents wusste als Leute wie Hervey. (Hervey verspottete das Geschwisterpaar denn auch entsprechend, wenngleich er genug Höflingssolidarität hatte, um ihre schlechte Bezahlung zu bemängeln, weil «selbst das trivialste Spielzeug eines Herrschers es verdient, vergoldet zu werden».)

Diese Franzosen waren jedoch bloß die ersten Neuzugänge gewesen. Schnell folgte dank Karl II. und Jakob II. eine Serie unehelicher Königskinder, und damit entstanden wie aus dem Nichts neue Clans, die den Hof teilweise bis heute prägen. Betrachten wir nur Charles Lennox, Herzog von Richmond, der 1672 als Sohn Karls II. und einer katholischen Französin geboren wurde (Louise-Renée de Penancoët de Kéroualle, die Karl II. zur Herzogin von Portsmouth erhob). Das hübsche Kind, das offenbar genauso spanisch dunkel aussah wie sein Vater, ging nach dessen Tod dreizehnjährig nach Frankreich, wo es nur acht Monate später in der Schlosskapelle von Versailles mit großem Pomp zum Katholizismus konvertierte – am Tag, an dem Ludwig XIV. den Protestantismus verbot und also wie zum Zeichen dessen, was auch England bevorzustehen schien. Weil es jedoch 1688/89 anders kam, kehrte Richmond nach England zurück, damit man ihm nicht etwa die vom Vater gewährten Zolleinkünfte konfiszierte; bald hatte die anglikanische Kirche ihn wieder, während seiner Familie noch bis 1800 für jede aus Newcastle verschiffte Tonne Kohle viereinhalb Pence gezahlt wurden. Sobald diese Grundfragen geklärt waren, verbrachte Richmond den Rest seines Lebens als Pendler, der seine Kohlenpennies trotz dauernden Kriegszustandes abwechselnd an den Spieltischen Englands, Frankreichs und der Niederlande durchbrachte, bis er in Den Haag unverhofft dem Familienschicksal begegnete. Es manifestierte sich in Gestalt von Lord Cadogan, dem niederländisch verheirateten General und Marlborough-Verbündeten also, der nicht bloß bei Malplaquet so erfolgreich die Franzosen ausspioniert hatte, sondern auch als Kartenspieler raffiniert genug war, um den Herzog von Richmond jetzt in unabzahlbare Spielschulden zu stürzen. Aber die Wege der Eliteintegration sind unergründlich. Richmond hatte einen Sohn, der zu Lebzeiten des Vaters Earl of March hieß, Cadogan hatte Töchter, und alle beide hatten die Idee, aus der Riesensumme eine Mitgift zu machen, die Richmonds Sohn bloß noch zurückzuerheiraten brauchte. So traute man denn am 4. Dezember 1719 den achtzehnjährigen Lord March mit der dreizehnjährigen Tochter Cadogans, deren Vorname Sarah natürlich von Sarah Marlborough stammte, die sich mit Vater Cadogan allerdings inzwischen zerstritten hatte – und ihm zusammen mit Lord Herveys Mutter beim Kartenspiel in London wenig später fast genauso viel Geld wieder abnahm, wie er gerade noch von Richmond gewonnen hatte.

Während aber Cadogan seinem Geld nachtrauerte, flirtete sein auf die Kavalierstour geschickter Schwiegersohn Lord March sich schon längst quer durch Europa. Leider konnte auch die Bildungsreise nichts mehr daran ändern, dass der umgängliche March ein unneurotischer Mann ohne eingeprügelte lateinische Zitate war, weil seine Eltern ihm keine der brutalen Internatsschulen hatten antun wollen, und also den Zeitgenossen entsprechend suspekt blieb (nur Lord Hervey würde zeitlebens sein enger Freund sein). Auf anderen Feldern scheint die Tour dagegen lehrreich genug gewesen zu sein. Jedenfalls bat March die Eltern Richmond aus Wien um Übersendung der besten englischen Fächer («die feinen Damen von Wien haben alle sehr schäbige Fächer»), schrieb aus Florenz über «die bezaubernde Madame Suarez» und aus dem römischen Palazzo der Fürstin Trivulzio eine Fächerbestellung, die gar keinen Kommentar mehr hatte. Wer wollte es dem einundzwanzigjährigen March da verübeln, wenn er sich bei der Rückkehr nach Den Haag auf alles andere freute als auf dies kleine Mädchen, das er vor drei Jahren bei ihrer Heirat kaum auch nur angesehen hatte? Um die peinliche Begegnung hinauszuzögern, ging er ins Theater, und dort geschah, was geschehen musste. In der gegenüberliegenden Loge saß eine Göttin, eine atemberaubende Kreatur, deren Anblick ihm das Herz zugleich höherschlagen und sinken ließ, bevor er sich endlich aufraffen konnte, seinen Nachbarn mutlos nach dem Namen dieses verbotenen Engels zu fragen. Es war die befahrenste Wegbiegung der Adelsgesellschaft, an der er jetzt stand, eine Abzweigung, die Jahr um Jahr Hunderte seiner Standesgenossen in eine Grauzone aus Selbsthass und Rücksichtslosigkeit führte. Vor ihm lag der Weg in ein Leben voller wahrer Lügen, wo Liebe, Prostitution und Kompromiss undurchschaubar ineinandergriffen, undurchschaubar auch für Lord March, der diesen Weg dennoch einschlagen würde wie so viele vor ihm. Es lag nicht an ihm, wenn es dies eine einzige Mal anders kam, und selten ist der Historiker so dankbar für sein Privileg, die höhere Ironie der Schicksale bloß zu referieren, statt wie der Romanautor für ihre Plausibilität verantwortlich zu sein. Referieren wir also, wie Marchs Sitznachbar ihm auf die Frage nach dem Namen des Engels antwortete, was der Lord später seinen Kindern erzählen würde: Sie müssen sehr neu sein in dieser Stadt, wenn Sie Lady March nicht kennen … Halten wir fest, wie Lady March ihrem Mann neun Monate und drei Wochen später das erste von zwölf Kindern gebar, und notieren wir dies einzige Mal, in dem die große dynastische Lotterie beiden Ehepartnern zugleich einen Hauptgewinn einbrachte. March wurde Herzog von Richmond, Lord of the Bedchamber, dann Oberstallmeister Georgs II., Botschafter in Frankreich, Ritter vom Hosenband und Großmeister der Freimaurer. Er legte sich ein gemütliches Doppelkinn zu, baute auf seinem Landsitz Goodwood einen Zoo und begründete ein wichtiges Pferderennen; der Fürstin Trivulzio schickte er bis zum Ende seiner Tage Handschuhe, Seidenstoffe und Briefe, in denen er ihr von seiner Frau vorschwärmte. Aber es ist ein anderes Bild, das einem nachgeht, Momentaufnahme von einem Ball, bei dem Herzog und Herzogin von

Richmond ihren Töchtern beim Tanzen zusahen. Sie selbst tanzten nicht, denn obwohl die Herzogin immer noch eine strahlende Schönheit war, waren sie doch zum Tanzen viel zu alt – sie fünfunddreißig, er vierzig Jahre alt und verheiratet seit zweiundzwanzig Jahren. Stattdessen saßen sie einfach beieinander, und weil Sir Robert Walpoles Sohn Horace ihnen dabei zusah, der sich ein elegantes Leben lang keine einzige erfüllte Liebe erlauben würde, wissen wir, dass Richmond die ganze Nacht über immer wieder die Hand der Frau küsste, die er einst zur Spielschulden-Begleichung geheiratet hatte. Es blieben ihnen nicht ganz neun Jahre. 1750 starb der dritte Herzog von Richmond, neunundvierzig Jahre alt und vier Monate nach Geburt seines jüngsten Kindes. Seine Witwe Sarah überlebte ihren Mann nur um genau ein Jahr, und niemand, der sie gekannt hatte, zweifelte auch nur einen Moment lang daran, dass sie am gebrochenen Herzen gestorben war. Die Karten des höfisch-dynastischen Spiels waren so sehr gegen individuelles Glück gezinkt, dass glückliche Liebe in dieser Welt noch seltener war und noch weniger von Dauer sein konnte als ohnehin immer schon. Und doch – es gab selbst das.

Bald stellte sich heraus, dass halbkönigliche Herzogsfamilien wie die Richmonds die dauerhaftesten Hinterlassenschaften nicht nur Karls II., sondern auch seines Nachfolgers bleiben würden. Die diversen Italiener und Jesuiten, die unter Jakob II. und seiner italienischen Ehefrau für kurze Zeit hinzukamen, vertrieb die Glorreiche Revolution so schnell wieder, wie sie gekommen waren. Die unehelichen Kinder des abgesetzten Königs bewiesen hingegen größeres Stehvermögen, und lediglich die Nachkommen des Königssohns Berwick blieben dauerhaft im Ausland. Der Sohn von Berwicks Schwester war dagegen wieder Protestant geworden und handelte als britischer Botschafter in Paris gerade in diesem November 1735 den großen europäischen Frieden aus. Fast unsichtbar war dagegen eine weitere Tochter Jakobs II., die verwitwete Herzogin von Buckingham, deren großartiger Stadtpalast Buckingham House scheinbar nur durch eine hübsche Rasenfläche von St James's Palace getrennt war. Tatsächlich schloss der kurze Spaziergang jedoch eine Zeitreise ein, weil die

Glorreiche Revolution von 1689 in diesem Haus nie angekommen war. Inmitten ehrfürchtiger Diener bewohnte die alt gewordene Königstochter hier einen Schrein für ihre Vorfahren. Die neue Dynastie ignorierte sie, wodurch sie deren Anhängern «größenwahnsinniger als eine Gemüsehändlersfrau im Irrenhaus» vorkam; umso seltsamer, wie sie uns noch einmal begegnen wird.

Weil aber Sturz und Flucht Jakobs II. eben doch real gewesen waren, hatte sich 1688/89 die Tür auch für eine weitere Ladung frischer Hofakteure geöffnet, die im Fahrwasser Wilhelms III. anreisten. Insbesondere das bewährte Mätressenthema stellte sich nun auf ganz originelle Weise neu. Einerseits nämlich stand Wilhelm III. seiner Frau und Mitregentin Maria II. so nah, dass die offizielle juristische Bezeichnung ihrer Regierungsjahre als «Williamandmary» auch auf der privaten Ebene durchaus zutraf – bemerkenswert für ein Paar, das selbst vom wohlwollendsten Biographen als «beauty and the beast» bezeichnet worden ist. Der siebenundzwanzigjährige Wilhelm war bei der Hochzeit 1677 nicht nur ein wortkarger und schlecht angezogener Berufssoldat gewesen, der trotz englischer Mutter sein Englisch fast völlig vergessen hatte, sondern auch bucklig, kurzbeinig und einen halben Kopf kleiner als seine ebenso schöne wie nahezu analphabetische Braut von fünfzehn Jahren. Gerade das gemeinsame ‹Verbrechen› aber, mit dem sie Marias Vater und Halbbruder vom Thron gestoßen hatten, und gerade der Hass so vieler Feinde machte sie zum unzertrennlich loyalen Paar, dessen einziges Unglück darin zu liegen schien, in Ermangelung von Kindern der Revolution keinen Thronerben geben zu können. Und doch können wir nur ahnen, was zwischen diesen beiden war. Wurde Wilhelm seiner Frau mit deren Hofdame Betty Villiers untreu, die einmal mehr aus dem unerschöpflichen Favoriten-Clan stammte? Vielleicht. Königin Maria sah es mindestens zeitweise so, und nach ihrem frühem Tod (1695) auch ein Bischof, der dem Witwer empfahl, Miss Villiers wegzuschicken. Der verzweifelte Wilhelm folgte der Empfehlung, indem er Betty große Teile von Irland schenkte, ihre Heirat mit einem hochgeborenen Schotten arrangierte und den dann zum Grafen von Orkney erhob. (Wir sind ihm bereits begegnet, als er nach der Schlacht von Malplaquet inmitten der Leichenberge seinen Neffen suchte, und auch er lebte noch immer; gerade jetzt, im Januar 1736, ernannte Georg II. ihn zum allerersten Feldmarschall der britischen Armee.) Oder war Betty Villiers doch nur die engste Freundin eines Mannes gewesen, den in Wahrheit überhaupt keine Frau jemals erotisch interessiert hatte? Waren da nicht schon in seiner Jugend geheim gehaltene Männerbesuche in den inneren Gemächern gewesen? War da nicht Wilhelms treuester Höfling Willem Bentinck, der seit ihrer gemeinsamen Jugend nie von seiner Seite gewichen war und der jetzt Earl of Portland wurde? Schon über ihn, der noch wesentlich größere Stücke von Irland geschenkt bekam als Betty Villiers, hatte man widerwillig getuschelt. Aber dann fiel Portland schrittweise in Ungnade, während parallel ein zweiter Niederländer namens Arnold Joost van Keppel aufstieg – ein bildhübscher Fünfundzwanzigjähriger, der bald schon Earl of Albemarle hieß und reich beschenkt wurde. Spätestens jetzt zerriss man sich ganz laut das Maul über den Günstling und wusste doch nichts Genaueres als wir.

Ein Einwand: Sollten wir das denn auch überhaupt wissen wollen? Gewiss macht sexuelle Orientierung nur einen Teil des Menschen aus, zumal in einer Zeit, die Homosexualität bloß als Aktivität und kaum schon als Identität verstand. Andererseits wäre es eigenartig, in einem Buch über die Verschränkung politischer Macht mit persönlichen Beziehungen ausgerechnet *eine* Form der Beziehungen auszuklammern. Warum also nicht erwähnen, dass Albemarle in Kensington das Appartement Portlands erhielt und dass dessen Türen direkt in die Gemächer führte, in denen Wilhelm III. bis spät in die Nacht arbeitete. Warum nicht einräumen, dass ungestörter Zugang zum Herrscher auch ganz ohne sexuelle Komponente das Wunschziel jedes Höflings war, warum nicht konzedieren, dass der kinderlose Wilhelm einen jungen Mann wirklich wie einen Sohn geliebt haben mag, warum nicht auf Albemarles belegte Frauengeschichten verweisen (die freilich auch nur jene ausschließliche Homosexualität widerlegen, an die damals sowieso niemand glaubte) und warum nicht auf seine nachweisliche Beteiligung an Regierungsaufgaben. Warum aber auch nicht ein wenig lächeln, wenn man noch 1966 einen Historiker den «Vorwurf der Homosexualität» ablehnen hört, weil «die gewaltige Arbeitsbelastung des Königs ihm keine Zeit dafür ließ». Wir wissen nicht, was genau zwischen Wilhelm III., Portland und Albemarle war, und nur eines ist klar. So oder so wurden diese beiden allein durch ihre Nähe zum Monarchen mächtig und reich in einem fremden Land, in dem ihre Familien es bis heute sind. Die Bentincks stiegen 1716 von Grafen zu Herzögen von Portland auf und erheirateten jenen wertvollsten Londoner Grundbesitz, auf dem heute der Stadtteil Marylebone steht. Diese Familie brachte in der Folge nicht bloß einen Premierminister hervor, sondern auch den milde wahnsinnigen Erbauer von Europas größtem unterirdischen Ballsaal sowie schließlich die Mutter der 2002 verstorbenen Königinmutter Elisabeth, sodass nun Elisabeth II. samt Nachkommen ebenfalls vom Favoriten Bentinck abstammt – etwas früher Undenkbares, das erst möglich geworden war, als die britische Herrscherfamilie sich nach 1914 wieder zur Heirat mit britischen Adelstöchtern herabließ. Und prompt schloss sich denn ein seltsamer Kreis, indem der Prinz von Wales 2005 die von Gardegeneral Parker-Bowles geschiedene Camilla Shand heiratete. Bei ihrem ersten Kennenlernen 1971 soll Miss Shand die Konversation mit der Feststellung eröffnet haben, dass ihre Urgroßmutter Mrs. Keppel die Mätresse von Charles' Ururgroßvater Eduard VII. gewesen war, und das stimmt ja auch. Aber der Genealogie-Nerd kommt doch nicht ganz um die Ergänzung herum, dass hier mit Prinz Charles zugleich auch ein Nachkomme des ersten Wilhelm-III.-Favoriten Bentinck-Portland auf eine Nachkommin seines zweiten Günstlings Keppel-Albemarle traf, der zu Lebzeiten Bentinck so viel Kummer bereitet hatte. Weil weiterhin aber Albemarles Sohn 1723 eine Richmond-Tochter geheiratet hatte (beide Eheleute hießen mit Vornamen Anne, da sie dieselbe Königin zur Patentante hatten), war deren Urururururenkelin Camilla nicht bloß via Richmond und Stuart eine entfernte Cousine des Prinzen, den sie schließlich heiraten würde. Noch wesentlich enger verwandt war sie dadurch nämlich mit den Richmond- und Albemarle-Nachkommen Sarah Ferguson und Diana Spencer, die ihr beim Einheiraten ins Königshaus zuvorgekommen waren. Und so verbindet denn ausgerechnet der heute in Kensington lebende Herzog von Cambridge, der Sohn des Prinzen Charles und der Diana Spencer also, der einst als Wilhelm V. den Thron besteigen soll, eine väterliche Bentinck- mit einer mütterlichen Keppel-Abstammung, die ihn zum Nachkommen beider Favoriten Wilhelms III. macht – und en passant verdeutlicht, wie klaustrophobisch die britisch-königlichen Heiratskreise selbst noch nach ihrer Erweiterung auf den bloßen Adel geblieben waren. Mit ihm selbst ist freilich auch das zu Ende gegangen. Unter den Bedingungen des Ancien Régime hätte ein Prinz die bürgerliche Kate Middleton nur als morganatische, also zweitklassige Ehefrau heiraten können, die nicht einmal den Titel ihres Mannes mit ihm teilen durfte; die von Mutterseite adelige Camilla Shand hätte dagegen zumindest nach 1914 weitaus bessere Aussichten auf gleichberechtigte Einheirat ins Königshaus gehabt, weil hier doch immer noch ganz klar die Geburt den Ausschlag gab. Dass man es im 21. Jahrhundert genau umgekehrt handhabt, indem man die zweite Frau des Prinzen von Wales nur mehr Herzogin von Cornwall sein lässt, zeigt wunderbar exemplarisch, wie sehr an die Stelle der Abstammung inzwischen die mediale Popularität getreten ist – das eine nun wie einst das andere eine unhinterfragbar heilige Qualität, mit der man jede Ungleichheit rechtfertigen kann.

Als Wilhelm III. 1702 kinderlos starb, folgte ihm in Gestalt seiner Cousine und Schwägerin Anna noch einmal eine eindeutige Engländerin, ohne dass sich deswegen das höfische Glücksrad weniger schnell weitergedreht hätte. Die mit Wilhelm gekommenen Niederländer behielten Besitz und Titel (einer von ihnen war Königin Carolines Oberkammerherr Lord Grantham, der auf Leute wie Hervey nicht zuletzt deshalb etwas trottelig wirkte, weil er nie richtig Englisch gelernt hatte), während sich mit den Günstlingen der neuen Königin die nächste Clique auf die Ressourcen von Staat und Hof stürzte. Bei Hof lagerten diese verschiedenen Produkte der Günstlingswirtschaft sich übereinander ab wie archäologische Schichten, und es änderte wenig, dass diesmal mit dem Villiers-Nachkommen, Königsmätressen-Bruder und -Cousin Marlborough sowie seiner Frau Sarah wieder echte Engländer zum Zug kamen. Der einzige ausländische Neuzugang war umso erfreulicher, womit wir allerdings weniger Brigadegeneral Claus-Wedig von Lepel alias Nicholas Lepell meinen, den Annas dänischer Ehemann als Kammerjunker aus Mecklenburg mitgebracht hatte, und eher seine einzige Tochter Mary alias Molly. Ihre Karriere soll ungewöhnlich begonnen haben, indem der Vater die Zehnjährige zwecks Gehaltsbezugs als Fähnrich auf die Soldliste seines Dragonerregiments setzte, während sie in aller Ruhe Latein lernte, um später von Männern dafür gelobt zu werden, wie gut sie diese unweiblichen Kenntnisse versteckte. Bald aber überließ sie den militärischen Ruhm der Familie Lepel ihrem preußischen Generals-Cousin Otto Gustav, der 1730 als Gouverneur von Küstrin den Kronprinzen Friedrich zwingen würde, die Hinrichtung seines Freundes Katte mitanzusehen. Molly Lepel dagegen wurde 1715 als Vierzehnjährige Kammerfräulein (maid of honour) der späteren Königin Caroline.

Wenn niemand am britischen Hof so oft für Unordnung sorgte wie diese Kammerfräulein, dann war das nur die logische Konsequenz dessen, was in Frankreich bereits zur Abschaffung des Amtes geführt hatte. An beiden Höfen nämlich waren Kammerfräulein nahezu die einzigen unverheirateten jungen Frauen von Stand. Sie waren zwar einerseits als Töchter der Gentry oder des niederen Titeladels wohlgeboren genug, um zur Gesellschaft adeliger Männer zugelassen zu werden, andererseits aber weder vornehm noch reich genug, um jene Art von aufwärtsmobiler Heirat erwarten zu können, die auch bei Hof die einzige weibliche Karriereoption war. (Die attraktiveren Hofämter der französischen ‹dames du palais› oder britischen ‹ladies of the bedchamber› wurden nur an verheiratete Frauen vergeben, erst recht die noch wichtigeren Oberhofmeisterinnen-Posten.) Die Kammerfräulein mussten daher einen großen Herrn dazu bringen, sie zu heiraten, obwohl er genauso gut eine höherrangige, reichere Braut hätte haben können, und sie mussten *alles* tun, was dazu notwendig sein mochte. Denkt man sich hinzu, dass sie definitionsgemäß entweder Teenager waren oder unter realistischer Torschlusspanik litten (spätestens ab fünfundzwanzig würden sie bereits als alte Jungfern gelten), dann wird man sich kaum noch wundern, wenn sie im Alleingang mehr Liebes- und Spottgedichte auf sich zogen als der ganze Rest des Establishments. Hatten sie Pech, endete ihre Karriere mit Schande, Entlassung, einem sofort weggegebenen unehelichen Kind sowie einem Restleben, das sie als versteckte arme Verwandte in den Hinterzimmern eines obskuren Landhauses verbringen würden. Hatten sie Glück, konnten sie wie eine von Mollys Kolleginnen Ehefrau des mächtigsten Mann von Schottland werden. Hatten sie wie die meisten eine unvorhersehbare Mischung aus beidem, mochten sie beispielsweise wie Mollys zeitweilige Schwiegertochter nur genau so lange Herzogin sein, bis der große Bigamieprozess verloren war.

Im Vergleich damit mutet Molly Lepels Schicksal ausgeglichen an, obwohl es zuerst nicht danach aussah. Als ihre nächtlichen Spaziergänge mit John Hervey 1720 zur anfangs heimlichen Ehe führten, war ihr Mann noch bloß ein jüngerer Sohn gewesen, der außer einem spitzen Geist und den von der Mutter vorausschauend beigebrachten Kartentricks nichts besaß. 1723 jedoch hatte sein älterer Halbbruder sich endgültig zu Tode getrunken, wodurch John nicht nur (als Erbsohn seines Vaters Bristol) Lord Hervey, sondern auch fast ebenso automatisch Wunschkandidat der 27 Wahlberechtigten von Bury St Edmunds wurde. Laut Lehrbuch hätte das Leben seiner Frau ab da ein erfüllter Traum sein sollen. Leider jedoch war Herveys Triumph, als geistreichster und hübschester Höfling das klügste und eleganteste Kammerfräulein erobert zu haben, offenbar bereits der Höhepunkt seiner Begeisterung für Molly gewesen; bald schon behandelte er sie mit Distanz, ja Kälte. Obwohl sie dennoch acht gemeinsame Kinder hatten, galten Herveys Liebesbekundungen nun nur noch seinem Abgeordnetenkollegen Stephen Fox, den er mehr als jeden anderen Menschen geliebt zu haben scheint. Es war ein altgriechisches Ideal der Liebe unter Männern, in dem die als trivial verachteten Ehefrauen keinen Platz haben sollten und das Hervey hier für eine kurze Zeit ausleben konnte, bevor der Widerspruch zwischen seiner Hofambition und Stephens Wunsch nach ländlicher Zurückgezogenheit auch diese Beziehung schrittweise abkühlte. Lady Hervey brachte das freilich nichts, obwohl sie durchaus an ihrem Mann hing; während der langen neapolitanischen Reise korrespondierte sie beispielsweise regelmäßig mit Stephen Fox, um Nachrichten über die Gesundheit dessen zu erhalten, dem selbst zu schreiben sie sich schon gar nicht mehr traute. So erwuchs aus dieser Liebesheirat letztlich nichts Besseres als aus so vielen arrangierten Ehen: zwei nahezu parallele Leben. Lady Hervey richtete sich im Londoner Stadthaus ein, wo sie dann und wann ihrem sonst bei Hof lebenden Mann begegnete. Hier verbrachte sie ihre Zeit mit den Kindern, den Briefen an tausend Freunde und den noch immer bewundernden Dichtern, bevor sie sehr viel später als große alte Dame in Paris residieren würde – einigermaßen frei, weil sie inzwischen längst Witwe war.

Zurück zum großen unfreiwilligen Experiment der britischen Hofgeschichte. Als 1714 Königin Annas Tod das Haus Hannover auf den Thron brachte, glaubte Britanniens Adel sich gegen eine Wiederholung des holländischen Günstlingsregimes klug abgesichert zu haben. Das Thronfolgegesetz von 1701 enthielt ein ausdrückliches Verbot, britische Ämter oder Besitztümer an irgendjemand anderen als an geborene Briten zu vergeben. Tatsächlich beschränkten sich denn auch die nach London mitgenommenen deutschen Minister Georgs I. nach einer nicht unamüsanten Übergangsphase, in der sie ihm erklärten, welche die guten und welche die bösen Engländer seien, auf die Geschäfte ihres Heimatlandes und störten also kaum. Lediglich der als Diplomatensohn in London geborene August Sinold von Schütz erhielt ein britisches Hofamt als Garderobenmeister, wofür er freilich auch nur noch Augustus Schutz genannt wurde (die britischen Historiker unserer Zeit haben ihn dann, weil das ja nach wie vor sehr schwierig war, in Schulz umgetauft). Zum Leidwesen der britischen Aristokratie wies der Gesetzestext jedoch eine entscheidende Lücke auf, durch die jetzt direkt aus Hannover die einzige Sorte höfischer Akteure einmarschierte, die notfalls auch ohne jedes Amt den Ton bei Hof angeben konnte: Frauen. Georg I., dem Großbritannien wenig mehr als ein dynastisch notwendiges Übel schien, war im Moment der Thronbesteigung bereits vierundfünfzig gewesen; Englands Gesellschaft blieb ihm ebenso fremd wie die Sprache. Cousine Anna hatte dem gesamten Haus Hannover nämlich zeitlebens verboten, sich auf der Insel blicken zu lassen, und die Rechnung dafür bezahlten jetzt ihre Untertanen, die sich auf nicht weniger als drei Generationen komplett deutsch sozialisierter Herrscher freuen durften. Wenn aber Georg I. nun schon das geliebte Herrenhausen gegen die improvisierten Paläste von London eintauschen sollte, dann schien es ihm das Mindeste, eine deutsche Mätresse mitzubringen (die Ehefrauenfrage stellte sich bekanntlich nicht mehr, seit er Ex-Gemahlin Sophie Dorothea vor zwanzig Jahren auf Schloss Ahlden hatte einsperren lassen). Und also reiste nun an seiner Seite nicht nur die deutsche Schwiegertochter Caroline an und auch nicht nur die Gouvernante Gräfin Schaumburg-Lippe-Bückeburg, die den Engländerinnen sofort erklärte, wie unvornehm nach vorne gebeugt sie alle herumliefen (zum Dank dafür schrieben sie ihren Namen als Comtesse de Picbourg, sodass kaum mehr ein moderner Historiker sie wiedererkennt). Noch unübersehbarer ließ sich der neue König von zwei offensichtlichen Mätressen begleiten, die die Engländer trotz ungewohnter Namen insofern leicht auseinanderhalten konnten, als Georg I. sie sich nach dem Prinzip des maximalen Kontrasts ausgesucht zu haben schien. Die hagere und großgewachsene Melusine von der Schulenburg erhielt daher, während Georg sie zur Herzogin von Kendal erhob, von den Londonern den Beinamen «der Maibaum». Die Statur der Sophie Charlotte Freifrau von Kielmansegg passte dagegen weniger zum neuen Titel Countess of Darlington und umso mehr zum Spitznamen, den das Volk ihr nach der Londoner Straßenkreuzung «Elephant and Castle» gab; der Ministerssohn Horace Walpole traf sie als kleiner Junge und erinnerte sich noch fünfundsechzig Jahre später an «die grimmigen schwarzen Augen, die hochgewölbten Augenbrauen, zwei Hektar purpurne Wangen, einen überquellenden Ozean von einem Hals, der sich durch nichts vom Rest des Körpers absetzte, und nirgendwo ein Korsett – kein Wunder, wenn ein Kind sich vor so einer Menschenfresserin fürchtete».

Jenseits des unmittelbar Sichtbaren allerdings tat nicht nur der Londoner Mob sich schwer damit, wer hier wer war. Melusine von der Schulenburg war zwar 1714 nicht umsonst mit drei «Nichten» angereist, die in Wahrheit ihre und des Königs Töchter waren (und von denen insbesondere Trudchen von Oeynhausen so sehr gefiel, dass sie sich bald auf Plattdeutsch über die groben Annäherungsversuche eines schottischen Lords mokieren musste, den andere für Lady Herveys Geliebten hielten). Die dicke Baronin Kielmansegg aber genoss die Gunst Georgs I. nicht etwa als Mätresse, sondern als Halbschwester – eine Tochter der einstigen Kurfürstenmätresse Gräfin Platen nämlich, die einst versucht hatte, sie mit dem fatalen Königsmarck zu verheiraten, und zugleich nach Ansicht Georgs I. auch Kind seines Vaters Ernst August. Es zeugt von der buchstäblichen Sprachlosigkeit zwischen deutschem König und britischem Adel, wenn Letzterer diesen ja nicht ganz unwesentlichen Unterschied nie begriffen zu haben scheint. Dass der damalige Irrtum sich aber trotz klarer Widerlegung nach wie vor durch die neueste englische Literatur zieht, verdeutlicht zugleich das Problem, welches viele Briten noch heute mit diesem Teil ihrer Geschichte haben. Natürlich amüsiert uns Lord Herveys ironische Beschreibung der Vorwürfe, die Georg II. ihm machte, weil der Vize-Oberkammerherr die genaue Verwandtschaftsbeziehung zwischen dem Pfalzgrafen von Sulzbach und dem Kurfürsten der Pfalz nicht kannte. Sobald man sich aber vergegenwärtigt, dass erstens Pfalzgraf Karl Theodor der direkte männliche Erbe des uralten Kurfürsten und also der ganzen Pfalz war; dass zweitens der Kurfürst seit langem versuchte, Karl Theodor auch die von Preußen beanspruchten Lande Jülich und Berg zu übertragen; dass drittens der Kurfürst aus genau diesem Grund auch seine Tochter bewusst in das Haus Sulzbach verheiratet hatte, um dessen Ansprüche zu stärken, was viertens jedoch nichts geworden war, weil der jetzige Sulzbacher Erbe Karl Theodor eben nicht aus dieser Ehe stammte; und dass schließlich vom Erfolg oder Misserfolg dieser Erbübertragung ganz klar abhing, ob Preußen vor lauter Enttäuschung über die leeren Versprechungen anderer Mächte ein Bündnis mit Frankreich schließen würde, aus dem beim absehbaren Ende des Hauses Österreich dann leicht jener gesamteuropäische Krieg entstehen konnte, der schon 1740 tatsächlich ausbrechen sollte – sobald man sich all das vergegenwärtigt, wird man doch geneigt zu sein, den Ärger Georgs II. über seinen Möchtegernminister Hervey ein wenig verständlicher zu finden. Man stelle sich als Gegenstück einfach einen hypothetischen Deutschen unserer Zeit vor, der angesichts der vielen amerikanischen Importe einfach keine Lust mehr hat, sich nun angesichts eines US-Wahlkampfs auch noch für esoterische Nominierungsverfahren interessieren zu müssen, gleichzeitig aber das Amt des deutschen Außenministers anstrebt. Politiker wie Hervey waren zu oft unwillig, mehr als ein wenig über den Kanal hinauszudenken, und so kann man denn die gelegentlichen Wutausbrüche Georgs II. nicht weniger verstehen als die Frustration der britischen Elite. Schlimm genug, dass dieser König selbst ein Deutscher war, schlimmer, dass keine Britin für dieses Haus auch nur als Ehefrau gut genug war. Wenn jetzt aber selbst noch die Königsmätressen aus Deutschland importiert werden sollten, dann war in absehbarer Zeit die letzte rote Linie jeder einigermaßen mit Selbstachtung gesegneten Höflingsfamilie überschritten.

Zum Glück hatte schon damals, kurz nach 1714, die Rettung ganz nahe gelegen. Während nämlich (oder genauer gesagt wohl: weil) Georg I. sich so ausgesprochen wenig auf sein neues Königreich einließ, hatten sein mit ihm übergesetzter Sohn Georg Prinz von Wales und dessen Frau Caroline sich umso demonstrativer englisch gegeben, wobei ihnen nicht nur ihre relativ guten Sprachkenntnisse halfen. Sehr bald brach auch der fast schon traditionelle Streit zwischen dem König und dem Thronerben aus, der die Londoner Prinzenresidenz zum Sammelpunkt der Opposition machte, und so lag es nahe, dass dieser zweite Georg, der gerne schon Georg der Zweite gewesen wäre, seine angebliche Anglophilie auch politisch nutzte. Nicht zuletzt seine fast zeitgleiche Liaison mit Mrs. Howard (der späteren Lady Suffolk) passte in dieses Bild, indem sie den Engländern den Glauben an die völkerverbindende Kraft des ritualisierten Ehebruchs zurückgab. Die größte Trumpfkarte des Prinzen war freilich schon damals seine Frau

Caroline gewesen, der es nie schwerfiel, Mrs. Howard im entscheidenden Moment daran zu erinnern, wie sie als damals noch einfache ‹woman of the bedchamber› die Prinzessin von Wales nun mal – «leider, my dear Howard, leider!» – auf Knien zu bedienen habe. Überhaupt konnte man jetzt am Prinzenhof all die schönen Hofdamen-Posten erlangen, die am Königshof mangels Ehefrau fehlten. Noch viel wichtiger war jedoch, dass Carolines bewegte Vorgeschichte sie von klein auf zu genau jener Anpassung an die Gegebenheiten erzogen hatte, die man von einem geborenen Kronsohn wie ihrem Mann nicht ernsthaft erwarten konnte. Als Markgräfin von Brandenburg-Ansbach war sie 1683 gewissermaßen genau auf der Kante zwischen regierenden Häusern und bloßem Hochadel geboren, mitten auf einer Demarkationslinie also, von der aus man in der einen Richtung Cousinen als Königin von Polen oder Dänemark sah und auf der anderen Seite eine ältere Halbschwester, die es bloß noch zur Gräfin von Hanau gebracht hatte. Carolines Mutter war zwar die «schöne Prinzessin von Eisenach» gewesen, die sich nach dem frühen Tod des Markgrafen von Ansbach mit Kurfürst Johann Georg IV. von Sachsen und also nicht zu knapp nach oben wiederverheiratet hatte. Leider jedoch hatte das nur auf dem Papier gut ausgesehen; die von der neunjährigen Caroline miterlebte Realität war ein Albtraum und der zwei Jahre später erfolgte Tod des Stiefvaters, der sich bei seiner sterbenden Geliebten mit den Pocken angesteckt hatte, fast eine Erlösung. Während in Dresden die Regierungszeit Augusts des Starken mit einem Hexenprozess gegen die Mätressenmutter begann, zog die Kurfürstinwitwe mit Caroline auf ihr entlegenes Witwenschloss, wo sie bereits zwei Jahre später starb. Das vernachlässigte Kind hatte sich Lesen und Schreiben selbst beibringen müssen, was man Carolines komplett nach Gehör geschriebenen Briefen für den Rest ihres Lebens ansehen würde. Nun aber kam die Dreizehnjährige an den Hof des entfernten Cousins Friedrich III. nach Berlin und gewann dort das Herz der hochgebildeten Kurfürstin Sophie Charlotte, die sie in Ermangelung einer eigenen Tochter wie eine preußische Prinzessin erzog. Zusammen mit ihrem flachsblonden Haar oder ihrer berühmten Figur brachte das Caroline zuerst 1703 den unglaublich ehrenvollen Heiratsantrag des Erzherzogs Karl von Österreich ein, der eben als designierter König von Spanien von Wien nach Barcelona reiste und seine Route einzig ihretwegen über Leipzig laufen ließ. Der fünfstündigen Begegnung waren zahllose Briefe gefolgt, die freilich anstelle des zu schüchternen Karl sein Oberhofmeister Fürst Liechtenstein schrieb, während die Prinzessin sich in Berlin mit dem zwecks Bekehrung angereisten Jesuitenpater begnügen musste. Statt sich jedoch wie vorgesehen nach einer genau austarierten Schamfrist von der Richtigkeit des Katholizismus überzeugen zu lassen, verlor sie nur die Geduld mit dem Haus Österreich. Hätte Caroline häufigere und interessantere Briefe bekommen, säße sie wohl jetzt, 1735, als Kaiserin in der Hofburg; so aber ließ sie sich stattdessen von Leibniz einen Absagebrief schreiben, woraus immerhin noch eine interessante mathematische Korrespondenz mit dem Jesuitenpater wurde, und versuchte dann, sich nicht vor den Konsequenzen ihres unerhörten Eigenwillens zu fürchten. Und wirklich meinte das Schicksal es gut genug mit Caroline, um ihr erstens die einen Moment lang drohende Ehe mit Preußens späterem Soldatenkönig Friedrich Wilhelm I. zu ersparen und sie zweitens doch noch zur Königin zu machen, indem es dann 1705 den Kurprinzen Georg von Hannover um ihre Hand anhalten ließ.

Zum Glück wussten weder Caroline noch ihr Bräutigam, dass sein die Heirat aushandelnder Oberhofmeister Baron Eltz einer der vier Mörder war, die 1694 den Grafen Königsmarck für seine Affäre mit Georgs Mutter bestraft hatten. Aber auch so begriff sie, dass sie als Georgs Ehefrau die Anwartschaft auf einen Thron erheiratete, der über einem Pulverfass stand. Ihre Vorgeschichte half ihr dabei, schon als Prinzessin von Wales besser mit den schwierigen Engländern auszukommen als das ganze übrige Haus Hannover. Erst recht war sie natürlich als Königin die wichtigste Stütze nicht nur ihres Mannes, sondern zugleich Walpoles geworden, der dem Land endlich die so lange vermisste Stabilität wiedergegeben hatte. Umso größer fielen aber genau deswegen auch die Sorgen aus, die sich jetzt, im November 1735, die britische Elite machte. Die Art, in der seine Liebe zu Frau von

Wallmoden Georg II. nicht nur magnetisch nach Hannover zurück, sondern auch von der Königin wegzog, bedrohte ein ganzes politisches System, und fatalerweise war dies Problem gerade dabei, sich zu verdoppeln. Die Frage nämlich, ob Ehefrau oder Mätresse, Deutsche oder Engländerin, Walpole oder seine Feinde den Herrscher und damit letztlich das ganze Land dominieren konnten, stellte sich ja keineswegs bloß für den gegenwärtigen König. Die Sicherheit, mit der man in strikt monarchischen Systemen den nächsten Herrscher im Voraus kennt, verband sich mit so unvorhersagbaren Lebenserwartungen, dass Höflinge schon deswegen stets auch in Richtung der aufgehenden Sonne blicken und also ein Auge auf den Thronerben haben mussten. Was aber die Briten im November 1735 da zu sehen bekamen, war nicht zu ihrer Beruhigung geeignet. Und doch erscheinen diese vagen Sorgen harmlos, sobald man sie mit dem ganz konkreten Gefühlschaos verglich, das jetzt Lord Hervey umtrieb.

Der damalige Thronerbe hieß Friedrich Ludwig, woraus die Familie Fritz machte, während er für den Rest der Welt seit fast sieben Jahren Prinz von Wales hieß. Dieser Titel aber war und ist bis heute (ganz wie der deutsche Kronprinz oder der französische Dauphin) einzig jenem Erben vorbehalten, der nicht bloß als ‹heir presumptive› der gerade wahrscheinlichste, sondern vielmehr als ‹heir apparent› auch der vollkommen unvermeidliche Thronfolger ist. Prinz Fritz war als ältester Sohn Georgs II. Heir Apparent; er durfte sich also in der Gewissheit sonnen, dass nur vorzeitiger Tod oder eine kaum denkbare Revolution ihn an der Thronbesteigung hindern konnte, und wird erst nach einiger Zeit genau darin sein größtes Problem erkannt haben. Dass Herrscher und Kronprinz einander nicht grün waren, war zwar so strukturell zwangsläufig, dass es fast schon als normal galt. Ein diabolischeres Taufgeschenk aber, als es Prinz Fritz 1707 in die Wiege gelegt wurde, hat die böse Fee der dynastischen Welt wohl kaum je einem Erstgeborenen beschert, und wenig half da, dass der Fluch erst in seinem achten Lebensjahr sichtbar wurde. Als nämlich Großvater Georg I. 1714 ohne Begeisterung an die Themse zog, hatten sein einziger Sohn Georg (II.) und dessen Frau Caroline ihn umso selbstverständlicher begleitet, als man den Briten doch wenigstens in der zweiten Reihe des Königshauses jemanden vorzeigen musste, der sie zu mögen schien. Zugleich aber hatte der neue König Mitleid mit Hannover. Man konnte ja in diesem Deutschland der Kleinstaaten kaum einen Stein werfen, ohne einen regierenden Fürsten zu treffen, und so waren die Höfe denn auch fast überall die größten Motoren des Konsums. Wer sehen will, wie fatal ihr Wegfall für Stadt und Region war, muss sich bloß die vielen Ex-Residenzen ansehen, die bis heute optisch wie größenmäßig in der Zeit stehen geblieben sind, in der ihr Fürstenhaus ausstarb oder wegzog – ein Verfallsdatum quasi, das gerade erst (1705) im benachbarten Celle erreicht worden war. Da die hannoverschen Höflinge zudem ja noch nicht einmal mit englischen Ersatzposten rechnen durften, blieb nur eine Lösung: Der Hof von Hannover musste als schlichtes Arbeitsbeschaffungsprojekt weiterbestehen, über das wir uns erst an jenem fernen Tag werden amüsieren dürfen, an dem nicht immer noch Teile der Bundesministerien in Bonn sitzen. Zum Unglück des Prinzen Fritz wurde freilich weniger die Großzügigkeit des Großvaters als vielmehr ihre Grenze – wenn er nämlich schon mal einen Hof finanzierte, dann wollte Georg I. dort auch einen Fürsten sehen, und wenn sein einziger Sohn nur einen einzigen Sohn hatte, dann musste es ebendieser sein. So kam es, dass Prinz Fritz von Hannover mit sieben Jahren Abschied von seinen Eltern nehmen musste, um sie die nächsten vierzehn Jahre lang nur noch auf den Ölbildern des Schlosses sehen zu können, in dem er als verschüchterter Arbeitgeber eines redundanten Hofstaats mit ganz außerordentlich filigranen Kriegsschiffmodellen spielte.

Bis hierhin dürfte der inzwischen abgebrühte Leser wohl einwerfen, dass doch dies Schicksal so ungewöhnlich gar nicht sei, und wirklich wuchsen ja Königskinder genauso häufig ohne Eltern auf wie ganz normale Frühneuzeitmenschen. Die Tragik des Friedrich Ludwig von Hannover lag jedoch darin, dass er seine Eltern zwar wiedersah, es da aber schon zu spät war. Dass vierzehn Jahre Trennung ihn zu einem ebenso naiven wie unsicheren jungen Mann gemacht hatten, der sich verzweifelt um Anerkennung bemühte und auch trotz

Sprachunterricht kaum auf die große Welt von London vorbereitet war, wäre schlimm genug gewesen. Noch fataler wirkte sich jedoch aus, dass diese Trennung am Rest der Familie ebenfalls alles andere als spurlos vorübergegangen war. Nachdem Georg II. und Caroline 1714 nur die drei dynastisch unwichtigen Töchter hatten mitnehmen dürfen, scheinen sie ihren Schmerz über den zurückgelassenen Sohn bewältigt zu haben, indem sie ihn zu vergessen und zu ersetzen suchten, was leider beides gelang. Neben zwei weiteren Töchtern wurde ihnen schließlich 1721 ein zweiter überlebender Sohn geboren, der mit dem Namen Wilhelm August den Titel Herzog von Cumberland erhielt. Alle Liebe und Fürsorge, die sie dem Ältesten nicht mehr beweisen konnten, erhielt nun dieser Nachzügler, den sie dadurch genauso folgerichtig zu liebenswerter Gelassenheit erzogen, wie man seinem Bruder das Gegenteil eingebrockt hatte. Sechs Jahre lang ging das gut, wenn man denn bei so etwas von gut sprechen mag. Dann starb 1727 Georg I.; der bisherige Prinz von Wales wurde Georg II. und sein Sohn Friedrich Ludwig, der bisher Herzog von Gloucester geheißen hatte, als Heir Apparent Prinz von Wales. Das Problem aber war von Anfang an klar: Hier war der ungeliebte, der verstoßene Sohn, längst schon erwachsen, ungeduldig, nach England zu kommen – und dazu bestimmt, eines Tages anstelle des Lieblings Cumberland den Thron zu besteigen. Tausendmal zermarterten Georg II. und Caroline sich das Hirn, wie sie das ändern könnten, tausendmal sondierten sie Politiker, Höflinge, Juristen, ob man das Erbe nicht wenigstens teilen könne. Es war vergebens. Die Primogenitur-Erbfolge in Hannover war durch Reichs- und Hausgesetze nicht weniger beinhart festgezurrt als das britische Äquivalent durch den Act of Settlement. Jeder Versuch der Abweichung zugunsten eines Zweitgeborenen hätte daher mit Sicherheit Bürgerkrieg, Intervention des Römisch-Deutschen Reichs oder feindliche Invasion nach sich gezogen und somit Folgen gehabt, die man etwa durch einen kollektiven Absprung der Königsfamilie vom Kreidefelsen bei Dover wesentlich kostengünstiger erzielen konnte. Dem Königspaar blieb daher nicht anderes übrig, als den Einundzwanzigjährigen genau in dem Moment fast heimlich (mitten aus einem Maskenball heraus) in Hannover abholen zu lassen, als er dort zum ersten Mal Anzeichen von Eigenständigkeit zeigte. Am 15. Dezember 1728 kam der vom rasenden Reisetempo erschöpfte Prinz in London an, wo er sich zum Palast eine taxiähnliche Mietsänfte nehmen musste, bevor man ihn schließlich in St James über eine Hintertreppe in die Gemächer der Königin führte. Hier erwartete ihn seine Familie zu einem Abendessen, auf das jeder dänische Problemfilm stolz wäre. Um den Tisch saßen acht engste Angehörige, von denen er fünf seit vierzehn Jahren nicht mehr, drei aber überhaupt noch nie gesehen hatte; er war ihr ältester Sohn, ihr ältester Bruder, ihr zukünftiger König und musste sich doch wie ein grotesk verspätetes Adoptivkind fühlen, ein unerwünschter Eindringling, der sich in ihr Leben geschlichen hatte wie das personifizierte schlechte Gewissen. Kein Wunder, dass er außen vor blieb, ungelenk und kindisch, unliebenswürdig und ahnungslos, misstrauisch beäugt von den Eltern, verlacht von den Geschwistern. Wenig erstaunlich, dass er sich verzweifelt nach Anerkennung umsah, dass er einen Verbündeten suchte, einen Mentor und väterlichen Freund, der doch zugleich jung genug sein musste, um auch Vorbild zu sein in souveräner Eleganz. Und also umso passender, dass schon kurze Zeit danach Lord Hervey an den Hof zurückkam.

An sich hätte Hervey genug anderes zu tun gehabt. Er hatte ja nicht umsonst Stephen Fox Neapel und die große Welt gezeigt, denn nach wie vor liebte er den acht Jahre Jüngeren. Wenn sie dennoch bald weniger Zeit miteinander verbrachten, lag das fast nur an Herveys neuem Hofamt, diesem glitzernd goldenen Kammerherrenschlüssel, der ihn nahezu pausenlos in Kensington oder St James festhielt. So finden wir den neue Vize-Oberkammerherrn denn auch in der wenigen freie Zeit in seinem Haus am St James's Square, gleich neben dem Palast, wo er mit seiner Frau immerhin noch zivil genug zusammenlebte, um im Lauf der Jahre vier weitere Kinder zu zeugen; wenn Stephen einmal doch sein Landgut verließ, um nach London zu kommen, besuchte Lady Hervey die Schwiegereltern. So weit, so üblich; ein krummes Idyll, das sich hätte handhaben lassen, wären da nicht noch die Versuchungen des Hofes hinzugekommen. Dabei hätte Hervey gegen mindestens eine davon immun sein sollen: Hatte er denn nicht schon einmal eine Maid of Honour verführt, ohne dadurch glücklich zu werden? Aber da war sie nun einmal, die fünfundzwanzigjährige Baronstochter Anne Vane, die Londons Dichter «the beautiful Vanella» nannten, Nichte des einen Außenministers und Geliebte des zweiten, eine frei schwebende Schönheit mit Ehrgeiz, der man die fragile Gesundheit nicht ansah, und so kam bald, was kommen musste: Ménage-à-quatre. Stellt man in Rechnung, dass Hervey neben diesem Privatleben nicht bloß den anstrengendsten Posten des ganzen Hofes ausübte, sondern trotzdem auch noch als Satiriker und Abgeordneter glänzte, dann kann man wohl verstehen, warum der elf Jahre jüngere Prinz von Wales bewundernd zu ihm aufschaute. Aus Herveys Perspektive freilich war genau das das Problem; um diesen unglücklichen Beinahe-Teenager überhaupt wahrzunehmen, musste der Lord sehr viel weiter herabschauen, als es ihm lag. Mit den Jahren würde der Prinz zwar ein durchaus guter Kunstpatron und Cello-Spieler werden. Den klassizistischen Olymp jedoch, in dessen dünner Luft Hervey gelehrsame Gedichte schrieb, erreichte Fritz ebenso wenig, wie er Hervey jemals in die oberen Regionen höfischer Coolness folgen würde. Und 1729/30 war selbst das Cello noch buchstäblich Zukunftsmusik. Aktuelle (und bleibende) Leidenschaften des Prinzen waren das Kegelspiel, zu dessen Gunsten sich das Mittagessen schon mal auf den Abend verschieben konnte, Tennis, Gartenarbeit, zu der auch empörte Adelsbesucher zwangsrekrutiert wurden, Cricket und natürlich Baseball, was er mit dem gesamten männlichen und weiblichen Hofstaat bevorzugt im teuer dekorierten Salon seines Stadtpalasts zu spielen pflegte – wahrlich kein Leben für Hervey. Und doch siegte die höfische Versuchung. Als Fritz mochte Frederick Lewis ein rührender Welpe sein, dessen gewollt geistreiche Briefe an Hervey man noch heute nicht ohne Fremdschämen lesen kann. Als Prinz von Wales aber war er die aufgehende Sonne einer Macht, von der selbst jemand wie Hervey sich blenden ließ. Der Mentor eines zukünftigen Königs hielt die Trumpfkarte für einen ganzen Höflings-Clan in Händen; am Horizont erschienen ihm Einfluss, Titel und Ordensbänder, reiche Heiraten für die Töchter, Hofchargen für ältere, Bistümer für jüngere Söhne, da zeichnete die Macht sich ab, Feinde zu Kreuze kriechen zu lassen und so viel mehr, wofür noch der ironisch coolste Höfling bereit war, sich vom prinzlichen Äquivalent eines verspielten Labradors ‹Lord Chicken› nennen zu lassen.

So wurde Lord Hervey der beste Freund des Prinzen, mindestens. Während Friedrich Ludwig die Patenschaft für Herveys dritten Sohn Frederick übernahm, schrieben sie einander pausenlos vertraute Briefe und schließlich sogar ein gemeinsames Theaterstück, das unter falschem Autorennamen einen schmerzlos raschen Bühnentod starb. Wie weit aber ihre Beziehung genau ging, ist seitdem oft gefragt worden. War Hervey einfach ein opportunistisch väterlicher Freund des elf Jahre Jüngeren, oder war er sein Geliebter, wie er zugleich der von Stephen Fox war? Fox selbst reagierte vorwurfsvoll genug, als Hervey ihm eines Tages von seiner Sorge schrieb, den Prinzen «nicht ganz so lieben zu können wie Dich». Aber selbst diese sonst so offenen Briefe, deren unveröffentlichter Teil beispielsweise Herveys körperliche Beziehung mit Fox belegt, entstanden zu sehr im Schatten befürchteter Mitleser, als dass sie in puncto Ménage-à-quatre oder Ménage-à-cinq ganz klar hätten sein können; Herveys Memoiren für die Jahre 1730 bis 1732 dagegen wurden offenbar genau aufgrund ihrer größeren Offenheit von einem Enkel des Autors zerstört. Was hatte Lord Bristol dort gelesen? Solange es nur um Herveys Frauengeschichten ging, ließ der Enkel so viel Skandalöses stehen, dass die drei zerstörten Jahre wohl eher den Prinzen kompromittierten. Wie wir gleich sehen werden, beweist allerdings auch das nichts, und so bleiben uns nur irre Gerüchte, deren schrägstes ausgerechnet von Fredericks Mutter kam. In Königin Carolines Wunschdenken musste nämlich ihr Ältester impotent sein, damit Lieblingssohn Cumberland wenigstens verspätet doch noch König werden könne, und so verging kaum eine Woche, in der sie nicht versuchte, Neues über das Sexualleben des Prinzen herauszufinden; falls ihr bewusst war, dass gerade Hervey Fritz nicht eben in Richtung Fortpflanzung drängen würde, mag ihr sogar das ganz recht gewesen sein. Der Prinz aber schien die mütterliche Angst quasi spiegelbildlich zu teilen. Obwohl er auf fünfundzwanzig zuging, hatte er nicht bloß noch immer keine Frau, sondern trotz bester Absichten auch keine Mätresse. Höfische Tändeleien mit einer fünfundzwanzig Jahre älteren Tochter des großen Marlborough führten ebenso ins Nichts wie der Hyde-Park-Spaziergang mit einer merkantilen Dame, bei dem er ausgeraubt wurde, oder der Flirt mit einer Bauersfrau, deren Ehemann ihn prompt verprügelte. War es da Glück oder Unglück, dass Fritz von Hervey lernte, sein Amts-Charisma als aufgehende Sonne endlich auch erotisch wirksam einzusetzen? Jedenfalls fand der verblüffte Vize-Oberkammerherr im Dezember 1731 heraus, dass die Kammerjungfer Vane zwar noch immer zu dieser seltsamen Vierer- oder Fünferbeziehung gehörte, seit mindestens drei Monaten aber nicht mehr nur Herveys, sondern zugleich Fritzens Mätresse war.

Von einem Augenblick zum anderen schlug der Tenor von Herveys Briefen an Stephen radikal um. Der eben noch umschwärmte Prinz war ihm nun der letzte Abschaum, und nur aus Höflingsroutine verheimlichte er dies Gefühl noch einige Monate lang. Am 15. Juni 1732 gebar Miss Vane jedoch einen Sohn, dem sie den programmatischen Namen Fitzfrederick Cornwall gab (‹Fitz› als anglonormannisches Wort für Sohn, Cornwall nach jenem Herzogtum, welches bis heute dem Heir Apparent gehört). Der Prinz frohlockte, und nur die Königin blieb überzeugt, dass das ja wohl der Außenminister oder Lord Hervey vollbracht haben müsse. Miss Vane erhielt ein schönes Haus nahe bei St James sowie genug jährliches Einkommen, um ihrer eigenen Sänfte in Zukunft gleich zwei weitere hinterhertragen zu lassen, in denen die Ammen des unautorisierten Prinzenkindes saßen. Lord Hervey aber beschloss, in retrospektiven Memoiren über diese Kröte von einem Königssohn ein paar grundsätzliche Dinge festzuhalten, denen wir selbst dann kaum hätten trauen dürfen, wenn Lord Bristol sie nicht ohnehin vernichtet hätte. Was wir über das spätere Verhalten des Prinzen wissen, spricht jedenfalls stark gegen eine erotische Beziehung mit Hervey. Wäre Fritz nämlich auch nur ansatzweise entsprechend disponiert gewesen, dann hätte er das als kontroverse öffentliche Person in einem Zeitalter giftigster Satire kaum auf Dauer verbergen können. Vor allem hätte es in seinem Umfeld eindeutigere Günstlinge gegeben, weil solche Favoriten ja schon ohne erotischen Subtext zu jedem Hofes dazugehörten; ein homo- oder bisexueller Fürst hätte seinen Liebhaber ohne großes Aufsehen in dieser Rolle verankern können, statt sich wie Fritz von Wales mit vielen gleichberechtigten Höflingen zu umgeben. Aber gerade weil der Prinz für den überlegenen Älteren nur naive Bewunderung empfunden zu haben scheint, kann man sich auch leicht den Schock ausmalen, den es ihm bereitet haben dürfte, von Herveys Feinden über dessen angebliche Absichten ‹aufgeklärt› zu werden. Gerade weil der sexuell unsichere Fritz in Hervey eben noch seinen Retter gesehen hatte, musste er sich nun fühlen, als sei er schlafwandelnd auf einen Abgrund der Schande zugelaufen, vor dem ihn nur noch Anne Vane bewahren konnte. Indem er sie zu seiner Mätresse machte, bewies er nicht nur seine Normalität; er bestrafte zugleich auch genau den Mann, der ihn in solche Gefahr gebracht zu haben schien. Und was für eine Strafe! Hervey verlor ja nicht bloß die Mätresse, sah sich nicht bloß dem Spott der Feinde und fast sicher auch homophoben Beleidigungen durch den Prinzen ausgesetzt. Auf einen Schlag war vor allem auch verloren, was ihn hundertmal mehr fasziniert haben muss als der linkische Fritz: die Aussicht nämlich, als Freund und Lehrmeister eines Königs bald die Macht hinter dem Thron zu sein. Nun hatte Lord Herveys Traum sich aus heiterem Himmel in einen Albtraum verwandelt, und das war ihm lebenslangen Hass auf den Prinzen wert. Hervey hörte nicht auf, geistreich und heiter zu sein. Seine ab nun ‹live› verfassten Memoiren aber würde er mit Vitriol schreiben und jedes dem Prinzen geltende Wort sorgfältigst in Verachtung marinieren.

Dies alles war im November 1735 drei Jahre her und doch plötzlich wieder wesentlich, weil sich die Frage der Frau an Fritzens Seite nun doppelt aufs Neue stellte. Zuerst ging es um eine Ehefrau, ohne die der Prinz ja nicht auf das bereits vom Parlament bewilligte Einkommen zugreifen konnte. Schon als 1730 der preußische Heiratsplan gescheitert war, scheint Frederick sich sofort um eine neue Partie bemüht zu haben, die auf den für uns nicht völlig unpassend klingenden Namen Lady Diana Spencer hörte. Die von aller Welt «Lady Di» genannte Zwanzigjährige war niemand anderes als die Lieblingsenkelin der alt gewordenen Herzogin Sarah von Marlborough, deren zweite Tochter einen Spencer geheiratet hatte. Weil nähere Erben kinderlos starben, fiel bald danach auch der Marlborough'sche Herzogstitel samt Blenheim Palace an den ältesten Spencer-Sohn, dessen Nachkommen den Namen Spencer-Churchill annahmen und noch heute im Barockpalast Blenheim bei Oxford residieren. Da aber das immer schon dramatische Temperament der Feldherrnwitwe Sarah Marlborough im Alter eher noch explosiver geworden war (es hatte seinen Grund, wenn der gerade aus Neapel zurückgekehrte Lord Hervey sie ‹Old Etna›, seine bestens mit ihr befreundete Mutter Lady Bristol aber ‹Vesuvius› nannte), hatte sie den größeren Teil des Familienreichtums durch eine Serie von Enterbungen zuletzt zu ihren jüngeren Enkelkinder John und Diana Spencer umgeleitet. Von John stammen die späteren Earls Spencer ab und also auch die uns bekanntere Diana; deren gleichnamige Urururururgroßtante aber wurde nun zum Objekt eines Antrages, der Lady Di zur Prinzessin von Wales gemacht hätte. Man darf bezweifeln, ob das gutgegangen wäre, nachdem Old Etna der Enkelin noch während dieser Heiratsverhandlungen eine «violent friendship» mit einer anderen jungen Dame ausreden musste, deren Liebesschwüre dem schönen Plan in die Quere zu kommen drohten. Aber gegen die gnadenlosen Ebenbürtigkeitsprinzipien der Herrscherhäuser hatte eine englische Grafentochter 1730 auch ohne solche Kompromittierung keinerlei Chance. Die Welt war entweder noch zu naiv oder umgekehrt noch nicht naiv genug, um sich solch kreative Umdichtungen sozialer Herkunft gefallen zu lassen, wie dann beispielsweise 1981 die Neuerfindung der namensgleichen Urnichte als niedliche Kindergärtnerin aus dem Volke eine sein würde, und sah in der Grafentochter einfach nur jemanden, der zur Familie der Könige prinzipiell nicht hinzugehören durfte. So heiratete denn Lady Diana anstelle eines Prinzen den Herzog von Bedford und starb am 8. Oktober 1735 als dessen Frau an der Schwindsucht, gerade mal fünfundzwanzig Jahre alt. Prinz Fritz dagegen erhielt fast gleichzeitig die Nachricht, dass sein Vater in Hannover nicht nur seine eigene Mätressen-, sondern auch die Schwiegertochterfrage geklärt habe, indem er die unauffällig zur Ansicht bestellte Prinzessin Augusta von Sachsen-Gotha spontan für tauglich befand. Das aber setzte sofort die große Intrigenmaschine in Bewegung.

Die baldige Hochzeit würde dem Prinzen nicht nur ein erhöhtes Einkommen, sondern auch einen Frauenhofstaat für die Gemahlin einbringen. Die zukünftige Prinzessin würde also eine Oberhofmeisterin (mistress of the robes) brauchen, und so entstand hier ein höfischer Hauptpreis, den Prinz Fritz vergeben würde. Wem aber konnte der besser stehen als seiner Mätresse, die er damit unangreifbar in seiner Nähe verankern würde? Pech für Miss Vane, dass Oberhofmeisterinnen verheiratet sein mussten; die schöne Vanella hätte also standesgemäß heiraten müssen, was sie als mitgiftlose Mutter eines überall vorgezeigten Bastardkindes getrost vergessen konnte. Eines Kindes zudem, dessen prinzlicher Vater sich ohnehin schon von Miss Vane entfernte und also umso freier war, sich einer schottischen Dame mit dem gewöhnungsbedürftigen Namen Lady Archibald Hamilton anzunähern. Wir erinnern uns: Ein Vornamen-Lord ist kein Oberhausmitglied, sondern bloß jüngerer Sohn eines Marquis oder (wie hier) eines Herzogs, was dann wieder ganz elegant ist. Die Dame war folglich – nach demselben Schema, das noch vor kurzem Namen wie «Mrs. John F. Kennedy» produzierte – die Frau von Lord Archibald Hamilton, dessen Bruder Lord Orkney uns nicht nur bei Malplaquet begegnet ist, sondern passenderweise auch schon eine Königsmätresse geheiratet hatte. Ob es das noch brauchte, um Lord Archibalds fünfunddreißigjährige Ehefrau auf Ideen zu bringen, wissen wir natürlich nicht. Auf jeden Fall aber war sie von nun ständig an der Seite des Prinzen von Wales und versuchte – genauso methodisch, wie Miss Vane flatterhaft war –, die als Kindsmutter gefährliche Vorgängerin dauerhaft auszuschalten. Sei es nicht skandalös, wenn der Prinz als bald verheirateter Mann zusehen müsste, wie diese buchstäblich im Nachbarhaus wohnende Frau die Folgen ihrer Liaison schamlos zur

Schau stellte? Sollte er da das Kind nicht aus reiner Notwehr zu sich nehmen und der skandalösen Mutter begreiflich machen, dass nur ein mehrjähriger Auslandsaufenthalt ihr noch die jährliche Pension von 1600 Pfund retten könne? Schon stand denn der prinzliche Kammerherr Lord Baltimore mit einem entsprechenden Brief in Miss Vanes Empfangszimmer, schon las sie ihn und konnte sich kaum noch aufs Hinauswerfen des unwillkommenen Boten konzentrieren, während sie den ersten Schock überwand. Eines aber war der schönen Vanella sofort klar. Für ihren Antwortbrief würde sie den literarisch besten Intrigenberater des Landes brauchen, und so traf es sich gut, dass sie gerade erst vor ein paar Tagen wieder mit ihm im Bett gewesen war. Gleich setzte sie sich an den Schreibtisch, um ihm einen Brief in das Appartement zu schreiben, das er nur einen Kilometer entfernt von ihr im St James's Palace bewohnte.

Lord Hervey öffnete Miss Vanes Brief mit einer gewissen Verwunderung, da ihre Rendezvous nur zweimal pro Woche stattfanden. Seit sie sich vor einem Jahr erst mühsam, dann immer enthusiastischer ausgesöhnt hatten, versuchten sie einander so viel zu sehen wie möglich, was freilich diskret gehandhabt sein wollte, um die lebensentscheidenden 1600 Pfund nicht zu gefährden und vielleicht auch Herveys Beziehung mit Stephen Fox, der sich freilich kaum mehr beschweren durfte, seit er eine Verlobung mit der zwölfjährigen Tochter einer Mätresse seines Bruders eingegangen war. Zuerst hatten sie einander immer nach Sonnenuntergang in ihrem Haus getroffen, bis das zu unbequem wurde – das Dienstpersonal musste ja beurlaubt werden, und so hatten sie nie jemanden, um Obst, Tee oder Abendessen zu bringen. Zum Glück brach jedoch gerade jetzt Lady Hervey mit den atypisch glücklichen Richmonds nach Frankreich auf und machte damit Herveys Schloss-Appartement in St James frei, wohin daher Miss Vane bald zweimal wöchentlich zu Fuß lief: perfekte Tarnung, da eine vornehme Dame normalerweise nie auf Kutsche oder Sänfte verzichtet hätte. Wenn eine dieser Nächte dennoch beinahe grauenhaft geendet wäre, lag das nicht etwa am Scheitern, sondern gerade am Erfolg der Geheimnistuerei. Miss Vane hatte nämlich schon seit Jahren krampfartige Magenschmerzen, die in dieser Nacht stärker wiederkehrten als je zuvor. Verzweifelt gab Hervey ihr alle Arten von Medizin und schließlich Goldpulver, ohne doch verhindern zu können, dass sie schließlich wie tot in seinem Bett lag. Einen unmessbar langen Augenblick schien Hervey alles verloren. Kein Diener war eingeweiht, keine Möglichkeit, dies zu vertuschen, kein Weg, der Schande zu entgehen, die ein solcher Vorfall selbst in der verkommen toleranten Welt des Hofes mit sich bringen musste. Dachte der Lord auch darüber nach, was es bedeutete, diese Frau verloren zu haben, dachte er vielleicht sogar an ihr Kind, das genauso gut seines wie das des Prinzen sein mochte? Man hofft es ein wenig, und es beweist nicht viel, dass die auf Coolness gebürsteten Memoiren keinen solchen Gedanken erwähnen. Aber dies eine Mal hatten sie noch Glück gehabt: Miss Vane wachte wieder auf, ließ sich durch noch mehr Goldpulver notdürftig aufmuntern und schließlich von Hervey heimlich nach Pall Mall tragen, wo er ihr die Mietsänfte rief, die in den Palast zu bestellen er nicht gewagt hatte.

Wer das überstanden hatte, konnte von einem bösen Brief des Prinzen kaum mehr geschreckt werden. Im Gegenteil. Fast schien es Verschwendung, dass Hervey wieder Miss Vanes Geliebter war, denn die jetzt gestellte Aufgabe hätte er auch für eine völlig Fremde übernommen. Es galt, dem Prinzen eine Antwort zu verpassen, die unangreifbar unterwürfig war und sich doch als geschriebene Ohrfeige gebrauchen ließ; ein Schreiben, das man in handschriftlicher Kopie dem ganzen höfischen Adel verteilen und notfalls, quasi nuklear, wohl auch dem einen oder anderen Schmutzblatt zum unvollkommen verfremdeten Abdruck geben konnte. Der Brief sollte also nicht bloß dokumentieren, was Miss Vane dem kaltherzigen Ex-Freund antwortete, sondern den Prinzen auch in einer Zwickmühle einklemmen, in der er entweder Miss Vane Geld, Kind und Heimat lassen oder aber öffentlich zugeben musste, wie unaristokratisch kleinlich er sei – und also jemand, der das Grundprinzip der aristokratischen Ehren-, Klientel- und Belohnungspolitik nicht respektierte. Das aber wäre ein Warnsignal an Abgeordnete und Lords gewesen, für ihre Opposition lieber einen zuverlässigeren Patron zu suchen als diesen Prinzen, der ihre Unterstützung doch so bald so dringend brauchen würde. In einer Welt, deren Große sich Politiker und Mätressen zum selben Tarif kauften, war das passiv-aggressive Meisterstück von einem Brief, das Lord Hervey der schönen Vanella mit solchem Vergnügen entwarf, daher auch als Enthüllungsdrohung wirksam genug, um den Prinzen sofort einknicken zu lassen. Noch im November 1735 bewilligte er Miss Vanes 1600 Pfund bedingungslos auf Lebenszeit und garantierte ihr damit das Leben in Freiheit und Luxus, von dem sie immer nur geträumt hatte. Sofort zog sie nach Bath, einem mondänen Kurort, der damals gerade jenes Paradies der High Society geworden war, als das man ihn noch bei Jane Austen wiederfindet, und nur fast nebenher erfahren wir als eigentlichen Umzugsgrund ihre nach wie vor regelmäßigen Koliken, die sie mit Heilwasser zu bekämpfen plante. Sie war noch keine vier Monate in diesem neuen Leben eingerichtet, als sie am 7. April 1736 erneut ein starker Kolikanfall überkam, gegen den diesmal auch kein Goldpulver mehr half. Das bewegte Leben der Anne Vane war vorbei, bevor es zweiunddreißig Jahre gedauert hätte, und jenseits von Herveys Memoiren sowie eines schnell wieder vergessenen Skandal-Theaterstücks blieb buchstäblich keine Spur von ihr zurück. Als sie umgezogen war, hatte sie den kleinen Fitzfrederick bei ihrem Höflingsbruder in London gelassen, der nur zu gern das mutmaßliche Kind des nächsten Königs aufziehen wollte. Fünf Wochen vor dem Tod der Mutter hatte der Dreieinhalbjährige dort jedoch einen ganz ähnlichen Anfall erlitten wie seine Mutter einst in Lord Herveys Bett, und auch ihn hatte die unbestimmbare Krankheit getötet. Wir wissen nicht, ob Lord Hervey sich jemals als Vater dieses Kindes gesehen hat, das ja genau zur Zeit des Liebesverrats gezeugt worden war und also ebenso gut vom Prinzen stammen konnte. Aber auch falls er Fitzfrederick tatsächlich für seinen Sohn gehalten haben sollte, wüssten wir kaum, was ihm das bedeutet hätte. Auf 924 Seiten Memoiren ist von keinem seiner acht ehelichen Kinder auch nur ein einziges Mal die Rede, und so müssen wir schon die genealogischen Nachschlagewerke bemühen, um jene grausame Ironie zu entdecken, mit der das letzte dieser acht Kinder genau einen Tag vor Fitzfredericks Tod geboren wurde. Gerade vier Wochen nachdem unverstandene Krankheit Prinz Friedrichs komplizierte Beziehungsvorgeschichte regelrecht ausgelöscht hatten strahlte die seltene Londoner Frühlingssonne auf den Beginn dessen, was seine legitime Familie werden sollte. Um die Mittagszeit des 8. Mai 1736 hielt in Lambeth am rechten Themse-Ufer eine Kutsche an genau der Stelle, wo Lauzun siebenundvierzig Jahre zuvor und nicht ohne Mühe Königin Maria Beatrix samt Sohn und Kindermädchen in den Fluchtwagen bugsiert hatte. Ein Lakai in rot-goldener Livree klappte die Trittstufen der Staatskarosse herunter, damit Augusta von Sachsen-Gotha aussteigen konnte. Schon bot ihr Hofschatzmeister Lord Delaware seinen Arm, und weil auch ihr designierter Kammerherr Sir William Irby dabei gewesen sein dürfte, der später Lord Boston wurde, vervollständigen wir das amerikanisch anmutende Empfangskomitee schnell noch eigenmächtig um den Kammerherrn Lord Baltimore, bevor wir sie allesamt die große Treppe zur Themse hinunterlaufen lassen. Dort stiegen sie in die Prunkbarkasse des Prinzen und begannen eine Überfahrt, deren Fahrtrichtung sie ebenso zum genauen Gegenteil der Königinnen-Bootspartie von 1688 machte wie das strahlende Wetter. Prinzessin Augusta fuhr im Triumph ihrer Hochzeit entgegen, um eines Tages an Fritzens Seite jenen Thron einzunehmen, den der damals unter unförmigen Kleidern mitgeschmuggelte Sohn der Maria Beatrix aus Rom noch heute für sich beanspruchte, und umso zuversichtlicher war sie, als sie keinen blassen Schimmer davon hatte, worauf sie sich da einließ. Wer hätte es ihr auch erklären sollen? Ihr einziger deutscher Begleiter, der Wirkliche Geheimrat Christian von Uffeln nämlich, wusste als Finanzminister eines thüringischen Zwergstaats naturgemäß auch nichts von England (das Herzogshaus hatte ihn quasi geerbt, weil sein Vater infolge der Genfer Schießerei von 1674 Oberhofmeister des alchemistisch verrückten Herzog-Onkels gewesen war). Immerhin hatten die letzten Tage der Prinzessin bereits verdeutlicht, dass diese Monarchie nicht bloß allein auf dem Seeweg erreichbar war, sondern auch sonst überdurchschnittlich nah am Wasser gebaut zu sein schien. Während der zwei Tage im Schloss von Greenwich hatte ihr rührend rühriger Verlobter sich ständig zu ihr rudern lassen, und gestern Abend waren sie in der Barkasse bereits flussaufwärts gefahren, während das Bordorchester eine Wassermusik spielte, die Händel zu ebendiesem Zweck komponiert hatte (wenn auch, weil solche Dinge recycelt wurden, vor zwanzig Jahren für den Großvater des Prinzen; im Augenblick saß Händel verstimmt bei den viel zu späten Proben seiner aktuellen Hochzeitshymne). Da zudem zwei der drei Sommerschlösser südlich der Themse lagen, begann die Sechzehnjährige zu begreifen, dass sie diesen Fluss wohl noch so manches Mal überqueren werde; von der Brücke hingegen, die genau hier zu bauen man gerade beschlossen hatte, konnte sie kaum schon wissen, obwohl ebenjene Royal Watermen sich dem am meisten widersetzt hatten, die jetzt ihre Barkasse ruderten. Aber ganz abgesehen davon, dass eine Prinzessin anderes zu tun hatte, als sich mit den Ruderern zu unterhalten, hätte sie dafür ja auch Englisch können müssen, was zu lernen ihrer Mutter wie Zeitverschwendung erschienen war – schließlich regiere das Haus Hannover schon so lange dort drüben, dass die Untertanen inzwischen gewiss alle Deutsch gelernt haben mussten. Da sich nach Lord Herveys realistischerer Schätzung die Zahl der deutsch sprechenden Briten jedoch seit 1714 nur um etwa drei Personen erhöht hatte, stieg die Prinzessin jetzt mit einem gewissen Handicap in ihre Rolle ein. Aber das beunruhigte sie nicht. Sprach sie nicht derartig gut Französisch, dass ihre Ladies of the Bedchamber sich bereits verzweifelt an den eigenen Unterricht zu erinnern versuchten? Alle hatten sie die Neuangekommene sofort gemocht und waren doch nicht annähernd so enthusiastisch gewesen wie der Bräutigam, dessen Verhalten Augusta erst recht beruhigen durfte. Mit Ausnahme ihrer schöneren dunklen Augen sah Augusta genauso wie seine älteste Schwester Anna aus, und wir scheuen uns schon deshalb nicht, das einen einigermaßen perversen Zufall zu nennen, weil es bei jedem anderen Paar von Herrscherkindern aufgrund der viel engeren Verwandtschaft doch viel wahrscheinlicher gewesen wäre. Prinzessin Augusta dagegen war ihrem zukünftigen Mann gerade mal eine Tante vierten Grades und also innerhalb des erlaubten Heiratskreises schon so ziemlich die unverwandteste Kandidatin. (Auch deswegen war es bittere Ironie, dass ausgerechnet die kaum verwandte Augusta die Skrofeln in das englische Königshaus gebracht zu haben scheint – jene Krankheit also, die durch Handauflegen zu heilen Britanniens Könige sich seit der Revolution nicht mehr trauten.) Aber weder diese Ähnlichkeit noch selbst die Aussicht auf heiratsbedingte Verdoppelung seines Jahreseinkommens hätten gereicht, um Fritz Augusta schon am ersten Abend in Greenwich zehnmal innig küssen zu lassen, bevor er vor lauter Freude auch der diensthabenden Lady of the Bedchamber noch einen allerdings mit «great civility» verabreichten Kuss gab. Nein, konnte Augusta sich sagen, während die Barkasse auf die Whitehall Stairs zuschoss, daran jedenfalls wird schon einmal nichts scheitern.

Die Hochzeit war ein Publikumserfolg. Schon in Greenwich hatte die Prinzessin ständig das «Huzza»-Geschrei der begeisterten Volksmenge gehört, aber das verblasste neben dem, was jetzt zu hören war, während ihr Boot neben den Ruinen des 1698 abgebrannten Whitehall-Palast anlegte. Am Ende der Treppe erwartete sie eine königliche Sänfte, in der man sie am Horseguards-Gebäude vorbei nach St James trug, und nur ein Spielverderber hätte ihr in diesem Moment erklärt, warum die Schwiegereltern sie nicht auf der großen Triumphstraße in die Hauptstadt holten, auf der wir zu Beginn dieses Kapitels den König sahen. Um die Popularität nicht unnötig anzuheizen, die eine sympathische junge Frau diesem Nichtsnutz Fritz einbringen werde, hatte Georg II. sie vorsichtshalber auf kaum sichtbare Nebenwege geschickt, ohne doch verhindern zu können, dass es jetzt auf der Hauptstraße Pall Mall eine Endspurt-Ovation gab. Der Effekt des genialen Schachzugs erschöpfte sich folglich darin, die schlanke Braut mit dicker Verspätung in St James ankommen und den fanatisch pünktlichen König eine gute Stunde lang auf dem Schlossrasen herumstehen zu lassen. Während jedoch jede andere damit bei Georg II. auf Lebenszeit unten durch gewesen wäre, bog Naturtalent Augusta das Schwiegerverhältnis sofort wieder zurecht, indem sie sich vor dem

Königspaar so flach auf den Boden warf, dass die älteren Herrschaften ihr nur mit Mühe hochhelfen konnten. Aber es hatte sich gelohnt. Für den Rest des Tages strahlte Georg II., dem die treue deutsche Unterwürfigkeit hierzulande so fehlte, kaum weniger als sein Sohn, und selbst die kühlere Königin war gerührt genug, um der Braut gleich danach in der Kapelle die Hochzeitsliturgie simultan zu übersetzen. Nicht einmal Lord Hervey konnte bestreiten, dass dies auf der dunklen Seite des Mondes aufgewachsene Kind sich wacker geschlagen hatte. Noch aufschlussreicher war nur die Begeisterung seiner Mutter Lady Bristol, da man einer Frau kaum Sentimentalität vorwerfen wird, die ihre eigenen Enkel «das junge Ungeziefer» nannte. Nicht zuletzt diese Art von Humor verband sie mit Georg II., der heute lobte, wie unfreiwillig komisch Lady Bristol an der Krücke herumhüpfe, bevor er ihr die Juwelen der Schwiegertochter zeigte (er mochte so etwas und hatte einst eine Maid of Honour zu verführen versucht, indem er sich neben sie setzte, um wortlos Goldmünzen zu zählen). Den restlichen Nachmittag freilich konnten die Lady und ihr Sohn erschöpft auf zwei Couchen ihres Schloss-Appartements verbringen (wer lag wohl auf der, auf der Miss Vane beinahe gestorben wäre?). Die Königsfamilie dagegen war immer im Dienst – und niemand mehr als Fritz, der jetzt beim Abendessen seine Frau zu beeindrucken versuchte, indem er zu ihren Gunsten Etikette-Präzedenzfälle schuf. Seine Diener durften also das Essen plötzlich nur noch ihr auf Knien servieren, und nur sie erhielt einen Armlehnenstuhl, während Fritzens verblüffte Geschwister bloß Rückenlehnenstühle haben sollten. Zwar ließen sie sich von ihren Dienstboten gleichberechtigte Sitzmöbel heranholen, auf denen sie es noch bis zum Dessert aushielten; rechtzeitig zum Kaffee flüchteten sie jedoch, weil man sie gewarnt hatte, dass sie beim Eingießen besonders eklatant diskriminiert werden sollten. So war denn der Hochzeitstag gleich doppelt prophetisch. Erstens hatte Augusta von Gotha bereits jene schlafwandlerische Sicherheit bewiesen, die sie noch innerhalb des ärgsten Familienstreits mit allen Kombattanten gleichermaßen gut würde auskommen lassen. Zweitens stand dieser Familienstreit unmittelbar bevor; bald sollte er zeigen, dass nicht einmal ihr diplomatisches Geschick der Prinzessin von Wales garantieren konnte, länger als siebzehn Jahre zu leben.

Wenn auf die Hochzeit zuerst dennoch eine Phase relativer Entspannung folgte, dann verdankte man das nur der im achten Monat schwangeren Frau von Wallmoden. Seit Monaten quengelte Georg II., warum Parlaments-Business und Hochzeit sich so lange hinzogen, und jetzt konnte ihn nicht einmal Premierminister Walpole mehr von seinen Reiseplänen abbringen, der Hervey gerade erst stolz erklärt hatte, wie gut er den König im Griff habe. Aber während Walpole noch erfolglos versuchte, Königin Caroline von der Notwendigkeit einer englischen Mätresse zu überzeugen (wobei ihm sein immer zu lautes Lachen über ihre selbstironischen Bemerkungen nicht eben half), dekorierte der sehnsüchtige Georg das Schlafzimmer seiner Frau bereits mit Bildern neu, die seine letztjährigen Feste mit der Wallmoden zeigten. Stundenlang konnte er erklären, welcher Moment ihn besonders gerührt habe; die kommentarlos zuhörende Caroline schnitt dem ähnlich begeisterten Hervey Grimassen und sehnte zunehmend einen Abreisetag herbei, der sie alle aufatmen lassen würde. Der königlichen Überfahrt folgten in diesem Sommer 1736 dann zuerst Nachrichten, die die als Regentin zurückgelassene Caroline nur beruhigend finden konnte. Frau von Wallmoden hatte Georg II. zwar kurz vor seiner Ankunft einen Sohn geboren, der später zum Grafen und Feldmarschall aufstieg. Allzu schnell jedoch trübte sich das Idyll, als man eines Nachts unter dem Schlafzimmerfenster der schönen Wallmoden eine Leiter und einen dreiundzwanzigjährigen Grafen von der Schulenburg entdeckte, für deren Präsenz es keine harmlose Erklärung gab. Georg II. tat, was ihm selbstverständlich erschien, und schrieb also seiner Frau einen langen ratsuchenden Brief, der in der Bitte «Fragen Sie den Dicken» kulminierte: Walpole würde schon wissen, was zu tun sei. Was der Premierminister antwortete, wissen wir zwar nicht. Die Wallmoden aber rettete ihre Stellung, indem sie darauf hinwies, wie verdächtig das Ganze nach einer Inszenierung ihrer Rivalen aussah. Als Nichte der Lady Darlington und Großnichte der Gräfin Platen gehörte sie schließlich einer seit Generationen etablierten Mätressenfamilie an, während der junge Mann wohl kaum zufällig ein Großneffe der seinerzeitigen Konkurrenz-Mätresse Melusine von der Schulenburg war. Zu ihrem Glück war der König bereit, das zu glauben, und so nahm außer Graf Schulenburg, den sein venezianischer Feldmarschalls-Onkel prompt enterbte, diesmal niemand Schaden. Im Gegenteil schien der kurze Schock den König seiner Geliebten sogar nähergebracht zu haben; jedenfalls versiegte langsam der Strom der Briefe, die Georg seiner Frau sonst täglich geschrieben hatte. Einst hatte er ihr Vorwürfe gemacht, wenn sie ihm mal bloß auf 19 Seiten antwortete; nun hörte Caroline gar nichts mehr von ihm, während sie als Regentin für eine neue Alkoholsteuer kämpfte. Seit einigen Jahren hatte eine Welle von billigem Gin im ganzen Land fatale Auswirkungen gehabt. Als die Regierung jedoch versuchte, den Teufel durch höhere Steuern in die Flasche zurückzudrücken, löste sie damit gewalttätige Reaktionen aus, auf deren Höhepunkt auch die Kutsche der Königin von einem Mob umringt wurde, der «No gin, no king!» skandierte. Nur mühsam ließen die Leute sich durch Carolines Versprechen beruhigen, dass sie mit etwas Warten bald sowohl Gin als auch König wiederhaben sollten, und es half nicht, dass mindestens das zweite dieser Versprechen sich als zu optimistisch erwies.

Schon nahte der Geburtstag Georgs II., den er bisher noch immer in England verbracht hatte, schon war er vorbei, ohne dass man auch nur einen neuen Rückreisetermin erfahren hatte. Die Stadt war längst voll von satirischen Vermisstenmeldungen über einen Vater, dessen Frau und sieben Kinder der Armenfürsorge zur Last fielen, als die Königin es nicht mehr aushielt. So schrieb sie ihrem Mann, er solle doch in Gottes Namen die Wallmoden auf die Insel mitbringen, wenn er bloß endlich zurückkehren wolle. Walpole hatte Caroline beruhigend versichert, dass sie noch die fähigste Rivalin in Kürze an die Wand spielen werde. Aber froh war die Königin doch, dass der von solcher Großzügigkeit gerührte Georg ihr Angebot dankend ablehnte und endlich seine Rückkehr ankündigte. Die gefährlichste Konsequenz der zweimonatigen Verzögerung stand da freilich erst bevor, denn als der König am 21. Dezember 1736 in der holländischen Küstenstadt

Hellevoetsluis eintraf, kam er genau rechtzeitig für die schlimmsten Winterstürme. Am 25. Dezember erfuhren Königin, Hof und Stadt gerade noch, dass er sogleich in See stechen werde; dann folgte schon die Nachricht vom Ausbruch eines großen Sturmes und für fünf weitere Tage gar nichts mehr. Kein einziges Schiff erreichte Englands Küste, obwohl deren Bewohner die Notsignal-Kanonenschüsse der britischen Kanalflotte gehört hatten, und bald machten sich in London Gerüchte breit, gegen die auch die demonstrative Gelassenheit loyaler Höflinge von Tag zu Tag weniger ausrichtete. Erst nachdem Caroline und ihre Freunde sich fünf Tage lang die Thronbesteigung des verhassten Prinzen hatten ausmalen müssen, kam die erlösende Nachricht, dass der König doch an Land geblieben war. Aber als er am 31. erneut in See stach, war das bloß Ausdruck von Georgs nahezu lebensmüder Ungeduld, da die Stürme inzwischen nur noch schlimmer zurückgekehrt waren. Es kümmerte den Monarchen nicht. Einen zur Vorsicht ratenden Admiral fragte er mit zeittypisch feinem Sinn für Präzedenzfälle, wann bitte je ein König im Meer ertrunken sei, und gewiss hätte es ihn gefreut, dass es selbst für diese Frage einen Präzedenzfall gab, weil schon vor 230 Jahren eine durch den Ärmelkanal segelnde Königin sich mit demselben Argument beruhigt hatte (dass das Johanna die Wahnsinnige war, musste man ja nicht dazusagen). Aber der Sturm war stärker. Wie Spielzeuge schleuderte er die Kriegsschiffe der Eskorte an die Küsten zurück, füllte das Admiralsschiff mit zwei Metern Wasser und zwang die Besatzungen, zum schieren Überleben Gepäck und Kanonen über Bord zu werfen. Es grenzte an ein Wunder, dass nach dreißig Stunden auch die Yacht des Königs heil wieder an der holländischen Küste landete, und nicht viel weniger wundersam war, dass selbst Georg II. danach für einige Zeit den Wert der Geduld schätzen gelernt hatte. Erst am 24. Januar 1737 gelang ein erneuter Versuch, der den noch immer seekranken König schließlich am frühen Nachmittag des 26. in seine so lange gar nicht vermisste Hauptstadt zurückbrachte.

Der König war zurück, na und? Die offene Kalesche Georgs II. mochte denselben Weg nehmen, wie sie es vor anderthalb Jahren getan hatte, aber die Londoner, die auch diesmal die Straßen säumten, waren nicht zum Jubeln gekommen. Durch seine spielregelwidrig aufeinanderfolgenden hannoverschen Reisen hatte der König kaum sechs der letzten einundzwanzig Monate in Großbritannien verbracht, und dafür erhielt er jetzt die Quittung. Weit und breit nahm niemand den Hut ab, nirgends wurde gejubelt und einmal sogar laut gezischt, wie es das nie zuvor gegeben hatte. Es war daher ein in mehr als einer Hinsicht durchgeschüttelter Monarch, der an diesem Nachmittag in den Innenhof des St James's Palace einfuhr und seltsamerweise gerade deshalb eine unerwartete Wendung zum Guten mitbrachte. Walpole und Hervey bemerkten es als Erste an der Art, wie Georg die Königin, dann seine Kinder und schließlich sogar den ungeliebten Erbsohn küsste, aber sie waren ja auch halbwegs vorgewarnt, seit Caroline ihnen den in Hellevoetsluis geschriebenen Liebesbrief ihres Mannes gezeigt hatte. Er las sich selbst für Hervey so gut, dass er seinem König ein widerwilliges Lob zugestand: «Sir Robert Walpole und Lord Hervey stimmten überein, dass sie bei einer Frau, die sich durch Briefe gewinnen ließe, jeden anderen Mann der Welt lieber zum Rivalen haben würden als den König.» Nun standen sie hier, sahen die Zuneigung des Monarchen wie unerwartete Sonnenstrahlen auf Caroline niedergehen, sahen, anders gesagt, ihr schon ins Wanken geratenes politisches System auf einmal derartig wiederbelebt, dass sie nicht anders konnten, als einander ihre Freude laut auszusprechen – natürlich in lateinischen Zitaten, weil erstens sonst die Grenadier-Gardisten ja alles verstanden hätte und zweitens der perfekte Kommentar bereits vor achtzehn Jahrhunderten in Verse gefasst worden war. Und wirklich schien der König wie frisch verliebt. Am nächsten Tag musste zwar Walpole den Vize-Oberkammerherren erklären, er glaube bei aller Euphorie doch nicht, dass die Königin in dieser Nacht Besuch von Mr. Bis (lat.: Herr Zweimal) gehabt habe. Aber Hervey antwortete, dass man bloß ans letzte Jahr denken müsse, um zu erkennen, wie die Königin schon mit Mr. Semel (Herr Einmal) in guter Gesellschaft sei, und so war es denn auch. Selbst nachdem Georg II. binnen Wochenfrist sein passiv-aggressives Ego wiederfand, blieb seine Beziehung zur Königin dennoch gut. Bald schon schien es, als hätte es Frau von Wallmoden nie gegeben. Die Prinzessinnen-Gouvernante Lady Deloraine würde dem König auch weiterhin erfolglos schöne Augen machen, die Opposition würde vergebens auf einen Machtverlust der Königin und Walpoles hoffen, und so war denn alles wieder so, wie es sein sollte. Wäre sie erfunden, müsste unsere Episode genau hier enden. Aber das wäre so willkürlich, wie es in der stets weiterlaufenden Geschichte nahezu alle Endpunkte sind. Kaum hatten sich nämlich König und Königin aufs erstaunlichste ausgesöhnt, eskalierte ihr Konflikt mit dem Prinzen umso katastrophaler. Sobald das Parlament nach der Rückkehr Georgs II. wieder tagen konnte, beantragten Fritzens Anhänger dort, den König zur Zahlung der einst dem Prinzen reservierten 100 000 Pfund Jahreseinkommen zu verpflichten. Nach einer mit allen nur denkbaren Drohungen und Bestechungen geführten parlamentarischen Schlacht gewann zwar ganz knapp die Königsseite. Zugleich aber war damit endgültig ein Krieg zwischen Sohn und Eltern eröffnet, der den zwischen Georg I. und Georg II. fast vollständig wiederholte. Wie damals gab nun Fritz sich so englisch, wie der Vater deutsch wirkte (seine Frau Augusta hatte zum Glück schnell und gut Englisch gelernt), wie damals auch wurden wieder alle Waffen eines solchen Konflikts ins Feld geführt – die der Mutter verweigerte «Majestät» in Fritzens Briefen, die Eröffnung eines prinzlichen «Gegenhofs», dessen Besucher beim König automatisch in Ungnade fielen, oder der Befehl an Gold Stick in Waiting, wonach die Leibgardisten dem Prinzen nicht mehr salutieren durften. Am heftigsten aber betraf der Kampf wie schon vor zwanzig Jahren die nächste Generation königlicher Kinder, und gerade hier übertraf die Konfrontation bald alles Dagewesene. Da Augusta Prinzessin von Wales auch ihre dynastische Pflicht ganz wie im Lehrbuch erfüllte, war sie im Sommer 1737 bereits hochschwanger. Nicht als ob Königin Caroline ihr das geglaubt hätte, gegen deren interessegeleiteten Glauben an die Impotenz des Sohnes es stärkerer Beweise als eines dicken Bauchs bedurfte. Selbst falls es da aber wirklich ein Kind gebe, sei das gewiss nicht Fritzens Werk. Hatte Lord Hervey ihr als guter Höfling nicht erklärt, wie man der Prinzessin sehr wohl auch ohne ihr Mitwissen einen anderen Mann ins Bett habe schmuggeln können? (Er malte mit sichtlichem Vergnügen ein einigermaßen irres Szenario von großzügigem Parfüm- und Perückengebrauch im unbeleuchteten Schlafgemach.) Saß nicht auch ihr Mann einzig deshalb auf dem britischen Thron, weil man den 1688 geborenen Erben für einen mittels Wärmflasche in den Palast geschmuggelten Wechselbalg gehalten hatte? Und also finden wir die Königin umso finsterer entschlossen, wenigstens die Entbindung mit Argusaugen zu überwachen. Dafür war sie sogar bereit, das ungeliebte Prinzenpaar nach Hampton Court mitzuschleppen, wo der Hof jetzt den heißesten Sommer seit Menschengedenken verbringen würde: Was konnte da noch schiefgehen?

Der Abend des 11. August 1737 war eigentlich von jener verschlafenen Routine-Sorte, deren Ereignisse man mit einer Taschenuhr perfekt voraussagen konnte. Wie immer spielten der König, die Königin, die Prinzessinnen Amalie und Caroline sowie Lord Hervey in vier verschiedenen Appartements von Hampton Court vier verschiedene Kartenspiele, bevor sie gegen elf Uhr zu Bett gingen. Sie ahnten nicht, dass in diesem Moment die Wehen der Prinzessin von Wales begannen, und natürlich erst recht nicht, dass der infantil trotzige Prinz zu allem bereit war, damit sein Kind auf keinen Fall unter den Augen der Mutter auf die Welt käme. Zusammen mit einem Tanz- und einem Stallmeister zerrte er daher jetzt seine fassungslos schreiende Frau die Treppe hinunter in den Innenhof, woran sie sich auch von der entsetzten Oberhofmeisterin Lady Archibald nicht hindern ließen. Während er der siebzehnjährigen Augusta in beschwichtigendem Französisch zuredete, bugsierte Fritz sie zusammen mit zwei Kammerfrauen in die bereitstehende Kutsche, auf deren Bock bereits sein als Entbindungshelfer ausgebildeter deutscher Kammerdiener saß; dann stieg er dazu und gab den Befehl, in Richtung des 24 Kilometer entfernten Saint-James's Palace aufzubrechen. Die im Galopp davonrasende Kutsche führte Prinzessin Augusta ein zweites Mal in umgekehrter Richtung auf jenen Weg, auf dem 1688 Lauzun Königin und Königskind aus London herausgeschmuggelt hatte. So vorteilhaft sich jedoch ihre

Bootsfahrt von der der Vorgänger unterschieden hatte, so katastrophal war im Vergleich jetzt die Kutschfahrt, die sie auf dem Weg zur noch immer einzigen und weit abgelegenen Themse-Brücke durch die hitzige Nacht beförderte. Verzweifelt versuchten die Kammerfrauen, der von akuten Wehen gepeinigten jungen Frau im fast völlig ungefederten Wagen mit Taschentüchern zu helfen; Prinz Fritz, der sie ungeachtet dieser unfassbaren Rücksichtslosigkeit ernsthaft geliebt zu haben scheint, redete ihr währenddessen «nach Art eines Zähnziehers oder zärtlichen Henkers» beruhigend zu und hielt die Schreiende dabei so fest, dass er sich nachher über Rückenschmerzen beklagte. Endlich kamen sie nach eineinviertel Stunden auf holprigem Pflaster im fast völlig verlassenen St-James-Palast an. Weil er den Zustand der Prinzessin verheimlichen wollte, befahl der Prinz noch vor dem Aussteigen, alle Lichter zu löschen, was freilich schon deshalb wenig half, als man ja gleich danach die zur Geburt benötigten Requisiten aus den benachbarten Adelspalais zusammenbetteln musste. Im Palast selbst fanden sich nicht einmal trockene Betttücher, und so war es auf einem mit Tischdecken bezogenen Bett, dass die halbtote Augusta kurz nach Mitternacht «eine kleine Ratte von einem Mädchen, etwa von der Größe eines guten Zahnstocherkastens», zur Welt brachte. Der aus dem Bett gerissene Erzbischof und der Lord President of the Council, die Prinz Fritz in einem kurzen Anfall staatsmännischer Verantwortung als Zeugen der Geburt einbestellt hatte, kamen genau eine Viertelstunde zu spät.

Zwei Stunden später weckte im nachtschlafend friedlichen Hampton Court eine Woman of the Bedchamber die Königin, um ihr die Nachricht von der Entbindung zu bringen – und für verrückt gehalten zu werden, als sie Ihrer Majestät schonend beibrachte, wieso ein bloßer Morgenmantel für den Kontrollbesuch bei der Schwiegertochter kaum ausreichen würde. Nachdem Caroline sich die obligatorischen Vorwürfe ihres Mannes angehört hatte (und so wütend war Georg II., dass er diesmal sogar Deutsch sprach), organisierte sie rasch eine kleine Karawane, an deren Spitze sie gegen vier Uhr morgens in St James ankam. Sie stolperten lange im Dunkeln herum, bevor endlich jemand sie zum Prinzen führte. Es ist ein ebenso glänzendes wie schreckliches Zeugnis für die Wirksamkeit der Fürstenerziehung, dass Mutter und Sohn einander ordentliche Etikettküsse gaben und sogar zum ersten Mal seit fünf Monaten miteinander sprachen; als aber Lord Hervey der Königin in seinem Appartement Schokolade kochen ließ, verriet ihr Dank die Angst, vom Prinzen vergiftet zu werden. Als Nächstes ging sie in das Schlafzimmer der Prinzessin, der sie indirekt dazu gratulierte, noch am Leben zu sein. «Anscheinend», fragte Caroline sie auf Französisch, «haben Sie furchtbar gelitten», und wenn man dann liest, wie die zu blinder Loyalität erzogene Augusta «Absolut nicht, das ist nichts» antwortete, so möchte man den Ehemann noch aus 279 Jahren Entfernung ohrfeigen, an den eine solche Frau verschwendet war. Schließlich brachte Lady Archibald Hamilton das bloß in ein rotes Jäckchen gekleidete Kind, das bald nach seiner Mutter Augusta getauft werden würde. Die müde Großmutter begrüßte sie mit Worten, in denen nicht nur wegen der Art, wie sie eine fünf Stunden alte Enkelin ganz selbstverständlich siezte, eigentlich schon das ganze Jahrhundert enthalten ist: «Der liebe Gott segne Sie, armes kleines Geschöpf! Da sind Sie nun in einer unerfreulichen Welt angekommen.» Immerhin hatte der Anblick dieses «armen kleinen hässlichen Mäusemädchens, dieses armen kleinen bisschen von einem Ding» Caroline schlagartig vom Verdacht der Kindesvertauschung kuriert, weil sie wusste, dass Fritz sich dann schon auch immerhin einen großen gesunden Jungen gekauft hätte. So war die Königin wenigstens dieser Sorge ledig, bevor sie noch ein paar Worte mit Lady Archibald wechselte, während Hervey und der dicke Grafton als verspätete offizielle Zeugen einigermaßen ratlos das kleine Mädchen besichtigten. Dann nahm sie Abschied von ihrem Sohn, mit dem sie nie wieder ein Wort sprechen würde, und stieg seufzend vor Gicht in die Kutsche, die sie nach Hampton Court zurückbrachte.

Man wird kaum näher ausführen müssen, warum die schon vorher katastrophale Eltern-Sohn-Beziehung nach dieser Provokation endgültig zu einer Art von Kriegszustand degenerierte. Vielleicht zwar hätte auch das sich eines fernen Tages noch bessern können. Aber die Tage der Königin waren gezählt. Am 20. November 1737 brach die vierundfünfzigjährige Caroline in ihrer von Hervey erbauten Schlossbibliothek mit furchtbaren Bauchschmerzen zusammen. Während die Ärzte ihr innerhalb eines einzigen Tages fast einen Liter Blut abzapften, brauchten sie mehrere Tage, um auch nur die Ursache der Schmerzen zu entdecken. Seit ihrer neunten und letzten Schwangerschaft im Jahre 1724 hatte die Königin an einem Leistenbruch in der Nähe des Bauchnabels gelitten, und seit dreizehn Jahren hatte sie dies erfolgreich verheimlicht, weil sie befürchtete, ihre alles entscheidende Attraktivität für den König zu verlieren. Seit langem trug sie, die wie so viele Frauen ihrer Zeit niemand je völlig nackt sah, also zu ihren Reifröcken nur noch Korsette aus weichstem Material. Seit langem aber auch machte die Gicht ihr das Spazierengehen unmöglich, bis sie schließlich so dick geworden war, dass sie in einem Wägelchen gefahren werden musste, mit dem man zuvor die als Meeresgöttin verkleidete Möchtegernkönigsmätresse Lady Deloraine auf die Bühne des Hoftheaters gefahren hatte. Unter dem Druck des Übergewichts hatte sich nun ein Teil der Eingeweide im Leistenbruch erst verklemmt, dann infiziert, und weil die Königin zu lange geschwiegen hatte, gab es jetzt nichts mehr, was die Ärzte für sie hätten tun können. Es blieben ihr elf Tage, die sie mit bis zuletzt unfasslicher Stärke an der Seite ihres Mannes verbrachte. Georg II. zeigte sich so konsequent von seiner schlimmsten und besten Seite, dass es streckenweise schwerfällt, diese beiden auseinanderzuhalten. Er war untröstlich fürsorglich, beschimpfte die Sterbende, wie sie ihm das antun könne, fütterte sie, obwohl sie nicht mehr verdauen konnte, und tat zugleich mit allem Falschen alles Richtige. Bis zuletzt ermahnte Caroline ihn, nach ihrem Tod wieder zu heiraten, und erwiderte auf seine schluchzend vorgebrachte Antwort «Nein, ich werde nur Mätressen haben» bloß müde lächelnd: «Ach, das hindert nicht.» Am 1. Dezember 1737 sprach die Königin ihre letzten Worte, als sie der Tochter Amalie befahl: «Beten Sie!» Caroline starb, bevor noch zehn Worte gesprochen waren.

So viel endete mit ihr. Georg II. trauerte dermaßen unaffektiert, dass die Nation ihn einen kurzen Moment lang beinahe wieder in ihr

Herz schloss. Auch die Meeresgöttin Lady Deloraine hatte nun ihren vergänglichen Augenblick des Ruhms, bevor im Juni 1738 Frau von Wallmoden aus Hannover hinüberkam und die Rivalin mit der ganzen Leichtigkeit ins Aus manövrierte, die man von einer Königsmätresse in dritter Generation erwarten konnte. Gewohnheitsmensch Georg gab ihr das dasselbe feuchte Appartement im Uhrenhof von Kensington, das schon Lady Suffolk gehabt hatte. Dass er ihr darüber hinaus in einem seltenen Anflug von Großzügigkeit neue Tapeten schenkte, deutete bereits an, dass die bald zur Countess of Yarmouth erhobene Hannoveranerin mit dem wissenden Blick gekommen war, um zu bleiben. Sie störte niemanden, und an ihrer Seite wurde der neurotische Nörgler langsam zu einem beinahe nachdenklichen alten Mann, der oft sagte, er hätte wohl netter zu seinen Kindern sein sollen.

Das Machtsystem des Robert Walpole hatte mit dem Tod der Königin den Zenith überschritten. Obwohl Georg II. aus Gewohnheit und Einsicht auch weiter zum «Dicken» stand, bröckelte dessen Einfluss langsam ab, zumal die um den Prinzen von Wales gesammelte Opposition vom Misslingen eines neuen Krieges profitierte. Auch Walpoles Verhältnis zu Lord Hervey begann sich nun zu lösen, weil dieser ins Kabinett drängte. Aber der Premier wusste, was der Vize-Oberkammerherr nicht wahrhaben wollte – ein Mann wie Hervey würde als Minister die schlimmste Zielscheibe der Opposition werden. So war es nur scheinbar ein Wechsel zum Besseren, als der blasse Lord 1740 den goldenen Schlüssel seines Hofamts gegen das mit einem Kabinettssitz verbundene und ansonsten angenehm funktionslose Amt des Lord Privy Seal (Bewahrer des Kleinen Kronsiegels) eintauschte. Auch dass er im nächsten Jahr endlich Stephen Fox ins Oberhaus bringen konnte, erwies sich bald als fataler Fehler, weil Fox, um Lord Ilchester zu werden, nicht bloß 30 000 Pfund an die Wallmoden zahlen, sondern zugleich versprechen musste, im Oberhaus nie gegen die Regierung zu stimmen. Wenige Monate später, im Februar 1742, gelang es schließlich der Opposition, Sir Robert Walpole zu stürzen. Wie immer in solchen Fällen gaben daraufhin auch alle ihm loyalen Politiker ihre Ämter auf, weswegen es umso skandalöser auffiel, dass

Hervey im Kabinett blieb. Das Amt, das schöne Amt, das er sich mit zehn Jahren Hofdienst erkauft hatte, konnte, wollte, würde er nicht aufgeben, mochte es ihm selbst Schande bringen. Leider hatte jedoch Hervey, den Loyalität so weit gebracht hatte, zum Verrat kein Talent. Gewiss, es wurde eine neue Regierung gebildet; um der jedoch eine Parlamentsmehrheit zu sichern, musste Georg II. sich mit seinem Sohn versöhnen, und von diesem Moment an war Hervey politisch tot. Ein paar Monate lang zwar klammerte sich der Lord noch mit Klauen und Zähnen an sein Amt, ließ sogar das Kleine Kronsiegel auf seinem Landsitz liegen, um es nicht zurückgeben zu müssen. Am Schluss verlor er es doch – und landete in einer Opposition, die ihn für seinen Verrat verachtete. Nur eine Hoffnung blieb ihm noch. Bei der nächsten Abstimmung würde er seinen einzigen Verbündeten im Oberhaus dazu bewegen müssen, gegen die Regierung zu stimmen; dieser Verbündete aber war sein Ex-Geliebter Stephen Fox, Lord Ilchester, der geschworen hatte, genau dies nie zu tun. Es war vergeblich, dass Hervey ihn in immer hitzigeren Briefen beschwor, und es war erst recht vergeblich, dass er dem einstigen Freund zuletzt «schwärzeste Undankbarkeit» attestierte. Mit Ilchesters kühl bedauerndem Antwortbrief endete am 1. Dezember 1742 – auf den Tag genau fünf Jahre nach dem Tod der Königin – die größte Liebe, auf die Hervey sich je eingelassen hatte.

Was blieb von seinen Hoffnungen? Keine Liebschaften jedenfalls, nachdem ein reizender Venezianer namens Algarotti ihn für Friedrich den Großen verließ. Stattdessen nahte für den von seiner mysteriösen Krankheit gebeutelten Mann von sechsundvierzig Jahren bereits der Moment, sein Haus für die Zukunft zu bestellen. Die nach bewährtem Anglo-Brauch auf den Mädchennamen der Mutter getaufte Tochter Lepel Hervey verheiratete er mit dem Enkel jener alten Herzogin von Buckingham, die wir bereits als uneheliche Tochter Jakobs II. erwähnt haben. Als Hervey für die üblichen Verhandlungen in ihren Palast gleich gegenüber St James's kam, wehte ihm jedoch ein Hauch des Todes entgegen – das ganze Haus trug Trauer für den vor genau vierundneunzig Jahren geköpften königlichen Großvater. Kurz darauf starb auch die Herzogin und hinterließ ihre Residenz überraschenderweise Hervey selbst; die Nachkommen ihres Mannes sollten den Palast erst nach Herveys Tod erhalten (es war die Familie Sheffield, die Buckingham House 1761 an die Krone verkaufte, wodurch daraus Buckingham Palace wurde, und zu der viel später auch Premierminister-Ehefrau Samantha Cameron gehören sollte). Aber die eigentlichen Erben würden nicht lange warten müssen, denn selbst dies düster großartige Geschenk brachte dem verbitterten Hervey kein Glück mehr. Er hatte gerade noch Zeit, ein seiner Frau sehr feindseliges Testament aufzusetzen, bevor er am 5. August 1743 starb. Neben faszinierenden Memoiren hinterließ er eine zahlreiche Nachkommenschaft, der man nicht nur in diesem Buch leicht wiederbegegnen kann. Von seiner Tochter Lepel stammen beispielsweise die Mitford-Schwestern ab, unter denen Nancy die beste Schriftstellerin, die Kommunistin Jessica die beste Journalistin und die Faschistin Unity die zweifellos Verrückteste schon war, noch bevor sie sich aus enttäuschter Liebe zu Hitler eine Kugel in den Kopf schoss. Herveys Sohn Frederick war dagegen nicht bloß Vater der Lady Elizabeth Foster, die man als falsche Freundin von Keira Knightley im Film *Die Herzogin* verewigt hat, sondern auch beispielsweise ein Vorfahr der Vogue-Chefredakteurin Anna Wintour, um die herum der Film *Der Teufel trägt Prada* geschrieben wurde, sowie der Schauspielerin Anna Chancellor, die als Duckface in *Vier Hochzeiten und ein Todesfall* passenderweise eine Ex-Freundin des seinerseits von Herveys Bruder Felton abstammenden Hugh Grant spielte. Auch wenn wir Lord Herveys Sinn für Humor nicht künstlich überschätzen wollen, vermuten wir doch, dass diese Nachkommen und Angehörigen ihm einigermaßen gefallen hätten.

Prinz Fritz wurde niemals König. Er starb (angeblich an den Folgen einer alten Sportverletzung) 1751, neun Jahre vor seinem Vater. Seine thüringische Witwe Augusta und ein treuer Schotte erzogen den ältesten Sohn Georg – den ersten auf der Insel geborenen der Hannoveraner, der bald als Georg III. die erstaunliche Epoche der treuen königlichen Ehemänner eröffnen würde. Vielleicht war es an der Zeit.

Friedrich Wilhelm von Grumbkow mit Feldmarschallstab und russischem Andreasorden, um 1738. Hinter der Maske des jovialen Junkers versteckte sich der rücksichtsloseste Intrigant des Berliner Hofs.

1733 reiste Ex-König Stanisław Leszczyński (rechts) als deutscher Handlungsgehilfe verkleidet nach Polen, um dort den Thron zurückzugewinnen. Aber wo blieb die Armee, die ihm Frankreichs Premier Fleury (links) versprochen hatte? Und würde sie schneller sein als die mit August III. von Sachsen (unten) verbündeten Russen?

Rechts: Philipp V. von Spanien und seine zweite Frau Isabella Farnese, 1743. Das von oben einfallende Sonnenlicht ist künstlerischer Freiheit geschuldet, da der manisch-depressive König und seine Frau bereits seit Jahrzehnten fast ausschließlich nachtaktiv waren.

Preußens Königin Sophie Dorothea (links) und Kronprinzessin Elisabeth Christine (rechts) stammten beide aus dem Haus der Welfen. Die Königin war jedoch, ohne je in England gewesen zu sein, eine britische Königstochter; der Vater ihrer Schwiegertochter hatte bloß über 103 Bauernfamilien geherrscht.

Georg II. von Großbritannien (links), seine Frau Caroline von Ansbach (oben) und Georgs langjährige Mätresse Lady Suffolk (unten), die zugleich seiner Frau als Oberhofmeisterin diente.

Friedrich Ludwig alias Fritz, Prinz von Wales (unten), seine Frau Augusta von Gotha (rechts) und Friedrich Ludwigs mutmaßliche Mätresse Lady Archibald Hamilton (unten rechts), die zugleich seiner Frau als Oberhofmeisterin diente.

JOHN LORD HERVEY *Lord Privy Seal in the Reign of KING GEORGE 2*

Was kümmerte es Lord Hervey, wenn seine einzige Funktion als ‹Lord Privy Seal› darin bestand, in diesem Beutel das kleinere Kronsiegel herumzutragen? Am Posten hing ein Sitz im Kabinett, und den hatte er sich mit zehn Jahren Hofdienst redlich verdient.

Es ist kein beliebiger Ruhm, von dem Prinz Karl Eduard Stuart 1738 in Rom träumt, sondern die Eroberung der drei Königreiche, die seinem Vater Jakob ‹III.› gehören sollten. Sieben Jahre später wird er mit einer Armee aus Hochlandschotten auf London marschieren.

Der Comte de Belle-Isle hat gut lachen. So sehr bewundert man ihn in Versailles, «dass er eine neue Religion gründen könnte» und niemand mehr vom Großvater spricht, der sich einst mit dem Mann mit der Eisernen Maske eine Zelle teilte.

Niemand hat die dreiundzwanzigjährige Maria Theresia von Österreich aufs Herrschen vorbereitet. Die drei Königreiche ihres Vaters erbt sie dennoch und muss sie gleich nach Regierungsantritt 1740 gegen Belle-Isles Strohmann verteidigen.

Moritz Graf von Sachsen, 1748. Nach dem Ende des Österreichischen Erbfolgekrieges kann der uneheliche Sohn Augusts des Starken sich auf sein Schloss Chambord zurückziehen, sobald er Madame de La Poupelinière vor der Rache ihres Ehemannes geschützt hat.

KAPITEL 16

«Ich bin euer ältester Bruder, ihr Halunken, und ich werde immer als Erster kommen»

∞

PRAG, 26. NOVEMBER 1741

Die Entscheidung selbst war den Mönchen des Klosters Strahow nicht schwergefallen. Es war ja klar genug, was sie in dieser schwierigen Situation mit Norbert von Xanten machen mussten, und so hatten sie ihn zuerst einfach zwischen zwei Deckenwänden ihrer wunderschönen Bibliothek eingemauert, bevor die verspäteten Zweifel einsetzten. Die Lage war vor allem deshalb so komplex, weil man hierzulande auf nicht weniger als dreiundneunzig Jahre Frieden zurückblicken konnte. Selbst die ältesten der Mönche hatten folglich keine Erinnerung mehr daran, wie die Schweden 1648 direkt vor ihrem Kloster die Prager Stadtmauern durchbrochen hatten, und weil sie über die Wirkung moderner Belagerungsartillerie auch nicht viel besser informiert waren, konnten die Prämonstratensermönche von Strahow nur raten, ob die Gebeine ihres heiligen Ordensgründers demnächst durch Beschuss pulverisiert oder wahlweise in die Hände feindlicher Eroberer fallen würden. Insbesondere letztere Aussicht war gerade diesmal geeignet, noch den gelassensten Prämonstratenser in Panik zu versetzen. Von fünf Armeen, die in diesem Moment auf die Hauptstadt des Königreichs Böhmen zuzumarschieren schienen, war nur eine katholisch *und* wohlgesinnt, und selbst deren Einmarsch hätte bloß den Angriff der vier anderen wahrscheinlicher gemacht. Unter diesen vieren hingegen war eine so protestantisch, dass man sich schon deswegen lieber nicht vorstellte, was deren Soldaten mit

Reliquien anstellen würden. Im Übrigen war der König dieser Leute nicht bloß Protestant *und* Atheist, sondern zu seinem eigenen Amüsement auch noch Erzbischof ausgerechnet jener Stadt Magdeburg, aus der die Prämonstratenser die Norbert'schen Gebeine im Jahre 1626 ihrerseits mit militärischer Hilfe, nun, sagen wir: gerettet hatten; der arme Heilige wäre also das geradezu perfekte Objekt einer ironischen Rückholung gewesen, die genau zum Humor Friedrichs II. von Preußen gepasst hätte. Wenigstens war seine Armee auch noch am weitesten von Prag entfernt – und zum Glück der ahnungslosen Mönche außerdem durch einen brandneuen Geheimvertrag mit dem Feind dazu verpflichtet, das Kämpfen bis Weihnachten nur noch vorzutäuschen. So simulierte ausgerechnet der einzige Angreifer, der sich überhaupt offiziell im Kriegszustand befand, während seine ahnungslosen Verbündeten jetzt von Westen her gegen Prag vordrangen, obwohl sie formal im Frieden waren. Ihre zwei Armeen aber waren so durch und durch katholisch, dass das unseren Mönchen auch wieder nicht recht sein konnte, denn wer an die wundersame Kraft der Reliquien glaubte, der hatte ja ein Motiv, sie zu verschleppen. Die vierte feindliche Armee schließlich, die sich von Norden näherte, stand nicht nur im Dienst eines Königs, der erst als Erwachsener zum Katholizismus konvertiert war, sondern setzte sich auch etwa zur Hälfte aus Protestanten und Katholiken zusammen. Das wäre aus den genannten Gründen schlimm genug gewesen. Zu allem Überfluss bestand jedoch der katholische Teil dieser nördlichen Angreifer hauptsächlich aus leopardenfellbehängten Polen, die in puncto Heiligenreliquien noch eine Rechnung mit Prag offen hatten, seit böhmische Invasoren vor siebenhundert Jahren die Überreste des heiligen Adalbert aus dem polnischen Gnesen in den Prager Veitsdom entführt hatten. (Natürlich waren nicht *alle* polnischen Truppen Augusts III. katholisch, aber da es sich beim Rest vor allem um muslimische Tataren aus Litauen handelte, war auch diese Einschränkung keine wirklich beruhigende.) Man konnte also im Falle einer Eroberung Prags durch das sächsisch-polnische Heer nur hoffen, dass die Polen ihre eigene Behauptung glaubten, wonach man in Gnesen

1039 den böhmischen Eindringlingen erfolgreich das Skelett irgendeines Niemands angedreht und den echten Adalbert behalten habe. Warum auch nicht? In Magdeburg publizierten sie schließlich noch immer Dissertationen darüber, wie die Strahower Prämonstratenser seinerzeit nur einen «Pseudonorbertus» abgeschleppt hätten, und sosehr man das in Strahow mit einem müden Lächeln abtat, so selbstverständlich war es doch auch dort gewesen, in Situationen wie dieser die geleerte Reliquientruhe des heiligen Norbert vorsichtshalber mit ein paar luxuriös verpackten Fremdgebeinen zu füllen. Den Originalheiligen aber holten die Mönche jetzt nach längerer Reflexion wieder aus seiner Bibliothekswand heraus, um ihn stattdessen an einer noch bombensichereren Stelle neu einzumauern – «im Winter-Refektorium unter dem ersten Fenster, neben dem Tisch des Abts in Richtung der Raumbiegung», wie der Klosterchronist notierte, um zukünftigen Generationen von Ordensbrüdern eine Empfehlung für ähnliche Fälle zu hinterlassen, «weil dort damals nämlich noch kein Fenster war». Dieser letzte Halbsatz enthält freilich wie in einer Nussschale bereits einen Ausblick auf das, was folgte. Die erste Belagerung Prags sollten Kloster und Reliquien wie durch ein Wunder noch fast schadlos überstehen. In der bald darauf folgenden zweiten Belagerung werden dann allerdings zwei der fünf Armeen ihre schweren Geschütze so unglücklich auf beiden Seiten von Strahow platzieren, dass das Kloster am Ende des vierzehntägigen Artillerieduells fast gänzlich in Trümmer geschossen sein wird. Aber wie Mönche nun mal sind: Sie bauen alles doppelt so schön wieder auf, ergänzen bei der Gelegenheit gleich noch das fehlende Fenster im Winter-Refektorium und mauern schließlich direkt darunter den auch diesmal wieder unbeschädigten Norbert ein, als hätten sie ihr Leben lang nichts anderes gemacht.

An diesem späten Nachmittag des 25. November 1741 fielen freilich nicht nur die letzten Strahlen der Herbstsonne auf das Kloster Strahow. Von der hoch über Prags Kleinseite gelegenen Königsburg Hradschin ließen auch zwei Offiziere ihren Blick über die westlichen Ausläufer der Stadt schweifen, und es war unvermeidlich, dass sie dabei bald am Kloster und seiner Umgebung hängen blieben. Dort oben standen der Wirkliche Geheime und Hofkriegsrat, Kammerherr, Generalfeldzeugmeister und Stadtkommandant von Prag Hermann Karl Graf von Ogilvy sowie sein Adjutant Baron Wetzel, und wer immer sie einen Moment länger betrachtet hätte, hätte ihnen schnell angesehen, dass ihnen zwei nicht unwesentliche Probleme um den Hals hingen. Nun dürften zwar diese beiden wie die meisten Menschen, die gleichzeitig mit einem Artillerie- und einem Identitätsproblem konfrontiert werden, sich akut wohl mehr Gedanken über das Artillerieproblem gemacht haben; weil aber das Identitätsproblem letztlich die Ursache auch der Kanonenkomplikation war, lohnt es sich doch, darauf zuerst einzugehen. Wir meinen damit natürlich nicht die Umstände, die lediglich aus der Perspektive unserer phantasieloseren Gegenwart ein Identitätsproblem ergeben – meinen also nicht solche Tatsachen wie die, dass Ogilvy der Nachkomme schottischer protestantischer Lords war und dennoch jetzt als böhmischer Katholik Prag unter anderem gegen dieselbe sächsisch-polnische Armee verteidigen sollte, deren Oberbefehlshaber noch vor einigen Jahrzehnten sein gerade aus russischen Diensten übergetretener eigener Vater gewesen war. Daran war nach den Maßstäben des Ancien Régime nichts weiter Auffälliges, zumal unser Stadtkommandant ja sogar Landbesitz im Königreich Böhmen hatte und sich ergo in puncto Zugehörigkeit zum derzeitigen Standort durchaus positiv von seinem Adjutanten abhob, der einfach ein aus Frankfurt am Main gebürtiger, folglich im hiesigen Jargon «reichischer» Sohn eines baronisierten Postmeistergeschlechts war. Das wirklich unangenehme Identitätsproblem war vielmehr ein professionelles, das den gemeinsamen Arbeitgeber betraf. Seit nämlich Ogilvy vor achtundfünfzig Jahren in die Armee eingetreten war, in der er und Wetzel bis heute dienten, war es immer die kaiserliche Armee gewesen; er war also damals als Vierjähriger (!) ein Fähnrich Seiner Römisch-Kaiserlichen Majestät geworden, hatte dann unter demselben Markennamen nach und nach alle Dienstgrade bis zum dritthöchsten erlangt und dabei bis vor einem Jahr nie Anlass zur Frage gehabt, welchem Staat oder Land er denn eigentlich diene. Seit dreihundert Jahren war der Römisch-Deutsche Kaiser stets ein Angehöriger jenes Hauses Österreich gewesen, das noch immer niemand «Habsburg» nannte, und seit dreihundert Jahren waren daher auch alle Bedienten dieses Hauses nicht etwa «erzherzoglich österreichische», sondern eben «römisch-kaiserliche» Oberhofmeister, Feldmarschall-Leutnants oder Laternenanzünder gewesen. Theoretisch zwar hätte das ein Problem sein sollen, weil ja der dynastisch zusammengebastelte Länderkomplex, dem sie dienten, durchaus etwas anderes war als das vom Kaiser eigentlich zu regierende Heilige Römische Reich Deutscher Nation (Österreich, Breisgau, Lombardei, Belgien und Luxemburg gehörten eindeutig zum Reich, Böhmen und Mähren dagegen bloß in elastischerer Form, während Ungarn, Kroatien, Transsylvanien und das kürzlich verlorene Neapel-Sizilien eindeutig außerhalb waren). Praktischerweise hatte jedoch das Reich ohnehin so gut wie keine eigene Verwaltung, und so hatte es stets genügt, die wenigen Funktionäre dieses Staatenbundes oder Bundesstaats einfach «*Reichs*-Erzkanzler», «*Reichs*-Erb-Ober-Türhüter» oder «*Reichs*-Pfennigmeister» zu nennen, um Verwechslungen mit jenen Staatsdienern auszuschließen, die dem Kaiser persönlich in seinen sogenannten Erblanden dienten. Auch für diese zusammengeerbten Territorien gab es freilich keinen eigenen Namen, sodass ihr Herrscher und seine Minister meistens einfach von «der Monarchie» sprachen und damit einen Begriff verwendeten, der nicht zuletzt deswegen nützlich war, weil er sich nach Art eines formlosen Koffers unbegrenzt neuen Eroberungen überstülpen ließ. Als ‹Österreich› bezeichnete man dieses schwierige Konstrukt dagegen fast nur aus der Außenperspektive, während das Heilige Römische Reich von drinnen wie von draußen fast immer einfach ‹das Reich› hieß. Ebenso selbstverständlich hießen die deutschsprachigen Teile dieses Reichs schon seit Jahrhunderten ‹Teutschland›, ‹Allemagne›, ‹Germany› und ihre Bewohner ‹Teutsche›, ‹Allemands› und ‹Germans›. Die heutzutage weit verbreitete Vorstellung, wonach es etwas als Deutschland Benennbares erst seit der Bismarckzeit gebe, ist daher nicht nur deswegen unfreiwillig komisch, weil sie wörtlich genommen ja darauf hinausliefe, dass bis zum 18. Januar 1871 zwischen lauter lupenreinen Nationalstaaten in Mitteleuropa ein großes Loch geklafft hätte. Sie illustriert vor allem auch das Risiko, aus begreiflichem Widerwillen gegen alten oder neuen Nationalismus das Kind mit dem Bade auszuschütten, bis man glaubt, ein Volk oder Land könne nicht ohne komplett deckungsgleichen Staat existieren – ironischerweise ein zutiefst nationalistischer Denkfehler, den schon das Beispiel Italiens widerlegt.

Leider half es Ogilvy und Wetzel wenig, dass sie sich mit dergleichen nicht herumschlagen mussten, weil die große Zeit des Nationalismus noch mindestens ein halbes Jahrhundert entfernt war. Ihr Identitätsproblem hatte seinen Anfang genommen, als vor einem Jahr mit Kaiser Karl VI. das letzte männliche Mitglied des alten Hauses Österreich gestorben war. Gemäß der von ihm so mühsam durchgesetzten Erbfolgeregelung (Pragmatische Sanktion) hatte zwar sogleich seine Tochter Maria Theresia die Herrschaft in den Erblanden übernommen, wodurch sie auch Dienstherrin unserer beiden Offiziere wurde. Die Römisch-Deutsche Kaiserwürde aber war bekanntlich nicht nur nicht erblich, sondern durfte auch durch Wahl bloß auf Männer übertragen werden, sodass ‹Kaiserin› stets nur der Titel einer Ehefrau sein konnte. Es kam daher gar nicht mehr auf die Langsamkeit an, mit der die Kurfürsten seitdem über die Wahl eines neuen Kaisers verhandelten; aus der bisher ‹römisch-kaiserlichen› Armee wurde schon deshalb schlagartig eine ‹königlich ungarische›, weil dieser Königstitel nun Maria Theresias höchster Rang war und demzufolge prompt dem ganzen Staats-Etablissement seinen Namen gab. Das allein wäre selbst für in Nationalfragen lässige Zeitgenossen wie Ogilvy oder Wetzel wohl gewöhnungsbedürftig genug gewesen, die sich nun als ungarische Befehlshaber im Königreich Böhmen wiederfanden. Handfestere Schwierigkeiten folgten jedoch nur zu bald, als keine zwei Monate später (16. Dezember 1740) der eben auf den preußischen Thron gekommene Friedrich II. im bisher böhmischen Schlesien einmarschierte, um sich als Erster ein Stück aus dem Erbe Maria Theresias herauszureißen (so viel zur Idee, die Heirat mit ihrer beyernschen Cousine würde ihn zum Verbündeten Österreichs machen). Friedrichs Ansprüche auf Teile Schlesiens waren selbst nach damaligen Maßstäben an den Haaren herbeigezogen. Sein Motiv war jenseits aller Nutzerwägungen vor allem der offen eingestandene Wunsch, als Erbe eines schlagkräftigen Militärs nun endlich auch am «Rendezvous des Ruhms» teilnehmen zu können; seine Vorstellung von raffinierter Diplomatie dagegen war so verzerrt, dass er die nächsten dreiundzwanzig Jahre lang bitterstes Lehrgeld dafür zahlen sollte. Und doch hatte Friedrich, der seinen Untertanen erst in ein paar Jahren diskret nahelegen würde, ihn «den Großen» zu nennen, in einem wesentlichen Punkt recht gehabt: Den Österreichischen Erbfolgekrieg, den er nun ausgelöst hatte, hätte es fast sicher auch ohne ihn gegeben, weil man aus Versailles bereits fünf Tage vor Friedrichs Einmarsch in Schlesien eine Art Brandbeschleuniger in Richtung des gefährlichsten Pulverfasses geschickt hatte. Wer dieser Brandbeschleuniger war und warum sowohl Ludwig XV. als auch Premierminister Fleury ihn entsandten, obwohl sie beide Friedensfreunde waren, werden wir bald erfahren; das Pulver aber lag in jener Schublade des Kurfürstlichen Geheimarchivs zu München, wo man die alten Heiratsverträge aufbewahrte.

An sich war der bayerische Kurfürst Karl Albrecht ein friedlicher Mensch, der sich an Kunst, Frauen und der Jagd freute und von allein gewiss keiner Fliege etwas zuleide getan hätte. Wo es aber um die Interessen seines Hauses ging, hörte selbst für ihn der Spaß auf, und so hatte er sich bereits zu Lebzeiten des verstorbenen Kaisers stets geweigert, die Pragmatische Sanktion anzuerkennen. Seine Ehefrau Maria Amalie nämlich war die Tochter Kaiser Josephs I., der seinerseits wiederum älterer Bruder und Vorgänger Karls VI. gewesen war: Musste es ihn da nicht empören, wenn nach dem Aussterben des österreichischen Mannesstammes die Tochter des *jüngeren* Bruders erben sollte? Nun hatten die Österreicher dies Problem natürlich vorhergesehen und Maria Amalie eine Verzichterklärung unterschreiben lassen, an die sich ihr Mann halten musste, weil er wie die meisten Fürsten des Reichs gemäß dem gewaltlosen Stil dieser Organisation Politik für eine rein juristische Aktivität hielt. Da der einmal geweckte Erbschaftstraum ihn jedoch nicht mehr losließ, hatte Karl Albrecht sich aus dem Archiv stattdessen einfach den kaum zweihundert Jahre alten Ehevertrag seiner Urururgroßmutter Anna bringen lassen, die zugleich eine Ururgroßtante Karls VI. gewesen war. Sowohl der Ehevertrag als auch das in Kopie beigefügte Testament von Annas Vaters legten fest, dass ihre Nachkommen die österreichischen Erblande besitzen sollten, sobald es keine «ehelichen männlichen Leibeserben» seiner Söhne mehr gebe; da aber dieser Zustand mit dem Tode Karls VI. eingetreten war, musste nun also die ganze namenlose Monarchie schlagartig in den Besitz Karl Albrechts kommen! Wenn der Kurfürst sich dennoch wenig enthusiastisch zeigte, als er diese Schriftstücke nach dem Tod des Kaisers veröffentlichen ließ, so lag das weniger am ersten der zwei Probleme, die sich ihm sofort in den Weg stellten. Die Österreicher taten nämlich ihrerseits sogleich einen Griff ins eigene Staatsarchiv und förderten das unbestreitbare Original des Testaments zutage, in dem nicht etwa von «männlichen», sondern nur von «ehelichen Leibeserben» die Rede war. Da letztere Gruppe auch die jetzige Herrscherin Maria Theresia einschloss, wäre nun der bayerische Anspruch in einer für uns nachvollziehbaren Welt in sich zusammengefallen. Unter den robusteren Bedingungen von 1741 reagierten Karl Albrechts Juristen darauf hingegen einfach dergestalt, dass sie eine Debatte über die Frage eröffneten, ob Frauen denn überhaupt «eheliche Leibes*erben*» sein könnten, wenn doch das weibliche Geschlecht nirgendwo im Reich zur Ererbung von Herrschaft berechtigt sei? Schloss nicht die Goldene Bulle (also das wichtigste Reichs-Grundgesetz aus dem Jahr 1356) Frauen ausdrücklich von der Nachfolge als Kurfürsten aus – und war nicht Maria Theresia schon deswegen als Herrscherin über Böhmen disqualifiziert, das gleichzeitig Königreich *und* Kurfürstentum war? Nun enthielt die Goldene Bulle bei Lichte besehen auch beispielsweise eine Vorschrift, der zufolge sämtliche Kurfürstensöhne sieben Jahre Tschechisch-Unterricht erhalten sollten, ohne dass das jemals irgendwen gekümmert hatte. Aber in dem Maße, in dem sie im Einklang mit den Grundüberzeugungen einer Gesellschaft stehen, sind auch unter Paragraphen manche gleicher als andere, und so überstand denn Bayern die juristische Debatte ohne klare Niederlage. Umso ärgerlicher war deswegen das zweite Problem: Der Kurfürst war pleite. Gänzlich außerstande, ein zur Eroberung seines «Erbes» ausreichendes Heer zu bezahlen, hätte Karl Albrecht daher unter normalen Bedingungen an diesem Punkt nur das «Reichische» tun können – und hätte also seinen Anspruch in derselben hoffnungslosen Weise zu Protokoll geben müssen, wie es seinerzeit etwa der Prince de Talmond mit seinen Rechten auf Neapel gemacht hatte. Da jedoch kam Frankreich dem Kurfürsten mit solcher Entschiedenheit zu Hilfe, dass Ogilvy und Wetzel nun von den Prager Festungsmauern aus deutlich eine bayerische und eine französische Armee erkennen konnten. Normalerweise wäre das für sie nur eine professionelle Herausforderung gewesen. Zum Identitätsproblem wurde es erst dadurch, dass ja Karl Albrecht nach eigenem Verständnis nicht etwa als Eroberer ins Land kam (weder er noch Frankreich hatten eine Kriegserklärung ausgesprochen) und auch nicht, um Maria Theresia Böhmen so wegzunehmen, wie man einander in dieser Welt eben die Provinzen wegnahm – vergleichsweise leidenschaftslos und ohne jenen Vernichtungswillen, den religiöser oder ideologischer Hass produziert hätten. Karl Albrechts Ansage war vielmehr die, dass all das ihm ja von Rechts wegen längst gehöre: *Er* war das neue Haus Österreich, *ihm* hätte das vormals kaiserliche Heer dienen sollen, und *er* würde die Besiegten als Verräter bestrafen können oder (etwa im Falle des böhmischen Großgrundbesitzers Ogilvy) enteignen, wie das hier vor 120 Jahren schon einmal geschehen war. Weil aber die Entscheidung darüber, wer nun der Herrscher Böhmens sein sollte, nur mehr durch Gewalt fallen konnte, hatten auch Ogilvy und Wetzel in diesem Moment schlichtweg keine Ahnung, ob sie gerade loyale Diener des wahren Hauses Österreich oder treulose Rebellen seien. Immerhin stand es noch in ihrer Macht, das Ergebnis zu beeinflussen, und weil sie darauf begreiflicherweise nicht verzichten wollten, hatten sie jetzt ein Artillerieproblem.

Wenn der Stadtkommandant vom Hradschin aus in Richtung der untergehenden Sonne sah, dann fiel sein Blick an diesem Abend nicht mehr auf die wunderbaren Adelsgärten, die sich von der Kleinseite in das kaum besiedelte Gelände diesseits der Festungsmauern herab erstreckten. Stattdessen fixierte er durch sein Fernrohr zuerst das Kloster Strahow sowie die zu beiden Seiten des Klosters vorspringenden Bastionen mit ihren naheliegenden Namen St. Norbert und St. Adalbert, dann, indem er über die Mauern und den Abhang hinausblickte, eine 1648 von Königsmarcks schwedischen Belagerern angelegte Schanze und dort schließlich französische Kanonen, die auf Befehl des Kronprinzen-Unterhofmeisters Comte de Polastron gerade auf das Strahower Stadttor gerichtet wurden. Normalerweise hätte das Ogilvy wenig beunruhigt, denn noch sah er nirgendwo sonst die zu einer Belagerung notwendigen Stellungen, nirgendwo auch die mühsam im Zickzack zu grabenden Laufgräben, in denen die Belagerer sich über Wochen und Monate würden heranschleichen müssen, und erst recht nirgendwo die lückenlose Abschließung des durch die Moldau geteilten Prager Stadtgebiets. Sein Problem war nur, dass er umgekehrt auch auf der eigenen Seite nichts von dem sah, was man zu einer regulären Verteidigung gebraucht hätte, also etwa eine moderne Festung mit ebensolcher Artillerie. Die tatsächlich vorhandenen Befestigungen und Kanonen waren eher von der Art, mit der man bestenfalls noch einmal den schwedischen Angriff von 1648 hätte zurückschlagen können. Um eine moderne Armee draußen zu halten, hätte es hingegen viel komplexerer und ausgedehnterer Vorwerke und Schanzen bedurft, idealerweise auch eines Terrains, wo der Feind nicht von umliegenden Hügeln aus überall in die Stadt hineinsehen und -schießen konnte, vor allem aber genau jener Soldaten und Kanonen, über die Ogilvy noch vor kürzester Zeit tatsächlich verfügt hatte. Dann war der Befehl gekommen, jeden entbehrlichen Mann und die gesamte schwere Artillerie dem Fürsten Lobkowitz zukommen zu lassen, der damit prompt in die einzige Richtung marschiert war, aus der kein feindlicher Angriff kam, um die viel zu langsam sich nähernde Unterstützungsarmee des Großherzogs der Toskana zu verstärken. Gestern erst hatte Ogilvy dem Großherzog verzweifelt geschrieben, er solle ihm wenigstens ein paar Kroaten und Husaren schicken, damit die Bürger nicht ganz den Mut verlören. Tatsächlich sind diese Truppen auch bereits auf dem Weg, aber was hilft das, wenn der Großherzog selbst seine Armee so langsam voranschleichen lässt? Und auch das hilft nichts, dass in diesem Moment ein Schreiben den Großherzog erreicht, in dem die Königin von Ungarn ihn beschwört, Prags letzte Hoffnung liege in «Euer Königlichen Hoheit und Liebden Annäherung und Dahinkunft». Dass sie dem Mann, dem alle anderen nur die ‹Königliche Hoheit› geben, außerdem noch das Prädikat ‹Liebden› anhängt, hat übrigens nichts mit Liebe zu tun; als Königin muss sie ihm einfach etwas herablassender schreiben als der Rest der Welt und also an das bessere Prädikat der ‹Königlichen Hoheit› noch das herunterziehend schwächere der ‹Liebden› anhängen. Aber das stört Großherzog Franz Stephan nicht, denn wenn auch die Königin, die ihm da schreibt, seine dynastisch vorbestimmte Ehefrau Maria Theresia ist, so liebt sie ihn kurioserweise dennoch – so sehr sogar, dass sie ihm den Oberbefehl über ihre letzte disponible Armee anvertraut, obwohl seine Talente unübersehbar einen großen Bogen um alles Militärische gemacht haben. Kein Wunder, dass er die Dinge gelassener angeht als alle anderen Feldherren dieses seltsamen Herbsts, gelassen genug auch, um jetzt, nur noch zwölf Kilometer von Prag entfernt, das schöne Herbstwetter zu einem letzten Jagdausflug zu nutzen, von dem Graf Ogilvy zum Glück erst erfahren wird, als es schon nicht mehr darauf ankommt.

In Prag aber bleiben dem Kommandanten gegen 30 000 Bavaro-Franzosen und 20 000 gleichzeitig aus dem Norden eingetroffene Sachsen-Polen weniger als 2500 Soldaten, fast alles untrainierte Rekruten, ein paar bewaffnete Bürger sowie die Studenten von Prag, deren Eignung als paramilitärische Truppe nach unseren Einblicken in das vormoderne Studentenleben hoffentlich niemanden mehr verwundern wird. Viel zu wenige also, um auch nur die Befestigungsanlagen zu bemannen – Befestigungsanlagen im Übrigen, die an vielen Stellen bloß aus einer steilen Wand bestehen, deren Wassergräben ausgetrocknet sind und deren einst stolze Kanonen man nach Lobkowitz' Abmarsch durch die Privatgeschütze der umliegenden Schlösser ersetzt hatte. So steht jetzt ein 144 Stück starkes Artilleriemuseum auf den Wällen; ganz überwiegend sind es archaische Souvenirgeschütze aus dem Dreißigjährigen Krieg, die in 24 verschiedenen Typen vom vernichtenden 36-Pfünder bis hin zum winzigen «eisernen Lermen Pöller» daherkommen und mindestens ebenso viele verschiedene Sorten Munition brauchen, wenn sie denn nicht gleich unbrauchbar sind. Es bleibt daher Ogilvys einzige Hoffnung, dass der Feind eine spielregelkonforme Belagerung anfangen wird: Gegen die wären die Verteidiger zwar wehrlos, sie würde aber auch so lange dauern, dass inzwischen der rettende Großherzog eintreffen muss. Und dann gibt es vielleicht doch noch einmal ein Happy End für das Haus Österreich, wie es das ja schon 1620 gab, als am ganz nahe gelegenen Weißen Berg die protestantischen Rebellen besiegt wurden. Blickt Ogilvy einen Moment lang auf die Karmeliterkirche Maria vom Siege, die an diese Errettung erinnert und die am untersten Rand des bewaldeten Laurenzibergs jetzt fast direkt in seiner Blickrichtung liegt? Wir wissen es nicht, und natürlich können wir auch nur raten, was der an der Seite seines Vorgesetzten stehende Baron Wetzel denkt. Aber gerade weil die Vorgeschichte des achtundvierzigjährigen Aufsteigers Wetzel wesentlich weniger glänzend ist als die des Generalfeldzeugmeisters, gerade weil seine Familie sich bisher erst einmal ausgezeichnet hat, als der Onkel 1707 die neapolitanische Festung Gaeta eroberte, gerade deshalb liegt die Vermutung sehr nahe, dass Wetzel sich jetzt an den Sommer vor sieben Jahren erinnert, als er selbst Gaeta dem Feind hatte übergeben müssen. Nie hätte damals der englisch-spanische Königsenkel und Berwick-Sohn Liria das uneinnehmbar über dem Mittelmeer aufgetürmte Felsennest erobern können, wenn nicht Wetzel für die 100 Kanonen von Gaeta bloß 18 Kanoniere gehabt hätte; so aber mussten die Belagerten schließlich einen Kriegsrat einberufen, bei dem auch Wetzel für die Kapitulation gestimmt hatte. Wenn er nur hier die Schande abwaschen könnte! Nach Gaeta gekommen war er als Oberstleutnant desselben Regiments, das sehr lange Ogilvy gehört hatte, damals aber gerade dem Baron Schmettau übertragen worden war, und so schien es doppelt bitter, dass Wetzel die Schmach der Niederlage erlitten hatte, während Schmettau sich am fernen Rhein damit vergnügte, tatenlos bei der Eroberung von Philippsburg zuzusehen.

Schmettau hat eben immer Glück gehabt, der Verräter ... bisher. Denken wir lieber nicht an den Kerl, es gibt schon so genug, was einen zur Weißglut bringt.

Aber Schmettau denkt in genau diesem Moment sehr wohl an Prag, denkt vermutlich sogar an seinen ehemaligen Untergebenen Wetzel, während er auf dem gegenüberliegenden Hügel neben dem Kurfürsten von Bayern steht, ihm die Lage der Befestigungswerke erklärt und wohl nicht weniger neugierig auf die französische Stellung vor dem Kloster Strahow blickt als Ogilvy von der anderen Seite. Es ist wahr, der Baron hat immer Glück gehabt, aber hatte er nicht auch unglaublich viel gelernt? Nur durch eine Serie von Zufällen steht der siebenundfünfzigjährige Halbhugenotte Samuel Freiherr von Schmettau seit kurzem als preußischer Feldmarschall im Dienste jenes Landes, dem schon sein Vater als Diplomat gedient hatte. Der in Hamburg geborene Samuel dagegen war zuerst als Fünfzehnjähriger einem Onkel in dänische Dienste gefolgt und dann der holländischen Armee beigetreten, bevor er den Spanischen Erbfolgekrieg als Generaladjutant des Erbprinzen von Hessen-Kassel verbracht hatte. In dieser Eigenschaft hatte er bei Malplaquet an Grumbkows Seite mit angehört, wie Cadogan seine schöne Rede über geradlinige Krieger gehalten hatte, um Zeit zu schinden, während seine Leute die französische Stellung ausspionierten, und hatte auch da sichtlich vieles gelernt, dessentwegen er jetzt hier stand. Der Erbprinz von Hessen war nun längst König von Schweden, und Schmettau hatte viele Jahrzehnte lang den Kaiserlichen gedient, bevor das böse Ende des letzten Türkenkrieges nach Sündenböcken verlangte, die seltsamerweise fast alle Protestanten wie Schmettau waren. Seitdem war er zum Absprung bereit gewesen; selbst nachdem Maria Theresia ihn zu Beginn dieses Jahres zum Feldmarschall ernannt hatte, hatte er sich um venezianische Dienste bemüht, als plötzlich Friedrich von Preußen ihn anheuerte, ohne auch nur auf die Dienstentlassung durch Maria Theresia zu warten. Seit fünf Monaten ist er preußischer Feldmarschall, seit drei Monaten Friedrichs Gesandter beim bayerischen Kurfürsten und damit der Mann, der diesen Verbündeten im Sinne Preußens dahin steuern soll, wo Friedrich ihn haben will. Wenn die gemeinsamen Pläne Erfolg haben, wird Friedrich ihm den Schwarzen Adler-Orden und Karl Albrecht den Grafenstand verleihen, und dann wird endlich, endgültig übertüncht sein, was selbst die 22 beschönigenden Seiten nicht austilgen können, die Schmettau sich gerade in *Zedlers Universal-Lexicon* gekauft hat – dass nämlich noch sein Großvater ein bürgerlicher Kaufmann zu Breslau gewesen ist. So hatte nun Schmettau Karl Albrecht monatelang dazu gedrängt, die nominell von ihm allein kommandierte bayerisch-französische Armee direkt nach Wien zu führen, um Maria Theresias Macht mit einem einzigen Schlag den Todesstoß zu versetzen. Tatsächlich war Wien ebenso schlecht befestigt wie Prag, und schon war die Regierung in die benachbarte ungarische Hauptstadt Pressburg (Bratislava) geflohen, als Karl Albrechts Truppen im letzten Moment anhielten. Warum? An Schmettau lag es nicht, der ihm in seinem schiefen Französisch nach wie vor mit aller Überzeugungskraft eines militärischen Höflings zuredete, ohne zu ahnen, dass sein Auftraggeber längst Angst vor der eigenen Courage hatte. Da nämlich lag das Problem mit den gemeinsamen Zielen: Es gab sie nicht. Im Vertrag Preußens mit Bayern steht eines, im preußischen Vertrag mit Frankreich ein halbwegs Ähnliches – und in Friedrichs Geheimabkommen mit Maria Theresia das genaue Gegenteil. Der Preußenkönig hat seinen Machiavelli nicht gründlich genug gelesen; er glaubt, es sei besonders geschickt, alle gleichzeitig zu hintergehen, und das wird sich selbst in dieser Zeit ohne ideologisch verklammerte Bündnisse bald als keine so gute Idee herausstellen.

Als Friedrich in Schlesien eingefallen war, war es ihm neben dem Ruhm auch darum gegangen, dass Preußen sich über Konkurrenten wie Bayern und Sachsen erheben könnte. Indem er aber damit den Startschuss zur Zerlegung der österreichischen Monarchie gab, hatte er ausgerechnet Bayern und Sachsen den Weg frei gemacht, sich aus dieser Konkursmasse Stücke herauszureißen, auf die schließlich nicht nur Karl Albrecht, sondern auch August III. von Polen-Sachsen als Ehemann der ältesten Tochter Josephs I. gute Ansprüche erheben konnten. Bald begriff auch Friedrich, dass er vom Regen in die Traufe zu kommen drohte, wenn er mit seinem bloß um Schlesien vergrößerten Preußen demnächst ein ungleich mächtigeres Böhmen-Österreich-Bayern und Sachsen-Mähren-Polen zum Nachbarn haben würde, und so hatte er schnell die Notbremse gezogen, indem er sich heimlich mit Maria Theresia darauf einigte, ihre Truppen am Rande Schlesiens nur noch zum Schein zu bekämpfen, wenn sie ihm dafür die letzte Festung überließe. Im Gegenzug ließ er die einzige Armee, die Maria Theresia überhaupt noch zur Verfügung stand, ungestört nach Böhmen abziehen, wo sie jetzt unter dem Befehl des Großherzogs auf Friedrichs hereingelegte Verbündete zumarschierten. Es würde noch einmal etwas dauern, bis er begriff, welchen Fehler er damit gemacht hatte. Hier war ihm auf silbernem Tablett die Chance geboten worden, die österreichische Monarchie für immer zu zerschlagen, und statt sie anzunehmen, hatte er sie im Gegenteil gerettet, ohne zu begreifen, dass eine siegreiche Maria Theresia dann auch ihn angreifen würde. Inzwischen verzichtete er im Interesse der Geheimhaltung erst einmal darauf, Diplomaten wie Schmettau von seinem Kurswechsel zu informieren, weswegen der ahnungslose Überläufer denn fleißig weiter Dinge herbeizuführen versuchte, die sein Herrscher aktiv sabotierte; die zehntausend preußischen Soldaten im Norden Böhmens bezeichneten sich währenddessen auf Anfrage notgedrungen als Hilfstruppen, ohne zu erklären, mit wem sie alliiert waren.

Zum Glück spielten auch alle anderen mit gezinkten Karten, weil beispielsweise Frankreich einen allzu leichten Triumph des Bayern genauso wenig herbeisehnte wie Preußen. Hätte nämlich Karl Albrecht wirklich das ganze Erbe Karls VI. angetreten, dann wäre ja der alte Erbfeind Österreich bloß durch ein neues Bayern-Österreich ersetzt worden, ohne dass Frankreich mehr davon gehabt hätte als horrende Kosten. So war es auch Karl Albrechts französischen Begleitern nur zu recht gewesen, den Kurfürsten kurz vor Wien zu stoppen, indem sie ihm mit Krokodilstränen in den Augen erklärten, der König von Preußen bestehe darauf, dass man stattdessen Prag angreife. Vielleicht hätte das Karl Albrecht seltsam vorkommen sollen, da ihm ja Schmettau tagaus, tagein das Gegenteil erzählte. Da der Kurfürst aber auch längst schon über Friedrichs Verrat informiert war (es hatte genau elf Tage gedauert, bis seine auf Seiten Maria Theresias stehende Schwiegermutter ihm die Details des Geheimvertrages mitgeteilt hatte), fiel es ihm leicht, in Schmettau den Einzigen zu sehen, den sein vom Machiavellismus besoffener Herr wirklich hereingelegt hatte. Aber was machte das alles? Natürlich betrogen sie einander allesamt nach Strich und Faden. Der Wille des Allmächtigen hatte ihn trotzdem hierhergeführt, hier auf diesen Hügel, von dem aus er jetzt die im Abendlicht golden glänzende Hauptstadt seines zukünftigen Königtums betrachtete. Und war es nicht auch Zeit? Bereits vor vierhundert Jahren war ja ein Wittelsbacher Kaiser gewesen, bald danach ein anderer deutscher König. Ein Angehöriger seines Hauses war König von Dänemark gewesen, vier weitere Könige von Schweden; sein eigener älterer Bruder Joseph Ferdinand hatte nur deshalb nicht die spanische Krone geerbt, weil die Ärzte von Brüssel den Siebenjährigen zu Tode gefüttert hatten. Ihm hingegen würde es gelingen. Er musste ja nur geradeaus blicken, schon sah er gegenüber am Fuß des Laurenzibergs die Kirche der Maria vom Siege, die dort an den großen Triumph seines Urgroßvaters Maximilian I. erinnerte, der hier 1620 die Schlacht am Weißen Berg gewonnen hatte. Damals hatte der Bayer sich im Dienste Österreichs die Kurwürde erkämpft – oder, etwas genauer gesagt, das Recht, sie seinem pfälzischen Vetter Friedrich wegzunehmen, der als Winterkönig von Böhmen nur einen einzigen Winter lang regiert hatte; wir haben seine Nachkommen oft getroffen, und es kommt uns nicht unpassend vor, dass gerade Friedrich von Preußen ein doppelter Ururenkel dieses Friedrichs ist. Das Haus Österreich war gerettet, der protestantische Aufstand niedergeschlagen und die alte böhmischslawische Aristokratie fast vollkommen vertrieben worden; riesige Ländereien waren zu Spottpreisen auf den Markt gekommen und hatten es den wallonisch-deutsch-spanisch-italienischen Söldnerkommandeuren erlaubt, zur neuen Herrenschicht des Landes aufzusteigen. Die Gärten und Paläste dort hinten unter dem Hradschin, die goldenen Dächer und tausend Fenster gehören ihnen, diesen Clary und Colloredo, Gallas und Piccolomini, Bucquoy und Dietrichstein.

Längst haben sie sich mit den übrig gebliebenen Waldstein, Chotek, Kolowrat oder Kinsky zu einer übernationalen Machtelite verbunden, und so abgehoben schweben sie über der slawischen Mehrheitsbevölkerung, dass die ganze Idee einer tschechischen Nation im 19. Jahrhundert nicht bloß ohne, sondern geradezu gegen sie entwickelt werden wird. Aber das ist Zukunftsmusik von einer Art, die Karl Albrecht nicht hören muss. Für ihn ist Maria vom Siege schlichtweg eine Erinnerung an den Triumph seines Hauses, und nicht einmal das fragt er sich noch, ob denn da 1620 wirklich Bayern und nicht doch vor allem Österreich triumphiert hat. Stattdessen fasst er einen Entschluss, der ihm wohltut: Wenn heute Nacht alles gutgeht, dann werde ich morgen dort unten zur ersten Messe gehen.

Der 26. November ist gerade mal eine Stunde alt, als Graf Moritz von Sachsen von Westen her den Kanonendonner hört. Nun erst weiß er, dass heute Nacht wirklich geschehen wird, was die Befehlshaber der drei Armeen vorgestern beschlossen haben. Es geht um ihre letzte Chance, denn wie so oft ist die Lage der Belagerer inzwischen fast genauso fatal wie die der Belagerten. Morgen wird die Armee des Großherzogs Prag erreichen, und was sollen sie dann machen? Ihr in offener Feldschlacht begegnen? Aber von Schlachten rät die herrschende Militärdoktrin nicht bloß allgemein ab, weil niemand sicher sein kann, was geschehen wird. Sie warnt auch ganz besonders davor, sich einem Feind zu stellen, wenn man wie hier eine unbesiegte feindliche Festung sowie einen Fluss im Rücken hat; mit etwas Glück würde der Großherzog die Verbündeten wahlweise an den Mauern zerquetschen oder in der Moldau ertränken. Also keine Schlacht. Ein Rückzug freilich ebenso wenig, weil es die für eine solche Menschenmasse benötigten Lebensmittel nirgendwo außer hier gab; wollten die drei Armeen flüchten, müssten sie sich vollkommen auflösen. Macht nichts, hatten die Franzosen gesagt, die besonders am Belagerungslehrbuch hingen, weil infolge der Dauerkriege Ludwigs XIV. keine Armee Europas so viel Erfahrung damit hat wie sie, dann belagern wir eben Prag und ignorieren den Großherzog. Bitte wie? Na ja, zum ordentlichen Belagerungsgeschäft gehört doch ohnehin, dass wir um unsere eigenen

Leute herum auch eine Mauer bauen, Circumvallationen, wissen Sie? Und da kann dann ja der Großherzog seinerseits gerne wieder uns belagern, wenn er nichts Gescheiteres zu tun hat ... An dieser Stelle hatten die sächsischen Generäle vorsichtig darauf hingewiesen, dass erstens der Bau einer Mauer um Prag herum möglicherweise länger dauern dürfte, als selbst der gemütliche Großherzog für die letzten zwölf Kilometer brauchen konnte, und dass zweitens eine Mauer keine Belagerung mache, solange man nicht auch schwere Artillerie habe, von der sie hier nirgends etwas sähen. – Die sollten ja auch Sie mitbringen. – Haben wir durchaus, Monsieur. Nicht als ob es besonders erfreulich wäre, Kanonen über das Elbsandsteingebirge zu schleppen. Aber voilà, schon stehen sie in Budin, kaum 100 Kilometer von hier entfernt, und so fehlt uns jetzt nichts mehr außer den 14 000 Pferden, die man für ihren Transport braucht. – Wenn Sie keine Kanonen haben und keine ordentliche Belagerung wollen, was bitte schlagen Euer Exzellenz dann vor? Wollen Sie die Mauer hochklettern wie im Mittelalter? – Genau das, Monsieur, ganz genau das, hatte General Graf Rutowski geantwortet. Und wenn Sie nicht mitmachen, meine Herren, dann erobern wir Prag eben allein.

Graf Moritz hatte sich gefreut, von diesem Kriegsrat zu hören, nachdem er vom anderen Moldau-Ufer aus Briefe über Briefe geschrieben hatte, um den Franzosen ihre Angst vor dem Ungewöhnlichen zu nehmen – wobei man denen zugutehalten sollte, dass es ihnen ungewöhnlich genug schien, tiefer ins Innere des Kontinents vorgedrungen zu sein als je ein französisches Heer vor ihnen. Wenn man das ohne Winterkleidung tut, alles östlich von Frankreich sowieso schon «le Nord» nennt und dann auch noch feststellt, dass die Nächte immer kälter werden, kommt man leicht auf die Idee, sich wenigstens bei der Arbeit an das Bewährte zu halten. Für den Grafen Moritz waren es viel mehr als professionelle Standards, was ihn nicht nur mit dem sächsischen Oberbefehlshaber Rutowski, sondern auch mit dessen zweithöchstem Untergebenem Chevalier de Saxe und dem Obristen Graf von Cosel verband – schließlich waren sie alle drei auch genauso uneheliche Söhne Augusts des Starken wie er selbst.

Moritz hatte August 1696 mit Gräfin Aurora Königsmarck gezeugt, bevor er 1702 den Grafen Friedrich August Rutowski mit deren türkischer Dienerin Fatima, 1704 den Chevalier Johann Georg von Sachsen mit der Huldigungsbotschafter-Ex-Frau Fürstin Lubomirska und schließlich 1712 Friedrich August Graf von Cosel mit der gleichnamigen Gräfin in die Welt setzte, die geglaubt hatte, Augusts rechtmäßige Ehefrau werden zu können, bevor sie sich als Staatsgefangene im Turm von Stolpen wiederfand, wo sie ihre Zeit seit 25 Jahren mit dem Lesen der Kabbala zubrachte. Die Unternehmung dieser Nacht würde also selbst nach Ancien-Régime-Maßstäben eine solche Familienangelegenheit werden, dass es im Vergleich damit fast gar keine Rolle spielen musste, wie Moritz von Sachsen trotz dieser Abstammung ein Generalleutnant nicht etwa der sächsischen, sondern der französischen Armee war. Im letzten Krieg hatte Moritz mit den Franzosen sogar aktiv gegen die polnische Thronbesteigung seines vierten Halbbruders August III. gekämpft, nachdem aus dem Militärputsch in Polen bekanntlich nichts geworden war, den er für den gemeinsamen Vater so liebevoll detailliert vorbereitet hatte. Aber so etwas übelzunehmen wäre sträflich spielregelwidrig gewesen. Eben jetzt lieh Graf Moritz sich einen Teil der benötigten Truppen bei dem (auch nicht besonders) französischen General Marquis de Ximenes aus, obwohl dieser dem Sachsen bei Malplaquet auf der gegnerischen Seite gegenübergestanden hatte; Graf Ogilvy dagegen war im selben Feldzug auf Moritzens Seite gewesen und sollte von ihm trotzdem noch in dieser Nacht eine unangenehme Überraschung erfahren. Und gerade August III. von Sachsen-Polen hatte als einzig ehelicher der Halbbrüder nicht nur deshalb kein Problem damit, den Bastardbrüdern das Kämpfen auf allen Seiten zuzugestehen, weil er ein bis zur Unbeweglichkeit toleranter Mensch war; er konnte sich zudem ja auch in der behaglichen Gewissheit wiegen, dass jedes von den Brüdern eroberte Territorium am Ende doch ganz allein ihm gehören würde.

Während der Graf von Sachsen seine etwa 4000 Soldaten unter fahlem Mondlicht so geräuschlos wie möglich um die östlichen Stadtmauern von Prag entlangführt, beginnt am anderen Ufer der Moldau der französische Scheinangriff unter Polastron. Seine vor dem Strahower Tor aufgebauten Kanonen beschießen die Befestigungen der Kleinseite von Westen her, und seine Infanteristen schießen auf die Wachtposten der Stadtmauer, obwohl ihre Gewehre wie alle damaligen Schusswaffen bestenfalls zum Treffen eines sehr wenig entfernten Scheunentors geeignet sind. Alles soll den Belagerten den Eindruck vermitteln, dass die Angreifer einen Sturmangriff planen, damit sie möglichst viele ihrer wenigen Soldaten herbeiholen. Aber so leicht lässt Ogilvy sich nicht täuschen; er hat die Artillerie Polastrons am Vorabend gesehen, er hört sie jetzt, und er weiß begreiflicherweise mehr von diesem Metier als die Pechvögel vom Prämonstratenserorden, die sich in diesem Moment nur beglückwünschen können, den Ordensgründer bombenfest eingemauert zu haben. Es sind zu wenige und zu kleine Geschütze, die der Unterhofmeister des Dauphin dort aufgereiht hat, es ist bloß eine Falle, und der Stadtkommandant fällt nicht darauf herein. Und weil dieser Scheinangriff direkt aus dem Westen kommt, kann der wirkliche Angriff notwendigerweise nur aus einer deutlich anderen Richtung kommen – vom Norden oder Süden der Kleinseite also, am Karlstor oder bei der Insel Klein-Venedig ... oder aus beiden Richtungen gleichzeitig. Lediglich von Osten her ist nichts zu befürchten. Die Kleinseite ist im Osten durch die breite Moldau geschützt, die man nur entweder innerhalb Prags auf der Karlsbrücke oder aber weit stromaufwärts überqueren kann. Die Alt- und Neustadt von Prag aber sowie die Burg Vyšehrad, die allesamt am anderen Ufer der Moldau liegen, sind von Osten erst recht nicht gefährdet. Fast die ganze Macht des Feindes steht ja am westlichen Ufer, und selbst wenn er im letzten Moment noch Truppen über den Fluss bekommen haben sollte, würden die es nie wagen, aus genau der Richtung anzugreifen, aus der spätestens morgen die Armee des Großherzogs kommen und sie zwischen Stadtmauern und unüberquerbarem Fluss einklemmen wird. Es ist ein zufriedener Stadtkommandant, der etwa eine Stunde später die beiden Hauptangriffe der Sachsen tatsächlich dort beginnen sieht, wo er sie erwartet hat. Natürlich, wenn Rutowskis Truppen am Karlstor Belagerungsartillerie hätten, dann könnten sie eine Bresche schießen und ihre Übermacht ausnützen. Aber weil es auch hier an großen Kanonen fehlt, helfen all die Hunderte von Arbeitern und Lastpferden nicht, die man vorher mühsam durch die Nacht bewegt hat. Die Garnison der Stadt mag schwach sein, aber sie ist stark genug, um an diesen Punkten auszuhalten, während die letzte zum Sturm geeignete Nacht immer schneller vergeht. Es hilft nicht, dass gleich der erste sächsische General, der sich in den trockenen Festungsgraben gewagt hat, von den Verteidigern erschossen wird. Rutowski kann immer noch hoffen, einer seiner Angriffe im Lauf der Nacht möge Erfolg haben; insbesondere der Angriff an der Insel Klein-Venedig zögert sich weniger durch Gegenwehr der Verteidiger hinaus als dadurch, dass die Sachsen Pontonbrücken über Nebenarme der Moldau bauen und dann durch den Fluss waten müssen, der ihnen an manchen Stellen bis unter die Achsel reicht. Eines ist dafür umso klarer: Nachdem Ogilvy seine besten Truppen fast komplett auf der Kleinseite konzentriert hat, ohne sich von Polastrons Scheinangriff beeindrucken zu lassen, ist der zweite Scheinangriff erst recht sinnlos geworden, den Graf Moritz von Osten aus durchführen soll.

Moritz von Sachsen kann nicht wissen, was sein Halbbruder Rutowski in diesem Augenblick denkt, aber umso sicherer weiß er etwas anderes. Als genau hier vor dreiundneunzig Jahren die letzten Kampfhandlungen des Dreißigjährigen Krieges stattfanden, da war der Befehlshaber des angreifenden schwedischen Heeres sein Urgroßvater mütterlicherseits Hans Christoph von Königsmarck gewesen. Königsmarck hatte das Strahower Tor durchbrochen, die Kleinseite samt Hradschin erobert und unermessliche Schätze davongetragen; nur die östliche Stadthälfte musste er den Kaiserlichen lassen, weil Studenten die Karlsbrücke blockiert hatten. Kann es denn Zufall sein, dass nun sein Urenkel eine einmalige Chance hat, dasselbe Manöver für den damals nicht eroberten Teil der Stadt durchzuführen? Natürlich ist es Zufall, aber so darf man dem aufgeregten Mittvierziger-General nicht kommen, der sich keineswegs bloß durch die buschigen Augenbrauen oder den sinnlichen Gesichtsausdruck als echter Sohn Augusts des Starken erweist. Eigentlich zwar war er bloß deshalb auf der falschen

Seite der Moldau, weil er die Annäherung der großherzoglichen Armee hatte überwachen sollen – auch deshalb besteht der Hauptteil seiner Truppen fast nur aus Kavallerie, die zur Einnahme einer ummauerten Stadt vollkommen nutzlos ist. Wo er aber schon einmal unterwegs war, trug man ihm gleich noch auf, Vorräte zu beschaffen, und so hätte denn sein Beitrag zum Angriff auf Prag sich beinahe darauf beschränkt, böhmischen Bauern Speckseiten und Mehlsäcke wegnehmen zu lassen. Erst im letzten Moment hat ihn der Beschluss des Kriegsrats erreicht, wonach er in dieser Nacht eine weitere Ablenkungsattacke vornehmen solle. Kaum war noch Zeit, sich wenigstens etwas Infanterie hinterherschicken zu lassen, die der Marquis de Mirepoix ihm zugeführt hat, ein Mann, dessen buchstäbliche Liebenswürdigkeit geradezu wissenschaftlich erwiesen ist. Seine Frau nämlich ist nicht bloß die Witwe eines Fürsten, den der Herzog von Richelieu erschossen hatte, weil der andere ihn unter Verweis auf seinen bloß dreihundert Jahre alten Adel einen «stinkenden Bauern» genannt hatte. Sie ist vor allem auch eine von überhaupt nur drei Französinnen in hundertdreißig Jahren, die ihren erheirateten Herzogshocker freiwillig aufgab, um einen nicht herzoglichen Mann wie Mirepoix zu heiraten, und hat also dieser Liebe das größte Opfer gebracht, das die ständische Gesellschaft sich vorzustellen vermag. Aber kein noch so liebenswürdiger Unterbefehlshaber ersetzt die Kanonen, die Moritz umso dringender fehlen, als Ogilvy die Stadttore dieser Seite fast sämtlich hat zumauern lassen. Die einzige Waffe, die den Angreifern bleibt, ist daher die genaue Beobachtung, mit der Moritz die östlichen Verteidigungsanlagen in den letzten Tagen inspiziert hat, und sie allein erklärt denn auch, warum seine viertausend Mann noch immer unterwegs sind, obwohl es inzwischen schon fast halb fünf Uhr morgens schlägt. Da der Stadtkommandant *ein* Tor unvermauert lassen musste, hatte er sich ebenso logischerweise für das Neue Tor entschieden, das wegen seiner nördlichen Lage am weitesten vom Feind entfernt war. Es ist dieses Tor, das der Graf von Sachsen sucht, und eben jetzt hat seine Kolonne es endlich erreicht.

In der Dunkelheit packen die Soldaten den bemitleidenswerten

Rammbock aus, den sie aus zwei großen Holzträgern mehr schlecht als recht zusammengebastelt haben: Ein Blick auf das Stadttor, und sie legen ihn kommentarlos wieder beiseite. Dann nehmen sie die Leitern von den Wagen, die sie beim Konfiszieren von Eiern und Butter gleich mitrequiriert haben, und vergleichen ihre Länge mit der zwölf Meter hohen Wand, die sie am anderen Ende des trockenen Festungsgrabens mehr erahnen als sehen können. Nur genau zwei Leitern sind lang genug, um jetzt mitgenommen zu werden, als die Grenadiere des Régiment de Beauce sich lautlos in den Festungsgraben herablassen.

Obwohl sie schon lange nicht mehr mit den Granaten werfen, nach denen man sie ursprünglich benannt hat, sind sie die größten Männer ihres Regiments, die man in allen Armeen Europas daran erkennt, dass sie statt dreieckiger Hüte hoch aufragende Mützen tragen (eine Erbschaft aus den Zeiten des Granatenwerfens, als man ungern mit dem Wurfarm hängen geblieben wäre). Auf den Wall klettern müssen sie nun ohne Schusswaffen, weil jedes laute Geräusch die Verteidiger herbeirufen könnte. Wahrscheinlich ist es Moritz selbst, der dem als Erstes hochkletternden Grenadiersergeanten Jacob Pascal erklärt, was er zu tun hat (dass man den Dialog später dem einzigen bürgerlichen Offizier dieser Armee zugeschrieben hat, ist ein schöner Akt ausgleichender Gerechtigkeit, aber historisch fast sicher falsch): «Du wirst hinaufklettern, Kamerad, und eine Wache treffen. – Jawohl, mon général. – Er wird *Wer da?* rufen, auf dich schießen und dich verfehlen. – Jawohl, mon général. – Du wirst ihn töten. – Jawohl, mon général.»

Die Zeiten, in denen man solche Dialoge einfach mit Begeisterung las, sind vorbei. Wir hören zu viele falsche Töne in alldem, wenn wir etwa erfahren, dass Moritz den vierundzwanzigjährigen Erbsohn einer der größten Hoffamilien von Versailles fast mit Gewalt daran hinderte, mit den Grenadieren hochzuklettern (der nämlich wurde noch gebraucht), und wir tun das zu Recht. Aber sie sind von Menschen gesprochen worden, die es wirklich gab; sie zeigen Seiten der menschlichen Existenz, von denen wir uns nur glücklich schätzen dürfen, wenn wir sie mangels Erfahrung nicht nachvollziehen können, und die einfach auszublenden trotzdem keine gute Idee wäre. Wer bis hierher gelesen hat, wird auch wissen, dass dieses Buch alles andere als eine Rechtfertigung des Ancien Régime ist; was an dieser Welt der dynastischen Egoismen katastrophal war, ist wohl deutlich genug geworden, um hier nicht noch einmal wiederholt werden zu müssen. Immerhin: Das allzu wenige, was man zu seinen Gunsten sagen kann, trifft auch auf den Handstreich am Neuen Tor zu. Als Sergeant Jacob und seine acht Grenadiere auf der obersten Plattform der Stadtmauer angekommen sind; als die wenigen Wachen auf die Männer zu schießen beginnen, die selbst nur Bajonette oder den mangels Fechtausbildung nutzlosen Dekorationsdegen haben; als der Lärm die Aufmerksamkeit der zahlreicheren Besatzung einer benachbarten Bastion auf sich zieht; als die zweite der beiden Leitern unter dem Gewicht viel zu vieler Riesen-Grenadiere zusammenbricht, sodass Pascal und seine Leute ohne Aussicht auf Verstärkung hinter den Zinnen gefangen scheinen; als schließlich der mit ihnen und seinem Instrument nach oben gekletterte, vielleicht gerade mal dreizehnjährige Regimentstrommler trotzdem nicht aufhört, das scheppernde Angriffssignal in die Nacht hinaus zu trommeln: Da stellt der abenteuerliche Königssohn mit dem Ohrring und den dichten Augenbrauen, der dies alles zu verantworten hat, sich auf einer zehn Meter hohen Schutt-Plattform hinter dem Graben wie geplant in seiner ganzen Länge auf, brüllt «Dragoner zu mir!», damit die abgesessene Kavallerie mit ihren kurzen Gewehren um ihn herum ins Sicht- und Schussfeld der Verteidiger tritt, und zieht so minutenlang das Feuer der verwirrten Studenten und Stadtbürger auf sich, während die zweite Leiter notdürftig repariert wird. Die miserable Zielgenauigkeit vormoderner Schusswaffen mag diese Geste ein gutes Stück weniger mutig gemacht haben, als sie es heutzutage wäre. Dennoch darf man dem Grafen attestieren, seine Männer wenigstens nur solchen Gefahren ausgesetzt zu haben, die er auch für sich selbst in Kauf nahm. Und wirksam ist die Geste, denn schon werfen die ersten Altstadtbürger ihre Gewehre weg, um sich in den umliegenden Häusern zu verstecken: Was geht denn auch letztlich sie dieser Kampf an? Schon weichen Studenten und Rekruten zurück, schon sind mehr Grenadiere als Verteidiger auf den Wällen, schon haben die Angreifer das Neue Tor von innen entriegelt und die Zugbrücke herabgelassen, damit jetzt die 2000 Kavalleristen des für den Leiternaufstieg zu wertvollen Duc de Chevreuse in die Straßen der Altstadt rasen können. Noch immer war Reiterei die für diesen Kampf am wenigsten geeignete Waffengattung, und noch immer könnte eine ausreichende Zahl ausgebildeter Soldaten unter den Leuten des Grafen von Sachsen vermutlich ein Massaker anrichten. Aber solche Soldaten gibt es östlich der Moldau praktisch keine mehr, und so stoßen denn die «Vive le Roi!» schreienden Franzosen fast ohne Widerstand bis zur Karlsbrücke, wo der noch immer schockierte Graf Ogilvy sich in letzter Minute verbarrikadiert, um dem Urenkel des Eroberers von 1648 genauso den Weg zu versperren, wie man ihn damals in die andere Richtung versperrt hatte. Schon sieht es so aus, als könnte doch noch alles scheitern – solange nämlich Moritz nur die Ostseite der Stadt beherrscht, kann ihn Verstärkung von der Hauptarmee nur auf endlosen Umwegen erreichen. Sie wird daher zu spät kommen, um seine Leute vor der neunmal so starken Armee des Großherzogs zu retten, die noch im Lauf des gerade anbrechenden Tages eintreffen muss, und so wird, wenn nicht noch ein Wunder geschieht, Moritz dabei zusehen müssen, wie die feindliche Übermacht Chevreuses Dragoner genauso wie Mirepoix' Infanteristen durch die Straßen zu Tode jagt, während Ogilvys Brückenkanonen zerhackte Eisenstücke in die zur Flucht unfähige Masse schießen.

Aber das Wunder geschieht. Gerade als der Graf die befestigte Brücke vor sich sieht, erscheint von dort Baron Wetzel mit einer Botschaft des Kommandanten, der sich ergeben will; eben nämlich hat er erfahren, dass die Sachsen schließlich doch noch von Norden und Süden in die Stadt eingedrungen sind. Längst weicht der letzte noch kämpfende Rest der Verteidiger auch auf der Kleinseite überall zurück, während Rutowskis Truppen sich ebenso auf das Stadtzentrum zubewegen wie die des Chevalier de Saxe und Cosels. Trotzdem kommen Ogilvy letzte Zweifel; er will verhandeln, Zeit schinden, während Moritz ihm drohen lässt und doch gleichzeitig bereits Konversation mit den Bewachern der Brücke anfängt, um sie notfalls rasch überrumpeln zu können. Noch einmal verlaufen die Dinge nur ganz knapp zu Moritz' Gunsten. Gerade erst hat er in Ogilvys Stadthaus auf der Kleinseite dessen Kapitulation entgegengenommen, hat ihm die Hand geschüttelt, «da wir einander ja aus den Flandrischen Feldzügen kannten», ihn um ein Glas Wasser gebeten, «weil ich vor Durst starb», hat schließlich Wetzel losgeschickt, um auch die Zitadelle von Vyšehrad zur Übergabe aufzufordern: Da kommen bereits seine drei Brüder dazu, um die Stadt für den einzig ehelichen fünften zu reklamieren. Vielleicht muss er die unglaubliche Anspannung der Nacht abreagieren (noch immer ist es nicht einmal sechs Uhr und dunkel), vielleicht will er daran erinnern, dass durch ihn jetzt Ludwig XV. und damit also Karl Albrecht der neue Herr der böhmischen Hauptstadt sei. Aber vielleicht ist es auch einfach seine grundsätzliche (und nicht schlecht zum gemeinsamen Vater passende) Idee von Humor, wenn er den Brüdern jetzt antwortet: «Ich bin euer ältester Bruder, ihr Halunken, und ich werde *immer* als Erster kommen.» Zur Logik dieser Gesellschaft passt es ohnehin perfekt, und selbst den Begriff Halunken (canaille) wird man hier ausnahmsweise noch halbwegs taktvoll nennen dürfen, wenn man sich vergegenwärtigt, wie unter lauter unehelichen Söhnen die formal gerechtfertigte Alternativbegrüßung geklungen hätte.

Böses Blut gibt das jedenfalls keines; dafür ist nicht der Moment nach einem Handstreich, den die Welt so seit Jahrhunderten nicht mehr gesehen zu haben scheint, einer Tat, die nach damaligen Maßstäben fast unglaublich unblutig ist, wenn man die weniger als zwanzig toten Angreifer mit den Tausenden vergleicht, die in regulären Belagerungen umzukommen pflegten. Selbst die große Plünderung scheint im Wesentlichen ausgeblieben zu sein, und immerhin so weit ist das belegt, dass die Stadtväter von Prag dem Grafen Moritz zum Dank für seine Zurückhaltung später einen sagenhaft wertvollen Diamantring namens ‹Le Prague› wohl etwas freiwilliger schenken werden, als es die Prager Juden mit 2000 an seine Soldaten verteilten Dukaten machten – die Juden zur Zahlung zu zwingen nämlich ist eine so feste Gewohnheit der Zeit, dass man gar nicht mehr auf die Idee kommt, es könnte vielleicht auch das Plünderung sein. Der eigentliche Oberbefehlshaber des französischen Heeres allerdings, den wir bisher aus gutem Grund noch kein einziges Mal zu sehen bekamen, wird die besetzte Stadt als zutiefst verlottert beschreiben. Noch jedoch ist dieser Mann, der alle Fäden gezogen hat, nicht da, um seinen Triumph zu genießen, und so wird ihm zu schreiben fast das Erste sein, was Graf Moritz von Sachsen als Nächstes tut. An Schlaf ist nicht zu denken, wenn man eben eine der größten Städte Mitteleuropas erobert hat; schon wohnt Kurfürst Karl Albrecht der Dankmesse in Maria vom Siege bei, bevor er in die Stadt mehr einschwebt als -reitet. Um den neuen Untertanen sogleich ein Zeichen seiner huldreichen Nachsicht zu geben, erlaubt er dem verschüchterten Adel der Hauptstadt, sich nicht als Kriegsgefangene zu betrachten (man erkennt das daran, dass sie als Zuschauer seines Einzuges ihre Schwerter tragen dürfen); dann steigt er vor dem Veitsdom vom Pferd, während draußen die Salutschüsse ertönen (dafür immerhin lassen sich die eisernen Lärmböller doch noch verwenden). Im Dom empfängt ihn der Erzbischof, der die Zeichen der Zeit gut genug gelesen hat, um Karl Albrecht bereits mit ‹Euer Majestät› anzusprechen, bevor er das übliche Sieges-Danklied «Te Deum Laudamus» anstimmen lässt. Irgendwo müssen dabei auch Moritz und Rutowski herumstehen, denen zuvor das Privileg zuteilgeworden war, dem Kurfürsten-König auf Knien die Schlüssel der Stadt zu überreichen. Weil aber Moritz von der Mutter den Protestantismus und vom Vater die religiöse Indifferenz geerbt hat, erlauben wir uns, ihn bald diskret einen Hinterausgang benutzen zu lassen; soll er sich doch endlich in einem der phantastischen Adelspalais einquartieren, deren Glanz der Brief eines anderen Standesgenossen mit geradezu protomarxistischer Präzision erklärt: «Da die böhmischen Bauern Leibeigene sind, sind ihre Herren sehr reich.» Jetzt nämlich schlägt die Stunde der Briefeschreiber. Der oberste Heeresintendant diktiert bereits einen Bericht über den logistischen Albtraum, täglich 80 Schlachtochsen und 25 000 Rationen Brot zu beschaffen, wenn direkt nebenan zwei befreundete Armeen dasselbe brauchen. Irgendein braver Kirchenmann warnt währenddessen die römische Kurie vor dem Ärger, den es nun wohl am nicht mehr fernen Gründonnerstag des kommenden Jahres geben müsse (der Papst pflegt da dreizehn armen Priestern die Füße zu waschen, und weil der böhmische König einen der dreizehn nominieren darf, wird es in diesem Jahr neben dem maria-theresianischen unweigerlich auch einen karolo-albertinischen Kandidaten geben). Andere spekulieren bereits, wen die Eroberer zum Gouverneur der Stadt ernennen werden, die ja einerseits nun Karl Albrecht gehört, andererseits aber von überwiegend französischen Truppen eingenommen wurde. (Dafür immerhin ist schnell eine elegante Lösung gefunden, indem der Kurfürst den Comte de Bavière zum Gouverneur macht, der beiden Seiten akzeptabel erscheint, weil er einerseits französischer Generalleutnant, andererseits aber auch unehelicher Halbbruder des Kurfürsten ist und zu allem Überfluss noch dessen uneheliche Tochter geheiratet hat.) Moritz von Sachsen aber hat schon vor Stunden zur Feder gegriffen, als er sich kurz ins Schlafzimmer des Grafen Ogilvy zurückziehen konnte; seine lakonisch stolze Erfolgsmeldung, deren nach Gehör geschriebenes Französisch ohne ein einziges Komma und ohne jede Art von Akzent auskommt, ist längst nach Norden unterwegs, um dort dem großen Mann entgegenzufliegen, auf dessen Kommen in Prag alles wartet.

Trüber Novembertag, spätnachmittags. Ein seltsamer Zug windet sich durch steile Felsen, die Sachsen von Böhmen trennen. Dutzende von Knechten und noch einmal so viele Pferde tragen, schieben, bugsieren ein Gefährt bergauf, das einem Himmelbett an Tragebalken ähnlicher sieht als einer Sänfte. Wer in die komplizierte Konstruktion hineinschauen könnte, um dort einen am Ischias leidenden Mann von siebenundfünfzig Jahren zu sehen, dessen entzündetes Auge ihn aussehen lässt, als wäre er ununterbrochen am Weinen, würde wohl kaum glauben, dass er einem Eichhörnchen dabei zuschaut, wie es die steilen Wände des Ruhms emporklettert. Und doch ist es nichts anderes, was hier passiert. Das tragbare Bett mag das Wappen des Königs von Polen tragen, der es unserem Reisenden geliehen hat. Auf allem Gepäck des Mannes ist jedoch sein eigenes zu sehen, aus dem ein rotes Eichhorn herausspringt, aufrecht im silbernen Schild, den die Ordenskette vom Heiligen Geist umschließt, während sich dahinter zwei Feldmarschallstäbe kreuzen. Unter dem Ganzen aber steht ein Familienmotto geschrieben: Quo non ascendet (Wohin wird er nicht noch aufsteigen), das einst seinem Großvater zur bitteren Ironie geworden ist; nun passt es umso besser zu diesem groß gewachsenen älteren Herrn mit der ganz leichten Stupsnase, der sonst so gar nichts von einem Eichhorn hat. Er ist Charles-Louis-Auguste Fouquet, Comte de Belle-Isle, Marschall von Frankreich, Außerordentlicher Botschafter und bevollmächtigter Minister Seiner Allerchristlichsten Majestät bei den Kurfürsten und Ständen des Heiligen Römischen Reichs. Er ist der Enkel des Finanzministers Fouquet, der, von Colbert gestürzt, die letzten Jahre seines Lebens eingesperrt mit dem Maskenmann verbracht hat, ist selbst ein ehemaliger Insasse der Bastille, wo er sich die Augenentzündung eingefangen hat; seinen damaligen Zellennachbarn hat er kürzlich zum obersten Intendanten der Armee gemacht, die eben jetzt Prag besetzt, und wird er später zum Finanzminister ernennen lassen. Er ist der Erbe eines Familiennamens, welcher seinen Trägern ein halbes Jahrhundert lang den Hass und die Verfolgung Ludwigs XIV. eingebracht hat, ebenso wie er der Mann ist, dem man heute in Versailles genügend Anhänger zuschreibt, «um damit eine neue Religion gründen zu können». Er stammt mütterlicherseits von Feudalherren ab, deren Macht in Südfrankreich so alt sein soll wie die Westgoten, obwohl doch seine Ahnen väterlicherseits lauter Juristen waren oder gar Finanzleute, deren Familienname sich für Saint-Simon wie der Spitzname eines Hundes anhört, und er reist über dies feindselige Gebirge, um seinen Cousin zum Kaiser zu machen.

Als Belle-Isle 1684 geboren wurde, war er das Kind von mittellos in Sünde lebenden Eltern. Nur ein mitleidiger Bischofs-Onkel bot ihnen Zuflucht, und da der wie alle Fouquets als Staatsfeind galt, lief auch das bloß darauf hinaus, ihm von einem Exilkloster in den Bergen zum nächsten folgen zu dürfen, wenn der König ihn wieder einmal woandershin verbannte. Es war erst vier Jahre her, dass Großvater Fouquet in Pignerol vor Schreck gestorben war, nachdem die Wächter seinen geheimen Korridor zur Zelle Lauzuns entdeckt hatten, kaum mehr als ein Jahr, dass Fouquets zweiter Sohn Marquis de Belle-Isle eine Tochter von ältestem Adel verführt hatte. Im Haus eines Pariser Sattlermeisters traf er Woche um Woche Mademoiselle de Lévis, die er als Tochter des Grafen von Charlus in der Verbannung kennengelernt hatte, und als sie einander das eheliche Jawort gaben, da taten sie das so diskret, dass der Rest der Familie erst zwei Wochen vor der Geburt einer kleinen Tochter begriff, was hier geschehen war. Weil sie die korrekte Eheschließung erst drei Jahre später nachholen konnten, war auch ihr Sohn Charles-Louis-Auguste bereits zwei Jahre alt, bevor er den Namen Fouquet ganz zu Recht tragen durfte. Es war ein zweifelhaftes Privileg. Viel zu sehr ruhte der Kult um den Sonnenkönig auf seinem Triumph über den Erzverbrecher Fouquet, als dass dessen Nachkommen unter seiner Herrschaft irgendeine Gunst erwarten durften, mochten sie sich auch noch so sehr unter dem Namen der uneinnehmbaren bretonischen Insel Belle-Isle verbergen, von der aus einst der Großvater seinen Putsch der Verzweiflung hatte starten wollen. Aber selbst im Ancien Régime sind Namen keineswegs so unbewegliches Schicksal, wie man glauben könnte, wenn man die Familienvorstellungen dieser Welt kennt. Gerade weil man die Familie so strikt über die Männerlinie definierte, gerade weil man von Fouquets und Colberts genauso wie von den Königshäusern gerne als Rassen sprach, die auf ewig unveränderlich seien – gerade deshalb brauchte man neben diesen unbeweglich riesigen Supertankern eben immer auch kleine Boote, die für flexible Alltagsbewegungen taugten: Man brauchte Frauen, die zwischen den Stämmen der Männer ausgetauscht wurden, um Bündnisse zu schließen. Wo sein Familienname dem jungen Belle-Isle wie ein Mühlstein um den Hals hing, sollte die Rendite aus solchen Bündnissen ihn nicht nur retten, sondern groß machen. Bevor der Großvater gestürzt war, hatte der gerade noch eine Tochter dem Gardekommandeur Charost verheiratet, deren Sohn 1711 das verlorene Kommando über die Garde wiedererlangte; von nun folgte er dem König auf Schritt und Tritt, stets bereit, ein gutes Wort für seinen Cousin Belle-Isle einzulegen. Das allein zwar hätte nicht gereicht. Indem aber der Vater unseres Helden Mademoiselle de

Lévis verführte, um die ihnen verbleibenden sechsundvierzig Jahre ganz zurückgezogen in großer weltfeindlicher Liebe zu verbringen, ergänzte er die Verwandtschaft mit den Charost um eine mit den uradeligen Lévis, die das Schicksal des Sohnes herumreißen würde. Sein Cousin Lévis nämlich hatte eine Frau, die nicht bloß die Lieblingshofdame der königlichen Lieblingsenkelin war, sondern als Tochter des mächtigen Chevreuse auch ausgerechnet die Enkelin von Colbert, der das Haus Fouquet scheinbar für immer in den Abgrund gestoßen hatte. Nun war sie durch Heirat Belle-Isles Cousine und beschloss, als sei sie direkt aus einem Feenmärchen in diese Geschichte getreten, dass man den Fluch aufheben müsse, den ihr Großvater den Nachkommen des Feindes auferlegt hatte. Es machte nichts, dass Ludwig XIV. noch immer regierte: Das Wort der Lieblingshofdame einer Lieblingsprinzessin war in Versailles Gesetz genug, um selbst dem geborenen Staatsfeind Belle-Isle erst, sechzehnjährig, den Eintritt in die als Offiziersschule dienende Musketiergarde, dann den Kauf eines Dragonerregiments und schließlich eines ebenfalls käuflichen Dragonergeneralspostens zu ermöglichen. Das war nicht mehr als ein Einstieg, der schon für viele junge Männer nirgendwohin und für andere direkt in den frühen Tod geführt hatte. Aber der schüchterne junge Belle-Isle, der den Leuten eigentlich nur gefallen wollte, hatte Glück genug, im spanischen Erbfolgekrieg eine schwere Verletzung zu überleben, deren Folgen ihn bis heute begleiteten – es war der damals ruinierte Brustkorb, der ihn auch jetzt nach dreiunddreißig Jahren wieder bewegungsunfähig gemacht und gezwungen hatte, sich das Tragebett des Königs von Polen auszuleihen. Langsam wurde er ein Krieger, methodisch, neugierig, rücksichtslos, zugleich ein perfekter Hofmann, wie es nur der mit einem ungerechten Handicap Geborene werden kann, der vollkommen von mächtigen Verwandten abhängig ist; er lernte, wie man natürliche Freundlichkeit und gelernten Takt benutzt, um den Mächtigen nicht bloß zu geben, was sie wollen, sondern dabei auch noch so zu wirken, als hätte man sich selbst nie etwas anderes gewünscht. An Belle-Isles Seite stand ein jüngerer Bruder, wie es sie oft gibt in diesen nach Art der Monarchien gebauten Familien –

ein Leben lang auf die zweite Rolle abonniert, als Malteserritter von der Heirat ausgeschlossen, wenn er nicht arm werden wollte, so abhängig vom Familienchef, dass ihm gar nichts blieb außer Loyalität, wenn er nur klug genug war. Und der Chevalier de Belle-Isle war klug, so viel kälter auch als sein Bruder, dass er vielen dessen böser Geist zu sein schien. Sie liebten einander, und nur eines vereinte sie noch mehr als die Ungerechtigkeit des Urteils, mit dem sie geboren waren: der monströse Ehrgeiz, diesen Fluch in sein vollkommenes Gegenteil zu verkehren.

Zuerst waren es kleine Schritte, die den Comte de Belle-Isle zu Ruhm und Macht führten. Seine Offizierslaufbahn verlief wie viele andere auch, und selbst seine Höflingstalente hätten kaum genügt, um ihn über die Masse der Generäle herauszuheben, wenn nicht etwa zu dieser Zeit etwas Seltsames passiert wäre. Die Hofpartei, die der große Colbert gegründet hatte, war seit langem in die Hände seiner Schwiegersöhne Beauvillier und Chevreuse übergegangen, die aus ihr die ‹kleine Herde› der jesuitisch Frommen bei Hof gemacht hatten. Belle-Isles Cousin Charost hatte sich dieser Partei ebenso angeschlossen, wie seine gute Fee Madame de Lévis ihm durch Geburt angehörte, und weil diese beiden ebenso gute Hofämter hatten wie der Rest des Clans, änderte der Tod von Beauvillier (1714) und Chevreuse (1711) ebenso wenig an ihrer Macht wie der Tod Ludwigs XIV. oder das Ausscheiden der eigentlichen Colberts aus dem Ministerium (beides 1715). Nur eines fehlte diesen satten, freundlichen und in ihren Machtpositionen eingebunkerten Hofleuten jetzt auf ihrem Schachbrett: ein Anführer, ein Heldendarsteller, ein General. Es war Belle-Isles große Chance. Noch zwar war er bloß ein armer Verwandter. Als aber die Thronbesteigung eines Kindes nun die Wirren einer Regentschaft einläutete, da wurde im Clan der Charost und Luynes eine zweite Planstelle frei, und die bekam Belle-Isle sofort: Er wurde der Mann für die Drecksarbeit. Bald verband seine Partei sich mit dem Regenten Orléans, und es war Belle-Isle, der zusammen mit Berwick den Sturz des Königserziehers Villeroy inszenierte. Belle-Isle wurde die rechte Hand des Kardinals Dubois, der beste Freund des Kriegsministers, mit dem er sich eine Mätresse teilte, während seine eigene rechte Hand bereits in die außerordentliche Kriegskasse griff, wo Gold ankam, das Belle-Isles Handlanger nur als Papiergeld auszahlten; von der Differenz erwuchsen Belle-Isle Stadtpaläste und Schlösser, während er für den Verkauf seiner namensgebenden Insel von der Krone goldene Berge zugesagt bekam. Selbst nachdem man den Beamten, der das Werkzeug dieser Transaktionen gewesen war, erstochen aus der Seine gezogen hatte, berührte noch immer kein Skandal Belle-Isle, und so wäre sein Aufstieg wohl ganz ununterbrochen geblieben, wenn nicht in diesem Moment (1723) der Tod des Regenten Orléans den einäugigen Herzog von Bourbon an die Macht gebracht hätte. Mit diesem aber kam auch seine Mätresse Madame de Prie an die Spitze, deren Mutter die von Belle-Isle mit dem Kriegsminister geteilte Mätresse war. Leider erwies sich diese Verbindung, die unsere Protagonisten unter günstigeren Bedingungen zu einer politischen Patchworkfamilie hätten vereinigen können, diesmal als fatal, hatte doch die fünfundzwanzigjährige Madame de Prie mit ihrer Mutter noch einen Mutter-Tochter-Konflikt auszutragen, für den die Gerüchte um Belle-Isles Korruption ihr gerade recht kamen. Schon fanden die Brüder Belle-Isle sich ohne Nagelschere und Rasiermesser in der Bastille wieder, wo man sie mehr als ein Jahr lang sitzen ließ, während Kommission um Kommission ihre Vergangenheit erforschte. Es war ihr Glück, dass am Ende selbst die parteilichen Richter ihnen bloß Unterschlagung gängigen Ausmaßes nachweisen konnten, und größeres Glück, dass Madame de Prie nach etwa einem Jahr das Gefühl hatte, ihrer Mutter jetzt eine ausreichend deutliche Botschaft gesandt zu haben. Noch ein Jahr später ging 1726 Madame de Pries und Bourbons Herrschaft zu Ende, weil beide den Königserzieher Fleury unterschätzt hatten. Nun war es an Belle-Isles Cousin Charost, als amtierender Chef der Leibgarde dem Einäugigen zwei königliche Verbannungsbefehle zu bringen, von denen er den härteren nur dann übergeben sollte, falls Bourbon sich widersetzte. Aber Charost musste sich nicht lange an das Jahr erinnern, das der Cousin in einer fensterlosen Bastillezelle verbracht hatte, bevor er beschloss, dies Verfahren abzukürzen, indem er Bourbon sofort den härteren Befehl gab. Dann wurde Madame de Prie auf das Schloss ihres Ehemannes verbannt, wo sie binnen Jahresfrist wohl an selbst eingenommenem Gift starb, ohne auch nur das dreißigste Lebensjahr erreicht zu haben. Von ihrem engsten höfischen Verbündeten schließlich fand man bald danach bloß noch einen Absatzschuh, den er verloren hatte, als er sich durch die ebenerdige Fenstertür seines Verbannungsschlosses in den morastigen Burggraben gestürzt hatte. Es war immer gefährlich gewesen, den großen Clans von Versailles in die Quere zu kommen, aber nun wusste die Welt, dass das auch für Belle-Isle galt.

Sobald der Sturz Bourbons den rasch zum Kardinal erhobenen Königserzieher Fleury an die Macht gebracht hatte, stieg auch der Clan der Charost, Lévis und Belle-Isle endgültig wieder zu einem der mächtigsten des französischen Hofes auf. Fleury, dessen liebste geistliche Seelenfreundin Belle-Isles beschützende Tante Lévis war, installierte als Oberhofmeisterin bei Königin Maria Leszczyńska bald die Herzogin von Luynes, die nicht nur durch ihren jetzigen, sondern auch durch ihren vorigen Mann zum Clan gehörte (es war der junge Charost gewesen, den wir 1709 bei Malplaquet am vorletzten Tag seines Lebens getroffen haben). Weil es Madame de Luynes gelang, die eigentlich feindselige Königin für sich einzunehmen, vermochte der Clan nicht nur den Haushalt der Königin selbst, sondern auch die Hofstaaten ihrer Kinder auf Jahrzehnte hinaus derartig zu kolonisieren, dass bald die halbe Königsfamilie zu Lobbyisten für Belle-Isle umerzogen war. Belle-Isle wusste also, was er tat, wenn er die Freundschaft mit dem Ehepaar Luynes kultivierte, indem er beispielsweise Luynes' Sohn Chevreuse (demselben, den er nicht auf die lebensgefährliche Leiter hatte steigen lassen) seinen Dragonerposten zum Vorzugspreis verkaufte, damit der Neunzehnjährige noch ein wenig schneller als die Hofkollegen General werden könne. Leute wie die Luynes waren seine Augen und Ohren in Versailles, scheinbar harmlose Etikette-Profis, die sich gelehrten Diskussionen über den korrekten Kuss auf den Rocksaum der Königin hingaben und doch im entscheidenden Moment darüber entscheiden konnten, wer lebenswichtige Informationen aus dem Inneren der Macht rechtzeitig erhielt und wer nicht. Und solche Augen und Ohren brauchte Belle-Isle nicht allein deshalb, weil er als geborener Fouquet ein großes Hofamt wohl selbst dann nicht bekommen hätte, wenn diese Hauptgewinne nicht ohnedies schon im eisernen Klammergriff der alten Hofchargenfamilien gesteckt hätten. Auf diesem Feld hatte Belle-Isle keine Chance gegen sie, das wusste er. Als General dagegen und als Held konnte er ihnen das eine bieten, was ihnen selbst abging, und so nutzte er denn nun die Macht seiner Verwandten, um sich ganz systematisch eine Machtbasis außerhalb des Hofes aufzubauen. Indem er Militärkommandant der östlichen Grenzprovinzen wurde, sicherte er sich die Aussicht darauf, im nächsten Konflikt mit Österreich eine Hauptrolle zu spielen, die umso wichtiger sein würde, als die Friedenspolitik des uralten Fleury ja in Versailles längst eine ganze Generation von nachgewachsenen Schwertadeligen ungeduldig machte. Der Polnische Thronfolgekrieg von 1733 wurde nur deshalb nicht Belle-Isles großer Moment, weil Fleury ihn gerade noch rechtzeitig hatte beenden können. Auf perverse Weise erwies sich das für den kommenden Mann letztlich jedoch als Vorteil. Erst der Tod Karls VI. nämlich brachte 1740 Belle-Isles Trumpfkarte ins Spiel, die heute selbst den Historikern dieser Ereignisse kaum mehr bekannt ist, obwohl sie so viel erklärt. Noch einmal war es eine Frau, die sie ihm eingebracht hatte.

Der stupsnasige Helden-Anwärter hatte immer gewusst, dass er vornehm würde heiraten müssen, wenn er seinen eigenen Geburtsmakel auch nur halbwegs ausgleichen wollte; wer aber selbst noch ein Niemand war, konnte vornehme Geburt nur erheiraten, solange er überall sonst Zugeständnisse zu machen bereit war. So war seine erste Frau eine sechs Jahre ältere Erbin aus hohem Schwertadel gewesen, die Zeitgenossen hässlich und mehr als nur halb verrückt erschien; in Belle-Isles Briefen sucht man sie vergeblich, schon bevor sie 1723 kinder- und spurlos starb. 1729 dagegen verheiratete der Graf sich bereits unter günstigeren Bedingungen wieder. Schon sah man in ihm so sehr den kommenden Mann, dass er seiner zweiten Braut wohl selbst dann wie eine attraktive Partie hätte vorkommen müssen, wenn da nicht auch die tief blickenden Augen oder die sympathisch rebellische Stupsnase gewesen wäre. Da der erste Mann der armen, aber wohlgeborenen Achtzehnjährigen ein einundsechzigjähriger General gewesen war, dem in der vorigen Ehe mit seiner Nichte der Altersunterschied offenbar noch nicht genügt hatte, können wir uns die Erleichterung der erst zwanzigjährigen Witwe ausmalen, als sie im zweiten Durchgang an Belle-Isle geriet, dem sie trotz späterer Tändeleien doch immer in Liebe zugetan gewesen zu sein scheint. Ihr Name aber war Marie-Casimire-Thérèse-Geneviève-Emmanuelle de Béthune-Pologne, und darin steckten noch mehr als bei ihrem Mann bereits alle maßgeblichen Weichenstellungen für ein Leben. Weil sie Béthune hieß, war sie eine entfernte Nichte von Belle-Isles Onkel Charost, der den Neffen auf sie aufmerksam gemacht haben wird. Marie-Casimire hieß sie, weil die Schwester ihrer Großmutter ebenso geheißen hatte, die man 1645 als vierjähriges Mädchen einer nach Polen heiratenden französischen Prinzessin mitgegeben hatte, und Béthune Pologne nannte man diesen Familienzweig, weil Großtante Marie-Casimire durch ihre Heirat mit Johann Sobieski selbst Königin von Polen geworden war. Von den Kindern dieses Königspaares hatte eine Tochter Therese Kunigunde den bayerischen Kurfürsten Max Emanuel geheiratet und war die Mutter Karl Albrechts geworden, der sich dadurch als direkter Cousin zweiten Grades der Comtesse de Belle-Isle wiederfand – ein Verwandtschaftsgrad, den diese Gesellschaft schon grundsätzlich als sehr nah empfand. Zwischen einem Herrscher wie Karl Albrecht und einem neuadeligen Juristennachkommen wie Belle-Isle jedoch war er fast schon skandalös oder wäre es gewesen, wenn man denn diese Verwandtschaft zu oft angesprochen hätte; ihren Nutzen hatte sie auch ohne dies, und man müsste schon sehr innig an irre Zufälle glauben, wenn man bezweifeln wollte, dass Belle-Isle die junge Witwe genau deswegen geheiratet hatte. Seinen eigenen Platz im Schachbrett der Hofintrigen hatte er längst sicher, seit er sich wie ein Turm an der Grenze des Feindes platziert hatte. Nun stand an seiner Seite eine Dame, durch die er so direkt wie sonst nur der König mit jenem einen Mann zusammenhing, dessen Erbrechte das ganze Schachbrett aus den Angeln heben konnten.

Als 1740 die Nachricht vom Tode Karls VI. in Versailles ankam, war Belle-Isle bereit. Noch einmal ließ er sich Intensivunterricht in Reichspolitik geben, um nicht nachher über solche Fragen wie die Verwandtschaft des Kurfürsten der Pfalz mit dem Pfalzgrafen von Sulzbach zu stolpern; dann bat er um Audienz bei Fleury und nahm mit allen angemessenen Zeichen unechter Überraschung dessen Vorschlag an, als Botschafter zur Wahl des nächsten Kaisers zu reisen. An diesem 11. Dezember 1740 konnte der Kardinal-Premierminister noch nicht ahnen, wie bloß fünf Tage später Friedrich von Preußen den Krieg gegen Österreich eröffnen würde. Auch so war ihm freilich klar, dass Mitteleuropa jetzt einem Pulverfass glich und dass die Erbansprüche Bayerns wie ein Zünder zu wirken drohten. Erst recht konnte er nicht übersehen, dass Belle-Isle und die hinter ihm stehende Partei einen Krieg zu entfesseln versuchen würden, der sie bald auch in Versailles selbst an die Macht bringen musste. Sobald erst einmal Krieg war, würden die Feldherren in den Vordergrund treten: Welcher Einfluss blieb dann noch einem siebenundachtzigjährigen Mann der Kirche? Und nicht einmal das wollen wir ausschließen, dass Fleury sich ernstlich darum sorgte, was ein Krieg mit dem Land machen würde, dessen Finanzen und Wirtschaft in unerhörten fünfundzwanzig Jahren fast ohne Krieg aufgeblüht waren. Fleury begriff, was auch sein trotz aller Neurosen kluger Schüler Ludwig XV. verstand: Sein Königreich war längst schon so mächtig, wie es sein musste oder konnte. Spätestens seit dem Erwerb Lothringens waren seine Grenzen überall sicherer und klarer als die aller anderen Staaten Kontinentaleuropas. Spätestens seit den Kriegen Ludwigs XIV. war klar, dass Frankreich nie ganz Europa erobern könnte, wohl aber bei jedem solchen Versuch grauenhaft auszubluten riskierte, und spätestens seit dem Spanischen Erbfolgekrieg wusste man auch, dass es im Grunde nichts brachte, Nebenlinien des Hauses Frankreich auf andere Throne zu setzen, wenn sie wie etwa Philipp V. doch sofort wieder zu Rivalen des Mutterlandes wurden. Was aber blieb dann noch, wofür es sich lohnte, Tausende in den Tod zu schicken und in einem einzigen Jahr die Ersparnisse eines Jahrzehnts zu verbrennen? Fleury und Ludwig XV. hätten darauf, wenn sie ehrlich sein wollten, «Nichts» antworten müssen, und wir finden, dass sie damit recht gehabt hätten. Aber weil sie in einer Welt voller Friedriche, Karl Albrechte und Belle-Isles lebten, deren Antwort «Die Ehre!» oder «Mein Haus!» ein tausendfach verstärktes Echo fand; weil der Kardinal alt und müde war, während der König trotz aller Macht doch den Reflex des schüchternen Waisenjungen behalten hatte, seiner eigenen Meinung nicht zu trauen; weil sich in einer auf Ehre abgerichteten Ritterkultur noch immer jeder Garderobemeister trauen konnte, dem König beim morgendlichen Aufziehen des Bettvorhangs mit ironischen Worten seine Kriegsmüdigkeit vorzuhalten; weil Fleury unter dem Druck der Clans stand, auf deren Hilfe er angewiesen war; weil er schließlich auch hoffte, Belle-Isle als Botschafter wenigstens aus Versailles wegzubekommen: Weil all das so war, bestimmten Kardinal und König nun sehenden Auges ebenjenen Mann zu ihrem Vermittler, dem seine Kriegssehnsucht buchstäblich auf die Stirn geschrieben stand.

Spätestens jetzt war Belle-Isle der große Mann des Hofclans ohne Namen, von dessen Rändern er sich hochgearbeitet hatte, und schon das wäre eine großartige Revanche gewesen – der Enkel Fouquets an der Spitze des ehemaligen Clans Colbert! Die Zeiten waren vorbei, in denen der Großvater die Tapetenwände seines Schlosses Vaux-le-Vicomte mit Fouquet'schen Eichhörnchen dekoriert hatte, die von der Colbert'schen Wappen-Schlange verfolgt wurden. Zugleich aber wurde auch deutlich, wie aussichtslos Fleurys Plan gewesen war, dem Bayern bloß die fast machtlose Kaiserwürde zu verschaffen. Der Hauptpreis waren immer Maria Theresias Erblande gewesen, und nur für die würden Europas Mächte in den Krieg ziehen, wie Friedrich es gerade vorgemacht hatte. Wie wenig aber selbst Fleury und sein König daran glaubten, dass es beim friedlichen Tauziehen um die Kaiserkrone bleiben würde, zeigt sich schon an der ersten der Beförderungen, die sie im Februar 1741 Belle-Isle mit auf den Weg gaben: Sie machten ihn zum Feldmarschall. Es war zwar damals keineswegs ungewöhnlich, Offiziere als Diplomaten zu verwenden, und gerade im extrem militärischen Hofadel Frankreichs wäre es sogar schwer gewesen, einen Diplomaten ohne parallele Armeelaufbahn zu finden. Wenn man freilich einen General nicht nur ohne diplomatischen Vorlauf zum Botschafter bestimmte, sondern ihm gleichzeitig auch noch den höchsten Militärgrad überhaupt verlieh, war dies selbst im 18. Jahrhundert ein klarer Hinweis darauf, wohin die Reise diesmal gehen würde. Das einzige noch deutlichere Indiz war die Tatsache, dass mit Belle-Isle sechs weitere Marschälle ernannt wurden, was freilich weniger zur Vorbereitung eines auswärtigen Krieges nötig war als zur Verhinderung eines hofinternen. Belle-Isle hatte nämlich unter den Generalleutnants nur den 65. Rangplatz gehabt, sodass seine Einzelbeförderung 64 besser Berechtigte übergegangen hätte (da man die Beförderung allein nach Vornehmheit als unpraktisch erkannt hatte, war sie schleichend durch die Beförderung nach Dienstalter ersetzt worden, was wie so oft die fatalen Folgen des alten Modells durch modernere fatale Folgen ersetzte). Die aus dieser Masse ausgewählten sechs gehörten natürlich ausnahmslos zum Hofadel, denn solche Leute hatten gewaltiges Störpotenzial, wenn man sie unbefördert ließ. Nur den schönen Nangis hatte man nicht hauptsächlich als Oberhofmeister und Liebling der Königin Maria Leszczyńska, sondern aufgrund seiner militärischen Inkompetenz befördert. Wäre er der 31. der Generalleutnants geblieben, hätte ihm dies zusammen mit der Protektion der Königin einen wichtigen Kommandoposten garantiert, in dem er ebenso sicher irreversiblen Schaden angerichtet hätte. Indem man ihn stattdessen in den allerhöchsten Dienstgrad hinaufkatapultierte, schloss man das aus – ein Marschall nämlich konnte nur noch den Oberbefehl über eine komplette Armee ausüben; da aber selbst die Königin das nicht für ihn verlangen konnte, rettete die Beförderung nun das Leben seiner hypothetischen Untergebenen, indem sie ihn zur Inaktivität verurteilte. Nangis selbst scheint es freilich das Leben gekostet zu haben, denn als er nach anderthalb Jahren starb, meinten die Zeitgenossen, es habe diese Inaktivität ihm das Herz gebrochen, wie es sonst nur der Tod der Herzogin Mazarin hätte tun können. Aber dass diese seine langjährige Lebensgefährtin drei Wochen vor ihm starb – sie vierundfünfzig, er sechzig Jahre alt –, das erfuhr er nicht mehr, weil seine Freunde es dem Schwerkranken verschwiegen.

Mit frischen heraldischen Marschallstäben hinter dem Eichhörnchenwappen war Belle-Isle im Frühjahr 1741 nach Deutschland aufgebrochen, um dort sogleich eine zum Wappentier passende Reisetätigkeit aufzunehmen. Nachdem der überraschende Sieg Friedrichs II. über die Österreicher (in der Schlacht von Mollwitz, 10. April 1741) bewiesen hatte, dass man Preußen ernst nehmen musste, reiste der Marschall schnurstracks ins schlesische Hauptquartier des jungen Königs, den er allem machiavellistischen Misstrauen zum Trotz schließlich für eine Allianz mit Frankreich gewann. Auch sonst ging er mit seinen Instruktionen so lässig um, als hätte man ihm von Anfang an den großen Krieg aufgetragen, den er so wollte. In Dresden kam er an, als Sachsen sich eben mit Österreich verbündet hatte; die Nachricht von Mollwitz aber und Belle-Isles Überredungskunst reichten aus, um August III. und seinen Premier Brühl innerhalb von Tagen auf die franko-bajuwarische Seite zu ziehen. Mit seinem bayerischen Cousin selbst war er natürlich am schnellsten handelseinig geworden (er mochte ihn sehr und bemängelte bloß «seine Bereitwilligkeit zur Annahme von Ratschlägen, die seinem Ehrgeiz schmeicheln»), und so hätte er sich danach beinahe schon den vergleichsweise öden Wahlverhandlungen widmen müssen, wenn nicht in diesem Moment ein spanischer Botschafter eingetroffen wäre. Anders als im Falle Belle-Isles war zwar bei diesem Conde de Montijo der Ehrgeiz hinter der Mission nicht der des Diplomaten, sondern wirklich der des Herrschers – oder noch genauer: der Herrscherin, weil ja Philipp V. nach dem kurzen Hoch des Polnischen Thronfolgekrieges längst wieder in seinen manisch-depressiven Dauerzustand zurückgefallen war. Nur die Arien des Kastratensängers Farinelli hellten die königliche Existenz jeden Tag oder, genauer gesagt, jede Nacht so weit auf, dass der inzwischen komplett nokturne Monarch im Anschluss an das Konzert je nach Stimmung entweder zwei Stunden lang in schrecklichen

Heultönen weitersang oder sich den Staatsgeschäften widmete, die zum Glück eine fürsorgliche Gemahlin vorsortierte. Und da diese fürsorgliche Gemahlin noch immer die Königin Isabella Farnese war, traf jetzt Belle-Isles Ehrgeiz indirekt doch wieder auf eine so seelenverwandte Ambition, dass ihre Zusammenarbeit nur eine Frage der Zeit sein konnte. Gewiss, Isabella hatte im letzten Krieg ihren ersten Sohn Carlos zum König von Neapel gemacht, wodurch ihre Angst vor der spanischen Thronbesteigung des ungeliebten Stiefsohnes eigentlich ad acta hätte gelegt sein sollen. Aber da man ja nur einen ihrer verbleibenden Söhne zum Kardinalerzbischof von Toledo ernennen konnte (und auch das erst, als er acht Jahre alt war), blieb immer noch Infant Don Felipe zu versorgen, den sie beim letzten Friedensschluss mit der Tochter Ludwigs XV. verheiratet hatte: Würde für den nicht die Lombardei ein schönes Königreich abgeben, wenn man sie nur erst Maria Theresia abnahm? Also hatte Belle-Isle bald auch noch ein spanisch-bayerisches Angriffsbündnis in der Tasche, zu dem es wie immer in solchen Fällen die Allianz des Königs von Sardinien hinzugeben würde (der norditalienische Wackelkandidat, der infolge Rangerhöhung nicht mehr Savoyen hieß, aber immer noch aus jedem Krieg in einem anderen Bündnis herauskam, als er hereingegangen war, wenn er nicht zufällig eine gerade Zahl von Seitenwechseln schaffte). Die letzte wichtige Macht in Deutschland schließlich, Hannover also und damit Georg II. von Großbritannien, setzte der Marschall dadurch schachmatt, dass er Karl Albrechts wittelsbachische Verwandte dazu bewog, ihre Territorien von Düsseldorf bis Osnabrück einer französischen Armee zu öffnen, die bald Hannover bedrohen und den erschrockenen Georg sofort in die Neutralität zurück verschrecken würde. Dann immerhin schien es ihm doch nicht völlig unangemessen, ungefragt nach Versailles zurückzureisen, um dem zunehmend fassungslosen Fleury und Ludwig XV. zu erklären, wie sehr diese ganze Zündschnurlegerei die treue Umsetzung ihres eigenen tiefinnersten Willens gewesen sei. Und was soll man sagen. Die Macht der kriegerischen Hofgranden, die nicht nur sämtlich hinter Belle-Isle standen, sondern auch den Kern einer frühen Form von öffentlicher Meinung dominierten, bewirkte das Ihre, bevor die ritterlich-kriegerische Ideologie das Übrige tat, die man auch Ludwig XV. doch zu erfolgreich eingeimpft hatte, als dass sie seine ursprüngliche Friedensvorliebe nicht ins Schwanken gebracht hätte. War nicht hier die Gelegenheit, ein für alle Mal jenes Imperium zu zerlegen, mit dem Frankreich seit 1477 praktisch ununterbrochen verfeindet gewesen war? Und würden nicht (das in diesem Fall wortwörtliche Totschlagsargument der Dynastenwelt) seine Nachkommen Ludwig Vorwürfe machen, seine Vorfahren aus dem Grab ihn verfluchen, wenn er solch eine einzigartige Gelegenheit ungenutzt verstreichen ließe? Einmal mehr senkte sich die Entscheidungs-Waagschale des einunddreißigjährigen Herrschers, der von seiner eigenen Machtausübung so oft bloß wie von einer irrealen Hypothese sprach, und diesmal ging es nicht mehr in die Richtung, die sein achtundachtzigjähriger Mentor sich wünschte. Belle-Isle hatte gewonnen. Eine französische Armee marschierte gewissermaßen auf Einladung der Kurfürsten von der Pfalz und Köln nach Westfalen. Eine andere, größere, deren Oberbefehl der Marschall selbst übernahm, trat formal in den Dienst Karl Albrechts, eroberte zuerst das harmlos friedliche Grenzbistum Passau, um von dort aus Linz einzunehmen und sich dann, während der als Botschafter weiterhin durchs Land sprintende Belle-Isle in Dresden krank wurde, immer weiter zu steigern, bis wir den bayerischen Kurfürsten schließlich in der Prager Burg ankommen sehen. Und also war Frankreich noch immer formal mit niemandem im Krieg, weswegen wir auch jetzt zwischen den Elbsandsteinfelsen Soldaten sehen, die neben der Sänftenkutsche des bewegungsunfähigen Feldherrn die Fahnen der österreichischen Regimenter Wallis, Seckendorff und Ogilvy mit sich tragen: Die Eroberer von Prag hatten sie nach altem Brauch über Belle-Isle an Ludwig XV. geschickt, nur um sie hier postwendend zurückgebracht zu bekommen, weil doch Seine Allerchristlichste Majestät mit diesem Kampf gar nichts zu tun habe.

Am 29. November 1741 kam Belle-Isle in Prag an, wo ihn bisher nur der Bruder vertreten hatte, und obwohl die gute Nachricht seinen Gesundheitszustand so weit verbessert hatte, dass er selbst die schreckliche Berg-und-Tal-Reise einigermaßen unbeschadet überstand, wurde ihm doch bald klar, dass er den hiesigen Oberbefehl einem anderen würde abtreten müssen. Sollte sich ruhig der Maréchal de Broglie mit der Eroberung des restlichen Böhmen abgeben; die eigentliche Musik würde jetzt mindestens eine Zeitlang ohnehin nicht hier, sondern in Frankfurt am Main spielen, wo die Kurfürsten und ihre Vertreter inzwischen zur Kaiserwahl eingetroffen waren. Dorthin musste er natürlich auch Karl Albrecht mitnehmen, dem daher gerade noch Zeit für eine provisorische Krönung zum König von Böhmen blieb – oder, genauer gesagt, für eine Huldigung, weil die vorausschauenden Österreicher die Wenzelskrone rechtzeitig nach Wien geschafft hatten. Von allen Kroninsignien hatte man in Prag einzig das Reichsschwert auftreiben können, und gerade das war vielleicht nicht das ideale Utensil, um die nackte Eroberung nachträglich mit zeremonieller Legitimität zu übertünchen. Der nunmehr allerdurchlauchtigste Kopf wurde also an diesem 19. Dezember 1741 noch mit nichts Besserem als einem schwarzen Federhut geziert, weswegen der frischgebackene König der ganzen Zeremonie denn auch bloß viereinhalb Zeilen seines Tagebuchs widmete, bevor er endlich der ungleich reizvolleren Veranstaltung in Frankfurt entgegenreisen konnte. Unterwegs hielt man in Dresden, wo der Kurfürst-König auch eine Überraschungsvisite bei August von Sachsen-Polen und dessen zahlreicher Familie machte. Von seinem dortigen Gesandten Baron Wetzel, dessen Bruder er in Prag gerade in Kriegsgefangenenschaft genommen hatte, ließ er sich in ausnahmsweise echtem Inkognito als Hofbeamter vorstellen und machte als solcher August III. ein diplomatisches Kompliment, ohne dass der ihn erkannt hätte. Erst als der angebliche Hofmann den polnischen König plötzlich umarmte, begriff der, wer das war, denn während er das Gesicht seines Schwagers offensichtlich noch nie gesehen hatte, war die Etikette ihm so selbstverständlich in Fleisch und Blut übergegangen wie allen Barockfürsten: Wer mich umarmt, der muss ein regierender Fürst sein. Wenn nun auch August III., seine Frau Maria Josepha und neun Kinder zwischen neunzehn und zwei Jahren den Kurfürsten-König ihrerseits mit Handküssen und Umarmungen beinahe umwarfen, dann dürfte das nicht allein daran gelegen haben, dass August und Karl Albrecht ja zwei Schwestern geheiratet hatten oder dass man doch immer irgendwie verbündet war (etwa gleichzeitig komplimentierten zwar die Franko-Bajuwaren ihre sächsischen Verbündeten aus Prag hinaus, garnierten dies aber mit Glückwünschen dazu, wie diese ja jetzt sicher ihren vertragsgemäßen Beuteanteil Mähren und Ungarn erobern würden). Man hatte vor allem in Dresden auch gerade Besuch vom preußischen Friedrich gehabt, und danach wäre wohl so ziemlich jeder Besucher eine willkommene Erholung gewesen. Wer Friedrichs Briefe nach der Einnahme von Prag liest, der käme nie darauf, dass er selbst die Verbündeten im Stich gelassen hatte, die er nun so munter aufforderte, endlich auch mal wieder was zu leisten. Immerhin zog der Preußenkönig tatsächlich selbst wieder ins Feld, wodurch Maria Theresias Armee zumindest fürs Erste ausreichend beschäftigt bleiben würde. Belle-Isle und sein halbgekrönter Cousin konnten also nach Frankfurt weiterreisen, wo man die längst ausgehandelten Abmachungen nur noch ratifizieren musste. Die weltlichen Kurfürsten zwar kamen schon lange nicht mehr selbst dorthin, und so würde man nur die geistlichen Kurfürsten von Mainz, Köln und Trier antreffen, die im Unterschied zu ihren mächtigeren Amtskollegen nichts Besseres zu tun hatten. Auf Prunk und Pomp freilich verstanden auch sie sich, was zusammen mit der Anwesenheit etwa 60 anderer deutscher Landesherren und natürlich der Wahlbotschafter erklärt, warum in diesem Moment zum Beispiel allein 18 000 zusätzliche Livree-Diener in der Stadt waren. Am 24. Januar wählten die Kurfürsten oder Kurfürsten-Botschafter feierlich Karl Albrecht zum Römischen König, allzeit Mehrer des Reiches, in Germanien König, und so war er bereits Karl VII., als er sechs Tage drauf seinen feierlichen Einzug in die Stadt hielt; dass er dabei zum sogenannten Affentor hineinkam, gab sicher niemandem zu denken.

Nur die Kaiserwürde fehlte jetzt noch, weil man diese im Reich anders als überall sonst erst durch eine Krönung erwarb, die denn hier auch immer viel schneller auf die Wahl folgte als anderswo. Am 12. Februar 1742 war es so weit. Einmal mehr zog Karl VII., zogen all die Fürsten und Gesandten in einer endlosen Karawane überwiegend leerer Goldkutschen in diese Stadt ein, die man in den vergangenen Nächten mit Millionen von Kerzenlichtern hinter den Fenster ihrer Palais so illuminiert hatten, wie nur wir es heute von jeder nächtlichen Innenstadt gewohnt sind: Für die Menschen der frühen Neuzeit war so viel Licht ein Wunder. An Wundern mangelte es auch sonst nicht, wenn etwa Karl VII. beim Anlegen der uralten Krönungskleidung zufrieden feststellen konnte, dieselbe Schuhgröße wie Karl der Große zu haben, wenngleich die meisten der Kleidungsstücke bei Lichte besehen wohl doch erst 600 Jahre alt waren. Und war es nicht auch ein Wunder, wenn der Monarch sich jetzt aufs Pferd schwang und die ganze Prozession reitend absolvierte, obwohl das für jemanden mit Nierensteinen und Gicht die reinste Folter sein musste? War es kein Wunder, dass Belle-Isle nicht zusammenbrach, obwohl er doch infolge der alten Brustverletzung kaum laufen konnte und nun auch noch den unerträglich schweren Ordensmantel des Heilig-Geist-Ordens trug? Noch zwanzig Jahre und eine Gewichtsreduktion später wog dies Gewand so viel, dass es selbst einem gesunden Mann Rückenschmerzen verursachte, und wenn man es auf dem Titelbild dieses Buches betrachtet, fällt es nicht schwer, das zu glauben. Aber wie all die anderen Zeremonialgewänder des Krönungstages war auch dies wandelnde Zelt aus orangem, schwarzem und grünem Brokat eben so viel mehr als bloß ein bunter Stoff. Die goldenen Flammen auf der Rückseite des Mantels hätten genauso gut die des brennenden Ehrgeizes sein können, der Belle-Isle so weit gebracht hatte, und der um den Hals getragene Stern mit der Heilig-Geist-Taube war derselbe, den die Ordensritter mit Silberfäden auch in jedes Alltagskleidungsstück hineinsticken ließen, damit niemand je vergäße, sie als Auserwählte des Königs zu erkennen. Als beispielsweise Belle-Isles jetziger Adjutant Valfons sich damals im Feldlager vor Philippsburg den Mantel des Marschall-Herzogs von Noailles hatte ausleihen dürfen, behandelte alle Welt ihn prompt mit unerklärlichem Respekt. Es dauerte einige Zeit, bis er begriff, dass am geborgten Mantel dieser Ordensstern hing, den Normalsterbliche nicht unter fünfunddreißig

Jahren erhielten; der gerade mal vierundzwanzigjährige Valfons war daher sofort als Prinz ‹erkannt› worden und hatte sich kaum noch vor untertänigen Offizieren retten können, die ihm heiße Schokolade anboten. So gab es auch für Belle-Isle keinen Zweifel, was er an diesem Tag seines größten Triumphs zu tragen hatte. Viel mehr als eine Uniform das hätte tun können, die es für Marschälle von Frankreich noch nicht einmal gab, stand dies archaische Ordensgewand im Stil des 16. Jahrhunderts für die Ehren, die der König ihm bisher verliehen hatte; mehr würde bald folgen. Schon wusste Belle-Isle, dass er in Kürze französischer Herzog sein werde, Fürst des Heiligen Römischen Reiches und Ritter vom Goldenen Vlies, und auch das wusste er, dass hier und heute die Schmach des Hauses Fouquet für immer getilgt war.

Der Enkel des Verfemten stand in vorderster Reihe dabei, während sein erheirateter Cousin Karl VII. durch Kurfürst-Erzbischof Clemens August von Köln die königlich-kaiserliche Salbung erhielt – durch einen Bruder des neuen Kaisers also, der ihm in diesem Moment mit dem Zeichen des Kreuzes das heilige Salböl über den Scheitel strich. «Ungo Te in regem, Ich salbe Euch zu einem König», hörte Belle-Isle den Kurfürst-Erzbischof sprechen, der seinen Bruder also nur in der lateinischen Version dieses Satzes duzte – die alten Römer hatten das halt noch nicht besser gewusst. Dann standen die drei geistlichen Kurfürsten beieinander, um gemeinsam die Krone aufzusetzen. «Accipe Coronam Regni», sprachen sie, «Nehmet hin die Reichskrone …» Bald würde es vollbracht sein. Die Eide, die Musik, die Lesung des Evangeliums, wieder Musik, dann die Kollekte, für die der Kaiser wie so viele Kirchgänger vergessen hatte, passende Münzen mitzubringen; ein dabeistehender Geistlicher sprang mit einem Doppeldukaten ein. Mit Szepter und Reichsapfel stieg Karl VII. auf den Thron, lauschte dem Ambrosianischen Lobgesang, den jetzt sein Bruder anstimmen ließ, bevor das Vivat-Rufen der Frankfurter und die Salutschüsse von hundert Kanonen alles übertönten. Aber ach, natürlich ging es immer noch weiter, das Reich wurde ja nur einmal pro Generation überhaupt so sichtbar wie hier, da konnte man sich nicht kurz fassen. Ein Ritterschlag, wie es ihn sonst in Deutschland überhaupt nicht mehr gab, Münzen, die man unters Volk warf, ein gebratener Ochse, der diesmal ausnahmsweise nicht vom anstürmenden Volk zerfetzt wurde, weil die geschlossen handgreiflich auftretende Frankfurter Metzger-Zunft ihn samt Spieß komplett davontrug. Das Krönungsmahl, bei dem die Inhaber der Erb- und Erzämter den Kaiser hoch zu Ross bedienten und also beispielsweise wie Preußens Botschafter als Erzkämmerer mit einer Gießkanne vom Brunnen zur Tafel reiten mussten, um zum Klang von Pauken und Trompeten das kaiserliche Handwaschbecken aufzufüllen. Schließlich, endlich, das Ende all der Zeremonien. Zeit für den Kaiser, in sein Quartier zurückzukehren, zufrieden über den Erwerb «der größten Würde der Welt» und doch zerschlagen, aufgerieben von weit mehr als bloß der Gicht und den Nierensteinen. Tiefe Sorge erwuchs ihm aus düsteren Nachrichten, nagende Furcht ließ ihn schlecht schlafen in seiner ersten Nacht als Kaiser, die zugleich seine letzte Nacht als Herrscher Bayerns war. Am nächsten Tag kapitulierte München vor den Truppen der Maria Theresia, und der große Traum Karl Albrechts war vorüber, ehe er recht begonnen hatte.

Es war keine gute Idee der Franzosen gewesen, kurz vor Wien nach Prag abzubiegen, und keine gute Idee Friedrichs II., seiner Gegnerin eine Atempause zu verschaffen, bloß weil er den Verbündeten den Erfolg nicht gönnte. Es war keine gute Idee Belle-Isles gewesen, ausgerechnet den zögerlichen Marschall Broglie als seinen Nachfolger in Böhmen zu lassen, der zu allem Überfluss auch noch bei Friedrich schlecht angeschrieben war, seit er als Gouverneur von Straßburg Friedrich und seinem von Lord Hervey übernommenen guten Freund Algarotti die Inkognito-Einreise nach Frankreich vermasselt hatte. Vor allem aber war es niemandes gute Idee gewesen, sich mit der überraschend willensstarken und harten Maria Theresia anzulegen; trotz völlig unzureichender Vorbereitung auf den Herrscherberuf ist es ihr in Rekordzeit gelungen, neben ihr von Friedrich freigesetztes reguläres Heer ein zweites zu stellen, das sie den loyalen Ungarn verdankt. So werden nun Bayern und Franzosen überall zurückgedrängt, fast der ganze bayerische Kurstaat von den Österreichern und Ungarn erobert, bis Karl VII. nur noch über ein gemietetes Frankfurter Patrizierhaus zu gebieten hat. Es ist, als wäre ein verrückter übermächtiger Historiker zum Naturwissenschaftler mutiert, um experimentell herauszufinden, wie viel Macht ein Römisch-Deutscher Kaiser ohne eigene Erblande und also ohne Hausmacht habe, und das Ergebnis ist so eindeutig, wie es nur sein kann: keine. Mag auch München mitsamt Bayern in den nächsten Jahren noch oft genug den Besitzer wechseln, so bleibt doch Karl VII. von nun an eine traurige Marionette Frankreichs, die bald nicht einmal ihren Strippenziehern mehr nützlich ist. Sein Königreich Böhmen aber schrumpft umso schneller auf die Hauptstadt Prag zusammen, als es jetzt von ungarischen und kroatischen Husaren und Panduren überschwemmt wird. Im endlosen Kleinkrieg gegen die Türken haben sie über Hinterhalte und Spionage all das gelernt, was die auf ballettähnliche Manöver gedrillte französische Kavallerie wohl selbst dann nicht könnte, wenn sie nicht ohnehin schon vollkommen unterbesetzt und fern der Heimat vom Winter demoralisiert wäre. Bald kommt kein Proviantwagen mehr durch. Die längst überdehnten Verbindungslinien in freundliches Territorium reißen eine nach der anderen ab, bis schließlich auch Friedrich seinen Krieg nach wenigen Monaten und einer gesichtswahrenden Schlacht beendet; die Königin von Ungarn garantiert ihm den Besitz von Schlesien, und man wird sehen, wie lange das gilt.

Plötzlich also steht Prag allein und in Prag Belle-Isle, der eigentlich nur noch einmal kurz nach dem Rechten hatte sehen wollen. Stattdessen ist er nun mit dem unleidlichen Broglie in einer Stadt gefangen, die in diesem Jahr 1742 gleich zweimal belagert werden wird. Jetzt erst wird das Kloster Strahow vom Artillerieduell der Österreicher und Franzosen zerschmettert, jetzt erst spüren die eben noch so siegreichen Franzosen die ganze Härte dieses Krieges, auf den sie sich in einem vollkommen fremden Land eingelassen haben. Es hilft ihnen kaum etwas, dass sie die erste Belagerung im Sommer und Herbst noch einmal abwehren können, eher im Gegenteil, denn dadurch werden sie der zweiten nun im Winter ausgesetzt. Schon im Sommer war unter den Belagerten der Preis für ein einziges Huhn dermaßen angestiegen, dass man sich vom selben Geld auch ein gutes Pferd hätte kaufen können. Inzwischen gibt es in der Stadt längst kein Pferdefutter mehr, und wenn die geschwächte Kavallerie sich außerhalb welches beschaffen will, dann muss sie immer größere Kreise ziehen, während jedes Mal tausend Soldaten zu Fuß sie begleiten. Schließlich ist die Stadt erneut ganz eingeschlossen; mit dem immer schneller herannahenden Winter vergeht auch jede Hoffnung, noch einmal von den französischen Truppen im Reich herausgeholt zu werden. Und doch ist es ebendieser Moment, in dem Belle-Isle den Beschluss trifft, dem seine größte militärische Leistung folgen wird. Erobert worden ist Prag ohne ihn, und so wird jetzt die Bewährungsprobe des Mannes, der doch so lange auf genau diesen Krieg hingearbeitet hat, ausgerechnet im Rückzug aus seiner geträumten Eroberung bestehen. Zur Mittagsstunde des 16. Dezember 1742 brechen die ersten Kavallerieeinheiten aus dem Karlstor auf, durch das erst vor einem Jahr die Sachsen auf der Kleinseite eingedrungen waren, und zwölf Stunden lang kommen immer neue Truppen aus den Toren, während Lebensmittelkarren über die komplett zugefrorene Moldau fahren. Die in weitem Umkreis verstreuten Belagerer sehen die vielen kleinen Einheiten, ohne zu ahnen, dass es diesmal nicht bloß um die Beschaffung von Nachschub geht; nie kämen sie auf den Gedanken, dies könne ein Rückzug quer durch das ganz im Schnee versunkene Land sein, den niemand für möglich hält. Was selbst heute noch schwierig wäre, ist in einer Zeit ohne moderne Technik ein Himmelfahrtskommando, auf das sich nun eine Armee ohne jede Landes- oder Sprachkenntnis einlässt. Mit 11 000 Infanteristen, 3000 Reitern, 300 Wagen, 600 Lasttieren und 30 Geschützen wird Belle-Isle eine 50 Kilometer breite Ebene durchqueren müssen, in der es keinerlei natürlichen Schutz vor den Verfolgern gibt, bevor Hügel und Gebirge den Vormarsch erst recht erschweren werden. Nur zu bald ist ihnen nach der ersten Überraschung auch die Armee des Fürsten Lobkowitz auf ihrer Spur, die fast dreimal so groß, ungleich besser versorgt und an harte Winter gewöhnt ist, und nur dadurch entkommen ihr die Flüchtenden, dass sie jeden Tag 18 bis 20 Stunden durch Schnee und Nebel laufen, bevor sie sich ohne Zelte oder Häuser immer noch in Schlachtordnung auf den Boden fallen lassen. Selbst nachdem das Gros der Verfolger umgekehrt ist, um Prag einzunehmen, wo eine kleine Restgarnison erst am 25. Dezember kapituliert, bleibt der von ständigen Husarenattacken unterbrochene Rückmarsch mörderisch, den der als Letzter aus der Stadt aufgebrochene Marschall-Herzog auf einem Wagen mitmacht. Denkt er daran, wie anders es sich anfühlte, in der Sänfte des Königs von Polen seinem scheinbaren Triumph entgegengetragen zu werden? Sieht der alternde Feldherr, der sich seinerzeit alle Mühe der Welt gegeben hat, um den vielleicht dreizehnjährigen Trommler der Graf Moritz'schen Attacke identifizieren und belohnen zu lassen, die Hunderte von Männern, die jeden Tag im Schnee zusammenbrechen, ohne dass ihre Kameraden ihnen noch helfen können? Der Adjutant Valfons jedenfalls sieht sie, obwohl seine beruhigenden Briefe an die Familie von diesen Schrecken kein Wort sagen. Aber im nächsten Krieg wird er sich wie kein Zweiter darum bemühen, die am Wegrand zurückgebliebenen Verletzten oder einfach zu Tode Erschöpften einzusammeln und zu retten, die man in den Armeen seiner Zeit so oft bloß als unvermeidliche Kosten abgebucht hat. Am 27. Dezember endlich ist mit der Stadt Eger (dem heutigen Cheb) wieder französisch besetztes Gebiet erreicht; der Rückzug ist gelungen, aber um welchen Preis. Alle Kanonen, die meisten Fahnen und die Kriegskasse sind gerettet, aber 1500 Mann schon unterwegs verloren. Von den in Eger Angekommenen bringen so viele Erfrierungen mit, dass 800 sofort ins örtliche Hospital müssen. Die Gesamtzahl der Verluste hat Belle-Isle später auf sieben- bis achttausend Mann beziffert, also mehr als die Hälfte derer, mit denen er aus Prag aufbrach. Auch Valfons, der seit drei Monaten auf keiner Matratze mehr gelegen hat, ist so erschöpft, dass er erst am 1. Januar seinen ersten Brief nach Hause schreiben kann. Er richtet ihn an den Bruder im sonnenverwöhnten Nîmes, dem er schreibt und schreibt, bevor er entschuldigend mit der Bitte endet, einem Freund Nachricht von der Gesundheit seines Sohnes zu geben und diesen Brief ihrer beider Mutter weiterzuleiten. Dann fällt er aufs Bett und beginnt, sich zum ersten Mal seit zehn Wochen die Kleidung auszuziehen.

Die Karriere des Marschall-Herzogs von Belle-Isle war mit der nur halb vermiedenen Katastrophe von Prag nicht zu Ende. Zuerst natürlich kehrte er als Besiegter nach Frankreich zurück, der nicht bloß im Krieg, sondern vor allem auch in den Hofintrigen unterlegen war. Im selben Januar 1743 war der neunundachtzigjährige Fleury schließlich gestorben, und schnell fanden sich neue Männer für das Machtkarussell, das vom Krieg immer schneller gedreht wurde. Der Marschall-Herzog von Noailles, dessen Mutter wir als Verbündete der Fürstin Orsini kennen, war der Erste, der von einem großen Hofamt zum militärischen Günstling des Königs aufstieg, und er wird nicht der Letzte sein, der das nur kurz bleibt, weil das Kriegsglück so wetterwendisch ist. Maria Theresias Erfolge und der Rückzug Friedrichs ließen eine antifranzösische Koalition entstehen, an deren Spitze sich nun niemand anderer als der seit 1712 inaktive Krieger Georg II. stellte. Erneut blieb er als hannoverscher Kurfürst neutral, um stattdessen als britischer König an der Spitze der «Pragmatischen Armee» in einen Krieg zu treten, der formal noch immer nur gegen Bayern gerichtet war – und prompt bei Dettingen den Marschall Noailles zu besiegen, dessen Schlachtplan an der Undiszipliniertheit des von seinem Neffen Gramont kommandierten Garderegiments zu Fuß gescheitert war (27. Juni 1743). Immer mehr wurden Franzosen und Bayern jetzt zurückgedrängt, bis schließlich zwei gleichermaßen erwartbare Dinge passieren – erst der Seitenwechsel Sachsens und Savoyen-Sardiniens, die sich beide Maria Theresia anschließen, dann der Wiedereintritt Friedrichs II. in den Krieg, dessen für die Erzfeindin günstige Wendung ihm Angst um Schlesien macht. Dadurch aber schien noch einmal die Stunde des Marschalls Belle-Isle zu schlagen, der sich mit diesem schwierigen Mann ja so gut verstanden hatte wie sonst wenige Franzosen. Auch wenn inzwischen andere in den Vordergrund getreten waren, sind Belle-Isles Verbündete bei Hof doch immer noch stark genug, ihn in Erinnerung zu rufen, und so bricht der Marschall-Herzog nun im Winter 1744 noch einmal auf. Zusammen mit seinem Bruder soll er durch schwer verschneite Berge dem König von Preußen entgegenreisen, damit man gemeinsame

Kriegspläne abstimmen kann. Nachdem Belle-Isle in Kassel mit dem Landgrafen von Hessen verhandelt hat, bricht er am 18. Dezember 1744 von dort aus in Richtung Harz auf, um möglichst schnell das preußische Halberstadt zu erreichen; die beste Route hat ihm sein französischer Gesandtenkollege in Berlin beschrieben, der auch empfiehlt, hannoversches Terrain zu vermeiden. Aber das ist leichter gesagt als getan in einer Landschaft, wo Berge und Täler schon vor Beginn des Schneefalls nicht recht mit den irrwitzigen Landesgrenzen zusammenpassen. Hier muss der Postillion zugleich Staatsrechtsexperte sein, und daran mangelt es in der ansonsten so imposanten Entourage des reisenden Feldherrn. Zuerst zwar hat er noch einmal Glück. Die Nachricht des Postmeisters von Witzenhausen an der Werra, welch großer Herr sich gerade bei ihm angekündigt habe, erreicht die kurhannoversche Regierung zwar ebenso rechtzeitig wie der Vorschlag mitdenkender Lokalbeamter, den gefährlichen Mann am Gänseteich bei Duderstadt zu ergreifen, wenn er das kurfürstlich mainzische Eichsfeld verlasse; dann aber versinkt beides im hannoverschen Kompetenzwirrwarr, sodass die ahnungslosen Reisenden den gefährlichen Gänseteich ganz ungestört passieren können. In Ellrich erreichen Kutschen und Reiter des Marschalls die Herrschaft Lohra und Klettenberg, die ihrerseits zum preußischen Anteil an der Grafschaft Hohnstein gehört und also sicher ist. Bald aber wird der Weg enger, weil sich jetzt von allen Seiten andere Territorien dazwischendrängen: ein Stückchen Schwarzburg-Sondershausen, das niemandem wehtut, dann ein Teil des preußischen Lohra und Klettenberg, der freilich gleich wieder gräflich stolbergischen Herrschaften weicht. Hier muss nun der an Feinden reiche Reisende besonders aufpassen, um nicht die unter kurhannoverscher Landeshoheit stehende und also gefährliche Grafschaft Stolberg-Stolberg mit der unproblematischen Grafschaft Stolberg-Wernigerode zu verwechseln, über die inzwischen das verbündete Preußen herrscht; der stolberg-stolbergische Anteil an der Grafschaft Hohnstein ist dagegen von hannoverscher Herrschaft frei und trotzdem zu vermeiden, weil sich dort kürzlich das genauso verfeindete Kursachsen eingenistet hat.

Wie vorbildlich, dass Belle-Isles Kutscher das alles gut genug weiß und seinen Herrn sorgfältig um die problematischen Territorien herumfährt. Wie verständlich aber auch, dass ihn dies doch etwas zu sehr beansprucht, als dass er beim Wechsel in den westlichen Teil des braunschweig-wolfenbüttelschen Fürstentums Blankenburg auch noch darauf achten könnte, wie man jetzt einige Zeit lang in einen verloren um Elbingerode herumliegenden Splitter des Fürstentums Grubenhagen hineingerät. Dies Fürstentum jedoch gehört zu Hannover, und so erwarten nun den Marschall-Herzog an diesem Nachmittag des 20. Dezember im Hof des Posthauses zu Elbingerode nicht etwa die üblichen Ersatzpferde, sondern neben einigen rot berockten Soldaten an die 150 bewaffnete Bürger und Bauern, die der Amtmann Johann Hermann Meyer trotz infernalischen Schneetreibens zusammengebracht hat. Der elend reisemüde Herzog, der sich so sehr auf das nur noch 24 Kilometer entfernte Halberstadt gefreut hat, dass er trotz aller Erschöpfung gleich weiterzureisen gedachte, sieht sich stattdessen gefragt, ob wohl seine Britannische Majestät ihm einen Pass ausgestellt habe, muss das verneinen und wird prompt samt Bruder, Kavalieren, Pagen, Koch, Wagenmeister, Chirurg, Kammerdienern und Lakaien in das Amtshaus geführt, nachdem der Amtmann ihn drohend informiert hat, er sei leider von derbem und rohem Volk umgeben («Das merke ich wohl» war die naheliegende Antwort gewesen). Dann erst fällt den wackeren Bürgern ein, Belle-Isle könnte noch eine militärische Eskorte haben, der man zuvorkommen muss. Gleich hat man den Herzog und seinen Bruder so schnell in die nächste Kutsche gepackt, dass unterwegs sein später reklamierter Spazierstock mit dem goldenem Griff verlorengeht, und expediert ihn mit einer endlosen Mondscheinfahrt an den die Straßen verstopfenden preußischen Deserteuren vorbei ins grubenhagische Landesinnere nach Osterode. Die große Tat ist damit getan, der Scheinwerfer der großen Welt wieder weggerückt von Elbingerode, wo man sich in den nächsten Wochen dafür umso mehr mit den Mühen der Ebene würde herumschlagen müssen. In den Akten liegt die Quittung für die Medikamente, die ein beim Transport der 23 Mann starken Entourage vom Wagen gefallener Bewacher zu seiner Wiederherstellung brauchte, einträchtig neben dem Schreiben der «hochfürstlich braunschweig-wolfenbüttelschen zur Regierung des Fürstentums Blankenburg verordneten Räte», die den Amtmann Meyer zwar mit «Unsere freundliche Willfahrung zuvor, Wohl Ehrenvester, auch Wohlgelahrter, Vielgeneigter Guter Freund» anschreiben, ihm in der Sache aber gleich klarmachen, dass seine nach Osterode aufgebrochene kleine Handwerkerarmee mit den 23 Gefangenen gefälligst in Elend an der west-blankenburgischen Grenze zu warten habe, bis man aus dem fernen Wolfenbüttel Erlaubnis habe, sie durchzulassen (eine Wartezeit übrigens, die der Sekretär des Marschalls erfolgreich nutzt, um die in seinen Kleidern versteckten Papiere zerrissen in den Schlamm zu tunken). Aus London kommen zwar allerhand ermutigende Reaktionen, weil Georg II. von diesem exzellenten Streich gar nicht genug hören kann und dem Amtmann prompt eine Geldbelohnung aussetzt, wobei er allerdings die Namen Meyer und Müller verwechselt zu haben scheint. Die Landesregierung in Hannover dagegen gibt nicht nur deswegen weniger erbauliche Weisungen, weil sie aus diesem Anlass erst einmal klären muss, ob Kurhannover überhaupt mit Frankreich im Krieg sei. So relativ nah am Harz hat man vor allem auch klarere Vorstellungen davon, wie leicht ein preußischer Vergeltungsschlag aus Wernigerode fiele, weswegen denn die Elbingeroder die nächsten Wochen in wachsender Panik verbringen werden, bevor am Ende doch nichts geschieht. Der Amtmann aber dürfte sich spätestens in dem Moment fragen, ob er da wirklich eine gute Idee gehabt habe, als die Regierung auf seinen Bericht antwortet, die Untertanen könne man doch ganz einfach beruhigen: Er müsse ihnen ja bloß wahrheitsgemäß erklären, dass die Preußen zwar unbesiegbar seien, sicher aber auch niemanden außer ihm selbst verschleppen würden.

Die abgebrochene Harzreise beendete nicht nur Belle-Isles Comeback, sondern brachte ihm und seinem Bruder auch einen unwillkommenen England-Aufenthalt ein, den er hauptsächlich in Windsor Castle verbrachte. Da seine Bewacher noch diskutieren mussten, ob man einen Reichsfürsten durchsuchen dürfe, nutzte er die Zeit, um systematisch alle in seinem Kleidungsstücken vorhandenen Schriftstücke zu zerstören, bevor er dann in aller Ruhe Freundschaft mit britischen Grandseigneurs wie etwa dem so glücklich verheirateten Viertelfranzosen Richmond schloss. Ihnen allen war es mehr als peinlich, dass ihr berühmter Feind nicht längst schon wieder gegen einen anderen Offizier ausgetauscht oder auf Ehrenwort freigelassen worden war, wie sich das gehörte, und auch Belle-Isle wurde immer ungeduldiger, bis ihm zuletzt sein alter Kampfgenosse Moritz von Sachsen aus der Klemme half. Inzwischen nämlich war es dieser ebenfalls zum Feldmarschall aufgestiegene Graf Moritz, dem der König nicht nur seine Armee, sondern auch seine Person anvertraute, als sie 1745 gemeinsam zur Eroberung des noch immer österreichischen Belgien aufbrachen. Am 10. Mai dieses Jahres gewann der Graf von Sachsen in Anwesenheit Ludwigs XV. und des Dauphin die Schlacht von Fontenoy, indem er eine von Georgs II. Lieblingssohn Cumberland befehligte britisch-niederländisch-österreichische Armee besiegte. Der König bewies persönlichen Mut, als die Schlacht schon verloren schien und die Kommandeure ihn genauso vom Schlachtfeld zu entfernen suchten, wie es auch Friedrich dem Großen in seiner ersten Schlacht geschehen war; die einzige Brücke über den rettenden Fluss hatte man bereits mit Strohballen unterfüttert, um sie sofort nach dem Hinüberpreschen von König und Eskorte abbrennen zu können, wodurch der Rest der Armee keinen Fluchtweg mehr gehabt hätte. Aber der König verweigerte die Flucht und autorisierte stattdessen den nur wegen seines Hofamts mitgekommenen Herzog von Richelieu zu einem letzten Angriff, bei dem der von der vergoldeten Hofkavallerie bis hin zum einfachsten Stallknecht alles in Bewegung setzte, was reiten konnte. Und wirklich gelang es ihnen, die scheinbar unbesiegbare britische Riesenkolonne zu zersprengen, die zuvor über Stunden hinweg ein französisches Regiment nach dem anderen aus dem Weg geschlagen hatte. So wie bei Dettingen zum letzten Mal ein britischer König seine Soldaten selbst ins Feld geführt hatte, war nun Ludwig XV. Frankreichs letzter König, der ein Gleiches tat; nach der Schlacht lief er mit dem fünfzehnjährigen Dauphin übers

Schlachtfeld und zeigte seinem kindlich kriegsbegeisterten Sohn den teuren Preis des Sieges. Richelieu erhielt den Preis des Ruhmes, weil sein alter Schulfreund Voltaire sofort ein Schlachtengedicht veröffentlichte, das rasanten Absatz fand und vom Autor auf vielfachen Wunsch ständig um neue Heldennamen ergänzt wurde, bis es zuletzt einem Telefonbuch der französischen Armee ähnlicher sah als einem Gedicht. Moritz von Sachsen, der die Schlacht infolge seiner unerträglichen Gicht von einer Kutsche aus dirigiert hatte, erklärte unwidersprochen, dass all das genau so in seinem Plan vorgesehen gewesen sei, und wurde vom König belohnt, indem er auf Lebenszeit Schloss Chambord an der Loire erhielt. Belle-Isle kam endlich nach Frankreich zurück, weil Georg II. angesichts der vielen gefangen genommenen Engländer jetzt über jeden Austausch froh sein konnte, und konnte in der Folge noch einige kleinere Erfolge am italienischen Kriegsschauplatz erzielen, die ihm immerhin eine Erhöhung seines Herzogsranges einbrachten. So war sein ehemaliger Adjutant Valfons fast der Einzige unserer Protagonisten, dem Fontenoy nichts als Enttäuschung brachte. Wohl hatte er dem Marschall von Sachsen als Adjutant gedient, indem er zu Pferd Befehle und Informationen von und zur Karosse des Feldherrn brachte, der denn auch mehr als zufrieden mit ihm war. Unseligerweise aber hatte der oft zerstreute Moritz ihn sich unter dem Namen seines Kameraden Belrieux gemerkt. Als daher jetzt der Kriegsminister nachfragte, ob Valfons sich wohl auch ausgezeichnet habe, antwortete Moritz nur, dass er den nicht kenne: «Aber über Belrieux kann ich Ihnen nicht genug des Lobes sagen, der mir vom größten Nutzen gewesen ist.» Die nächste Beförderungswelle ging folglich einmal mehr an Valfons vorbei, und nicht einmal Belrieux hatte etwas von der Verwechslung, da er leider schon im Vorjahr verstorben war.

Während Belle-Isle seinen unfreiwilligen Ausflug über den Ärmelkanal machte, war im Januar 1745 auch der machtlose Kaiser Karl VII. fast unbemerkt gestorben, noch nicht einmal achtundvierzig Jahre alt. Umso seltsamer also, wenn die letzte dramatische Entwicklung dieses Österreichischen Erbfolgekrieges trotzdem noch einmal von einem Sobieski-Cousin des Marschalls Belle-Isle ausging. Auch das war eine Konsequenz der Schlacht von Fontenoy, denn hätte diese nicht die Briten dazu gezwungen, zahlreiche holländische Söldnerregimenter aus Schottland nach Belgien abzuziehen, dann hätte nun am 16. Juli 1745 dieser junge Mann mit dem langen Bart nicht am Strand der uneinnehmbaren Insel Belle-Isle gestanden, um erwartungsvoll einem in Eigenregie gemieteten Kriegsschiff entgegenzusehen. Dass der aus Tarnungsgründen unrasierte und wie ein armer Priester gekleidete Vierundzwanzigjährige gerade von dieser Insel aus in See stechen würde, die Belle-Isle einst gehört hatte und ihm immer noch seinen Namen gab, war allerdings ausnahmsweise wirklich einmal Zufall. Umso mehr schien alles andere, was Prinz Karl Eduard Stuart vorhatte, ihm ebenso vorbestimmt, wie es seine Rolle als rechtmäßiger Prinz von Wales war. Der in Rom als Sohn Jakobs III. und der Clementina Sobieski geborene Erbe des vertriebenen Königshauses wollte endlich wagen, was seinem vorsichtigeren Vater nie geglückt war, und schien dabei zuerst auch die Unterstützung Frankreichs zu erhalten, das den Briten zuletzt 1744 doch noch offiziell den Krieg erklärt hatte. Mehrere Monate lang hatte er darauf gewartet, dass eine von Moritz von Sachsen kommandierte Invasionsflotte endlich würde ablegen können, immer wieder geglaubt, dass nun der Tag gekommen sei, an dem er sich die verlorenen Königreiche seiner Vorfahren würde zurückerobern können. Aber schließlich hatten die Franzosen die Lust verloren, weil das Wetter im Ärmelkanal nicht mitspielte und andere Kriegsschauplätze aussichtsreicher schienen; der enttäuschte Prinz hatte gebettelt, gedroht und gewartet, bis er zuletzt beschloss, sein Glück auf eigene Faust zu versuchen und mit ganz kleiner Begleitung in Schottland zu landen, um dort die große Rebellion der loyalen Jakobiten auszulösen, von der sie in Rom seit so langer Zeit träumten. Nun tat er es. Sie stachen in See, wo sie mit knappstem Glück mehrere Kämpfe mit britischen Kriegsschiffen überstanden, aber alle 1500 Gewehre und 1800 Hochland-Breitschwerter verloren, bevor sie am 3. August auf der gottverlassenen Insel Eriskay landeten. Die Ödnis dieses selbst im Sommer von gnadenlosem Regenwind gepeitschten

Ortes muss den bis vor einem Jahr nie aus Italien herausgekommenen Prinzen getroffen haben wie eine Wand, in die man unabsichtlich hineinläuft, und so ist es ein Zeichen seines in der Folge noch oft genug bewiesenen Stehvermögens, dass er sich weder davon noch von der tragischen Primitivität des Lebens erschrecken ließ, das die katholisch gebliebenen und nur Gälisch sprechenden Inselbewohner hier führten. Der bettelarme Hüttenbewohner Angus McDonald seinerseits war freilich noch weniger angetan von diesem unrasierten Theologiestudenten, der ständig zur Tür rannte, weil er im Rauch der ohne Kamin gebauten Hütte immer nur ein paar Minuten atmen konnte. Als der sprachlose junge Mann dann auch noch auf das ihm angebotene Bett verzichtete, um es einem seiner Begleiter zu überlassen, verstand McDonald das als Kritik an der Sauberkeit der Bettwäsche und erklärte dem mäkligen Gast ebenso vorwurfsvoll wie ahnungslos, dass dieses Bett selbst für einen Prinzen gut genug wäre.

Seinen «vernichtenden Charme» konnte Karl Eduard daher erst mit einigen Tagen Verspätung wirken lassen, als er und seine Berater zum ersten Mal englischsprachige Schotten trafen. Dann aber schien noch einmal ein Königstraum in Erfüllung zu gehen, an dessen Realisierung kaum mehr jemand geglaubt hatte. Obwohl die Clans gebrannte Kinder waren und obwohl sein Plan, die Franzosen durch einen erfolgreichen Aufstand doch noch zur Absendung einer Invasionsflotte zu bewegen, in den Ohren seiner Gesprächspartner alle nur denkbaren Alarmglocken ertönen ließ, gelang es Karl Eduard doch, eine stetig wachsende Koalition von Unzufriedenen um sich zu sammeln, bis er schließlich ein regelrechtes Heer beisammenhatte. Gegen jede Wahrscheinlichkeit gelang es diesen fast bloß mit Breitschwertern bewaffneten Kämpfern, die mit Gewehren bewaffneten Truppen Georgs II. zu besiegen, wobei die Panik auslösende Erscheinung der Hochländer ebenso half wie die Tatsache, dass sie den zahlenmäßig geschwächten Feind immer bergab angriffen und daher schneller rennen konnten, als selbst ein panikfreier Infanterist sein Gewehr nachzuladen im Stande war. Das fast als Wahnsinnstat eines unstabilen Jugendlichen begonnene Unternehmen wandelte sich daher zusehends zum Triumphzug, der seinem Urheber auf ewig den Beinamen ‹Bonnie Prince Charlie› einbringen würde. Bald hatte Karl Eduard Edinburgh unter Kontrolle, woraufhin auch etabliertere Clans und Lowland-Schotten sich ihm vermehrt anschlossen. Schon nahm seine improvisierte Armee Carlisle ein und drang immer weiter nach England vor, während die Regierung in London den unbegreiflichen Aufstand nicht anders anstarrte, als ein Kaninchen das mit einer Schlange getan hätte. Obwohl die Regierungstruppen unter Richmond und Albemarle nach wie vor zahlreicher, ungleich viel trainierter und wesentlich besser ausgerüstet waren als die Rinder vor sich hertreibenden Hochländer, die kaum noch Schuhe hatten, verfiel das prohannoveranische Establishment einer Panik, die neuere Historiker als durchaus berechtigt beschreiben. Den Invasoren war es bereits fast gelungen, sich an den Soldaten Georgs II. vorbei auf London zuzubewegen, wo ihre Ankunft leicht einen ähnlichen Zusammenbruch der Kronautorität hätte bewirken können, wie man ihn 1688 in umgekehrter Richtung erlebt hatte. Die fast ausnahmslos protestantischen Engländer hatten zwar anders als damals keinen Grund, den katholischen Prinzen begeistert zu empfangen. Widerstand leisteten sie aber auch nicht und zeigten sich vielmehr oft neugierig, teilweise freundlich und meistens indifferent. Zusammen mit dem Eintreffen der französischen Invasionsflotte, die jetzt unter dem Befehl Richelieus tatsächlich noch einmal in See stechen sollte, hätte das womöglich gereicht, um die Stuarts ernsthaft auf den Thron zurückzubringen und die Geschichte nicht nur Großbritanniens, sondern auch Europas und Amerikas in der Folge komplett anders verlaufen zu lassen. Aber noch einmal spielten die Winde im Ärmelkanal nicht mit, während die Rebellenarmee mangels Kommunikation nicht einmal wusste, dass eine solche Flotte kommen sollte.

Am 6. Dezember 1745 zwangen die Kommandeure der Stuart-Armee den Prinzen in Derby zu einem Kriegsrat, bei dem sie die Rückkehr verlangten. Jetzt rächte sich, dass der unter psychologisch unglaublich beschädigenden Bedingungen aufgewachsene Karl Eduard zwar heroischen Charme, aber keinerlei Vorstellung davon hatte, wie man konstruktiv mit Widerspruch umgehen könne. Auf die begreiflichen Sorgen seiner Anhänger reagierte er nur mit einem Wutanfall, den die alten Loyalisten sich mit versteinerter Miene anhörten, ohne zu antworten. Als dann auch noch Bericht über eine in Wahrheit inexistente dritte Armee der Gegner auftauchte, beschlossen die Heerführer ohne den Prinzen den Rückzug. Sie besiegelten damit das Schicksal der Rebellion. Hatten sie bisher den psychologischen Vorteil gehabt, ständig auf dem Vormarsch zu sein, kehrte sich dies nun um. Indem sie sich von der Hauptstadt wieder entfernten, schenkten sie den Hannoveranern Zeit und Mut, die zusammen mit den aus Flandern zurückgeholten Hilfstruppen zur baldigen Rückeroberung Schottlands mehr als ausreichten. Das Jakobitenheer, das eben noch der Schrecken Londons gewesen war, wurde nun zum immer rapider abschmelzenden Schatten seiner selbst, den der ebenfalls aus Belgien zurückberufene Königssohn Cumberland gnadenlos durch das ganze Land verfolgte, bis es schließlich bei Culloden am äußersten Nordostende Schottlands zur letzten Schlacht kam (27. April 1746). Angesichts der Zahlenverhältnisse hätten die ausgehungerten Rebellen ohnehin nicht mehr siegen können; dass aber Prinz Karl Eduard für ihren Kampf auch noch einen völlig ebenerdigen Ort wählte, an dem Artillerie und Kavallerie der Hannoveraner ihre Überlegenheit gnadenlos ausspielen konnten, machte die Entscheidungs- zur regulären Vernichtungsschlacht, die dem Herzog von Cumberland bei der Nachwelt den Namen Butcher (Metzger) Cumberland einbrachte. Auch die alte Hochlandkultur der Clans starb an diesem Tag und in den anschließenden Verfolgungen, wenngleich schon vorher gerade ihr Nicht-mehr-Funktionieren für viele Hochländer ein wesentlicher Grund gewesen war, sich dem Stuartprinzen anzuschließen. Ein anderer war tragischerweise die Erinnerung an die relativ nachsichtigen Strafen, die eine noch unsichere hannoveranisch-englische Regierung nach dem letzten Aufstand von 1719 verteilt hatte. Diesmal dagegen erwuchsen aus dem Schock der Invasion umso drakonischere Reaktionen, die unter anderem das Verbot des klassischen Highland Dress und die Deportation zahlloser Hochländer nach Kanada und Amerika einschloss. Im Tower von London wurden damals zum letzten

Mal Staatsfeinde mit dem Schwert gerichtet, während der in letzter Minute entkommene Prinz noch fast ein ganzes Jahr lang unter extremen Bedingungen quer durch ganz Schottland flüchten musste. Nachdem er sich zuletzt in Frauenkleidern auf die Äußeren Hebriden gerettet hatte, fand er endlich ein Schiff, das ihn nach Frankreich zurückbrachte. Wieder stand Bonnie Prince Charlie an einem Strand, um ein Kriegsschiff zu erwarten. Aber diesmal würde es ihn in ein Schattenreich der Schuldgefühle und des Alkoholismus geleiten, aus dem ihn erst zweiundvierzig Jahre später der Tod erlösen sollte.

Als 1748 der große Krieg endlich aufhörte, den zu eröffnen Marschall Belle-Isle so begierig gewesen war, stellte der Frieden nicht nur für die Herrscher den Vorkriegszustand wieder her, indem er praktisch alle Eroberungen und Umstürze rückgängig machte. Frankreich hatte nichts gewonnen außer einem italienischen Ländchen für den spanischen Schwiegersohn, Österreich nichts außer Schlesien und dem bisschen Italien verloren, und nur Bayern war auf immer aus dem Kreis der potenziellen Großmächte ausgestiegen. Auch der Status des Kriegsurhebers Belle-Isle unterschied sich trotz aller Würden und Titel nicht wirklich sehr von dem, den er zu Beginn des Ganzen gehabt hatte. Reicher war er gewiss nicht geworden, wo schon allein die Kosten seiner Repräsentation als Botschafter ihn hätten ruinieren können, und auch das große Hofamt hatte er nach wie vor nicht, ohne das eine dauerhafte dynastische Machtposition in seinem Land kaum denkbar war. Immerhin blieben ihm viele seiner Anhänger, die ihm zuletzt doch noch ein Comeback ermöglichten, weil sie der inzwischen zur Königsmätresse aufgestiegenen Marquise de Pompadour verbunden waren und ihr bei Hof denjenigen Ersatzfamilienanschluss boten, den sie als Finanzierstochter mit Familiennamen Fisch (Poisson) in der Originalform nie würde haben können. Mit ihrer Hilfe stieg Belle-Isle noch einmal auf. Noch einmal auch tobte seit 1756 ein Krieg, in dem Frankreich nun freilich an der Seite Maria Theresias gegen seinen einstigen Alliierten Friedrich kämpfte, ohne dass dies den Enthusiasmus gebremst hätte, mit dem Belle-Isle am 3. März 1758 das Kriegsministerium übernahm. Aber eben auf dieser höchsten Höhe der Macht traf den Mann, der sich immer nur nach oben bewegt hatte, der furchtbarste aller Schläge. Das Oberkommando der französischen Armee in Westfalen hatte ein Bruder des Herzogs von Bourbon, den Belle-Isles Freunde 1726 auch aus Rache für sein Jahr in der Bastille gestürzt hatten, und es war dieser Prinz, unter dessen Kommando am 23. Juni 1758 die Schlacht von Krefeld geschlagen wurde. Bei einer Kavallerieattacke auf hannoveranische Fußsoldaten fand sich Belle-Isles einziger Sohn Gisors, der seit jüngsten Jahren der Liebling des Hofes und der Armee war, plötzlich von seinen Reitern abgeschnitten und wollte eben im Galopp wenden, als ihm aus nächster Nähe eine Kugel in den Bauch geschossen wurde. Er lebte noch drei Tage, bevor mit diesem einzigen Kind des Marschalls zugleich auch jede Hoffnung auf die Zukunft des so unglaublich in die Höhe gehobenen Hauses Fouquet starb. Belle-Isle blieb zwar im Amt und leitete sogar maßgebliche Militärreformen ein, was seinem höfischen Umfeld skandalöser vorkam als alles andere in dieser langen Laufbahn. Diese Leute konnten selbst den brutalsten Ehrgeiz verstehen, solange er außer dem Ich auch einer höfischen Dynastie nutzte, wie sie jeder von ihnen hatte. Dass man aber immer noch weiter um Macht kämpfen könne, wenn doch das eigene Haus bereits zum Aussterben verurteilt sei, das fanden sie bizarr genug, um den inzwischen fast taub gewordenen Marschall-Herzog während jener letzten Jahre mit großem Erstaunen zu beobachten. Als er am 26. Januar 1761 starb, hatte er nicht nur Frau und Bruder, sondern auch alle anderen Geschwister überlebt, von denen es ebenso wenig Nachkommen gab wie von den Geschwistern seines Vaters. Sein inzwischen wieder immenses Vermögen aber vermachte er dem Enkel seiner mütterlichen Tante Madame de Lévis, die einst wie eine gute Fee den Fluch Colberts von ihm genommen hatte. Und also fiel selbst das Fouquet'sche Vermögen zuletzt an jemanden, der keinen einzigen Tropfen Fouquet-Blut hatte.

Der Marschall von Sachsen hatte sich nie darum gekümmert, eine Dynastie zu gründen. Seine kurzlebige Ehe mit einer untreuen lausitzischen Erbin hatte er ohne Bedauern hinter sich gelassen, als er in jungen Jahren nach Frankreich ging. Von da an hatte er nur noch außereheliche Beziehungen gehabt, in denen er mal liebevoll, dann aber wieder rücksichtsloser als sein berühmter Vater sein konnte. Sobald der Krieg zu Ende ging, zog er sich trotz der großen Zuneigung Ludwigs XV. vom Hof weitgehend auf das geschenkte Schloss Chambord zurück, und dorthin nahm er neben wechselnden Mätressen auch etwas viel Ungewöhnlicheres mit. Wir haben schon anlässlich seiner Pläne für den in Crossen diskutierten polnischen Staatsstreich gesehen, dass Graf Moritz immer ein Freund militärischer Innovationen gewesen war. Während er aber damals von der polnischen Kavallerie noch mit Verachtung gesprochen hatte, lernte er nach der Einnahme von Prag die litauisch-tatarischen Lanzenreiter des Obristen Błędowski zunehmend schätzen. Sie hießen Ulanen, was offenbar vom türkischen Wort ‹oğlu› für Sohn oder jungen Mann abgeleitet worden war, und gehörten einem erstaunlichen Volksstamm an, dem in unserer Zeit noch etwa der Schauspieler Charles Bronson entstammte. Während die anderen französischen Offiziere vor allem von den Leopardenfellen und der archaisch ritterlichen Anmutung dieser Truppe fasziniert waren, überzeugte sich Graf Moritz vom praktischen Nutzen gepanzerter Reiter mit Lanzen, bis er diese auch in der französischen Armee einzuführen beschloss. Er gründete daher mit königlicher Erlaubnis ein Ulanenregiment namens Volontaires de Saxe, das zukünftigen Einheiten als Modell dienen sollte, und verabschiedete sich dann am 28. November 1748 aus Paris, indem er dort die erste große Parade dieser Truppe abhielt. Es entsprach genau seinem Stil, auf dem Rückweg vom großen Exerzierplatz noch die attraktive Finanziersgattin Madame de La Poupelinière nach Hause zu bringen, die sich allein nicht mehr zu ihrem Mann zurücktraute. Während der Parade hatte sie erfahren, dass der als gewalttätig bekannte Gemahl die als Kamin getarnte Tür entdeckt habe, durch die sie der Herzog von Richelieu schon seit Monaten jede Nacht besuchte (es hätte dem Gemahl vielleicht eine Warnung sein sollen, dass die ganze Straße Rue de Richelieu hieß), und so zog sie es vor, jetzt sicherheitshalber am Arm von Europas größtem Feldherrn zurückzukehren. Der Marschall sorgte dafür, dass La Poupelinière seine Frau ohne Gewalt zurücknahm, bevor er sich im Wissen darum verabschiedete, dass sein militärischer Rivale Richelieu ihr gute Bedingungen für eine gesetzliche Trennung organisieren würde. Dann reiste er nach Chambord und richtete dort einen kleinen unordentlichen Hofstaat ein, dessen Kern sein exzentrisches Ulanenregiment war. Die Offiziere waren meistens Deutsche oder Polen, während die Soldaten in ganz Europa rekrutiert wurden. So weit, so normal; die sogenannte Compagnie colonelle aber, also jene Kompanie, die ganz direkt dem Regimentschef Graf Moritz gehörte, wurde nicht nur von einem Hauptmann mit dem einprägsamen Namen Knackfuß kommandiert, sondern bestand vor allem auch nahezu komplett aus Schwarzen. Diese vermutlich erste «schwarze» Einheit einer europäischen Armee umfasste Männer aus Madagaskar, dem Kongo, Guinea, der Karibik oder gar dem indischen Pondichery ebenso wie offenbar schon länger ansässige Afrikaner aus Portugal, Spanien, Belgien und Frankreich, und hätte nicht das für die Kolonien zuständige Ministerium sein Veto eingelegt, so hätte der Marschall auch noch flüchtige aufständische Plantagensklaven angeheuert, die er sich begreiflicherweise als mutige Männer vorstellte. Niemand hat je herausfinden können, was genau Moritz von Sachsen sich beim Aufbau dieser Truppe gedacht haben mag, die ebenso gut ein barockes Spielzeug wie ein weiteres militärisches Experiment gewesen sein kann, dann allerdings ein erfolgreiches: Die Kavallerie der Napoleonzeit würde nicht zuletzt dank dieser Modelleinheit wieder von gepanzerten Lanzenreitern dominiert werden. So oder so brachte die schwarze Kompanie jedenfalls einen dermaßen vorzeitig multikulturellen Farbtupfer in das brave Städtchen im Loiretal, dass sie uns schon deshalb perfekt zur überlebensgroßen Laufbahn des exzentrischen Königssohns zu passen scheint, die auch hier am 30. November 1750 endete – fast auf den Tag genau neun Jahre nachdem er die Mauern von Prag überwunden hatte. Sein Vermögen und seine Regimenter vermachte er einem Sohn seiner unehelichen Halbschwester, dem jungen Grafen Friesen, dessen Urgroßvater 1677 in Genf beinahe den kurländischen Hooligans zum Opfer gefallen wäre; passend also, dass Friesen sich beim Ulanenregiment von Major Baron Le Fort vertreten lassen würde, dessen gleichnamiger Großonkel einst zu ebendieser Schlägertruppe gehört hatte. Moritz von Sachsen war seiner Rolle als Bastard freilich nicht nur durch dies Testament gerecht geworden, in dem er ausschließlich die Verwandten unehelicher Linie zu Erben einsetzte. Auch seine eigene Nachkommenschaft geht auf eine einzige uneheliche Tochter zurück, die er zu seinen Lebzeiten kaum je gesehen hat. Natürlich hieß sie nach seiner Mutter Marie-Aurore, und natürlich gab sie diese bedeutungsvollen Vornamen ihrer eigenen Enkelin weiter, die dann später unter dem Namen George Sand eine bekannte Schriftstellerin wurde. Aber nicht nur deswegen war am Ende der unehelich geborene Mann, der nie eine Dynastie gründen wollte, damit paradoxerweise immer noch erfolgreicher als Belle-Isle, dem das so wichtig gewesen war, oder gar als Karl Eduard Stuart, den doch die Geburt zum Königtum vorzubestimmen schien. Auf der Höhe seines Ansehens hatte Graf Moritz 1747 das Kunststück vollbracht, erfolgreich eine eheliche Tochter seines Königsbruders August mit dem Dauphin von Frankreich zu verheiraten, obwohl dessen Mutter Maria Leszczyńska doch als Tochter des gleich zweimal von den Sachsen abgesetzten Königs Stanisław eine geborene Feindin dieses Hauses war. Weil Moritz seine Nichte damit zur Mutter dreier aufeinanderfolgender Könige von Frankreich machte, rettete er zugleich langfristig den sächsischen Staat, ohne das ahnen zu können. Als nämlich 1815 auf dem Wiener Kongress Sachsens Aufgehen im siegreichen Preußen schon besiegelt schien, war es ganz maßgeblich die französische Diplomatie, die das im letzten Moment mit großem Geschick verhinderte, um dem direkten Cousin Ludwigs XVIII. seinen Thron zu retten, und nur deswegen existierte denn die unabhängige sächsische Monarchie noch einmal hundert Jahre länger. Moritz von Sachsen mochte seinen Bruder kurzfristig um Prag gebracht haben, weil er beim Eindringen in die Stadt ein wenig schneller als die drei anderen unehelichen Söhne Augusts des Starken gewesen war. Lange wäre Prag jedoch ohnedies nicht zu halten gewesen; der begabte Bastard dagegen rettete, indem er auf Frankreich setzte, die Zukunft der legitimen Dynastie.

KAPITEL 17

Poniatowski rettet seine Locken

∞

WARSCHAU, 7. SEPTEMBER 1764

Das Gespräch der himmelblauen Marquise mit ihrem Cousin war schon beinahe vorüber, als sie plötzlich doch noch Gefahr lief, die Fassung zu verlieren. Das war an sich kein Wunder, weil ja sowohl die Stimmung des Tages als auch die Art ihrer Beziehung nach emotionalen Szenen geradezu verlangten. Diese übermächtige Versuchung aber, in wenig damenhaftes lautes Lachen auszubrechen, kam umso überraschender, als selbst eine freundliche Beobachterin dem Cousin kaum Sinn für Humor attestiert hätte – und eine solche freundliche Beobachterin war die Dame doch trotz ihrer beider einigermaßen spektakulär schiefgelaufenen Jugendliebe nach wie vor. So dürfte sie es denn auch jetzt bei einem wohlwollenden Lächeln belassen haben, während er ihr vollkommen ernsthaft seinen Plan zur Verweigerung der Topfschnitt-Frisur erklärte. Das achtundzwanzigjährige Erwachsenen-Ich der himmelblauen Dame durfte inzwischen dem Himmel danken, dass ihnen bei diesem Mittagessen nur die Lakaien zuhörten, und konnte dennoch in der Ernsthaftigkeit des Cousins zugleich einen Teil dessen erkennen, was sie als junges Mädchen so begeistert hatte. Da andererseits ein nicht viel kleinerer Teil seiner großen Wirkung unzweifelhaft wirklich den schönen Locken geschuldet war, die man ihm jetzt im Namen der Tradition abschneiden wollte, hätte sie auch über seinen leidenschaftlichen Widerstand nicht einmal lächeln müssen, wenn er bloß ein wenig ehrlicher gewesen wäre. Ich bin nun mal ein etwas zu ernsthafter Mensch, hätte er sagen müssen, ich bin trotz vornehmer Haltung und guter Gesichtszüge etwas zu klein und kurzsichtig, etwas zu träge und grüblerisch, etwas zu unwitzig und ein ganz kleines bisschen zu sehr von meiner nicht vollkommen bewiesenen geistigen Überlegenheit überzeugt, um damit in Liebe oder Politik ohne Schwierigkeiten durchzukommen, und so wäre es mir denn auch niemals gelungen, auf beiden Feldern gleichermaßen so sagenhaften Erfolg zu erzielen, wenn ich nicht meine schönen Locken gehabt hätte: Wie kann ich sie mir also jetzt abschneiden lassen, bloß weil ein paar in verrauchten Holzhütten sich zu Tode saufende Primitivlinge die Halbglatze erfundener Steppenkrieger für würdevoller halten? Das etwa hätte er sagen müssen, dagegen den sich aufdrängenden letzten Satz ruhig weglassen dürfen, den sie in seinen Gedanken auch so las, obwohl sie ihn nicht hören wollte: Und was, wenn ich Sophie doch noch wiedersehe? Will ich ihr dann mit erst halb wieder nachgewachsenem Haar gegenüberstehen? Aber natürlich, das alles hatte er nicht gesagt. Stattdessen dozierte er, während die Augen der Cousine wohl unmerklich in Richtung des spektakulären Fensterblicks wanderten, zweifellos von Fortschritt und Reformen, vom Würgegriff, in dem die tote Hand des Aberglaubens dieses Land halte, von den idiotischen Mythen auch, die einst ignorante Provinzler sich ausgedacht hatten, um ihre Rohheit zur Tugend zu erheben. Denen müsse mal jemand zeigen, dass die Welt sich weiterdrehe, die müsse man endlich mal auf den langen Weg nach Westen schicken, wenn hier nicht alles endgültig vor die Hunde gehen sollte. Sei es da etwa keine Patriotenpflicht, für die bevorstehende Zeremonie das groteske Sarmatenkleid zu verweigern, um stattdessen im weißseidenen spitzenbestickten spanischen Hofkostüm des 16. Jahrhunderts ein unmissverständliches Zeichen für den Fortschritt zu setzen? Und ja, natürlich würde das die Frisur einschließen, er sei auch da auf alles vorbereitet, er habe an alles gedacht. Sehen Sie, ich habe bereits sechs ärztliche Atteste, die mir bescheinigen, dass ein abrupter Haarschnitt mir eine gefährliche, was sage ich: potenziell tödliche Erkältung verursachen könnte … aber was haben Sie denn, Teuerste, Sie sehen so rot im Gesicht aus, ist Ihnen nicht wohl? – Es ist nichts, ich muss mich wohl verschluckt haben, lieber Cousin; lassen Sie uns doch auf den Balkon gehen, da ist die Luft besser, und von den Kanonen hören wir dann auch mehr, wenn es so weit ist.

Es ist an der Zeit, dass wir den beiden ihre Namen geben, was freilich wie so oft in dieser Adelswelt leichter gesagt als getan ist. Formal glaubte der polnische Adel noch immer an die Gleichheit aller Edelleute, weswegen er auch die Einführung erblicher Rangstufen bis auf ein paar uralte oder auswärtige Fürstentitel immer verhindert hatte. Andererseits hungerte man aber auch hier nach großen Titeln, und so nutzte man denn als Kompromiss einfach die auf Lebenszeit verliehenen Amtstitel als Namen, unter denen Vor- und Familiennamen vollkommen zu verschwinden pflegten. Nach diesem Prinzip waren die beiden Teilnehmer des Tête-à-Tête-Mittagessens die Frau Fürstin Kron-Generalfeldwachtmeisterin und der Herr Großtruchsess von Litauen, woraus die gehobenen Kreise der Hauptstadt freilich in selbstverständlicher Frankophonie meistens ‹Madame la princesse générale de l'avant-garde de la couronne› und ‹Monsieur le grand panetier de Lithuanie› machten. Aber ganz abgesehen davon, dass der Cousin in neun Amtsjahren garantiert kein einziges Mal wirklich Backwerk für den Großfürsten von Litauen hatte zubereiten lassen, abgesehen auch davon, dass weiterhin der Ehemann der Cousine sich genauso wenig jemals Sorgen um die Bewachung des hypothetischen Kriegszeltlagers der Krone Polens gemacht haben dürfte, abgesehen schließlich davon, dass diese Titel sich durch Beförderungen oder Heiraten regelmäßig änderten und Personen ohne Amt oder Amtsehemann nach den ebenfalls wechselnden Ämtern ihrer Väter hießen – ganz abgesehen von alldem also wird man uns zustimmen, dass diese Namenspraxis für die Nacherzählung ein wenig unhandlich ist. Als himmelblaue Marquise können wir die Dame aber auch nicht viel länger bezeichnen, weil dieser zeitgenössische Spitzname bloß die bevorzugte Farbe ihrer Kleidung korrekt wiedergibt, sie ansonsten aber durchaus unzutreffend als Französin beschreibt. Ihrem Cousin allerdings kam sie in der Tat so vor, seit sie vor fünf Jahren zwölf Monate in Paris verbracht hatte. Seitdem nämlich sprach sie nicht nur ständig französisch, was ja normal war (auch der patriotische Cousin schrieb seine Memoiren selbstverständlich in dieser Sprache), sondern zog nun auch französische Mode den englischen Romanen vor, die sie und der Vetter einander einst mit jugendlicher Begeisterung vorgelesen hatten. Geboren und aufgewachsen aber war sie doch genauso wie er in Polen, 1736 nämlich als Prinzessin Izabela Czartoryska und also Kind einer jener alten Fürstenfamilien, die aus den endlosen Erbteilungen der mittelalterlichen Dynastien Litauens und Russlands entstanden waren wie Kleingeld aus einem Goldbarren. 1753 war Izabela dann die Frau des Reichsfürsten Stanisław Lubomirski geworden, dessen Rang, Besitz und Macht ihn weit über den angehimmelten Cousin Stanisław Poniatowski hoben: Dagegen zählte nicht bloß die Jugendliebe, sondern selbst die Verwandtschaft wenig. Es war für Izabelas stolzen Vater August Czartoryski eine Sache, ärmere Verwandte zu protegieren und ihre Talente für die Familienpolitik zu nutzen. Seine einzige Tochter aber mit so jemandem zu verheiraten, nur weil sie sich als Fünfzehnjährige in ihn verguckt hatte, das wäre Fürst August als eklatantes väterliches Versagen erschienen, und so hatte er das denn auch den Neffen deutlich genug spüren lassen. Dass sich die Dinge inzwischen und nicht zuletzt dank Stanisław Poniatowskis schöner Locken ganz bemerkenswert gewandelt hatten, war einer von vielen Gründen, warum sein Mittagessen mit Cousine Izabela sich jetzt alles andere als unkompliziert gestaltete.

Nicht das geringste Paradox ihrer Situation lag darin, dass Großtruchsess Poniatowski an jenem frühen Nachmittag des 7. September 1764 vermutlich der einzige polnische Edelmann im ganzen Stadtviertel, ja womöglich in der ganzen Stadt war, obwohl doch genau dieser Teil von Warschau der polnisch-litauischen Aristokratie als überlebensgroßes Wohnzimmer diente. Nun aber hatte der Adel die Stadt so vollständig verlassen, dass selbst der englische Gesandte, Poniatowskis alter Freund Sir Thomas Wroughton, von seinem polnischen Butler eine verwunderliche Abmeldung erhalten hatte. Der Haushofmeister, der plötzlich einen Degen trug, hatte dem Gesandten nämlich stolz erklärt, er sei zwar arm, aber doch deswegen nicht weniger adelig, und weil ja sein glückliches Vaterland so wenig Unterschied zwischen ihm und dem größten Magnaten mache, dass auch er jederzeit ins höchste Amt gewählt werden könne, müsse er an einem Tag wie diesem selbstverständlich auf das vor der Stadt gelegene Feld von Wola gehen, um zusammen mit etwa 25 000 bis 30 000 Standesgenossen die zum Wohl der Republik nötigen Entscheidungen zu treffen. (Man hofft im Interesse des Gesandten, dass er für Tage wie diese einen nichtadeligen Unter-Haushofmeister beschäftigte.) Auch aus den anderen Palästen waren an diesem Freitagmittag die adeligen Domestiken ebenso aufgebrochen wie die millionenschweren Exzellenzen oder Durchlauchten, und so war denn Stanisław Poniatowski rein standestechnisch bereits allein auf weiter Flur, als er sich einige Zeit danach zum Essen mit seiner Cousine aufmachte. Der Weg vom Palais Poniatowski zum ungleich imposanteren Lubomirski-Palast war kurz genug und führte ihn die sogenannte Krakauische Vorstadt (Krakowskie Przedmieście) entlang, die ungeachtet ihres Namens kein Stadtviertel, sondern eine Prachtstraße und Teil des von Schloss zu Schloss führenden Königlichen Weges war. Die großartigen Residenzen folgten einander hier nicht bloß wie die Perlen auf der Schnur, sondern auch so, dass sie dem Wissenden schon nahezu die ganze Vorgeschichte von Cousin und Cousine erzählten. Gleich als Erstes hatte Poniatowski einen großen Platz überqueren müssen, auf dessen in Richtung Weichselufer weisender rechter Seite er die Kirche der Heimsuchung Mariens sah. Zur Linken dagegen öffnete sich der imposante Innenhof eines jetzt verwaisten Gebäudes, das sich an seinen neuen Namen Sächsischer Palast erst noch gewöhnen musste, weil es bis vor einem knappen Jahr Königlicher Palast geheißen hatte. Vor hundert Jahren hatte hier Kron-Großschatzmeister Morsztyn ein erstes Schloss gebaut, in dem er sich am auffallenden Gedeihen seines Privatvermögens freute, während gleichzeitig eine Tochter Izabela heranwuchs, die schließlich 1693 den damaligen Fürsten Czartoryski geheiratet und reich gemacht hatte. Auch der Balkon des Palais Lubomirski, auf den unsere Protagonisten sich inzwischen begeben hatten, bot einen großartigen Blick auf dieses Gelände, wo nach dem Tod des wundersam bereicherten Schatzmeisters August der Starke das barocke Königspalais errichten ließ. Noch neuer war bloß ein kleineres Gebäude, dessen mit verwegenen Spitzen geziertes Dach es wie eine chinesische Pagode aussehen ließ und das sich umso passender schräg rechts an das einst Königliche und jetzt Sächsische Palais anschmiegte, als es dem uns aus Crossen bekannten Premierminister Graf Brühl gehört hatte, der so erfolgreich beiden sächsisch-polnischen Augusten zu Diensten gewesen war. Vor Jahresfrist war er seinem Herrn hinterhergestorben, wodurch er in Sachsen knapp dem extra für ihn eingerichteten Korruptionssondergericht entging und das Palais Kindern hinterließ, die sich mit guten Grund in Warschau wohler als in Dresden fühlten.

Weiter links sah man währenddessen einen kleineren Palast, in dem bis vor kurzem der Krongroßfähnrich Fürst Lubomirski gelebt hatte. Dieser aber war nicht nur ein Onkel der Gräfin Brühl und der Ehefrau des Prag-Eroberers Rutowski, sondern vor allem auch ein Sohn des Fürsten Hieronim Augustyn Lubomirski gewesen, der 1690 die Gesandtschaft nach Königsberg angeführt hatte. Wir haben bereits gesehen, wie reich Hieronim Augustyns Gefolge dort beschenkt wurde, und umso bedauerlicher muss es für seinen Gutsverwalter Franciszek Poniatowski gewesen sein, dass er selber dem Fürsten für die Mitreise nicht dekorativ genug erschien. Adelige Bediente in sehr untergeordneten Positionen waren normal in einem Land, das einerseits kaum ein Bürgertum kannte, andererseits aber einen adeligen Bevölkerungsanteil von zehn Prozent und damit etwa zwanzigmal mehr Edelleute als die übrigen Länder Europas hatte. Immerhin: So viel bedeutete die formalrechtliche Gleichheit aller Adeligen in Polen doch noch, dass es alle Jubeljahre wirklich einmal ein armer Edelmann durch Talent nach oben schaffte, und in der letzten Generation war das eben der 1676 geborene Gutsverwaltersohn Stanisław Poniatowski der Ältere gewesen, dessen gleichnamiger Sohn jetzt zusammen mit seiner Cousine vom Balkon aus buchstäblich in die Vergangenheit zurückblickte. Der ältere Poniatowski hatte sich als Soldat dem von

Schweden erhobenen Gegenkönig Stanisław Leszczyński angeschlossen, um August den Starken und Peter den Großen zu bekämpfen, und 1709 nach der verlorenen Schlacht von Poltawa den verletzten Schwedenherrscher Karl XII. aus den Sümpfen der Ukraine herausgekämpft, bis sie die osmanische Grenze erreichten – der König auf einer zwischen zwei Pferden befestigten Bahre, Poniatowski mit siebzehn Einschusslöchern im Mantel. Der anschließende Krieg der Osmanen gegen Peter den Großen war Poniatowski daraufhin eine solche Herzenssache geworden, dass er zeitweise sogar mit Leibärzten und Haremsdamen intrigierte, um einen unfähigen Großwesir ersetzen zu lassen, und so war es wahrlich nicht seine Schuld, wenn Peter am Ende doch noch mit einem blauen Auge davonkam. Poniatowski aber kehrte nach einem Zwischenspiel als schwedischer Gouverneur von Zweibrücken derartig berühmt nach Polen zurück, dass selbst sein Feind August II. ihn gerne in seine Dienste zurücknahm; bald war er Woiwode von Masowien, bevor er zuletzt als Kastellan von Krakau den höchsten überhaupt erreichbaren weltlichen Senatorenrang der Adelsrepublik einnahm. Da dieser kämpferische Aufsteiger 1720 die fromme Prinzessin Konstancja Czartoryska geheiratet hatte, wurde deren im Schloss gegenüber als Schatzmeisterstochter aufgewachsene Mutter Izabela Morsztyn nicht bloß die Großmutter der von ihr erzogenen himmelblauen Izabela, sondern zugleich die des jüngeren Stanisław Poniatowski, der die reizende Cousine im damaligen Haus der gemeinsamen Ahnin kennenlernte. Dies Haus aber war der Czartoryski-Palast, der sich weiter rechts vom sächsisch-königlichen Schloss erhob; so groß war er mitsamt seinem Garten, dass man vom dahinter gelegenen Palais Brühl kaum noch die Pagodenspitzen sah, und so bedeutsam seine Vorgeschichte, dass Cousin Stanisław Poniatowski es seinen Locken nicht weniger als ihr verdankte, wenn er heute voll großartiger Erwartungen als einziger Edelmann in der Krakauischen Vorstadt geblieben war.

Der Czartoryski-Palast war immens groß und doch winzig im Vergleich mit den Dönhoff'schen Ländereien, die mit ihm zusammen vererbt worden waren. Die Ehe mit der Schatzmeisterstochter

Izabela Morsztyn hatte die verarmten Czartoryskis wieder vorzeigbar gemacht, gewiss. Als jedoch Izabelas Sohn Fürst August Czartoryski 1731 nach einem Duell gegen den letzten Konkurrenten die Hand der Gräfin Maria Zofia Dönhoff gewann, da wurde er zum Herrn nicht nur über Stadtpalast, Grundbesitz und Leibeigene seiner Frau, die allein von ihrem Vater bereits 35 Städte, eine Festung und 235 Dörfer geerbt hatte; er erwarb auch auf einen Schlag jährliche Einkünfte von drei Millionen Złoty, die schon die Größenordnung der auf jährlich acht Millionen bezifferten Einkünfte des gesamten polnisch-litauischen Staats erreichte. (Um wenigstens ansatzweise eine Vorstellung von der Größe dieses Vermögens zu gewinnen, mag man sich vergegenwärtigen, dass ein deutscher Privatmann des Jahres 2015, der im Verhältnis zum jährlich 620 Milliarden Euro einnehmenden Staat so reich sein wollte wie August Czartoryski, dafür ein Jahreseinkommen von etwa 232 Milliarden Euro bräuchte – also das Vierzigfache der Einkünfte, die Bill Gates als derzeit reichster Mann der Welt sich selbst bei Traumrenditen erhoffen könnte.) Von einem Moment auf den anderen war also das bis dahin obskure Haus Czartoryski in die Spitzengruppe der Magnaten aufgestiegen, deren Privatarmeen und Klientenhorden den Staat jederzeit lahmlegen konnten, und es hatte keine zwei Jahre gedauert, bevor Fürst August, sein ähnlich ambitionierter Bruder Michał und der erfahrenere Schwager Poniatowski genau das taten. Zwar haben wir bereits gesehen, wie das zuerst nicht wenig schieflief: Der mit August dem Starken abgestimmte Putschversuch dieser bald einfach als ‹familia› bekannten Partei fiel ja 1733 aus, weil der König sich von Grumbkow tottrinken ließ und so den Czartoryskis ihren bereits beschlossenen Verrat am Sachsen ersparte. Ihr anschließender Versuch, Stanisław Leszczyński auf den Thron zurückzuholen, war erst recht ein Schlag ins Wasser gewesen, und nur der Hass war davon dauerhaft geblieben, den ihnen seitdem die beiden anderen mächtigsten Familien des Landes entgegenbrachten. Die Potockis, die ein prächtiges Palais direkt nordwestlich des Czartoryskischen bewohnten, hassten ihre Nachbarn, weil diese damals schneller vom sinkenden Schiff ihres Kronkandidaten abgesprungen waren, als sie es selbst geschafft hatten. Die Radziwiłłs dagegen, deren riesenhafte Residenz sich fast direkt hinter der Nordwand des eben benutzten Esszimmers an das Palais der himmelblauen Izabela Lubomirska anschloss, waren dadurch Feinde ihres Vaters Czartoryski geworden, dass sie von Anfang an auf Seiten des letztlich siegreichen Sachsen August III. gestanden hatten. Umso wütender hatten sie folglich mitangesehen, wie ihnen nach dem Sieg trotzdem die erst in letzter Minute zur sächsischen Partei übergegangenen Czartoryskis und Poniatowskis vorgezogen wurden, und daran hatte auch das Auf und Ab der folgenden Jahrzehnte nichts mehr geändert. Falls irgendwer sich dennoch Illusionen über die Möglichkeit einer Versöhnung gemacht haben sollte, dann dürfte ihm der letzte große Wahlkampf lehrreich gewesen sein, bei dem vor einigen Monaten Izabelas derzeitiger Nachbar Karol Radziwiłł einmal mehr bewiesen hatte, dass er nicht bloß in puncto Topfschnitt, sondern auch sonst in allem das konsequente Gegenteil seines zivilisierten Altersgenossen Stanisław Poniatowski junior war; die bloße Erinnerung daran, dass man Izabela einst beinahe mit diesem Vieh verheiratet hatte, reichte auch zwölf Jahre später noch immer aus, sie erschrocken ihrem Schicksal danken zu lassen.

Dass Fürst Radziwiłł es als Zumutung empfunden hatte, wenn man in Litauen Wahlwerbung für die Czartoryski-Poniatowski-Fraktion zu machen wagte, obwohl die Region doch mehr oder weniger direkt ihm gehörte, das war geschenkt, denn so musste ein Magnat ja denken, wenn er sich nicht von schrankenloser Demokratie überrollen lassen wollte. Dass er solche Wahlwerbung auch dem Bischof von Wilna verbieten wollte, war bereits ein wenig gewagter. Dass aber Radziwiłł den Kirchenfürsten warnte, er habe die hunderttausend Dukaten schon bereitgelegt, die ihn das Strafverfahren für Totschlag an einem Bischof kosten dürfte, war unbestritten zu viel des Unguten und kam daher auch den Czartoryskis gerade recht, die nun unter Verweis auf diesen schwer bestreitbaren Regelverstoß endlich den militärischen Teil des Wahlkampfs hatten eröffnen können. Unter normalen Bedingungen wäre es freilich riskant gewesen, sich mit Fürst Karol Radziwiłł anzulegen, der noch einmal ein entscheidendes bisschen reicher war als selbst die Czartoryskis. Dieser unbeherrschte Fürst nämlich herrschte nicht bloß über 27 000 Quadratkilometer Grundbesitz, was beinahe dem gesamten Bundesland Brandenburg entspricht, war auch nicht bloß Herr über 16 Städte, 583 Dörfer, eine Privatarmee von knapp unter 10 000 Mann und ein Jahreseinkommen von fünf Millionen Złoty, sondern hatte außerdem sogar noch den Großfeldherrn der polnischen Kronarmee auf seiner Seite. Zum Glück hatte man jedoch 1717 genau für solche Fälle die Mannschaftsstärke des Kronheeres auf eine so lächerlich geringe Zahl beschränkt, dass es gegen eine russische Intervention selbst dann chancenlos gewesen wäre, wenn es nicht immer noch hauptsächlich aus der nostalgischen Ritterkavallerie des 17. Jahrhunderts bestanden hätte. Die Russen aber standen diesmal auf Seite der Familia, und so hatte es nicht lange gedauert, bevor August Czartoryski sich triumphierend an der Spitze des Sejm (also des Adelsparlaments) wiederfand, während Karol Radziwiłł sich für eine lange Auslandsreise entschied. Endlich konnte man also im Garten der Izabela Lubomirska wieder den wunderschönen Blick auf die Weichsel genießen, ohne dabei den Anblick des impulskontrollschwachen Kampftrinkers von nebenan befürchten zu müssen, und so wäre alles gut gewesen, wenn nicht Izabelas Vater Fürst August in genau diesen Stunden zugleich auch den Preis der russischen Hilfe bezahlt hätte. Natürlich wird es August Czartoryski gefallen haben, auf dem Feld von Wola seinen Schwiegersohn Lubomirski zu beobachten, wie der hoch zu Ross die Edelleute seiner Woiwodschaft anführte, während er den edelsteinbesetzten Amts-Kriegshammer des ‹général de l'avant-garde de la couronne› in der Hand hielt. Und natürlich sah der alte Herr erst recht gern zu, wie der Erzbischof von Gnesen in einer scharlachrot-goldenen Sänftenkutsche über das Feld fuhr, um sich von all den nach Provinzen geordneten Adeligen wieder und wieder ihr Votum für den Czartoryski-Kandidaten entgegenrufen zu lassen. Einen entscheidenden Schönheitsfehler hatte dieser Triumph leider trotzdem. Wenn etwa der Woiwode Franciszek Salezy Potocki den Namen des Kandidaten nicht aussprechen mochte und stattdessen bloß «Der, den die anderen auch gewählt haben» rief, dann war das sein gutes Recht, da er ja als Potocki ein geborener Feind des Sieger-Clans war. Wenn aber auch August Czartoryski sehr blass im Gesicht wurde, als er schließlich selbst seinen Wunschkandidaten benannte, dann lag dies schlichtweg daran, dass es auf Befehl Russlands weder sein eigener Name noch der seines Sohnes Adam war, den er jetzt aussprach. Die Geschichte hatte bitter ironische Rache dafür genommen, dass er seinem Neffen Stanisław Poniatowski vor elf Jahren die Hand der Tochter Izabela verweigert hatte, mit der der Neffe jetzt nachdenklich auf dem Balkon stand. Poniatowskis Diener sattelten ihm bereits das schwarze Pferd, das er nach der Farbe seines Aszendenten Saturn gewählt hatte, als die himmelblaue Cousine ihm zu Ende ihres langen Gesprächs sagte, sie habe lange und oft nachgedacht, ob er oder ihr Vater dem Heimatland besser würde dienen können. Da nun das Schicksal zu Poniatowskis Gunsten entscheide, habe sie sich jedoch überzeugt, dass so alles zum Besten sei, und das wünsche sie ihm denn auch ebenso aus tiefstem Herzen, wie sie ihn jetzt zärtlich umarmen wolle. In diesem Moment aber ertönte aus südwestlicher Richtung der erste jener hundert Kanonenschüsse, die die Proklamation des Wahlsiegers ankündigten, und teilte Stanisław Poniatowski mit, dass er der neue König von Polen sei.

Als Poniatowski am 17. Januar 1732 im heute weißrussischen Wołczyn das Licht der Welt erblickte, konnte niemand auch nur im Traum ahnen, wie hoch er eines Tages steigen würde. Nichts deutete darauf hin, dass er der zweite und damit auch schon wieder letzte europäische König des 18. Jahrhunderts werden sollte, der bloß aus einer adeligen Familie stammte, statt einem jener regierenden Häuser anzugehören, die allein zur Herrschaft über Staaten und Länder berufen schienen, und nur eines kann damals noch weniger vorstellbar gewesen sein – auf welch grausame Art nämlich sich Poniatowskis Laufbahn ausgerechnet mit der desjenigen Monarchen überkreuzen würde, der so buchstäblich wie sonst keiner zur Herrschaft geboren war. Selbst in der polnisch-litauischen Wahlmonarchie schien alles gegen unseren in einem Holzhaus geborenen Protagonisten zu sprechen. So einer war nicht nur mit dem Normalfall eines polnischen Königs ganz unvergleichbar, mit jenen Wahlmonarchen also, die nicht bloß aus Herrscherhäusern stammten, sondern normalerweise sogar Söhne oder Brüder des vorangehenden Königs waren. Auch die gerade mal vier Edelleute, die jemals Polens Krone erlangt hatten, waren aus anderem Holz geschnitzt gewesen, weil drei von ihnen aus schwerreichen Magnatenhäusern stammten und der dritte immerhin noch ein Held des Türkenkrieges war. Der Letzte dieser nichtfürstlichen Könige aber war natürlich unser alter Bekannter Stanisław Leszczyński, dessen katastrophale Laufbahn endgültig etwas Wichtiges bewiesen hatte. Man konnte offensichtlich nur noch mit Unterstützung einer fremden Invasionsarmee König von Polen werden, mochte das nun eine schwedische sein, wie sie 1704 die erste Wahl dieses ersten Stanisław ermöglichte, eine französische, wie er sie 1733 beim zweiten Versuch so dringend gebraucht hätte, oder eine russische, wie sie schließlich seinem sächsischen Rivalen den Sieg verschaffte. So war denn mit der Wahl Leszczyńskis auch prompt der bereits beschriebene Krieg ausgebrochen, den nicht allein die Poniatowskis, sondern selbst ihr gerade erst geborener Sohn Stanisław bald am eigenen Leib zu spüren bekam. Als sich nämlich 1734 andeutete, dass die Czartoryskis und Poniatowskis zu August von Sachsen übergehen würden, beschloss der Woiwode Józef Potocki, die Überläufer zu bestrafen. Seine Truppen überfielen nun aber nicht bloß deren Ländereien, sondern entführten dabei auch den gerade einmal zweijährigen Poniatowski-Sohn Stanisław hinter die vier Meter dicken Mauern der Festung Kamieniec Podolski, die Polen-Litauens ukrainische Steppengrenze gegen Türken, Tataren und Kosaken absicherte. Ein ganzes Jahr lang blieb der kleinkindliche «Woiwodensohn von Masowien» dort als Geisel in der Hand der Potockis, ohne dass ihm dieses «mein Gefängnis» in seinen 1400 Seiten langen Memoiren mehr als einen Halbsatz wert gewesen wäre. Auch den vielen anderen Zeitgenossen, die sich ausführlich über Stanisław Poniatowski äußerten, scheinen darin nichts Erwähnenswertes gesehen zu haben, und so übergingen sie denn diese nach unserem Verständnis doch unweigerlich traumatische Episode mit einem Schweigen, das uns viel über ihr Verhältnis zu Kindern verrät. Dieselben aristokratischen Hofleute nämlich, deren manchmal durch Religion und immer durch Mikropolitik trainiertes Einfühlungsvermögen sie so oft zu subtilen Kennern der erwachsenen Seele machte, zeichneten sich zugleich fast ausnahmslos durch vollkommenes Desinteresse an kindlicher Psychologie aus.

Natürlich liebten auch in dieser Welt die meisten Eltern ihre Kinder, und manche verbrachten sogar regelmäßig Zeit mit ihnen. Natürlich wusste man in einer Gesellschaft der vererbten Lebenspläne und angeborenen Rollen auch um die Wichtigkeit des Erziehens, und natürlich gab es immer Lehrer, Beichtväter, Hofmeister, die aus Büchern oder Erfahrung wussten, wie man Kinder vergleichsweise zwanglos dorthin bringt, wo man sie haben will. Aber sie blieben Glücksfälle, selbst und vielleicht gerade in der Machtelite, der es doch am leichtesten hätte fallen sollen, sich hier Mühe zu geben. Stattdessen kam auf jeden solchen Glücksfall ein Dutzend anderer höfischer Kinder, deren Erziehung durch Intrigenpolitik oder bloßen Zufall in die Hände von Idioten, Fanatikern, Trinkern, Sadisten oder uninspirierten Opportunisten geriet, weil der Hofmeisterberuf bloß als Brücke zu wirklich wichtigen Posten galt. Auf jedes liebevoll erzogene Kind kamen noch in Poniatowskis Generation ein Dutzend solcher, die mit dem Prince de Ligne hätten sagen können: «Mein Vater liebte mich nicht. Ich weiß nicht, warum, denn wir kannten einander nicht. Es war damals noch keine Mode, ein guter Vater oder guter Ehemann zu sein, und meine Mutter hatte große Angst vor ihm.» Selbst dort aber, wo Eltern ihren Kindern tatsächlich Liebe *und* Aufmerksamkeit entgegenbrachten, änderte das doch nichts an der Grundidee, wonach Kinder einfach unfertige Erwachsene seien, die man im Grunde nur zu füttern, anzukleiden und notdürftig zu dressieren hatte, bis mit etwa sieben Jahren das «Alter der Vernunft» einsetzte – und bei denen es eben auch deswegen nicht so enorm drauf ankam, ob das Kindermädchen sie nun im heimatlichen Gutshaus versorgte oder auf der fernen Steppenfestung, in die eine plündernde Horde feindlicher Pelzmützenträger sie beide gerade auf unbestimmte Zeit verschleppt hatte. Mit sieben war meistens aus dem genau entgegengesetzten Grund Schluss mit lustig, dass nun ja die Entschuldigung für unerwachsenes Verhalten wegfiel. Von nun an war jedes Versagen bei der Erwachsenen-Imitation bloß noch mit Verstocktheit zu erklären und also zu bestrafen; der Eigenwille der Kinder musste überall gebrochen werden und nirgendwo mehr als bei jenen, die ihre Geburt zum Herrschen vorbestimmte. Das war zwar insofern nicht unlogisch, als es ja tatsächlich zur Katastrophe geführt hätte, wenn etwa ein ältester Königssohn eines Tages gewissermaßen ganz ohne anerzogene Bremsen auf den Thron gekommen wäre. Die übliche Methode, dergleichen durch besonders harte Erziehung der Thronerben abzuwenden, brachte jedoch sogleich wieder ganz eigene Nachteile mit sich. Je mehr man solchen Königskindern nämlich den Willen brach oder ihnen auch bloß einimpfte, dass ihre Krone eine drückende Verantwortung sei, desto wahrscheinlicher machte man es zugleich, dass sie die schreckliche Bürde des Regierens dereinst auch nur zu gerne an den ersten besten höfischen Günstling delegieren würden. So kam es, dass letztlich gerade jener Mechanismus, der die Gefahren rigide vererbter Königsmacht im Zaum halten sollte, diese Macht regelmäßig in die Hand skrupellos ehrgeiziger Edelleute vom Schlage eines Grumbkow, Walpole oder Brühl fallen ließ, weil diese als nicht zum Thron Geborene das scheinbare Gehorchen so viel besser gelernt hatten als ihre Fürsten das wirkliche Regieren. Man kann sich daher durchaus fragen, ob es den Monarchien nicht vielleicht ganz gutgetan hätte, wenn anstelle der unnatürlich erzogenen Kronsöhne häufiger solche Leute auf den Thron gekommen wären, die als Frau oder Privatmann gerade deshalb freier von solchen Verbildungen aufwachsen konnten, weil eben niemand in ihnen zukünftige Herrscher sah, und man kann, wenn man sich das fragt, der Geschichte danken, dass sie uns in Gestalt von Stanisław Poniatowski und seiner großen Liebe zwei perfekte Testfälle für diese Hypothese geliefert hat. Nur die Untertanen der beiden werden, so viel sei schon hier verraten, auch diesmal wenig Grund zum Dank haben.

Wenn jemals ein einfacher Edelmann eine gründliche Bildung erhielt, dann war es Stanisław Poniatowski. Schon die Familienkonstellation deckte ja in idealer Weise alle nur denkbaren Perspektiven ab: der Vater ein in Diplomatie und Krieg erfahrener Selfmademan, die neunzehn Jahre jüngere Mutter eine bei großer Frömmigkeit geistig höchst interessierte Frau aus reichem Hochadel, beide zudem ein glückliches Paar, das nach wilden Kriegsjahren jetzt Zeit und Muße für die Kinder hatte. Fünf ältere Geschwister weiterhin, an denen die Eltern bereits Erfahrungen hatten sammeln können. Der erste, fast elf Jahre ältere Sohn Kazimierz zwar würde die Erwartungen der Eltern bald enttäuschen, obwohl er 1741 unter sächsischem Kommando bei Prag gekämpft, ja sogar zusammen mit dem unersetzlichen Duc de Chevreuse (der praktischerweise ein Großneffe von Poniatowskis Großtante war) an einem Angriff der litauischen Tataren teilgenommen hatte. Aber dann war Kazimierz inmitten der richtigen in die falsche Gesellschaft geraten. Wegen einer Beleidigung auf einem Ball hatte er einen wichtigen Günstling des Exilkönigs Leszczyński im Duell getötet, danach einem Lubomirski die Ehefrau abspenstig gemacht, die hoffentlich wenigstens so schön war wie ihr Name (Apolonia Ustrzycka, Kasztelanka von Przemyśl) und sich insgesamt so unmöglich gemacht, dass er über den hierzulande leider inhaltsleeren Titel eines Kron-Großkämmerers nicht mehr hinauskommen würde.

Ein zweiter geistlicher Sohn starb ebenso jung wie ein dritter weltlicher, der als Neunzehnjähriger in französischen Diensten fiel. Auf die schwache Gesundheit des kleinen Nachzüglers Stanisław nahm die energische Mutter dagegen vor allem dadurch Rücksicht, dass sie ihn vorsichtshalber von gleichaltrigen Kindern fernhielt. War denn Spielen nicht auch ohnehin Zeitverschwendung, wenn doch der Junge stattdessen Unterricht erhalten konnte? Noch im Danziger Exil ließ man einen Geschichtsprofessor auf den Fünfjährigen los; als die Familie nach Warschau umzog, lehrte ihn dort bald der russische Botschafter Graf Keyserlingk Logik und Mathematik. Mit sieben Jahren dann tauschte Stanisław den polnisch-sarmatischen Kaftan samt Topfschnitt gegen ein französisches Hofkostüm und gepuderte Locken ein, um nun gewissermaßen als seriöser Europäer auf das Gymnasium der Theatinermönche zu gehen – Polens einzige Reformschule, in der man ganz modern statt auf Latein auf Polnisch unterrichtete. Das Lehrprogramm freilich war dessen ungeachtet genauso westlich wie die Frisur der Zöglinge, und so lernte Stanisław hier nicht bloß fließendes Französisch, Deutsch und Italienisch, sondern ungewöhnlicherweise sogar Englisch, was sich bald noch als Vorteil erweisen sollte. Unter der toleranten Aufsicht eines Priesters, «dessen Wohnung jeder italienischen Ballerina der Warschauer Oper wohlbekannt war», unterwiesen nun Mönche, Aufklärer, Freidenker, Freimaurer, Rosenkreuzer, Agnostiker, Skeptiker, Deisten, Jansenisten, Quietisten, Pyrrhonisten und Kryptocalvinisten den kleinen Jungen mit der zu großen Perücke dermaßen erfolgreich, dass er bereits als Zwölfjähriger einen philosophisch motivierten Nervenzusammenbruch erlitt.

Auch wenn das unmittelbare Problem, an dem sich die kindlich lebhafte Vorstellungskraft des kleinen Poniatowski entzündet hatte, für diesmal durch einen warmherzigem Beichtvater beruhigt wurde, der ihm versicherte, dass die Realität real sei, blieben dem zukünftigen König die Folgen dieser Treibhaus-Erziehung doch ein Leben lang erhalten. Dass Stanisław zeitlebens an die Vorbestimmtheit der Schicksale glaubte, wäre dabei noch das Geringste gewesen, zumal die Erziehung zum ständigen Hinterfragen ihn immerhin auch vor dem gedanken- und skrupelloseren Ehrgeiz so vieler robusterer Standesgenossen bewahrte. Ebenso wenig muss uns seine Sympathie für ersatzreligiösen Mystizismus besonders auffallen, weil auch das ja für Gebildete seiner Generation typisch war – so schwer es ihnen bereits fiel, einfach an Gott zu glauben, so wenig konnten sie doch andererseits noch ganz ohne Religion leben, weswegen sich quasireligiöses Denken regelmäßig wie durch eine Hintertür in ihre Köpfe zurückschlich. Viel fataler aber würde sich leider die Bildung selbst auf Stanisław auswirken, und das keineswegs nur deshalb, weil sie ihn dermaßen seiner Kindheit beraubte, «als hätte man aus dem Jahr den Monat April herausgeschnitten.» Vor allem ließ dieses zu früh vergeistigte Kind seine Altersgenossen auch so viel Überlegenheitsgefühl spüren, dass Stanisław schon mit fünfzehn Jahren reihenweise Feinde hatte. Dabei gab die Bildung ihm nicht einmal jenen Halt, den regelmäßige intellektuelle Arbeit bietet. Die Gelehrtenlaufbahn wäre für eine Person seines Standes ohnehin undenkbar gewesen. Stanisław verzichtete in der Folge aber auch weitgehend auf jene private literarische oder wissenschaftliche Tätigkeit, die selbst großen Herren erlaubt war. Vermutlich wurde er zwar trotzdem der gebildetste Monarch seiner Zeit.

Wirklich anwenden aber würde Poniatowski seine geistigen Fähigkeiten dennoch fast nur in der höfisch-politischen Arena und damit ausgerechnet dort, wo man intellektuelle Arroganz tausendmal weniger verzieh als selbst die ärgste Todsünde. Dies galt in Polen noch einmal besonders. Es war schlimm genug, wenn hier der einfache Adel meistens verarmt und ungebildet, andererseits aber auch so wahlberechtigt war, dass kein Politiker ihn vor den Kopf stoßen durfte. Fast noch fataler waren jedoch die Magnaten, denn gerade weil sie von Krone und Hof unabhängiger waren als selbst ihre im Vergleich geradezu armen britischen Standesgenossen, setzte ihnen auch in Bildungsfragen niemand jene Grenzen, die anderswo wenigstens der aristokratische Gruppendruck erzeugte. Gewiss, Stanisławs Dauerfeind Fürst Karol Radziwiłł stellte selbst unter Magnaten einen Extremfall dar, wenn er mit zwölf Jahren zwar bereits Ritter des Hubertus-Ordens, Hauptmann einer Kompanie Lanzenreiter und Alkoholiker war, aber immer noch nicht lesen konnte (ein Problem, das findige Erzieher übrigens lösten, indem sie an einem Baum des Schlossparks von Nieśwież in Blei gossene Buchstaben aufhängten, die Fürst Karol dann mit der Pistole herunterschießen durfte). Dennoch war es bezeichnend, dass ausgerechnet dieser Mann nicht nur zum Vorsitzenden des Litauischen Obergerichts gewählt wurde, sondern auch eine Popularität genoss, von der Poniatowski sein Leben lang nur träumen konnte. Schon Radziwiłłs Vater hatte Stanisław zufolge kein höheres politisches Ziel gekannt, als jeden Tag möglichst das ganze Land bei sich zum Essen einzuladen, und diesem Programm folgte mit spürbarer Akzentverlagerung aufs Trinken auch Sohn Karol so enthusiastisch, wie das nur ein Multimillionär vermochte. Obwohl er massiv gewalttätig sein konnte (die gesetzliche Strafgebühr für das Töten eines Bauern lag bei 130 Złoty), nannte man ihn bald überall ‹panie kochanku› (mein lieber Herr), weil er mit dieser noch dem unwichtigsten Edelmann gewährten Anrede bewies, wie herzlich auch ein Grandseigneur sein konnte, wenn er meistens betrunken war und für alle schwierigeren Fragen eine eigene Armee hatte.

Der arme Poniatowski dagegen hasste natürlich, als die Onkel ihn mit siebzehn zum ersten Mal in einen ländlichen Wahlkampf schickten, so ziemlich jede Sekunde dieser Begegnungen mit den Kleinadeligen. Ihre Vergnügungen waren ihm zu primitiv, obwohl sie sich als vermutlich einzige ungebildete Bevölkerungsgruppe der neueren Geschichte in auswendig gelernten Lateinbrocken unterhielten. Aber was half es ihm? Gleich zu Beginn seiner Laufbahn erlebte er eine Obergerichtswahl, die ergebnislos blieb, weil auch die in einer Kirche ausgetragene Saalschlacht unentschieden ausgegangen war, zu der die Czartoryskis nur die üblichen Leichtbewaffneten, die Potockis aber gleich echtes Militär mitgebracht hatten. Den ersten Sejm, in dem Stanisław Abgeordneter war, zerriss bereits beim ersten Zusammentreten das Liberum Veto eines Bestochenen, wodurch unser Held zur Masowischen Rechnungsprüfungskommission zurückmusste, deren Trinkgelage er nur gerade so überstand. Im nächsten Wahlkampf kulminierte Stanisławs Kontakt mit der adeligen Basis in einem Vierpersonenball und zwölfstündigen Tanzmarathon auf morschen Verandabrettern, weil sein Kandidatenkollege sich in die Frau des senilen Hausherrn verliebt hatte. Als er zuletzt endlich, endlich gewählt war, raste er dermaßen erleichtert nach Warschau zurück, dass seiner Kutsche die Achse brach, eines der teuren Pferde starb und sein Vater ihm nach der Rückkehr eine Standpauke hielt, als wäre er immer noch ein dummer Schuljunge. Der Sejm war kaum besser, fand er doch diesmal (1752) aus Regionalproporz-Gründen im damals litauischen Grodno (heute Hrodna, Weißrussland) statt, wo außer den Radziwiłłs, die freilich auch 50 % der insgesamt zwei Backsteinhäuser dieses Orts besaßen, niemand gerne hinreiste. Besonders lehrreich war der Ausflug in diesem Jahr aber für den neuen englische Gesandten Sir Charles Hanbury Williams. Nach acht Monaten im drögen Berlin hatte sich ihm das praktisch nur aus Palästen bestehende Warschau mit seinen hochadeligen Gastgeberinnen begreiflicherweise als eine Art Paradies dargestellt, und so stand dem Gesandten nun ein unerfreuliches Aufwachen bevor. Da niemand ihm verraten hatte, dass die nach Art von Stammesfürsten reisenden Magnaten nach Grodno nicht nur Horden von Dienern, sondern auch ihren gesamten Hausrat mitnahmen, verbrachte Sir Charles die dortige Sitzungsperiode hauptsächlich mit dem ebenso fassungs- wie erfolglosen Versuch, in dieser Stadt mit siebzehn Klöstern, aber keinem einzigen Geschäft einen Nachttopf zu kaufen; sein walisisches Heimatstädtchen Usk kam ihm im Rückblick plötzlich wie ein zweites Paris vor. Glücklicherweise verpasste er nicht viel Politik, weil auch August III. Grodno unerträglich genug fand, um hier nur das Allernötigste zu erledigen – also Ämterverleihungen sowie die Büffeljagd im Wald von Białowieża. Kurioserweise ist es das Verdienst nicht zuletzt dieses Monarchen, wenn nach der Ausrottung der Spezies im übrigen Europa alle Wisente des Kontinents heute allein von der dortigen Population abstammen, denn wie seine Vorgänger hielt auch August III. ein striktes Monopol aufrecht, das die Jagd nur dem Herrscher selbst erlaubte. Diesmal etwa schoss der König bei einer einzigen Jagd gleich 42 der ihm in eine Arena zugetriebenen Tiere; einen Hirsch verschonte er nur deshalb, weil der seinerseits cool genug blieb, um mitten in der Arena eine Hirschkuh zu «heiraten» und dafür von den begeisterten Parlamentariern Szenenapplaus zu erhalten (die Königin wandte diskret ihren Blick ab). Neben solchen Höhepunkten ging begreiflicherweise Stanisław Poniatowskis erste Parlamentsrede einigermaßen unter, zumal auch diesmal wieder sämtliche Reden ohnehin wirkungslos blieben. Nach zwei Wochen nämlich hatte Premierminister Brühl ausreichend viele Abmachungen mit den Magnaten getroffen, um der lästigen Veranstaltung ein Ende machen zu können. Sogleich erhielt nun einer der Abgeordneten vom König das in solchen Fällen vorgesehene Geldgeschenk, rief als Gegenleistung bei einer Abstimmung «Ich erlaube es nicht!» und zerriss mit diesem Liberum Veto auch den Sejm, dessen Mitglieder folglich wieder einmal abreisten, ohne ein einziges Gesetz beschlossen zu haben. Was der in idealistischem Verfassungspatriotismus aufgewachsene Stanisław Poniatowski von alldem hielt, wird man sich ohne große Schwierigkeiten ausmalen können. Als man bald darauf auch noch seine Lieblingscousine Izabela Czartoryska mit dem Fürsten Lubomirski vermählte, statt sie ihm anzutrauen, schien es dem Einundzwanzigjährigen endgültig erwiesen, dass die Welt zwar real sein mochte, vor allem aber gegen ihn war. Es war daher ein Glück, dass die Eltern Poniatowski schnell erkannten, welch großen Gefallen ihr Sohn jetzt allen Beteiligten durch eine europäische Kavaliersreise tun werde.

Der junge Mann reiste nicht zum ersten Mal ins Ausland. 1748 hatte sein Vater den sechzehnjährigen Stanisław mit der Praxis des Krieges vertraut machen wollen und ihn daher als Begleiter einer russischen Armee in den Österreichischen Erbfolgekrieg geschickt. Da die Russen aufgrund ihrer langen Anmarschwege jedoch wie schon 1735 auch diesmal erst nach Abschluss des Friedens ankamen, blieb Stanisławs Bildungserlebnis erfreulich unvollkommen, wenngleich er natürlich noch genug Paraden und Feste zu sehen bekam, um von drei den Eltern gemachten Versprechen (er sollte nicht um Geld spielen, keinen Wein trinken und nicht heiraten) nur zwei einzuhalten. Auch die Bedeutung zweier anschließender Reisen nach Berlin und Dresden würde sich erst im Nachhinein erweisen. In Berlin nämlich lernte Stanisław in Gestalt von Sir Charles Hanbury Williams nicht bloß den außerordentlichen Gesandten Seiner Britischen Majestät kennen, sondern zugleich einen Mann, der dem sozial ungelenken jungen Polen mit den zu breiten Hüften in den nächsten Jahren ein schicksalhafter Ersatzvater sein würde. Dabei hätte dieser Diplomat in einer genealogisch ordentlicheren Welt sein Heimatland schon deshalb nie verlassen müssen, weil seine Frau Lady Frances, sobald man nur einige Unehelichkeitserklärungen aus der Zeit der Rosenkriege für legal ansieht, nichts Geringeres als die zweitbeste rechtmäßige Erbin Richards III. war. Da er sie andererseits jedoch mit der Syphilis angesteckt hatte, konnte er über die Wirkungslosigkeit ihres Anspruchs am Ende vielleicht ganz froh sein, zumal er sich als maßlos eitler Satiriker, Freund von Stephen Fox und Gegner Lord Herveys ohnehin schon genug Feinde gemacht hatte. Ob sich für so jemanden wirklich gerade die Diplomatenlaufbahn anbot, scheint Williams sich nie gefragt zu haben: Sein ohne Vorkenntnisse angenommener Posten in Dresden erlaubte ihm, sich aus England abzusetzen, und das war angesichts einer besonders kontroversen Dichtung erst einmal alles, was zählte. Im jungen und noch immer wenig eleganten Poniatowski aber erkannte er nicht bloß den Sohn einer politisch einflussreichen Familie, sondern zugleich den Sohn, den er selbst nie gehabt hatte. Da umgekehrt auch Stanisław im vierundzwanzig Jahre älteren Williams jenen väterlichen Freund fand, der sein sechsundfünfzig Jahre älterer wirklicher Vater ihm nie hatte sein können, waren sie bald unzertrennlich. Nachdem Poniatowski bereits als Kind alle englischen Romane gelesen und sich für die andere große Adelsdemokratie Europas begeistert hatte, erfand er sich jetzt mit Williams' Hilfe in einer Weise neu, die sehr stark von der parlamentarisch-höfisch-literarischen Welt der Herveys und Chesterfields beeinflusst war. Selbst äußerlich machte der immer noch kleine, kurzsichtige (kein echter Edelmann hätte je eine Brille getragen) und mit ungelenken Beinen geschlagene junge Mann nun das Beste aus seinem Typ. Er wurde durch reine Willenskraft ein guter Tänzer, gewann mit Williams' Hilfe Selbstbewusstsein und übte sich in unbelehrender Konversation, bis erstmals adelige Damen seine vornehmen Gesichtszüge wahrnahmen. Nur konsequent also, wenn er auf der großen Reise nun bald nach Paris weiterreiste, nur noch konsequenter aber auch, wenn er von dieser Stadt nicht annähernd so beeindruckt war, wie er es bald von London sein würde. Dabei lernte er durchaus viel in Paris, wo er seine Zeit in gebildeten Salons verbrachte, sich vom achtzigjährigen Herzog von Noailles Geschichten aus der Zeit Ludwigs XIV. erzählen ließ, sich mit einem in der Schweizergarde dienenden Cousin ebenso anfreundete wie mit dem dicken Herzog von Orléans und nicht zuletzt lernte, dankbar dreinzublicken, während große Perücken ihm mit wichtiger Miene gesellschaftliche Feinheiten erklärten, die er längst kannte. Auch als er am Ende nach Hause schrieb, man brauche nur etwa vier Monate, um diese Stadt zu verstehen, begründete er dies mit einer so intelligent arroganten Erklärung, dass Paris ihn allein dafür schon zum Ehrenbürger hätte ernennen sollen: Die Franzosen der großen Welt seien einander durch ihre klaustrophobische Konkurrenz dermaßen ähnlich geworden, dass sie alle einem von nur etwa drei oder vier immer wiederkehrenden Typen entsprächen. Da war England freilich anders. Vier Monate lang sog er dort Politik und Kultur auf, hörte bei Oberhaus-Debatten zu, beantwortete die genealogischen Fragen Georgs II., ließ sich von Lord Strange zum Hahnenkampf sowie zur Shakespeare-Aufführung mitnehmen und lernte vor allem viel darüber, wie eine moderne Adelsdemokratie tatsächlich funktionieren konnte. Dies war die eine Lehre seiner Reise: Großbritannien nannte seine Wahlberechtigten zwar im Unterschied zu Polen-Litauen nicht Adelige, hatte ansonsten aber auch nicht mehr von ihnen als Poniatowskis Heimat; die Wahlkämpfe waren hier nur unmaßgeblich sauberer und die Bevölkerung eher kleiner als daheim. Und doch nahm die britische Krone jedes Jahr allein mit der Stempelpapiersteuer so viel Geld ein wie Polen-Litauens Regierung insgesamt. Großbritannien war eine Großmacht, weil es eine beschlussfähige Legislative, eine funktionierende Exekutive und selbst im höchsten Adel keine mit den polnischen Magnaten vergleichbaren Territorialherren hatte – drei Unterschiede, die Stanisław nicht vergessen würde, wenn er eines Tages Macht ausüben sollte. Noch konnte er nicht ahnen, wie sehr ihm genau dabei etwas nutzen würde, was sich in diesen Monaten ebenfalls herausstellte, ohne dass er selbst es schon so recht mitbekommen hätte.

Poniatowski wohnte in diesem Frühjahr 1754 bei Sir Charles' Ehefrau Lady Frances Williams, die mit ihrem Mann zwar seit der Syphilis-Ansteckung vor zwölf Jahren begreiflicherweise nur noch brieflich verkehrte, sich ansonsten aber nach wie vor erstaunlich gut mit ihm verstand. Von Stanisław dagegen waren sie und ihre Tochter so hingerissen, dass sie ihn bald als ihrer beider «heftigen Liebling» (violent favourite) beschrieb, weil er «nichts von der englischen Brutalität an sich» habe, die eben die Schattenseite des größeren Individualismus war. Und sie waren nicht allein, wie man bald darauf von Horace Walpole erfahren konnte. Der in Sachen männlicher Schönheit immer aufmerksame Premierministersohn fand den jungen Polen nicht nur selbst sehr hübsch, sondern beschrieb auch das seltsame Dinner, zu dem die verwitwete Herzogin von Gordon ihren Cousin Poniatowski einlud. Dass sie eine Nichte des bei Malplaquet gefallenen Lord Tullibardine, eine Großnichte des Feldmarschalls Lord Orkney und eine Ururenkelin von Talmonds Tante Lady Strange war, machte die Essenseinladung unbezweifelbar standesgemäß, wog aber leider nicht vollkommen auf, dass die vierzehn Jahre ältere Herzogin nach Walpoles Beschreibung «wie ein grobknochiger schottischer Metaphysikprofessor» aussah, «der sich vom Wassertrinken eine rote Nase geholt hat», und so wird man es im Prinzip begrüßen, wenn sie dieses Handicap durch eine zeittypisch kitschige Inszenierung auszugleichen versuchte. In der Praxis allerdings lief das gleich bei Poniatowskis Eintreffen im Gordon'schen Stadthaus darauf hinaus, dass sein Auge nur knapp von einem Pfeil verfehlt wurde, den ein als Amor verkleideter Sohn der Herzogin auf ihn abgeschossen hatte und der nun in den schönen Locken des jungen Polen stecken blieb. Stanisław hatte Glück gehabt, und das keineswegs nur, weil ihn wenigstens der Pfeil des zweiten Amor verfehlte (wir identifizieren den hier einfach mal ohne jeden Beweis als den zehnjährigen kleinen Herzog von Gordon, weil es uns besser in den Kram passt, den Trefferpfeil von seinem neunjährigen Bruder Lord William Gordon abschießen zu lassen, der schon im nächsten Kapitel wieder auftreten wird). Wäre nämlich der dritte Sohn der Herzogin, Lord George Gordon, damals nicht erst zwei Jahre alt und stattdessen schon im pfeileverschießenden Alter gewesen, dann wäre der Abend vermutlich bereits Poniatowskis letzter gewesen – denn von jemandem wie Lord George, der 1780 an der Spitze eines 60 000 Mann starken Londoner Mobs eine Woche lang blutige Jagd auf echte oder vermeintliche Katholiken machen würde, hätte man wohl auch im Kindesalter schon einen präziseren Schuss erwarten können, als seine beiden geistig gesunden Brüder ihn jetzt zustande brachten. In Abwesenheit dieses werdenden Monsters aber blieb Cousin Poniatowski unbeschädigt genug, um als Nächstes die Herzogin zu erblicken, wenngleich wir Horace Walpole nicht geradezu glauben müssen, dass sie sich ihm «einer meeresgeborenen Venus gleich» auf der Couch liegend zeigte. Die mit dem Abendessen verbundene Absicht dürfte so oder so klar genug geworden sein, zumal die Herzogin außer Poniatowski lediglich zwei ausschließlich Gälisch sprechende Hochländer eingeladen hatte, und also stiftete bloß noch das Pony Verwirrung, das die Gastgeberin aus nicht mehr rekonstruierbaren Gründen beim Dessert um den Tisch herumlaufen ließ. «Poniatowski erklärt sich diesen übertrieben warmherzigen Empfang damit, dass seine Urgroßmutter» – nämlich die Frau des Schatzmeisters Morsztyn – «eine [geborene] Gordon war.» Horace Walpole schien der Grund viel einfacher – und leider unanständig genug, um ihn von der moralisch ordentlicheren Kopistin seines im Original nicht mehr erhaltenen Briefes durch vier Sternchen ersetzen zu lassen. Schneller als Poniatowski selbst hatte Walpole erkannt, dass der bald nach dem Abendessen abgereiste Pole sich in seiner neuen, eleganteren Version besser rasch an Amors Pfeile gewöhnen sollte. Um die verwitwete Herzogin von Gordon aber, die selbst in ihrer eigenen Familiengeschichte als «skrupellose Strippenzieherin» charakterisiert wird, müssen wir uns erst recht keine Sorgen machen. Zwei Jahre nach der misslungenen Verführung heiratete sie einen zehn Jahre jüngeren New Yorker, der durch ihre Patronage ins Parlament kam, aus ihren Untertanen das Regiment Gordon Highlanders aufstellte, als dessen Oberst in Indien kämpfte und sie schließlich sogar als vermutlich erste britische Herzogin überhaupt nach Amerika mitnahm, um ihr die weißen Walnüsse auf seinen Ländereien am Lower Butternuts Creek in Otsego County zu zeigen; mit dem Musterschüler Poniatowski hätte sie sich vermutlich nach zwei Wochen zu Tode gelangweilt.

Der nach Polen zurückgekehrte Stanisław fand eine politische Lage vor, die ihn nicht freuen konnte. Seit Brühl und der König mit den Potockis und Frankreich verbündet waren, stand es für die Partei der Czartoryskis und Poniatowskis innenpolitisch schlecht; umso peinlicher, dass sie sich durch Williams gerade erst den Briten als mächtige Verbündete angeboten hatten. Der Gesandte hatte also unübersehbar aufs falsche Pferd gesetzt und war nun fast so frustriert wie Stanisław, den keineswegs nur die Politik plagte. So schön es gewesen war, seiner jung verheirateten Cousine Izabela wiederzubegegnen und von ihr jene Aufmerksamkeit zu erhalten, die jeder außer Stanisław sofort als Verliebtheit erkannt hätte, so wenig konnte er sich doch darauf konzentrieren, seit er zu seiner großen Überraschung erfahren hatte, wie sehr sich auch die achtzehnjährige Woiwodin von Smolensk für ihn interessierte. Den ganzen Herbst und Winter über amüsierte sich diese schönste Frau von Warschau damit, «einen zweiundzwanzigjährigen Menschenfeind aufzutauen», der alles wörtlich nahm, was sie ihm sagte, und sich folglich binnen Rekordzeit im objektiv unverstehbaren Netz von Ermutigung und Abweisung verhedderte. Immerhin schien der nach Fraustadt in Westpolen einberufene nächste Sejm wenigstens in diesem Punkt Klarheit zu schaffen, weil mit dem Woiwoden von Smolensk auch seine Gemahlin anreiste und Stanisław nach bloß acht Tagen manischen Wirrwarrs endlich, endlich das lang ersehnte innige Rendezvous gewährte. Leider aber hatte im entscheidenden Moment ausgerechnet der vierundfünfzigjährige Ehemann die Taktlosigkeit, sich ins Schlafzimmer der Woiwodin einzuladen, und wenn auch Poniatowski sich gerade noch unbemerkt hinter einem Wandschirm verstecken konnte, blieb ihm dort in den Stunden bis zum Morgengrauen doch mehr Zeit zum Nachdenken, als er gebraucht hätte. Gab es denn nichts, was ihn aus dieser verpfuschten Lage herausbringen konnte, keinen freundlichen Deus ex Machina, wie ihn jede anständige Oper zu bieten hatte? Aber natürlich gab es den, natürlich war es sein alter Freund Sir Charles Williams, und natürlich war es ein Abenteuer, das dieser ihm brieflich anbot.

Sir Charles nämlich hatte inzwischen die Lösung sowohl für sein eigenes Problem als auch für das seiner polnischen Alliierten gefunden. Wenn in Polen jetzt Frankreich dominierte, mit dem die Briten sich ja in Amerika gerade wieder zu bekämpfen anfingen, dann mussten die Familia, Williams und Großbritannien dagegen eben das einzig denkbare Gegengewicht in die Waagschale werfen und ein Bündnis mit Russland schließen, vor dem August III. mit gutem

Grund Angst hatte. Weil dieses alles rettende Bündnis aber natürlich nur vom Meisterdiplomaten Williams persönlich geschlossen werden konnte, hatte er auch sofort um die Versetzung nach Petersburg gebeten. Nicht zwar, als ob Sir Charles gehabt hätte, was man dort am meisten brauchte, Sprachkenntnisse im Deutschen nämlich, das sich unter Peter dem Großen als Russlands Sprache für die Außenwelt etabliert hatte und nur ganz langsam durch Französisch ersetzt wurde (was übrigens Sir Charles ebenfalls nur schlecht konnte). Aber da man in London sowieso kaum Freiwillige für diesen Posten fand, erfüllt man Williams den Wunsch so widerspruchslos, dass er sich sogleich um seinen Petersburger Haushalt kümmern musste. Er brauchte also zwei dekorative Legationssekretäre, von denen einer ein Brite sein musste (Sir Charles wählte einen Neffen von Stephen Fox, dessen anderer Onkel Henry Fox ohne Sir Charles' Hilfe niemals mit der Tochter des glücklichen Ehepaars Richmond hätte durchbrennen können: Dergleichen verpflichtete in beide Richtungen). Der zweite Sekretär aber sollte Williams' Czartoryski-Verbindung bekräftigen; der Botschafter ernannte natürlich Poniatowski, der das Angebot ebenso natürlich annahm und sogleich in rasender Eile nach Petersburg reiste. Als Sir Charles am 23. Juni 1755 eine erste Audienz am russischen Hof hatte, konnte er folglich auch gleich Stanisław den Herrschern jener Macht vorstellen, die sein Schicksal werden sollte.

Der Petersburger Cantemir-Palast, in dem mit Williams jetzt auch Poniatowski einzog, lag wunderbar attraktiv zwischen der im nördlichen Sonnenlicht glitzernden Newa, dem eben von Rastrelli weißgrün-barock umgebauten kaiserlichen Winterpalast und der Millionenstraße, die man damals gerade noch Große Deutsche Straße nannte, aber er war auch von tausend grausam enttäuschten Hoffnungen überwuchert. Schon der erste Besitzer dieses Palais war nur deswegen nach Petersburg gekommen war, weil er sich als Fürst von Moldawien auf die Seite Peters des Großen gestellt hatte. Nach dem von Poniatowskis Vater angefeuerten Gegenschlag der Osmanen hatte er sich dagegen bereits glücklich schätzen dürfen, als blinder Passagier in der Zarinnenkutsche wenigstens noch den stummen Henkern entkommen zu sein, die der Sultan in solchen Fällen zu schicken pflegte. Das waren nun mal, hätte man in Europa sagen können, die Sitten einer orientalischen Despotie, wo große Herren genauso hart wie alle anderen Untertanen behandelt wurden, das hatte nichts mit uns zu tun. Aber wieso war dann der nächste Besitzer, Graf Münnich, den wir aus dem Jahr 1734 als Bombardierer von Danzig kennen, 1741 hier nicht nur verhaftet, sondern auch zum Tode verurteilt und erst auf dem Schaffott zur lebenslangen Verbannung in Sibirien begnadigt worden, wo der Zweiundsiebzigjährige heute noch saß? Petersburg mochte wie Warschau eine Stadt der Adelspaläste sein – aber waren diese großen Herren nicht etwa doch nur auf Zeit emporgehobene Sklaven, die inmitten des geborgten Glanzes stets in Angst leben mussten? Und schlimmer: Wenn die Elite hier so viel brutaler beherrscht wurde als sonst in Europa – vor wem machte dann diese Brutalität überhaupt noch halt? Warum durfte man den Dichter Trediakowskij, der lange im Palais Cantemir ein und aus gegangen war, nicht nach dem jungen Mann fragen, dem er einige Häuser weiter mehr recht als schlecht Russisch beigebracht hatte? Und warum konnte Poniatowskis ehemaliger Logiklehrer Graf Keyserlingk, der jetzt russischer Botschafter in Wien war, auf die Frage nach demselben jungen Mann, den auch sein Cousin unterrichtet hatte, nur ängstlich ausweichend reagieren, obwohl die Wiener Kaiserin eine direkte Cousine dieses Unerwähnbaren war? Die Antwort auf diese Frage wird uns nicht nur zeigen, in was für eine Art von Monarchie der hoffnungsvolle Stanisław hier gekommen war, oder erklären, warum dort diejenigen an der Macht waren, denen er jetzt begegnete. Sie wird uns auch zeigen, wie kurz für diesen anderen und die Seinen der Weg von einer hoffnungsvollen Anreise zu einem gespenstischen Schicksal gewesen war. Was sie erlebt hatten, verhielt sich zur Geschichte des Stanisław Poniatowski zuerst wie das genaue Gegenteil, dann aber wie ein tiefschwarz eingefärbtes Spiegelbild – und kreuzte sich mit ihr, obwohl keiner von ihnen jemals auch nur den Namen Poniatowski gehört haben kann.

In denselben Februartagen 1733, während deren sich die Nachricht vom Tod Augusts des Starken wie eine Lunte aus brennendem Schießpulver über den Kontinent verbreitete, war ein hoffnungsvoller deutscher Exportprinz im Pferdeschlitten von Riga nach Petersburg aufgebrochen. Prinz Anton Ulrich von Braunschweig-Bevern war achtzehn Jahre alt, und wenn er nicht ohnedies geahnt hätte, welch hoher Stellung er entgegenreiste, dann hätte er es spätestens an den vielen Kutschen erkannt, die die Zarin ihm entgegenschickte. Obwohl es noch keine zweiundzwanzig Jahre her war, dass das russische Herrscherhaus sich nach fast 250-jähriger Pause erstmals wieder auf Heiratsbündnisse mit anderen regierenden Familien eingelassen hatte, hatten Romanow-Kinder in dieser kurzen Zeit bereits vier solche dynastische Ehen geschlossen. Wenn dabei alle vier Ehepartner wie selbstverständlich protestantische Deutsche gewesen waren, lag das nicht bloß daran, dass Deutschland ohnehin die meisten regierenden Häuser hatte oder dass es aus russischer Sicht den ersten akzeptablen Stopp im Westen darstellte. Vor allem gab es seit der türkischen Eroberung des Balkans außerhalb Russlands überhaupt keine anderen orthodoxen Herrscherhäuser mehr, und also kamen für prestigiöse internationale Heiraten nur noch Protestanten in Frage, mit denen man sich erstens über das Papsttum einig war und die zweitens auch anders als Katholiken ihren Töchtern die Konversion erlaubten. So hatte 1711 Peter der Große seinen Erbsohn Alexej mit der zur Orthodoxie konvertierten Prinzessin Charlotte von Braunschweig-Wolfenbüttel verheiratet, was freilich böse ausgegangen war, als Alexej 1718 als angeblicher Rebell auf Befehl seines Vaters totgeschlagen wurde. Die in Russland ‹Kronprinzessa› titulierte Charlotte war bereits 1715 als verzweifelte Verlassene im Kindbett an einer Bauchfellentzündung gestorben, weswegen die Erinnerung an sie den jetzt anreisenden Prinzen Anton Ulrich durchaus hätte beunruhigen können, der doch immerhin ein Sohn ihrer Schwester Antoinette Amalie war. Aber alles, was wir über Anton Ulrich von Braunschweig-Bevern wissen, spricht dafür, dass er genauso unbesorgt, ja vertrauensvoll in die große Welt hinausging, wie seine sanfte Erziehung im Kleinen Schloss zu Wolfenbüttel es uns erwarten ließ. War denn nicht bisher immer noch alles gutgegangen für die bevernschen Herzogskinder, deren Tante die Kaiserin in Wien war? Wurde nicht eben jetzt die Heirat Karls und Elisabeth Christinens mit preußischen Königskindern vorbereitet? Schon das garantierte die Karrieren der weiteren Geschwister, und so hätte denn Anton Ulrich auch nichts von dem überrascht, was in der Folge tatsächlich geschah. Bruder Ludwig würde der ranghöchste General und mächtigste Mann der Niederlande werden, Bruder Ferdinand in preußischen und britischen Diensten einer der wichtigsten Kommandeure des Siebenjährigen Krieges – Erfolge, die freilich nur erlangen konnte, wer nicht wie die Brüder Albrecht und Franz in jungen Jahren den Tod in der Schlacht fand. Von den Schwestern heiratete Luise Amalie den preußischen Prinzen August Wilhelm, den sein Königsbruder Friedrich II. genauso zur Heirat zwang, wie einst ihrer beider Vater ihn selbst gezwungen hatte. Schwester Juliane Maria würde währenddessen durch Heirat Königin von Dänemark und Stiefmutter eines wahnsinnigen Herrschers werden, den sie schließlich per Putsch entmachtete, um ihn lebenslang einzusperren. Schwester Sophie Antoinette bekam zwar bloß den Herzog von Sachsen-Coburg ab, eröffnete durch ihre wertvollen Blutsbande aber immerhin den vielen Nachkommen einen Weg, der sie im 19. Jahrhundert zuletzt auf nicht weniger als vier europäische Throne gleichzeitig bringen würde. Nur für die letzten zwei Schwestern Christine Charlotte und Therese Natalie würden sich keine standesgemäßen Partien mehr finden. Aber selbst sie erhielten als Fürstäbtissin von Gandersheim und Dechantin der Abtei Quedlinburg eine Stiftsdamen-Existenz, die sie nicht bloß standesgemäß und nahe der Heimat, sondern auch (weil Stiftsdamen nicht mit Nonnen zu verwechseln sind) in vielen Dingen freier als ihre verheirateten Schwestern leben ließ. Was jedoch uns wie eine Mischung glücklicher Lebensläufe mit durchwachsenen und tragischen vorkommt, war, durch die dynastische Brille betrachtet, eine fast ausnahmslose Serie phantastischer Erfolge, zumal ja der Vater dieser Kinder einst als zweiter Sohn des Herrn über 160 Hektar Ackerland ins Leben getreten war. Und noch haben wir nicht einmal erwähnt, welcher Hauptgewinn dem Prinzen Anton Ulrich in diesem

Februar 1733 das wohlige Gefühl geben musste, selbst mehr als alle anderen zur Erhöhung seines Hauses beizutragen.

Vielleicht nämlich erinnerte sich Prinz Anton Ulrich doch an seine Tante Charlotte – dann freilich weniger an ihr eheliches Unglück und umso mehr an die Tatsache, dass sie bei der Geburt eines einzigen Sohnes gestorben war, der später als Peter II. den Thron bestiegen hatte. Mit seinem frühen Tod war im Jahre 1730 auch der Mannesstamm des ganzen Hauses Romanow erloschen, das anders als die großen Dynastien des Westens nicht auf vor langer Zeit abgespaltene Nebenlinien zurückgreifen konnte, weil es den Thron ja erst seit 1613 besaß. Die Herrschaft musste daher nun an eine Frau fallen, und diese Frau war, obwohl es zwei Töchter Peters des Großen gab, letztlich Peters Nichte Anna Iwanowna, die im Unterschied zu diesen beiden auch das Kind einer adeligen Mutter war. Aber Anna Iwanownas kurze Ehe mit dem Herzog von Kurland war kinderlos geblieben. Da sie auf eine erneute Heirat bewusst verzichtete, die ihre Alleinherrschaft zwangsläufig eingeschränkt hätte, stellte sich die Thronfolgefrage gleich wieder – und beantwortete sich sofort, weil Annas ältere Schwester zwar nicht mehr lebte, aus der Ehe mit einem brutalen Herzog von Mecklenburg aber ihrerseits eine einzige Tochter hinterlassen hatte. Es war diese unter dem schönen Namen Anna Leopoldowna zur Orthodoxie konvertierte vierzehnjährige Mecklenburgerin, um deren Hand man seit Jahr und Tag in ganz Europa verhandelte, und es war diese Wunsch-Schwiegertochter, die der kaiserliche Onkel in Wien schließlich für seinen Neffen Anton Ulrich gewann. Es war diese ihm völlig unbekannte Anna Leopoldowna, der Anton Ulrich jetzt entgegenreiste, Anna Leopoldowna, für die man ihn als einzigen Bewerber nach Russland holte, damit die herrschenden Intriganten ihn einige Jahre lang auf Harmlosigkeit überprüfen konnten, Anna Leopoldowna, für die er beim Dichter Trediakowskij mehr schlecht als recht Russisch lernte, Anna Leopoldowna, für die er in der Steppe nördlich des Schwarzen Meeres an einem russischen Türkenkrieg teilnahm, und Anna Leopoldowna, die er nach sechsjähriger Bewerbungszeit schließlich im Jahr 1739 wirklich heiratete – keinen Moment zu spät auch, weil bald danach die an undiagnostiziertem Nierenstein leidende Zarin-Tante begann, von ominösen Krampfanfällen heimgesucht zu werden.

Bis hierhin haben wir die Geschichte von Prinz Anton Ulrichs unaufhaltbarem Aufstieg so erzählt, als hätte sie sich auch in jedem anderen Land des dynastischen Europa abspielen können. Aber falls der Prinz selbst das jemals geglaubt hatte, dann mussten sieben russische Jahre selbst ihn eines Besseren belehrt haben. In diesem Winter 1739/40 beispielsweise beschloss die Zarin Anna, ihrer ältesten und hässlichsten Hofnärrin einen Wunsch zu erfüllen. Die als Grimassenreißerin berühmte Kalmückin, deren von der Kaiserin verliehener Name Buženinova einer Vorliebe für das gleichnamige Zwiebelgericht geschuldet war, hatte Anna Iwanowna gestanden, dass sie gerne heiraten wollte, und so hatte die gerade großzügig aufgelegte Monarchin keinen Moment gezögert, einem Hofnarrenkollegen bei Strafe der Ungnade den sofortigen Heiratsantrag zu befehlen. So weit wäre die Geschichte wohl gerade auch noch im Westen denkbar gewesen, obwohl man etwa in Versailles bereits von Narren und Zwergen abgekommen war. Dass aber der zwangsrekrutierte Bräutigam als echter Fürst Galitzin aus einer Nebenlinie des alten litauischen Herrscherhauses stammte, wäre überall sonst ebenso undenkbar gewesen wie die wahnwitzige Residenz, die die Zarin dem Brautpaar jetzt am selben Newa-Ufer erbauen ließ, an dem fünfzehn Jahre später auch Poniatowski leben würde. Zwischen Winterpalast und Admiralität entstand in der gnadenlosen Februarkälte ein zwanzig Meter langer und zehn Meter hoher Palast aus Eisblöcken, in dessen Schlafzimmer das Bett, Matratze und Bettdecken ebenso aus Eis waren wie das Gehäuse der Penduluhr oder die Lebensmittel auf der festlichen Tafel des Speisesaals; selbst einen Kamin gab es, in dem auf Eisblöcken Petroleum brannte. Am Hochzeitstag führte eine Prozession aus Abgesandten der sibirischen Waldvölker Hof und Brautpaar zum Ort des Geschehens, wo mit Eiskanonen und Eiskugeln Salut geschossen wurde, während der Dichter Trediakowskij sein Gratulationspoem verlas. Dann brachte der ganze Hof die Frischvermählten mit großer Zeremonie zu Bett, nahm amüsiert Abschied und ließ bloß bewaffnete

Wachen zurück, damit die beiden sich nicht etwa aus ihrem gefrorenen Schlafzimmer absetzten. Sie überstanden die Nacht gerade mal so, aber man versteht, warum sie die folgenden Ereignisse zur Flucht ins Ausland nutzten, wo die Fürstin-Hofnärrin bald danach bei der Geburt eines Kindes starb. Die Moral von der Geschichte jedoch war eine grundsätzlichere: Weil es hier weder eine Tradition unabhängiger Adelsherrschaft noch ein Ständeparlament gab, hatten bestimmte anderswo selbstverständliche Spielregeln sich im Zarenreich so wenig herausgebildet, dass Russlands Herrscher noch immer mit jedem Untertanen alles tun konnten, was sie wollten. Was wie Stärke aussah, war in Wahrheit freilich das Gegenteil, denn gerade weil es die Zwischeninstanzen nicht oder nur ganz unvollkommen gab, die alle anderen Herrscher Europas immer erst auf ihre Seite ziehen mussten, fehlten auch die mächtigen Transmissionsriemen, mit denen dort durchgesetzt werden konnte, was Monarch und Elite gemeinsam wollten. So konnten Russlands Herrscher nicht zuletzt deshalb scheinbar unbeschränkt herrschen, weil so viele ihrer Befehle faktisch ins Leere gingen. Der Adel dagegen existierte nur als dienstpflichtige Verwalterklasse, war also die abgeleitete Variable des Monarchen, statt wie weiter westlich zugleich sein nützliches Gegengewicht zu bilden, und kam spätestens dann in die denkbar gefährlichste Situation, wenn er bei Hof am großen Machtspiel teilnahm. Selbst die mächtigsten Clans konnten sich bloß auf die Unersetzbarkeit der Gesamtfamilie verlassen, während jeder einzelne Angehörige sehr wohl mit Strafen rechnen musste, die alles anderswo Vorstellbare in den Schatten stellten. So spielten die Intriganten von Petersburg mit ungleich höherem Einsatz als ihre Kollegen an anderen Höfen – und das in einem System, das ausgerechnet durch scheinbare Modernisierung noch einmal unberechenbarer geworden war.

Peter der Große nämlich hatte seine theoretisch grenzenlosen Herrscherrechte nicht bloß zu all den Reformen genutzt, die das Land unter unglaublichen menschlichen Kosten tatsächlich zur europäischen Großmacht erhoben. Nachdem er sogar den eigenen Sohn hatte umbringen lassen, zog er 1722 die äußerste Konsequenz seiner rücksichtslosen Modernisierung und tat etwas anderswo Undenkbares, indem er die dynastische Erbfolge schlichtweg abschaffte. Von nun an sollte jeder Zar das Recht haben, den eigenen Nachfolger völlig frei zu bestimmen; nie wieder sollte ein untauglicher Kronprinz das Erbe seines Vaters ruinieren können, nie wieder ein schwacher Herrscher den Thron durch bloße Abstammung erhalten, wenn es doch so viele Fähigere gab. Die neue Thronfolgeregelung war ein Prinzip, das in seiner kühlen Effizienz die kühnsten Hoffnungen der Aufklärung vorwegzunehmen schien, ein Triumph des Verstandes über den Aberglauben also, der sich fast sofort als eine durch nichts abgemilderte Katastrophe erwies. Gerade weil Peter sich so viele Gedanken über den idealen Nachfolger machte, hatte er noch immer keinen ernannt, als er 1725 überraschend starb. So fiel die Thronfolge nun ganz wie im alten Rom in die Hände der Senatoren, Gardeoffiziere und Hofbeamten, die unter Berufung auf vage Bemerkungen des Verstorbenen seine mutige, leider aber als Bauerntochter auch analphabetische Witwe Katharina I. auf den Thron erhoben, um durch sie umso ungestörter selbst zu herrschen. Ihre Herrschaft währte zwar nicht lange, leitete aber eine lange Phase von Putsch, Gegenputsch und Favoritenherrschaft ein, die man nicht einfach aus Dekadenz oder Pech erklären kann. Selbst der Ausfall männlicher Erben, der zu einundsiebzig Jahren fast ununterbrochener Frauenherrschaft führte, wäre kaum ein Problem gewesen (man muss sich ja nur ansehen, wie es den anderen Ländern mit ihren männlichen Herrschern ging), wenn nicht die Zarinnen aus begreiflichen Gründen auch aufs Heiraten verzichtet hätten. Das aber brachte es mit sich, dass an der Seite jeder Zarin ein mächtiger Geliebter stand, der keinerlei Jobsicherheit hatte und in einem bald an Staatsstreiche gewöhnten Land entsprechend schnell gefährlich illoyal werden konnte. Noch größer wurde diese Gefahr nur dadurch, dass seit der Abschaffung der klaren Erbfolge alle Nachkommen des Hauses Romanow sich die gleiche Hoffnung auf einen Thron machen konnten, den sie sich notfalls eben erobern würden. In der Erbmonarchie westlichen Typs hatte jahrhundertelange Gewohnheit schließlich auch die jüngeren Prinzen daran gewöhnt, ihren Ausschluss von der

Nachfolge zähneknirschend zu akzeptieren. In Russland dagegen war es nun so purer Willkür unterworfen, welcher Angehörige der Dynastie auf den Thron kam, dass selbst ein ernannter Erbe jederzeit die Enterbung fürchten musste. Er hatte also nicht weniger als alle anderen Verwandten ein gutes Motiv, sich mit Putschisten zu verbünden, wodurch umgekehrt natürlich auch die Herrscherin niemandem mehr trauen konnte und ihre Angehörigen daher im Zweifelsfall lieber zu früh als zu spät einsperrte. Peter I. hatte mit seiner scheinbar so pragmatischen Reform de facto Reich und Haus in denselben Zustand dauernder Unsicherheit versetzt, in dem sich bereits die erste Kaiserdynastie des alten Rom befunden hatte. Die Julier-Claudier hatten bei identischer Versuchsanordnung genau vierundfünfzig Jahre gebraucht, um einander so vollständig auszurotten, dass zuletzt nur noch Nero übrig war, nach dessen Tod sich das Muster bekanntlich unter lauter kurzlebigen Dynastien bis zum Ende des altrömischen Staates fortsetzte. Im Russland des 18. Jahrhunderts brauchte es sogar nur neununddreißig Jahre, um die gesamte Romanow-Nachkommenschaft auf vier verschwundene Unpersonen sowie einen von der Mutter verdrängten, katastrophal neurotischen und vermutlich biologisch gar nicht mehr von den Romanows abstammenden Prinzen zu reduzieren. Es war dieser zuletzt doch noch auf den Thron gelangte Prinz, der 1797 fast als erste Regierungshandlung wieder die konventionelle Thronfolge einführen würde, bevor er für den Rest seines kurzen Lebens mit einem selbst nach Neros Maßstäben verrückten Regierungsstil auf das böse Ende zusteuerte. Aber die Rückkehr zum Erbfolgeprinzip kam nicht bloß zu spät, um Russlands Monarchie noch von der Paranoia zu befreien. Sie kam natürlich erst recht zu spät, um Anton Ulrich und Anna Leopoldowna die ungute Überraschung zu ersparen, die ihnen im Oktober 1740 widerfuhr.

Während die gerade mal siebenundvierzigjährige Kaiserin Anna Iwanowna im Sterben lag und ihre einundzwanzigjährige Nichte Anna Leopoldowna sich auf die Nachfolge vorbereitete, machte sich begreiflicherweise niemand größere Zukunftssorgen als der Liebhaber der Sterbenden. Ernst Johann von Bühren war wie so viele Würdenträger dieses Reiches ein deutsch-baltischer Edelmann, der seinen Namen in Biron russifiziert hatte. Anna Iwanowna hatte ihn zum Oberkammerherrn gemacht und ließ ihn schließlich sogar – als Gegenleistung für die russische Intervention in Polen – von August III. zum Herzog seiner Heimat Kurland erheben, nachdem 1737 mit Herzog Ferdinand der letzte der Genfer Brutaltouristen aus den 1670er Jahren kinderlos gestorben war. Er hatte alles zu verlieren, wenn das von seinen Konkurrenten beeinflusste junge Paar den Thron besteigen würde, war aber gerade noch fähig, seine sterbende Geliebte einen Erben ernennen zu lassen, der ihm passte. Und so erfuhren denn Anton Ulrich und Anna Leopoldowna am 16. Oktober 1740 mit Schrecken, dass die Zarin nicht bloß ihren Erben bekanntgeben, sondern bei der Gelegenheit auch gleich einen zukünftigen Regenten hatte ernennen wollen. Der Thron sollte nämlich nicht etwa an Anna Leopoldowna, sondern an deren bisher einziges Kind gehen. Da aber dieser kleine Großfürst Iwan Antonowitsch erst am 23. August geboren und also noch keine zwei Monate alt war, habe sich der Oberkammerherr Herzog von Kurland aus reiner Zuneigung für die Kaiserin bereitgefunden, bis zum sechzehnten Geburtstag des zukünftigen Zaren die Bürde der Regentschaft zu tragen. Am 17. Oktober verkündeten die Popen der Hauptstadt dies im Gottesdienst. Am 18. Oktober schworen die fassungslosen Eltern an der Spitze aller sonstigen Würdenträger einen Eid auf diese Nachfolgeordnung, bevor bereits am 28. Anna Iwanowna ihren Nierensteinen erlag. Der fünfundsechzig Tage alte Iwan Antonowitsch wurde als Iwan VI. auf den Thron aller Reußen gehoben, wodurch zum ersten Mal seit 1218 und überhaupt erst zum zweiten Mal ein Angehöriger des Welfenhauses Kaiser wurde. Zugleich wurde er der drittjüngste Monarch der christlich-europäischen Dynastiengeschichte, da nur die 1542 mit sieben Tagen auf den schottischen Thron gelangte Maria Stuart sowie der 1316 bereits als König geborene, freilich auch noch am selben Tag wieder gestorbene Johann I. von Frankreich ihn jemals an Jugendlichkeit übertroffen hatten. (1886 würde ihn dann der ebenfalls als Sohn eines schon verstorbenen Vaters direkt zur Krone geborene Spanier Alfons XIII. auf den vierten Rekordplatz zurückdrängen.) Am 30. Oktober 1740 wurde der Kinderzar in den Armen seiner Amme von Sänftenträgern in den Winterpalast getragen, während ihm in der langen Prozession die Kutsche des Regenten-Herzogs Biron vorausfuhr und die Spalier stehenden Soldaten aller drei Garderegimenter interessiert zusahen, aus denen sich üblicherweise das Kernpersonal jedes Putsches rekrutierte. Sie mussten nicht lange nachdenken, um zu begreifen, dass da viel Arbeit auf sie zukam.

Wenn man überhaupt von so etwas wie der Regierungszeit Iwans VI. sprechen will, dann darf man sie sich zugleich als den Höhepunkt deutschen Einflusses am Petersburger Hof und als Tiefpunkt dieser Jahre ohne Thronfolgeordnung vorstellen. Deutscher Einfluss dabei nicht etwa, weil die Eltern des Säuglingsherrschers bald doch noch in offizielle Machtpositionen kamen. Das taten sie zwar durchaus, da sich Biron-Kurlands genialische Konstruktion am Ende bloß genau dreiundzwanzig Tage lang hielt, bevor Feldmarschall Münnich ihn von der Garde verhaften und zuerst auf die Festung Schlüsselburg, dann in ein von Münnich selbst entworfenes sibirisches Holzhaus schaffen ließ. Obwohl aber Anna Leopoldowna nun doch noch Regentin und ihr wenig geliebter Mann Anton Ulrich Generalissimus wurde, veränderte das aufgrund des politischen Ungeschicks dieser beiden weder die Machtverteilung noch die Putschfrequenz. Der Oldenburger Münnich wurde als Macht hinter dem Thron seinerseits nach drei Monaten von dem aus Bochum stammenden Generaladmiral Ostermann gestürzt, wobei er zuerst immerhin noch in seinem nachher von Poniatowski bewohnten Petersburger Palais bleiben durfte (erst anderthalb Putsche später verbannte man ihn nach Sibirien, wo er sich für die nächsten neunzehn Jahre in genau dem Holzhaus wiederfand, das er für Biron entworfen hatte). Ostermann seinerseits hatte jedoch bald allen Grund, den sächsischen Gesandten Graf Lynar zu fürchten, weil dessen Verlobung mit der bei Anna Leopoldowna übermächtigen baltendeutschen «Ersten Staats-Hoffräulein» Juliane von Mengden bereits den nächsten Putsch vorbereitete. Wenn diese beiden nun zunehmend Annas Ehemann Anton Ulrich von der Seite seiner Gemahlin verdrängten, ja ihn dort anscheinend sogar durch Lynar ersetzten, so lag darin auch deswegen hohe Politik, weil ja genau zur selben Zeit Karl Albrecht von Bayern und Marschall Belle-Isle das restliche Europa in den Österreichischen Erbfolgekrieg hineinzogen. In diesem sich ausbreitenden Flächenbrand aber hofften natürlich alle Mächte auf Russlands Unterstützung, weswegen man im Winterpalast bald immer wilder zwischen einer Allianz mit Anton Ulrichs Schwager Friedrich von Preußen, einem Bündnis mit Anton Ulrichs Cousine Maria Theresia oder einer Zusammenarbeit mit dem seinerseits wechselhaften sächsischen Auftraggeber Lynars hin- und herschwankte. Das sich immer schneller drehende Karussell der europäischen Kriegsallianzen dockte also gewissermaßen an das schon von allein halsbrecherisch rotierende Ringelspiel der Petersburger Intrigen an, bis schließlich ein von Frankreich inspirierter Krieg Russlands mit Schweden ausbrach. Spätestens nachdem jedoch auch dieser Krieg keine rechten Erfolge zeigte, begann das Murren gegen die ausnahmslos fremden Machthaber. Immer mehr Augen richteten sich auf Großfürstin Elisabeth Petrowna, die als einzige noch lebende Tochter Peters des Großen und der analphabetischen Litauerin Katharina wenigstens keine Deutsche war. Nicht umsonst hatte sie stets ihre orthodoxe Frömmigkeit betont, obwohl man sie einst in der Hoffnung auf eine Vermählung mit Ludwig XV. ganz französisch erzogen hatte. Aber welch rührend aussichtslose Ambition: In der französischen Prinzessinnenliste hatte man Elisabeth zwar als schön, zugleich aber wegen «der Niedrigkeit der Herkunft ihrer Mutter» als selbstverständlich ungeeignet beschrieben.

Während also Iwan VI. mit all der Würde, die einem vierzehn Monate alten Kind zur Verfügung steht, die vierzehn von einem persischen Botschafter überbrachten Geschenk-Elefanten entgegennahm, spann sich um die zweiunddreißigjährige Elisabeth Petrowna eine Verschwörung, die ihren letzten Antrieb durch die Verhaftung einiger Eingeweihter erhielt. Waren ihre Pläne erst einmal aufgedeckt, dann konnte Elisabeth sich noch glücklich schätzen, wenn das Kloster, in das man sie verbannen würde, unterhalb des Polarkreises gelegen wäre. Als schließlich die ihr wohlgesinnten Garderegimenter in den

Schwedischen Krieg abkommandiert wurden, wusste sie, dass sie nicht länger warten konnte. In der Nacht vom 5. auf den 6. Dezember 1741 fuhr sie mit einer kleinen Zahl hauptsächlich russischer Vertrauter im Schlitten zur Kaserne des Garderegiments Preobraženskij. Ein nicht eingeweihter Trommler schlug zwar Alarm, bevor Elisabeths hugenottischer Leibarzt die Trommel mit einem Dolch durchstieß, aber dann lief alles nach Plan, obwohl man kaum einen gemacht hatte. Die Großfürstin musste die Gardisten nur fragen, ob sie wüssten, wer ihr Vater gewesen sei, schon schworen sie, für sie sterben zu wollen. Bald begleiteten 300 Bewaffnete die Tochter Peters des Großen durch die Nacht zum Winterpalast; sie wurde getragen, weil sie sonst im Schnee stecken geblieben wäre. Im Palast selbst mussten die Putschisten nur fünf Soldaten überwältigen, was auf Elisabeths ausdrücklichen Wunsch auch ohne Blutvergießen gelang, bevor sie das Schlafzimmer der noch immer tief schlafenden Cousine Anna Leopoldowna erreichten. Obwohl die Regentin mit ihrem Mann seit längerem kein Wort mehr sprach, teilte sie nach wie vor das Bett mit ihm, dem sie erst vor vier Monaten ein zweites Kind geboren hatte. So wurde Prinz Anton Ulrich nun also zusammen mit seiner Frau von den Gardegrenadieren aufgeweckt, die bei der Verhaftung der beiden so viel Lärm machten, dass es auch den nebenan schlafenden Zaren aus dem Schlaf riss. Die irgendwann in dieser Nacht unmerklich von der Großfürstin zur Zarin mutierte Elisabeth nahm Iwan VI. auf den Arm und soll ihn «du armer kleiner Unschuldiger» genannt haben, bis er sich wieder beruhigte. Dann wickelten die Grenadiere ihn in Pelze ein, um ihn der neuen Herrscherin hinterherzutragen, die sich währenddessen in einem Saal des Winterpalasts bereits von Newa-Bootsknechten und Frauen aus dem Volk die Hand küssen ließ. Als diejenigen Würdenträger, die nicht wie die meisten Deutschen bereits verhaftet waren, zitternd zur Huldigung eintrafen, sahen sie, wie direkt hinter dem Thron betrunkene Preobraženskij-Gardisten goldene Standuhren und silberne Armleuchter davonschleppten. Schließlich aber war auch das vollbracht, und so konnte die neue Zarin im Morgengrauen ein letztes Mal zu ihrer bisherigen Residenz zurückfahren. Das Kleinkind, das vierhundertvier Tage lang Zar aller Reußen gewesen war, nahm sie im Schlitten mit, wo sie es regelrecht festhalten musste, als das Petersburger Volk von beiden Seiten der Straße «Hurra» schrie. Der Kleine nämlich hüpfte fröhlich auf und ab, als ahnte er, dass hier die erste Reise seines Lebens beginne.

Im weiß-roten Sandsteinschloss von Bevern hatte Prinz Anton Ulrich von Braunschweig als Kind das mottenzerfressene Bärenfell betrachten können, auf dem 1658 die damalige Herzogin von Kurland mit ihren Kindern geschlafen hatte, als die Familie über Riga in russische Gefangenschaft gebracht wurde, und es müsste uns überraschen, wenn diese Geschichte für ihn etwas anderes als ein Märchen gewesen wäre. Nun saß er selbst mit seiner ihm entfremdeten Frau, zwei kleinen Kindern und ihrem Hofpersonal in einem der von 300 Soldaten begleiteten Schlitten, die durch tiefen Winter hindurch von Petersburg nach Riga fuhren, um sie via Kurland in den Westen zurückzubringen. Vielleicht glich es seine Wut über den Verlust der Macht aus, dass er so wenigstens auch aus diesem gefährlich verrückten Land herauskam, das ihn die letzten acht Jahre seines noch immer erst siebenundzwanzigjährigen Lebens gekostet hatte. Natürlich war die Aussicht bedrückend, als Kaiserfamilie ins Kleine Schloss von Wolfenbüttel zurückzuziehen, das man am Winterpalast nicht mal als Pförtnerloge toleriert hätte. Aber für einen Kaiserinnenneffen und Königinnenbruder wie ihn würde sich schon etwas finden, man gehörte ja zur Großfamilie der regierenden Häuser. War nicht sogar noch dieser eigentlich antideutsche Putsch durch den Erbprinzen von Hessen-Homburg organisiert worden, der sich durch seine Ehe mit der ehemaligen Hausherrin des Cantemir-Palasts eine Verwandtschaft mit der neuen Zarin erheiratet hatte? Und war es nicht ebendieser Prinz, der jetzt von Petersburg aus die Abreise der gestürzten Familie organisierte? So würde man am Ende selbst diese hässliche Geschichte unter Standesgenossen regeln, wie es sich gehörte. Der Erbprinz würde ihnen die erbetenen Fausthandschuhe, Kindermädchen und Bettwäsche übersenden, auf einem Bärenfell konnten sie ja schlecht schlafen, und mit etwas Glück würde er auch ein Machtwort mitschicken, damit man die Reisenden endlich in ernsthaftem Tempo vorankommen ließe, statt sie ständig auf kaputte Wagen oder nicht auffindbare Ersatzpferde warten zu lassen. Denn dass man in Petersburg großen Anteil an ihrer Reise nahm, das war ja unübersehbar. Täglich kamen neue Kuriere mit neuen Fragen und Aufträgen hinter ihnen her (für die gab es komischerweise sehr wohl frische Pferde). Anna Leopoldowna waren sogar die Schmuckgegenstände weggenommen worden, die sie sich erst vor einem Jahr aus den von Biron-Kurlands Gewändern abgeschnittenen Gold- und Silberfäden hatte machen lassen. So richtig blass geworden war der Bote vom Hof freilich erst, als weder die Zareneltern noch ihr Gefolge seine Frage nach dem Verbleib des mit roten Diamanten besetzten Fächers beantworten konnten, an dem die neue Zarin anscheinend besonders hing. Wahrscheinlich schickt sie den armen Kerl nach Sibirien, wenn er ohne den Fächer zurückkommt. Im Grunde können wir froh sein, das alles hinter uns zu lassen.

Am 11. Januar 1742 erreichten die unfreiwilligen Reisenden Riga, nur noch wenige Meilen von der polnischen Grenze entfernt, und wieder gab es keine frischen Pferde. General Saltykow brachte die Staatsgefangenen in der mittelalterlichen Burg unter und ließ zuerst sogar Anton Ulrich von Anna Leopoldowna trennen, bevor ein Befehl aus Petersburg ihnen das Bewohnen gemeinsamer Räumlichkeiten erlaubte; die unter diesen Umständen schwer vermeidbare Versöhnung der Eheleute war das einzig Gute, was ihnen hier widerfuhr. Am 23. Februar kam Anton Ulrichs Bruder Ludwig dazu. Er erzählte, wie er es nur mühsam vermieden habe, unterwegs den Weg des dreizehnjährigen Herzogs Karl Peter Ulrich von Holstein-Gottorf zu kreuzen, der jetzt als einziges Kind der einzigen Schwester Elisabeths ins Land kam, um unter dem Namen Peter Fjodorowitsch neuer Großfürst-Thronfolger zu werden (und seine bisherige Rolle als schwedischer Kronprinz aufzugeben, denn als die Schweden sahen, dass er eines Tages Zar ihrer Erbfeinde werden würde, enterbten sie ihn natürlich schneller, als man Holstein-Gottorf sagen kann). Dann reiste der Bruder weiter, und die Zeit begann sich zu dehnen. Die Briefe aus Braunschweig kamen immer seltener durch, und nach frischen Pferden fragte Anton Ulrich schon lange nicht mehr. Immer strenger wurde die Überwachung, während ein Umzug zum Jahresanfang 1743 sie nur vom Rigaer Schloss in die nahegelegene Festung Dünamünde brachte, ohne sonst etwas an ihrem Alltag zu ändern. So vergingen mehr als zwei Jahre, bis Anton Ulrich, Anna Leopoldowna und ihre unfreiwilligen Begleiter zum Jahresanfang 1744 erfuhren, dass ihre Reise doch noch weitergehen sollte. Aber wohin? Die Bewacher verrieten es ebenso wenig, wie sie die plötzliche Eile erklärten, mit der man alles zum Aufbruch vorbereitete, obwohl Anna Leopoldowna gerade erst ihr drittes Kind geboren hatte (eine Tochter, die man von einem vor Angst zitternden Popen auf den Namen der Zarin Elisabeth taufen ließ). Am 11. Februar 1744 brachen sie alle auf, wieder in einem Konvoi aus Schlitten, wieder im Winter und am letzten Tag der Frist, die man General Saltykow gelassen hatte, um «die gewissen Personen» aus Rigas Umgebung zu entfernen, wo schon am 12. Februar die zur Vermählung mit dem Großfürsten-Thronfolger anreisende vierzehnjährige Sophie von Anhalt-Zerbst eintreffen würde. Nachdem Saltykow Anna Leopoldowna erklärt hatte, dass er den ehemaligen Kaiser in einem eigenen Schlitten transportieren müsse, war sie für eine Viertelstunde zum Weinen ins Nebenzimmer gegangen, bevor sie ihren dreieinhalbjährigen Sohn dem General übergab. Der Konvoi fuhr jetzt strikt nach Südosten. Städte wurden nur noch bei Nacht durchquert, bis man eine südöstlich von Moskau gelegene Festung erreichte, die damals mit bitterer Ironie den Namen Oranienburg trug – sie hieß also genauso wie das Schloss bei Berlin, in das jetzt gerade Anton Ulrichs Schwester Luise Amalie einzog, weil ihr Mann August Wilhelm von Preußen es von seinem Bruder Friedrich II. erhalten hatte. Es war derselbe dreifach mit Anton Ulrich verschwägerte Preußenkönig, der seiner Verbündeten Elisabeth erst vor kurzem ausgerichtet hatte, sie solle doch die braunschweigische Familie an den entlegensten Ort ihres Reiches verbannen, damit Europa sie endlich vergesse.

Russlands neue Kaiserin bedurfte dieses Rates kaum mehr. Die auf ihre Weise ernsthaft fromme Frau hatte zwar die Todesstrafe weitgehend abgeschafft, weswegen Staatsfeinde jetzt *nur noch* Auspeitschung, Nasenabschneiden und Sibirien zu fürchten hatten. So scheint es auch nie zur Debatte gestanden zu haben, die braunschweigische Familie oder gar den unschuldigen Kinderzaren einfach zu töten. Sie einfach gehen zu lassen, erlaubte jedoch die gnadenlose Logik des Systems der beliebigen Thronfolge ebenso wenig, zumal die Gefahr ihrer Rückkehr an die Macht keineswegs nur theoretisch war. Elisabeth wusste, wie sie selbst auf den Thron gekommen war; sie wusste von russischen Verschwörern und fremden Mächten, die einen solchen Putsch ganz ernsthaft erwogen. In dieser Situation reichte es der Tochter Peters nicht mehr, alle öffentlichen Erwähnungen Iwans VI. auszutilgen, die Formulare des auch von ihr selbst geschworenen Treueides zu verbrennen und schließlich sogar die mit seinem pausbäckigen Porträt geprägten Münzen komplett einschmelzen zu lassen. Im Sommer 1744 fiel ihre Entscheidung, die Gefangenen an einen Ort zu verbannen, der buchstäblich am Ende des bewohnten Erdkreises lag. Es ist kein Zufall, wenn die im Weißen Meer gelegene Klosterinsel von Solowetzkij oder Solowki später als leninsches und stalinsches Lager traurig berühmt wurde, denn schon die Zaren hatten sie stets als Gefängnis benutzt: Hier am Polarkreis, wo selbst das Meer nur immer weiter nach Norden führte, war jede Hoffnung auf Entkommen vergeblich. So wurden nun im Kloster bereits 24 Räume vorbereitet, als die unerbittliche Natur den braunschweigischen Gefangenen zu Hilfe kam. Zu lange hatte die Zarin abgewogen; ihr Befehl zur Weiterreise kam in Oranienburg erst an, als schon der Herbst dem Winter zu weichen begann. Während der Reise in den hohen Norden aber froren jetzt die Straßen zu, bis man nicht einmal mehr auf Schlittenkufen vorankam. Der noch immer hundert Personen starke Tross musste also in der heruntergekommenen Bischofsresidenz Cholmogory an der Dwina überwintern, wo man den Bischof zugunsten der Gefangenen aus seinem zweistöckigen steinernen Palast in ein hölzernes Sommerhäuschen ausquartierte. Dann fror mit der Dwina auch das Eismeer zu, das wenig weiter nördlich bei Archangelsk begann, und Solowetzkij wurde wie jedes Jahr für sechs Monate vollkommen von der Außenwelt abgeschnitten. Es war dieser Umstand, der letztlich selbst die Zarin Elisabeth davon überzeugte, die Gefangenen in Cholmogory zu lassen, weil man aus Solowetzkij keine regelmäßigen Überwachungsberichte erhalten könne, und also ersparte ausgerechnet inhumaner Perfektionismus der gerade um ein viertes Kind erweiterten Prinzenfamilie das Schlimmste. Das trotz Bischofskirche gottverlassene Cholmogory aber wurde für alle außer einem zum Schicksalsort.

Ein streng bewachter Zaun umgab das Gelände der Bischofsresidenz, auf dem nun nicht nur die fürstliche Familie, sondern auch fast 100 Soldaten und ebenso viel mitgefangenes Hofpersonal lebten. Anna Leopoldowna starb noch 1746 bei der Geburt ihres fünften Kindes; ihr Leichnam wurde, in Spiritus eingelegt, nach Petersburg gebracht und dort in Gegenwart der Zarin mit großen Zeremonien beigesetzt, als hätte sie wenigstens im Tod aufgehört, eine Nichtperson zu sein. Der Witwer Anton Ulrich bewohnte währenddessen mit den kleinen Töchtern Katharina und Elisabeth und den noch jüngeren Söhnen Peter und Alexej das Hauptgebäude des Bischofshauses, das sie nur verlassen durften, wenn sie um einen Teich oder im schwer bewachten Gemüsegarten spazieren gingen. Den ältesten Sohn aber, den ehemaligen Zaren Iwan Antonowitsch, hatten sie alle wohl schon seit der Anreise nicht mehr gesehen. Das kleinere Haus, in das man den damals Vierjährigen mit einem Major und Wachsoldaten einquartiert hatte, war für den Rest der Familie unsichtbar, weil es dem ihren zwar gegenüberlag, der Blick jedoch von einer Kirche verstellt wurde. Zudem durfte das Kaiserkind auf ausdrücklichen Befehl der Tante nicht einmal sein Zimmer verlassen. Seine einzige Gesellschaft waren also die Wachsoldaten, die ihn immerhin so gerne mochten, dass sie ihm trotz hoher Strafandrohung verrieten, wer er war. Iwans einziges Fenster auf die Welt war daher ganz buchstäblich das eine Fenster, von dem aus er in einen zweiten Gemüsegarten blickte und aus dem heraus er wie zum Beweis seines Kaisertums den dort arbeitenden Soldaten Befehle erteilte. Es ist unwahrscheinlich, dass er auch nur vom Tod seiner Mutter erfuhr, die doch im gegenüberliegenden Haus bei der Geburt eines ihm unbekannten Bruders gestorben war. So vergingen zehn Jahre, die sich für die Gefangenen kaum voneinander unterscheiden ließen. Wachsoldaten tranken und schlugen sich dann mit den Dörflern. Halb alphabetisierte Offiziere und deutsche Sekretäre führten Kleinkriege um die Abrechnungen von Zwirn und Wodka, indem sie endlose Briefe auf den wochenlangen Weg nach Petersburg schickten. Die letzte adelige Hofdame der Anna Leopoldowna begann eine Affäre mit dem Leibarzt der Gefangenen, gebar ein Kind und wurde dann verrückt. Anton Ulrich versuchte sich im Smalltalk mit den Wachsoldaten, die ihn Väterchen nannten, und aß zu reichlich, weil es sonst nichts zu tun gab. Auf seine Bitte, die Kinder Lesen und Schreiben lehren zu dürfen, erhielt er keine Antwort (später würde sich herausstellen, dass sie es sich mit einem alten Gebetbuch bereits heimlich selbst beigebracht hatten). Ein Schuhmacher wurde verwarnt, weil er im Suff damit angab, die Schuhe des wahren Zaren ausgebessert zu haben, und Reisende aus dem Eismeerhafen Archangelsk, die Moskau nur über Cholmogory erreichen konnten, erzählten in den Gasthäusern entlang ihrer Route, was sie im Bischofsstädtchen von der zu Tode gelangweilten Wachmannschaft erfahren hatten. Die Zeit schien stillzustehen.

Aber dann, im Februar 1756, änderte sich doch noch einmal etwas. Neue Soldaten kamen mit neuen Offizieren, um den nunmehr fünfzehnjährigen Iwan Antonowitsch unter größter Geheimhaltung für sechs Wochen nach Petersburg abzuholen, und wir können nur ahnen, warum. Gerade die bröckelnde Geheimhaltung war es ja, die eine Verlegung an einen anderen Ort nötig machte, und so wäre es viel einleuchtender gewesen, ihn direkt zur Festungsinsel Schlüsselburg im nahe Petersburg gelegenen Ladogasee zu bringen, wo er schließlich im April 1756 ankam. Offenbar hatte jedoch die Kaiserin Elisabeth das «unschuldige Kind» zuvor noch einmal mit eigenen Augen sehen wollen. Wir können nur ahnen, was sie empfand, als sie den jungen Mann sah, den sie zu einem so verkrüppelten Leben verdammt hatte, weil sie ihn weder freilassen noch töten wollte. Hoffte sie darauf, ihr Gewissen zu beruhigen? Wollte sie sich im Gegenteil aus eigener Anschauung vergewissern, dass die Isolation aus ihrem Vorgänger endgültig einen harmlosen Verrückten gemacht hatte? Unmöglich für uns, das zu wissen, unmöglich vielleicht auch für sie. Nur eines können wir noch weniger erahnen. Das wenige, was vom Zustand Iwans VI. überliefert ist, deutet darauf hin, dass er natürlich ungebildet, kaum sozialisiert und abergläubisch war, ansonsten aber geistig und körperlich erstaunlich gesund. Was machte es mit jemandem, der vielleicht mit insgesamt drei Dutzend Menschen gesprochen, dessen bewusst erinnerliches Leben sich erst auf winterlichen Schlittenreisen und dann im immergleichen Zimmer abgespielt hatte, was machte es mit so jemandem, in eine große Stadt zu kommen und in den gigantischen Winterpalast, sei es selbst nachts und streng bewacht? War es zu viel, unvorstellbar, irreal? War es ihm einfach nur ein weiteres Zimmer, in dem eine Frau in mittleren Jahren ihn anstarrte, vielleicht ein paar Worte zu ihm sprach, war es egal, wenn die Frau Männerkleidung trug und an den Wänden des Zimmers Blattgold klebte, weil es ohnehin nichts Normales gab in diesem Leben? Wir können es nicht wissen. Das kleine Haus in Cholmogory aber wurde noch neun Jahre nach seinem Weggang bewacht, als hätte er es nie verlassen.

In diesem Frühjahr 1756 also kreuzten sich zum ersten Mal die Wege jenes europäischen Monarchen des 18. Jahrhunderts, der mehr als alle anderen zum Thron geboren war, mit denen seines am wenigsten zur Krone vorbestimmten Gegenstücks. Es war nämlich Iwan VI. nicht der einzige junge Mann, der in diesen Tagen heimlich in den Winterpalast geführt wurde, um eine Frau des Hauses Romanow zu treffen. Sonst freilich unterschied alles die beiden Begegnungen. Während das Treffen des ehemalige Kinderzaren mit seiner jetzt regierenden Tante Elisabeth der Staatsräson und ihren pervertierten Familienbanden geschuldet war, empfing Elisabeths angeheiratete Nichte den jungen Poniatowski aus Gründen, die ungleich sympathischer waren – und sich aus der Vorgeschichte dieser Frau ergaben, die eine der wichtigsten Fürstinnen des ganzen Jahrhunderts werden sollte.

Die inzwischen sechsundzwanzigjährige Prinzessin Sophie von Anhalt-Zerbst, die 1744 als Vierzehnjährige über Riga angereist war und dabei einst beinahe Iwan VI. begegnet wäre, hatte bald danach den russischen Thronfolger geheiratet. Bei ihrer Konversion zur Orthodoxie nahm sie den Namen Katharina Alexejewna an, weswegen auch die Geschichtsschreiber sie später als Katharina kennen würden. Von Poniatowski aber ließ sie sich vielleicht gerade deshalb mit ihrem ursprünglichen Vornamen Sophie nennen, weil es ihrer Beziehung kaum gutgetan hätte, sich zu oft an Sophies Rolle als Thronfolger-Gemahlin Katharina zu erinnern. Im Übrigen wäre bereits die Tatsache, dass er sie überhaupt mit einem Vornamen ansprach und anschrieb, selbst im vergleichsweise vornamenfreundlichen Osteuropa, ein starkes Indiz dafür gewesen, dass diese beiden entweder zu viele englische und aufklärerische Bücher über die Liebe gelesen hatten (hatten sie) oder unerlaubtermaßen ein Paar waren (waren sie). Es muss uns folglich nicht weiter wundern, wenn Katharina den jungen Polen Nacht um Nacht ebenso heimlich in den Winterpalast schmuggeln ließ, wie ihre Tante es das eine Mal mit dem tragischen Kindkaiser getan hatte. Aber da bei Hof auch Heimlichkeiten relativ sind, hätte man sehr naiv sein müssen, um zu glauben, dass bloß der Kammerherr Naryschkin oder ein paar weitere Eingeweihte gewusst hätten, was sich hier abspielte. Sir Charles Hanbury Williams hatte schon gleich nach seiner und Stanisławs Ankunft nur ein paar Minuten gebraucht, um den Subtext unter der Neugier zu erkennen, mit der die Großfürstin ihn nach dem auffällig guten Tänzer fragte. Es machte wenig aus, dass Stanisław selbst das nicht so schnell verstand, denn da Katharina wusste, was sie wollte, begriff er es noch bald genug. In der Nacht zum 28. Dezember 1755 hatte Naryschkin ihn zum ersten Mal vom Palais Cantemir in den Winterpalast geführt. Dort ließ der Kammerherr Stanisław mit der Frau allein, deren ausdrucksvolle blaue Augen ihn längst ebenso in ihren Bann geschlagen hatten wie es die langen schwarzen Wimpern, die strahlend weiße Haut, «der zum Kuss einladende Mund» oder das leidenschaftliche Lachen taten.

Historiker haben die Herkunft der Großfürstin Katharina oft als fast schon unstandesgemäß beschrieben, weil sie in Stettin als Tochter eines preußischen Generals geboren wurde, der bei Malplaquet unter Grumbkow gekämpft hatte und es auch später nur zum Herrscher des in der Tat zwerghaften Fürstentums Anhalt-Zerbst brachte. Aber das ist schon deshalb ein Missverständnis, weil die Demarkationslinie zwischen der Großfamilie der regierenden Häuser und dem Adel immer viel wichtiger war als alle Abstufungen innerhalb dieser nur untereinander heiratenden Großfamilie. Wer einmal dazugehörte, der war – zumal angesichts der Rolle deutscher Exportprinzessinnen – definitionsgemäß auch mit allen anderen verwandt. Sobald man begreift, dass diese von Frauen vermittelten Beziehungen nicht am Familiennamen des Vaters hingen, kann man das bewährte Muster auch im Fall Katharinas erkennen. Ihre Mutter entstammte demselben Haus Holstein-Gottorf wie Katharinas Ehemann Peter (der daher ihr Cousin zweiten Grades war), war eng mit dem dänischen und sächsisch-polnischen Herrscherhaus verwandt und hatte einen Bruder, den der schwedische Reichstag kurz vor Katharinas Heirat zum neuen Thronerben bestimmte. Selbst Katharinas Vater war immer noch beispielsweise ein enger Verwandter der Augusta von Sachsen-Gotha, die wir bereits als Prinzessin von Wales kennengelernt haben. Und mit dieser ihrer Cousine zweiten Grades Augusta kann man Katharina denn auch insofern gut vergleichen, als die anfängliche Geschichte der russischen Thronfolger-Ehefrau sich tatsächlich wie eine ins Extreme gesteigerte Parallele zu jener der Prinzessin von Wales ausnimmt. Katharina kam nicht nur wie Augusta als deutscher Teenager in ein völlig fremdes Land, von dessen Sprache sie kein einziges Wort verstand. Sie wurde genau wie Augusta mit einem Prinzen verheiratet, der infolge unglücklicher Erziehung einigermaßen unreif geblieben war, und schaffte es wie Augusta trotzdem, sich an einem mörderisch zerstrittenen Hof mit allen Parteien gut zu stellen. Selbst die Schwierigkeiten, die uns eine gerechte Beurteilung von Augustas Ehemann macht, stellen sich für Katharinas Gemahl Peter ebenso, weil wir die beiden am ausführlichsten aus den Memoiren ihrer schlimmsten Feinde kennen. Zugleich endet hier jedoch die Parallele. Der memoirenschreibende schlimmste Feind des Prinzen von Wales war bekanntlich Lord Hervey. Aber so nah Hervey dem Prinzen auch kam (und das war immerhin nah genug, um beispielsweise maliziös die gigantisch aufrecht stehende Nachtmütze zu beschreiben, die Fritz in seiner Hochzeitsnacht trug), so wenig konnte er damit mithalten, dass Großfürst Peters memoirenschreibende Feindin seine eigene Frau Katharina war. Wenn sie über die gemeinsame Hochzeitsnacht mitteilt, dass der Siebzehnjährige und seine ein Jahr jüngere Frau ratlos nebeneinanderlagen, weil niemand ihnen erklärt hatte, was zu tun sei, dann ließe sich das vielleicht noch als bloße Offenheit lesen. Spätestens sobald sie jedoch beschreibt, wie ihr Ehemann nicht nur Spielzeugsoldaten mit ins Bett brachte, sondern auch eine Ratte «vors Kriegsgericht stellte» und aufhängte, weil sie einen davon angeknabbert hatte, kommen wir Leser nicht mehr umhin, uns Fragen zu stellen. War Großfürst Peter ein infantiler Tropf, oder war es Katharina angesichts der folgenden Ereignisse immens wichtig, ihn zu ihrer Rechtfertigung als einen solchen darzustellen? Und wieder einmal scheint beides weder die alleinige Wahrheit noch ganz falsch zu sein. Peters selbst bei freundlicher Betrachtung kindischer Uniformenwahn ist auch, wenn die Rattengeschichte erfunden sein sollte, genauso gut dokumentiert wie andererseits Katharinas Gründe, Peters Idiotie übertrieben darzustellen. Das Binnenklima dieser Ehe war jedenfalls frostig und Katharina trotz aller erzwungenen Verstellung eine zu lebhafte Frau, um so brav neben ihrem Mann herzuleben, wie die Spielregeln das vorsahen. Zuerst lernte sie, sie im Kleinen zu brechen. Sie las Montesquieu, zog die mit ihrer Überwachung beauftragten Hofbeamten auf ihre Seite und erfand einen Spezialsattel, um unauffällig aus dem von der Kaiserin vorgeschriebenen Damensitz in die männliche Reitposition zu wechseln. Bald wagte sie mehr. Nach sechs Jahren anscheinend unvollzogener Ehe ließ sich die attraktive Dreiundzwanzigjährige vom Kammerherrn Sergej Saltykow verführen, dessen Vater den Kinderzaren in die Gefangenschaft geführt hatte und den man im höfischen Französisch den schönen Serge (le beau Serge) nannte, ohne dass die überlieferten Porträts dies besonders bestätigen. Obwohl Saltykow außer polierter Eleganz wenig zu bieten hatte, blieb ihre Beziehung über zwei Jahre lang intensiv genug, um Katharina in Gefahr zu bringen. Sie hatte bereits zweimal Schwangerschaften mit Hilfe weit geschnittener Kleider vertuschen müssen und zwei heimliche Fehlgeburten erlitten, als sie schließlich 1754 einen Sohn gebar, der fast sicher von ihrem Geliebten stammte. Wenn wir uns erinnern, was im vergleichsweise westlichen Hannover mit Kurprinzessin Sophie Dorothea und ihrem Liebhaber Königsmarck geschehen war, obwohl diese beiden der Dynastie noch nicht einmal ein Kuckuckskind in die Wiege gelegt hatten, dann kann man sich vorstellen, was Katharina jetzt in einem Land drohte, wo ein vierjähriges Kaiserkind schon für seine bloße Existenz zu lebenslanger Isolationshaft verurteilt werden konnte. Aber dies eine Mal hatte Katharina nicht nur das zum Überleben nötige Geschick, sondern auch einfach großes Glück.

Wir haben die Kaiserin Elisabeth als extrem rücksichtslose Machtspielerin kennengelernt, und auch diesmal war es wohl kaum Mitleid, das sie ein Auge zudrücken ließen. Aber gerade weil sie Iwan VI. samt Geschwistern hatte verschwinden lassen, waren jetzt die einzigen Romanow-Nachkommen weit und breit ihr Neffe Peter sowie sie selbst, die als unverheiratete Sechsundvierzigjährige keinen Erben mehr produzieren würde. Die Aussicht, das von ihrem Vater emporgehobene Reich jemandem zu hinterlassen, der so unübersehbar hart an der Idiotiegrenze entlangschrammte wie Peter, war Elisabeth schon bitter genug. Wer aber sollte eines Tages ihm nachfolgen, wenn er seine dynastischen Pflichten doch offenbar nicht oder ohne Effekt erfüllte? Würde nicht ein Bürgerkrieg das Land zerreißen wie einst in der Zeit der Wirren, der die Romanows ihren Aufstieg zum Thron verdankten? Vor diesem Hintergrund erschien plötzlich die Thronfolge eines unechten Erben, der in Ermangelung anderer Nachkommen ja ausnahmsweise nicht einmal irgendwem etwas wegnahm, plötzlich nicht mehr unvorstellbar – fast schon im Gegenteil. Denn auch das gehörte zu Elisabeths Kalkül, als sie beschloss, den aller Wahrscheinlichkeit nach von Saltykow gezeugten Sohn als Großfürsten Paul Petrowitsch zu akzeptieren: dass sie das nach zwölfstündigen Wehen geborene Kind der Mutter sofort wegnehmen ließ, woraufhin sich vier weitere Stunden lang erst einmal niemand mehr um sie kümmerte (selbst die 100 000 Rubel, die Elisabeth ihr nachher zur Belohnung gab, borgte die Zarin sofort wieder zurück, um sie an Katharinas Mann weiterzugeben). Die Kaiserin würde diesen Großneffen allein aufziehen, und wenn sie nur lange genug lebte, um ihn heranwachsen zu sehen, dann würde sie ihn hierzulande ja sogar zum direkten Erben einsetzen können, um dem Land einen Zaren Peter III. zu ersparen. Die Gefühle der Mutter waren demgegenüber umso belangloser, als sie ja froh sein konnte, nicht wegen Hochverrats verfolgt zu werden. Großfürst Peter nahm es als Kompliment, dass er nunmehr einen Sohn habe, und Saltykow, dessen Zuneigung zur Großfürstin ohnehin längst ermüdet war, wurde als Gesandter außer Landes geschickt. Die Form war also einigermaßen gewahrt worden. Aber glückliche Familien sehen anders aus, weswegen es kaum ein Wunder war, wenn der in genau diesem Moment auf die Hofbühne gestolperte Poniatowski in seiner gleichermaßen bildungsintensiven wie naiv-romantischen Art das Herz derjenigen gewann, die er als einziger Sophie nannte. Endlich hatte Katharina jemanden gefunden, mit dem sie sich geistig austauschen konnte und der mehr in ihr sah als bloß eine attraktiv verbotene Trophäe. Fast zu ihrer gegenseitigen Überraschung war es für beide die große Liebe, mindestens für Poniatowski aber auch eine Éducation sentimentale. Durch Katharinas faszinierende Fähigkeit, eben noch mathematische Traktate oder die *Encyclopédie* zu lesen und im nächsten Augenblick über etwas Albernes in schallendes Lachen auszubrechen, wurde er mit dem Phänomen des Humors vertraut gemacht, während alle übrigen Umstände ihrer nach wie vor lebensgefährlichen Liaison ihm umstandslos als Grundausbildung zum Helden eines Mantel-und-Degen-Dramas dienten. Mal stieß während ihrer nächtlichen Fahrten der Pferdeschlitten so hart gegen einen Stein, dass Katharina in den Schnee geschleudert wurde und dort minutenlang wie tot liegen blieb, bevor sie den in Panik erstarrten Geliebten beruhigen konnte. Mal kam der nachts neben seinem Schlitten wartende Stanisław einem Leibgardisten so verdächtig vor, dass er sich nur mit Mühe darauf rausreden konnte, der begriffsstutzige ausländische Lakai eines Hofmannes zu sein. Mal begab Stanisław sich mit einem schwedischen Diplomaten ganz offiziell zur Großfürstin, als ein kleiner Hund aus deren Schlafzimmer heraussprang, den Schweden sinnlos anknurrte und Stanisław die Hände abschleckte, als wäre er sein liebster Freund. Der Schwede mag gelächelt haben, als er dem jungen Poniatowski seine Strategie erklärte, einer Geliebten immer als Erstes einen kleinen Hund zu schenken, um dann an dessen Verhalten abzulesen, wer sonst noch viel Zeit mit der Dame verbringe. Aber Stanisław schwitzte deswegen doch nicht weniger, und man versteht, warum er regelmäßig Albträume von sibirischen Bergwerken hatte. Für den Augenblick freilich drückte die Zarin ein Auge zu, sodass nun auch Poniatowski Gelegenheit erhielt, das Haus Romanow-Holstein-Gottorf zu erweitern. Am 20. Dezember 1757 wurde er der Vater einer kleinen Großfürstin Anna Petrowna, die er aber wohl nie zu sehen bekam (gerade infolge ihrer formal anerkannten Legitimität wurde auch sie der Mutter sofort weggenommen und starb bereits mit fünfzehn Monaten). Es war ein gefährlich fragiles Idyll, das vielleicht noch lange hätte andauern können, wenn nur die große Politik nicht gewesen wäre.

Sosehr Sir Charles Hanbury Williams sich privat am unerwarteten Glück seines Legationssekretärs Poniatowski gefreut hatte, so wenig erschöpfte sich doch darin sein Interesse an der Affäre. Seine daraus resultierende Vertrautheit mit Katharina interessierte ihn nicht nur deshalb, weil es in einer Monarchie, deren Herrscherin gerade ihren ersten Schlaganfall erlitten hatte, immer eine gute Idee ist, innige Kontakte zum Thronfolgerpaar zu halten. Noch viel nützlicher war Williams Katharinas Verbündeter, der Außenminister Graf Bestužew-Rjumin. Seit nämlich im Juli 1755 profranzösische Indianer am Monongahela eine britische Truppenabteilung massakriert und damit einen britisch-französischen Kolonialkrieg ausgelöst hatten, war es gemäß diplomatischer Logik nur noch eine Frage der Zeit, bis Friedrich II. von Preußen im Auftrag Frankreichs das britische Hannover angreifen würde. Da man Georg II. nirgendwo empfindlicher treffen konnte als in seinem Heimatland, blieb den Briten nur die Hoffnung, Friedrich seinerseits mit einem Angriff des russischen Nachbarn zu drohen, den Williams deshalb auf die britische Seite ziehen sollte. Der Botschafter hätte sich daher kaum etwas Besseres als einen russischen Außenminister wünschen können, der wie Bestużew nicht bloß Preußen hasste und England genug liebte, um aus London jährlich 12 000 Rubel anzunehmen, sondern außerdem auch noch seine schützende Hand über dasselbe lebensmüde Liebespaar hielt wie er selbst. So schlossen sie denn tatsächlich in Rekordzeit eine britisch-russische Defensivallianz ab und gaben Williams damit genau vier Monate, während deren er sich als der größte Diplomat seiner Zeit fühlen konnte. Dann begannen all die übrigen Dominosteine umzufallen, und der erste war Preußen. Die Reaktion Friedrichs zeigte, dass Williams etwas zu viel Erfolg gehabt hatte, weil die russische Allianz den Preußenkönig nicht bloß von jedem Angriff auf Hannover abgebracht hatte. Er bot vorsichtshalber auch sogleich den Engländern einen Nichtangriffspakt an, den er seinen französischen Verbündeten schon noch irgendwie erklären würde (sie waren das ja gewöhnt von ihm). Die Regierung Georgs II. nahm das Angebot nur zu gerne an, indem sie am 16. Januar 1756 mit Preußen die sogenannte Konvention von Westminster abschloss. Ihr alter Verbündeter Österreich hatte in letzter Zeit keinen rechten Kampfgeist mehr gezeigt, und da man doch einen ‹Festlandsdegen› brauchte, um Ludwig XV. vom Kolonial- und Seekrieg abzulenken, kam ein Bündnis mit Preußen nur zu gelegen. Offensichtlich hatte niemand in London mitbekommen, wie sehr die inzwischen durch den Aufstieg ihres Mannes zur Römischen Kaiserin avancierte Maria Theresia den Preußen hasste, der einst den Krieg um ihr Erbe eröffnet hatte. Sie fasste daher Englands Aussöhnung mit Preußen genauso als Verrat auf, wie es gleichzeitig aus umgekehrter Perspektive auch Ludwig XV. tat, der ja schon vom letzten Krieg gegen Österreich kaum mehr überzeugt gewesen war. Als man nun aber deswegen in Versailles und Wien gleichzeitig laut nachzudenken begann, verschob das innerhalb nur weniger Monate die Fundamente, auf denen seit Menschengedenken alle europäische Diplomatie beruht hatte.

In Petersburg stand inzwischen Preußenhasser Bestużew wie der letzte Trottel da, weil sein englisches Bündnis Russland plötzlich zum indirekten Verbündeten Friedrichs II. machte – ein ungutes Gefühl, das er sogleich dem armen Williams weitergab. Noch nämlich war die britisch-russische Allianz nicht ratifiziert worden, was Zarin Elisabeth zwar am 26. Februar 1756 nachholte. Als jedoch Williams sich den unterschriebenen Vertrag näher ansah, musste er entdecken, was die Kaiserin nicht ohne bösen Sinn für Humor hatte einfügen lassen: Als Gegenleistung für immense Zahlungen versprach Russland Großbritannien, es in Zukunft allein gegen Preußen zu verteidigen, mit dem sich die Briten bekanntlich soeben verbündet hatten. Und damit ging es erst richtig los. Am 1. Mai 1756 schlossen Wien und Versailles ihrerseits ein Bündnis, als wäre ihre uralte Feindschaft kein Naturgesetz mehr, und bereiteten sich auf einen kontinentalen Krieg gegen die kalt erwischten Briten und Preußen vor. Auch am russischen Hof gewann nach Bestužews Blamage die profranzösische Partei so sehr die Oberhand, dass es nur noch eine Frage der Zeit sein konnte, bis man Poniatowski und Katharina als englische Agenten verhaften würde. So konnte Stanisław nicht länger in Williams' Diensten bleiben, die doch in Petersburg sein einziger Schutz waren. Schon begann der Brite zudem, unerklärliche Wutanfälle zu haben, die das letzte Stadium seiner Syphilis ankündigten; nachdem er bald darauf aus Petersburg abberufen wurde, würde sie ihn innerhalb zweier Jahre erst in den Wahnsinn und schließlich in den Selbstmord treiben. Stanisławs einzige Chance, bei Katharina zu bleiben, war seine eigene Ernennung zum polnischen oder sächsischen Gesandten, und so reiste er nach Warschau zurück, um sie herbeizuverhandeln. Der preußische Einmarsch in Sachsen, der am 17. August 1756 den europäischen Teil des Siebenjährigen Kriegs eröffnete, brachte es freilich mit sich, dass Poniatowski erst ein halbes Jahr später als nunmehr sächsischer Diplomat nach Petersburg zurückkommen konnte, wo er mit Katharina fast sofort die bereits erwähnte Tochter zeugte. Noch einmal hatten sie etwas mehr als ein Jahr miteinander, während russische Heere in Preußen einfielen, deren Generälen schmerzlich bewusst war, wie grenzenlos der Thronerbe Peter den Preußenkönig bewunderte; wenn sie gegen den schwer bedrängten Friedrich immer wieder nur zögerlich vorgingen, dann lag das auch daran, dass sie sich ständig neueste

Nachrichten über den Gesundheitszustand ihrer Zarin schicken ließen. Stanisław und Katharina aber fuhren im Pferdeschlitten durch die weißen Nächte und hofften, dass ihr Glück anhalten dürfe.

Am 25. Februar 1758 wurden sie unsanft aus ihrem Traum geweckt. Die frankreichfreundliche Hofpartei der Woronzows und Schuwalows hatte es endlich erreicht, dass Bestužew als Verräter verhaftet wurde, woraufhin sich innerhalb kürzester Zeit auch fast die gesamte Entourage unserer Liebenden in den Gefängnissen der Zarin wiederfand. Wenn auch nur einer davon ihren geheimen Briefwechsel mit Williams verraten hätte, wären Stanisław und Katharina verloren gewesen, sodass jetzt mehrere Monate lang ein schwarzer Schatten über ihnen hing. Im Juli dann begegneten die beiden bei einer nächtlichen Ausfahrt ausgerechnet der Kutsche des Großfürsten Peter und seiner zur Gegenpartei gehörenden Mätresse Gräfin Jelisawjeta Woronzowa. Es half nicht viel, dass man Poniatowski dem Großfürsten als einen zufällig mit der Großfürstin mitfahrenden Schneider vorstellte, denn ganz abgesehen von der Schwäche dieser Erklärung hatte die gerade mal achtzehnjährige Woronzowa den markanten Polen ohnehin gleich erkannt. Sie fand das natürlich amüsant genug, um den Großfürsten den Rest der Nacht über mit dem polnischen Schneider seiner Frau aufzuziehen, bis der Prinz vor Rage glühte. Katharina und Stanisław verbachten dieselbe Nacht im Badepavillon des Schlosses Peterhof zweifellos sinnvoller. Als aber Stanisław am frühen Morgen dort herauskam, stellten ihn drei Reiter mit gezogenem Säbel und brachten ihn zu einer Hütte, in der ihn der pockennarbige Thronerbe schon erwartete. Stanisław war überzeugt, dass dies sein Ende sei, und verneinte natürlich Peters Frage, «ob er dessen Frau ge… habe». Wenn er ehrlich antworte, könne alles arrangiert werden, wogegen er sich andernfalls auf sehr unangenehme Dinge gefasst machen müsse. Stanisław blieb beim Leugnen, aber seine Angst verminderte sich kaum, als ihn nun anstelle des Prinzen der gefürchtete Chef der Staatssicherheitskanzlei befragte (passenderweise ein Bruder des Zarinnen-Geliebten, den unfreiwillige Gesichtszuckungen angeblich noch furchteinflößender machten als sein Amt). Schließlich ließ man ihn für diesmal gehen. Das Damoklesschwert hing jedoch weiterhin über Poniatowskis Kopf. Es machte ihn so nervös, dass er bei der Rückkehr ins Schloss Peterhof zur Vermeidung unnötigen Aufsehens lieber durch sein Fenster einstieg, das sich allerdings – passender Abschluss dieses Tages – als das eines polnischen Generals erwies, der gerade zum Rasieren vor dem Spiegel stand.

Zum Glück hatte die impulsive Gräfin Woronzowa nicht gewartet, bis Stanisław sie einige Tage später beim Tanzen flüsternd um Hilfe bat. «Es ist schon fast erreicht», versicherte sie ihm, bevor sie ihn einlud, für alles Weitere gegen ein Uhr morgens in den Garten des Monplaisir-Pavillons von Peterhof zu kommen. Licht am Ende des Tunnels oder tödliche Falle? Poniatowski sah sich um, entdeckte in der Entourage eines besuchenden Prinzen einen kämpferisch aussehenden polnischen Kleinadeligen und legte, indem er diesen noch ganz unbekannten Ksawery Branicki bat, ihn zu begleiten, nebenbei den Grundstein zur Karriere des Mannes, der einst sein fataler Feind werden würde. Aber diesmal hätte er ihn nicht gebraucht, denn als die Woronzowa ihn zum Großfürsten führte, war der in bester Stimmung. Er fragte Stanisław, warum er sich nicht von Anfang mit ihm abgesprochen habe, rauchte mit ihm, während man an einem Tisch-Springbrunnen saß, und erklärte schließlich, wo sie nun allesamt beste Freunde seien, fehle hier doch noch wer. Dann ging er ins Nebenzimmer, zerrte die bereits schlafende Katharina so ungeduldig aus ihrem Bett, dass sie sich kaum noch etwas überwerfen konnte, brachte sie zu seinen Gästen und sagte: «Na bitte, da ist sie. Ich hoffe, man ist mit mir zufrieden.» In dieser Nacht tranken und lachten sie zu sechst bis vier Uhr morgens, und obwohl man annehmen darf, dass mindestens Katharina, Stanisław und Branicki sich dabei nach Art derjenigen amüsierten, die ein gelangweiltes großes Raubtier bei guter Laune zu halten versuchen, ging es auch in den nächsten Tagen so weiter. Poniatowski kam jeden Abend ins Schloss Oranienbaum, um mit Katharina, Peter und der Woronzowa ein Abendessen einzunehmen, zu dessen Ende der Thronerbe sich von Stanisław und Katharina mit den Worten «Ach, meine Kinder, jetzt braucht ihr mich nicht mehr» verabschiedete. Noch einmal wäre also das Idyll des vergangenen Jahres wiederhergestellt gewesen, wenn nicht inzwischen die profranzösische Partei am russischen Hof Stanisławs endgültige Rückberufung nach Polen erzwungen hätte. Am 14. August 1758 verließ er Petersburg und Katharina im Glauben, beide bald wiederzusehen. Hätte ihm damals jemand vorausgesagt, wann und wie dies geschehen werde, so hätte das dem immer noch erst Sechsundzwanzigjährigen mit Sicherheit das Herz gebrochen.

Die nächsten Jahre waren Stanisławs Lehrjahre in polnischer Parteipolitik, und sie gelangen ihm gut. Aber während er langsam zum drittwichtigsten Politiker des Czartoryski-Clans aufstieg, blieb dem jungen Mann das eine verwehrt, was ihm so viel mehr bedeutet hätte. Da der inzwischen mit Mühe aus dem preußisch besetzten Sachsen ins ungeliebte Warschau gelangte August III. zu abhängig von Frankreich war, um Poniatowski noch einmal nach Petersburg zu schicken, hatte dieser nun alle Zeit der Welt, die ferne Geliebte immer unglücklicher zu vergöttern. Die ersten zweieinhalb Jahre über blieb er ihr dabei auch körperlich treu – gerade lange genug also, um die unübersehbare Liebe seiner himmelblauen Cousine Izabela Lubomirska zu ignorieren, bis diese nach Paris abreiste, wo sie sich ihm erfolgreich entfremden würde. Dann hielt er es nicht mehr aus. Er begann die erste seiner unzählbaren Affären mit einer jungen litauischen Adelswitwe, deren Schönheit in der Provinz bereits eine Blutfehde mit mehreren hundert Toten ausgelöst hatte, schickte als ehrlicher Mensch einen Brief an Katharina, wonach er jetzt leider doch von der seinerzeit erteilten Affären-Erlaubnis Gebrauch machen müsse, erfuhr, dass sein Kurier im weißrussischen Winter-Schmelzwasser ertrunken war, schrieb also denselben Brief noch einmal und erhielt schließlich eine dermaßen staatstragend stoische Antwort, dass selbst er sich verspätet fragte, ob gar nicht zu schreiben vielleicht besser gewesen wäre. Katharina ihrerseits tat das einige Monate später im analogen Fall jedenfalls nicht, was freilich auch daran lag, dass sie ihre neue Beziehung mit dem Hauptmann Grigorij Orlow weniger vor Poniatowski als vor der Welt insgesamt verbergen musste. Längst nämlich hatte die Komplizenstimmung ihres Mannes sich in Übelgelauntheit aufgelöst, und das war umso beunruhigender, als es mit der Gesundheit der Zarin Elisabeth rapide bergab ging. Wirklich starb sie am 4. Januar 1762 – zum für Katharina denkbar ungünstigsten Zeitpunkt. Die Ehefrau des neuen Zaren hatte sich in Orlow kaum zufällig einen Liebhaber ausgesucht, der grob und ungebildet, gleichzeitig aber als impulsiver Kraftmensch der Liebling der Armee war und also mit seinen vier ebensolchen Brüdern bei einem Putsch höchst nützlich gewesen wäre. Leider bloß war Katharina gerade jetzt auch hochschwanger von ihm, weswegen sie froh sein konnte, wenigstens das zu verheimlichen, während ihr Mann öffentlich von Scheidung und Wiederheirat mit Woronzowa sprach. Einzig die Idiotie des neuen Zaren konnte Katharina jetzt noch retten, und das tat sie denn auch.

Es spricht einigermaßen gegen Peter III., dass er sich innerhalb von bloß sechs Monaten universal verhasst machte, obwohl seine Regierung mit Maßnahmen anfing, für die das Land jeden anderen heiliggesprochen hätte. Aber weder die Abschaffung der Staatssicherheitsbehörde noch die Befreiung des Adels von der Pflicht zum Staatsdienst wogen auf, dass alle anschließenden Entscheidungen geradezu darauf abzuzielen schienen, die Elite zur Weißglut zu bringen. Peters Verachtung für die orthodoxe Kirche, deren Priestern er eine ordentliche Rasur empfahl, war ebenso unklug wie seine Entscheidung, im noch immer anhaltenden Siebenjährigen Krieg abrupt die Seiten zu wechseln. So erfolgreich hatten russische Heere Friedrich II. bekämpft, dass der nun am Rande des Abgrunds stand und für einen Friedensvertrag sofort Ostpreußen abgetreten hätte. Aber Peter III. bewunderte den großen Friedrich nun einmal, seit er als Kind mit preußischblauen Zinnsoldaten gespielt hatte. Er gab also alle Eroberungen auf, verbündete sich mit dem vor Glück fassungslosen Friedrich gegen seine bisherigen Alliierten, zwang die empörten Soldaten in aus Preußen kopierten neue Uniformen und bereitete zugleich einen Krieg gegen Dänemark vor, um den verlorenen Teil seiner Heimat Holstein-Gottorf zurückzuerobern. Rechnet man noch Peters kindische Arroganz hinzu, dann wird man sagen dürfen, dass eher er als

~ Kapitel 17 ~

Katharina die mächtigen Verschwörer rekrutierte, die jetzt aus allen Ecken auf sie zukamen. Viele hatten zuerst an Iwan VI. gedacht, aber nachdem Peter ihn mit diversen Begleitern in Schlüsselburg besuchte, sprach sich schnell herum, dass dieser trotz geistiger Gesundheit sozial deformierte Einundzwanzigjährige als wohl einziger Mensch zum Regieren noch ungeeigneter wäre als Peter. Es blieb also bloß Peters siebenjähriger Sohn Paul, für den zwangsläufig zuerst Katharina würde herrschen müssen; nachdem diese eben sehr diskret einen kleinen Grafen Bobrinskij zur Welt gebracht hatte, war sie auch wieder handlungsfähig und verschwendete nun keine Minute mehr.

Am Morgen des 9. Juli 1762 begann der einzige Putsch des 18. Jahrhunderts, der je mit Marlene Dietrich verfilmt wurde, und auch wenn die historische Katharina die Staatstreppe des Winterpalasts leider nicht wie im Film zu Pferd emporstürmte, auch wenn überhaupt so ziemlich alles in diesem Film historisch falsch ist, kann man Schlechteres tun, als beim Lesen der Quellen an die ihr im Temperament nicht unähnliche Schauspielerin zu denken. Frühmorgens machte Katharina zuerst in Begleitung der Brüder Orlow die Runde bei den Garderegimentern, bevor dann in der Kasan-Kathedrale sie selbst zur neuen Kaiserin proklamiert wurde; den kleinen Paul, in dem das ahnungslose Gros der Verschwörer den neuen Herrscher gesehen hatte, zeigte man (noch im Nachthemd) bloß vor und ernannte ihn zum Erben. Petersburg war unter Katharinas Kontrolle, bevor der in Oranienbaum abwesende Peter auch nur erfuhr, dass sie zu seiner Namenstagsfeier nicht mehr kommen würde. Erst als der Zar Schloss Peterhof erreichte, wo er und Poniatowski sich vor vier Jahren so gut verstanden hatten, und dort statt seiner Frau lediglich ihr liegengebliebenes Galakleid vorfand, begann er zu ahnen, dass irgendetwas im Argen lag. Er schickte immer wichtigere Würdenträger in die Hauptstadt, von denen keiner zurückkam, weil sie sich allesamt der neuen Herrin anschlossen, erfuhr schließlich doch noch genug, um mit jetzt bereits weinender Entourage ein Schiff zu besteigen, das dann aufgehalten wurde, und floh zuletzt ohne Plan und Ziel zurück nach Oranienbaum. Genau dorthin aber führte jetzt Katharina ihre Truppen (diesmal wirklich hoch zu Ross und in einer geborgten Gardeuniform); auf die immer bettelnderen Abdankungsbriefe, die ihr entgegenkamen, antwortete sie nicht einmal mehr. Schließlich wurde Peter, ohne seine Frau wiedergesehen zu haben, als Gefangener in das Sommerschloss Ropscha abgeführt. Aber weil er dort nicht bleiben sollte, schickte die neue Zarin nun den unglücklichen Iwan VI. noch einmal auf eine Reise nach Norden. Mit verbundenen Augen trug man ihn zu den Booten, die ihn von seiner Gefängnisinsel Schlüsselburg über den Ladogasee in die 100 Kilometer entfernte Festung Kexholm bringen sollten, damit in Schlüsselburg Platz für einen neuen Staatsgefangenen werde. Mehrere dieser Boote gingen noch am ersten Tag unter, und so wäre der ehemalige Kinderzar beinahe ertrunken auf einer Reise, die sich zu diesem Zeitpunkt bereits als völlig überflüssig erwiesen hatte, ohne dass seine Bewacher das wussten.

In Ropscha nämlich war der abgesetzte Peter ausgerechnet in die Obhut Alexej Orlows gekommen, der doch seinen Bruder Grigorij bereits als Ehemann der neuen Kaiserin sah, und so spricht alles dafür, dass irgendwer die Konsequenzen bewusst eingeplant hatte. Jedenfalls erhielt Katharina nur eine Woche nach Peters Gefangennahme ein Schreiben des schwer betrunkenen Alexej Orlow, das mit den Worten «Mütterchen, allergnädigste Herrin, wie kann ich erklären?» begann, in vielen wirren Windungen einen Streit und den nicht näher erklärten Tod des Abgesetzten mitteilte («Ich erinnere mich nicht, was wir gemacht haben, aber wir sind alle schuldig») und folgendermaßen endete: «Das Leben ist nicht mehr wert, gelebt zu werden. Wir haben Euch erzürnt und unsere Seelen für immer verloren.» Peter III. war tot und damit überraschend schnell die Frage beantwortet, was aus diesem abgesetzten Kaiser werden sollte. Der andere, Iwan VI., verbrachte einen Monat in Kexholm, bevor man ihn nach Schlüsselburg zurückholte. In Petersburg wurde veröffentlicht, Gott habe Katharina die Herrschaft so sehr gegönnt, dass er den Ex-Monarchen an einer Kolik und Hämorrhoiden habe sterben lassen, und so gab es denn auch nichts mehr, wofür man die Orlows noch hätte bestrafen müssen. Nach zwei Monaten wurden sie zu Grafen erhoben, und wenig später waren sie bereits Reichsfürst mit dem Prädikat «Euer Liebden», Senator, Generalleutnant, Herr über Tausende von Leibeigenen und Präsident der Akademie der Wissenschaften. An Stanisław Poniatowski aber, der all das nur aus den Zeitungen erfuhr, schrieb Katharina, die nun die Zweite war, drei Tage nach dem Putsch einen Brief, in dem sie ihm charakteristisch direkt erklärte, er solle unter den gegenwärtigen Umständen auf keinen Fall nach Petersburg kommen. Sie werde für ihn tun, was sie könne, müsse aber jetzt schließen, da sie drei Nächte lang nicht geschlafen habe. Genau einen Monat später schrieb sie erneut und diesmal noch prägnanter: «Ich sende den Grafen Keyserlingk unverzüglich als Botschafter nach Polen, um Euch zum König nach dem jetzigen zu machen.»

Stanisław erhielt den Brief, während er auf die Warschauer Weichselfähre wartete. Er las nur diesen ersten Satz, bevor er nach Schloss Puławy zurückraste, um das ganze Schreiben seinem Onkel August Czartoryski vorzulesen, während er aufmerksam dessen Gesichtszüge betrachtete. Die Kaiserin hatte dem ersten Satz einen Nachtrag gegeben, wonach sie sich auch Augusts Sohn Fürst Adam als König vorstellen könne, falls Poniatowski sich absolut nicht durchsetzen ließe, und Fürst August wäre nicht er selbst gewesen, wenn ihm das nicht doch noch einmal Hoffnung gemacht hätte. Aber noch während Poniatowski sich verabschiedete, zog sein Cousin Adam ihn auf die Seite: Er überlasse ihm die Krone nur zu gerne und werde noch am selben Tag einer alten Flamme am Petersburger Hof schreiben, damit sie das Katharina weitersage. Bei dieser Position blieb Adam Czartoryski selbst dann, als die Frage der Thronfolge mit dem am 5. Oktober 1763 erfolgten Tod Augusts III. akut wurde; er wiederholte seinen Verzicht, bis selbst der Vater es glauben musste, und trat sogleich die erste seiner vielen Reisen an, auf die er neben schwer erklärbaren, aber dekorativen Kamelen vor allem seine reizende Nichte mitnahm, die er zwei Jahre zuvor geheiratet hatte; wir werden sie noch wiedertreffen.

Das Haus Sachsen machte Poniatowski die Krone natürlich streitig, verlor aber seine Chance bald danach mit dem zu frühen Tod des sächsischen Erben. Frankreich dagegen war zwar immer noch gegen

Poniatowski, konnte sich aber so wenig auf einen Gegenkandidaten einigen, dass Ludwig XV. am Ende eine komplette Geheim- und Paralleldiplomatie damit beauftragte, alle Anstrengungen seiner offiziellen Diplomaten zunichte zu machen. Es half also dem Prince de Conty nichts, dass man in Versailles geneigt war, ihm den Thron zu verschaffen, den man 1697 (übrigens damals wie jetzt einzig, um ihn loszuwerden) schon seinem Großvater versprochen hatte, und es half ihm nichts, dass man erzählte, er werde noch drei Tage nach dem Weltuntergang versuchen, König von Polen zu werden. Aber gerade weil sich so während der monatelangen Verhandlungen alles immer deutlicher auf Russlands Liebling Poniatowski zubewegte, wurden zwei Nachbarn der Adelsrepublik mit fatalen Folgen nervös. Das Osmanische Reich kannte Russlands Interesse am Schwarzen Meer und am osmanischen Balkan gut genug, um eine Konstellation zu fürchten, in der der russisch unterstützte Poniatowski zuerst Polen durch Reformen wieder schlagkräftig machen, dann die nun ja verwitwete Katharina heiraten und schließlich mit ihr zusammen in den Türkenkrieg ziehen würde. Und hoffte denn nicht auch Stanisław selbst immer noch auf etwas Derartiges? Was hieß es schon, wenn Katharina ihn nach wie vor fernhielt oder wenn sie die Korrespondenz mit ihm immer mehr den Diplomaten überließ? Was konnte sie an einem Tier wie Orlow schon finden, der würde ihm nicht lange im Weg stehen ... so dachte Poniatowski, und so dachten, weil sie die Gegenindizien nicht kannten, auch die Türken. Sie schickten daher einen Gesandten zu Friedrich II., der ihn prompt mit so uncharakteristisch großzügigem Pomp empfing, dass nun Katharina ihrerseits Grund zur Beunruhigung hatte. Nicht als hätte der vom Siebenjährigen Krieg noch ganz erschöpfte Preußenkönig wirklich vorgehabt, mit den Osmanen verbündet die Russen anzugreifen; den Eindruck aber wollte er sehr wohl erwecken. Wenn nämlich die Zarin Poniatowski ganz leicht auf den Thron hätte bringen können, wozu hätte sie dann noch ein Bündnis mit Friedrich schließen müssen, das dieser dringend brauchte, seit er überhaupt keine Verbündeten mehr hatte? Also deutete er an, wie leicht er schaden könnte, und tat das so überzeugend, dass die mit genug anderen

Problemen konfrontierte Katharina dies Bündnis tatsächlich bereits am 11. April 1764 abschloss. In einer Geheimklausel legte es fest, dass von nun an nicht mehr nur Russland, sondern auch Preußen die gute alte polnische Verfassung gegen alle Änderungen verteidigen dürfe, die riskiert hätten, das Land wieder regierbar und stark zu machen. Der türkische Gesandte in Berlin hatte seine Schuldigkeit getan und durfte wieder gehen, während Stanisławs Königswahl mangels verbleibender Gegner nunmehr so gut wie sicher war. Aber Russland und Preußen waren auch wieder Alliierte, und das sollte für Polen nie eine gute Nachricht sein.

Kurz bevor die Wahlzeremonie auf dem Feld von Wola Stanisław endgültig zum König von Polen und Großfürsten von Litauen machen konnte, überkreuzte sein Schicksal sich ein letztes Mal mit dem seines zur Krone geborenen Gegenbildes Iwan VI. Die Art, in der Katharina II. den Thron nicht nur über die Leiche ihres Mannes, sondern sogar über die Rechte ihres Sohnes hinweg bestiegen hatte, obwohl sie mit überhaupt keinem Vorgänger blutsverwandt war, hatte auch im putschgewöhnten Petersburg viele an die letzte andere Linie des Zarenhauses erinnert. Als Katharina Grigorij Orlow nun doch nicht heiratete, waren Vorschläge aufgekommen, sie solle sich mit Iwan VI. oder sonst einem seiner weniger hospitalismusgeschädigten Brüder vermählen (was machte es schon, wenn der sinnigerweise Peter getaufte Ältere der beiden mit siebzehn Jahren ziemlich genau halb so alt war wie sie?). Die Härte, mit der die wiederhergestellte Staatssicherheitsbehörde gegen solche Andeutungen vorging, änderte nichts daran, dass die verbannten Braunschweiger noch immer unvergessen waren, und so brauchte es nun für alles Weitere bloß noch einen ehrgeizigen Offizier, der davon träumte, auf seine Weise der nächste Orlow zu werden. Der Mann hieß Wassilij Mirowitsch. Er war als ukrainischer Kleinadeliger, dessen Familiengüter konfisziert wurden, voller Ressentiment aufgewachsen, wozu dann noch der Neid auf die Orlows und eine Degradierung kamen, bevor sein Regiment als Garnison auf die trostlose Insel Schlüsselburg verlegt wurde. All die paranoiden Sicherheitsmaßnahmen verhinderten nicht, dass Mirowitsch bald das einzige Geheimnis der Insel herausfand. Die Identität dieses namenlosen «Großen Menschen» muss ihm wie ein Hauptgewinn erschienen sein, der ihn endlich über alle anderen erheben würde, wenn er den Gefangenen nur befreite. So versuchte er zuerst erfolglos, die Unteroffiziere des Regiments auf seine Seite zu ziehen. Schon hatte der Festungskommandant von Mirowitschs Plänen erfahren, und da er gewohnt war, sich selbst für die kleinsten Kleinigkeiten Anweisungen aus der nicht sehr fernen Hauptstadt zu erbitten, schrieb er erst mal einen Bericht. Dank eines perfekten Sicherheitssystems konnte jedoch der Kurier die Festung nur auf ebenjenem Weg verlassen, an dem in dieser Nacht vom 15. auf den 16. Juli 1764 ausgerechnet Mirowitsch der wachhabende Offizier war.

Es war zwei Uhr morgens, als Mirowitsch begriff, dass ihm fast keine Zeit mehr blieb, weil sein nur mit viel gutem Willen überhaupt als Plan zu beschreibendes Vorhaben entdeckt war. Sofort verhaftete er den Kommandanten, setzte sich an die Spitze einer Truppe von 38 nichts begreifenden Soldaten, denen er sein konfuses Manifest über das angeblich nach Anhalt-Zerbst abtransportierte Staatsgold vorlas, und marschierte dann mit ihnen zur Kaserne, in der sich Iwans Räume befanden. Während seine Leute die Verteidiger beschossen und eine Kanone heranschafften, übersahen sie jedoch, dass der dem Ex-Zaren zugeordnete Hauptmann Wlasjew nicht nur unverhaftet geblieben war, sondern sich in diesem Moment auch aus einem benachbarten Fenster in den Innenhof der Kaserne hinabließ. Zusammen mit seinem Kollegen Tschekin eilte Wlasjew jetzt zu ihrem Gefangenen, um einen Befehl Peters III. auszuführen, den Katharina erst kürzlich bestätigt hatte. Sie öffneten die Tür, hinter der sie den Dreiundzwanzigjährigen fanden, dessen blauer Schlafrock aus edlem Stoff nicht recht zu seinem wirren langen Bart passen wollte. Müßig, sich zu fragen, wie schnell er begriff, was jetzt geschah, denn wenn es schon grundsätzlich schwer genug ist, die Gedanken der Vergangenen zu erraten, dann ist es hier unmöglich. Als Peter III. ihn vor zwei Jahren besucht hatte, soll Iwan bestritten haben, der einstige Zar zu sein: Der sei längst im Himmel aufgenommen und werde durch ihn nur noch vertreten. War das nun

Wahnsinn oder bloß kluge Einsicht in die gefährlichen Folgen, die ein Eingeständnis klaren Geists nach sich ziehen konnte? Dass der Zar oft Unverständliches vor sich hin murmelte oder seltsame Geräusche machte, beweist noch nicht viel. Wenn er zeitweise erklärte, die Bewacher versuchten ihn durch Flüstern und Feuerausatmen zu verhexen, so war das nur das Spiegelbild jener Angst, die der Wachoffizier vor Iwans absichtlich verzerrtem Gesicht hatte. Wlasjew und Tschekin andererseits hatten mit Iwan sogar über Theologie diskutiert, bis er merkte, dass sie das nur taten, um ihn im Auftrag Petersburgs zum Klostereintritt zu bewegen. Jetzt aber kamen sie wohl wortlos mit gezogenen Degen auf ihn zu und erfüllten den Befehl des Zaren, wonach der namenlose Gefangene niemals lebend in die Hände etwaiger Befreier gelangen dürfe. Gleich darauf drangen Mirowitsch und seine Leute in eine Zelle ein, in der sie neben Wlasjew und Tschekin nur noch den am Boden liegenden Leichnam des erstochenen Großen Menschen fanden. Mirowitsch wusste sofort, dass das auch sein Ende war. Er ließ den Ermordeten mit militärischen Ehren aufbahren und erklärte seinen Soldaten, dass dort der große Zar Iwan Antonowitsch liege, bevor er jeden Einzelnen der 38 umarmte und sagte, die Schuld liege allein bei ihm; dann ließ er sich widerstandslos verhaften. Als er am 26. September in Petersburg geköpft wurde, war es für die Zuschauer die erste öffentliche Hinrichtung seit zweiundzwanzig Jahren. Sein Leben hatte nicht länger gedauert als das des unglücklichen Kinderzaren, und weder von ihm noch von Iwan VI. ist ein Grab bekannt.

Während in Petersburg ein neues Manifest der Regierung erschien, das Russland und Europa erklären sollte, wie das Leben des unseligen Prinzen von Braunschweig leider nicht hatte gerettet werden können; während die Mörder befördert und mit Geld belohnt, gleichzeitig aber verbannt und gewarnt wurden, sich mit ihren Erlebnissen in der Provinz bloß nicht wichtig zu machen; während die Philosophenfreunde der als aufgeklärte Monarchin bekannten Katharina ihr in allen nur denkbaren Nuancen dazu gratulierten, den drohenden Rückfall in die Barbarei abgewehrt zu haben; während all das geschah, erfuhren

Iwan Antonowitschs Vater und Geschwister nichts von seinem Tod. Niemand weiß, ob Prinz Anton Ulrich je aufhörte, an ihn zu denken, denn seine seltenen Bittschreiben an die Regierung erwähnten den verlorenen Sohn aus gutem Grunde nicht. Längst hatten er und die Kinder, die kein anderes Leben kannten, aber auch für sich selbst die Hoffnung aufgegeben, jemals freigelassen zu werden. Jahraus, jahrein lebten sie ein monotones Leben in Räumen, deren Fenster niemand öffnen durfte; wenn sie hinausblickten, sahen sie unter einem grauen Himmel nichts anderes als die Ebene, die bis zur nördlichen Dwina reichte und fast das ganze Jahr über von Schnee bedeckt war. Der an Skorbut und Wassersucht leidende Vater las seinen Kindern aus deutschen und französischen Büchern vor, wobei er freilich simultan übersetzt zu haben scheint, weil die zwei Töchter und zwei Söhne offenbar nur Russisch sprachen. Sie spielten Billard, Dame und Kartenspiele, liefen auf dem Fischteich Schlittschuh, versorgten Hühner und Enten, freuten sich über die gelegentlichen Geschenke aus Petersburg, lachten viel und empfingen Besuch von ihren ehemaligen Ammen, deren Kindern und den Wachoffizieren. Nach und nach richteten sie sich in diesem eingemauerten Leben ein, an dem auch Katharinas Thronbesteigung zuerst nichts änderte, und nur einen einzigen Wunsch richteten sie noch an die neue Zarin. Hinter dem Zaun lag eine Wiese, die sie nie gesehen hatten und wo angeblich Blumen wuchsen, die sie nicht kannten: Dort würden sie gerne einmal herumlaufen. Die Zarin lehnte ab.

Zwar hatte Katharina sehr vage angedeutet, ihren Zustand langfristig verbessern zu wollen, aber das schlug sich zuerst nur in der Entsendung neuer Berichterstatter nieder, die allein auf dem Weg von Archangelsk nach Cholmogory vier kilometerbreite Flüsse zu überqueren hatten. Wenn sie die umzäunte Bischofsresidenz schließlich erreichten und mit den Fürstenkindern sprachen, konnten sie nie so recht herausfinden, wie weit diese Naivität oder Lethargie nur vortäuschten. Aber alle Besucher, die doch immer zugleich Spione und Gefängniswärter sein mussten, endeten damit, die kleine Familie der Verbannten zu mögen; vielleicht waren es also auch die Berichterstatter selbst, die die Exilierten bewusst harmlos erscheinen ließen. Jedenfalls bewegte sich zuletzt doch noch etwas, nachdem 1776 mit dem Tod Prinz Anton Ulrichs auch das letzte Verbindungsglied mit der kaiserlichen Vergangenheit entfallen war. Es war das Jahr 1780, und Katharina hatte inzwischen zwei Erbenkel mit den prophetisch expansiven Namen Alexander und Konstantin; die Thronfolge war gesichert, das russische Reich mächtiger denn je, ja selbst der alte Streit Holstein-Gottorfs mit Dänemark war beigelegt. Zusammen bewog dies alles Katharina offenbar dazu, den Verbannten von Cholmogory Gnade oder das zu gewähren, was sie dafür hielt. Aber wohin mit ihnen? War nicht Königin-Regentin Juliane Maria von Dänemark, die sich dort 1772 an die Macht geputscht hatte, die Vatersschwester der vier Geschwister? Und also wurden im arktischen Frühsommer 1780 auf Flößen «zwei Sack Geld», 500 Stück Silbergeschirr und Unmassen sonstiger Luxusartikel über die nördliche Dwina nach Cholmogory gebracht, während auf dem Landweg die zur Begleitung nach Dänemark abgeordnete Hofmeisterin Frau von Lilienfeld anreiste (eine geborene Keyserlingk und also Cousine des Botschafters, der Poniatowski zum König gemacht hatte). Am 6. Juni verkündete Katharinas Vertreter den schockierten Zarengeschwistern, wie über sie entschieden war; sie brachen prompt in Tränen aus. Früher hätten sie hier weggewollt, um die Welt kennenzulernen, ja. Jetzt jedoch sei es zu spät, sie seien hier alt geworden (Katharina Antonowna war achtunddreißig, ihr jüngster Bruder Alexej vierunddreißig), ohne zu wissen, wie man mit Menschen umgeht, was sollten sie da in einem völlig fremden Land? Wenn man ihnen doch nur einfach erlaubte, in Cholmogory zu bleiben und gelegentlich auf der Wiese hinter dem Zaun spazieren zu gehen ... Aber Widerspruch war nicht vorgesehen. In der Nacht zum 30. Juni stach ein Hochseeschiff mit Namen *Polarstern* von Archangelsk in See, um die in die Freiheit Verbannten durch das Weiße Meer und an Norwegen vorbei nach Dänemark zu bringen. Im abgelegenen jütländischen Städtchen Horsens ließ die dänische Tante ihnen ein Schloss bauen, in dem sie mangels Dänisch-Kenntnissen letztlich kaum weniger isoliert leben würden als am Polarkreis. Hier verbrachten die vier inmitten ihrer letzten verbliebenen Hofbedienten und zankender Popen die wenigen Jahre, die ihnen blieben. Die Zarin zahlte wie versprochen dieselbe Summe als Pension, die sie vorher für die Garnison von Cholmogory ausgegeben hatte. Zusammen mit den Nachlässen kinderloser Onkel erwuchs daraus ein großes Vermögen für die älteste Prinzessin Katharina Antonowna, die 1798 das letzte ihrer drei Geschwister verlor. Aber sie war auch seit jungen Jahren taub und zuletzt nahezu blind, als sie 1807 fünfundsechzigjährig starb. Nachdem man sie in der Klosterkirche von Horsens an der Seite von Elisabeth, Peter und Alexej beigesetzt hatte, wurde über den Gräbern eine Marmortafel angebracht, deren Inschrift mit folgenden Worten endete: «Dank der Güte Katharinas II. und der Fürsorge Christians VII. [also des von der Stiefmutter eingesperrten geisteskranken Dänenkönigs] und Juliane Marias verbrachten sie in dieser Stadt ein ruhiges Leben.»

Am 6. und 7. September 1764, genau sechs Wochen nach dem Tod des zum Thron geborenen Zaren Iwan, wurde Stanisław Poniatowski zum polnischen König gewählt. Er nahm wie zur Versöhnung mit der sächsischen Partei als zweiten Namen August an, ließ sich als Stanisław II. krönen und konnte mit Hilfe der schon erwähnten ärztlichen Atteste sogar seine spektakulären Locken retten, bevor die eigentliche Arbeit begann. Polen musste regeneriert werden, und dazu bedurfte es zuerst eines funktionierenden Königtums. Obwohl das Land nahezu keine Staatsdiener bezahlte, war Stanisław als König doch zuerst ganz ohne Einkünfte. Steuern wurden kaum eingenommen, die Schatzmeister der Krone hatten seit 1726 jedes Mal, wenn sie ihre Abrechnungen vorlegen sollten, das Parlament durch ein gekauftes Veto zerreißen lassen, und die Kronländer waren sämtlich auf Lebenszeit an Leute wie Karol Radziwiłł verpachtet. Nicht einmal einen Hof oder eine benutzbare Residenz besaß der neue Monarch, weil ja die sächsischen Herrscher immer ihren eigenen Hofstaat mitgebracht und ihr modernes Schloss aus privaten Mitteln gebaut hatten; so musste Stanisław zu Beginn seiner Herrschaft in einem seit fünfzig Jahren nicht mehr bewohnten leeren Schloss von russischem

Taschengeld leben. Das eine Angebot freilich, das den kaum respektierten Emporkömmling wenigstens ansatzweise an die europäische Herrschergroßfamilie angebunden hätte, verweigerte er dauerhaft. Obwohl Stanisław nur ein Wort hätte sagen müssen, um eine mit allen Monarchen des Kontinents verwandte sächsische Prinzessin zu heiraten, hing er weiterhin an seinem Idol Katharina. Es wirkt nur scheinbar paradox, wenn er zugleich parallele Affären mit einer großen Zahl meist adeliger Frauen hatte, denn bei näherem Hinsehen ersparte ja genau das ihm die Festlegung auf eine einzige; dass es ihm andererseits gelang, zeigt, wie weit seine Jahre als ungelenk kurzsichtiger Pedant hinter ihm lagen (König zu sein half natürlich schon auch). Jetzt verführte er sogar die junge und für ihre wunderschönen Augen berühmte Frau seines Cousins Adam Czartoryski, den das so wenig störte, dass er sie abends oft selbst beim König vorbeibrachte. Es war diese seine sowohl angeheiratete als auch geborene Cousine Izabela Czartoryska (nicht mit der zehn Jahre älteren himmelblauen Cousine Izabela Lubomirska zu verwechseln), die Stanisław 1768 eine vom nominellen Vater als Prinzessin Czartoryska akzeptierte Tochter Maria gebar. Es war dieselbe Cousine, die trotzdem gleichzeitig eine Beziehung mit Stanisławs russischem Aufpasser Fürst Repnin hatte, und schließlich dieselbe Cousine, die 1784 nach Berlin reiste, um ihre und Stanisławs Tochter mit Prinz Ludwig von Württemberg zu verheiraten, der ein Großneffe des großen Friedrich war. Der alt gewordene König empfing sie höflich, lobte ihre Tochter als einen Engel, der für seinen Großneffen viel zu gut sei, und fing dann an, König Stanisław als Schuljungen zu verspotten. Die Fürstin Czartoryska, die beim Eintritt in den Raum noch vor Ehrfurcht geweint hatte, antwortete darauf empört, das sei unverdient grausam, und obwohl der gegen Kritik immune Friedrich so tat, als hätte er nichts gehört, war sein nächster Satz nachdenklicher: «Ich habe immer gesagt, dass Polen von Frauen regiert werden sollte, und unser heutiges Gespräch bestätigt mich in diesem Glauben.» Bedenkt man, dass die erst sechzehnjährige Maria Czartoryska durch diese Ehe auch Schwägerin des Erbsohns der Zarin Katharina wurde, so möchte man sich einen Moment lang ein

Idyll ausmalen, in dem all diese legalen und krummen Familienbande sich zum Wohle Polens ausgewirkt hätten. Aber genauso unglücklich, wie es bald Maria Czartoryskas Ehe mit Friedrichs Großneffen sein würde, waren die Verhältnisse zwischen den drei Mächten schon lange vorher geworden, und es waren nicht Preußen oder Russland gewesen, die den Preis dafür bezahlt hatten.

Das große Reformprogramm, mit dem Stanisław 1764 seine Regierung antrat, hatte zwei Grundlagen. Erstens würde Russland, dessen Truppen auch nach der Königswahl im Lande blieben, ihn genau so lange bei allen Reformen unterstützen, die aus Polen einen effektiveren Bündnispartner machten, wie es seine eigenen Interessen nicht gefährdet sah. Zweitens aber war der gordische Knoten aller Probleme das Liberum Veto, mittels dessen jeder Abgeordnete jederzeit den Sejm zerreißen konnte. Um trotzdem einen handlungsfähigen Staat zu haben, bedienten sich Stanisław und seine Anhänger nun eines einigermaßen perversen Instruments der polnischen Verfassung. Es war nämlich den Adeligen Polen-Litauens förmlich erlaubt, zum Protest gegen Regierungspolitik jederzeit eine sogenannte Konföderation zu gründen, ein bewaffnetes Bündnis also, das oft genug zu bürgerkriegsähnlichen Kämpfen geführt hatte. Jetzt aber erklärten die Anhänger der Familia einfach gleich den ganzen Sejm zu einer Konföderation, innerhalb deren traditionell nach dem einfachen Mehrheitsprinzip abgestimmt wurde; die Abgeordneten wurden also parallel zu ihrer Rolle als Abgeordnete Mitglieder einer oppositionellen Privatverschwörung mit reduzierter innerer Demokratie, um in Zukunft auch gegen den Willen einzelner Störer agieren zu können. Man musste wohl kaum wie Stanisław mit Katharina der Großen im Bett Montesquieu gelesen haben, um langfristig an einer dermaßen verdrehten Konstruktion keine rechte Freude zu haben, und so versuchte Stanisław, das Liberum Veto abzuschaffen. Weil selbst er rasch seine Illusionen darüber verloren hatte, wie wenig Katharina sich für das größte Glück der größten Zahl interessierte, wenn es mit der russischen Staatsräson kollidierte, versteckte er die entscheidende Klausel im Kleingedruckten eines obskuren Finanzgesetzchens, wo sie vermutlich auch ungestört beschlossen worden wäre, wenn dem nur die Selbstgewissheit des russischen Botschafters Repnin entgegengestanden hätte. Aber in der Nacht zum 12. Oktober 1766 erhielt Repnin einen Besuch der Kronhofmarschallin Maria Amalia Mniszchówna, die sich als würdige Tochter ihres Vaters Graf Brühl erwies, indem sie ihm empfahl, das bereits abgesegnete Kleingedruckte lieber noch einmal genau zu lesen. Voller Wut wandte sich Repnin nun an seinen preußischen Kollegen. Während sie in einer gemeinsamen Kutsche quer durch Warschau fuhren, um jeden Abgeordneten einzeln zu bedrohen, eilte ein Kurier nach Petersburg. Als er mit der Erlaubnis zurückkehrte, den Polen Krieg und Zerstörung anzudrohen, ging Repnin selbst in den Sejm, wo er jetzt nicht mehr nur die Wiederherstellung des Vetos verlangte. Er legte auch einen russisch-preußischen Gesetzentwurf vor, um die politischen Rechte der protestantischen und orthodoxen Bewohner Polen-Litauens wiederherzustellen, die man zusammen Dissidenten nannte. Diese Unterstützung der eigenen Glaubensbrüder war de facto nicht nur im Falle des Beinahe-Atheisten Friedrich ein zynischer Versuch, sich innerhalb des Nachbarlandes eine fünfte Kolonne aufzubauen. Wie wenig ernst gemeint diese Pose auch bei der kaum religiösen Ex-Protestantin Katharina war, zeigt schon ihre Sorge darum, die Lage der polnischen (also weißrussischen und ukrainischen) Orthodoxen bloß ja nicht allzu sehr zu verbessern, weil sonst sofort massenweise russische Leibeigene ins Nachbarland flüchten würden. Aber am Schock der zutiefst katholischen Mehrheit des polnischen Adels änderte das nichts, und so war es für diese Mehrheit nicht nur ein Tag der Schande, als der Sejm am 22. November 1766 unter russischem Druck das Liberum Veto unabschaffbar machte. Es war ihnen auch die notwendige Revanche, zwei Tage später einstimmig dasselbe für die rechtliche Diskriminierung der Dissidenten zu erklären und damit Russland den Fehdehandschuh hinzuwerfen.

Die Zarin zögerte nicht, zurückzuschlagen. Während ihre bereits im Lande befindlichen Truppen reihenweise Bischöfe und Adelige verhafteten und deren Güter verwüsteten, organisierte Repnin gegen Stanisławs Reformen eine diesmal echte Konföderation. Es gab genug Adelige, die das eben erlassene Verbot der Privatarmeen oder das Ende bloßer Geldstrafen fürs Bauerntotschlagen als katastrophale Zerstörung ihrer alten Freiheiten verstanden, und es hätte ein Wunder geschehen müssen, wenn sich an der Spitze dieser Konföderation von Radom nicht sehr bald Fürst Karol ‹Mein lieber Herr› Radziwiłł gefunden hätte. Zusammen mit den Russen erzwangen diese bewaffneten Konföderierten einen neuen Reichstag, der nur noch aus ihnen bestand. Erst dann begriffen sie, dass Russland sie lediglich benutzt hatte, um den Dissidenten zu helfen, die doch diesen gut katholischen Konföderierten als Einziges noch widerlicher waren als Stanisławs Reformiererei. Es wurde ein langer und trauriger Reichstag, bis schließlich am 5. März 1768 ein «Ewiger Vertrag» mit Russland ausgehandelt war, der Polens Verfassung auf immer versteinern sollte (ein Historiker beschreibt ihn als «die Verbotsliste einer fiesen Gouvernante, deren bisherige Spielregeln die für sie zu intelligenten Kinder gegen sie gewendet hatten»). Karol Radziwiłł ließ abstimmen, hörte außer fünf oder sechs Murmelnden nur Schweigen, erklärte den Vertrag damit für angenommen und verließ den Sejm, um sich viehisch zu besaufen. Innerhalb kürzester Zeit würde er wieder an der Spitze einer Konföderation stehen, die bereits sechs Tage zuvor im heute ukrainischen Bar gegründet worden war, und diesmal ging es mit dem Segen fanatischer Mönche und Bischöfe gegen die Russen.

Das Land verfiel in Bürgerkrieg. Repnin erklärte dem König, wenn Stanisław nicht die Kronarmee einsetzen wolle, dann müsse die russische Armee die Konföderierten eben allein besiegen, wobei sie freilich auch keine Gefangenen machen werde. Um das zu verhindern, schickte er unter dem Befehl seines Freundes Ksawery Branicki die Kronarmee an russischer Seite in den Kampf und machte sich dadurch nur noch verhasster. In der polnischen Ukraine brach ein von den Russen inspirierter Bauernaufstand aus. Übereifrige Kosaken verfolgten Konföderierte so weit und so brutal auf osmanisches Gebiet, dass die Hohe Pforte zu Konstantinopel am 6. Oktober 1768 Russland den Krieg erklärte. Nun erfasste das Feuer die Steppengebiete am Schwarzen Meer, Moldawien und die Walachei, von wo sich bald auch die Pest gen Westen in Bewegung setzte. Unter dem Vorwand, dagegen einen Cordon sanitaire einzurichten (also jene militärische Absperrung, mittels deren man in Westeuropa die Pest bereits ausgerottet hatte), marschierten zuerst österreichische und dann preußische Truppen in Polen ein. Frankreich unterstützte die Rebellen durch Militärberater, obwohl es ihnen keine Siegeschancen attestierte. Aber Versailles reichte es schon, wenn sie Polen im Chaos und Russland beschäftigt hielten. Tatsächlich konnte Russland jetzt nicht mehr siegen, weil zwei gleichzeitige Kriege es überforderten; Polen war zudem auch einfach zu groß und zu dünn besiedelt, als dass man es komplett hätte besetzen können. Die Konföderierten aber erklärten den König für abgesetzt, wogegen ihm auch sein Mantra kaum half, dass Gott ihn doch nicht so selbstlos erschaffen hätte, wenn er nicht zu Wichtigem berufen wäre.

Am 3. November 1771 kehrte Stanisław II., nur von wenigen Lanzenreitern eskortiert, von einem Besuch zurück, den er im Czartoryski-Palast gemacht hatte – direkt gegenüber dem Balkon also, auf dem er sieben Jahre zuvor mit der himmelblauen Marquise die Kanonenschüsse erwartet hatte. Plötzlich rasten aus allen Seitenstraßen bewaffnete Reiter auf die Königskutsche zu. Sie schlugen Postillione, Adjutanten und Lakaien tot, schossen auf den flüchtenden König und erreichten ihn, als er verzweifelt gegen das Tor des eben verlassenen Palasts hämmerte. Stanisław wurde am golddurchwirkten Kragen weggezerrt und fand sich auf einem Pferd inmitten seiner Entführer wieder, die jetzt im Galopp durch die mondlose Nacht aus der Stadt hinausritten. Einmal fiel er, weil er sein Pferd nicht selbst lenken durfte, in einen schlammigen Graben und verlor einen eleganten Absatzschuh. Dann teilte sich die Entführergruppe, bis der König nur noch sieben Begleiter hatte. Vier verlor man im Dunkeln aus den Augen, woraufhin sich von den drei verbliebenen zwei in spontaner Panik absetzten. Stanisław war jetzt allein mit einem letzten Konföderierten, dem entlassenen Kammerdiener Kuzma Kosiński, der ohne Erfolg eine irgendwo im Wald wartende Kutsche suchte, während sein König ihm in einem Absatzschuh und einem groben

Rebellenstiefel hinterhinkte. Schließlich konnte er nicht mehr. Zum Glück war er jedoch noch immer ein geschliffener Redner, und so dauerte es nicht lange, bis der begreiflicherweise verwirrte Kosiński sich ihm zu Füßen warf, um Verzeihung bat und versprach, nunmehr ihm dienen zu wollen. Mit viel Mühe fanden sie schließlich die königliche Leibgarde, die den bereits totgeglaubten Herrscher jubelnd ins Schloss zurückbrachte. Für einen Augenblick zeigte nicht nur ganz Warschau, sondern ganz Europa Mitgefühl mit dem Monarchen, der dermaßen dreist angegriffen worden war. Auch der zuerst geschockte Stanisław fand bald die Fassung wieder, indem er die Rettung zum bisher klarsten Beweis seiner göttlichen Vorbestimmtheit umdeutete. Noch monatelang trug er einen dramatischen Kopfverband, verabschiedete den Diener Kosiński mit einer großzügigen Pension nach Italien, wo der ein neues Leben anfangen wollte, und freute sich am Rettungs-Pudding, den ein Warschauer Feinbäcker entworfen hatte. Vielleicht würde er doch noch bald alles zum Guten wenden? Ach, die eitle Hoffnung. Längst war alles zu spät für die alte Adelsrepublik, und das keineswegs nur, weil in diesem Bürgerkrieg beide Seiten so unfähig waren, wie der Anschlag es gezeigt hatte. Während Warschau seinen König feierte, beschlossen bereits drei Großmächte das Ende des polnisch-litauischen Großstaats.

Die Idee hatte Friedrich II. gehabt, das war ja klar. Den Preußenkönig konfrontierte Russlands erfolgreicher Türkenkrieg mit einem Dilemma, obwohl sein Bündnis mit der Zarin ihn für diesen Krieg nur zur Zahlung von Hilfsgeldern und nicht zum Kampfeinsatz verpflichtete. Aber ganz abgesehen davon, dass sein Land sich schon diese Zahlungen kaum leisten konnte, wusste Friedrich auch nur zu gut, welche viel größere Gefahr ihm gerade aus den Erfolgen der Russen erwuchs. Auf territoriale Vergrößerungen des Nachbarn reagierten nämlich Ancien-Régime-Staaten kein bisschen anders als der Hund, der sieht, wie ein anderer Hund einen Knochen bekommt. Von dieser Regel war die österreichische Monarchie keine Ausnahme, und das umso mehr, als ja Russland durch diese Eroberungen bald direkt an ihre eigenen Länder angrenzen würde. Beherrschte Katharina aber erst einmal die

Donaufürstentümer im heutigen Rumänien, dann war ihr auch der Weg ins Innere des Osmanischen Reiches geöffnet, den sich das Haus Österreich von der anderen, westlichen Seite schon vor achtzig Jahren gebahnt hatte. Weil weiterhin dieser Weg in Richtung Konstantinopel immer enger wurde, würden sich die beiden Großmächte bald ein mörderisches Wettrennen liefern müssen. Sollte dabei aber Österreich Russland zu bremsen versuchen, dann ergäbe das einen Krieg, in den laut Allianzvertrag an russischer Seite auch Preußen eintreten müsste. So sah Friedrich bereits vor sich, wie er bald zum vierten Mal Krieg gegen jene Macht würde führen müssen, die er bereits dreiundzwanzig Jahre lang fast ununterbrochen bekämpft hatte, nur damit seine brandneue russische Verbündete Moldawien, die Walachei und die Tarensteppe behalten dürfe: Konnte das wirklich die beste Lösung sein? Man müsste, dachte Friedrich, die Russen dafür kompensieren, dass sie sich auf wenige Eroberungen beschränkten, die Österreicher dafür entschädigen, dass sie diese Erwerbungen tolerieren, wie man eben zur Vermeidung größeren Ärgers dem zweiten Hund auch einen Knochen hinwirft – und schließlich nach derselben Logik auch mir selbst etwas geben ... Und woher all diese Entschädigungen, die ja territorial sein mussten? – Aber ich bitte Sie: Haben wir denn nicht einen völlig anarchischen Pufferstaat in unserer Mitte, schuld am ganzen Türkenkrieg, schrecklich religiös altmodisch zumal (fragen Sie Voltaire, fragen Sie Diderot!), wäre es da nicht geradezu unsere Pflicht, zu intervenieren? So schlug es Friedrichs Bruder Prinz Heinrich der Zarin vor, so einigte man sich zwischen Potsdam und Petersburg, gerade als Stanisławs Rettungsgeschichte das Publikum zu Tränen rührte, und so beschlossen es alle drei Mächte schließlich am 5. August 1772. Dann marschierten nach russischen auch preußische und österreichische Truppen in das entsetzte Polen ein, um die Konföderierten vom Spielbrett zu fegen. Nicht wenige der Rebellen flohen nach Amerika, wo sie bald danach wieder für eine Republik kämpfen würden. Einem von ihnen, dem slowakischen Edelmann Moritz August Benjowski nämlich, gelang es sogar, durch Verführung der Gouverneurstochter von Kamtschatka aus seiner sibirischen Haft zu fliehen, das mitgenommene Kriegsschiff bis ins Gelbe Meer zu segeln und sich schließlich zum König von Madagaskar zu machen, was freilich auch nicht lange gutging. Polen aber war jetzt den Nachbarmächten ausgeliefert, die sich aus dem Staatskörper der alten Republik die jeweils an sie grenzenden Gebiete herausschnitten: Westpreußen für Friedrich, Galizien für die Österreicher, Polnisch-Livland und halb Weißrussland für die Zarin. Vier von vierzehn Millionen polnischen Staatsangehörigen wurden Untertanen fremder Herrscher. Die europäische Großmachtpolitik war immer brutal und aggressiv gewesen, aber dies hier war etwas Neues. Zwar hatte man immer mal wieder die Zerschlagung bestimmter Staaten erwogen, sie dann aber eben doch nie durchgeführt, wo nicht gerade dynastische Erbansprüche das unvermeidlich machten. Hier dagegen hatten drei Teilungsmächte, die sämtlich von betont fortschrittlichen Monarchen regiert wurden, allein im Namen der abstrakten Vernunft ein Land zerlegt, das niemandem etwas getan hatte. Und sosehr das vor allem Friedrich und Katharina im literarisch-gelehrten Establishment der westlichen Staaten jetzt Applaus einbrachte, so sehr fiel es doch anderen als bedrohlich auf. Der britische Politiker und Intellektuelle Edmund Burke sprach für viele, als er die Teilung so kommentierte: «Polen war nur ihr Frühstück ... wo werden sie zu Mittag essen?»

KAPITEL 18

Ferdinand III. und IV.
sieht trotzdem nicht vollkommen
abstoßend aus

∞

NEAPEL, 6. APRIL 1769

Zum etwa zwölften Mal in dieser Nacht bemerkte Seine Römisch-Kaiserliche Majestät, der Allerdurchlauchtigste, Großmächtigste und Unüberwindlichste Fürst und Herr Joseph der Andere, Erwählter Römischer Kaiser, zu allen Zeiten Mehrer des Reichs, in Germanien und zu Jerusalem König, Mitregent und Erb-Thronfolger der Königreiche Hungarn, Böheim, Dalmatien, Croatien und Sclavonien, Erzherzog zu Österreich, Herzog zu Burgund, Lothringen, Steyer, Kärnthen und Crain, Großherzog der Toskana, Großfürst zu Siebenbürgen, Markgraf zu Mähren, Herzog zu Brabant, Limburg, Luxemburg, Geldern, Württemberg, Ober- und Nieder-Schlesien, Mailand, Mantua, Parma, Piacenza, Guastalla, Kalabrien, Bar, Montferrat und Teschen, Fürst zu Schwaben und Charleville, Gefürsteter Graf zu Habsburg, Flandern, Tyrol, Hennegau, Kyburg, Görz und Gradisca, Markgraf des Heiligen Römischen Reiches zu Burgau, Ober- und Nieder-Lausitz, Pont-à-Mousson und Nomeny, Graf zu Namur, Provence, Vaudemont, Blankenberg, Zütphen, Saarwerden, Salm und Falkenstein, Herr auf der Windischen Mark und zu Mecheln nicht ohne einen gewissen Widerwillen zuerst an ihrem Hals und dann auf ihrem Rücken das geringe, aber dennoch lästige Gewicht Seiner Sizilianischen Majestät, des Allerdurchlauchtigsten und Großmächtigsten Fürsten und Herrn Don Ferdinands des Dritten respektive Vierten, von Gottes Gnaden Königs Beider Sizilien und von Jerusalem, Infanten von Spanien, Herzogs von Parma, Piacenza und Castro, Erb-Großprinzen der Toskana, und so fragte denn besagte Römisch-Kaiserliche Majestät sich zum gefühlt hundertsten Mal, welcher haarsträubend hirnverbrannte Idiot wohl seinerzeit Seine Katholische Majestät, den Allerdurchlauchtigsten, Großmächtigsten und Katholischen Fürsten und Herrn Don Karl den Dritten, König von Kastilien, León, Aragonien, Beider Sizilien, Jerusalem, Navarra, Granada, Toledo, Valencia, Galicien, Mallorca, Sevilla, Sardinien, Córdoba, Korsika, Murcia, Jaen, der Algarve, Algeciras, Gibraltar, der Kanarischen Inseln, der Ost- und westlichen Indien, der Inseln und des festen Landes des Ozeanischen Weltmeeres, Erzherzog von Österreich, Herzog von Burgund, Brabant und Mailand, Grafen von Habsburg, Tirol, Flandern und Barcelona, Herrn der Biscaya und von Molina dazu überredet haben mochte, diesem seinem Sohn Ferdinand aus gesundheitlichen Rücksichten jegliche Form von Erziehung zu ersparen. Das Resultat jedenfalls war unbestreitbar sehenswert.

Auf der Habenseite ließ sich verbuchen, dass es um die Gesundheit des achtzehnjährigen Königs Ferdinand in der Tat nicht schlecht stand. Sein starker Oberkörper mochte nicht recht zu den schwachen Beinchen passen, seine unfassbar lange Nase mochte aussehen, als wäre sie für den direkten Kampfeinsatz geschaffen, und wies ihn zugleich als unübersehbar echten Sohn Karls III. aus, der seinerzeit die Mauern des belagerten Gaeta zweifellos auch mit der Nase allein hätte sprengen können; dass das Volk erst Ferdinand auch wirklich den Nasenkönig (il re nasone) nannte, ist schiere historische Ungerechtigkeit. Dafür zierte ein vom Haarnetz nur unvollkommen kontrollierter Wald aus milchkaffeefarbenen Strähnen den zu kleinen und stets ungepuderten Kopf, während man die Bläschen um den zu großen Mund herum nach Meinung der Ärzte als Zeichen gesunder Vitalität zu lesen hatte. Die Größe des jungen Herrschers war ein Bonus, den ihm der einen Zoll kleinere Kaiser Joseph mit der ganzen Großmut des zehn Jahre Älteren verzieh, und seine trotz der täglich fünf Mahlzeiten dünne Statur ein Malus, der sich gewiss noch bessern würde, wenn nur erst dieser kindische Bewegungsdrang endlich nachließe. Die Bewegung selbst war eingestandenermaßen nichts, wobei man gern zusah, und es wäre schwergefallen, einen einzelnen Haltungsfehler als den irritierendsten zu benennen: Das Schleifenlassen der langen Arme oder die stets nach rechts ausgewinkelten übergroßen Füße hatten darauf ebenso guten Anspruch wie die bei jedem Schritt mitgelieferte Rumpfverbiegung, die der König den Puppen seines geliebten Marionettentheaters abgeschaut haben musste. Bei den Zähnen hoben schöne Substanz und schiefe Anordnung einander gewissermaßen auf (im Munde eines etwas älteren Menschen wäre natürlich schon ihre bloße Anwesenheit ein Pluspunkt gewesen). Die platten Wangen und der lange Hals andererseits ließen sich immer noch als neutral verbuchen, während man sich mit der niedrigen Stirn als charitabler Mensch ebenso wenig weiter aufzuhalten hatte wie mit den kleinen Schweinchenaugen, die der an die Mutter adressierte Bericht Josephs II. daher auch lediglich aus objektivem Beobachtergeist erwähnte. Am Ende attestierte der Kaiser seinem Schwager sogar wohlwollend, trotzdem nicht vollkommen abstoßend auszusehen, zumal man noch positiv in Rechnung stellen müsse, dass Ferdinands Haut zwar gelblich blass, dabei aber weich, er selbst währenddessen mit Ausnahme bloß der Hände sauber sei und im Übrigen nicht einmal stinke: eine erfrischend um Objektivität besorgte Bilanz also, aus der sich jeder das Passende heraussuchen konnte.

Leider nur war diese physische Bilanz ja nicht die einzige, die es zu ziehen galt. Verstand und Verhalten des Königs von Neapel-Sizilien wollten schließlich auch beurteilt werden, und da wurde es dann schnell weniger erfreulich. Weniger interessant freilich nicht, im Gegenteil: Wenn es nach dem stets methodischen Joseph II. gegangen wäre, dann hätte er den Schwager am liebsten ununterbrochen und mit mindestens derselben Faszination erforscht, mit der er sich in Pompeji oder auf dem Vesuv auch den übrigen Sehenswürdigkeiten des Landes widmete. Aber das konnte er gleich wieder vergessen, weil solche Erforschung ja den einen oder anderen ruhigen Moment erfordert hätte und damit etwas, was dem König bekanntlich panisches Unwohlsein verursachte (schlimmer auf den Magen geschlagen hatte ihn nur sein letzter Versuch, ein Buch zu lesen). Gewiss, hier und da hatte es solche ruhigen Momente schon gegeben, seit Joseph vor einer Woche hier angekommen und direkt in die Geburtstagsgala für die Königin von Portugal hineingeraten war (es war das die uns aus Kapitel 13 bekannte ehemalige Infantin-Königin Maria Anna Victoria, deren Geburtstag Ferdinand als ihr direkter Neffe feiern musste, obwohl er sie niemals getroffen hatte). Vor drei Tagen etwa hatten die vereinigten Majestäten das Kartäuserkloster San Martino besichtigt, um sich am wunderbaren Blick auf die Bucht von Neapel sowie an den Kunstschätzen zu erfreuen. Der Kaiser hatte das denn auch getan, während sein königlicher Schwager einen einheimischen Fürsten und den österreichischen Botschafter am Kragen packte, um mit diesen durchaus unfreiwilligen Begleitern wie ein Kind kreuz und quer durch das Kloster zu rennen. Der Kartäuserprior überreichte dem Kaiser inzwischen ein «schönes göldenes Reliquienkästgen», das Joseph II. sofort der Herzogin von Termoli weiterschenkte – wohl nicht ohne eine gewisse Ironie, da sie ja ausgerechnet die Erb Schwiegertochter des Königserziehers Fürst von San Nicandro und also des oben erfragten haarsträubend hirnverbrannten Idioten war, bei dem man sich für die allzu unbeschwerte Natur des jungen Monarchen bedanken durfte. Aber was wollte man machen? Die Königserzieherei wurde eben auf beiden Seiten als Familiengeschäft betrieben. Die Herzogin-Schwiegertochter war beispielsweise die Tochter des Herzogs von Sora, der 1738 Ferdinands Mutter Maria Amalie von Sachsen nach Neapel gebracht hatte, und die Urenkelin der Fürstin von Piombino, die uns 1714 als Begleiterin von Ferdinands machtbewusster Großmutter Isabella Farnese begegnet ist. Wenn nun diese Leute über Generationen Königinnen und Könige erzogen und das Resultat am Ende so aussah, dann mussten sie schon auch selbst sehen, wie sie damit zurechtkamen. Dann hatte der Kaiser sich auf die Suche nach seinem Schwager begeben, den er schließlich in der Klosterküche dabei fand, wie er ein Omelett zu machen versuchte. Da Ferdinand seine Entourage jedoch gleichzeitig mit einer Art Tortenschlacht beschäftigte, nebenher die faszinierende Kitzligkeit des österreichischen

Botschafters entdeckt und auch noch nicht annähernd in *alle* herumliegenden Hüte Marmelade geschmiert hatte, machte der Kaiser die Küchentür lieber schnell wieder zu. Er beschloss, dass dies ein ruhiger Moment sei, setzte sich im nebenan gelegenen Refektorium mit seiner Schwester Marie Caroline zusammen und ließ sich von der Sechzehnjährigen beschreiben, wie es so war, mit dem erst nach einer Stunde wieder aus der Küche auftauchenden Ferdinand III. respektive IV. verheiratet zu sein. Das Thema hätte mehr hergegeben, aber schon war es erneut in Eile weitergegangen, und wenn auch die aus dem Hut des österreichischen Botschafters herausquellende Marmelade der Würde des Anlasses vielleicht nicht vollkommen gerecht wurde, fand man sich doch bald in der Universität wieder, von deren Professoren Joseph II. sich ihre Lehrmethoden erklären lassen wollte. Nachdem Ferdinands Aufmerksamkeitsspanne jedoch bloß für das Skelett und den ausgestopften Elefanten gereicht hatte, empfahl sich zur Vermeidung unerfreulicher Szenen die unmittelbare Rückkehr zum Schloss von Portici, von wo man nach dem Essen sofort weiterzog, um endlich zu den Wildschweinen zu kommen.

Obwohl Ferdinands Nase bereits ausgereicht hätte, um ihn als echten spanischen Bourbonen zu identifizieren, bestand er als fanatischer Jäger auch den zweiten Lackmustest dieser Zugehörigkeit. Besser noch: Neben ihm sahen selbst sein französischer Dauphin-Urgroßvater, der praktisch im Alleingang die Wölfe der Île-de-France ausgerottet hatte, oder sein Onkel Ludwig XV. wie bestenfalls lauwarme Jagdfreunde aus, obwohl doch Letzterer auch als inzwischen fast Sechzigjähriger noch immer jeden Tag stundenlang über Waldwege galoppierte, mochten die nun matschig sein oder gefroren. Wenn Ferdinand von Neapel-Sizilien sie alle übertraf, dann war das nicht zuletzt deswegen eine reife Leistung, weil seinem Schwager keine Landschaft der Welt weniger zur Jagd geeignet schien als die hauptsächlich aus versteinerter Lava bestehende Umgebung des Schlosses von Portici. Man musste die Jagd schon so lieben wie Ferdinand und vor ihm sein Vater Karl III., um hier mit Schießpulver Hunderte von Löchern in die Lava zu sprengen, diese mit Erde zu füllen und darauf Bäume zu pflanzen, zwischen denen man dann Schwarz- und Rotwild ansiedelte, das in der unbewohnbaren Mondlandschaft nur durch ständige Fütterung überleben konnte. Aber Karl III. und Ferdinand hatten das getan, und so sah man den König jetzt inmitten von zweihundert einheimischen Treibern, die er sämtlich mit Vor- und Nachnamen kannte, laut im neapolitanischen Dialekt schreien und Stöcke gegeneinander schlagen, bis sie ausreichend viel Wild in ein eingezäuntes Areal getrieben hatten. Dann begann das große Schießen. Der an ordentlichere Jagden gewöhnte Joseph II. sah befremdet zu, wie sein Schwager kreuz und quer schoss, als ob nicht überall Leute herumstünden, gratulierte ihm zum Abschuss zweier Wildschweine, die man mehr oder weniger auf ihn zugetragen hatte, und konnte noch von Glück reden, dass der schnell gelangweilte König ihn danach bloß zum Schwertfisch-Angeln mitnahm, statt sich wie so oft auf die geschossenen Tiere zu stürzen, in deren Zerlegung er ein echter Meister war. Aber zum Reden kam man so natürlich wieder nicht, und zum Reden war man auch in den nächsten Tagen nie so recht gekommen. Ob der hohe Gast dem Schwager nun beim Reiten zusah oder beim grotesken Drill seines Lieblingsbataillons (also beim plan- und ziellosen Herumrennen einer Horde von Hobbysoldaten, denen der mit dem Degen herumfuchtelnde König durch den ständigen Klang der Trommeln und Pfeifen hindurch Befehle ohne Sinn und Verstand zubrüllte, wenn er nicht gerade in schrilles Lachen ausbrach) – für eine sinnvolle Konversation war nie der rechte Moment gekommen, obwohl sich doch Joseph ganz bewusst großzügig auf das Niveau seines missratenen Standesgenossen herabließ. Hatte er nicht gleich zu Anfang des Besuches erklärt, dass Ferdinand ihn nicht mit ‹Euer Majestät› anreden müsse, weil ‹Mein Bruder› doch vollkommen genüge? War er nicht mit gutem Beispiel vorangegangen, indem er den Bruder-Schwager einfach ‹Don Ferdinando› nannte, und hatte er es nicht musterhaft tolerant aufgenommen, dass der ihn statt ‹Don Giuseppe› mit der primitiven Dialektversion ‹Don Pepe› ansprach? Der Latein-, Französisch- und Deutschunterricht war an Ferdinand nun einmal so spurlos vorübergegangen, dass er nach wie vor keine Sprache außer einem sehr proletarischen neapolitanischen Dialekt beherrschte, und da musste man sich als sechssprachiges nordeuropäisches Bildungswunder eben ausnahmsweise einmal ein wenig zurücknehmen (wenn er die Schwester trotzdem ermahnte, bitte weiterhin im feinen Toskanisch des Wiener Hofes zu sprechen, statt sich vom Gemahl den vulgären Dialekt der Einheimischen anzugewöhnen, dann war das etwas ganz anderes und geschah im Übrigen diskret).

Inzwischen zuckte Joseph kaum noch zusammen, wenn der König ihn jeden Morgen als Pazzo briccone (irrer Halunke) begrüßte, und selbst bei den infantilen Gesellschaftsspielen hatte er so wacker mitgemacht, als hätte er nie etwas Besseres zu tun gehabt. Sie hatten sich mit *Blinde Kuh* und dann einem Spiel namens *Toilette* vergnügt, bevor der Kaiser ihnen erklärte, wie die Wiener *Schauets in die Suppen* spielten, von wo man zuletzt zum *Trillerpfeifenspiel* fortgeschritten war. Hier hatte Josephs Unwilligkeit, Damen gegenüber Gewalt anzuwenden, sich kurzzeitig als schweres Handicap für den Kaiser erwiesen, das allerdings den ersten Karateschlag nicht überlebte, mit dem eine besonders energische Principessa ihm die Trillerpfeife aus der Hand schlug. Schon bald quetschte und drückte er die vornehm blassen Hände der Mitspielerinnen so rücksichtslos, dass die ihm echtes Talent attestierten. Aber für den Hauptzweck dieser Reise brachte es letztlich doch erstaunlich wenig, dass hier mit Joseph II. einer der etikettefeindlichsten Herrscher seiner Zeit nach Neapel gekommen war. Am Wiener Hof als Gegner der Etikette aufzufallen war ohnehin nicht schwer, denn da sägte der Oberhofmeister notfalls schon auch einmal eigenhändig die Armlehnen von Stühlen ab, die für überraschend angereiste Prinzen der falschen Rangkategorie gebraucht wurden; dort avancierte man bereits zum gefährlichen Umstürzler, wenn man statt des zweihundert Jahre alten spanischen Mantelkleids bloß eine Gala-Uniform trug. Vor allem aber war Josephs Verweigerung so vieler Etiketteregeln und Zeremonien, war sein nie ganz zu Ende gedachter Wunsch, trotz unnormalen Berufs als normaler Mensch behandelt zu werden, eben eine fundamental moderne Idee, übrigens auch so modern, dass sie nicht unwesentlich zum katastrophalen Scheitern seiner Innenpolitik beitrug. Die unverdiente und unpersönliche Überlegenheit der erblichen Herrscher pflegte den intelligenteren Vertretern der Spezies ein nützliches Bewusstsein der Tatsache zu lassen, dass sie den Thron allein dem Zufall der Geburt verdankten und sich also nicht allzu viel auf ihre Talente einbilden durften. War es da nicht ungleich berauschender, sich die Bewunderung als genuin großartiges Individuum, als ganz persönlich großer Mensch zu verdienen – und war es nicht unglaublich praktisch, wenn man sich einen großen Teil dieser Bewunderung schon dadurch erkaufen konnte, dass man demonstrativ auf einige jener Ehrerbietungen verzichtete, die ohnehin nur der Rolle und nicht dem Genie galten? Im 18. Jahrhundert waren das noch so brandneue Ideen, dass man leicht glauben konnte, dergleichen müsse in eine glorreiche Zukunft führen, und erst wir wissen es besser, weil wir regelmäßig von Leuten regiert werden, deren individueller Größenwahn schon nach zehn Jahren an der Macht gefährlicher zu werden droht, als es der institutionelle Größenwahn des durchschnittlichen Barockfürsten in fünfundzwanzigster Generation war. Aber dies nur nebenbei. Joseph jedenfalls ließ sich, indem er dem Vorbild des großen Friedrich und vielleicht einigen Ideen der ihm vom Hörensagen bekannten Aufklärung folgte, so bewusst und so großkotzig großzügig vom Mount Everest seines Kaisertums herab, dass er die Bewunderung, die man ihm dafür entgegenbrachte, nicht anders als selbstverständlich finden konnte. Leider war diese supersubtile Distinktion jedoch ausgerechnet auf Schwager Ferdinand vollkommen verschwendet, weil der in seiner grandiosen Kulturlosigkeit gar nicht wusste, was einen Monarchen von einem Bauern hätte unterscheiden sollen. Für die effektive Herrschaft über einen Staat ohne Mittelklasse, dessen Hauptstadt von einem organisierten Heer der Tagelöhner und Kleinkriminellen (den sogenannten Lazzaroni) beherrscht wurde, hätte man sich denn auch keinen besseren Monarchen denken können. Wer beim Open-Air-Schauessen des Hofes zusah, erlebte die Begeisterungsausbrüche des einfachen Volkes, wenn sein König die ohnehin schon proletarischen Makkaroni dann auch noch mit den Händen aß, und

~ *Ferdinand III. sieht trotzdem nicht abstoßend aus* ~ 823

die regelrechte Ekstase, wenn er auf vulgäre Zurufe des Publikums mit sichtlichem Vergnügen im selben Ton antwortete. Das Volk hätte gewiss nur zu gerne zugesehen, wie Ferdinand selbst den Kaiser auf einem Toilettenstuhl empfing, den er nach Gebrauch sofort in die Hand nahm, um damit hinter schreienden Hofbeamten herzurennen, und es hätte seinem neben Joseph auf einem Balkon stehenden Monarchen vermutlich mit doppelt so großer Hingabe zugejubelt, wenn es geahnt hätte, dass er da Joseph gegenüber gerade ein nicht gesellschaftsfähiges Geräusch mit den Worten «Ist nötig für die Gesundheit, Brüderchen» gerechtfertigt hatte. Joseph aber würde bis zur Rückkehr nach Wien warten müssen, bevor wieder er der volkstümliche Monarch sein konnte.

Nun also der Ball. Hier erwartete Joseph eine besondere Sehenswürdigkeit, denn so wie Neapel als eine der schönsten Städte des Kontinents galt, so war das von Ferdinands Vater erbaute Teatro San Carlo eines der berühmtesten Opernhäuser Europas – eine Bühne nicht einfach nur für die Oper, sondern fast noch mehr für die Aristokratie des ganzen Südens, der das Gros der endlos in die Höhe gebauten Logen erblich gehörte. Während die dort gespielte Musik von Fachleuten und Touristen durchaus gemischte Bewertungen erhielt, war man sich über die Großartigkeit der Inszenierungen umso einiger, in deren Schlachtenszenen beispielsweise ohne Weiteres 200 professionell kämpfende Teilnehmer sowie Kavallerieattacken mit echten Pferden auf die titanische Bühne kamen. Man mag es daher kaum noch Zweckentfremdung nennen, wenn hier ein Ball unter der Führung eines König stattfinden sollte, dem der Unterschied zwischen Kavallerieattacke und Gesellschaftstanz durchaus unbekannt war. Wie sich das auszuwirken pflegte, konnte Joseph schon auf dem Weg zum Ball beobachten. Praktischerweise war nämlich das Teatro San Carlo mit dem nahegelegenen Königspalast durch eine lange Galerie verbunden, die man seinerzeit angeblich auf spontanen Herrscherwunsch während einer einzigen Aufführung gebaut hatte (die Opern des 18. Jahrhunderts waren lang genug, um das nicht unmöglich erscheinen zu lassen). Wäre es da nicht geradezu herzlose Verschwendung von Spaß gewesen, diesen Hinweg in steifer Etikette zurückzulegen? Und doch sah es ganz danach aus, als Joseph sich neben Ferdinand und Marie Caroline an der Spitze einer zeremoniellen Rang-Prozession aller Hofchargen fand, während gravitätische Kammerherren mit Kerzenleuchtern ihnen den Weg durch das dunkle Schloss zeigten. Seltsam, dachte Joseph, man weiß nie, woran man ist mit diesen Leuten, als er plötzlich vom schrillen Schrei seines Schwagers aufschreckte. Wenngleich die Unterscheidung zwischen Sprechen, Schreien und Kreischen bei Ferdinand auch im Normalzustand eher akademisch war, ging es hier doch sichtlich um mehr. Während nämlich der König anfeuernd herumbrüllte wie ein Kutscher und in alle Richtungen ausholte, um die nächstbesten Höflinge in den Hintern zu treten, verfiel auch schon «der ganze Hof, Große und Kleine, Minister und Perücken» so gekonnt in Galopp (ob Joseph damit den gleichnamigen Tanz oder die Pferdegangart meinte, dürfte in diesem Moment nicht mal er selbst gewusst haben), dass sich das nur aus langjähriger Übung erklären ließ. Wie die wilde Jagd raste nun der von Ferdinands Tritten und Kreischerei angefeuerte männliche Teil des Gefolges in die eine Richtung davon, während Joseph und die Königin sich nur mühsam an der Spitze des gleichermaßen beschleunigten Frauenhofstaats halten konnten. Sie sahen gerade noch, wie Ferdinands Faustschlag den nicht schnell genug ausgewichenen französischen Botschafter so heftig gegen die Wand des zweiten großen Vorzimmers katapultierte, dass man später beim Ball bereits die große Beule auf der Exzellenz-Nase würde bewundern können. Dann fielen sie nach und nach zurück, irrten einige Zeit durch unbekannte Gemächer und fanden das Gros der Hofgesellschaft erst am Ende des Korridors, wo die beiden unbremsbaren Galopp-Teams gerade nicht ohne Verluste versuchten, gleichzeitig durch eine viel zu enge Tür ins Opernhaus zu gelangen. Auf Josephs vorsichtige Nachfrage antwortete man, das sei in der Tat der übliche Auftakt für einen Ball, ja selbst keuchende alte Damen bekannten sich ohne Wenn und Aber zum Prinzip ‹Wenn der König galoppiert, dann galoppiere ich auch›. Und sosehr es zu Josephs sonstigem Charakter im Widerspruch stehen mag, so sehr müssen wir ihm das doch zugutehalten: Als er zwei Wochen später seiner Mutter Maria Theresia einen langen Reisebericht schrieb, da hielt nicht einmal sein Wissen um die weitgehende Humor-Resistenz der Empfängerin ihn von der Feststellung ab, im Leben noch nie etwas Komischeres erlebt zu haben.

Inzwischen war es ein Uhr morgens. Auf der Opernbühne begann der eigentliche Ball, den der König mit einem einzigen Kontertanz eröffnete, bevor er sich den darauf folgenden Menuetten entzog und stattdessen wieder mit am Kragen gepackten Lieblingshöflingen durch den Saal raste. Der erst recht nicht tanzfreudige Kaiser in seinem weißen Karnevalskostüm bewunderte inzwischen das Gebäude und fing Unterhaltungen an, die allerdings etwas darunter litten, dass alle paar Minuten der König vorbeikam, um ihn mit dem Hut auf den Hintern zu schlagen oder sich huckepack auf seinen Rücken zu setzen. Joseph trug ihn dann zwar jedes Mal ein paar Schritte weit, war aber doch froh, als sein Schwager nach etwa zwanzigfacher Wiederholung dieses Spiels endlich wieder in Richtung Tanzfläche verschwand. Der bemerkenswerteste Moment des Abends stand diesen beiden freilich erst noch bevor, und es ist kein Wunder, dass wir ihn ausnahmsweise nicht aus Josephs eigener Beschreibung der Reise kennen, so wundervoll detailliert sie sonst auch ist. Unser Kronzeuge ist vielmehr der achtunddreißigjährige Edelmann William Hamilton, der sich in seinen fünf Jahren als britischer Gesandter am neapolitanischen Hof bereits so beliebt gemacht hatte, dass Königsfamilie und Adel ihn wie einen der ihren behandelten. Auch in diesem Moment hätte die sechzehnjährige Königin Marie Caroline nur zu gern mit ihm getanzt, was sie im Gegensatz zu ihrem Mann ebenso gern wie elegant tat. Da Hamilton und Marie Caroline jedoch bereits bei ihrer Ankunft im vorigen Jahr experimentell hatten herausfinden müssen, dass die Etikette dieses Hofes das nicht erlaubte (die Königin durfte nur mit Kammerherren sowie den ‹Familien›-Botschaftern der anderen Bourbonen-Höfe tanzen), stand Hamilton jetzt ebenfalls fernab der Tanzfläche, um sich mit dem Kaiser zu unterhalten. Obwohl sie einander erst seit wenigen Tagen kannten, war auch Joseph längst dermaßen dem Charme des sympathischen Diplomaten erlegen, dass Hamilton sich bereits Hoffnungen machte, aus dem politisch drittklassigen Neapel zum britischen Botschafter in Wien aufzusteigen. Aber selbst in diese vielversprechende Unterhaltung platzte zuletzt doch wieder König Ferdinand hinein, der gerade schweißgebadet von der Tanzfläche zurückkehrte. Da es Ferdinands feinem Instinkt für das zwischenmenschlich Verbindende zutiefst widerstrebt hätte, den geliebten Schwager Don Pepe nicht sofort an seinem körperlichen Befinden teilhaben zu lassen, ergriff er mit strahlendem Blick die kaiserliche Hand, um sie zur Verdeutlichung heroischer Verschwitztheit an seinen königlichen Hintern zu führen, wie man das eben machte unter guten Freunden. Und so fand man denn im Neapel des Jahres 1769 zuletzt doch noch heraus, wo die Toleranzgrenze eines antizeremoniellen Monarchen vom neuen Typ lag. Joseph II. zumindest zog seine allerdurchlauchtigste Hand jetzt mit jenem eisig zeremoniösen Grauen vom unwürdigen Ort zurück, das man vermutlich nur als Erbe von 17 Kaisern und 49 Königen so schön zustande bringt und das trotzdem noch nicht einmal das Beeindruckendste der ganzen Szene gewesen zu sein scheint. Es war, wenn wir glauben wollen, was Hamilton später einem Freund erzählte, ein Glück, dass unsere Protagonisten sich nicht in jenem durch ein Gitter abgetrennten Teil des riesigen Saales befanden, wo man zu den venezianisch anmutenden Karnevalskostümen auch Masken tragen musste. Wirklich faszinierend sei nämlich der fassungslose Blick des Kaisers gewesen und fast noch mehr der nicht weniger fassungslose, mit dem der König ihn während mehrerer komplett stummer Sekunden erwidert habe. Tatsächlich brach ja in diesem Augenblick keineswegs nur das Weltbild des Kaisers zusammen, der sich bisher noch stets darauf hatte verlassen können, dass seine unfassbar hohe Würde ihm auch dann Respekt garantierte, wenn er so tat, als gäbe es sie gar nicht; das mochte ein Schock sein, traf aber doch immerhin einen analytisch intelligenten und gebildeten Achtundzwanzigjährigen. Das tragische Naturkind Ferdinand dagegen, das nie aus Neapel herausgekommen war und seit seinem neunten Lebensjahr auf dem Thron saß, ohne eine einzige Fremdsprache zu beherrschen, je ein Buch gelesen oder überhaupt irgendetwas gelernt zu haben, was nicht gerade mit dem Er- oder Zerlegen von Wildschweinen oder Schwertfischen zu tun hatte, muss sich in diesem Augenblick der niemals zuvor erlebten Zurückweisung gefühlt haben, als wäre ihm buchstäblich der Boden unter den Füßen weggezogen worden. Worauf um Himmels willen konnte man sich bitte noch verlassen, wenn selbst die höchste Auszeichnung, die liebevollste Geste der Zuwendung so missverstanden wurde wie jetzt eben? Konnte man nach einem derartigen Schock überhaupt noch Botschafterehefrauen einen ehrenden Klaps auf den Po geben, ohne mit ähnlich außerirdischen Reaktionen rechnen zu müssen? Lag das nun alles bloß am erkennbaren Wahnsinn des Schwagers, oder neigten Ausländer insgesamt zu derlei bizarren Ausrutschern? Das waren so Fragen, die Seine Sizilische Majestät während dieser sich lang anfühlenden Sekunden in ihrem Herzen bewegt haben muss, bevor sie aus dem Augenwinkel den großartig kitzligen österreichischen Gesandten erblickte, all den unerklärlichen Kummer vergaß und mit einem schrillen Freudenschrei in seine Richtung losrannte. Mr. Hamilton währenddessen war Diplomat genug, dachte gewiss auch zu sehr an den verlockenden Posten in Wien, als dass er laut losgelacht hätte; an den regelrechten Muskelschmerz allerdings, den ihn das gekostet habe, erinnerte er sich noch zehn Jahre später. Joseph II. aber ging an diesem Abend nach eigener Aussage so früh zu Bett, wie das eben geht, wenn man von einem erst gegen drei Uhr morgens richtig in die Gänge gekommenen Hofball zurückkehrt. Vielleicht, so mag er gedacht haben, war es ganz gut, dass die für den nächsten Morgen angesetzte Vergnügungs-Seeschlacht wegen Sturm hatte abgesagt werden müssen.

Der Moment erscheint uns passend, um kurz zu erklären, wie der unselige Ferdinand so früh auf den neapolitanischen Thron gekommen war, obwohl er das Licht der Welt doch bloß als dritter Sohn eines spanischen Königs erblickt hatte. Wir nutzen diese Gelegenheit zugleich dazu, besser spät als nie jene denkbaren kleinen Verwirrungen aufzuklären, die die zu Anfang des Kapitels angeführten Titel dieser beiden Könige sowie des Kaisers dem einen Leser oder

der anderen Leserin verursacht haben mögen. Die Tatsache, dass vormoderne Monarchien weit vom nationalen Einheitsstaat späterer Zeiten entfernt waren, trugen die Herrscher dieser Monarchien mit wenigen Ausnahmen auch noch ganz buchstäblich im Namen herum, der als vollständiger Titel in schier endloser Sequenz Einzelterritorien aufzuzählen pflegte. Manchmal war sogar der einzige territoriale Name, der hier fehlte, ausgerechnet jener Oberbegriff, mit dem man den entsprechenden Staat informell schon damals bezeichnete, und so wird man denn im Titel von Ferdinands Vater Karl III. vergeblich das Wort «Spanien» sichern, obwohl er hauptberuflich König genau davon war. (Vom riesigen Lateinamerika ist natürlich erst recht nicht die Rede, aber das hieß ja damals auch noch sowohl auf Spanisch als in den anderen Sprachen Europas «die Indien».) Dass die komplizierte Kompositmonarchie, über die Joseph II. zusammen mit seiner Mutter Maria Theresia regierte, für den internen Gebrauch überhaupt keinen Namen außer «die Monarchie» hatte, haben wir bereits erwähnt; aber auch der Behelfsname Österreich, den die meisten Ausländer verwendeten, steht in seinem Titel erst an 9. Stelle von 56, was freilich neben dem gerade mal auf Platz 35 stehenden Namen Habsburg immer noch eine regelrecht prominente Platzierung war. Eine weitere und erst recht unhandliche Begleiterscheinung dieser Praxis war es, dass der Titel auch die unübersehbare Masse all der wirkungslosen, aber nie verjährten Rechtsansprüche integrieren musste, die diese jahrhundertealten Herrscherhäuser mit sich herumschleppten. Um wirklich prestigiös zu sein, musste daher ein Herrschertitel eigentlich zwangsläufig auch eine große Quantität totes Holz umfassen – territoriale Titel ohne jede wirkliche Herrschaft also, die im Falle des Joseph'schen Titels 46 % der Gesamtzahl ausmachten, im Falle Ferdinands sogar 62 % und im Falle Karls 47 % (wenn man ihm nämlich aus dem etwas unspezifischen Doppeltitel «König der Inseln und des festen Landes des Ozeanischen Weltmeeres» mit Blick auf das sonst nirgendwo vorkommende Südamerika eine Hälfte als real zugestehen mag).

Es war deswegen denn auch alles andere als Zufall, dass die Titel unserer drei Monarchen sich genau in jenen Territorien so schön überschnitten, die de facto überhaupt keinem von ihnen gehörten. So waren Joseph, Karl und Ferdinand beispielsweise alle drei insofern auf genau die gleiche Art König von Jerusalem, als keiner von ihnen auch nur einen Quadratzentimeter des Kreuzfahrerkönigreichs beherrschte, dessen letzte Reste bereits im Jahr 1291 endgültig an Ägypten verlorengegangen waren. Weil aber der Papst im Jahr 1266 diesen Titel zusammen mit dem Königreich Sizilien dem französischen Königssohn Karl von Anjou verliehen hatte, führten ihn jetzt eben Ferdinand III. als tatsächlicher König von Sizilien, sein Vater Karl als ehemaliger König desselben Reichs und Joseph II. als Erbe des Hauses Lothringen und damit Nachkomme der Erbtochter des 1442 aus Neapel-Sizilien vertriebenen «guten Königs» René von Anjou, dem er auch seinen ebenso realitätsleeren Titel «Graf der Provence» verdankte. Wenn Joseph sich dagegen «Großherzog der Toskana» titulierte, dann lag das daran, dass sein Vater Franz Stephan von Lothringen ja 1735 sein Heimatland Lothringen wirklich gegen die Toskana eingetauscht hatte, um so die Zustimmung der widerwilligen Großmächte zu seiner Heirat mit der österreichischen Erbin Maria Theresia zu erkaufen (Kapitel 14). 1745 war Franz dann auch endlich (als Franz I.) zum Römisch-Deutschen Kaiser gewählt worden, und als er 1765 starb, war ihm in dieser Würde Joseph gefolgt, den die Mutter Maria Theresia außerdem zum Mitregenten in Österreich sowie den ihr ebenfalls allein gehörenden Königreichen Ungarn, Böhmen, Kroatien und Dalmatien ernannt hatte. Diese Konstellation aber erklärte nicht nur viel von der schwierigen Psychologie eines Mannes, der zugleich Kaiser und doch noch unselbständiger Sohn einer nicht bloß dominanten, sondern ganz offiziell herrschenden Mutter sein musste. Sie brachte es auch mit sich, dass die im Vergleich mit diesem Erbe kleine Toskana gemäß den Verträgen von 1735 beim Tode Franz' I. nicht dem ältesten Sohn Joseph zufiel (der erhielt nur den leeren Titel), sondern in den Besitz seines damals achtzehnjährigen jüngeren Bruders Peter Leopold kam, der daher sein im Vergleich mit Joseph viel größeres politisches Talent seit vier Jahren in Florenz ausleben durfte. Da die gemeinsame Mutter ihm hier nicht hineinregieren konnte, wurde die Toskana in Kürze der am radikalsten modernisierte Staat Europas. Leopold schaffte die Todesstrafe ab und reduzierte die Armee auf ein einziges Regiment, das er angeblich nur deswegen behielt, weil sich der Urin der Soldaten für wissenschaftliche Experimente benutzen ließ.

Die Titel Karls und Ferdinands währenddessen erzählen, wenn man sie nur etwas selektiv zu lesen versteht, ihre Geschichte nicht weniger deutlich als die des Kaisers. Ferdinand führte, obwohl er diese Territorien natürlich genauso wenig besaß wie der identisch titulierte Joseph, den Titel eines Herzogs von Parma und Piacenza, und er tat das, weil seine väterliche Großmutter Isabella Farnese tatsächlich die Erbin dieser Länder gewesen war. Wir kennen sie bereits aus Kapitel 11 und haben dort gesehen, wie dramatisch 1714 ihre Karriere als spanische Königin und Stiefmutter eines bereits vorhandenen Erbsohnes begann. An diesem unschuldigen Stiefsohn hatte es auch gelegen, wenn es mit diesem Drama über Jahrzehnte im selben Stil und auf der ganzen europäischen Bühne weiterging, denn solange Isabella keinen eigenen Sohn zum König gemacht hatte, so lange war sie nicht zur Ruhe gekommen. Da sie als Nachkommin einer Medici-Tochter die nächste Erbin des Großherzogtums Toskana gewesen war, hatte sie in ihrem ersten Triumph 1732 ihren ältesten Sohn Don Carlos tatsächlich zum Erb- und «Großprinzen» des Toskana einsetzen lassen, und so wichtig war ihm die Erinnerung daran, dass er diesen Titel zusammen mit den Medici-Pillenkugeln in seinem Wappen auch dann beibehielt, als er infolge der spanischen Siege im polnischen Thronfolgekrieg bereits 1735 wieder auf die Toskana verzichtete, um stattdessen König von Neapel und Sizilien zu werden.

Dieses Doppelkönigreich war ursprünglich ein einziges gewesen. Es verdankte seinen im Jahr 1130 verliehenen Königstitel dem Papsttum, weswegen der König denn auch noch im 18. Jahrhundert bei jedem sizilianischen oder päpstlichen Thronwechsel den alten Lehens-Tribut direkt in den Petersdom zu schicken hatte (7000 Golddukaten sowie eine Maultier- oder Schimmelstute, die sanft genug sein musste, um sich zur zeremoniellen Beförderung von Frauen oder Priestern zu eignen). Im Kampf zwischen spanischen Staufer-Erben und papsttreuen Anjous hatte sich jedoch 1282 das eigentliche Sizilien vom neapolitanischen Festland abgespalten, dessen Herrscher das natürlich nicht anerkannten. Für mehr als zwei Jahrhunderte hatte es daher sowohl in Palermo als auch in Neapel einen Herrscher gegeben, der sich König von Sizilien nannte, und das war lang genug, um diese auseinanderentwickelten Reiche auch weiterhin als separate Einheiten wahrzunehmen, nachdem sie 1504 wieder miteinander vereinigt worden waren (durch einen Gewaltakt übrigens, auf dessen Illegalität der Prince de Talmond und sein Haus La Trémoïlle ihren aussichtslosen Anspruch auf diesen Thron gründeten). Seitdem hieß also der über beide Hälften regierende Herrscher ‹König Beider Sizilien› und ‹Seine Sizilische Majestät›, obwohl er in Neapel residierte und im Falle Ferdinands Sizilien nie auch nur besucht hatte, bevor ihn 1798 brutale Notwendigkeit dazu treiben würde. So weit, so unauffällig: Ludwig XV. kam außer zum Krieg und Ludwig XVI. außer zu einem einzigen Hafenbesuch nie aus der Region Paris-Versailles heraus, der König von Sardinien residierte in Turin und war genauso wenig je auf seiner Insel gewesen, wie irgendein britischer Monarch sich zwischen 1641 und 1822 nach Schottland verirrt hätte. Eine etwas lästigere Konsequenz der zeitweisen Trennung lag darin, dass Ferdinand infolge der unterschiedlichen Erbfolgen in Sizilien der dritte, in Neapel aber der vierte König dieses Namens war und also mit einer Doppelordnungszahl benannt werden müsste, die wir hier meistens weglassen. Von dieser Komplikation abgesehen jedoch erschien die neapolitanische Inthronisierung des Infanten Don Carlos, den wir als König gemäß der Historikerkonvention mit seinem deutschen Namen Karl nennen, nicht nur der ambitionierten Mutter Isabella, sondern auch seinen neuen Untertanen wie die Erfüllung eines langgehegten Wunsches. Endlich hatte die seit 1504 nur noch von Gouverneuren regierte Stadt am Vesuv wieder einen Hof, der nicht bloß Glanz und Glamour, sondern durch Luxuskonsum und Bauprojekte auch ganz prosaisch Verdienstmöglichkeiten mit sich brachte. Der jugendliche König Karl (dessen doppelsizilianische Ordnungszahlen V. und VII. wir uns aus gleich deutlich werdenden Gründen gar nicht erst zu merken brauchen) erbaute das natürlich nach seinem Schutzheiligen benannte Teatro di San Carlo, fing überall mit dem Bau von Palästen an, ging auf die Jagd, wie es nur ein Bourbone konnte, und brachte als seine Ehefrau die vierzehnjährige Maria Amalie von Sachsen-Polen ins Land (wodurch wenigstens ein Element dieser neuen Monarchie darin erinnerte, wie sie ihren Ursprung letztlich dem tödlichen Besäufnis Augusts des Starken von Sachsen-Polen mit Grumbkow verdankte). Selbst als Karls Mutter Isabella auf der Suche nach einem Königreich für ihren zweiten Sohn 1741 maßgeblich dazu beitrug, den Österreichischen Erbfolgekrieg in Gang zu setzen, hielt Karl sich im Rahmen des Möglichen heraus; nach Kriegsende erklärte er, dass sein Staat keinerlei diplomatische Ambitionen habe und von niemandem etwas wolle. So war denn nach den bescheidenen Maßstäben eines Landes, das man über Jahrhunderte vernachlässigt und seinen kaum domestizierten Feudalherren überlassen hatte, spätestens beim Friedensschluss 1748 alles dermaßen gut gewesen, dass es uns kaum mehr überraschen darf, wenn dieser unkomplizierte Zustand nicht lange anhielt.

Man wird es als die finale Ironie im Leben der so geduldigen, zähen und rücksichtslosen Isabella Farnese ansehen müssen, dass sich ihr ganzer großer Stiefmutter- und Kronen-Eroberungsplan noch zu Lebzeiten gerade deswegen als überflüssig erwies, weil sein Ziel in einer Weise real wurde, für die es all die Kriege und Intrigen gar nicht gebraucht hätte. Als 1746 Isabellas Mann Philipp V. starb, passierte zwar zuerst genau das, was sie all die Jahre befürchtet hatte. Ihr sanftmütiger Stiefsohn Ferdinand VI. bestieg den Thron, zog sich aus dem Krieg zurück, den man ja nur für die Halbbrüder führte, überließ seiner portugiesischen Ehefrau Barbara fast so viel Macht, wie bisher Isabella gehabt hatte, und ließ sich von ihr innerhalb weniger Monate dazu überreden, Stiefmutter Isabella auf ein entlegenes Schloss zu verbannen; auf dem Weg dorthin mussten ihre Höflinge viel Geld unters Volk werfen, damit auch nur hier und da jemand der Königin zujubelte, die sich während all der Jahre in hermetisch versiegelten Palastgemächern für die Spanier nie im Geringsten interessiert hatte.

Schon in diesem Moment freilich half es ihr wenig, dass ihr Ältester Karl inzwischen selbst König war, und falls sie je erwog, zu ihm zu ziehen, dann tat sie es offenbar schon deswegen nicht, weil auch an seiner Seite inzwischen eine dominante Ehefrau stand. Dasselbe Prinzip, das der mächtigen Königsgemahlin so lange eine Hauptrolle garantiert hatte, wandte sich nun also gleich doppelt und gleich so hart gegen sie, dass sie für über ein Jahrzehnt jeden Einfluss verlor, bevor ein wesentlich grausameres Déjà-vu ihr doch noch einmal den Weg zurück zur Macht zu ebnen schien. Als 1758 nämlich Königin Barbara starb, verfiel ihr Mann Ferdinand VI. in kürzester Zeit derselben psychischen Erkrankung, die so lange das Leben seines Vaters beherrscht hatte. Der eben als britischer Botschafter in Madrid eingetroffene Lord Bristol (also der älteste Sohn des uns bereits bekannten Lord Hervey) berichtete, wie der König sich auf eine entlegene Residenz zurückzog, wo er zuerst mit dem Sprechen, dann mit dem Rasieren und bald auch mit dem Hemdenwechseln aufhörte. Weil er überzeugt war, dass er sterben müsse, sobald er sich hinlege, schlief er nur noch im Sitzen, und das auch bloß eine halbe Stunde lang. Sofort stand die gesamte Hof- und Staatsmaschinerie still, weil es diesmal keine Königin mehr gab, die hinter den Kulissen hätte regieren können; die Idee aber, den geisteskranken Monarchen durch eine Regentschaft zu ersetzen, war hier noch ein undenkbares Sakrileg. Am 10. August 1759 starb der erst Fünfundvierzigjährige, und weil er keine Kinder hinterließ, fiel damit der spanische Thron direkt an Isabellas Sohn Karl von Neapel-Sizilien. Karl wäre also letztlich auch ganz ohne die drei Kriege König geworden, und wenn er darauf eingestandenermaßen fünfundzwanzig Jahre länger hätte warten müssen, so wäre ihm doch andererseits zugleich die bittere Pflicht erspart geblieben, die jetzt auf ihn zukam. Während nämlich die aus dem Exil zurückgekehrte Isabella Farnese ein letztes Mal die Regentschaft für den Abwesenden übernahm, musste dieser in Neapel entscheiden, welches seiner Kinder er zurücklassen und nie mehr wiedersehen würde.

Um das labile Gleichgewicht der Großmächte auszutarieren, hatten die Verträge von 1735 nicht nur für die Toskana, sondern auch für

Neapel festgelegt, dass sie Sekundogenituren bleiben sollten – Länder also, die auf ewig einer Nebenlinie gehörten und niemals mit den Hauptlinien Österreich beziehungsweise Spanien vereinigt werden dürften. Normalerweise war so etwas den Dynastien einigermaßen recht, weil es zwar den Gesamtbesitz der Hauptlinie verminderte, dafür aber auch das ‹établissement› jüngerer Söhne erlaubte und somit die Aussterbewahrscheinlichkeit des Gesamthauses verringerte. Karl von Neapel-Sizilien aber, der in der Todessekunde seines fernen Halbbruders Karl III. von Spanien geworden war, konnte diese Klausel nur erfüllen, indem er in Neapel einen seiner kleinen Söhne auf den Thron setzte. Da jedoch weiterhin noch nicht die Zeit gekommen war, in der die Monarchen sich Auslandsreisen erlauben würden (Joseph II. war hier selbst zehn Jahre später noch ein Pionier), lief diese Throneinsetzung zugleich darauf hinaus, dass der entsprechende Sohn den Vater niemals wiedersehen würde, wie es denn auch wirklich kam. Und eigentlich hätte nun Karl III. dabei nicht einmal eine Wahl gehabt, weil es ja erbrechtlich selbstverständlich war, den ältesten Sohn als Erben ins wichtigere Spanien mitzunehmen, während der zweite Neapel erben müsste – bei jeder anderen Lösung hätte es eines Tages Krieg zwischen den Erben des rechtswidrig vorgezogenen und denen eines übergangenen Bruders geben können. In diesem Fall aber kam eine zweite Tragödie hinzu.

Karls ältester Sohn, der nach dem Großvater Philipp und als Kronprinz von Neapel Herzog von Kalabrien hieß, war schon als kleines Kind merkwürdig aufgefallen; inzwischen war er zwölf Jahre alt und unübersehbar geistig behindert. Was konnte man tun? Die damals so wichtigen Präzedenzfälle fanden sich kaum, weil die vielen psychisch kranken Herrscher in der Regel erst nach ihrer Thronbesteigung erkrankt waren; der tatsächlich ebenfalls geistig zurückgebliebene Karl II. von Spanien war dagegen so früh König geworden, dass man selbst diese viel früher einsetzende Behinderung erst erkannte, als es schon zu spät war, ihn noch ohne Erbfolgekrieg als König zu ersetzen. Aber inzwischen war nicht nur fast ein Jahrhundert vergangen, dessen Gelehrte die Bedeutung der Vernunft immer mehr herausgestellt hatten. Karl III. hatte vor allem anders als der Vater Karls II. die Wahl unter nicht weniger als sechs Söhnen, und so ließ er nun zum ersten Mal in der dynastischen Geschichte Europas eine offizielle Ärztekommission den bisherigen Kronprinzen auf seine geistige Tauglichkeit überprüfen. Wenn die Ärzte ihr negatives Verdikt am Ende auch damit rechtfertigten, dass Prinz Philipp die Hauptlehren der katholischen Kirche nicht begreife, erinnert uns das allerdings daran, dass wir es hier noch keineswegs etwa mit einem vollkommen modernen Phänomen zu tun haben. Außerhalb Neapels konnte man sich darüber freilich schon einigermaßen amüsieren (der skeptische Protestant Horace Walpole etwa schrieb, dass das doch eher für wache Intelligenz spräche), und so war es klug, dass Karl III. den enterbten Sohn keineswegs in einem obskuren Kloster oder Felsenschloss verschwinden ließ, wie ältere dynastische Logik dies nahegelegt hätte. Indem er dem Unglücklichen stattdessen eine eigene Hofhaltung mitten in Neapel gab und ihn regelmäßig Besuch empfangen ließ, handelte der Vater nicht bloß menschlich, sondern verhinderte auch die Bildung gefährlicher Legenden. Diplomaten, Touristen und nicht zuletzt Joseph II. konnten sich mit eigenen Augen von der Behinderung des netten jungen Mannes mit dem traurig verqueren Gesichtsausdruck überzeugen, der sein Leben im Wesentlichen mit Essen verbrachte und bis zu seinem Tod als Dreißigjähriger kein größeres Vergnügen kannte, als sich von Dienern immer größere Handschuhe übereinander anziehen zu lassen, «bis man die Größe 16 erreicht hatte».

So vergleichsweise human auch Karl III. mit seinem Ältesten umgegangen war, so bitter wurde doch der Abschied, den er und seine Frau Maria Amalie nun nicht nur von Neapel nehmen mussten. Unter den sechs von acht Kindern, die sie mitnahmen, war auch der Zweitgeborene Karl, der nunmehr Prinz von Asturien und Erbe Spaniens wurde. Der dritte Sohn Ferdinand aber erhielt durch die Abdankung seines tränenüberströmten Vaters die Krone Beider Sizilien, obwohl er noch nicht einmal neun Jahre alt war; am 6. Oktober 1759 winkte er von der Mole unterhalb des Königspalasts der immer kleiner werdenden prächtigen Flotte hinterher, in der mit Ausnahme des behinderten

Bruders seine ganze Familie zum letzten Mal aus dem Golf von Neapel hinausfuhr. Bald würde Karl III. widerwillig in Spanien ankommen, von dem er fast nur noch die klaustrophobischen Palastgemächer seines langsam verrückt werdenden Vaters in Erinnerung hatte. Seine erst fünfunddreißigjährige Frau würde bald nach der Ankunft an den Folgen eines Reitunfalles auf der Jagd sterben, ohne dass ihn das vom Jagen abbringen konnte – im Gegenteil, er jagte nun mehr denn je, weil er fürchtete, ohne ständige exzessive Bewegung zu enden wie Vater und Bruder. Und nicht einmal Isabella Farneses Hoffnung erfüllte sich, als Königinmutter wieder die Macht hinter dem Thron zu sein, die sie als Königsgemahlin so lange gewesen war. Ironischerweise scheint gerade dies Letztere im Gegenteil schuld gewesen zu sein, dass aus dem Ersteren nichts mehr wurde: So sehr hatte sie sich in den Jahrzehnten mit Philipp V. daran gewöhnt, wie er nur nachts zu leben und tags zu schlafen, dass sie daran auch nach seinem Tod festgehalten hatte. Nun ließ die halb blinde alte Dame sich zwar in einer Sänfte ihrem Sohn entgegentragen, den sie zum ersten Mal seit achtundzwanzig Jahren wiedersah, umarmte ihn, während sie beide weinten, und überschüttete seine verschüchterte Familie mit goldverkrusteten Geschenken. An der Macht aber würde sie bis zu ihrem Tod als Dreiundsiebzigjährige (1766) nicht bloß deswegen nie mehr teilhaben, weil ihr Sohn sich in diesen achtundzwanzig Jahren ans Alleinregieren gewöhnt hatte – sie sah ihn auch einfach kaum noch, weil der frischluftfanatische Frühaufsteher schon zu Bett ging, während sie inmitten ihrer auf ewig heruntergelassenen Vorhänge gerade erst aufstand.

In Neapel wuchs inzwischen der zurückgelassene Kindkönig Ferdinand auf. Nach allem Bisherigen wird vielleicht klarer sein, warum die Erziehungsinstruktionen seines Vaters den Oberhofmeister San Nicandro so sehr auf das körperliche Wohlergehen und die als Ausgleichssport verstandene Jagd verpflichteten, in puncto geistiger Bildung aber zur Vorsicht rieten, um das Kind nicht durch Überforderung in die – erkennbar noch ganz unverstandene – Behinderung des älteren Bruders zu treiben. Wie sehr die Erzieher diesen Plan übererfüllten, haben wir bereits gesehen. Wenn man Joseph II. glauben

~ *Ferdinand III. sieht trotzdem nicht abstoßend aus* ~ 837

darf, fielen Ferdinand selbst zum Stichwort «Hauptlehren der katholischen Kirche» nur zwei Punkte ein, die im offiziellen Dogma relativ randständig waren: der Farbunterschied zwischen Engeln (weiß) und Teufeln (schwarz) sowie die superlative Großartigkeit des neapolitanischen Schutzheiligen Januarius oder Gennaro, dessen im Dom aufbewahrtes Reliquienblut sich einmal jährlich wundersam verflüssigen musste, wenn man keinen Spontanaufstand der Lazzaroni wollte. Trotzdem war Karl III. mit dem Resultat dieser Erziehung erstaunlich zufrieden. Spielte es eine Rolle, dass er den Sohn auch nach seiner nominellen Volljährigkeit noch immer durch regelmäßige Briefe im neapolitanischen Dialekt fernsteuerte, während die Regierungsgeschäfte (und ein Stempel mit Ferdinands Unterschrift!) in den Händen des von Karl selbst eingesetzten Premierministers Tanucci lagen? Das jedenfalls wäre mit einem gebildeteren König schwerer gewesen. Dieser hier aber beneidete nicht einmal seinen älterer Bruder, der eines Tages Spanien und ‹die Inseln des Ozeanischen Weltmeeres› beherrschen würde, und konnte das Joseph II. auch ausnahmsweise mit ganz genauen Statistiken erklären, als sie zuletzt doch noch einmal zum Reden kamen. Ein spanischer Monarch konnte nämlich Ferdinand zufolge froh sein, wenn er im Jahr 40 Wildschweine vor die Flinte bekam, während das süditalienische Königreich seinem Herrscher einen jährlichen Abschuss von 300 Stück garantierte: Musste man mehr sagen? Als der Kaiser den König dagegen fragte, aus welchen Ministerien denn eigentlich seine Regierung bestünde, war die Antwort so wirr, dass Joseph bis zuletzt nicht herausfand, ob dieser Staat tatsächlich so chaotisch organisiert war oder ob sich der kalt erwischte Schwager nur einfach spontan irgendwas ausgedacht habe. Zum Glück hatte die kaiserliche Majestät aber ohnehin bereits ein dreistündiges Gespräch mit Premierminister Tanucci eingeplant, um Näheres zu erfahren. Da war dann die böse alte Etikette übrigens auch für Joseph doch wieder ganz nützlich, weil sie ihm erlaubte, den einundsiebzigjährigen Minister die ganze Zeit lang stehen zu lassen, «damit er in seinen Ausführungen nicht zu sehr von Ast zu Ast springt». Und so war es denn ein nützliches Gespräch, in dem Joseph nicht bloß seinen Verdacht bestätigen konnte, dass der den König am Nasenring führende Mann genau so ein Schurke war, wie man das von einem Ex-Professor ja auch irgendwie erwartete. Vor allem wurde dem Kaiser noch einmal klar, dass hier bald die entscheidende Planstelle neu zu besetzen sein dürfte. Tanuccis Herrschaft würde aufgrund seines Alters kaum mehr besonders lange währen, und auch die Fernsteuerung aus Madrid hielt man besser nicht für unauflösbar. Hatte nicht Joseph seinen Schwager ohne jede Emotion sagen hören, er werde das alles anders machen, «wenn der Papa tot ist»? Sicher, es war da nur um ein besonders attraktives Wildschweinrevier gegangen, dessen Bejagung der Vater dem Sohn bizarrerweise verboten hatte, um es auch aus der Ferne für sich selbst zu behalten. Aber erstens waren königliche Bündnisse oft genug an relativ blödsinnigen Fragen zerbrochen, und zweitens musste man ja wirklich nicht sehr lange um sich schauen, um zu ahnen, wer denn wohl diesen für eigene Machtausübung auf Dauer viel zu trägen Herrscher als Nächstes beherrschen würde.

Wie sich das für Königskinder gehörte und für Kinderkönige natürlich erst recht, war Ferdinand der Dritte-bis-Vierte schon von frühesten Jahren an auf dem Schachbrett der denkbaren Heiratsallianzen hin- und hergeschoben worden. Da die überraschende Aussöhnung Frankreichs und Österreichs im Jahr 1756 bald danach auch die spanisch-italienischen Nebenlinien des Bourbonenhauses einbezogen hatte, war für Ferdinand schon früh an eine Erzherzogin gedacht worden, während man deren Bruder Joseph II. 1758 mit Ferdinands aus Parma stammender Cousine Isabella vermählte. Sie war die Enkelin Ludwigs XV. gewesen, und ihr früher Tod hatte Joseph II. in tiefste Verzweiflung gestürzt, wie denn überhaupt auf diesen ersten bourbonisch-österreichischen Heiratsverbindungen seit 1660 kein guter Stern zu liegen schien. Die informell für Ferdinand vorgesehene Tochter Maria Theresias war noch als Kind gestorben, und auch seine anschließende Verlobung mit der jüngeren Schwester Maria Josepha hatte 1767 ein tragisches Ende genommen. Die sechzehnjährige Maria Josepha war, nur einen Tag nachdem sie eigentlich ihren als Stellvertreter Ferdinands fungierenden (und passenderweise gleichnamigen)

Bruder hätte heiraten und dann nach Neapel aufbrechen sollen, in den Armen ihrer Mutter Maria Theresia an den Pocken gestorben. Es zeigt die Brutalität der mit solch dynastischen Heiraten einhergehenden lebenslangen Trennungen, dass die Sterbende ihre Mutter noch zu trösten versuchte, indem sie ihr erklärte, sie hätte ja so oder so auf immer von ihr weggemusst, sodass es doch wenigstens besser sei, wenn sie dabei nun direkt in den Himmel komme. Dieselbe gnadenlose Mechanik bewirkte aber auch, dass man an die Stelle der Verstorbenen fast umstandslos ihre nächstjüngere Schwester Marie Caroline setzte – oder, genauer gesagt, jene Schwester, die sich jetzt erst an ihren neuen Namen Marie Caroline gewöhnen musste, weil sie bisher Marie Charlotte geheißen hatte. So wie nämlich manche Fürstenhäuser die religiöse Erziehung ihrer Töchter bewusst vage genug ließen, um sie dann je nach Marktlage in ein calvinistisches, lutherisches oder katholisches Haus verheiraten zu können, so waren auch selbst die Vornamen der Prinzessinnen letztlich nur provisorisch, weil man im Moment der Taufe ja noch nicht wissen konnte, in welcher Ehemannssprache der Name später gebraucht werden würde. Die russische Gewohnheit, den fremden Bräuten bei der Konversion zur Orthodoxie gleich vollkommen neue Namen zu geben und sogar die Vatersnamen zu russifizieren, war natürlich ein Extremfall. Ihre Logik aber war nicht viel anders als die, mit der man die Prinzessin jetzt Italien-kompatibel in Marie Caroline oder Maria Carolina umbenannte, die bisher in Wien Marie Charlotte geheißen hatte, weil man die weibliche Version des alten Habsburgernamens Karl dort lieber in ihrer französischen Form benutzt hatte. (Eine Entscheidung, die uns nebenbei an zwei andere Gesetzmäßigkeiten erinnert: Fast alle Prinzessinnen und Adelstöchter jener Zeit trugen Vornamen, die von männlichen Vornamen abgeleitet waren, und fast alle Eltern fühlten sich noch immer so sehr zur Perpetuierung der traditionellen Vornamen ihres Hauses verpflichtet, dass sie einen besonders wichtigen Namen wie im Falle dieser Prinzessin auch dann wieder vergaben, wenn ihnen doch bereits zwei vorherige Kinder mit demselben Namen jung gestorben waren.) Es hätten also nur ein paar Personen in einer anderen Reihenfolge sterben und damit ein paar Heiratsallianzen anders ausfallen müssen, damit unsere Marie Caroline ihr Leben lang (etwa in Frankreich) Marie Charlotte geblieben wäre, während ihre jüngere Schwester Maria Antonia diesen Namen (etwa in Italien) behalten hätte, statt nach Frankreich zu heiraten und dort Marie Antoinette zu werden. Unter solchen Bedingungen war es ein Segen, dass alle Beteiligten ihre Namen ohnehin noch sehr viel flexibler verwendeten, als unsere Zeit das verstehen mag. Wer wie die meisten Dynasten eh schon an den Wechsel zwischen Hof-, Untertanen- und oft auch noch Ehepartner- oder Mutter-Sprache gewöhnt war, für den war es offenbar auch kein besonderer Anschlag auf die Identität, sich in jeder Sprache mit der dortigen Namensvariante zu nennen – oder diese Unterschiede wie etwa Friedrich der Große sogar bewusst zu vergrößern, indem man als von den Eltern Fritz genannter Deutscher seine französischen Briefe nicht mit ‹Frédéric›, sondern mit dem zwar falschen, dafür aber noch romanischer klingenden ‹Féderic› unterschrieb. Aber so flexibel es da auch zuging, so sehr ist es doch überliefert, dass Ex-Erzherzogin Marie Charlotte auch auf ihrer Reise nach Neapel noch immer damit fremdelte, nunmehr Königin Marie Caroline zu sein.

Ihre Ehe mit König Ferdinand begann selbst nach dynastischen Maßstäben erstaunlich desaströs. Obwohl die fünfzehnjährige Marie Caroline nach den Maßstäben der Zeit gut aussah und man sie besonders für ihre roten Lippen sowie die fast durchscheinend weiße Haut lobte, musste sie an den ersten Tagen in Neapel glauben, der selbst so wenig attraktive Bräutigam finde sie nicht schön, weil Ferdinand es natürlich schaffte, für einen angemessenen Ausdruck seines tatsächlichen Hingerissenseins gleichzeitig zu verschüchtert und zu grobschlächtig zu sein. Am 12. Mai 1768 wurden sie in der Kapelle des noch gar nicht zu Ende gebauten 1200-Zimmer-Schlosses Caserta ein zweites Mal miteinander verheiratet, und weil da sie diesmal auch beide anwesend waren, folgte dann eine Hochzeitsnacht, die allerdings für den König nicht sehr lang dauerte. Da es ein ungewöhnlich heißer Tag war, musste er morgens besonders früh auf die Jagd gehen, wo ihn neugierige Höflinge natürlich sofort über seine Frau ausfragten. Ferdinands charakteristische Antwort «Sie schläft wie eine Tote und schwitzt wie ein Schwein» zeugt von so offensichtlich mangelndem Enthusiasmus, dass man annehmen sollte, er habe darin nicht mehr übertroffen werden können. Tatsächlich aber verblasst das noch neben dem Kommentar, den einige Monate später Marie Caroline selbst in einen Brief schrieb: «Lieber sterben als noch einmal das erleben, was ich da erlebte ... es ist keine Übertreibung, aber wenn mir mein Glaube nicht gesagt hätte, denke an Gott, so hätte ich mich umgebracht.» Es war daher ein großes Glück, dass sie in dieser Lage nicht so vollkommen allein blieb, wie es später beispielsweise ihre Schwester Marie Antoinette sein würde, weil man in beiden Fällen sofort nach der Braut-«Übergabe» auch das gesamte heimatliche Gefolge weggeschickt hatte. Diesmal waren dafür jedoch Marie Carolines Bruder Leopold von Toskana und seine Frau Maria Ludovica in Neapel geblieben. Die zweiundzwanzigjährige Maria Ludovica war eine ursprünglich Maria Luisa genannte ältere Schwester Ferdinands (das offenbar einzige seiner Geschwister, das er nach dem neunten Lebensjahr noch einmal wiedersah); sie hatte am Vortag der Braut erklären müssen, was in einer Hochzeitsnacht zu erwarten sei, und schrieb nachher, sie wolle nie wieder bei solch einer Zeremonie mitmachen, auch wenn man ihr verspräche, sie dafür selbst zur Königin zu machen. (Da Schwager Joseph ohne überlebende Kinder starb, wurde sie das immerhin letztlich auch so noch und starb, freilich viel zu jung, als vorletzte Römisch-Deutsche Kaiserin). Nun trösteten diese beiden Besucher Marie Caroline und erleichterten es ihr, die glücklicherweise kurze Zeit auszuhalten, bis der bei aller Primitivität nicht eigentlich schlechte Ferdinand gelernt hatte, sie einigermaßen rücksichtsvoll zu behandeln.

Seitdem war weniger als ein Jahr vergangen, und viel war geschehen. Längst wusste Marie Caroline, wie sie ihren Mann handhaben musste, um sich ärgerliche Szenen zu ersparen, und längst hatte sie begriffen, dass der vom Jagen ohne Hut und Handschuhe ständig Braungebrannte unglaublich stolz auf seine ebenso kluge wie hellhäutige Frau war. Schwester Marie Antoinette mochte eleganter sein, aber es war Marie Caroline, die sich bei ihrem eiligen Wiener Vorbereitungsunterricht (es lagen ja nur fünfeinhalb Monate zwischen dem Tod der Schwester und ihrer eigenen Abreise) am meisten für die politischen Fragen interessiert hatte. Obwohl sie immer noch erst sechzehn Jahre alt war, hatte man ihr während des Balls nur zuschauen müssen, wie sie den beim Kartenspiel störenden König einfach auf die Tanzfläche zurückschickte, um zu begreifen, dass sich sowohl Tanucci als auch Karl III. bald genug würden warm anziehen müssen. Als Joseph II. König und Königin am Morgen nach dem Ball ganz früh in ihrem Schlafzimmer besuchte, sah er am Arrangement des Betts, dass Ferdinand die Nächte offenbar fast immer hier und fast nie in seinem eigenen Staatsschlafzimmer verbrachte. Er sah die Schwester noch im Bett Handschuhe tragen und sah vor allem, wie der Schwager Marie Caroline auch in Josephs Gegenwart «sehr zärtlich und, wie ich zu sagen wage, sinnlich berührte», worauf sie «recht kühl und eher tolerierend als erwidernd» reagierte – lauter Informationen also, von denen er im Moment des Aufschreibens vermutlich genauso wenig wusste wie nachher die Mutter im Moment des Lesens, ob das nun bloß aus Anteilnahme am Los von Schwester und Tochter interessant war oder doch vor allem deswegen, weil vom Innenleben dieser Ehe auch Österreichs zukünftiger Machtzugriff auf Neapel abhing. Aber sowenig man selbst seinen ärgsten Feinden wünschen wollte, auf diese Art verheiratet zu werden, so sehr war doch diese Ehe einmal eine, aus der die Frau trotz katastrophalen Einstiegs recht schnell das Allerbeste machte, was unter solchen Voraussetzungen zu erwarten war. Die siebzehn Kinder dieses Paares, mit denen Marie Caroline sogar noch ihre berühmtere Mutter Maria Theresia um eines übertraf, wären zwar unter Dynasten für sich genommen noch kein besonderer Beweis für irgendetwas. Ferdinand blieb seiner Frau jedoch auch auf Dauer treu. Die schlimmsten Kindereien ließen mit den Jahren nach, während mehr und mehr deutlich wurde, dass selbst dieser zu Rohheit und Ignoranz erzogene Mann seinen Kindern ein liebevoller Vater sein konnte; als König tat er wenig Sinnvolles, aber auch selten aktiv etwas Schlechtes. Und schon in diesem April 1769, als es noch oft genug vorkam, dass Ferdinand seiner Frau wie ein Fünfjähriger einen schwer ersetzbaren Lieblingshandschuh wegnahm, um ihn aus dem Fenster ins Meer zu werfen, schon als sie sich noch manchmal ganz ernsthaft über dergleichen aufregte und von Joseph auf Deutsch an die unverschuldete Idiotie ihres Ehemannes erinnert werden musste, die man ihm verzeihen solle (und die ihn glücklicherweise auch daran gehindert hatte, Deutsch zu lernen) – schon in diesem ersten Ehejahr also konnte Marie Caroline ihren besorgten Bruder mit den Worten beruhigen, die den doppelten Charakter des Königs ganz simpel ausdrückten: «Er ist ein recht guter Narr.»

Selbst das phänomenale Nach-hinten-Losgehen von Josephs geistreichem Bericht wirkte sich letztlich zugunsten der Teenager-Königin aus, obwohl es zuerst wahrlich nicht danach aussah. Maria Theresia hatte den vom Sohn eigentlich geistreich beruhigend gemeinten Text nämlich wie absehbar hauptsächlich mit Schrecken gelesen, und statt sich vielleicht einfach mal die Verheiratung ihrer Tochter an einen Ort vorzuwerfen, von dem der gerade mit Marmelade umdekorierte Botschafter Kaunitz ihr ja schon vor der Hochzeit dasselbe berichtet hatte, überlegte sie lieber, wie sie sich gegen den Vorwurf absichern könne, durch ihre Tochter selbst an alldem schuld zu sein. Bald danach übernahm eine andere ihrer vielen Töchter am bourbonischen Zwergenhof von Parma fast putschartig die Macht. Da man der Kaiserin dies nun tatsächlich vorwarf, fügte sie ihrem nach Madrid an Karl III. adressierten Rechtfertigungsschreiben vorsichtshalber gleich noch einen Brief bei, in dem sie erklärte, für das katastrophale Verhalten ihrer Tochter in Neapel könne sie übrigens auch nichts, schlage vielmehr im Gegenteil vor, der mal ordentlich den Marsch zu blasen. Der erboste Karl III. ließ sich das nicht zweimal sagen und schrieb sogleich einen väterlichen Vorwurfsbrief nach Neapel, der kaum sanfter daherkam als die immer mal wieder auf Schloss Portici niedergehenden Lavabrocken und den im Grunde seines Herzens extrem ängstlichen Ferdinand prompt in tiefste Panik versetzte. Jede durchschnittliche Herrschergemahlin hätte der übermächtigen Mutter jetzt gewiss ähnlich erschrocken sofortige Besserung gelobt und sich entschuldigt bis dahinaus. Marie Caroline war aber nicht nur in ihrem politischen Geschick, sondern auch in Sturheit und Temperament der Mutter so ähnlich, dass sie ihr auch ohne jede politische Erfahrung jetzt einen Brief schrieb, der zuerst die Vorwürfe so respektvoll wie schlagend widerlegte. (Obwohl die Zeremonienmeister von Wien den beiden seinerzeit nach langen Recherchen erklärt hatten, dass sie einander in Zukunft jeweils als «Meine Frau Schwester» anschreiben sollten, begannen Maria Theresias selbstverständlich französische Briefe stets mit «Meine liebe Frau Tochter», während die sie als «Meine allerliebste und anbetungswürdigste Mutter» adressierte.) Dann erklärte sie der seit dreißig Jahren über Millionen von Untertanen herrschenden Kaiserin so liebevoll simpel, als sei *die* der Teenager, wie sehr diese Art von Intervention riskierte, den König dauerhaft ins Bockshorn zu jagen, ihn seiner Gemahlin zu entfremden, die Ehe dadurch kinderlos bleiben zu lassen und Österreich auf Dauer jeden Einfluss in Neapel zu nehmen: möglicherweise nicht ganz das, was die Mutter gewollt habe? Selten hat man Maria Theresia so betreten gesehen wie in den peinlichen Briefen, die sie nun in alle Richtungen schreiben musste, um den sinnlosen Schaden einigermaßen wiedergutzumachen, und nicht einmal sie konnte bestreiten, dass sie daran selbst schuld war. Der Nasenkönig Ferdinand aber strahlte vor Stolz auf seine kluge Königin: Zweifellos würde die auch toll regieren können, wenn das mal nötig werden sollte. Joseph II. war da natürlich schon nicht mehr in Neapel, weil er ja gleich hatte weiterreisen müssen. Bemerkenswerterweise hatten nicht einmal seine neapolitanischen Erfahrungen ihn zur noch immer vorherrschenden Idee bekehrt, wonach Monarchen einander idealerweise überhaupt nie treffen sollten, und so brach er gleich als Nächstes an die schlesische Grenze auf, um dort mit dem großen Friedrich zu erörtern, was man bloß mit Russen, Polen und Türken machen sollte. Dass aber seine Schwester in Neapel trotz allem gut zurechtkommen werde, das wusste der Kaiser auch bereits an jenem Abend des 8. April 1769, an dem er im Königsschlafzimmer des Riesenschlosses Caserta Abschied erst von ihr und dann vom Schwager nahm. Er wäre nicht Joseph II. gewesen, wenn er das nicht mit einem Opernzitat getan hätte, aber er wäre – so viel Gerechtigkeit muss doch sein – ebenso wenig Joseph II. gewesen, wenn man genau sagen könnte, ob er den entsprechenden Satz seines Berichts todernst oder amüsiert meinte: «Meine letzten Worte an den König waren scherzhaft, nämlich aus dem *Regulus*: ‹Aber hier muss geweint werden, adieu!›, und er wiederholte mir zwei Worte, mit denen er mich oft betitelte und die mir auf ewig ins Herz geschrieben belieben werden: ‹Irrer Halunke!›»

Den wirklich allerletzten Satz aus Josephs Bericht können wir ein wenig spiegeln. Während Joseph schrieb: «Ich habe neun Tage lang den Höfling gespielt, und ich gestehe, nie einen härteren Beruf kennengelernt zu haben», saß nämlich in einer Villa mit herrlichem Blick auf den Golf von Neapel ein Mann, der nicht nur ein berufsmäßiger Höfling, sondern auch das Kind noch berufsmäßigerer Hofleute war, und machte sich seinerseits Gedanken darüber, was für einen Charakter dieser Kaiser habe. Es war natürlich William Hamilton, den der Leser möglicherweise schon als einen Sohn der Oberhofmeisterin Lady Archibald Hamilton erkannt hat. Das war er denn auch tatsächlich, wodurch er von Kindesbeinen an nicht nur das Hofleben, sondern zugleich seinen jetzigen König kennengelernt hatte; der Umgang mit Herrschern war in solchen Familien selbstverständlicher Teil des Alltags. Tatsächlich hatte Lady Archibald es verstanden, ihre Rolle als ehemalige Flamme des Prinzen Fritz von Wales und Oberhofmeisterin bei dessen Ehefrau zum größten Nutzen ihrer Geburtsfamilie einzusetzen, die ja, weil sie eine verheiratete *und* geborene Hamilton war, zugleich die ihres viel älteren Ehemannes war. Schnell war der Prinz von Wales daran gewöhnt worden, jedes neue Gesicht in seinem Hofstaat automatisch als «Mr. Hamilton» zu begrüßen, und einer dieser vielen Mr. Hamiltons war schließlich auch Lady Archibalds vierter Sohn William geworden. Da bereits sein Vater ein siebenter Sohn gewesen war, hatte William sich von frühester Jugend darauf einstellen können, selbst nie auch nur einen Bruchteil des Familienbesitzes zu erhalten. Umso wichtiger war für ihn daher das immaterielle Erbe, das höfische Gunstkapital seiner Mutter also, das schnell zu verfallen drohte, wenn man es nicht rechtzeitig in dauerhaftere Wohltaten umtauschte. Der kaum sechzehnjährige Hamilton trat also 1747 direkt aus der Internatsschule, wo sein bester Freund passenderweise Lord Herveys dritter Sohn gewesen war, als Fähnrich in die Leibgarde ein. Hier hatte er das letzte Jahr des Österreichischen Erbfolgekrieges miterlebt, bevor er 1751 zum Stallmeister des neuen Prinzen von Wales ernannt wurde, der dann 1760 als Georg III. den Thron bestieg. Der Titel Stallmeister (equerry) klingt schlimmer, als das Amt war, dessen adelige Inhaber den König zu Pferd begleiten mussten und sich auch sonst meistens in seiner Nähe aufhielten. Aber es war eine anstrengende, mäßig bezahlte Position, die man eigentlich nur zum weiteren Aufstieg annahm, und es war das Letzte, was die kurz danach verstorbene Mutter Hamilton noch hatte verschaffen können: Von hier an musste er sich aus eigener Kraft aufwärts bewegen. Zu seinem Glück verfügte er nicht nur über eine von allen Zeitgenossen als sympathisch beschriebene Persönlichkeit, sondern auch über die im Haushalt des Prinzen geknüpften Kontakte. Der Soldatenberuf lag ihm dagegen wenig. Schon die feindliche Kugel, die ihm den oberen Teil seiner direkt vor dem Körper getragenen zeremoniellen Offizierslanze wegschoss, hatte ihn nicht eben mit der Militärlaufbahn wärmer werden lassen. Nachdem er dann auch noch einem geistesabwesenden Vorgesetzten das Brennglas aus der Hand reißen musste, mit dem dieser interessiert eine Bombenzündschnur inspizierte, beschloss er schließlich 1758 endgültig, den Dienst zu quittieren. Was aber sollte er stattdessen tun, wenn er doch kein Erbvermögen besaß und alle adelskompatiblen Karrieren mit langen Gehaltsdurststrecken anfingen? Die Antwort war natürlich eine Heirat, genauer gesagt: eben nicht einfach irgendeine.

Bisher hatte Hamilton offenbar einigermaßen unordentlich gelebt, was Affären mit unstandesgemäßen oder verheirateten Frauen ebenso eingeschlossen haben dürfte wie die belegte Liebelei mit einer mehr als standesgemäßen, die bedauerlicherweise jedoch gerade deshalb ebenfalls nirgendwohin führen konnte. Lady Diana Spencer war nämlich nicht bloß die Nichte jener gleichnamigen Dame, auf die

~ *Ferdinand III. sieht trotzdem nicht abstoßend aus* ~ 847

sich einst der Prinz von Wales Hoffnungen gemacht hatte (und, ja, natürlich die Urururgroßtante der anderen). Sie war auch wie diese eine Tochter des unmäßig reichen Hauses Marlborough, und weil sie daher eine gute Mitgift mit höchster Geburt verband, hätten die Eltern ihr niemals erlaubt, einen Mann ohne Geld und erblichen Titel zu heiraten. Andererseits war damit noch nicht alles entschieden; nicht umsonst brach gerade die Zeit der massenproduzierten Liebesromane an. Die Tochter des Stephen Fox war mit einem Schauspieler durchgebrannt (es hatte geholfen, dass er auf der Bühne einen Edelmann spielte, der sich als Butler ausgab) und Lady Sarah Lennox, die Tochter der glücklichen Richmonds, mit Stephens Bruder Henry Fox, der doch als Sohn eines bescheiden geborenen Finanziers noch weiter unter dieser Königsenkelin stand als der bei aller Armut immerhin hochwohlgeborene Hamilton unter Lady Diana. Aber diesmal sollte es nicht sein. Lady Diana heiratete Lord Bolingbroke, gab etwa gleichzeitig Hamilton zugunsten eines Dritten den Laufpass und wurde elf Jahre später sogar geschieden, was im damaligen Großbritannien ebenso skandalös wie selten war. Dass es hier im ganzen 18. Jahrhundert überhaupt nur etwa einhundert Scheidungen gab, lag allerdings nicht an der Zufriedenheit aller übrigen Ehepaare. Sehr viel ausschlaggebender war das unhandliche Procedere, dem zufolge sich eine Ehe nur dann auflösen ließ, wenn eine Mehrheit der Parlamentsabgeordneten dem extra für diesen Einzelfall eingebrachten Gesetz zustimmte. Dass der Ehebruch, der dazu nachgewiesen werden musste, immer nur der der Frau sein konnte, während der des Mannes dagegen als Scheidungsgrund gar nicht erst zur Debatte stand, war eine Ungerechtigkeit, die damals auch nirgendwo sonst in Europa aufgefallen wäre. Umso beeindruckter war der Kontinent aber vom einzigartig englischen Brauch, den Geliebten der Frau auf Schadensersatz wegen «criminal conversation» zu verklagen und sich damit vor der größtmöglichen Öffentlichkeit für seine Schande auszahlen zu lassen. Lord Bolingbroke freilich half das wenig. Der Konversationspartner seiner Frau, den Lady Diana nach der Scheidung auch prompt heiratete, war ein geistreicher Edelmann mit Opium-Problem, der seinen schönen Namen Topham Beauclerk der Abstammung von König Karl II. und der analphabetischen Nell Gwyn verdankte, als Kind eines vierten Sohnes aber genauso arm war wie Hamilton. (Das hätte sie also einfacher haben können.) Wir erwähnen nur noch im Vorbeigehen, dass diese beiden durch eine nach Deutschland verheiratete Tochter Vorfahren der Grafen von Schönburg-Glauchau sowie der Fürstin von Thurn und Taxis wurden, und wenden uns dann wieder William Hamilton zu, der sich nach dem Ende seiner Hoffnungen auf Lady Diana Spencer zu einer materiell motivierten Vernunftehe entschloss.

Wie Hamilton später seinem Lieblingsneffen im Rahmen von Ratschlägen erklärte, deren völlige Wirkungslosigkeit uns im nächsten Kapitel beschäftigen wird, wäre er zwar nie zur Heirat mit einem «unangenehmen reichen Teufel» bereit gewesen. Indem er stattdessen jedoch «etwas gegen meine Neigung eine tugendhafte Frau mit freundlichem Temperament und kleinem unabhängigen Vermögen» heiratete, habe er sich «dauerhaften Trost» gesichert, weil er von da an gewusst habe, notfalls auch jeden Posten aufgeben zu können. Freilich wird man Catherine Barlow mit diesem Satz allein nicht gerecht. Das nach Adelsmaßstäben kaum spektakuläre, aber anständige Einkommen aus ihren walisischen Ländereien mochte Hamiltons Grund gewesen sein, sie zu heiraten. Wenn ihre Ehe zum Musterbeispiel einer ausgeglichen zufriedenen Konventionsehe wurde, dann lag das jedoch an der Freundlichkeit, dem Takt und der Musikalität dieser stillen Frau, die zeitlebens von fragiler Gesundheit war. Die wie so oft in Gesundheitsdingen extrem vagen Quellen lassen sie wahlweise an «Asthma» oder «Nerven» leiden, aber was immer es auch war, entschied bald unwissentlich ihrer beider Schicksal. Eine Landjunker-Existenz in Wales hätte Hamilton wohl in keinem Fall gelegen. London reizte ihn jedoch kaum mehr, und ins Parlament hatten seine alten Freunde vom Hof ihn geradezu tragen müssen, ohne dass der widerwillige Abgeordnete je eine einzige Rede gehalten zu haben scheint. Den letzten Ausschlag aber, sich um den Gesandtenposten in Neapel zu bewerben, scheint ihm doch die Gesundheit seiner Frau gegeben zu haben, für die er sich vom Mittelmeerklima Besserung versprach. Und siehe da: Wenn man die geringe politische Bedeutung dieses Postens, die folglich geringe Zahl der Interessenten, die mehr als lässigen Einstellungskriterien der damaligen Diplomatie, Hamiltons nützliche Hofverbindungen und seine zufälligerweise zur Diplomatie tatsächlich gut passende Persönlichkeit zusammenwirken ließ, dann ergab das eine Ernennung, die die Hamiltons im Jahr 1764 nach Neapel gebracht hatte. Nie hätten sie geahnt, wie lange sie bleiben würden.

Nun also der Kaiser. In diesem Moment schrieb Hamilton einen Brief an seinen neunzehn Jahre jüngeren Lieblingsneffen Charles Greville, den der selbst kinderlose Diplomat fast ein wenig adoptiert hatte, weil Greville ebenfalls unversorgter jüngerer Sohn eines großen Adelshauses war. Wenn Hamilton unmittelbar zuvor nach London berichtet hatte, was für ein eindrucksvoller Mensch Joseph II. sei, so beweist das noch nicht allzu viel: Zu erkennbar hatte die Aussicht auf Versetzung ins so viel wichtigere Wien den Gesandten beeindruckt, und zu stark war also sein Motiv, sich den Vorgesetzten als dafür geeignet darzustellen. Dass er jetzt aber auch dem zwanzigjährigen Neffen schrieb, der Kaiser sei zugleich liebenswert, ein großer Fürst und sich doch ganz dessen bewusst, bloß ein Mensch zu sein, das zeigt, wie Hamiltons Begeisterung mehr war als bloße Taktik. Es zeigt uns, wie gut Josephs Selbstdarstellung zum Zeitgeist der Eliten passte, und vielleicht zeigt es uns sogar, wie er wirklich war. Und doch. Gegen die Euphorie, einer amtlich anerkannten Großen Person begegnet zu sein und gar noch von ihr freundlich behandelt zu werden, waren nicht einmal geborene Höflinge immun, obwohl deren Alltagserfahrungen mit den großen Herren sie natürlich zynischer machen konnten, als ein normaler Untertan es sich je hätte träumen lassen. Zugleich war dennoch die Ideologie des Königtums in der Luft, die sie jeden Tag atmeten, sie steckte in ihren Köpfen, ob sie das wollten oder nicht. Höflinge waren die Priester eines Kultes, der eben nicht wie spätere Diktaturen um charismatische Personen, sondern um ein abstraktes Prinzip herumgebaut war, das inzwischen in jedem neuen Herrscher die Tradition von fünfundzwanzig Generationen seiner Vorgänger verkörperte. Wenn man diese Perspektive aber von Kindheit an aufgesogen hatte, dann konnte man Ehrfurcht selbst noch gegenüber Königen wie Ferdinand von Neapel oder Hamiltons Dienstherrn Georg III. verspüren, der lange über seinen zwanzigsten Geburtstag hinaus ein verdruckster Teenager geblieben war. Und wenn man dann wie Hamilton einem im Vergleich mit diesen beiden geradezu unerträglich jovialen, gebildeten, entspannten und freundlichen Mann traf, von dem man wusste, dass sein von den Deutschen als «allzeit Mehrer des Reichs» fehlübersetzter Titel Semper [= immer] Augustus ihn tatsächlich als den Nachfolger dieses ersten römischen Kaisers auswies; wenn dieser Mann mit einem Pompeii und Herculaneum besichtigte, einen im eigenen Haus besuchte, um dort die Antikensammlung und das Harfenspiel der Ehefrau zu loben; wenn dieser Erbe Julius Cäsars einen bei der Hand nahm, um zu sagen, was Hamilton nur seinem Neffen überhaupt mitzuteilen sich traute: «Man kennt Ihren Wert, man schätzt Sie, Sie sind ein Ehrenmann, damit ist alles gesagt» – was konnte man dann noch anderes tun, als ein wenig über dem Boden zu schweben? So schwebte denn William Hamilton, als er kurz nach der Abreise seinem Neffen schrieb, und dabei könnte man es belassen, wenn er nicht zehn Jahre später einem zuverlässigen Zeugen etwas ganz anderes erzählt hätte.

Inzwischen waren alle Hoffnungen auf den Wiener Posten längst verflogen. Hamilton war zum Ritter des Order of the Bath geschlagen und Sir William geworden, aber er hatte auch begriffen, dass gerade sein unglaublicher Erfolg am neapolitanischen Hof ihn für immer an die Ufer dieser elend paradiesischen Bucht gekettet hatte. Kein Engländer sonst hätte hier so viel Einfluss ausüben können, kein Engländer sonst wollte an seine Stelle treten, und kein Engländer war mächtig genug, der Sir William einen besseren Posten hätte verschaffen wollen. Die berauschende Begeisterung hatte nachgelassen, nicht aber die Erinnerung, die nun plötzlich gar kein so positives Bild des Kaisers mehr zeichnete. Während seines ganzen Besuches habe er versucht, sich zugleich als überlegen und bescheiden aufzuspielen, habe mit seinen Geistesgaben geprotzt, bis schließlich gerade deswegen die von keiner Bildung übertünchte schlichte Vernunft König Ferdinands im Vergleich geradezu gut ausgesehen habe. War das nur nachträgliche Ungerechtigkeit? Aber Hamilton war berühmt für sein Einfühlungsvermögen, für die Art, in der er so unangestrengt freundlich wie das Klischee vom Hofmann agierte und doch nicht oberflächlich war. Um Joseph II. herum scheint sich dagegen immer wieder Unbehagen gerade dann ausgebreitet zu haben, wenn er sich gegenüber Untergebenen jovial gab. Zu oft mussten sie sein rasches Temperament fürchten, zu oft schrieben sie nach solchen Begegnungen Dinge wie jener mailändische Beamte, der den Kaiser auf der Rückreise aus Neapel erlebte, bloß um dann festzuhalten: «Cäsars Charme scheint mir geborgt zu sein.» So sah es zehn Jahre später auch Hamilton. Obwohl der Kaiser ihn selbst so zuvorkommend behandelt hatte, war es dem Gesandten nicht entgangen, wie reizbar er sein konnte. Mit ihm Pompeii und Herculaneum zu besichtigen war gleichermaßen Ehre und Vergnügen, gewiss. Aber der gemeinsame Aufstieg zum Vesuv war gerade deshalb kein rechter Erfolg gewesen, weil der Vulkan anscheinend zu gut zum Temperament des Kaisers passte, und so erinnerte sich Hamilton noch zehn Jahre später nur mit Widerwillen, wie Joseph wegen eines trivialen Fehlers seinen Spazierstock auf dem Rücken ihres Bergführers Bartolomeo zerschlagen hatte. Für einige Zeit mochte es Hamilton berauscht haben, dass Cäsar ihn einen Ehrenmann genannt hatte. In diesem Augenblick auf dem Vesuv aber war er es wirklich, weil er etwas sah und verurteilte, woran vielen seiner Standesgenossen auch 1769 noch gar nichts aufgefallen wäre.

Sir William liebte den Vesuv. Neapel war trotz seiner politischen Randlage mit 400 000 Einwohnern die drittgrößte Stadt Europas, und neben den eng verwinkelten Gassen, in die kein Sonnenstrahl drang, bot es dem Reisenden zugleich die prächtigsten Paläste und Kunstwerke. Nirgendwo in Europa griffen Kultur und Natur dramatischer ineinander, keine Königsstadt des Kontinents kannte so blaues Wasser und so strahlenden Himmel. Selbst das, was man jahrhundertelang nur öde und schrecklich gefunden hatte, steile hohe Berge also und gar noch ein todbringender Vulkan, selbst das begann man im ausgehenden 18. Jahrhundert mit anderen Augen zu sehen, die zum ersten Mal die Romantik der Natur erkannten. Hamiltons Gehalt allein hätte nie gereicht, hier so zu leben, wie er es tat, weil man von Botschaftern erwartete, ihr eigenes Geld durchzubringen. Aber dank seiner Frau konnte er das auch, und so zahlten über fast vier Jahrzehnte all die bäuerlichen Pächter auf den südwalisischen Gütern seiner Frau ihre Abgaben im Wesentlichen dafür, dass die Hamiltons im großen Stil am Golf von Neapel wohnen konnten, statt jemals auf das wesentlich kühlere Meer blicken zu müssen, das Pembrokeshire umgab. Ihr Hauptsitz war natürlich der in Neapel selbst gelegene Palazzo Sessa, wo Hamilton auch seine berühmte Kunstsammlung aufbewahrte. Seit vor einigen Jahrzehnten ein ahnungsloser Bauer durch einen Brunnenschacht mitten in die Ruinen von Pompeii gefallen war, grub man hier alle Arten antiker Kunstwerke aus, bis sich schließlich sogar Nasenkönig Ferdinand dazu bewegen ließ, einen kurzen Augenblick lang die Wildschweinflinte aus der Hand zu legen und den altrömischen Goldring zu finden, den man vorher sorgfältig für ihn platziert hatte. Hamilton aber kaufte und kaufte, bis seine Kellerräume voller Antiquitäten waren und die walisischen Güter voller Hypotheken. Dann hätte er aufgeben müssen, wenn ihm nicht die glorreiche Idee gekommen wäre, sich vom Sammler zum Kunsthändler fortzuentwickeln – natürlich nur für Monarchen, Freunde und Grandseigneurs, mit denen man Geschäfte machen konnte, die nicht wie Geschäfte aussahen. Dass die Sache für einen Edelmann und Repräsentanten Seiner Britannischen Majestät trotzdem nicht unheikel war, sieht man an kleinen Details. Seinen indischem Affen Jack beispielsweise richtete Hamilton dazu ab, als lebende Kunsthändlerparodie mit einem Vergrößerungsglas von Vase zu Vase zu springen (nur ganz nebenher erinnert er uns auch an Hamiltons bombengefährlichen Ex-Vorgesetzten, der inzwischen zum ranghöchsten Militär Großbritanniens aufgestiegen war). Solche Selbstironie war zwar nicht notwendigerweise von der gelassenen Sorte, weil der vornehme Dilettant (ein positiv besetzter Begriff) sie auch zur Abgrenzung vom schnöden Verkäufer oder pedantischen

Wissenschaftler brauchte, die ja im Grunde genau dasselbe taten. Aber Hamilton durfte das, denn er war Dilettant im besten Wortsinn: begeistert, stets bereit, sein neu gefundenes Wissen denkbar unaufdringlich zu vermitteln, und so ernsthaft interessiert, dass er nicht bloß die Lücken seiner kurzen Schulbildung füllte (freilich auch einer Schulbildung, die wie damals so oft ihrerseits bereits fast ausschließlich aus antiken Materien bestanden hatte), sondern mit seinem Wissen um die Antike selbst Goethe beeindruckte. Sein wohl schönstes Vermächtnis waren die großen Katalogbände, in denen er die Formen, Verzierungen und gemalten Szenen antiker Vasen abdrucken ließ, um sie in ganz Europa Künstlern zugänglich zu machen, die ihren entstehenden Klassizismus möglichst direkt aus antiken Vorbildern ableiten wollten, und so verdanken denn noch heute zahllose Museen, Sammlungen und Schlösser ihre besten Stücke der Inspiration eines Mannes, der eigentlich einfach bloß ein paar gut bezahlte Jahre am Mittelmeer hatte verbringen wollen. Wenn aber unter allen Wohnsitzen der Hamiltons das Stadthaus mit den ständig wechselnden Kunstwerken auch die meisten Besucher anzog, so waren ihnen selbst doch das zum Baden genutzte ‹Casino› in Posillipo oder die für fünfzig Gäste ausgelegte Jagdhütte beim landeinwärts gelegenen Riesenschloss von Caserta nicht weniger lieb, weil sie sich hier vom Lärm und Gestank der Großstadt erholen konnten. Der faszinierendste Wohnsitz des Diplomaten bleibt freilich die Villa Angelica, die bei Torre del Greco so nah am Vesuv lag, dass Fürst Leopold Friedrich Franz von Anhalt-Dessau sie im Schlosspark von Wörlitz folgerichtig zusammen mit einem kleinen Vulkan nachbaute, den er zu feierlichen Anlässen im Handbetrieb Feuer spucken ließ. Die echte Villa stand inmitten eines Weinbergs über dem Meer und erlaubte es den Gästen der Hamiltons, dem nächtlichen Lavafluss wie einem Feuerwerk zuzusehen, während zwei Pagen auf Geige und Cello die Begleitmusik spielten. Noch in Abwesenheit des Hausherrn oder seiner Besucher saß hier oft ein von Hamilton angeheuerter Zeichner, um für dessen geologische Forschungen jeden Tag die genaue Position der Rauchwolken über dem Vulkan zu malen. Lange aber würde es ohnehin nie dauern, bis auch Hamilton selbst wieder in die Villa kam, denn von hier aus bestieg er mit Gästen wie Joseph II. den Berg, wo er manchmal sogar eine ganze Nacht verbrachte – und Gäste gab es stets genug.

Sowenig es Sir Williams Plan gewesen war, sich für den Rest seines Lebens im exzentrisch gelegenen Neapel niederzulassen, so wenig mussten er und seine Frau doch andererseits auch jemals befürchten, vom Rest des aristokratischen Europa abgeschnitten zu sein. Wie sehr Neapel bereits vor der Einrichtung eines Königshofes oder der Entdeckung Pompeiis eine beliebte Station der Kavaliersreise gewesen war, haben wir schon an Lord Hervey und Stephen Fox gesehen, die 1728 dorthin gereist waren. In den vierzig Jahren seither war die Zahl der Reisenden jedoch noch einmal angewachsen, weil inzwischen nicht mehr nur die sehr jungen Bildungstouristen reisten. Zunehmend machten sich auch Männer weit oberhalb des Studienalters und Ehepaare auf, bevor sehr bald sogar die Monarchen regelmäßig auf Reisen gehen würden, wie es Joseph II. als einer der Ersten getan hatte. Niemand reiste mehr als die Briten, deren Kaufkraft das ganze Jahrhundert über vom Kolonialhandel angefeuert wurde, und da sie die Kavaliersreise mit dem französischen Maskulinum ‹Grand tour› bezeichneten, prägten sie jetzt auch den Begriff ‹Tourist›, für den es zuvor gar keine Verwendung gegeben hätte. Neapel war zu pittoresk, zu musikalisch und zu antik, um nicht auf der Route solcher Touristen zu stehen; waren sie aber erst einmal dort angekommen, gab es keinen besseren Anlaufpunkt als das Ehepaar Hamilton, das im Unterschied zum Hof des Nasenkönigs einen so guten Sinn für alle drei Attraktionen hatte. Dem modernen Betrachter mag es erstaunlich vorkommen, mit welcher Selbstverständlichkeit sich all diese Grandseigneurs bei Standesgenossen wie den Hamiltons einluden, aber schon den modernen Aristokraten wird es ungleich weniger wundern. Natürlich spielte die offizielle Verpflichtung eines königlichen Gesandten eine gewisse Rolle, natürlich half es auch, dass alle handelnden Personen reich (oder unpfändbar) genug waren, um sich die Art von Haushalt zu leisten, in dem man tagaus, tagein ganz blind mit einer großen Zahl von Gästen rechnet. Viel ausschlaggebender aber noch war etwas, das sich ganz zwingend aus der bloßen Existenz von Aristokratien ergibt. Die Ausschließung der vielen, die weder zu Macht noch Rang geboren waren, hatte und hat ihr logisches Spiegelbild darin, dass die wenigen untereinander ebenso großzügig sein können, wie sie sich nach außen hart abgrenzen. Wie jeder einzelne Hof war auch die europäische Aristokratie in ihrer obersten Etage zu klein, als dass nicht jeder entweder schon über zwei Ecken mit jedem anderen verbunden war oder doch mindestens annehmen musste, dem anderen später einmal wiederzubegegnen; so lohnte es sich und tat nicht weh, durch Gastfreundschaft und Hilfestellungen gewissermaßen ständig in eine Bank einzuzahlen, an deren über den ganzen Kontinent verteilten Zweigstellen man selbst oder der eigene Clan ebenso regelmäßig wieder abhob. Den Hamiltons aber bescherte diese Logik zusammen mit ihrer touristischen Lage schon bald einen ständigen Besucherzufluss, der aus ihren neapolitanischen Residenzen das verlängerte Wohnzimmer des vor allem britischen hohen Adels machte.

Auch wenn wir nur auf die Jahre um den Besuch des Kaisers herum blicken, sehen wir Hamilton auf allen Seiten von Personen umgeben, die wir selbst oder deren Vorfahren wir bereits aus vergangenen Kapiteln kennen. Zweifellos der engste Freund war unter ihnen natürlich der bereits als Schulkamerad erwähnte Frederick Hervey, der mit Hamilton nicht nur die ehrlich dilettantische Begeisterung für antike Geschichte und Vulkangeologie, sondern als dritter Sohn des gleichnamigen Lords auch das Versorgungsdilemma teilte. Herveys Lösung dafür war relativ spät gekommen, und sie war eine andere als die seines Freundes. Seine Frau, die als Mitgift nicht einmal ein Zehntel von Lady Hamiltons Vermögen in die Ehe eingebracht hatte, hatte er aus Liebe geheiratet, was er später seinem Sohn als warnendes Beispiel für einen in dieser Familie seit drei Generationen begangenen Fehler vorhielt, ohne dass es den Sohn von dessen Wiederholung in vierter Generation abhielt. Auch der Hof hatte Frederick Hervey wenig zu bieten, was uns nicht wundern muss, wenn wir uns daran erinnern, wie hasserfüllt sein Vater sich mit ebenjenem Thronfolger für immer überworfen hatte, der nur wenige Monate zuvor der vornamengebende Taufpate des kleinen Frederick geworden war und bald danach den Hamiltons so nützlich werden würde. Da Frederick sich zum Offizier nicht berufen sah, blieb nur noch eine Kirchenlaufbahn, die man in allen anderen protestantischen Aristokratien als vollkommen unstandesgemäß angesehen hätte, im britischen Adel aber deswegen akzeptierte, weil es hier allein noch immer die überall sonst von der Reformation weggefegten reichen Bischofsposten gab. Auch die freilich musste man erst einmal bekommen, und da der an Theologie fast völlig uninteressierte Hervey dabei bisher keinerlei Erfolg gehabt hatte, lebte er als fünfunddreißigjähriger Besucher in Neapel noch immer bloß von zwei kaum bezahlten Ehrenämtern. Seinem oft kaum erträglichen Schwung tat das freilich so wenig Abbruch, dass er auch das Auftreten einer seltsamen Rauchwolke über dem Vesuv lediglich als einmalige touristische Herausforderung auffasste. War es nicht großartig, dass sie genau dieselbe Form wie jene Wolke hatte, die antiken Quellen zufolge der Vernichtung von Pompeii vorausgegangen war? Schon hielt der Kirchenmann es nicht mehr aus, auf seinen mit dem Vulkan vertrauteren Freund Hamilton zu warten, was möglicherweise erklärt, warum das Folgende kein rechter Erfolg wurde, ließ sich am Steilhang von zwei Bergführern durch den Aschenboden schieben und von einem ziehen, bis er den Gipfel erreicht hatte, bewunderte einige Minuten lang das großartige Schauspiel der in alle Richtungen fliegenden rot glühenden Steine, wurde fast sofort von einem davon so schwer am Arm getroffen, dass er fünf Wochen lang bettlägrig blieb, und schrieb dann seiner dreizehnjährigen Tochter einen Brief über dieses Unternehmen, der mit der Aufforderung endete, in Zukunft bitte besser auf ihre Rechtschreibung zu achten. Aber wer will schon sagen, ob es nicht unter bestimmten Umständen Glück bringt, von einem Lavabrocken getroffen zu werden? Reverend The Honourable Frederick Hervey jedenfalls erfuhr bald danach, dass sein aus Madrid zurückgekehrter älterer Bruder Lord Bristol zum neuen Vizekönig von Irland ernannt worden war, und er hätte wesentlich naiver sein müssen, als man das von einem Sohn des verstorbenen Lord Hervey und der klugen Molly Lepel erwarten konnte, um nicht die große

Chance zu erkennen, die sich ihm hier bot. Obwohl die Mehrheit der Einwohner Irlands katholisch war, schwebte über ihnen doch eine anglikanische Amtskirche mit fetten Pfründen, fast keinen Gläubigen und ergo minimaler Seelsorgeverpflichtung, deren Hauptgewinne fest in der Hand des jeweiligen Vizekönigs lagen. Es machte auch nichts, dass Herveys großer Bruder bei Lichte besehen überhaupt keine Lust hatte, jemals nach Irland zu gehen. Langfristig zwar hätte man ihm diesen Umzug vermutlich doch irgendwann nahegelegt, aber da er ja bloß ein Jahr lang im Amt blieb, war dieser Moment noch keineswegs gekommen, als er bereits wieder seinen Rücktritt erklärte. Inzwischen nämlich war der Bischof von Cloyne gestorben, dessen Amt der König auf Bristols Wunsch an den Bruder gab, der schon damit gut versorgt gewesen wäre. Weil jedoch kurz darauf auch noch das Bistum Derry vakant wurde und der König zu diesem Zeitpunkt noch eine gute Meinung von Frederick Hervey hatte, durfte dieser nun das bescheidene Cloyne mit dem phantastisch reichen Derry vertauschen, dessen Einkünfte ihn auf einen Schlag zu einem der reichsten Männer Großbritanniens machten. Um die Finanzierung künftiger Italienreisen musste Hervey sich nun nie mehr sorgen, und so wird es denn auch tatsächlich in Italien sein, dass wir ihn bei anderer Gelegenheit noch einmal wiedersehen. An den Vesuv aber erinnerte er sich zeitlebens mit solchem Enthusiasmus, dass für die nächsten dreißig Jahre keiner der zwischen ihm und Hamilton gewechselten Briefe mehr ohne Diskussionen über vergleichende Vulkangeologie auskommen würde.

Hamiltons übrige britische Besucher mochten weniger begierig sein, sich im Interesse der Wissenschaft auf oder in die Lava zu stürzen, aber sie waren kein bisschen weniger aristokratisch. Fast zur selben Zeit wie der werdende Bischof lud sich beispielsweise Stephen Fox' Bruder Henry Fox im Palazzo Sessa ein, der nach einer grandiosen politischen Karriere inzwischen Lord Holland hieß und seine zwanzig Jahre jüngere Frau Lady Caroline Lennox mitbrachte, die er gegen den Widerstand der Eltern Richmond damals nur mit Hilfe des uns aus Petersburg bekannten Sir Charles Hanbury Williams hatte heiraten können. Mit ihnen reiste der achtzehnjährige Sohn Charles James Fox, dessen Vornamen eine mütterliche Abstammung von den Stuart-Königen verrieten, die so gar nicht zu seiner späteren Rolle als revolutionsfreundlicher Oppositionsführer passte. Für die nach wie vor allgegenwärtigen Kavaliersreisenden war dieses chaotische Genie freilich weit weniger typisch als sein eher widerwillig mitgekommener Cousin Lord Kildare. Der anglo-irische Herzogserbe Kildare reiste, weil es sich so gehörte, und kaufte also, nachdem er in Rom Mathematik- und Tanzunterricht genommen hatte, Hamilton in Neapel ganz brav einen seiner Bildbände ab, anhand dessen die viel kunstsinnigeren Frauen der Familie bald die Intérieurs von Schloss Carton in die Antike zurückdekorieren würden. Sein nächstes Paket in die Heimat enthielt «eine Kiste mit etwas Lava, Schnupftabaksdosen und ein bisschen von einer anderen Sorte von Zeug, was aus dem Vesuv herauskommt», sein nächster Brief hingegen die Feststellung, er wäre natürlich lieber daheim in Irland als am Golf von Neapel: «Da die Leute jedoch nicht immer haben können, was sie sich wünschen, bin ich sehr glücklich.» Rom fand er etwas langweilig, in Berlin fielen ihm die vielen Soldaten auf und in Meißen die vielen Porzellanmalerinnen. Aber selbst diese originellen Erkenntnisse kann ihm der Leser für die eine Zeile verzeihen, in der Lord Kildare den Eindruck beschrieb, den es ihm gemacht hatte, in einer zeremoniellen Audienz den Zeh Papst Clemens' XIII. zu küssen («NB. it was very sweet»), bevor wir dennoch kurz bedauern, dass Kildares gleichaltrige Tante Lady Sarah Lennox zur gleichen Zeit nach Paris reiste, statt an seiner Stelle in Neapel aufzutauchen. Beinahe hätte diese dramatischste der Richmond-Töchter ihre Reisefreiheit natürlich schon als Vierzehnjährige verloren, als sich 1759 niemand Geringerer als der Prinz von Wales in sie verliebt hatte, der bald danach als Georg III. den Thron bestieg. Leider musste, wer diesen beiden zuhörte, eher sie für einundzwanzig und ihn für vierzehn halten, weswegen nun eine für alle Beteiligten arg anstrengende zweijährige Rumdruckserei folgte, während deren Lady Sarah zum Beispiel erfuhr, dass sie nach Ansicht ihres Königs eine echte Schönheit werden könne, wenn sie nur erst etwas älter und dicker sei. Zuletzt hatte Sarahs vierzig Jahre älterer Schwager Fox sich schon für die neue Macht hinter dem Thron gehalten, bevor der Premierminister der ganzen Geschichte genau deswegen den Schwung genommen und den König daran erinnert hatte, dass es für einen wie ihn bekanntlich nur eine deutsche Prinzessin sein dürfe. Lady Sarah war im Grunde froh gewesen, kam sich aber wie die meisten Frauen, die im letzten Moment doch nicht Königin werden, trotzdem ein wenig besiegt vor, zumal sie ja (wenn auch in der nicht ganz legitimen Linie) immerhin eine Urenkelin Karls II. war. Das Hochzeitszeremoniell machte die Dinge nicht unbedingt besser, indem es Sarah als ranghöchste unverheiratete Herzogstochter zur ersten Schleppenträgerin der mecklenburgischen Ersatzbraut bestimmte, und nachdem selbst das kranke Eichhörnchen den Geist aufgab, dessen Pflege Sarah in diesen Tagen zur Ablenkung hatte dienen sollen, war ihr klar, dass das Universum gegen sie war. Im nächsten Jahr (1762) heiratete die immer noch erst Siebzehnjährige im Wesentlichen aus Trotz einen reichen Unterhausabgeordneten namens Bunbury, dessen politische Laufbahn sich in der bisher unerreichten Leistung erschöpfte, ein Parlamentsvotum mit *einer* gegen 558 Stimmen zu verlieren. Leider stellte sich bald heraus, dass der phantasielose Landjunker als Ehemann dieser temperamentvollen jungen Frau ebenso ungeeignet war. Auch wenn die nunmehrige Lady Sarah Bunbury sich zuerst noch ehrlich bemühte, ihm trotzdem eine gute Ehefrau zu sein, war es für die meisten Beobachter nur eine Frage der Zeit, bis es mit dieser Ehe ein böses Ende nehmen musste.

Im selben Frühjahr 1767, das Lady Sarahs unbegeisterten Cousin Kildare nach Neapel brachte, schien es so weit zu sein. Man konnte ihr jetzt in Paris dabei zuschauen, wie sie niemand Geringeren als den Herzog von Lauzun so heftig anflirtete, dass es jeden anderen als dieses goldene Kind der Pariser Gesellschaft aus der Bahn geworfen hätte. Da nun Lauzun ein umgänglicherer Mensch, aber kein geringerer Herzensbrecher als sein Urgroßonkel war, überraschte ihn die ganz neue Erfahrung, hier am Ende dennoch nicht zum Ziel zu kommen. Lady Sarah erklärte es ihm mit einem auch von anderen Engländerinnen bekannten Argument. Weil sie sich im Unterschied zu den Französinnen ihre Männer selbst aussuchen dürften (man ergänze stillschweigend: jedenfalls im Rahmen der etwas später von Jane Austen beschriebenen Spielregeln), sei ihr Ehebruch weniger verzeihlich als der der ungefragt nach Schema F verheirateten Frauen des Nachbarvolkes, und also könne auch sie letztlich doch nicht tun, was sie zu gern täte. So interessant aber Lauzun dergleichen avancierte Soziokomparatistik fand, wird es ihn trotzdem kaum überrascht haben, nur zwei Jahre später von dem großen Skandal zu erfahren, den Lady Sarah am Ende doch noch ausgelöst hatte. Ihr nunmehrigen Liebhaber Lord William Gordon, mit dem sie nach Schottland geflohen war, hatte sich zwar romantisch erkennbar weiterentwickelt, seit er vor fünfzehn Jahren als gemeingefährlicher kleiner Amor einen Pfeil in Poniatowskis Locken geschossen hatte; das rechte Ziel getroffen hatte er freilich auch diesmal nicht. Der Prozess wegen Criminal Conversation, mit dem ihn Bunbury jetzt überzog, wäre für einen unbemittelten jüngeren Sohn unangenehm genug gewesen. Am Ende war es jedoch die Gefahr kompletter gesellschaftlicher und familiärer Isolation, die Lady Sarah dazu bewog, ihn nach wenigen Monaten zu verlassen, um als schamhaft verstecktes schwarzes Schaf in den Haushalt ihrer Schwester zurückzukehren. Lord William dagegen musste seine Offizierskarriere aufgeben und beschloss, die Peinlichkeit durch eine Reise nach Italien zu überspielen. Fast sehen wir ihn also bereits im Hause Hamilton, dessen berühmtestes Gemälde ja nicht umsonst Venus dabei zeigt, wie sie einem wütenden kleinen Amor den Bogen wegnimmt, da stellen wir im letzten Moment fest, was daran nicht stimmt. Lord William war kein Tourist wie die anderen, und als er 1770 ohne Rückkehrabsicht nach Florenz (leider nur nach Florenz!) aufbrach, da tat er das zu Fuß, mit kurz geschnittenen Haaren und in Begleitung bloß eines großen Hundes, bevor man dann etwa sechs Jahre lang gar nichts mehr von ihm hörte. Die gute Nachricht ist, dass nicht nur sein Ausstieg aus der gehobenen Gesellschaft so wenig dauerhaft blieb, wie man das von so manchem Aussteiger kennt (dieser hier endete als Abgeordneter, Vizeadmiral von Schottland und

Freund von Sir William Hamiltons zweiter Frau). Auch Lady Sarah Bunburys Ausstoßung hatte irgendwann den Tiefpunkt überschritten, und nachdem sie endlich die Scheidung erwirkt hatte, konnte sie einen ebenfalls schottisch-adeligen Offizier heiraten, mit dem sie den Rest ihres langen Lebens ebenso fern vom Hof wie glücklich verbrachte. Wenn man sich nur genug Zeit nimmt, findet man noch für jede aristokratische Katastrophe ein versöhnliches Ende. Schon in der nächsten Generation heirateten die Angehörigen aller vier involvierten Familien wieder so fröhlich untereinander, als wäre nie etwas gewesen, bis schließlich heute die halbe Upper Class einschließlich des Erzbischofs von Canterbury von Lady Sarah Bunbury abstammt.

Wenn wir bisher einige der britischen Besucher Hamiltons hervorgehoben haben, sollte das nicht den irreführenden Eindruck erwecken, dass jemand wie der Gesandte außer mit dem neapolitanischen Hof nur mit seinen Landsleuten zu tun gehabt hätte. Wie sehr das Gegenteil der Fall war, zeigt sich, wenn man zum Test aus all den anderen Handlungsfäden unseres Buches bewusst jenen auswählt, der sowohl von England als auch von Neapel am weitesten entfernt ist – also die im vorigen Kapitel erzählte polnisch-russische Geschichte von Stanisław Poniatowski und Katharina der Großen. Selbst darüber nämlich konnte Hamilton im Lauf der Jahre immer mehr erfahren, ohne jemals selbst nach Osteuropa gereist zu sein, weil er noch in Neapel zwar nicht die Haupt-, aber doch praktisch alle Nebenakteure dieses Dramas einen nach dem anderen kennenlernte. Teilweise ergab sich das schon durch die ständige Karussellbewegung der meisten Diplomatenkarrieren, wobei im politisch unwichtigen Neapel vorzugsweise solche Gesandte landeten, die vorher entweder in ihrem Beruf oder bei der hofintrigentechnischen Absicherung versagt hatten. Gerade von denen aber konnte man viel lernen. Dänemark zum Beispiel schickte seinen Gesandten Siegfried Adolf von der Osten 1766 genau deshalb nach Neapel, um ihn aus Petersburg zu entfernen, wo er 1763/64 ein Vertrauter Katharinas II. gewesen war und sie beinahe von Poniatowski abgebracht hätte. In der Folge aber hatte er zunehmend gegen die russische Unterdrückung Polens protestiert, war daher auf ausdrücklichen Wunsch der verärgerten Zarin unter den Vesuv strafversetzt worden und hatte dort entsprechend viel Interessantes zu erzählen. Einige Jahre später fand sich der Baron de Breteuil als französischer Gesandter bei den Sizilischen Majestäten wieder, weil er nicht nur durch seine relativ bescheidene Geburt nach eigener Aussage ein bloßer «Plattfuß» war (sein unter dem Baronstitel nur unzureichend versteckter Familienname Le Tonnelier verriet nämlich, dass die Vorfahren einst Fassmacher gewesen waren), sondern auch im Versailler Intrigenspiel aufs falsche Pferd gesetzt hatte. Die ihm versprochene Wiener Botschaft war daher stattdessen einem bei Hof unschlagbaren Ururenkel der lebensrettenden Königserzieherin Maman Doudour gegeben worden, dem der zum schwachen Trost nach Neapel expedierte Breteuil allerhand Rachephantasien zugedachte, die sich im nächsten Kapitel aufs beste erfüllen, dann freilich auch gleich das Ancien Régime zum Einsturz bringen werden. Inzwischen konnte er Hamilton erzählen, wie es sich angefühlt hatte, als Gesandter in Petersburg ab 1760 unter größter Gefahr die verbotene Liebeskorrespondenz Katharinas und Poniatowskis aus dem Land zu schmuggeln, während links und rechts von ihm die einander diametral widersprechenden Anweisungen der offiziellen sowie der geheimen französischen Außenpolitik einschlugen. Aber auch jenseits dieser gewissermaßen professionellen Diplomaten-Bewegungen war man in Neapel erstaunlich nah selbst an den östlichsten Monarchien.

In den letzten Novembertagen 1774 erschien eine auf die dreißig zugehende, vornehm gekleidete Frau am Eingang des Palazzo Sessa in Neapel. Obwohl sie schielte, hatte sie ein angenehmes Äußeres und war sprachgewandt genug, um ihr Anlegen dem Haushofmeister des britischen Gesandten in seiner italienischen Muttersprache zu erklären, die sichtlich nicht die ihre war. Da Sir William jedoch abwesend war, hinterließ sie ihm eine Nachricht und ihren Namen Gräfin Pinneberg, woraus beim Umweg über den Haushofmeister allerdings gleich mal Bamberg wurde. Es machte nicht viel aus, denn Sir William hätte den Namen so oder so nicht gekannt. Für die von der Gräfin erbetene Hilfestellung beim Erwerb eines Passierscheins für die Weiterreise nach Rom hätte daher mindestens ein Empfehlungsbrief vorliegen müssen, dessen Fehlen die Sache für Hamilton erledigte. Er war jedoch Gentleman genug, um seinerseits einen von jenen Höflichkeitsbesuchen beim Hotel der Gräfin zu machen, bei denen man, statt die Besuchten wirklich treffen zu wollen, bewusst bloß eine Visitenkarte hinterließ, die in diesem Falle Sir Williams bedauernde Ablehnung des Gesuchs mitteilte. Am nächsten Tag hatte er Besuch von einem der neun Begleiter der Gräfin. Diesmal war es ein als ihr Haushofmeister fungierender polnischer Geistlicher, der allerdings kein Französisch konnte, weswegen er mit Hamilton im Grunde nur Italienisch oder Latein gesprochen haben kann. Der ex-jesuitische Abbé erklärte dem Diplomaten, wie fatal es für die Gräfin wäre, nicht nach Rom weiterreisen zu können. Auf der Anreise über die Adria sei man so lange in der neapolitanischen Pest-Quarantäne aufgehalten worden, dass ihnen jetzt langsam die Reisemittel ausgingen; auf ihr Vermögen aber könne die Gräfin erst wieder in Rom zugreifen. Hamilton hörte zu, erschloss aus der Herkunft des Jesuiten und der polnischen Tracht der übrigen Begleiter, dass die Dame ebenfalls Polin sein müsse, hatte Mitleid und schrieb daher tatsächlich ein paar Zeilen an Premierminister Tanucci, damit er «der Gräfin Bamberg, Polin» einen entsprechenden Pass ausstelle: Was konnte das schon ausmachen?

Beunruhigend wurde es denn auch wirklich erst einige Tage später, als Hamilton einen kurzen Brief erhielt, in dem die Gräfin ihm dankte und bedauerte, ihn vor der Abreise nicht mehr persönlich getroffen zu haben. So weit, so gut also. Aber warum titulierte sich die Schreiberin nun plötzlich «la princesse Elisabeth»? Warum endete sie ihr Billett mit den Worten: «Das Schicksal wird müde werden, die Unschuld zu verfolgen. Die Zeit wird alles ans Licht bringen»? Leicht irritiert beschloss Hamilton, sich beim britischen Konsul in Ragusa zu erkundigen, wer die von dort angereiste Gräfin denn bitte sei, und erhielt eine Antwort, die ihn einigermaßen beruhigte. Im zu Venedig gehörenden Ragusa nämlich hatte schon seit Monaten eine kleine Truppe polnischer Konföderierter herumgehangen, antirussische Adelsrebellen also, die von den Soldaten Katharinas aus der Heimat vertrieben worden waren.

Zusammen mit ihren offiziell gar nicht existenten französischen Militärberatern warteten sie dort ein Erlaubnisschreiben des Sultans ab, um über Konstantinopel und das Schwarze Meer dorthin zu reisen, wo sie auf osmanischer Seite am russisch-türkischen Krieg würden teilnehmen können, und dieses Schreiben kam und kam nicht. Der Anführer der verlorenen Truppe aber war niemand anderes als der spät alphabetisierte Fürst Karol Radziwiłł und die Frau an seiner Seite die Gräfin Bamberg-Pinneberg gewesen, die er dem Konsul zufolge stets mit Respekt behandelt habe. Wer Karol ‹Mein lieber Herr› Radziwiłł kannte, hätte schon das bemerkenswert finden müssen, aber Sir William Hamilton sah im Brief des Konsuls die beruhigende Erklärung, die er sich erhofft hatte. Während der Monate bis zum russisch-türkischen Friedensschluss, der die ganze Expedition endgültig ins Wasser fallen ließ, hatte man die immer schlechter gelaunte Gesellschaft in Ragusa gut genug beobachten können, um anzunehmen, dass die Gräfin möglicherweise die Geliebte Radziwiłłs, jedenfalls aber eine Abenteurerin sein dürfe. Eine von der Sorte also, muss Hamilton gedacht haben, während er das Dossier schloss. Eine von jenen Leuten, die sich am äußersten Rand der aristokratischen Gesellschaft bewegten, Hochstapler, die davon profitierten, dass es keine schnell konsultierbaren Nachschlagewerke gab und niemand alle Edelleute des Kontinents persönlich kennen konnte, bemitleidenswerte Betrüger, die sich mal hier, mal da wie mit den Fingernägeln am vergoldeten Zaun hochzogen, der Leute ihrer Herkunft eigentlich von der vornehmen Welt trennen sollte, trauriges Treibgut, das sich nirgendwo lang halten konnte und quer durch Europa eine Spur geplatzter Wechsel hinterließ, bis sie irgendwo am Pranger, am Galgen oder in einem gefängnisartigen Kloster endeten. Hässlich, aber nicht Hamiltons Problem – und hätte die Gräfin Pinneberg nur auch so gedacht, wer weiß, es wäre ihr vielleicht ein langes Leben beschieden gewesen.

Aber nachdem sie und ihr Gefolge in auffälliger Geheimhaltung nach Rom gereist waren, nachdem sie sich dort in großem Stil eingerichtet hatte und der Kredit ihres kreditwürdigsten Begleiters dafür nicht einmal zwei Wochen lang reichte, besann sich Madame de

Pinneberg auf den gutherzigen Briten, der ihr in Neapel geholfen hatte. Ihr eigenes Französisch wirkte nur, wenn sie sprach, denn nur dann konnten ihre wachen Augen die vielen kleinen Fehler vergessen machen, die man ihr sonst weniger nachgesehen hätte als dem ohne erkennbaren Effekt von teueren Fachleuten erzogenen Millionär Radziwiłł. Für den Brief, den sie jetzt entwarf, hatte sie einen Helfer, der besser schrieb als alle zuvor, und so lag es nicht an der Grammatik, wenn Hamilton bei der Lektüre Hören und Sehen verging. Es war gerade Weihnachten am Vesuv, als er das endlose Schreiben erhielt, in dem die Prinzessin Elisabeth ihm nach langem Zögern als Erstem und Einzigem ihre wahre Lebensgeschichte erzählte. Nicht ganz geradeaus freilich; die wichtigsten Umstände erwähnte sie nur beiläufig, ganz als wisse das jeder, während sie den Rest ausführlicher darstellte. Es waren da zuerst zwei Erzählungen, die sie Hamilton tatsächlich nicht näher ausführen musste, weil ganz Europa sie kannte. Ein ukrainischer Kosak und Viehhirte namens Alexej Rasumowskij, einerseits, war aus seinem Dorf geflohen, nachdem der Vater mit der Axt auf ihn losgegangen war (er hatte ihn beim Lesen erwischt). Man hatte ihn als Chorsänger für den Hof angeworben, wo er der heimliche Geliebte der halb staatsgefangenen Großfürstin Elisabeth Petrowna wurde. Nach deren Machtübernahme im Jahr 1741 war er zum Grafen, Oberjägermeister und Feldmarschall erhoben worden und hatte seine Mutter aus dem Dorf zur Krönung eingeladen, wo die alte Dame von ihren neuen Staatsroben so beeindruckt war, dass sie einen Knicks machte, als sie sich selbst im Spiegel sah. Vermutlich hatte Rasumowskij die Zarin sogar heimlich geheiratet, und so war das denn eine Art, als Kosak sein Glück zu machen. Von einem zweiten Kosaken namens Jemeljan Pugatschow, andererseits, wusste man nahezu nichts außer der Tatsache, dass er sich Wolga-Kosaken und nomadischen Baschkiren 1773 erfolgreich als der seinen Mördern entkommene Zar Peter III. präsentiert hatte. Anderthalb Jahre lang hatte Pugatschows Rebellenheer die Truppen seiner «Ehefrau» Katharina II. zurückgedrängt, eine russische Steppenfestung nach der anderen erobert und alle Männer ohne Bärte totgeschlagen, bevor Regierungstruppen ihn endlich besiegen konnten. Da aber war Madame de Pinnebergs Version der Geschichte bereits in eine andere Richtung abgebogen. Dass sie selbst die eheliche Tochter Rasumowskijs und der Zarin sei, das setzte die Prinzessin als bekannt voraus. Pugatschow aber, den sie in einer früheren Version dieses Lebenslaufs noch ihren Bruder genannt hatte, stellte sie jetzt bloß als vertrauten Pagen ihres Vaters vor. Die Mutter habe sie natürlich zur Thronerbin eingesetzt, was der Tochter jedoch 1762 bei der dementsprechend unrechtmäßigen Thronbesteigung Peters III. bloß die Verbannung nach Sibirien eingebracht habe: Da sei sie gerade neun Jahre alt gewesen. Nach Flucht und überlebtem Vergiftungsversuch habe Elisabeth in Persien Zuflucht bei einem dort mächtigen Kosaken-Verwandten gefunden, der sie erziehen ließ, bevor er sie auf eine lange Europareise geschickt habe. Inzwischen aber war der große Steppenaufstand ausgebrochen, den ihr persischer Onkel, Pugatschow und Friedrich der Große so lange vorbereitet hatten, und so kämpfte denn jetzt neben den Türken auch das Rebellenheer gegen die Usurpatorin Katharina: Lag es da nicht ganz nahe, dass Prinzessin Elisabeth ebenfalls ihren Beitrag leisten musste? Sie sei also von Venedig aufgebrochen, um zum Sultan zu reisen, weil einzig ihre Anwesenheit die bekanntlich entschlussunfähigen Orientalen zur direkten Unterstützung der Rebellen bewegen könne. Entsprechend gut habe es sich getroffen, dort Radziwiłł zu begegnen, und nur das sei ein wenig schiefgelaufen, dass man über Ragusa nicht hinausgekommen war, bis schließlich die Nachricht vom russisch-türkischen Friedensschluss die naiven Polen alles hatte aufgeben lassen. Sie selbst war natürlich besser informiert, wusste, dass der Frieden noch gar nicht ratifiziert war und auch Pugatschow keineswegs gefangen genommen; das seien alles nur plumpe Lügen der Gegenseite, die ein so erleuchteter Politiker wie Hamilton leicht durchschauen werde. Es hänge also nach wie vor das Schicksal Russlands und Europas davon ab, dass sie so schnell wie möglich Konstantinopel erreiche, den Sultan von ihren Ansprüchen überzeuge, sich eine türkische Armee mitgeben lasse, auf der anderen Seite des Schwarzen Meeres lande und zusammen mit Freund Pugatschow den rechtmäßig ihr gehörenden Thron zurückerobere, bei welcher Unternehmung gerade ein so unparteiischer Freund der Gerechtigkeit wie Hamilton gewiss nicht im Weg stehen wolle. So sei dies seine einzigartige Gelegenheit, sich für bloß 7000 Zechinen die huldvolle Dankbarkeit der zukünftigen Kaiserin aller Reußen zu verdienen und ganz nebenher ein gutes Geschäft zu machen, da sie ihm zum Pfand natürlich die Grafschaft [Idar-]Oberstein überschreiben werde, die ihr erst kürzlich ihr Verlobter Herzog Philipp Ferdinand von Holstein geschenkt habe. Sie sehe daher im Vertrauen auf seine Diskretion allen weiteren Transaktionen mit Sir William nur zu gerne entgegen, füge einzig zum besseren Verständnis der Lage noch ein paar Briefe an, die sie dem türkischen Sultan unter anderem über ihren Plan zur Übernahme der derzeit in Livorno ankernden russischen Mittelmeerflotte geschrieben habe, und verbleibe inzwischen, wie solche Schreiben eben zu enden pflegten, Seiner Exzellenz wohlaffectionierte Freundin Elisabeth. Es war, kurz gesagt, nicht die Art von Brief, die man als Diplomat gerne bekommt.

Ob Hamilton der Gräfin-Prinzessin vertrauen sollte, war unter den sich nun aufdrängenden Fragen begreiflicherweise die am einfachsten zu beantwortende. Man hätte weder so intelligent noch so politisch informiert wie Sir William sein müssen, um zu begreifen, dass man dieser Dame nicht einmal die Uhrzeit glauben durfte, und so schickte der Gesandte denn auch den ganzen Packen Papier ohne ein Wort des Kommentars zurück, nachdem er seine Frau alles sorgfältig hatte abschreiben lassen. Das Problem war ein anderes. Wer sich an das Schicksal Iwans VI. und seiner Geschwister erinnerte oder an Russlands Putschvorgeschichte, der wusste, dass die Instabilität der russischen Monarchie den Untertanen Grund gegeben hatte, gegebenenfalls auch irre Plots zu glauben. Die Frau, die diesen Brief geschrieben hatte, mochte noch so sehr eine überforderte Hochstaplerin sein, die nicht begriff, in was für tiefes Wasser sie sich da gerade begab, aber was half das? Pugatschow, der fast genau zur selben Zeit hingerichtet wurde, hatte eine wesentlich irrsinnigere Geschichte erzählt und damit trotzdem einen Aufstand ausgelöst, der die russische

Regierung zeitweise in berechtigte Panik versetzte. In den Händen russischer Verschwörer, osmanischer Agenten, polnischer Patrioten oder österreichischer Rivalen konnte die selbsternannte Prinzessin Elisabeth zum gefährlichen Werkzeug gegen ein gerade endgültig zur Großmacht aufgestiegenes Russland werden. Dessen Schiffe aber hatten im Verlauf des Türkenkrieges mit englischer Unterstützung erstmals auch das Mittelmeer erreicht, wo sie in der Seeschlacht bei Tscheschme die gesamte Kriegsflotte der Osmanen versenkt hatten. Jetzt lagen sie im toskanischen Hafen Livorno und konnten das zur Seeseite vollkommen schutzlose Neapel in kürzester Zeit erreichen, wenn sie nur erst erfuhren, wie dieser Staat auf Hamiltons ahnungsloses Zureden eine solche Gefahr auf die Welt losgelassen hatte. Die neapolitanische Flotte ihrerseits bestand aus genau einem einzigen voll funktionsfähigen Schlachtschiff, was zugleich eine ziemlich gute Metapher für Hamiltons eigene Aussicht auf Verteidigung gegen die erwartbaren Vorwürfe abgab – wenn er nicht seinen Fehler jetzt gleich noch korrigierte. Und wusste er denn nicht sehr genau, wer die in Livorno ankernde Kriegsflotte kommandierte? Lauter Schotten und Engländer, deren Übernahme in den russischen Dienst gerade erst sein eigener Schwager Lord Cathcart organisiert hatte, als er britischer Botschafter in Petersburg gewesen war. In dieser Zeit hatte Sir Williams Schwester Lady Cathcart den russischen General-Admiral kennengelernt, dessen fröhlich eingestandene Inkompetenz die Beschaffung dieser Fachkräfte überhaupt erst so nötig gemacht hatte: Graf Alexej Orlow, der einst Katharinas Putsch organisiert hatte, bei der Ermordung Peters III. dabei gewesen war und als Bruder ihres langjährigen Liebhabers eben auch eine Flotte kommandieren konnte, ohne das Meer auf der Landkarte zu finden. Es war Orlows Flotte in Livorno, die die falsche zweite Elisabeth bereits anonym zum Überlaufen aufgefordert hatte, und so war es denn auch Orlow, an den Hamilton jetzt aus seinem Jagdhaus in Caserta einen formvollendet höflichen Brief schrieb.

Während Hamilton noch darauf wartete, dass die neapolitanische Regierung seinen Kurier nach Livorno endlich ausreisen ließ, war die

~ *Ferdinand III. sieht trotzdem nicht abstoßend aus* ~ 869

Gräfin von Pinneberg in Rom nicht untätig geblieben. Da man in ihrem Metier immer viele Eisen gleichzeitig im Feuer haben musste, hatte sie bereits Kardinäle, Abbés und Botschafter um den Finger gewickelt, als sie am 18. Januar 1775 von einem russischen Seeoffizier erfuhr, der sich sehr respektvoll nach Ihrer Durchlaucht erkundigt habe, um eine Nachricht zu überliefern. Es war Orlows Adjutant, der ihr die Nachricht von der überwältigenden Wirkung des anonymen Briefes auf seinen Vorgesetzten überbrachte. Wie denn auch anders? Eben war Orlows Bruder Grischa als Liebhaber der Zarin durch einen Jüngeren ersetzt und auf den langen Pfad gesetzt worden, der ihn vom Größenwahn zum echten Wahnsinn führen sollte. Die Volljährigkeit des Großfürsten-Thronfolgers Paul hatte seine usurpatorische Mutter Katharina nervös gemacht. Überall wuchsen Verschwörungen nach, von denen doch keine eine so legitime Prätendentin aufbieten konnte wie die Gräfin-Prinzessin, für die Orlow daher bereit sei, das Äußerste zu wagen. Wer weiß, was geschehen wäre, wenn Gräfin Pinneberg in diesem Moment von einem der um den Finger gewickelten Kardinäle ein finanziell attraktives Unterstützungsangebot erhalten hätte. Aber weil von da nichts kam, ließ sie sich gerne darauf ein, dass der Adjutant zum Beweis seiner Loyalität ihre römischen Schulden bezahlte. Weil Pinneberg ihr inzwischen verbraucht schien, reiste sie jetzt als Gräfin Silinski in die Toskana, wo sie innerhalb weniger Tage Orlows Herz eroberte; schon war seine bisherige Mätresse aus dem Feld geschlagen, schon fuhr er jeden Tag im offenen Wagen mit ihr durch Pisa und sprach sie stets mit größter Ehrerbietung an, obwohl er zugleich sichtlich hingerissen war. Prinzessin Elisabeth war noch keine Woche in Pisa, als der Admiral auf Deutsch um ihre Hand anhielt, und wenn sie ihm auch erklären musste, dass sie sich erst nach ihrer Thronbesteigung vermählen könne, ließ sie doch zugleich bereits huldvoll durchblicken, dass sie ihn dann in die engere Wahl ziehen werde. Voller Begeisterung darüber, Orlow so vollkommen in der Hand zu haben wie einst den fast echten Herzog von Holstein, begleitete sie ihn jetzt nach Livorno, wo er ihr ein Flottenmanöver zeigen wollte. Spätestens seit der Graf einer Malerin, die eine Seeschlacht malen sollte, geholfen hatte, indem er vor ihren Augen ein Schiff in die Luft sprengen ließ, waren seine Manöver beliebte Touristenattraktionen, und auch an diesem 23. Februar 1775 war das Spektakel wieder so atemberaubend, dass die mit allen zeremoniellen Ehren an Bord des Admiralsschiffs gegangene Gräfin-Prinzessin nicht einmal bemerkte, wie Orlow sich unauffällig von ihrer Seite entfernte, bevor die zu ihrer Verhaftung vorgesehenen Marineinfanteristen anrückten.

Noch als das Schiff des schottischen Konteradmirals längst von Livorno auf dem Weg nach Gibraltar war, konnte die in ihre Kajüte eingesperrte Elisabeth Silinski-Pinneberg-Rasumowskaja-Romanowa nicht fassen, wie sehr diesmal sie die Betrogene war. Geschlagen gab sie sich deswegen freilich keineswegs. Es gelang ihr, auf geheimen Wegen mit Orlow zu korrespondieren, der ihr untröstlich schrieb, wie er einerseits auch verhaftet sei, andererseits aber schon einen Plan zur Befreiung habe, und das glaubte sie anscheinend noch eine ganze Weile. Erst als man bereits England erreicht hatte, begriff sie offenbar den Verrat des Grafen, der in Pisa ganz gelassen der von Kaiserin Katharina versprochenen phantasmagorischen Belohnung entgegensah; jedenfalls versuchte sie nun so oft, sich ins Wasser zu stürzen, dass man ihr bald den Aufenthalt an Deck überhaupt verbot. In der Nacht zum 26. Mai 1775 erreichte Elisabeth unter schwerer Bewachung die Peter-und-Pauls-Festung, die in Petersburg fast direkt gegenüber dem von Zarin Katharina bewohnten Winterpalast liegt. Mehrere Monate lang würden nun immer ranghöhere Beamte und Beichtväter die falsche Prinzessin und ihre polnisch-deutsche Entourage befragen, ohne doch mehr zu erfahren als immer neue Varianten eines mal russisch-kosakischen, mal tschetschenisch-persischen Märchens aus Tausendundeiner Nacht, das aufs seltsamste mit einer von Rom bis Idar-Oberstein reichenden Serie banaler Kreditbetrügereien verklammert war. Nur anhand ihres Akzents und ihrer Sprachkenntnisse erschloss man mühsam, dass sie wohl Deutsche sein müsse; ob sie wirklich die Tochter eines Nürnberger Bäckers oder eines deutschen Prager Kneipenbesitzers war, hat dagegen nie jemand ermitteln können. Mal hatte sie Mademoiselle Franck, mal Mademoiselle Schöll und mal Mademoiselle de La Trémoïlle geheißen, bevor sie sich später von Hamilton sogar einen Pass als hannoversche Frau von Wallmoden erbat. Erst vor drei Jahren aber war sie als persische Millionenerbin Aly Eméttée, Prinzessin von Wolodimir, so richtig ins Zwielicht der pseudoaristokratischen Betrügerwelt getreten, wo sie sich nun ebenso schnell wie systematisch aufwärtsbewegte: vom belgischen Kaufmannssohn zum falschen Baron, echten Betrüger, dann zum echten Baron und schließlich zum nicht nur echten, sondern sogar regierenden Grafen Philipp Ferdinand von Limburg-Stirum, der seinen pompöseren Titel Herzog von Holstein freilich bloß mit demselben Recht trug, mit dem Kaiser Joseph und Nasen-Ferdinand Könige von Jerusalem waren. Dieser Graf hätte die damals noch Eleonore heißende Elisabeth denn auch beinahe wirklich geheiratet, wäre nur eines Tages der schon so lange angekündigte Taufschein aus Persien (!) angekommen oder wenigstens das nicht weniger sehnlich erwartete Riesenvermögen. Stattdessen war am Ende der Graf ruiniert, was ihn nicht an weiterer tragischer Anhänglichkeit hinderte, bis Elisabeth ihm schließlich aus Ragusa schrieb, ihr heißes Blut habe sie gezwungen, sich einen der polnischen Begleiter zum Liebhaber zu nehmen: Ob der Graf ihm bitte bei Gelegenheit den einst gemeinsam zum Verkaufen gegründeten Ritterorden verleihen möge?

So war die junge Frau durch Europa gedriftet, als gebe es kein Morgen, und hatte doch gleichzeitig erkennbar immer mehr über die Welt gelernt, die sie da infiltrierte. Die Wahl des tatsächlich zum Herzogtum Holstein gehörenden Pinneberg als Inkognito-Titel beispielsweise folgte genau derselben Logik, mit der auch der reisende Joseph II. sich nach seinem hinterletzten Titel Graf von Falkenstein nannte, und selbst die Entscheidung für eine russische Identität war insofern intelligent, als die hereinzulegenden Leute Russland einerseits schon als Realität akzeptierten (Persien war ein wenig zu irre gewesen), andererseits aber noch so wenig darüber wussten, dass auch eine aus dem Nichts gekommene Prinzessin nicht gleich Verdacht erregte. Umso tragischer war freilich Elisabeths Fehler, die Gefahr zu unterschätzen, in die man sich beim Hochstapelspiel mit fragilen neuen Staaten begab. Im völlig verrechtlichten System des Heiligen Römischen Reichs konnte der echte Herzog von Holstein sich schon deshalb mit leisem Spott über Graf Limburg-Stirums falschen Titel begnügen, weil er eben wusste, dass der nie mit einer Armee aus fanatischen Steppenbewohnern auf Kiel marschieren würde. Die selbst ohne echtes Recht zum Thron gekommene Katharina II. aber vermochte sich nur mit so gnadenloser Härte auf dem Thron halten, dass sie bereit war, selbst unbestrittene Prinzen wie die unseligen Braunschweiger inhuman zu behandeln; Hochstapler wie Elisabeth, über die man andernorts gelacht hätte, konnten überhaupt keine Nachsicht erwarten. Und doch gestand die Betrügerin nichts mehr. In den Verhören wob sie nur immer neu an ihrem Lügennetz, in das sie sich längst rettungslos verheddert hatte, und als man ihr ihren geständigen polnischen Liebhaber gegenüberstellte, weigerte sie sich, etwas anderes als das ihm unverständliche Italienisch zu sprechen. Wusste sie da schon, was es bedeutete, dass sie immer häufiger Blut spucken musste? Und wissen wir, wie viel das damit zu tun hatte, dass ihre feuchte Zelle im Außenwerk einer buchstäblich in die Newa hineingebauten Festung lag? Als die falsche Prinzessin im August 1775 zu lebenslänglicher Haft verurteilt wurde, konnte man jedenfalls ahnen, dass diese Strafe nicht mehr lang andauern würde. Am 4. Dezember 1775 starb die vielleicht Dreißigjährige an Tuberkulose und wurde von Soldaten im Festungsgraben beerdigt, die ebenso bei Androhung der Todesstrafe zum Schweigen verpflichtet wurden wie schon zuvor alle, die mit der Verstorbenen gesprochen hatten. Bald war ihr Tod von Legenden überwuchert. Im 19. Jahrhundert verbreitete ein spektakuläres Historienbild die irrige Vorstellung, wonach Elisabeth bei einer Überschwemmung ihrer Zelle ertrunken sei, und bis heute weiß niemand, wie sie wirklich geheißen hat. Vielleicht ist es da nur passend, dass eine Frau mit so vielen Namen heute in allen Wikipedia-Artikeln und selbst in wissenschaftlicher Literatur mit dem auf eine ganz andere Hochstapelei zurückgehenden Namen Fürstin Tarakanowa benannt wird – mit dem einen falschen Namen also, den sie im Leben nie auch nur gehört hat.

Wir wissen nicht, ob Sir William Hamilton sich einen Moment

lang schlecht fühlte, als er erfuhr, was mit der ‹Gräfin von Bamberg› geschehen war, nachdem er sie dem unbekannten Freund Orlow ausgeliefert hatte. Vielleicht schüttelte er als untheatralischer Bewohner einer wohltemperierten Vernunftehe so den Kopf, wie er es in einer die großen Leidenschaften bestrafenden Welt oft genug hätte tun können. Aber dieser schändliche Handel war alles andere als seine letzte Berührung mit Russland gewesen, und so bot es nur erst einen grellen Ausblick auf Kommendes, als er im Jahr 1782 doch noch eine zukünftige Kaiserin aller Reußen empfangen konnte. Diesmal würde es eine zweiundzwanzigjährige Großnichte Friedrichs des Großen sein, die unter dem orthodoxen Konversionsnamen Maria Fjodorowna seit sechs Jahren die zweite Ehefrau von Katharinas neurotischem Erbsohn Paul war und nun mit ihm zusammen durch Europa anreiste. Der vom großfürstlichen Paar dabei benutzte Inkognito-Titel ‹Graf und Gräfin des Nordens› erwies sich bald als nicht nur angemessen größenwahnsinnig, sondern auch als ziemlich präzises Omen für das Wetter, das sie mitbrachten. Zum ersten Mal seit Menschengedenken erreichte das Thermometer in diesem neapolitanischen Februar den Gefrierpunkt, sodass die Lazzaroni «diese Moskowiter» verfluchten, weil ganz offensichtlich ja sie daran schuld waren. Auch sonst ließ sich der Besuch nicht gut an. Es half nichts, dass der absurd langnasige König Ferdinand für seinen absurd stupsnasigen Gast inmitten schneebedeckter Berge 500 Wildschweine, 1500 Stück Rotwild sowie unzählbar viele Hasen und Füchse in ein acht Kilometer langes Gatter treiben ließ, weil der Großfürst etwas verspätet mitteilte, zum Jagen keine Lust zu haben. Dem stoischen König war das zwar insofern egal, als er sich nun eben im Alleingang aufmachte, all dies Getier niederzuschießen (selbst er brauchte eine ganze Woche dazu). Aber Hamilton, der am ersten Jagdtag dabei war, bedauerte trotzdem, dieses nie zuvor gesehene Spektakel ausgerechnet bei so eisiger Kälte zu erleben, dass man kaum sein Gewehr halten konnte. Wenn es dann andererseits doch einmal hitzig zuging, war das auch wieder niemandem recht und am wenigsten dem ersten überhaupt je ernannten Gesandten Russlands in Neapel. Graf Andrej Rasumowskij war ein

Neffe ebenjenes Kaiserinnenliebhabers, den die unglückliche Pseudo-Elisabeth sich als Vater ausgesucht hatte, und dass man auch ihn in bewährter Tradition hauptsächlich zum Zweck der Verbannung am Vesuv akkreditiert hatte, zeigte schon der Umstand, dass er zwar nach der Ernennung sofort aus Russland abgereist, in Neapel aber erst zwei Jahre später angekommen war. Sein Fehler hatte darin gelegen, als Liebhaber von Großfürst Pauls früh verstorbener erster Frau gewissermaßen die Familientradition fortzusetzen, und so war auch jetzt seine erste Begegnung mit dem Thronerben explosiv genug, um diesen anscheinend gleich im ersten Moment seinen Degen zum Duell ziehen zu lassen; nur mit Mühe konnte man den reizbaren Prinzen am tödlichen Zweikampf hindern.

Ein hitziger Termin anderer Art verlief nicht besser, denn obwohl Sir William Hamilton noch immer der beste Bergführer zum Vesuv sein mochte, so wollte doch der Aufstieg diesmal kein rechter Erfolg werden. Als heiße Asche die Schuhe der Großfürstin durchgebrannt hatte, konnte sie zwar ein zweites Paar anziehen, das der britische Gesandte ihr wohlweislich mitzunehmen geraten hatte. Die schlechte Kondition des jungen Paares verdarb ihnen aber dennoch genauso den Spaß, wie es umgekehrt den nüchternen Briten befremdete, dass der siebenundzwanzigjährige Großfürst seine Frau ständig lasziv küsste und dem Gesandten danach jedes Mal erklärte: «Sehen Sie, ich liebe meine Frau nämlich sehr, ich ...» Selbst für die ihm zum Dank geschenkte und mit Diamanten übersäte Schnupftabaksdose gab Sir William den Russen noch schlechte Stilnoten, weil ein so materielles Geschenk nun einmal wesentlich weniger taktvoll sei als die reine Ehre, die ihm einst Kaiser Joseph durch seinen Besuch in Hamiltons Palazzo erwiesen hatte. Nur ‹entre nous› fügte er im Brief an den Lieblingsneffen hinzu, dass ein Besuch dieses Paars allerdings auch kaum so viel wert gewesen wäre wie der des Kaisers, während die Schnupftabaksdose immerhin 200 dringend benötigte Pfund einbringen werde. Königin Marie Caroline schließlich war von den Besuchern so wenig angetan, dass sie ihnen innerlich nur wünschte, dort zu sein, wo man sie liebe – also «jedenfalls nicht bei mir». Ihr Biograph verweist entschuldigend auf ihre damals gerade anstrengend zu Ende gehende neunte Schwangerschaft, aber ihre Einschätzung des Kollegenpaares ist trotzdem nicht uninteressant. Marie Caroline hielt den selten von irgendjemandem geliebten Paul Petrowitsch nämlich noch «für den besseren Teil; er ist schlecht, höhnisch, stolz, streng, willkürlich, aber ich glaube vielleicht doch eines Gefühls fähig. Sie ist zu seinen Gunsten so eingenommen, dass dies ihren natürlichen Hochmut vermehrt, hält sich ... für die größte Frau der Welt und ist dabei eine Furie. Ihre Höflichkeiten sind so sehr gesucht, dass sie einen abstoßen.» Kaum zu glauben also, dass in gar nicht besonders ferner Zukunft eines dieser Paare dem anderen den Thron retten wird.

KAPITEL 19

«Da sehen Sie, was für eine hübsche Pariser Dame ich bin»

⤺⤻

ROISSY, 13. DEZEMBER 1785

Als das Rosenmädchen wieder erschien, waren seine Haare zerzaust. Verzweifelt ließ sie sich auf eine Rasenbank am Ufer des Flusses fallen, der ihren Geliebten davongerissen hatte. Natürlich hatte sie keinen Blick für die Berge übrig, die im Hintergrund zugleich erhaben und doch seltsam abgeflacht aufragten. Der verhängnisvolle Fluss zog sie so unwiderstehlich an, dass ihr nur ein Einziges noch zu tun blieb, bevor auch sie sich hineinstürzen würde – sie musste dringend ein Accompagnato-Rezitativ singen. «Ich habe a-ha-lles ver-lo-ho-ren, den Geliebten und die Ro-o-o-se! Hab alles verloren, hab verloren, den ich lieb. Mein Vater weint in dieser Stund, seinem Schmerz gab ich den Grund! Mög seine Pein er mir verzeihn! Ach, ich habe a-ha-lles ver-lo-ho-ren, den Geliebten und die Ro-o-o-se!» Man hätte ein Herz aus Stein haben müssen, um ungerührt zu bleiben, und so flossen jetzt denn auch fleißig die Tränen, im Amphitheater nicht weniger als in den beiden Logen. Es half gewiss, dass Orchester und Sänger diesmal besser aufeinander eingespielt waren als bei der Premiere, das gab Bombelles sofort zu. Aber der Hauptgrund war doch Amélie de Caraman, die ihm nicht nur der schönen Stimme wegen das beste von all den Kunstwerken schien, welche die Welt ihrem Vater verdankte. In der prosaischen Realität der Taufscheine mochte die achtzehnjährige Grafentochter ihren zweiten Vornamen Rose zwar bloß einer Urgroßmuttter verdanken, die nicht nur mit Nachnamen

Rose, sondern auch mit Vornamen Rose-Madeleine geheißen hatte. Mindestens an diesem Nachmittag aber und in diesem Schlosstheater hätte jeder schwören können, dass in den Namen der reizenden Amélie-Rose-Marguerite zugleich eine tiefe Vorbestimmung liegen musste, und wenn es auch weder zum Stil der hier versammelten Gesellschaft noch zum Zeitgeist gepasst hätte, den Sinn dieser Vorbestimmung genauer zu ermitteln, so musste sie doch jedenfalls etwas mit Tugend, Jugend und idyllischem Grün zu tun haben, drei Zutaten also, von denen die Bühne nicht weniger erfüllt war als der umgebende Schlosspark und die weitgehend unfreiwillig komische Oper *Das Rosenmädchen von Salency*. Außerdem, dachte Bombelles mit der wohl nicht nur väterlichen Rührung eines dreiundzwanzig Jahre älteren Mannes, der glücklich mit einer ähnlich jungen Frau verheiratet war, außerdem hat Amélie einfach eine noch schönere Stimme als ihre Geschwister. Er hätte Mademoiselle de Caraman stundenlang zuhören mögen, wie sie da als Rosenmädchen Cécile sang, dass sie die Liebe hasse, weil die bekanntlich an allem schuld sei. Wie wahr, wie tief musste das Bombelles erscheinen, der ja selbst gegen alle Wahrscheinlichkeit das Glück gehabt hatte, aus der arrangierten Ehe mit einer Fünfzehnjährigen verspätet doch noch jene Liebe erwachsen zu sehen, in der sich Eheleute duzen und einander «Mein Engel» oder «Mein Kater» nennen, als wären sie nicht etwa der designierte Botschafter am portugiesischen Hof und die viertranghöchste ‹dame de compagnie› der Königsschwester, sondern zwei Bauernkinder aus der Dorfidylle des Rosenmädchens.

Der Marquis de Bombelles wäre also gerade während dieses Rezitativs zweifellos vollkommen absorbiert geblieben, hätte er nicht zwischen La Fayette und Otsiquette gesessen, die ihm Grund zur Ablenkung gaben. Nicht dass La Fayette allein ihn besonders interessierte. Der war vor vier Jahren der Held des Tages gewesen, gewiss, und damals hatte auch Bombelles den jungen Mann für seine großen Taten im Amerikanischen Unabhängigkeitskrieg durchaus ehrlich bewundert. Da jedoch dieser Tag, dessen Held zu sein dem ernsten La Fayette so erkennbar wichtig war, sich inzwischen ein wenig sehr in die Länge gezogen hatte, ohne dass neue Taten hinzugekommen wäre (wie denn auch? Es war ja Frieden, und bei Hof mochten sie ihn nur mäßig), gab er zunehmend das ebenso irritierende wie irritierte Bild eines Mannes ab, der sich seit Jahren auf seinen Lorbeeren ausruht, obwohl er noch immer erst achtundzwanzig war; die Frauen machten das nicht besser, die sich La Fayette an den Hals warfen, während er seine liebenswürdige eigene vernachlässigte, deren Clan ihm doch seine ganze Heldenrolle erst ermöglicht hatte. Dennoch musste man gerecht sein: Ohne La Fayette wäre auch Otsiquette heute nicht hier, und das hätte Bombelles nur bedauern können. Es hätte dann nämlich nicht nur im ganzen Theater kein einziger Mensch mit Tätowierung oder Nasenring gesessen. Vor allem wäre Bombelles auch um die faszinierende Gelegenheit gekommen, die Wirkung seines Lieblingsschauspiels und seiner Lieblingsfamilie Caraman auf jemanden zu beobachten, der gerade deswegen interessanter als all die anderen Gäste war, weil die Oper ihm nichts bedeutete. Schon deswegen hatte der Marquis sich bewusst neben Peter Otsiquette gesetzt, als die Aufführung endlich begann, deswegen hatte er ihn aufmerksam beobachtet und ihm die Handlung erklärt, soweit sie denn überhaupt eine der Erklärung zugängliche Logik hatte. Vermutlich war es allerdings ebenfalls deswegen, dass Otsiquette sich bisher nicht weiter beeindruckt zeigte. Wie das halt so ist in der Oper, schien der junge Mann zu denken, der mangels Vergleich ja nicht wissen konnte, wie teuer und gediegen all die Kostüme waren, wie exquisit die Kulissenmalerei und wie gut das Orchester der Caramans; das verstand Bombelles schon, ohne deswegen vom Nichtüberspringen des Funkens weniger enttäuscht zu sein. So war es vier Akte lang gegangen. Längst hatte Bombelles die Hoffnung aufgegeben, als jetzt am Ufer des Kulissenflusses das elegant zerzauste Rosenmädchen stand, das ihn selbst dermaßen begeisterte. Aber wie so oft wirkte das kleine Wunder hier gerade durch seine Verspätung noch einmal so gut. Plötzlich nämlich bemerkte der Marquis auch an seinem Nachbarn doch noch jene Hingerissenheit, auf die er bisher vergebens gewartet hatte. Nun endlich sah Bombelles Otsiquette nicht bloß beeindruckt auf die Bühne schauen, nein, er hörte ihn sogar, wie er ihm zuflüsterte: «Dies wirklich hübsche Mädchen singt wie eine Violine», und da der Sprecher dieses Satzes ein Irokese vom Stamm der Oneida war, der erst seit wenigen Monaten Französisch-Unterricht erhielt, schien es dem erfreuten Marquis, als dürfe man fairerweise nicht mehr verlangen.

Bevor wir etwas mehr über diese Leute erfahren, blicken wir vielleicht einfach mal einen Augenblick lang aus den Fenstern, während auf der Bühne die Geschichte vom Rosenmädchen ihrem verdienten Ende entgegenplätschert, und nur für die vom Vorangegangenen Gerührten sei zum Zwecke emotionaler Beruhigung rasch noch das Nötigste ergänzt. Der scheinbar verlorene Liebhaber hat natürlich überlebt, um genau jetzt auf dem Gipfel der im Hintergrund angepappten Kulissenberge zu erscheinen, von wo er das zum Sprung in die Fluten ansetzende Rosenmädchen im letzten Moment erkennt, sie durch seinen Ausruf «Cécile, oh Himmel!» in eine zur Verhinderung der schlimmen Tat nützliche Ohnmacht versetzt, aus der sie freilich sogleich wieder aufwacht, um mit dem Wiedergefundenen ein Duett zu singen, während dieser ihr aus einem Boot entgegenläuft, in dem er praktischerweise auch schon den für alles Weitere nötigen Deus ex Machina mitgebracht hat – den edlen Lehnsherrn also, der die Machenschaften des bösen Verwalters strafen wird. Wer es aber schaffte, sich für einen Moment von der Bühne wegzudrehen und stattdessen aus dem rückseitigen Fenster der östlichen Loge zu blicken, dem bot auch dieser frühe Winterabend einen ebenso hinreißenden Blick, wie der heutige scheußlich wäre. Wäre das Schloss nämlich nicht bereits ein Jahrzehnt nach der Opernaufführung abgerissen worden, dann sähe man aus diesem Fenster heute über qualvoll verdrehte Autobahnschlaufen hinweg Landebahn und Hauptgebäude des Flughafens Charles de Gaulle – ein graues Plastiklabyrinth, das kein bisschen anders sein müsste, um als höhnisch bewusste Negation des Caraman'schen Gartens durchzugehen. Damals hingegen konnten La Fayette, Otsiquette oder Bombelles in den 100 Hektar großen Park hinausschauen, der Schloss Roissy auf allen Seiten umgab. Sie hätten über ein Parterre geblickt, das wie in Versailles das Schloss

«Da sehen Sie, was für eine hübsche Pariser Dame ich bin»

hoch über den Garten erhob, und vor ihnen hätte sich eine gerade grüne Sichtachse aufgetan, wie auch Saint-Simon sie 1710 in Marly gesehen hatte. Das Grundwasser mochte hier nicht für große Bassins gereicht haben, die Hügel nirgends hoch genug sein, um den romantischen Effekt zu machen, der langsam immer beliebter wurde. Die hohen alten Bäume aber müssen trotzdem auch an diesem späten Winternachmittag ein erhebendes Bild geboten haben, dessen vergrößerte Version man heute noch in Versailles erleben kann, wenn man zu Beginn der Dämmerung in den sich leerenden Park hinuntersieht und dem Rauschen des Windes in den Blättern lauscht. Und wie von Versailles strahlte auch von Roissy ein symmetrisches Geflecht von Alleen aus, die Sichtachsen in den Park schlugen, bevor sie ihren hypothetischen Mittelpunkt in der Schlossfassade genau dort fanden, wo in der dritten Etage die Theaterloge unserer Besucher schwebte; der imaginäre Blick des Schlossherrn gab einer Landschaft ihre Form, deren Bewohner ihm selbstverständlich untertan waren. So reproduzierte die Residenz des Grafen von Caraman im nicht besonders Kleinen jene Ordnung, die im Übergroßen der Palast seines Monarchen vorgab, ganz wie es im Lehrbuch der ständischen Gesellschaft zu lesen war, und so hätte denn nach den Maßstäben des Ancien Régime alles zum Besten sein können. Aber der Park war in Bewegung. Der geometrische Garten wurde nicht nur von allen Seiten durch sogenannte elysische Felder eingerahmt, deren präzise geplante Wege so ziellos vor sich hin mäanderten, als wollten sie die rigiden Alleen verspotten. Auch im Inneren der förmlichen Struktur verweigerten sich längst schon immer größere Flächen dem alten Prinzip, das aus parademäßig aufgereihten Blumenbeeten gigantische Muster gebaut hatte und aus immergleichen Taxushecken Mauern um kreisrunde Boskette, die im Grunde einfach Zimmer ohne Dächer waren. An ihre Stelle trat jetzt im ganzen Süden des Parks die simulierte Naturfreiheit eines englischen Gartens, den der Graf mit unaufhaltsamer Begeisterung weiter ausbaute. Selbst wenn er es dabei belassen hätte, wäre das schon ein Zeichen des sich wandelnden Zeitgeists gewesen, weil ja die Vorliebe für englische Gartenarchitektur nur einen kleinen Teil jener umfassenderen Anglomanie ausmachte, mit der die französische Elite fast unterschiedslos auch britische Pferderennen, Herrenclubs und Parlamentsdebatten zu lieben gelernt hatte. Caraman aber war keineswegs bloß einer von vielen Enthusiasten, die ihren Schlosspark englisch umbauen ließen, weil sie schließlich auf ihren Besuchen im Pariser ‹Jockey Club› auch eine ‹redingote› (französisiert aus ‹riding coat›) trugen. Der Graf hatte vielmehr als kenntnisreicher Pionier die ganze Richtung eigentlich erst vorangetrieben, und da auch der Entwurf zu Marie Antoinettes Garten im Kleinen Trianon von ihm stammte, strahlten nun die mäandernden Wege seines neuen Parks längst schon mehr auf das ganze Königreich aus, als es die Alleen selbst von Versailles jemals vermocht hätten.

Es war elf Jahre her, dass Ludwig XVI. den Thron bestiegen hatte, und fast die erste Tat seiner Regierung war es gewesen, Königin Marie Antoinette das Kleine Trianon zu schenken. Dies zierliche Nebenschlösschen von Versailles war einst als Pavillon für Madame de Pompadour entstanden und dann für Madame du Barry ausgebaut worden, mit der der alternde Ludwig XV. hier letzte glückliche Jahre verbracht hatte. In ganz Europa zogen die Herrscher sich schleichend aus ihren Riesenpalästen zurück, um immer mehr Zeit in kleinen Landhäusern zu verbringen, wo sie fernab der großen Zeremonien das nahezu private Leben eines sehr reichen Landedelmannes zu leben versuchten. Für einen König wie Ludwig XV., dessen anfangs glückliche Beziehung mit der sieben Jahre älteren Ehefrau Maria Leszczyńska die neun Schwangerschaften in zwölf Jahren nicht überstanden hatte, musste es nur zu logisch erscheinen, an solche Orte statt der Königin die Mätresse mitzunehmen, und so waren denn die Hausherrinnen seiner vielen Ausweichschlösser nacheinander die drei Schwestern Mailly-Nesle, Madame de Pompadour und Madame du Barry gewesen. Weil aber Ludwigs gleichnamiger Sohn und Dauphin noch vor ihm gestorben war, war der Thron bei Ludwigs Tod 1774 direkt an einen Enkel übergegangen, mit dem der überall bemerkbare Generationenwechsel auch in Versailles einzog. Der neunzehnjährige Ludwig XVI. liebte seine Frau Marie Antoinette, und er hätte schon ein prophetisches Ge-

«Da sehen Sie, was für eine hübsche Pariser Dame ich bin»

nie sein müssen, um zu ahnen, dass er ihr mit dem Schlösschen der du Barry zugleich auch deren fluchbeladenes Schicksal übertragen hatte. Seit fast anderthalb Jahrhunderten war es am französischen Hof die ebenso unbeabsichtigte wie wichtige Aufgabe der Königsmätressen gewesen, dem König neben allem anderen auch als Blitzableiter oder Sündenbock zu dienen. Wann immer der Herrscher einen der großen Hofclans enttäuschte, indem er etwa wichtige Ämter der Konkurrenz gab, hatten sich Wut und Hass der leer Ausgegangenen nicht etwa auf den König gerichtet, zu dessen Bewunderung man sie erzog, und sich stattdessen umso mehr auf böse Berater oder eben auf die hinterhältige Schlange in den Armen des Herrschers konzentriert, weil irgendwer doch hinter allem Schlechten stehen musste. Ein professioneller Höfling beließ es natürlich nicht bei der Wut; er wusste, dass seine beste Chance auf Erfolg und Revanche darin lag, die Maîtresse en titre durch eine eigene Kandidatin zu ersetzen, und konzentrierte sich folglich auf die notwendigen Intrigen. Aber weil dabei auch die Wut nicht ohne Nutzen war, hatte sich über die Jahrzehnte eine regelrechte kleine Industrie für pornographische Schmähschriften entwickelt, die mal von geistreich bösen Hofgranden selbst, mal vom Polizeiminister höchstpersönlich und mal von bettelarmen Dachstubenintellektuellen geschrieben, aber immer auf Rechnung großer Herren gedruckt wurden, um mit tausend kleinen Gifttropfen die Position der Mätresse zu unterminieren. Dergleichen Pamphlete ließen sich ohne besondere Mühe von der Pompadour auf ihre Nachfolgerin du Barry umschreiben, und nachdem deren Rolle mit dem Tod Ludwigs XV. ausgespielt war, müssen wir uns die üblichen Verdächtigen dabei vorstellen, wie sie sprungbereit neben der Druckerpresse abwarteten, wer wohl ihre nächste Zielscheibe sein würde.

Dann aber geschah das Unerwartete. Unter Ludwig XVI. gab es schlichtweg überhaupt keine Königsmätresse mehr, und selbst die zynischsten Beobachter mussten schon nach kurzer Zeit einsehen, dass da wohl auch nichts mehr kommen werde. Zu offensichtlich war die treuherzige Liebe, die der kurzsichtige, gewissenhafte und unelegante junge Mann seiner Frau entgegenbrachte, zu offensichtlich vor allem aber auch, dass diese bei aller noch fast kindlichen Verspieltheit doch schnell genug lernen würde, seine Liebe in höfische Macht zu übersetzen. Damit aber besetzte sie zugleich die unsichtbare Planstelle der meistgehassten Manipulatorin, die durch den Wegfall der Mätresse frei geworden war, und die Hofgesellschaft wäre kein lernender sozialer Organismus gewesen, wenn sie das nicht schnell begriffen hätte. Bisher hatte der Kriegsminister, wenn sich in diesen schwierigen Friedenszeiten wieder mal zwei Dutzend Siebzehnjährige aus mächtigen Familien um das einzige frei gewordene Regimentskommando bewarben, den 23 enttäuschten Elternpaaren immer versichert, dass er das Regiment natürlich für genau ihren Sohn gewollt habe, dabei aber leider von der Mätresse überstimmt worden sei: Was konnte man schon auch gegen die Frau ausrichten, die mit dem König das Bett teilte? Wenn aber nun seit 1774 diese Frau skurrilerweise wieder die Königin selbst war, nun gut, dann wusste der Kriegsminister natürlich, welch minimales Update er an seiner Ausrede vornehmen musste, und alle anderen wussten das auch. Dies allein wäre schlimm genug gewesen. Nun aber kam noch hinzu, dass die grundsympathischen Tendenzen der Zeit es nicht dabei beließen, aus dem König einen treuen Ehemann zu machen. Sie hatten auch in der Königin den nur für unsere Augen unschuldigen Wunsch geweckt, sich wie eine Privatperson mit selbstgewählten Freunden zu umgeben. In einem Hofsystem wie dem von Versailles war jedoch die Zwangsläufigkeit, mit der der Herrscher sich in jeder noch so intimen Lebenssituation von de facto erblichen Würdenträgern aus höchstem Adel umgeben fand und seine Vertrauten schon deswegen nur aus dieser Gruppe wählen konnte, das mit Abstand wichtigste Machtinstrument einer Elite, die sich nicht seit sechs Generationen mit eiserner Hand an große Hofämter geklammert hatte, um jetzt der Königsfamilie auf einmal die freie Auswahl ihrer Spielkameraden zu erlauben. Dass Marie Antoinette die Ansprüche dieser Leute umging, indem sie ihren Alltag immer mehr ins Kleine Trianon verlegte, wo sie die Etikette eher als im Hauptschloss selbst bestimmen konnte, brachte das Hofsystem zwar noch keineswegs zum Einsturz, weil natürlich auch ihre dort triumphie-

«Da sehen Sie, was für eine hübsche Pariser Dame ich bin»

rende beste Freundin Madame de Polignac und deren Entourage aus dem alten Hofadel stammten. Wohl aber führte es dazu, dass sich die hofnahe Schmutzschriftenindustrie innerhalb kürzester Zeit auf die Königin einschoss. Bald erschienen regelmäßig Pamphlete, Gedichte, Enthüllungsartikel und Karikaturen, die dem fasziniert schockierten Leser in allen graphischen Details beschrieben, was genau die entfesselte Nymphomanin auf dem Thron mit all den Lakaien, Herzögen, Hofdamen, Tieren und sogar ihrem dicklichen Pedanten von einem Schwager Schamloses trieb.

‹Schön wär's›, dachte vermutlich Monsieur, Graf der Provence, bevor er sich nach Lektüre des neuesten Pamphlets wieder ans Verfassen englischer Briefe mit schlechten Wortspielen machte, und ‹Schön wär's›, dachten gewiss auch Lauzun, Guines, Esterházy, Poniatowskis Schweizer Cousin Besenval oder der Prince de Ligne, mit dem die Königin einmal auf der Jagd aus schierer Lebensfreude selbst der schnellsten Hofdame davongeritten war, damit sie sich im Wald allein unterhalten konnten. Von dieser lässlichen Art waren (jedenfalls bis zur Revolution) auch alle ihre übrigen Moralvergehen, die nur deswegen überhaupt wie solche aussahen, weil höfische Beobachter die Königin als Mutter eines unangreifbaren Thronfolgers an noch einmal viel härteren Maßstäben maßen, als sie es bei den Frauen ihrer eigenen Familie getan hätten. Wie unverständlich diese Vorwürfe heute wirken, verdeutlicht Sofia Coppolas Film *Marie Antoinette*, der sich für die Protagonistin ganz neue Schandtaten ausdenken muss, weil die hofpolitischen Fehler der Königin den Drehbuchautoren offensichtlich zu kompliziert erschienen, ihre «Fehltritte» aber erst recht zu winzig waren. Dass der Film ihr dann stattdessen mit großem Vergnügen drei neue Laster andichtet, ist schon in Ordnung, da diese drei Vergehen (nämlich zu viel Alkohol und zu viele Süßigkeiten, was beides nie Marie Antoinettes Problem war, sowie ständiger Kauf neuer Schuhe, wodurch sich selbst ein so fragiles Staatsbudget wie das des Ancien Régime nicht nennenswert hätte destabilisieren lassen) zwar in der zeitgenössischen Kritik aus gutem Grund nie eine Rolle spielten, dafür aber unter heutigen amerikanischen Highschool-Mädchen bekanntlich zu den Todsünden zählen. Viel weniger fiktiv als diese waren freilich die damaligen Anschuldigungen auch nicht, und so wussten denn alle tatsächlich königsnahen Personen, dass man Marie Antoinette im Grunde nur mangelnden Respekt vor der Tradition sowie gelegentlich inkompetente Intervention in Personalfragen vorwerfen konnte, auf die sie im Übrigen ja mindestens genauso viel Recht hatte wie die Höflinge.

Der Rest des Landes brauchte jedoch mehr denn je einen Sündenbock, und diese Leute glaubten nur zu gern, was sie da lasen. Die tatsächlichen Fehler im System waren zwar eine seit Äonen alles durchwuchernde Klientelpolitik und ein ebenso ineffizientes wie ungerechtes Steuersystem, was im Übrigen selbst zusammen mit dem erfolgreichen Amerikanischen Krieg den Staat auch nicht bankrotter gemacht hatte, als er es beim Tode Ludwigs XIV. schon einmal gewesen war. Aber gerade weil die relativ gute Zeit seitdem zur graduellen Verbreitung von Wohlstand und Bildung beigetragen hatte, gerade weil auch unter den selbstverständlich durch Nepotismus rekrutierten Verwaltungsbeamten immer mehr sich ernsthaft auf die Philosophie und den Tugendkult ihrer Zeit einließen, gerade deshalb also waren die Ansprüche an den französischen Staat so gestiegen, dass die Zeitung lesenden Untertanen nun immer mehr Aspekte ihrer traditionellen Regierungsform intolerabel fanden. Da andererseits nichts und niemand die Untertanen eines solchen Régimes auf die nüchterne Analyse abstrakter Machtstrukturen vorbereitet hatte, war es kein Wunder, wenn allzu viele sich die scheinbar neuen Probleme nur durch den moralischen Verfall der Mächtigen erklären konnten. Ludwig XVI. zwar war trotzdem aus dem Schneider, weil ihn sowohl der traditionelle Königskult als auch sein unübersehbar braver Charakter noch sehr lange vor dem Hass der Untertanen schützen würden. Dieselbe Liebe zur Ehefrau aber, die ihm selbst so viel Sympathie einbrachte, hatte diese wie einst die Mätressen zur mächtigen Hassfigur werden lassen. Es war folglich nur der traurig konsequente Ausdruck dieser Rollenkontinuität, wenn zuletzt 1793 die bis dahin doch so verschiedenen Lebensläufe Marie Antoinettes und der Gräfin du Barry innerhalb von weniger als zwei Monaten auf grauenhaft identische Weise zu Ende gingen – unter der Guillotine eines neuen Régimes, das nur noch Männern ein Recht auf politische Macht zugestand. Von alldem hatte man natürlich im unschuldigen Sommer 1774 noch nichts geahnt. Wie hätte der Comte de Caraman wissen sollen, dass das Kleine Trianon der neuen Königin so wenig Glück bringen würde, und wie hätte er etwas anderes als geschmeichelt sein können, dass sie gerade ihn um den Entwurf eines englischen Gartens bat? Wie immer in Versailles hatte die Anfrage zwar nur marginal mit seiner Kompetenz zu tun gehabt, sehr viel mehr schon damit, dass seine hochgeborene Gemahlin die Nichte des Leibgardekommandeurs Prince de Beauvau war, der mit seiner einflussreichen Frau gerade auf der hofpolitischen Siegerseite angekommen und zudem mit den übermächtigen Noailles verschwägert war. Aber dies eine Mal erwuchs aus der buchstäblichen Vetternwirtschaft tatsächlich etwas sehr Schönes, denn der restaurierte Trianon-Garten ist bis heute ein charmantes Idyll. Das aristokratische Selbstbild, das sich in ihm spiegelte, darf man dennoch guten Gewissens genauso ironisch betrachten, wie das zu Recht mit der kleinen Dorfattrappe geschieht, die Marie Antoinette bald in den Park hineinbauen lassen würde. Auch wenn es typische Übertreibung war, dass sie hier die Schäferin einer Schafherde mit massiv silbernen Halsbändern gespielt haben sollte, so dienten die Besuche der Königin auf dem realen und auf dem Kulissenbauernhof doch derselben Inszenierung, die wir bereits auf der Bühne von Schloss Roissy gesehen haben. Es war, als hätten zuletzt auch die Aristokraten und Dynasten selbst sich überzeugt, dass ihr Stand moralisch verkommen sei und wahre Tugend nur noch im einfachen Volk existiere (das winzige gebildete Stadtbürgertum gefiel dem Adel damals wie später natürlich sehr viel weniger, weil es nicht so offensichtlich unterlegen war). Die Schlussfolgerung daraus war freilich nicht etwa die, diesen idealisierten einfachen Leuten mehr Freiheiten, mehr Bildung oder gar Mitbestimmungsrechte zu geben, die ihnen zugegebenermaßen auch der Bürgerstand kaum gegönnt hätte. Umso besser eignete sich das unverdorbene Landvolk dagegen zum Objekt, an dem man nicht nur den traditionellen Anspruch des Gutsherrn auf die Wohltätigkeit demonstrieren konnte: Die hatte es immer gegeben, und die tat auch jetzt auf den Ländereien aufgeklärter Herren oft wirklich Gutes, ohne deswegen weniger von oben herab zu kommen. Aber neben diese Caritas trat nun zunehmend eine seltsame Identifikation, bei der sich Damen der großen Gesellschaft als stolze Milchbäuerinnen malen ließen, auf der Bühne ihrer Schlosstheater als Dorfbewohnerinnen glänzten und ihre Töchter als rührende Gärtnerinnen verkleideten – ein Kostüm, in dem beispielsweise die siebenjährige Amélie de Caraman und ihre Schwestern 1774 Marie Antoinette empfangen hatten, als die den Garten ihres Stadtpalasts besuchte (und, ja, natürlich sangen sie auch da, weil doch possierlich glückliche Landbewohner immer singen).

Auch sonst zeigt das Beispiel der Caramans den Zusammenhang der symbolischen Garteninnovationen mit einem naiven Tugendideal, das diese Musterfamilie mit so musterhafter Intensität verkörperte, wie wir es in unserer eigenen Epoche kaum noch aus der Kaffeewerbung kennen. Als 1781 ein sächsischer Prinz und Onkel Ludwigs XVI. sondieren ließ, ob er seine von unstandesgemäßer Mutter geborene und daher in Deutschland unvermittelbare Tochter Mademoiselle de Saxe vielleicht mit dem ältesten Sohn des Grafen Caraman verheiraten solle, beschrieb ein begeisterter Agent ihm die prospektive Schwiegerfamilie schlichtweg als «das Paradies der Sitten und das Asyl der anständigen Vergnügungen». Zur Zeit Ludwigs XIV. war im Schloss von Roissy noch die berühmte Orgie gefeiert worden, bei der man das Fleischverbot am Karfreitag dadurch umgangen hatte, dass ein Priester das Spanferkel mit allen liturgischen Feinheiten auf den Namen ‹Karpfen› taufte. Heutzutage dagegen konnte man hier ein idyllisches Familienleben bewundern, das in seiner Frömmigkeit traditionell, zugleich aber in seiner familiären Innigkeit derartig modern war, dass man die Kinder nun sogar schon mit ihren Vornamen nannte (unter den alten Prinzipien hätte Bombelles die schöne Amélie wohl genauso bewundert und sie doch nur als Mademoiselle de Caraman kennen können). Es sagt uns zwar einiges über die Beharrlichkeit, mit der die Grundpositionen der Ständegesellschaft noch lange in den Köpfen verwurzelt bleiben würden, dass dieses Lob den Prinzen sichtlich vollkommen kalt ließ. Sein Umfeld bezeichnete die gescheiterte Verbindung sogar als «vollkommen deplatziert», weil die väterliche Abstammung der Caramans nicht annähernd gut genug sei. Verlorene Liebesmüh, dass sich der Urgroßvater des Grafen 1666 den Adel nicht etwa verleihen, sondern nur bestätigen hatte lassen, denn die Begründung, wonach doch seine früher mal adeligen Vorfahren nur durch Armut einige Zeit lang ins Bürgertum gerutscht seien, war unter Aufsteigern ebenso beliebt, wie sie von niemandem geglaubt wurde: Der Mann hatte immerhin als Ingenieur den wichtigsten Kanal des Landes gebaut (noch der Urenkel trug den hübschen Titel «Lehnsherr des Kanals des Südens») und also etwas derartig Praktisch-Nützliches getan, dass er unmöglich von vornehmer Geburt sein konnte. Aber sowenig auch die moralische Vorbildlichkeit der Caramans ausreichte, um ihren noch immer wichtigen Geburtsstand zu verbessern, so sehr brachte sie ihnen doch wenigstens die Bewunderung von Höflingen wie Bombelles ein. Keine Adelsfamilie hätte besser in die moralische Inszenierung gepasst, die man nicht nur im Park von Roissy mit Händen greifen konnte. Der Graf hatte hier beispielsweise an allen Ecken des Gartens pittoreske Bauernhäuser in markanten Farben gebaut, um dort mietfrei Pächterfamilien einzuquartieren, deren diskrete Präsenz den Garten zu einem Idyll aus edlem Feudalherrn und dankbaren Untertanen machen sollte. Er wäre also auch der ideale Ort gewesen, um die ohnehin im Grünen spielende Oper vom Rosenmädchen aufzuführen, und so lag es nur am Winter, wenn das adelige Familienensemble der Caramans sie diesmal auf der Bühne ihres Schlosstheaters darbot. Das damals unglaublich – und aus der Perspektive der Nachwelt zugleich unerklärlich – beliebte Stück ging nämlich auf den Brauch eines normannischen Dorfes zurück, wo weise Alte und der Lehnsherr angeblich seit dem 5. Jahrhundert jedes Jahr der tugendsamsten Achtzehnjährigen eine Rose sowie eine Mitgift von 25 französischen Pfund verliehen, was zusammen sie zur beneideten Königin der Dorfjugend machte. Wie genau das ursprünglich lief, weiß allerdings allein der Himmel, weil diese Gewohnheit außerhalb des Dorfes begreiflicherweise nie jemanden interessiert hatte, bis 1766 eine Horde gelangweilter Schlossbesucher aus der Nachbarschaft davon erfuhr und sich kurzerhand selbst einlud. Noch einige Jahrzehnte früher hätten sie es ohne jeden Zweifel dabei belassen, sich über die wichtigtuerischen Bauerntölpel zu amüsieren, wie es denn auch jetzt noch der einzige Ortsansässige vorschlug. Da aber hatte er den Zeitgeist schlecht verstanden, der dank Rousseau und Co. der vergoldeten Elite schon längst gerührte Bewunderung für das einfache Leben vorschrieb. Und weil es diesmal eine bemerkenswerte junge Dame war, die den Publicity-Wert des ländlichen Rituals am schnellsten erkannte, führt uns nun ausgerechnet die Entstehungsgeschichte einer kitschigen Moraloper zu einer Person, deren Leben im Guten wie im Bösen das genaue Gegenteil davon war.

Als Stéphanie-Félicité du Crest de Saint-Aubin 1746 das Licht der Welt erblickte, hätte man ihr wahrlich keine große Rolle prophezeien wollen. Der Vater war von kleinem und wenig altem Adel, verlor seinen unspektakulären Militärposten durch ein Duell und verbrachte dann den Rest seines Lebens mit dem An- und Verkauf unrentabler Schlösser, die nicht immer erst einstürzten, wenn er sie schon weiterverkauft hatte. Auch die Verbindungen der Mutter waren leider stets knapp neben der Spur, die zum gesellschaftlichen Erfolg geführt hätte (es brachte nun einmal nichts, wenn man mit dem Ex-Ehemann der Pompadour befreundet war, eher im Gegenteil). Die Tochter hatte also weder eine finanzielle noch eine Beziehungsmitgift zu bieten, weswegen sie mehrfach nur knapp der Verheiratung mit dem ersten Besten entging (oder dem ersten keineswegs auch nur Guten, dem reichen Frauenschläger La Poupelinière etwa, dessen erste Frau uns seinerzeit als Schützling Moritz von Sachsens begegnet ist). Es war Félicités Glück, dass sie zum Ausgleich eine Reihe nützlicher Eigenschaften hatte, und unser Problem, dass sich darunter an prominenter Stelle ein eklatantes Talent zur Selbstmythologisierung fand. Wir glauben ihr also nur mit einer gewissen Vorsicht, wenn sie davon schreibt, wie sie schon ab dem sechsten Lebensjahr alles erzogen habe, was nicht

« Da sehen Sie, was für eine hübsche Pariser Dame ich bin » 891

rechtzeitig weglief, oder wenn sie ihren ersten Roman bereits mit acht Jahren geschrieben haben will (die Serie ihrer insgesamt 93 zu Lebzeiten publizierten Bücher begann begreiflicherweise etwas später). Aber auch wenn wir Mademoiselle de Saint-Aubins Kindheitserinnerungen nicht überprüfen können, weil damals selbst in viel wichtigeren Familien selten viel über die Kinder geschrieben wurde, erscheinen doch einige Passagen glaubwürdig genug, die nicht zum Mythos passen und zum Folgenden umso mehr. Als die Neunjährige beispielsweise 1755 beim Amateurtheater in das rosafarbene Kostüm eines Amor gesteckt wurde (ganz wie die zeitgleichen Gordon-Kinder aus Kapitel 17 also), war sie an sich nur zu willig gewesen, ihre didaktische Rolle zu erfüllen, indem sie einem als ‹plaisir› verkleideten Jungen die Flügel abnahm, weil schließlich doch die Liebe das Vergnügen daran hindern muss, sich mal dort und mal da niederzulassen. Zwei Aufführungen lang klappte das auch gut, bevor beim dritten Mal ein unseliger Requisiteur die Flügel zu fest anbrachte. Als die entschlossene kleine Saint-Aubin erkannte, dass einfaches Abmontieren diesmal nicht reichen würde, zögerte sie keine Minute, den überraschten Mitspieler zuerst zu schütteln, ihn dann auf den Boden zu werfen, sich auf seinen Rücken zu setzen, während er zu weinen anfing, die Flügel mit roher Gewalt mühsam abzureißen und schließlich mit einem Triumphgeheul hochzuhalten, welches dem eigentlich vorgesehenen Reimgesang zweifellos vorzuziehen war. Sie selbst war zufrieden genug, um das Kostüm gar nicht mehr ausziehen zu wollen, das sie daher für die nächsten neun Monate zusammen mit Bogen und Köcher jeden Tag trug. Die Reaktion des kleinstädtischen Kurort-Publikums ist dagegen so wenig überliefert wie vieles andere aus diesem Leben. Mit einer der naheliegenden Vorhersagen hätten die Zuschauer aber jedenfalls recht behalten – an mangelndem Einsatz würden auch alle zukünftigen Auftritte dieser jungen Dame nicht scheitern.

Im Lauf der nächsten Jahre lernte Félicité, ihre Energie stärker auf klassische Bildungsmaterien zu verwenden, ohne deswegen an Impulsivität zu verlieren. Sie erhielt nahezu keinen formellen Unterricht, bildete sich aber als Autodidaktin, indem sie ununterbrochen las und eine Unmasse unsortierter Informationen aufsog. Gleichzeitig lernte sie so gut Harfe zu spielen, dass ihre Mutter sie bald in allen Stadtpalästen der wichtigeren Familien vorzeigte und vorführte. Die lebhaften nussbraunen Augen und die Beinahe-Stupsnase der Tochter zogen die Komplimente nicht weniger auf sich als ihr Spiel; sie galt nun als sehr hübsch, ohne geradezu eine Schönheit zu sein. Dennoch blieb ihre Existenz am äußersten Rande der großen Gesellschaft nach adeligen Maßstäben prekär, kaum sehr viel besser als die der Musiker, die man ausdrücklich bezahlte und dafür allzu oft wie gehobene Domestiken behandelte. Da kam ein erster Glücksfall, den Félicité paradoxerweise dem dauerhaften Pech ihres Vaters verdankte. Dessen jüngster Plan, im damals französischen Haiti reich zu werden, misslang nicht nur, sondern ließ ihn auch auf dem Rückweg in britische Kriegsgefangenschaft geraten. Zum Glück hatte er wenigstens die goldene Tabaksdose bei sich, auf deren Deckel er das Miniaturporträt seiner Tochter samt Harfe betrachten konnte, und zum noch größeren Glück zeigte er dies Bild auch einem Mitgefangenen, der sich als ein sechsundzwanzigjähriger Graf von der Peripherie der Versailler Hofgesellschaft erwies. Sobald beide wieder freigelassen wurden, wollte der Graf von Genlis nichts dringender, als die inzwischen Siebzehnjährige selbst kennenzulernen. Von diesem Moment an dauerte es weniger als ein Jahr, bis im November 1763 eine der im französischen Adel beliebten Mitternachtshochzeiten Mademoiselle de Saint-Aubin zur Comtesse de Genlis machte. Freilich kein Happy End, sosehr das junge Paar einander zuerst auch liebte: Das war ja im Gegenteil gerade das Problem. Die Liebe hatte die ständische Ordnung durcheinandergebracht, in der für Genlis nur eine entweder wohlgeborenere oder doch mindestens reichere Braut als Félicité akzeptabel war, sie hatte folglich den mächtigen Minister-Onkel des Grafen empört, der ihn bereits standesgemäß verplant hatte, um jetzt wie ein Trottel dazustehen, und sie hatte schließlich den Grafen selbst vergessen lassen, dass er als zweiter Sohn nahezu mittellos sein würde, sobald sein provisorisch enterbter älterer Bruder beim Onkel wieder in Gnade stünde. Amors Pfeil hatte, kurz gesagt, wieder einmal genauso viel Schaden angerichtet, wie diese Gesellschaft ihm das immer schon vorwarf, die jetzt ein Exempel statuierte und den spielregelwidrig Verheirateten die Türen der großen Pariser Stadthäuser vor der Nase zuschlug. Den beiden blieb so nur, sich auf das nordostfranzösische Schloss Genlis zurückzuziehen, wo sie ein Tauwetter abwarteten, das sie in die große Welt zurückbringen würde.

Vielleicht war es nicht einmal ganz schlecht, die ersten Ehejahre auf dem Lande zu verbringen, wo das nach wie vor lebhafte Naturell der siebzehnjährigen Gräfin weniger unangenehm auffallen würde als bei Hof. Ein kurzer Besuch in einem Kloster gab ihr beispielsweise Gelegenheit, des Nachts als Teufelchen verkleidet durch die Gänge zu rasen, um den schwerhörigsten der Nonnen im Schlaf mit Lippenstift Schnurrbärte zu malen. Auch der ländliche Verwandte, der Madame de Genlis beim gemeinsamen Fischen in einem Schlossteich als «hübsche Pariser Dame» verspottete, weil ihre seidenbestickten Stoffschuhe im Uferschlamm stecken blieben, lachte nur genau so lange, bis die Erboste ihm einen «fingerlangen» lebenden Fisch entriss, den heruntergeschluckte und dann trotzig erklärte: «Da sehen Sie, was für eine hübsche Pariser Dame ich bin.» Gleichzeitig aber schrieb sie doch einen Roman, mochte das selbst diesmal noch für die Schublade sein (publizieren war für Adelige bekanntlich vulgär). Sie schrieb ihre Unterhaltungen mit einer ebenso imaginären wie bewundernden Freundin auf, der sie erklärte: «Ich habe die Zukunft stets nur als einen Traum betrachtet, in den man hineinsetzen kann, was man will», und schon begann sie auch die Bewegung, die zu einer solchen Zukunft führen sollte.

Die ersten Schritte waren unauffällig genug. In drei Jahren gebar Madame de Genlis drei Kinder, von denen zwei Töchter das Kleinkindalter überlebten; sie versöhnte sich mit der mächtigen Schwiegerfamilie, begann, sich häufiger in großer Pariser Gesellschaft zu zeigen, und lernte vor allem, wie man dort auftreten musste. Aber ein anderer wichtiger Schritt war doch noch während des ländlichen Halbexils geschehen, als man der Gräfin spöttisch vom bäuerlichen Rosenfest im benachbarten Salency erzählt hatte. Wir können nur ahnen, wie weit es noch reiner Spieltrieb war, der sie bewog, mit ihren Schlossgästen dort hinzufahren, wie weit sie andererseits das Ganze als perfektes Zeitgeistvehikel erkannte und wie weit sie diesen von Rousseau inspirierten Zeitgeist schon so verinnerlicht hatte, dass alles Folgende nur natürlich war. Jedenfalls erweiterten Madame de Genlis und ihre Gäste das dörfliche Ritual auf einen Schlag ungefragt um ein lebenslanges Einkommen für das diesjährige Rosenmädchen, um ein schönes Kleid und eine Kuh, die die Gräfin ihm persönlich schenkte, um ein aus der nächsten Stadt bestelltes Orchester, um einen Scheunenball mit bunten Laternen, bei dem Madame wie zufällig mit dem Harfenspiel begann, und vor allem natürlich um Gedichte ohne Ende, die der magischen Harfe huldigten oder gelegentlich sogar dem Rosenmädchen. Während die verdutzten Einheimischen sich noch fragten, was genau sie da gerade überrollt hatte, entstanden bereits ein Versepos, blumige Berichte für die großen Kulturblätter, ein Libretto, eine komische Oper *Das Rosenmädchen von Salency*, landesweite begeisterte Nachahmungen von Ritual und Fest, hingerissene Rezensionen, ein das Phänomen historisch-soziologisch analysierendes Begleitbuch und eine Hof-Gala-Aufführung der komischen Oper, die schnell Frankreichs Bühnen eroberte. Die Geschichte war einfach zu gut. Rousseau selbst hätte sie sich nicht besser ausdenken können und erst recht keiner der netten Lehnsherren, die jetzt auf einen Schlag ihren Untertanen ein erhebend moralisches Fest im englischen Garten spendieren, sich großherzig zum Tugend-Preisrichter aufschwingen, eine rührende Liebesgeschichte auf die Amateur-Opernbühne bringen und sich dabei nicht zuletzt samt Familie auch noch moralisch wertvoll als singende Bauern verkleiden konnten. War man besonders nett, dann mochte man wohl sogar dem mäßig bezahlten Auftragsjuristen eine Sprechrolle geben, der sonst im Schlossarchiv die mittelalterlichen Pergamente auf rentabel wiedereinführbare Feudalabgaben durchsah, und so die harmonische Symbiose aller Gesellschaftsschichten vervollkommnen (dass kaum eine Berufsgruppe fanatischere Revolutionäre hervorbringen würde als diese Feudaljuristen, stellte sich erst fünfundzwanzig Jahre später heraus). Der modische En-

~ «Da sehen Sie, was für eine hübsche Pariser Dame ich bin» ~ 895

thusiasmus nahm nicht einmal Schaden, als die Protagonisten der einzig echten Rosenzeremonie von Salency einander bald in der fürs adelig-bäuerliche Zusammenleben so typischen Weise zu verklagen begannen, weil der Lehnsherr nicht nur an den Geschenken sparen und das Rosenmädchen ganz allein ernennen wollte, sondern auch darauf bestand, dass sie in der Kirche immer direkt neben ihm sitzen müsse. Den Prozess verlor er natürlich, die Richter waren schließlich auch Musikfreunde. Für die Oper schrieb man trotzdem vorsichtshalber ein neues Libretto, in dem diese schändlichen Anschläge das Werk eines schurkischen Gutsverwalters waren, dem dann zuletzt der gnädige Lehnsherr selbst das Handwerk legt, wie denn auch anders. Für Madame de Genlis aber hatte der ganze Trubel jenseits der stolzen Erinnerung, die sie noch Jahrzehnte später ihren Romanfiguren und Enkelinnen Namen wie Rosamonde geben ließ, nebenher ein lehrreiches Aha-Erlebnis bereitgehalten. Sosehr es sie nach sechs Jahren ununterbrochenen Harfespielens anöden musste, in Huldigungsgedichten ständig mit dem alttestamentlichen Harfenisten David verglichen zu werden, so anders hatte sich das plötzlich angefühlt, als sie ein beim Rosenfest vorgetragenes Gedicht dieser Art im prestigeträchtigen *Mercure de France* lesen konnte, und keine Zeile des Ganzen dürfte ihr so gut gefallen haben wie die erste: «Pour Madame la comtesse de G*****». Davon wollte sie mehr.

Nun hatte sich freilich bei all dem Wandel der letzten Jahrzehnte eines doch nicht geändert: Das französische Hofsystem war mitsamt allen von Versailles abhängenden Karrieren noch immer vollkommen talentresistent. Die einzig effektive Strategie zum Aufstieg in die obersten Hofchargen bestand darin, in eine der Inhaberfamilien hineingeboren zu werden. Nicht einmal das Einheiraten funktionierte hier, weil die Söhne großer Hofclans wie der Noailles oder Rohan ranghoch genug waren, um nur die wenigen reichen Frauen ihres eigenen Milieus zu heiraten. Selbst in die dritte Reihe des Systems kam niemand ohne mächtigen Onkel oder wichtige Tante, und so hätte denn selbst die größte literarische Berühmtheit allein Madame de Genlis nie in jenes höfische Allerheiligste gebracht, von dem dieses Buch handelt.

Der eine mächtige Onkel, den Félicités Mann tatsächlich hatte, wollte ihr zwar nach der Versöhnung eine kleine Stelle verschaffen. Da er jedoch einige Wochen vor der Einrichtung des entsprechenden Prinzessinnenhofstaats starb, werden wir nie erfahren, ob Madame de Genlis andernfalls die Schwägerin Ludwigs XVI. vor der Tyrannei ihrer lesbischen Vorleserin hätte retten können; ihr Leben hätte jedenfalls die dramatische Wendung verpasst, die ihm so nur ein paar Monate später von ihrer einzigen wichtigen Tante versetzt wurde. Diese Tante aber war wichtig, weil sie der Nichte die Türen eines Fürstenhauses öffnete, von dem wir seit dem Tod des Regenten Orléans (Kapitel 13) nichts mehr gehört haben.

In diesem Jahr 1723 war dem fast allmächtigen Regenten als Chef des Hauses Orléans sein zwanzigjähriger Sohn Louis gefolgt, mit dem fast sofort der Niedergang dieser Nebenlinie des Königshauses begann. Dies lag nur zum Teil am neuen Herzog, wenngleich dessen bizarrer Charakter vermutlich ausgereicht hätte, ihn politisch unvermittelbar zu machen. Eine unselige Mischung aus schräger Gelehrsamkeit, grüblerischer Religiosität und Größenwahn veranlassten den früh Verwitweten dazu, sich im Alter von achtunddreißig Jahren in ein Pariser Kloster zurückzuziehen, wo er von schönen Hofdamen phantasierte, obwohl er zugleich ein komplett neues System der christlichen Theologie entwarf. Wo aber geringere Geistesgrößen bereits vor dieser nicht ganz unkomplizierten Aufgabe kapituliert hätten, erschwerte Herzog Louis sie sich gleich noch einmal, indem er auf Anraten eines geistesverwandten Kammerherrn beschloss, den Tod für eine vollkommene Illusion zu halten. Von nun an wurde er fuchsteufelswild, wenn man ihm etwa zu erklären versuchte, dass Madame de Gontaut oder Madame d'Alincourt ihm schon deshalb kein Rendezvous geben konnten, weil sie vor Jahren verstorben seien, denn diese Ausrede ließ er nicht gelten. Ganz offensichtlich hatten hier wieder einmal seine Feinde jemanden versteckt, der ihm gutgetan hätte, so wie es ihnen ja mit Ludwig XIV. leider auch schon gelungen war. Da ein großer Teil des dynastischen Alltagsgeschäfts naturgemäß mit Erbschaften und also Todesfällen zu tun hatte, kann man nur umso mehr die Eleganz

~ «*Da sehen Sie, was für eine hübsche Pariser Dame ich bin*» ~ 897

bewundern, mit der der Kanzler des Herzogs das Problem wenigstens im Fall von Orléans' Schwager Ludwig I. von Spanien (Kapitel 13) entschärfte. Gewiss, in allen zu unterschreibenden Urkunden stand wieder einmal «der verstorbene» (feu) vor dem Namen Ludwigs I., wie es Orléans so ärgerte. Der Kanzler erklärte jedoch einfach, dass dies ein traditioneller Titel sei, den alle Könige von Spanien führten, und beruhigte damit seinen Herrn umso leichter, als das zum tiefschwarzen spanischen Hofzeremoniell ja wirklich perfekt gepasst hätte.

So unpraktisch die Marotten des neuen Familienoberhaupts der Orléans auch waren, so sehr war doch das Hauptproblem der Dynastie ein viel grundsätzlicheres. Wie alle königlichen Nebenlinien verloren auch die Orléans zwangsläufig in dem Maße an Bedeutung, in dem sich ihre rechtlich maßgebliche Verwandtschaft mit der regierenden Hauptlinie von Generation zu Generation immer mehr verdünnte. Monsieur, der homosexuelle Großvater des frommen Louis, war als Königssohn und -bruder noch ein ‹Sohn von Frankreich›, also ein Prinz der ersten Rangklasse gewesen, Louis' Vater (also der Regent) als Enkel von Frankreich dagegen schon nur noch Prinz zweiter Klasse und er selbst als ‹Prinz von Geblüt› nur noch Angehöriger der dritten Klasse. An diesen Unterschieden war nichts Abstraktes, weil sie sowohl den Umfang des vom König bezahlten Hofstaats als auch die persönlichen Ehrerbietungen bestimmten, die den Träger in absolut jeder Alltagssituation an seinen Status erinnerten. Der generationelle Rangabstieg entschied also stets über Lehnstuhl oder Hocker, über Monseigneur oder Monsieur und über tausend andere Distinktionen, die den entsprechend erzogenen Personen in Fleisch und Blut übergingen. Das wäre unangenehm genug gewesen, zumal mit dem Rang der Familie auch automatisch das Interesse ranghoher Adeliger sank, in ihrem schrumpfenden Haushalt zu dienen. Für die Orléans aber kam noch die besondere Bitternis hinzu, so lange trotzdem so nah an der Krone gewesen zu sein, weil die königliche Hauptlinie seit 1714 ja nur noch aus einem ganz dünnen Faden bestanden hatte. Bis zur Geburt des Dauphin 1729 hätte daher ein einziger Todesfall gereicht, um einen Orléans auf den Thron zu bringen, sobald man bloß die umstrittenen Ansprüche Spaniens ausklammerte (und dazu war selbst der halbverrückte Louis entschlossen, der erklärte, in so einem Fall direkt aus seinem Kloster in den absehbaren Krieg reiten zu wollen). Selbst nach der Geburt des Thronfolgers hätte dessen Tod jedoch noch lange einem Orléans die Krone verschafft, weil der Dauphin keine überlebenden Brüder hatte, seine Mutter hingegen für ein weiteres Kind bald zu alt war. So war es erst die Serie der ab 1751 geborenen Söhne des Dauphin gewesen, die die Orléans ernsthaft auf die Seite schoben, und das war zu spät. Wenn eine Prinzenfamilie sich siebenunddreißig Jahre lang an den Gedanken gewöhnt hat, bald Königshaus anstelle des Königshauses zu werden, dann kommt sie davon zum Nachteil aller Beteiligten so schnell nicht wieder ab.

Die Orléans konnten ihren alten Traum nie mehr vergessen, und es half nichts, dass die Hauptlinie ihnen in zwei aufeinanderfolgenden Generationen die Hand von Prinzessinnen verweigerte, durch die das deklassierte Haus sich wenigstens in der erbrechtlich irrelevanten Frauenlinie an die Königsfamilie angenähert hätte. Einen Moment lang hatte der halbverrückte Herzog danach noch gehofft, seinen 1725 geborenen Erbsohn Louis-Philippe mit einer bayerischen Kurfürstentochter vermählen zu können, bevor der feindliche königliche Vetter Ludwig XV. 1742 deren Vater auf den Kaiserthron erhob (Kapitel 16) – eine Kaisertochter aber hätte sich nie mehr zu einem Prinzen von Geblüt herabgelassen. So blieb für Louis-Philippe, der wie alle ältesten Söhne des Hauses Orléans zu Lebzeiten seines Vaters Herzog von Chartres hieß, am Ende nur die Tochter des rangniedersten Prinzen von Geblüt und der moralisch verrufensten Prinzessin übrig, mit der man den Achtzehnjährigen 1743 verheiratete. Louise-Henriette de Bourbon, die man Mademoiselle de Conty nannte, war 1726 überhaupt bloß geboren worden, weil die Mutter neun Monate zuvor zu ihrem Ehemann zurückgekehrt war, um Oberste Hofmeisterin der frischgebackenen Königin Maria Leszczyńska zu werden (Kapitel 13). So hatten Prinz und Prinzessin von Conty sich gerade wirksam genug versöhnt, um eine Tochter zu zeugen, als das Amt dann doch einer Schwester der Prinzessin gegeben wurde; die Versöhnung hielt nicht viel länger. Und dennoch würde die unenthusiastisch arrangierte Ehe der Tochter mit ihrem Doppelt-und-Dreifach-Cousin Chartres einen kurzen Moment lang wie ein unerwarteter Erfolg aussehen, bevor sie in das bewährtere Fahrwasser totaler gegenseitiger Abneigung abbog. Etwa drei Jahre lang nämlich waren die jungen Chartres das goldene Paar von Versailles, wo ja bereits ein halbwegs ernsthaft verliebtes Ehepaar als Kuriosität auffallen musste. Für zwei prinzlich-rührende Teenager aber, die keine Abendveranstaltung aushielten, ohne zusammen im nächstgelegenen Schlafzimmer zu verschwinden, gab es hier begreiflicherweise überhaupt keine Schublade. Es war die Enkelin und Nachfolgerin der Königserzieherin Maman Doudour, die vom Ehepaar Chartres sagte, sie hätten es geschafft, die Ehe unanständig zu machen, und es war niemand anderes als unsere rosenbekränzte Heldin Madame de Genlis, die diesen Ausspruch dreißig Jahre später vom ehemaligen Chartres erzählt bekommen würde, der inzwischen sowohl schrecklich dick als auch Herzog von Orléans geworden war (Vater Louis war 1752 in eklatanter Widerlegung seiner Lieblingstheorie gestorben). Sieben Jahre nach dem Tod seiner längst schon von Liebhaber zu Liebhaber taumelnden Frau hatte der gemütlich passive Herzog von Orléans sich nämlich 1766 in eine Dame verliebt, die ihm bei einer sommerlichen Hirschjagd im Gras gegenübersaß, weil sie alle anderen Jäger aus den Augen verloren hatten. Es war selbst im Schatten ein heißer Tag, der den voluminösen Orléans umso mehr in Schweiß badete, als er ja die pompöse Jagduniform seines Schlosses trug, die auch alle Gäste anlegen mussten, und so bat der wohlerzogene Mann die Marquise de Montesson schließlich um ihre sofort erteilte Erlaubnis, seinen Kragen öffnen zu dürfen. Der Anblick der wohligen Erleichterung aber, mit der der Prinz die Knöpfe seines Jagdfracks öffnete, war für Madame de Montessons standesgemäße Haltung zu viel. Sie brach in schallendes Lachen aus, nannte ihr Gegenüber «dickes Väterchen» («gros-père»), ohne dabei unfreundlich zu wirken, und gewann damit prompt die lebenslange Liebe des ranghöchsten Prinzen dritter Klasse. Weil jedoch Madame de Montesson die direkte Halbtante der Genlis war, der sie sechs Jahre später einen Posten im orléansschen Hofstaat verschaffte, kann man auch ohne große Übertreibung behaupten, dass das dicke Väterchen in diesem Moment sein Haus ganz ahnungslos auf einen von Madame de Genlis gepflasterten krummen Weg setzte, an dessen Ende es die französische Krone tragen würde.

Da es im Jahr 1772 keine Herzogin von Orléans mehr gab, zu deren Hofdame man die Gräfin Genlis hätte ernennen können, musste sie stattdessen ‹dame de compagnie› der siebzehnjährigen Erbschwiegertochter werden, die natürlich traditionsgemäß wieder Duchesse de Chartres hieß. Für diese ihr Leben lang mehr oder weniger zur Seite geschobene Prinzessin haben leider auch wir nur ein paar Zeilen Platz, in denen es nicht einmal besonders um sie selbst geht. Die große Ironie ihrer Ehe mit dem 1747 geborenen Orléans-Erben Chartres war nämlich wie so oft in dieser Welt völlig unabhängig davon, was Louise-Marie-Adélaïde de Bourbon selbst für eine Person war. Einmal mehr entschieden stattdessen Abstammung und Erbschaften ein Schicksal; sie schoben zwei prinzliche Schachfiguren aufeinander zu, die heiraten mussten, weil niemand anderes übrig geblieben war. Dem neuen Duc de Chartres (Louis-Philippe-Joseph d'Orléans) hatte man die Ehe mit einer Schwester der sächsischen Dauphine verboten, weil das Königshaus den drittklassigen Cousins familiär nicht zu nahe kommen wollte. Die anderen katholischen Herrscherhäuser waren zu ranghoch, während in den gleichrangigen Prinzenfamilien Frankreichs damals nur genau eine einzige Tochter zu finden war. Diese Louise-Marie-Adélaïde de Bourbon aber, die nach dem Titel ihres maßlos reichen Vaters Mademoiselle de Penthièvre hieß, hatte ihrerseits zwei einander diametral entgegengesetzte Qualitäten, die sie beinahe unvermittelbar machten, und an beiden waren ihr Urgroßvater Ludwig XIV., Lauzun und Mademoiselle schuld.

Wir haben in Kapitel 4 gesehen, wie die Königscousine Mademoiselle ihren Wunschehemann Lauzun 1681 aus dem Kerker von Pignerol freikaufen musste, und wir haben gesehen, wie sie dazu ihr riesenhaftes Vermögen dem unehelichen Lieblingssohn Ludwigs XIV. überschrieb. Da die drei Kinder dieses Duc du Maine jedoch sämtlich unverheiratet starben, fiel der böse erkaufte Besitz an die Linie seines einzigen Bruders Toulouse, aus dessen Ehe mit einer Tochter der alten Marschallin Noailles wiederum nur ein einziges Kind hervorging – der 1725 geborene Duc de Penthièvre, der schon vom Vater so viel erbte, dass er in Bombelles' Worten «seine Langweile alle zwei Wochen von Schloss zu Schloss tragen konnte». Als Neunjähriger war er zum Großadmiral ernannt worden und stand so sechsundfünfzig reich machende Jahre lang an der theoretischen Spitze der französischen Marine, obwohl er zeitlebens nur ein einziges Mal an Bord eines Kriegsschiffes ging (man hatte es im Rahmen seiner Erziehung in den Teich von Schloss Rambouillet bei Paris transportiert). Indem Penthièvre nun auch noch das Erbe der Cousins antrat, wurde er Herr über 200 000 Vasallen sowie ein Vermögen von zuletzt 104 Millionen französischen Pfund (etwa 20 % des jährlichen Staatsbudgets), was ihn nach dem König und dem Herzog von Orléans zum drittreichsten Mann von Frankreich machte. Von seinen mit einer früh verstorbenen Frau gezeugten sechs Kindern aber überlebte nur ein einziges, und so trug man denn, als Ludwig XVI. ihn 1786 zwang, sein liebstes Schloss Rambouillet der Krone zu verkaufen, dem Tross des traurigen Herzogs im Regen neun Särge hinterher, die er nicht zurücklassen wollte. Niemals hätte er die einzig überlebende Tochter ins Ausland verheiratet, niemals hätte sie dort auch einen standesgemäßen Ehemann gefunden, weil sie die Enkelin eines in doppeltem Ehebruch geborenen Großvaters war. Im Inland dagegen gab es für eine solche Erbin, die selbstverständlich nur nach oben heiraten durfte, noch genau drei Partien. Der Vornehmste wäre natürlich der jüngste Enkel Ludwigs XV. gewesen, für den der Großvater jedoch trotz Freundschaft mit Penthièvre sofort absagte. Als Ludwig XIV. seine unehelichen Kinder größenwahnsinnig systematisch in alle Nebenlinien des Königshauses hineinverheiratet hatte, war es ihm egal gewesen, wie inakzeptabel diese Bastardabstammung dem übrigen Europa erschien. Die Heiratschancen der Töchter aus den Häusern Orléans, Condé und Conty waren damit jedoch auf anderthalb Jahrhunderte ruiniert worden, und selbst der übermächtige Regent Orléans hatte –

abgesehen von der buchstäblich mit Krieg erzwungenen spanischen Heirat – als einzigen auswärtigen Schwiegersohn nur den Erbprinzen von Modena gewinnen können, dessen viermal durch Unehelichkeit gebrochener eigener Stammbaum ihn untypisch tolerant machte. (Die Ehe war natürlich, wie wir schon in Kapitel 15 gesehen haben, trotzdem ein Desaster). Man kann daher vielleicht verstehen, warum Ludwig XV. eine Heirat ablehnte, die dieses «kompromittierte» Blut in die königliche Hauptlinie zurückgebracht hätte. Man kann sich aber auch fragen, wie durchdacht wohl eine Heiratspolitik war, die erst dem zweitreichsten Hause Orléans und gleich darauf dem drittreichsten Haus Penthièvre solche symbolischen Ohrfeigen gab, dass ihnen gar nicht anderes mehr übrigblieb, als sich nun untereinander zu verbinden. Jedenfalls heiratete 1769 der knapp zweiundzwanzigjährige Louis-Philippe-Joseph d'Orléans, Duc de Chartres, seine sechs Jahre jüngere Cousine Mademoiselle de Penthièvre, deren Verliebtheit hierfür ebenso irrelevant gewesen war, wie sie unerwidert blieb. Für die Zeremonienmeister wurde die Hochzeit zum Albtraum, weil der komplizierte Rang der Bastardprinzen es mit sich brachte, dass als Schleppenträgerin für die sechs Meter lange Schleppe eigentlich nur noch die Braut selbst in Frage kam. Für das Brautpaar war die Trauung der Beginn einer nach dynastischen Maßstäben durchschnittlich schlechten Ehe. Für das Königtum hingegen sollte sie sich als sehr viel fataler erweisen. Hier entstand ein nie zuvor gesehenes Vermögen an Grund und Geld, das bis ins späte 20. Jahrhundert zu Frankreichs größten zählen würde, und es entstand in der Hand einer seit Jahrzehnten gedemütigten Prinzenfamilie, die nicht vergessen konnte, wie sie einst beinahe auf den Thron gekommen wäre. Die äußeren Formen des Umgangs blieben auf beiden Seiten natürlich auch nach der neuesten Enttäuschung taktvoll. Aber über dem Kamin hing von nun an gewissermaßen eine Waffe, die Ludwig XIV. geladen und Ludwig XV. dort hingehängt hatte.

Als Madame de Genlis 1772 in das als Pariser Residenz der Orléans dienende Palais Royal einzog, quartierte man die neu ernannte Hofdame provisorisch in einem Appartement ein, das einst dem Regen-

«Da sehen Sie, was für eine hübsche Pariser Dame ich bin» 903

ten Orléans für seine Orgien gedient hatte. Durch eine Hintertreppe gelangte sie in ein Schlafzimmer, dessen Wände vollkommen aus goldumrandeten Spiegeln bestanden, und ihre von nun an mit immer größerer Vorsicht zu lesenden Memoiren beschreiben, wie sehr dieses seit sechzig Jahren unveränderte Dekor die Gräfin besorgte. Die Sorge war berechtigt. Der ‹regierende› Herzog von Orléans mochte hundertmal das freundlich lethargische dicke Väterchen sein. Sein mit der sechsundzwanzigjährigen Genlis fast gleichaltriger Sohn Chartres war dagegen, ungeachtet eines etwas zu breiten Gesichts und eines wenig herausragenden Geistes, der eleganteste junge Mann von Paris. Die ganze Stadt sah ihm mit widerwilliger Faszination dabei zu, wie er immer verrücktere englische Moden einführte oder sein natürliches Haar als erster französischer Prinz ungepudert im sogenannten Titus-Stil trug, den man sich etwa auf halbem Weg zwischen der vorgeschriebenen Lockenperücke und dem Irokesenschnitt unseres Opernbesuchers vorstellen muss. Aristokratie und Volk blickten mit Staunen auf das Luxusleben, mit dem dieser Mann Schulden machen konnte, obwohl bereits sein Erbsohn-Taschengeld das Tausendfache eines guten Pariser Arbeiterlohns ausmachte. Kein Wunder, dass der beeinflussbare Prinz neben den drittklassigen Hofchargen des väterlichen Haushalts bald einen ganz neuen Reigen adeliger Intriganten um sich versammelte, in deren Mitte sich nun Madame de Genlis wiederfand. Nicht zwar, als ob sie so einsam gewesen wäre wie etwa die Marquise de Bombelles und viele andere junge Hofdamen, die die Machtposition ihrer Häuser bei Hof im Alleingang verteidigen mussten, während ihre Männer im Krieg oder als Diplomaten dienten. Der Graf von Genlis hatte seine Frau ins Palais Royal begleitet, wo sie ihn nun jeden Tag als Hauptmann der Leibgarde an der Seite des Prinzen sehen konnte. Aber der Direktvergleich von Ehemann und Arbeitgeber fiel ganz offensichtlich nicht zugunsten desjenigen aus, den wir bald diskret aus dem Leben seiner Ehefrau verschwinden sehen. Jedenfalls hatte Madame de Genlis noch keine zwei Wochen im Palais Royal gewohnt, als sie die Geliebte des Herzogs von Chartres wurde. Fast sechzig Jahre lang würde diese Frau, die sonst kaum atmen konnte, ohne zu schreiben, davon so eisern schweigen, dass man diese Beziehung noch einmal fünfundsiebzig Jahre länger für eines jener bösen Gerüchte halten durfte, die erfolgreiche oder gar intellektuelle Frauen in diesem Milieu so leicht auf sich zogen. Dann fand ein Biograph die vom ‹Schwarzen Kabinett› Ludwigs XV. heimlich kopierten Briefe, die sie dem zu früh abgereisten Geliebten in diesem Sommer 1772 aus dem Vorzimmer seiner ahnungslosen Ehefrau schrieb. Wir können heute also wissen, wie Madame de Genlis am Morgen nach der letzten gemeinsamen Nacht dermaßen rote Augen hatte, dass man sie darauf ansprach, oder wie das Äther-Mundwasser der vom Zahnweh geplagten Herzogin ihrer verärgerten Dame de compagnie im Nebenzimmer Kopfschmerzen verursachte. Wir können sehen, wie die nahezu gleichaltrigen Liebenden einander mit ‹Mein Kind› anschrieben, was mit Blick auf Kommendes nicht unironisch erscheint. Wir können sogar die Panik der Gräfin darüber nacherleben, beim Lesen eines leidenschaftlichen Liebesbriefes überrascht zu werden und dann lange nicht zu wissen, wie viel der lautlos herangeschlichene Hofkavalier mitgelesen haben mochte. Aber das Wichtigste können wir nur erraten.

In jenen Jahren ab 1772 wurde aus dem impulsiven ländlichen Wildfang, der Stéphanie-Félicité du Crest de Saint-Aubin einst gewesen war, endgültig eine Figur, die zu durchschauen niemandem jemals mehr glaubhaft gelungen ist. Spätestens jetzt vermischten sich die geistige Neugier des lesenden Mädchens, der Minderwertigkeitskomplex der Autodidaktin und die ebenso defensive wie grenzenlose Eitelkeit der Aufsteigerin mit einer Rücksichtslosigkeit, die der natürliche Auswuchs ihres Temperaments gewesen sein mag oder ihre einzige Waffe für den Ausbruch aus demütigender Unterordnung. So oder so würde sie von nun an in derselben professionellen Intriganten-Liga spielen wie einst beispielsweise Grumbkow, Walpole oder die Fürstin Orsini, und nur deshalb würde sie nicht wie diese ganze Länder mitbeherrschen, weil ein doppeltes Handicap ihrem Aufstieg engere Grenzen setzte. Eine Frau zu sein war schlimm genug, indem es ihr nahezu unmöglich machte, formal legitime Macht auszuüben: Das konnten von allen Protagonistinnen dieses Buches überhaupt nur Maria Theresia von Österreich oder die russischen Kaiserinnen, denen ihr Thron ganz direkt selbst gehörte, sowie, für eine Weile, die Regentinnen, die für einen zu jungen oder verrückten Herrscher einsprangen. Männer dagegen mussten zur Herrschaftsausübung nicht selbst der Herrscher sein, weil sie ja auch als Minister oder Gouverneure eine förmlich legitime Macht erlangten, die in der Welt der Höfe freilich jederzeit durch informelle Macht unterminiert werden konnte. Auf dieser zweiten Ebene bestand dann wieder ansatzweise Geschlechtergleichheit, weil indirekte Macht genauso gut von Ehefrauen, Geliebten oder Hofbeamten beiderlei Geschlechts ausgeübt werden konnte. Das Problem der Gräfin Genlis war freilich, dass man auch auf der zweiten Ebene nur dann ganz oben mitspielen durfte, wenn man über die entsprechenden Talente hinaus entweder selbst von höchster Geburt war oder doch wenigstens entsprechend geheiratet hatte. Die mit Madame de Genlis gleichaltrige Herzogin von Polignac konnte letztlich nur deshalb so großen Einfluss auf Königin Marie Antoinette ausüben, weil ihre ‹gute Geburt› (als Enkelin des 1742 im böhmischen Winter gestorbenen Prinzenerziehers und Prag-Miteroberers Polastron) ihr die Heirat mit einem Mann von noch vornehmerer Herkunft ermöglicht hatte; sein Status und seine Beziehungen waren dann so gut, dass sie die Ehefrau nicht nur automatisch in die Nähe der Königin brachten, sondern beide Ehepartner auch zu höchsten Ämtern und Rängen qualifizierten. Madame de Genlis dagegen war weit unterhalb der Hofgesellschaft geboren, und so stand sie selbst nach einer sehr aufwärtsmobilen Heirat immer noch bloß am untersten Rand von oben. Nie hätte man ihren Mann wie Monsieur de Polignac zum Herzog machen können, nie auch ihr selbst das Erzieherinnen-Amt der Königskinder gegeben, das Marie Antoinette für Madame de Polignac sogar aus den Händen der in siebter Generation dienenden Nachkommen von Maman Doudour gerissen hatte. So blieb der Genlis, wenn sie eine große Rolle spielen wollte, von Anfang an nur die Beschränkung auf die kleinere Arena eines Nebenhofs wie bei den Orléans. Sie wäre daher selbst unter Hofhistorikern längst vergessen, wenn nicht große Umwälzungen dieser absinkenden Nebenlinie doch noch eine ebenso plötzliche wie dramatische Hauptrolle zugespielt hätten; eine alles zerschmetternde Welle würde sie nach oben tragen, und dank Madame de Genlis würden sie diese Welle einen Moment lang zu reiten verstehen.

Die Art aber, in der die Gräfin dazu beitrug, unterschied sie von den Intriganten, mit denen wir sie vorher verglichen haben. Madame de Genlis war nicht kälter oder gnadenloser als Grumbkow, Walpole oder Katharina die Große, nicht größenwahnsinniger als Lauzun, Belle-Isle oder die Orsini und vermutlich weniger zynisch als Lord Hervey. Vielleicht war sie sogar weniger heuchlerisch als all diese Leute, die das Kostüm der Anständigkeit bloß wie eine Tarnjacke getragen hatten, die eher zufällig hier und da wirklich mal passte, ohne dass es darauf ankam. In einer Welt, deren Machtakteure allesamt pragmatische Halunken waren, hätte man sich nur ins eigene Fleisch geschnitten, wenn man allzu laut auf wirklich korrektem Verhalten bestanden hätte. Selbst das überall noch mächtige Christentum hatte dagegen nicht mehr viel ausgerichtet, weil sich die Frommen entweder gegen die Grumbkows ihrer Zeit wehrlos machten oder aber wie etwa Prinzenerzieher Fénelon so vollkommen auf deren Intrigenwelt einließen, dass sie sich von ihnen am Ende gar nicht mehr unterschieden. Madame de Genlis dagegen glaubte es möglicherweise sogar selbst, wenn sie sich und ihr Werkzeug als grundbescheidene Inkarnation einer höchsten Moral stilisierte, die zugleich das ganze Land reinigen sollte, und sie glaubte es, obwohl sie unbestreitbar intelligent war. Seit den Jugendjahren der Gräfin hatte sich hinter den Kulissen der geistig ermatteten Religion ein bis zum Kitsch emotionaler Tugendkult in diese Gesellschaft eingeschlichen, der aus Romanen ebenso herausquoll wie aus philosophischen Abhandlungen oder Fortschrittsoptimismus, aus rationaler Kritik an institutionalisierter Ungerechtigkeit ebenso wie aus Schäferspielen oder Rosenopern. Der Kult berauschte eine ganze Generation der europäischen Elite, und er gab Menschen wie Madame de Genlis die Gelegenheit, aus dem naiven Enthusiasmus der vielen eine ganz neue Art von Intrigantenmacht zu ziehen. Sie war nicht böser als ihre höfischen Vorgänger und vielleicht sogar weniger wissentlich verlogen. Aber während wir die Lauzuns und Grumbkows ohne Anstrengung durchschauen können, weil die sie rechtfertigende Ideologie für uns so tot ist wie sie selbst, steht Madame de Genlis trotz ihrer rührseligen Kostümierung für den ersten Auftritt eines moderneren Unheils, das uns bis heute begleitet.

Obwohl sie ihre Hoflaufbahn 1772 als Mätresse des Orléans-Erben Chartres begonnen hatte, würde es nicht die Liebe sein, der Madame de Genlis ihre Bedeutung verdankte. Ihre eigentliche Liaison mit dem stets ungeduldigen und unerfüllt hyperaktiven Prinzen dauerte nur einige Jahre, bevor sie sich in etwas ungleich Dauerhafteres verwandelte. Während Chartres sich erotisch anderen Frauen zuwandte, blieb Madame de Genlis ihm eine umso wichtigere Beraterin, als ihr von Anfang an auch die Freundschaft der ahnungslosen Herzogin von Chartres zugefallen war. Man muss dahinter noch nicht unbedingt eine zynische Absicht der Gräfin vermuten, die ja wirklich die interessanteste unter den wenigen gleichaltrigen Hofdamen des Palais Royal gewesen zu sein scheint. Umso schwerer fällt es freilich, die messerscharfe Konsequenz anders als zynisch zu nennen, mit der die Genlis diesen Umstand ausnutzte. Sie wusste um die Fragilität ihrer Stellung, wusste um die Gefahr, als ganz informelle Beraterin des Herzogs von ambitiösen Rivalen verdrängt zu werden, wusste schließlich vor allem, dass ihre Stellung als Dame de compagnie der beiseitegeschobenen Herzogin viel zu unwichtig war, um sie vor solcher Verdrängung zu schützen. Wenn sie Chartres und damit in Zukunft das Haus Orléans beherrschen wollte, dann musste sich durch eine wichtigere Position unangreifbar machen, und weil es für eine Frau neben dem Dienst bei der Herzogin nur eine einzige andere solche Position gab, begriff sie, dass sie der vertrauensvollen Freundin die Kinder würde wegnehmen müssen. War sie denn nicht als vielschreibende zeitgeistvertraute Autodidaktin, Freundin der Mutter und freundliche Ex-Geliebte des Vaters ohnehin die ideale Person, um aus der nächsten Generation der Orléans all das zu machen, was der Herzog von Chartres beim näheren Hinsehen dann leider doch nicht war? Würde nicht die Erziehung des ältesten Chartres-Sohnes, den damals immer noch bloß vier Prinzen von der Krone trennten, ihr die Gelegenheit geben, vor den Augen ganz Frankreichs einen Wunderprinzen der Tugend heranzuziehen, ein lebendes Musterbeispiel dessen, was moderne Bildungsprinzipien zu leisten vermochten, wenn nur die einzig Richtige sie anwandte? So dachte Madame de Genlis, und sie begriff, welche kleinen Schritte sie jetzt tun musste. Es war nur der erste und kleinste davon, sich 1777 zur Gouvernante der neugeborenen Zwillingstöchter des Herzogspaars Chartres ernennen zu lassen. Diese Mädchen, von denen eines mit vier Jahren starb, ohne je einen Vornamen erhalten zu haben, würden niemals zählen, und niemanden würde es wirklich interessieren, ob sie am Ende mehr als ein bisschen Etikette und Harfespielen gelernt hatten. Aber weil sie Mädchen waren, würden sie auch bis zur Heirat nur von Frauen erzogen werden. Sie boten der Gouvernante also eine größere Sicherheit des Arbeitsplatzes als die Herzogssöhne, die ja wie alle französischen Prinzen mit sieben Jahren ‹an die Männer übergeben› wurden. Die frühe Erziehung der kleinen Prinzen überließ die bescheidene Gräfin daher fürs Erste gerne anderen, während sie für sich und die Prinzessinnen einen bewusst vom Palais Royal entfernten Wohnort suchte. Sie fand ihn in Bellechasse am anderen Ende von Paris, wo sie im Kloster der Nonnen vom Heiligen Grabe einen hübschen Pavillon anmieten und ausbauen ließ; hier würde sie sich fernab der großen Welt ganz selbstlos ihren Zöglingen widmen. Noch ahnte niemand, dass sie dabei viel weniger an die Prinzessinnen als an deren Brüder dachte, den 1773 geborenen Duc de Valois also und seinen zwei Jahre jüngeren Bruder Duc de Montpensier, die wir hier schon deshalb mit diesen Titeln nennen müssen, weil sie ihre Vornamen (Louis-Philippe und Antoine-Philippe) erst 1788 bei der förmlichen Taufe erhalten würden. Unseligerweise wuchsen nun diese beiden schneller heran, als die Bauarbeiten in Bellechasse voranschritten, und so rückte denn auch die Ernennung ihres männlichen Oberhofmeisters (gouverneur) näher, die der Genlis einen Strich durch die Rechnung gemacht hätte. Zum Glück konnte sie die Eltern dazu bewegen, bloß einen Unterhofmeister von niedri-

«Da sehen Sie, was für eine hübsche Pariser Dame ich bin»

gem Stand zu ernennen, den man leichter wieder würde loswerden können. Auf diese Weise kaufte die Gräfin sich zwei wertvolle Jahre, während deren sie ein pädagogisch-erbauliches Buch nach dem anderen veröffentlichte – standesgemäß anonym natürlich, weil alle Leute, auf die es ankam, auch so erfahren würden, dass hier wieder Madame la comtesse de G***** am Werk gewesen war. Dann war endlich alles bereit für den entscheidenden Schritt. Seit langem hatte Madame de Genlis den armen Unterhofmeister mit einer grausam feingestrickten Mobbing-Kampagne überzogen, hatte systematisch Material für echte und erfundene Charakterfehler der kleinen Prinzen gesammelt, die nur noch ein Genie würde geradebiegen können, und hatte ihren beeinflussbaren Ex-Geliebten Chartres so erfolgreich vorbereitet, dass er die nicht länger aufschiebbare Ernennung des eigentlichen ‹gouverneur› ganz selbstverständlich nur noch mit ihr diskutierte. Im Gespräch muss die Gräfin viel von jener Natürlichkeit behalten haben, die in ihren Texten längst erfolgreich abgetötet war, und so können wir es uns durchaus lebhaft ausmalen, wie sie jetzt einen Kandidaten nach dem anderen auseinandernahm; die Frage des Herzogs von Chartres aber, ob sie das Amt dann nicht gleich selbst übernehmen wolle, wird man sich im Gegenteil gar nicht unspontan genug vorstellen dürfen. Und ja, sie wollte. Am 5. Januar 1782 bestellte der Herzog den Unterhofmeister zu sich, eröffnete ihm, wer seine neue Vorgesetzte sein werde, lud den Schockierten zu guter Zusammenarbeit ein, nahm die demütige Rücktrittsbitte ohne große Regung an, ließ sich den achtjährigen Valois, den sechsjährigen Montpensier sowie ihren zweijährigen Bruder Beaujolais übergeben und brachte dann alle drei nach Bellechasse zur Gräfin. Eben mochte diese noch die Druckfahnen ihres jüngsten Werks *Die Annalen der Tugend. Ein Geschichtskurs für den Gebrauch junger Personen* korrigiert haben. Nun aber stand der Herzog mit den Kindern vor ihr, und Madame de Genlis hörte ihn sagen, als wäre es ein Traum: «Dies ist eure Gouvernante; gebt ihr einen Kuss und liebt sie.»

Als die aristokratische Öffentlichkeit von dieser Verleihung eines Männeramtes an eine Frau erfuhr, brach einen Moment lang die Hölle los. In der Oper wurden Chartres und Madame de Genlis vom Publikum ausgebuht, dem dicksten Herzog von Versailles sagte man nach, er wolle jetzt Amme der Königskinder werden, und aus den Salons regnete es Spottverse über die zum Oberhofmeister ernannte Frau, die «in der Schule Monsieur und im stillen Kämmerlein Madame» sei.

Aber den Herzog von Chartres bestätigte das alles nur in seinem Stolz darauf, die öffentliche Meinung dies eine Mal zu verachten: Die Leute würden schon noch sehen, wie recht er hatte, so fortschrittlich zu sein. Ein glücklicher Zufall brachte ihm für diese unorthodoxe Ernennung auch die Erlaubnis Ludwigs XVI. ein, der als Chef der Dynastie jederzeit sein Veto hätte einlegen können. Der König war jedoch seit noch nicht einmal drei Monaten endlich Vater jenes Sohnes, auf den Frankreich elf Jahre lang gewartet hatte, während Ludwig vor einer seine Impotenz behebenden Operation zurückschreckte. Am Ende war es der an bizarre Schwager-Konversationen bekanntlich bereits gewöhnte Kaiser Joseph II. gewesen, der den Mann seiner Schwester Marie Antoinette vom Nutzen dieses Eingriffs überzeugte, und so hatte Frankreich nun den langersehnten direkten Thronfolger. Als daher Chartres den König um seine Erlaubnis bat, die Erziehung seiner Söhne in die Hände der Gräfin Genlis zu legen, konnte der König ihm triumphierend die nunmehr fünf Personen aufzählen, die den kleinen Valois von der Krone trennten, konnte andeuten, dass er diese Zahl zu vergrößern gedenke, und schließlich schulterzuckend erklären, er solle doch machen, was er wolle. Madame de Genlis nahm ihn beim Wort. Kaum dass sie noch Zeit fand, in die nächsten drei Bände Prinzen-Erziehungs-Schlüsselroman einige böse Parodien jener besonders unaufgeklärten Höflinge hineinzuschreiben, die sie am meisten kritisierten. Ansonsten ging sie nun, während sie sich zugleich der systematischen Beseitigung des bisherigen Erziehungspersonals hingab, in der Erziehung der drei Söhne und ihrer einzig überlebenden Schwester auf, die man mit dem einst von Lauzuns Verlobter getragenen Hoftitel Mademoiselle nannte. Bei diesen vieren freilich blieb es nicht. Schnell hatte die pädagogisch begeisterte Gräfin in Bellechasse eine halbe Internatsschule beisammen, in der ihre eigene Tochter Pulchérie und andere Kinder befreundeter Adelsfamilien noch die unauffälligsten Mitglieder waren. Ungewöhnlich wäre schon diese Erziehung der Prinzen mit vergleichsweise normalen Oberklassekindern gewesen; wirklich spektakulär aber war das Experiment, das die Gräfin darüber hinaus mit zwei wesentlich geheimnisvolleren Schülerinnen anstellte.

Obwohl Madame de Genlis sich offiziell regelmäßig von Jean-Jacques Rousseau distanzierte, weil er ihrer Meinung nach die Religion zu sehr kritisiert habe, hatten seine Ideen vom Kind als völlig unbeschriebenem Blatt sie doch sichtlich beeindruckt. Schon ein Jahrzehnt vor ihrer Ernennung zum «Prinzenhofmeister» hatte sie mit Chartres daher spekuliert, wie es wohl wäre, ein aus dem Waisenhaus geholtes Findelkind ganz nach eigenen Ideen zu formen, ohne auf Eltern Rücksicht nehmen zu müssen, und schon damals hatte sie sich in ihrem Tagebuch fasziniert ausgemalt, was wohl die dumme Öffentlichkeit dahinter für Geheimnisse vermuten werde. Obwohl mit Blick auf das Folgende bereits das die Gräfin begeistert haben dürfte, kamen doch über die Jahre noch weitere Motive hinzu, die schließlich 1779 in einer sehr präzisen Bestellung resultierten. Der sonst so schreibfaule Herzog, dem hier erkennbar seine Freundin die Hand führte, verfasste nun mitten im Krieg mit Großbritannien einen Brief an den englischen Geheimagenten Nathaniel Parker Forth, der ihm schon oft edle Rennpferde von der Insel beschafft hatte, und bat ihn diesmal um ein kleines Mädchen, wie man es in London doch sicher genauso leicht wie in Paris aus dem Waisenhaus herauskaufen könne? Das Kind müsse etwa sechs Jahre alt sein, braune Haare und bitte keine lange Nase haben (etwas taktlos, wenn man weiß, wie es in Mr. Forths eigenem Gesicht aussah); es solle kein Wort Französisch verstehen, damit es der vom Vater irrigerweise auf drei statt zwei Jahre geschätzten Tochter Mademoiselle beim in Mode gekommenen Englischlernen nützlich sein könne, und dürfe vor allem keinerlei Angehörige haben, die es später zurückfordern könnten. Forth tat, was er konnte, aber bis zum Erfolg dauerte es doch noch einige Zeit – nicht etwa, weil das Kinderkaufen an sich so schwer gewesen wäre, sondern weil Madame de Genlis ein erstes Kind aus Gesundheitsgründen zurückschickte, so wie sie zuvor schon in Paris ein «sehr unangenehmes» Mädchen dem Waisenhaus zurückgegeben hatte. Schließlich aber konnte Forth doch triumphierend vermelden, dass er «Euer Durchlaucht endlich die hübscheste Stute und das hübscheste kleine Mädchen von England» schicken werde. Ein befreundeter Pferdehändler brachte beide über den Ärmelkanal, obwohl dort noch immer ein blutiger englisch-französischer Seekrieg tobte, und schließlich nach Paris, wo die vermutlich sechsjährige Nancy Syms am 17. April 1780 durch eine Geheimtür ins Palais Royal geführt wurde. Der Herzog stellte sie der Gräfin mit den Worten «Da ist unser kleines Schmuckstück» vor, bevor sie beide zu weinen anfingen und das verschreckte Kind umarmten. Es war schön wie ein Engel.

Da es keinen Moment lang zur Debatte stand, einem mit Prinzen von Geblüt aufwachsenden Kind den doppelt proletarischen Namen Nancy Syms zu lassen, benannte Madame de Genlis die Kleine als Erstes einmal um. Ihren neuen aristokratischen Nachnamen Seymour würde Ex-Nancy freilich kaum je zu hören bekommen, weil man sie, als wollte man das Mysterium ihrer Herkunft noch betonen, bis zur Heirat überall bloß mit dem Vornamen nannte. Umso dankbarer konnte sie sein, dass die Anglomanie der Gräfin stärker als ihre Eitelkeit war; der neue Name wurde also nicht einem Roman der Genlis entnommen, wodurch aus Nancy beispielsweise Zumelinde hätte werden können, sondern dem bewährten englischen Briefroman Pamela, der nicht unpassend von einem Mädchen aus kleinen Verhältnissen handelte, das sich durch eine für moderne Leser geradezu unerträgliche Tugend die Heirat mit seinem adeligen Belästiger verdiente. Und tatsächlich war auch die neue Pamela ein großer Erfolg. Überall bewunderte man ihre berückende Schönheit, ihre leicht verschieden nussbraunen Augen, ihre reizende Art zu laufen oder die Natürlichkeit, mit der sie durch Wegziehen eines Kammes ihre langen Haare herunterfallen ließ, sobald Madame de Genlis das entsprechende Signal gab. Kein Wunder, dass die Gräfin dieser Lieblingsschülerin bald die Hauptrollen ihrer Kindertheaterstücke auf den Leib schrieb, kein Wunder, dass die Zwölfjährige ihr Debüt 1785 wieder einmal als Amor gab, und kein Wunder vor allem, dass Madame de Genlis schon lange vorher beschlossen hatte, das Experiment zu wiederholen. Sie wollte ihre sechzehnjährige Tochter Pulchérie auf die baldige Ehe vorbereiten, indem sie ihr ein Kind zum Erziehen gab, das auch diesmal wieder von Mr. Forth beschafft werden würde: Es sollte weiße Haut haben und auf keinen Fall rothaarig sein. Wieder misslang der erste Versuch, weil die Auserwählte kurz vor ihrer Überfahrt an einem Leiden erkrankte, durch das sie schließlich eines ihrer Augen verlor. Die mitleidige Pulchérie bat, sie trotzdem kommen zu lassen, wurde aber von der Mutter überstimmt, die dem Mädchen lieber Geld schickte und dann eine neue Bestellung aufgab. Am 29. September 1783 kam daher ein etwa achtjähriges Kind mit dunkelblauen Augen und leichter Stupsnase in Paris an, das sogleich den modisch-adeligen Namen Hermine Compton erhielt. Leider gelang der Rest des Plans diesmal weniger gut, und das nicht nur, weil selbst dieses durchaus hübsche Kind («wie Madame de Polignac, nur in gutaussehend») neben der engelhaften Pamela wenig hermachte. Auch seine Ziehmutter Pulchérie wurde nach Ansicht der Gräfin im Umgang mit dem geliebten Kind eher kindlicher als erwachsener, sodass die Gouvernante sich bald gezwungen sah (denn wirklich, ihr selbst tat das alles ja am meisten weh), die kleine Hermine zur Bestrafung der eigenen Tochter einzusetzen. Wenn Pulchérie sich in ihrer Verzückung durch die Kleine wieder einmal «noch mehr einem Lehnstuhl ähnlich als ohnehin schon» zeigte, wurde ihr Hermine jetzt so lange weggenommen, bis sie es schaffte, sich zwei Wochen am Stück wie eine Erwachsene zu verhalten. Pulchérie und Hermine sahen einander lange nicht mehr.

Während so das Leben im längst vollbesetzten Pavillon von Bellechasse zunehmend kompliziert wurde, richteten sich auch von außen immer mehr Blicke auf das Erziehungswerk der Comtesse de Genlis. Freilich war es nicht die nach unseren Maßstäben oft genug schwarze Pädagogik der Gräfin, die bei einem an ganz andere Dinge gewöhnten höfischen Publikum dieses Interesse auslöste. Sollte die Gräfin ruhig mutige und kindzentrierte Methoden mit irrer Überforderung abwechseln lassen, sollte sie ruhig die Erziehung aller Prinzenkinder außer dem maßgeblichen Erbsohn Valois dermaßen vernachlässigen, dass die ihr zuerst anvertraute Mademoiselle bis zuletzt außer Harfespielen praktisch nichts lernte und die jüngeren Prinzen Montpensier und Beaujolais ihren Unterricht einzig vom Kammerdiener erhielten, wen kümmerte das? Sollte sie die Kinder doch zunehmend selbst der Mutter entziehen, obwohl die sie gerne bei sich gehabt hätte, und sollte sie in ihrem ans Totalitäre grenzenden Erziehungstagebuch ruhig vorwurfsvoll notieren, dass die Kinder bei der Mutter schon wieder fast eine ganze Stunde lang nichts systematisch Sinnvolles gearbeitet hatten. Wenn sie dem angeblich verwöhnten Valois beibrachte, auf dem Boden zu schlafen, sich allein im Wald zurechtzufinden und mit einem Rucksack voller Steine treppauf, treppab zu joggen, dann tat sie ihm damit zumindest insofern einen Gefallen, als er nicht zuletzt aufgrund ihrer Erziehung noch oft genug um sein Leben würde rennen müssen. Dass sein Geschichtsunterricht angesichts des völlig überladenen Programms nie näher als bis auf dreihundert Jahre an die Gegenwart herankam, machte kaum etwas aus, wenn man Valois mit seinem von Poniatowskis Ex-Lehrer nur gerade so alphabetisierten Vater verglich; dass andererseits Valois aus dem lückenhaft improvisierten Unterricht der selbst nie von jemandem unterrichteten Gouvernante ein ebenso irregeleitetes Allwissenheitssyndrom bezog wie diese selbst, dürfte ihm später zumindest psychologisch genutzt haben. Wo sie gar zu verrückt wurde, indem sie den Jungen beispielsweise in Oxford studieren lassen wollte (an einer Universität! In England!), da griff eh immer noch das selbstverständliche Veto Ludwigs XVI. Die Art dagegen, in der Madame de Genlis den emotional abhängig gemachten Prinzen dazu erzog, kritische Lehrer oder Bediente bei ihr zu denunzieren, blieb nach außen hin weitgehend unsichtbar, und selbst für das Hauptparadox dieser Erziehung hätte auch der skeptisch beobachtende Hofadel kaum eine viel bessere Lösung zu bieten gehabt.

Auf der einen Seite nämlich erzog die Gräfin den kleinen Valois ganz bewusst zur Volkstümlichkeit, zur demonstrativ in Szene gesetzten Rücksichtnahme auf einfache Leute, zum Glauben an die Gleichheit der Menschen und insgesamt zu einer Aufgeklärtheit, die ihn kaum zufällig in ein vorwurfsvolles Gegenmodell zu den Kindern der königlichen Hauptlinie verwandelte. Gleichzeitig aber wusste sie nur zu gut, dass sie einen Prinzen von Geblüt erzog, der noch immer eines Tages König werden konnte. So ein Kind musste von früh an lernen, jede Alltagssituation als zeremoniellen Kampfplatz zu begreifen, und Madame de Genlis brachte es ihm nur zu gründlich bei, weil von seiner sichtbaren Wichtigkeit auch ihre eigene abhing. Selbst inmitten der an sich modernen Erziehung blieben daher doch tausend kleine Gesten, die die Prinzen ständig an ihre Einzigartigkeit erinnerten. Etikette, Sprache und das Verhalten ihrer Bedienten unterschieden diese Kinder derartig stark von Normalsterblichen, dass sie bereits als Drei- und Fünfjährige einen gleichaltrigen Prinzencousin einzig daran als Standesgenossen erkannten und ihn duzten, wie sie es sonst mit niemandem je taten. Madame de Genlis aber verlangte von Valois einerseits, dass er dem bloß durch seine Taten ausgezeichneten Parvenu-Minister Necker Respekt erwies (vor Schreck ließ der Kleine prompt seine Murmeln fallen), und konnte ihn andererseits doch nur mit den Worten «Haben Sie die Güte» dazu auffordern, weil selbst die als ‹liebe Freundin› anzuredende strenge Gouvernante den Prinzen nie mit einem Imperativ hätte ansprechen dürfen. Das war ein Paradox, aber es war eines, das in milderer Form auch jene vielen modern erzogenen Adelskinder betraf, denen ganz wie Valois ihr bitteres Erwachen noch bevorstand. Es wäre also für sich genommen wenig bemerkenswert erschienen, dass man in Bellechasse keine zwei Kinder gleich behandelte: Der älteste Prinz war mehr wert als die jüngeren und die weit mehr als die Schwester, die doch noch weit über den Adelskindern schwebte. Aber wieso ging man mit Pamela um, als wäre auch sie von guter Geburt, wieso mit Hermine so, als wäre sie bloß eine gnadenhalber aufgenommene Dienertochter? Und noch viel wichtiger, viel potenziell skandalöser: Wer *waren* diese Kinder?

Das Dienstmädchen, das 1783 die kleine Hermine entgegengenommen hatte, war nur die Erste gewesen, die ihre enorme Ähnlichkeit mit Madame de Genlis attestierte; die Einzige blieb sie nicht. Als die Gräfin 1785 nach England reiste, um mit Pamela Oxford und London zu besichtigen, besuchten sie natürlich auch das neogotische Schlösschen von Strawberry Hill, wo der alt gewordene Horace Walpole gerade dabei war, nach der Mittelalternostalgie noch schnell den Schauerroman zu erfinden. Pamela wurde ihm, wie das zu ihrem Mythos passte, nicht namentlich vorgestellt, und auch die Zuneigung zwischen Gouvernante und Findelkind schien dem alten Zyniker minimal. Umso bemerkenswerter fand er dagegen, wie erfolgreich Madame de Genlis die Zwölfjährige «dazu erzogen hat, ihr im Gesicht extrem ähnlich zu sehen». Walpole sprach mit seiner Unterstellung für das ganze aristokratische Europa, gerade weil es diesem Stand durchaus nicht fremd war, in großen Haushaltungen immer wieder einmal teuer erzogene Kinder anzutreffen, deren ad hoc erfundene Namen in keinem Adelskalender standen. Aber so vertraut der Anblick und so vage jeweils die offiziellen Begründungen waren (ach, wir alle mögen Adèle sehr, oder: Wir sind wohl ein bisschen verwandt mit den armen Eltern, oder: Meine Frau hat Fitzgeorges Mutter damals versprochen, sich seiner anzunehmen), so selbstverständlich war andererseits auch allen, dass solche Kinder uneheliche Adelskinder sein mussten. Mal mochten sie aus der Liaison des Hausherrn mit dem fast obligatorischen Mädchen aus dem Volke stammen. Dann wieder half die Hausherrin einer Cousine aus, deren Mann sich geweigert hatte, das mit einem anderen gezeugte Kind durch Stillschweigen als das seine anzuerkennen; der denkbaren Gründe waren so viele. Nur eines wollte niemand Madame de Genlis glauben – dass die mysteriöse Pamela wirklich das ausgerechnet in Neufundland geborene uneheliche Kind einer Wäscherin und eines vermutlich französischen Schiffskapitäns sei. Schon in den sehr wenigen amtlichen Papieren, die Madame de Genlis jemals für sie ausfüllte, widersprechen sich die Angaben zu Eltern und Herkunftsort. Als die inzwischen wohl neunzehnjährige Pamela 1792 Lord Edward Fitzgerald heiratete, notierte der sie verheiratende Fürstbischof Prinz zu Salm und Salm-Salm in der für Herkunftsangaben vorgesehenen Rubrik des Kirchenbuchs zuerst, dass sie mit den Orléans-Kindern aufgewachsen sei, um dann bloß noch Folgendes hinzuzufügen: «Man sagt, dass sie aus Indien komme [damals noch ein gängiger Begriff für Amerika]. Das glaube, wer will.» Tatsächlich hätte jemand, der eine unüberprüfbare Herkunftsspur legen wollte, sich damals nichts Besseres ausdenken können als die vor der neufundländischen Küste gelegene Insel Fogo, ein buchstäblich am Ende der Welt gelegenes Nirgendwo, das nicht einmal Taufregister hatte. Dass Pamela danach im ungleich idyllischeren englischen Christchurch aufgewachsen sei, mag hingegen sogar stimmen. Aber wer wusste, ob ihre vorgebliche Mutter nicht nur eine mit der Sorge um das Kind beauftragte Bediente der wirklichen Eltern war? Eine solche Lösung war verbreitet genug und erklärt im Übrigen, warum sogar Pamela selbst zeitlebens nur ahnen konnte, wer ihre Mutter war. All ihre dokumentierten Äußerungen zeigen allerdings, dass auch sie Madame de Genlis für die wahrscheinlichste Kandidatin hielt. Das andere Adoptivkind Hermine war sogar überzeugt davon, eine Tochter der Gräfin zu sein, zumal es für ihre Herkunft nicht einmal den Versuch einer offiziellen Version gab. Und war denn die Gräfin nicht auch genau in jenen Jahren 1773 und 1776, in denen Pamela und Hermine geboren sein sollten, jeweils für längere Zeit aus der Pariser Öffentlichkeit verschwunden? Hatte sie sich nicht 1773 (genau neun Monate nach Beginn ihrer Affäre mit Chartres) in Brüssel immer in einem ungewöhnlich weiten Kleid gezeigt, hatte sie nicht 1776 im mondänen Badeort Spa ganz zurückgezogen gelebt und nur gelegentlich den Walpole-Neffen Robert Seymour-Conway getroffen? War nicht der Rückzug in solche Kurorte die klassische Methode, heimlich ein vom Ehemann nicht anerkanntes Kind zur Welt zu bringen, und sprach also nicht alles dafür, dass beide Findelkinder aus der Liaison des Herzogs von Chartres mit Madame de Genlis stammten?

Andererseits: Wenn dem so war, dann musste auch die langwierige Korrespondenz mit Nathaniel Parker Forth eine unglaublich aufwendige Komödie gewesen sein. Der Herzog und seine Mätresse hätten dem Agenten also gerade deswegen so präzise Wunschkinder-Bestellungen geschickt, weil sie schon genau wussten, welche zuvor in England platzierten Kinder er ‹finden› würde? Aber wozu dann all der Aufwand mit einer Unzahl von Briefen, die schon deshalb keine sehr nützliche Verteidigung gegen Gerüchte sein konnten, weil sie ja erst 1926 überhaupt der Öffentlichkeit bekannt wurden? Wozu eine Tagebucheintragung über dieses Projekt, wozu erst recht der Aufwand mit dem im letzten Moment abbestellten Mädchen, wenn es doch so viel leichter gewesen wäre, die beiden Kinder diskret in der Provinz aufwachsen zu lassen? Ging es Madame de Genlis darum, ihre Töchter bei sich zu haben und sie wie Adelige, ja sogar mit Prinzen zusammen aufwachsen zu lassen? Aber selbst dafür wäre kaum eine solch mühsame Legende nötig gewesen, wenn man nicht gleichzeitig alle Spielregeln verletzt hätte, um der geradezu als Erfinderin der Moral stilisierten Mutter einen Männerposten an der Spitze der Erziehung zu verleihen. Wollte Madame de Genlis vielleicht gerade den Nimbus des Geheimnisses? Wollte sie, wie es in ihrer frühen Tagebucheintragung anklingt, die Welt bewusst schockieren, ganz als sei sie bei aller Berechnung doch immer noch das Mädchen geblieben, das einst schlafenden Nonnen Lippenstift-Schnurrbärte aufgemalt hatte? Faszinierte sie womöglich die Vorstellung, das ultimative Intriganten-Meisterstück zu liefern, indem sie gerade jene Kinder, deren bloße Existenz sie normalerweise moralisch ruiniert hätte, in den Mittelpunkt ihrer Selbstinszenierung als weise Tugendlehrerin stellte? Es wäre ein Triumph gewesen, den sie mit niemandem außer Chartres teilen durfte und der sie vielleicht gerade deshalb reizte – ein L'art pour l'art der Verstellung. Aber das sind notwendigerweise nur Spekulationen. Sicher sind lediglich einige wenige Informationen, die einander an jeder Ecke durchkreuzen. Hermine wurde stets wie ein Bürgerkind, Pamela wie eine Adelige behandelt, was keinen Sinn ergäbe, wenn beide dieselben Eltern gehabt hätten. Über Pamela redete Chartres mit seinem Sohn Valois, als die lebensgefährliche Politik des Vaters es schon nicht mehr undenkbar machte, dass Valois bald Chef des Hauses sein würde. Es war ein Moment, in dem die unglaubliche Verantwortung für jene vielen übertragen wurde, die vom Haus Orléans abhängig waren, und so spricht alles dagegen, dass Chartres log, als er dem Erben erklärte, nicht Pamelas Vater zu sein. Dass er zugleich bedauerte, ihm nicht den Namen der tatsächlichen Eltern verraten zu dürfen, spricht freilich dafür, dass das engelsgleiche Kind von anderen hochgeborenen Personen abstammte, statt die Tochter der obskuren neufundländischen Wäscherin zu sein. Von Hermine dagegen weder jetzt noch jemals später ein einziges Wort in den Gesprächen und Erinnerungen von Vater und Sohn: Zeichen ihrer Unwichtigkeit oder im Gegenteil Indiz dafür, dass hier ein wunder Punkt war? Wir wissen es so wenig, wie Pamela wusste, wessen Kind sie war. Ihre Tochter würde eines Tages einen Streit zwischen der alt gewordenen, aber immer noch impulsiven Genlis und Pamela miterleben, in dem die Ex-Gouvernante dem Ziehkind vorhielt: «Wenn Sie damit angeben, meine Tochter zu sein, dann sind Sie es nicht. – Wenn ich es bin, dann ist da nichts zum Angeben.» Vermutlich sah Madame de Genlis das anders, was erklären würde, warum mindestens vier ihrer Romane Passagen enthalten, die in ganz schwacher Verkleidung von Pamela als einem geschickt versteckten Fürstenkind erzählen. Womöglich imitierte hier das Leben die Kunst, weil Madame de Genlis romanhafte Mystifikation zu sehr liebte, um sie nicht durch allerhand neugierig machende Signale selbst in die prosaischere Geschichte ihrer Adoptivtochter hineinzubringen. Vielleicht aber gab es auch bloß etwas in ihr, das verzweifelt durch jene letzte kleine Lücke hinauswollte, die sich im Lügenpanzer der Hofintrigantin noch finden ließ.

Während so die Jahre vergingen, schmolz das Vermögen des Herzogs von Chartres. Der vom königlichen Vetter aus allen wichtigen Ämtern ferngehaltene Herzog hatte wenig davon, dass sein Vater und Schwiegervater der zweit- und drittreichste Mann des Landes waren, denn solange sie lebten, garantierte ihm das nur jenen unbegrenzten Kredit, der ihn immer tiefer in die Verschuldung hinabzog. Als das dicke Väterchen Orléans am 18. November 1785 starb, verspürte sein Sohn daher bei aller Trauer doch auch die Erleichterung, nunmehr Herr über mindestens 5 % der gesamten Bodenfläche Frankreichs zu sein. Sofort begann er, das Palais Royal in jener Form auszubauen, die es heute noch hat, um durch den damals skandalösen Einbau von Ladengeschäften sein Einkommen zu vermehren; dass eine interessierte Öffentlichkeit im großen Garten des Palais auch die teuersten Prostituierten von Paris treffen konnte, lag nicht am Herzog, passte für viele aber doch zum Gesamtbild. Zu lange hatte der inzwischen achtunddreißigjährige Fürst seine exzessive Englandbegeisterung und seine irrlichternde Respektlosigkeit gegenüber den Traditionen demonstriert, als dass dies nicht auch sein Verhältnis zu Ludwig XVI. vergiftet hätte. Nun war für diesen der Moment gekommen, den neuen Herzog von Orléans den Unterschied zwischen Gunst und Ungnade spüren zu lassen. Da sich in Frankreich seit der Generation Ludwigs XIV. keine dauerhafte Nebenlinie mehr vom Königshaus abgespalten hatte, waren die von Ludwigs Bruder Monsieur abstammenden Orléans trotz ihres graduellen Abstiegs noch immer die ranghöchsten Prinzen dritter Klasse. Zu diesem Rang als ‹Erster Prinz von Geblüt› gehörte das Privileg, vom König einen prestigiösen (folglich relativ wohlgeborenen) Hofstaat bezahlt zu bekommen, und es war daher auch dieses Privileg, mit dessen Verlängerung der neue Herzog ganz selbstverständlich gerechnet hatte. Aber zu Unrecht, mein Cousin, antwortete ihm der König sinngemäß: Habe ich denn nicht zwei kleine Neffen, die bereits nur noch ‹Enkel von Frankreich› sind? Und wird nicht also der älteste Sohn des im Moment zehnjährigen ältesten Neffen eines Tages auch ranghöchster Prinz von Geblüt sein? Sicher, noch gibt es ihn gar nicht. Aber weil ich ja das einmal verliehene Privileg nicht gut wieder zurücknehmen kann, wenn es so weit ist, bekommen Sie es lieber gar nicht erst, mein Cousin. Sehen Sie das Positive. Wer gerade 5 % des gesamten französischen Bodens geerbt hat – und die Einkünfte aus Ihren faszinierenden, hm, Ladengeschäften? – und die Millionen, die ich Ihrem Vater gezahlt habe, als ich ihn zwang, mir die Lieblingsresidenz Ihres Hauses zu verkaufen, damit meine Frau dort angenehme Zeit mit unseren inzwischen zwei Söhnen verbringen kann –, so jemand kann sich ja eigentlich auch selbst einen schönen großen Hofstaat leisten, oder? Endlich so viele englische Jockeys, wie Sie nur wollen. Und grüßen Sie doch Ihren Schwiegervater von mir, den ich sehr schätze. Richten Sie ihm bitte aus, dass ich ihm für Schloss Rambouillet ein Angebot machen werde, das er nicht ablehnen kann. Was für ein kleines Paradies; wir freuen uns schon sehr darauf.

«Da sehen Sie, was für eine hübsche Pariser Dame ich bin»   921

Der Herzog von Orléans kam aus dem hier resümierten Gespräch genauso zufrieden heraus, wie man sich das ausmalen kann. Öffentlich erklärte er sich naturgemäß tatsächlich zufrieden – den großen Hofstaat habe er ohnedies nie gewollt, weil der auch mit königlichem Geld immer ein Zuschussgeschäft sei, wer brauche das schon. Er würde daher nur jenes eine große Amt verleihen, ohne das die unglaublich komplizierten Besitz- und Herrschaftsrechte seiner Apanageländereien gar nicht handhabbar gewesen wäre, und also einen gut bezahlten Kanzler ernennen. Dann erfuhr er nicht ohne Überraschung, dass Madame de Genlis auch schon genau wusste, wer dieser Kanzler sein müsse – ihr eigener Bruder, der Marquis du Crest, der als Letzter ihrer nahen Angehörigen noch immer keine Stelle im Haushalt Orléans hatte. Was machte es schon, wenn er als Offizier genauso wenig Rechts- wie Verwaltungskenntnisse besaß? Die schöne Idee mit den Ladengeschäften im Palais Royal war ihm schließlich auch so gekommen. Der Herzog freilich traute ihm nicht und ließ sich am Ende nur deswegen zur Ernennung du Crests bewegen, weil Madame de Genlis drohte, andernfalls schweren Herzens die Erziehung der Herzogskinder abzugeben. Da das denn nun doch nicht denkbar schien, wurde also du Crest wirklich Kanzler des Hauses Orléans. Und sosehr das Publikum von Paris und Versailles sich natürlich auch darüber wieder das Maul zerriss, sosehr man sich über die zu geringe Geburt und die mangelnde Erfahrung dieses windigen Projektemachers empörte, so sehr muss man zugestehen, dass er im Dienst des Herzogs ganze Arbeit leistete. Bald nämlich hatte du Crest in der Apanageverwaltung ein ganzes Netzwerk hungriger junger Idealisten untergebracht, die nebenher allerhand nützliche Fähigkeiten (beispielsweise als Verfasser von Anti-Marie-Antoinette-Pamphleten) mitbrachten. Indem sie die verkrustete Apanageverwaltung reformierten, übten sie nicht nur Reformen ein, die dem Rest des Landes ebenso gutgetan hätten. Sie bauten zugleich den großen Besitz des Herzogs auch zu einer Maschine um, die umso wichtiger werden würde, je mehr die finanziell bedrängte Krone sich gezwungenermaßen auf protoparlamentarische Reformen zubewegte. Das zunehmend bewunderte Beispiel Englands legte ja nahe, dass die Reichen des Landes einer parlamentarisch kontrollierten Regierung nicht bloß mehr Geld zu besseren Zinsen leihen, sondern sogar auch freiwillig mehr Steuern zahlen würden. Da andererseits das Colbert'sche Steuersystem längst nicht mehr imstande war, Frankreichs rapide ansteigende Staatsausgaben zu decken, konnte man schon 1785 absehen, dass auch Ludwig XVI. in absehbarer Zeit eine Versammlung von Untertanen würde einberufen müssen. Wenn er Glück hatte, würde er sich seine Volksvertreter einfach selbst aussuchen, wobei er dann freilich (da es ja um die Zustimmung der Reichen und Vornehmen ging) kaum um den Herzog von Orléans herumkommen würde – und so geschah es denn auch 1787. Falls das aber nicht genügte (und es genügte nicht), dann musste letztendlich etwas so Unerhörtes wie ein landesweiter Wahlkampf folgen (der 1789 denn auch wirklich stattfand). In diesem Wahlkampf aber würde niemand so gut dastehen wie der, der als fast Einziger im Königreich bereits eine landesweite professionelle Organisation besaß. So würde Orléans denn 1789 seinen zahllosen Untertanen beispielsweise großzügig vorgedruckte Modellentwürfe für ihre politischen Beschwerden in die Hand drücken lassen, in denen du Crest und seine Mitarbeiter ihr eigenes Reforminteresse kunstvoll mit den Wünschen des meistens blind unterschreibenden Prinzen sowie dem aufklärerischen Zeitgeist verbanden. Während die meisten Abgeordneten der Generalstände von 1789 einander überhaupt erst einmal kennenlernen mussten, hatten die Orléanisten bereits gemeinsame Positionen, zu deren noch die von du Crest systematisch geförderte Beliebtheit des Oppositionsprinzen beim einfachen Volk von Paris hinzukam. Das Haus Orléans war also nicht zuletzt dank Madame de Genlis für den großen Machtkampf des Jahres 1789 ausgesprochen gut aufgestellt. Erst einige Jahre später würden der Herzog und sein ältester Sohn begreifen, dass ihnen dieselbe böse Überraschung bevorstand, die sie eben noch dem verhassten Königshaus bereitet hatten.

Hätte man dem Marquis de Bombelles 1785 erklärt, was da auf Frankreich und ihn zukam, wäre er begreiflicherweise erblasst, wenngleich seine Geschichte sogar noch ansatzweise ein glückliches Ende haben sollte. Nachdem er nämlich als rechte Hand des am 14. Juli 1789 gestürzten Ministers ins deutsche Exil gezwungen wurde, dort früh seine Frau verlor und die Familie schließlich nur noch versorgen konnte, indem er sich zum Priester weihen ließ, erlebte er doch wenigstens 1814 die triumphale Rückkehr der Bourbonen, die ihn zum Bischof und Hofwürdenträger ernannten. Einige glückliche Jahre lang würde er der einzige Bischof bei Hof sein, der den jungen Leuten am Klavier fröhlich zum Tanz aufspielte. In Erinnerung an alte Zeiten würde er auch auf der Bischofsmitra stets seine drei Rangsterne als Generalmajor tragen, und nur das würde er gerade nicht mehr erleben, wie sein jüngster Sohn als österreichischer Höfling heimlich die Witwe Napoleons heiratete. Aber auch schon ohne jede Vorahnung dieses schwindelerregenden Lebenslaufes war er im Dezember 1785 von der Ernennung du Crests fast ebenso schockiert gewesen, wie ihn gleich anschließend ein charakteristischer Rückzieher Ludwigs XVI. betrübte. Nachdem der König nämlich den Herzog von Orléans gedemütigt hatte, erlaubte er ihm jetzt nachträglich doch noch, wenigstens den Titel ‹Erster Prinz von Geblüt› zu führen: zu wenig, um die Wut des Cousins zu mildern, aber genug, um die königliche Autorität einmal mehr als unzuverlässig und schwankend darzustellen. Gleich am nächsten Abend, dem 12. Dezember 1785, war Bombelles beim Hofminister Baron de Breteuil eingeladen, der diesen Fehler vergeblich zu verhindern versucht hatte, und da werden sie umso mehr darüber geklagt haben, als der Minister Bombelles' wichtigster politischer Patron war. Wir sind Breteuil, dem ehemaligen Briefträger Poniatowskis, in Neapel begegnet, wo er derselben entgangenen Beförderung nach Wien nachgetrauert hatte, für die er jetzt endlich Rache nehmen konnte. Inzwischen nämlich hatte sich viel getan. Prinz Louis de Rohan, dem man damals die Wiener Botschaft gegeben hatte, weil er der Urenkel von Maman Doudour war und seine Familie noch immer die Königskinder erzog, war zwar zum Kardinal und höchsten Hofgeistlichen (grand aumônier) aufgestiegen, während Breteuil verspätet in Wien zum Zug kam. Dann aber hatte sich das Haus Rohan 1782 durch einen skandalösen Bankrott so diskreditiert, dass Marie Antoinette ihm das Gouvernantenamt abnehmen und ihrer Freundin Polignac geben konnte. Der aus Wien zurückgerufene Breteuil verlobte daraufhin fast sofort seine gerade mal neunjährige, aber schwerreiche Erbenkelin mit dem Erbsohn der Polignacs, während er Bombelles lächelnd erklärte, dass er sich jetzt um seinen Aufstieg keine Sorgen mehr machen müsse: «Ich habe ja einen neun Jahre alten kleinen Freund bei Hof» – also den Schwiegerenkel in spe, der in Wahrheit übrigens zwölf Jahre alt war, ohne dass Breteuil das mitbekommen zu haben scheint. Tatsächlich war er bloß anderthalb Monate später zum Hofminister ernannt worden und hatte seitdem auf eine Gelegenheit gewartet, sich am Cardinal de Rohan rächen zu können. Der verwöhnte Kirchenfürst hatte sie Breteuil auf einem silbernen Tablett geliefert, weil sein Versuch zur Wiederherstellung der Gunst seines Hauses so ungeschickt gewesen war, dass man ihn schon damals mit Verliebtheit in Marie Antoinette verwechseln konnte. In Wahrheit erkannte Rohan in der Königin lediglich ganz korrekt die neue stärkste Frau bei Hof, was allerdings nichts an der Naivität seines Vorgehens änderte. Es wäre für einen Mann der Kirche in keinem Fall sehr klug gewesen, Ihrer Majestät heimlich ein irrsinnig teures Juwelenhalsband zu kaufen, das sie sich nur hinter dem Rücken ihres Mannes leisten wollte. Noch weniger intelligent war eigentlich nur die Idee, sie zur Bestätigung des Plans um ein nächtliches Geheim-Rendezvous im Schlosspark von Versailles zu bitten – und dann in der scheinbaren Königin nicht das Edel-Callgirl zu erkennen, das Betrüger zu diesem Zweck angeheuert hatten.

In Wahrheit nämlich hatte Marie Antoinette keine Ahnung von all dem, was die Trickdiebe dem Cardinal de Rohan angeblich im Namen der Königin ausrichteten. Das ihr einst angebotene Halsband hatte sie seinerzeit ebenso kreuzhässlich gefunden, wie ihr der Kardinal zuwider war, und so kann man sich leicht die Empörung ausmalen, mit der sie im August 1785 den Mahnbesuch der unbezahlten Juweliere empfing. Breteuil aber war im siebten Himmel gewesen. Er hatte den als Komplizen der Betrüger verdächtigen Kardinal sofort mit maximaler Öffentlichkeit verhaften lassen (nur leider, wie die Eti-

~ «Da sehen Sie, was für eine hübsche Pariser Dame ich bin» ~ 925

kette es vorsah, von der französischen Leibgarde, die im Unterschied etwa zu den Schweizern natürlich nichts verstand, als der Kardinal seinem Begleiter schnell noch auf Deutsch «Verbrennen Sie alle Papiere» zuflüsterte), und nun war er dabei, vor dem Pariser Parlament einen Prozess zu organisieren, der vom Haus Rohan nichts übrig lassen sollte. Da zur Erklärung der verwickelten Betrügerei ständig Zeugen wie das Edel-Callgirl, der nach eigener Auskunft mehrere tausend Jahre alte Magier Cagliostro oder das kleine Mädchen auftraten, das den naiven Kardinal seinerzeit mit einem Spiegeltrick von den Geheimnissen der Altägyptischen Freimaurerei überzeugt hatte, stieg der Halsbandprozess bald zum beliebtesten Unterhaltungsprogramm der Hauptstadt auf, und so hätte Breteuil denn eigentlich mehr als zufrieden sein können. Leider nur hatte der Hofminister sich inzwischen auch mit den Polignacs entzweit, woraufhin er seine Enkelin entsprechend entlobte, die Polignacs aber Rache schworen. Der mit ihnen verbündete Finanzminister arbeitete daher jetzt ebenso wie der mit den Rohan befreundete Außenminister hinter den Kulissen des Parlamentsgerichts daran, den Kardinal freisprechen zu lassen, um Breteuil zu diskreditieren. Dass sie dafür die ohnehin schon seit langem verleumdete Königin und letztlich das ganze Hofsystem mit in den Dreck ziehen mussten, bremste diese beiden ebenso wenig, wie es Breteuil gebremst hatte, und so erfuhr denn das faszinierte Pariser Publikum nun schon seit Monaten jeden Tag immer skurrilere Details aus dem Innenleben des Ancien Régime. Bombelles aber ertappte sich zunehmend dabei, seine nicht mehr aufschiebbare Abreise an die Botschaft in Lissabon als einen Segen anzusehen, der ihn aus der Schusslinie der nächsten höfischen Machtkämpfe nehmen würde. Seine Frau und deren Familie waren nämlich wie alle in der Prinzenerziehung aufgestiegenen Hofleute treue Rohan-Klienten, während er selbst ein Mann Breteuils war und sich in letzter Zeit immer mehr den mächtigen Polignacs angenähert hatte. In dem nun ausbrechenden Kampf aller gegen alle würde er sich am unwichtigsten Hof Europas verstecken können, wenn er nur vorher noch den logistisch albtraumhaften Kampf um die nie ausreichend subventionierte standesgemäße Botschafter-Ausstattung gewann. Immerhin hatte man ihm bereits beruhigend erklärt, dass *niemand* in Lissabon wertvolle Möbel habe. Vom Prince de Tarente hatte er eine große Staatskarosse zum Schnäppchenpreis erwerben können, und so fehlten ihm jetzt bloß noch vergoldete Pferdeharnische und ein bezahlbares Umzugsunternehmen, bevor er sich dem absehbaren Ärger würde entziehen können. Vorher aber wollte er unbedingt noch einmal die so erholsam tugendhaften Caramans in Roissy besuchen, die ihn zu einer verbesserten Aufführung des *Rosenmädchens von Salency* eingeladen hatten: genau das, was er jetzt brauchte, um ihm den Glauben an die Menschheit zurückzugeben.

Während man an jenem 13. Dezember 1785 im Schloss Roissy auf den Beginn der Vorführung wartete, hatte Bombelles bereits Gelegenheit gehabt, sich mit dem jungen Irokesen vertraut zu machen, dessen Präsenz man Monsieur de La Fayette verdankte. La Fayette war seinerzeit nur einer von vielen jungen Hofmännern gewesen, die die amerikanische Rebellion gegen Großbritannien fasziniert hatte, und wie bei all den anderen wird man auch bei ihm kaum genau unterscheiden können, was an dieser Begeisterung Freiheitsliebe und was die Sehnsucht des Kriegeraristokraten nach einer Bewährungsprobe war. Seit dem für Frankreich blamablen Ende des Siebenjährigen Krieges (1763) war eine neue Generation von Offizieren herangewachsen, für die es in Ermangelung anderer Bewährungsproben nur noch jene erotischen Eroberungen gab, die ein anderer solcher Offizier in den *Gefährlichen Liebschaften* beschrieben und keineswegs zufälligerweise in militärstrategisches Vokabular eingekleidet hat. Die Teilnahme am Krieg der Amerikaner erschien daher doppelt verlockend, zumal er ja gegen die britischen Erzfeinde geführt wurde; umso frustrierender, dass Frankreich niemanden abreisen ließ, weil es sich zuerst diplomatisch bedeckt hielt. Der Marquis de La Fayette aber war aufgrund großen Vermögens und vornehmer Abstammung bereits als Sechzehnjähriger mit einer Tochter des mächtigen Hauses Noailles vermählt worden, und so würden ihm nun im Jahr 1777 ausgerechnet vier Angehörige dieser krakenhaften Hofsippe jene eigentlich verbotene Amerikareise

«Da sehen Sie, was für eine hübsche Pariser Dame ich bin» 927

ermöglichen, die ihn bald zum republikanischen Freiheitshelden machen sollte. George Washington mochte notgedrungen Oberbefehlshaber eines republikanischen Heeres geworden sein, nachdem die Briten Amerika nicht nur durch eine Stempelsteuer, sondern auch durch Andeutungen einer Abschaffung der Sklaverei provoziert hatten. Zugleich aber war der aus kolonialem Landadel stammende General informiert genug, um sowohl die Wichtigkeit französischer Unterstützung als auch die Macht der großen Hoffamilien zu kennen. Er ernannte folglich den neunzehnjährigen La Fayette nicht bloß sofort zu seinem Adjutanten im Generalsrang, sondern gab ihm darüber hinaus alle nur denkbaren Gelegenheiten, sich als Kommandeur auszuzeichnen. Indem er tatsächlich tapfer kämpfte, erwarb sich La Fayette rasch einen Nimbus, den zu erwerben kein anderer Franzose die Chance gehabt hätte. Erst 1778 erklärte Frankreich Großbritannien dann auch offiziell den Krieg, der sich vom relativ kleinteiligen amerikanischen Unabhängigkeitskampf rasch zum weltweiten Seekrieg ausweitete. Während aber die Franzosen die Schlappe von 1763 ausgleichen wollten, hatten die Briten sich seit ihrem damaligen Triumph so überlegen gefühlt, dass sie zum ersten Mal seit achtzig Jahren ganz auf europäische Festlandalliierte verzichtet hatten. Nun rächte sich das.

Da diesmal keine österreichische oder preußische Armee die Franzosen zu Lande beschäftigte, konnte Ludwig XVI. sämtliche Ressourcen auf den Seekrieg konzentrieren. Es dauerte nicht lange, bis die verbündeten Franzosen, Amerikaner, Spanier und Niederländer die Briten überall katastrophal in die Defensive drängten. 1781 kapitulierten in La Fayettes Beisein die letzten britischen Soldaten auf dem Gebiet der heutigen USA. Großbritannien würde bis 2003 keinen größeren Krieg mehr anfangen, in dem es nicht mächtige europäische Bündnispartner hatte. Die Vereinigten Staaten gewannen eine Unabhängigkeit, die sie ohne die Hilfe des absoluten Monarchen von Versailles kaum je hätten durchsetzen können. Frankreich trug ein mit traditionellen Mitteln nicht mehr abbezahlbares Staatsdefizit davon, das innerhalb weniger Jahre die Revolution auslösen würde, und La Fayette wurde als Held arbeitslos. So triumphal seine Rückkehr in die

Heimat auch ausfiel, so wenig blieb ihm doch von nun an zu tun, zumal auch die Noailles ihm keine große Rolle mehr verschaffen konnten, weil selbst sie von Marie Antoinettes Polignac-Favoriten immer mehr bedrängt wurden. Im Jahr 1784 hatte der Marquis daher nur zu gerne das Angebot einer neuen Reise über den Atlantik angenommen, auch wenn es diesmal nur um eine Art Nostalgie-Tour sowie Friedensverhandlungen mit den ihm befreundeten Irokesen gegangen war. Er hatte den zweiten Sohn der Familie Caraman mitgenommen, der sich sein Pferd mit dem Autor der noch heute gerne wiederveröffentlichten falschen Pompadour-Briefe teilen musste, und war von den Irokesen wie ein lang vermisster Bruder empfangen worden. Was lag da näher, als auch von dort einen jungen Mann nach Paris mitzunehmen, wo er die einzig wahre Zivilisation aufsaugen würde, um sie am Ende seinen Stammesbrüdern mitzubringen? Die Häuptlinge der Oneida benannten für diese Rolle einen Jugendlichen, dessen Namen die amerikanischen Quellen wahlweise als Ouekchekacta, Ogiheta, Otsequette, Peter Otsiquette oder Peter Jaquette angeben, ohne dass das der französischen Adelsgesellschaft in der Folge besondere Probleme verursacht zu haben scheint – dort hieß er ja sowieso immer bloß ‹der Wilde von Monsieur de La Fayette›.

Es war wahrlich nicht der einzige Widerspruch in diesem groß angelegten Zivilisationsexperiment, wenn auch Bombelles den sichtlich faszinierenden Fremden kein einziges Mal mit einem anderen Namen bezeichnete, während sein Tagebuch sonst noch den hinterletzten Krawattenlieferanten namentlich anführt. Man hatte ja gerade erst das Konzept des ‹Edlen Wilden› erfunden, hatte also gerade erst aufgehört, die Außereuropäer nüchtern in leichter oder schwerer Besiegbare einzuteilen und ihnen stattdessen die Funktion zugeteilt, uns als erbaulicher Spiegel der eigenen Dekadenz zu dienen. Wer immer von nun an eine europäische Tradition kritisieren wollte, konnte gar nicht genug bekommen von diesen wunderbaren Naturmenschen, mit denen sich umso besser gegen oder für alles nur Denkbare argumentieren ließ, je weniger man eigentlich von ihnen wusste. Und gar so besonders neugierig musste man sich ja auch nicht anstellen,

Stanisław II. von Polen. Wer sich das vom Adel seiner Heimat bisher bevorzugte Barbarenkostüm in Erinnerung ruft, der wird die progressive Modernität des Reformkönigs auch im Krönungsornat von 1764 erkennen. Den Rest seines Aufstiegs erklären die Locken.

Der englische Premierministersohn Horace Walpole (oben links) war nur der Erste von vielen, denen Stanisław Poniatowskis Attraktivität auffiel. Aus Poniatowskis Liebe zur Cousine Izabela Lubomirska (oben rechts) wurde zwar trotzdem nichts. Ihr Glück aber war, dass man sie letztlich auch nicht mit Fürst Karol Radziwiłł (links) verheiratete.

Großfürstin Anna Leopoldowna (rechts) herrschte ab 1740 über Russland – freilich nur als Regentin für den Sohn, obwohl sie selbst die Thronerbin war, nur kurz und mit bösem Ende. Für Katharina II. (unten rechts) galt in allen Punkten das Gegenteil, auch wenn ihr unehelicher Sohn Bobrinskij (unten) sie 1762 beinahe an der Machtübernahme gehindert hätte – die Schwangerschaft kam dem Putsch in die Quere.

Mit Prinz Fritz von Wales verband Sir William Hamilton (links) nicht nur dessen Liaison mit Hamiltons Mutter; sie hatten auch beide erfolglos versucht, eine Frau namens Lady Diana Spencer zu heiraten. Die Ehe mit einer anderen brachte Sir William nach Neapel, wo er auf den vulkanischen König Ferdinand IV. traf (unten mit Ehefrau Marie Caroline sowie sechs ihrer 17 Kinder).

n ihrer Jugend hatte die Gräfin von Genlis schlafenden Nonnen Schnurrbärte aufgemalt. Als Geliebte des Herzogs von Orléans aber erzog sie dessen Sohn Chartres (unten rechts) für einen Thron, den ihm nur die Revolution bringen konnte. Praktisch, dass Leute wie der dank höfischer Verbindungen zum Freiheitshelden avancierte La Fayette (unten links) gerade eine machten.

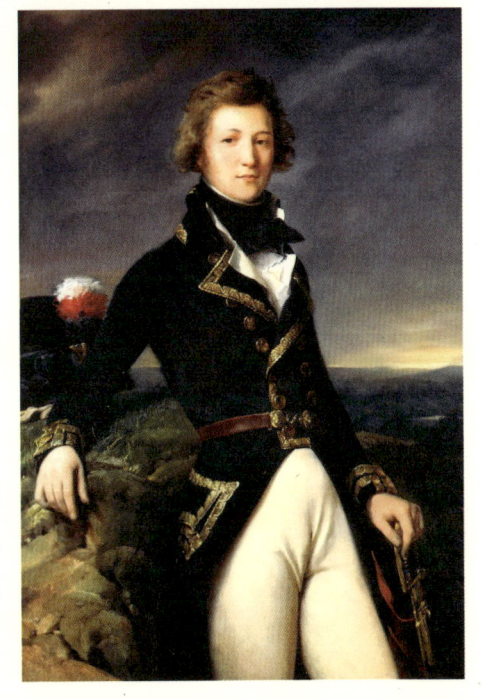

Als die zwanzigjährige Emma Hart 1785 als am Mittelmeerufer gestrandete und vom Geliebten verlassene Ariadne gemalt wurde, ahnte sie nicht, dass es ihr nur ein Jahr später in Neapel genauso gehen würde. Was wie Unglück aussah, brachte das nordenglische Unterschichtmädchen jedoch in eine Schlüsselstellung der europäischen Diplomatie.

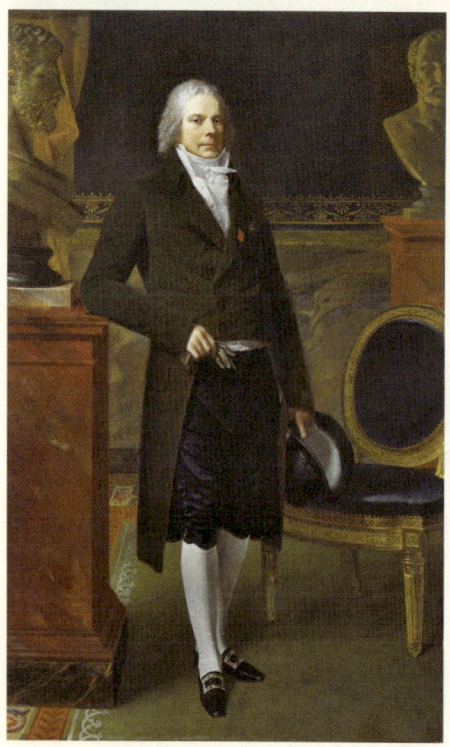

Werbung für die Erbmonarchie ließe sich weder mit Friedrich Wilhelm II. von Preußen (oben) noch mit Paul I. von Russland machen. So schwer sie es als Nachfolger amtlich anerkannter Genies auch hatten, so wenig zwang sie das doch, auf Stimmen aus dem Jenseits zu hören (Friedrich Wilhelm) oder eine Elite zur Weißglut zu reizen, die ans Putschen gewöhnt war (Paul).

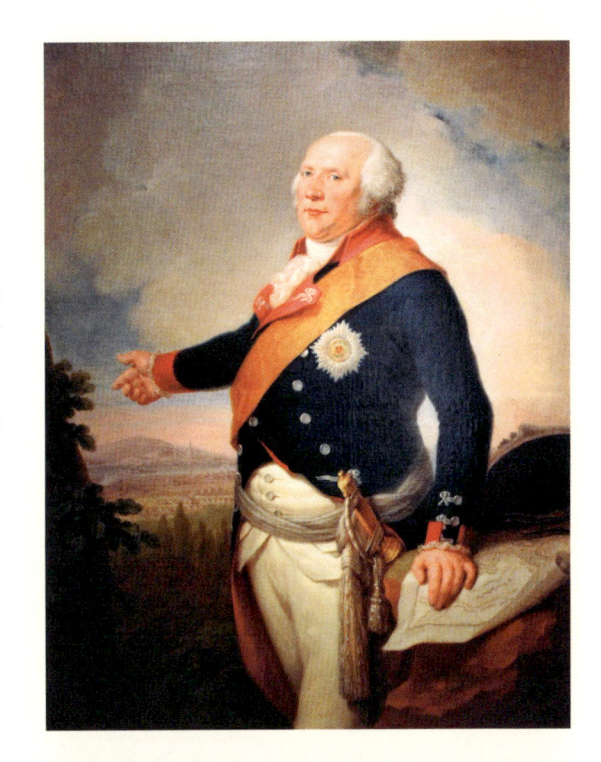

Dass die Liaison zwischen der Baronin Staël (links) und Bischof Talleyrand (ganz links) ungut endete, zeigt der große Bogen, den Talleyrand in der Folge um intellektuelle Frauen machte. Während die Baronin im europäischen Adel eine amouröse Spur der Verwüstung hinterließ, geriet der Ex-Bischof daher in die Hände einer sich dumm stellenden Spionin.

Platon Subow war zu hübsch, um Katharina der Großen nicht aufzufallen, zu gerissen, um als «Pompadour seines Landes» nicht auf den größten Raubzug des Jahrhunderts zu gehen, und zu dumm, um zu begreifen, dass er mit der Auflösung Polens 1795 auch das Asyl vernichtete, wo er vor Katharinas Nachfolger sicher gewesen wäre.

wenn sie doch letztlich in ihrem einzig interessierenden Nicht-wie-wir-Sein alle gleich waren: Ein Spiegel braucht keinen Namen. Ob der junge Mann also Irokese, Azteke oder Tahitianer war, interessierte in Paris sichtlich genauso wenig wie sein Name, den der Historiker nur mit viel Detektivarbeit ermitteln kann. Umso wichtiger war dagegen sein Stammeskostüm aus fleischfarbenem Leibchen, Nasenring, Ohrengewichten, Federn im Haar und sonst nicht sehr viel, das man in früheren Zeiten zweifellos sofort gegen ein salonkompatibles ‹habit habillé› oder wenigstens gegen gehobene Freizeitkleidung (also einen Frack) ausgetauscht hätte. Jetzt dagegen wurde der junge Otsiquette, der doch gleichzeitig Sprach-, Literatur- und Querflötenunterricht erhielt, offenbar nicht nur dazu ermutigt, diese gewöhnungsbedürftige Kleidung bei allen Abendveranstaltungen zu tragen. Wir wissen aus dem Bericht eines damals achtjährigen Adelssohnes, der sich vor Otsiquette einigermaßen grauste, dass man ihn offenbar auch überall darum bat, der distinguierten Gesellschaft nicht etwa sein Querflötenspiel, sondern Tomahawktanz und Totengesang vorzuführen. Falls diese Aufforderungen im Geiste tiefschürfender ethnologischer Neugier ausgesprochen wurden, kann es nicht viel geholfen haben, dass jedes Mal sofort auch der bei den Irokesen zum Kriegsnamen ‹Hana Skouchy› beförderte Chevalier de Caraman mittanzte, dessen französisch lustige Version des Ich-sterbe-tapfer-und-verachte-den-Tod-Tanzes allerdings zumindest Bombelles wie eine dringend nötige Ergänzung des Originals vorkam. Selbst die fröhlicher gemeinten Tänze und Lieder schienen dem Marquis nur seine Auffassung zu bestätigen, dass diese Leute in ihren Vergnügungen wenig heiter seien, worin ihm Caramans Reisegefährte allerdings widersprochen hätte (der nämlich hatte sich nach eigener Aussage spätestens dann gewünscht, dass die Indianer so melancholisch seien, wie man immer behauptete, als er vor lauter Gesang und Tanz kaum noch zum Schlafen kam).

Immerhin zeigen Bombelles' ausgewogene Kommentare, dass er dem Klischee vom Edlen Wilden weniger aufsaß als viele Zeitgenossen. Wo ihm das Irokesen-Kostüm «wenig erfreulich» erschien, bewunderte er doch andererseits die Intelligenz und Energie, mit der

Otsiquette La Fayette ganz allein über den Atlantik hinterhergereist war, weil der Marquis ihn beim Besuch seines Stammes (Bombelles schrieb: seiner Horde) verpasst hatte. Die geteilte Begeisterung für den Gesang der schönen Amélie de Caraman machte dem Diplomaten seinen Sitznachbarn naturgemäß erst recht sympathisch, woran zum Glück auch die anschließende Äußerung des Irokesen nichts mehr änderte. Sichtlich unter dem Eindruck der eben dargebotenen Oper über ländliche Tugend hatte Otsiquette nämlich erklärt, er wolle hierzulande jetzt auch endlich mal ein paar Frauen kennenlernen, worauf die von diesem Plan wenig erfreuten Zivilisationsmenschen ihn so diskret, wie das eben ging, auf die Vielzahl der damals noch nahezu unbehandelbaren Geschlechtskrankheiten hinwiesen. Das sei ja nun wirklich kein Problem, antwortete Otsiquette ihnen fröhlich, da er sich in solchen Fällen noch jedes Mal mit Medizinpflanzen habe helfen können, die man bei einem simplen Waldspaziergang finden könne. So endete denn der Ausflug des Marquis de Bombelles zu den tugendhaften Caramans diesmal in der euphorischen Hoffnung, mit Hilfe des musikalischen Irokesen schon im nächsten Frühjahr ein nicht unwesentliches Menschheitsproblem wissenschaftlich modern lösen zu können. Der Historiker bedauert daher, festhalten zu müssen, dass aus dieser Hoffnung nicht mehr wurde als aus so vielen anderen, die im Jahr 1785 in der Luft lagen. Peter Otsiquette, dessen Heilkräuter entweder nicht zu finden waren oder nicht wirkten, blieb noch drei Jahre in Frankreich, bevor er 1788 wieder zu seinem eigenen Volk zurückreiste, und wie so viele Fragen seiner Geschichte können wir auch die nur sehr unvollkommen beantworten, die auf Erfolg oder Misserfolg seiner «Zivilisierung» abzielt. Verschiedene weiße Amerikaner berichten zwar, dass er nach Rückkehr und Heirat sofort wieder in die Bräuche seines Stammes zurückgefallen sei, alle europäische Kultur vergessen habe und rasch zum Trinker verkommen sei wie so viele seiner Stammesgenossen; nur beim Besäufnis mit Europäern habe er gelegentlich noch lange Passagen aus Racines klassischen Tragödien rezitiert. Aber ganz abgesehen davon, dass uns ein Wiedereinstieg in die Gewohnheiten seines Volkes nicht abwegig vorkommen sollte,

~ «*Da sehen Sie, was für eine hübsche Pariser Dame ich bin*» ~ 931

spricht gegen diese Darstellung mehr als beispielsweise der Umstand, dass die Oneida den Zurückgekehrten später als «ihr Ohr» zu wichtigen Verhandlungen mit den USA delegierten. Die Texte der Weißen lassen auch fast ausnahmslos einen Wunsch erkennen, der sie uns suspekt machen muss – den Wunsch nämlich, jene kategorische Minderwertigkeit der Indianer zu beweisen, die sich nicht einmal durch die beste europäische Erziehung beheben lasse. Nur ein Franzose, der 1788 auf demselben Schiff wie Otsiquette nach Amerika reiste (es war einer von du Crests jungen Leuten, der mehr über die amerikanische Republik erfahren wollte und in wenigen Jahren einer der wichtigsten Männer der Revolution sein würde), erlaubte sich die Feststellung, dass dieser einzelne Testfall nichts Grundsätzliches über die Zivilisierbarkeit der Ureinwohner aussagen könne. Otsiquette allerdings schien auch ihm kein allzu strahlendes Bildungsprodukt, denn dazu fehle die Fähigkeit zur großen Idee. Sprachen immerhin habe er gut gelernt, Tanzen sogar noch besser, und nur sein Querflötenspiel sei bis zuletzt mittelmäßig geblieben. Als Peter Otsiquette am 19. März 1792 in der damaligen US-Hauptstadt Philadelphia starb, wohin er als «einer der wichtigsten Häuptlinge der Oneida-Nation» zu Verhandlungen mit der Regierung gekommen war, folgten seinem Sarg nicht nur «alle gerade in der Stadt anwesenden Krieger», sondern unter dem dumpfen Trommelklang einer städtischen Ehrengarde auch angeblich mehr als 10 000 Personen.

Man darf es getrost einen kuriosen Zufall nennen, wenn das nach Halsbandaffäre und edlem Wilden dritte große Gesprächsthema dieses Opernabends ebenfalls viel mit Amerika zu tun hatte. Weil es aber hier darum ging, wie der begreifliche Wunsch eines Schweizer Bankiers und der etwas weniger begreifliche Wunsch des Königs der Goten und Vandalen zuletzt mitten in der Karibik zueinandergefunden hatten, um die meistdiskutierte Heirat dieses Winters zu ermöglichen, und weil weiterhin diese Heirat eine für alles Folgende wichtige junge Frau in die Arena der großen Welt hineinwarf, erlauben auch wir uns, schamlos dem Zufall zu folgen. Tatsächlich lag es lediglich an aufeinanderfolgenden Erkrankungen von Braut und Bräutigam, wenn die neunzehnjährige Germaine Necker an diesem 13. Dezember 1785 noch Mademoiselle Necker hieß, statt wie geplant bereits Baronin Staël zu sein und als solche fast sicher zu den befreundeten Caramans nach Roissy eingeladen zu werden. Die junge Frau war das einzige Kind eines auf seine Weise ebenfalls einzigartigen Mannes und einer Mutter, die sich diese Einzigartigkeit zum religionsähnlichen Lebensinhalt gemacht hatte. Diese Mutter war 1737 als Pfarrerstochter Suzanne Curchod in Crassier bei Genf geboren worden, von wo der Blick fast direkt auf jenes Ufer des Genfer Sees fällt, an dem 1674 die Schießerei der adeligen Studenten stattgefunden hatte. Nahebei lagen Schloss Coppet, von dem die Reisenden damals aufgebrochen waren, und Schloss Prangins, das sich der angeschossene Nikolaus Bartholomäus Danckelmann später zum Zeichen seines großartigen Aufstieges gekauft hatte. Und auch Suzannes Ehemann Jacques Necker würde zuerst versuchen, Prangins zu kaufen, bevor er dann gerade im Jahr 1785 Coppet erwerben konnte – Denkmal eines Aufstieges, der den Danckelmann'schen noch einmal in den Schatten stellte. Dass dieser in Genf geborene Sohn eines aus der Nähe von Crossen stammenden Professors und einer Genfer Patrizierin es zum erfolgreichen Pariser Bankier brachte, wäre zwar noch nicht weiter bemerkenswert gewesen. Es reichte jedoch, um seiner hinter ihrem strikten Verhaltenskodex durchaus romantischen Frau zu einer unwillkommenen Einsicht zu verhelfen: Wenn ein Mann wie der ihre den größten Teil jedes Tages mit dem Aushandeln von Millionenkrediten verbrachte, blieb wenig Zeit für jene totale Symbiose der Liebenden, mit der Suzanne Necker so selbstverständlich gerechnet hatte. Sie würde also eine eigene Beschäftigung brauchen, wozu sich im Paris der 1760er Jahre natürlich ein literarischer Salon anbot. Und sie brauchte ein Ziel für ihren eigenen Ehrgeiz. Auch das war leicht, denn da Madame Necker ihren Gemahl zum Glück weiterhin maßlos bewunderte, ergab sich quasi von allein, dass der Endzweck ihres Salons nur die Erhebung Jacques Neckers zu den allerhöchsten Ehren sein konnte. Und spätestens hier müssen wir der Dame Respekt zollen, nicht obwohl, sondern gerade weil die rigide Haltung dieser relativen Außenseiterin von der

«Da sehen Sie, was für eine hübsche Pariser Dame ich bin»

aristokratischen Eleganz einer traditionellen Salonnière so denkbar weit entfernt war (von ihrer Taubheit auf dem rechten Ohr ganz zu schweigen, die freilich in all den Jahren bezeichnenderweise keinem einzigen der eher aufs Selberreden abonnierten Salonbesucher aufgefallen zu sein scheint). Obwohl also alles gegen den Erfolg ihres Projekts sprach, gelang es Madame Necker doch, innerhalb kaum eines Jahrzehnts mit eiserner Willensstärke, raffinierter Diplomatie und einem nur mäßig guten Koch so viele Intellektuelle und Hofadelige in ihren Salon zu ziehen, dass der Gemahl zuletzt wirklich auch von ‹tout Paris› als der genialste Finanzmann des Jahrhunderts bewundert wurde. Als man ihn 1777 gar an die Spitze der königlichen Finanzverwaltung stellte, war Necker in diesem Amt nicht nur der erste Bankier seit siebenundfünfzig und der erste Bürgerliche seit mindestens einhundertdreißig Jahren, sondern vor allem auch der erste Protestant seit 1611.

Vier Jahre lang blieb Frankreichs Finanzministerium nun in Neckers Händen. Der Ex-Bankier hatte also vier Jahre lang Zeit, um herauszufinden, warum die Konkurrenz um diesen normalerweise von Juristen besetzten Posten diesmal nicht allzu stark gewesen war. Das altertümliche System der Ausnahmen, Schätzungen und Verpachtungen war ohnehin längst am Ächzen und Stöhnen gewesen. Der amerikanische Krieg aber brachte es an den Rand eines Abgrunds, den zu überbrücken selbst einem Kreditexperten zunehmend schwerfiel. In dieser Situation wäre es gewiss schlimm genug gewesen, dass Necker nicht das Genie war, für das nach seiner Frau und ganz Paris inzwischen auch er selbst sich hielt. Das viel größere Unheil freilich lag in seiner tatsächlichen Begabung, denn die brachte ihn jetzt auf eine jener dreiviertelgenialen Ideen, mit denen der Weg in die Katastrophe so besonders gerne gepflastert ist. Solange Frankreichs wirkliche Reiche von der Besteuerung fast vollkommen verschont blieben, konnte der Staat seine steigenden Kosten nur mit Krediten decken. Zur Vergabe von Krediten zwingen konnte aber auch die absolute Monarchie niemanden, zumal man gerade ihr ja mit Recht zutraute, sich im Ernstfall einfach für bankrott zu erklären, was die Geldgeber ruiniert hätte. Necker musste also neues Vertrauen in die Zahlungsfähigkeit der Krone erwecken, wozu eine bloße Erklärung des Finanzministers natürlich nicht ausreichte. Was aber, fragte sich der Genfer, wenn man einen Bericht über den gegenwärtigen Stand der Finanzen nicht bloß erstellte, sondern auch veröffentlichte, ganz als handele es sich nicht um extrem gefährliche Staatsgeheimnisse? Was, wenn man den Bericht subversiver und glaubwürdiger machte, indem man die unproduktiven Zahlungen an Höflinge und Prinzen hervorhöbe und überhaupt auf all die Reformen verwiese, die Necker entweder schon durchgeführt hatte oder gerne hätte durchführen dürfen? Und was schließlich, wenn man den Bericht auf die sogenannten ordentlichen (also regelmäßig wiederkehrenden) Staatsausgaben beschränkte, damit ein schöner Überschuss herauskam, weil doch die unrettbare Kriegsverschuldung bloß in den hier diskret weggelassenen außerordentlichen Ausgaben stattfand? Das alles fragte sich Necker, als er 1781 seinen *Rechenschaftsbericht an den König* einer überraschten Öffentlichkeit vorstellte, die solche Informationen noch nie zuvor erhalten hatte, und bald genug hatte er seine drei Antworten.

Erstens nämlich wurde er sofort zum Helden der Stunde – der selbstlose Reformer, das bescheidene Finanzgenie, das mitten im Krieg den Haushalt ausgeglichen hatte, die skandalösen Wahrheiten aus dem Kerker der Geheimhaltung befreite und sich nicht einmal scheute, im Interesse des Landes die schamlose Verschwendung des Hofes anzugreifen: Das alles war sehr schön. Zweitens blieb man auf diese Weise natürlich nicht lange Minister. Sobald Neckers Rivalen sein Buch mit viel Höflingsunterstützung angriffen, bat der empörte Tugendbold um ein eklatantes Zeichen königlicher Gunst, das diesen Kläffern ihr Maul verschließen würde, bekam keines (im Gegenteil: Um in den obersten Staatsrat zu kommen, müsse er schon bitte erst mal der calvinischen Irrlehre abschwören) und reichte daraufhin mit einer ebenfalls noch nie dagewesenen Dreistigkeit ungefragt seinen Rücktritt ein. Ludwig XVI. schwor sich, diesen Mann nie wieder einzustellen, aber Necker wusste, was er tat. Die kommende Finanzkatastrophe würde nun nicht als seine Schuld angesehen werden, er selbst im Gegenteil als amtlich bestätigtes Supergenie zum letzten Joker der Finanzpolitik aufsteigen, den man ausspielen musste, wenn alles andere gescheitert war; er also konnte warten. Denn das war zweifellos das Genialste am *Rechenschaftsbericht*, dass er ja nicht bloß zu beweisen schien, wie gut Necker selbst den königlichen Schatz verwaltet hatte. Das Publikum von 1781 hatte im ganzen Leben noch nie so einen Bericht gesehen, und so war klar, dass es sich nur die angeblich zehn Millionen Überschuss merken würde. Sobald aber Neckers Nachfolger die tatsächliche Verschuldung ansprachen (und das würden sie müssen, sobald sie quasiparlamentarische Zustimmung zu neuen Steuern brauchten), würde dasselbe Publikum sie in der Luft zerreißen, weil es ja zu wissen glaubte, dass noch vor einigen Jahren alles in Ordnung gewesen war. Necker hatte also dem Ancien Régime eine tickende Zeitbombe in den Tresor gelegt, die jeden Versuch moderater Reformen zerreißen würde, und hatte so wohl nur halb bewusst jene große Krise vorbereitet, in der man ihn an die Regierungsspitze würde zurückholen müssen. Unzweifelhaft dreiviertelgenial also und umso bitterer daher, dass da ein nicht unwesentliches letztes Viertel fehlte. Als nämlich Necker 1788 tatsächlich zum faktischen Premierminister ernannt wurde, hatte er zwar alle Rivalen ausgeschaltet: Wie aber die Staatsfinanzen nun wieder in Ordnung kommen sollten, das wusste auch er nicht im Geringsten.

Noch aber war es ja nicht so weit. Noch waren jene sieben Jahre ab 1781 nicht um, die er nominell als Privatmann verbrachte, obwohl die großen Namen seiner eigenen Hofpartei bei ihm aus und ein gingen, als wäre er noch immer Minister. Es waren diese Jahre, die er zur Lösung eines Problems nutzte, das ihm nicht weniger am Herzen lag als Frankreichs Finanzen: Was sollte aus seinem einzigen Kind werden? Die fünfzehnjährige Germaine Necker war in jenem Alter, in dem das Ancien Régime die Töchter zu verheiraten pflegte, zumal wenn sie so reich waren wie sie. Neben den wirklich großen Vermögen der Orléans oder Penthièvre mochten Neckers Millionen zwar wie Kleingeld aussehen. Für eine gehobene Adelsheirat aber hätten sie wohl allemal gereicht, wäre da nicht ein fatales Detail in die Quere gekommen – als Protestantin war Mademoiselle Necker in Frankreich, wo diese Konfession ja seit 1685 verboten war, schlichtweg unvermittelbar. Weil nun eine Konversion zum Katholizismus den calvinistischen Eltern ebenso undenkbar schien wie ihrer Tochter, blieb nur die Ehe mit einem protestantischen Ausländer, und so drehte sich denn das Karussell der Verhandlungen, die bereits ab 1778 um die Hand der gerade erst Zwölfjährigen geführt wurden, quer über den ganzen Kontinent. Mal schien es, als könne der schöne Schwede Graf Axel Fersen zum Zug kommen, der damals das schwedische Söldnerregiment der Krone Frankreichs kommandierte und viel später der einzige Liebhaber Marie Antoinettes werden sollte. Aber Graf Axel schrieb bald seinem Vater, wie froh er über das Scheitern der Verhandlungen sei, die er ohne jeden Heiratswunsch nur ihm zuliebe geführt habe, und auch manch anderer Kandidat erwies sich rasch als ungeeignet. Prinz Georg August von Mecklenburg-Strelitz beispielsweise hätte Germaine zwar durch eine Heirat zur Schwägerin der englischen Königin gemacht. Da jedoch gerade sein hoher Rang ihm mit dieser Bürgertochter höchstens eine demütigende Ehe zur linken Hand erlaubte, hätte er zum Ausgleich vermutlich mehr als die Ehrlichkeit bieten müssen, mit der er seine ausschließlich finanziellen Motive erklärte («Als jüngerer Sohn, der seit zwanzig Jahren im sehr aufwendigen österreichischen Militärdienst steht, sehe ich meine pekuniären Angelegenheiten extrem derangiert»). Attraktiver wirkte da schon William Pitt der Jüngere, denn wer es wie er mit vierundzwanzig bereits zum britischen Ex-Finanzminister gebracht hatte, der erschien selbst den Neckers ebenbürtig. Dass ein solches Genie sich niemand anderen als Neckers Tochter zur Frau wünschen konnte, war dermaßen selbstverständlich, dass die Neckers den ahnungslosen Junior-Staatsmann gar nicht erst fragen mussten. Es hätte ihnen viel Kopfzerbrechen erspart, da engere Beziehungen mit Frauen Pitt zeitlebens Angst gemacht zu haben scheinen. Der junge Mann, der bald danach für zwanzig Jahre zum britischen Premierminister aufstieg, konnte sich daher glücklich schätzen, dass er nie vom Familienstreit erfuhr, den er im Hause Necker auslöste. An seinem Fall nämlich verdeutlicht sich jener zweite

«Da sehen Sie, was für eine hübsche Pariser Dame ich bin»

Teil des Necker'schen Verheiratungsproblems, der bald zur schwedischen Umbenennung eines im Moment noch ahnungslosen Karibik-Inselchens führen würde.

Es ist wahrlich nicht die geringste unter den modernen Eigenschaften der Neckers, dass sie ein frühes Beispiel der klaustrophobischen Vater-Mutter-Kind-Kernfamilie abgaben. Eine Kombination aus biologischem Zufall, Auswanderung und Ideologie hatte sie zu einer winzigen Einheit zusammengeschweißt, deren Intensität den aus ebenso großen wie oft distanzierten Clans stammenden Aristokraten seltsam erscheinen musste. Aber schon begann der Zeitgeist, sich in Richtung der Neckers zu drehen, und so schien es bereits nicht mehr ganz bizarr, sich mit der Erziehung einer bloßen Tochter so viel Mühe zu geben, wie Madame Necker das tat. Sie war vor der Ehe nicht umsonst Gouvernante gewesen; nun wollte sie die 1766 geborene Tochter Germaine zu einer perfektionierten Version ihrer selbst erziehen, damit sie des Heldenvaters würdig sei, und ersann dafür ein Erziehungsprogramm, neben dem selbst das der Gräfin Genlis entspannt aussah. Während die Gräfin ihre Zöglinge beispielsweise zu Bewegung in der Natur erzog, verließ die als Kind meist Minette genannte Germaine kaum je auch nur das Haus, weil ihrer Mutter schon eine Spazierfahrt in der Kutsche lebensgefährlich riskant erschien. Als dann die Eltern der einzigen von Madame Necker zugelassenen Freundin die Kleine schließlich doch einmal mitnehmen durften, war Minette prompt schon vom bloßen Konzept des Ins-Grüne-Fahren derart berauscht, dass sie vor lauter Hingerissenheit gar nicht mehr dazu kam, tatsächlich aus den Kutschenfenstern herauszuschauen. Auch sonst lief fast alles schief, was Madame Necker sich vorgestellt hatte. Der Einzelunterricht zwar brachte Minette in der Tat eine ungewöhnlich tiefe Bildung, was in dieser Gesellschaft allein schon genug Probleme verursacht hätte. Viel prägender aber wurde der Umstand, dass Germaine buchstäblich im Salon ihrer Mutter aufwuchs. Bereits als kleines Mädchen saß sie hier mit dem vorgeschriebenen geraden Rücken auf einem Hocker, während Frankreichs bekannteste Intellektuelle über Gott und die Welt debattierten. Sie fragte nach, wenn sie nicht verstand, erhielt von gerührten Geistesgrößen charmante Antworten und lernte so neben dem Argumentieren zugleich, dass alle Welt sich brennend für ihre Meinungen interessierte. Und wie denn auch anders? Ihr Vater war doch der großartigste Mann aller Zeiten, das wusste jeder. So wuchs Germaine Necker zu einem ebenso leidenschaftlichen wie ungebremsten Kind heran, das nicht bloß die natürlich oft vorbeikommende Gräfin Genlis ihre Hände über dem Kopf zusammenschlagen ließ. Auch der strengen Mutter wurde die Tochter langsam unheimlich, zumal sie einen nagenden Verdacht nicht loswurde. Konnte es sein, dass der großartigste Mann aller Zeiten die Gesellschaft seiner selbstbewussten Tochter entspannender, ja interessanter fand als ihre eigene? Was bedeutete es, wenn Madame Necker kurz vom Mittagstisch aufstand und diese beiden bei der Rückkehr vorfand, wie sie mit auf dem Kopf gebundenen Servietten einen absurden Tanz aufführten? Natürlich setzten Necker und Germaine sich sofort wieder hin und taten, soweit die Situation das eben zuließ, als wäre nichts gewesen; aber das familieninterne Bewunderungsgleichgewicht war doch aus dem Lot.

Zwar waren alle Beteiligten dermaßen unschuldig anständig, dass hier nie jemand mehr als emotionalen Inzest vermutet hat. Der freilich hatte es immer noch ausreichend in sich, um Madame Necker jetzt die Ehe mit dem ahnungslosen Pitt schon deshalb vorschlagen zu lassen, weil das – natürlich einzig im politischen Interesse des großen Mannes – die Tochter auf Dauer ins Nachbarland abgeschoben hätte. Minette dagegen schwor unter Tränen, das Land nie zu verlassen, in dem ihr Vater lebte, und weil auch der Vater sich entsetzt gegen den Gedanken einer Trennung wehrte, über die die traditionellen Dynasten kaum mit der Wimper gezuckt hätten, blieb den Neckers nun bloß noch eine einzige Möglichkeit zur Verheiratung ihres Kindes. Minette-Germaine würde einen ranghohen Protestanten, also Nichtfranzosen heiraten, der sich auf alle Ewigkeit in der Nähe ihrer Eltern, also in Frankreich ansiedeln würde. Aber woher so jemanden nehmen? Wer ranghoch genug war, um selbst als Fremder in Frankreich etwas darzustellen, der war im eigenen Land zu wichtig, um da wegzuwollen – und fast immer zu vornehm, um eine Bürgerliche zu

« Da sehen Sie, was für eine hübsche Pariser Dame ich bin » 939

heiraten. Blieben die einzigen zum Aufenthalt in Paris verpflichteten ausländischen Rangpersonen, die Botschafter also, deren Ehefrauen bei Hof sogar den berühmten Hocker hatten. Auch die aber wurden regelmäßig ausgetauscht und kehrten dann in ihre Heimat zurück, wohin die arme Ehefrau sie begleiten musste. Für eine Tochter des großartigen Necker kam das natürlich nicht in Frage. Umso klarer war daher, was sie jetzt brauchte: einen Botschafter, der zum ersten Mal in der Geschichte der europäischen Diplomatie eine lebenslange Garantie auf seinen Posten haben würde – und also einen König, der bereit wäre, sich in nie zuvor dagewesener Weise die Hände binden zu lassen. Warum aber sollte er das tun?

Zum großen Glück der Neckers hatte 1771 der fünfundzwanzigjährige Gustav III. den Thron der Schweden sowie (etwas theoretischer, aber im Titel mitenthalten) der Goten und Vandalen bestiegen. Schon nach einem Jahr hatte dieser ebenso begabte wie bizarre Neffe Friedrichs II. von der parlamentarischen Verfassung des damaligen Schweden dermaßen genug gehabt, dass er einen Staatsstreich riskierte, um die Macht der Monarchie wiederherzustellen. Wie alle Staatsstreiche hatte auch dieser den unvermeidlichen Moment der Unsicherheit, in dem niemand wusste, wer jetzt noch oder schon die Macht in Händen hielt, den Moment also, in dem sich entscheidet, für wen es böse ausgeht, und weil es diesmal der ostgotländische Stabsfähnrich Eric Magnus Staël von Holstein war, der in jenem Moment zur Entscheidung beitrug, indem er « Lang lebe der König! Alles wird gut! » rief, war auch klar, wen der dankbare Sieger die Karriereleiter von nun an nur noch hinauffallen lassen würde. Staël fand sich bald als schwedischer Kammerherr und Legationssekretär an der Pariser Botschaft wieder, wo er in Rekordzeit die Sympathien der großen Damen des Hofes gewann. Schon bald schrieben eine charmante Prinzengeliebte und eine mächtige Noailles-Tochter an Schwedens König, ob er ‹le petit Staël› denn nicht zum Nachfolger des gegenwärtigen Botschafters ernennen könne, wo es ihm doch so entsetzlich an Vermögen mangelte? Da ihnen jedoch fast gleichzeitig als zweite Lösung dieses Problems in den Sinn kam, den kleinen Staël mit Neckers damals zwölfjähriger Millionentochter zu verheiraten, war es kein Wunder, dass beide Ideen bald zu einer einzigen verschmolzen. Wenn die Verhandlungen am Ende dennoch fast sieben Jahre dauerten, lag es am Teufel, der wie immer im Detail steckte.

Nicht als ob es besonders schwer gewesen wäre, Gustav III. von den Vorteilen zu überzeugen, die ein so reich und einflussreich verheirateter Botschafter auch seinem König bringen würde. Der König stimmte also gerne zu, den kleinen Staël sofort nach seiner Hochzeit mit der Erbin zu ernennen. Den Eltern Necker gefiel Staël ebenfalls gut genug, um ihm die Hand ihrer Tochter schon fast ganz sicher zuzusagen, sobald er nur tatsächlich zum Botschafter ernannt werden sollte, und so brauchte der arme Mann wohl einen Moment, um das Dilemma zu erkennen, das in der Lücke zwischen diesen beiden Zusagen klaffte. Es spricht für sein diplomatisches Talent ebenso wie für das der befreundeten Hofdamen, wenn er seinen König schließlich an den Gedanken gewöhnen konnte, ihn bereits vor der Necker'schen Heirat zum Botschafter zu machen. Leider hatte jedoch Gustav III. nicht weniger Talent zur Königsrolle. Er wusste genau, dass er für diese Leistung eine Gegenleistung fordern sollte, und ließ nun also jenem romantischen Vorstellungsvermögen freien Lauf, das schon so manchen interessanten Tauschhandel inspiriert hatte. Eben in diesem Jahr 1783 beispielsweise hatte er in Florenz Prinz Karl Eduard Stuart getroffen. Der einstige Eroberer Schottlands, der seinem Vater 1766 als Karl III. auf dem theoretischen Thron der Briten nachgefolgt war, mochte längst ein tragischer Trinker sein, dessen Thronanspruch nicht einmal mehr der Papst anerkannte. Dass er hingegen als rechtmäßiger König der Schotten noch immer Oberster Geheim-Großmeister des einst von schottischen Tempelrittern gegründeten Freimaurer-Ordens war, wusste außer dem stolzen Gustav III. nahezu niemand. Genau genommen hatte bis zu Gustavs Nachfrage nicht einmal Karl Eduard selbst davon etwas geahnt, da es ja ein solches Großmeistertum genauso wenig gab wie die Verbindung zum längst ausgestorbenen Templerorden. Aber das ist eben das Gute an einem Geheimorden, dass sich die Existenz seiner noch geheimeren Oberen definitionsgemäß nicht überprüfen lässt. Der ehemalige Bonnie Prince Charlie begriff daher selbst im Zustand permanenter Alkoholisierung rasch, was für ein nettes Geschäft sich hier machen ließ. Es dürfte ihn nicht wenig amüsiert haben, den begeisterten Gustav mit feierlicher Urkunde zu seinem Nachfolger an der extrem geheimen Spitze aller Tempelritter zu ernennen und dafür eine große Summe zu erhalten, für die der Schwede allerdings wie zum Ausgleich der Betrugsbilanz nur eine ungültige Bankanweisung hinterließ. Selten war daher ein gekröntes Haupt so schnell abgereist, wie es jetzt Gustav III. aus Florenz tat. Vergnügt schlug er den Weg nach Paris ein, wo man ihm die interessante Gegenleistung überreichen würde, die der arme Staël ihm inzwischen hatte beschaffen müssen, und da es sich dabei immerhin um eine Karibikinsel handelte, dürfen wir uns den reisenden König wohl zufrieden vorstellen.

Sowenig wir nun behaupten wollen, dass es selbst nach Ancien-Régime-Maßstäben normal gewesen sei, die einzig denkbare Heirat einer französischen Ministertochter durch Abtretung tropischer Zuckerkolonien zu erkaufen, so sehr war es doch bei näherem Hinsehen selbst hier noch einigermaßen logisch zugegangen. Wie jeder Zeitungsleser wusste natürlich auch Gustav III. von den Pariser Friedensverhandlungen, die eben jetzt den Amerikanischen Unabhängigkeitskrieg beenden sollten. Die antibritische Intervention der Franzosen, Spanier und Niederländer hatte diesen Krieg auf alle Weltmeere ausgedehnt, am meisten aber natürlich auf die Karibik, wo man einander jahrelang all die reichen Plantageninseln weggenommen hatte. Nun musste der Friedensvertrag entscheiden, wer was behalten dürfe, weswegen man sich denn in Paris seit Monaten um alle nur denkbaren Neuverteilungen stritt. Das mit Frankreich verbündete Schweden hatte zwar nicht mitgekämpft, sich aber doch ausreichend gegen die Briten gestellt, um jetzt eine gewisse Belohnung fordern zu können, und weil auf dem Verhandlungstisch eben vor allem karibische Inseln lagen, verlangte es auch Gustav nach einer solchen. Besaß nicht sogar der dänische Erbfeind längst schon karibische Kolonien? Hatte nicht das gerade von den Franzosen eroberte Tobago im 17. Jahrhundert sogar dem winzigen Herzogtum Kurland gehört? Und so teilte denn Gustav dem kleinen Staël die Bedingung seiner Ernennung zum Botschafter mit, indem er von nun an in jedem Brief ganz einfach «Ich will Tobago» schrieb. Staël selber hatte sich mit der Bewirtung des königlichen Paris-Besuchers so verausgabt, dass selbst die Necker-Ehe ihn nur knapp wieder in die schwarzen Zahlen bringen würde; er reichte Gustavs Bitte also seinen Hofdamenfreundinnen und diese der mitfühlenden Königin weiter, während Ex-Minister Necker mit dem amtierenden Marine- und Kolonialminister Castries sprach. Castries zeigte zwar weniger Sympathie für irrwitzige Pläne, als man das vom Erbneffen des Marschalls Belle-Isle erwartet hätte. Er war jedoch auch zu eng mit Necker verbündet, um nicht wenigstens guten Willen zu zeigen. Das wichtige Tobago kam natürlich nicht in Frage. Aber wenn der König uns ein paar Handelsprivilegien in Göteborg einräumt, könnte man ihm ja Saint-Barthélemy geben, denn das wird (unter uns gesagt) Frankreich nicht besonders fehlen. Den Schweden hingegen, deren Wissen über die Karibik wir uns eher mäßig vorstellen müssen, konnte Frankreich in der Tat auch diese Insel noch schmackhaft genug machen, um Gustav III. am 1. Juli 1784 einem entsprechenden Vertrag zustimmen zu lassen. So landete denn am 7. März 1785 eine kleine schwedische Expedition auf Saint-Barthélemy. Der zum Gouverneur ernannte finnische Baron nahm die von undurchdringlichem Gestrüpp überzogene Insel samt den nicht wenig überraschten 739 Einwohnern in Besitz, benannte die Hauptstadt Le Carénage in Gustavia um und eröffnete schnell noch eine internationale Freihandelszone, bevor ihn die Mühen der Ebene einholten – der Import von Trinkwasser beispielsweise, das es auf der Insel selbst leider nicht gab. Gustav III. aber konnte stolz von sich sagen, er habe Schwedens Imperium bis nach Amerika ausgeweitet. Er würde es nicht mehr erleben, wie seine Insel erst in unserer Zeit unter dem gekürzten Namen Saint-Barth zum Ferienparadies der Superreichen aufsteigen sollte, was allerdings vielleicht auch ganz gut war. Schwedisch nämlich war sie da schon lange nicht mehr. Schweden hatte ja mit Saint-Barthélemy auch die dort lebenden Sklaven erworben, denen es erst sechs Jahrzehnte später die Freiheit gab. Damit jedoch wurde die eh schon unrentable

Insel endgültig so ein Zuschussgeschäft, dass die schwedische Krone sie schließlich 1877 für ein besseres Taschengeld den Franzosen zurückverkaufte. Sehr lange hatte das schwedische Kolonialreich also nicht gerade gehalten – und doch fast fünfzigmal länger als das Eheglück der um diesen Preis verheirateten Superreichen.

Ersparen wir uns das Restgefeilsche um Bleibegarantie, Grafentitel oder diplomatischen Rang, mit dem die Neckers und der Gotenkönig nach dem Inseltausch noch ein paar kleinliche Monate verbrachten. Im Herbst 1785 war es schließlich so weit. Die neunzehnjährige Braut traf den fünfunddreißigjährigen Bräutigam, der seit sieben Jahren so heroisch um ihre Millionen gekämpft hatte, und fand ihn ehrenhaft, klug, sterbenslangweilig. Germaine Necker wusste, dass sie so oder so für ihr Geld geheiratet werden würde, sie wusste, dass sie liebenswert war, ohne schön zu sein, und sie wusste, dass niemand außer Staël die Kriterien ihrer Familie erfüllte. Und doch war da genug, was die im Salon Aufgewachsene noch nicht wusste. Als ihr rührend bourgeois gebliebener Vater dem Baron vorschlug, mit seiner Verlobten einen kleinen Tanz zu tanzen, während er selbst die Musik dazu vorsang, gelangen die Tanzschritte dem zierlichen Botschafter natürlich perfekt. Blick und Berührungen aber blieben so ausdruckslos, dass Vater Necker ihn schließlich fast empört zur Seite schob, um mit den Worten «Ich werde Ihnen zeigen, Monsieur, wie man als Verliebter mit einem Mädchen tanzt» die Tochter selbst bei der Hand zu nehmen; dann demonstrierte er den Unterschied so erfolgreich, dass die vom herzzerreißenden Vergleich ganz benommene Germaine sich nur gerade noch rechtzeitig in ihr Schlafzimmer verabschieden konnte, bevor sie in Tränen ausbrach. Was half es der ahnungslosen Millionenerbin jetzt, dass man sie bereits als Zwölfjährige Aufsätze zur vergleichenden Verfassungstheorie schreiben ließ? Was waren siebzehn Jahre Religionsunterricht wert, was taugte der ganze Tugendkult, wenn die Neunzehnjährige ihrem Tagebuch anvertrauen konnte, dass sie die Sünde noch gar nicht kenne, die eine Frau gegen ihren Ehemann begehen könne? «Aber vor dem feierlichen Schwur wird man es mir sicher noch erklären, denn ich sollte Abscheu vor mir selbst verspüren, wenn die Tochter von Monsieur und Madame Necker ihren im Antlitz Gottes gegebenen Eid nicht einhielte!» Am 14. Januar 1786 legte Germaine das eheliche Gelöbnis ab, das sie zur Baronin von Staël machte. Am 31. Januar fuhr eine königliche Karosse ‹Madame l'ambassadrice de Suède› zur Hofpräsentation nach Versailles, wo sie ihren Hocker bei der Königin einzunehmen hatte. Der Hof gab ihr halbwegs gute Noten, auch wenn Bombelles fand, dass sie wie ihr Vater mit einer Frauenfrisur aussehe. Bei der teuflisch schweren Rückwärtslauferei-und-Schleppen-nach-hinten-Wegtreterei der Präsentation verlor die Baronin ihre Schleppe nur ein einziges Mal, und das noch elegant genug, dass die Nörgelei der Höflinge sich andere Themen suchen musste (die Unfähigkeit der Hofverwaltung etwa, auch nur ein simples Hundert-Personen-Diner zu organisieren, wie es in anständigen Häusern jede Woche stattfand).

Über die nächsten Monate hinweg verfolgten Beobachter wie Bombelles nicht ohne Staunen das, was nur ein Euphemist die Integration der Baronin Staël in die Hofgesellschaft hätte nennen können. In einer Welt, deren Idee von korrekter Konversation einem geradezu erdrückenden Leichtigkeitsgebot unterlag, konnte diese Frau, die andauernd begeistert und belehrend wichtige intellektuelle Fragen diskutierte, notwendigerweise bloß eine Schneise der Verwüstung hinterlassen, die nicht einmal vor dem grünen Idyll von Roissy haltmachte. Dort nämlich traf Bombelles sie, als er am 23. Juli 1786 noch einmal zu einer Opernaufführung der reizenden Caramans kam. Eigentlich war er auch in bester Stimmung, da er doch mit dem Schnäppchenkauf eines vergoldeten Pferdegeschirrs gerade seine Reisevorbereitungen abgeschlossen hatte; der Cardinal de Rohan hatte es ihm zum Spottpreis verkauft, nachdem er zwar vom Parlament zur größten Demütigung der Krone freigesprochen, vom König dann aber in eine ihm gehörenden Abteiruine verbannt worden war. Trotz dieser strahlenden Rahmenbedingungen hatte Bombelles jedoch bereits ein kurzer Park-Spaziergang mit Madame de Staël den Rest gegeben, und so notierte er am Abend, nicht einmal Roissys gute Landluft mache die Baronin erträglich. Die Baronin focht das nicht an. Sie wusste, dass die Welt auf eine Frau wie sie wartete, und schon bald sollte der Erfolg ihr recht geben. Was machte es, wenn man in Roissy um sie herum die Augen verdrehte? Bald würde sie wieder im Salon der Gräfin Genlis sein, wo sie auch deren Nachbarn Talleyrand traf, einen uraristokratisch trägen Abbé, dem man die geistliche Karriere genauso wenig ansah wie die Abstammung vom arbeitswütigen Colbert. Zwei Jahre sollte es nur dauern, bis er gleichzeitig Bischof und Germaines erster Liebhaber wurde, und dann noch einmal drei Jahre, bis sie ihm am Kabinettstisch der französischen Regierung ihren Plan für den großen Freiheitskrieg erklärte.

Noch eines geschah an diesem selben Sonntag. In Neapel brachte am 23. Juli 1786 ein Lakai den Brief zum Postschiff nach Livorno, mit dem ein einundzwanzigjähriges Unterschichtmädchen aus Nordengland ihren fernen adeligen Geliebten zu erreichen versuchte. Emma Hart hatte ihn im Palazzo des englischen Gesandten geschrieben, hatte beim Schreiben vermutlich auch auf die herrliche Bucht geblickt oder auf den Vulkan, der wieder einmal vorm Ausbruch stand. Aber der innere Monolog im phonetisch buchstabierten Liverpool-Akzent, den sie dem verstummten Grafensohn da aufgeschrieben hatte, konnte leicht mithalten mit einer Landschaft, in der strahlender Sonnenglanz und zerstörerische Eruptionen so nahe beieinanderlagen. Natürlich schrieb sie ihm von ihren Erfolgen, um sie zu teilen, natürlich auch, um ihn eifersüchtig zu machen, der doch schon die letzten dreizehn Briefe nicht mehr beantwortet hatte. Also erzählte sie ihm von den beiden Malern, die sie gerade porträtierten, von den nächsten drei, die Schlange standen, von Lord Hervey, «who is a lover of mine», und vom Fürsten Dietrichstein (sie schrieb Draydrixton), «der mein dienender Kavalier ist», Anbeter eben, wie auch der Nasenkönig Ferdinand es war. «Aber Greville, der König hat Augen, der König hat ein Herz, und ich habe Eindruck darauf gemacht. Er hat dem Fürsten gesagt, Hamilton ist mein Freund, und sie gehört seinem Neffen.» Normalerweise hätte sie sich nur gefreut über so viel Bewunderung oder über den Besuch in Pompeii, normalerweise wären auch der Gesangs- und Italienischunterricht ihr eine Freude gewesen, weil sie sich damit für ihren geliebten Greville «verbessert» hätte. Wozu aber jetzt? «Ich bin arm, hilflos und verloren. Ich habe fünf Jahre mit Ihnen gelebt, und Sie haben mich an einen fremden Ort geschickt, ... von dem ich glaubte, dass Sie mir dorthin folgen würden. Stattdessen wurde mir gesagt, ich solle, Sie wissen schon, wie mit Sir William leben. Nein, ich respektiere ihn, aber nein, niemals.» Emma schrieb noch ein wenig vom Blitzableiter, den anzuschaffen sie Sir William Hamilton überzeugt hatte, von ihrer Zufriedenheit über das Todesurteil gegen Lord Herveys mörderischen Cousin (in Neapel wäre ein Reicher nie verurteilt worden), schließlich von den Abendeinladungen, zu denen sie jetzt aufbrechen müsse. Dann schloss sie den sechsseitigen Brief mit einer letzten Bekundung jener Liebe, die sie so ratlos machte, versiegelte ihn und begann zum tausendsten Mal, sich ihre unsichere Zukunft auszumalen. Bei aller realistischen Vorsicht erfüllte sie doch auch der Größenwahn derer, die zugleich zu viel und zu wenig wissen. Kein noch so grotesker Größenwahn hätte ihr freilich zu ahnen erlaubt, welche welthistorische Rolle ausgerechnet ihr bevorstand. Die Entscheidung, die Emma Hart im Lauf der nächsten Woche treffen musste, würde ihr zwölf Jahre später eine völlig unabsehbare Schlüsselstellung im Kampf zweier Imperien verleihen. Nur einen vergänglichen Moment lang würde ihr Handeln die große Geschichte beeinflussen. Aber das würde mehr als genug sein, um Talleyrand und Madame de Staël den ungeahnten Trumpf einer Partie zuzuspielen, die über das Schicksal von Millionen entschied.

KAPITEL 20

Beginnt es schon, das Weltgericht?

※

BERLIN – NEAPEL – PARIS

Berlin, 11. Dezember 1797

Um zu begreifen, dass 1797 kein gutes Jahr für die Lieblinge der Herrscher sein würde, hatte Fürst Platon Subow nicht lange gebraucht. Das Jahr war nach russischem Kalender kaum vier Wochen alt gewesen, als der neue Zar ihm sehr freundlich eine sehr lange Reise ‹erlaubt› hatte, und weil nicht einmal die von absichtlich schnellen Atemstößen begleiteten Wutanfälle Pauls I. so furchterregend waren wie diese unberechenbare Freundlichkeit, schätzte Subow sich schon glücklich, Petersburg wenigstens in Richtung Westen verlassen zu dürfen. Während der Fürst aber zu seinen erst kürzlich zusammengeraubten Gütern in Litauen und Kurland reiste, folgte ihm die ins Gegenteil verkehrte Herrschergunst wie ein schwarzer Schatten. Nicht genug damit, dass Subows Bruder, der einbeinige Schönling Valerian, eben noch ganz Aserbaidschan erobert hatte, nur um es jetzt auf Befehl des trotzigen neuen Herrschers wieder aufgeben zu müssen. Auch der Gouverneur von Riga verlor prompt seinen Posten, bloß weil er Subow ein königliches Festmahl serviert hatte, das sonst infolge der Verspätung des Ehrengasts sinnlos verdorben wäre. Noch beunruhigender freilich mochte auf den gestürzten Favoriten der Ehrengast selbst wirken, denn das war Ex-König Stanisław II. von Polen, der ebenfalls auf Pauls Befehl zu dessen Krönung anreiste. Sein Weg kreuzte sich daher in Mitau ausgerechnet mit dem Platon Subows, dessen Schuld an der Auslöschung des polnischen Staates größer war als die irgendeines anderen. Und doch wird es kaum das gewesen sein, was Subow zu denken gab. Dieser Neunundzwanzigjährige hätte sich schließlich nirgendwo in Osteuropa einen Tag lang bewegen können, ohne Opfern seiner Machtgier über den Weg zu laufen, und falls die letzten sieben Jahre ihn überhaupt etwas gelehrt hatten, dann war es gewiss die Fähigkeit, sich selbst immer im Recht zu sehen. Aber Stanisław II. war eben nicht nur deshalb ein Gespenst, weil er nun als alter kranker König eines untergegangenen Reiches diese demütigende Reise an den Hof seines neuen Herrschers unternahm, von der er lebend nicht mehr in die Heimat zurückkehren würde. Für jemanden wie Subow war Stanisław viel mehr, ein verzerrtes Spiegelbild nämlich, das den Glanz nicht weniger als das Elend der Herrscherlieblinge verkörperte. Die Krone, die ihn jetzt zum Staatsgefangenen machte, war Stanisław Poniatowski ja nicht durch Erbschaft zugefallen, wie sich das gehörte. Er hatte sie sich vielmehr als Geliebter Katharinas der Großen auf demselben Weg verdient, dem auch sein neunter Nachfolger Subow Reichsfürstentitel und Generalsrang verdankte, und so verband denn wenigstens das diese beiden Männer, die sonst in allem ganz verschieden waren.

Das und natürlich das böse Ende, wenngleich es schon hier wieder entgegengesetzt spiegelbildlich wurde. Stanisławs Beziehung mit Katharina war zu Ende gegangen, gerade weil sie Russlands Thron bestieg, denn einen polnischen Liebhaber oder gar Ehemann hätte sich die deutsche Usurpatorin spätestens dann nicht mehr leisten können. Polens Krone war ihm so fast ein Trostpreis gewesen, den er zuletzt nur deshalb verlor, weil Katharina gerade noch lebte. Ihr Nachfolger Paul mochte verrückt genug sein, um seine europäischen Monarchenkollegen regelmäßig zum ritterlichen Zweikampf aufzufordern, verrückt genug auch, um die bis heute beliebte Frage aufzuwerfen, ob er vielleicht doch der Sohn des ähnlich irren Peter III. war. Vor der Königswürde aber hatte der neue Zar so große Ehrfurcht, wie das bei einem im Schatten der Enterbung aufgewachsenen Kronsohn

~ *Beginnt es schon, das Weltgericht?* ~   949

naheliegt, und so beschämte ihn auch die Auflösung Polens genug, um ihn seinen Gefangenen Stanisław bis zuletzt mit allen königlichen Ehren auszeichnen zu lassen. Es war die finale Ironie im Leben des Stanisław Poniatowski, dem der stolze Magnatenadel seines eigenen Landes diesen Respekt immer verweigert hatte, nun endlich wie ein König behandelt zu werden, als er keiner mehr war. Während er das letzte Jahr seines Lebens im Petersburger Marmorpalais verbrachte, direkt gegenüber dem Palais Cantemir also, von wo ihn 1755 der Kammerherr Naryschkin in den Winterpalast zu Katharina geführt hatte, lief dort bereits alles auf die freundlichere Wiederholung seiner Geschichte zu. Großfürst Alexander Pawlowitsch, der Zar Pauls ältester Sohn und Erbe war, liebte seine nach standesgemäß politischen Motiven ausgesuchte Frau Elisabeth nämlich durchaus – aber nur wie ein Bruder, der ihr wohlwollte, ohne sie zu verstehen. Schon bahnte sich hier ein wahlverwandtes Quartett an, in dem Alexander mit der polnischen Schwiegertochter des Kammerherrn Naryschkin zusammenleben würde, seiner Frau aber eine Liaison erlaubte, die sie mit niemand anderem als Poniatowskis Neffen Fürst Adam Jerzy Czartoryski verband. Wo einst der Onkel sich in begründeter Todesangst den Stimmungsschwankungen des hintergangenen Thronfolgers Peter ausgesetzt sah, wurde der junge Czartoryski nun der beste Freund Alexanders – nicht etwa obwohl, sondern weil er der Liebhaber von dessen Frau war.

Es schien, als hätte die Geschichte ein einziges Mal gerecht sein wollen. Eben noch waren der fünfundzwanzigjährige Czartoryski und sein Bruder nominell als Kammerjunker, de facto aber als Geiseln für das Wohlverhalten ihrer Familie an den russischen Hof berufen worden. Die Schlösser und Ländereien ihres patriotischen Vaters waren nicht bloß unter russische Oberhoheit gekommen, sondern auch beschlagnahmt worden, bevor dann Subows Bruder sie mit besonderer Hingabe plündern ließ. Um die Konfiskation rückgängig zu machen, hatte der Königsneffe Adam Jerzy sich jeden Vormittag unter die demütigen Bittsteller mischen müssen, die Subow ganz nach Art des Sonnenkönigs empfing, während man ihm die tiefschwarzen Haare puderte; die Wartenden dagegen konnten froh sein, wenn ihnen die eigene Perücke nicht durch den nur mäßig zahmen Affen des Favoriten vom Kopf gerissen wurde. Kein Wunder, dass das Gerücht, seine Mutter Izabela habe ihn per Eid zum Russenhass verpflichtet, den jungen Czartoryski nur müde amüsieren konnte – «als ob wir zum ewigen Hass auf solche Feinde noch einen theatralischen Eid gebraucht hätten». Nun aber, kaum ein Jahr später, hatte das Schicksal sich so komplett gewendet, dass Czartoryski nicht bloß als bester Freund des Thronfolgers großartigen Zeiten entgegensehen, ja auf die Wiederherstellung Polens unter dem Zarentum Alexanders hoffen durfte. Er war auch der Liebhaber genau jener Großfürstin Elisabeth, die eben noch Subow selbst mit seiner Aufmerksamkeit behelligt hatte – Liebeslieder unter dem Fenster einer Sechzehnjährigen, dargebracht vom achtundzwanzigjährigen offiziellen Geliebten der sechsundsechzigjährigen Herrscherin. Wenn das kein böses Ende genommen hatte, dann bloß, weil Subow sichtlich mehr Glück als Verstand hatte. Aber so wie er im Unterschied zu Stanisław nur deshalb Katharinas Geliebter geworden war, weil sie Kaiserin war, so schien auch sein Glück mit ihrem Tod beendet. Das Kommando über die Chevalier-Garde war jetzt ebenso verloren wie all die übrigen Posten, während seine Güter oder etwa die ganz zuletzt noch verliehenen 13669 weißrussischen Leibeigenen-«Seelen» ihm jederzeit genauso weggenommen werden konnten, wie er sie vorher anderen hatte wegnehmen lassen. Nur eines hatte der Ex-Favorit fast unabsichtlich gewonnen, das ihm erst langsam klar wurde: nie gekannte Freiheit. Endlich durfte er jede Frau anflirten, die ihm gefiel (die Resultate würden zwar fast ausnahmslos desaströs ausfallen, aber so ist das eben mit der Freiheit), endlich durfte er beispielsweise eine als Kammerdiener verkleidete Geliebte mit sich nehmen, und endlich durfte er auch reisen, wohin er wollte. Schluss mit dem Griechischunterricht, den Katharina ihrem «kleinen Schwarzen» gegeben hatte, Schluss mit all der Arbeit an diplomatischen Projekten, die mindestens das byzantinische Imperium wiederherstellen sollten und immer an irgendetwas scheiterten. Jetzt erst standen ihm endlich die glitzernden Treffpunkte des aristokratischen Europa offen, die Badeorte etwa wie Teplitz, wo der Fürst von Ligne ihn mit den Worten «Erzählen Sie uns von Russland, Sie, der Sie die Pompadour dieses Landes gewesen sind» empfing, oder Pyrmont, wo er der preußischen Königsmätresse den Hof gemacht zu haben scheint, als suchte er immer noch maximalen Ärger. Nach zehn Monaten aber dürfte der Fürst auch einen ersten Überdruss an diesem Leben gespürt haben, dem schon die ständig drohende Beschlagnahme der Güter jederzeit den Boden unter den Füßen wegziehen konnte. Es nahte ein Winter, den Subow begreiflicherweise weder im kurländischen Ruhenthal noch im litauischen Schaulen verbringen mochte, und weil Berlin so ziemlich die einzige Hauptstadt Ostmitteleuropas war, in der er nicht automatisch mit Duellforderungen rechnen musste, zog er für die Karnevalssaison 1797/98 an den preußischen Hof.

Am 9. November 1797 bezog Platon Subow seine Suite im Gasthof Marggraf, Am Zeughaus Nr. 1, und stürzte sich dann sofort in das ebenso steife wie absorbierende Leben der Berliner Hof- und Diplomatengesellschaft. Fast täglich finden wir ihn nun im benachbarten Kronprinzenpalais als Gast der Oberhofmeisterin von Voss, die ihn wohl nicht bloß deshalb mochte, weil sie wie weiland Katharina eine kluge deutsche Dame vom Jahrgang 1729 war. Die am Berliner Hof aufgewachsene Frau von Voss wusste auch aus eigener Erfahrung, wie schwer es ein Höflingsleben durcheinanderwerfen konnte, wenn man die Liebe eines Prinzen oder Königs auf sich zog. So wie Subow jetzt nur deswegen zugleich Fürst und Exilant war, weil die sechzigjährige Kaiserin sich den zweiundzwanzigjährigen Gardeoffizier ausgesucht hatte, so hatte einst Frau von Voss an ihrem zweiundzwanzigsten Geburtstag einzig deswegen einen ungeliebten Cousin geheiratet, weil sie sich vom Bruder Friedrichs des Großen losreißen wollte. Der Sohn dieses Prinzen war dann freilich nicht nur König Friedrich Wilhelm II. geworden, sondern auch Geliebter einer Nichte der Frau von Voss, die mit zweiundzwanzig starb, nachdem sie dem König einen Sohn geboren hatte. Als nun genau eine Woche nach Subows Ankunft auch Friedrich Wilhelm II. gestorben war, hatte die in Diensten seiner Schwiegertochter Luise stehende Oberhofmeisterin daher mehr als nur einen Grund zur Traurigkeit gehabt. Berlin aber sah das Schauspiel eines Regierungswechsels auf sich zukommen, der neben großen Zeremonien und diplomatischen Intrigen auch einmal mehr das zeitlose Lehrstück vom Aufstieg neuer und vom Fall der alten Günstlinge zur Aufführung bringen musste. Noch am Tag des Regierungswechsels wurde beispielsweise das ganz nah bei Subows Logis gelegene Palais Unter den Linden Nr. 36 von Soldaten umstellt, die zur Verhaftung der Gräfin Lichtenau kamen – jener Königsmätresse also, der unser Ex-Favorit erst vor ein paar Monaten in Pyrmont schöne Augen gemacht hatte. Was Subow vor einem Jahr in Petersburg am eigenen Leib erlebt hatte, würde sich hier wiederholen, während er als ungefährdeter Zuschauer mittendrin war. Einem anderen als ihm hätte wohl Mitleid mit den Gestürzten das Spektakel verderben können. Gegen dieses Risiko hatte jedoch Subows bisheriges Leben ihn nicht nur erkennbar, sondern (wie uns sein weiterer Lebenslauf beweist) auch dauerhaft immunisiert, und so wird er es bloß umso ärgerlicher gefunden haben, dass ihn zuerst einmal eine Erkrankung aus dem Verkehr zog. Noch am 7. Dezember bemitleidete Frau von Voss daher ihren «armen Freund Souboff», bevor das Tagebuch der Oberhofmeisterin ihn am 12. Dezember wieder als Besucher nennt. Und wirklich, niemand bedauert das mehr als wir, können wir doch deshalb nicht mit letzter Sicherheit beweisen, dass Fürst Subow bei der großen Staatszeremonie am 11. Dezember 1797 neben dem russischen Gesandten im Berliner Dom saß, wie sich das gehört hätte. Aber wenn wir ihn dennoch jetzt zwischen den russischen und den dänischen Gesandten auf die Diplomatenbank des Doms setzen, dann nicht bloß, weil ein derartig umtriebiger Hofschmetterling sich dies Ereignis wohl kaum hätte entgehen lassen, wenn er am Folgetag bereits wieder gesund genug für den leicht verschiebbaren Besuch bei der alten Dame war, oder weil er von seinem Hotel ja bloß ein paar Schritte über die Hundebrücke und durch den Lustgarten tun musste, um den Dom zu erreichen; das Bild nämlich, das sich den Zuschauern dort beim Staatsbegräbnis für Friedrich Wilhelm II. bot, war so dermaßen wie für Subow gemacht, dass es uns schlichtweg unverantwortlich erschiene, ihm diesen Anblick nicht zu gönnen.

Selten kann das Hauptschiff des alten Berliner Doms düsterer oder eindrucksvoller ausgesehen haben als jetzt im hitzigen Licht Tausender Wachskerzen, die ein drei Meter hohes und zehn Meter breites Stufengerüst anstrahlten. So groß war dieses mit schwarzem Tuch und Silberfäden überzogene Monstrum, dass man seinetwegen die Prediger-Kanzel hatte abreißen müssen, die man heute freilich sowieso nicht brauchte. Obwohl es eine Beerdigung geben würde, war es kein Tag für Geistliche, denn dieser Tote hatte dem Staat gehört. Und da stand er denn auch, der Staat, der von Rechts wegen noch immer keiner war. Da standen sie, die Männer, die die Königlich Preußischen Staaten regierten, wie ihre Vorfahren sie regiert hatten unter den Vorfahren dessen, der hier in ihrer Mitte lag, und wie ihre Nachkommen sie regieren würden, weil sich ja nie etwas ändern konnte. Da standen sie um das Gerüst herum oder auf seinen Stufen, standen zwischen überlebensgroßen Ritterrüstungen und klassizistischen Feuerbecken und hielten jenem Mann die allerletzte Totenwache, den sie verachtet oder gefürchtet hatten, bemitleidet oder geliebt oder alles zugleich und der doch immer noch die einzige offizielle Klammer gewesen war, um die acht Millionen Untertanen seiner 24 Territorien zusammenzuhalten. Da oben im silberüberzogenen Sarg lag Friedrich Wilhelm II., noch im Tod ein Riese von einem Mann, zeitlebens schwach und liebenswürdig, sinnlich und musikalisch, so abergläubisch wie unartikuliert, ohne eigentlich dumm zu sein, vom berühmten Onkel Friedrich fast absichtlich zur Unfähigkeit erzogen, die den Vorgänger umso heller strahlen lassen würde, und nun schon tot, bevor er auch nur vierundfünfzig Jahre alt geworden wäre. Da saßen in der Königsloge die üblichen Cousins, ein unvermeidlicher Prinz von Oranien etwa oder der dritte Radziwiłł in 200 Jahren, der eine Tochter des Hauses Preußen geheiratet hatte. Und da standen die Minister, Höflinge und Generäle – hier ein Danckelmann-Nachkomme weiblicher Linie, der in bloß neun Jahren den von Napoleon besiegten altpreußischen Staat emotionslos abwickeln wird, dort der uralte Außenminister Finckenstein, dessen Vater noch bei Malplaquet Grumbkows Vorgesetzter gewesen war; der Erzieher des neuen Königs, Graf Brühl, dessen Vater Preußens Todfeind gewesen war und doch aus genau dem gleichen Holz, aus dem auch diese Leute hier gemacht waren; der Oberhofmarschall Podewils, natürlich, der nicht weniger eng mit den Grumbkows verschwägert war als der das Reichsschwert tragende Staatsminister oder jener alte Feldmarschall, der mit dem Reichsbanner hinter dem Sarg stand; ein junger Hofmarschall, dessen hübsche Schwester Subows nächste Liebeskatastrophe sein wird, und schließlich auf dem Sarg zwischen Ritterhelm, Schwert und Ringkragen dasselbe Ordensband vom Schwarzen Adler, das auch Subow trug, seit man ihn damit für die Auslöschung Polens belohnt hatte. Gewiss, es fehlte die ganz große Tragödie, die Paul I. beim vergleichbaren Anlass in Petersburg aufgeführt hatte, als er zur Beerdigung seiner Mutter auch den einst ermordeten Vater Peter III. wieder ausgraben ließ. Der Sarg mit den wenigen noch zu findenden Überresten war dann sechs Wochen lang neben dem der Kaiserin auf dem großen Staatsbett ausgestellt und rund um die Uhr von Hofchargen bewacht worden, als wollte der Sohn das Elternpaar mit Gewalt doch noch zusammenzwingen. Schließlich hatte man beide Särge in einer stundenlangen Prozession zur Beerdigung gebracht, bei der den Toten genau wie in Preußen die Insignien ihrer Macht vorangetragen wurden. Im winterkalten Petersburg aber hatte Paul das Kissen mit der Krone Peters III. bewusst Graf Alexej Orlow in die Hand gedrückt, der ja nicht nur die arme Hochstapler-Gräfin Pinneberg verlogen ins Unglück gestürzt, sondern auch vor vierunddreißig Jahren den jetzt zum zweiten Mal beerdigten Kaiser ermordet hatte. Der kaum bloß vor Kälte zitternde Graf hatte sich zu wehren versucht, war aber von Paul mit den Worten «Nimm und marschier» so wütend auf den Weg geschickt worden, dass ihm die Kontrolle seines Gesichtsausdrucks für den Rest der Prozession einige Mühe bereitete. Am Ende war er dennoch mit einer bloßen Bronchitis davongekommen (Petersburgs Hofzeremonien verpflichteten die Teilnehmer auch bei minus 20 Grad zum Tragen von Kniebundhosen mit Seidenstrümpfen). Der gerade in seiner Zerrissenheit furchterregende Zar schwankte hier wie immer zwischen harter Strafe und unfasslicher Nachsicht, ohne zu begreifen, dass er gerade damit einer Wiederholung der väterlichen Katastrophe den Weg bahnte.

Wenn aber nun Preußens höfische Dramen neben der tiefschwarzen Tragödie russischer Machtkämpfe wie wohltemperierter Meinungsverschiedenheiten wirken mochten, so wurden diese doch nicht bloß sehr elegant inszeniert; auch hier ging es um weit mehr als bloßen Familienstreit. Dieselbe Günstlingsrolle, die Subow bei Katharina im Alleingang ausgefüllt hatte, war in Berlin zuletzt unter der mächtigen Ex-Mätresse Lichtenau, einer Reihe harmloser Mädchen sowie dem General von Bischoffwerder aufgeteilt gewesen, und so war es jetzt auch Bischoffwerder, der inmitten lodernder Flammenbecken auf der obersten Plattform des schwarzen Gerüsts stand, während seine rechte Hand auf dem versilberten Lindenholzsarg lag. Wie Subow war er der Generaladjutant seines Herrschers gewesen, jener engste Militärberater dieses Königs ohne Kriegsminister also, der in Preußen automatisch eine Hauptrolle spielte. Was jedoch Subow Bischoffwerder als Geliebter seiner Kaiserin vorausgehabt haben mochte, hatte dieser Letztere durch ein nicht weniger starkes Instrument allemal wettgemacht. Während nämlich Bischoffwerder für die Welt noch lange ein trotz guten Aussehens unwichtiger Sachse im preußischen Militärdienst gewesen war, hatte der zukünftige Friedrich Wilhelm II. in ihm bereits voller Ehrfurcht seinen geheimen Ordensbruder Farferus Phocus Vibron de Hudlohn erkannt, durch den die weisen Stimmen aus dem Jenseits zu ihm sprachen. Und falls es der geneigten Leserschaft schwerfallen sollte, diesen Namen mit dem nötigen Ernst zu nehmen, dann ergeht hiermit die herzliche Einladung, selbst ein brauchbareres Anagramm für ‹Hans Rudolph von Bischoffwerder› zu finden. In der überspannten Welt des Gold- und Rosenkreuzer-Ordens jedenfalls ging wenig anderes so logisch auf wie dieser Name.

Esoterische Geheimorden wie die Rosenkreuzer kamen dem späten 18. Jahrhundert noch mitnichten so absurd vor, wie man es glauben sollte, wenn man die schwer definierbare Aufklärung dieser Epoche mit jenem heutigen Rationalismus verwechselte, der in Wahrheit bestenfalls ihr Urgroßneffe dritten Grades ist. Den rationalen Fortschritt der Wissenschaften gab es, aber gerade er machte eben auch vielen Hoffnung, nach Chemie und Physik als Nächstes das Übersinnliche wissenschaftlich in den Griff bekommen zu können. Ohnehin suchten ja angesichts ideeller Umschwünge viele nach spirituellem Halt, den das entsaftete offizielle Christentum der Zeit ihnen nur noch selten bieten konnte. Viele fanden sich daher stattdessen in Ordensgemeinschaften wieder, die unfassbare neue Erkenntnisse zum Wohl der Menschheit versprachen und im mehr oder weniger Geheimen agierten, um weder von der Zensur noch vom Pöbel angegriffen zu werden. Die Freimaurerei, aus der all das hervorgegangen war, mochte sich nun ursprünglich zwar deshalb so schnell verbreitet haben, weil sie den durch Standesunterschiede voneinander isolierten Angehörigen der Elite ein ungewohnt freies Forum des geistigen Austauschs bot. Aber das hier wäre nicht die ständische Gesellschaft gewesen, wenn nicht auch diese Foren in Rekordzeit zu Instrumenten des adeligen Konkurrenzkampfs umfunktioniert worden wären. Bald schon ging es in vielen Freimaurerlogen genauso zeremoniell hierarchisch zu wie im übelsten Hofleben, während Fürsten und Prinzen die Orden zur eigenen Erhöhung zu benutzen suchten. Es war kein Zufall, wenn sich beispielsweise in Frankreich gerade Madame de Genlis' ressentimentgeladener Exfreund Orléans zum Großmeister der Freimaurer aufschwang, auch wenn die daran anknüpfende Verschwörungstheorie über den Ausbruch der Französischen Revolution natürlich trotzdem Unfug ist – gerade weil es in der Machtelite so viele Freimaurer gab, hätte niemand und erst recht nicht der schnell gelangweilte Orléans es je geschafft, sie alle an einem Strang ziehen zu lassen. Trotzdem erschienen viele der Geheimorden, die sich nach und nach an die Freimaurerei andockten, so manchem Herrscher aus esoterischen oder Statusgründen noch attraktiv genug; um das Großmeistertum eines wiederbelebten Templerordens beispielsweise tobte jahrelang ein okkulter Machtkampf der Herrscherhäuser Schwedens und Braunschweigs. Während jedoch Gustav III. von Schweden diesen Kampf

Beginnt es schon, das Weltgericht?

durch seinen im vorigen Kapitel beschriebenen Kauf einer völlig illusorischen Großmeisterwürde erst in dem Moment gewann, als die selbsternannten Templer sich bereits wieder auflösten, fiel gleichzeitig in Berlin dem Rosenkreuzer-Orden umso überraschendere echte Macht zu.

Zusammen mit dem braunschweigischen Prinzen Friedrich war es Bischoffwerder 1781 gelungen, Preußens unglücklichen Thronfolger Friedrich Wilhelm für diesen Orden zu gewinnen und so erfolgreich in mystische Lehren einzuwickeln, dass der sinnliche Prinz sich sogar von seiner damaligen Mätresse trennte. Das hielt freilich nicht allzu lange. Die später zur Gräfin Lichtenau erhobene Hoftrompeterstochter Wilhelmine Ritz blieb ganz wie die Pompadour auch nach dem Ende der körperlichen Beziehung die engste Vertraute ihres Ex-Geliebten, mit dem sie vier Kinder hatte; eine entschlossene Feindin der Rosenkreuzer war sie dagegen schon deshalb, weil sie als nahezu einzige Person in Friedrich Wilhelms Umgebung gegen Esoterik ehrlich allergisch gewesen zu sein scheint. Bischoffwerder und seine Mitspieler dagegen nahmen ihr wildes Potpourri aus christlicher, antiker und Aufklärungsmystik so tragisch ernst, dass es einem fast schon wieder leidtun könnte. Nachdem nämlich 1786 der Tod Friedrichs II. den Neffen als Friedrich Wilhelm II. auf den Thron erhob, war prompt genau das ausgeblieben, was die Rosenkreuzer dem Prinzen so großartig angekündigt hatten. Die ‹Geheimen Oberen›, jene Weisen aus dem Osten also, die den Orden mittels schriftlicher Anweisungen leiteten, weil sie «durch göttliches Licht und seraphische Heiligkeit sich unendlich weit über die Masse der Sterblichen erheben», waren nicht nach Berlin gekommen, sie hatten den dortigen Rosenkreuzern keine Lehren für den «Umgang mit den höhern unsichtbaren Wesen» erteilt und auch dem neuen Herrscher mitnichten jene magischen Regierungs-Superkräfte verliehen, auf die er sich schon so gefreut hatte. Wären Bischoffwerder, Prinz Friedrich und ihr intellektueller Kopf Woellner bloß einfache Betrüger gewesen, so hätten sie sich wohl gehütet, derartig Unerfüllbares zu versprechen; aber sie waren eben etwas viel Schlimmeres, intrigante Idealisten also, die jetzt ernsthaft enttäuschte Briefe an die Geheimen Oberen schrieben. Das nämlich war die finale Ironie des Ganzen: So erfunden diese leitenden Lichtgestalten jedem realistischen Betrachter erscheinen müssen, so klar ist doch belegt, dass oberhalb der Berliner Hofleute noch mindestens eine Hierarchieebene wirklich existierte. Allerdings waren es keine mysteriös durch Asien schwebenden Übermenschen, sondern drei harmlose süddeutsche Sinnsucher, die all die Briefe aus Berlin erhielten und mit Anweisungen beantworteten. Wir wissen weder, ob sie den Orden selbst gegründet hatten, noch auch, ob in dessen Hierarchie andere über ihnen standen. Klar ist nur eines: Die Macht, die ihnen da auf silbernem Tablett angeboten wurde, interessierte sie oder ihre Vorgesetzten offensichtlich nicht. Mag sein, dass es ihnen wirklich nur um die selbst nach mystischen Maßstäben nebulöse Spiritualität ihres Ordens ging. Mag andererseits sein, dass sie aus der Nummer einfach nicht mehr herauskamen. Der Orden der Gold- und Rosenkreuzer wäre jedenfalls kaum das erste nicht ganz zu Ende gedachte Projekt gewesen, das sich nach dem Prinzip der stillen Post verbreitete, weil es einfach so gut zum Zeitgeist passte. Bald schon waren da zahllose Anhänger gewesen, die in die alchymistisch-antiquarisch-theologische Spielerei der geheimen Gründer immer größere Hoffnungen hineinprojizierten: Wie gut hätten die wohl das Geständnis aufgenommen, man sei, ehrlich gesagt, weder unsterblich noch in Asien und habe auch die echten Tempelritter noch immer nicht gefunden? Ein umso größerer Segen folglich, dass man das dank all der Geheimnistuerei nicht tun musste. Der unscheinbare Privatmann aus Pfreimd bei Regensburg, in dessen Haus alle Berichte von Berlins oberstem Rosenkreuzer landeten, las sie so aufmerksam, wie es halt sein musste, schrieb dann als Instruktion zurück, die Berliner sollten in der Tat genau das machen, was sie eben selbst vorgeschlagen hatten, lobte Bischoffwerder & Co. gegebenenfalls noch ein bisschen und ließ ihnen ansonsten durchaus gegen ihren Willen völlige Handlungsfreiheit.

Elf Jahre behielten die Rosenkreuzer die Gunst des Monarchen. Bischoffwerder allein hätte das wohl kaum geschafft, gerade weil er ganz wie sein König kein Möbelstück knacken hören konnte, ohne das als mystische Botschaft zu deuten. An seiner Seite stand jedoch ein bürgerlicher Ex-Pfarrer namens Johann Christoph Woellner (Ordensbruder Heliconus Solaster Ruwenus Ophiron), der den Generaladjutanten nicht allein durch Bildung und Verstand vorteilhaft ergänzte. Er hatte auch seinerzeit als Hauslehrer eine adelige Generalstochter verführt und dann geheiratet, deren nicht sehr entfernte Cousine Gräfin Ingenheim jetzt dem König einen Sohn gebar, was zusammen mit der Rosenkreuzerei ausreichte, um Woellner den Adel und einen Ministerposten einzubringen. So kam nun für neun Jahre Preußens Kirchen- und Bildungswesen unter die Fuchtel des rosenkreuzerischen Ex-Pfarrers, der sogleich begann, die ebenso bedauerliche wie gefährliche Rationalismustendenz der Pfarrer und Professoren zu bekämpfen. Als ein erstes Gesetz die religiöse Toleranz zurückgeschraubt hatte, erhielt Friedrich Wilhelm II. zwar immer noch keine Superkräfte, aber doch wenigstens ein Dankschreiben der zu Tränen gerührten Geheimen Oberen, die ihm versicherten, sich bei ihren Vorgesetzten ernsthaft um die Erlaubnis zur Reise nach Berlin zu bemühen (eine Versicherung, die sie bereits zwei Jahre später erneuerten, auch wenn es dann leider doch wieder nichts wurde); inzwischen möge der König die heilsame Zensur aber bitte schon mal von der Kirche auf die Presse ausdehnen, was natürlich prompt geschah. Kein Wunder, dass Woellner die eigentliche Vereinstätigkeit der einfachen Rosenkreuzer bald bis auf Weiteres einstellen ließ. Man hatte jetzt ein Machtnetzwerk und damit Erhaberenes zu tun, solange nur der König mitspielte. Dazu allerdings bedürfte es weiterhin übersinnlicher Szenen, deren raffinierte Vorspiegelung sich die ältere Literatur mit mehr Farbenfreude als Wahrhaftigkeit ausgemalt hat. Tatsächlich beließ man es wohl dabei, dem König von Bischoffwerders Visionen zu erzählen, weswegen diese unschuldige Seele Friedrich Wilhelm sich denn auch mehrfach beklagte, selbst nie eine klare Botschaft höherer Mächte zu erhalten. Langsam, ganz langsam ermattete so die eigentliche Rosenkreuzerei, weil selbst die Frömmsten nicht unbegrenzt lang glauben mochten, dass das Schweigen des Jenseits nur eine Prüfung der Glaubenstreue sei. Der einmal etablierte Einfluss Woellners und Bischoffwerders auf den armen König litt darunter jedoch so wenig, dass es sie umso unangenehmer überrascht haben muss, nun plötzlich mystische Konkurrenz aus unerwarteter Richtung zu erhalten. Irgendwann hatte nämlich die arme Gräfin Lichtenau das begeisterte Gerede nicht mehr ausgehalten, mit dem ihr königlicher Ex-Freund sie von den Segnungen der Geisterwelt zu überzeugen suchte. Abbringen konnte sie ihn freilich nicht davon. Als aber 1787 ihr und des Königs gemeinsamer Sohn Alexander oder Anderchen mit nur acht Jahren starb und unter einem heute in Berlins Alter Nationalgalerie stehenden Riesengrabmal beerdigt wurde, hatte der verzweifelt traurige König kurz danach im gemeinsamen Potsdamer Haus ein Kind «Vater!» rufen gehört, was jemand wie er nur als Nachricht aus dem Jenseits verstehen konnte. Und diesmal hatte die Ex-Mätresse nach dem dritten Versuch aufgegeben, es dem König ausreden zu wollen. Wenn Friedrich Wilhelm II. nun schon einmal so unbedingt Nachrichten aus dem Jenseits wollte, dann sollte er sie nach Ansicht der Lichtenau wenigstens auch von ihr erhalten. Sie ließ sich also vom König zum Geisterglauben bekehren, was den dermaßen freute, dass er nicht einmal dann stutzig wurde, als nun auch sein Sohn ihm regelmäßige Botschaften schickte, ohne doch jemals direkt kommunizieren zu wollen. Immerhin war der Gräfin im Unterschied zu den Rosenkreuzern von Anfang an bewusst, dass sie das alles nur erfand, weswegen sie passgenauer formulieren und den Monarchen regelmäßig zum Selberdenken auffordern konnte, ohne dass das freilich besonderen Erfolg gehabt hätte. Im Gegenteil spürte auch die Lichtenau bald, dass so eine okkulte Machtpolitik mit viel harter Arbeit verbunden war. Was half es ihr, das Jenseits-Portfolio mit allerhand geheimnisvollen Wesen auszudifferenzieren, wenn sie die Nachrichten am Ende doch wieder selbst erfinden musste? Und wie sollte man noch zu etwas anderem kommen, wenn der von seinem Glück berauschte Ex-Geliebte nur immer noch mehr solche Botschaften brauchte, weil er sich ohne geistige Leitung von der anderen Seite nicht einmal mehr die Verführung einer bereits ungeduldigen Balletttänzerin zutraute? Es war der klugen Gräfin ein schwacher Trost, Friedrich Wilhelm in solchen Situationen übersinnlich zur Keuschheit verpflichten zu können, zumal der dann natürlich erst recht manisch nachfragte, wie lange das wohl noch sein müsse. Und währenddessen schlief ja die rosenkreuzerische Konkurrenz keineswegs, die das alles naturgemäß mit Empörung sah. Schon hatte Bischoffwerder eine schlesische Schlafwandlerin am Wickel, die er nach ausführlicher Vorbereitung mehrfach auf den selbstverständlich hingerissenen König losließ, um ihn mit einem zähflüssig wirren Sermon zu traktieren. Aber auch das kam nicht billig – der Finder dieser guten Frau musste beispielsweise belohnt werden, indem man seinen theologischen Schwiegervater zum Chef einer Kommission ernannte, die sämtliche Pfarrer Preußens auswählte. Wir dürfen uns die letzten Jahre Friedrich Wilhelms II. folglich als den zähen Machtkampf zweier Okkultistencliquen vorstellen, die ihre Zeit inzwischen beide herzlich gern mit Sinnvollerem verbracht hätten. Lediglich die seit Ewigkeiten von ihrem Mann separierte Königin Friederike scheint Gespenster einfach deswegen gesehen zu haben, weil sie ein kleines bisschen verrückt war, und so wollen wir sie denn für diese erfrischende Hintergedankenfreiheit ihrer Geisterseherei nicht weniger loben als dafür, in Gestalt eines Sohnes zugleich die letztliche Lösung des Problems produziert zu haben.

Als dieser siebenundzwanzigjährige Kronprinz Friedrich Wilhelm dem Vater am 16. November 1797 auf den Thron folgte, hatte er eigentlich Friedrich III. werden wollen (oder jedenfalls Friedrich, weil Preußens Könige sich ja keine Ordnungszahlen gaben; noch immer glaubten daher viele, dass bereits Friedrich der Große unter den Friedrichen die Nummer drei gewesen sei). Da er den entsprechenden Befehl jedoch charakteristisch verspätet erteilte, hatte man die Garde bereits auf Friedrich Wilhelm III. vereidigt, was sich nach Expertenansicht schlecht revidieren ließ. Der neue Herrscher zeigte daher, indem er sich der Macht des Faktischen fügte, der Welt sogleich, dass man von ihm keine kühnen Entschlüsse würde befürchten müssen; er war das Gegenteil jenes jähzornigen Friedrich Wilhelm, der sich den Doppelnamen 1713 gerade deshalb gewählt hatte, weil man ihm das als unter Königen unmöglich beschrieb. Die Woellnerschen Zensurgesetze jedoch schaffte selbst dieser zögerliche Monarch sofort ab. Auch sonst war Friedrich Wilhelm III. so exzessiv nüchtern, dass er sich praktisch nur im Infinitiv ausdrückte; wenn er seine sarkastische Ablehnung inspirierter Reformvorschläge kommunizieren wollte (und dazu würde er in diesen wilden Zeiten viel Gelegenheit haben), schrieb er Dinge wie «Als Poesie gut» an den Rand, die uns einigermaßen erahnen lassen, wie empfänglich er wohl für die Offenbarungen des Bruders Farferus gewesen wäre.

So war denn Bischoffwerders Entlassung schon genauso beschlossen wie die seines Freundes Woellner. In diesem Moment sehen wir den Ex-Pfarrer drei Stufen unterhalb Bischoffwerders auf dem Trauergerüst im Dom stehen, wo er nicht unpassenderweise gerade jenes silberne Seidenkissen bewacht, auf dem das vergoldete Silber der Schwarzen Adler-Ordenskette liegt – ein harmloser Hof-Orden alten Stils also, der ohne jede Mystik einfach nur pure soziale Distinktion war, pures Ständegesellschafts-Gold ganz ohne alchymistische Mühen. Bischoffwerder aber hält da oben immer noch die rechte Hand am Sarg, denkt vielleicht an die Zeichen aus dem Jenseits, die sein verstorbener Herr ihm jetzt schicken könnte, während 152 Sänger und Musiker die Trauermusik anstimmen. Wer bloß den Text dieser Musik liest, käme freilich im Traum nie darauf, wie sehr sich Berlin literarisch verbessert hat, seit wir uns 1684 zum letzten Mal seinen hofmusikalischen Produkten ausgesetzt haben. Aber auch dieses Trauergedicht hat eben in größter Eile geschrieben werden müssen, auch dieses Trauergedicht ist inhaltlich wieder eine denkbar undankbare Aufgabe gewesen, weil ja sein Autor nicht nur die in der Realität mäßige Trauer der Untertanen übertreiben muss, ohne andererseits unfreiwillig komisch zu werden. Er muss vor allem die zum christlichen Begräbnis passenden Vorstellungen von Tod und Auferstehung in manierlicher Versform auf einen König anwenden, von dem alle wissen, dass er zwar sehr wohl an Gott, leider aber bis zur Lächerlichkeit auch an so ziemlich alles andere geglaubt hat. Und doch wird auch dieses Trauerlied wirken, weil Worte und Stil und Logik nur ein kleiner Teil dessen sind, was uns bewegt. Da mag der schon im Alltag übersensible Bischoffwerder noch so sehr auf subtile Geisterbotschaften horchen, das real existierende Christentum fegt einfach über ihn hinweg, weil es im widerhallenden Dom die Kraft von 76 Sängern mit der der 76 Instrumentalmusiker vereint.

Jetzt hilft die ganze Aufklärung nicht und die Esoterik wohl noch weniger; zwischen all den Kerzen und Feuerbecken, zwischen all dem Schwarz und Silber wird so manchem ganz anders, während nun die Musik nicht weniger als der Rest der Inszenierung die Unausweichlichkeit des Todes beschwört. Der größere Teil der Trauerkantate ist bereits vorbei, als Madame Schick und Mademoiselle Schmalz von der Königlichen Oper schließlich jene in G-Dur gesetzten Verse singen, die zugleich als Signal für die einzige eigentliche Aktion der ganzen Zeremonie dienen: «Neuer Lebenshauch umweht, / Die den Kelch des Todes leeren. / Sie sind Saat von Gott gesäht, / für den Sammeltag der Ähren.» Nach jeder Zeile schlagen Pauken und Bässe dreimal an, bevor die Sänger verstummen, damit an ihrer Stelle Pauken und Trompeten mit dreifachem c-Moll-Akkord das Zeichen geben können, auf das der unter dem Gerüst versteckte Bediener der Theatermaschine längst wartet. Ein einziger Hebelgriff genügt ihm, um den Boden der obersten Gerüst-Etage zu einem Schacht zu öffnen, in den nun der Sarg Friedrich Wilhelms II. mitsamt dem General von Bischoffwerder der direkt darunter gelegenen Gruft entgegensinkt. Nur Herr von Zastrow, der als Zweiter Generaladjutant auf der anderen Seite des Sarges gestanden hat, macht kühl einen kleinen Schritt zur Seite, der ihn oben bleiben und seinem baldigen Ex-Kollegen nachsehen lässt. *Er* hat keine Geister gesehen; *er* wird Generaladjutant bleiben und eines Tages Minister sein, während Bischoffwerder so buchstäblich in der Versenkung verschwindet, wie das Zeremoniell es für den Ersten Generaladjutanten will oder die Fortuna für den Günstling. Da darf es freilich keinen stillen Abschied geben, da erklingt auch keineswegs einfach Musik, während der Sarg versinkt. Gewiss, Mademoiselle Schmalz singt ihr Rezitativ «Der Staub versammelt sich zum Staube», aber während sie das tut, schwenkt schon der Adjutant am Hauptportal des Doms seine weiße Fahne, damit man draußen weiß, dass es Zeit ist. So senken jetzt im Lustgarten 24 Artilleristen 24 brennende Schwämme auf die Zündlöcher ihrer Kanonen, damit die die ersten 24 ihrer insgesamt 864 «Geschwindschüsse» abgeben; 1800 Soldaten der Leibgarde richten ihre Gewehre gen Himmel, um Salut zu schießen, als tobte eine Schlacht um Berlin-Mitte (und falls Subow wirklich noch zu erkältet sein sollte, um in den Dom zu kommen, dann fällt er spätestens jetzt aus dem Hotelbett). Im Dom aber ist es der Chor, der, von Kanonendonner begleitet, dem Ende des Ganzen entgegentobt: «Hört des Grabes Pforten krachen! Seht des Todes offnen Rachen! Die Verstorbnen – sie erwachen! schon beginnt das Weltgericht!» Und deswegen eben wären wir dieses eine, dieses einzige Mal gern Regisseur oder doch wenigstens Zuschauer der Szene, statt sie nur rekonstruieren zu dürfen – damit wir jetzt in Platon Subows Gesicht blicken und sehen könnten, wie es ganz unmerklich blasser wird.

Aber wir waren eben nicht dabei, und was wir trotzdem wissen können, warnt uns vor zu vielen Vermutungen. In der Königsloge des Doms beispielsweise nahm die frischgebackene Königin Luise die Sache lässig genug, um den russischen Gesandten mitten in der Zeremonie heraufholen zu lassen, weil sie der Zarin wie erbeten einen preußischen Geburtshelfer beschafft hatte. Und konnte das denn auch anders sein? Die erst einundzwanzigjährige Luise ist selbst bereits zum dritten Mal in drei Jahren schwanger, ihre achtunddreißigjährige Cousine Maria Fjodorowna dagegen zum zehnten Mal in zwanzig, und da macht es wenig aus, wenn noch niemand weiß, dass Luises ungeborene Tochter eines Tages als Marias Schwiegertochter Kaiserin aller Reußen sein wird, während drei weitere Luisenkinder Enkelkinder der Maria heiraten. Schon jetzt konnten Zarin und Königin dergleichen ahnen, wo doch die Zahl der religiös kompatiblen Dynastien nun einmal so entsetzlich klein war (von Polen ganz abgesehen, dessen gemeinsame Unterwerfung Russland und Preußen nicht nur zu Nachbarn, sondern für die nächsten hundert Jahre auch zu aneinandergeketteten Komplizen gemacht hatte). Angesichts so viel geteilter Zukunft konnte man selbst die jüngste Vergangenheit schon einmal aus den Augen verlieren, zumal wenn es um einen eben verstorbenen König ging: In einer Welt aus höfischer Machtpolitik zählten allzu oft nur die Lebenden, weil nur sie nützen könnten. Die Vergangenheit dagegen war für das Ancien Régime mit Ausnahme der Antike ein so allgegenwärtiger Rohstoff, dass ihr genau deshalb fast jeder Nimbus fehlte. Juristen, Diplomaten und Schulmeister suchten sich aus ihr heraus, was sie für Prozesse, Erbfolgekriege, Genealogien oder moralische Erzählungen brauchten. Eigenständige Geschichtswissenschaft war dagegen selbst noch in den 1790er Jahren eine fast ebenso kühne Innovation wie die Idee, dass menschliches Denken und Handeln in verschiedenen Epochen vielleicht ganz grundsätzlich verschieden ausfallen. Man mag es natürlich bedauern, wenn diese Erkenntnis gleich beim ersten Auftreten vorzugsweise jene Form annahm, bei der die Gegenwartsmenschen alle historischen Epochen bis einschließlich ihrer Elterngeneration für signifikant dümmer halten, als sie selbst je sein könnten. Aber auch in ihrer Anwendung auf die Gegenwart war ja diese Idee in den europäischen 1790ern noch ganz frisch. Auch diese Idee hatte man ja schon das ganze Jahrzehnt lang ausprobiert, und es lag ziemlich unübersehbar an ihr, wenn die letzten Jahre des Jahrhunderts so blutig ausfallen würden wie seine ersten.

Wenn man die Fortschrittsidee verkörpert sehen wollte, musste man sich nicht einmal hier im Berliner Dom lange umsehen. Inmitten der Gesandten, die sich jetzt die Beine in den Bauch stehen, während der endlose Prozessionszug sich aus der Kirche herauswälzt, sehen wir den mit Subow gleichaltrigen John Quincy Adams durchaus unbeeindruckt auf ein baldiges Mittagessen hoffen. Die unangreifbare Kniebundhosen-Seidenstrumpf-Uniform des Dreißigjährigen ändert nichts daran, dass er hier eine Republik ohne Hof und Adel vertritt, deren Oberhäupter noch vor zwanzig Jahren bloße Rebellen gegen den britischen Cousin der Friedrich Wilhelme gewesen waren. Jetzt ist sein Vater der zweite Präsident der USA und er ihr allererster Gesandter am preußischen Hof, bevor er eines fernen Tages selbst sechster Präsident seines Landes sein wird. Noch freilich ist da keine Dynastie, noch gehört auch Adams' Familie nicht einmal zu jenen De-facto-Aristokraten vom Typ Washington oder Jefferson, die als Großgrundbesitzer in Virginia dem europäischen Niederadel mindestens ähnlich sind. Aber nicht daher rührt jenes letzte unüberwindbare Gefühl der Fremdheit, das aus Adams' Berliner Tagebüchern spricht. Dass dieser Enkel eines Schuhmachers zugleich durch Mutter und Großmutter mit allen wichtigen Familien von Massachusetts verwandt ist, mag ihm auf dieser Seite des Atlantiks zwar so wenig bringen wie sein Harvard-Studium, obwohl er dort genau dasselbe studiert hat wie der studierte Teil der hiesigen Elite. Schon als Zwölfjähriger hat Adams jedoch auch seinen Diplomaten-Vater nach Paris begleitet, hat perfekt Französisch gelernt, so wie er jetzt Deutschunterricht nimmt, hat La Fayettes Reisebegleiter amerikanischen Slang beigebracht und einen spontanen Widerwillen gegen Madame de Genlis entwickelt. In London und den Niederlanden sammelt er nicht nur diplomatische Erfahrungen, sondern knüpft auch Kontakte, die bereits reichen würden, ihm Berlin nicht fremder vorkommen zu lassen als etwa einem Briten.

Die kleinen Schwierigkeiten sind es also nicht, aus denen die Distanz des Gesandten erwächst. Wenn er die ständigen Empfänge in Gegenwart der Königsfamilie anstrengend findet, weil dabei Ehrfurcht und Etikette wahres Vergnügen verhindern, dann beschreibt er nur, was auch viele adelige Diplomaten an Berlin beklagen. Dass andererseits Außenminister Finckenstein nicht recht versteht, wie Vater Adams Präsident sein kann, wenn doch der große Washington noch lebt, irritiert den Sohn ebenfalls kaum: Das Konzept der begrenzten Amtszeiten ist ja wirklich auch noch ein wenig zu neu, als dass ausgerechnet so ein seit neunundvierzig Jahren im Amt befindlicher Ancien-Régime-Dinosaurier es verstehen könnte. Selbst als der am Brandenburger Tor wachhabende Leutnant Adams beinahe nicht einreisen lässt, weil er von diesen Vereinigten Staaten noch nie etwas gehört hat, hilft sofort ein einfacher Soldat mit Erklärungen aus, an dem die preußische Volksschulpflicht etwas weniger spurlos vorbeigegangen ist als am Vorgesetzten, und also gäbe es für den Gesandten an sich kaum einen Grund zum Fremdeln. So gut er jedoch auch mit der Elite klarkommen mag und vielleicht sogar mit der größeren Ungleichheit hierzulande, so sehr widerstrebt Adams dennoch die schiere Idee des Königtums. Die Musik im Dom lässt ihn folglich ebenso kalt wie ihr Text. Vom ganzen Spektakel der Versenkung schreibt er keine Zeile und zitiert stattdessen bloß noch die Sargaufschrift, die ihm einzig als besonders groteskes Beispiel der Lobhudelei interessant vorkommt, und nicht einmal das will er ihr glauben, dass in diesem Sarg wenigstens wirklich Friedrich Wilhelm II. liegt. Wenn er von dessen angeblich längst erfolgter Potsdamer Beisetzung schreibt, dann hat er zwar in der Sache unrecht. Aber im übertragenen Sinne kann man Adams verstehen, denn auch er selbst ist ja an diesem Vormittag nur als Gespenst seiner selbst anwesend, weil der legitime Gesandte der Vereinigten Staaten von Rechts wegen am selben Tag zu existieren aufgehört hat wie Friedrich Wilhelm II. Noch werden nämlich Gesandte wie er nicht beim abstrakten Staat, sondern beim konkreten Herrscher akkreditiert; sein Beglaubigungsschreiben ist daher ungültig, weil es natürlich an den gleich nach seiner Ankunft verstorbenen König adressiert war, und also wird er mit den meisten Amtshandlungen warten müssen, bis ihm die transatlantische Post in etwa sechs Monaten ein neues Beglaubigungsschreiben bringen mag.

Und doch hat Adams es besser als alle seine Berliner Kollegen. Der Freihandelsvertrag, den er mit Preußen aushandeln soll, mag nicht ganz unkompliziert sein. Gemessen an den dynastisch-militärischen Verwicklungen aber, in die all die europäischen Gesandten verstrickt sind, und im Vergleich mit der existenziellen Bedrohung, die über fast all diesen Staaten schwebt, darf Adams seine fast vollkommen aufs Business begrenzte Aufgabe als Glücksfall betrachten. Er muss sich also sehr viel weniger um das Innenleben der großen Monarchien sorgen, muss folglich auch kein Auge für potenziell relevante Hofakteure wie Subow haben, den er hier zwar ständig trifft, aber einige Jahre später nicht einmal wiedererkennen wird. Wie viel angenehmer, sich mit dem für Handelsfragen zuständigen Staatsminister Carl August von Struensee zu treffen, einem nüchternen Praktiker, der Adams' Vater sein könnte und als bürgerlich geborener Pfarrerssohn eigentlich ebenso wenig in diese Elite passt wie der Gesandte, der so regelmäßig bei ihm diniert. Gewiss, die Hofgesellschaft versteht sich mit beiden gut, die ist ja sogar zum Gesandten der französischen Republik noch zivil. Aber dafür fallen Struensee und Adams doch ausreichend aus dem Rahmen, dass wir uns wünschen, sie ungeschützt miteinander reden zu hören. Was hätten sie sich nicht zu erzählen über die Bewegung in einer subtil fremden Welt, über die Anpassung, die Überkompensation, den schmalen Grat zwischen defensiver Arroganz und verborgener Unsicherheit. Und müssten sie nicht auch auf die seltsame Verbindung kommen, die ihr Zusammentreffen erst ermöglicht hat? Adams wäre nicht hier, wenn sein Vater und die anderen Gründerväter der USA nicht Georg III. als Herrscher Amerikas abgesetzt hätten, das ist einfach. Aber auch der erst vor acht Jahren geadelte Struensee wäre nie nach Berlin gekommen, wäre nämlich immer noch Mathematikprofessor an der Ritterakademie zu Liegnitz, wenn nicht sein Bruder es bei der Schwester Georgs III. vom Leibarzt zum Geliebten gebracht hätte. Da jedoch diese Königsschwester Caroline, die ihren Namen natürlich der uns bekannten Königin-Großmutter verdankt, zugleich die Ehefrau des mehr als halb verrückten Dänenkönigs Christian VII. gewesen war, hatte Dr. Struensee an ihrer Seite bald das Land regiert, während er unaufhaltsam zum Grafen und Staatsminister aufstieg. Auch den Bruder Carl August berief er nach Dänemark, und so wäre der begabte Mann wohl Finanzminister in Kopenhagen geworden, wenn nicht schließlich 1772 die Königsstiefmutter Juliane Maria geputscht hätte. Die skandalöse Königin konnte man aufgrund ihres Ranges nur dem Bruder Georg zurückschicken, der sie peinlich berührt nach Celle verbannte, wo sie noch ganz jung wohl an einer Erbkrankheit starb. Der einstige Leibarzt Struensee dagegen hatte seinen Höhenflug mit dem Leben bezahlt; der Henker schlug ihm als Majestätsverbrecher erst die rechte Hand und dann den Kopf ab, während Bruder Carl August froh sein durfte, nach kurzer Haft des Landes verwiesen zu werden. Sein kleiner Anteil an diesem fatalen Höhenflug hatte jedoch gereicht, um ihn auf immer für die Professur zu verderben. Er bat um Aufnahme in die preußische Staatsverwaltung, was ihm zuletzt gelang, obwohl der sozialkonservative Friedrich II. ihm anfangs vorwarf, seit Dänemark «lauter große sachen im Kopff» zu haben. Aber wer wie Struensee in der Lage war, auf der Basis eines Theologiestudiums maßgebliche Standardwerke zum Kanonenbau zu verfassen, der kam selbst gegen solche Vorurteile an, und so war er schließlich 1791 von Friedrich Wilhelm II. zum Minister ernannt worden – vom direkten Neffen ebenjener Königin Juliane Maria also, die seinem Bruder den Tod gebracht hatte.

Man braucht kein überhitztes Vorstellungsvermögen, um sich das faszinierende Gespräch auszumalen, das so jemand mit dem monarchophoben Gesandten John Quincy Adams über ein Europa hätte führen können, das noch immer das der Könige war, und darf es also auch umso trauriger finden, dass dieses Gespräch wohl nie stattgefunden hat. Vermutlich hätte Struensee nicht einmal Angst davor gehabt, denn später soll er sogar dem Gesandten des revolutionären Frankreich von Reformen erzählt haben, durch die man Preußens Adel auch ganz ohne Revolution aufs ökonomisch sinnvolle Normalmaß zurechtstutzen werde. Aber sooft auch Adams in das Dienstpalais des Ministers kam, das natürlich Wand an Wand mit Subows Hotel lag, so wenig war doch dabei Gelegenheit, offen miteinander zu sprechen, weil jedes Mal mindestens zwanzig weitere Gäste mit am Tisch saßen. Da mochte Herr von Struensee die Finanzen des Staates mit noch so großer Sorgfalt zusammenhalten; seinem immensen Gehalt musste er doch jährlich 50 Prozent aus eigenen Mitteln zuschießen, um jeden Mittag und jeden Abend offenes Haus für alles zu halten, was einen Namen hatte. Jedes Jahr sollen so 4000 Gäste an seinem Tisch gesessen haben, weil sich das für einen Minister gehörte, und so war auch John Quincy Adams jetzt von zwei alten Feldmarschällen eingerahmt, die zusammen Tausende Rebellen vom Schlag seines Vaters auf dem Gewissen hatten. Sonst gaben sie freilich keinen schlechten Kontrast ab. Der russische Feldmarschall Fürst Repnin war jener ehemalige Diktator Polens, der sich dort mit König Stanisław Poniatowski die Geliebte Fürstin Czartoryska geteilt, die Macht aber für sich behalten hatte. So demütigend er aber auch beides wieder verloren hatte (die Geliebte übrigens an Lauzun den Jüngeren), so arrogant war er trotzdem immer noch oder schon wieder. Den ganzen Abend lang sprach er, während Adams halb amüsiert, halb angewidert zuhören musste, dozierte über die Vorzüge leichter gegenüber schwerer Kavallerie und erklärte, wie viel einfacher doch Krieg wäre, wenn man die Soldaten nicht auch noch verpflegen müsste. Sein preußischer Amtskollege Moellendorff dagegen, der natürlich der Onkel des schwachsinnigen letzten Ministernachkommen Grumbkow war und im Dom das Reichsbanner hielt, während vor seinen Augen Bischoffwerder in der Gruft versank, Moellendorff also schwieg fast ebenso hartnäckig, wie Repnin redete. Adams konnte er nachdenklich vorkommen, wie er sich da an seinem Champagnerglas festhielt, und das erscheint umso passender, als er allen Grund hatte, an die vom Herbstregen in ein einziges Schlammloch verwandelte Champagne zu denken, in der vor wenigen Jahren die halbe preußische Armee an Seuchen verreckt war. Der Krieg, den sie dort geführt hatte, war nicht bloß derselbe, der dann vor drei Jahren mit Preußens De-facto-Bankrott und Neutralität geendet hatte. Er auch war nicht nur derselbe Krieg, in dessen Fortsetzung der einzig deswegen angereiste Repnin Preußen unbedingt hineinziehen wollte. Vor allem war es jener Krieg, den das neumodische Prinzip von Fortschritt durch Revolution gleich von beiden Enden angezündet hatte, als hätte es beweisen müssen, dass es dem dynastischen Prinzip selbst auf dem Feld der Zerstörungskraft ebenbürtig war.

Dabei hatte alles so gut angefangen. Als Ludwig XVI. 1787 eine Versammlung von Volksvertretern (die sogenannten Notabeln) einberief, hatten er und sein Finanzminister Calonne einigermaßen ehrlich hoffen können, durch gerechtere Verteilung der Steuerlasten nicht nur dem Staatsbudget, sondern auch dem Land Erleichterung zu verschaffen. Indem sie bereit waren, dafür die Zustimmung der Privilegierten zu erbitten, die durch Reformen am meisten verlieren würden, erweckten sie freilich zugleich eine zweite Hoffnung. Seit langem hatten Frankreichs Eliten mit Interesse beobachtet, wie erfolgreich das parlamentarisch vom Adel regierte Großbritannien mit Frankreich rivalisierte, obwohl es doch so viel kleiner war. Selbst die Kosten des amerikanischen Krieges hatten ja die besiegten Briten bereits wieder abbezahlt, während das siegreiche Frankreich seitdem einem Staatsbankrott entgegentaumelte, der die geplanten Reformen überhaupt erst nötig machte. Und war nicht die parlamentarische Macht des britischen Adels, die aus der Ferne so gerecht auf alle Edelleute verteilt zu sein schien, dem System von Versailles bei weitem vorzuziehen, wo wenige Familien alle Hauptgewinne unter sich aufteilten? War es nicht tausendmal edler, wie ein britischer Lord oder altrömischer Senator durch patriotische Parlamentsreden zu wirken, als dadurch mächtig zu sein, dass man dem König beim Schuheanziehen etwas Intrigantes zuflüsterte? So wünschten sich denn selbst unter den Vertretern der fünfzig großen Hoffamilien viele und erst recht die Jüngeren auch für Frankreich ein parlamentarisches System. Dass dort wieder niemand anderes als sie selbst alle Spitzenpositionen einnehmen würde, musste ihnen so offensichtlich wie ein Naturgesetz erscheinen, wenn sie sich die Frage denn überhaupt je stellten – wie vermutlich alle, jedenfalls aber alle zum Untergang verurteilten Eliten waren sie schließlich auf die eigene Propaganda hereingefallen und glaubten nun selbst, dass sie nicht bloß die Mächtigsten, sondern auch die Klügsten und Besten seien. Und also erwies sich rasch, dass Hoffnung I mit Hoffnung II brutal kollidieren musste. Diejenigen Notabeln, die sich ernsthaft ein System mit erblichem Oberhaus und gewähltem Unterhaus wünschten, konnten es nur als Parodie ihrer Wunschverfassung empfinden, dass der König die 144 Notablen einfach selbst ernannt hatte (natürlich fast ausnahmslos aus Adel und hohem Klerus), und verweigerten daher ihre Zustimmung zu Calonnes Programm schon aus Prinzip. Die Übrigen kämpften mit Klauen und Zähnen gegen die Finanzreformen, weil sie reiche Traditionalisten oder Zyniker waren, denn auch von denen gab es noch immer genug. Alle zusammen aber nutzten sie die Gelegenheit, Rache für ihre Niederlagen in höfischen Machtkämpfen zu nehmen, ob das nun die Demütigungen des Hauses Orléans, die Verdrängung der Noailles und Rohan durch den mit Calonne verbündeten Clan Polignac oder die Wut Breteuils über seine vermasselte Rache am Cardinal de Rohan waren. Zu allem Überfluss rächte sich jetzt außerdem der scheinbar komplette Triumph des französischen Absolutismus, die erfolgreiche Abschaffung nicht nur der nationalen, sondern auch fast aller provinziellen Ständeversammlungen nämlich, als deren Konsequenz mit Ausnahme einiger südfranzösischer Kirchenfürsten weder Regierung noch Notabeln irgendeine Art von parlamentarischer Erfahrung hatten.

Unter diesen Bedingungen dauerte es begreiflicherweise keine drei Monate, bis die Notabeln aufgelöst, Calonne verbannt und an seiner Stelle Erzbischof Brienne von Toulouse zum Finanzminister ernannt war, dem fünfzehn Monate an der Macht ausreichten, um das Staatsschiff endgültig in den Bankrott zu rammen. Sein Versuch einer autoritären Lösung der Probleme brachte nun die Privilegierten auf die Barrikaden. Da mochten der Justizadel der Parlamentsgerichte und der höfisch-militärische Schwertadel einander in normalen Zeiten noch so hassen, da mochten Offiziere die Juristen an ihren langen Perücken ziehen und Juristen die Offiziere als Schläger ohne Lateinkenntnisse verachten: Nun, wo es danach aussah, als sollten sie in Zukunft dieselben Steuern zahlen wie der Pöbel, legten sie in schönster Eintracht Land und Staat lahm, wie das so effektiv nur im Zusammenwirken von Gerichtspräsidenten, Multimillionären und Militärkommandanten geht. Wie so viele Revolutionen erwuchs auch diese nicht allein aus dem Elend der Unterdrückten, denn wenn das gereicht hätte, hätte das Ancien Régime spätestens 1709 zusammenbrechen müssen und nicht erst 1789. Noch waren die gelegentlichen Ausbrüche der geschickt angeheizten Volksgewalt nicht mehr als Begleitmusik zum Wutanfall einer Elite, die sich unverwundbar wähnte. Als der nicht mehr haltbare Brienne schließlich am Sankt-Ludwigs-Tag 1788 entlassen wurde, fanden sich unter denen, die die begeisterte Reaktion der Pariser Unterklasse beobachteten, auch die Botschafter des südindischen Sultans Tipu Sahib von Mysore. Ihre eigentliche Mission war zwar gerade gescheitert, weil sie Ludwig XVI. zur Unterstützung einer antibritischen Revolte in Indien hatten bewegen wollen und der Zeitpunkt für eine solche Reprise der ruinösen amerikanischen Unternehmung wirklich nicht gut gewählt war. Dafür konnten sie nun jedoch immerhin miterleben, wie das johlende Volk der Hauptstadt eine liebevoll dekorierte Pappfigur des Gestürzten zum Scheiterhaufen trug, deren Kardinalsgewand nach dem Vorbild von Briennes Staatsanleihen-Rückzahlung zu genau 40 % aus wertlosem Papier bestand. «Wenn dieser Mann wirklich entlassen ist», sollen die an Drastischeres gewöhnten Inder gefragt haben, «warum sehen wir dann nirgendwo seinen abgeschlagenen Kopf?» Noch konnte der obligatorische Pariser Witzbold ihnen antworten, darin liege doch gerade das Problem, dass Brienne gar keinen Kopf habe. Noch also konnte man Paris von Mysore unterscheiden, weil politischer Umschwung sich hier eben nicht im Zurschaustellen abgeschlagener Köpfe manifestierte, und für etwas weniger als elf Monate würde das ja auch so bleiben.

Mit dem Sturz des Cardinal de Brienne war 1788 der flache Talentpool der Hofpolitik endgültig ausgeschöpft gewesen. Es blieb daher Ludwig XVI. nichts anderes, als den ihm verhassten Jacques Necker zurückzurufen und zu hoffen, dass der seinem Ruf als genialster Finanzmann des Jahrhunderts gerecht werden möge. Vor allem aber führte nun kein Weg mehr daran vorbei, jenes gewählte Ständeparlament einzuberufen, nach dem so viele Privilegierte verlangten – die Generalstände nämlich, die seit 1614 nicht mehr zusammengetreten waren. Wenn die Krone damit eine fast 500 Jahre alte Institution wiederbelebte, deren letzte Reform 300 und deren letzte Sitzung 175 Jahre zurücklagen, dann mag uns das nicht gerade nach einem Experiment in demokratischer Modernisierung aussehen. Aber schon im Vergleich mit dem damaligen britischen Parlament erscheinen die Generalstände geradezu wie eine Orgie an gerechter Mitbestimmung, und so hielt man denn jetzt überall im Lande Wahlen ab, bei denen Bürger bürgerliche Abgeordnete wählten, Adelige adelige und Geistliche geistliche. Die Vorherrschaft der beiden privilegierten Stände Adel und Klerus schien trotzdem unangreifbar – da sie zwei Drittel der Versammlung ausmachten, würden sie den bürgerlichen Dritten Stand jederzeit überstimmen können. Dann aber passierten zwei unvorhergesehene Dinge. Erstens zeigte die adelige Wählerschaft erstaunlich wenig Enthusiasmus für die vergoldeten Kinder des Hofes. Viel zu weit schwebten die Söhne von Versailles materiell und ideologisch über dem verachteten Provinzadel, als dass sie hätten verstehen können, wie wichtig dem kleinen Adel seine rechtlichen Privilegien waren – er besaß ja oft gar nichts anderes mehr, während die hochadeligen Millionäre zu wissen glaubten, dass sie in jeder Gesellschaftsordnung oben bleiben würden. Die adelige Vertretung war daher in den Generalständen von Anfang an in fortschrittsfreudige Reiche und traditionalistische Provinzler gespalten, während im Klerus, zweitens, ganz Ähnliches passierte. Auch hier nämlich nutzten die schlecht besoldeten und bürgerlichen Geistlichen ihr Stimmrecht oft genug, um es den überirdisch gut bezahlten und ausnahmslos adeligen Bischöfen endlich heimzuzahlen, weswegen nur ein Teil der geistlichen Abgeordneten solche Hofgewächse wie Madame de Staëls Freund Talleyrand waren, der es als Vierunddreißigjähriger gerade noch rechtzeitig für die Generalstände zum Bischof einer Stadt gebracht hatte, in der er genau zwanzig Tage verbrachte. Auf jeden von seiner Sorte kam ein einfacher Geistlicher vom Schlag des Abbé Sieyès, der zwar wie Talleyrand zum Kreis der Genlis und des rebellischen Hauses Orléans gehörte, jetzt aber als Abgeordneter zeigte, dass auch der Schützling eines Prinzen zur Stimme des Bürgerstandes werden konnte. Noch war es dem Herzog von Orléans sogar willkommen, wenn Sieyès erklärte, der Dritte Stand sei politisch bisher nichts gewesen, obwohl er doch in Wahrheit alles sei. Wie hätte auch ein Prinz, der schon den Kleinadel nur wie Ameisen wahrnahm, ausgerechnet vor dem Bürgertum Angst haben können? Von diesen simpel schwarz gekleideten Bürgermeistern und Provinzanwälten war nun wirklich nichts zu befürchten. Sie zeigten sich linkisch geschmeichelt, wenn ein großer Herr sich mit ihnen zu sprechen herabließ, hatten von Hofintrigen keine Ahnung und von Manieren meistens auch nicht, kurzum, sie würden auf dem großen Schachbrett der Generalstände die idealen Bauern abgeben, wenn man sich nur die Mühe machte, ein wenig nett zu sein. Und siehe da: So unoriginell war diese Idee, dass sie selbst Ludwig XVI. gekommen war. Die Krone würde die Nichtadeligen benutzen, um den Widerstand der privilegierten Stände zu brechen, und sie würde die Zahl ihrer Abgeordneten verdoppeln, um sie mit den Privilegierten gleich stark zu machen. Auch diese Idee hätte durchaus zum Erfolg führen können, wenn nicht die Unentschlossenheit Ludwigs XVI. und das Patt zwischen seinen Beratern ihr die denkbar dümmste Ausführung garantiert hätten. Indem der König die Zahl der bürgerlichen Abgeordneten verdoppelte, warf er die plötzlich entscheidende Frage auf, ob die Generalstände nach Ständen oder nach Köpfen abstimmen sollten. Bei einer Abstimmung nach Ständen hätten Adel und Klerus die Bürger schließlich noch immer zwei zu eins überstimmen können; beim Votum nach Köpfen dagegen hätten dem Dritten Stand schon ein paar Unterstützer aus den Reihen der Privilegierten für eine Mehrheit gereicht, wodurch er die Versammlung automatisch dominieren musste. Statt aber diesen Punkt rechtzeitig zu entscheiden, verschob Ludwig XVI. die schwierige Frage so lange, bis schließlich die Generalstände am 5. Mai 1789 zusammentraten und noch immer nicht wussten, wie sie abstimmen sollten. Da auch Neckers mit entsprechender Spannung erwartete Eröffnungsrede fast nur aus unverständlichen Steuerdetails bestand (er hatte schließlich einen Ruf als genialster Finanzmann des Jahrhunderts zu verlieren), mussten die ratlosen Abgeordneten die Frage schließlich selbst regeln, was sofort zum Streit aller mit allen führte. Sämtlichen Beteiligten und dem höchst interessierten Elitenpublikum blieb genau so viel Zeit, wie jeder brauchte, um sich seine Wunschlösung auszumalen, bevor dann verspätet doch noch ein konfuser königlicher Kompromissbefehl erfolgte, der prompt alle enttäuschte. Bereits am 17. Juni 1789 hatte der Dritte Stand sich auf Antrag des Abbé Sieyès zur Nationalversammlung erklärt, weil er doch 96 % der Bevölkerung vertrete, und den anderen beiden Ständen ausgerichtet, sie könnten sich ja gerne anschließen, falls auch sie das Schicksal der Nation mitbestimmen wollten. Es war ein Putsch der Worte, auf den Ludwig XVI. am 23. Juni mit einer viel zu späten Thronrede reagierte, die seiner Meinung nach alles klären würde. Aber die Magie der Königsworte war längst nicht mehr, was sie hätte sein sollen. Die Abgeordneten des Dritten Standes, denen sich inzwischen auch der Klerus angeschlossen hatte, verweigerten schlichtweg das Auseinandergehen, als wollten sie experimentell testen, wo genau Ludwig XVI. auf der nach oben offenen Diktatoren-Skala stand. Nicht nur moderne Putschisten, sondern auch die 1789 bereits auf ihren Einsatz wartenden Anführer der späteren Revolutions-Regime zögerten in solchen Situationen nie, loyale Soldaten oder bewaffnete Banden auf die Abgeordneten loszulassen. Schon zehn Jahre später würde die Französische Revolution im Wesentlichen dadurch beendet werden, dass der vulgäre Schwager eines korsischen Generals seinen wütenden Grenadieren zuerst die im Orléans-Schloss Saint-Cloud tagenden Parlamentarier der Republik zeigte, um sie dann mit den unmissverständlichen Worten «F**** mir das alles raus hier!» zur Räumung des Sitzungssaals zu ermutigen. Ludwig XVI. aber schickte den renitenten Abgeordneten rührenderweise den dreiundzwanzigjährigen Zeremonienmeister Dreux-Brézé, der das Amt im Wesentlichen dem Umstand verdankte, dass sein Großvater einst die mitgiftlose Tochter des sonnenköniglichen Lieblings-Billardpartners Chamillart geheiratet hatte. Naturgemäß hatte nichts den zierlichen Marquis darauf vorbereitet, dass ihn jetzt ein bulliger, von Pockennarben entstellter und trotzig als Bürger-Abgeordneter fungierender Graf aus der Provence anbrüllte, man werde einzig der Gewalt der Bajonette weichen (wovon redet der Mann? Welche Bajonette? Hat er denn noch nie einen Zeremonialstab aus Elfenbein gesehen?), und so blieben die Abgeordneten unbehelligt. Am nächsten Tag schlossen sich ihnen 47 Überläufer aus dem Adel an, unter denen nicht nur der Herzog von Orléans, sondern auch Madame de Genlis' fast vergessener Ehemann tragende Rollen spielten; noch einmal zwei Tage später kapitulierte Ludwig XVI. vor der Macht des Faktischen, indem er dem Rest des Adels befahl, sich der Nationalversammlung anzuschließen. Aus dem Forum der Privilegierten war ein nicht mehr kontrollierbares Parlament geworden, von dem keiner wusste, wie man es handhaben könne.

Man muss Ludwig XVI. und Marie Antoinette zugutehalten, dass sie in dieser Phase nicht notwendigerweise aus bloßer Inkompetenz versagten. Am 4. Juni 1789 war ihr seit langem schwerkranker ältester Sohn gestorben, und als habe die Trauer der Eltern um den erst Siebenjährigen nicht gereicht, wurden ihre fatalen Folgen noch durch die Hofetikette verschärft. Indem diese den König und die Königin nämlich zur Trauer ins noch immer exklusive Nebenschloss Marly (Kapitel 10) schickte, entfernte sie die beiden Hauptfiguren nicht bloß vom wichtigsten Schauplatz des Geschehens. Die relative Isolation des Königspaares erleichterte es auch einer kleinen Zahl traditionalistischer Höflinge, Ludwig XVI. gegen den Willen des Chefministers Necker von der Notwendigkeit harten Durchgreifens zu überzeugen. Zwar hatte das hier beschlossene Machtwort vom 23. Juni bekanntlich nichts bewirkt; die Marschbefehle aber, die man gleichzeitig aus Angst vor einem Pariser Volksaufstand diversen Truppenteilen erteilt hatte, waren auch nach dem Einknicken des Königs nicht etwa widerrufen worden, weswegen nun eine Reihe einheimischer und deutscher oder schweizerischer Söldner-Regimenter auf die Hauptstadt zumarschierten. Niemand hat je genau ermitteln können, was eigentlich der Plan des Königs war, und alles spricht dafür, dass er ebenso wenig einen hatte wie diejenigen, die ihn während der ersten Juliwoche in vielen kleinen Schritten zum Aufbau einer Armee um Paris herum bewogen. Eins war freilich umso klarer: Die Hauptstadt war eine tickende Zeitbombe. Wir haben vorhin angesprochen, dass Revolutionen kaum je von den unterdrückten Massen selbst ausgelöst werden, aber das sollte man nicht dahingehend missverstehen, als hätte die Französische Revolution sie nicht gebraucht. Arme und Unterdrückte hatte es in Frankreich und Europa immer gegeben, ohne dass deren gelegentliche Rebellionen das System der Könige und Aristokraten ernsthaft hätten gefährden können. Im Jahr 1789 aber war Frankreich nicht mehr bloß ein Land voller noch immer enormer Ungleichheit. Es war zugleich das reichste Land Europas, das in langen Friedensjahren einen nennenswerten Teil selbst der Unterschichten alphabetisiert und daran gewöhnt hatte, sich mehr als das bloße Nichtverhungern zu wünschen. Vor allem besaß es jedoch eine Hauptstadt, deren 800 000 Bewohner viermal so viele waren wie sämtliche übers Land verteilten

Soldaten der Krone. Aufständische Bauern hatte man noch jedes Mal leicht besiegen können, weil deren Rebellionen schon in Ermangelung von Straßen und Kommunikation isoliert blieben. Paris aber machte der Krone Angst, ohne dass sie deswegen imstande gewesen wäre, diesen Wasserkopf einer nach wie vor ineffizienten Landwirtschaft wenigstens dauerhaft ausreichend mit Brot zu versorgen. Die schlechten Ernten der Jahre 1788 und 1789 hatten auch hier nah an die Hungersnot geführt und eine Bevölkerung zur Weißglut gebracht, die wie alle Untertanen eines unfreien Systems keinerlei realistische Idee von Politik besaß, dafür aber inzwischen jedes verschwörungstheoretische Pamphlet lesen konnte. Es war beunruhigend genug, wie leicht man den Menschen einreden konnte, dass höfische Profiteure ihnen das Brot absichtlich verknappten. Die wirkliche Gefahr jedoch war noch viel größer. Plan- und kopflose Aufstände hatte es schließlich auch in der Hauptstadt schon gegeben, 1709 etwa oder 1775 den sogenannten Mehlkrieg. Aber erst jetzt und zum ersten Mal seit Jahrhunderten gab es direkt nebenan bei den Generalständen nicht nur potenziell willige Anführer, sondern auch zündende Ideen für einen solchen Aufstand. Es machte nichts, dass unter den 600 Abgeordneten auch des Dritten Standes kein einziger Handwerker oder Arbeiter und nur genau ein Bauer war; die Ehrgeizigen aller drei Stände waren nicht wählerisch, wer in ihrem Namen Gewalt ausüben würde, und sie fanden in Paris ein ebenso begeistertes wie manipulierbares Publikum. Man kann die Angst der konservativen Hofpolitker daher verstehen, und man kann vielleicht auch noch verstehen, warum es ihnen wie eine gute Idee vorkam, für undefinierte Notfälle etwa 20 000 Soldaten auf die Hauptstadt marschieren zu lassen, obwohl das deren Bewohner natürlich erst recht paranoid machte – und obwohl niemand wusste, ob diese Truppen selbst nicht bereits genauso dachten. Aber wenn man weiß, dass der Aufmarschplan dieser fürs Siegen zu kleinen und fürs Vertrauenerwecken zu großen Armee ihre vollständige Ankunft erst auf den 18. Juli 1789 legte, dann fragt man sich einigermaßen fassungslos, wie irgendjemand es für eine gute Idee halten konnte, schon am 11. Juli buchstäblich einen Zünder in das Pariser Pulverfass hineinzuwerfen. Andererseits: Sobald man etwas näher hinsieht, zeigt sich, dass dieser Irgendjemand offenbar der Baron de Breteuil war, der ehemalige Liebespostillion der großen Katharina also, Bombelles' ministerialer Beschützer, auf dessen Konto ja bereits der katastrophal entgleiste Halsband-Prozess ging und den Ludwig XVI. an diesem 11. Juli zum neuen Chefminister ernannte. Der Zünder aber, den man ins Pulverfass hineinwarf, war natürlich die Entlassung des genialsten Finanzmanns des Jahrhunderts.

Was in Paris geschah, nachdem die Nachricht von der Entlassung des Hoffnungsträgers Necker dort ankam, ist tausendmal beschrieben worden, weil man es zu Recht als die blutige Geburt einer neuen Welt verstanden hat, und ebendeshalb dürfen wir es hier überspringen. Natürlich war da überall auch noch Ancien Régime: die anscheinend unprovozierte Kavallerieattacke deutscher Söldner im Tuileriengarten, deren Kommandeur ein Lothringer Prinz und Sohn von Bischof Talleyrands erster Geliebter war; der Grund, aus dem das französische Garderegiment den Kampf um die Bastille entschied, indem es zu den Rebellen überlief (die Gardisten waren im Zustand faktischer Rebellion gewesen, seit man im Vorjahr den schönen Lauzun nicht zu ihrem Chef ernannt hatte, obwohl er doch als Erbneffe des bisherigen Obristen ein gewissermaßen gottgegebenes Recht darauf hatte); die Agenten der tiefbeleidigten Prinzenlinie Orléans, die einen Aufstand anzuheizen versuchten, der Leute wie sie schon gar nicht mehr brauchte; die Pike, auf der man den Kopf des mit falschen Versprechungen zur Kapitulation bewogenen Bastille-Gouverneurs durch die Straßen trug, oder das Grasbüschel, das die Aufständischen dem ermordeten Militärintendanten Foulon in den Mund stopften, weil er gesagt haben soll, sie könnten ja Gras fressen, wenn es kein Brot gebe. Man kann diese Tage mit einigem Recht als gut ausgegangene Geschichte erzählen, solange man ausreichend weit aus dem Weltall daraufschaut und also beispielsweise an unbestreitbar gute Folgen wie die Erklärung der Menschenrechte oder die Abschaffung des Feudalwesens denkt. Man kann sie mit vergleichbarem Recht als blutigen Schrecken darstellen, wenn man sich aus der Nahperspektive mit den

Abertausenden Menschen aller Stände beschäftigt, die im Lauf der nächsten Jahre ihretwegen einen gewaltsamen Tod finden würden, den man nicht allzu leichten Herzens mit langfristig heilsamen Konsequenzen verrechnen sollte. Aber so oder so waren die Ereignisse des 14. Juli etwas Neues, weil sie das bisherige Gleichgewicht der Kräfte vollkommen umstießen.

Der Bastillesturm hatte die unkontrollierbare Gewalt in die innenpolitische Arena zurückgeholt, aus der sie 140 Jahre lang verbannt gewesen war, und verschob so für immer die Gewichte. Hof und König, die so lange das Zentrum der Macht gewesen waren, konnten nur noch reagieren; nachdem Pariser Volk die Königsfamilie am 6. Oktober 1789 aus Versailles abgeholt hatte, waren Ludwig XVI. und die Seinen allen Respekterweisungen zum Trotz doch nur noch Gefangene der Hauptstadt. Aber indem diese Bewegung zugleich die Nationalversammlung aus Versailles nach Paris folgen ließ, wurden auch dieses Parlament und seine Nachfolger zu Geiseln derselben Gewalt, die ihnen eben noch genutzt hatte. In immer kürzeren Abständen stürzten jetzt Männer ab, die fünf Minuten vorher der Held des Tages gewesen waren, und konnten sich noch glücklich schätzen, wenn sie dabei bloß im Exil landeten wie etwa der zeitweise zum Halbdiktator aufgestiegene Heldendarsteller La Fayette, statt wie der schöne Lauzun oder Madame de Genlis' Ehemann unter der Guillotine zu sterben. Das Gros der adeligen Revolutionäre war schon lange zuvor verdrängt worden, weil sie am Ende eben doch nur für genau jene höfische Machtpolitik trainiert waren, die sie selbst nutzlos gemacht hatten – in der Nationalversammlung und den politischen Clubs wischten all die karrierefrustrierten Rechtsanwälte aus der Provinz mit ihnen dagegen genüsslich den Fußboden auf. Die Anwälte die ersten Stunde hielten sich freilich kaum so viel länger, denn längst schon fraß diese Revolution neben den nützlichen Idioten auch ihre eigenen Kinder. Und wie auch anders? Unter dem unbeschränkten Königtum war der Sitz der höchsten Autorität zwar einerseits wacklig genug gewesen, weil deren Vererbung von oft unvorhersehbaren Todesfällen abhing. Zugleich hatte dieses System der erblichen Macht sich aber auch gerade aufgrund seiner primitiven Eindeutigkeit so unglaublich lange halten können, und mit genau der war es natürlich vorbei, sobald die Autorität nicht mehr beim König lag. Die neue parlamentarische Macht hatte nie eine Chance, sich ähnliche Gewohnheitslegitimität zu ersitzen, weil die pure Gewalt der Straße ja eben noch ihr eigener Geburtshelfer gewesen war. Man musste kein Genie sein, um zu begreifen, dass diese Gewalt sich wiederholen ließ, und so wurden die Abstände bald immer kürzer, in denen überzeugte oder opportunistische Revolutionäre das beeinflussbare Pariser Volk zur Beseitigung ihrer Gegner benutzten. Die schönen Verfassungen der ersten Jahre taten ein Übriges, indem sie die Gewalten so analytisch präzise, so perfekt nach Art eines abstrakten Politikseminars voneinander trennten, dass kein einziges Rad in das andere griff und die Staatsmaschinerie in den puren Leerlauf geriet. Als man schließlich nicht mehr anders konnte, als die für diese Welt zu guten Konstruktionen abzuschaffen, war es daher fast schon Notwehr gewesen, dass an ihre Stelle embryonaler Totalitarismus trat.

Die Revolution schuf die nie zuvor dagewesene Linke und erzwang zugleich die Geburt eines aktiven Konservatismus, für den es bisher mangels Herausforderung ebenfalls keinen Bedarf gegeben hatte. Zwischen diesen Extremen war dagegen so entsetzlich wenig, dass wir die im entscheidenden Moment dort platzierte alte Bekannte umso leichter wiedererkennen können. Die Baronin von Staël hatte als Tochter des großen Necker 1789 natürlich ebenso auf der Revolutionsseite gestanden, wie sie es als intellektuelles Produkt eines Pariser Salons tun musste, und so überzeugt war sie von Neckers Anspruch auf die politische Hauptrolle gewesen, dass sie sogar den ungeliebten, aber gehorsamen Botschafterehemann im Namen Schwedens für Necker arbeiten ließ, obwohl sein König Gustav III. sich als einer von ganz wenigen Herrschern ernsthaft über die Revolution aufregte. Es half gewiss, dass auch ihr damaliger Schon-wieder-Ex-Freund Talleyrand nach sehr kühler Abwägung der jeweiligen Siegeschancen auf den Sieg der Revolution gesetzt hatte, in deren Diensten der völlig unreligiöse Bischof bald neue Bischöfe für eine systemkonforme Kirche weihen musste. Aber genauso, wie Madame de Staël 1789 so gute Gründe zum Enthusiasmus gehabt hatte, sah es schon 1790 wieder ganz anders aus. Wahrscheinlich hätte es zu ihrer Desillusionierung bereits gereicht, dass der am 14. Juli so vehement an die Macht zurückgeputschte Necker sein Ministeramt ein Jahr später abgeben musste, ohne dass das noch irgendwen interessierte: Längst hatte Frankreich dramatischere Helden als den bei Lichte besehen drögen Kreditexperten. Zugleich war Madame de Staël jedoch bei aller Eitelkeit eine extrem kluge Frau, die sehr viel schneller als die meisten ihrer Zeitgenossen begriff, dass Verbrennen nicht das beste Mittel gegen das Erfrieren ist. Sie begriff, dass die unbestreitbaren Freiheits-, Gerechtigkeits- und Effizienzgewinne der ersten zwei Revolutionsjahre im Bürgerkrieg der Extreme zerrieben würden, wenn sich nicht sehr schnell zwei Dinge fänden: erstens eine moderat ausgleichende Freiheitsidee und zweitens ein Weg, die ziellose Energie der Revolutionäre zu bremsen, bevor sie alles in Trümmer schlug. Innerhalb von weniger als zehn Jahren würden Madame de Staël und ihr Freundeskreis nicht bloß eine solche Idee entwickeln, den modernen Liberalismus nämlich, sondern auch maßgeblich an jenem Staatsstreich beteiligt sein, der die Revolution wirklich beendete. Das Unglück wollte es jedoch, dass die Zeit für keines dieser Projekte reif war, als die noch immer erst fünfundzwanzigjährige Baronin im Jahr 1791 zum ersten Mal in die Reichweite unmittelbarer Macht kam. Ihr damaliger Liebhaber Graf Narbonne war zwar als besonders privilegierter Hofmann und angeblicher unehelicher Sohn Ludwigs XV. ebenso wenig zum Revolutionspolitiker prädestiniert, wie er es durch seine politischen Ideen war, denn davon scheint er gar keine gehabt zu haben. Aber Madame de Staëls Vorrat hätte für eine ganze Partei gereicht, und so hielt Narbonne also eine kluge Rede nach der anderen, bis schließlich Ludwig XVI. ihn zum Kriegsminister ernannte. Das ungleiche Paar Staël-Narbonne fand sich damit an vorderster Front unter denen wieder, die jetzt mit einer scheinbar guten Idee zur Lösung des Revolutionsdilemmas Europa in endloses Unglück stürzten.

Das Europa der Könige hatte auf die Französische Revolution keineswegs so aufgeregt reagiert, wie populäre Mythologie das später meistens darstellte. Die in Romanen und Filmen beliebte Vorstellung, wonach die Herrscher und Aristokraten des ganzen Kontinents möglichst noch am 14. Juli 1789 alles stehen und liegen ließen, um sich von nun an mit voller Kraft dem Kampf gegen diese Bedrohung ihres Systems zu widmen, ist genauso realistisch wie die ähnlich beliebte Annahme, man habe in Europa unmittelbar nach dem 12. Oktober 1492 von nichts anderem mehr als der Entdeckung Amerikas gesprochen. In Wahrheit sind große historische Wendepunkte aus der Nähe schon deswegen nur selten erkennbar, weil sie in der Vielzahl scheinbar gleichrangiger Ereignisse leicht untergehen. Auch 1789 gab es nachvollziehbare Gründe, die Ereignisse in Frankreich als bloße Variationen der unmittelbar vorangegangenen oder gleichzeitigen niederländischen, ungarischen, belgischen und transsylvanischen Revolution anzusehen, deren letztliches Misslingen damals noch ebenso unsicher war wie umgekehrt das Gelingen der französischen Version. Viele Herrscher und Adelige sahen schon deshalb keinen Grund zur Sorge, weil ihnen der eigene Staat viel moderner oder gerechter vorkam als die absolute Monarchie Ludwigs XVI., womit sie gelegentlich sogar recht haben mochten. Andere schrieben den ganzen Ärger einem frivolen Charakter der Franzosen zu, sodass beispielsweise in Deutschland keinerlei Nachahmung zu befürchten sei (und auch das stimmte, wenngleich natürlich nicht aus Charaktergründen und eher, weil man ja hier statt einer einzigen dreihundert Bastillen in dreihundert Staaten hätte stürmen müssen). Vor allem aber war es Europas Monarchen beinahe ausnahmslos hochwillkommen, die nur noch mit sich selbst beschäftigte Großmacht Frankreich auf absehbare Zeit aus der politisch-militärischen Konkurrenz verabschiedet zu sehen, während ihre eigenen Machtspiele ungestört weiterliefen. Nur Gustav III. von Schweden und Katharina II. von Russland waren ernsthaft schockiert, ohne dass sie das davon abgehalten hätte, den nächsten Krieg statt gegen die Revolution lieber gleich gegeneinander zu führen (langfristig nämlich waren Gustavs Expansionswünsche durch die wasserlose Karibikinsel nicht befriedigt worden, die ihm der kleine Staël so mühsam erheiratet hatte). So hatte denn die Revolution fast drei Jahre lang vom Ausland nie mehr zu befürchten gehabt als ein paar zahnlose Erklärungen oder die Nadelstiche jener französischen Emigranten, die in Koblenz am Rhein ein provisorisches Hauptquartier eingerichtet hatten. Der örtliche Landesherr Clemens Wenzeslaus von Sachsen, Kurfürst-Erzbischof von Trier, hätte den samt Anhängern geflohenen Brüdern Ludwigs XVI. schon deswegen schlecht das Asyl verweigern konnte, weil er ja als Bruder der einst durch Moritz von Sachsen verheirateten Dauphine selbst ihr direkter Onkel war. Da es allerdings in ganz Europa schwerlich einen schwächeren oder harmloseren Staat als dies geistliche Kurfürstentum gab und da auch die naturgemäß fast nur aus adeligen Offizieren bestehende Emigrantenarmee keine ganz ernsthafte Bedrohung sein konnte, hätte das Frankreich der Revolutionäre sich eigentlich recht sicher fühlen dürfen.

Leider aber hatte die Revolution das alte innenpolitische Motiv zum Kriegführen, also die Ruhmbegierde der aristokratischen Berufskrieger, nur abgeschafft, um sogleich ein neues zu kreieren, das jetzt Madame de Staël, Narbonne und ihre Freunde motivierte – den Wunsch nämlich, das plötzlich gefährlich wichtige Volk von innenpolitischen Problemen abzulenken. Ein erfolgreicher Krieg, so dachten sie, würde das Land nicht nur zu patriotischer Einheit zwingen; er hätte zudem auch den nicht unwesentlichen Vorteil, die Armee als gefährlichsten Teil des Volkes aus dem Land zu entfernen. So agitierten nun diese beiden zusammen mit einer Reihe ähnlich opportunistischer oder idealistisch-naiver Politiker sehr erfolgreich dafür, dem Römisch-Deutschen Reich oder besser noch den dank Marie Antoinette eh verhassten Österreichern ein unerfüllbares Ultimatum wegen Unterstützung der Emigranten zu stellen, woraus dann der gewünschte Krieg fast zwingend erwachsen würde. Nicht einmal die Beschaffung eines geeigneten Oberbefehlshabers machte ihnen Sorgen, obwohl das Gros der Generäle ja emigriert war. Schon verhandelte ihr Agent mit dem Herzog Karl Wilhelm Ferdinand von Braunschweig, der seine Qualitäten eben bei Niederschlagung der niederländischen Revolution bewiesen hatte. Einen ordentlichen Jakobiner hätte es vermutlich gestört, dass Braunschweig weiterhin ein Neffe Friedrichs des Großen, Preußens ranghöchster Feldmarschall und als (natürlich untreuer) Ehemann der 1737 unter den bekannt schlimmen Bedingungen geborenen «kleinen Ratte von einem Mädchen» Augusta von England (Kapitel 15) sogar der Schwager Georgs III. war, aber Madame de Staël sah darin im Gegenteil nur lauter Vorteile. Da ein Krieg mit Österreich für ihre Zwecke vollkommen ausreichte, war alles willkommen, was den Rest Europas neutral halten oder sogar zu Frankreichs Verbündeten machen konnte. Hatte nicht Preußen eben noch eine Armee an die Grenze des österreichischen Erbfeinds geführt? Sollte es Talleyrand und dem schönen Lauzun nicht leichtfallen, auch die Engländer auf Frankreichs Seite zu ziehen, wenn man dem einst ahnungslos für Madame de Staël verplanten Premierminister Pitt die Insel Tobago versprach, die einst beinahe Madame de Staëls Mitgift geworden wäre? Wunschdenken, das man rührend finden dürfte, wenn es nicht so katastrophale Folgen gehabt hätte, Wunschdenken aber auch, das von der patriotisch besoffenen Parlamentsmehrheit sofort begeistert geteilt wurde. Wenngleich nun der Herzog von Braunschweig nach langem Zögern absagte (drei Monate später würde er ohne große Begeisterung die Armee der Gegenseite kommandieren), konnte dafür selbst Ludwig XVI. dem Kriegsplan etwas abgewinnen, der laut Verfassung seiner Zustimmung bedurfte. Vielleicht hätten Madame de Staël und Narbonne ihren genialen Plan noch einmal überdacht, wenn ihnen Ludwigs Hoffnung bekannt gewesen wäre, durch fremde Heere aus den Händen seiner Feinde befreit zu werden. Aber wenn mit der Dummheit selbst die Götter vergebens kämpfen, dann kämpfen sie doppelt vergebens mit der Dummheit der Hochintelligenten, und so erklärte denn der soeben in ‹König der Franzosen› umgetaufte Ludwig am 20. April 1792 Österreich den Krieg, ganz wie die Nationalversammlung es verlangt hatte.

Madame de Staël und Narbonne fanden nur kurz Freude an den Wirkungen des so begeistert herbeigeführten Krieges, und das lag nicht bloß daran, dass Narbonne zum Zeitpunkt der Kriegserklärung sein Ministeramt bereits wieder los war (Madame de Staëls Intrige, die ihn zum Premierminister hatte erheben sollen, war massiv nach hinten losgegangen). Vor allem würde es keine drei Monate dauern, bevor die beiden als direkte Konsequenz des Krieges in Paris um ihr Leben rennen mussten. Den gräflichen Liebhaber konnte die Baronin, die ja immer noch Botschafterin von Schweden war, nur dadurch retten, dass sie einer mörderischen Jakobinerpatrouille glaubhaft erklärte, Schweden sei Frankreichs direkter Nachbar am Rhein und die größte Macht Europas. Selbst floh Madame de Staël dagegen, indem sie ausgerechnet am ersten Tag der sogenannten Septembermorde in einer sechsspännigen Luxuskarosse mitten durch den Pariser Hexenkessel fuhr, während die johlende Menge zur Linken und zur Rechten die auf Piken gespießten Köpfe alter Hofbekannter vorbeitrug, und nur deswegen entkam sie dem sicheren Tod, weil sie rechtzeitig vorher den einen schöngeistigen Jakobinerfunktionär literarisch bezirzt hatte. Diese Eskalation der Gewalt aber, die auch den endgültigen Sturz der Monarchie einschloss und direkt zum systematischen Terror des Robespierre-Regimes führen würde, war ihrerseits die unmittelbare Folge eines Krieges, in dem Frankreich keineswegs nur Österreich, sondern auch Preußen gegenüberstand und der deswegen sogleich mit einer scheinbar unaufhaltsamen Invasion aus dem Osten begonnen hatte. Und auch die tiefere Ursache dieser Konstellation kam aus dem Osten – von jener zweiten gleichzeitigen Revolution nämlich, deren Konsequenzen die kriegstreibenden Politiker von Paris nicht hatten begreifen wollen.

Auch in Polen hatte 1787 alles so gut angefangen – und anders als in Frankreich sogar mit dem Wiedersehen zweier alt gewordener Liebender. Eine prächtige Galeerenflotte war den Grenzfluss Dnjepr hinabgefahren, der noch immer die polnische von der russischen Ukraine trennte, und an Bord dieser Flotte war Katharina II. gewesen. Mit ihrem mächtigen Ex-Freund und Vertrauten Potjomkin reiste sie ans Schwarze Meer, wo sie sich die von ihm auf frisch erobertem Terrain gebauten Dörfer zeigen lassen würde. In einem ad hoc aus dem Boden gestampften Palast kurz unterhalb von Kiew wurde sie vom Polenkönig Stanisław II. erwartet, der Katharina das letzte Mal 1758 als ihr abreisender Liebhaber gesehen hatte. Die neunundzwanzig Jahre seitdem hatten so viel Verrat, so viel Demütigung und so viele Tote zwischen sie gelegt, dass man leicht verstehen wird, warum Katharina den König nicht ohne Nervosität an Bord der Staatsgaleere empfing. Nach kühl zeremonieller Begrüßung zogen die beiden Souveräne sich für eine halbe Stunde in ein Kabinett zurück. Als sie unter den neugierigen Blicken der Höflinge wieder herauskamen, glaubte der französische Botschafter im Gesicht der Kaiserin Beschämung zu sehen und in dem des Königs eine Spur von Traurigkeit, die unter dem aufgesetzten Lächeln nur umso deutlicher geworden sei. Aber der Rest des Tages verlief freundlich, auch wenn die Kaiserin am Ende das einen Vesuv-Ausbruch darstellende Feuerwerk der Polen nur von Bord ihres Staatsschiffes ansah, weil sie nicht an Land kommen wollte. Bei ihrer Weiterreise am nächsten Tag nahm sie ein Bündnisangebot Stanisławs mit, über das nachzudenken sie ihm versprochen hatte. Polens König mochte sentimental sein, aber er war zugleich als Politiker an den Dnjepr gekommen, der wusste, dass er sein Land nicht ohne die Erlaubnis der Zarin reformieren konnte. Seit der Teilung von 1772 war das verkleinerte Polen nicht bloß aufgrund der russischen Besatzungstruppen ein Satellitenstaat Petersburgs gewesen. Seine alte Verfassung, die effektives Regierungshandeln praktisch unmöglich machte, war von Russland aus wohlverstandenem Eigeninteresse «garantiert» worden. Da somit jeder unabgesprochene Reformversuch Katharina das Recht zur militärischen Intervention gegeben hätte, wusste Stanisław, dass seine Reformpläne auch den Russen würden nützen müssen. Er schlug der Zarin vor, den nächsten Sejm zu «konföderieren», ihn also durch eine halbprivate Adelsverschwörung (Konföderation) aller Abgeordneter zu ergänzen, in der diese sich zum Verzicht auf das zerstörerische Liberum Veto verpflichteten. Sobald dadurch endlich Mehrheitsbeschlüsse möglich waren, würde man Gesetze zum Aufbau einer wirksamen Staats- und Steuerverwaltung erlassen und mit den neu gewonnenen Mitteln endlich ein modernes und großes Heer aufstellen, um Russland als schlagkräftiger Alliierter im absehbaren nächsten Türkenkrieg hundertmal nützlicher zu werden als bisher.

Katharina nahm sich Zeit mit der Antwort, obwohl die russische Annexion der Krim bald nach ihrem Treffen mit Stanisław tatsächlich zur Kriegserklärung der Osmanen führte. Den daraus folgenden Krieg auf dem Balkan führte Russland nun zusammen mit einem Österreich, das nicht weniger Rivale als Verbündeter war – beide Seiten fürchteten, die andere werde sie auf dem Weg nach Konstantinopel überholen. Aber auch der Rest Europas hatte ausreichend starke Meinungen zum drohenden Untergang des Osmanischen Reiches, der Österreich und Russland zu Supermächten zu machen drohte. Niemanden beunruhigte das mehr als das zwischen beiden eingeklemmte Preußen Friedrich Wilhelms II., zumal es selbst ja von Polen noch immer nicht einmal das so innig begehrte Danzig erlangt hatte. Katharina hätte daher keinen größeren Fehler machen können, als 1788 nur halb auf Stanisławs Bündnisangebot einzugehen – genug nämlich, um die Konföderation des Sejms zu erlauben, aber zu wenig, um Polen für seine Militärhilfe irgendwelche Zugeständnisse zu machen. So trat nun fast gleichzeitig mit Frankreichs Generalständen auch in Polen zum ersten Mal seit Ewigkeiten wieder ein funktionsfähiges Parlament zusammen, dessen Abgeordnete über seinen König und dessen russische Alliierte empört waren. Eine derartige Welle patriotischer Leidenschaft brach sich Bahn, dass ausgerechnet der päpstliche Botschafter dem Land einen «orgasmo» attestierte. Als der Sejm am 7. Oktober 1788 eröffnet wurde, schien alles zum Ausbruch eines großen Brandes bereit, und es war Preußen, das am 13. Oktober das erste brennende Streichholz warf, indem es den gedemütigten Polen ein Bündnis gegen Russland anbot.

Schon den Zeitgenossen war klar, dass die Anteilnahme Friedrich Wilhelms II. am Wohlergehen des Nachbarstaats nur so altruistisch war, wie das auch die liebevolle Fütterung einer Weihnachtsgans ist. Wenn Preußen den Polen einen schönen Anteil am gerade russisch eroberten Moldawien versprach, dann konnte man geradezu riechen, wie später im Kleingedruckten etwas von der dankbaren Abtretung Danzigs und Westpolens stehen würde. Aber in diesem Moment reichte es den Warschauer Patrioten, dass Preußen nicht Russland war, zumal ein preußisch-britisches-niederländischen Bündnis gerade Gustav III. von Schweden zum Angriff auf Petersburg ermutigt hatte. Plötzlich sah Katharina sich von allen Seiten zugleich dermaßen bedroht, dass sie ihre Truppen aus Polen abzog und das Land damit für drei entscheidende Jahre sich selbst überließ. Nun zeigte sich, wie sehr der aufklärerische Zeitgeist auch hier gewirkt hatte. Fast parallel zu den Ereignissen in Frankreich machte in Polen das eigentlich nur für wenige Monate einberufene Parlament sich vom schockierten König unabhängig, bevor es ebenfalls wie in Frankreich einen Grundpfeiler der alten Ständegesellschaft nach dem anderen ausriss. Natürlich gab es noch genug Unterschiede, die aus der ganz verschiedenen Gesellschaftsform beider Länder erwuchsen, und so blieb in Polen beispielsweise die Volksgewalt zuerst genauso aus wie der Kontrollverlust des Adels. Wie denn auch anders in einem Land, das den zahlreichsten Adel Europas und fast gar kein Bürgertum hatte? Die politische Gleichberechtigung der Stadtbürger wurde hier zwar trotzdem durchgesetzt, erfolgte aber aufgrund der Zahlenverhältnisse nicht durch Abschaffung der Adelsprivilegien, sondern umgekehrt einfach dadurch, dass mehrere Wochen lang jeder nur irgendwie auffindbare Bankier, Fabrikbesitzer oder Großhändler in den Adelsstand erhoben wurde.

So seltsam es jedoch von außen erscheinen mochte, dass Polens Freiheitsfreunde sich nun ausgerechnet jene barbarisch-sarmatischen Kostüme und Frisuren anlegten, von denen die Generation des Lockenkönigs Poniatowski sich eben erst mühsam freigemacht hatte, so wenig änderte das doch daran, dass hier genau wie in Frankreich in rasender Eile Grundrechte und Reformen durchgesetzt wurden, die noch kurz zuvor undenkbar erschienen wären. Mit der ersten modernen Verfassung Europas überholte Polen die Franzosen sogar um mehrere Monate, und so schien es, als könne die bis zur Unkenntlichkeit umstrukturierte Adelsrepublik an diesem 3. Mai 1791 endlich wieder einer glorreichen Zukunft entgegensehen. Indem der Sejm zur Stabilisierung des Staates die Erbmonarchie einführte und zum designierten Nachfolger Stanisławs ausgerechnet den sächsischen Kurfürsten Friedrich August III. bestimmte, hatte er sogar noch den

1733 mit Grumbkow besprochenen Traum Augusts des Starken erfüllt, dem Hause Sachsen die erbliche Krone Polens zu verschaffen. Derjenige Paragraph der neuen Verfassung, der im Ausland die größte Wirkung haben sollte, war allerdings leider ein anderer. Selten kann wohl ein Verfassungsabsatz so spektakulär das Gegenteil des Beabsichtigten bewirkt haben wie jener, der jetzt Polen auf ewig verbot, polnisches Territorium an fremde Mächte abzutreten, denn damit erledigte sich auch Preußens Hoffnung einer einvernehmlichen Ostverschiebung des Nachbarn. Der arme Friedrich Wilhelm II. war ohnehin schon übel gelaunt gewesen, hatte er doch gerade monatelang mit einer Riesenarmee zuerst an der österreichischen und dann an der russischen Grenze auf den großen Krieg der Preußen, Briten, Türken, Polen, Schweden, Holländer und Dänen gegen Russland gewartet, den der britische Premier William Pitt dann mit Rücksicht auf Großbritanniens öffentliche Meinung im letzten Moment abgeblasen hatte. Preußen hatte sich daher für nichts und wieder nichts an den Rand des Ruins gebracht und durfte sich mit einigem Recht wie der letzte Depp des europäischen Staatensystems vorkommen. Als ihm nun ausgerechnet das nie ernst genommene Polen auch noch seine letzte diplomatische Seifenblase platzen ließ, erklärte Friedrich Wilhelm II. sein Bündnis mit dem Nachbarn für beendet, söhnte sich mit dem Erzfeind Österreich aus und trug dadurch genauso zur Entlastung Russlands bei, wie es zur selben Zeit das fast gleichzeitige Ende des schwedischen und Türkenkrieges taten. Von einem Moment auf den anderen stand also das herrlich reformierte Polen wieder ohne Verbündete und Russland wieder ohne Kriegsgegner da, und so war dies denn auch der Moment, in dem alles darauf ankommen würde, ob die mächtigsten Untertanen der Adelsrepublik patriotisch an einem Strang zögen.

Obwohl Ksawery Branicki seinen Nachruhm heute fast ausschließlich der Rolle als Casanovas dramatischster Duellgegner verdankt, war seine historische Hebelwirkung an anderer Stelle ungleich größer. Seit Stanisław Poniatowski ihn 1758 in Russland als Leibwächter zu einem potenziell tödlichen Rendezvous mitgenommen hatte (Kapitel 17), war der einst bettelarme Edelmann immer höher und höher gestiegen. Von 1774 an war er als Krongroßfeldherr nicht nur der am besten, sondern auch der fast einzige überhaupt besoldete Würdenträger der Krone Polen gewesen, und umso bitterer enttäuschte es ihn jetzt, reformbedingt die Kontrolle über das Heer zu verlieren. Schon lange vorher freilich hatte er in Opposition zum König gestanden, was der sich wie einst bei der himmelblauen Cousine nur aus dem fatal charakterverderbenden Effekt einer Paris-Reise erklären konnte. So oder so aber wurde Branicki sein Rivale und bald umso gefährlicher, als er 1781 eine Frau heiratete, die nicht allein hohe Wangenknochen, rotbraunes Haar, politischen Verstand und ein Millionenvermögen mit in die Ehe brachte. Alexandra Engelhardts wichtigere Mitgift lag darin, die Lieblingsnichte und mutmaßliche Ex-Geliebte des großen Potjomkin zu sein, der nach wie vor Russlands mächtigster Mann war, obwohl ihn als eigentlichen Liebhaber Katharinas längst andere ersetzt hatten. Aber es waren nicht diese immer jünger werdenden Nachfolger, die Potjomkin beunruhigten, denn die waren der Kaiserin ja mindestens ebenso Erziehungs- wie Liebesobjekte: Ihr starker Arm, ihr Feldherr und Berater blieb doch er selber. Wirkliche Sorgen machte Potjomkin vielmehr jener, den diese Jungen im Herzen Katharinas ersetzten – der Großfürst-Thronfolger Paul also, den man Katharina gleich nach der Geburt weggenommen hatte, bevor er als letzter offizieller Romanow-Nachkomme ihr gefährlichster Feind und schließlich, oh Wunder, unerträglich bis halbverrückt geworden war. So war es dem Ex-Freund der Zarin wie eine gute Idee erschienen, sich gegen Pauls absehbaren Herrschaftsantritt auch dadurch abzusichern, dass er im ukrainisch-orthodoxen Osten Polens Ländereien mit nicht weniger als 112 000 Leibeigenen kaufte. Bald verfügte Potjomkin über ein jederzeit aktivierbares Kosaken-Netzwerk und Magnaten-Allianzen, von denen die mit Branicki nur die wichtigste war; bald war er ein großer Herr in Polen und konnte schon darüber nachdenken, dereinst Stanisław II. auf dem Thron so nachzufolgen, wie er ihm zuvor im Bett der Zarin gefolgt war. Da ereilte den Zweiundfünfzigjährigen im ausgehenden Türkenkrieg ein übles Fieber, vor dem er vergeblich in die bessarabische Steppe zu fliehen versuchte. Sein vorletzter Brief an Katharina hatte noch mit den Worten «Euer Kaiserlichen Majestät treuester und dankbarster Untertan Fürst Potjomkin von Taurien – Oh Mütterchen, wie krank ich bin!» geendet; auf den Rand des letzten, den bereits der Sekretär schreiben musste, konnte er bloß mehr «Die einzige Rettung liegt im Aufbruch» krakeln, bevor ihm die Feder aus der Hand fiel. Dann war er in die Schlafkutsche getragen worden, die ihn nach Russland zurückbringen sollte und an der Spitze des riesigen Gefolges wirklich einige Stunden fuhr, bevor alle begriffen, wie hoffnungslos die Reise war. Am 16. Oktober 1791 taumelte der Mann im seidenen Morgenmantel, der noch immer physisch ein ebensolcher Riese war wie politisch, mitten im moldawischen Niemandsland barfuß aus der Kutsche, um sich ins kühlende Gras zu legen; er küsste ein letztes Mal seine Reise-Ikone, ließ sich von der geliebten Nichte Alexandra Branicka den Kopf halten und starb in ihren Armen. Für Alexandras Ehemann Ksawery Branicki aber, der eben noch Potjomkins Hilfe gegen die neue Verfassung gesucht hatte, schien nur mehr die Regelung des Nachlasses übrig zu bleiben, um deretwillen er sich jetzt nach Petersburg aufmachte.

Dort freilich erwartete ihn bereits jener eine Mann, der sich über den Tod Potjomkins mehr als irgendwer sonst gefreut hatte. Platon Subow war es längst leid gewesen, neben dem verhassten Vorgänger wie ein Schuljunge auszusehen, dessen dauernde Intrigen dem Älteren nichts anzuhaben vermochten. Die Zeiten waren vorbei, in denen die Hof- und Staatsdame Naryschkina sich eine goldene Zweitausend-Rubel-Uhr damit verdient hatte, Subow an die Zarin zu vermitteln, als wäre er ein besseres Haustier. Jetzt endlich würde er zeigen können, welch überlegener Staatsmann er sei, wenn man ihn bloß machen ließ. Und hatte das Glück ihm nicht auch die perfekte Ausgangslage geschenkt? Da mochte der verhasste Potjomkin ruhig noch so viel Steppenland am Schwarzen Meer erobert haben: Er, Subow, würde Katharina auf silbernem Tablett das ungleich wertvollere Polen servieren, und dann würde man ja sehen, wer hier das politische Genie war. Natürlich half es, dass die Kaiserin bereits ganz von allein beschlossen hatte, Polens neue Verfassung umzustürzen. Die Französische Revolution war ihr widerlich genug, aber das hier war doch kein bisschen besser und passierte auch noch direkt vor ihrer Haustür. So wurde denn, während man die letzten Komplikationen des Türkenkriegs abwickelte, in Petersburg bereits alles getan, um jene nützlichen Idioten herbeizuschaffen, ohne die Russlands Intervention zum Widerspruch anderer Mächte geführt hätte. Es spricht wahrlich nicht für Ksawery Branicki, seinen Feldherrenstellvertreter Rzewuski oder den bei solchen Unternehmungen obligatorischen Vertreter des Clans Potocki, dass sie sich auf eine Rolle einließen, in der schon die polnischen Rebellen von 1767 ganz eklatant hereingelegt worden waren (Kapitel 17). Dass sie sich zur Rebellion gegen die eigene Verfassung aber sogar ausgerechnet von Platon Subow überreden ließen, der diese Verhandlungen ganz in Eigenregie führte, müsste uns zweifellos wie die größte Dummheit der ganzen Verschwörung vorkommen, wenn nicht am Ende Subow selbst den Idiotenpreis verdiente. Zuerst freilich ging alles bestens. Am 8. Mai 1792 unterschrieben Branicki, Rzewuski und Potocki angeblich im polnisch-ukrainischen Targowica, tatsächlich aber in Petersburg das Gründungsmanifest einer Adelskonföderation gegen die neue Verfassung, zu deren Unterstützung zehn Tage später 96 000 russische Soldaten die Grenze überschritten. Die mitten in Reorganisation befindliche polnische Kronarmee konnte ihnen kaum zwei Monate lang Widerstand leisten, bevor das von niemandem mehr unterstützte Land sich geschlagen geben musste. Weil die Reformer nach Ansicht Katharinas «Freiheit und Gleichheit» verletzt hätten (die des Adels nämlich), wurde ihre Verfassung nun für ungültig erklärt, die alte wiederhergestellt und die Regierung den Konföderierten von Targowica übertragen, denen Russland dann fast sofort mitteilte, was sie ebenso rührender- wie unbegreiflicherweise aus allen Wolken fallen ließ – das vom Fortschritt befreite Polen dürfe nun Gebietsabtretungen an Russland und Preußen machen, neben denen die von 1772 regelrecht bescheiden aussahen. Polen wurde zum zweiten Mal geteilt, und Platon Subow glaubte sich bereits auf die Schulter klopfen zu dürfen.

Die erste unbeabsichtigte Konsequenz dieses scheinbar genialen Plans war freilich schon längst eingetreten. Als Madame de Staël, Narbonne und ihre revolutionären Freunde im Winter 1791/92 Frankreich zum Krieg gegen Österreich anstachelten, hatten sie noch mit einigem Recht annehmen können, dass Österreichs Erbgegner Preußen sich mindestens heraushalten würde. Selbst das österreichisch-preußische Bündnis vom 7. Februar 1792 hätte allein kaum gereicht, dies zu ändern, denn so prinzipienfest waren weder Wien noch Berlin, dass sie eine solch unnatürliche Allianz eingegangen wären, bloß um die Revolution zu bekämpfen. Ein ordentliches Ancien-Régime-Bündnis musste schon auf territorialer Vergrößerung für alle Beteiligten basieren, und da stellte es eben ein Problem dar, wenn wie in diesem Fall das einzige zu verteilende Territorium (das Elsass nämlich) eines war, das man der feindlichen Großmacht erst noch abnehmen musste. Nicht einmal der vertrauensselige Friedrich Wilhelm II. konnte dieses Fell eines unerlegten Bären als ausreichende Bezahlung für seinen Einsatz ansehen, weswegen er Generaladjutant Bischoffwerder nach Wien schickte, um ihn etwas Besseres aushandeln zu lassen – wer hätte auch für Verhandlungen über Krieg und Frieden geeigneter sein können als ein Mann, der in jedem knirschenden Möbelstück Stimmen aus dem Jenseits hörte? An ebenjenem 28. Februar 1792 aber, an dem der esoterische Preuße Wien erreichte, eröffnete Katharina II. den Botschaftern Preußens und Österreichs in Petersburg, dass Russlands Armee demnächst in Polen einmarschieren werde; falls irgendjemand damit Probleme habe, sei sie zu einer neuen Teilung Polens bereit, die diese beiden Mächte für Russlands Landgewinn mit Territorium entschädigen werde. Erst diese Ankündigung löste das Dilemma, das Österreich und Preußen noch am Krieg gegen Frankreich hinderte, denn jetzt erst hatte Wien Berlin wirklich etwas zu bieten: seine Zustimmung zu einer polnischen Teilung, bei der Preußen viel, Österreich aber gar nichts erhalten würde, um sich stattdessen das Elsass zu reservieren. Angesichts eines solchen Angebots konnte nicht einmal Bischoffwerder mehr viel falsch machen; Preußen und Österreich einigten sich, den Kampf gegen Frankreich auf Kosten des gerade rechtzeitig ins Unglück gestürzten Polen zu finanzieren, und waren also ebenso rechtzeitig zur französischen Kriegserklärung (20. April 1792) bereit, der Revolutionsregierung eine unangenehme Überraschung zu bereiten.

Erst der vereinte Angriff Österreichs und Preußens ermöglichte den überwältigenden Vormarsch der alliierten Armee bis in die Champagne, den man beim unfreiwillig beteiligten Goethe in einer charakteristisch olympischen Darstellung nachlesen kann und beim abgebrochenen Theologiestudenten Laukhard in einer wesentlich drastischeren, weil Laukhard eben nicht als Geheimrat, sondern als einfacher Soldat mitkam. Derselbe vereinte Angriff und sein Erfolg provozierten aber auch erst die Massenpanik und Massenmobilmachung der Franzosen, in deren Rahmen jetzt nicht bloß die Marseillaise entstand, sondern vor allem wütende Freiwillige von überall nach Paris marschierten. Die Stadt wurde in diesem Sommer endgültig zum unbeherrschbaren Hexenkessel, den dann ausgerechnet der aufgeklärte Herzog von Braunschweig mit einem Drohmanifest zur Explosion brachte, bei dem bloß die Unterschrift wirklich von diesem Oberbefehlshaber der Alliierten stammte. Den übrigen Text hatte ein alter Anhänger des Herzogs von Orléans entworfen, der vielleicht bloß sehr dumm war, vielleicht aber auch Ludwig XVI. bewusst aus dem Weg bomben wollte, um so den alten Königstraum der Orléans doch noch zu erfüllen. Falls dem so war, erwies sich allerdings bloß die erste Hälfte als großer Erfolg. Die Drohung, Paris werde zerstört werden, falls man der Königsfamilie auch nur ein Haar krümme, führte bei den Freiwilligen fast reflexhaft zum Sturm auf den Königspalast, damit zu den Septembermorden, zur Abschaffung der Monarchie und zu einem Prozess, in dem das Revolutionsparlament Ludwig XVI. zum Tode verurteilte; unter denen, die für seine Hinrichtung stimmten, war auch der Herzog von Orléans. Und doch war aus dem nie offen ausgesprochenen Traum dieses Hauses längst schon ein Albtraum geworden. Zwei Wochen nach den Septembermorden hatte Orléans, der nur noch seine Vornamen besaß, seit mit dem Ende der Monarchie auch die letzten Prinzentitel gefallen waren, das Revolutionskomitee seines Wohnbezirks um einen Familiennamen bitten müssen, und spätestens als man ihm ausgerechnet den Namen ‹Égalité› (Gleichheit) aufdrückte, dürfte der Ex-Herzog unwiederbringlich erkannt haben, dass diese Revolution seinem Haus nie mehr die Krone bringen werde. Erstaunlicherweise zwar hatte er damit langfristig nicht vollkommen recht; er selbst aber folgte Ludwig XVI. tatsächlich nur noch in einer Weise nach, die auch ein weniger träger oder klügerer Mann unmöglich hätte absehen können, als er sich von seiner ehrgeizigen Entourage auf den Weg der Rebellion hatte schieben lassen. Am 6. November 1793 hörte man das Volk von Paris ein letztes Mal dem Herzog applaudieren, den es einst so geliebt hatte: Diesmal jedoch applaudierte es seinem abgeschlagenen Kopf, der vom Henker dem Guillotine-Publikum präsentiert wurde.

Die Hinrichtung des Herzogs von Orléans war naturgemäß das Letzte, was Katharina II. störte, die ihn ja als niederträchtigen Verräter am Königtum sah. Die Hinrichtung Ludwigs XVI., Marie Antoinettes und so vieler ihrer Anhänger jedoch war aus Katharinas Perspektive genau jene Katastrophe, die sie eigentlich hatte verhindern wollen. Zu allem Überfluss war der große Krieg, den nicht etwa ihre antirevolutionären Erklärungen, sondern ihre Polenpolitik ermöglicht hatte, für die Revolutionsfeinde auch bloß genau so lange erfolgreich verlaufen, wie es zur Provokation der schlimmsten Pariser Exzesse nötig gewesen war. Dann hatten der Dauerregen in der Champagne, das Zögern Braunschweigs und die Ablenkung der Preußen durch Polen den alliierten Vormarsch mit großen Verlusten zusammenbrechen lassen. Es würden zweiundzwanzig Jahre vergehen, bevor wieder eine feindliche Armee in Frankreich einmarschieren sollte, und diese zweiundzwanzig Jahre würden nach und nach fast ganz Europa in eine kaum unterbrochene Serie von Kriegen hineinziehen. Dass Frankreichs Revolutionsarmee als Erstes Belgien eroberte, bewog zwar auch die bis dahin neutralen Briten zum Kriegseintritt. Da aber die Seemacht Großbritannien Frankreich genauso nur auf den Meeren behelligen konnte, wie sie andererseits auf ihrer Insel unbesiegbar war, führte diese Ausweitung des Krieges nicht etwa eine Entscheidung herbei, sondern garantierte im Gegenteil seine Verewigung. Dieses fatale

Beginnt es schon, das Weltgericht?

Gleichgewicht der Kräfte verstärkte sich noch, als Preußen schon 1795 wieder aus der Koalition ausstieg. Drei Jahre Krieg hatten das Königreich Friedrich Wilhelms II. an die Grenze des Bankrotts gebracht, weil die alten Formen der Staatswirtschaft längst nicht mehr genügten, um einen Zweifrontenkrieg zu finanzieren. Diesen Zweifrontenkrieg aber hatte Preußen am Hals, weil die Dinge zuletzt nicht einmal in Polen so gelaufen waren, wie Katharina II. sich das vorgestellt hatte. 1793 hatte sie ja zum Dank für ihre Wiederherstellung der Adelsfreiheit den ganzen Osten der Adelsrepublik annektiert, während Preußen wie abgesprochen Danzig, ein großes Stück Westpolen und die väterlichen Vorfahren des Autors unter seine Herrschaft nahm. Während der zur Ratifikation dieser Abtretungen einberufene Sejm unter dem Vorsitz des halbohnmächtigen Königs Stanisław tagte, saß direkt neben dem Thron ein baltendeutsch-russischer General, der seinen Soldaten von Zeit zu Zeit mit dem Finger zeigte, welche Abgeordneten sie verhaften sollten. Am 23. September 1793 wurde der Teilungsvertrag vom russischen Botschafter schließlich für angenommen erklärt, weil die übrig gebliebenen Abgeordneten in drei aufeinanderfolgenden Abstimmungen stumm und unbeweglich geblieben waren.

Diese zweite Teilung, die das übrig bleibende Polen zum schmalen Pufferstaat verkleinerte, provozierte jedoch fast sofort genau jene massive Volksgewalt, die die polnische Revolution bisher ja gerade nicht charakterisiert hatte. Erst jetzt wurde sie auch in diesem Punkt dem französischen Pendant ähnlicher, erst jetzt wurde auch Polens König zum Gefangenen seiner empörten Landsleute, erst jetzt kam es zu Lynchmorden an echten oder vermeintlichen Verrätern, die freilich anders als in Frankreich von der Revolutionsregierung bestraft wurden. Vor allem aber geschah jetzt das, worauf niemand anderes als Platon Subow hingearbeitet hatte. Der Warschauer Volksaufstand, bei dem im April 1794 zweitausend russische Besatzungssoldaten getötet und der Rest vertrieben wurde, entsprang einer Verzweiflung, die der ehrgeizige Favorit der Zarin durch Härte und Provokationen systematisch geschürt hatte, weil er den daraus entstehenden Krieg ebenso wollte wie die völlige Auslöschung des polnischen Staates.

Noch einmal zogen also preußische und russische Soldaten in den Kampf, um Polen den Willen der Nachbarn aufzuzwingen, noch einmal endete der polnische Widerstand in der absehbaren Niederlage von Leuten, die oft nur mit Sensen bewaffnet gegen moderne Armeen antraten, und noch einmal beschlossen die angrenzenden Großmächte Preußen, Russland und Österreich 1795 eine Teilung Polens, die diesmal freilich überhaupt keinen Staat dieses Namens mehr übrig ließ. Während die Bürokraten der Teilungsmächte sich darauf einigten, vorsichtshalber selbst das bloße Wort Polen zu verbieten, erklärte Ksawery Branicki sich zum Russen und empfahl seinen Landsleuten ein Gleiches, denn mit Polen sei es für immer vorbei. Platon Subow aber zog überall in Polen, Kurland, Litauen die konfiszierten Güter der Rebellen ein, bis sein Grundbesitzimperium selbst das des großen Potjomkin verblassen ließ. Etwas mehr als ein Jahr lang würde «der kleine Schwarze» sich im Glanz dieses Erfolges sonnen können, bevor der Tod seiner Beschützerin ihm verspätet demonstrierte, wie haarsträubend dumm sein Plan gewesen war. Der große Potjomkin hatte anders als sein Nachfolger noch intuitiv begriffen, wie wertvoll es gerade für seinesgleichen war, dass das Land mit Europas freiestem Adel direkt an dasjenige mit dem unterwürfigsten grenzte. Wer sich wie Potjomkin oder Subow auf dem Intrigenparkett des unfreien Russland jene Machtfülle erarbeitete, die der Aufsteiger nur in einer absoluten Monarchie erlangen kann, der tat gut daran, sich dann ein komfortables Rückzugsquartier im anarchisch freien Nachbarland einzurichten, bevor der nächste Machtwechsel in der Heimat ihn hinwegfegen würde. Subow aber hatte aus Gier und Ignoranz den letzten Rest dieses Rückzugsraums aufgelöst. Er bescherte damit nicht bloß Russland eine gemeinsame Grenze mit Preußen und Österreich, die allen dreien gleichermaßen Angst machte – ganz als ahnten sie, wie sehr diese ungewollte Nachbarschaft die Geschichte des 19. und 20. Jahrhunderts prägen würde. Zugleich stellte der Favorit sicher, dass er selber Katharinas Nachfolger schutzlos ausgeliefert sein würde. Was nützten ihm jetzt die baltischen Güter, wenn doch Paul I. dank der dritten Teilung auch dort sein Herr geworden war? So konnte Subow froh sein, dass der neue Zar ihn 1797 vorerst bloß auf Reisen schickte. Auch in Berlin aber musste er jederzeit mit dem einfachen Enteignungsfederstrich rechnen, der ihn zum mittellosen Exilanten gemacht hätte, und so blieb ihm, wenn er denn nur überhaupt der nachdenkende Typ gewesen wäre, auch dort alle Zeit der Welt, um über seinen Fehler nachzudenken.

Während Platon Subow auch noch den Frühling und Sommer 1798 in Berlin verbrachte, blieb die übrige Welt natürlich nicht stehen. Da Friedrich Wilhelm III. keine Neigung verspürte, nach Art seiner Vorgänger monatelang herumzureisen, um die beim Regierungswechsel fälligen Huldigungszeremonien jeweils an Ort und Stelle zu absolvieren (Kapitel 7), bestellte er die Delegierten von 15 seiner 24 Territorien allesamt nach Berlin. So groß war die Zahl der daraufhin Anreisenden, dass die Stadtregierung «zur Befriedigung ihrer Bequemlichkeit» sich sogar dazu hinreißen ließ, «an allen Ecken der Straßen Bleche anzubringen, die ... den Namen der Straße enthielten». Inmitten dieser Touristen aber kamen auch allerhand Sondergesandte, die das neutrale Preußen bewegen sollten, auf dieser oder jener Seite in die absehbare Neuauflage des Krieges gegen Frankreich einzugreifen. Der Frieden, den die Franzosen im Vorjahr mit Österreich geschlossen hatten, war zu fragil und unvollständig, um mehr als ein Waffenstillstand zu sein. Die Briten waren ohnehin noch im Krieg und die Russen unter Paul I. jedenfalls hinreichend auf dem Weg dahin, um durch den Sondergesandten Repnin Preußen gleich mitziehen zu wollen. Zum selben Zweck schickte auch Frankreich einen neuen Gesandten, der allerdings kaum unglücklicher hätte ausgewählt sein können. Dass der Abbé Sieyès kein einziges Kartenspiel beherrschte, wäre normalerweise schon fatal genug gewesen, weil es ihn dauerhaft von der fast einzigen Aktivität bei Berliner Hofempfängen ausschloss. Dass er als Pamphletautor ein ehemaliger Zuarbeiter des Herzogs von Orléans war, machte die Dinge noch schlimmer, zumal er im Unterschied zu adeligen Orléanisten wie dem schönen Lauzun oder dem Ex-Mann der Genlis nicht einmal den Takt besessen hatte, sich dafür wenigstens guillotinieren zu lassen. Dass aber schließlich Sieyès als Abgeordneter einst auch für den Tod Ludwigs XVI. gestimmt hatte, stempelte ihn für die Berliner Hofgesellschaft endgültig zum Monstrum ab, das man wohl neugierig bestaunen mochte, mit dem zu verhandeln aber selbst professionellen Diplomaten widerstrebte. Es war noch eine der freundlicheren Beschreibungen, wenn die Schwester der Königin Luise schrieb, man habe diesen Mann schon am blassen Gesicht unter Tausenden als Verbrecher erkennen müssen – sein deutscher Stellvertreter habe ja nicht einmal Kniebundhosen oder goldene Schuhschnallen getragen. Da es so mit dem französisch-preußischen Bündnis natürlich nichts werden konnte, blieb Sieyès von seiner Zeit in Berlin bloß das zweifelhafte Vergnügen, am Huldigungstag in der vordersten Reihe zuschauen zu dürfen, während Preußens Adel und Bürger ihrem König Treue schworen, bevor dieser Leute wie den Staatsminister in dritter Generation Danckelmann zu Grafen erhob. Der republikanische Amerikaner John Quincy Adams mochte ruhig bemängeln, dass auch diesmal das allzu brave Volk wieder nicht annäherungsweise so fröhlich herumgebrüllt habe, wie man es bei ähnlichen Anlässen in den USA tue. Neben dem unfrohen Franzosen sah jedoch selbst Adams gut integriert aus, und wenn Hofdamenblicke töten könnten, dann hätte Sieyès den Tag kaum überlebt.

Während in diesem Frühjahr 1798 die Karossen der Gesandten auf Berlin zugefahren waren, hatte man dort der gestürzten Königsmätresse Gräfin Lichtenau den Prozess gemacht, bis man schließlich auch sie in eine Kutsche setzen konnte. Die eben noch schwerreiche Frau war nahezu ruiniert, als sie am 15. März 1798 in die schlesische Verbannung aufbrach, und es hatte ihr wenig geholfen, dass alle Schenkungen des verstorbenen Königs sich im Lauf der Untersuchung als vollkommen legal erwiesen hatten. Friedrich Wilhelm III. begann seine Regierung mit einem formal ebenfalls legalen ‹Machtspruch›, der es dem Preußenkönig noch immer erlaubte, auch ohne juristisch stichfeste Begründungen Urteile nach eigenem Gutdünken zu fällen. Zu groß war sein Hass auf die Mätresse des Vaters, um ihr nicht gegen den Widerspruch anständiger Juristen fast alles wegzunehmen, und zu spät würde er erkennen, wie sehr er hier überreagiert hatte;

dass er dann Preußens baldige Katastrophe als Strafe dafür ansah, lässt den sonst so kreuznüchternen Mann einen seltsamen Moment seinem abergläubischen Vater ähnlich sehen. In diesem Frühling aber musste es der Lichtenau scheinen, als werde ihre Verbannung nach Glogau ewig dauern, und so werden wir uns ihre Reise nach Südosten trotz schöner Jahreszeit kaum sehr heiter vorstellen dürfen. Sie nahm dieselbe Strecke, auf der fünfundsechzig Jahre zuvor Grumbkow zu August dem Starken von Sachsen-Polen gereist war (Kapitel 14). In Crossen, wo der General den König mit so weitreichenden Folgen unter den Tisch getrunken hatte, ging es auch der Gräfin Lichtenau nicht gut, musste sie dort doch Schnittverletzungen auskurieren, die sie sich beim Umfallen der Kutsche am zersplitternden Fensterglas zugezogen hatte. Von den längst vergessenen Ereignissen des Jahres 1733 wusste die bei aller bodenständigen Vernunft grauenhaft ungebildete Frau mit Sicherheit nichts. Fast ebenso sicher aber ist, dass sie stattdessen an einen Enkel Augusts des Starken gedacht hat, denn der war immerhin in glücklicheren Zeiten ihr Geliebter gewesen – und was blieb ihr nun noch anderes als die Erinnerung? Dass dieser Urenkel Augusts kein ganz rechtmäßiger solcher und also kein Prinz war, sondern als Kind einer unstandesgemäßen Ehe bloß Chevalier de Saxe hieß, erscheint uns ebenso passend wie der Umstand, dass er jetzt im Dienste des Königreichs Beider Sizilien stand, dessen Existenz eine direkte Folge des Crossener Besäufnisses war. Am viel zu frühen Ende freilich würde sich erweisen, dass der Chevalier nicht mit allen Herrschergeliebten solches Glück hatte wie mit der Lichtenau. Schon als er 1794 in Russland einen dummen Ehrenstreit mit Platon Subow gehabt hatte, war er nur mühsam den Auftragsmördern des damals noch allmächtigen Günstlings entkommen. 1802 würden sie einander im schönen Kurort Teplitz zum Duell wiederbegegnen, und weil Subow dabei in lähmende Panik verfallen sollte, würde es am Ende sein Sekundant sein, der den Chevalier de Saxe tötete.

In diesem Frühling 1798 aber war das für die Lichtenau noch genauso ungeahnte Zukunft, wie der Frühling 1796 glorreiche Vergangenheit war, den die Zweiundvierzigjährige mit dem vierzehn Jahre jüngeren Chevalier in Italien verbracht hatte. Als Friedrich Wilhelm II. sie auf die Reise nach Rom und Neapel geschickt hatte, war es ihm um die kulturelle Weiterbildung seiner vertrauten Ex-Freundin gegangen, aber auch um Ablenkung vom jungen Lord Templetown, der sie unbedingt heiraten wollte. Beides gelang. Die Lichtenau liebte Rom, wie sie den Chevalier de Saxe liebte. Sie lernte eine Sprache, die sie «yttalyänsch» nannte, besichtigte «Vattikan, Kapitohl» und das «uhr alte ampphie teatter», versprach dem König, eine «Egibbtiesche fieguhr» mitzubringen, nachdem sie ihm nicht ohne Überdruss die neuesten Botschaften aus der Geisterwelt aufgeschrieben hatte, erklärte den Einheimischen, dass die weltberühmte Wölfinnen-Skulptur Romulus und Remus anatomisch falsch darstelle («habe einen grossen fehler gefunden»), ließ sich vom aktuellen Papstneffen die Regeln der hiesigen Kartenspiele erklären, fand die örtlichen Fürstinnen «ausnehment arttig», flirtete mit einem englischen Königssohn und tröstete schließlich jenen «kleinen spanischen seh offizier von 12 yahren», der bei der Besichtigung eines altrömisch-unterirdischen Christen-Kerkers in Tränen ausgebrochen war. Vor allem aber traf sie Lord Bristol wieder.

Lange war Lord Bristol bloß Frederick Hervey gewesen, denn da hatten seine älteren Brüder noch gelebt, und so haben wir ihn auch unter diesem Namen kennengelernt, als er seinen alten Schulfreund Hamilton in Neapel besucht hatte (Kapitel 18). Inzwischen aber war er nicht nur unmäßig reicher Bischof von Derry geworden, sondern seit dem Tod des Bruders auch Earl of Bristol, was dem rastlosen Mann ein Leben aus lauter Reisen, Kunstkäufen und Schlossbauten ermöglichte. Wenn der inzwischen sechsundsechzigjährige Bischof-Graf durch Deutschland oder Italien reiste, erinnerte nur noch das selbsterfundene purpurne Seidenkostüm an sein fernes Bistum, während die geistreich unmoralische Konversation Seine Hochwürden umso deutlicher als würdig unwürdigen Sohn seines Vaters auswies. Nicht besonders überraschend also, dass er auch jetzt gerade wieder in Neapel weilte, und mehr als selbstverständlich, dass er die ihm bloß oberflächlich bekannte Lichtenau dorthin einlud, um ihr das charmante Ehepaar Hamilton vorzustellen. Ebenso selbstverständlich, dass das

~ *Beginnt es schon, das Weltgericht?* ~   1003

notwendigerweise in den obligatorischen gemeinsamen Ausflug auf den Vesuv mündete, wenngleich man inzwischen nicht einmal dort mehr seine Ruhe haben konnte (der in einer Vesuvhöhle lebende Einsiedler, mit dem sie ins Gespräch kamen, stellte sich prompt als ehemaliger Italienischlehrer einer preußischen Prinzessin heraus, den seine verbotenen Liebe zu ihr hierher vertrieben hatte). Am Tag danach aber erhielt man in Neapel die Nachricht, dass Bristols ältester Sohn Lord Hervey gestorben war, und das warf den Vater nicht bloß für längere Zeit aufs Krankenbett, wo die bodenständig herzensgute Gräfin ihn oft besuchte. Es ließ in seinem Kopf zugleich auch einen Plan für seinen zweiten Sohn Frederick William reifen, der jetzt als neuer Erbe den Titel Lord Hervey übernahm – und anders als der Verstorbene noch unverheiratet war. Die Gräfin aber hatte vom preußischen König eine fünfzehnjährige Tochter, Diederike (Riekchen) Gräfin von der Mark, die eines nicht mehr fernen Tages irgendeinen Glücklichen zum Schwiegersohn Friedrich Wilhelms II.·machen würde: Warum bitte sollte das nicht der Erbe des Hauses Hervey sein? Waren nicht die Herveys seit Generationen auf genau diese innige bis allzu innige Symbiose mit den Herrscherhäusern spezialisiert, die sogar aus der keineswegs zufälligen Namensgleichheit sprach? Der neue Lord Hervey hatte seine Vornamen Frederick und William nämlich von Vater und Onkel geerbt, die sie ihrerseits jeweils von Paten aus dem hannoverschen Königshaus hatten. Diese Paten aber verdankten ihre Vornamen wiederum Patenschaften aus dem brandenburgisch-preußischen Haus, weswegen Lord Hervey letztlich zum selben dynastischen Namenszirkel gehörte wie Friedrich Wilhelm II. – und wie die Lichtenau, die ihren Vornamen Wilhelmine 1751 als Hoftrompeterstochter von einer Prinzessin desselben Familienkreises erhalten hatte. Es waren solche Beziehungen, durch die die Namen der Herrscher langsam und unaufhaltsam diejenigen ihrer Untertanen prägten, bis man sie kaum mehr unterscheiden konnte. Erst recht galt das natürlich für Familien vom Schlag der Herveys, die sich von Generation zu Generation um die regierenden Häuser herumrankten wie Efeu um eine Marmorsäule. Gerade weil Lord Bristol diesen Teil der

Familienpflicht bisher vernachlässigt hatte, war es jetzt umso dringlicher Zeit für die nächste Umrankung. Eine uneheliche Königstochter aber bot die einzigartige Aussicht darauf, mit dem Herrscherhaus sogar in direkte Verwandtschaftsbeziehung zu treten, und so musste es Lord Bristol denn erscheinen, als sei sein Erbe Frederick William geradezu vorbestimmt, die ihnen beiden vollkommen unbekannte Tochter Friedrich Wilhelms zu heiraten.

Natürlich war am Ende auch daraus wieder nichts geworden, weil der starrsinnige Erbsohn sein Herz ausgerechnet an die mitgiftlose Schwester desselben Lord Templetown verlor, dessen übergroße Liebe zur Lichtenau die Gräfin ja überhaupt erst nach Italien vertrieben hatte. Aber während der knapp zwei Jahre, in denen Vater Bristol ihn noch zu überreden versuchte, entstanden nicht bloß allerhand faszinierende Briefe aus dem Inneren des aristokratischen Heiratsgeschäfts (einer «Lotterie mit einem Gewinnlos und 499 Nieten», wie Bristol es charakteristisch herzerwärmend nannte). Der Vater schrieb dem Sohn nicht bloß von den fatalen Folgen, die drei Generationen Liebesheiraten für die Herveys gehabt hätten, von den mickrigen 2000 Pfund jährlich, die er selbst dem Sohn maximal geben könne, solange seine diversen Schlösser nicht zu Ende gebaut seien, und also von der Gefahr, sich mit Templetowns Schwester bloß «Armut, Hungersnot und Liebe» zu erheiraten. Das war die Pflicht eines Familienoberhaupts. Die Kür dagegen waren Briefe an die Lichtenau, in denen der Verschwägerungswunsch in ungleich direktere Verbindungsvorschläge überging. Zum Glück erfuhren die Gläubigen seiner irischen Diözese nie, wie der Bischof-Graf das «diabolisch weiße Dekolleté» der Gräfin beschwor, sie «seine Göttin, seinen heiligen Schutzengel» nannte und ihrem «Rosenmund» einen durchaus unanglikanischen Segen aussprach. Was auch immer genau zwischen den beiden gewesen sein mag, es reichte jedenfalls aus, um Lord Bristol nicht bloß in Neapel, sondern auch in Pyrmont und Berlin kaum mehr von der Seite seiner «Anbetungswürdigen» weichen zu lassen. Natürlich stand solche Exaltiertheit keineswegs der Erörterung praktischerer Lebensfragen im Weg, wenn sie nicht überhaupt von Anfang an nur Mittel zum

Zweck war, was mit einem Hervey freilich schnell mal durchgehen konnte. Entsprechend schwer hat es der Historiker, der die praktischen von den phantastischen Projekten Bristols unterscheiden will, und auch der Gräfin dürfte das nicht leichtgefallen sein. Während sie ihrem König Briefe über die korrekte Haltung von Federvieh und Hausmittel gegen Erkältung schrieb, denen sie bloß widerwillig Ratschläge eines erfundenen «Verehrungswürdigen Vaters» für die aktuellen Affärchen Friedrich Wilhelms II. hinzufügte, schickte Bristol ihr ungefragt seinen Plan für die friedensstiftende Aufteilung Frankreichs in eine Nord-Republik und ein Süd-Königreich, damit sie ihn sogleich dem Herrscher weiterreiche – in Dresden habe er bereits großen Anklang gefunden. Er leitete den Verkauf der Hamilton'schen Sammlung römischer Vasen an den Preußenkönig in die Wege, lud den kränkelnden Monarchen zur Genesungsreise nach Neapel ein, die der beinahe wirklich angetreten hätte, und entwarf zuletzt einen Plan, wie die Lichtenau ihn selbst bald einmal nach Ägypten begleiten solle. So gerne man das gesehen hätte (hätten diese beiden nicht in Rekordzeit eine neue Religion gründen müssen?), so sehr kam doch hier der Punkt, an dem es der Gräfin erkennbar zu viel wurde. Da Lord Hervey noch immer auf Armut, Hungersnot und Liebe bestand, heiratete Riekchen von der Mark 1797 statt seiner einen Grafen zu Stolberg-Stolberg. Lord Bristol verabschiedete sich vom Berliner Hof nach Neapel, weil da der Mond wärmer scheine als hier die Sonne, und verschwand so, als hätte ihn das Höflings-Gen gewarnt, gerade noch rechtzeitig aus dem Leben der Lichtenau, um ihren Sturz nur mehr aus der Ferne zu erfahren. Als er die Nachricht ihrer Inhaftierung wie einen guten Witz an Sir William Hamilton weiterreichte, nannte er die Gräfin bereits wieder mit ihrem bürgerlichen Namen; als Spitznamen für den verstorbenen König hatte der Bischof-Graf dagegen die französischen Worte für Schwein und Stachelschwein so gekonnt mit dem Namen eines griechischen Lust-Philosophen zu «Porc-Épicure» fusioniert, wie das nur jemand schafft, der alle Formalien der humanistischen Bildung und keinen einzigen ihrer Inhalte begriffen hat. Aber wenige Monate später gönnte die in diesen Dingen leidenschaftslose

Geschichte der Gräfin doch das letzte Lachen, weil sie erfuhr, dass genau zeitgleich mit dem Beginn ihrer Glogauer Halbgefangenschaft im April 1798 auch Lord Bristol als Gefangener in die Festung Mailand gekommen war.

∽

Neapel, 17. Juni 1798

Als Sir William Hamilton in Neapel den ersten Brief seines verhafteten Schulfreundes Bristol erhielt, kann ihn höchstens überrascht haben, wie lange der Lord unverhaftet geblieben war. Sogar unter den für ihren Individualismus berühmten britischen Peers fiel jemand wie Bristol einigermaßen auf. Dass Glockenläuten ihm physische Schmerzen bereitete, war ja für einen Bischof selbst dann ein Handicap, wenn er sich so konsequent wie Bristol von der eigenen Kathedrale fernhielt. Dass er aber kürzlich auf penetrantes liturgisches Geklingel unter seinem Hotelfenster reagiert hatte, indem er eine Terrine voller heißer Spaghetti auf etwas warf, was sich als die Fronleichnamsprozession des Erzbischofs von Siena erwies, war selbst ihm nur deswegen nicht fatal geworden, weil er dem wütenden Mob in letzter Minute durch eine Hintertür entkam. Die ganze Nacht hindurch waren der Lord und seine Bedienten in einer mühsam beschafften Postkutsche weitergeflohen, bis sie schließlich die toskanische Grenze überschritten und das Gebiet der Cisalpinischen Republik erreicht hatten. Damit war der alte Franzosenhasser ohne gültigen Pass freilich vom Regen in die Traufe geraten. Die wohlklingende Republik war nämlich einer der gerade erst von General Bonaparte errichteten Satellitenstaaten Frankreichs in Italien, dementsprechend voll von französischen Soldaten und so für Bristol viel zu interessant, als dass er nicht sofort mit dem Abfassen umfangreicher Spionageberichte begonnen hätte. Leider war unser Bischof-Graf jedoch auf diesem Feld nur so erfolgreich, wie es der illegal eingereiste Staatsbürger eines akuten Kriegsgegners eben sein kann, wenn ihm Diskretion ein Fremdwort ist. Schon bald konnte Bristol seine Spionagetätigkeit daher aus der Festung Mailand heraus fortsetzen, wo die französischen Generäle ihrem Gefangenen beim gemeinsamen Abendessen genauso gerne Fehlinformationen zuspielten, wie sie ihm für illusorische Fluchthilfe Geld abnahmen. Sir William Hamilton aber faltete die Briefe des nicht unterzukriegenden Schulkameraden im neapolitanischen Palazzo Sessa zweifellos mit einem leisen Seufzer zusammen, der zugleich eine gute Beschreibung seiner eigenen Situation abgab.

So lange hatte Neapel auf dem letzten Nebengleis der europäischen Politik gestanden, dass Britanniens dortiger Gesandter sich guten Gewissens ganz auf die Betreuung adeliger Touristen, seine Sammlung antiker Vasen und ein mit den Jahren interessanter gewordenes Privatleben hatte konzentrieren können. In diesem Frühsommer 1798 war der Staat des weltvergessenen Nasenkönigs Ferdinand jedoch umso unvermittelter ins Scheinwerferlicht zurückgezerrt worden, weil Großbritanniens Kriegsgegner Frankreich ihn gleich von zwei Seiten zu bedrohen schien. Dieselben Bodentruppen der Republik, die in Norditalien Lord Bristol gefangen genommen hatten, waren erst kürzlich in den damals noch ganz Mittelitalien umfassenden Kirchenstaat einmarschiert, wodurch Frankreich nun an Neapel-Sizilien grenzte. Gleichzeitig wurde eine Wiederaufnahme des 1797 unterbrochenen französisch-österreichischen Krieges von Tag zu Tag wahrscheinlicher. Frankreichs Nachbarn musste das nicht zuletzt deswegen beunruhigen, weil die Regierung in Paris ihr Militär schon seit langem nur noch durch die Ausplünderung immer neuer Territorien finanzieren konnte. Noch beunruhigender war nur die Nachricht, die Sir William fast gleichzeitig mit Lord Bristols Brief von seinen Vorgesetzten erhielt. Seit Wochen wurden im französischen Kriegshafen Toulon Schiffe ausgerüstet, die eine 40 000 Mann starke Invasionsarmee unter General Bonaparte transportieren sollten und deren Aufbruch nun unmittelbar bevorzustehen schien. Die gute Nachricht war, dass ein von Admiral Nelson befehligtes britisches Geschwader bereits unterwegs sei, um Bonapartes Flotte zur Umkehr zu zwingen oder zu versenken, noch bevor sie am Zielort gelandet war. Die mitgelieferte schlechte Nachricht war allerdings ein gutes Stück spektakulärer – niemand wusste auch nur ansatzweise, was dieser Zielort war und welchen Kurs der Feind also nehmen werde. Nelsons einzige realistische Chance bestand daher darin, mit seinen nur siebzehn Schiffen den Gegner kurz hinter Toulon abzupassen, und beinahe wäre ihm das sogar gelungen. Aber derselbe Tornado, der am 20. Mai 1798 die Masten von Nelsons Flaggschiff *Vanguard* umknickte, drückte gleichzeitig die französische Flotte aus Toulon heraus und an den Briten vorbei, bevor diese auch nur ahnten, was geschah. Jetzt blieb ihnen nur noch, das gesamte östliche Mittelmeer abzusuchen, um einen Gegner zu stellen, der es ebenso gut auf Neapel wie auf Konstantinopel abgesehen haben konnte, der mit großem Vorsprung vielleicht Alexandria, vielleicht Palermo und vielleicht Korfu ansteuerte. Und als wäre diese Mission nicht schon aussichtslos genug, würde es Nelson auch noch überall an ‹freundlichen› Häfen mangeln. Der nächste britische Marinestützpunkt war das nutzlos weit im Westen gelegene Gibraltar; die Häfen der anderen Mächte würden den Briten verschlossen sein, weil alle Welt Frankreich fürchtete. Auf niemanden traf das mehr zu als auf das seit zwei Jahren peinlichst profranzösische Königreich Beider Sizilien, und weil Nelsons Flotte dennoch auf die Hafenstädte genau dieses Staates angewiesen war, hatte jetzt Hamilton ein Problem, dessen Lösung seltsamerweise nur noch sein Privatleben bringen konnte.

Hamiltons sanfte, musikalische und kränkliche Ehefrau Catherine war 1782 im Alter von vierundvierzig Jahren gestorben. Trotz aller stoischen Philosophie und jener äußerlichen Zurückhaltung, die ihn der Lichtenau zuerst als «kalten und trockenen Mann» erscheinen ließen, hatte der Verlust seiner «liebenswürdigen Freundin» Hamilton durchaus stark mitgenommen. Bald verdichteten sich die Anzeichen, dass er das Alleinsein nicht lange aushalten würde, und wenn auch verschiedene nach Eheanbahnung aussehende Freundschaften nirgendwohin führten, reichten die Indizien doch aus, um Sir Williams Lieblingsneffen Charles Greville in nachvollziehbare Unruhe zu versetzen. Bisher hatte er sich stets als der designierte Erbe seines kinderlosen Onkels ansehen dürfen, und gerade die Existenz der kränklichen Tante hatte ihn darin bestärkt, weil diese mit Hamilton schon aus Altersgründen keine Kinder mehr hätte haben können. Nun dagegen war plötzlich wieder alles im Fluss, was den unterfinanzierten Greville umso unangenehmer traf, als er sich gerade selbst auf extrem vernunftorientierte Brautwerbung begeben wollte. Wie aber sollte er je die Erbtochter eines Earls für sich gewinnen, wenn er nicht wenigstens auf die absehbare Onkel-Erbschaft verweisen konnte? Wozu auch seine gerade erst zu ein bisschen Kultiviertheit erzogene Mätresse Emma Hart verlassen, wenn die gutdotierten Adelstöchter ihn mangels Erbaussicht doch bloß verschmähen würden? Nur reichte eben, seit er das Hofschatzmeisteramt verloren hatte, sein eigenes Geld inzwischen nicht einmal mehr für die Miete des Londoner Stadthauses, in dem er der wunderschönen Emma Sprach- und Musikunterricht geben ließ, der außer dem tragischen Liverpool-Akzent tatsächlich fast alle Spuren ihrer einfachen Herkunft auslöschte. Es war also bereits ein sorgenvoller Greville, der die siebzehnjährige Emma dem zu Besuch weilenden Onkel vorstellte und vielleicht schon damals auf eine Idee kam, deren Genialität wir nicht bestreiten wollen. Noch dauerte es zwar drei Jahre, bis sich Greville an ihre Umsetzung traute, die ihm zwei Probleme auf einen Schlag lösen sollte. Dann allerdings war es auch gleich dermaßen vorbei mit der Zurückhaltung, dass es nicht lange bei Grevilles erster Andeutung blieb, wonach der Onkel mit Emma sicher gut bedient wäre. Nur wenige Briefe später pries der Neffe seine Geliebte Sir William bereits in folgenden, für ihn nicht untypischen Tönen an: «Sie ist die einzige Frau, mit der ich je geschlafen habe, ohne dass irgendeiner meiner Sinne beleidigt worden wäre, und eine reinlichere, süßere Bettgefährtin existiert nicht.» Schon hatte er den Onkel überredet, die noch ganz ahnungslose Emma einen Sommer lang zu sich nach Neapel zu nehmen, damit er sie näher kennenlerne, während Greville sich unkompromittiert auf dem aristokratischen Heiratsmarkt tummeln würde; schlimmstenfalls hätte Emma eben etwas für ihre Weltbildung getan, wodurch sie sich nach der Rückkehr umso leichter an den nächsten Beschützer vermitteln ließe.

Insgeheim freilich war Charles Greville überzeugt, dass der zwar ungleich humanere, aber deswegen nicht weniger für Schönheit empfängliche Sir William die fünfunddreißig Jahre Jüngere gewiss bei sich behalten würde, und weil er mit diesem Teil seines Kalküls recht behielt, musste es für ihn im Spätsommer 1786 tatsächlich so aussehen, als hätte er eine Heirat seines Onkels auf absehbare Zeit verhindert. Solange Sir William nämlich sichtbar mit einer bildschönen Geliebten aus dem Volk zusammenlebte (und unsichtbar ließ sich das schlecht machen im Palazzo des ständig von Touristen belagerten Gesandten), würde keine standesgemäße Heiratskandidatin über ihn nur auch nachdenken. Dieser Zustand aber würde angesichts von Emmas bezaubernden Qualitäten bis zum Lebensende Hamiltons andauern, und so würde Greville, der bis hierhin mit allen seinen Überlegungen recht behalten sollte, es sich von neuem in der Rolle des designierten Erben behaglich machen dürfen. Was kam es da schon darauf an, dass er die ahnungslose Emma für einen bloßen Sommerurlaub nach Italien geschickt hatte, ohne sich mit der Erklärung seines weiterreichenden Plans mehr als jene bescheidene Mühe zu geben, die ihm das Nichtbeantworten ihrer nächsten dreizehn Briefe machte? Gerade weil sie auch ohne förmliche Bildung eine intelligente junge Frau war, würde sie begreifen, dass Greville ihr in Gestalt seines Onkels den denkbar besten Patron vermittelt hatte. Eine Frau, die mit zwölf Jahren ihre erste Stelle als Unterdienstmädchen hatte antreten müssen, die mit vierzehn als antik drapierte Gesundheitsmuse in Londons fast gar nicht unseriösem *Tempel der Gesundheit* aufgetreten war und schließlich mit sechzehn einem strohdoofen Adelsjungen die bald in Pflege gegebene Tochter ‹Little Emma› geboren hatte – eine solche Frau würde den Palazzo Sessa, das Jagdhaus in Caserta, den wunderbaren Blick auf den Vesuv und die bewundernden Blicke des Königs Beider Sizilien nicht einfach aufgeben, nur weil sie in den nicht verliebt war, der ihr all das bot. Und wirklich, Greville, Glückwunsch, auch das stimmte. Wir haben am Ende des vorigen Kapitels gesehen, wie sehr Emma Hart noch in ihrem vierzehnten Brief versuchte, den schweigenden Ex-Geliebten zurückzugewinnen. Den fünfzehnten aber schrieb sie nur zehn Tage später am 1. August 1786, nachdem sie von Greville endlich eine Antwort und die Empfehlung erhalten hatte, Sir William doch einfach zu geben, was der sich so erkennbar wünschte. Selten können wir jemandem über 200 Jahre Distanz hinweg so genau beim Nachdenken zuhören wie in diesem Brief, der im Grunde ein innerer Monolog ist. Wie in einer Achterbahnfahrt sehen wir Emma so sehr zwischen begreiflicher Empörung und Versuchen der Beruhigung hin- und herrasen, dass sie etwa «Aber ich werde nicht, nein, ich werde nicht wütend sein» schreiben kann, nur um dann im selben Schrift- und Atemzug «Wenn ich bei Ihnen wäre, würde ich Sie und mich beide ermorden» folgen zu lassen. Die wichtigste Passage ist freilich die allerletzte, ein Postscriptum, das der letzten Liebesbekundung folgt und in deren Widerlegung zugleich den kleinen, aber verheerenden Denkfehler in Grevilles Tauschgeschäft aufspießt: «Es ist nicht in Ihrem Interesse, mich zu verstimmen, denn Sie kennen die Macht nicht, die ich hier habe. Nur seine Mätresse werde ich nie sein. Wenn Sie mich vor den Kopf stoßen, werde ich ihn dazu bringen, mich zu heiraten. Gott segne Sie für immer.»

Emma Hart erfüllte ihre Ankündigung nicht sofort, aber angesichts der grotesken Unwahrscheinlichkeit eines Szenarios, in dem der Enkel des Herzogs von Hamilton die Tochter eines analphabetischen Schmieds heiratete, darf man das wahrlich nicht gegen sie verwenden. Es dauerte einige Monate, bevor der vom Verhalten seines Neffen peinlich berührte Hamilton Emma in einer halbwegs anständigen Weise für sich gewinnen konnte, die ihr zu jedem Zeitpunkt die Freiheit ließ, sich gegen ihn zu entscheiden. Da nun diese Entscheidung für sie in der Praxis anders als im Falle Lord Herveys auf wirkliche Armut, wirkliche Hungersnot und nicht einmal Liebe hinausgelaufen wäre, war Emmas Eingehen auf Hamiltons Angebot zwar zuerst alles andere als ein Beweis herausragender Verliebtheit. Mit den Jahren aber scheinen ihre Gefühle für den neuen Beschützer erkennbar ernsthafter geworden zu sein, und so mag man am Ende wohl behaupten, dass Sir William in zweiter Ehe aus genau denselben vernünftigen Freundschaftsmotiven geheiratet wurde, deretwegen er in erster Ehe Catherine Barlow geheiratet hatte. Denn geheiratet wurde, und wenn es bis dahin (1791) auch knapp fünf Jahre dauerte, so war das angesichts der gegen diese Ehe sprechenden Faktoren noch schnell genug. Es war Emmas und letztlich wohl auch Hamiltons Glück, dass ihr Gegenüber nicht die englische, sondern die neapolitanische Gesellschaft war, die eine solche Verbindung in ihren eigenen Rängen zwar gnadenlos geächtet hätte, sie bei tendenziell außerirdischen Fremden aber ganz possierlich fand. Die britische Regierung gab seufzend ihr Einverständnis, weil Neapel nicht wichtig genug war, um sich darüber aufzuregen, und weil man begriff, dass die Mesalliance Hamiltons Amtsführung nicht beeinträchtigen würde. Dass schließlich am Hof eines so zutiefst kulturophoben Monarchen wie Ferdinands III./IV. Emmas mangelnde Bildung nichts und ihre strahlende Schönheit alles ausmachte, das versteht sich einigermaßen von selbst, und so konnte denn aus Miss Hart die neue Lady Hamilton werden, ohne dass sich ansonsten viel änderte. Es war kein Wunder, dass Gräfin Lichtenau sich blendend mit Emma verstand, die ihr bis ins kleinste Detail des Lebensarrangements wie ein Spiegelbild ihrer selbst vorkommen musste, aber es war nahe am Wunder, dass sogar hochgeborene englische Besucherinnen der formal skandalösen Fehlbesetzung bald eine Art widerwilligen Respekts zollten. Selbst sie erkannten an, was männlicher Besuch von Anfang an viel enthusiastischer zu Protokoll gab: Lady Hamilton hatte aus ihrer Schönheit ein Bildungserlebnis gemacht. Fast von Anfang an ließ Hamilton sie im Palazzo Sessa etwas vorführen, was sie ihre *Attitüden* nannte, eine Form der Pantomime nämlich, bei der sich die junge Frau vor den Augen faszinierter Zuschauer in eine Serie antiker Nymphen und Göttinnen verwandelte, als hätte ein wohlwollender Zeus die schönsten Statuen Pompeiis wach geküsst. Ein leichter Wechsel von Pose und Gesichtsausdruck, eine kleine Verschiebung ihres durchsichtigen Schals reichten Emma, um sich in immer neue Figuren des klassischen Bildungskanons zu verwandeln, die niemand zuvor so in Bewegung gesehen hatte. Es war ein seltsamer Zauber, den die Freundin und bald Ehefrau des britischen Gesandten da aufführte, weil ihre defensive Eitelkeit ihn von Rechts wegen ebenso hätte zerstören müssen wie der noch immer unüberhörbare Akzent, dem selbst in ihren Briefen jedes englische H am Wortanfang zum Opfer fiel. Aber er wirkte, und er wirkte sogar da, wo es nun bald am wichtigsten werden sollte: bei der Königin Beider Sizilien.

Es war inzwischen dreißig Jahre her, dass Königin Marie Caroline die Ehefrau Ferdinands III./IV. geworden war, und längst hatte sie sich als wahre Herrscherin des Landes etabliert. Der König war froh, solange man seine Autorität äußerlich respektierte und ihn ansonsten in Ruhe Wildschweine schießen ließ, während der faktische Premierminister die Geschäfte in Absprache mit der Königin regelte. Sobald man einmal die grundsätzliche Skurrilität des vom König praktizierten Lebensstils ausklammerte, war der neapolitanische Hof relativ frei von Skandalen oder dramatischen Machtkämpfen. Dann und wann sagten böse Zungen oder besorgte Beobachter Marie Caroline zwar eine allzu große Begeisterung für attraktive junge Männer nach, wie es der Chevalier de Saxe war oder der russische Gesandte Rasumowskij. Ernsthafte Folgen hatte das jedoch niemals, und auch die 17 Schwangerschaften, mit denen die Monarchin ihre rekordverdächtige Mutter Maria Theresia noch um eine übertraf, waren nachweisbar über jeden Verdacht erhaben (ihr korrektes Zustandekommen lässt sich aus den kleinen Sternchen im Tagebuch des sonst so wenig schriftaffinen Ferdinand nachrechnen). Es zeugt daher bloß von der Phantasielosigkeit des örtlichen Hofklatsches, wenn man aus Marie Carolines erstaunlicher Freundschaft mit Lady Hamilton eine lesbische Liebesgeschichte machen wollte, für die alle Indizien fehlen. Den exaltierten Ton der Liebenden beherrschen beide auch ganz ohne solches Motiv, denn wie die Handwerkertochter sich an der Aussicht berauscht, ihrem Land zu dienen, so ist die Kaisertochter vom Kampf gegen die Revolution besessen, der für diese Schwester der unglücklichen Marie Antoinette eine pure Familienangelegenheit ist. Im Alleingang freilich hat sie nichts bewirken können, dafür ist das Königreich ihres Mannes zu schwach, zu verschreckt auch von früheren französischen Drohungen ebenso wie von der Revolutionsgefahr im eigenen Land, die der Königin hinter jeder Hauswand zu lauern scheint. Und selbst jetzt, wo eine starke englische Flotte im Nahen ist, erscheint es ausgerechnet dem ins Kriegsspiel verliebten Ferdinand mit guten Gründen wahnwitzig, Frankreich zu provozieren. Wenn er Nelsons Flotte auch nur einen Hafen seines Reichs öffnet und den Schiffen die Verproviantierung erlaubt, dann wird er seinen Allianzvertrag mit einem Frankreich brechen, dem gerade erst eine banale Schlägerei ausgereicht hat, um die päpstlichen Staaten zu besetzen. Es ist die Königin, die sich im Ministerrat gegen Ferdinands schüchternen Einwände durchsetzt, es ist die Königin, die bewirkt, dass Nelson jetzt der Hafen von Syrakus geöffnet und alle Unterstützung gegeben werden soll, und es ist schließlich auch die Königin, die dies alles den Engländern diskret mitzuteilen versteht, während man doch offiziell noch immer mit «diesen Monstern» verbündet ist. Nicht dem Gesandten schreibt sie daher am 11. Juni 1798, sondern seiner Ehefrau, die sie ungleich mehr beeinflusst hat als er.

So ist es Lady Hamilton, durch die der jetzt bereits ganz nahe Admiral die überlebenswichtige Nachricht erhält. Es ist Lady Hamilton, die am 17. Juni aus dem Palazzo Sessa in die Bucht von Neapel hinausblickt, um Nelsons Flotte zu sehen, die an der Hauptstadt vorbeizieht, ohne vor Anker zu gehen. Aber die wenigen Boote, die zwischen der Küste und dem Flaggschiff hin- und herfahren, reichen aus, die Gesandtengemahlin gleich zwei Briefe an den Admiral schreiben zu lassen, der ihr wohl bereits nicht mehr nur aus Patriotismus viel bedeutet. Ein beigefügtes Schreiben der Königin bittet sie nach Lektüre zurückzuschicken, da sie es nicht aus der Hand geben dürfe; vorher aber soll der Admiral es küssen, den sie zugleich auffordert, ihr Bonaparte persönlich zurückzubringen. «Überhaupt kann ich Ihnen die Gefühle nicht beschreiben, die es in mir auslöst, Sie so nah bei uns zu wissen.» Ist das noch Heldenkult, idealistische Bewunderung für den Mann, den sie erst einmal zuvor getroffen hat? Eine konventionelle Schönheit war der seit der letzten Seeschlacht einarmige, auf einem Auge halbblinde und mit neununddreißig bereits grauhaarige Admiral wahrlich nicht. So viele Zähne hat er verloren, dass er vorsichtshalber nur noch lächelt, statt zu lachen, und obwohl er als Urgroßneffe des Premierministers Walpole von recht guter Geburt ist, die ihm neben nützlicher Patronage auch den Walpole'schen Vornamen Horatio eingebracht hat, ist es ihm wie so vielen schon als Kind auf hohe See geschickten Marineoffizieren gegangen: In jenen Jugendjahren, während deren andere Gentry-Kinder ganz von allein die flüssigen Manieren der großen Welt lernen konnten, war Nelson bereits unter Lord Herveys Enkel am Nordpol auf der Eisbärenjagd gewesen. Es ist das, was Lady Spencer meint, wenn sie «his general appearance was that of an idiot» schreibt, bevor sie erklärt, wie sehr seine ruhige, intelligente Autorität sie trotzdem beeindruckt habe. Lady Hamilton wäre nicht die bei allem Pragmatismus romantische Seele, als die wir sie schon aus ihren Briefen kennen, wenn es ihr anders ergangen wäre. Wie aber die Bewunderung dieser skandalös schönen Frau auf den Admiral gewirkt haben mag, der seiner fernen Gemahlin gerade brieflich vorgeworfen hat, die Handtücher Nr. 12 bis 21 nicht eingepackt zu haben, das dürfen wir ahnen, wenn er als Postscriptum zum Brief an Hamilton der Lady auszurichten bittet, sie werde ihn nur entweder unter einem Lorbeer- oder einem Trauerkranz wiedersehen.

Die Entscheidung, welchen dieser beiden Kränze man brauchen würde, fiel denkbar knapp aus. Obwohl Nelson inzwischen wusste, dass der französische Angriff weder Sizilien noch Neapel galt, und obwohl die große Zahl der von Bonaparte mitgenommenen Gelehrten ihn vermuten ließ, dass es nach Ägypten gehe, blieb ihm zur Durchsuchung immer noch das halbe Mittelmeer. Selbst als er die gegnerische Armada nach einer Serie von Fehlschlägen am 1. August 1798 schließlich doch noch stellte, schien es zuerst, als seien die Briten trotz aller Anstrengungen zu spät gekommen. Die 15 französischen Schlachtschiffe nämlich, die in der Nilmündung bei Abukir ankerten und auf die Nelsons Flotte sich am späten Nachmittag dieses Tages zubewegte, trugen keine Invasionsarmee mehr. Bereits einen Monat zuvor waren Bonapartes Truppen an Land gegangen; schon hatten sie im Schatten der Pyramiden die heroisch chancenlose Kavallerie der Mamelucken-Beys von Kairo besiegt, schon schien es, als könnte niemand mehr Bonapartes Marsch in Richtung Indien aufhalten. Aber

~ Kapitel 20 ~

Nelson hatte gesehen, dass die vor Anker liegenden Schlachtschiffe nur in eine Richtung kampfbereit waren; mit einem gefährlich unorthodoxen Manöver führte er seine eigenen Schiffe um sie herum und begann sofort eine Seeschlacht, an deren Ende die Nacht von den brennenden Trümmern nahezu der gesamten französischen Mittelmeerflotte erleuchtet wurde. *Goliath*, *Eifer* und *Wagemut* der Briten triumphierten über den *Krieger* und den *Eroberer* der Franzosen; *Theseus*, *Minotaurus* und *Leander* versenkten *Das Souveräne Volk* genauso, wie sie *Wilhelm Tell* und *Die Gerechtigkeit* in Trümmer schossen. Das methodische Gemetzel, das wie alle damaligen Seeschlachten den Horror der Landgefechte dadurch noch multiplizierte, dass es von beschossenen Schiffen kein Entkommen gibt, hatte 2000 Todesopfer gefordert, unter denen neben dem französischen Befehlshaber beinahe auch der britische gewesen wäre. Bald genug würde Nelson schreiben können, dass «Sieg kein ausreichend starker Name für diese Szene» sei. In der Schlacht selbst hatte jedoch ein abgesprengter Balken dem Admiral eine so blutige Kopfverletzung verursacht, dass er bereits «Ich sterbe. Erinnern Sie meine Frau an mich» gesagt hatte, bevor die Ärzte Entwarnung geben konnten. Es war ein ungeachtet des großen Sieges schwer angeschlagener Nelson, der sich jetzt nach Neapel zurückbringen ließ, und es mag sogar sein, dass dieser Schock ihn dauerhaft aus dem Gleichgewicht brachte. Für den Augenblick freilich erwarteten den Sieger von Abukir überall die größten Ehrungen. Diejenigen, die in einigen Monaten aus London kommen sollten, mochten nicht ganz so phantasmagorisch ausfallen, wie Lady Hamilton es sich gewünscht hatte, die ihren Helden gerne zum «Duke Nelson, Marquis Nile, Earl Alexandria, Viscount Pyramid, Baron Crocodile and Prince Victory» erhoben sehen wollte. Immerhin kam er am 22. September doch wenigstens als designierter Lord Nelson in Neapel an, wo der Siegestaumel natürlich erst recht keine Grenzen kannte. Königin Marie Caroline gab den allgemeinen Ton vor, indem sie nach Empfang der Siegesnachricht sämtliche gerade Herumstehenden umarmte und küsste. Lady Hamilton aber, die sich sogleich für die Pflege des kopfverletzten Admirals angeboten hatte, dürfte

∼ *Beginnt es schon, das Weltgericht?* ∼ 1017

dieselbe Belohnung schon damals ungleich fokussierter praktiziert haben. Nelsons Sieg bei Abukir, der ohne Lady Hamiltons Hilfe kaum möglich gewesen wäre, hatte wie alle Ereignisse dieser Größenordnung Myriaden von Ursachen und Myriaden von Konsequenzen, aus welchen Letzteren wir notwendigerweise nur zwei herausnehmen können; wichtiger als die zehntausend Einzelschicksale, die diese Seeschlacht direkt umbog oder beendete, sind sie natürlich nur aus der Vogelperspektive des Historikers, der große Zusammenhänge zeigen will. Aber hier ist es der Erzähler, der sich diese Perspektive ausborgen muss, um seine Hauptfiguren von zwei letzten Strömungen davontragen zu lassen. Eine davon wirkt sich nun, obwohl sie den Ereignissen auf dem Meer entwächst, auf dem italienischen Festland aus. Dort nämlich verwandelt sich die Angst, die der König Beider Sizilien eben noch vor der Provokation Frankreichs hatte, umgehend in derartig irreale Tollkühnheit, dass man sie gerne mit dem in dieser Zeit zunehmenden Opiumkonsum der Königin Marie Caroline in Verbindung brächte (es gab halt noch keine Schlafmittel). Dabei ist wie so oft fast ganz logisch, was jetzt im durch fremde Siege besoffenen Neapel beschlossen wird: Wenn wir es uns mit Frankreich ohnedies unwiederbringlich verscherzt haben, dann können wir auch gleich zur Gegenseite übergehen. Warum wertvolle Zeit verschwenden, bis das sich anbahnende russisch-österreichische Bündnis wieder in den Krieg eintritt, warum nicht gleich diesen gottlosen Monstern von Franzosen den Kirchenstaat und Rom entreißen, solange man sie noch überraschen kann? Und so überrollt denn das seit fünfzig Jahren an verlässlichen Frieden gewöhnte Paradeheer der Krone Beider Sizilien nun zum ersten und letzten Mal wirklich ein anderes Land. Söldnertruppen marschieren nordwärts gen Rom, die von einem hessischen Prinzen, dem Chevalier de Saxe und einem katholischen Engländer kommandiert werden, während einer dieser Offiziere noch ein ganz besonderes Problem zu lösen hat. Es ist der Prince de Tarente, derzeitiger Erbe des Hauses La Trémoïlle und direkter Nachkomme des Prince de Talmond, der schon im Jahr 1642 keine wesentlich anderen

Probleme gehabt hatte als jetzt sein vor der Revolution geflohener Ururenkel. Noch Jahrzehnte später wird es den armen Mann empören, wie sich da die unwichtigsten deutschen Fürstensöhne schamlos mit ‹Altezza› anreden lassen, während man ihm bloß die ‹Eccellenza› der Granden erster Klasse gönnt. Wissen denn diese Leute nicht, wie man es von jedem einigermaßen wohl informierten Menschen erwarten sollte, dass seine Schwestern und Tanten (wenn er denn bloß welche gehabt hätte) schon als kleine Mädchen in Gegenwart der nun leider auch nicht mehr existenten französischen Königin auf einem Hocker hätten sitzen dürfen? Das war ja nun bekanntlich der Testfall. – Wirklich? Aber all Ihre Ländereien stehen doch unter der Krone Frankreich. – Entschuldigen Sie mal, ich bin immerhin der rechtmäßige König von Ne… ach, komm, vergiss es. Vergiss es einfach.

Am 29. November 1798 marschiert das Heer Ferdinands III. oder IV. in Rom ein und ist davon selbst nicht weniger überrascht als die überrumpelten Franzosen. Für einen kurzen Moment ist der Nasenkönig nun auch Herr der Heiligen Stadt, ohne daran viel Freude zu haben; noch stehen vier uneroberte französische Kanonen in der Engelsburg, die ihn zwingen, sich ängstlich an ihr vorbeizuschleichen, um wenigstens den Palazzo Farnese besuchen zu können. Hier hat die Fürstin Orsini 1675 den Mann geheiratet, dessen Grandenrang ihr erlaubte, Philipp V. die spanische Krone zu erhalten. Hier stammt aber auch Isabella Farnese her, die die Rolle der Orsini übernahm, um ihrem Sohn Carlos ebenjenes Königreich Neapel herbeizuintrigieren, als dessen Erbe Ferdinand bis heute Besitzer des Palazzo Farnese ist. Dabei wird's mit seinem römischen Besitz dann allerdings langfristig auch bleiben, denn schon marschiert die furchteinflößende französische Armee von Norditalien auf die Stadt der Päpste zu. So unvorbereitet trifft deren schnelle Annäherung das Heer Neapels, dass jetzt das noch immer nicht aufgelöste Chaos seines Anmarschs umstandslos in das nur marginal größere Chaos seiner Flucht übergeht. Sechs Tage Marschieren haben die wohlgemuten Friedenszeitsoldaten nach Aussage eines ihrer französisch-emigrantischen Befehlshabers mehr mitgenommen, als es mit anderen der Siebenjährige Krieg getan hätte; der ununterbrochene Regen lässt bereits ihre Waffen rosten. Die Französische Republik müsste sich in sehr kurzer Zeit sehr fundamental geändert haben, wenn sie es unter solchen Umständen bei der Rückeroberung Roms beließe, und weil sie das nicht hat, bleiben der Schwester Marie Antoinettes jetzt kaum noch zwei Wochen zur Evakuierung des nicht mehr zu verteidigenden Neapel. Es macht die Dinge nicht leichter, dass die Königsfamilie sämtliche Vorbereitungen vor den Lazzaroni verheimlichen muss, deren instinktiver Monarchismus nur für in Neapel verbleibende Könige gilt: Nicht auszudenken, was sie mit einem auf der Flucht Ertappten tun würden. Während unter den Fenstern des Palasts ein wütender Mob angebliche französische Spione lyncht, lässt Marie Caroline die Staatsschätze sowie das Nötigste für Ehemann und sieben Kinder einpacken. Hamilton, der spätestens jetzt bereut, seine schweren Vasen damals doch nicht Friedrich Wilhelm II. verkauft zu haben, muss sich von einem diplomatischen Empfang wegschleichen, um samt Gemahlin, Bilder- und Vasensammlung zum Hafen zu fahren. Der wie ein Pirat bewaffnete Nelson eskortiert inzwischen die Königsfamilie persönlich bis zu einem abgelegenen Kai, von wo sie im beißend kalten Nordwind zu seinem Flaggschiff übersetzen, das sie ins sichere Palermo bringen soll. Es ist der 21. Dezember 1798, und obwohl sich nun neben den Hamiltons und Nelson nicht weniger als ein König, eine Königin und sieben Königskinder an Bord der *Vanguard* befinden, hat das Admiralsschiff sein Potenzial als monarchische Arche damit nicht annähernd ausgeschöpft.

In derselben Nacht nämlich sticht vom selben Hafen aus ein weiterer König in See, einer sogar, dem solche Unternehmungen ungeachtet seines denkbar phlegmatischen Charakters gewissermaßen im Blut liegen. Es ist Heinrich IX., «von Gottes Gnaden, aber gegen den Willen der Menschen König von Großbritannien, Frankreich und Irland», der Sohn des 1688 als Baby über den Ärmelkanal geretteten Jakob III. und seit dem Tod seines Bruders Bonnie Prince Charlie im Jahr 1788 Chef des Hauses Stuart, Kardinal der römischen Kurie zudem und als solcher vor den Franzosen geflohen, obwohl er bei korrekter Interpretation des 1338 eröffneten Hundertjährigen Krieges natürlich auch deren König wäre. Aber sein Schiff nimmt jetzt Kurs auf Messina, wo er erst nach dreiundzwanzig schrecklichen Sturmtagen ankommen wird. Und schließlich sind da noch die beiden letzten Töchter Ludwigs XV., Mesdames Tantes, tragisch gestrandete alte Damen, die sich in diesem Schiffbruch ihrer gesamten Welt umso fester an ihren letzten Stützen festhalten. So hat Madame Adélaïde de France darauf bestanden, aufs Nelson'sche Schiff auch ihre geliebte Oberhofmeisterin Madame de Narbonne mitnehmen zu dürfen (die Mutter von Madame de Staëls seinerzeitigem Geliebten also, der 1792 den ganzen Krieg in Bewegung gesetzt hat, um über diesen leichten Umweg Ruhe und Ordnung wiederherzustellen). Marie Caroline, die ihre eigene Oberhofmeisterin zurücklässt, ohne mit der Wimper zu zucken, hat das abgelehnt, und so sind die beiden störrischen alten Damen einfach im abgelegenen Irrsinnsschloss Caserta geblieben, wo sie die Nachricht von der Flucht aller anderen Hoheiten erst am nächsten Morgen erreichen wird. So weit geht die Solidarität der Monarchenfamilie allerdings selbst in solchen Momenten doch gerade noch, dass die Königin auch für diese nervigen Verwandten eine Fluchtroute organisiert, die sie über Land und die Adria zuletzt heil nach Triest bringen wird. Die Franzosen mögen Neapel erobern, sie mögen das Königreich Beider Sizilien auf das einzig echte Sizilien reduzieren und die andere Hälfte dem bereits bewährt pompösen Antiken-Stil gemäß in Parthenopäische Republik umtaufen, bevor sie mit dem Abtransport aller maßgeblichen Wertgegenstände beginnen: Personen von königlichem Geblüt aber, immerhin, haben sie diesmal keine in die Hand bekommen.

Nicht als ob deswegen alles heil ankäme, was sich jetzt eingeschifft hat. Sir William Hamiltons Vasen werden kurz vor der rettenden Küste Englands ein endgültiges Grab auf dem Meeresboden finden, lange nachdem ihr Besitzer an Bord der *Vanguard* bereits zu Tode verzweifelt gewesen war. Als Lady Hamilton sich nach zwei Tagen auf See schließlich auch einmal in die Kabine ihres 68 Jahre alten Mannes verirrt, sieht sie ihn zwei geladene Pistolen halten, weil er sich lieber erschießen will, als ertrinken zu müssen. Selbst für Nelson ist dieser viertägige Sturm der schlimmste, den er je erlebt hat, und so findet auch Emma sich nun sehr schnell in derselben Rolle wie einst die Fürstin Orsini wieder, wenn sie den seekranken Majestäten und Hoheiten mit aller Art von Geschirr aushilft. Für den sechsjährigen Prinzen Albert aber kommt alle Hilfe zu spät. Am Weihnachtstag 1798 verliert Marie Caroline ihr jüngstes Kind, und so ist dieses Unglücksschiff zuletzt nicht mehr bloß der Ort, der Nelson mit beiden Hamiltons ebenso endgültig untrennbar zusammenschweißt, wie sie zugleich mit der Königsfamilie zusammenwachsen: Es ist auch an Bord dieses Schiffs mit dem übersetzten Namen *Avantgarde*, dass der grenzenlose Hass der Königin auf alles nach Revolution Aussehende für immer irreversibel wird. Und es wird nicht lange dauern, bis er seine Opfer findet. Wenn nämlich schon die französische Mutterrepublik dermaßen gefährlich schwankt, dass ihre Regenten den unkomfortabel erfolgreichen Bonaparte nicht zuletzt deshalb zur Eroberung Ägyptens ermutigt haben, dann gelingen der parthenopäischen Tochter kaum auch nur ihre ersten Gehversuche. Die winzige Zahl optimistischer Bürger und aufklärerischer Aristokraten in den Institutionen der vom Himmel gefallenen Republik wiegt nichts in einem Land voller frommer Analphabeten, die in den Franzosen nur heidnische Plünderer sehen. So genügt der Wiederausbruch des Krieges mit Österreich, der die Mehrzahl der Franzosen nach Norditalien zurückzwingt, um die fragile Gründung fast ebenso schnell zusammenbrechen zu lassen, wie sie entstanden war. Schon tritt auch Zar Paul I. der neuen Koalition bei, weil seine unorthodoxe Begeisterung für die katholischen Malteserritter sich nicht gut damit verträgt, dass Bonaparte sie quasi auf der Durchreise nach Ägypten von ihrer Insel vertrieben hat. Während die erste und bis heute einzige russische Armee auf dem Boden der Schweiz die Revolutionstruppen genau so zurückdrängt, wie die Osmanen gegen Bonaparte marschieren, erheben sich auf dem Festland hinter Neapel die Bauern, die ja schlecht ahnen können, wie schnell ihr König sie angesichts der unvergleichlich besseren Wildschweinjagd in Sizilien vergessen hat. Es ist nicht etwa Ferdinand, sondern der hochadelige Kardinal Ruffo di Calabria, der jetzt im Alleingang die seltsamste Armee selbst dieses zu Ende gehenden Jahrhunderts aufstellt – ein Heer aus Sensenträgern und Banditen, das unter dem Banner des katholischen Glaubens und doch Seite an Seite mit soeben gelandeten russisch-orthodoxen und osmanisch-muslimischen Invasionstruppen kämpft, bettelarme Bauern, die für die absolute Monarchie ihr Leben geben wollen, und nicht zuletzt die furchterregenden Lazzaroni von Neapel.

Sie alle haben die Republik praktisch schon gestürzt, als am 24. Juni 1799 Nelsons Schlachtschiffe in den Hafen von Neapel einlaufen, wo nur die beiden alten Festungen noch in der Hand der mit Recht zu Tode geängstigten Republikaner sind. Und auch mit diesen hat der vom Blutvergießen längst angewiderte Kardinal Ruffo bereits ein Abkommen getroffen, das ihnen freien Abzug in königlichen Booten erlaubt, wenn sie ihm durch ihre Kapitulation einen ebenso zerstörerischen wie sinnlosen Endkampf ersparen; freudestrahlend überbringt er dem großen Nelson dieses Dokument, von dem er glaubt, dass es auch dem Admiral Erleichterung schaffen müsse. Aber Nelson ist nicht hierhergekommen, um Versöhnung zu stiften. An seiner Seite steht Lady Hamilton als offizielle Stellvertreterin der auf gnadenloser Rache bestehenden Königin. Es bedarf gar nicht mehr der Briefe aus Palermo, um Lord Nelson dem Kardinal erklären zu lassen, dass ihn niemand zum Abschluss dieses Waffenstillstandes autorisiert; es genügen die Erinnerung an vier schreckliche Tage im Sturm, die Erinnerung an das tote Kind und der Wunsch, Emma Hamilton nicht zu enttäuschen, damit Nelson die tragischen Republikaner gefangen nehmen lässt, die sich doch bereits im Vertrauen auf den Waffenstillstand ergeben haben. Wer will entscheiden, ob die spontane Rache der Lazzaroni oder die kalt systematischen Strafen der Königin schlimmer sind. Aber als man den wie immer ängstlichen König Ferdinand endlich zur Anreise bewegen kann, blickt er von Bord des Admiralsschiffes auf eine Stadt, die zum Schauplatz eines furchtbaren Strafgerichts geworden ist. An Land geht er gar nicht mehr, und an Land gehen auch die Hamiltons nicht, die nur aus der Ferne noch die Ruine des Palazzo Sessa zu erkennen vermögen. Die neapolitanische Monarchie hat sieben Jahre Zeit gewonnen, bevor die nächste französische Invasion sie erneut ihr Festland kosten wird. Der Sommer 1798 hat Nelsons Ruhm und seine Liebe für Lady Hamilton begründet, die bald niemand mehr außer dem ebenso unzertrennlich mit Nelson befreundeten Ehemann wird übersehen können. Der Sommer 1799 hat beides dermaßen blutrot und tiefschwarz eingefärbt, dass diese drei sich in den wenigen Jahren, die ihnen noch bleiben, nie mehr davon werden erholen können. Ihre Zeit in Neapel ist vorbei, und bald reisen sie gemeinsam in ein England zurück, das allen dreien längst fremd geworden ist.

Dies ist der eine Handlungsstrom, der von der Seeschlacht bei Abukir ausgeht, und natürlich lässt auch er sich nur mühsam von einem zweiten trennen, der uns aus dem 18. Jahrhundert hinausführen wird. Einerseits ist da das Unübersehbare. Indem Nelson die französische Mittelmeerflotte zerstörte, hat er Bonaparte die Verbindung mit dem Mutterland nicht etwa bloß vorübergehend abgeschnitten. Bevor aus Toulon auch nur das erste Ersatzschiff der Franzosen ankommen kann, haben die Briten bereits Malta so unter Kontrolle gebracht, wie sie es wenig später auch mit Neapel wieder tun werden. Sie sind nicht mehr auf das ferne Gibraltar angewiesen, um auch im östlichen Mittelmeer jederzeit Präsenz zu zeigen und so auf Dauer alle Verbindungen abzuschneiden, die ein französisches Ägypten mit der Heimat bräuchte. Von nun an ist es im Grunde egal, was Napoléon Bonaparte im Orient noch alles erobern mag, denn jetzt sitzt er praktisch auf einer von Meer und Wüste verriegelten Insel, die kein Heer mehr verlassen oder erreichen kann. Ein kleines Schiff dagegen, und damit kommen wir zu jenem Teil dieser Strömung, bei der es gerade um das Übersehbare geht, ein kleines Schiff kann nicht bloß weiterhin hoffen, zwischen Nelsons Fregatten hindurchzuschlüpfen. Es ist auch jetzt genau das, was der ambitiöse General braucht, um der Republik wenigstens sein eigenes Genie zurückzugeben, wenn sie schon die ganze Ägyptenarmee verloren hat. Ein kleines Schiff ist alles, was er braucht, und weil er das Glück hat, aus dem er bald einen Mythos bauen wird, kommt dieses Schiff denn auch wirklich unbehelligt an den allzu sehr mit Neapels Revolution beschäftigten Gegnern vorbei, um ihn sicher nach Frankreich zurückzubringen. Keineswegs aber ist es etwa das einzige Schiff, auf dessen Kurs die Französische Republik zu dieser Zeit ein Auge haben muss, obwohl es militärisch vollkommen unbedeutend ist. Im selben September 1799 nämlich, den Bonaparte auf dem Mittelmeer damit verbringt, nicht von den Engländern versenkt zu werden, sticht auch von Havanna ein schöner Segler in See, der eine ebenso große Bedrohung des französischen Status quo an Bord hat, wie sie der korsische General darstellt. Es ist einer der wenigen Generäle, der dieses Amt in noch jüngeren Jahren als Bonaparte erlangt hat, und sein Name erzählt schon fast allein von der aberwitzigen Odyssee, die jetzt vielleicht gerade zu Ende geht.

∽

Paris, 9. November 1799

Genau genommen hatte der Ex-Prinz, Ex-General und Ex-Geographielehrer Louis-Philippe d'Orléans schon längst keinen konsensfähigen Namen mehr, als er Anfang September 1799 mit seinen Brüdern an Bord des Schiffs ging, das sie von Havanna auf die Bahamas bringen würde. Als der Vater ihn 1782 zur Erziehung an Madame de Genlis übergeben hatte, war er Herzog von Valois gewesen; als dann 1785 der Tod des Großvaters den Vater zum Herzog von Orléans machte, wurde aus dem zwölfjährigen Valois der neue Herzog von Chartres, wozu erst mit der Taufe drei Jahre später auch der natürlich nie verwendete Vorname Louis-Philippe kam. Gleich darauf schenkten Erzieherin und Prinzenkinder einander zum Neujahrsfest 1789 Ringe mit Inschriften, die unmissverständlich zeigen, wie erfolgreich die Oberhofmeisterin diese vier buchstäblich zu ihrem Eigentum gemacht hatte. Dem einzig wichtigen Prinzen Chartres schenkte die Genlis einen Ring mit Knoten und der Gravur «Unauflösbar», um dafür von den Kindern Ringe zu erhalten, auf denen «Was wäre ich ohne

Sie geworden?» oder «Dich lieben ist meine Pflicht, Dir zu gefallen mein Glück» stand. Einige Monate später gewährte sie dem sechzehnjährigen Chartres das teuere Privileg, die bisherige ‹gute Freundin› nunmehr ‹meine Mutter› und ‹Maman› nennen zu dürfen. Die Briefe freilich, in denen er die Gräfin darum gebeten hatte, waren bei Lichte besehen bereits unwissentlich Liebesbriefe gewesen; sie verwiesen damit auf das logisch letzte Stadium dieser klaustrophobischen Beziehung, das Chartres denn auch bald danach erreichte, indem er sich in die nach wie vor attraktive Vierundvierzigjährige verliebte. Die letzte Umsetzung dieses Gefühls scheiterte zwar an der Pädagogen- oder Intrigantenprofessionalität der Genlis, weil die Gräfin intelligent genug war, einen Prinzen ironisch abblitzen zu lassen, den sie ja auch ohne dergleichen Komplikationen völlig beherrschte. Die Art aber, in der hier zwei Gefühle ineinander übergingen, die weniger besitzergreifende Erzieher aus gutem Grund voneinander zu trennen pflegen, entsprach leider bloß allzu sehr dem, was gleichzeitig im öffentlichen Leben des Herzogs von Chartres geschah. Nur für einen kurzen Moment nämlich sah es wie ein Glücksfall aus, dass der bewusst zum Musterprinzen einer neuen Zeit Erzogene gerade im ersten Jahr einer Revolution erwachsen wurde, die für ihn wie gemacht schien. Niemand kann ja hinreißender rebellieren als Oberklasse-Teenager, niemand verbindet so schrecklich schön die wütende Kompromisslosigkeit der Jugend mit dem selbstverständlichen Größenwahn der von Kindheit an Auserwählten – und niemand wird ein so radikaler Revolutionär wie der, der Tugendtaumel mit gekränktem Prinzenstolz verbindet.

So wurde denn aus dem Herzog jetzt der Bürger Chartres, bevor man noch die Adelstitel offiziell abgeschafft hatte, aus dem Prinzen ein Mitglied des extremistischen Jakobinerklubs und aus Madame de Genlis' Schüler das revolutionäre Maskottchen des orléansschen Familienunternehmens. Aber da wir bereits gesehen haben, wie dieser Kurs, der die Familie ja nach wie vor zum Königtum anstelle des Königs bringen sollte, zunehmend unaufhaltsam Fahrt annahm, verstehen wir auch ohne Weiteres, warum gerade die kluge Gräfin Genlis als Erste ausstieg, um sich mit Chartres' vernachlässigter Schwester

Mademoiselle nach England abzusetzen. Es war umsonst gewesen, dass Madame de Genlis die Herzoginmutter Orléans noch 1791 öffentlich demütigen und zur Trennung vom Herzog hatte bringen können, denn kaum war damit ihre Herrschaft über den jungen Prinzen gesichert, kaum hatte weiterhin dieser Prinz endlich wirkliche Chancen auf den Thron, weil die Revolution Ludwig XVI. hinwegfegte, da erkannte die Gräfin auch schon, dass da gar kein Thron mehr wartete und bloß noch der Tod. Es half ihrem Zögling nichts mehr, sich erst in ‹Louis-Philippe, prince français› umbenennen zu lassen und dann, als die Republik kam, in ‹Bürger Égalité der Jüngere›. Es half kaum mehr, dass ausgerechnet sein Prinzenprivileg den zunehmend desillusionierten Neunzehnjährigen jetzt zum jüngsten Generalleutnant der Republik machte. Weil er einst mit zwölf Jahren Oberst geworden war, verlief sein weiterer Aufstieg nun infolge Emigration praktisch aller älteren Offiziere so automatisch rasend, dass er schließlich auf den seit Jahrhunderten bewährten belgischen Schlachtfeldern fast schon eine halbe Armee kommandierte. Einen letzten Augenblick lang mochte es in diesem April 1793 wohl so aussehen, als ob Chartres-Égalité sich im Bündnis mit dem rebellischen Oberbefehlshaber der Nordarmee die Regentschaft für Ludwig XVII. erobern könne, für den kleinen Sohn des hingerichteten Königs also, und so schien denn das Orléans-Projekt für diesen kurzen Moment auf skurrile Weise direkt ins Jahr 1715 zurückzuführen. Aber noch war es sechseinhalb Jahre zu früh für jenen Militärputsch, der Republik und Revolution beenden sollte. Die hungrigen Soldaten im nicht weit von Malplaquet entfernten Feldlager mochten applaudieren, als Chartres' Vorgesetzter Dumouriez die verhassten Politkommissare aus Paris einfach verhaftete und den extra angereisten Kriegsminister gleich mit. Sobald sie jedoch sahen, dass die Verschwörer mit dem österreichischen Kriegsgegner gemeinsame Sache machen wollten, um die Monarchie wiederherzustellen, da fielen sie in solcher Wut über die Verräter her, dass auch Louis-Philippe Chartres nur mit Mühe sein Leben retten konnte. Am 5. April 1793 fand sich der eben noch so revolutionäre Prinz im Feldlager der Österreicher wieder, und es dürfte ihn wenig getröstet haben, hier als Kommandeur prompt einen seiner vielen deutschen Prinzencousins vorzufinden.

Die Revolution hatte eine Ideologie wach geküsst, in der für die übernationalen Loyalitäten des Ancien Régime kein Platz mehr war. Als Louis-Philippes Ururgroßvater Orléans 1715 die Regentschaft übernommen hatte, waren seine Hauptfeinde noch die emporgehobenen Bastarde Ludwigs XIV. gewesen, über deren ‹unreines Blut› sich ganz Frankreich empörte. Louis-Philippe selbst aber, den der Tod des Großvaters Penthièvre gerade einen Monat vor seiner Flucht zum Erben eines wirklich unrein zustande gekommenen Riesenvermögens gemacht hatte, erfuhr nun in diesem Jahr 1793, wie viel sich geändert hatte. Für den Texter der Marseillaise, die Louis-Philippes Soldaten jetzt sangen, war das «unreine Blut» der Feinde natürlich keine Frage der zu niedrigen Geburt mehr, dagegen gerade wohl auch noch keine der Nationalität (obwohl das bald genug kommen würde), weil man die Preußen oder Österreicher noch nicht geradezu als solche hasste. Umso überzeugter waren die Revolutionäre jedoch, dass Widerstand gegen die neue Zeit nur von durch und durch Minderwertigen kommen konnte. Es machte ihnen wenig Unterschied, ob es sich dabei nun um ausländische Knechtsseelen handelte oder um jene inländischen Volksfeinde, die man auch dann Aristokraten nannte, wenn sie rebellierende Bauern waren. Die geborenen Aristokraten aber fanden sich in dieser Logik plötzlich selbst als Träger unreinen Blutes wieder, denen man zunehmend bereits die bloße Existenz vorwarf. Schon begann das Revolutionstribunal sie als automatische Mitverschwörer des äußeren Feindes selbst dann auf die Guillotine zu schicken, wenn sie wie die siebzigjährige und stocktaube Marschallin-Herzogin von Noailles mangels Hörrohr nicht einmal die Anklagepunkte verstanden hatten.

Was diese Herrschaft der Tugend für Mitglieder des ehemaligen Königshauses bedeutete, das konnte Chartres ganz direkt am Beispiel seines Vaters sehen, dessen Hinrichtung den Sohn später im selben Jahr 1793 auf sehr theoretische Weise zum Herzog von Orléans machte. Chartres' Brüder Montpensier und Beaujolais wurden ebenso verhaftet wie seine Mutter, während man die fünfzehnjährige Schwester Mademoiselle (Adélaïde d'Orléans) mitsamt Madame de Genlis in die Liste der Emigranten einschrieb, auf der zu stehen ein sicheres Todesurteil war. Zu spät war die Gräfin, deren englisches Fluchtmanöver gerade das erst ausgelöst hatte, an die Grenze zurückgereist, zu spät waren sie und Mademoiselle an der belgischen Front angekommen, um noch legal zurückreisen zu können. Kaum, dass Madame de Genlis hier im Dezember 1792 noch Zeit fand, die inzwischen neunzehnjährige mysteriöse Pamela mit dem anglo-irischen Adelsrebellen Lord Edward Fitzgerald zu verheiraten, einem Enkel des glücklichen Ehepaares Richmond, der sich in Pamela verliebt hatte, weil sie wie seine soeben verstorbene Geliebte aussah. Dann kam der Moment der Flucht, der zugleich die Stunde der Wahrheit war. Madame de Genlis hatte von der so gründlich misslungenen Erzieherinnenrolle schon längst genug gehabt, zumal sie inzwischen nur noch für die verängstigte Orléans-Tochter Mademoiselle zuständig war. Über ihre Beliebtheit im Exil machte sie sich angesichts der Vorgeschichte keine Illusionen und war daher umso bestrebter, möglichst inkognito als Gouvernante unterzutauchen; die halbwüchsige Prinzessin konnte dabei nur stören. Die Gräfin wehrte sich folglich mit Händen und Füßen, als Chartres ihr seine Schwester für die Flucht anvertrauen wollte, und so wurde das Mädchen nur deshalb nicht im Heerlager der Revolution zurückgelassen, weil der Prinz es im letzten Moment in die bereits abfahrende Kutsche der Genlis mehr oder minder hineinwarf. Zum großen Bedauern aller Beteiligten musste man sich zwar auf der anderen Seite der Frontlinie noch einmal wiedertreffen, um von Belgien in die Schweiz weiterzureisen, bevor es unter dem Druck des allgegenwärtigen Hasses endgültig auseinanderging. Denn das war ja die logische Fortsetzung von Louis-Philippes Doppelrolle, dass die Revolution ihn jetzt als Prinzen hasste, während ihn die omnipräsenten Adelsemigranten gleichzeitig als Revolutionär verabscheuten. Spätestens als man ihnen im schweizerischen Zug die Scheiben einschmiss, war unübersehbar, dass man zusammen zu auffällig war, und so konnte Madame de Genlis nun doch noch erwirken, dass man die kleine Prinzessin einer emigrierten Tante übersandte. Auf den Stein, der sie beinahe getroffen hätte, ließ die Gräfin rasch ein erbauliches Motto gravieren, bevor sie sich durch einen letzten Trick nicht bloß die einzige verbliebene Zuflucht sicherte, sondern damit auch Louis-Philippe zur gefährlichen Weiterreise zwang. Mit bewährt moralischer Rührung hielt sie über diesen 30. Juni 1793 fest, dass der Prinz nun wirklich alles verloren habe, was hohe Geburt ihm gab: «Es bleibt ihm nur noch, was er von der Natur und mir erhielt.» Dann verschwand sie auf immer ins Privatleben und musste, was ausgleichender Gerechtigkeit zumindest nahe kommt, während der verbleibenden siebenunddreißig Jahre von ihren Einkünften als freie Schriftstellerin leben.

Der Herzog von Chartres aber war nicht nur um eine Illusion ärmer, sondern auch überhaupt pleite; er würde nun also tatsächlich brauchen, was ihm die Oberhofmeisterin an körperlicher Ausdauer, Bildung und Verstellung antrainiert hatte. Die Schweiz war freilich kein gutes Terrain für einen Mann, dessen Jakobinerfreunde erst vor wenigen Monaten die Schweizergarde Ludwigs XVI. massakriert hatten. Der unter dem Alias Corby angereiste Louis-Philippe konnte schon froh sein, unter dem Namen ‹Professor Chabos› eine Stelle als Internats-Geographielehrer zu finden; er konnte sich glücklich schätzen, wenn er dann auf der Weiterreise ins harmlose Finnland nirgendwo erkannt wurde, und es dürfte ihn kaum überrascht haben, dass die Versöhnung mit Exilkönig Ludwig XVIII. misslang, der inzwischen dem als Kind verstorbenen Sohn Marie-Antoinettes ‹auf dem Thron nachgefolgt› war. Als dazu 1796 auch noch ein Ultimatum der Revolutionsregierung kam, die nach wie vor seine Mutter und Brüder in der Hand hatte, blieb Louis-Philippe daher nichts anderes übrig, als von Hamburg aus seine Ausreise nach Amerika zu versprechen. Montpensier und Beaujolais wurden freigelassen, um mit ihm zu gehen, nachdem drei Jahre im Gefängnis ihre Gesundheit ruiniert hatten (keiner der beiden würde seinen fünfunddreißigsten Geburtstag erleben). Selbst jetzt aber gab der zum Familienchef aufgestiegene Louis-Philippe seine Hoffnungen nicht auf, eines Tages doch noch Frankreich zu regieren. Zu gut wusste er um den Verfall der postterroristischen Republik, die das Nichtfunktionieren ihrer allzu optimistischen Verfassung inzwischen einmal pro Jahr per Staatsstreich löste, zu gut wusste er auch, wie viele Gemäßigte sich eine Monarchie ohne die gnadenlosen Emigranten von 1789 zurückwünschten und also für die Herrschaft eines Orléans empfänglich sein sollten. So terminierte er seine amerikanische Reise nur auf genau den Zeitraum bis zum nächsten französischen Wahltermin, der so sicher wie das Amen in der Kirche eine Royalistenmehrheit zu bringen versprach. Während jedoch die drei Prinzen sich noch an den Niagarafällen von ihrer langen Bildungsreise zu den Indianern erholten, die Louis-Philippe nicht länger «Wilde» nennen wollte, wurden ihre Hoffnungen in Paris bereits vom umtriebigen General Bonaparte zerschmettert. Noch zwar agierte dieser bloß als Werkzeug der radikal republikanischen Machthaber, als er am 18. Tag des Fruchtmonats im Jahr V der Freiheit (4. September 1797) den jährlichen Staatsstreich gegen das neue Parlament militärisch durchführte. Aber indem er damit die Rückkehr der Monarchisten verhinderte, ließ er auch die drei Brüder Orléans ganz buchstäblich in Amerika stranden. Es half ihnen nichts, dass man im spanischen Havanna nett zu ihnen war und nach kaum einem Jahr Wartezeit auch schon die lang ersehnte Schiffsreise erlaubte, die sie nach Europa hätte bringen sollen. Inzwischen nämlich hatte Spanien auf französischen Druck die Route ein wenig verändert, weswegen es für Louis-Philippe und seine Brüder in diesem September 1799 von den Bahamas plötzlich nicht mehr nach Spanien, sondern ins kanadische Nirgendwo weiterging. Von dort würde Louis-Philippe zwar letztendlich immerhin nach England und schließlich nach Sizilien gelangen, bevor seine Odyssee ihn zuletzt 1814 endlich wieder nach Frankreich zurückbringen sollte. Das Ende der Revolution jedoch, zu dem er 1799 beinahe rechtzeitig dazugekommen wäre, würden ganz andere Leute herbeiführen.

Es konnten ja schließlich nicht alle unsere Protagonisten gleichzeitig Pech haben. Der revolutionäre Ex-Bischof Talleyrand etwa war so einer, dessen Schicksal immer wieder mit der Butterseite nach oben hinfiel. Dabei hatte der Mann mit dem ererbten Klumpfuß einen familiären Vorlauf, der so gar nicht zu den neuen Zeiten hätte passen sollen: Nützte er ihm aber nicht dennoch? Seine liebende Urgroßmutter Madame de Chalais, von der er so viel gelernt hatte, wusste als Nichte der Fürstin Orsini und d'Antins ebenso viel über Macht und Intrigen wie als Enkelin des großen Colbert oder Schwiegertochter des Ministers Chamillart; eine Großtante dieser Urgroßmutter war zudem die sonnenkönigliche Mätresse Madame de Montespan gewesen, wodurch denn zu Talleyrands weitläufigen Cousins auch Louis-Philippe zählte, der über die diversen Bastardkinder nicht weniger als viermal von ihr abstammte. Aber Talleyrand hatte nicht bloß wie jeder Aristokrat zu viele zu wichtige Verwandte, um alle gleichzeitig mögen zu können: Er war auch zeitlebens viel zu ökonomisch mit seiner Freundschaft, als dass er sie auf erkennbare Verlierer ausgedehnt hätte, wie das die Orléans-Kinder momentan waren. Am 31. Juli 1796 kam der einstige Bischof aus dem amerikanischen Exil nach Hamburg zurück, wo Louis-Philippe sich eben in die umgekehrte Richtung aufmachte, und noch in seinem ersten Hamburger Brief berichtete er Madame de Staël davon, wie die Anhängerschaft dieses Prinzen momentan aus genau vier Personen bestehe. Denn natürlich war es seine Ex-Freundin Staël, der Talleyrand als Erstes schrieb. Er verdankte es fast allein ihr, wenn man ihn von der todbringenden Emigrantenliste strich und also aus den USA zurückkehren ließ, wie er sich das schon so lange gewünscht hatte. Nicht zwar, als ob es ihm dort schlecht gegangen wäre. Sosehr der Uradelsspross sich auch demonstrativ darüber amüsierte, wie man in Philadelphia Leute wichtig fand, die nichts außer viel Geld hatten, so sehr stürzte er sich doch selbst in alle Arten von Land- und Finanzspekulationen, die daran erinnern, wie unglaublich geldgierig dieser Mann zeit seines langen Lebens war – der Sohn hochgeborener, aber zugleich armer Eltern eben, deren einziges Kapital das soziale gewesen war. Bald hatte der Nachkomme von sechs Versailles-Generationen sich als einflussreicher Lobbyist bei der US-Regierung einen derartig guten (also schlechten) Ruf gemacht, dass die größten Banken Europas und Amerikas aufmerksam wurden, und so lag es wahrlich nicht an mangelndem Erfolg, wenn er sich trotzdem nach Europa zurücksehnte. Natürlich war es angenehm, Geld zu haben, aber doch nicht als Selbstzweck, sondern um es so stilvoll zu verschwenden, wie man das wirklich gut eben erst in der 24. Generation gelernt hatte. Die Amerikaner jedenfalls konnten es nicht: «Ihr Luxus ist grässlich», ihr Gesellschaftsleben so unspannend, dass Eheleute jede Nacht im selben Bett schliefen, ihre Politik vollends gänzlich hoffnungslos und die erhabene Natur ihres Kontinents nichts, was Talleyrand auch nur mitbekommen hätte.

Germaine de Staël verstand dies Desinteresse ihres Ex-Freundes, obwohl ihr Schweizer Exil ja weit näher an Frankreich lag als sein transatlantisches. Sobald aber einer der Romantiker, die langsam überall aus dem Boden schossen, sie auf die traumhafte Schönheit ihres zwischen Genfer See und Gebirge gelegenen Besitzes in Coppet ansprach, dann sagte auch sie, dass sie diesen Anblick sofort gegen den der Gosse in der Rue du Bac eintauschen würde: Leben konnte man doch nur in Paris. So erwies sich einmal mehr ihr Botschafter-Ehemann als nützlich, der sich auf Germaines Wunsch als erster europäischer Diplomat beim bisher von allen Mächten boykottierten Pariser Terroristenregime akkreditieren ließ. Hätte in Schweden noch Gustav III. regiert, wäre das natürlich nie möglich gewesen. Aber den hatten schon 1792 aristokratisch-esoterische Verschwörer auf einem Maskenball erschossen, angeführt übrigens von ebenjenem Grafen Ribbing, der nur wenige Jahre später Germaines Geliebter wurde. Vom Moment der Rückkehr nach Paris an aber waren es nur wenige Wochen gewesen, bis Madame de Staël dort auch wieder einen prestigiösen Salon besaß. Der bald danach endgültig von ihr getrennte Ehemann spielte dort zwar keine Rolle mehr. Ansonsten aber traf man die alten großen Namen dort ebenso wie die Machthaber einer Republik, die ihre fanatischsten Kinder längst gefressen hatte. Übrig geblieben waren korrupte Pragmatiker, mit denen sich reden ließ, und wenn sie die allzu einflussreiche Staël auch von Zeit zu Zeit an den Genfer See zurückverbannten, erlagen sie doch immer häufiger ihrem monomanen Charme, ihrer publizistischen Macht oder ihrem Lobbyistinnentalent. Innerhalb eines Jahres hatte sie Talleyrand zurückgeholt, bevor sie ihn dann innerhalb nicht mal eines halben Jahres auch noch zum Außenminister dieser Republik machte, deren Zusammenbruch man von allen Seiten so interessiert erwartete. Wenn Talleyrand unter Madame de Staëls immer zahlreicheren und ausnahmslos adeligen Ex-Freunden derjenige war, für den sie am meisten getan haben mochte, so kümmerte sie sich doch andererseits auch um die Übrigen dermaßen vorbildlich, dass sie um Genf herum bereits eine regelrechte Kolonie bildeten. Leider war allerdings in jenem August 1796 gerade auch Graf Ribbing in diese Kategorie übergetreten, indem er Germaine mit der Genlis-Tochter Pulchérie de Valence untreu wurde, und so würde es sich denn als umso bedeutsamer erweisen, dass gleichzeitig mit Talleyrands erstem Hamburger Brief auch der herzoglich braunschweigische Kammerjunker Benjamin Constant de Rebecque in Coppet eintraf. In diesem achtundzwanzigjährigen ungelenken und wenig hübschen Edelmann aus calvinistischer Schweizer Familie nämlich hatte die ein Jahr ältere Baronin, ohne das schon ahnen zu können, den Mann ihres Lebens getroffen. Es machte nichts, dass die großen erotischen oder sentimentalen Dramen mit allerhand anderen Männern von Stand oder Gelehrsamkeit auch während ihrer jahrzehntelangen Beziehung mit Constant weitergingen, die in diesem Sommer begann, ja fast ist man versucht zu sagen: im Gegenteil. Bei Malplaquet hatte 1709 Constants Großvater väterlicherseits als Schweizer-Offizier unter Lord Albemarle auf holländischer Seite gekämpft, sein ebenfalls als Schweizer-Offizier dienender Urgroßvater mütterlicherseits aber auf Seiten Frankreichs, und je vertrauter man sich mit dem zutiefst zerrissenen Charakter ihres gemeinsamen Nachkommen macht, desto mehr will einem das geradezu wie ein Omen erscheinen. Da die Mutter bei seiner Geburt gestorben war und der Vater als Söldnergeneral in den Niederlanden lebte, wuchs der kleine Benjamin zuerst bei wechselnden Verwandten und dann mit einer Serie immer absurderer Hauslehrer auf, mit denen er mal in Universitätsstädten, mal im Bordell lebte, ruhelos herumreiste und bald lernte, mehr nirgends als überall zu Hause zu sein. Erstaunlicherweise kam dabei die Bildung keineswegs zu kurz. Als Benjamin seiner Großmutter Generalin Constant in einem Weihnachtsbrief schrieb: «Ich treffe gelegentlich eine kleine Engländerin in meinem Alter, die ich Cicero und Seneca vorziehe und die mir Ovid beibringt, obwohl sie nie von ihm gehört hat: aber ich finde ihn vollkommen in ihren Augen. Ich habe ihr einen kleinen Roman geschrieben, von dem ich Ihnen hier die ersten Seiten schicke», da war er genau zehn Jahre alt gewesen, und sobald man sich nur kurz an Madame de Staëls Aufwachsen im Salon der Mutter erinnert, wird man schlecht leugnen können, dass diese zwei füreinander gemacht waren. Natürlich waren da andererseits auch jene Eigenheiten Benjamins, die ein Zusammenleben mit der überwältigend leidenschaftlichen und nie weniger als hundertprozentig entschlossenen Germaine für beide unerträglich zu machen versprachen. Als Constant beispielsweise 1804 ein neues Tagebuch anlegte, entwarf er einen Code, um regelmäßig wiederkehrende Phänomene durch Zahlen abzukürzen, und schuf damit ein handliches Psychogramm, aus dem wir hier nur die folgenden Punkte zitieren werden müssen, um das Problem zu illustrieren: 1 Körperliches Vergnügen [d. h. Sex], 2 Begierde, meine ewige Kette zu brechen [Trennung von Germaine], 3 Versöhne mich mit dieser Verbindung, 8 Heiratsprojekte, 9 Überdruss an Mrs. Lindsay, 10 Süße Erinnerungen an & wiedererwachte Liebe für Mrs. Lindsay, 11 Unentschlossen über meine Projekte in Sachen Madame du Tertre, 12 Liebe für Madame du Tertre und 13 Unentschieden über alles.

Aber was machte das schon? Die dramatische, grenzenlose und romantische Liebe wurde ohnehin schon überall um sie herum erfunden, und auch sie beide würden ja weiterhin nicht unwesentlich an diesem epochemachenden Prozess teilhaben – nur eben nicht immer miteinander. Umso mehr würden diese zwei dafür Pioniere einer ähnlich wichtigen Konstruktion werden, der mit ihrer Intensität alles in den Schatten stellenden neurotischen On-off-Beziehung nämlich, die in diesem Fall 1795 mit Benjamins rührend dilettantischem Versuch eines vorgetäuschten Opium-Selbstmords begann und zwei der klügsten Menschen ihrer Generation fast zwanzig Jahre lang außer Atem halten sollte. Und was soll man sagen: Der herzlose Historiker dankt es ihnen. Von Anfang an nämlich hatte Benjamin Constant Germaine de Staël zu intellektuellen Höchstleistungen inspiriert und war umgekehrt ebenso inspiriert worden, wie keiner der beiden es zuvor je gekannt hatte. Über ihre literarischen Werke ist die Zeit am ehesten hinweggegangen, auch wenn sie immer noch mindestens als Schlüsselromane funktionieren – Madame de Staëls *Delphine* beispielsweise, in der sie sich selbst als Heldin, Talleyrand aber als dermaßen böse alte Dame porträtierte, dass der ihr bald dazu gratulierte, «uns beide» so geschickt «als Frauen verkleidet zu haben». Umso mehr würde das ganze folgende Jahrhundert von dem zehren, was die Baronin über Literatur und Psychologie und Benjamin Constant über politische Philosophie schrieb. Allein schon die Art, in der Germaine de Staëls Buch *De l'Allemagne* Frankreich zum ersten Mal überhaupt mit der eben entstehenden Literatur und Philosophie der deutschen Klassik vertraut machte, brächte ihr einen Ehrenplatz im Pantheon des gerade erst entstehenden Intellektuellenberufs ein. Anders als spätere Berufsintellektuelle war sie freilich zugleich Millionenerbin, Schlossherrin auf Coppet und so selbstverständliche Bewohnerin einer Aristokratenwelt, dass sie bei beliebigen Besuchen August Wilhelm Schlegel an einem Arm und Prinz August von Preußen am anderen mitbringen konnte. Es war die einzige Position, aus der heraus einer Frau noch Politik zu machen möglich war, seit die Revolution den Männern das Wahlrecht gegeben, die Frauen aber förmlich ins Haus zurückverwiesen hatte, und es war eine, die nur ausfüllen konnte, wer wie Germaine de Staël gegen Satire vollkommen immun war. Die Katastrophen eines politischen Intellektuellenlebens verhinderte das natürlich nicht und ebenso wenig allerhand unfreiwillig Komisches, worunter viele Zeitgenossen neben der bald für beide Seiten zur bewährten Tradition gewordenen «Coppet-Dosis Opium» samt Wiederbelebungsszene auch etwa die Gewohnheit der vermutlich von Benjamin gezeugten Tochter Albertine de Staël verbuchten, harmlose Fragen nach ihrem Wohlbefinden mit «Abgründe in meinem Herzen, Madame» zu beantworten. Und doch taten Staël und Constant auch politisch unglaublich viel für die Entstehung einer neuen Welt. Während nämlich gewissermaßen nebenan Leute wie der romantische Emigrant Châteabriand als Reaktion auf die Revolution Begriff und Inhalt des erst jetzt ja überhaupt gebrauchten Konservatismus erfanden, waren es ganz maßgeblich diese beiden, die gemeinsam Urtexte eines politischen Liberalismus formulierten. Was man um sie herum nur diffus spürte, fassten sie als Erste in klare Gedanken und präzise Formulierungen. Nachdem nicht bloß das alte Régime zusammengebrochen, sondern auch die neue Freiheit an ihrer eigenen Radikalität gescheitert, ja zur prototoalitären Diktatur geworden war, mussten die Gewinne der Revolution jetzt von einer neuen Herrschaftsform gerettet werden, in der Autorität und Mitbestimmung einander endlich wieder sinnvoll die Waage halten würden. Es war in Madame de Staëls Pariser Salon, in ihren sowie Constants Schriften und in ihrem seltsamen Schlossleben am Genfer See, dass diese Ideen in endloser Diskussion Form annahmen. Es waren diese beiden, die die bei ihnen auf dem Sofa sitzende Macht- und Besitzelite Frankreichs auf eine neue und bessere Idee von der Gesellschaft brachten, in der die Gewinner der Revolution sich mit den Verlierern würden aussöhnen können. Es waren auch nicht weniger diese beiden, denen mächtigere andere schließlich andeuteten, dass sie zugunsten einer solchen Verfassung etwas unternehmen wollten, und daneben machte es wenig aus, wenn sie nicht auch noch wussten, wie dieser Umsturz im Einzelnen ablaufen würde.

Der Bürger Talleyrand wusste es umso besser. Er hatte einen in monatelanger Kleinarbeit ausgefeilten Plan, und so gut, so nachweislich unfehlbar war sein Plan, dass an diesem 9. November 1799, pardon: an diesem 18. Tag des Nebelmonats im Jahr VIII der Freiheit, selbst der sonst für sein Motto «Kein Eifer!» bekannte Ex-Bischof und Ex-Außenminister sich dazu herabließ, früh aufzustehen. (Ex-Außenminister, weil es mit seinen Plan inkompatibel gewesen wäre, in der Regierung zu bleiben; so hatte er das Amt vor einiger Zeit in die Hände eines zuverlässigen schwäbischen Ex-Theologen weitergegeben, der seiner baldigen Rückkehr nicht im Weg stehen würde). Unten in der Rue Taitbout stand bereits die Kutsche bereit, in der seine beiden

Helfershelfer ein elegantes Abdankungsschreiben für das einzige der fünf Regierungsmitglieder entwarfen, mit dem Talleyrand sich persönlich abgeben würde. Die anderen waren entweder wie der aus Berlin zurückgekehrte Sieyès bereits auf ihrer Seite oder würden relativ unspektakulär verhaftet werden – an ihrem Amtssitz, falls sie auf die falsche Sitzungseinladung hereinfielen, oder bei sich daheim, falls sie verspätet ein wenig Verstand bewiesen. Dem Vicomte de Barras aber, der noch immer glaubte, dass die Verschwörer ihn beim Staatsstreich würden mitspielen lassen, weil er doch so unersetzlich sei, dem würde Talleyrand die schlechte Nachricht lieber selbst überbringen. Es war gerade einmal fünf Jahre her, dass der zur Revolution konvertierte Kleinadelige Barras die Truppen angeführt hatte, unter deren Ansturm Robespierres Regime gestürzt war, aber diese fünf Jahre hatten den Provenzalen so gründlich korrumpiert, dass es jetzt kaum noch mehr als einer zarten Andeutung bedürfen würde, um ihn aus der Politik zu verabschieden. Die Zeichen waren gerade für so jemanden wahrlich unübersehbar genug. Die in dieser Nacht überall hingeklebten Plakate allein hätten Barras natürlich nicht interessieren müssen, auf denen man ihm und seinen Kollegen Verfassungsbruch vorwarf. Aber ein Blick aus den Fenstern des Palais du Luxembourg sollte genügen, um dem einstmals furchtlosen Mann den Abmarsch seiner Leibgarde zu zeigen und all die anderen Truppen, die an diesem Morgen bereits nicht mehr seinen Befehlen gehorchten. Gegen Robespierre war es um alles oder nichts gegangen, und diesen Kampf um Leben oder Tod hatte Barras umso leichter aufnehmen können, als er damals praktisch nichts besessen hatte. Heute dagegen würde Talleyrand ihm die wesentlich einfachere Wahl anbieten, ob er ohne Sinn und Zweck verhaftet werden oder sich ungestört auf sein Schloß zurückziehen wolle, das noch vor kurzem einem Bruder Ludwigs XVI. gehört hatte. Da die von einem der vielen hilfsbereiten Generäle gestellten hundert Dragoner ihn so oder so begleiten würden, schien es Talleyrand auch lächerlich unnötig, Barras die von seinen Mitverschwörern bereitgestellte Bestechungssumme zu zahlen. Das werden wir nicht brauchen, mag er sich lächelnd gedacht haben, während er die Schuldverschreibung über einen Millionenbetrag einsteckte, oder genauer gesagt: ich schon. Aber natürlich tat man immer gut daran, sich auf alle Eventualitäten vorzubereiten, und das erinnerte den Ex-Bischof mit dem Klumpfuß auch sogleich an das, was ihm für einen gelungenen Staatsstreich allein noch fehlte. Wir können nicht mit Gewissheit sagen, ob es dieselben Taschenpistolen waren, mit denen Talleyrand wie geistesabwesend gespielt haben soll, als er acht Jahre früher den Bischof von Babylon dazu überredet hatte, gegen den Willen Roms revolutionstreue Priester zu Bischöfen zu weihen. Aber wir wissen, dass Talleyrand sich, als er jetzt mit den Pistolen in der Rocktasche zur Straße hinunterhumpelte, einer Sache gewiss war. So sicher wie heute die Auflösung der Regierung gelingen musste, so problemlos würde auch morgen die Verabschiedung des Parlaments ablaufen, denn selbst wenn hier und da etwas schieflaufen mochte, gab es doch im Grunde keinen ernsthaften Gegner mehr. Die Republik war verfault, die Revolution war am Ende, und schon übermorgen würde die fahle Novembersonne auf ein blitzblank neues Regime scheinen. An seiner Spitze musste natürlich ein hübscheres Gesicht stehen als das des leichenblassen Talleyrand, vom verkniffenen Sieyès ganz zu schweigen, dessen Talent, für Notfälle jederzeit den Entwurf einer neuen Verfassung dabeizuhaben, das Publikum kaum ausreichend beeindrucken dürfte. Aber gerade weil General Bonaparte so ein charismatischer junger Kriegsheld war, hatte er eben auch noch so gut wie keine Ahnung von Politik; der würde ihre Marionette sein und bleiben, wie es einst die Könige für Talleyrands Höflingsvorfahren gewesen waren. Wie denn auch anders? Um die Ecke lag das 19. Jahrhundert, und damit alles gleich blieb, würde sich alles ändern müssen.

Epilog

Polens letzter König Stanisław II. Poniatowski starb am 12. Februar 1798 im Petersburger Marmorpalais. Am 5. März wurde sein Sarg auf fast demselben Weg in die katholische Katharinenkirche überführt, auf dem ihn 1755 der Kammerherr Naryschkin heimlich zur Großfürstin Katharina gebracht hatte. Nun führte Naryschkins Schwiegersohn eine Prozession an, in der hinter einem Ritter in goldener Rüstung und dem mit einer schwarzen Schleppe behängten Trauerpferd auch Katharinas Sohn Paul I. ritt; noch vor kurzem hatte er Stanisław gefragt, ob er nicht vielleicht doch sein Vater sei. Dann vergaß man den König, bis die Sowjetmacht 1938 die Katharinenkirche zum Abriss verurteilte und den von zwei Überflutungen bereits arg beschädigten Sarg kurzerhand nach Polen zurückschickte. Dort freilich sah man Stanisław als Verräter an; statt in die Königskrypta der Krakauer Wawel-Kathedrale stellte man seinen Sarg daher in die Pfarrkirche seines Geburtsorts Wołczyn und versteckte ihn hinter einer hastig errichteten Mauer, wie sich das für peinliche Familiengeheimnisse gehört. Der Zweite Weltkrieg verschob Polen brutal nach Westen und Wołczyn, das heute Woutschyn heißt, in die Weißrussische Sowjetrepublik. Für vier Jahrzehnte wurde die Kirche mit den geplünderten Särgen nun als Lagerraum für chemische Düngemittel benutzt, bevor 1987 belarussische Historiker retteten, was von Stanisław II. noch zu finden war – Uniformknöpfe, einen Rest des samtenen Königsmantels und Knochenfragmente, die man im Folgejahr erneut nach Polen zurückgab. Sieben Jahre lang stand der nachgebaute Sarg mit diesen Überresten im Warschauer Königsschloss neben einer Hintertreppe, bevor er 1995 in der Johannes-Kathedrale derselben Stadt endlich die letzte Ruhe fand.

Fürst Platon Subow musste das Exil nicht allzu lang ertragen. Im November 1800 gelang es seiner Schwester, den Dreiunddreißigjährigen durch Zar Paul I. begnadigen zu lassen, und so kam er gerade noch rechtzeitig nach Petersburg zurück, um zum nominellen Kopf der gegen Paul gerichteten Verschwörung aufzusteigen. In der Nacht vom 23. auf den 24. März 1801 marschierten putschbereite Gardetruppen nahezu lautlos vor das vom Hof eben erst bezogene Petersburger Michaelsschloss, wo sich Paul hinter tiefen Wassergräben in illusorischer Sicherheit wiegte. Aber längst hasste auch seine Entourage den unberechenbaren Monarchen, und so senkte sich jetzt die Zugbrücke, um die Hälfte der Verschwörer einzulassen. Im Labyrinth der feuchtkalten Gemächer verloren sich allerdings so viele, dass Subow und seine Offiziere fast allein waren, als sie endlich das Schlafzimmer des Zaren fanden. Sie zerrten den vor Angst halb verrückten Herrscher im Nachthemd hinter einer spanischen Wand hervor und ließen dann Subow zitternd und stotternd ein Manifest verlesen, das Paul seine Absetzung verkündete. Statt ihn jedoch wie geplant in die Festung Schlüsselburg zu bringen, begannen die panischen Offiziere den Kaiser anzuschreien, während Subow einfach davonlief. Es wäre ihrer aller Untergang gewesen, hätte nicht der eiskalte Söldner-General Levin von Bennigsen den Zaren mit dem Degen in Schach gehalten, bis Subows Bruder den zweifelhaften Mut fand, seinen gestürzten Herrn mit einer goldenen Tabaksdose niederzuschlagen. Dann stürzte sich ein Dutzend Rasender auf ihn, die den Sohn der großen Katharina schließlich mit seiner eigenen Offiziersschärpe erwürgten. So wurde um zwei Uhr morgens der entsetzte Thronfolger Alexander Pawlowitsch zum Imperator und Selbstherrscher aller Reußen; eine Stunde später sah man ihn in einer Kutsche zum Winterpalast fahren, auf deren Trittbrett statt eines Lakaien Platon Subow stand.

Und doch dauerte es nur drei Monate, bevor der vom Hass der Kaiserinwitwe verfolgte Fürst Platon einmal mehr froh sein konnte, heil aus Petersburg herauszukommen. Nach einer letzten Europareise verbrachte der Ex-Günstling den Rest seines Lebens mit dem Auspressen seiner Leibeigenen, während sich in den Kellern seines kurländischen Schlosses Ruhenthal (heute Rundāle, Lettland) 20 Millionen Rubel in Gold ansammelten. Aber sooft der Fürst auch hinabstieg, um sich an diesem Anblick zu freuen, so sehr quälte ihn zugleich dauernde Todesangst. Er erbleichte beim Klang der Kirchenglocken und zog sich tagelang ins Bett zurück, sobald nur das Wort ‹Tod› fiel. Im Jahr 1821, drei Tage nachdem seine einstige Geliebte Katharina ihren zweiundneunzigsten Geburtstag hätte feiern können, heiratete der bereits wie ein Greis aussehende Dreiundfünfzigjährige eine Achtzehnjährige aus kleinem Adel, die ihm die letzten elf Monate seines Lebens zur Hölle gemacht haben soll. Fürst Platon Alexandrowitsch Subow starb am 19. April 1822.

Frederick Hervey, Earl of Bristol und Bischof von Derry, wurde im März 1799 aus seiner französischen Gefangenschaft entlassen. Der Achtundsechzigjährige nahm sein unstetes Reiseleben wieder auf, verbrachte viel Zeit mit mehr oder weniger platonischen Freundinnen, amüsierte sich über die nationalistische Humorlosigkeit der nachwachsenden Generation und pendelte zwischen Rom, Neapel und Florenz, während er sein Bischofsgehalt für Kunstwerke ausgab. Am 8. Juli 1803 reiste er zu Pferd von Albano nach Rom, als ihn eine Attacke derselben ‹Magengicht› überkam, die schon seinen Vater Lord Hervey getötet hatte. Mitfühlende Bauern brachten den Besinnungslosen zuerst in ihr Haus. Als sie jedoch erfuhren, dass der Mann mit der purpurnen Mitra-Nachtmütze ein Ketzer-Bischof war, schleppten sie ihn aus Furcht vor göttlicher Strafe wieder hinaus, und so beendete denn dieser Erbauer buchstäblich unbezahlbarer Paläste sein Leben in einer elenden Scheune. Sein Leichnam wurde auf dem Seeweg nach England verschickt und dabei für eine antike Statue ausgegeben, um die abergläubischen Seeleute nicht zu beunruhigen. Zum Glück funktionierte das besser als 1798 mit den antiken Vasen von Bristols

Freund Hamilton, von denen alle Kisten bis auf eine einzige untergegangen waren, diese einzige gerettete Kiste aber sich als der diskret mitgeschickte Sarg eines einbalsamierten Admirals herausstellte. Sir William Hamilton konnte sich über die seltsame Parallele mit Bristols letzter Heimreise freilich keine Gedanken mehr machen, weil er bereits am 6. April 1803 gestorben war. Dem alten Versprechen gemäß waren seine walisischen Ländereien an den Neffen Charles Greville gefallen, der sich nur noch wenige Jahre daran erfreuen würde; die reiche Heirat, um deretwillen er seine Geliebte Emma dem Onkel mehr zugeschoben als überlassen hatte, war nie zustande gekommen. Hamiltons noch immer erst siebenunddreißigjähriger Witwe Emma blieb dagegen nur eine kleine jährliche Zahlung, von der Greville fein säuberlich die Einkommensteuer abzog. 1805 verlor die im halbvergessenen Heimatland Gestrandete auch ihren vergötterten Geliebten Lord Nelson. Noch wenige Minuten vor seinem Tod in der Seeschlacht von Trafalgar hatte er einen Testamentsnachtrag diktiert, der mit den Worten «Im Angesicht der vereinigten feindliche Flotte» begann und die britische Nation um Belohnung für Emmas Verdienste im Jahr 1798 bat. Der Nation war die Diplomatenwitwe mit den exaltierten Manieren jedoch suspekt, weil man in diesen zunehmend moralinsauren Zeiten bereits die bloße Existenz ihrer mit Nelson gezeugten Tochter Horatia als Herabsetzung des großen Helden empfand. Lady Hamilton mochten viele Freunde und Reste ihrer einstigen Schönheit bleiben. Indem sie aber darauf bestand, weiterhin im großen Stil einer Freundin von Königen zu leben, ruinierte sich Emma, bis sie schließlich 1814 vor ihren Schuldnern nach Calais flüchten musste. Hier kümmerte nur noch die dreizehnjährige Horatia sich um Lady Hamilton, die einst Unsummen für die standesgemäße Erziehung dieses Kindes ausgegeben hatte und ihm doch seine wahre Herkunft so erfolgreich verschleierte, dass Horatia bis zum Lebensende überzeugt blieb, Lady Hamilton sei nur ihre Adoptivmutter gewesen. Am 15. Januar 1815 starb die von Gelbsucht und Alkoholismus geschwächte Emma Hamilton in einem kleinen Häuschen in Calais, noch keine fünfzig Jahre alt. Nebenan lag ein Garten, der einst einer abenteuerlichen Schwiegertochter Lord Herveys gehört hatte, und dort begrub man sie.

Germaine Necker, Baronin von Staël, und ihr Freund Benjamin Constant waren euphorisch gewesen, als der Staatsstreich vom 9. November 1799 Bonaparte, Sieyès und den alten Freund Talleyrand an die Macht gebracht hatte. Beide sahen zwar die Gefahren, die aus der Hauptrolle des korsischen Generals erwachsen konnten. Aber schon fand sich ja Constant auch im Scheinparlament des neuen Regimes wieder, dem er nutzen wollte, wie man das als Intellektueller eben tut: durch konstruktive Kritik. Am 5. Januar 1800 hielt er seine erste Parlamentsrede, in der er vor einer Militärdiktatur warnte, die doch niemand wollen könne; dann begab er sich zu Madame de Staël, die wie fast jeden Abend alle Größen des neuen Systems in ihr Pariser Stadthaus zum Diner eingeladen hatte. Die erste Absage fiel ihr noch kaum auf. Als aber um fünf Uhr die zehnte kam und selbst der immerhin von ihr zum Außenminister gemachte Talleyrand sich entschuldigen ließ, begriff die Baronin, dass sie und Constant sich mit einer Macht angelegt hatten, die keine Diskussionen mehr hören wollte. Am nächsten Tag erfuhren sie, dass Bonaparte ihresgleichen als Ungeziefer bezeichnete, das er von seiner Kleidung herunterwischen würde, und von da an ging es mit ihren Beziehungen zum neuen Herrscher abwärts. In einem Land, dessen postrevolutionärer Zeitgeist der Ideen müde war und dessen bald zum Kaiser erhobener Herrscher sich Frauen nur als möglichst stumme Mütter vorstellen mochte, würde es für anderthalb Jahrzehnte keinen Platz mehr für diese beiden geben. Sie trösteten sich mit Luxus, Bücherschreiben, dem Schlossleben auf Coppet, Reisen quer durch Europa sowie labyrinthischen Liebesverwicklungen, die zeitweise die halbe intellektuelle und die halbe aristokratische Elite des Kontinents mit einbezogen. Aber da Madame de Staël selbst auf dem Höhepunkt ihrer triumphalen Deutschlandreise schreiben konnte, dass sie «Liebe oder Paris oder Macht» brauche, um wahrhaft glücklich zu sein, war 1814 der Sturz Napoleons nicht nur deswegen eine Erlösung, weil Frankreich unter dem zurückgekehrten Bourbonen Ludwig XVIII. erstmals eine liberale und repräsentative

Verfassung erhielt. Auch sie konnte nun endlich nach Paris zurückkehren, wo sie die verbleibenden drei Jahre ihres zu kurzen Lebens mit ihrer letzten großen Liebe verbrachte – einem zweiundzwanzig Jahre jüngeren Genfer Husarenleutnant namens John Rocca, dessen im Dienst Napoleons erlittene Kriegsverletzung ihn an einer Krücke zu laufen zwang. Wenn Rocca auch unfähig schien, sich anders als in Platituden auszudrücken, machte er die Baronin doch glücklich genug, um von ihr mit dem Ausspruch «Ach, Worte sind nicht seine Sprache» gegen allen Spott verteidigt und zuletzt sogar geheiratet zu werden. So waren zwei ihrer drei Glückskriterien erfüllt, als sie am 14. Juli 1817 starb – auf den Tag genau achtundzwanzig Jahre nachdem das Volk von Paris die Bastille gestürmt hatte, um ihren Vater wieder zum Minister zu machen. Germaines Tochter Albertine aber, die als Siebenjährige auf einem Berliner Kinderball den Kronprinzen von Preußen geohrfeigt und als Neunzehnjährige den Herzog von Broglie geheiratet hatte, erbte nicht nur die Necker'schen Millionen, sondern auch so viel Verstand, dass sie eine der ganz wenigen Gelehrtendynastien des höheren Adels begründete.

Charles-Maurice de Talleyrand-Périgord wäre kein Produkt des Hofs von Versailles gewesen, wenn er es nicht verstanden hätte, auch schiefgelaufene Pläne noch zu seinem Vorteil ausschlagen zu lassen. General Bonaparte mochte sich nicht ganz so gut zur Marionette eignen, wie die Nebelmonats-Verschwörer das angenommen hatten. Als Militärkaiser, der den größeren Teil Europas unterwarf, hatte er jedoch auch seinen Nutzen, und das für niemanden mehr als den alten und neuen Außenminister Talleyrand, der sich nun als Fürst von Napoleons Gnaden, Großkämmerer, «Reichs-Vize-Groß-Kurfürst» und Korruptionsmillionär neu erfinden konnte. Natürlich war es nicht schön, vom cholerischen Monarchen gelegentlich angeschrien oder als «Scheiße in Seidenstrümpfen» beschimpft zu werden, wie man das mit Ludwig XVI. nie erlebt hätte. Aber erstens war man dafür ja Höfling, dass man sich das anhören konnte, ohne mit der Wimper zu zucken. Und zweitens konnte man sich, als es denn schließlich gar nicht mehr ging, immer noch auf Ludwigs Bruder Ludwig XVIII.

besinnen (das ehemalige Königshaus hatte in weiser Voraussicht drei Brüdern denselben Vornamen zugeteilt). Als der am eigenen Eroberer-Größenwahn gescheiterte Napoleon 1814 durch Ludwig XVIII. ersetzt wurde, war daher auch das wieder ein Werk Talleyrands gewesen, der dadurch zum dritten Mal Außenminister wurde und auf dem Wiener Kongress sogleich das diplomatische Meisterstück lieferte, Bourbonen-Frankreich so unbeschädigt aus den Nachwirkungen von dreiundzwanzig Jahren Krieg herauszuziehen, als hätte es mit Napoleon-Frankreich gar nichts zu tun gehabt. Erst nach dem katastrophalen Bonaparte-Comeback des Jahres 1815 und der zweiten Restauration der Bourbonen ging auch mit Talleyrand der Größenwahn durch, sich für so unersetzbar zu halten, dass Ludwig XVIII. ihn schließlich nicht ohne Vergnügen entließ. Diesmal dauerte es fünfzehn Jahre, bis sich bestätigte, was Talleyrand diesem König 1814 bei ihrem ersten Wiedersehen gesagt haben soll: «Etwas Unerklärliches in mir bringt Regierungen Unglück, wenn sie mich vernachlässigen.» 1830 aber gab es noch einmal eine Revolution, bei der sich Talleyrand, La Fayette und Benjamin Constant zur Überraschung aller Beteiligten auf derselben und vor allem siegreichen Seite fanden. Ein letztes Mal glänzte Talleyrand als Diplomat, indem er unter anderem den Staat Belgien begründete, bevor sein hohes Alter ihn ins Privatleben zurückzwang; er teilte es mit einer neununddreißig Jahre jüngeren und in Platon Subows Schloss Ruhenthal aufgewachsenen kurländischen Prinzessin, der einst die Liebesheirat mit Fürst Adam Jerzy Czartoryski ausgeredet worden war, weil Talleyrand sie für seinen Neffen wollte. Damals hatte Talleyrand auch Himmel, Hölle und Vatikan in Bewegung gesetzt, um seine Bischofswürde loswerden und eine reizende englische Spionin heiraten zu können, die inzwischen schon lange tot war. Nun jedoch sah der über Achtzigjährige das Ende kommen. Er eröffnete Verhandlungen über seine Rückkehr in den Schoß der Kirche und empfing so am 17. Mai 1838 die katholischen Sterbesakramente. Auch nach fast fünfzig Jahren als Abtrünniger beherrschte der Fürst das geistliche Zeremoniell noch gut genug, um den Priester zu korrigieren, der ihm das Salböl wie einem Normalsterblichen auftragen wollte – «Vergessen Sie nicht, dass ich ein Bischof bin». Dann starb er. Nachkommen seines unehelichen Sohnes finden sich heute zum Beispiel in der Familie Poniatowski, solche seiner je nach Ansicht Großnichte oder unehelichen Tochter in der Familie Radziwiłł. Talleyrands Memoiren aber gab 1891 ein Enkel seiner alten Feind-Freundin Madame de Staël heraus, und wer sie liest, wird verstehen, warum Talleyrand die Sprache als das bezeichnete, was man zum Verbergen der Gedanken benutzen müsse.

Louis-Philippe d'Orléans, den man einst Herzog von Chartres und General Égalité genannt hatte, war 1799 zu spät aus Amerika abgereist, um noch von der in Frankreich herrschenden Umsturzstimmung profitieren zu können. Aber die Erziehung durch Madame de Genlis hatte ihn gelehrt, sich an seltsame Bedingungen anzupassen, und so können wir dem nun endgültig wieder zum Herzog von Orléans gewordenen Exilanten in den folgenden Jahren dabei zusehen, wie er sich zuerst dem britischen, dann dem spanischen Königshaus erfolglos als nützlicher Ersatzprinz andiente. Schließlich heiratete er 1809 in Palermo Maria Amalie von Sizilien, die 1782 als Tochter des Nasenkönigs Ferdinand und der Marie Caroline von Österreich geboren war und ihn 1814 nach Frankreich begleitete. Der Sturz Napoleons hatte ihm sein Vaterland und das von den Sonnenkönigsbastarden ererbte mütterliche Riesenvermögen zurückgegeben, zugleich aber auch die Hauptlinie der Bourbonen auf den Thron zurückgebracht, die den Orléans ihren revolutionären Verrat nie verzeihen würden. Fünfzehn Jahre lang demütigten sie den Herzog von Orléans und erinnerten die Welt daran, was für ein Jakobiner er als junger Mann gewesen war: Wie hätten sie auch ahnen sollen, welchen Gefallen sie ihm damit letztlich taten? Als 1830 König Karl X. aus der Geschichte zu lernen versuchte und folglich das genaue Gegenteil dessen tat, was seinen Bruder Ludwig XVI. den Kopf gekostet hatte, machte er durch sture Kompromisslosigkeit aus einer harmlosen Protestbewegung einen blutigen Barrikadenkampf, der schließlich die ganze Bourbonenmonarchie hinwegfegte. Das Bild zum Aufstand malte unter dem Titel *Die Freiheit führt das Volk* sogleich der Maler Delacroix, der zwar nicht den Namen, wohl aber den abnorm breiten Unterkiefer seines biologischen Vaters Talleyrand geerbt hatte. Die politische Quadratur des Kreises dagegen, die den revolutionsnostalgischen Teil des Volkes ebenso zufriedenstellen konnte wie die auf Ordnung und Kontinuität abonnierte Gegenseite, die konnte nur jemand bieten, der zugleich Ex-Jakobiner und rechtmäßiger Prinz von Geblüt war. So erfüllte sich denn der Königstraum des Hauses Orléans nach über einem Jahrhundert doch noch, als am 9. August 1830 Louis-Philippe nach dem Modell von 1791 zum ‹König der Franzosen› proklamiert wurde. Gewiss, es war eine seltsame Monarchie, die jetzt den Geist des 19. Jahrhunderts mit dem alten Prinzip zu vereinigen suchte. Einen Hof gab es kaum mehr; im Staatswappen wurden die Lilien des Heiligen Ludwig durch eine in Buchform aufgeklappte Verfassung ersetzt. Versailles ließ Louis-Philippe im Interesse der nationalen Versöhnung zum Museum der Geschichte Frankreichs umbauen, und weil man dabei von den nach Hunderten zählenden Höflingsappartements kein einziges übrig ließ, sieht das Schloss seitdem so aus, als hätten dort stets bloß Könige und Möbel gelebt. Wenn er den Enkeln im Tuilerienpalast von der Reise zu den Indianern erzählte, mochte der in Wahrheit extrem rangbewusste «Bürgerkönig» eine ebenso behagliche Figur abgeben, wie wenn er inmitten der etwas enttäuschten Untertanen spazieren ging und dabei selber den Regenschirm in der Hand hielt. Aber die inneren Widersprüche der beginnenden Moderne zerrissen dieses System genauso wie die vorangehenden, und da erscheint es uns nur folgerichtig, wenn Bürgerkönig und Bürgerkönigin sich 1848 auch auf der Flucht nach England schnöde als Mr. und Mrs. Smith tarnten, statt wie 1830 Karl X. noch auf dem Weg ins Exil alle runden Wirtshaustische zeremonialkonform eckig sägen zu lassen. Am 26. August 1850 starb Louis-Philippe im englischen Schloss Claremont. Er war Frankreichs letzter König.

Anhang

Feudal- und Amtstitel

HERRSCHAFTS-, FEUDAL- UND ADELSTITEL

In [ ] gesetzte Begriffe kennzeichnen die Übersetzung von Begriffen, die im betreffenden Land so nicht vorkommen.

DEUTSCH	FRANZÖSISCH	ENGLISCH
Kaiser, Kaiserin	[empereur, impératrice]	[Emperor, Empress]
König, Königin	roi, reine	King, Queen
Kronprinz, Kronprinzessin *Titel des unvermeidlichen Erben (vgl. S. 644) einer Königs- oder Kaiserkrone.*	[prince(sse) royal(e)] *Der frz. Kronprinz hieß Dauphin.*	[Crown Prince(ss)] *Der brit. Kronprinz heißt Prince of Wales.*
Kurfürst, Kurfürstin	[électeur, électrice]	[Elector, Electress]
Kurprinz, Kurprinzessin	[prince(sse) électoral(e)]	[Electoral Prince(ss)]
[Großherzog, Großherzogin] *1569 für die Toskana geschaffen und bis 1806 nur dort existent.*	[grand duc, grande duchesse] *Die eigentlich falsche Übersetzung von ‹Großfürst› resultiert daraus, dass dieser Titel nur in Russland und Litauen existierte, wo man keinen Unterschied zwischen Fürst und Herzog machte.*	[Grand Duke, Grand Duchess]
[Großfürst, Großfürstin] *Nichtregierende Mitglieder des russ. Herrscherhauses.*		
Prinz, Prinzessin *Für nichtregierende Nachkommen der Könige, Kurfürsten, Herzoge und solcher Fürsten, deren Titel nicht bloß in der Primogenitur vererblich war. Einen einheitlichen Prinzenrang gab es angesichts dieser Bandbreite nicht.*	prince, princesse *Die Angehörigen der Rangkategorien Princes du sang (Pzn. von Geblüt), p. légitimés und p. étrangers hatten diesen Rang unabhängig davon, ob sie auch den Titel bzw. Namen ‹prince de X› führten.*	Prince, Princess *In GB nur für nichtregierende Mitglieder des Königshauses und (außer für den P. of Wales) nur unter Einschluss des Vornamens, dagegen aber ohne Nennung des Landes verwendet.*
Erbprinz, Erbprinzessin *Für den unvermeidlichen Erben eines Herzogs oder reichsständischen Nicht-Primogenitur-Fürsten.*	[prince(sse) héréditaire]	[Hereditary Prince(ss)]
Fürst, Fürstin *Vom spezifischen Titel (Reichs-)Fürst zu unterscheiden ist der generische Begriff Fürst, mit dem man alle Monarchen bezeichnen kann.*	prince, princesse *Für die in Frankreich seltenen Personen, die den Titel prince führten, aber keinen Prinzenrang (s. o.) hatten.*	[Prince, Princess]

DEUTSCH	FRANZÖSISCH	ENGLISCH
Herzog, Herzogin *Im Röm.-Dt. Reich Äquivalent zu Fürst (nur in alten Fürstenhäusern).*	duc, duchesse *Titel der ranghöchsten Untertanen unterhalb der Prinzen. Prinzen trugen jedoch oft auch einen Herzogstitel.*	Duke, Duchess *Titel der ranghöchsten Untertanen unterhalb der Prinzen. Prinzen tragen jedoch oft auch einen Herzogstitel.*
Landgraf, Markgraf (-gräfin) *Im Röm.-Dt. Reich Äquivalent zu Fürst (nur in alten Fürstenhäusern).*	[landgrave, margrave (auch fem.)]	[Landgrav(in)e, Margrav(in)e]
[Marquis, Marquise] Graf, Gräfin *Töchter teilw. auch: Comtesse.* ‹Regierende› *oder reichsständische Gfn. hatten Anteil an einer Reichstagsstimme.*	marquis, marquise comte, comtesse	Marquess, Marchioness Earl, Countess *Nichtbritische Grafen werden als Count übersetzt. Marquess, Earl und Viscount heißen umgangssprachl. oft Lord (Ehefrau Lady).*
[Vicomte, Vicomtesse]	Vicomte, Vicomtesse	Viscount, Viscountess
Freiherr, Freifrau (Töchter: Freiin oder Baronesse) *Ursprüngl. Herr, Herrin. Der Titel Baron, Baronin ist umgangssprachlicher und wurde oft auch Personen ohne regulären F.-Titel gegeben.*	baron, baronne	Baron, Baroness *Umgangssprachlich fast ausschließlich Lord, Lady. Jüngere Söhne von Dukes u. Marquesses heißen* ‹Lord Vorname Nachname›, *Töchter von Dukes, Marquesses u. Earls* ‹Lady V. N.›.
[Ritter] *Im Röm.-Dt. Reich lange nur als generischer Begriff verwendet; die Mitglieder einer* ‹Ritterschaft› *(ständische Korporation) hießen individuell nicht Ritter. Träger der Titels* ‹Ritter [oder Edler] von X› *gehörten zum untitulierten (und sehr neuen) Adel.*	chevalier *Als* ‹chev. de X› *nur für Malteserritter oder Unverheiratete, daher kein weibl. Äquivalent. Davon zu unterscheiden die hinter den Familiennamen gestellten Adelsqualifikationen chevalier bzw. écuyer (engl.: Knight, Esquire).*	Knight (erblich: Baronet), Dame *Immer unter Einschluss des Vornamens (für Männer als* ‹Sir›, *während Kt. oder Bart. hinter dem Nachnamen steht). Ehefrauen heißen umgangssprachlich* ‹Lady [Nachname]›.
Untitulierter Adel (i. d. R. ‹von›)	Untitulierter Adel (i. d. R. ‹de›)	Gentry (vgl. S. 597)

Die Titelsysteme des restlichen Europa entsprechen jeweils einem der hier vorgestellten. Die Titel Italiens, Spaniens, Portugals und des französischsprachigen Belgien folgen dem französischen System und sind sprachlich nahezu identisch. Lediglich der untitulierte Adel der ersten drei dieser Länder unterschied sich vom französischen Modell, weil er nicht am ‹de›, sondern am immer mit dem Vornamen geführten Präfix ‹Don› (portugies. ‹Dom›) zu erkennen war; allerdings wurde sowohl das ‹de› als auch der ‹Don› häufig von Nichtadeligen benutzt. Die Niederlande, Dänemark, Schweden und Finnland verwenden Titel, die den deutschen Titeln entsprechen und ihnen ebenfalls sehr ähnlich sehen; im Land selbst existieren dort jedoch unterhalb des Herrscherhauses jeweils fast ausschließlich die Titel Graf und Freiherr / Baron, in den Niederlanden zudem als unterster Adelsgrad noch Jonkheer bzw. Jonkvrouwe. Böhmischer, polnischer, ungarischer, kroatischer und russischer Adel führte ebenfalls nur die Titel Fürst, Graf oder (außer in Polen) Baron, wobei der Grafentitel überall dem Deutschen (z. B. russ. Graf, ungar. gróf, poln. hrabia) und der Baronstitel überall dem Lateinischen bzw. Französischen entlehnt wurde (z. B. russ. Baron, ungar. báro). Für das französische System der Titel vgl. S. 434–436, für das italienische und iberische sowie das des höheren deutschen Adels S. 436, für das alternative System der Amtstitel in Polen S. 437, 741 sowie für das des untitulierten deutschen Adels S. 437 f. Französische Adelige benutzten nur die Amtstitel Feldmarschall und (Gerichts-) Präsident als Namen (‹Maréchal de X› oder ‹Maréchal Duc de X›, ‹Président de Y›), die wie alle Amtstitel auch in der weiblichen Form auf die Ehefrauen der Amtsinhaber angewendet wurden. Malteserritter konnten, falls sie die höheren Grade dieses Ordens erlangten, auch ‹Commandeur de X› (dt. Äquivalent: Komtur) oder ‹Bailli de X› (dt. Äquivalent: Landkomtur) heißen, wobei X immer ihr Familientitel war. Ebenso bezeichnete der Name ‹Abbé de X› nicht etwa den Abt der Abtei X, sondern den weltgeistlichen (also gerade keinem Mönchsorden angehörenden) Sohn der Adelsfamilie X. Einen klar fixierten Rang verliehen die oben aufgeführten Titel lediglich in Großbritannien; in Frankreich hatten nur die Prinzen (nicht die bloßen Träger des Namens ‹Prince›), Herzöge und (unabhängig von ihrem Titel) Granden von Spanien einen Rang, im Römisch-Deutschen Reich nur die Titelträger vom regierenden Grafen aufwärts, in Spanien und Portugal nur die (wiederum nicht am Titel erkennbaren) Granden; alle übrigen Titel waren lediglich Namensbestandteile.

Neben dem System der als Namen benutzten Feudaltitel existierte ebenfalls europaweit noch ein System der sog. Prädikate, das in Epitheta und Abstracta zerfiel. Epitheta waren Adjektive, die in der (v. a. brieflichen) Anrede zusammen mit dem Titel gebraucht wurden (so etwa auf Deutsch ‹Allerdurchlauchtigster, allergroßmächtigster König, allergnädigster König und Herr› oder ‹Hochgeborener Graf›). Abstracta wurden benutzt, um schriftlich oder gesprochen die dritte Person zu ersetzen; man sagte also statt ‹Sie› oder gar ‹Du› je nach Rang z. B. ‹Euer Majestät›, ‹Euer Durchlaucht› oder ‹Euer Gnaden›. Die deutsche Skala der Abstracta war die mit Abstand ausdifferenzierteste. Soweit man die einzelnen Abstracta überhaupt in eine Hierarchie einordnen kann, verlief sie im 18. Jahrhundert in absteigender Reihenfolge ungefähr folgendermaßen: [Kaiserl., Königl.] Majestät – Königl. Würden [nur noch vom Kaiser an unwichtige Könige] – [Kaiserl., Königl.] Hoheit – Eminenz – [Kurfürstl., Hochfürstl.] Durchlaucht – Liebden [nur von oben nach unten oder zwischen Ranggleichen] – [Kur- bzw. Hoch-]Fürstl. Gnaden – Erlaucht – Hochgräfl. Gnaden – Hochgeboren – Exzellenz [nur für Amtsträger, aber ggf. mit Zusätzen wie ‹Hochgräfliche›] – [Hochfreiherrl.] Gnaden – Hochwohlgeboren – Hochwürden [für Geistliche, aber auch Ritter höfischer Orden] – Wohlgeboren – Hochedel Gestrenge – Magnifizenz – Herrlichkeit – Wohlwürden – Hochedelgeboren. Sowohl Epitheta als auch Abstracta wurden im Übrigen nicht absolut, sondern relational vergeben; ihre Vergabe hing also nicht nur davon ab, welchen Rang der Empfänger hatte, sondern auch von dem des Schreibenden oder Sprechenden. Außerhalb Deutschlands findet man diese Systeme in unterschiedlich starkem Ausmaß wieder; im Französischen waren sie bereits stark reduziert und betrafen nur noch die obersten Rangklassen, für die man die folgende Skala verwendete: Majesté – Altesse Royale – Altesse Sérénissime bzw. (für Kurfürsten) Altesse Électorale oder Sérénité Électorale – Éminence – Altesse – Excellence – Grandeur (für Minister und Bischöfe). (Die einfache ‹Altesse› entsprach damals noch der deutschen ‹Fürstlichen Gnaden›, da die einfache ‹Hoheit› im Deutschen bis 1844 inexistent war bzw. als Synonym für die ‹Königliche Hoheit› verwendet wurde.) Noch reduzierter war das britische System, in dem es unterhalb der Majestät und der Hoheiten lediglich noch Your Excellency (nur für außerhalb des Landes befindliche Botschafter oder Gouverneure), Your Grace (für Herzoge und Bischöfe), Your Lordship und Your Worship gab.

WICHTIGSTE MÄNNLICHE HOFÄMTER

Die absteigende Reihenfolge ist nur tentativ, da der Rang von Hof zu Hof variierte und in Frankreich gar nicht fixiert war.

DEUTSCH	FRANZÖSISCH	ENGLISCH
[Großkämmerer] *Nur als Übersetzung ausländischer Ämter.*	grand chambellan *Funktionen zugunsten der Folgenden reduziert.*	Lord Great Chamberlain *Nur noch Erbamt für Staatszeremonien.*
Oberkammerherr, Oberkämmerer *Erst im 19. Jh. wurden über den Ämtern mit Präfix ‹Ober› noch Ämter mit dem Präfix ‹Oberst› eingerichtet.*	premier gentilhomme de la chambre *Vier gleichzeitige Inhaber, die jeweils ein Jahr lang Dienst hatten.*	Lord Chamberlain *bzw. (als ‹moderneres› Konkurrenzamt für das Innerste des Hofes)* Groom of the Stole
Oberhofmeister *[im Haushalt des Herrschers]*	grand maître de la maison *In Frankreich nur noch Chef der königlichen Küchen. Unter ihm: premier maître d'hôtel.*	Lord Steward of the Household *Chef des ‹Household beneath stairs›, d. h. der Küchen etc.; der Lord Chamberlain amtierte ‹above stairs›, d. h. in den prestigiöseren Innengemächern.*
Oberhofmarschall *Preußen: Ober-Marschall. Darunter i. d. R. noch ein bloßer Hofmarschall.*	inexistent *[Übers. für deutsches Amt: (grand) maréchal de la cour]*	
Großmeister der Garde-Robe *[Ober-Gewandkämmerer]*	grand maître de la garde-robe *Untergebene: maîtres de la g.-r.*	Master of the Robes *Der Grand Master of the Wardrobe war nur für Umzüge des Hofs zuständig.*
Oberstallmeister *Direkter Untergebener: Erster Stallmeister.*	grand écuyer *Ursprünglich unabhängig Untergebener, jedoch inzwischen: premier écuyer (so auch in Nebenhaushalten).*	Master of the Horse *Direkter Untergebener: Gentleman of the Horse.*
Oberjägermeister	grand veneur	Master of the Buckhounds
Oberst (Hauptmann) der Leibgarde *Starke Variationen zwischen den dt. Höfen; Leibgardisten hießen oft Trabanten oder Hartschiere.*	capitaine des gardes du corps *Vier gleichzeitige Inhaber, die jeweils ein Quartal lang Dienst hatten. Daneben: colonel des gardes françaises bzw. suisses [Garde zu Fuß]*	Colonel of the *[English, Scots bzw. Kavallerie: Life oder Horse]* Guards *Die Leibgarden wurden im 18. Jh. mehrfach umbenannt und reorganisiert.*

DEUTSCH	FRANZÖSISCH	ENGLISCH
[Groß-Almosenier]	grand aumônier	Lord High Almoner
Oberhofmeister *[Chef eines Nebenhaushalts, z. B. der Königin]*	chevalier d'honneur *[bei Königin oder Prinzessinnen]* bzw. premier gentilhomme de la chambre *[bei Prinzen]*. *Übersetzung des dt. Titels: grand maître.*	Lord Chamberlain *[bei der Königin]*, Groom of the Stole *[beim P. of Wales]* oder Vice Chamberlain *[bei Princess of Wales; sonst inexistent]*
Oberhofmeister *[Prinzenerzieher] In Wien: Ajo. Untergebene: Unterhofmeister.*	gouverneur *Untergebene: sous-gouverneurs.*	Governor *Untergebene: Sub-Governors.*
Schlosshauptmann	gouverneur *[du château de X]*	Governor, Keeper
Kammerherr *Dieses und die unten folgenden Ämter existierten anders als die obigen nicht nur einmal, sondern wurden an eine oft sehr große Zahl von Personen vergeben.*	menin *[beim Dauphin]* bzw. chambellan *[in subalternen Prinzenhaushalten u. als Übers. für deutsches Amt; ansonsten inexistent]*	Gentleman *[bzw. Lord]* of the Bedchamber *Der umgangssprachl. Name Lord of the B. resultiert daher, dass das Amt i. d. R. nur an Personen verliehen wurde, die mindestens Lords waren.*
Kammerjunker	inexistent *[Übersetzg. d. dt. Amts: gentilhomme de la chambre]*	Groom of the Bedchamber
[Erster] Kammerdiener *Der 1. K. in Preußen: Geheimer Kämmerier.*	[premier] valet de chambre *Das Amt des Premier v. de c. wurde von vier gleichzeitigen Inhabern abwechselnd ausgeübt.*	inexistent *[Funktionen verteilten sich auf mehrere subalterne Ämter]*

Mit Ausnahme nur des Kammerdiener-Amts wurden alle hier aufgeführten Ämter ausschließlich an Adelige vergeben.

WICHTIGSTE WEIBLICHE HOFÄMTER

DEUTSCH	FRANZÖSISCH	ENGLISCH
[Oberste Hofmeisterin] *Nur als Übersetzung des frz. Amts.*	surintendante de la maison	inexistent
Oberhofmeisterin *[als Chefin eines weiblichen Hofstaats]*	dame d'honneur *[bzw. in Übersetzung des dt. Titels: grande maîtresse]*	Mistress of the Robes *[bei Königin u. ggf. Princess of Wales, sonst inexistent]*
Oberhofmeisterin *[als Prinzen- bzw. Prinzessinnenerzieherin] In Wien: Aja.*	gouvernante *[bei den Königskindern: des enfants de France]* Untergebene: sous-gouvernantes.	Governess *Untergebene: Sub-Governesses.*
[Unter- oder Garderobe-Hofmeisterin] *Nur als Übersetzung des frz. Amts.*	dame d'atours	inexistent
[Hof- und Staatsdamen, Palastdamen] *Ämter für verheiratete Hofdamen wurden an dt. Höfen erst im 19. Jh. eingeführt, vorher nur als Übersetzung auswärtiger Ämter.*	dames du palais (seit 1664) *Zwölf Chargen bei der Königin oder sonstigen Ersten Dame. Umgangssprachlich oft irrig dames d'honneur genannt.*	Ladies of the Bedchamber *Bei der Königin oder Princess of Wales. Die Amtsinhaberinnen mussten Ehefrauen von Peers sein.*
Kammerfräulein, Hoffräulein, Hofdamen *Immer zahlreiche gleichzeitige Inhaberinnen, die unverheiratet waren und das Amt bei Heirat aufgaben. Anders als die außerdt. Äquivalente stammten diese Fräulein aus dem besten höfischen Adel.*	filles d'honneur *Immer zahlreiche gleichzeitige Inhaberinnen, die unverheiratet waren und das Amt bei Heirat aufgaben. 1674 und endgültig 1702 abgeschafft, weil sie zu viel Unordnung verursachten (vgl. S. 48 f.)*	Maids of Honour *Immer zahlreiche gleichzeitige Inhaberinnen, die unverheiratet waren und das Amt bei Heirat aufgaben (vgl. S. 636 f.)*
Kammerfrauen *Immer bürgerliche Inhaberinnen.*	femmes de chambre *Bürgerliche oder ganz neu geadelte Inhaberinnen.*	Women of the Bedchamber *Nach formalen britischen Maßstäben (vgl. S. 597) nichtadelige, aber immer aus de facto adeligen Familien stammende Inhaberinnen.*

OFFIZIERS-DIENSTGRADE DES ANCIEN RÉGIME

ÖSTERREICH	PREUSSEN	FRANKREICH	GROSSBRITANNIEN
Generalissimus inexistent		maréchal général des camps et armées	Captain General
(General-)Feldmarschall		maréchal de France	Field Marshal (seit 1736)
General der Kavallerie bzw. (bei der Infanterie) (General-)Feldzeugmeister	General der Kavallerie bzw. Infanterie	inexistent [Der Titel ‹colonel général› bezeichnete nur ein Amt als Chef einer Waffengattung]	General
Feldmarschall-Leutnant	Generalleutnant	lieutenant général des armées (Marine: des armées navales)	Lieutenant General
General(feld)wachtmeister, ab 1700 zunehmend: Generalmajor		maréchal de camp	Major General
Brigadier (im frühen 18. Jh. abgeschafft)		brigadier (de cavalerie bzw. d'infanterie)	Brigadier General, später: Brigadier
Oberst (Obrist)		colonel bzw. (wenn es einen col. général der Waffengattung gab) mestre de camp bzw. (in Regimentern, die nominell einer königlichen Person gehörten) colonel-lieutenant	Colonel
Oberstleutnant (Obristlieutenant)		lieutenant-colonel	Lieutenant Colonel
Oberstwachtmeister, ab 1700 zunehmend: Major		[major]	Major
Hauptmann (Kav.: Rittmeister)	Kapitän (Kav.: Rittmeister)	capitaine	Captain
Premierleutnant		lieutenant	First Lieutenant
Secondeleutnant		sous-lieutenant	Second Lieutenant
Fähnrich (Fahnenjunker, Kavallerie: Kornett)		enseigne (Kav.: cornette bzw. in der Gendarmerie: guidon)	Ensign (Kav.: Cornet)

Nachweis der Quellen und Literatur

Es würde den Rahmen dieses Buches sprengen, sämtliche im Text angeführten Fakten, Daten, Zitate oder Analysen einzeln zu belegen und jeden Widerspruch in Überlieferung oder Analyse zu erörtern. Um dennoch eine möglichst große Nachprüfbarkeit aller Angaben zu ermöglichen, werden für jedes Kapitel diejenigen Quellenwerke und diejenige wissenschaftliche Literatur angeführt, auf denen es hauptsächlich beruht.

Die folgenden allgemeineren biographischen oder genealogischen Nachschlagewerke sind regelmäßig verwendet worden und daher nicht gesondert aufgeführt: Schwennicke, Europäische Stammtafeln; Allgemeine deutsche Biographie; Neue deutsche Biographie; Genealogisches Handbuch des Adels; Gothaische genealogische Taschenbücher; Genealogisches Reichs- und Staatshandbuch; Europäisches genealogisches Jahrbuch; Dictionnaire de biographie française; Anselme, Histoire généalogique et chronologique de la maison royale et des grands officiers de la couronne; La Chesnaye-Desbois, Dictionnaire de la noblesse; Oxford Dictionary of National biography; Cokayne et al., The Complete Peerage; Burke's peerage; Polski słownik biograficzny; Żychliński, Złota księga szlachty polskiéj; Русский биографический словарь; Nieuw Nederlandsch biografisch woordenboek; Nederlands adelsboek. Ein Gleiches gilt für das Handbuch der Geschichte der Internationalen Beziehungen (d. h. die relevanten Bände von H. Schilling, K. Malettke, H. Duchhardt und M. Erbe), das Repertorium der diplomatischen Vertreter und eine große Zahl von Landkarten und Stadtplänen.

Alle allgemeinen historischen Darstellungen werden in den folgenden Nachweisen nur dann aufgeführt, wenn sie Phänomene betreffen, die im Text mehr als beiläufig diskutiert werden. Wird ein Werk der wissenschaftlichen Literatur nur wegen der darin enthaltenen Quellentexte zitiert, ist es in die Quellenrubrik eingeordnet worden. Bei Werken, die nur für verhältnismäßig wenige kurze Passagen zitiert werden, werden diese in Klammern genauer angegeben; ebenso wird in Klammern gelegentlich auf Inhalte verwiesen, die besonders wichtig sind oder die der Titel des Werks nicht ausreichend klar ankündigt.

Kapitel 1

Q: Mémoires du prince de Tarente d'après le manuscrit, hg. Tulot 2010 (nur online). – Mémoires de Henri-Charles de La Trémoïlle, prince de Tarente, hg. Griffet 1767. – Briefwisseling van Constantin Huygens, hg. Worp 1911–1917 (v. a. III, S. 319–331 über das Duell). – Die Briefe der Kinder des Winterkönigs, hg. Hauch, Neue Heidelberger Jahrbücher 15 (1908). – Les mémoires du Burgrave et Comte Frédéric de Dohna, hg. Borkowski 1898. – Rauchbar, Leben und Thaten des Fürsten Georg Friedrich von Waldeck, hg. Curtze u. Hahn 1867–72. – Urkunden und Actenstücke zur Geschichte des Kurfürsten Friedrich Wilhelm von Brandenburg, diverse Hgg. 1864–1930. – Correspondance d'Henri de La Trémoïlle, duc de Thouars, hg. Tulot 2007–09 (nur online). – Correspondance de Marie de La Tour d'Auvergne, duchesse de La Trémoïlle, hg. Tulot 2007–09 (nur online). – Chartrier de Thouars, hg. La Trémoïlle 1877. – Journaal van Constantin Huygens, den zoon, 1876–1881 (III, S. 116 f.). – Kalicki, Bogusław Radziwiłł, koniuszy litewski 1878 (S. 163). – Gazette de France. – Theatrum Europaeum 1643–1738 (IV, S. 807 f.).

L: Asch, Europäischer Adel in der Frühen Neuzeit. Eine Einführung 2008. – Scott (Hg.), The European Nobilities in the Seventeenth and Eighteenth Centuries 1995. – Dewald, Aristocratic Experience and the Origins of Modern Culture: France 1570–1715, 1993. – Łukowski, The European Nobility in the Eighteenth Century, 2003. – Oresko, Gibbs u. Scott (Hgg.), Royal and Republican Sovereignty in Early Modern Europe 1997. – Ertman, Birth of the Leviathan: Building States and Regimes in Medieval and Early Modern Europe 1997. – Reinhard, Geschichte der Staatsgewalt 2000. – Wrede, Ohne Furcht und Tadel 2012. – Horowski, Konversion und dynastische Strategie, in: Lotz-Heumann, Pohlig u. Missfelder (Hgg.), Konversion und Konfession 2007. – Ders., Subjects into sovereigns, in: Pohlig u. Schaich (Hgg.), The War of the Spanish Succession 2017. – Opgenoorth, Friedrich Wilhelm: Der große Kurfürst von Brandenburg 1971–78. – Erdmannsdörffer, Luise Henriette v. Oranien u. der Prinz von Tarent, Zeitschrift für preußische Geschichte u. Landeskunde 15 (1878) S. 242–71. – La Trémoïlle, Les La Trémoïlle pendant cinq siècles 1890–96. – Poncet, Des chartes pour un royaume. Les prétentions de la famille de La Trémoïlle sur le royaume de Naples, Annuaire-bulletin de la société de l'Histoire de France 2007 S. 145–72. – Haag, La France protestante 1846–59. – Jörg Jacoby, Bogusław Radziwill 1959. – Frost, After the Deluge: poland-Lithuania and the Second Northern War 1655–1660, 1993. – Marshall, The Winter Queen 1998. – Godfrey, A Sister of Prince Rupert. Elizabeth Princess Palatine 1909.

Kapitel 2

Q: Archives de la Bastille, hg. Ravaisson 1866–1904. – Mémoires de Mlle de Montpensier [d. h. Mademoiselle], hg. Chéruel 1858–59. – Mémoires de Mme de Motteville, hg. Riaux 1855. – Journal d'Olivier Lefèvre d'Ormesson, hg. Chéruel 1860–61. – Lettres, instructions et mémoires de Colbert, hg. Clément 1863–73. – Mémoires de Roger de Rabutin comte de Bussy, hg. Lalanne 1857. – Mémoires d'Hortense et de Marie Mancini, hg. Doscot 1987. – Condé u. Enghien, Lettres inédites à Marie-Louise de Gonzague, hg. Magne 1920. – Bussy-Rabutin, Lettres, hg. Lalanne 1857–58. – Saint-Maurice, Lettres sur la cour de Louis XIV, hg. Lemoine 1911–12. – Mme de Sévigné, Lettres, hg. Gérard-Gailly

1953–63. – Cosnac, Mémoires, hg. Cosnac 1852. – Mémoires de l'abbé de Choisy, hg. Lescure 1888. – Briefe der Elisabeth Charlotte von Orléans, hg. Holland 1867–81. – Aus den Briefen der Herzogin Elisabeth Charlotte von Orléans an die Kurfürstin Sophie von Hannover, hg. Bodemann 1891. – Briefe der Herzogin Elisabeth Charlotte von Orléans an ... A. K. v. Harling, hg. Bodemann 1895. – Elisabeth Charlottens Briefe an Karoline von Wales, hg. Helmolt 1909. – Madame Palatine, Lettres françaises, hg. Van der Cruysse 1989. – Spanheim, Relation de la Cour de France, hg. Bourgeois 1900. – Saint-Simon, Mémoires, hg. Boislisle 1879–1930. – Gazette de France.

L: Duindam, Myths of Power. Norbert Elias and the Early Modern Court 1994. – Ders., Vienna and Versailles. The Courts of Europe's Dynastic Rivals 2003. – Hinrichs, Fürsten und Mächte: zum Problem des europäischen Absolutismus 2000. – Schilling (Hg.), Absolutismus, ein unersetzliches Forschungskonzept? Eine deutsch-französische Bilanz 2008. – Horowski, Das Erbe des Favoriten, in: Hirschbiegel u. Paravicini (Hg.), Der Fall des Günstlings 2004. – Ders., Die Belagerung des Thrones 2012. – Campbell, Power and Politics in Old Regime France 1720–1745, 1996. – Petitfils, Madame de Montespan 1988. – Ders., Louis XIV 1995. – Ders., Fouquet 1995. – Ders., Lauzun 2008. – Lair, Louise de La Vallière et la jeunesse de Louis XIV 1882. – Lacour-Gayet, Le château de Saint-Germain-en-Laye 1935. – Lewis, Assault on Olympus. The rise of the house of Gramont 1958. – Jaurgain u. Ritter, La maison de Gramont 1968. – Saige, Monaco, ses origines et son histoire 1897. – Israel, The Dutch Republic 1995. – Communay, Audijos. La gabelle en Gascogne 1893. – McCullough, Coercion, conversion and counterinsurgency 2007. – Williams, Five fair sisters 1906. – Dussieux, Généalogie de la maison de Bourbon 1872.

In Abweichung von den sonst hier angewandten Namensprinzipien heißt Lauzun hier das ganze Kapitel über Lauzun, obwohl er den Titel Comte de Lauzun erst 1668 annahm; bis dahin führte er den Namen Marquis de Puyguilhem (gesprochen und meistens auch geschrieben: Péguilain), den wir in unserem Text überall durch Lauzun ersetzt haben, weil er sehr unhandlich ist und sein Träger uns noch so oft als Lauzun begegnen wird.

Kapitel 3

Q: Aus den Denkwürdigkeiten zweier brandenburgischer Staatsmänner, hg. Breysig, Forschungen zur brandenburgischen u. preußischen Geschichte 4 (1891) S. 177–212 (dort N. B. Danckelmanns Reiseerinnerungen). – Stoffel, Remerciement fait en forme d'harangue à l'enterrement de ... Raban-Henry d'Uffel 1674. – Les mémoires du Burgrave et Comte Frédéric de Dohna, hg. Borkowski 1898. – Das Tagebuch Dietrich-Sigismund von Buchs, hg. Hirsch 1904–05. – Gerlach, Richtiger Wegzeiger ... bey frühzeitigem ... Todesfall des ... Georg Gottfried von Uffeln 1659. – Stoffel, Fürstlicher Jugend-Spiegel 1671. – Seifert, Genealogie Hoch-Adelicher Eltern und Kinder 1716 (S. 209 f.). – Zedler, Universal-Lexicon 1732–50 (IX, S. 572 f., 2070 f.). – Lünig, Das Teutsche Reichs-Archiv 1710–22 (Pars Generalis, S. 661–63).

L: Babel u. Paravicini (Hgg.), Grand Tour. Adeliges Reisen und europäische Kultur vom 14. bis zum 18. Jahrhundert 2005. – Leibetseder, Die Kavalierstour. Adlige Erziehungsreisen im 17. und 18. Jahrhundert 2004. – Martignier u. Crousaz, Dictionnaire historique, géographique et statistique du canton de Vaud 1867. – Gautier, Histoire de Genève des origines à l'année 1690, 1896–1914. – Picot, Histoire de Genève 1811 (III, S. 44–47). – Piépape, Histoire de la réunion de la Franche-Comté à la France 1881. – Dohna, Aufzeichnungen über die Vergangenheit der Familie Dohna 1877–85. – Danckelmann, Stammtafel der ... Familie von Danckelmann 1912. – Warnecke, Die Familie Danckelmann, in: Ehbrecht (Hg.), Lingen 975–1975, 1975 S. 115–144. – Kaiser, Der unhöfische Favorit. Eberhard von Danckelmann (1643–1722), in: Kaiser u. Pečar (Hgg.), Der zweite Mann im Staat 2003 S. 271–94. – Breysig, Der Prozess gegen Eberhard Danckelman 1889. – Gringmuth, Die Behördenorganisation im Herzogtum Magdeburg 1934. – Braubach, Geschichte und Abenteuer. Gestalten um den Prinzen Eugen 1950 (S. 267). – Seraphim (E. u. A.), Aus Kurlands herzoglicher Zeit 1892. – Dies., Aus der kurländischen Vergangenheit 1893. – Seraphim (A.), Eine Schwester des Großen Kurfürsten. Luise Charlotte Markgräfin von Brandenburg, Herzogin von Kurland 1901. (Heutige Nachschlagewerke belegen die Herzöge und Prinzen von Kurland oft mit dem von ihnen nie benutzten Familiennamen Kett(e)ler.) – Roth, Restlose Auswertungen von Leichenpredigten 1959–80 (darin R 2398 f. Leichenpredigten Stoffel, R 2286 Leichenpredigt Uffeln). – Posselt, Der General und Admiral Franz Lefort 1866. – Galiffe, Notices généalogiques sur les familles génévoises 1892–1908. – Friesen, Geschichte der reichsfreiherrlichen Familie v. Friesen 1899. – Wiegand, Die Herren von Uffeln 1997. – Stollberg-Rilinger, Des Kaisers alte Kleider 2008 (S. 273, 372). – Onder den Oranje Boom. Niederländische Kunst u. Kultur im 17. u. 18. Jahrhundert an deutschen Fürstenhöfen 1999 (Katalogband S. 226 f.).

Kapitel 4

Q: Archives de la Bastille, hg. Ravaisson 1866–1904. – Mémoires de Mlle de Montpensier [d. h. Mademoiselle], hg. Chéruel 1858–59. – Mme de Sévigné, Lettres, hg. Gérard-Gailly 1953–63. – Mémoires de l'abbé de Choisy, hg. Lescure 1888. – Mémoires du prince de Tarente d'après le manuscrit, hg. Tulot 2010 (nur online). – Mémoires de Henri-Charles de La Trémoïlle, prince de Tarente, hg. Griffet 1767. – Spanheim, Relation de la Cour de France, hg. Bourgeois 1900. – Saint-Simon, Mémoires, hg. Boislisle 1879–1930. – Plan de la ville et citadelle de Pignerol, s. d., Bibliothèque nationale de France GE-BB 246. (Der beste Detailplan des Donjon von Pignerol findet sich online bei Getty Images mit dem irreführenden Titel «blueprint-of-the-dungeon-of-the-pignerol-fortress» und leider ohne Angabe des Buches, aus dem er stammt.)

L: Petitfils, Madame de Montespan 1988. – Ders., Fouquet 1995. – Ders., Le masque de fer 2004 (nicht zu verwechseln mit seinem früheren Buch L'homme au masque de fer 1970!). – Ders., Lauzun 2008. – Lair, Nicolas Foucquet 1890. – La Force, un courtisan du grand roi 1914. – Sconfienza, Fortezze e piazzeforte quadrilatere in Piemonte. Modelli ed esempi tra XVI e XVII secolo, in: Amoretti u. Pettiti (Hgg.), La Scala di Pietro Micca. Atti del Congresso Internazionale 1998 S. 409–440. – Horowski, Konversion und dynastische Strategie, in: Lotz-Heumann, Pohlig u. Missfelder (Hgg.), Konversion und Konfession 2007 S. 171–211.

Kapitel 5

Q: La rejouissance des dieux. Ballet ... dansé devant Sa Serenité Electorale, au subjet du mariage ... à Berlin le 5me novembre 1684. – Der Götter Freuden-Fest: Balet, so Ihre Churfürstliche Durchläuchtigkeit von Brandenburg ... in Berlin den 6. Novemb. 1684. tantzen lassen. – Böckmann, Der unruhige Mars, in einem Lust-Feuerwerck vorgebildet 1684. – Ursinus, Eine Fürstliche Ehe aus den Worten des I. Buchs Mosis am XXIV. v. 60 Mach's in tausendmahl tausende, und dein Saame besitze die Thore deiner Feinde! bey Hochfürstlicher Ehlicher Vermählung 1684. – Hollandse Mercurius 1684 (S. 254 f.). – Memoiren der Herzogin Sophie nachmals Kurfürstin von Hannover, hg. Kröcher 1879. – Aus den Briefen der Herzogin Elisabeth Charlotte von Orléans an die Kurfürstin Sophie von Hannover, hg. Bodemann 1891. – Briefe der Königin Sophie Charlotte von Preußen und der Kurfürstin Sophie von Hannover an hannoversche Diplomaten, hg. Doebner 1905. – Briefe der Kurfürstin Sophie von Hannover an die Raugräfinnen und Raugrafen zu Pfalz, hg. Bodemann 1888. – Briefwechsel der Kurfürstin Sophie von Hannover mit dem Preußischen Königshause, hg. Schnath 1927. – Correspondenz der Herzogin Sophie von Braunschweig mit dem Geheimen Rath Bodo von Oberg, hg. Löhneysen, Zeitschrift des Historischen Vereins für Niedersachsen 35 (1869) S. 324–47. – Urkunden und Actenstücke zur Geschichte des Kurfürsten Friedrich Wilhelm von Brandenburg, diverse Hgg. 1864–1930. – Die politischen Testamente der Hohenzollern, hg. Dietrich 1986 (S. 222). – Memoiren des Freiherrn Dubislav Gneomar von Natzmer, hg. Ballestrem 1881. – Meister Johann Dietz des Großen Kurfürsten Feldscher. Mein Lebenslauf, hg. v. Kemp 1966. – Dohna, Mémoires originaux sur le regne et la cour de Frédéric I., Berlin 1833. – Schmettau, Der Brandenburgische Joseph ... Predigt über den schnellen doch seeligen Hintritt des ... Joachim Ernst von Grumbkow 1691. – Berliner geschriebene Zeitungen aus den Jahren 1713 bis 1717 und 1735, hg. Friedlaender 1902 (S. 2). – Gazette de France. – Mercure galant.

L: Varnhagen, Leben der Königin von Preußen Sophie Charlotte 1837 S. 27. – Schöning, Des General-Feldmarschalls Hans Adam von Schöning auf Tamsel Leben und Kriegsthaten 1837. – Ders., Des General-Feldmarschalls Dubislav Gneomar v. Natzmer auf Gannewitz Leben und Kriegesthaten 1838. – Dohna, Aufzeichnungen über die Vergangenheit der Familie Dohna 1877–85. – Prutz, Aus des Großen Kurfürsten letzten Jahren 1897. – Knoop, Kurfürstin Sophie von Hannover 1964. – Opgenoorth, Friedrich Wilhelm: Der große Kurfürst von Brandenburg 1971–78. – Van der Cruysse, Madame sein ist ein ellendes Handwerck. Liselotte von der Pfalz 1990. – Senn, Sophie Charlotte von Preußen 2000. – Sophie Charlotte und ihr Schloß. Katalogbuch zur Ausstellung 1999. – Preußen 1701. Eine europäische Geschichte 2001 (Essayband u. Katalogband). – Bahl, Der Hof des Großen Kurfürsten 2001. – Geyer, Geschichte des Schlosses zu Berlin 1443–1918, 2010. – Jany, Geschichte der preußischen Armee vom 15. Jahrhundert bis 1914, 1928–33. – Priesdorff, Soldatisches Führertum 1937–42 (Biographien aller bbg.-preuß. Generäle). – Mülverstedt, Die brandenburgische Kriegsmacht unter dem Großen Kurfürsten 1888. – Haake, Generalfeldmarschall Hans Adam von Schöning, in: Studien und Versuche zur neueren Geschichte. Max Lenz gewidmet 1910 S. 89–206. – Seraphim (E. u. A.), Aus Kurlands herzoglicher Zeit 1892. – Rauch, Der königlich preußische Obermarstall, Mitteilungen d. Vereins für die Geschichte Berlins 25 (1908) S. 34–42, 58–64. – Schultze, Der Spandauer «Knüttelkrieg», Jahrbuch für brandenburgische Landesgeschichte 18. 1967 (S. 103 f.) –

Vogel, Die Quellen zum «Spandauer Knüttelkrieg», ebenda (S. 105–16). – Hein, Otto von Schwerin 1929 (S. 262). – Mülverstedt, Urkundenbuch des altadeligen Geschlechts von Oppen 1893–96 (II S. 172–74). – Das Tagebuch Dietrich-Sigismund von Buchs, hg. Hirsch 1904–05 (II S. 261). – Sanson, Notice sur Phlin, Jahrbuch d. Gesellschaft für lothringische Altertumskunde 9 (1897) S. 28–45. – Lewenhaupt, Maria Aurora von Spiegel, Personhistorisk Tidskrift 1 (1899) S. 219–21 widerlegt die verbreitete Fehlidentifikation der Fatima als 1686 erst Zehn- bzw. gar Fünfjährige oder spätere Gräfin Castell.

Kapitel 6

Q: Campana de Cavelli, Les derniers Stuarts à Saint-Germain-en-Laye 1871 (dort II S. 381–406 sämtliche Berichte über die Flucht Lauzuns). – Saint-Simon, Mémoires, hg. Boislisle 1879–1930 (aufgrund der zahlreichen Anhänge ein weit über die eigentlichen Memoiren hinaus nützliches Nachschlagewerk). – Correspondentie van Willem III en Hans Willem Bentinck, hg. Japikse 1927–37. – Clarke, The Life of James the Second 1816 (enthält II S. 252–65 Memoiren des Königs über seine Flucht). – Memoirs of Thomas Earl of Ailesbury, hg. Buckley 1890. – Luttrell, A brief historical relation of State affairs 1857. – Memoiren des Freiherrn Dubislav Gneomar von Natzmer, hg. Ballestrem 1881. – Journal du marquis de Dangeau, hg. Soulié, Dussieux et al. 1854–60. – Mémoires du marquis de Sourches, hg. Cosnac, Bertrand et al. 1882–92. – Gazette de France. – Hollandse Mercurius 1688–89.

L: Petitfils, Lauzun 2008. – Miller, James II 2000. – Ders., Charles II 1991. – Baxter, William III 1966. – Troost, William III, the Stadholder-King 2005. – Israel, The Dutch Republic 1995. – Speck, Reluctant Revolutionaries 1988. – Jones, Marlborough 1993. – Churchill, Marlborough: His Life and Times 1947. – Petrie, The Marshal Duke of Berwick 1953. – Horowski, Konversion und dynastische Strategie, in: Lotz-Heumann, Pohlig u. Missfelder (Hgg.), Konversion und Konfession 2007 S. 171–211 (S. 202–05). – Sainty u. Bucholz, Office Holders. Royal Household 1660–1837, 1997–98. – Corp, A Court in Exile. The Stuarts in France, 1689–1718, 2004. – Grew, the English Court in Exile 1911. – Haile, Queen Mary of Modena 1905. – Corp u. Cruickshanks (Hgg.), The Stuart Court in Exile and the Jacobites 1995 (S. 24). – Corp, The Stuarts in Italy 1719–66, 2011 (S. 17). – Lart, The parochial registers of St-Germain-en-Laye. Jacobite extracts, 1910–12. – Williams, Rival Sultanas 1915 (S. 287 f.). – Waller, Ungrateful daughters 2002 (S. 208). – Hoppitt, A Land of Liberty? 2000 (S. 23).

Kapitel 7

Q: Ursinus, Acht Huldigungs-Predigten 1694. – Des Herrn von Besser Schrifften, Beydes in gebundener und ungebundener Rede, hg. König 1732 (darin I S. xxxviiii-cxxxiv Lebenslauf). – Besser, Schriften, hg. Hahn u. Kiesant 2009–10 (v. a. IV S. 78–123 die diversen Berichte teils Bessers, teils anon. Autoren über die Huldigung und vorangehende zeremonielle Einzüge, IV S. 195–204 über Armlehnen). – Urkunden und Actenstücke zur Geschichte des Kurfürsten Friedrich Wilhelm von Brandenburg, diverse Hgg., 1864–1930 (v. a. XIII S. 343–91, XVI.2 S. 570 f.). – Theatrum Europaeum 1643–1738 XI S. 1145, XIII S. 1013. – Besser, Leben und Tod des … Jacob Friedrich Maydels 1678. – Copia eines

Schreibens auß Leipzigk an einen guten Freund in Hamburg/de dato den 20. Martii. 1677, Mons. Jacob Friedrich Maydels ... Entleibung betreffende (gedruckter Bericht über das Duell). – Götzen, Die Herrliche Krönung Eines Getreuen Decani, Als des ... Levin Caspar von Bennigsen ... Hoch-Adelicher Leichnam ... beygesetzt worden 1691 (im Lebenslauf Angabe zum Tod des Sohnes, der sich 1677 duelliert hatte). – Conichius, Beneficia Christiani Emeriti Emortualia, oder woldienender Christen Abdanck und letzte Gnade ... bey Hochansehnlicher Leich-Bestattung des ... Stephan Christian von Grumbkow 1672. – Ceremoniale brandenburgicum 1699. – Erleutertes Preußen 1724–42 (V S. 169–88 Grubes Diarium über die Huldigung). – Lilienthal, Das gelahrte Preußen 1723–25 (III S. 350–68 Huldigungsreden). – Preußische Provinzial-Blätter 2. Folge 3 (1853) S. 344–50 (Einzug d. Kurfürsten). – Erbhuldigungsakten des Herzogtums und Königreichs Preußen, hg. Diehlmann 1980–92 (S. iii). – Die jüngere Matrikel der Universität Leipzig 1559–1809, hg. Erler 1909 (II S. 24 zur Identifikation des Duellanten Bennigsen). – Saint-Simon, Mémoires, hg. Boislisle 1879–1930 (IV S. 23f., XL S. 129f.). – Pinard, Chronologie historique militaire 1760–78 (III S. 19–24).

L: Bergmann, Ostpreußische Stände und Steuern 1688–1704, 1901. – Noack u. Splett, Bio-Bibliographien. Brandenburgische Gelehrte der frühen Neuzeit. Berlin–Cölln 1688–1713, 2000 (S. 55–72). – Thadden, Die brandenburgisch-preussischen Hofprediger im 17. und 18. Jahrhundert 1959. – Deutschbaltisches Biographisches Lexikon 1710–1960, hg. Lenz 1970. – Maydell, Das freiherrliche Geschlecht von Maydell 1868 (v. a. S. 155–162). – Genealogisches Taschenbuch des Uradels 2 (1893) S. 20–22. – Lochow, Geschichte des Geschlechts von Lochow 1997 (erlaubt leider keine sichere Identifikation des Duellanten). – Niesiecki u. Bobrowicz, Herbarz polski 1839–46 (II S. 218f., VIII S. 317–19). – Polski slownik biograficzny ii (1936) S. 246–48. – Prutz, Französisch-polnische Umtriebe in Preussen 1689, Zeitschrift für Geschichtswissenschaft 1 (1889) S. 429–42. – Schiemann, Luise Charlotte Radziwil [sic], Markgräfin von Brandenburg, Forschungen zur brandenburgischen u. preußischen Geschichte 3 (1890) S. 125–168). – Stollberg-Rilinger, Höfische Öffentlichkeit, Forschungen zur brandenburgischen u. preußischen Geschichte N. F. 7 (1997) S. 145–76. – Petitfils, Lauzun 2008. – Miller, James II 2000. – Ders., Charles II. 1991. – Baxter, William III 1966. – Troost, William III, the Stadholder-King 2005. – Petrie, The Marshal Duke of Berwick 1953. – Haake, August der Starke 1926. – Brzezinski, Polish Winged Hussar 1576–1775, 2006. – Kraus, Die letzten Tage der Menschheit, III. Akt, 31. Szene «Schönbrunn, Arbeitszimmer» (für das natürlich anachronistische und von Kraus Franz Joseph I. in den Mund gelegte Millimeter-Zitat).

Kapitel 8

Q: [Besser,] Beschreibung des Beylagers des ... Hessen-Casselnschen Erbprintzens mit der ... Marggräfin Louisa Dorothea 1700. – Der Königsmarck-Briefwechsel. Korrespondenz der Prinzessin Sophie Dorothea von Hannover mit dem Grafen Philipp Christoph Königsmarck 1690 bis 1694, hg. Schnath 1952. – Besser, Schriften, hg. Hahn u. Kiesant 2009/10 (III S. 468f.). – Briefe der Herzogin Elisabeth Charlotte von Orléans an ... A. K. v. Harling, hg. Bodemann 1895. – Briefe der Königin Sophie Charlotte von Preußen und der Kurfürstin Sophie von Hannover an hannoversche Diplomaten, hg. Doebner 1905. – Briefe der Kurfürstin Sophie von Hannover an die Raugräfinnen und Raugrafen zu Pfalz, hg. Bodemann 1888 (v. a. S. 165). – Aus den Briefen der Herzogin Elisabeth Charlotte von Orléans an die Kurfürstin Sophie von Hannover, hg. Bodemann 1891. – Briefwechsel der Kurfürstin Sophie von Hannover mit dem Preußischen Königshause, hg. Schnath 1927. – Briefe der Elisabeth Charlotte von Orléans, hg. Holland 1867–81 (I S. 476). – Borkowski, Königin Sophie Charlotte als Mutter und Erzieherin, Hohenzollern-Jahrbuch 8 (1903) S. 223–45. – Ders., Erziehung und Erzieher König Friedrich Wilhelms I., ebenda (1904) S. 92–142. – Aufzeichnungen von J. P. v. Rebeur über seine Tätigkeit als Informator Friedrich Wilhelms I., ebenda 8 (1904) S. 214–30 u. 9 (1905) S. 155–68. – Erman u. Reclam, Mémoires pour servir à l'histoire des refugiés 1782–99 (v. a. VII S. 267–69). – Saint-Simon, Mémoires, hg. Boislisle 1879–1930. – Journal du marquis de Dangeau, hg. Soulié, Dussieux et al. 1854–60. – Mémoires du marquis de Sourches, hg. Cosnac, Bertrand et al. 1882–92. – Duché de Vanci, Lettres inédites contenat la relation du voyage de Philippe V 1830.

L: Beuleke, Die Hugenotten in Niedersachsen 1960. – Schnath, Ausgewählte Beiträge zur Landesgeschichte Niedersachsens 1968 (enthält alle Arbeiten zur Affäre Königsmarck). – Hatton, George I 2001. – Krauss-Meyl, Die berühmteste Frau zweier Jahrhunderte. Maria Aurora Gräfin von Königsmarck 2002. – Lewenhaupt, Maria Aurora von Spiegel, Personhistorisk Tidskrift 1 (1899) S. 219–21. – Bodemann, Jobst Hermann von Ilten 1879. – Deutscher Herold 3 (1872) S. 83 f., 89–91 zur Hofmeisterin v. Harling. – Wittram, Peter I. Czar und Kaiser 1964. – Posselt, Der General und Admiral Franz Lefort 1866. – Hinrichs, Friedrich Wilhelm I. Eine Biographie. Jugend und Aufstieg 1941. – Sophie Charlotte und ihr Schloß. Katalogbuch zur Ausstellung 1999 (darin auch Aufsätze zu Kammertürken u. H. C. v. Pöllnitz). – Preußen 1701. Eine europäische Geschichte 2001 (Essayband u. Katalogband). – Thadden, Die brandenburgisch-preussischen Hofprediger im 17. und 18. Jahrhundert 1959. – Der Briefwechsel Friedrichs des Großen mit Grumbkow und Maupertuis, hg. Koser 1898 (S. ix-xxxii Kurzbiographie Grumbkows). – Strecker, Franz von Meinders 1892 (S. 145–52 die stiefväterliche Instruktion für Grumbkow). – Schaefer, Friedrich Wilhelm von Grumbkows Rolle in der auswärtigen preußischen Politik 1914 (S. 13–19). – Priesdorff, Soldatisches Führertum 1937–42 (I S. 91 f. Grumbkows Karrieredaten). – Poellnitz, Stammtafeln der Familie von Poellnitz 1893. – Hüttl, Max Emanuel der Blaue Kurfürst 1976. – Gregg, Queen Anne 2001. – Droysen, Geschichte der preußischen Politik 1855–86. – Waddington, L'acquisition de la couronne royale de Prusse par les Hohenzollern 1888. – Aretin, Das alte Reich 1648–1806, 1993–97. – Petitfils, Louis XIV 1995. – Mat'a & Sienell, Die Privatbriefe Leopolds I. 2004. – Morel-Fatio, Études sur l'Espagne 1889–1904 (III S. 244–46).

Kapitel 9

Q: The Godolphin-Marlborough correspondence, hg. Snyder 1975. – The letters and dispatches of John Churchill, Duke of Marlborough, hg. Murray 1845. – Private correspondence of Sarah Duchess of Marlborough 1838. – De Briefwisseling van Anthonie Heinsius, hg. Veenendaal 1976–2001. – Mémoires du Maréchal de Villars, hg. Vogüé 1884–1904. – Mémoires du chevalier de Quincy, hg. Lecestre 1898–1901 (II S. 351–384). – Quincy, Histoire militaire du règne de Louis le Grand 1726. – Le Pippre de Nœufville, Abrégé chronologique et historique de l'origine, du progrès et de l'état actuel de la maison du Roi 1734–35. – Goslinga, Mémoires relatifs à la guerre de la succession 1857. –

Dumont u. Rousset, Histoire militaire du prince Eugène de Savoye, du prince et duc de Marlborough et du prince de Nassau-Frise 1729. – Letters of the First Lord Orkney during Marlborough's Campaigns, hg. Cra'ster, English Historical Review 19 (1909) S. 307–21. – Leben und Denkwürdigkeiten Johann Mathias Reichsgrafen von der Schulenburg 1834 (I S. 404–37). – Journal inédit de Jean-Baptiste Colbert, marquis de Torcy, hg. Masson 1884. – Mémoires du marquis de Torcy, hg. Petitot u. Monmerqué 1828. – Mémoires pour servir à l'histoire du XVIIIe siècle, hg. Lamberty 1724–40 (V S. 288–96). – Saint-Simon, Mémoires, hg. Boislisle 1879–1930. – Aus den Briefen der Herzogin Elisabeth Charlotte von Orléans an die Kurfürstin Sophie von Hannover, hg. Bodemann 1891. – Pinard, Chronologie historique militaire 1760–78 (Karrieredaten aller frz. Generäle). – Zurlauben, Histoire militaire des suisses au service militaire de la France 1751–53. – L'Hermite de Soliers, La Toscane françoise. 1661 (S. 132, 455). – Briefe des Herzogs Ernst August zu Braunschweig-Lüneburg an Johann Franz Dietrich von Wendt, hg. Kielmansegg 1902 (S. 70).

L: Corvisier, La bataille de Malplaquet 1709, 2013. – El Hage, Le maréchal de Villars 2012. – Braubach, Prinz Eugen von Savoyen 1963–65. – Feldzüge des Prinzen Eugen von Savoyen 1876–92 (XI S. 96–109). – Jones, Marlborough 1993. – Churchill, Marlborough: His Life and Times 1947. – Hinrichs, Friedrich Wilhelm I. Eine Biographie. Jugend und Aufstieg 1941. – Paulig, Friedrich Wilhelm I. 1889 (S. 206–09). – Petitfils, Louis XIV 1995. – Bois, Maurice de Saxe 1992. – Childs, Warfare in the Seventeenth Century 2003. – Lynn, The Wars of Louis XIV 1667–1714, 1999. – Starkey, Warfare in the Age of Enlightenment 2003. – Duffy, The Military Experience in the Age of Reason 1998. – Chauviré, Histoire de la Cavalerie 2013. – Füssel u. Sikora (Hgg.), Kulturgeschichte der Schlacht 2014. – Rowlands, The Dynastic State and the Army under Louis XIV 2002. – Susane, Histoire de la cavalerie française 1874. – Ders., Histoire de l'infanterie française 1876–77. – Dalton, English army lists and commissions 1892–1904. – Jany, Geschichte der preußischen Armee vom 15. Jahrhundert bis 1914, 1928–33. – Schwencke, Geschichte der hannoverschen Truppen 1862 (v. a. S. 203–07 Bericht des T. E. v. Ilten). – Scharnhorst, Über die Wirkung des Feuergewehrs 1813. – Noorden, Die preußische Politik im Spanischen Erbfolgekrieg, Historische Zeitschrift 18 (1867) S. 297–358 (Grumbkow in den Niederlanden. – Droysen, Geschichte der preußischen Politik 1855–86 (v. a. IV.4 S. 277–82 Grumbkows Bericht). – Priesdorff, Soldatisches Führertum 1937–42 (Karrieredaten aller bbg.-preuß. Generäle). – McCormack, One Million mercenaries. Swiss soldiers in the armies of the world 1993. – Steiger, Les généraux bernois 1864. – Schweizerisches Geschlechterbuch 2 (1907) S. 325–39.

Kapitel 10

Q: Saint-Simon, Mémoires, hg. Boislisle 1879–1930. – Journal du marquis de Dangeau, hg. Soulié, Dussieux et al. 1854–60. – Mémoires du marquis de Sourches, hg. Cosnac, Bertrand et al. 1882–92. – Mémoires du Duc d'Antin, hg. Noailles 1822. – Une liste des invités de Marly en 1711, hg. Lecestre, Annuaire-bulletin de la société de l'Histoire de France 1917, S. 186–204. – Briefe der Elisabeth Charlotte von Orléans, hg. Holland 1867–81. – Aus den Briefen der Herzogin Elisabeth Charlotte von Orléans an die Kurfürstin Sophie von Hannover, hg. Bodemann 1891 (u. a. II S. 47). – Elisabeth Charlottens Briefe an Karoline von Wales, hg. Helmolt 1909. – Ranke, Französische Geschichte 1877 (VI S. 293). – Madame de Maintenon d'après sa correspondance authentique, hg. Geffroy 1887 (II S. 275–80). – Pinard, Chronologie historique militaire 1760–78. – Almanach Royal 1710. – État de la France 1708 (II S. 82–87), 1712 (II S. 66–106). – Hézecques, Souvenirs d'un page de la cour de Louis XVI, hg. Hézecques 1998 (S. 212).

L: Duindam, Myths of Power. Norbert Elias and the Early Modern Court 1994. – Petitfils, Le Régent 1986. – Ders., Louis XIV 1995. – Guillaumot, Le château de Marly-le-Roy 1885. – Mellerio, Marly-le-Roi 1926. – Ringot u. Sarmant, «Sire, Marly?»: usages et étiquette de Marly et de Versailles sous le règne de Louis XIV 2012 (crcv.revues.org/11920). – Dussieux, Le château de Versailles 1885. – Newton, L'espace du roi. La Cour de France au château de Versailles 2000. – Maral, La chapelle royale de Versailles 2010 (S. 350 f.). – Pénicaut, Faveur et pouvoir au tournant du Grand Siècle. Michel Chamillart, ministre et secrétaire d'État 2004. – Hinrichs, Friedrich Wilhelm I. Eine Biographie. Jugend und Aufstieg 1941 (S. 663). – Dussieux, Généalogie de la maison de Bourbon 1872.

Kapitel 11

Q: Lettres inédites de la princesse des Ursins, hg. Geffroy 1859. – Lettres inédites de Madame de Maintenon et de Madame la princesse des Ursins 1826. – Madame des Ursins et la succession d'Espagne. Fragments de correspondance, hg. La Trémoïlle 1902–07. – Lettres inédites de la princesse des Ursins au maréchal de Tessé, hg. Masson, Annuaire-bulletin de la société de l'Histoire de France 15 (1878) S. 177–208 u. 16 (1879) S. 193–232. – Maintenon, Lettres à d'Aubigné et à Madame des Ursins, hg. Truc 1921. – Lettres inédites de Madame la princesse des Ursins à M. le maréchal de Villeroi 1806. – Madame de Maintenon d'après sa correspondance authentique, hg. Geffroy 1887. – Saint-Simon, Mémoires, hg. Boislisle 1879–1930 (v. a. XXVI S. 430–62). – Journal du marquis de Dangeau, hg. Soulié, Dussieux et al. 1854–60. – Mémoires du marquis de Sourches, hg. Cosnac, Bertrand et al. 1882–92. – Archives de la Bastille, hg. Ravaisson 1866–1904 (III S. 404). – Mémoires du Duc de Luynes sur la Cour de Louis XV, hg. Dussieux u. Soulié 1857–64 (II S. 134–41 Chalais' Bericht über die Reise ins Exil, vgl. II S. 156, X S. 418–20, XV S. 423). – Mémoires d'Hortense et de Marie Mancini, hg. Doscot 1987. – Apologie ou les véritables mémoires de Marie Mancini, princesse Colonna, hg. Heylli 1881. – Mémoires de Monsieur d'Ablancourt 1701 S. 238–52. – Quincy, Histoire militaire du règne de Louis le Grand 1726. – De Briefwisseling van Anthonie Heinsius, hg. Veenendaal 1976–2001 (VI S. 240 f., 259).

L: Cermakian, La princesse des Ursins 1969. – Karsten (Hg.), Jagd nach dem roten Hut. Kardinalskarrieren im barocken Rom 2004. – Bastian, Kammerdame und diplomatische Akteurin: Die Princesse des Ursins am Hof Philipps V. von Spanien, in: Thiessen u. Windler (Hgg.), Die Akteure der Außenbeziehungen 2010 S. 261–76. – Kamen, Philip V of Spain 2001. – Perey, Une princesse romaine au XVIIe siècle. Marie Mancini Colonna d'après des documents inédits 1896. – Dies., Une reine de douze ans. Marie-Gabrielle de Savoye, reine d'Espagne 1905. – Baudrillart, Philippe V et la Cour de France 1890–1900. – Noel, ‹Barbara succeeds Elizabeth …›: the feminisation and domestication of politics in the Spanish monarchy, 1701–1759, in: Campbell Orr (Hg.), Queenship in Europe, 1660–1815. The Role of the Consort 2004 S. 155–85. – Hofmann-Randall, das spanische Hofzeremoniell 1500–1700, 2012. – Petitfils, Louis XIV 1995. – Petrie, The Marshal Duke of Berwick 1953. – Rohan-Chabot, Le maréchal de Berwick 1990. – Feldzüge des Prinzen

Eugen von Savoyen 1876-92 (IV S. 256-64). – Horowski, Subjects into sovereigns, in: Pohlig u. Schaich (Hgg.), The War of the Spanish Succession 2017. – Courcy, L'Espagne après la paix d'Utrecht 1891. – Bourgeois, Le secret des Farnèse. Philippe V et la politique d'Alberoni 1909. – Armstrong, The influence of Alberoni in the disgrace of the princesse des Ursins, English Historical Review 5 (1890) S. 760-67. – Bersani, Storia del cardinale Alberoni 1861. – Professione, Il ministero in Spagna e il processo del cardinale Giulio Alberoni 1897. – Cadenas y Vicent, Caballeros de la Ordén de Alcántara que efectuaron sus pruebas de ingreso durante il siglo XVIII 1992 (II S. 22). – Felices de la Fuente, La nueva nobleza de Espana y América en el siglo XVIII (1701-1746) 2012 (S. 88). – Moroni, Dizionario di erudizione storico-ecclesiastica 1840-79 (LV S. 233-243).

Kapitel 12

Q: Saint-Simon, Mémoires, hg. Boislisle 1879-1930. – Saint-Simon, Mémoires, hg. Coirault 1983-88 (I S. 331 Anm. 5 für das unpublizierte Zitat zum Vornamen der Tochter). – Journal du marquis de Dangeau, hg. Soulié, Dussieux et al. 1854-60. – Mémoires du marquis de Sourches, hg. Cosnac, Bertrand et al. 1882-92. – Les Correspondants de la Marquise de Balleroy, hg. Barthélemy 1883. – Leclercq, Histoire de la régence pendant la minorité de Louis XV 1922 (II S. 429). – Chansonnier historique du XVIIIe siècle (Recueil Clairambault-Maurepas), hg. Raunié 1879-84 (III S. 123). – Chronique de la régence et du règne de Louis XV (1718-1763), ou Journal de Barbier 1857 (III S. 102). – Buvat, Chronique de la Régence, hg. Campardon 1865. – Journal et mémoires du marquis d'Argenson, hg. Rathery 1859-67 (V S. 348). – Lettres du Duc de Beauvillier à l'Évêque d'Alet, hg. Lecestre, Annuaire-bulletin de la Société de l'histoire de France 59 (1922) S. 186-209. – La Bruyère, Œuvres complètes, hg. Chassang 1876 (I S. 276). – Mercure de France, mars 1763 (S. 24f., «Aimable Dromesnil»). – Correspondenz der Herzogin Sophie von Braunschweig mit dem Geheimen Rath Bodo von Oberg, hg. Löhneysen, Zeitschrift des Historischen Vereins für Niedersachsen 35 (1869) S. 324-47. – État de la France 1718, 1722 (II S. 11-40). – Plan de l'Hôtel de Lorge, 1714, Bibliothèque nationale de France dépt. des estampes et photographies FT6-VA-441 (Robert de Cotte, 1329).

L: Petitfils, Le Régent 1986. – Antoine, Louis XV. 1990. – Horowski, Die Belagerung des Thrones 2012 (S. 473-95 Erläuterung des französischen adeligen Namensystems unter dem Ancien Régime). – Poumarède, Art. «Mariage» in Bély (Hg.), Dictionnaire de l'Ancien Régime 1990 (S. 796-801). – Mansel, Pillars of Monarchy: Royal Guards in History 1984. – Ders., Dressed to Rule 2005. – Surreaux, Les maréchaux de France des lumières 2013 (S. 85f.). – Susane, Histoire de l'infanterie française 1876/77 (V S. 88, 90). – Ô Byrn, Die Tochter der Gräfin von Rochlitz, Archiv für Sächsische Geschichte N. F. 4 (1878) S. 169-80. – Ward, Christopher Monck, Duke of Albemarle 1915 (S. 337-53). – Dussieux, Généalogie de la maison de Bourbon 1872.

Kapitel 13

Q: Saint-Simon, Mémoires, hg. Boislisle 1879-1930. – Journal du marquis de Dangeau, hg. Soulié, Dussieux et al. 1854-60. – Mémoires du marquis de Sourches, hg. Cosnac, Bertrand et al. 1882-92 (XII S. 66, 77). – Elisabeth Charlottens Briefe an Karoline von Wales, hg. Helmolt 1909 (v. a. S. 202 f.) – Briefe der Elisabeth Charlotte von Orléans, hg. Holland 1867–81 (v. a. VI S. 233). – Les Correspondants de la Marquise de Balleroy, hg. Barthélemy 1883. – Leclercq, Histoire de la régence pendant la minorité de Louis XV 1922. – Chronique de la régence et du règne de Louis XV (1718–1763), ou Journal de Barbier 1857 (v. a. I S. 328). – Marais, Journal et mémoires sur la régence et le règne de Louis XV., hg. Lescure 1863–68 (v. a. III S. 160 f., 173, 184). – Buvat, Chronique de la Régence, hg. Campardon 1865. – Goncourt, Portraits intimes du XVIIIe siècle 1903 (S. 5–35 Journal du marquis de Calvière). – Journal et mémoires du marquis d'Argenson, hg. Rathery 1859–67. – Archives de la Bastille, hg. Ravaisson 1866–1904. – The Jacobite attempt of 1719. Letters of James Butler, Second Duke of Ormonde, hg. Dickson 1895. – Lemontey, Histoire de la régence et de la minorité de Louis XV jusqu'au ministère du cardinal de Fleury 1832 (I S. 280–84 Marcieus Bericht über Alberonis Flucht). – Mouret, Chasses du roy ... pendant l'année 1725, Mélanges de littérature et d'histoire publiés par la société des bibliophiles 2 (1867). – Reglement du Roy sur les places que doivent occuper les Officiers des Troupes de sa Maison, près du carrosse de Sa Majesté 1724, Bibliothèque nationale de France, Ms. Clairambault 819 (S. 1109–14). – Blondel, Architecture françoise 1752–56 (S. iv für Pläne etc. von Versailles). – Pinard, Chronologie historique militaire 1760–78 (V S. 51–53, 267–69). – Le Pippre de Nœufville, Abrégé chronologique et historique de l'origine, du progrès et de l'état actuel de la maison du Roi 1734–35. – État de la France 1727 (II S. 21, 52–57, 297). – Gazette de France. – Mercure de France 1725 (S. 835, 1046).

L: Petitfils, Louis XIV 1995. – Ders., Le Régent 1986. – Antoine, Louis XV. 1990. – Kamen, Philip V of Spain 2001. – Baudrillart, Philippe V et la Cour de France 1890–1900. – Bourgeois, Le secret des Farnèse. Philippe V et la politique d'Alberoni 1909. – Ders., Le secret de Dubois, cardinal et premier ministre 1910. – Gauthier-Villars, Le mariage de Louis XV 1900. – Campbell, Power and Politics in Old Regime France 1720–1745, 1996. – Dussieux, Généalogie de la maison de Bourbon 1872. – Ders., Le château de Versailles 1885. – Newton, L'espace du roi. La Cour de France au château de Versailles 2000. – Mansel, Pillars of Monarchy: Royal Guards in History 1984. – Nguyen, Les grands maîtres des cérémonies et le service des Cérémonies à l'époque moderne 1585–1792, 1998–99. – Petrie, The Marshal Duke of Berwick 1953. – Bersani, Storia del cardinale Alberoni 1861. – Professione, Il ministero in Spagna e il processo del cardinale Giulio Alberoni 1897. – McLynn, Bonnie Prince Charlie 1988 (5 «incredible, almost supernatural ill-luck of the Stuarts»). – Coull, Nothing But My Sword. The Life of Field Marshal James Francis Edward Keith 2000. – Miller, A wife for the pretender 1965.

Kapitel 14

Q: Der Briefwechsel Friedrichs des Großen mit Grumbkow und Maupertuis, hg. Koser 1898. – Förster, Friedrich Wilhelm I. König von Preußen 1834–35 (Grumbkows Korrespondenz mit Wien). – Acta Borussica, (Reihe:) Behördenorganisation und allgemeine Staatsverwaltung 1894–1982 (für Grumbkows Aufstieg in der Zivilverwaltung u. Tod sowie VI S. 246, 645–47, V S. 63, 522). – Journal inédit de Jean-Baptiste Colbert, marquis de Torcy, hg. Masson 1884 (S. 33, 40, 60 f.). – Die Briefe König Friedrich Wilhelms I. an den Fürsten Leopold von Anhalt-Dessau 1704–1740, hg. Krauske 1905 (v. a. für Grumbkows Beinahe-Duell). – Mémoires de Frédérique Sophie Wilhelmine, margrave de Bareith, sœur de Frédéric le Grand 1889. – Friedrich der Große u. Wilhelmine von Baireuth, Jugendbriefe 1728–1740, hg. Volz 1924. – Aus den Briefen der Königin Sophie Dorothea, hg. Droysen, Hohenzollern-Jahrbuch 17 (1913) S. 210–43, 18 (1914) S. S. 98–121. – Œuvres de Frédéric le Grand, hg. Preuss 1846–56 (v. a. Briefe in XXVII). – Journal secret du baron de Seckendorff 1811. – Lavisse, Le Grand Frédéric avant l'avènement 1893 (S. 306–08). – Graf Seckendorff und Kronprinz Friedrich, hg. Droysen, Forschungen zur brandenburgischen u. preußischen Geschichte 28 (1915) S. 475–506. – König Friedrich I. und Graf Wartenberg, hg. Granier, Hohenzollern-Jahrbuch 4 (1900) S. 380–82. – Ubisch, Eine Gewichtstafel Friedrich Wilhelms I., ebenda 3 (1899) S. 255–58. – Saxe, Mes rêveries 1757 (II S. 64–68). – Benekendorff, Karakterzüge aus dem Leben König FW I. 1787–98 (I, 2te Sammlg., S. 123 f.). – Adress-Calender der Königl. Preußis. Haupt- und Residentz-Städte Berlin 1733. – Berliner Häuserbuch, 2. Teil, I, hg. Lüdicke 1933 (S. 203). – Lehmann, Die vornehmsten europäischen Reisen 1713 (S. 54). – Königl. Pohln. und Churfürstl. Sächsischer Hoff- und Staats-Calender 1733, 1735 (darin Hofchronik für 1733 u. Trauer-Reglement). – Rohr, Einleitung in die Ceremoniel-Wissenschafft der großen Herren 1733. – Archiv für Sächsische Geschichte 9 (1871) S. 335 f. unbetitelte Miscelle über den Tod Augusts II. – Pinard, Chronologie historique militaire 1760–78. – Gazette de France.

L: Droysen, Geschichte der preußischen Politik 1855–86 (v. a. IV.4 S. 408–15 Grumbkows Bericht über Crossen). – Hinrichs, Friedrich Wilhelm I. Eine Biographie. Jugend und Aufstieg 1941. – Ders., Der Regierungsantritt Friedrich Wilhelms I., in: Ders., Preußen als historisches Problem, hg. Oestreich 1964 (S. 19–137). – Schaefer, Friedrich Wilhelm von Grumbkows Rolle in der auswärtigen preußischen Politik 1914 – Ausländer, Friedrich Wilhelms I. Verhältnis zu Österreich vornehmlich im Jahre 1732, 1908. – Kunisch, Friedrich der Große 2005. – Koser, Geschichte Friedrichs des Großen 1912–14. – Luh, Der Große. Friedrich II. von Preußen 2011. – Ders., Vom Pagen zum Premierminister. Graf Heinrich von Brühl (1700–1763), in: Kaiser u. Pečar (Hgg.), Der zweite Mann im Staat 2003 (S. 121–35). – Lavisse, La jeunesse du Grand Frédéric 1894. – Poseck, Die Kronprinzessin. Elisabeth Christine … 1943. – Oncken, Sir Charles Hotham und Friedrich Wilhelm I im Jahre 1730, Forschungen zur brandenburgischen u. preußischen Geschichte 7 (1894) S. 377–407, 8 (1895) S. 487–529, 9 (1896) S. 23–53. – Stirling, The Hothams 1918. – Haake, August der Starke 1926. – Ders., La société des antisobres, Neues Archiv für Sächsische Geschichte 21 (1900) S. 241–54. – Beschorner, Ernstes und Feuchtfröhliches vom Kurländer Palais, Dresdner Geschichtsblätter 35 (1927) S. 180–91 (société des antisobres). – Ders., Leiden und Sterben Augusts des Starken, Neues Archiv für sächsische Geschichte 58 (1937) S. 48–84. – Bois, Maurice de Saxe 1992. – Łukowski, Liberty's Folly. The Polish-Lithuanian Commonwealth in the eighteenth century 1991. – Gierowski, The Polish-Lithuanian Commonwealth in the XVIIIth Century 1996. – Boyé, Un Roi de Pologne et la couronne ducale de Lorraine (alias: Stanislas Leszczynski et le troisième traité de Vienne) 1898. – Braubach, Prinz Eugen von Savoyen 1963–65. – Ders., Die Geheimdiplomatie des Prinzen Eugen von Savoyen 1962. – Feldzüge des Prinzen Eugen von Savoyen 1876–92 (S. xix). – Aretin, Das alte Reich 1648–1806, 1993–97. – Antoine, Louis XV 1990. – Kamen, Philip V of Spain 2001. – Baudrillart, Philippe V et la Cour de France 1890–1900. – Petrie, The Marshal Duke of Berwick 1953. – Rohan-Chabot, Le maréchal de Berwick 1990. – El Hage, Le maréchal de Villars 2012. – Surreaux, Les maréchaux de France des lumières 2013 (S. 63). – Danvila y Collado, Reinado de Carlos III, 1890–93. – Vogel, Heinrich Graf von Brühl. Eine

Biografie 1 (mehr nicht erschienen) 2003. – Fellmann, Heinrich Graf Brühl 2000. – Vie de Charles-Henry comte de Hoym 1880. – Weber, Aus vier Jahrhunderten 1857–58 (II S. 209–06). – Banniza v. Bazan, Deutsche Geschichte in Ahnentafeln 1940–42 (I S. 139). – König, Genealogische Adels-Historie derer ... Chur-sächsischen Geschlechter 1727–36 (I S. 812, 814; dies u. Voriges zur Verbindung Brühl–Reibold–Uffeln). – Kuntke, Friedrich Heinrich von Seckendorff 2007. – Kloosterhuis, Katte. Ordre und Kriegsartikel 2011. – Czech, Friedrich der Große auf Inspektionsreise, in: Göse (Hg.), Friedrich der Große und die Mark Brandenburg 2012 S. 216–45 (zur Vorspannpraxis). – Mertens, Berliner Barockpaläste 2003 (v. a. S. 391–94). – Die Kunstdenkmäler der Provinz Brandenburg VI.6 1921 (Crossen). – Wedekind, Geschichte der Stadt u. des Herzogthums Croßen 1839. – Fink, Ferdinand Albrecht I. von Braunschweig u. die Kunstsammlungen von Bevern, Jahrbuch d. Braunschweigischen Geschichtsvereins 2. Folge 4 (1931) S. 16–47. – Meier u. Steinacker, Die Bau- & Kunstdenkmäler des Herzogtums Braunschweig 4 1907 (Bevern). – Schlözer, Chasot 1856 (S. 19, 21). – Pierach u. Jennewein, Friedrich Wilhelm I. u. die Porphyrie, Sudhoffs Archiv 83 (1999) S. 50–66. – Leider nicht mehr zugänglich war mir Rous, Der Weinkeller als Schlachtfeld. Die «Societé des antisobres» ..., in: Gahlen, Segesser u. Winkel (Hgg.), Geheime Netzwerke im Militär 1700–1945, 2016 S. 25–52.

Kapitel 15

Q: Lord Hervey's memoirs, hg. Sedgwick 1931. – Lord Hervey and his friends 1726–38 [Briefe], hg. Ilchester 1950. – Historical Manuscripts Commission, The Manuscripts of the Earl of Egmont. Diary of Viscount Percival, afterwards first Earl of Egmont 1920–23. – Historical Manuscripts Commission, The Manuscripts of the Earl of Carlisle 1897 (v. a. S. 165–72). – The Yale edition of Horace Walpole's correspondence, hg. Lewis 1937–83. – Walpole, Reminiscences written in 1788, 1819 (S. 23, 59 f.). – The letters of Philip Dormer Stanhope, Earl of Chesterfield, hg. Bradshaw 1892 (v. a. II S. 1402–05). – The correspondence of the Dukes of Richmond and Newcastle, hg. McCann 1982–83. – Private correspondence of Sarah Duchess of Marlborough 1838 (v. a. II S. 186 f.). – Letter-Books of John Hervey, First Earl of Bristol, hg. Hervey 1894 (v. a. III S. 149–51). – Letters of Mary Lepell, Lady Hervey, hg. Croker 1821 (v. a. S. 139). – Wortley Montagu, Letters (Everyman Edition) 1992. – Historical Manuscripts Commission, The Manuscripts of the Marquess Townshend 1887 (S. 356). – Court and society from Elizabeth to Anne, hg. Manchester 1864 (II S. 53). – Die Memoiren des Kammerherrn Friedrich Ernst von Fabrice, hg. Grieser 1956 (S. 136). – Verney letters of the Eighteenth century, hg. Verney 1930 (II S. 22). – A foreign view of Egland in the reigns of George I and George II. The letters of Monsieur César de Saussure, hg. Van Muyden 1902 (S. 135 f.). – Dodsley, London and its environs 1761(v. a. III S. 271–73). – Chamberlayne, Magnae Britanniae Notitiae 1737. – The London Gazette. – The Gentleman's magazine. – Gazette de France. – Ranft, Neue genealogisch-historische Nachrichten 1750–62 (II S. 75).

L: Hatton, George I 2001. – Thompson, George II 2011. – Arkell, Caroline of Ansbach 1939. – Wilkins, Caroline the illustrious 1901. – De-la-Noy, The King who never was. The Story of Frederick, Prince of Wales 1996. – Baker-Smith, Royal Discord. The family of George II 2010. – Miller, James II 2000. – Ders., Charles II 1991. – Baxter, William III 1966. – Troost, William III, the Stadholder-King 2005. – Smith, Georgian monarchy. Politics and Culture, 1714–1760, 2006. – Plumb, Sir Robert Walpole 1956–60. – Ders., The First Four Georges, 1987 (S. 69). – Worsley, Courtiers. The Secret History of the Georgian Court 2010. – Beattie, The English Court in the Reign of George I 1967. – Sainty u. Bucholz, Office Holders. Royal Household 1660–1837, 1997–98. – The History of Parliament: the House of Commons 1715–1754, hg. Sedgwick 1970 (Biographien der Parlamentarier). – Namier, The Structure of Politics at the Accession of George III 1975. – Halsband, Lord Hervey. Eighteenth-Century Courtier 1973. – Moore, Amphibious Thing. The Life of a Georgian Rake (d. h. Lord Hervey) 2000. – Stuart, Molly Lepell, Lady Hervey 1936. – Borman, Henrietta Howard. King's Mistress, Queen's Servant 2007. – Field, The Favourite. Sarah, Duchess of Marlborough 2002. – Green, Sarah Duchess of Marlborough 1967. – Ketton-Cremer, Horace Walpole 1964. – Mowl, Horace Walpole. The great Outsider 1996. – Fothergill, The Strawberry Hill Set. Horace Walpole and His Circle 2009. – March, A Duke and his friends. The life and letters of the Second Duke of Richmond 1911. – Tillyard, Aristocrats. Caroline, Emily, Louisa and Sarah Lennox 1740–1832, 1995. – Fraser, Princesses. The Six Daughters of George III 2004 (S. 10). – Law, Kensington Palace 1899. – Williams, The Royal residences of Great Britain 1960. – Greig, The Beau Monde. Fashionable Society in Georgian London 2013. – Black, The British abroad. The Grand Tour in the Eighteenth Century 1992. – Brazier, Ministers of the Crown 1997 (S. 80–84). – Arthur, The story of the Household Cavalry 1909. – Cannon, Historical record of the life guards 1837. – Mackinnon, Origins and services of the Coldstream guards 1833. – Dalton, English army lists and commissions 1892–1904 (V S. 188 f., VI S. 228, 243). – Musgrave, General nomenclator and obituary prior to 1800, 1899–1901 (V S. 154 f.), – Barthélémy, Les filles du Régent 1874 (II S. 122–62). – Beuleke, Die Hugenotten in Niedersachsen 1960 (S. 112, 118 f.). – Dansk Biografisk Lexikon, hg. Bricka 1887–1905 (V S. 257). – Burke's Peerage 1845 (S. 1091 Geneal. Sinold gt. v. Schütz). – Kielmansegg, Familien-Chronik der Herren, Freiherren und Grafen von Kielmansegg 1910 (S. 436–64, 762–75). – Schmidt, Das Geschlecht v. der Schulenburg 1899 (II S. 573). – Lepel, Historisch-Genealogisches Handbuch der Familie v. Lepel, Deutsches Familienarchiv 151 (2008) S. 56. – Wiegand, Die Herren von Uffeln 1997 (S. 282 f.).

Kapitel 16

Q: Annales strahovienses VI (1739–1744; fol. 66v–67). – Politische Correspondenz Friedrichs des Großen, hg. Naudé, Treusch v. Buttlar et al. 1879–1939. – Das Tagebuch Karls VII. aus der Zeit des österr. Erbfolgekrieges, hg. Heigel 1883. – Campagne de Messieurs les maréchaux de Broglie et de Belle-Isle en Bohème et en Bavière 1772 (v. a. II, III). – Saxe, Mes rêveries 1757 (v. a. II S. 230–36). – Valfons, Souvenirs d'un lieutenant général des armées du roi, hg. Valfons 1860. – Souvenirs du marquis de Valfons, hg. Hellegouarc'h 2003 (Briefanhang). – Le maréchal de Belle-Isle ... d'après les lettres écrites au comte de Labasèque (1741–43), hg. Boislecomte, Revue des questions historiques N. S. 21 (1899) S. 186–213. – Mémoires des négociations du marquis de Valori, hg. Valori 1820. – Mémoires du Duc de Luynes sur la Cour de Louis XV, hg. Dussieux u. Soulié 1857–64 (v. a. IV S. 47–53). – Mémoires du président Hénault, hg. Rousseau 1911. – Journal et mémoires du marquis d'Argenson, hg. Rathery 1859–67. – Saint-Simon, Mémoires, hg. Boislisle 1879–1930. – The correspondence of the Dukes of Richmond and Newcastle, hg. McCann 1982–83. – Pinard, Chronologie historique militaire 1760–78. – Almanach Royal 1740 (S. 83 f.). – Ranft, Neue genealogisch-historische Nachrichten 1750–62 (XI S. 180). – Zedler, Universal-Lexicon 1732–50. – Richard u. Büttner, Pseudonorbertus ex narratione Pragensi translati e Saxonia in Boioemiam corpori Norberti ... detectus 1709.

L: Bois, Maurice de Saxe 1992. – Taillandier, Maurice de Saxe 1865. – Échérac, La jeunesse du maréchal de Belle-Isle 1908. – Rohan-Chabot, Le maréchal de Belle-Isle 2005 (problematisch). – Hartmann, Karl Albrecht – Karl VII. 1985. – Heigel, Der österreichische Erbfolgestreit u. die Kaiserwahl Karls VII. 1877. – Kunisch, Friedrich der Große 2005. – Koser, Geschichte Friedrichs des Großen 1912–14. – Antoine, Louis XV 1990. – Campbell, Power and Politics in Old Regime France 1720–1745, 1996. – Kamen, Philip V of Spain 2001. – Baudrillart, Philippe V et la Cour de France 1890–1900. – Aretin, Das alte Reich 1648–1806, 1993–97. – Butler, Choiseul, I: Father and Son, 1719–1754, 1980 (S. 294–301). – Sautai, Les préliminaires de la guerre de la succession d'Autriche 1907. – Pajol, Les guerres sous Louis XV 1881–91 (v.a. II S. 113–24). – Broglie, Frédéric et Marie-Thérèse, 1882–84 (ii.129 f.). – K. u. K. Kriegsarchiv, Österreichischer Erbfolgekrieg (Geschichte der Kämpfe Österreichs) 1896–1914 (I u.v.a. V S. 21–53). – Feldzüge des Prinzen Eugen von Savoyen 1876–92 (S. xix). – Schwerdfeger, Der bairisch-französische Einfall in Ober- u. Nieder-Österreich 1741, Archiv für Österreichische Geschichte 87 (1899) S. 329–456, 91 (1902) S. 121–247. – Tupetz, Die bairische Herrschaft in Böhmen 1741–42, Historische Zeitschrift 42 (1879) S. 385–450. – Staudinger, Geschichte des bayerischen Heeres 1908–09 (II war mir leider nicht zugänglich). – Schuster u. Francke, Geschichte der sächsischen Armee 1885. – Der Antheil der Kurfürstlich Sächsischen Truppen an der Erstürmung von Prag, Kriegsgeschichtliche Einzelschriften, hg. v. Großen Generalstab, Heft 7 1886 S. 1–44 (d.h. separat pagin. Teil des späteren Bd. 2 [1889]; darin S. 41–44 Rutowskis Bericht). – Ziekursch, Sachsen und Preußen um die Mitte des 18. Jahrhundert 1904. – Senftner, Sachsen und Preußen im Jahre 1741. – Franke, Von Elbingerode nach Windsor. Anno 1744/45, Zeitschrift des Harz-Vereins für Geschichte u. Alterthumskunde 12 (1879) S. 245–76, 444–539. – McLynn, Bonnie Prince Charlie 1988. – Black, Culloden and the '45, 1990. – Schmidt-Brentano, Kaiserliche und k.k. Generale (1618–1815), Österr. Staatsarchiv 2006. – Wurzbach, Biographisches Lexikon des Kaiserthums Österreich 1851–91. – Kneschke, Neues allgemeines Deutsches Adels-Lexicon 1859–70. – Bodinier, Dictionnaire des officiers généraux de l'armée royale 1763–1792, 2009–14 (III S. 210). – El Hage, Chevert Revisited: A New Look at the Legend of the Non-Noble General, French History 24 (2010) S. 341–66. – Otto Posse, Die Wettiner 1897 (S. 92). – Rachel, Fürstenbesuche in Dresden, Dresdner Geschichtsblätter 19 (1910) S. 69–84, 70–72. – Campardon, La cheminée de Mme de La Poupelinière 1880. – Schmettow, Schmettau und Schmettow. Geschichte eines Geschlechts aus Schlesien 1961. – Büsching, Beyträge zu der Lebensgeschichte denkwürdiger Personen 1783–89 (II S. 342 f.). – Historische Darstellung des Ursprungs und der Schicksale des königlichen Stiftes Strahow 1805–07. – Zeumer, Die Goldene Bulle Kaiser Karls IV. 1908 (S. 108 f.).

Kapitel 17

Q: Mémoires du roi Stanislas-Auguste Poniatowski, hg. Goriaïnow 1914. – Correspondance du roi Stanislas-Auguste Poniatowski et de Madame Geoffrin, hg. Moüy 1875. – Mémoires de Catherine II, hg. Audiat u. Maroger 1953. – Correspondance de Catherine Aléxeievna, grande-duchesse de Russie, avec Sir Charles H.[anbury] Williams, hg. Goriaïnow 1909. – The works of the Rt. Hon. Sir Charles Hanbury Williams 1822. – The Yale edition of Horace Walpole's correspondence, hg. Lewis 1937–83 (v. a. XXXV S. 82, XXX S. 311–23). – Memoirs of Prince Adam [Jerzy] Czartoryski, hg. Gielgud 1888 (I S. 38–41 der nur in dieser übers. Ausgabe enthaltene Bericht der Fürstin Czartoryska über ihre Begegnung mit Friedrich II.). – Сочинения Императрцы Екатерины II, hg. Pypin 1901 (XII S. 546–48 die entscheidenden u. bei Zamoyski S. 79 leider auf die Zeit vor dem Putsch fehldatierten ersten Briefe, die Katharina nach dem Putsch an Poniatowski schrieb). – Weber, Zur Geschichte des sächsischen Hofes u. Landes unter Friedrich August III., Archiv für sächsische Geschichte 8.1869 («Tableau général de la Cour ... de la Saxe en 1769», darin S. 45 über Madame Mniszchówna geb. Brühl). – Ligne, Mémoires, lettres et pensées, hg. Payne 1989 (S. 42). – Correspondence of the Rt. Hon. Edmund Burke 1844 (I S. 403). – Besser, Schriften, hg. Hahn u. Kiesant 2009–10 (V S. 101–03). – Gazette de France. – Gentleman's Magazine 57 (1787) 2. Teil (S. 838).

L: Zamoyski, The Last King of Poland 1992. – Łukowski, Liberty's Folly. The Polish-Lithuanian Commonwealth in the eighteenth century 1991. – Ders., The European Nobility in the Eighteenth Century 2003 (S. 57). – Lewin, Macht, Intrigen und Verbannung. Welfen und Romanows am russischen Zarenhof des 18. Jahrhunderts 2003. – Ders., Herzog Anton Ulrich der Jüngere in Russland bis zu seiner Verbannung, Braunschweigisches Jahrbuch für Landesgeschichte 77 (1996) S. 221–68. – Wittram, Peter I. Czar und Kaiser 1964. – Waliszewski, L'héritage de Pierre le Grand. Règne des femmes, gouvernement des favoris 1911 (v. a. S. 269–72). – Ders., Le roman d'une impératrice. Catherine II de Russie 1894. – Madariaga, Russia in the Age of Catherine the Great 1981 (trotz Titel zugleich eine Biographie der Zarin). – LeDonne, Absolutism and Ruling Class. The Formation of the Russian Political Order 1700–1825, 1991. – Ders., Ruling Russia. Politics and Administration in the Age of Absolutism 1762–1796, 1984. – Schroeder, The Transformation of European Politics 1763–1848, 1994 (für gesamteuropäische Diplomatiegeschichte). – Bauer, Die Legende vom Scheintod der Prinzessin Christine von Wolfenbüttel, Braunschweigisches Jahrbuch XXXI (1950) S. 77–87. – Gauthier-Villars, Le mariage de Louis XV 1900 (S. 115). – Antoine u. Ozanam, Le secret du roi et la Russie jusqu'à la mort de la czarine Elisabeth, Annuaire-bulletin de la société de l'Histoire de France 1954–55 (S. 69–93). – Le secret du roi. Correspondance secrète de Louis XV avec ses agents diplomatiques, hg. Broglie 1878–88. – Tillyard, Aristocrats. Caroline, Emily, Louisa and Sarah Lennox 1740–1832, 1995 (S. 157–59). – Simms, Three Victories and a Defeat. The Rise and Fall of the first British Empire 2008. – Ruffmann, Die diplomatische Vertretung Großbritanniens am Zarenhof im 18. Jahrhundert, Jahrbücher für die Geschichte Osteuropas N. F. 2 (1954) S. 405–21. – Lemny, Les Cantemir 2009. – Seraphim (A.), Eine Schwester des Großen Kurfürsten. Luise Charlotte Markgräfin von Brandenburg, Herzogin von Kurland 1901. – Fink, Ferdinand Albrecht I. von Braunschweig u. die Kunstsammlungen von Bevern, Jahrbuch d. Braunschweigischen Geschichtsvereins 2. Folge 4 (1931) S. 16–47, 19. – Deutschbalti-

sches Biographisches Lexikon 1710-1960, hg. Lenz 1970. - Genealogisches Handbuch der Baltischen Ritterschaften, Teil Livland 1929-35 (I S. 194). - The Scots Peerage, hg. Balfour Paul 1904-14 (IV S. 545, 548, 555-57).
Fraustadt heißt heute Wschowa und war, obwohl offenbar mehrheitlich deutschsprachig, anders als Crossen (das heutige Krosno Odrzanski) auch schon im 18. Jahrhundert Bestandteil Polens; wir nennen es nur deshalb mit seinem deutschen Namen, weil dies auch Poniatowski selbst tat (Mémoires 1914 I S. 143).

Kapitel 18

Q: Joseph II., Relation de Naples, Florence 22 avril 1769 (siehe unten in Corti 1950). - Neues vollständiges Titularbuch 1770 (S. 1 f., 7 f., 12). - The collection of autograph letters and historical documents formed by Alfred Morrison: The Hamilton and Nelson Papers 1893-94 (v. a. I S. 12, 62 f., 79 f.). - Wraxall, Historical and posthumous memoirs, hg. Wheatley 1884 (v. a. I S. 170-78). - Swinburne, The courts of Europe at the close of the last century 1895 (I S. 170). - The Yale edition of Horace Walpole's correspondence, hg. Lewis 1937-83. - Coxe, Memoirs of the kings of Spain of the House of Bourbon 1815 (IV S. 215 f.) - Le secret du roi. Correspondance secrète de Louis XV avec ses agents diplomatiques, hg. Broglie 1878-88 (v. a. I S. 269 ff.). - Chamfort, Produits de la civilisation perfectionnée. Maximes et pensées, caractères et anecdotes, hg. Renaux 1970 (S. 196 f.). - Golovkine, La Cour et le règne de Paul Ier, hg. Bonnet 1905 (S. 200). - Gazette de France. - Wiener Diarium.

L: Corti, Ich, eine Tochter Maria Theresias. Ein Lebensbild der Königin Marie Karoline von Neapel 1950 (S. 721-46 der Bericht Josephs II. über seinen Besuch in Neapel). - Acton, The Bourbons of Naples 1956. - Hausmann, Herrscherin im Paradies der Teufel. Maria Carolina Königin von Neapel 2014. - Beales, Joseph II: In the shadow of Maria Theresia 1987. - Noel, ‹Barbara succeeds Elizabeth ...›: the feminisation and domestication of politics in the Spanish monarchy, 1701-1759, in: Campbell Orr (Hg.), Queenship in Europe, 1660-1815. The Role of the Consort 2004 (S. 155-185). - Danvila y Collado, Reinado de Carlos III, 1890-93. - Constantine, Fields of Fire. A life of Sir William Hamilton 2001. - Fothergill, Sir William Hamilton. Envoy Extraordinary 1969. - Ders., The Mitred Earl. An Eighteenth-Century Eccentric 1974 (Frederick Hervey). - Childe-Pemberton, The Earl Bishop. The Life of Frederick Hervey, Bishop of Derry, Earl of Bristol 1924. - Tillyard, Aristocrats. Caroline, Emily, Louisa and Sarah Lennox 1740-1832, 1995 (S. 157-59, 183-88, 257 f.). - Curtis, Lady Sarah Lennox: an irrepressible Stuart o. D. [ca. 1935]. - The Life and Letters of Lady Sarah Lennox, hg. Ilchester u. Stavordale 1901-02. - Bulloch, The gay Gordons 1908 (S. 103-23). - Maugras, La fin d'une société. Le duc de Lauzun et la cour intime de Louis XV 1900. - Black, The British abroad. The Grand Tour in the Eighteenth Century 1992. - Razumovsky, Die Rasumovskys. Eine Familie am Zarenhof 1998. - Wassiltchikow, Les Razoumowski, übers. Brückner 1893-94. - Brevern, Die vorgebliche Tochter der Kaiserin Elisabeth Petrowna 1867 (inkl. maßgebl. Quellen). - Brandt, Caspar von Saldern und die nordeuropäische Politik im Zeitalter Katharinas II. 1932 (S. 118 f.). - Zamoyski, The Last King of Poland 1992 (S. 77, 81, 85, 90). - Dansk Biografisk Lexikon, hg. Bricka 1887-1905 (XII S. 450-56). - Moroni, Dizionario di erudizione storico-ecclesiastica 1840-79 (XIII S. 88-95). - Knight, Sir William Hamilton's Neapolitan Houses. The Friends of Herculaneum Society o. D. (nur online).

Kapitel 19

Q: Bombelles, Journal, hg. Grassion u. Durif 1978-2008. – Bombelles, ‹Que je suis heureuse d'être ta femme›. Lettres intimes 1778-82, hg. Lever 2009. – Memoires de Madame la comtesse de Genlis sur le 18e siècle 1825 (Brüsseler Ausgabe). – Maugras, L'idylle d'un gouverneur 1904 (erste Veröffentlichung des Briefwechsels zwischen Madame de Genlis und Chartres 1772). – Lettres de L.-P.-J. d'Orléans duc de Chartres à Nathaniel Parker Forth, hg. Britsch, Revue d'histoire diplomatique 40 (1926) S. 111-70. – The Yale edition of Horace Walpole's correspondence, hg. Lewis 1937-83 (XXXIII S. 482). – Neuilly, Dix années d'émigration 1865 (S. 10 f.). – Recueil des festes & spectacles donnees devant Sa Majesté à Fontainebleau 1773 (unpag., enthält Libretto des auch 1785 in Roissy aufgeführten Singspiels «La Rosière de Salency»). – Lettre à M. de ***, sur les rosières de Salency, et les autres établissemens semblables 1782. – Correspondance inédite du prince Xavier de Saxe, hg. Thévenot 1874 (S. 30, 291 f., 303). – Le Rouge, Jardins anglo-chinois 1776-88, 3e cahier (Roissy). – Saint-Simon, Mémoires, hg. Boislisle 1879-1930 (XV S. 267 u. Anm. 3). – Journal et mémoires du marquis d'Argenson, hg. Rathery 1859-67 (v. a. V S. 428). – Correspondance diplomatique du baron de Staël-Holstein, hg. Léouzon Le Duc 1881. – Le comte de Fersen et la cour de France. Extraits des papiers, hg. Klinckowström 1877-78. – Brissot de Warville, Nouveau Voyage aux États-Unis 1791 (I S. 107 f.). – The collection of autograph letters and historical documents formed by Alfred Morrison: The Hamilton and Nelson Papers 1893-94.

L: Britsch, La maison d'Orléans à la fin de l'Ancien Régime. La jeunesse de Philippe-Égalité (1747-85) 1926. – Lever, Philippe Égalité 1996. – Antonetti, Louis-Philippe 1994 (kritischste Darstellung der Erziehung durch Madame de Genlis). – Broglie, Madame de Genlis, 1985. – Campbell, Edward and Pamela Fitzgerald 1904. – Ward, Forth: Life of Nathaniel Parker Forth 1982. – Andlau, La jeunesse de Madame de Staël 1970. – Herold, Mistress to an Age. A Life of Madame de Staël 1981. – Haussonville, Le salon de Mme Necker 1882. – Geffroy, Gustave III et la Cour de France 1867. – Gerste, Der Zauberkönig. Gustav III. und Schwedens Goldene Zeit 1996. – Waresquiel, Talleyrand. Le prince immobile 2015. – Haynin, Louis de Rohan. Le cardinal «collier», 1997. – Horowski, Die Belagerung des Thrones 2012 (Hofpolitik unter Ludwig XVI.). – Simms, Three Victories and a Defeat. The Rise and Fall of the first British Empire 2008. – Taillemite, La Fayette 1989. – Montbas, Avec Lafayette chez les Iroquois 1929 (enthält Reisetagebuch Barbé-Marbois). – Gottschalk, Lafayette between the American and French Revolution, 1783-1789, 1950 (S. 433 f.). – Wonderley, ‹Good Peters Narrative …›: An Oneida view of dispossession, New York History 84 (2003) S. 237-73 (S. 262 f.). – Daniels, The Lafayette collection at Cornell, The Quarterly Journal of the Library of Congress 29 (1972) S. 95-137 (S. 121). – Shannon, Iroquois diplomacy on the early American frontier 2008. – Lehman, The End of the Iroquois Mystique: The Oneida Land Cession Treaties of the 1780 s, The William and Mary Quarterly 47 (1990) S. 523-47 (S. 543 f.). – Dorland, The Second Troop Philadelphia City Cavalry, The Pennsylvania Magazine of History and Biography 46 (1922) S. 154-72 (S. 159). – Houth, Le château de Roissy-en-France, Mémoires de la Société historique et archéologique de l'arrondissement de Pontoise & du Vexin 42 (1933) S. 54-63. – Nolhac, Le Trianon de Marie-Antoinette 1914 (S. 54-64). – Maza, The Rose-Girl of Salency, Eighteenth-Century Studies 22 (1989) S. 395-412. – Everdell, The Rosières mouvement 1766-1789, French Historical Studies 9 (1975) S. 23-36. – McLynn, Bonnie Prince Charlie 1988 (S. 532-36). – Zamoyski, The Last King of Poland 1992 (S. 22). – Elgenstierna, Den introducerade svenska adelns Ättartavlor 1925-36 (VII S. 519). – Lédée, Extraits de l'histoire de St-Barthélemy sous la domination suédoise 1913. – Constantine, Fields of Fire. A life of Sir William Hamilton 2001. – Fothergill, Sir William Hamilton. Envoy Extraordinary 1969. – Fraser, Beloved Emma. The Life of Emma Lady Hamilton 1986.

Kapitel 20

Q: Материалы для жизнеописания графа Никиты Петровича Панина, hg. Brückner 1888-92 (v. a. für Subows Aufenthalt in Berlin). – Mémoires du prince Adam [Jerzy] Czartoryski, hg. Mazade 1887. – Mémoires secrets et inédits de Stanislas-Auguste comte Poniatowski, dernier roi de Pologne 1862 (darin separ. pagin. Bacciarelli, Journal privé du voyage de Stanislas-Auguste au couronnement de Paul Ier). – Neunundsechzig Jahre am Preußischen Hofe. Aus den Erinnerungen der Oberhofmeisterin Sophie Marie Gräfin von Voss 1887 (verfälschte und lückenhafte Ausgabe der bis heute nicht korrekt edierten Tagebücher; die auf Subow bezogenen Stellen sind jedoch so unspektakulär, dass sie unverdächtig erscheinen). – Writings of John Quincy Adams, hg. Ford 1913-17. – Memoirs of John Quincy Adams, comprising portions of his diary 1874-77. – Berlin and the Prussian Court in 1798. The Diaries of Thomas Boylston Adams, hg. Paltsits 1916. – Lehndorff, Am Hof der Königin Luise. Das Tagebuch vom Jahr 1799, hg. u. übers. Ziebura 2009 (S. 65). – Ligne, Mémoires, lettres et pensées, hg. Payne 1989. – Souvenirs de la comtesse Golovine née princesse Galitzine, hg. Waliszewski 1910. – Golovkine, La Cour et le règne de Paul Ier, hg. Bonnet 1905. – Diplomatische Correspondenzen aus der Revolutionszeit, hg. Herrmann 1867 (S. 534). – Apologie der Gräfin Lichtenau 1808 (in II ihre Korrespondenzen). – The collection of autograph letters and historical documents formed by Alfred Morrison: The Hamilton and Nelson Papers 1893-94. – The dispatches and letters of Vice-Admiral Lord Viscount Nelson, hg. Nicolas 1845. – Ausführliche Nachricht von dem feierlichen Leichenbegängnisse Sr. Majestät des Hochseeligen Königs Friedrich Wilhelm II. von Preußen 1797. – Beschreibung des feyerlichen Leichenbegängnisses König Friedrich Wilhelms des II. von Preußen 1797. – Reglement zu dem Leichenbegängnisse … Friedrich Wilhelms II. Königs von Preußen 1797. – Jahrbücher d. preuß. Monarchie 1798 (v. a. Teil 1 S. 465, Teil 2 S. 267 f.). – Adreß-Kalender der Königl. Preußischen Haupt- und Residentz-Städte Berlin u. Potsdam 1798 (S. 301). – Wadzeck u. Wippel, Geschichte der Erbhuldigungen der Brandenburgisch-preußischen Regenten 1798. – Mémoires de Barras, hg. Duruy 1895-96. – Œuvres du comte P.-L. Roederer, hg. Roederer 1853-59. – Mounier, Souvenirs intimes, hg. Hérisson 1896 (S. 217). – Dumont, Souvenirs sur Mirabeau, hg. Duval 1832 (S. 370).

L: Madariaga, Russia in the Age of Catherine the Great 1981. – Waliszewski, Autour d'un Trône. Catherine II de Russie, ses collaborateurs, ses amis, ses favoris 1897. – Ders., Le fils de la grande Catherine. Paul Ier 1912. – Grey, Paul Ier. Le Tsar bâtard 1998. – Zubow, Zar Paul I. Mensch und Schicksal 1963 (trotz Titel keine Biographie, dafür aber detaillierte Rekonstruktion der Verschwörung gegen ihn u. zugleich aufschlußreich über P. A. Subow). – Sebag Montefiore, Potemkin. Catherine The Great's Imperial Partner 2005. – Zamoyski, The Last King of Poland 1992. – Łukowski, Liberty's Folly. The Polish-Lithuanian Commonwealth in the eighteenth century 1991. – Bringmann, Preußen unter Friedrich Wilhelm II. 2001. – Schultze, Hans Rudolf von Bischoffwerder, Mitteldeutsche Lebensbilder 3 (1928) S. 134–55. – Ders., Die Rosenkreuzer und Friedrich Wilhelm II., Mitteilungen d. Vereins für die Gesch. Berlins 46 (1929) S. 41–51. – Paul Schwartz, Geisterspuk, ebenda 47 (1930) S. 45–60. – d'Alton-Rauch, Der Sturz der der Gräfin Lichtenau, ebenda 46 (1929) S. 136–41. – Geffarth, Religion und arkane Hierarchie. Der Orden d. Gold- & Rosenkreuzer als Geheime Kirche 2007. – Neugebauer-Wölk, Arkanwelten im 18. Jahrhundert, Aufklärung 15 (2003) S. 7–65. – Haase-Faulenorth, Gräfin Lichtenau 1934. – Becker, Das Niederländische Palais, Mitteilungen d. Vereins für die Gesch. Berlins 1989–93 S. 172–82 (damaliges Palais Lichtenau). – Straubel, Carl August v. Struensee 1999. – Adams, Die Beziehungen zw. Preußen & den Vereinigten Staaten 1775–1870, 1960. – Schroeder, The Transformation of European Politics 1763–1848, 1994. – Maugras, La fin d'une société. Le duc de Lauzun et la cour intime de Louis XV 1900 (S. 401). – Corti, Ich, eine Tochter Maria Theresias. Ein Lebensbild der Königin Marie Karoline von Neapel 1950. – Acton, The Bourbons of Naples 1956. – Hausmann, Herrscherin im Paradies der Teufel. Maria Carolina Königin von Neapel 2014. – Constantine, Fields of Fire. A life of Sir William Hamilton 2001. – Fothergill, Sir William Hamilton. Envoy Extraordinary 1969. – Ders., The Mitred Earl. An Eighteenth-Century Eccentric 1974 (Lord Bristol). – Childe-Pemberton, The Earl Bishop. The Life of Frederick Hervey, Bishop of Derry, Earl of Bristol 1924. – Fraser, Beloved Emma. The Life of Emma Lady Hamilton 1986. – Pocock, Horatio Nelson 1994. – La Trémoïlle, Les La Trémoïlle pendant cinq siècles 1890–96 (V S. 225–32). – Vaughan, The Last of the Royal Stuarts. Henry Stuart, Cardinal Duke of York 1906. – Shield, Henry Stuart, cardinal of York and his times 1908. – Stryienski, Mesdames filles de Louis XV 1911 (S. 317–19). Lever, Philippe Égalité 1996. – Antonetti, Louis-Philippe 1994. – Broglie, Madame de Genlis, 1985. – Campbell, Edward and Pamela Fitzgerald 1904. – Louis-Philippe [Orléans], Journal de mon voyage d'Amérique, hg. Huart 1976. – Herold, Mistress to an Age. A Life of Madame de Staël 1981. – Rudler, La jeunesse de Benjamin Constant 1909. – Waresquiel, Talleyrand. Le prince immobile 2015. – Lacour-Gayet, Talleyrand 1947. – Verrey, Chronologie de la vie et des œuvres de Benjamin Constant i 1992. – Récits d'une tante. Mémoires de la comtesse de Boigne 1921. – Bodinier, Dictionnaire des officiers généraux de l'armée royale 1763–1792, 2009–14. – Fougeroux de Campigneulles, Histoire des duels anciens et modernes 1835 (II S. 349 f.). – Vandal, L'avènement de Bonaparte 1902. – Lentz, Le 18 brumaire 2010. – Die zweite Hälfte des Schlusssatzes ist ein Zitat aus und eine Hommage an den *Gattopardo* des Fürsten von Lampedusa.

Epilog

Alle im Epilog mitgeteilten Inhalte oder Zitate stammen aus den bereits für Kapitel 20 zu den entsprechenden Themen angeführten Texten. Der im Original «Vice-Grand Électeur de l'Empire» lautende Titel Talleyrands ist zwar mit «Reichs-Vize-Groß-Kurfürst» insofern wenig ideal übersetzt, als diese Würde sich natürlich schon aufgrund der ganz anderen Struktur des napoleonischen Kaisertums in keiner Weise mit der Würde der Kurfürsten des gerade untergegangenen Römisch-Deutschen Reichs vergleichen ließ. Aus genau demselben Grund findet sich jedoch als Alternative nur der erst recht irreführende und widersinnige Titel «Reichs-Vize-Groß-Wahlleiter».

Nachweis der Bildquellen

Tafelteil I

Tafel 1
Elizabeth Stuart, Königin von Böhmen. Gemälde von Gerard van Honthorst, 1642. London, The National Gallery. *Copyright: ullstein bild/Heritage Images/Fine Art Images.*

Tafel 2
Links: Henri-Charles de La Trémoïlle, Prince de Tarente. Kupferstich von Pieter Philippe, 1664, nach dem Gemälde von Jan de Baen (1664). *Österreichische Nationalbibliothek, Wien.* – Rechts: Bogusław Radziwiłł, Herzog von Birsen und Dubinki. Anonymes Gemälde, 17. Jahrhundert. Paris, Musée du Louvre, D.A.G. *Copyright: bpk/RMN Grand Palais.* – Unten: Elisabeth von der Pfalz. Gemälde von Gerard van Honthorst (Atelier), undatiert. Manvers/Rotherham, Ashdown House, The Craven Collection. *Copyright: ullstein bild/NTPL/John Hammond.*

Tafel 3
Kurfürst Friedrich Wilhelm von Brandenburg mit seiner Frau Luise Henriette von Oranien. Gemälde von Gerard van Honthorst, 1647. Amsterdam, Rijksmuseum. *Copyright: ullstein bild/Liszt Collection.*

Tafel 4/5
Jean-Baptiste Colbert stellt Ludwig XIV. die Mitglieder der Königlichen Akademie der Wissenschaften vor. Gemälde von Henri Testelin, 1667. Versailles, Châteaux de Versailles et de Trianon. *Copyright: bpk/RMN Grand Palais/Gérard Blot.* – Links: Catherine-Charlotte de Gramont, Fürstin von Monaco. Gemälde von Beaubrun (Werkstatt), 17. Jahrhundert. Versailles, Châteaux de Versailles et de Trianon. *Copyright: bpk/RMN Grand Palais/Gérard Blot.* – Mitte: Henrietta von England als Minerva mit einem Medaillon ihres Gatten Philippe de France, Duc d'Orléans. Gemälde von Antoine Mathieu d.Ä., 17. Jahrhundert. Versailles, Châteaux de Versailles et de Trianon. *Copyright: bpk/RMN Grand*

Palais / Gérard Blot, Christian Jean. – Rechts: Christoph Bernhard von Galen, Fürstbischof von Münster, zu Pferde vor der Silhouette Groningens. Gemälde von Wolfgang Heimbach, um 1674. Privatbesitz. *Copyright: akg-images.*

Tafel 6

Links: Sophie von der Pfalz. Gemälde von Gerard van Honthorst, um 1650. Hannover, Museum Schloss Herrenhausen. *Copyright: ullstein bild / NTPL/Derrick E. Witty.* – Rechts: Sophie Charlotte, Kurprinzessin von Brandenburg. Gemälde von Gédéon Romandon, um 1690. Berlin, Stiftung Stadtmuseum. *Copyright: akg-images.* – Unten: Friedrich III. von Brandenburg als Kurprinz. Gemälde von Adam de Clerck (?). Berlin-Brandenburg, SPSG. *Copyright: Stiftung Preußische Schlösser und Gärten Berlin-Brandenburg (GK I 1030) / Jörg P. Anders, 2001.*

Tafel 7

Oben: Jakob II. von England. Gemälde von Nicolas de Largillière, um 1685. London, National Maritime Museum. *Copyright: ullstein bild / United Archives.* – Unten: Maria Beatrix d'Este, Königin von England. Gemälde von Willem Wissing, um 1685. London, National Portrait Gallery. *Copyright: Primary Collection © 2016 National Portrait Gallery, London / Scala, Florenz.*

Tafel 8

Antonin-Nompar de Caumont Duc de Lauzun. Gemälde von Sir Alexis Simon Belle, um 1700. La Rochelle, Musée des Beaux-Arts. *Copyright: © Musée d'Art et d'Histoire de la Rochelle.*

Tafelteil II

Tafel 1

Oben: Ludwig XIV. von Frankreich und seine Erben. Gemälde eines unbekannten Künstlers, um 1710. London, Wallace Collection. *Copyright: ullstein bild / Granger, NYC.* – Unten links: Leopold I. im Theaterkostüm des «Acis» in dem Schäferspiel «La Galatea». Gemälde von Jan Thomas, 1667. Wien, Kunsthistorisches Museum. *Copyright: akg-images / Erich Lessing.* – Unten rechts: Sophie Dorothea von Hannover mit ihren Kindern Georg und Sophie Dorothea. Gemälde von Jacques Vaillant, 1691. Celle, Bomann-Museum. *Copyright: ullstein bild / Heritage Images / Fine Art Images.*

Tafel 2

Oben: Friedrich Wilhelm (I.) als Kronprinz von Preußen. Gemälde von Samuel Theodor Gericke, um 1701. Berlin-Brandenburg, SPSG. *Copyright: Stiftung Preußische Schlösser und Gärten Berlin-Brandenburg (GK I 7020) / Roland Handrick.* – Mitte: Prinz Eugen von Savoyen. Gemälde von Jacob van Schuppen, 1718. Wien, Belvedere, Dauerleihgabe des Rijksmuseums Amsterdam. *Copyright: akg-images.* – Unten: Jakob III. von England. Gemälde von Alexis Simon Belle (Werkstatt), um 1712. London, National Portrait Gallery. *Copyright: Photo © Stefano Baldini / Bridgeman Images.*

Tafel 3

Oben: Françoise-Marie de Bourbon, Duchesse d'Orléans. Gemälde von François de Troy, 1692. Versailles, Châteaux de Versailles et de Trianon. *Copyright: bpk/RMN/Grand Palais/Daniel Arnaudet/Gérard Blot.* – Mitte: Marie-Louise-Élisabeth d'Orléans, Duchesse de Berry, als Flora. Gemälde aus der Schule des Nicolas de Largillière, vor 1719. Amsterdam, Rijksmuseum. *Copyright: ullstein bild/Liszt Collection.* – Unten: Louise-Élisabeth de Bourbon, Princesse de Conty. Gemälde von Pierre Gobert (Werkstatt). Versailles, Châteaux de Versailles et de Trianon. *Copyright: bpk/RMN/Grand Palais/Gérard Blot.*

Tafel 4

Oben: Louis-Antoine de Pardaillan de Gondrin, Duc d'Antin. Gemälde von Hyacinthe Rigaud (Werkstatt), zwischen 1724 und 1736. Versailles, Châteaux de Versailles et de Trianon. *Copyright: bpk/RMN/Grand Palais/Franck Raux.* – Unten links: Ludwig XV. auf dem Thron. Gemälde von Hyacinthe Rigaud, 1715. Versailles, Châteaux de Versailles et de Trianon. *Copyright: bpk/RMN – Grand Palais.* – Unten rechts: Philippe d'Orléans, Duc d'Orléans, mit seiner als Minerva dargestellten Geliebten Marie-Madeleine de La Vieuville, Comtesse de Parabère. Gemälde von Jean-Baptiste Santerre, frühes 18. Jahrhundert. Versailles, Châteaux de Versailles et de Trianon. *Copyright: bpk/RMN/Grand Palais/Gérard Blot.*

Tafel 5

Oben links: Françoise d'Aubigné, Marquise de Maintenon, mit ihrer Nichte. Gemälde von Louis Ferdinand Elle, 1688. Versailles, Châteaux de Versailles et de Trianon. *Copyright: ullstein bild/Heritage Images/Fine Art Images.* – Oben rechts: vermutliches Porträt von Marie-Anne de La Trémoïlle, Fürstin Orsini. Undatiertes Gemälde, René Antoine Houasse zugeschrieben. Chantilly, Musée Condé. *Copyright: bpk/RMN/Grand Palais/Thierry Ollivier.* – Unten: Philipp V., König von Spanien. Gemälde von Hyacinthe Rigaud, 1701. Versailles, Châteaux de Versailles et de Trianon. *Copyright: ullstein bild/Heritage Images/Fine Art Images.*

Tafel 6

Maria Anna Victoria de Borbón, Infantin von Spanien. Gemälde von Nicolas de Largillière, 1724. Madrid, Museo Nacional del Prado. *Copyright: © Museo Nacional del Prado.*

Tafel 7

Marie Leszczyńska mit dem Dauphin Ludwig von Frankreich. Gemälde von Alexis Simon Belle, 1730. Versailles, Châteaux de Versailles et de Trianon. *Copyright: ullstein bild/Heritage Images/Fine Art Images.*

Tafel 8

Allianzporträt von August II. von Polen und Friedrich Wilhelm I. von Preußen. Gemälde von Louis de Silvestre, vor 1730. Dresden, Gemäldegalerie Alte Meister. *Copyright: akg-images.*

Tafelteil III

Tafel 1
Friedrich Wilhelm von Grumbkow. Gemälde von Bescheky, um 1738. Rudolstadt, Schloss Molsdorf, Stiftung Thüringer Schlösser und Gärten. *Copyright:* © *Bildarchiv Foto Marburg/ Paul Haag.*

Tafel 2
Oben links: der polnische König Stanisław Leszczyński. Gemälde von Antoine Pesne, um 1731. Berlin-Brandenburg, SPSG. *Copyright: bpk/Stiftung Preußische Schlösser und Gärten Berlin-Brandenburg.* – Oben rechts: André-Hercule, Cardinal de Fleury. Gemälde von François-Albert Stiemart nach Hyacinthe Rigaud, 1728. Versailles, Châteaux de Versailles et de Trianon. *Copyright: ullstein bild/Roger-Viollet.* – Unten: August III. von Polen. Gemälde von Pietro Antonio Rotari, 1755. Dresden, Gemäldegalerie Alte Meister. *Copyright: bpk/Kunstsammlungen Dresden/Herbert Boswank.*

Tafel 3
Oben links: Sophie Dorothea, Königin von Preußen. Gemälde von Antoine Pesne, 1737. Berlin-Brandenburg, SPSG. *Copyright: bpk/Stiftung Preußische Schlösser und Gärten Berlin-Brandenburg/Roland Handrick.* – Oben rechts: Elisabeth Christine, Kronprinzessin von Preußen. Gemälde von Antoine Pesne, um 1739. Berlin-Brandenburg, SPSG. *Copyright: bpk/Eigentum des Hauses Hohenzollern/Jörg P. Anders.* – Unten: Philipp V. von Spanien und Isabella Farnese. Gemälde von Louis Michel van Loo, 1743. Madrid, Museo Nacional del Prado. *Copyright:* © *Museo Nacional del Prado.*

Tafel 4
Oben links: Georg II. König von Großbritannien. Gemälde von Thomas Hudson, 1744. London, National Portrait Gallery. *Copyright: Primary Collection* © *2016 National Portrait Gallery, London/Scala, Florenz.* – Oben rechts: Caroline von Ansbach, Königin von Großbritannien. Gemälde von Joseph Highmore, um 1735. The Royal Collection. *Copyright: Royal Collection Trust* © *Her Majesty Queen Elizabeth II, 2016/Bridgeman Images.* – Unten: Henrietta Howard, spätere Lady Suffolk. Gemälde von Charles Jervas, um 1724. London, Marble Hill House. *Copyright:* © *Historic England/Bridgeman Images.*

Tafel 5
Oben: Augusta von Gotha, Prinzessin von Wales. Gemälde von Jean-Baptiste van Loo und Werkstatt, um 1742. London, Christie's Images Limited. *Copyright:* © *2016 Christie's Images, London/Scala, Florenz.* – Unten links: Friedrich Ludwig, Prinz von Wales. Gemälde von Philip Mercier, 1735/36. London, National Portrait Gallery. *Copyright: Primary Collection* © *2016 National Portrait Gallery, London/Scala, Florenz.* – Unten rechts: Lady Archibald Hamilton. Gemälde von Michael Dahl, vor 1743. *Adam Busiakiewicz/Adam FineArt.*

~ Nachweis der Bildquellen ~ 1083

Tafel 6
John Lord Hervey, als Lordsiegelbewahrer. Gemälde von Jean-Baptiste van Loo, 1741. Swindon, Ickworth House. *Copyright: National Trust Photographic Library/Angelo Hornak/Bridgeman Images.*

Tafel 7
Oben links: Prinz Karl Eduard Stuart. Gemälde von Louis Gabriel Blanchet 1738. London, National Portrait Gallery. *Copyright: Photo © Stefano Baldini/Bridgeman Images.* – Oben rechts: Louis-Charles-Auguste Fouquet, Comte de Belle-Isle. Gemälde nach Maurice Quentin de La Tour. Versailles, Châteaux de Versailles et de Trianon. *Copyright: bpk/RMN-Grand Palais/Daniel Arnaudet/Hervé Lewandowski.* – Unten: Kaiserin Maria Theresia. Gemälde von Martin von Meytens d. J., um 1744. Wien, Wien Museum. *Copyright: bpk/Alfredo Dagli Orti.*

Tafel 8
Moritz Graf von Sachsen. Pastell von Maurice Quentin de La Tour, 1748. Dresden, Gemäldegalerie Alte Meister. *Copyright: akg-images.*

Tafelteil IV

Tafel 1
Stanisław II. August Poniatowski im Krönungsornat. Gemälde von Marcello Bacciarelli, 1764. Schloss Gripsholm. *Copyright: ullstein bild/United Archives/World History Archive.*

Tafel 2
Oben links: Horace Walpole. Pastell von Rosalba Giovanna Carriera, um 1741. Privatsammlung. *Copyright: Privatsammlung/Bridgeman Images.* – Oben rechts: Izabela Fürstin Lubomirska, geb. Prinzessin Czartoryska. Gemälde von Marcello Bacciarelli, 1770er Jahre. Warschau, Wilanów Palast Museum. *wikimedia.org, File: Bacciarelli Blue Marquise. jpg. Source: culture.pl.* – Unten: Fürst Karol Stanisław Radziwiłł. Anonymes Gemälde, nach 1767. *wikimedia.org, File: Karol Stanisław Radziwiłł Panie Kochanku.PNG. Source: multipanorama.pl.*

Tafel 3
Oben: Großfürstin Anna Leopoldowna. Gemälde von Louis Caravacque, nach 1733. Moskau, Museum V. A. Tropinins und der Moskauer Künstler seiner Zeit. *Copyright: Museum V. A. Tropinins und der Moskauer Künstler seiner Zeit/Bridgeman Images.* – Unten links: Graf Bobrinskij als Kind. Gemälde von Carl Ludwig Christinek, 1769. St. Petersburg, Eremitage. *Copyright: Eremitage, St. Petersburg/Bridgeman Images.* – Unten rechts: Zarin Katharina II. Gemälde von Fjodor Stepanowitsch Rokotow, 1763. Moskau, Staatliche Tretjakow-Galerie. *Copyright: bpk.*

Tafel 4
Oben: Sir William Hamilton. Gemälde von David Allen, 1775. London, National Portrait Gallery. *Copyright: Primary Collection* © *2016 National Portrait Gallery, London / Scala, Florenz.* – Unten: Ferdinand IV., König von Neapel und Sizilien, mit seiner Frau Marie Caroline und sechs ihrer Kinder. Gemälde von Angelika Kauffmann, 1783. Vaduz (Liechtenstein), Fürstliche Sammlung. *Copyright: akg-images.*

Tafel 5
Oben: Madame de Genlis. Gemälde von Adélaïde Labille-Guiard, 1790. *Copyright: ullstein bild / Heritage Images / Fine Art Images.* – Unten links: Marie-Joseph Motier, Marquis de La Fayette, im Jahr 1792. Gemälde von Joseph-Désiré Court, 1834. Versailles, Châteaux de Versailles et de Trianon. *Copyright: akg-images / Erich Lessing.* – Unten rechts: Der spätere «Bürgerkönig» Louis-Philippe d'Orléans, Duc de Chartres, als junger Generalleutnant. Gemälde von Léon Cogniet, 1792. Versailles, Châteaux de Versailles et de Trianon. *Copyright: ullstein bild / Heritage Images / Fine Art Images.*

Tafel 6
Oben: Emma Hart als Ariadne. Gemälde von George Romney, 1785. *Copyright:* © *National Maritime Museum, Greenwich, London.* – Unten links: Charles-Maurice de Talleyrand. Gemälde von Pierre-Paul Prud'hon, 1817. New York, The Metropolitan Museum of Art. *Copyright: bpk / The Metropolitan Museum of Art.* – Unten rechts: Germaine Necker, Baronin von Staël-Holstein. Gemälde von François Gérard, nach 1817. Coppet (Schweiz), Château de Coppet. *Copyright: akg-images / Erich Lessing.*

Tafel 7
Oben: Friedrich Wilhelm II. von Preußen. Gemälde von Johann Christoph Frisch, 1794. Berlin, Deutsches Historisches Museum. *wikipedia.org, File: 1797 Frisch Friedrich Wilhelm II. von Preussen anagoria.JPG. Source: anagoria.* – Unten: Paul I. von Russland in der Uniform der Leibgarde des Preobraženskij-Regiments. Gemälde von Stepan Semenowitsch Schtschukin, 1796/97. Eremitage, St. Petersburg. *Copyright: Eremitage, St. Petersburg / Bridgeman Images.*

Tafel 8
Fürst Platon Subow. Gemälde von Johann Baptist Lampi d. Ä., 1793. Moskau, Staatliche Tretjakow-Galerie. *Copyright: tretjakov.ru.*

Dank

Mein herzlicher Dank nicht nur für das Zustandekommen dieses Buches, sondern auch für seine reiche Ausstattung und vor allem für ebenso viel Geduld wie Vertrauen gilt Barbara Laugwitz. Prof. Dr. Martin Kohlrausch, Philipp Albers, Ulrike Sterblich, Dr. Vera Wolff und Oliver Platz danke ich für die zum Buch führende Ereigniskette, Thomas Hölzl und Petra Eggers für die Vermittlung an den Rowohlt Verlag und Christof Blome für die anfängliche Betreuung. Für Ermutigung, kritische Lektüre einzelner Teile oder praktische Hilfe danke ich Priv.-Doz. Dr. Lars Behrisch, Prof. Dr. Stephanie Bung, Dr. Naïma Ghermani, Dr. Bettina Hitzer, meinen Eltern Dr. Reinhard Horowski und Roswitha Sinkwitz-Horowski, Matthias Krüger M. A., Hans Plath, Prof. Dr. Barbara Stollberg-Rilinger und Dr. Marie-Christin Wilm. Was dieses Buch noch an etwaigen Irrtümern oder sonstigen Schwächen enthält, geht natürlich allein auf mein Konto. Schließlich danke ich Stephanie Bung für Geduld, Ermutigung und Hilfe, die sich mit nichts aufwiegen lassen; es ist nicht mehr als die Andeutung des angemessenen Danks, dass ich dies Buch ihr widme.

Namenregister

Abdurrahman Pascha (Schweizer Renegat, † 1686) 145
Achaia, Philipp von Savoyen, Fürst von (1278–1334) 95
Adams, John (1735–1826) 965 f., 968 f.
Adams, John Quincy (1767–1848) 965–70, 1000
Agénois, Louis-Armand de Vignerot du Plessis-Richelieu, Comte d' (1683–1750) 445 f.
Ailesbury, Bruce, Thomas Earl of (1656–1741) 170 f.
Alba, Doña Cayetana Fitzjames-Stuart y Silva, Duquesa de (1926–2014) 414
Albemarle, Anne Lennox, Countess of (1703–1789) 634
Albemarle, Arnold Joost van Keppel, Earl of (1669–1718) 316, 633 f., 1033
Albemarle, William Anne [van] Keppel, Earl of (1702–1755) 634, 731
Albergotti, Francesco Zenobio Conte (1654–1717) 258–62, 296, 299, 302, 306, 309 f., 323, 342, 422
Alberoni, Giulio (1717: Cardinal, 1664–1752) 421, 424 f., 427, 431, 478 f., 483, 486 f.
Albrecht ‹der Entartete› siehe Meißen
Alfons XIII. König von Spanien (1886–1941) 773 f.
Algarotti, Francesco (1746: Graf, 1712–1764) 671, 719
Alincourt, François-Camille de Neufville de Villeroy, Marquis (1729: Duc) d' (1704–1738) 501
Alincourt, Marie-Joséphine de Boufflers, Marquise (1729: Duchesse) d' (1704–1738) 896
Altenbockum siehe auch Lubomirska (Konstancja), Lubomirska (Urszula)
Altenbockum, Jan Kazimierz von (1666–1721) 206 f., 216
Altenbockum, Konstancja Tekla von (geb. Branicka, ca. 1640–nach 1689) 207
Aly, Friedrich Wilhelm («Kammertürke») 144, 255
Amelise siehe Raugräfin von der Pfalz
Amezaga, José Antonio Hurtado de (1670–1718) 377 [als ‹Gouverneur von Panama›], 425 f.
Andlau siehe auch Saint-Aubin (Marie-Françoise-Félicité)
Andlau, François-Léonor von (1710–1763) 579
Anhalt-Dessau, Henriette Katharina Fürstin von (geb. Prinzessin von Nassau-Oranien, 1637–1708) 184
Anhalt-Dessau, Leopold I. Fürst von (1676–1747) 549 f.
Anhalt-Dessau, Leopold III. Friedrich Franz Fürst von (1740–1817) 853
Anhalt-Zerbst siehe auch Katharina II., Sachsen-Gotha (Magdalena Augusta)
Anhalt-Zerbst, Christian August Fürst von (bis 1746: Prinz, 1690–1747) 312, 784 f.

Anhalt-Zerbst, Johanna Elisabeth Fürstin
von (zuvor 1727–46 Prinzessin, geb.
Prinzessin von Holstein-Gottorf,
1712–1760) 784 f.
*Anjou siehe Karl von Anjou (1226–1285),
René von Anjou (1409–1480), Philipp V.,
Ludwig XV.*
Anna Iwanowna Kaiserin (Zarin) von
Russland (zuvor 1710–30 Herzogin von
Kurland, geb. Großfürstin von Russland,
1693–1740) 539, 559, 564, 580 f., 586, 766,
768 f., 772 f.
Anna Königin von England (zuvor
1683–1702 Prinzessin von Dänemark, geb. Prinzessin von England,
1665–1714) 157, 271, 297, 416, 616,
634–36, 638 f.
Anna ‹von Österreich› Königin von
Frankreich (geb. Infantin von Spanien,
1602–1666) 43–45, 48, 58, 272, 410
*Ansbach siehe auch Caroline (England),
Hanau*
Ansbach, Eleonore Luise Markgräfin von
Brandenburg- (später 1692 Kurfürstin
von Sachsen, geb. Prinzessin von Sachsen-Eisenach, 1662–1696) 642
Ansbach, Johann Friedrich Markgraf von
Brandenburg- (1654–1686) 642
Antin, Henri de Pardaillan de Gondrin,
Marquis d' (ca. 1644–1662) 382
Antin, Louis-Antoine de Pardaillan de
Gondrin, Marquis (1711: Duc) d'
(1665–1736) 335–39, 340, 345 f., 348 f.,
351, 363, 366, 375, 382, 1031
Argy, Marie-Paule de Beauvillier, Demoiselle
d' (1688–1716) 448
Artagnan, Charles de Batz de Castelmore de Montesquiou, Comte d'
(1615?–1673) 59, 64, 99, 109, 119
Artagnan, Pierre de Montesquiou, Comte d'
(1645–1725) 307
Artois siehe Karl X.
*Asturien siehe Ludwig I., Louise Elisabeth,
Karl IV.*
Aubigné siehe Maintenon, Noailles (Françoise-Charlotte-Amable)
Aubigny, Jean Bouteroue d' (ca. 1660?–1732)
409
August II. ‹der Starke› König von Polen
(als Kurfürst von Sachsen Friedrich
August I., 1670–1733) 217, 232, 235 f.,
243, 299, 316, 515, 532, 550–54, 556–70,
572–75, 642, 690 f., 737, 744–46, 766, 832,
990, 1001
August III. König von Polen (als Kurfürst
von Sachsen Friedrich August II.,
zuvor bis 1733 Kurprinz von Sachsen,
1696–1763) 236, 561 f., 566 f., 572, 578,
580 f., 587 f., 674, 686, 691, 693, 712, 715 f.,
737, 747, 750, 757, 763 f., 773, 794, 798
Austen, Jane (1775–1817) 379, 624
Auvergne, François-Égon de La Tour
d'Auvergne de Bouillon, Prince de
(1675–1710) 317
Aylva, Ernst van (1659–1714) 76, 85, 90 f.

Babylon, Jean-Baptiste Miroudot du Bourg,
Bischof von (1717–1798) 1038
Bach, Johann Sebastian (1685–1750) 580 f.
Baltimore, Charles Calvert, Baron
(1699–1751) 654, 657
Bamberg siehe Pinneberg
Barbara Königin von Spanien (geb. Infantin
von Portugal, 1711–1758) 832 f.
Barbezieux, Louis-François-Marie Le Tellier
de Louvois, Marquis de (1668–1701) 121
Barras, Paul-François-Jean-Nicolas Vicomte
de (1755–1829) 1037
Bartolomeo (Bergführer auf dem Vesuv,
1769) 851
Bavière, Emmanuel-François-Joseph Comte
de (1695–1747) 700
Bavière, Maria Josephine Karoline Comtesse de (geb. Gräfin von Hohenfels,
1720–1797) 700
*Bayern siehe auch Bavière, Dauphine (Maria
Anna Victoria), Köln (Joseph Clemens,
Clemens August)*
Bayern, Anna Herzogin von (geb. Erzherzogin von Österreich, 1528–1590) 680
Bayern, Franz Herzog von (*1933) 174
Bayern, Joseph Ferdinand Kurprinz von
(1692–1699) 247, 688
*Bayern, Karl Albrecht Kurfürst von siehe
Karl VII.*
*Bayern, Maria Amalia Kurfürstin von
siehe Maria Amalia Römisch-Deutsche
Kaiserin*
Bayern, Maria Antonia Kurfürstin von
(geb. Erzherzogin von Österreich,
1669–1692) 127
Bayern, Max Emanuel Herzog in (*1937) 174

Bayern, Maximilian I. Kurfürst von (1573–1651) 688
Bayern, Maximilian II. Emanuel Kurfürst von (1662–1726) 127, 142, 243, 263, 313 f., 708
Bayern, Therese Kunigunde Kurfürstin von (geb. Sobieska, 1676–1730) 708
Bayreuth siehe auch Christiane Eberhardine (Polen), Sophie Magdalene (Dänemark)
Bayreuth, Friedrich Markgraf von Brandenburg- (1711–1763) 536, 555
Bayreuth, Wilhelmine Markgräfin von Brandenburg- (geb. Prinzessin von Preußen, 1709–1758) 313, 439, 530, 535 f., 555
Beauclerk siehe auch Spencer (Diana, 1734–1808)
Beauclerk, Topham (1739–1780) 847 f.
Beaujolais, Louis-Charles-Alphonse d'Orléans, Comte de (1779–1808) 909–11, 914, 1027–30
Beaujolais, Philippine-Élisabeth d'Orléans, Demoiselle de (1714–1734) 508, 516
Beauvau siehe auch Mirepoix (Anne-Marguerite-Gabrielle)
Beauvau, Charles-Juste de Beauvau-Craon, Prince de (1720–1793) 887
Beauvillier siehe auch Argy, Buzançois, Montigny, Montrésor, Mortemart (Marie-Henriette), Chémery, La Ferté, Saint-Aignan, Séry (Marie-Geneviève)
Beauvillier, Henriette-Louise Colbert, Duchesse de (1657–1733) 62, 382
Beauvillier, Marie-Antoinette de Beauvillier, Demoiselle de (1679–?) 447
Beauvillier, Paul de Beauvillier de Saint-Aignan, Duc de (1648–1714) 345, 352–54, 357, 359, 368 f., 379, 382, 421, 447 f., 704
Bedford siehe auch Spencer (Diana, 1710–1735)
Bedford, John Russell, Duke of (bis 1732 Lord John Russell, 1710–1771) 652
Belgien siehe Mathilde
Belle-Isle siehe auch Gisors
Belle-Isle, Catherine-Agnès de Lévis-Charlus, Marquise de (1659–1728) 701–03
Belle-Isle, Charles-Louis-Auguste, Comte (1741: Maréchal, 1742: Duc) de (1684–1761) 701–29, 733 f., 737, 775, 906, 942

Belle-Isle, Louis Fouquet, Marquis de (1660–1738) 114, 701–03
Belle-Isle, Louis-Charles-Armand Fouquet, Chevalier de (1693–1747) 703–05, 714, 723, 725 f., 734
Belle-Isle, Marie-Casimire-Thérése-Geneviève-Emmanuelle de Béthune-Pologne, Comtesse (1741: Maréchale, 1742: Duchesse) de (1709–1755) 707–09, 734
Belle-Isle, Marie-Françoise-Henriette de Durfort-Civrac, Comtesse de (1678–1723) 707
Belrieux († 1744) 728
Benavente, Don Francisco Casimiro Antonio Pimentel de Quiñones y Benavides, Conde-Duque de (1655–1709) 406
Benjowski, Moritz August (1746?–1786) 812 f.
Bennigsen, Johann Levin von (1656–1689) 182 f., 197
Bennigsen, Levin August Gottlieb (1813: Graf) von (1745–1826) 1040
Bentinck siehe Portland
Berry, Charles de France, Duc de (1686–1714) 331–33, 340, 342 f., 349–51, 354 f., 357, 359–61, 364–66, 368, 371–73, 432 f., 464, 466–68, 475, 500, 506, 513, 536 f., 616
Berry, Marie-Louise-Élisabeth d'Orléans, Duchesse de (1695–1719) 331–33, 340, 343–45, 349–51, 354 f., 359 f., 362–64, 371, 373–75, 497, 506
Berwick (Fitzjames) siehe auch Alba, Liria
Berwick, James Fitzjames, Duke of (1670–1734) 159, 172, 177, 213 f., 264, 275, 412–15, 456, 483 f., 502, 582–84, 619, 631, 684, 704
Besenval, Pierre-Victor Baron de (1721–1791) 885
Besser, Dorothea (geb. Einhorn, † nach 1706) 207
Besser, Johann (1690: von, 1654–1729) 181–86, 192 f., 195, 197–99, 203 f., 207–09, 220, 237, 248 f., 255, 347, 463, 551
Besser, Katharina Elisabeth (geb. Kühlewein, 1662–1688) 184
Bestużew-Rjumin, Alexej Petrowitsch Graf (1693–1766) 789–92
Béthune siehe auch Charost, Belle-Isle (Marie-Casimire), Jabłonowska (Jeanne-Marie)

Béthune, Marie-Louise de La Grange d'Arquien, Marquise de (1634–1728) 515, 708 [als ‹ihre Großmutter›]
Bevern siehe auch Braunschweig (Albrecht, Ferdinand, Franz, Karl I., Ludwig: Diese Söhne führten ab 1735 nur noch den Namen Braunschweig), Elisabeth Christine (Preußen), Iwan VI., Juliane Maria (Dänemark), Preußen (Luise Amalie), Russland (Anna Leopoldowna), Sachsen-Coburg (Sophie Antoinette)
Bevern, Alexej Antonowitsch Prinz von Braunschweig- (1746–1787) 781 f., 800, 803–05, 972
Bevern, Antoinette Amalie Herzogin von Braunschweig- (geb. Prinzessin von Braunschweig-Wolfenbüttel, 1696–1762) 536–38, 541, 544, 766
Bevern, Anton Ulrich Prinz von Braunschweig- (1714–1776) 544, 766–69, 772–82, 800, 803 f.
Bevern, Christine Charlotte Prinzessin von Braunschweig- (1726–1766) 767
Bevern, Elisabeth Antonowna Prinzessin von Braunschweig- (1743–1782) 779–82, 800, 803–05, 872
Bevern, Ferdinand Albrecht I. Herzog von Braunschweig- (1636–1687) 537
Bevern, Ferdinand Albrecht II. Herzog von Braunschweig- (1680–1735) 536–39, 541, 584, 766
Bevern, Katharina Antonowna Prinzessin von Braunschweig- (1741–1807) 776–82, 800, 803–05, 872
Bevern, Peter Antonowitsch Prinz von Braunschweig- (1745–1798) 781 f., 800, 803–05, 872
Bevern, Therese Natalie Prinzessin von Braunschweig- (1728–1778) 767
Birkin, Jane (* 1946) 154
Biron (Familie Gontaut-) siehe Gontaut, Lauzun (Armand-Louis)
Biron (Familie, ursprünglich Bühren) siehe auch Dino (Dorothea)
Biron, Johann Ernst Graf von (1737: Herzog von Kurland, 1690–1772) 559, 564, 772–774, 778
Bischoffwerder, Hans Rudolf von (1741–1803) 955, 957–63, 970, 994
Blanzac, Charles de Roye de La Rochefoucauld, Comte de (1665–1732) 429 f., 434 f., 445
Blanzac, Marie-Henriette d'Aloigny de Rochefort, Comtesse de (1663–1736) 430, 445 [als Marthons Mutter]
Błędowski, Stefan (Ulanen-Oberst, 1741) 735
Bobrinskij, Alexej Grigorjewitsch Graf (bis 1796 Fürst Sitzkij, 1762–1823) 796
Bock (Holzmesser in Königsberg, 1690) 193
Bödiker, Johann (1641–1695) 129
Böhmen siehe Elisabeth, Friedrich
Bolingbroke, Frederick St. John, Viscount (1734–1787) 847
Bombelles, Angélique-Charlotte de Mackau, Marquise de (1762–1800) 878, 903, 925
Bombelles, Charles-René Graf von (1785–1856) 923
Bombelles, Marc-Marie Marquis de (1744–1822) 877–80, 888 f., 901, 922–26, 928–39, 944, 979
Bomben-Bernd siehe Galen
Bonaparte, Napoléon (1804: Napoleon I. Kaiser der Franzosen, 1769–1821) 923, 953, 1006 f., 1014, 1021, 1023 f., 1030, 1038, 1043–46
Borcke, Adrian Bernhard (1740: Graf) von (1668–1741) 532
Boufflers siehe auch Alincourt (Marie-Joséphine)
Boufflers, Catherine-Charlotte de Gramont, Maréchale Duchesse de (1669–1739) 269
Boufflers, Joseph-Marie Duc de (1706–1747) 369, 500 f., 585
Boufflers, Louis-François Maréchal Duc de (1644–1711) 269 f., 275, 280, 309, 312, 314 f., 317, 319 f., 322, 345, 369, 459, 500, 585
Boufflers, Madeleine-Angélique de Neufville de Villeroy, Duchesse de (1707–1787) 500
Bouillon siehe auch Auvergne, La Trémoille (Marie), La Trémoïlle (Marie-Hortense-Victoire), Turenne
Bouillon, Charles-Godefroy de La Tour d'Auvergne, Duc de (1706–1771) 515
Bouillon, Emmanuel-Théodose de La Tour d'Auvergne, Cardinal de (1643–1715) 61
Bouillon, Godefroy-Maurice de La Tour d'Auvergne, Duc de (1641–1721) 50, 59, 61

Bouillon, Marie-Anne Mancini, Duchesse de (1649–1714) 50, 59, 61
Bourbon (Linie Condé) siehe Bourbon, Condé, du Maine (Louise-Bénédicte), Enghien
Bourbon (Linie Conty) siehe Conty, La Roche-sur-Yon, Orléans (Louise-Henriette)
Bourbon (Linie der legitimierten Nachkommen Ludwigs XIV.) siehe Bourbon (Louise-Françoise), Conty (Marie-Anne), du Maine (Louis-Auguste), Orléans (Françoise-Marie), Orléans (Louise-Marie-Adélaïde), Penthièvre, Toulouse
Bourbon (Linie Vendôme) siehe Vendôme
Bourbon, Louis de Bourbon, Duc de (‹Monsieur le Duc›, 1668–1710) 337, 373
Bourbon, Louise-Françoise de Bourbon, Duchesse de (‹Madame la Duchesse›, 1673–1743) 216f., 331, 333, 337f., 340, 345, 348, 350, 366, 373, 375, 509, 513
Bourbon, Louis-Henri de Bourbon, Duc de (‹Monsieur le Duc›, 1692–1740) 474f., 478, 492, 503, 506–16, 705, 734
Bourgogne siehe Burgund
Boutteville, François de Montmorency, Comte de (1600–1627) 381
Bracciano siehe auch Orsini
Bracciano, Donna Ippolita Ludovisi, Duchessa di (ca. 1605–1674) 390, 392
Brand, Christoph Wilhelm von (1684–1743) 240f., 256
Brandenburg siehe auch [B.-]Ansbach, [B.-]Bayreuth, Hessen-Kassel (Hedwig Sophie), Hessen-Kassel (Luise Dorothea), Kurland (Luise Charlotte)
Brandenburg, Albrecht Markgraf von (1672–1731) 133f., 193–95
Brandenburg, Christian Markgraf von (1677–1734) 133f., 193–95
Brandenburg, Dorothea Kurfürstin von (zuvor 1653–68 Herzogin von Hannover, geb. Prinzessin von Holstein-Glücksburg, 1636–1689) 131, 133–35, 145
Brandenburg, Elisabeth Henriette Kurprinzessin von (geb. Prinzessin von Hessen-Kassel, 1661–1683) 133
Brandenburg, Friedrich (III.) Kurprinz, dann Kurfürst siehe Friedrich I. (1657–1713)
Brandenburg, Friedrich Wilhelm (I.) Kurprinz siehe Friedrich Wilhelm I. (1688–1740)
Brandenburg, Friedrich Wilhelm Kurfürst von (‹der Große Kurfürst›, 1620–1688) 38f., 42, 87–91, 124–25, 128, 133f., 139–43, 146f., 163, 184, 187–91, 224
Brandenburg, Joachim II. Kurfürst von (1505–1571) 127
Brandenburg, Karl Emil Kurprinz von (1655–1674) 91
Brandenburg, Karl Markgraf von (1673–1695) 133f., 193–95
Brandenburg, Ludwig Markgraf von (1666–1687) 133f., 145
Brandenburg, Luise Charlotte Markgräfin von (später ab 1688 Pfalzgräfin bei Rhein, geb. Prinzessin Radziwiłł, 1667–1695) 42f., 133f., 145, 216
Brandenburg, Luise Henriette Kurfürstin von (geb. Prinzessin von Nassau-Oranien, 1627–1667) 29, 38f., 42, 75, 133
Brandenburg, Philipp Markgraf von (1669–1711) 133f., 193–95
Brandenburg, Sophie Charlotte Kurprinzessin, dann Kurfürstin siehe Sophie Charlotte
Brandenburg-Ansbach siehe Ansbach
Brandenburg-Bayreuth siehe Bayreuth
Branicka, Alexandra Wassiljewna (geb. Engelhardt, 1754–1838) 991f.
Branicki, Franciszek Ksawery (1730?–1819) 793, 809, 990–993, 998
Braunschweig siehe auch Bevern, Celle, Hannover
Braunschweig, Albrecht Prinz von (1725–1745) 767
Braunschweig, Augusta Herzogin von (geb. Prinzessin von Großbritannien, 1737–1813) 985
Braunschweig, Charlotte Herzogin von (zuvor 1733–35 Erbprinzessin von B.-Bevern, geb. Prinzessin von Preußen, 1716–1801) 539, 546, 576f.
Braunschweig, Ferdinand Prinz von (1721–1792) 767
Braunschweig, Franz Prinz von (1732–1758) 767
Braunschweig, Friedrich August Prinz von (1740–1805) 957
Braunschweig, Karl I. Herzog von (zuvor bis 1735 Erbprinz von B.-Bevern, 1713–1780) 539, 546, 576f., 767
Braunschweig, Karl Wilhelm Ferdinand Herzog von (1735–1806) 984f., 995f.

Braunschweig, Ludwig Prinz von
(1718–1788) 767
*Braunschweig-Wolfenbüttel siehe auch Bevern
(Antoinette Amalie), Elisabeth Christine
Deutsche Kaiserin, Russland (Charlotte
Christine)*
Braunschweig-Wolfenbüttel, Anton Ulrich
Herzog von (1633–1714) 342, 536
*Bretagne siehe Dauphin (Louis de France,
1707–1712)*
Breteuil, François-Victor Le Tonnelier,
Marquis de (1686–1743) 488
Breteuil, Louis-Charles-Auguste Le Tonnelier, Baron de (1730–1807) 862, 923–25, 971, 979
Brienne, Étienne-Charles de Loménie, Cardinal de (zuvor 1763–88 Erzbischof von Toulouse, 1727–1794) 472 f.
Brigault, Louis, Abbé († nach 1720) 481
Brion, Alexandre d'Armond de († nach 1684) 129 f.
Bristol siehe auch Hervey
Bristol, Elizabeth Davers (zuvor 1752–79 Hon. Mrs. Frederick Hervey, 1733?–1800) 855
Bristol, Elizabeth Felton, Countess of (zuvor 1703–14 Lady Hervey, 1676–1741) 607, 618, 629, 637, 647, 652, 660
Bristol, Frederick Hervey, Earl of (zuvor bis 1779 Hon. Frederick Hervey; seit 1768 auch Bischof von Derry, 1730–1803) 649, 672, 846, 855–57, 1002–07, 1041 f.
Bristol, George William Hervey, Earl of (1721–1775) 833, 856 f., 1003
Bristol, John Hervey, Earl of (zuvor 1703–14 Lord Hervey, 1665–1751) 607, 618, 637, 647
Brockdorff, Christian Detlev von (1675–1744) 316
Broglie siehe auch Staël (Albertine)
Broglie, Achille-Léonce-Victor Duc de (1785–1870) 1044
Broglie, François-Marie Maréchal (1742: Duc) de (1671–1745) 715, 719 f.
Bronson, Charles (1921–2003) 735
Brouay, Philippe-Hippolyte-Charles Spinola, Comte de (1612–1670) 282
Brühl siehe auch Mniszchówna
Brühl, Franziska Gräfin von (geb. Gräfin Kolowrat-Krakowsky, 1717–1762) 744

Brühl, Heinrich von (1737: Graf, 1700–1763)
556–59, 563, 565–67, 570–72, 588, 712,
744, 752, 757, 762, 808, 954
Brühl, Karl Adolf Graf von (1742–1802) 954
Buckingham, George Villiers, Duke of
(1592–1628) 158, 618
Buckingham, Katherine Darnley, Duchess of
(1681–1743) 631 f., 671 f.
Bunbury, Lady Sarah (später ab 1781
Lady S. Napier, geb. Lennox, 1745–1826)
858–861
Bunbury, Sir Charles (1740–1821) 859 f.
Burgund siehe auch Steiermark
Burgund, Louis de France, Herzog von
(Duc de Bourgogne, 1711: Dauphin,
1682–1712) 122, 267–69, 342, 352,
354, 357, 362 f., 365 f., 368–71, 396,
398
Burgund, Marie-Adélaïde de Savoye,
Herzogin von (Duchesse de Bourgogne,
1711: Dauphine, 1685–1712) 122, 269,
345, 352, 361, 365, 368–70, 372, 398, 401,
429, 455
Burke, Edmund (1729–1797) 813
Bussy, Roger de Rabutin, Comte de
(1618–1693) 64 f.
Buzançois, Marie-Paule de Beauvillier,
Demoiselle de (1686–?) 448
Byng, George (1663–1733) 478 f.

Cadogan siehe auch Richmond (Sarah)
Cadogan, William (1718: Earl,
1672–1726) 257–62, 296, 302, 313, 629,
685
Cagliostro, Alessandro Conte di (eigentl.
Giuseppe Balsamo, 1743–1795) 925
Calonne, Charles-Alexandre de
(1734–1802) 970–72
Cambridge, Catherine (Kate) Middleton,
Duchess of (* 1982) 635
Cambridge, William Prinz von Großbritannien, Duke of (* 1982) 635
Cameron, Samantha (geb. Sheffield,
* 1971) 154, 672
Canitz u. Dallwitz, Ferdinand von
(1651–1714) 80
*Cantemir siehe auch Hessen-Homburg
(Anastasia)*
Cantemir, Dimitrie (Hospodar der Moldau,
1673–1723) 764 f.

~ Namenregister ~ 1093

Caraman, Amélie-Rose-Marguerite de Riquet, Demoiselle de (1767–1847) 877–79, 888, 926, 930, 932, 944
Caraman, Marie-Anne-Gabrielle d'Alsace d'Hénin-Liétard, Comtesse de (1728–1800) 887–89, 926, 930, 932, 944
Caraman, Maurice-Gabriel-Joseph de Riquet, Chevalier de (1765–1835) 928 f.
Caraman, Victor-Louis-Charles de Riquet, Vicomte de (1762–1839) 888
Caraman, Victor-Maurice de Riquet, Comte de (1727–1807) 878–82, 887–89, 926, 930, 932, 944
Caroline Königin von Großbritannien (geb. Markgräfin von Brandenburg-Ansbach, 1683–1737) 594, 598–602, 604–08, 611, 613–17, 619–21, 623–25, 635, 639, 641–47, 649 f., 660–70, 968
Caroline Mathilde Königin von Dänemark (geb. Prinzessin von Großbritannien, 1751–1775) 968
Casanova, Giacomo (1725–1798) 990
Castel Rodrigo, Don Carlos Homodei Pacheco Lasso de la Vega, Marqués de (1653–1725) 404
Castel Rodrigo, Doña Leonor de Moura y Aragón, Marquésa de (c1645–1706) 404
Castries, Charles-Eugène-Gabriel de La Croix, Maréchal de (1727–1800) 942
Cathcart, Charles Schaw Cathcart, Baron (1721–1776) 868
Cathcart, Jean Hamilton, Baronesse (1726–1771) 868
Cavendish siehe auch Montagu, Newcastle, Portland (William John)
Cavendish, Lady Margaret (1661–1716) 441
Cellamare, Don Antonio Giuseppe del Giudice Papacoda, Principe di (1657–1733) 479–82, 509
Celle siehe auch Hannover (Sophie Dorothea)
Celle, Eléonore Herzogin von Braunschweig- (geb. Desmier d'Olbreuse, 1639–1722) 39, 136, 227, 230 f., 234 f.
Celle, Georg Wilhelm Herzog von Braunschweig- (1624–1705) 39, 135 f., 227, 230 f., 436
Chalais siehe auch Orsini (Anne-Marie)
Chalais, Adrien-Blaise de Talleyrand, Comte (1663: Prince) de (1638–1670) 379–84, 393

Chalais, Henri de Talleyrand, Comte de (1596–1626) 380
Chalais, Louis-Jean-Charles de Talleyrand, Prince de (1678–1757) 423, 427
Chalais, Marie-Françoise de Rochechouart de Mortemart, Princesse de (zuvor 1708–22 Marquise de Cany, 1686–1771) 1031
Chamillart siehe auch Dreux (Catherine-Angélique)
Chamillart, Michel (1654–1721) 260, 267, 280, 354, 976, 1030
Chancellor, Anna (* 1965) 672
Charlotte Königin von Großbritannien (geb. Prinzessin von Mecklenburg-Strelitz, 1744–1818) 859, 936
Charlus siehe auch Belle-Isle (Catherine-Agnès)
Charlus, Charles-Antoine de Lévis, Comte de (1643–1719) 702
Charost siehe auch Luynes (Marie)
Charost, Armand de Béthune, Duc de (1663–1747) 369, 459, 702–06, 708
Charost, Louis-Armand de Béthune, Duc de (1640–1717) 107, 702 f.
Charost, Louis-Joseph de Béthune, Marquis de (1681–1709) 260–62, 310 f., 369
Charost, Marie Fouquet, Duchesse de (1639–1716) 702 f.
Chartres siehe Orléans (Philippe, 1674–1723), Orléans (Louis, 1702–1752), Orléans (Louis Philippe, 1725–1785), Orléans (Louis-Philippe-Joseph, 1747–1793), Orléans (Louis-Philippe, 1773–1850) sowie [als Duchesse de Chartres] Orléans (Françoise-Marie), Orléans (Louise-Henriette) u. Orléans (Louise-Marie-Adélaïde) bzw. [als Mlle de Chartres] Orléans (Adélaïde-Louise-Marie)
Chémery siehe Montigny
Chesterfield, Petronilla Melusine von der Schulenburg, Countess of (1693–1778) 612, 640 [als ‹Nichte› der Königsmätresse]
Chesterfield, Philip Dormer Stanhope, Earl of (1694–1773) 611–13, 759
Chevreuse (Albert de Luynes) siehe auch Lévis (Marie-Françoise)
Chevreuse, Charles-Honoré d'Albert de Luynes, Duc de (1646–1712) 352 f., 357, 369, 703 f.

Chevreuse, Jeanne-Marie-Thérèse Colbert, Duchesse de (1650-1732) 58, 60
Chevreuse, Marie-Charles-Louis d'Albert de Luynes, Duc de (1717-1771) 695 [als ‹Erbsohn›], 697, 706, 753
Chimay siehe auch Caraman (Marie-Anne-Gabrielle), Gonzaga
Chimay, Charles-Louis-Antoine d'Alsace d'Hénin-Liétard, Prince de (1675-1740) 447, 457
Chimay, Charlotte de Rouvroy de Saint-Simon, Princesse de (1696-1763) 446 f., 457
Christian VII. König von Dänemark (1749-1808) 767, 805
Christiane Eberhardine Königin von Polen, Kurfürstin von Sachsen (geb. Markgräfin von Brandenburg-Bayreuth, 1671-1727) 236, 642
Churchill siehe auch Marlborough
Churchill, Arabella (1649-1730) 157-59, 172, 316
Churchill, Jennie Jerome, Lady Randolph (1854-1921) 437
Churchill, Lord Randolph (1849-1895) 436 f.
Churchill, Winston (1874-1965) 271, 439
Clemens XIII., Papst (Carlo Rezzonico, 1693-1769) 858
Clementina [Titular-]Königin von England (geb. Sobieska, Prinzessin von Polen, 1702-1735) 438, 485 f., 729
Cleveland, Barbara Villiers, Duchess of (1640-1709) 158 f., 619
Coburg siehe Sachsen-Coburg
Colbert siehe auch Beauvillier (Henriette-Louise), Chevreuse (Jeanne-Marie-Thérèse), Mortemart (Marie-Anne), Torcy
Colbert, Jean-Baptiste (1618-1683) 52, 57-64, 66, 117, 126, 278, 352 f., 382, 701-04, 710, 734, 922, 945, 1031
Colonna, Lorenzo Onofrio, Principe (1637-1689) 50, 136, 391 f.
Colonna, Maria Mancini, Principessa (1639-1716) 50, 59, 136, 391 f.
Compton, Hermine (1775?-1822) 913, 915, 917-19
Condé, Louis de Bourbon, Prince de (1621-1686) 102 f., 106 f.
Consbruch, Caspar Florentin von (1655-1712) 246
Constant de Rebecque siehe auch du Tertre

Constant de Rebecque, Benjamin (1767-1830) 1033-36, 1043, 1045
Constant de Rebecque, Rose-Suzanne de Saussure, Generalin (1697-1782) 1034
Conty siehe auch La Roche-sur-Yon, Orléans (Louise-Henriette)
Conty, Anna Maria Martinozzi, Princesse de (Mazarin-Nichte, 1637-1672) 216
Conty, François-Louis de Bourbon, Prince de (1664-1709) 216 f., 373, 799
Conty, Louis-Armand de Bourbon, Prince de (1661-1685) 274
Conty, Louis-Armand de Bourbon, Prince de (1695-1727) 373, 434-35, 445, 456, 513, 898
Conty, Louise-Élisabeth de Bourbon, Princesse de (bis 1713 Mlle de Bourbon, 1693-1775) 331, 340, 343, 373, 432 f., 445, 513, 898
Conty, Louis-François de Bourbon, Prince de (1717-1776) 799
Conty, Marie-Anne de Bourbon, Princesse de (1666-1739) 274
Coppenstein, Johann Nikolaus Dietrich (?) von 138
Coppola, Sofia (*1971) 885
Cornwall, Camilla Shand, Duchess of (zuvor 1973-2005 Mrs. Parker-Bowles, *1947) 126, 634 f.
Cosel siehe auch Friesen (Auguste Constantia)
Cosel, Anna Constantia Gräfin von (geb. von Brockdorff, 1680-1765) 316, 691
Cosel, Friedrich August Graf von (1712-1770) 690 f., 697 f., 737
Cramer, Johann Friedrich (1664-1715) 239 f.
Créquy, Anne-Armande de Saint-Gelais de Lusignan de Lansac, Duchesse de (1637-1709) 50, 317 [als ‹Milchschwester› Ludwigs XIV.]
Créquy, Charles Duc de (1624-1687) 50
Cromwell, Oliver (1599-1658) 168
Cruise, Tom (*1962) 395
Cumberland siehe auch Dänemark (Georg)
Cumberland, William Augustus Prinz von Großbritannien, Duke of (1721-1765) 621, 646, 649, 727, 732
Czartoryska siehe auch Dönhoff (Maria Zofia), Lubomirska (Izabela), Poniatowska (Konstancja), Württemberg (Maria Anna)

Czartoryska, Izabela (Elżbieta) Fürstin (geb. Gräfin von Flemming, 1746–1835) 798, 806, 950, 969
Czartoryska, Izabela (Elżbieta) Fürstin (geb. Morsztyn, 1671–1758) 743, 745 f.
Czartoryski, Adam Jerzy Fürst (1770–1861) 949 f., 1045
Czartoryski, Adam Kazimierz Fürst (1734–1823) 749, 798, 806
Czartoryski, August Aleksander Fürst (1697–1782) 560, 562, 570, 579, 742, 746–50, 756, 765, 794, 798
Czartoryski, Kazimierz Fürst (1674–1741) 743
Czartoryski, Michał Fryderyk Fürst (1696–1775) 746

Danckelmann siehe auch Grumbkow, Solms-Sonnenwalde
Danckelmann, Adolf Albrecht Heinrich Leopold Freiherr (1798: Graf) von (1736–1807) 1000
Danckelmann, Eberhard (1690: von, 1695: Freiherr von, 1643–1722) 76, 91 f., 195, 209, 238–40
Danckelmann, Karl Friedrich Freiherr von (1670–1738) 239 f.
Danckelmann, Karl Ludolf Freiherr von (1699–1764) 92
Danckelmann, Nikolaus Bartholomäus (1690: von, 1695: Freiherr von, 1650–1739) 75–78, 80, 82, 85–88, 90–93, 390, 932
Dänemark siehe auch Sophie Magdalene, Juliane Maria, Christian VII., Caroline Mathilde sowie Gloucester u. Anna (England)
Dänemark, Georg Prinz von (Duke of Cumberland, 1653–1708) 168, 636
Danger, Eustache (‹Mann mit der Eisernen Maske›, ca. 1650–1703) 96–100, 110, 113–15, 118–22, 155, 701
Darlington siehe Kielmansegg (Sophie Charlotte)
Dauphin siehe auch: 1711–12 unter Burgund (Louis), 1712–15 unter Ludwig XV., 1765–74 unter Ludwig XVI., 1789–91 unter Ludwig XVII.
Dauphin, Louis de France (1661–1711) 126 f., 247, 250 f., 266–68, 275, 331–33, 335–40, 342 f., 345, 349, 352, 364–66, 368, 375, 417, 819

Dauphin, Louis de France (1729–1765) 516 f., 574, 682, 692, 727 f., 737, 882, 897 f.
Dauphin, Louis de France (zuvor bis Februar 1712 Duc de Bretagne, 1707–1712) 342, 362, 369–71
Dauphin, Louis-Joseph-Xavier de France (1781–1789) 910, 977
Dauphine siehe auch: 1711–12 unter Burgund (Marie-Adélaïde), 1770–74 unter Marie Antoinette
Dauphine, Maria Anna Victoria Prinzessin von Bayern (1660–1690) 126 f., 337
Dauphine, Maria Josepha Prinzessin von Sachsen (1731–1767) 737, 900, 984
Dauphine, Maria Theresia Infantin von Spanien (1726–1746) 517
Davia, Donna Vittoria Montecuccoli (1689: Countess of Almond, 1703) 153
Degenfeld-Schonburg, Christoph Martin Graf von (1689–1762) 547 f.
Degenfeld-Schonburg, Maria Gräfin von (geb. Lady Maria von Schomberg, 1692–1762) 547
Delacroix, Eugène (1798–1863) 1046 f.
Delaware, John West, Baron (1693–1766) 657
Deloraine, Mary Howard, Countess of (1703–1744) 665, 669 f.
Descartes, René (1596–1650) 36
Desgranges, Michel Ancel (1687–1780) 460, 476
Dietrich, Marlene (1901–1992) 796
Dietrichstein, Johann Baptist Karl Fürst von (1728–1808) 945
Dietz, Johann (1665–1738) 144
Dino, Dorothea Duchesse de (zuvor 1809–17 Comtesse Edmond de Périgord, geb. Prinzessin Biron von Kurland, 1793–1872) 1045
Dohna siehe auch Friesen (Amalie Katharina)
Dohna, Alexander Burggraf u. Graf zu (1661–1728) 89, 238–41, 245
Dohna, Dietrich Burggraf u. Graf zu (1659–1686) 130 f., 141, 143
Dohna, Espérance Burggräfin u. Gräfin zu (geb. du Puy de Montbrun, 1638–1690) 77 f., 873
Dohna, Friedrich Burggraf u. Graf zu (1621–1688) 75–78, 93, 145, 189
Dohna, Karl Emil Burggraf u. Graf zu (1658–1686) 143

Dohna-Ferrassières, Johann Friedrich Burggraf u. Graf zu (1664-1712) 413
Dönhoff siehe auch Leszczyńska (Anna), Lubomirska (Henriette Katharina), Maydell (Christina Susanna)
Dönhoff, Alexander Graf von (1683-1742) 553
Dönhoff, Friedrich Graf von (1639-1696) 207
Dönhoff, Maria Zofia Gräfin (später 1731 Fürstin Czartoryska, geb. Sieniawska, 1698-1771) 560, 746
Dönhoff, Marianna Gräfin von (später 1719 Fürstin [Jerzy Ignacy] Lubomirska, geb. Bielińska, 1688-1730) 217
Donne, John (1572-1631) 30
Dreier, Christian (1610-1688) 196
Drescher, Georg (1630-1694) 193
Dreux, Catherine-Angélique Chamillart, Marquise de (1683-1739) 976
Dreux, Thomas Marquis de (1677-1749) 976
Dreux-Brézé, Henri-Évérard Marquis de (1766-1829) 976
Dromesnil, Adélaïde-Élisabeth-Charlotte de Hallencourt, Demoiselle de (1763: Marquise de Belsunce, 1747-1770) 438
du Barry, Jeanne Bécu, Comtesse (1743-1793) 882f., 886f.
du Breuil, Louis († nach 1684) 130
du Crest siehe auch Genlis (Stéphanie-Félicité), Saint-Aubin
du Crest, Charles-Louis-César Marquis (1747-1823) 921-23, 930
du Maine, Louis-Auguste de Bourbon, Duc (1670-1736) 115-19, 273, 328, 331f., 335, 351, 378f., 401, 467-71, 475-82, 489, 509f., 900f., 1027, 1046
du Maine, Louise-Bénédicte de Bourbon, Duchesse (1676-1753) 378f., 476, 480-82, 489
du Plessis, Colombe Le Charon de Plaisance, Maréchale Duchesse (1603-1681) 50
du Tertre, Charlotte Louise Vicomtesse (später 1808 Dame Constant de Rebecque, geb. Gräfin von Hardenberg, 1767-1845) 1034
Dubois, Guillaume, Abbé (1721: Cardinal, 1656-1723) 481f., 488f., 491-93, 501-05, 704
Dufour (Ingenieur, 1684) 129
Dufour, Dominique († 1734?) 151-53

Dumouriez, Charles-François du Périer (1739-1823) 1026
Dupin de Francueil, Marie-Aurore Rinteau, Dame (1748-1821) 737
Dupin siehe auch Sand
Duras, Jean-Baptiste de Durfort, Duc de (1684-1770) 461
Durfort siehe Duras, Feversham, Lauzun (Marie-Geneviève), Lorge, Saint-Simon (Marie-Gabrielle)
Dymoke of Scrivelsby, Charles (1667-1703) 17f.

Eduard VII. König von Großbritannien (1841-1910) 634
Égalité siehe Orléans
Eisenach siehe Sachsen-Eisenach
Eisenberg siehe Sachsen-Gotha
Eiserne Maske (Mann mit der) siehe Danger, Eustache
Elias, Norbert (1897-1990) 358
Elisabeth Christine Königin von Preußen (zuvor 1733-40 Kronprinzessin, geb. Prinzessin von Braunschweig-Bevern, 1715-1797) 538-42, 544-46, 576-78, 678, 767
Elisabeth Christine Römische-Deutsche Kaiserin (geb. Prinzessin von Braunschweig-Wolfenbüttel, 1691-1750) 538, 546, 767
Elisabeth Kaiserin von Österreich (‹Sisi›, geb. Prinzessin in Bayern, 1837-1898) 43
Elisabeth Königin von Böhmen (‹Winterkönigin›), Kurfürstin der Pfalz (geb. Prinzessin von England, 1596-1662) 29f., 33, 35f., 39, 71, 105, 135, 234, 244, 609
Elisabeth Königin von Großbritannien (geb. Lady Elizabeth Bowes-Lyon, 1900-2002) 634
Elisabeth II. Königin von Großbritannien (*1926) 126, 154, 634
Elisabeth Petrowna Kaiserin (Zarin) von Russland (geb. Großfürstin von Russland, 1709-1762) 768, 775-83, 786-89, 791f., 795, 865f.
Eltz, Philipp Adam Freiherr von und zu (1665-1727) 233, 643
Enghien, Henri-Jules de Bourbon, Duc d' (1686: Prince de Condé, 1643-1709) 106

England siehe Karl II., Jakob II., Maria Beatrix, Wilhelm III., Maria II., Anna sowie Gloucester, Elisabeth (Böhmen), Oranien (Maria), Orléans (Henrietta Anna); spätere Herrscher etc. siehe unter Großbritannien bzw. Prätendenten unter Jakob III., Clementina, Stuart (Karl Eduard), York (Henry Benedict)
Eosander, Johann Friedrich Nilsson (1713: Freiherr Göthe, 1669–1728) 219
Ernst August König von Hannover (1771–1851) 611
Espinay, Jacques d'Espinay de Vaux, Sieur d' (ca. 1590–1646) 22, 35–37, 105
Esterházy, Valentin Graf (1740–1805) 885
Estrées, César Cardinal d' (1628–1714) 392, 409
Estrées, Jean Abbé d' (1666–1718) 409f.
Everett, Rupert (*1959) 154

Farnese siehe Isabella (Spanien)
Fatima (später Maria Aurora von Spiegel, ca. 1670–nach 1733) 145, 236f., 691
Fénelon, François de Salignac de La Mothe, Abbé de (1695: Erzbischof von Cambrai, 1651–1715) 352, 369, 396f., 906
Ferdinand III. (IV.) König Beider Sizilien (1751–1825) 815–31, 835–45, 850–52, 854, 873, 945, 1007, 1012–14, 1017–22, 1046
Ferdinand VI. König von Spanien (1713–1759) 421f., 510, 832f.
Fersen, Axel Graf von (1755–1810) 936
Feversham, Louis de Durfort-Duras, Earl of (1641–1709) 155f., 167f., 213
Finckenstein, Albrecht Konrad (1710: Graf) Finck von (1660–1735) 312f., 954
Finckenstein, Karl Wilhelm Graf Finck von (1714–1800) 954, 966
Fitzfrederick siehe Vane
Fitzgerald siehe auch Kildare, Seymour
Fitzgerald, Lord Edward (1763–1798) 916, 1028
Fitzjames siehe Alba, Berwick, Liria
Fitzroy siehe Grafton
Fleury, André-Hercule (1726: Cardinal) de (1653–1743) 492, 507f., 515, 528, 564, 573f., 585–87, 679, 705–07, 709f., 713, 723
Fontane, Theodor (1819–1898) 624
Fontanges, Marie-Angélique de Scorailles de Roussille, Demoiselle de (1661–1681) 117
Forth, Nathaniel Parker (1744–1809) 911–13, 917
Foster, Lady Elizabeth (1809: Duchess of Devonshire, geb. Hervey, 1759–1824) 672
Foulon, Joseph-François (1715–1789) 979
Fouquet siehe auch Charost (Marie), Belle-Isle, Vaux
Fouquet, Marie-Madeleine (1656–1720) 115, 118f.
Fouquet, Nicolas (1615–1680) 58f., 64, 97–101, 107–10, 114f., 118, 311, 381, 701–03, 710, 734
Fox, Henry (1763: Baron Holland, 1705–1774) 764, 847, 857–59
Fox, Hon. Charles James (1749–1806) 858
Fox, Lady Caroline (1762 [sic] Baroness Holland, geb. Lennox, 1723–1774) 764, 847, 857f.
Fox, Stephen (1741: Lord Ilchester, 1756: Baron of Ilchester, 1704–1776) 624, 637f., 647, 649, 654, 670f., 758, 764, 847, 854, 857
France, Madame Adélaïde de (1732–1800) 1020
France, Madame Victoire de (1733–1799) 1020
Frankreich siehe Johann I., Heinrich IV., Ludwig XIV.–XVIII., Karl X., Anna ‹von Österreich›, Maria Theresia, Maria (Leszczyńska), Marie Antoinette sowie Orléans (Monsieur, Madame), Dauphin, Dauphine, Burgund, Berry, Spanien (Louise-Élisabeth), France
Franz I. Römisch-Deutscher Kaiser (zuvor als Franz Stephan 1729–37 Herzog von Lothringen, 1737–45 Großherzog der Toskana, 1708–1765) 528, 587, 682–84, 686, 689f., 692, 697, 790, 829
Franz II. Römisch-Deutscher Kaiser, Erzherzog von Österreich (1768–1835) 204
Friederike Luise Königin von Preußen (geb. Prinzessin von Hessen-Darmstadt, 1751–1805) 961
Friedrich ‹der Gebissene› siehe Meißen
Friedrich August I. König von Sachsen siehe Sachsen (Friedrich August III.)

Friedrich I. König in Preußen (zuvor
bis 1688 Kurprinz, dann bis 1701 als
Friedrich III. Kurfürst von Brandenburg,
1657–1713) 91 f., 123–25, 127, 130–33,
140, 145–47, 179 f., 184, 186–88, 191–99,
201, 206–12, 218, 220, 223, 225, 238 f.,
241–46, 248 f., 252, 255 f., 523 f., 642
Friedrich König von Böhmen (‹Winterkönig›), Kurfürst der Pfalz (1594–1632)
29 f., 135, 688
Friedrich I. König von Schweden (zuvor
bis 1720 Erbprinz von Hessen-Kassel,
1676–1751) 219–21, 223, 226, 257, 296,
308, 317, 321, 570, 685
Friedrich II. ‹der Große› König von
Preußen (zuvor 1713–40 Kronprinz,
1712–1786) 70, 138, 200, 222, 229, 281,
439 f., 485, 529–35, 539–46, 551, 553,
555, 569, 576 f., 584 f., 589 f., 592, 636, 671,
674, 678 f., 685–88, 709 f., 712, 716, 719 f.,
723, 733, 767, 775, 779, 789–91, 795, 799,
806–08, 811–13, 822, 840, 844, 866, 873,
939, 951, 957, 961, 969, 985
Friedrich Wilhelm I. König in Preußen
(bis 1701: Kurprinz von Brandenburg,
1701–13: Kronprinz von Preußen,
1688–1740) 92, 147, 195, 218, 221, 226,
239–41, 256 f., 260 f., 296, 317, 521,
523–25, 529–34, 536, 539–41, 544 f., 547,
549, 551 f., 554 f., 557 f., 567, 576–78, 581,
589 f., 643
Friedrich Wilhelm II. König von Preußen
(1744–1797) 951–53, 955, 957, 959–61,
963, 967, 969, 988, 990, 994, 997, 1002–05,
1019
Friedrich Wilhelm III. König von Preußen
(1770–1840) 961 f., 999 f.
Friedrich Wilhelm IV. König von Preußen (zuvor 1797–1840 Kronprinz,
1795–1861) 1044
Friesen, Auguste Constantia Gräfin von (geb.
Gräfin von Cosel, 1708–1728) 736
Friesen, August Heinrich Graf von
(1726–1755) 736 f.
Friesen, Henriette Amalie Katharina Gräfin
von (geb. Burggräfin u. Gräfin zu Dohna,
1658–1707) 89
Friesen, Julius Heinrich Freiherr (1702: Graf)
von (1657–1706) 88 f., 736

Gainsbourg, Charlotte (* 1971) 154
Galen, Bernhard Christoph von (Fürstbischof von Münster, ‹Bomben-Bernd›,
1606–1678) 69, 78, 112, 136, 183
Galitzin, Jewdokija Iwanowna Fürstin (geb.
Buženin[ov]a, ca. 1695?–1742) 769 f.
Galitzin, Michael Alexejewitsch Fürst
(1687–1775) 769 f.
Galway, Henri de Massue de Ruvigny, Earl of
(1648–1720) 412 f.
Gates, Bill (* 1955) 746
Genlis siehe auch Valence
Genlis, Charles-Alexis Brulart, Comte de
(1786: Marquis de Sillery [aber im Text
weiterhin Genlis], 1737–1793) 892 f.,
896, 903, 976, 980, 999
Genlis, Stéphanie-Félicité du Crest
de Saint-Aubin, Comtesse de
(1746–1830) 890–96, 902–19, 921 f.,
937 f., 945, 956, 966, 974, 976, 980, 999,
1024–26, 1028 f., 1033, 1046
Georg I. König von Großbritannien (zuvor
als G. Ludwig 1679–92 Erbprinz,
1692–98 Kurprinz u. 1698–1714 Kurfürst
von Hannover, 1660–1727) 137, 226–34,
299, 596, 612, 638–41, 644–46, 658,
665
Georg II. König von Großbritannien (zuvor
als G. August 1698–1714 Kurprinz von
Hannover, 1714–27 Prince of Wales,
1683–1760) 234, 528, 530, 546, 576,
593–95, 598–607, 609–21, 623–28, 630,
633, 640–47, 653, 659–67, 669–71, 713,
723, 726–28, 730 f., 760, 789 f.
Georg III. König von Großbritannien
(zuvor 1751–60 Prince of Wales,
1738–1820) 524, 609 f., 672, 846, 850,
858 f., 968, 985
Georg VI. König von Großbritannien
(1895–1952) 609
Gisors, Louis-Marie Fouquet de Belle-Isle,
Comte de (1732–1758) 734
Giudici, Pater Antonio († nach 1688) 153
*Gloucester siehe auch Wales (Friedrich
Ludwig)*
Gloucester, Wilhelm Prinz von Dänemark
und England, Duke of (1689–1700) 244
Goësbriand, Louis-Vincent Marquis de
(1659–1744) 260
Goethe, Johann Wolfgang von (1749–1832)
85, 853, 995

Gondrin siehe auch Toulouse (Marie-Victoire-Sophie)
Gondrin, Louis de Pardaillan de Gondrin d'Antin, Marquis de (1688–1712) 316, 336
Gontaut, Marie-Adélaïde de Gramont, Duchesse de (1700–1740) 896
Gonzaga siehe auch Louise Marie (Polen)
Gonzaga, Isabelle-Françoise Princesse de Croy-Chimay d'Arenberg, Marquise (1615–1677) 31, 35 f., 41
Gordon siehe auch Morsztyn (Catherine)
Gordon, Alexander Duke of (1743–1827) 761, 891
Gordon, Catherine Duchess of (1718–1779) 761 f.
Gordon, Lord George (1751–1793) 761
Gordon, Lord William (1744–1823) 761, 860, 891
Gotha siehe Sachsen-Gotha
Grafton, Charles Fitzroy, Duke of (1683–1757) 600, 604, 619, 626, 668
Gramont siehe auch Boufflers, Gontaut, Guiche, Monaco (Catherine-Charlotte)
Gramont, Antoine-Charles Duc de (bis 1678 Comte de Louvigny, 1641–1720) 67–69, 252
Gramont, Antoine Maréchal Duc de (1604–1678) 46, 59, 63, 67, 108
Gramont, Diane-Corisande d'Andouins, Baronne de (1554–1621) 47
Gramont, Louis Duc de (1689–1745) 723
Grant, Hugh (* 1960) 672
Grantham, Hendrik Graf von Nassau-Ouwerkerk, Earl of (1673–1754) 605, 635
Greville, Hon. Charles Francis (1749–1809) 849 f., 874, 945, 1008–11, 1042
Großbritannien siehe auch Anna, Georg I., Georg II., Caroline, Georg III., Charlotte, Eduard VII., Georg VI., Elisabeth II. sowie Wales, Cumberland, Amalie, Braunschweig (Augusta), Caroline Mathilda, Oranien (Anna)
Großbritannien, Amalie (Emily) Prinzessin von (1711–1786) 530, 546, 576, 604, 621, 660, 666, 669
Großbritannien, Caroline Prinzessin von (1713–1757) 621, 660, 666
Großbritannien, Margaret Prinzessin von (1930–2002) 625

Grube, Reinhold (1654–1718) 198, 204, 207
Grumbkow, Christian Stephan von (1603–1672) 207
Grumbkow, Ernestine Lucia von (geb. Freiin von Danckelmann, 1692–1718) 92
Grumbkow, Friedrich Wilhelm von (1678–1739) 92, 138–40, 147, 219 f., 223–26, 241, 243, 249, 252, 256 f., 259–62, 270, 277 f., 296, 302, 311–19, 341, 347, 437 f., 519–27, 529–32, 534 f., 539–50, 552–59, 563–69, 573, 576–78, 583, 586, 589–92, 602, 685, 746, 752, 784, 832, 904, 906 f., 954, 970, 990, 1001
Grumbkow, Gertrud Sophie von (geb. von Grote, 1655–1693) 225
Grumbkow, Joachim Ernst von (1637–1690) 138 f., 141, 173, 207, 224 f.
Grumbkow, Marie Henriette von (1711–1762) 555
Grumbkow, Otto Christian von (1673–1704) 139
Grumbkow, Philipp Otto von (1684–1752) 92, 225
Grumbkow, Sophie Charlotte von (geb. de La Chevallerie, 1681–1749) 220, 223–29, 237, 241–43, 249, 256, 535, 592
Guiche, Antoine de Gramont, Duc de (1720: Duc de Gramont, 1671–1725) 269, 280, 314, 316, 469
Guiche, Armand de Gramont, Comte de (1637–1673) 49, 59–61, 65, 67–69, 108
Guiche, Marie-Christine de Noailles, Duchesse de (1720: Duchesse de Gramont, 1672–1748) 469
Guines, Adrien-Louis de Bonnières de Souastre, Duc de (1735–1806) 885
Gustav III. König von Schweden (1746–1792) 939–43, 956 f., 981, 983, 989, 1012
Gwyn, Eleanor (‹Nell›, 1651?–1687) 155, 848

Hales, Sir Edward (1645–1695) 170 f.
Hamilton siehe auch Cathcart (Jean), Orkney (George)
Hamilton, Catherine Barlow, Lady (1738–1782) 848 f., 852, 854 f., 1008 f., 1011 f.
Hamilton, Emma Lyon [alias Hart], (1791:) Lady (1765–1815) 945 f., 1009–17, 1019–23, 1042 f.

Hamilton, Lady Archibald (geb. Lady Jane Hamilton, 1700–1753) 653, 666, 668, 845 f.
Hamilton, Lord Archibald (1673–1754) 653, 845
Hamilton, William (1772: Sir, 1731–1803) 825–27, 845–58, 860–68, 872–74, 945 f., 1002, 1005–12, 1014 f., 1019 f., 1022 f., 1042
Hamilton, William Douglas-Hamilton, Duke of (1634–1694) 1011
Hanau, Dorothea Friederike Gräfin von (geb. Markgräfin von Brandenburg-Ansbach, 1676–1731) 642
Händel, Georg Friedrich (1685–1759) 617, 658
Hannover siehe auch Ernst August (1771–1851)
Hannover, Ernst August Herzog (1692: Kurfürst) von [Braunschweig-] (1629–1698) 127, 135–37, 139, 146, 228, 231, 233, 235, 243, 391, 640
Hannover, Georg Ludwig Erbprinz, dann Kurprinz und Kurfürst siehe Georg I. (1660–1727)
Hannover, Karl Prinz von (1669–1690) 137 f., 183, 197
Hannover, Sophie Dorothea Erbprinzessin (1692: Kurprinzessin) von (geb. Prinzessin von Braunschweig-Celle, 1666–1726) 136–38, 227, 229–35, 238, 256, 607, 639, 643, 787
Hannover, Sophie Herzogin (1692: Kurfürstin) von [Braunschweig-] (geb. Pfalzgräfin bei Rhein, 1630–1714) 124, 127, 133–39, 231, 234, 238, 242, 244, 256, 385
Harley, Robert (1711: Earl of Oxford, 1661–1724) 297, 416 f.
Harling, Anna Catharina von (geb. von Offen alias ‹Uffeln›, 1624?–1702) 183 f., 229–32
Hart siehe Hamilton (Emma)
Hassan, Friedrich (‹Kammertürke›) 144, 255
Haucourt siehe auch Schomberg
Haucourt, Charles d'Aumale, Sieur d' (ca. 1615–1654) 22, 38, 40
Heinrich IV. König von Frankreich (1553–1610) 47
Heinrich IX. (Titular-König von England) siehe York (Henry Benedict)

Hervey siehe auch Bristol, Foster
Hervey, Carr, Baron (1691–1723) 637
Hervey, Elizabeth Albinia Upton, Baroness (1775–1844, 1803: Countess of Bristol) 1004
Hervey, Frederick William, Baron (1803: Earl of Bristol, 1769–1859) 649 f., 1003–05, 1011
Hervey, Hon. Felton (1712–1773) 672
Hervey, Hon. Lepel (dann 1743–67 Hon. Mrs. Phipps, 1767: Baroness Mulgrave, 1723–1780) 671 f.
Hervey, John, Baron (1696–1743) 596, 599–601, 604, 606–08, 611–13, 615, 617–21, 623, 626, 628 f., 635, 637 f., 640 f., 644, 647–52, 654–56, 658, 660 f., 664–66, 668–72, 719, 758 f., 785 f., 833, 854, 856, 906, 1002, 1015, 1043
Hervey, John Augustus, Baron (1757–1796) 845 f., 1003
Hervey, Mary von Lepel [‹Molly Lepell›], Baroness (1700–1768) 636–38, 640, 647, 654, 856 f.
Hessen-Darmstadt siehe Friederike Luise (Preußen)
Hessen-Homburg, Anastasia Iwanowna Erbprinzessin von (zuvor 1717–38 Fürstin Cantemir, Hospodarin der Moldau, geb. Fürstin Trubetzkaja, 1700–1755) 777
Hessen-Homburg, Friedrich II. Prinz (1680: Landgraf) von (1633–1708) 87
Hessen-Homburg, Ludwig Johann Erbprinz von (1705–1745) 777
Hessen-Homburg, Luise Elisabeth Landgräfin von (geb. Prinzessin von Kurland, 1646–1690) 87, 537, 777
Hessen-Kassel siehe auch Friedrich I. (Schweden), Tarente
Hessen-Kassel, Hedwig Sophie Landgräfin von (geb. Markgräfin von Brandenburg, 1623–1683) 224
Hessen-Kassel, Karl Landgraf von (1654–1730) 87 f., 221, 223
Hessen-Kassel, Luise Dorothea Erbprinzessin von (geb. Markgräfin von Brandenburg, 1680–1706) 133, 221, 223–26, 249
Hessen-Kassel, Maria Amalie Landgräfin von (geb. Prinzessin von Kurland, 1653–1711) 87, 221, 223, 249, 537, 777

Hessen-Kassel, Wilhelm VIII. Landgraf von (1682–1760) 724
Holland (Lord, Lady) siehe Fox (Caroline, Henry)
Holmes, Katie (*1978) 395
Holstein siehe auch Limburg-Stirum
Holstein-Glücksburg siehe Brandenburg (Dorothea)
Holstein-Gottorf siehe auch Anhalt-Zerbst (Johanna Elisabeth), Peter III.
Holstein-Gottorf, Anna Petrowna Herzogin von (geb. Großfürstin von Russland, 1708–1728) 768, 778
Hotham, Sir Charles (1693–1738) 530–32
Howard siehe Deloraine, Suffolk, Valparaíso

Ilchester siehe Fox (Stephen)
Ilten, Thomas Eberhard von (1685–1758) 319 f., 323
Infant, Infantin siehe Portugal, Spanien
Infantin-Königin siehe Maria Anna Victoria
Ingenheim, Julie Amalie Elisabeth Gräfin von (geb. von Voss, 1766–1789) 951, 959
Irby, Sir William (1761: Baron Boston, 1707–1775) 657
Isabella Königin von Spanien (geb. Elisabetta Farnese, Prinzessin von Parma, 1692–1766) 422–28, 430 f., 462, 478 f., 486, 489–91, 502, 508, 510, 518, 527, 574 f., 588, 713, 818, 830–33, 836, 1018
Iwan VI. Antonowitsch Kaiser (Zar) von Russland (geb. Prinz von Braunschweig-Bevern, 1740–1764) 773–84, 786 f., 796 f., 800–03, 872

Jabłonowska, Jeanne-Marie de Béthune, Woiwodin (1679–1744) 514
Jabłonowski, Jan Stanisław (1669–1731) 514
Jakob I. König von England (1566–1625) 30, 158, 244
Jakob II. König von England (bis 1685: Duke of York, 1633–1701) 68, 150–62, 164–74, 176 f., 184 f., 212–14, 252 f., 264 f., 270 f., 311, 389 f., 394, 582, 619, 622, 628, 631 f., 671
Jakob III. [Titular-]König von England (bis 1701: Prince of Wales, 1688–1766) 154, 160–62, 168 f., 174, 176 f., 244, 253, 320 f., 390, 428, 454, 479, 483–86, 573, 584, 595, 666, 729, 1019

Jochen (Diener des Oberstleutnants von Natzmer, 1689) 173
Jochen (kurprinzlich brandenburgischer Lakai oder Kammerdiener, 1700, viell. Joachim Bernhard Heuser) 240 f.
Johann I. König von Frankreich (geb. u. gest. 1316) 773
Johann II. Kasimir Wasa, König von Polen (1609–1672) 41
Johann III. Sobieski, König von Polen (1629–1696) 187, 216, 708
Johanna ‹die Wahnsinnige› Königin von Kastilien (geb. Prinzessin von Aragón, 1479–1555) 663
Jorry, Christian Ulrich (Hofzwerg, ca. 1727) 604
Joseph I. König von Portugal (zuvor bis 1750 Prinz von Brasilien, 1714–1777) 517
Joseph I. Römisch-Deutscher Kaiser, Erzherzog von Österreich (1678–1711) 251, 270, 417, 562, 679
Joseph II. Römisch-Deutscher Kaiser, Erzherzog von Österreich (1741–1790) 814–30, 834–38, 841–45, 849–51, 854 f., 871, 874, 910
Juliane Maria Königin von Dänemark (geb. Prinzessin von Braunschweig-Bevern, 1729–1796) 767, 804 f., 968 f.
Julius Cäsar (100–44 v. Chr.) 850

Kalabrien, Felipe Infant von Spanien, Herzog von (1747–1777) 834–36
Kane, Richard (ca. 1665–1736) 311
Karl Emanuel III. König von Sardinien, Herzog von Savoyen (1701–1773) 587, 713, 723
Karl I. König von England (1600–1649) 47, 168
Karl I. von Anjou, König von Sizilien und Jerusalem (1226–1285) 829
Karl II. König von England (zuvor bis 1649 Prince of Wales, 1630–1685) 38, 68, 73, 77, 111–13, 120, 154–56, 158, 184, 618 f., 627 f., 631, 848, 859
Karl II. König von Spanien (1661–1700) 69, 246, 248 f., 397, 834 f.
Karl III. (Gegen-König von Spanien) siehe Karl VI.
Karl III. (Titular-König von England) siehe Stuart (Karl Eduard)

Karl III. König von Spanien (zuvor bis 1734 Infant Don Carlos, 1734–59 König Beider Sizilien, 1716–1788) 431, 508, 527f., 545, 575f., 584, 587f., 713, 816, 819f., 827–38, 842f., 1018
Karl IV. König von Spanien (zuvor 1759–88 Prinz von Asturien, 1748–1819) 835
Karl VI. Römisch-Deutscher Kaiser (zuvor bis 1703 Erzherzog von Österreich, 1703–11 als Karl III. [Gegen-]König von Spanien, 1685–1740) 250f., 253, 263, 279, 408, 411f., 417, 420, 428, 431, 489, 527–30, 538, 545, 548, 551, 553, 556, 562, 564, 569, 575–78, 581, 587–89, 643, 678–80, 707, 709, 768
Karl VII. Römisch-Deutscher Kaiser (bis 1742 als K. Albrecht Kurfürst von Bayern, 1697–1745) 679–81, 685–89, 698–700, 708–10, 712–20, 728, 775, 898
Karl X. König von Frankreich (zuvor bis 1824 Comte d'Artois, 1757–1836) 984, 1046f.
Karl XII. König von Schweden (1682–1718) 524, 535, 559f., 745
Katharina I. Alexejewna Kaiserin (Zarin) von Russland (geb. Skawronskaja, 1684–1727) 771, 775
Katharina II. Alexejewna Kaiserin (Zarin) von Russland (zuvor 1745–62 Großfürstin, geb. Sophie Prinzessin von Anhalt-Zerbst, 1729–1796) 779, 783–808, 810–813, 861–63, 865f., 868–70, 872, 906, 948–51, 955, 979, 983, 986–89, 991–94, 996–98, 1039–41
Katte, Hans Hermann von (1704–1730) 533f., 636
Kaunitz-Rietberg, Ernst Christoph Graf von (1794: Fürst, 1737–1797) 819 [‹Botschafter›], 843
Keith, Hon. James (1696–1758) 485
Kendal siehe auch Albemarle
Kendal siehe Schulenburg (Ehrengard Melusine)
Kennedy, John Fitzgerald (1917–1964) 528
Kent, William (1686–1748) 604
Keppel, Alice Frederica Edmonstone, Hon. Mrs. George (1868–1947) 634
Kéroualle siehe Portsmouth
Keyserlingk siehe auch Lilienfeld
Keyserlingk, Gebhard Johann von (1699–1761) 765

Keyserlingk, Hermann Karl (1741: Graf) von (1696–1765) 753, 765, 798, 804
Kielmannsegg, Sophie Charlotte Freifrau von (1722: Countess of Darlington, geb. Gräfin von Platen-Hallermund, 1675–1725) 220, 233, 639f., 661
Kildare, William Robert Fitzgerald, Marquess of (1773: Duke of Leinster, 1749–1804) 858f.
Klencke, Wilken von († 1697) 233
Kleopatra VII. Königin von Ägypten (69–30 v. Chr.) 222
Knackfuß (Ulanen-Hauptmann, 1748) 736
Köln, Clemens August von Bayern, Kurfürst-Erzbischof von (1700–1761) 714, 716, 718
Köln, Joseph Clemens von Bayern, Kurfürst-Erzbischof von (1671–1723) 163, 263, 314, 388
Kolumbus, Christoph (ca. 1451–1506) 413
Komorowski, Bronisław Graf (*1952) 205
Königsmarck, Aurora Gräfin von (1662–1728) 145, 235f., 299, 562, 691
Königsmarck, Hans Christoph Graf von (1600–1663) 228, 682
Königsmarck, Otto Graf von (1639–1688) 235
Königsmarck, Philipp Christoph Graf von (1665–1694) 145, 227–36, 256, 299, 607, 640, 643, 693, 787
Kosiński, Jan Kuźma (1742–1822) 810f.
Kreytzen, Georg Friedrich von (1639–1710) 199
Kurland siehe auch Anna Iwanowna, Biron, Dino, Hessen-Homburg (Luise Elisabeth), Hessen-Kassel (Maria Amalie)
Kurland, Alexander Prinz von (1658–1686) 86f., 143, 223, 537, 777
Kurland, Ferdinand Prinz (1711: Herzog) von (1655–1737) 88f., 238, 537, 736, 773, 777
Kurland, Friedrich Wilhelm Herzog von (1692–1711) 768
Kurland, Karl Prinz von (1654–1676) 79, 84–90, 223, 238, 537, 777
Kurland, Luise Charlotte Herzogin von (geb. Markgräfin von Brandenburg, 1617–1676) 86f., 537, 777

La Bruyère, Jean de (1645-1696)
La Caillemotte, Pierre de Massue de Ruvigny, Sieur de (1653-1690) 213 f., 412
La Chevallerie siehe auch Grumbkow (Sophie Charlotte), Melville (Nymphe)
La Chevallerie, Élisabeth de Philipponeau de Montargis, Dame de (1663-1736) 224
La Chevallerie, Siméon de (1634-1698) 224, 228
La Fayette, Marie-Adrienne-Françoise de Noailles, Marquise de (1759-1807) 879, 926
La Fayette, Marie-Joseph-Gilbert-Paul-Yves-Roch [du] Motier, Marquis de (1757-1834) 878-80, 926-28, 930, 966, 980, 1045
La Ferté, Marie-Thérèse de Beauvillier, Demoiselle de (1683-?) 447 f.
La Feuillade, Louis d'Aubusson, Duc de (1673-1725) 267, 271
La Forest, Jacob-Frédéric Suzannet, Marquis de (1676-1751) 601-03
La Frette, Gaston-Jean-Baptiste Gruel, Marquis de (1686) 381 f.
La Grange d'Arquien siehe Béthune (Marie-Louise), Marie Casimire (Polen)
La Marck, Marie-Anne-Françoise de Noailles, Comtesse de (1719-1793) 939 [als ‹Noailles-Tochter›]
La Motte (d'Argencourt), Anne-Madeleine de Conty, Demoiselle de (ca. 1637?-1709) 48 f.
La Poupelinière, Alexandre-Jean-Joseph Le Riche, Sieur de (1692-1762) 735 f., 890
La Poupelinière, Thérèse Boulinon des Hayes d'Ancourt, Dame de (1713-1756) 735 f., 890
La Rivière (Kammerdiener, 1686) 97, 100, 119 f.
La Rochefoucauld siehe auch Blanzac, La Rocheguyon, Laon, Marthon, Roucy, Roye
La Rochefoucauld, Barthélémy de Roye de La Rochefoucauld, Marquis de (1673-1724) 435
La Rocheguyon, François de La Rochefoucauld, Duc de (1663-1728) 117 [als ‹Sohn des Garderobe-Großmeisters›]
La Rocheguyon, Madeleine-Charlotte Le Tellier de Louvois, Duchesse de (1665-1735) 117

La Roche-sur-Yon, Anonyme [sic] de Bourbon, Prince de (1694-1698) 444
La Roche-sur-Yon, Louise-Adélaïde de Bourbon, Demoiselle de (1696-1750) 430, 432, 444
La Tour d'Auvergne siehe Auvergne, Bouillon, La Trémoïlle (Marie), La Trémoïlle (Marie-Hortense-Victoire), Turenne
La Trémoïlle siehe auch Noirmoutier, Orsini (Anne-Marie), Strange (Charlotte), Tarente
La Trémoïlle, Charles-Armand-René Duc de (1708-1741) 512
La Trémoïlle, Charles-Belgique-Hollande Duc de (1655-1709) 317, 442
La Trémoïlle, Charles-Louis-Bretagne Duc de (1683-1719) 317
La Trémoïlle, Henri Duc de (1599-1674) 28, 34, 43, 442
La Trémoïlle, Joseph-Emmanuel Cardinal de (1655-1709) 488
La Trémoïlle, Marie de La Tour d'Auvergne de Bouillon, Duchesse de (1601-1665) 27 f., 43
La Trémoïlle, Marie-Hortense-Victoire de La Tour d'Auvergne de Bouillon, Duchesse de (1704-1788) 512
La Vallière, Françoise-Louise de La Baumele-Blanc, Demoiselle (1667: Duchesse) de (1644-1710) 48 f., 60, 62, 65 f., 102, 273, 382
La Vauguyon, Antoine-Paul-Jacques de Quélen de Stuer de Caussade, Comte de (1706-1772) 444 f.
La Vrillière siehe auch Mazarin (Françoise)
La Vrillière, Louis Phélypeaux, Marquis de (1672-1725) 506-08
Labadie, Jacques de († nach 1707) 170
Lante, Don Alessandro Lante Montefeltro della Rovere, Principe (1691-1742) 423, 427
Laon, Guy de Roye de La Rochefoucauld, Vidame de (ca. 1662-1684) 435
Laukhard, Friedrich Christian (1757-1822) 995
Lauzun, Antonin-Nompar de Caumont, Comte (1692: Duc) de (zuvor bis 1668 Marquis de Puyguilhem [aber im Text immer Lauzun], 1633-1723) 46 f., 50 f., 56, 63-69, 96-98, 100-02, 104-10, 114-16, 118-20, 138, 149-54, 169 f., 172, 177, 212-14, 244, 253, 265 f., 269, 273,

321, 335, 374, 381, 390, 419, 430, 449–57,
480, 484, 582, 657, 666, 701, 900, 906 f.,
910
Lauzun, Armand-Louis de Gontaut-Biron,
Duc de (1788 Duc de Biron [aber im Text
immer Lauzun], 1747–1793) 859 f., 885,
970, 979 f., 985, 999
Lauzun, Geneviève-Marie de Durfort de
Lorge, Duchesse de (bis 1695 Mlle de
Quintin, 1680–1740) 450–56
Law, John (1671–1729) 473 f., 489
Le Fort, François (1656–1699) 87 f., 238, 737
Le Fort, Frédérique-Louise von (geb. de
Saint-Sauveur de Montbel, 1697–1740)
564
Le Fort, Peter Friedrich Baron von
(1716–1783) 736 f.
Leibniz, Gottfried Wilhelm (1646–1716) 643
*Lennox siehe auch Albemarle (Anne), Bunbury
(Sarah), Fox (Caroline), Richmond*
Leopold I. Römisch-Deutscher Kaiser, Erz-
herzog von Österreich (1640–1705)
136 f., 141, 163, 217, 228, 245–48, 255,
250–53
Leopold II. Römisch-Deutscher Kaiser, Erz-
herzog von Österreich (zuvor 1765–90
als Peter L. Großherzog der Toskana,
1747–1792) 829 f., 841
Lepel siehe auch Hervey (Mary)
Lepel, Claus-Wedig von (‹Nicholas Lepell›,
1666–vor 1731) 636
Lepel, Otto Gustav von (1657–1735) 534, 636
Le Rouge (Soldat, 1709) 307
Leszczyńska, Anna Gräfin (geb. Prinzessin
von Dönhoff, 1620–1655) 514
*Leszczyński siehe Stanisław I., Maria (Frank-
reich)*
*Lévis siehe auch Belle-Isle (Catherine-Agnès),
Charlus, Mirepoix (Gaston-Charles),
Ventadour (Louis-Charles)*
Lévis, Charles-Eugène Duc de (1669–1734)
703
Lévis, Marie-Françoise d'Albert de
Luynes de Chevreuse, Duchesse de
(1678–1734) 703 f., 706, 734
Leybourne (Stallmeister, 1688) 152, 154
Lichtenau, Wilhelmine Ritz, Gräfin von (geb.
Encke, 1753–1820) 952, 955, 957, 960 f.,
1000–06, 1008, 1012
Liechtenstein, Sophie Erbprinzessin von
(geb. Prinzessin in Bayern, *1967) 174
Lifford siehe Marthon (Frédéric-Guillaume)

Ligne, Charles-Joseph Prince de
(1735–1814) 751, 885, 951
Lilienfeld, Elisabeth Margarethe von (geb.
von Keyserlingk, 1733–1797) 804
Limburg-Stirum, Philipp Ferdinand
Graf von (‹Herzog von Holstein›,
1734–1794) 867, 869, 871 f.
Lindsay, Anna Suzanne (geb. O'Dwyer,
1764–1820) 1034
Liria, James Francis Fitzjames, Duque de
(1696–1738) 413, 483, 684
Lobkowitz, Georg Christian Fürst von
(1686–1755) 682 f., 721
Lochow, Val(en)tin Joachim (1659–1683)
182 f.
*Lorge siehe auch Saint-Simon (Marie-
Gabrielle), Lauzun (Geneviève-Marie)*
Lorge, Geneviève Frémont, Maréchale
Duchesse de (1658–1727) 448, 452, 454
Lorge, Guy-Aldonce de Durfort-Duras,
Maréchal Duc de (1630–1702) 449–454
*Lothringen (Lorraine) siehe auch Franz I.,
Monaco (Marie), Rieux*
Lothringen, Karl Herzog von
(1643–1690) 142
Lottum, Philipp Karl Graf von Wylich und
(1650–1719) 302, 311, 313
Louise Elisabeth d'Orléans, Königin von
Spanien (zuvor bis zur Heirat Mlle de
Montpensier, 1722–24 Prinzessin von
Asturien, 1709–1742) 374, 490, 493,
496–98, 510–12, 516
Louise Marie de Gonzaga-Nevers, Königin
von Polen (1611–1667) 41, 708
Louvigny siehe Gramont (Antoine-Charles)
Louville, Charles-Auguste d'Allonville,
Marquis de (1668–1731) 406
*Louvois siehe auch Barbezieux, La Roche-
guyon, Souvré*
Louvois, François-Michel Le Tellier, Marquis
de (1641–1691) 52, 57, 59, 99–101, 112,
115, 117 f., 120 f., 138, 165, 352
*Lubomirska siehe auch Dönhoff (Marianna),
Poniatowska (Apolonia), Rutowska (Lud-
wika Amalia), Sieniawska (Elżbieta)*
Lubomirska, Henriette Katharina Fürstin
(geb. von Dönhoff, 1656–1702) 207
Lubomirska, Izabela (Elżbieta) Fürstin
(‹himmelblaue Marquise›, geb. Prinzessin Czartoryska, 1736–1816) 739–43,
745, 747–49, 758, 794, 806, 810, 991

Lubomirska, Konstancja Fürstin (geb. von Altenbockum, ca. 1670–1707) 216
Lubomirska, Urszula Fürstin (1722: Prinzessin von Württemberg, geb. von Altenbockum, 1680–1743) 216f., 316, 691
Lubomirski, Antoni Fürst (ca. 1720–1782) 753
Lubomirski, Franciszek Sebastian Fürst (1666?–1699) 210
Lubomirski, Hieronim Augustyn Fürst (1647–1706) 186f., 193–95, 197f., 202, 206, 208–10, 216f., 691, 744
Lubomirski, Jan Teodor Fürst (1683–1745) 580
Lubomirski, Jerzy Dominik Fürst (1665?–1727) 210, 216f.
Lubomirski, Jerzy Ignacy (1691–1753) 744
Lubomirski, Stanisław Fürst (1722–1783) 742, 758
Ludovisi siehe Bracciano, Piombino, Sora, Termoli
Ludwig I. König von Spanien (zuvor bis Januar 1724 Prinz von Asturien, 1707–1724) 411f., 422, 427, 431, 490, 497f., 510f., 897
Ludwig XIV. König von Frankreich (1638–1715) 40, 43, 45–51, 53–71, 75, 77–79, 90f., 97, 102f., 105–13, 115–19, 122, 126–28, 131, 136, 138, 140, 146, 152, 155f., 159f., 162–66, 172, 175–77, 187, 195, 215–17, 234, 246f., 249–53, 255, 258, 264f., 267, 269, 272–76, 279f., 282f., 287, 311, 316f., 321, 325–52, 354, 357–67, 369–73, 380–82, 388, 390–94, 396f., 399, 405f., 409–16, 420, 422, 428, 446, 450, 453, 456, 462, 464–73, 475, 500, 503, 509, 513, 524, 536, 582, 605, 623, 628, 689, 701–04, 709, 759, 886, 888, 896, 900–02, 920, 949, 976, 1027, 1031
Ludwig XV. König von Frankreich (zuvor bis 1712 Duc d'Anjou, 1712–15 Dauphin, 1710–1774) 54, 138, 179, 316, 342, 362, 368, 371f., 374, 431, 462, 464–70, 472–74, 477, 479, 481, 490–92, 499–503, 505–09, 511–16, 558, 561, 568, 573–75, 583, 587f., 679, 698, 709f., 713f., 727f., 735, 775, 790, 799, 819, 831, 838, 882f., 898, 901f., 904, 982, 1020
Ludwig XVI. König von Frankreich (1754–1793) 356, 831, 882–84, 886, 888, 896, 901, 910, 914, 920, 922f., 927, 934, 970–77, 979–85, 995f., 1000, 1026, 1029, 1037, 1044
Ludwig XVII. (Titular-)König von Frankreich (zuvor 1789–91 Dauphin, 1791–92 ‹Prince Royal›, 1785–1795) 1026, 1029
Ludwig XVIII. (Titular-, 1814 auch de facto) König von Frankreich (zuvor bis 1795 Comte de Provence, ‹Monsieur›, 1755–1824) 737, 885, 984, 1029, 1037, 1043–46
Luise Königin von Preußen (geb. Prinzessin von Mecklenburg-Strelitz, 1776–1810) 952, 976, 1000
Luynes siehe auch Chevreuse, Lévis (Marie-Françoise)
Luynes, Charles-Philippe d'Albert, Duc de (1695–1758) 706
Luynes, Marie Brulart de La Borde, Duchesse de (zuvor 1704–32 Marquise de Charost, 1684–1763) 311, 706
Lynar, Moritz Karl Graf von (1701–1768) 774f.

Macdonald, Angus (Hüttenbewohner, 1745) 730
Madame (Hoftitel) siehe Orléans (Henrietta Anna, 1. Madame 1661–70) u. Orléans (Elisabeth Charlotte, 2. Madame 1671–1722)
Madame la Duchesse (Hoftitel) siehe Bourbon (Louise-Françoise)
Mademoiselle (Hoftitel) siehe Montpensier (Anne-Marie-Louise), Orléans (Adélaïde-Louise-Marie)
Mailly siehe Mazarin (Françoise), Nesle
Maine siehe du Maine
Maintenon, Françoise d'Aubigné, Marquise de (zuvor 1652–74 Dame Scarron, seit 1683 in nur pro forma geheimer Ehe mit Ludwig XIV. verheiratet, 1635–1719) 117f., 316, 338, 345f., 352, 371, 396f., 399–404, 409–11, 415, 420, 425
Malezieu, Nicolas de (1650–1727) 481
Mancini siehe Bouillon, Colonna, Mazarin, Nevers, Soissons
Mann, Thomas (1875–1955) 624
March siehe Richmond
Margaretha Theresia Römisch-Deutsche Kaiserin (geb. Infantin von Spanien, 1651–1673) 247 [als Großmutter des bayer. Kurprinzen], 255

Maria Amalie Königin von Spanien (zuvor 1738-59 Königin Beider Sizilien, geb. Prinzessin von Sachsen, 1724-1760) 588, 818, 832, 835 f.
Maria Amalie Römisch-Deutsche Kaiserin (zuvor 1726-42 Kurfürstin von Bayern, geb. Erzherzogin von Österreich, 1701-1756) 679, 716
Maria Anna Victoria Königin von Portugal (zuvor 1721-25 ‹Infantin-Königin› von Frankreich, 1729-50 Prinzessin von Brasilien, geb. Infantin von Spanien, 1718-1781) 459-64, 488, 490-92, 496-500, 508, 510, 512, 516-18, 527, 818
Maria Beatrix Königin von England (bis 1685: Duchess of York, geb. d'Este, Prinzessin von Modena, 1658-1718) 150, 153 f., 157, 159 f., 169-72, 174, 176 f., 389 f., 657
Maria Fjodorowna Kaiserin (Zarin) von Russland (zuvor 1776-96 Großfürstin, geb. Sophie Dorothea Prinzessin von Württemberg, 1759-1828) 806, 873-75, 964, 1041
Maria Josepha Königin von Polen, Kurfürstin von Sachsen (zuvor 1719-33 Kurprinzessin von Sachsen, geb. Erzherzogin von Österreich, 1699-1757) 562, 564, 686, 715 f., 757
Maria Königin von Frankreich (geb. Leszczyńska, Prinzessin von Polen, 1703-1768) 514-16, 559, 573, 706, 711, 737, 882, 898
Maria Königin von Schottland (‹Maria Stuart›, 1542-1587) 773
Maria II. Königin von England (zuvor 1677-89 Prinzessin von Oranien, geb. Prinzessin von England, 1662-1695) 159, 161 f., 164, 169, 174, 176, 271, 632
Maria Ludovica Römisch-Deutsche Kaiserin (zuvor 1765-90 Großherzogin der Toskana, geb. Infantin von Spanien, 1745-1792) 841
Maria Theresia Königin von Frankreich (geb. Infantin von Spanien, 1638-1683) 47, 69f, 106, 108, 247, 255, 272
Maria Theresia Römisch-Deutsche Kaiserin (zuvor 1740-45 Königin von Ungarn u. Böhmen, geb. Erzherzogin von Österreich, 1717-1780) 517, 527 f., 562, 587 f., 678-81, 683-88, 700, 710, 713, 716, 719, 723, 733, 765, 775, 790, 825, 828 f., 838 f., 842-44, 905, 1013
Marie Antoinette Königin von Frankreich (geb. Erzherzogin von Österreich, 1755-1793) 517 f., 840 f., 882-88, 905, 910, 921, 923-25, 928, 936, 942, 944, 976 f., 984, 996, 1013, 1019, 1029
Marie Caroline Königin Beider Sizilien (geb. Erzherzogin von Österreich, 1752-1814) 819, 824 f., 839-44, 874 f., 1013-22, 1046
Marie Casimire Königin von Polen (zuvor 1665-74 Krongroßmarschallin Sobieska, geb. de La Grange d'Arquien, 1641-1716) 207, 708
Marie Louise Königin von Spanien (geb. Prinzessin von Savoyen, 1688-1714) 398, 400 f., 404-07, 411, 414 f., 421 f.
Mark, Friedrich Wilhelm Alexander (‹Anderchen›) Graf von der (1779-1787) 960
Mark, Marianne Diederike Gräfin von der (später 1797 Erbgräfin zu Stolberg-Stolberg, 1780-1814) 1003, 1005
Marlborough, Charles Spencer Churchill, Duke of (zuvor bis 1883 Earl of Sunderland, 1883-92 Marquess of Blandford, 1871-1934) 439
Marlborough, John Churchill, Duke of (zuvor 1682-89 Baron Churchill, 1689-1702 Earl of M., 1650-1722) 158 f., 167, 172, 214, 259, 270-72, 274-77, 287 f., 293 f., 296 f., 299-302, 312-14, 316 f., 321, 323 f., 341 f., 416 f., 522, 618 f., 629, 636, 650, 652
Marlborough, Sarah Jennings, Duchess of (zuvor 1682-89 Baroness Churchill, 1689-1702 Countess of M., 1660-1744) 159, 270-72, 274, 276, 297, 323 f., 618, 629, 636, 652
Marthon, Frédéric-Guillaume de Roye de La Rochefoucauld, Comte de (1699: Earl of Lifford, 1666-1749) 213, 435, 628
Marthon, Louis-François-Armand de Roye de La Rochefoucauld, Comte de (später 1721-37 Comte de Roucy, 1737 Duc d'Estissac, 1695-1783) 429 f., 432-34, 438, 444 f., 457, 628
Masham, Abigail Hill, Mrs. (1712: Lady, 1670?-1734) 297, 416
Mathilde Königin von Belgien (geb. d'Udekem d'Acoz, * 1973) 205

~ Namenregister ~

May, Gabriel von (1661-1747) 308
May, Johann Rudolf von (1652-1715) 308
Maydell, Christina Susanna von (geb. von Dönhoff, 1658) 207
Maydell, Jakob Friedrich von (1658-1677) 182-84, 207
Mazarin siehe auch Conty (Anna Maria), Monaco (Louise-Félicité-Victoire), Nevers, Richelieu (Marquise)
Mazarin, Armand-Charles de La Porte-Meilleraye, Duc (1631-1713) 59 f., 73, 101
Mazarin, Françoise de Mailly, Duchesse (zuvor 1700-31 Marquise de La Vrillière, 1688-1742) 711 f.
Mazarin, Hortense Mancini, Duchesse (1646-1699) 59 f., 73, 155, 391
Mazarin, Jules (Giulio), Cardinal (1602-1661) 43 f., 48, 58-61, 67, 102 f., 106, 136, 159, 216, 258, 272 f., 275, 381, 389, 391
Mazarin, Louis-Marie-Guy d'Aumont, Duc (1732-1799) 73
Mecklenburg siehe auch Charlotte (Großbritannien), Luise (Preußen), Russland (Anna Leopoldowna)
Mecklenburg-Schwerin, Karl Leopold Herzog von (1678-1747) 768
Mecklenburg-Schwerin, Katharina Iwanowna Herzogin von (geb. Großfürstin von Russland, 1691-1733) 768
Mecklenburg-Strelitz, Georg August Prinz von (1748-1785) 936
Mehmet von Königstreu, Ludwig Maximilian (‹Kammertürke›, ca. 1660-1726) 604
Meißen, Albrecht ‹der Entartete› Markgraf von (Ahnherr des Hauses Sachsen, 1240-1315) 562
Meißen, Friedrich ‹der Gebissene› Markgraf von (Ahnherr des Hauses Sachsen, 1257-1323) 562, 588
Meißen, Margarethe von Schwaben, Markgräfin von (Kaisertochter aus dem Haus der Staufer, 1237-1270) 562
Melville, Georg Ernst von (1668-1742) 313
Melville, Nymphe von (geb. de La Chevallerie, 1640-?) 227
Mengden, Juliane Freiin von (1719-1787) 774 f.
Mercy, Claude-Florimond Graf von (1666-1734) 583 f.

Meyer, Johann Hermann (Amtmann, 1744) 725 f.
Minas, Dom Antonio Luis de Sousa, Marquês das (1644-1721) 413
Mirepoix, Anne-Marguerite-Gabrielle de Beauvau-Craon, Marquise (1751: Duchesse) de (zuvor 1721-39 Princesse de Lixin, 1707-1798) 694
Mirepoix, Gaston-Charles de Lévis, Marquis (1751: Duc) de (1699-1757) 694
Mirowitsch, Wassilij Jakowljewitsch (1740-1764) 800-02
Mitford, Hon. Jessica (1917-1996) 672
Mitford, Hon. Nancy (1904-1973) 672
Mitford, Hon. Unity (1914-1948) 672
Mniszchówna, Maria Amalie (geb. Gräfin von Brühl, 1736-1772) 808
Modena siehe auch Maria Beatrix
Modena, Charlotte-Aglaé d'Orléans, Erbprinzessin (1737: Herzogin) von (1700-1761) 616
Modena, Francesco Maria d'Este, Erbprinz (1737: Herzog) von (1698-1780) 615 f., 902
Moellendorff, Wichard Joachim Heinrich von (1724-1816) 970
Moldau (Moldawien) siehe Cantemir, Hessen-Homburg (Anastasia)
Monaco siehe auch Valentinois
Monaco, Antoine Grimaldi, Prince de (zuvor bis 1701 Duc de Valentinois, 1662-1731) 71, 363, 404
Monaco, Catherine-Charlotte de Gramont, Princesse de (1639-1678) 45-47, 49-51, 56, 59 f., 62 f., 65-67, 69-73, 101, 108, 125, 128, 138, 177, 227, 252, 269, 314, 380
Monaco, Louise-Félicité-Victoire d'Aumont-Mazarin, Princesse de (zuvor 1777-95 Duchesse de Valentinois, 1759-1826) 73
Monaco, Louis Grimaldi, Prince de (1642-1701) 46, 49, 51, 65, 67-69, 71, 73
Monaco, Marie de Lorraine, Princesse de (1688-1701 Duchesse de Valentinois, 1674-1724) 71, 363
Monsieur (Hoftitel) siehe Orléans (Philippe, 1640-1701), Ludwig XVIII.
Monsieur le Duc (Hoftitel) siehe Bourbon
Montagu, Elizabeth Cavendish, Duchess of (1654-1734) 441
Montalban, Don Niccolò (1695)

Montecuccoli siehe auch Davia
Montecuccoli, Don Raimondo Marchese (1659–1735) 153
Montellano, Louise de Gand de Mérode de Montmorency d'Isenghien, Duquesa de (1659–1734) 498
Montespan (Pardaillan de Gondrin) siehe auch Antin, Gondrin
Montespan, Françoise-Athénaïs de Rochechouart de Mortemart, Marquise de (1640–1707) 50, 102, 106–08, 110, 115–18, 316, 335–38, 365, 513, 1031
Montespan, Louis-Henri de Pardaillan de Gondrin d'Antin, Marquis de (1642–1701) 115, 335
Montesson, Charlotte-Jeanne de Béraud de La Haye de Riou, Marquise de (1738–1806) 899
Montigny, Marie-Louise de Beauvillier, Demoiselle de (zuvor bis 1699 Mlle de Chémery, 1681–1710) 447
Montijo, Don Cristobal de Portocarrero Enríquez de Luna y Guzman Funes de Villalpanda, Conde de (1693–1763) 712
Montpensier siehe auch Louise Elisabeth (Spanien)
Montpensier, Anne-Marie-Louise d'Orléans, Demoiselle de («Mademoiselle», 1627–1693) 102–08, 115 f., 118 f., 177, 335, 374, 451, 480, 900, 910
Montpensier, Antoine-Philippe d'Orléans, Duc de (1775–1807) 908–11, 914, 1027–30
Montrésor, Marie de Beauvillier, Demoiselle de (1687–?) 448
Morsztyn, Catherine (geb. Gordon, 1636–1691) 762
Morsztyn, Jan Andrzej (1621–1693) 743, 762
Mortemart, Louis de Rochechouart, Duc de (1663–1688) 117
Mortemart, Louis de Rochechouart, Duc de (1681–1746) 359, 448
Mortemart, Marie-Anne Colbert, Duchesse de (1665–1750) 117
Mortemart, Marie-Henriette de Beauvillier, Duchesse de (1685–1718) 448
Müller, August Friedrich (1684–1761) 581
Münnich, Burchard Christoph Graf von (1683–1767) 581 [als ‹Deichgrafensohn›], 765, 774
Münster siehe Galen

Mustafa de Misitri, Ernst August (‹Kammertürke›, 1738) 604

Nangis, Louis-Armand de Brichanteau, Marquis (1741: Maréchal) de (1682–1742) 429, 461, 505, 711 f.
Napoleon I. siehe Bonaparte
Narbonne, Françoise de Chalus, Duchesse de (1734–1821) 1020
Narbonne, Louis-Marie-Jacques-Amalric Comte de (1755–1813) 982, 984 f., 994, 1020
Naryschkin, Lew Alexandrowitsch (1733–1799) 784, 949, 1038
Naryschkina, Anna Nikititschna (geb. Rumjanzowa, 1730–1820) 992
Naryschkina, Maria (geb. Prinzessin Światopołk-Czetwertyńska, 1779–1854) 949
Nassau siehe Oranien
Natzmer, Dubislav Gneomar (1654–1739) 130, 142–44, 173, 303, 318
Navailles, Suzanne de Baudéan de Neuillan de Parabère, Duchesse de (1625–1700) 49
Noapel (Königshaus) siehe Sizilien
Necker siehe auch Staël (Anne-Germaine)
Necker, Jacques (1732–1804) 915, 932–44, 973, 975, 977, 979, 981 f., 1044
Necker, Suzanne Curchod, Dame (1737–1794) 932 f., 936–38, 940–44, 1034
Nelson, Frances Herbert Woolward, Lady (1801: Viscountess, 1761–1831) 1015 f.
Nelson, Horatia (1801–1881) 1042
Nelson, Sir Horatio (1798: Baron, 1801: Viscount, 1758–1805) 1007 f., 1014–17, 1019–23, 1042
Nero Claudius Caesar Augustus Germanicus (37–68 n. Chr.) 772
Nesle, Louis de Mailly, Marquis de (1689–1764) 316, 882
Nevers, Diane-Gabrielle Damas de Thianges, Duchesse de (1656–1715) 106 f., 446
Nevers, Philippe-Julien Mancini-Mazarin, Duc de (1641–1707) 61, 106 f., 446
Newcastle, Margaret Lucas, Duchess of (heute meistens irrig ‹Margrate Cavendish›, 1617–1673) 441
Noailles siehe auch Guiche (Marie-Christine), La Fayette (Marie-Adrienne-Françoise), La Marck (Marie-Anne-Françoise), Toulouse (Marie-Victoire-Sophie)

Noailles, Adrien-Maurice Maréchal Duc de (1678–1766) 397, 717, 723, 759
Noailles, Catherine-Françoise-Charlotte de Cossé-Brissac, Maréchale-Duchesse de (1724–1794) 1027
Noailles, Françoise-Charlotte-Amable d'Aubigné, Maréchale Duchesse de (1684–1739) 397
Noailles, Louis-Antoine Cardinal de (1651–1729) 399
Noailles, Marie-Françoise de Bournonville, Maréchale Duchesse de (1655–1748) 396 f., 399–401, 406, 409 f., 901
Noirmoutier siehe auch Orsini (Anne-Marie)
Noirmoutier, Louis de La Trémoïlle, Duc de (1612–1666) 379
Noirmoutier, Louis-Alexandre de La Trémoïlle, Marquis de (1642–1667) 382 f.
Norbert von Xanten, Hl. (ca. 1080–1134) 673–75

Oates, Titus (1649–1705) 155
Odescalchi, Don Livio Principe (1658–1713) 395
Oeynhausen, Margarete Gertrud [‹Trudchen›] von (1701–1726) 640
Ogilvy, Hermann Karl Graf von (1679–1751) 676, 678, 681–85, 691–94, 697 f., 700
Olbreuse siehe Celle
Oppen, Amélie-Sibylle-Marie von (geb. de Genès de Phlin, ca. 1660–nach 1719) 131
Oppen, Hans Heinrich von (1654–1701) 131
Oranien siehe auch Anhalt-Dessau (Henriette Katharina), Brandenburg (Luise Henriette)
Oranien, Anna Prinzessin von (geb. Prinzessin von Großbritannien, 1709–1759) 602, 658
Oranien, Friedrich Heinrich Graf von Nassau-Dillenburg, Prinz von (1584–1647) 28–30, 38
Oranien, Johann Wilhelm Friso Prinz von (1687–1711) 306–08, 313 f., 317
Oranien, Maria Prinzessin von siehe auch Maria II. (1662–1695)
Oranien, Maria Prinzessin von (geb. Prinzessin von England, 1631–1660) 619
Oranien, Wilhelm Erbprinz von (1815: Wilhelm I. König der Niederlande, 1772–1843) 953

Oranien, Wilhelm II. Prinz von (1626–1650) 38
Oranien, Wilhelm III. Prinz von siehe Wilhelm III. (1650–1702)
Oranien, Wilhelm IV. Prinz von (1711–1751) 602
Orford siehe Walpole (Horace), Walpole (Robert)
Orkney, Elizabeth (‹Betty›) Villiers, Countess of (ca. 1657–1733) 316, 632 f.
Orkney, George Hamilton, Earl of (1666–1737) 295, 312 f., 316 f., 323, 632 f., 653, 761
Orléans siehe auch Beaujolais, Louise Elisabeth, Modena, Montpensier
Orléans, Adélaïde-Louise-Marie Demoiselle d' (‹Mademoiselle›; zuvor bis 1782 Mlle de Chartres, 1777–1847) 908, 910 f., 915, 1025 f., 1028 f.
Orléans, Anonyme [sic] d'Orléans, Demoiselle d' (1777–1782) 908
Orléans, Elisabeth Charlotte [‹Liselotte›] Pfalzgräfin bei Rhein, Duchesse d' ([2.] ‹Madame›, 1652–1722) 70–73, 91, 104 f., 121, 125 f., 165, 184, 223, 227, 229 f., 234, 256, 274, 278, 330, 332, 344, 349, 356, 358, 362, 368, 374, 474, 493, 528
Orléans, Françoise-Marie de Bourbon, Duchesse d' (zuvor 1692–1701 Duchesse de Chartres, 1677–1749) 326, 328, 330 f., 333, 337–40, 343–46, 349, 351 f., 354, 364 f., 367 f., 493, 509
Orléans, Gaston de France, Duc d' (‹Monsieur›, 1608–1660) 73
Orléans, Henrietta Anna Prinzessin von England, Duchesse d' ([1.] ‹Madame›, 1644–1670) 47–49, 67, 70–72, 112 f., 380, 405
Orléans, Louis d'Orléans, Duc d' (bis 1723 Duc de Chartres, 1703–1752) 509, 896–899
Orléans, Louise-Henriette de Bourbon, Duchesse d' (zuvor bis 1743 Mlle de Conty, 1743–52 Duchesse de Chartres, 1726–1759) 513, 898 f.
Orléans, Louise-Marie-Adélaïde de Bourbon, Duchesse d' (zuvor bis 1769 Mlle de Penthièvre, 1769–85 Duchesse de Chartres, 1753–1821) 900–02, 904, 907 f., 914, 1026

Orléans, Louis-Philippe d'Orléans, Duc d' (zuvor bis 1752 Duc de Chartres, 1725–1785) 459, 898–901, 903, 919, 1024, 1027

Orléans, Louis-Philippe d'Orléans, Duc d' (zuvor bis 1785 Duc de Valois, 1785–93 Duc de Chartres, 1773–1850) 908–11, 914 f., 918 f., 922, 1024–31, 1046 f.

Orléans, Louis-Philippe-Joseph d'Orléans, Duc d' (zuvor 1752–85 Duc de Chartres, 1792 ‹Philippe Égalité›, 1747–1793) 900, 902–04, 907–12, 914, 917–23, 956, 974, 976, 995 f., 999, 1024, 1026

Orléans, Maria Amalia Prinzessin Beider Sizilien, Duchesse d' (1782–1866) 1046 f.

Orléans, Philippe de France, Duc d' (zuvor bis 1701 Duc de Chartres, 1715–23 auch Regent von Frankreich, 1674–1723) 325–33, 337–41, 343–49, 351, 354, 361 f., 368, 371–75, 412 f., 421, 431 f., 456, 467–79, 481, 487–94, 497, 501–03, 505–09, 511, 616, 704 f., 896 f., 902 f., 1027

Orléans, Philippe de France, Duc d', ‹Monsieur› (1640–1701) 47 f., 70–73, 91, 106, 125, 165, 330, 342, 346, 380 f., 405, 467, 897

Orlow, Alexej Grigorjewitsch (1762: Graf, 1737–1807) 795–97, 868–70, 873, 954

Orlow, Grigorij Grigorjewitsch (1763: Fürst, 1734–1783) 794–97, 799 f., 869

Orsini siehe auch Bracciano

Orsini, Anne-Marie de La Trémoïlle de Noirmoutier, Principessa (zuvor 1659–75 Comtesse bzw. Princesse de Chalais, 1675–96 Duchessa di Bracciano, 1642–1722) 377–80, 384 f., 389 f., 392–97, 399–411, 414–16, 418–28, 449, 486, 488, 502, 588, 723, 904, 906, 1018, 1021, 1031

Orsini, Don Flavio Principe (zuvor 1660–96 Duca di Bracciano [1. Frau siehe unter diesem Titel], 1620–1698) 390–395, 1018

Osten, Siegfried Adolf Graf von der (1726–1797) 861 f.

Ostermann, Heinrich Johann Friedrich Graf von (1687–1747) 774

Österreich siehe auch Leopold I., Joseph I., Karl VI., Elisabeth Christine, Franz I., Maria Theresia, Joseph II., Franz II., Elisabeth (Sisi) sowie Bayern (Maria Antonia), Maria Josepha (1699–1757),

Maria Amalia, Marie Caroline, Marie Antoinette

Österreich, Isabella Erzherzogin von (geb. Prinzessin von Parma, 1741–1763) 838

Österreich, Leopold Joseph Erzherzog von (1700–1701) 251

Österreich, Maria Josepha Erzherzogin von (1751–1767) 838 f.

Osuna, Don Francisco María de Paula Téllez-Girón y Benavides, Duque de (1678–1716) 252

Otsiquette, Peter (ca. 1765–1792) 878–80, 928–31

Pamela siehe Seymour
Pardaillan siehe Antin, Gondrin, Montespan
Parker-Bowles siehe auch Cornwall

Parker-Bowles, Andrew (* 1939) 634

Parma siehe Isabella (Spanien), Österreich (Isabella), Spanien (Philipp, Louise-Élisabeth)

Paul (kurländischer Lakai, † 1674 oder später) 79 f., 85, 89

Paul I. Petrowitsch Kaiser (Zar) von Russland (zuvor 1762–96 Großfürst-Thronfolger, 1754–1801) 787, 796, 800, 806, 869, 873–75, 947–49, 954, 991, 998 f., 1021, 1038–41

Penthièvre siehe auch Orléans (Louise-Marie-Adélaïde)

Penthièvre, Louis-Jean-Marie de Bourbon, Duc de (1725–1793) 902, 919 f., 935, 1027

Perbandt, Otto Wilhelm von (1635–1706) 201

Peter ‹The Wild Boy› (alias Wilder Peter von Hameln, ca. 1711–1785) 604

Peter I. Alexejewitsch ‹der Große› Zar (1721: Kaiser) von Russland (1672–1725) 215, 237 f., 524, 745, 764, 766, 768, 770–772, 775 f., 780

Peter II. Alexejewitsch Kaiser (Zar) von Russland (1715–1730) 768

Peter III. Fjodorowitsch Kaiser (Zar) von Russland (zuvor 1744–62 Großfürst-Thronfolger, geb. Karl P. Ulrich Herzog von Holstein-Gottorf, 1728–1762) 778, 785–88, 791–93, 795–97, 801, 865 f., 868, 948 f., 954

Peter Leopold siehe Leopold II.
Pfalz bzw. Pfalzgrafen bei Rhein siehe auch Brandenburg (Luise Charlotte), Elisabeth

(Böhmen), Hannover (Sophie), Orléans (Elisabeth Charlotte), Raugräfin, Sulzbach
Pfalz, Karl III. Philipp Kurfürst der (1661–1742, bis 1716: Pfalzgraf Karl) 216, 621, 640, 709, 714
Pfalzgraf bei Rhein, Philipp (1627–1650) 37
Pfalzgräfin bei Rhein, Elisabeth (1618–1680) 35–37, 135
Pfalzgräfin bei Rhein, Luise Hollandine (1622–1709) 36, 105
Phalari, Marie-Thérèse Blondel d'Haraucourt, Duchesse de (1697–1782) 505 f.
Philipp IV. König von Spanien (1605–1665) 47, 248
Philipp V. König von Spanien (zuvor bis 1701 Philippe de France, Duc d'Anjou, 1683–1746) 249 f., 252, 262 f., 279, 331, 339–41, 371, 397–400, 405–09, 411–18, 420–22, 424–28, 431 f., 456, 464–67, 470, 474, 479, 483, 489–92, 494, 496–98, 510–12, 527, 568, 574 f., 582, 709, 712 f., 832, 836, 1018
Phlin siehe Oppen
Pinneberg, Eleonore (?), angebliche Gräfin von (alias Franck, Schöll, La Trémoïlle oder von Wallmoden, alias Gräfin von Bamberg, alias Gräfin Silinski, alias Aly Eméttée, Prinzessin von Wolodimir, alias Elisabeth Alexejewna Großfürstin von Russland, posthum irrig Fürstin Tarakanowa genannt, ca. 1745–1775) 862–73, 954
Piombino, Donna Ippolita Ludovisi, Principessa di (1663–1733) 423–425, 588, 818
Pitt, William (der Jüngere, 1759–1806) 936, 938, 985, 990
Platen-Hallermund siehe auch Kielmansegg (Sophie Charlotte)
Platen-Hallermund, Franz Ernst Graf von (1631–1709) 228
Platen-Hallermund, Klara Elisabeth Gräfin von (geb. v. Meisenburg, 1648–1700) 228, 230 f., 233, 661
Podewils, Friedrich Werner Graf von (1741–1809) 954
Podewils, Heinrich (1741: Graf) von (1695–1760) 526, 590
Podewils, Heinrich von (1615–1696) 63, 123, 232
Polastron siehe auch Polignac (Gabrielle-Yolande)

Polastron, Jean-Baptiste Comte de (1686–1742) 682, 692 f., 904
Polen siehe Johann III. [Sobieski], Marie Casimire, August II., Christiane Eberhardine, Stanisław I. [Leszczyński], August III., Stanisław II. [Poniatowski] sowie Sobieski, Bayern (Theresa Kunigunde), Clementina
Polignac, Comte Armand de (1771–1847) 924
Polignac, Gabrielle-Yolande de Polastron, Duchesse de (1749–1793) 885, 905, 913, 924 f., 928, 971
Polignac, Jules-François-Armand Duc de (1745–1817) 905, 924 f., 928, 971
Polignac, Melchior Cardinal de (1661–1741) 481
Pöllnitz, Georg Bernhard Freiherr von (1617–1676) 138
Pöllnitz, Henriette Charlotte Freiin von (ca. 1670–1722) 138, 240–42, 255 f.
Pompadour, Jeanne-Antoinette Poisson, Marquise de (1721–1764) 733, 882 f., 890, 928, 952, 957
Pompadour, Léonard-Hélie Marquis de (1654–1732) 481
Poniatowska, Apolonia (1764: Fürstin; zuvor 1749–51 Fürstin Lubomirska, geb. Ustrzycka, 1736–1814) 753
Poniatowska, Konstancja (geb. Prinzessin Czartoryska, 1695–1759) 745, 753, 758
Poniatowski siehe auch Stanisław II.
Poniatowski, Franciszek (ca. 1645–ca. 1693) 744
Poniatowski, Kazimierz (1764: Fürst, 1721–1800) 753
Poniatowski, Stanisław (1676–1762) 744–46, 753, 756, 758 f.
Popoli, Don Rostaino Cantelmo-Stuart, Duca di (1651–1723) 498
Portland, Hans Willem Bentinck, Earl of (1649–1709) 633–35
Portland, John Cavendish-Scott-Bentinck, Duke of (1800–1879) 634 [als ‹Erbauer›]
Portland, William Henry Cavendish Cavendish-Bentinck, Duke of (1738–1809) 634 [als ‹Premierminister›]
Portocarrero siehe auch Montijo
Portocarrero, Don Luis Manuel Fernández de Portocarrero Bocanegra y Moscoso Osorio, Cardinal (1635–1709) 400

Portsmouth, Louise-Renée de Penancoët de Kéroualle, Duchess of (1649-1734) 112, 155 f., 628
Portugal siehe auch Barbara (Spanien), Joseph I., Maria Anna Victoria
Portugal, Emanuel Infant von (1697-1766) 554, 560, 578
Potjomkin, Grigorij Alexandrowitsch Fürst (1739-1791) 987, 991 f., 998
Potocki, Antoni Michał (ca. 1700-1766) 564
Potocki, Franciszek Salezy (1700-1772) 746-49
Potocki, Józef (ca. 1670?-1751) 750
Potocki, Stanisław Szczęsny [Felix] (1751-1805) 993
Potocki, Teodor (1722: Erzbischof von Gnesen, Primas von Polen, 1664-1738) 574, 580
Powell, Anthony (1905-2000) 624
Powis, Elizabeth Somerset, Marchioness of (1633-1691) 153 f.
Powis, William Herbert, Marquess of (ca. 1626-1696) 153
Preußen siehe auch Friedrich I., Sophie Charlotte, Friedrich Wilhelm I., Sophie Dorothea, Friedrich II., Elisabeth Christine, Friedrich Wilhelm II., Friederike Luise, Friedrich Wilhelm III., Luise sowie Hessen-Kassel, Bayreuth, Braunschweig
Preußen, Anna Elisabeth Luise Prinzessin Ferdinand von (d. h. Ehefrau d. Pzn. Ferdinand, geb. Markgräfin von Brandenburg, 1738-1820) 1003
Preußen, August Prinz von (1779-1843) 1035
Preußen, August Wilhelm Prinz von (1722-1758) 440, 767, 779
Preußen, Heinrich Prinz von (1726-1802) 437, 812
Preußen, Luise Amalie Prinzessin von (geb. Prinzessin von Braunschweig-Bevern, 1722-1780) 767
Prie, Agnès Berthelot de Pléneuf, Marquise de (1698-1727) 503, 513-15, 705 f.
Prie, Louis Marquis de (1673-1751) 514
Provence siehe Ludwig XVIII.
Pugatschow, Jemeljan Iwanowitsch (ca. 1742-1775) 865-68
Puyguilhem siehe Lauzun (Antonin-Nompar)

Quincy, Joseph Sevin, Chevalier de (1677-1749) 294, 307-09
Quintin siehe Lauzun (Geneviève-Marie)

Racine, Jean (1639-1699) 930
Radziwiłł siehe auch Brandenburg (Luise Charlotte), Sieniawska
Radziwiłł, Anna Maria Fürstin (geb. Prinzessin Radziwiłł, 1640-1667) 42 f.
Radziwiłł, Antoni Fürst (1775-1833) 953
Radziwiłł, Bogusław Fürst (1620-1669) 21-23, 25-27, 30 f., 33-43, 75, 82, 86, 133, 211, 213, 554
Radziwiłł, Elisabeth Sophie Fürstin (geb. Markgräfin von Brandenburg, 1589-1629) 30 f.
Radziwiłł, Janusz Fürst (1579-1620) 30
Radziwiłł, Karol Stanisław Fürst («panie kochanku», 1734-1790) 747 f., 755 f., 805, 809, 864-66
Radziwiłł, Marcin Mikołaj Fürst (1705-1782) 437
Radziwiłł, Michał Kazimierz Fürst (1702-1762) 580, 755
Rappoltstein, Smassmann (Maximin) Herr von (ca. 1385-1451) 106
Rasumowskij, Alexej Grigorijewitsch Graf (1709-1771) 865 f., 874
Rasumowskij, Andrej Kirillowitsch Graf (1752-1836) 873 f., 1013
Raugräfin von der Pfalz, Amalie Elisabeth («Amelise», 1663-1709) 104
Raymond, Lancre de (1661 oder später) 22, 37
Rebenac siehe auch Souvré (Catherine-Charlotte)
Rebenac, François de Pas de Feuquières, Comte de (1649-1694) 128 f., 138, 142
Rebeur, Christian Ludwig von (1732-1809) 240
Rebeur, Jean-Philippe (1663-1703) 240
Reibold, Clara Louise von (geb. von Uffeln, ca. 1652-?) 557
René von Anjou, König von Neapel, Graf der Provence (1409-1480) 829
Repnin, Nikolai Wassiljewitsch Fürst (1734-1801) 806, 808 f., 969 f., 999
Ribbing, Adolph Ludvig Graf (1765-1843) 1032 f.
Richelieu siehe auch Agénois

Richelieu, Armand du Plessis, Cardinal Duc de (1585–1642) 28, 43, 58f., 67, 381, 434
Richelieu, Louis-Armand de Vignerot du Plessis, Marquis de (1654–1730; Vater des Comte d'Agénois) 445 f.
Richelieu, Louis-François-Armand de Vignerot du Plessis, Maréchal Duc de (1696–1788) 694, 727 f., 731, 735 f.
Richelieu, Marie-Charlotte de La Porte-Mazarin, Marquise de (1662–1729; Mutter des Comte d'Agénois) 60, 445 f.
Richmond (Lennox) siehe auch Albemarle (Anne), Bunbury (Sarah), Fox (Caroline)
Richmond, Charles Lennox, Duke of (1672–1723) 156, 177, 628 f.
Richmond, Charles Lennox, Duke of (zuvor bis 1723 Earl of March, 1701–1750) 629–631, 634, 654, 727, 731, 764, 847, 857 f., 1028
Richmond, Sarah Cadogan, Duchess of (zuvor 1719–23 Countess of March, 1706–1751) 629–631, 634, 654, 764, 847, 857 f., 1028
Rieux, Anne d'Ornano de Montlaur, Princesse de (1695) 41
Rieux, François-Louis de Lorraine, Prince de (1623–1694) 41
Rions, Sicaire-Antonin-Armand d'Aydie, Comte de (1692–1741) 374
Riva, Francesco (1651–1716) 150–52, 169
Rob Roy, Robert MacGregor, genannt (1671–1734) 484
Rocca, Albert-Jean-Michel (‹John›, 1788–1818) 1044
Rochechouart siehe Chalais, Montespan, Mortemart, Vivonne
Rohan siehe auch Tallard (Marie-Isabelle-Gabrielle)
Rohan, Louis-René-Édouard Cardinal de (1734–1803) 862 [als ‹Ururenkel von Maman Doudour›], 923–25, 944, 971
Römisch-Deutsches Kaisertum siehe Leopold I., Margaretha Theresia, Joseph I., Karl VI., Elisabeth Christine, Karl VII., Maria Amalie, Franz I., Maria Theresia, Joseph II., Leopold II., Maria Ludovica, Franz II.
Rose, Rose-Madeleine (1707: Présidente Portail, 1682–1766) 877 f.
Roucy, Charlotte de Roye de La Rochefoucauld, Demoiselle (alias Lady) de (1657–1743) 628
Rousseau, Jean-Jacques (1712–1778) 471, 890, 894, 911
Roye, François de Roye de La Rochefoucauld, Marquis de (1660–1721) 435
Roye, Frédéric-Charles de Roye de La Rochefoucauld, Comte de (1633–1690) 167
Roye, Louis de Roye de La Rochefoucauld, Marquis de (1670–1751) 435
Ruffec, Armand-Jean de Rouvroy de Saint-Simon, Marquis (1746: Duc) de Ruffec (1699–1754) 457, 494, 498
Ruffo di Calabria, Don Fabrizio Cardinal (1744–1827) 1022
Russland (angebliche Großfürstin Elisabeth Alexejewna) siehe Pinneberg
Russland siehe auch Peter I., Katharina I., Anna Iwanowna, Iwan VI., Elisabeth Petrowna, Peter III., Katharina II., Paul I., Maria Fjodorowna sowie Holstein-Gottorf (Anna Petrowna), Mecklenburg (Katharina Iwanowna)
Russland, Alexander Pawlowitsch Großfürst von (1801: Kaiser Alexander I., 1777–1825) 804, 949, 1040 f.
Russland, Alexej Petrowitsch Großfürst von (1690–1718) 538, 766
Russland, Anna Leopoldowna Großfürstin von (geb. Prinzessin von Mecklenburg-Schwerin, seit 1739 verheiratete Herzogin von Braunschweig-Bevern, 1718–1746) 539, 544, 768, 772–74, 776–82
Russland, Anna Petrowna Großfürstin von (1757–1759) 789, 791
Russland, Charlotte Christina Großfürstin von (geb. Prinzessin von Braunschweig-Wolfenbüttel, 1694–1715) 538, 766·
Russland, Elisabeth Alexejewna Großfürstin von (später 1801 Kaiserin, geb. Luise Marie von Baden, 1801: Prinzessin, 1779–1826) 949 f.
Russland, Konstantin Pawlowitsch Großfürst von (1779–1831) 804
Rutowski, Friedrich August Graf (1702–1764) 236 f., 690–93, 697–99, 737, 744
Rutowski, Ludwika Amalia Gräfin (geb. Prinzessin Lubomirska, 1722–1778) 744

Ruvigny siehe Galway, La Caillemotte
Rzewuski, Seweryn (1743–1811) 993

Sachsen (legitimierte uneheliche bzw. in unstandesgemäßen Ehen geborene Kinder) siehe Cosel (Friedrich August), Friesen (Auguste Constantia), Rutowski, Sachsen (Moritz), Saxe
Sachsen siehe auch Ansbach (Eleonore Luise), Christiane Eberhardine, Dauphine (Maria Josepha), Maria Amalie (Spanien), Trier
Sachsen, Friedrich August I. Kurfürst von (1670–1733) siehe August II.
Sachsen, Friedrich August II. Kurfürst von (1696–1763) siehe August III.
Sachsen, Friedrich August III. Kurfürst von (1806: König Friedrich August I., 1750–1827) 989
Sachsen, Johann Georg IV. Kurfürst von (1668–1694) 232, 642
Sachsen, Moritz Graf von (Maréchal de Saxe, 1696–1750) 236f., 299, 562, 566, 689–91, 693–700, 722, 727–29, 734–37, 890, 984
Sachsen-Coburg, Sophie Antoinette Herzogin von (geb. Prinzessin von Braunschweig-Bevern, 1724–1802) 767
Sachsen-Eisenach siehe auch Ansbach (Eleonore Luise)
Sachsen-Eisenach, Christi[a]ne Wilhelmine Prinzessin von (später 1734 Fürstin von Nassau-Usingen, 1711–1740) 542–44
Sachsen-Gotha siehe auch Wales (Augusta)
Sachsen-Gotha, August Prinz von (1747–1806) 437
Sachsen-Gotha, Christian Prinz von (1680: Herzog von Sachsen-Eisenberg, 1653–1707) 84, 90, 656
Sachsen-Gotha, Magdalena Augusta Herzogin von (geb. Prinzessin von Anhalt-Zerbst, 1679–1740) 658
Saint-Aignan, François de Beauvillier, Duc de (1610–1687) 48, 62, 382
Saint-Aignan, Paul-Hippolyte de Beauvillier, Duc de (1684–1776) 369, 482
Saint-Aignan, Pierre de Beauvillier, Chevalier de (1641–1664) 382
Saint-Aubin siehe auch Genlis
Saint-Aubin, Marie-Françoise-Félicité Mauguet de Mézières, Marquise de (1764: Baronin von Andlau, 1717–1790) 890, 892

Saint-Aubin, Pierre-César du Crest, Marquis de (1711–1763) 890, 892
Saint-Mars, Bénigne Dauvergne, Sieur de (1626–1708) 96, 99f., 114, 118–22
Saint-Mars, Marie-Antoinette Collot, Dame de (1691) 99
Saint-Simon siehe auch Chimay (Charlotte), Ruffec, Valentinois (Marie-Christine-Chrétienne)
Saint-Simon, Charlotte de L'Aubespine de Hauterive, Duchesse de (1640–1725) 357
Saint-Simon, Claude de Rouvroy, Duc de (1607–1693) 357f., 505
Saint-Simon, Claude-Henri de Rouvroy, Comte de (1760–1825) 457f.
Saint-Simon, Louis de Rouvroy, Duc de (1675–1755) 324–30, 332–35, 339, 341, 343–48, 350–54, 357–66, 368f., 371f., 374f., 410, 413, 429, 444–52, 455, 457, 469, 475, 477f., 480f., 491–98, 500–03, 505–07, 701, 881
Saint-Simon, Marie-Gabrielle de Durfort de Lorge, Duchesse de (1678–1743) 351, 359, 361–65, 369, 429, 448–52, 457, 501
Saint-Victor (Stallmeister, 1688) 152
Salm, Luise Prinzessin zu (1672?–1737?) 616
Salm u. Salm-Salm, Wilhelm Florentin Prinz von (Bischof von Tournai, 1745–1810) 916f.
Saltykow, Sergej Wassiljewitsch (‹le beau Serge›, 1726–1765) 786–88
Saltykow, Wassilij Fjodorowitsch (1675–1751) 778f., 786
Sand, George (eigentl. Amantine-Lucile-Aurore Dupin, 1804–1876) 737
San Nicandro, Don Domenico Cattaneo della Volta, Principe di (1698–1782) 818, 836
Sapieha, Joanna (Woiwodin von Smolensk, geb. Prinzessin Sułkowska, 1736–1800) 763
Sapieha, Piotr (Woiwode von Smolensk, 1701–1771) 763
Sardinien siehe Karl Emanuel III., Savoyen (Anne-Marie, Viktor Amadeus III.)
Savines, Antoine de La Font, Marquis de (1669–1748) 459–461
Savoyen siehe auch Achaia, Burgund, Karl Emanuel III., Marie Louise (Spanien), Soissons

Savoyen, Anne-Marie d'Orléans, Herzogin von (1720: Königin von Sardinien, 1669–1728) 405
Savoyen, Eugen Prinz von (1663–1736) 92, 272–77, 280, 287 f., 293–95, 299 f., 302 f., 310, 312 f., 316 f., 321, 323, 341 f., 522, 527, 548, 563–67, 578, 583 f.
Savoyen, Viktor Amadeus II. Herzog von (1720: König von Sardinien, 1666–1732) 122, 185, 262, 272, 398, 405
Saxe, Élisabeth-Ursule-Anne-Cordule-Xavière Demoiselle de (1787: Duchesse d'Esclignac, 1768–1844) 888
Saxe, Johann Georg Chevalier de (1704–1774) 217, 691 f., 697 f., 737
Saxe, Joseph-Xavier-Charles-Raphael Chevalier de (1767–1802) 1001 f., 1013, 1017
Scarron siehe auch Maintenon
Scarron, Paul (1610–1660) 396
Schaumburg-Lippe-Bückeburg, Johanna Sophia Gräfin zu (geb. Gräfin zu Hohenlohe-Langenburg, 1673–1743) 639
Schick (Madame, Sängerin 1797) 963
Schlegel, August Wilhelm (1767–1845) 1035
Schlund, Johann Sigismund (von) (1656–1710) 241
Schmalz (Mademoiselle, Sängerin 1797) 963
Schmettau, Samuel (1734: Freiherr, 1742: Graf) von (1684–1751) 684–88
Schnath, Georg (1898–1989) 234
Schomberg siehe auch Degenfeld
Schomberg, Friedrich Hermann Graf von (1689: Duke of Schomberg, 1615–1690) 35, 40, 213 f., 383 f., 547
Schomberg, Suzanne d'Aumale d'Haucourt, Gräfin von (ca. 1620–1688) 40
Schönaich, Karl Albrecht Freiherr von (1671–1738) 520, 554
Schöning, Hans Adam von (1641–1696) 138, 141–44
Schöning, Hans Ludwig von (1676–1714) 138
Schulenburg siehe auch Chesterfield (Petronilla Melusine)
Schulenburg, Ehrengard Melusine (1715: Gräfin) von der (1716: Duchess of Kendal, 1667–1743) 230, 316, 533, 639 f., 662
Schulenburg, Johann Matthias (1715: Graf) von der (1661–1747) 302, 313, 316, 662
Schulenburg, Ludwig Ernst Matthias Graf von der (1712–1753) 661 f.

Schütz, August Sinold gt. von Schütz («Augustus Schutz», 1693–1757) 638
Schweden siehe Karl XII., Friedrich I., Gustav III.
Scipio Africanus, Publius Cornelius (235–183 v. Chr.) 257
Seckendorff, Friedrich Heinrich Graf von (1673–1763) 576 f.
Séry, Marie-Geneviève de Beauvillier, Demoiselle de (1680–1754) 447
Séry, Marie-Louise-Madeleine-Victoire Le Bel de La Bussière, Demoiselle de (1682–1748) 329, 345
Seymour, Pamela (urspr. Nancy Syms, 1792: Lady Edward Fitzgerald, 1773?–1831) 912 f., 915–19, 1028
Seymour-Conway, Hon. Robert (1748–1831) 917
Shand siehe Cornwall
Sheldon, Dominic (ca. 1632–1721) 153, 170
Sieniawska siehe auch Dönhoff (Maria Zofia)
Sieniawska, Cecylia Maria (geb. Prinzessin Radziwiłł, ca. 1644–1682) 560
Sieniawska, Elżbieta (geb. Prinzessin Lubomirska, 1669–1729) 560
Sieniawski, Adam Mikołaj (1666–1726) 560
Sienkiewicz, Henryk (1846–1916) 42
Sieyès, Emmanuel-Joseph, Abbé (1808: Comte, 1748–1836) 974 f., 99 f., 1037 f., 1043
Sisi (al. Sissi) siehe Elisabeth (Österreich)
Sizilien siehe auch Karl III., Maria Amalie, Ferdinand III., Marie Caroline, Kalabrien, Orléans (Maria Amalia)
Sizilien, Albert[o], Prinz Beider (1792–1798) 1021
Smith, Dick (Stallbursche, 1688) 170
Smolensk siehe Sapieha (Johanna)
Sobieski siehe auch Johann III., Bayern (Therese Kunigunde), Clementina, Marie Casimire
Sobieski, Prinz Jakub Ludwik (1667–1737) 216
Soissons, Eugène-Maurice de Savoye, Comte de (1635–1673) 59, 272 f.
Soissons, Olympe Mancini, Comtesse de (1640–1708) 59 f., 272
Solms-Braunfels, Heinrich Trajectinus Graf zu (1638–1693) 172, 214
Solms-Hungen, Reinhard Wolfgang Erbgraf zu (1655–1675) 75, 93

Solms-Sonnenwalde, Friedrike Charlotte Wilhelmine Gräfin zu (geb. Freiin von Danckelmann, 1702–1766) 93
Solms-Sonnenwalde, Johann Georg Graf zu (1704–1769) 93
Sophie Charlotte Königin in Preußen (zuvor 1684–88 Kurprinzessin, dann bis 1701 Kurfürstin von Brandenburg, geb. Prinzessin von Hannover, 1668–1705) 123–28, 131–33, 136, 138, 140, 144–47, 184, 197, 203, 220, 223 f., 229, 232, 237–42, 255 f., 540, 642
Sophie Dorothea Königin in Preußen (zuvor 1706–13 Kronprinzessin von Preußen, geb. Prinzessin von Hannover, 1687–1757) 229, 231, 234, 256, 529–31, 534, 547, 555, 577, 592
Sophie Magdalene Königin von Dänemark (geb. Markgräfin von Brandenburg-Bayreuth, 1700–1770) 642
Sora, Don Gaetano Boncompagni-Ludovisi, Duca di (1704–1777) 588, 818
Souvré, Catherine-Charlotte de Pas de Feuquières de Rebenac, Marquise de (1673–1739) 138
Souvré, François-Louis Le Tellier de Pas de Rebenac, Marquis de (1704–1767) 138
Souvré, Louis-Nicolas Le Tellier de Louvois, Marquis de (1667–1725) 138
Soyecourt, Charles-Maximilien-Antoine de Bellefourière, Marquis de († 1679) 50
Spanien siehe auch Philipp IV., Karl II., Philipp V., Marie Louise, Isabella, Ludwig I., Louise Elisabeth, Ferdinand VI., Barbara, Karl III., Maria Amalie, Karl IV., Alfons XIII. sowie Maria Theresia (Frankreich), Margaretha Theresia (Kaiserin), Maria Anna Victoria (Portugal), Dauphine (Maria Theresia), Kalabrien, Maria Ludovica (Kaiserin)
Spanien, Don Carlos Infant von siehe Karl III. (Spanien)
Spanien, Don Felipe Infant von (1748 auch Herzog von Parma, 1720–1765) 574, 588, 713
Spanien, Louise-Élisabeth de France, Infantin von (1748 auch Herzogin von Parma, 1727–1759) 588, 713
Spencer siehe auch Marlborough (Charles)
Spencer, Hon. John (1708–1746) 652
Spencer, Lady Diana (1731: Lady John Russell, 1732: Duchess of Bedford, 1710–1735) 652 f., 846 f.
Spencer, Lady Diana (1757: Viscountess Bolingbroke, 1768: Lady D. Beauclerk, 1734–1808) 846–48
Spencer, Lady Diana (1981: Princess of Wales, 1961–1997) 634 f., 652, 848
Spencer, Lavinia Bingham, Countess (1762–1831) 1015
Staël von Holstein, Albertine Baronesse (1816: Duchesse de Broglie, 1797–1838) 1035, 1044
Staël von Holstein, Anne-Germaine Necker, Baronin (1766–1817) 932 f., 935–45, 947, 974, 981 f., 984–86, 994, 1020, 1031–36, 1043 f., 1046
Staël von Holstein, Eric Magnus (1788: Baron, 1749–1802) 939–44, 981, 983, 1032
Stanisław I. Leszczyński König von Polen (1677–1766) 514 f., 559, 561, 573 f., 578–81, 585, 587, 589, 745 f., 750, 753
Stanisław II. Poniatowski König von Polen (1732–1798) 739–45, 749 f., 752–65, 788–94, 798–800, 805–07, 809–12, 860–62, 885, 914, 947 50, 969, 986 92, 997, 1039 f.
Steiermark, Katherina von Burgund, Herzogin von (1378–1425) 106
Stoffel, Georg Friedrich (1628–1681) 80–82, 84 f., 88
Stolberg-Stolberg siehe auch Mark (Diederike)
Stolberg-Stolberg, Friedrich Karl Erbgraf zu (1769–1805) 1005
Strange, Charlotte de La Trémoïlle, Baroness (1642: Countess of Derby, 1602–1663) 27, 761
Strange, James Smith-Stanley, Baron (1717–1771) 760
Strickland, Winifred Trentham, Lady (1645–1725) 153
Struensee, Carl August (1789: von, 1735–1804) 967–69
Struensee, Johann Friedrich (1771: Graf von, 1737–1772) 968 f.
Stuart, Prinz Karl Eduard (Titular-Prince of Wales, 1766 Titular-König ‹Karl III.› von England, ‹Bonnie Prince Charlie›, 1720–1788) 486, 584, 729–33, 737, 940 f., 1019
Stubenvol, Johann Christoph von (ca. 1660–nach 1708) 233

Suarez, Signora (Patrizierin von Florenz, ca. 1721) 629
Subow, Nikolai Alexandrowitsch Graf (1763–1805) 1040
Subow, Platon Alexandrowitsch Fürst (1767–1822) 947–55, 964 f., 967, 969, 992 f., 997–99, 1001, 1040 f.
Subow, Tekla Fürstin (geb. Walentynowicz, 1802–1873) 1041
Subow, Valerian Alexandrowitsch Graf (1771–1804) 947, 949
Suffolk, Charles Howard, Earl of (zuvor 1706–31 Hon. C. Howard, 1675–1733) 606
Suffolk, Henrietta Hobart, Countess of (zuvor 1706–31 Hon. Mrs. Charles Howard, 1688–1767) 606, 614, 641 f., 670
Sulzbach, Karl Theodor Pfalzgraf von (1742: Kurfürst der Pfalz, 1724–1799) 621, 640, 709
Szczuka, Jan († nach 1690) 211
Szczuka, Stanisław Antoni (1654–1710) 186 f., 193–95, 197 f., 203–06, 208 f., 211

Tallard, Camille d'Hostun de La Baume, Maréchal (1712: Duc) de (1652–1728) 265, 271
Tallard, Marie-Isabelle-Gabrielle de Rohan-Soubise, Duchesse de (1699–1754) 461 f., 499, 517, 899 [als ‹Enkelin von Maman Doudour›]
Talleyrand siehe auch Chalais, Dino
Talleyrand-Périgord, Charles-Maurice de (1754–1838) 945 f., 974, 979, 981, 985, 1030–33, 1035–38, 1043–47
Talmond siehe Tarente
Tanucci, Bernardo Marchese (1698–1783) 837 f., 842, 863
Tarakanowa siehe Pinneberg
Tarente, Charles-Bretagne-Marie-Joseph de La Trémoïlle, Prince de (1764–1839) 926, 1017 f.
Tarente, Emilie Prinzessin von Hessen-Kassel, Princesse de (1626–1693) 39, 73, 223
Tarente, Henri-Charles de La Trémoïlle, Prince de (bis 1648: Prince de Talmond, 1620–1672) 21–23, 25–31, 33–43, 59, 69, 71, 75, 82, 102, 112 f., 133, 136, 155 f., 213, 223, 227, 317, 379, 441 f., 681, 761, 831
Templetown (Upton) siehe auch Hervey (Albinia)

Templetown, John Henry Upton, Viscount (1771–1846) 1002, 1004
Termoli, Donna Marianna Boncompagni-Ludovisi, Duchessa di (1730–1812) 818
Thackeray, William Makepeace (1811–1863) 624
Thianges, Antoine-Charles Damas de Marcilly, Commandeur de (ca. 1690–1757) 579
Thomasius, Christian (1655–1728) 202
Thulemeyer, Wilhelm Heinrich von (1683–1740) 526, 550
Thurn und Taxis, Gloria Fürstin von (geb. Gräfin von Schönburg-Glauchau, * 1960) 154, 848
Tipu Sahib, Sultan von Mysore (1750–1799) 972
Tittel, Basilius (1613–1682) 184
Torcy, Jean-Baptiste Colbert de Croissy, Marquis de (1665–1746) 276, 278–80, 341, 400 f., 409
Toskana siehe Franz I., Leopold II.
Toulouse (Erzbischof) siehe Brienne
Toulouse, Louis-Alexandre de Bourbon, Comte de (1678–1737) 331, 337, 401, 467 f., 477, 901, 1027, 1046
Toulouse, Marie-Victoire-Sophie de Noailles, Comtesse de (zuvor 1707–23 Marquise de Gondrin, 1688–1766) 901
Trediakowskij, Wassili Kirillowitsch (1703–1769) 765, 768 f.
Trier, Clemens Wenzeslaus von Sachsen, Kurfürst-Erzbischof von (1739–1812) 984
Trivulzio, Donna Maria Archinto, Principessa (1696–1762) 629 f.
Tronchin, Louis (1629–1705) 87
Tschekin, Luka (Leutnant, 1764) 801 f.
Tullibardine, John Murray, Marquess of (1684–1709) 317, 323, 761
Tullibardine, William Murray, Marquess of (1689–1746) 484
Turenne, Henri de La Tour d'Auvergne de Bouillon, Vicomte de (1611–1675) 112 f., 156
Turenne, Louis de La Tour d'Auvergne de Bouillon, Prince de (1665–1692) 61
Turrini, Pellegrina († nach 1688) 153

Uffeln (eigentl. Offen) siehe Harling
Uffeln siehe auch Reibold

Uffeln, Christian Gottfried von (1661-1674) 89

Uffeln, Christian Hermann von (1619?-1684) 84, 89

Uffeln, Christian von (1687-1748) 656

Uffeln, Dorothea von (geb. Spiegel von u. zu Peckelsheim, 1614-1677) 84, 89

Uffeln, Georg Friedrich von (1652-1712) 80, 89f., 656

Uffeln, Raban Heinrich von (1650-1674) 80, 83-85, 88f., 557

Ursinus (1705: Ursin von Bär), Benjamin (1646-1720) 132, 147, 179-82, 196, 221, 240

Valence, Edme-Nicole-Pulchérie Brulart de Genlis, Vicomtesse de (1767-1847) 893, 910f., 913, 1033

Valentinois siehe auch Monaco (Antoine, Louise-Félicité, Marie)

Valentinois, Charles-Maurice Grimaldi de Monaco, Comte de (1727-1798) 457

Valentinois, Marie-Christine-Chrétienne [sic] de Rouvroy de Saint-Simon, Comtesse de (1728-1774) 457

Valfons, Charles de Mathéi de La Calmette, Marquis de (1710-1786) 717f., 722, 728

Valois siehe Orléans

Valparaíso, Bartolomé González de Andía Irarrázabal y Howard, Marqués de (ca. 1685-1734) 565

Van Dyck, Sir Anthony (Anthonis, 1599-1641) 617-20

Vane, Fitzfrederick Cornwall (1732-1736) 650, 653-57

Vane, Hon. Anne (1700?-1736) 648, 650f., 653-56

Vardes, René du Bec-Crespin, Marquis de (1621-1688) 60, 64

Vaux, Louis-Nicolas Fouquet, Comte de (1653-1705) 114

Velázquez, Diego Rodríguez de Silva y (1599-1660) 222, 247, 482

Vendôme, Louis-Joseph de Bourbon, Duc de (1654-1712) 267-69, 275, 416, 423, 496

Ventadour, Charlotte-Madeleine-Éléonore de La Mothe-Houdancourt, Duchesse de (‹Maman Doudour›, 1651-1744) 362, 371, 461-63, 468f., 499, 501, 506, 508, 514, 518, 862, 899, 905, 923

Ventadour, Louis-Charles de Lévis, Duc de (1647?-1717) 362

Villars, Claude-Louis-Hector Maréchal Duc de (1653-1734) 269f., 275, 281, 287, 293-95, 297, 300, 309, 311f., 322, 342, 583f.

Villeroy siehe auch Alincourt (François-Camille), Boufflers (Madeleine-Angélique)

Villeroy, François de Neufville, Marquis (1693: Maréchal Duc) de (1644-1730) 65, 260, 265-67, 271, 353, 371, 468, 473f., 478, 492, 500-02, 504, 704

Villiers siehe Buckingham, Cleveland, Orkney

Vivonne, Louis-Victor de Rochechouart de Mortemart, Maréchal Duc de (1636-1688) 49f.

Vlad ‹der Mönch› Hospodar der Walachei (ca. 1433-1495) 43, 514, 574

Vlad ‹Țepeș› (alias ‹Draculea›) Hospodar der Walachei (1431-1476) 43

Voltaire, François-Marie Arouet de (1694-1778) 366f., 535, 728, 812

Voss siehe auch Ingenheim

Voss, Sophie Wilhelmine Charlotte (1800: Gräfin) von (geb. v. Pannewitz, 1729-1814) 951f.

Walachei siehe Vlad ‹der Mönch›, Vlad ‹Țepeș›

Waldegrave, Sir William (1636?-1701) 153f.

Wales (Prince of), siehe auch: 1630-49 unter Karl II., 1714-27 unter Georg II., 1751-60 unter Georg III.

Wales siehe auch Spencer (Diana, 1961-1997)

Wales, Augusta Princess of (geb. Prinzessin von Sachsen-Gotha, 1719-1772) 653, 657-61, 665-68, 672, 785f.

Wales, Charles Prince of (*1948) 126, 634f.

Wales, Friedrich Ludwig (‹Fritz›) von Hannover, Prince of (bis 1727 Duke of Gloucester, 1707-1751) 530, 546, 576, 589, 602f., 625, 634, 644-46, 648-55, 657-60, 664-68, 670, 672, 785f., 845, 847

Wales, Titular-Prince of: 1688-1701 siehe Jakob III., 1720-1766 siehe Stuart (Karl Eduard)

Wallenrodt, Sigismund von (1652-1723) 205f.

Wallmoden, Amalie Sophie von (1740: Countess of Yarmouth, geb. von Wendt, 1704–1765) 603, 617, 643 f., 661 f., 665, 670

Wallmoden, Johann Ludwig (1781: Graf) von (1736–1811) 661

Walpole, Hon. Horace (1791: Earl of Orford, 1717–1797) 631, 639, 760–62, 835, 916 f.

Walpole, Sir Robert (1742: Earl of Orford, 1676–1745) 596–601, 604, 607, 613, 626 f., 631, 643 f., 661 f., 664, 670, 752, 904, 906, 1015

Wartenberg, Johann Kasimir Kolbe Graf von (1643–1712) 243, 255, 522 f.

Wartenberg, Katharina Kolbe Gräfin von (geb. Rickers, 1674–1734) 522 f.

Washington, George (1732–1799) 927

Watteau, Antoine (1684–1721) 473

Waugh, Evelyn (1903–1966) 624

Wetzel, Friedrich Emmerich Freiherr von (1693–1759) 676, 678, 681, 684 f., 697 f., 714

Wetzel, Hugo Wilhelm Freiherr von (1760) 714

Wilhelm II. Deutscher Kaiser (1859–1941) 205

Wilhelm III. König von England (bis 1689 Prinz von Oranien, 1650–1702) 75 f., 159, 161–69, 171–74, 176 f., 212–14, 243 f., 253, 270 f., 306, 582, 603, 619, 622, 628, 632–635

Williams, Lady Frances (geb. Coningsby, 1709–1787) 758, 760

Williams, Sir Charles Hanbury (1708–1759) 756–60, 762–64, 784, 789–92, 857 f.

Winterkönig, -königin siehe Friedrich, Elisabeth

Wintour, Anna (*1949) 672

Wintzingerode, Adolf Levin von (1665–1708) 138

Wlasjew, Danilo (Hauptmann, 1764) 801 f.

Woellner, Charlotte Amalie Elisabeth (1786: von, geb. von Itzenplitz, 1742–1802) 959

Woellner, Johann Christoph (1786: von, 1732–1800) 957, 959 f., 962

Wogan, Sir Charles (ca. 1685?–ca. 1754) 485

Wolfenbüttel siehe Braunschweig-Wolfenbüttel

Woronzowa, Gräfin Jelisawjeta Romanowna (1739–1793) 792 f., 795

Wroughton, Sir Thomas (ca. 1732–1787) 742 f.

Württemberg siehe auch Lubomirska (Urszula), Maria Fjodorowna

Württemberg, Eberhard III. Herzog von (1614–1674) 82

Württemberg, Friedrich Karl Prinz von (1652–1698) 81

Württemberg, Friedrich Ludwig Prinz von (1690–1734) 217, 316

Württemberg, Ludwig Prinz von (1756–1817) 806 f.

Württemberg, Maria Anna Prinzessin von (geb. Prinzessin Czartoryska, 1768–1854) 806 f.

Württemberg, Wilhelm Ludwig Erbprinz (1674: Herzog) von (1647–1677) 82

Württemberg-Neuenstadt, Ferdinand Wilhelm Prinz von (1659–1702) 80, 82–84, 213

Württemberg-Neuenstadt, Friedrich August Prinz (1682: Herzog) von (1654–1716) 80, 82–84

Württemberg-Neuenstadt, Friedrich Herzog von (1615–1682) 81

Ximenes, Augustin, Marquis de (1684–1742) 691

York siehe auch Jakob II.

York, Henry Benedict Stuart, Cardinal Duke of (1788: Titular-König Heinrich IX. von England, 1725–1807) 1019 f.

York, Sarah Ferguson, Duchess of (*1959) 634 f.

Zastrow, Friedrich Wilhelm Christian von (1752–1830) 963

Das für dieses Buch verwendete Papier ist FSC®-zertifiziert.

STAMMTAFEL II

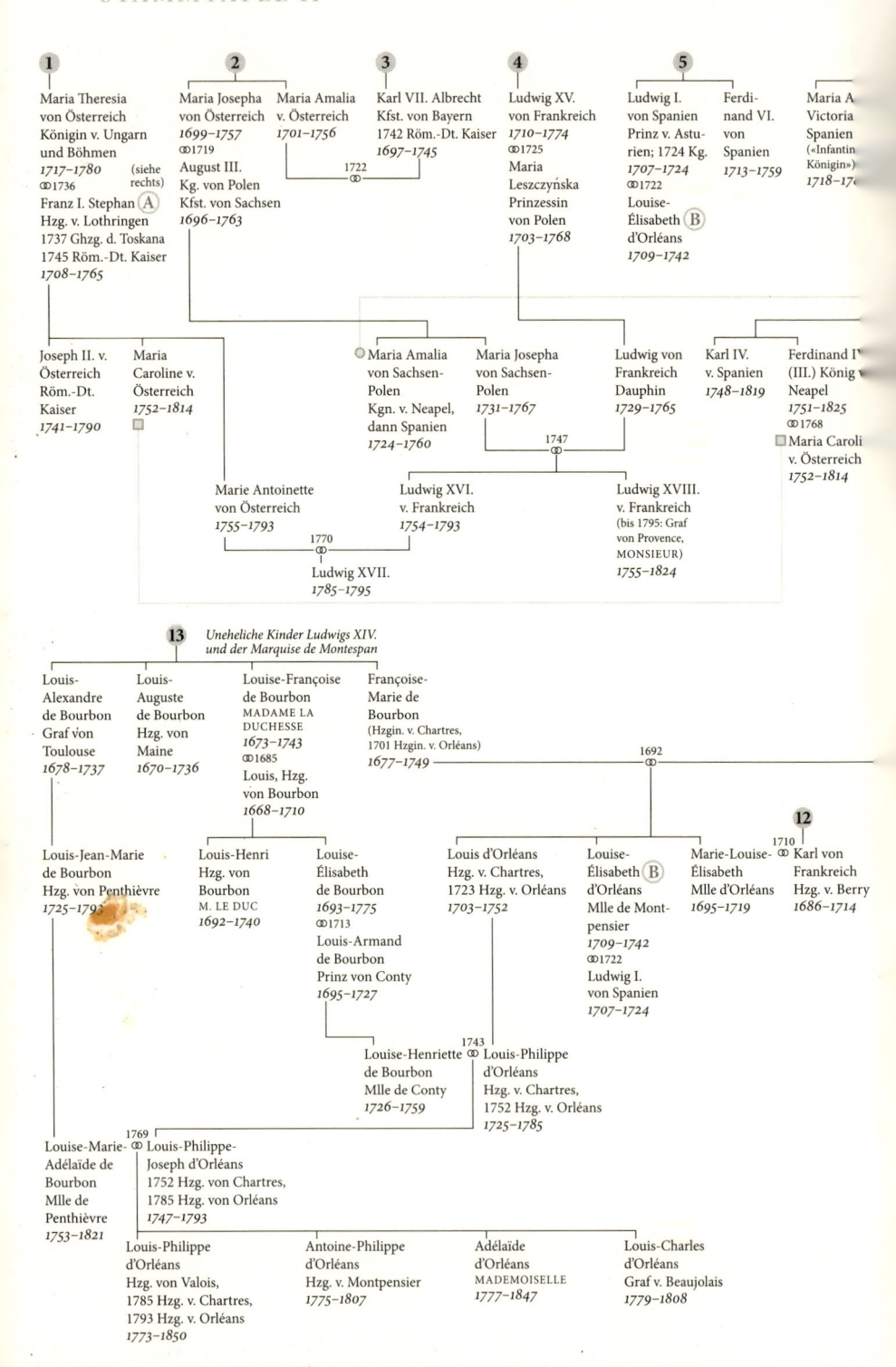

1

Maria Theresia
von Österreich
Königin v. Ungarn
und Böhmen
1717–1780
⚭1736 (siehe rechts)
Franz I. Stephan Ⓐ
Hzg. v. Lothringen
1737 Ghzg. d. Toskana
1745 Röm.-Dt. Kaiser
1708–1765

2

Maria Josepha
von Österreich
1699–1757
⚭1719
August III.
Kg. von Polen
Kfst. von Sachsen
1696–1763

Maria Amalia
v. Österreich
1701–1756

⚭ 1722

3

Karl VII. Albrecht
Kfst. von Bayern
1742 Röm.-Dt. Kaiser
1697–1745

4

Ludwig XV.
von Frankreich
1710–1774
⚭1725
Maria
Leszczyńska
Prinzessin
von Polen
1703–1768

5

Ludwig I.
von Spanien
Prinz v. Asturien; 1724 Kg.
1707–1724
⚭1722
Louise-
Élisabeth Ⓑ
d'Orléans
1709–1742

Ferdinand VI.
von
Spanien
1713–1759

Maria A
Victoria
Spanien
(«Infantin
Königin»)
1718–17

Joseph II. v.
Österreich
Röm.-Dt.
Kaiser
1741–1790

Maria
Caroline v.
Österreich
1752–1814
⬜

Maria Amalia
von Sachsen-
Polen
Kgn. v. Neapel,
dann Spanien
1724–1760

Maria Josepha
von Sachsen-
Polen
1731–1767

⚭ 1747

Ludwig von
Frankreich
Dauphin
1729–1765

Karl IV.
v. Spanien
1748–1819

Ferdinand I
(III.) König
Neapel
1751–1825
⚭1768
Maria Caroli
v. Österreich
1752–1814

Marie Antoinette
von Österreich
1755–1793

⚭ 1770

Ludwig XVI.
v. Frankreich
1754–1793

Ludwig XVIII.
v. Frankreich
(bis 1795: Graf
von Provence,
MONSIEUR)
1755–1824

Ludwig XVII.
1785–1795

---

13 *Uneheliche Kinder Ludwigs XIV. und der Marquise de Montespan*

Louis-
Alexandre
de Bourbon
Graf von
Toulouse
1678–1737

Louis-
Auguste
de Bourbon
Hzg. von
Maine
1670–1736

Louise-Françoise
de Bourbon
MADAME LA
DUCHESSE
1673–1743
⚭1685
Louis, Hzg.
von Bourbon
1668–1710

Françoise-
Marie de
Bourbon
(Hzgin. v. Chartres,
1701 Hzgin. v. Orléans)
1677–1749

⚭ 1692

Louis-Jean-Marie
de Bourbon
Hzg. von Penthièvre
1725–1793

Louis-Henri
Hzg. von
Bourbon
M. LE DUC
1692–1740

Louise-
Élisabeth
de Bourbon
1693–1775
⚭1713
Louis-Armand
de Bourbon
Prinz von Conty
1695–1727

Louis d'Orléans
Hzg. v. Chartres,
1723 Hzg. v. Orléans
1703–1752

Louise-
Élisabeth Ⓑ
d'Orléans
Mlle de Mont-
pensier
1709–1742
⚭1722
Ludwig I.
von Spanien
1707–1724

Marie-Louise-
Élisabeth
Mlle d'Orléans
1695–1719

1710
⚭ Karl von
Frankreich
Hzg. v. Berry
1686–1714

12

Louise-Henriette
de Bourbon
Mlle de Conty
1726–1759

1743
⚭ Louis-Philippe
d'Orléans
Hzg. v. Chartres,
1752 Hzg. v. Orléans
1725–1785

1769
Louise-Marie-
Adélaïde de
Bourbon
Mlle de
Penthièvre
1753–1821

⚭ Louis-Philippe-
Joseph d'Orléans
1752 Hzg. von Chartres,
1785 Hzg. von Orléans
1747–1793

Louis-Philippe
d'Orléans
Hzg. von Valois,
1785 Hzg. v. Chartres,
1793 Hzg. v. Orléans
1773–1850

Antoine-Philippe
d'Orléans
Hzg. v. Montpensier
1775–1807

Adélaïde
d'Orléans
MADEMOISELLE
1777–1847

Louis-Charles
d'Orléans
Graf v. Beaujolais
1779–1808